AF742262

Código del Derecho Europeo de la Alimentación

El Programa Lascaux (2009-2014) es dirigido por François Collart Dutilleul, Profesor de la Universidad de Nantes y miembro del *Institut Universitaire de France*.

Los trabajos que dan origen a los presentes resultados se han beneficiado de un apoyo financiero del Consejo Europeo de Investigación, a título del 7° Programa Marco de la Comunidad Europea (7e PC/2007-2013), en virtud de la convención de subvención CER n° 230400.

Estos trabajos reflejan únicamente las opiniones de sus autores y la Unión Europea no es responsable del uso que pueda hacerse de los datos que figuran en las publicaciones.

Código del Derecho Europeo de la Alimentación

- Textos normativos actualizados al 20 de junio de 2012 -

INIDA
INSTITUTO DE INVESTIGACIÓN EN DERECHO ALIMENTARIO

Instituto de Investigación en Derecho Alimentario, 2012.

INIDA
P.O. Box 161-2400 Desamparados,
San José, Costa Rica

c o n t a c t @ i n i d a . e u

w w w . i n i d a . e u

Código del Derecho Europeo de la Alimentación

INIDA, Serie de legislación, Vol. II

Primera edición, 2012

ISBN: 978-2-918382-04-1

© INIDA S.A., 2012

Las opiniones expresadas por los autores de esta obra no comprometen al editor.

El editor no es responsable de los posibles daños que puedan resultar del contenido de esta obra.

Prohibida la reproducción, el almacenamiento digital y la publicación de cualquier manera y por cualquier medio de la totalidad o de una parte de esta obra. Todos los derechos reservados.

Directores Científicos

Dr. François COLLART DUTILLEUL
Profesor de la Universidad de Nantes, Francia
Miembro del *Institut Universitaire de France*
Director del Programa Lascaux (*European Research Council Advanced grant*)

Dr. Paul NIHOUL
Profesor de la Universidad Católica de Lovaina, Bélgica
Redactor en Jefe del *Journal de droit européen* (J.D.E.) y
de la *Revue européenne de droit de la consommation* (R.E.D.C.)

Investigadores que prepararon la versión original en francés

Dr. Thomas BRÉGER
Doctor en Derecho Público de la Universidad de Nantes, Francia
Postdoctor en el marco del Programa Lascaux

Dra. Céline FERCOT
Maître de conférences en Derecho Público,
Universidad Paris Ouest Nanterre La Défense, Francia

Dra. Fanny GARCIA
Maître de conférences en Derecho Privado,
Universidad de Bretagne-Sud, Francia

MSc. Ellen VAN NIEUWENHUYZE
Doctoranda en la Universidad Católica de Lovaina, Bélgica
Aspirante FNRS

MSc. Sylvestre YAMTHIEU
Doctorando en las Universidades de Nantes, Francia y de Ngaoundéré, Camerún,
en el marco del Programa Lascaux

Investigadores que prepararon la presente versión

Dr. Hugo A. MUÑOZ UREÑA
Profesor Invitado de la Universidad de Costa Rica
Doctor en Derecho Privado de la Universidad de Nantes, Francia
Director Ejecutivo del INIDA

Dra. Marlen LEÓN GUZMÁN
Profesora Asociada de la Universidad de Costa Rica
Doctora en Derecho Privado de la Universidad de Nantes, Francia

Bach. Alejandro GUEVARA ARROYO
Asistente de Investigación, INIDA
Estudiante de la Licenciatura en Derecho en la Universidad de Costa Rica

Prefacio

En su origen, el Derecho Europeo de la Alimentación relativo a la seguridad sanitaria tenía principalmente por objeto la definición de las condiciones para el intercambio comercial. La primera directiva sanitaria (64/433/CEE del Consejo, de 26 de junio de 1964) establecía las condiciones para la aprobación comunitaria de los mataderos de animales para carnicería. Pero en esta época, no existía una política sanitaria integrada en Europa. Se dio preferencia a las directivas más que a los reglamentos, para mantener las especificidades propias de cada país. La armonización abarcaba a los alimentos sobre todo desde la óptica de la libre circulación de mercancías. Es así como sobre la base del artículo 100 del Tratado de Roma, diferentes directivas fueron adoptadas con respecto a la composición de los alimentos, la información a los consumidores y la lealtad de la competencia (principalmente con directivas que definían diversos productos alimentarios como el chocolate, las jaleas, los jugos de frutas...).

Sin embargo, la legislación alimentaria permaneció durante mucho tiempo "en suspenso". Es la razón por la cual la jurisprudencia propició dar un paso decisivo en la construcción de un derecho alimentario de alcance comunitario con la sentencia "Cassis de Dijon" (TJCE, 20 de febrero de 1979, As. 120/78), que estableció el principio de la equivalencia de las reglamentaciones alimentarias nacionales. En efecto, por medio de esta sentencia cada legislación nacional adquirió un alcance comunitario, por cuanto el cumplimiento de una legislación dada bastaba para que un producto fuese admitido en los otros Estados de la Comunidad.

Este enfoque parcelario y nacional del derecho de la alimentación conducía, en realidad, a mantener importantes diferencias entre los Estados, a preservar barreras aduaneras en los controles fronterizos y obstáculos técnicos a la libre circulación de productos agrícolas y alimentarios.

Es por ello que la Comisión propuso un "nuevo enfoque" en 1985, que condujo a adoptar el Acta Única Europea de 1986 y a establecer un mercado único. Esto dio lugar a una mayor armonización de las reglas relativas a la producción de alimentos, a su comercialización, a los controles, a las condiciones de importación... En particular, los controles aduaneros fueron remplazados por controles en el punto de embarque y en el punto de destino. De este modo, la salud pública se convirtió en un campo de intervención comunitaria. El Tratado de Maastricht, vigente a partir del 1º de noviembre de 1993 lo confirma, al agregar dos nuevos títulos al Tratado Fundador, denominados respectivamente "Salud Pública" (Título X) y "Protección de los Consumidores" (Título XI).

Pero en realidad, este nuevo enfoque no resistió el anuncio del Gobierno británico, en marzo de 1996, de un posible vínculo entre la Encefalopatía Espongiforme Bovina – EEB- y la nueva variante de la enfermedad de Creutzfeldt-Jakob. En efecto, esta crisis (llamada de la "vaca loca") generó una profunda desconfianza entre los consumidores europeos con respecto a la seguridad y a la calidad de los alimentos, y una desconfianza aún mayor hacia las instituciones europeas. Para restablecer la confianza en la construcción europea, fue necesario dar un nuevo giro y reconfigurar radicalmente los mecanismos de elaboración del Derecho Comunitario, luego, en este nuevo marco, empezar a elaborar un renovado derecho de la alimentación.

De ello resultó una nueva perspectiva que condujo a la revisión de todo el derecho existente.

Es así como, en el plano institucional, se observa desde 1997 una profunda reorganización de la Comisión con el fin de separar las funciones legislativas, científicas y de control. Ello se tradujo en el traslado de la función legislativa (elaboración de propuestas de directivas, reglamentos y decisiones), de la Dirección de Agricultura a aquella encargada de la protección del consumidor y de la salud pública. Ello también dio lugar a la creación de órganos específicos encargados de la evaluación científica de los riesgos, antecedentes de la Autoridad Europea de Seguridad Alimentaria que se creó en el año 2002. Finalmente, ello originó la creación de la Oficina Alimentaria y Veterinaria (OAV), que supervisa la correcta aplicación de las normas comunitarias en los ámbitos alimentario y veterinario.

En el plano procedimental, el Tratado de Ámsterdam amplió el procedimiento de codecisión (Consejo - Parlamento Europeo) a los ámbitos veterinario y fitosanitario que tengan como objetivo directo la protección de la salud pública (Art. 4-b).

En el plano sustantivo, la Unión Europea inició un proceso de revisión completa de su legislación alimentaria.

Después de un "libro verde" publicado en 1997, que establece los lineamientos y objetivos de una profunda reforma de la legislación alimentaria, la Comisión publicó en enero de 2000 un "libro blanco", que precisa las orientaciones de esta revisión.

La aplicación de esta nueva legislación se inició al adoptarse el Reglamento (CE) nº 178/2002 del Parlamento Europeo y del Consejo de 28 de enero de 2002, por el que se establecen los principios y los requisitos generales de la legislación alimentaria, se crea la Autoridad Europea de Seguridad Alimentaria y se fijan procedimientos relativos a la seguridad alimentaria. Esta reforma, vigente desde enero de 2005, renueva todo el dispositivo de regulación jurídica del sector económico de la alimentación: las instancias e instituciones encargadas de la gestión de las cuestiones ligadas con la seguridad de la alimentación, los procedimientos que deben seguirse en caso de crisis o de sospecha de crisis, las normas sustanciales aplicables a los Estados y a las empresas del sector agroalimentario.

En el plano institucional, el reglamento crea la Autoridad Europea de Seguridad Alimentaria (AESA), encargada de la evaluación de los riesgos y de la experticia científica en el seno de la Unión Europea (Arts. 22 a 49). La Autoridad debe "actuar como órgano de referencia científico independiente en la evaluación del riesgo y ayudar a asegurar el correcto funcionamiento del mercado interior" (considerando nº 34).

En el plano de los procedimientos de crisis, el Reglamento nº 178/2002 crea un sistema de alerta rápida y organiza los procedimientos de gestión de las crisis y de las situaciones de emergencia (Arts. 50 a 57). El Reglamento también crea un "Comité Permanente de la Cadena Alimentaria y de Sanidad Animal" encargado de asistir a la Comisión y organiza un procedimiento especial llamado "de comité" (Arts. 58 y 59). Igualmente, establece un "procedimiento de mediación" "cuando un Estado miembro considere que una medida adoptada por otro Estado miembro en el ámbito de la seguridad alimentaria es incompatible con el presente Reglamento, o que es probable que esa medida afecte al funcionamiento del mercado interior" (Art. 60).

Pero es especialmente en el plano de las normas sustantivas donde la metamorfosis resulta evidente.

Por primera vez, el mismo texto se aplica a todos los productos, alimentos y componentes de alimentos, sea que se trate de la alimentación destinada al ser humano o de la alimentación animal.

El mismo reglamento se aplica también a todos los actores del sector: agricultor, comerciante detallista, artesano, grupo industrial, hipermercado, transportista... Incluso se aplica a las organizaciones no gubernamentales y a las asociaciones de beneficencia por cuanto son consideradas como una "empresa alimentaria, toda empresa pública o privada que, con o sin ánimo de lucro, lleve a cabo cualquier actividad relacionada con cualquiera de las etapas de la producción, la transformación y la distribución de alimentos." (Art. 3, inciso 2, R. 178/2002).

En cuanto al fondo, la Unión Europea adoptó un nuevo Derecho Alimentario completo, global, estructurado y unificado. Este nuevo derecho tiene una estructura piramidal. En la cúspide de la pirámide se encuentra el Reglamento 178/2002, que establece su propia jerarquía de normas, fija principios generales (de manera explícita: el principio de precaución, el principio de la consulta a los ciudadanos sobre la legislación alimentaria, el principio de información de los ciudadanos y de los consumidores sobre los riesgos, el principio del análisis de riesgos y el principio de protección de los intereses de los consumidores), obligaciones generales (relativas a las importaciones y exportaciones, a las normas internacionales) y prescripciones generales (relativas a la seguridad de los alimentos y de los piensos, a la trazabilidad, a la presentación de los alimentos, a la responsabilidad de los operadores y de los Estados). Bajo esta cúspide, la Unión Europea está adoptando progresivamente un conjunto de reglamentos de aplicación.

De seguido, la Unión Europea abandona en lo esencial el método de armonización mediante directivas, a favor de la uniformidad por medio de los reglamentos.

Si estas reglas son generales, no son por ello menos explícitas y algunas conciernen directamente a todas las empresas. De esta forma, en la gestión diaria habrá tareas específicas que serán integradas y llevadas a cabo en cada empresa, principalmente en relación con la trazabilidad (Art. 18, R. 178/2002). También, deberá tenerse una vigilancia y una capacidad de respuesta mucho mayor a las modificaciones reglamentarias, a las informaciones profesionales, a las observaciones formuladas por los consumidores, etc. La iniciativa tanto del control como de la acción vuelve ahora a la empresa. Cada empresa deberá autocontrolarse, sin esperar los controles oficiales que realizará episódicamente la Administración. Asimismo, cada empresa deberá, de manera constante, estar preparada para actuar, sin esperar una decisión o una orden de la Administración. En efecto, en virtud del artículo 19, si un operador tiene "motivos para pensar" que un alimento que él ha comercializado puede provocar un perjuicio para la salud, incluso si no está totalmente seguro, debe actuar de inmediato: informar a las autoridades competentes, a sus proveedores o clientes y, eventualmente, al consumidor. De esta forma, la responsabilidad de las empresas es mucho mayor. En otras palabras, el Derecho Alimentario coloca de entrada la responsabilidad en los campos de la precaución y de la prevención, a diferencia del Derecho Civil que, hasta el momento, lo sitúa más bien en el campo de la reparación.

Sin embargo, estrictamente hablando, no se trata de obligaciones que fueran hasta ahora totalmente desconocidas. Es sobre todo el contexto jurídico de las obligaciones lo que cambia. Algunas de ellas son evocadas simplemente sin mayor aporte (obligación de informar al consumidor, obligación de lealtad, por ejemplo); otras son especificadas y reforzadas (controlar en cada etapa de la actividad, el cumplimiento de las reglas y de los métodos, cooperar con las autoridades competentes, por ejemplo); y otras han sido profundamente renovadas (trazabilidad, por ejemplo). Solo la obligación de seguimiento de los productos resulta ser verdaderamente nueva (Arts. 2-a y 5 §1, Directiva 2001/95 de 3 de diciembre de 2001).

Esta base del Derecho Europeo de la Alimentación se completa, en diferentes niveles, por medio de múltiples reglamentos que conciernen a los operadores, a los productos y a los consumidores. No obstante, hay que distinguir, dentro de este conjunto, dos tipos de textos: algunos son reglamentaciones más bien científicas y técnicas destinadas principalmente a ingenieros y a farmacéuticos y no a juristas; otros tienen un carácter jurídico en sentido estricto, son generadores de derechos y obligaciones para los Estados, los operadores o los consumidores. En la primera categoría se encuentran, entre otros, la prohibición o los porcentajes máximos de numerosos componentes químicos, los límites porcentuales de presencia de residuos, los métodos de muestreo, de extracción, de análisis y de control de diversos alimentos o componentes, las condiciones de uso de diferentes materiales en contacto con alimentos, los criterios microbiológicos aplicables, los criterios de pureza, las reglas de etiquetado específicas para los productos que incluyen componentes particulares, las condiciones especiales para la importación de ciertos alimentos, etc.

Si nos enfocamos en la segunda categoría, aquella de los textos generadores de derechos y obligaciones para los Estados, las empresas y los consumidores, se está en presencia de un derecho nuevo y original, conformado de la siguiente manera:

- En la base del edificio legislativo, un nivel de **reglas generales**, sanitarias y comerciales, aplicables al conjunto del sector agroalimentario, de la finca a la mesa y que engloba a los Estados y a los operadores;
- Un nivel que incluye las normas relativas a las **obligaciones sanitarias de las empresas**: reglas de higiene que deben seguir todos los operadores del sector, complementadas por un dispositivo de **controles oficiales**;
- Un nivel de normas relativas a la **calidad sanitaria de los productos** considerados en sí mismos, a su composición y a las condiciones para su elaboración, que conciernen a los aditivos y a los auxiliares tecnológicos, pero también a las condiciones de uso de la biotecnología. Este nivel no está todavía completado en razón de las dificultades para llegar a un consenso sobre los OGM, la clonación o los procedimientos de autorización de los "nuevos alimentos";
- Un nivel de las normas relativas a la **calidad comercial de los productos**, que incluye el conjunto del dispositivo relacionado con los "signos de calidad", tales como las denominaciones de origen, las indicaciones geográficas, la agricultura orgánica...;
- Un nivel dedicado a los **derechos de los consumidores**, que incluye textos relativos a las menciones, a la publicidad y al etiquetado de los productos alimentarios.
- Un nivel destinado a ser progresivamente enriquecido, por las normas relativas a alimentos específicos: bebidas, alimentos dietéticos y complementos alimenticios, alimentos infantiles, chocolate...

Este conjunto nuevo y original, dotado de una coherencia sustancial, merecía encontrar su respectiva coherencia formal en una presentación razonada bajo la forma de un Código. Esa es la aspiración y el propósito de la presente obra.

François Collart Dutilleul
Profesor de la Universidad de Nantes, Francia
Miembro del *Institut Universitaire de France*
Director del Programa Lascaux (ERC Advanced grant)
http://www.droit-aliments-terre.eu

Tabla de Contenido

Capítulo 1.- Normativa Fundamental

A.- Reglas sustantivas

28 de enero de 2002.- Reglamento (CE) nº 178/2002
del Parlamento Europeo y del Consejo,
por el que se establecen los principios y los requisitos generales de la legislación alimentaria, se crea la Autoridad Europea de Seguridad Alimentaria y se fijan procedimientos relativos a la seguridad alimentaria
(D.O. L 31, 1º de febrero de 2002)

[V.C. 07/08/2009]

TJUE, 8 de septiembre de 2011, Asuntos acumulados C-58/10 a C-68/10, Monsanto SAS y otros contra Ministre de l'Agriculture et de la Pêche. [Interpretación de los Arts. 53 y 54]
TJUE (Gran Sala) de 6 de septiembre de 2011, Asunto C-442/09, Karl Heinz Bablok y otros contra Freistaat Bayern. [Interpretación del Art. 2]
TJUE, 8 de noviembre de 2007, Asunto C-421/06, Fratelli Martini & C. SpA y Cargill Srl contra Ministero delle Politiche agricole e forestali y otros. [Interpretación de los Arts. 8 y 16]
TJUE, 9 de junio de 2005, Asuntos acumulados C-211/03, C-299/03 y C-316/03 a C-318/03, HLH Warenvertriebs GmbH (C-211/03) y Orthica BV (C-299/03 y C-316/03 a C-318/03) contra Bundesrepublik Deutschland. [Interpretación del Art. 2]

EL PARLAMENTO EUROPEO Y EL CONSEJO DE LA UNIÓN EUROPEA,

Visto el Tratado constitutivo de la Comunidad Europea, y en particular sus artículos 37, 95 y 133 y la letra b) del apartado 4 de su artículo 152,

Vista la propuesta de la Comisión,

Visto el dictamen del Comité Económico y Social,

Visto el dictamen del Comité de las Regiones,

De conformidad con el procedimiento establecido en el artículo 251 del Tratado,

Considerando lo siguiente:

(1) La libre circulación de alimentos seguros y saludables es un aspecto esencial del mercado interior y contribuye significativamente a la salud y el bienestar de los ciudadanos, así como a sus intereses sociales y económicos.

(2) En la ejecución de las políticas comunitarias debe asegurarse un nivel elevado de protección de la vida y la salud de las personas.

(3) Sólo puede conseguirse la libre circulación de alimentos y piensos dentro de la Comunidad si los requisitos de seguridad alimentaria y de los piensos no difieren significativamente de un Estado miembro a otro.

(4) En las legislaciones alimentarias de los Estados miembros existen diferencias importantes en cuanto a los conceptos, los principios y los procedimientos. Cuando los Estados miembros adoptan medidas relativas a los alimentos, esas diferencias pueden impedir su libre circulación, crear condiciones desiguales de competencia y, por tanto, afectar directamente al funcionamiento del mercado interior.

(5) Así pues, es necesario aproximar esos conceptos, principios y procedimientos, de manera que formen una base común para las medidas aplicables a los alimentos y los piensos adoptadas a nivel nacional y a nivel comunitario. Es necesario, no obstante, proporcionar tiempo suficiente para adaptar disposiciones incompatibles de la actual legislación a escala tanto nacional como comunitaria y disponer que durante esa adaptación se aplique la legislación pertinente a la vista de los principios enunciados en el presente Reglamento.

(6) El agua se ingiere directa o indirectamente como otros alimentos y contribuye por tanto a la exposición general del consumidor a las sustancias que ingiere, entre ellas los contaminantes químicos y microbiológicos. Sin embargo, como la calidad del agua destinada al consumo humano ya está controlada por las Directivas 80/778/CEE y 98/83/CE, es suficiente con considerar el agua después del punto de cumplimiento mencionado en el artículo 6 de la Directiva 98/83/CE.

(7) En el contexto de la legislación alimentaria, es conveniente incluir requisitos para los piensos, incluyendo su producción y su uso cuando el pienso sea para animales destinados a la producción de alimentos, sin perjuicio de los requisitos análogos que se vienen aplicando hasta el momento y que vayan a aplicarse en el futuro en la legislación sobre piensos aplicable a todos los animales, incluidos los de compañía.

(8) La Comunidad ha optado por un nivel elevado de protección de la salud en la elaboración de la legislación alimentaria, que aplica de manera no discriminatoria, ya se

comercie con los alimentos o los piensos en el mercado interior o en el mercado internacional.

(9) Es necesario consolidar la confianza de los consumidores, de otros interesados y de los socios comerciales en el proceso de decisión en el que se basa la legislación alimentaria y en su fundamento científico, así como en las estructuras y la independencia de las instituciones que protegen los intereses sanitarios y de otra índole.

(10) La experiencia ha demostrado que es necesario adoptar medidas encaminadas a garantizar que no se comercializan alimentos que no sean seguros y que existen sistemas para identificar y afrontar los problemas de seguridad alimentaria, a fin de asegurar el adecuado funcionamiento del mercado interior y de proteger la salud de las personas. Deben tratarse cuestiones análogas relativas a la seguridad de los piensos.

(11) Para tener un enfoque lo bastante exhaustivo e integrado de la seguridad alimentaria, debe darse a la legislación alimentaria una definición amplia, que abarque una extensa gama de disposiciones con un efecto directo o indirecto sobre la inocuidad de los alimentos y de los piensos, entre ellas disposiciones relativas a los materiales y los objetos que están en contacto con los alimentos, a los piensos para animales y a otras materias primas agrícolas en la producción primaria.

(12) Para asegurar la inocuidad de los alimentos es necesario tomar en consideración todos los aspectos de la cadena de producción alimentaria y entenderla como un continuo desde la producción primaria pasando por la producción de piensos para animales, hasta la venta o el suministro de alimentos al consumidor, pues cada elemento tiene el potencial de influir en la seguridad alimentaria.

(13) La experiencia ha demostrado que, por esta razón, es necesario tener en cuenta la producción, fabricación, transporte y distribución de piensos para animales destinados a la producción de alimentos, incluyendo la producción de animales que puedan usarse como pienso en piscifactorías, dado que la contaminación involuntaria o intencionada de piensos, la adulteración de los mismos o las prácticas fraudulentas u otras malas prácticas relacionadas con ellos pueden tener un efecto directo o indirecto sobre la seguridad alimentaria.

(14) Por eso, es necesario tener en cuenta otras prácticas y materias primas agrícolas de la producción primaria, así como sus efectos potenciales sobre la inocuidad general de los alimentos.

(15) La interconexión de laboratorios de calidad, a escala regional y/o interregional, con objeto de efectuar un seguimiento continuo de la seguridad alimentaria podría desempeñar un importante papel en la prevención de posibles riesgos para la salud de los ciudadanos.

(16) Las medidas que adopten los Estados miembros o la Comunidad con respecto a los alimentos y los piensos deben estar basadas, en general, en un análisis de riesgo, salvo que no se considere adecuado por las circunstancias o la naturaleza de la medida. El recurso a este instrumento antes de adoptar ninguna medida debe evitar que se creen barreras injustificadas a la libre circulación de productos alimenticios.

(17) Cuando la legislación alimentaria está destinada a reducir, eliminar o evitar un riesgo para la salud, los tres elementos interrelacionados del análisis del riesgo, a saber, la determinación del riesgo, la gestión del riesgo y la comunicación del riesgo, ofrecen una metodología sistemática para establecer medidas o acciones eficaces, proporcionadas y específicas para proteger la salud.

(18) Para generar confianza en la base científica de la legislación comunitaria, la determinación del riesgo se debe llevar a cabo de una manera independiente, objetiva y transparente, basada en la información y los datos científicos disponibles.

(19) Se admite que, en algunos casos, la determinación del riesgo no puede por sí sola ofrecer toda la información en la que debe basarse una decisión relacionada con la gestión del riesgo, por lo que han de tenerse debidamente en cuenta otros factores pertinentes de carácter sociológico, económico, tradicional, ético y medioambiental, así como la viabilidad de los controles.

(20) Se ha invocado el principio de cautela para garantizar la protección de la salud en la Comunidad, lo que ha generado barreras a la libre circulación de alimentos y de piensos. Por ello, es necesario adoptar una base uniforme en toda la Comunidad para recurrir a este principio.

(21) En aquellas circunstancias en las que existe un riesgo para la vida o para la salud pero persiste la incertidumbre científica, el principio de cautela ofrece un mecanismo para

determinar las medidas de gestión del riesgo u otras acciones encaminadas a asegurar el nivel elevado de protección de la salud escogido en la Comunidad.

(22) La seguridad alimentaria y la protección de los intereses de los consumidores preocupan cada vez más al público en general, a las organizaciones no gubernamentales, a los socios comerciales internacionales y a las organizaciones de comercio. Es pues necesario asegurar la confianza de los consumidores y de los socios comerciales merced a un desarrollo abierto y transparente de la legislación alimentaria y a la correspondiente actuación de las autoridades públicas, que han de adoptar las medidas necesarias para informar al público cuando existan motivos razonables para sospechar que un alimento puede presentar un riesgo para la salud.

(23) La seguridad y la confianza de los consumidores de la Comunidad y de terceros países son de vital importancia. Como uno de los principales comerciantes de alimentos y de piensos en el mundo, la Comunidad ha celebrado acuerdos comerciales internacionales, contribuye a elaborar normas internacionales en las que basar la legislación alimentaria y apoya los principios del libre comercio de piensos seguros y alimentos seguros y saludables de una manera no discriminatoria, de acuerdo con prácticas comerciales justas y éticas.

(24) Es necesario garantizar que alimentos y piensos exportados y reexportados de la Comunidad cumplen la normativa comunitaria o los requisitos establecidos por el país importador. En los demás casos, alimentos y piensos sólo pueden exportarse o reexportarse si el país importador ha manifestado expresamente su acuerdo. No obstante, es necesario garantizar que, incluso si hay acuerdo del país importador, no se exportan o reexportan los alimentos perjudiciales para la salud o piensos que no sean seguros.

(25) Es necesario establecer los principios generales del comercio de alimentos y piensos, así como los objetivos y los principios que rigen la contribución de la Comunidad al establecimiento de normas internacionales y de acuerdos comerciales.

(26) Algunos Estados miembros han adoptado una legislación uniforme sobre seguridad alimentaria que, en particular, impone a los operadores económicos la obligación general de comercializar únicamente alimentos que sean seguros. Sin embargo, estos Estados miembros aplican criterios diferentes para determinar si un alimento es seguro o no. Como consecuencia de estos diferentes planteamientos, y en ausencia de una legislación uniforme en otros Estados miembros, pueden surgir barreras al comercio de alimentos. Del mismo modo, puede surgir este tipo de barreras al comercio de piensos.

(27) Es necesario por tanto establecer requisitos generales conforme a los cuales sólo deben comercializarse alimentos y piensos seguros, para garantizar un funcionamiento eficaz del mercado interior de esos productos.

(28) La experiencia ha demostrado que la imposibilidad de localizar el origen de los alimentos o los piensos puede poner en peligro el funcionamiento del mercado interior de alimentos o piensos. Es por tanto necesario establecer un sistema exhaustivo de trazabilidad en las empresas alimentarias y de piensos para poder proceder a retiradas específicas y precisas de productos, o bien informar a los consumidores o a los funcionarios encargados del control, y evitar así una mayor perturbación innecesaria en caso de problemas de seguridad alimentaria.

(29) Es necesario asegurarse de que las empresas alimentarias o de piensos, incluidas las importadoras, pueden al menos identificar a la empresa que ha suministrado los alimentos, los piensos, los animales o las sustancias que pueden ser incorporados a su vez a un alimento o a un pienso, para garantizar la trazabilidad en todas las etapas en caso de efectuarse una investigación.

(30) El explotador de la empresa alimentaria es quien está mejor capacitado para diseñar un sistema seguro de suministro de alimentos y conseguir que los alimentos que suministra sean seguros. Por lo tanto, debe ser el responsable legal principal de la seguridad alimentaria. Aunque este principio existe en algunos Estados miembros y en algunos ámbitos de la legislación alimentaria, en otros o bien no es explícito, o bien la responsabilidad la asume la autoridad competente del Estado miembro, a través de las actividades de control que realiza. Estas disparidades pueden crear barreras al comercio y distorsionar la competencia entre los explotadores de empresas alimentarias de los distintos Estados miembros.

(31) Los mismos requisitos deben aplicarse a los piensos y a los explotadores de empresas de piensos.

(32) La base científica y técnica de la legislación comunitaria relativa a la seguridad de los alimentos y los piensos debe contribuir a alcanzar un nivel elevado de protección de la salud en la Comunidad. La Comunidad debe tener acceso a un apoyo científico y técnico altamente cualificado, independiente y eficiente.

(33) Las cuestiones científicas y técnicas relacionadas con la seguridad alimentaria y de los piensos son cada vez más importantes y complejas. La creación de una Autoridad Europea de Seguridad Alimentaria, denominada en lo sucesivo, la «Autoridad», debe reforzar el actual sistema de apoyo científico y técnico, que ya no es capaz de hacer frente a las demandas cada vez más numerosas que se le hacen.

(34) Con arreglo a los principios generales de la legislación alimentaria, la Autoridad debe actuar como órgano de referencia científico independiente en la evaluación del riesgo y ayudar a asegurar el correcto funcionamiento del mercado interior; se le pueden solicitar dictámenes científicos acerca de cuestiones controvertidas, para permitir a las instituciones comunitarias y a los Estados miembros tomar con conocimiento de causa las decisiones de gestión del riesgo necesarias para asegurar la seguridad alimentaria y de los piensos, y ayudar al mismo tiempo a evitar la fragmentación del mercado interior provocada por la adopción de medidas que obstaculizan injustificada o innecesariamente la libre circulación de alimentos y piensos.

(35) La Autoridad debe ser una fuente científica independiente de recomendación, información y de comunicación del riesgo, para aumentar la confianza de los consumidores; sin embargo, para fomentar la coherencia entre la evaluación del riesgo, su gestión y las funciones de comunicación del riesgo, debe reforzarse el lazo entre los que evalúan y los que gestionan el riesgo.

(36) La Autoridad debe ofrecer una visión científica independiente de la seguridad y de otros aspectos de la cadena alimentaria y de piensos en su totalidad; esto conlleva unas amplias responsabilidades para la Autoridad. Entre ellas debe incluir las relativas a cuestiones con un efecto directo o indirecto sobre la seguridad de las cadenas alimentaria y de los piensos, a la salud y el bienestar de los animales y a las cuestiones fitosanitarias. Sin embargo, es necesario garantizar que la Autoridad se concentre en la seguridad alimentaria, para que su misión en cuestiones relativas a la salud y el bienestar de los animales y fitosanitarias que no estén relacionadas con la seguridad de la cadena alimentaria se limite a formular dictámenes científicos. La misión de la Autoridad debe abarcar asimismo recomendaciones científicas y apoyo científico y técnico sobre alimentación humana en relación con la normativa comunitaria y asistencia a la Comisión, a petición de esta última, relativa a comunicación relacionada con programas sanitarios comunitarios.

(37) Puesto que la legislación alimentaria autoriza algunos productos, como los plaguicidas o los aditivos para piensos, que pueden entrañar riesgos para el medio ambiente o para la seguridad de los trabajadores, la Autoridad también debe evaluar con arreglo a la normativa pertinente algunos aspectos relacionados con la protección del medio ambiente y de los trabajadores.

(38) Para evitar la duplicación de las evaluaciones científicas y los dictámenes con ellas asociados referidos a los organismos modificados genéticamente (OMG), la Autoridad también debe proporcionar dictámenes científicos sobre productos distintos de los alimentos y los piensos en relación con los OMG definidos en la Directiva 2001/18/CE y sin perjuicio de los procedimientos que en ella se establecen.

(39) La Autoridad debe contribuir, mediante el apoyo en materias científicas, al papel de la Comunidad y los Estados miembros en el desarrollo y la creación de normas internacionales sobre seguridad alimentaria y acuerdos comerciales.

(40) Es esencial que las instituciones comunitarias, el público en general y las demás partes interesadas depositen su confianza en la Autoridad; por esta razón, es vital asegurar su independencia, alta calidad científica, transparencia y eficiencia. La cooperación con los Estados miembros resulta asimismo indispensable.

(41) A tal efecto, debe nombrarse a la Junta Directiva de tal modo que se garantice el más alto nivel de competencia, una amplia gama de conocimientos pertinentes, por ejemplo en gestión y administración pública, y el mayor reparto geográfico posible dentro de la Unión. Para facilitar lo anterior, debe procederse a una rotación de los diferentes países de origen de los miembros de la Junta Directiva, sin reservar ningún puesto para los nacionales de un Estado miembro específico.

(42) La Autoridad debe tener los medios necesarios para llevar a cabo todas las tareas que le permiten cumplir su cometido.

(43) La Junta Directiva debe tener los poderes necesarios para determinar el presupuesto, verificar su aplicación, redactar los estatutos, adoptar reglamentos financieros y nombrar tanto a los miembros del Comité Científico y de las comisiones técnicas científicas como al Director Ejecutivo.

(44) Para funcionar eficazmente, la Autoridad debe cooperar estrechamente con los organismos competentes de los Estados miembros; para ello, debe crearse un Foro Consultivo para asesorar al Director Ejecutivo, crear un mecanismo de intercambio de información y garantizar una estrecha cooperación, en particular en lo que se refiere al sistema de interconexión. La cooperación y el intercambio adecuado de información también debe reducir al mínimo la posibilidad de dictámenes científicos divergentes.

(45) La Autoridad debe asumir, en sus ámbitos de competencia, el papel de los comités científicos vinculados a la Comisión consistente en emitir dictámenes. Es necesario reorganizar estos comités para asegurar una mayor coherencia científica en relación con la cadena alimentaria y permitir una realización más eficaz de su trabajo; por lo tanto, deben crearse dentro de la Autoridad un Comité Científico y varias comisiones técnicas científicas encargadas de emitir esos dictámenes.

(46) Para garantizar la independencia, los miembros del Comité Científico y de las comisiones técnicas deben ser científicos independientes contratados mediante un procedimiento de candidatura abierto.

(47) El papel de la Autoridad como órgano de referencia científico independiente implica que su dictamen científico puede ser solicitado no sólo por la Comisión, sino también por el Parlamento Europeo y los Estados miembros. Para garantizar la gestión y la coherencia del proceso de dictamen científico, la Autoridad debe poder rechazar o modificar una solicitud siempre que esté justificado y basándose en criterios previamente determinados. Deben adoptarse medidas para contribuir a evitar los dictámenes científicos divergentes y en caso de dictámenes científicos divergentes de entes científicos, deben aplicarse procedimientos para resolver la divergencia u ofrecer a los gestores del riesgo una información científica transparente en la que basarse.

(48) La Autoridad debe poder encargar estudios científicos necesarios para el cumplimiento de su cometido, asegurándose de que los vínculos por ella establecidos con la Comisión y los Estados miembros previenen la duplicación de esfuerzos. Debe hacerse de un modo abierto y transparente y la Autoridad debe tener en cuenta las estructuras y los expertos con que cuenta ya la Comunidad.

(49) Se admite que la ausencia de un sistema eficaz de recopilación y análisis a nivel comunitario de datos sobre la cadena alimentaria es un defecto importante. Por lo tanto, debe establecerse un sistema para la recopilación y el análisis de datos en los ámbitos de competencia de la Autoridad, en forma de una red coordinada por ésta. Es asimismo necesaria una revisión de las redes comunitarias de recopilación de datos que ya existen en los ámbitos de competencia de la Autoridad.

(50) La mejora de la identificación de los riesgos emergentes puede convertirse a largo plazo en un instrumento preventivo importante a disposición de los Estados miembros y de la Comunidad en la aplicación de sus políticas. Por ello es necesario asignar a la Autoridad una tarea anticipatoria de recopilar información y ejercer la vigilancia, así como la tarea de evaluar los riesgos emergentes y facilitar información para su prevención.

(51) La creación de la Autoridad debe permitir a los Estados miembros participar más activamente en los procedimientos científicos; por tanto, entre aquélla y éstos debe establecerse una estrecha cooperación. En particular, la Autoridad debe poder asignar determinadas tareas a organizaciones de los Estados miembros.

(52) Es necesario lograr un equilibrio entre la necesidad de utilizar organizaciones nacionales para efectuar tareas asignadas por la Autoridad y la necesidad de asegurarse de que, en pro de la coherencia general, esas tareas se realizan de acuerdo con los criterios establecidos al efecto. En el plazo de un año deben reexaminarse, con el objetivo de tener en cuenta la creación de la Autoridad y las nuevas posibilidades que ofrece, los procedimientos existentes para asignar tareas científicas a los Estados miembros, en particular por lo que se refiere a la evaluación de expedientes presentados por la industria para solicitar la autorización de determinadas sustancias o determinados productos o procedimientos, pues los procedimientos de evaluación seguirán siendo al menos igual de estrictos que antes.

(53) La Comisión sigue siendo plenamente responsable de comunicar las medidas de gestión del riesgo; por consiguiente, se debe intercambiar la información adecuada entre la Autoridad y la Comisión. También es necesaria una estrecha cooperación entre la

Autoridad, la Comisión y los Estados miembros para garantizar la coherencia del proceso global de comunicación.

(54) La independencia de la Autoridad y su papel como informador del público en general significan que debe ser capaz de comunicar de manera autónoma los datos que entran dentro de su ámbito de competencia, con el fin de ofrecer una información objetiva, fiable y de fácil comprensión.

(55) Es necesario entablar con los Estados miembros y las demás partes interesadas la adecuada cooperación en el ámbito específico de las campañas de información al público, para tener en cuenta los parámetros regionales y las posibles correlaciones con la política sanitaria.

(56) Además de sus principios operativos basados en la independencia y la transparencia, la Autoridad debe ser una organización abierta a los contactos con los consumidores y con otros interesados.

(57) La Autoridad debe financiarse con el presupuesto general de la Unión Europea. Sin embargo, a la luz de la experiencia adquirida, sobre todo con la tramitación de expedientes de autorización presentados por la industria, la posibilidad de cobrar tasas debe examinarse en los tres años siguientes a la entrada en vigor del presente Reglamento. El procedimiento presupuestario de la Unión Europea sigue siendo aplicable por lo que respecta a las subvenciones por cuenta del presupuesto general de la Unión Europea. La auditoría de la contabilidad debe llevarla a cabo el Tribunal de Cuentas.

(58) Es necesario hacer posible la participación de los países europeos que no son miembros de la Unión Europea pero que han celebrado acuerdos que les obligan a incorporar y aplicar la legislación comunitaria en el ámbito cubierto por el presente Reglamento.

(59) Existe un sistema de alerta rápida en el marco de la Directiva 92/59/CEE, de 29 de junio de 1992, relativa a la seguridad general de los productos; en su ámbito de aplicación están incluidos los alimentos y los productos industriales, pero no los piensos. Las recientes crisis alimentarias han demostrado que es necesario establecer un sistema de alerta rápida mejor y más amplio, que incluya a los alimentos y los piensos. La Comisión, los Estados miembros como miembros de la red y la Autoridad deben gestionar el sistema revisado. Este sistema no debe cubrir el intercambio rápido de información en caso de emergencia radiológica, tal como se define en la Decisión del Consejo 87/600/Euratom.

(60) Los recientes incidentes relacionados con la seguridad alimentaria han demostrado que es necesario establecer medidas apropiadas en situaciones de emergencia para asegurarse de que todos los alimentos, del tipo y del origen que sean, y todos los piensos puedan ser sometidos a medidas comunes en caso de un riesgo grave para la salud humana y animal o el medio ambiente; este enfoque exhaustivo de las medidas de seguridad alimentaria de emergencia debe permitir emprender acciones eficaces y evitar disparidades artificiales en el tratamiento de un riesgo grave relativo a alimentos o piensos.

(61) Las recientes crisis alimentarias han demostrado también lo beneficioso que resulta para la Comisión disponer de procedimientos convenientemente adaptados y más rápidos para la gestión de crisis. Estos procedimientos organizativos deben permitir mejorar la coordinación de los esfuerzos y determinar cuáles son las medidas más indicadas, en función de la mejor información científica. Por lo tanto, los procedimientos revisados deben tener en cuenta las responsabilidades de la Autoridad y disponer su asistencia científica y técnica en forma de recomendación en caso de crisis alimentaria.

(62) Para asegurar un enfoque exhaustivo más eficaz de la cadena alimentaria, debe crearse un Comité de la Cadena Alimentaria y de Sanidad Animal, que ha de remplazar al Comité Veterinario Permanente, al Comité Permanente de Productos Alimenticios y al Comité Permanente de la Alimentación Animal. Por lo tanto las Decisiones nos 68/361/CEE, 69/414/CEE y 70/372/CEE del Consejo deben ser derogadas. Por el mismo motivo, el Comité de la Cadena Alimentaria y de Sanidad Animal también debe sustituir al Comité Fitosanitario Permanente respecto de sus competencias (para las Directivas 76/895/CEE, 86/362/CEE, 83/363/CEE, 90/642/CEE y 91/414/CEE) sobre productos fitosanitarios y el establecimiento de niveles máximos de residuos.

(63) Las medidas necesarias para la ejecución del presente Reglamento deben aprobarse con arreglo a la Decisión 1999/468/CE del Consejo por la que se establecen los procedimientos para el ejercicio de las competencias de ejecución atribuidas a la Comisión.

(64) Es necesario dar a los operadores tiempo necesario para adaptarse a algunos de los requisitos establecidos en el presente Reglamento y que la Autoridad Europea de Seguridad Alimentaria comience a funcionar el 1 de enero de 2002.

(65) Es importante evitar confusiones entre los cometidos de la Autoridad y los de la Agencia Europea para la Evaluación de Medicamentos creada por el Reglamento (CEE) nº 2309/93 del Consejo, por lo que es necesario establecer que el presente Reglamento se aplicará sin perjuicio de las competencias atribuidas a esta Agencia por la legislación comunitaria, incluidas las que le confiere el Reglamento (CEE) nº 2377/90 del Consejo, de 26 de junio de 1990, por el que se establece un procedimiento comunitario de fijación de los límites máximos de residuos de medicamentos veterinarios en los alimentos de origen animal.

(66) Resulta necesario y apropiado para alcanzar los objetivos previstos por el presente Reglamento regular la aproximación de los conceptos, principios y procedimientos que formen una base común para la legislación alimentaria comunitaria y crear una Autoridad Alimentaria Comunitaria. De conformidad con el principio de proporcionalidad establecido en el artículo 5 del Tratado, el presente Reglamento no excederá de lo necesario para alcanzar los objetivos previstos.

HAN ADOPTADO EL PRESENTE REGLAMENTO:

CAPÍTULO I.- ÁMBITO DE APLICACIÓN Y DEFINICIONES

Artículo 1.- *Objetivo y ámbito de aplicación*

1. El presente Reglamento proporciona la base para asegurar un nivel elevado de protección de la salud de las personas y de los intereses de los consumidores en relación con los alimentos, teniendo en cuenta, en particular, la diversidad del suministro de alimentos, incluidos los productos tradicionales, al tiempo que se garantiza el funcionamiento eficaz del mercado interior. Establece principios y responsabilidades comunes, los medios para proporcionar una base científica sólida y disposiciones y procedimientos organizativos eficientes en los que basar la toma de decisiones en cuestiones referentes a la seguridad de los alimentos y los piensos.

2. A efectos del apartado 1, el presente Reglamento establece los principios generales aplicables, en la Comunidad y a nivel nacional, a los alimentos y los piensos en general y, en particular, a su seguridad.

En virtud del presente Reglamento se crea la Autoridad Europea de Seguridad Alimentaria.

Se establecen procedimientos relativos a cuestiones que influyen directa o indirectamente en la seguridad de los alimentos y los piensos.

3. El presente Reglamento se aplicará a todas las etapas de la producción, la transformación y la distribución de alimentos y de piensos, pero no a la producción primaria para uso privado ni a la preparación, manipulación o almacenamiento domésticos de alimentos para consumo propio.

Artículo 2.- *Definición de «alimento»*

A efectos del presente Reglamento, se entenderá por «alimento» (o «producto alimenticio») cualquier sustancia o producto destinados a ser ingeridos por los seres humanos o con probabilidad razonable de serlo, tanto si han sido transformados entera o parcialmente como si no.

«Alimento» incluye las bebidas, la goma de mascar y cualquier sustancia, incluida el agua, incorporada voluntariamente al alimento durante su fabricación, preparación o tratamiento. Se incluirá el agua después del punto de cumplimiento definido en el artículo 6 de la Directiva 98/83/CE y sin perjuicio de los requisitos estipulados en las Directivas 80/778/CEE y 98/83/CE.

«Alimento» no incluye:

a) los piensos;

b) los animales vivos, salvo que estén preparados para ser comercializados para consumo humano;

c) las plantas antes de la cosecha;

d) los medicamentos tal y como lo definen las Directivas 65/65/CEE y 92/73/CEE del Consejo;

e) los cosméticos tal como los define la Directiva 76/768/CEE del Consejo;

f) el tabaco y los productos del tabaco tal como los define la Directiva 89/622/CEE del Consejo;

g) las sustancias estupefacientes o psicotrópicas tal como las define la Convención Única de las Naciones Unidas sobre Estupefacientes, de 1961, y el Convenio de las Naciones Unidas sobre Sustancias Psicotrópicas, de 1971;

h) los residuos y contaminantes.

Artículo 3.- *Otras definiciones*

A efectos del presente Reglamento, se entenderá por:

1) «Legislación alimentaria», las disposiciones legales, reglamentarias y administrativas aplicables en la Comunidad Europea o a nivel nacional a los alimentos en general, y a la seguridad de los alimentos en particular. Se aplica a cualquiera de las etapas de la producción, la transformación y la distribución de alimentos así como de piensos producidos para alimentar a los animales destinados a la producción de alimentos o suministrados a dichos animales.

2) «Empresa alimentaria», toda empresa pública o privada que, con o sin ánimo de lucro, lleve a cabo cualquier actividad relacionada con cualquiera de las etapas de la producción, la transformación y la distribución de alimentos.

3) «Explotador de empresa alimentaria», las personas físicas o jurídicas responsables de asegurar el cumplimiento de los requisitos de la legislación alimentaria en la empresa alimentaria bajo su control.

4) «Pienso», cualquier sustancia o producto, incluidos los aditivos, destinado a la alimentación por vía oral de los animales, tanto si ha sido transformado entera o parcialmente como si no.

5) «Empresa de piensos», toda empresa pública o privada que, con o sin ánimo de lucro, lleve a cabo cualquier actividad de producción, fabricación, transformación, almacenamiento, transporte o distribución de piensos; se incluye todo productor que produzca, transforme o almacene piensos para alimentar a los animales de su propia explotación.

6) «Explotador de empresa de piensos», las personas físicas o jurídicas responsables de asegurar el cumplimiento de los requisitos de la legislación alimentaria en la empresa de piensos bajo su control.

7) «Comercio al por menor», la manipulación o la transformación de alimentos y su almacenamiento en el punto de venta o entrega al consumidor final; se incluyen las terminales de distribución, las actividades de restauración colectiva, los comedores de empresa, los servicios de restauración de instituciones, los restaurantes y otros servicios alimentarios similares, las tiendas, los centros de distribución de los supermercados y los puntos de venta al público al por mayor.

8) «Comercialización», la tenencia de alimentos o piensos con el propósito de venderlos; se incluye la oferta de venta o de cualquier otra forma de transferencia, ya sea a título oneroso o gratuito, así como la venta, distribución u otra forma de transferencia.

9) «Riesgo», la ponderación de la probabilidad de un efecto perjudicial para la salud y de la gravedad de ese efecto, como consecuencia de un factor de peligro.

10) «Análisis del riesgo», un proceso formado por tres elementos interrelacionados: determinación del riesgo, gestión del riesgo y comunicación del riesgo.

11) «Determinación del riesgo», un proceso con fundamento científico formado por cuatro etapas: identificación del factor de peligro, caracterización del factor de peligro, determinación de la exposición y caracterización del riesgo.

12) «Gestión del riesgo», el proceso, distinto del anterior, consistente en sopesar las alternativas políticas en consulta con las partes interesadas, teniendo en cuenta la determinación del riesgo y otros factores pertinentes, y, si es necesario, seleccionando las opciones apropiadas de prevención y control.

13) «Comunicación del riesgo», el intercambio interactivo, a lo largo de todo el proceso de análisis del riesgo, de información y opiniones en relación con los factores de peligro y los riesgos, los factores relacionados con el riesgo y las percepciones del riesgo, que se establece entre los responsables de la determinación y los responsables de la gestión del riesgo, los consumidores, las empresas alimentarias y de piensos, la comunidad científica y otras partes interesadas; en ese intercambio está incluida la explicación de los resultados de la determinación del riesgo y la motivación de las decisiones relacionadas con la gestión del riesgo.

14) «Factor de peligro», todo agente biológico, químico o físico presente en un alimento o en un pienso, o toda condición biológica, química o física de un alimento o un pienso que pueda causar un efecto perjudicial para la salud.

15) «Trazabilidad», la posibilidad de encontrar y seguir el rastro, a través de todas las etapas de producción, transformación y distribución, de un alimento, un pienso, un animal destinado a la producción de alimentos o una sustancia destinados a ser incorporados en alimentos o piensos o con probabilidad de serlo.

16) «Etapas de la producción, transformación y distribución», cualquiera de las fases, incluida la de importación, que van de la producción primaria de un alimento, inclusive, hasta su almacenamiento, transporte, venta o suministro al consumidor final, inclusive, y, en su caso, todas las fases de la importación, producción, fabricación, almacenamiento, transporte, distribución, venta y suministro de piensos.

17) «Producción primaria», la producción, cría o cultivo de productos primarios, con inclusión de la cosecha, el ordeño y la cría de animales de abasto previa a su sacrificio. Abarcará también la caza y la pesca y la recolección de productos silvestres.

18) «Consumidor final», el consumidor último de un producto alimenticio que no empleará dicho alimento como parte de ninguna operación o actividad mercantil en el sector de la alimentación.

CAPÍTULO II.- LEGISLACIÓN ALIMENTARIA GENERAL

Artículo 4.- *Ámbito de aplicación*

1. El presente capítulo se aplicará a todas las etapas de la producción, la transformación y la distribución de alimentos así como de piensos producidos para alimentar a los animales destinados a la producción de alimentos o suministrados a dichos animales.

2. Los principios generales establecidos en los artículos 5 a 10 constituirán un marco general de carácter horizontal al que habrá que ajustarse cuando se adopten medidas.

3. Los principios y procedimientos de la actual legislación alimentaria se adaptarán lo antes posible, y a más tardar el 1 de enero de 2007, para ajustarlos a lo dispuesto en los artículos 5 a 10.

4. Hasta entonces, y no obstante lo dispuesto en el apartado 2, se aplicará la legislación actual teniendo en cuenta los principios establecidos en los artículos 5 a 10.

SECCIÓN 1.- PRINCIPIOS GENERALES DE LA LEGISLACIÓN ALIMENTARIA

Artículo 5.- *Objetivos generales*

1. La legislación alimentaria perseguirá uno o varios de los objetivos generales de lograr un nivel elevado de protección de la vida y la salud de las personas, así como de proteger los intereses de los consumidores, incluidas unas prácticas justas en el comercio de alimentos, teniendo en cuenta, cuando proceda, la protección de la salud y el bienestar de los animales, los aspectos fitosanitarios y el medio ambiente.

2. La legislación alimentaria tendrá como finalidad lograr la libre circulación en la Comunidad de alimentos y piensos fabricados o comercializados de acuerdo con los principios y requisitos generales del presente capítulo.

3. Cuando existan normas internacionales, o su formulación sea inminente, se tendrán en cuenta a la hora de elaborar o adaptar la legislación alimentaria, salvo que esas normas, o partes importantes de las mismas, constituyan un medio ineficaz o inadecuado de cumplir los objetivos legítimos de la legislación alimentaria, o que exista una justificación científica, o que el nivel de protección que ofrezcan sea diferente al determinado como apropiado en la Comunidad.

Artículo 6.- *Análisis del riesgo*

1. Con el fin de lograr el objetivo general de un nivel elevado de protección de la salud y la vida de las personas, la legislación alimentaria se basará en el análisis del riesgo, salvo que esto no convenga a las circunstancias o la naturaleza de la medida legislativa.

2. La determinación del riesgo se basará en las pruebas científicas disponibles y se efectuará de una manera independiente, objetiva y transparente.

3. Con objeto de alcanzar los objetivos generales de la legislación alimentaria establecidos en el artículo 5, la gestión del riesgo tendrá en cuenta los resultados de la determinación del riesgo y, en particular, los dictámenes de la Autoridad Europea de Seguridad Alimentaria mencionada en el artículo 22, el principio de cautela cuando sean pertinentes las condiciones mencionadas en el apartado 1 del artículo 7, así como otros factores relevantes para el tema de que se trate.

Artículo 7.- *Principio de cautela*

1. En circunstancias específicas, cuando, tras haber evaluado la información disponible, se observe la posibilidad de que haya efectos nocivos para la salud, pero siga existiendo incertidumbre científica, podrán adoptarse medidas provisionales de gestión del riesgo para asegurar el nivel elevado de protección de la salud por el que ha optado la Comunidad, en espera de disponer de información científica adicional que permita una determinación del riesgo más exhaustiva.

2. Las medidas adoptadas con arreglo al apartado 1 serán proporcionadas y no restringirán el comercio más de lo requerido para alcanzar el nivel elevado de protección de la salud por el que ha optado la Comunidad, teniendo en cuenta la viabilidad técnica y económica y otros factores considerados legítimos para el problema en cuestión. Estas medidas serán revisadas en un plazo de tiempo razonable, en función de la naturaleza del riesgo observado para la vida o la salud y del tipo de información científica necesaria para aclarar la incertidumbre y llevar a cabo una determinación del riesgo más exhaustiva.

Artículo 8.- *Protección de los intereses de los consumidores*

1. La legislación alimentaria tendrá como objetivo proteger los intereses de los consumidores y ofrecerles una base para elegir con conocimiento de causa los alimentos que consumen. Tendrá asimismo como objetivo prevenir:

a) las prácticas fraudulentas o engañosas;

b) la adulteración de alimentos, y

c) cualquier otra práctica que pueda inducir a engaño al consumidor.

SECCIÓN 2.- PRINCIPIOS DE TRANSPARENCIA

Artículo 9.- *Consulta pública*

En el proceso de elaboración, evaluación y revisión de la legislación alimentaria se procederá a una consulta pública, abierta y transparente, ya sea directamente o a través de órganos representativos, excepto cuando no sea posible debido a la urgencia del asunto.

Artículo 10.- *Información al público*

Sin perjuicio de las disposiciones comunitarias y de Derecho nacional aplicables al acceso a los documentos, cuando existan motivos razonables para sospechar que un alimento o un pienso puede presentar un riesgo para la salud de las personas o de los animales, las autoridades, dependiendo de la naturaleza, la gravedad y la envergadura del riesgo, adoptarán las medidas apropiadas para informar al público en general de la naturaleza del riesgo para la salud, indicando, en la medida de lo posible, el alimento o el pienso, o el tipo de alimento o de pienso, el riesgo que puede presentar y las medidas que se adopten o vayan a adoptarse para prevenir, reducir o eliminar ese riesgo.

SECCIÓN 3.- OBLIGACIONES GENERALES DEL COMERCIO DE ALIMENTOS

Artículo 11.- *Alimentos y piensos importados a la Comunidad*

Los alimentos y piensos importados a la Comunidad para ser comercializados en ella deberán cumplir los requisitos pertinentes de la legislación alimentaria o condiciones que la Comunidad reconozca al menos como equivalentes, o bien, en caso de que exista un acuerdo específico entre la Comunidad y el país exportador, los requisitos de dicho acuerdo.

Artículo 12.- *Alimentos y piensos exportados de la Comunidad*

1. Los alimentos y piensos exportados o reexportados de la Comunidad para ser comercializados en países terceros deberán cumplir los requisitos pertinentes de la legislación alimentaria, salvo que las autoridades o las disposiciones legales o reglamentarias, normas, códigos de conducta y otros instrumentos legales y administrativos vigentes del país importador exijan o establezcan, respectivamente, otra cosa.

En otras circunstancias, salvo en caso de que los alimentos sean nocivos para la salud o de que los piensos no sean seguros, los alimentos y piensos sólo podrán exportarse o reexportarse si las autoridades competentes del país destinatario hubieran manifestado expresamente su acuerdo, tras haber sido completamente informadas de los motivos y circunstancias por los cuales los alimentos o piensos de que se trate no pudieran comercializarse en la Comunidad.

2. Cuando sean aplicables las disposiciones de un acuerdo bilateral celebrado entre la Comunidad o uno de sus Estados miembros y un país tercero, los alimentos y piensos exportados de la Comunidad o de dicho Estado miembro a ese país tercero deberán cumplir dichas disposiciones.

Artículo 13.- *Normas internacionales*

Sin perjuicio de sus derechos y obligaciones, la Comunidad y los Estados miembros deberán:

a) contribuir al desarrollo de normas técnicas internacionales relativas a los alimentos y los piensos, y al desarrollo de normas sanitarias y fitosanitarias;

b) fomentar la coordinación de las labores de normalización relacionadas con los alimentos y los piensos llevadas a cabo por organizaciones gubernamentales y no gubernamentales de carácter internacional;

c) contribuir, cuando sea pertinente y conveniente, a la celebración de acuerdos sobre el reconocimiento de la equivalencia de medidas determinadas relacionadas con los alimentos y los piensos;

d) prestar una atención especial a las necesidades peculiares de los países en desarrollo en materia de desarrollo, finanzas y comercio, a fin de evitar que las normas internacionales generen obstáculos innecesarios a las exportaciones procedentes de estos países;

e) fomentar la coherencia entre las normas técnicas internacionales y la legislación alimentaria, y asegurar al mismo tiempo que no se reduce el elevado nivel de protección adoptado en la Comunidad.

SECCIÓN 4.- REQUISITOS GENERALES DE LA LEGISLACIÓN ALIMENTARIA

Artículo 14.- *Requisitos de seguridad alimentaria*

1. No se comercializarán los alimentos que no sean seguros.

2. Se considerará que un alimento no es seguro cuando:

a) sea nocivo para la salud;

b) no sea apto para el consumo humano.

3. A la hora de determinar si un alimento no es seguro, deberá tenerse en cuenta lo siguiente:

a) las condiciones normales de uso del alimento por los consumidores y en cada fase de la producción, la transformación y la distribución, y

b) la información ofrecida al consumidor, incluida la que figura en la etiqueta, u otros datos a los que el consumidor tiene por lo general acceso, sobre la prevención de determinados efectos perjudiciales para la salud que se derivan de un determinado alimento o categoría de alimentos.

4. A la hora de determinar si un alimento es nocivo para la salud, se tendrán en cuenta:

a) los probables efectos inmediatos y a corto y largo plazo de ese alimento, no sólo para la salud de la persona que lo consume, sino también para la de sus descendientes;

b) los posibles efectos tóxicos acumulativos;

c) la sensibilidad particular de orden orgánico de una categoría específica de consumidores, cuando el alimento esté destinado a ella.

5. A la hora de determinar si un alimento no es apto para el consumo humano, se tendrá en cuenta si el alimento resulta inaceptable para el consumo humano de acuerdo con el uso para el que está destinado, por estar contaminado por una materia extraña o de otra forma, o estar putrefacto, deteriorado o descompuesto.

6. Cuando un alimento que no sea seguro pertenezca a un lote o a una remesa de alimentos de la misma clase o descripción, se presupondrá que todos los alimentos contenidos en ese lote o esa remesa tampoco son seguros, salvo que una evaluación detallada demuestre que no hay pruebas de que el resto del lote o de la remesa no es seguro.

7. El alimento que cumpla las disposiciones comunitarias específicas que regulen la inocuidad de los alimentos se considerará seguro por lo que se refiere a los aspectos cubiertos por esas disposiciones.

8. La conformidad de un alimento con las disposiciones específicas que le sean aplicables no impedirá que las autoridades competentes puedan tomar las medidas adecuadas para imponer restricciones a su comercialización o exigir su retirada del mercado cuando existan motivos para pensar que, a pesar de su conformidad, el alimento no es seguro.

9. A falta de disposiciones comunitarias específicas, se considerará seguro un alimento si es conforme a las disposiciones específicas de la legislación alimentaria nacional del Estado miembro donde se comercialice ese alimento; esas disposiciones nacionales deberán estar redactadas y aplicarse sin perjuicio del Tratado, y en particular de sus artículos 28 y 30.

Artículo 15.- *Requisitos de inocuidad de los piensos*

1. No se comercializarán ni se darán a ningún animal destinado a la producción de alimentos piensos que no sean seguros.

2. Se considerará que un pienso no es seguro para el uso al que esté destinado cuando:

— tenga un efecto perjudicial para la salud humana o de los animales,

— haga que el alimento obtenido a partir de animales destinados a la producción de alimentos no sea seguro para el consumo humano.

3. Cuando un pienso que no cumple la obligación de inocuidad pertenezca a un lote o una remesa de piensos de la misma clase o descripción, se presupondrá que ninguno de los piensos contenidos en ese lote o esa remesa la cumplen, salvo que una evaluación detallada demuestre que no hay pruebas de que el resto del lote o de la remesa no cumplen dicha obligación.

4. El pienso que cumpla las disposiciones comunitarias específicas por las que se rige la inocuidad de los piensos se considerará seguro por lo que se refiere a los aspectos cubiertos por esas disposiciones.

5. La conformidad de un pienso con las disposiciones específicas que le sean aplicables no impedirá que las autoridades competentes puedan tomar las medidas adecuadas para imponer restricciones a su comercialización o exigir su retirada del mercado cuando existan motivos para sospechar que, a pesar de su conformidad, el pienso no es seguro.

6. En ausencia de disposiciones comunitarias específicas, se considerará seguro un pienso si es conforme a las disposiciones específicas de la legislación nacional por la que se rige la inocuidad de los piensos del Estado miembro donde ese pienso está en circulación; esas disposiciones nacionales deberán estar redactadas y aplicarse sin perjuicio del Tratado, y en particular de sus artículos 28 y 30.

Artículo 16.- *Presentación*

Sin perjuicio de disposiciones más específicas de la legislación alimentaria, el etiquetado, la publicidad y la presentación de los alimentos o los piensos, incluidos su forma, apariencia o envasado, los materiales de envasado utilizados, la forma en que se disponen los alimentos o los piensos y el lugar en el que se muestran, así como la información que se ofrece sobre ellos a través de cualquier medio, no deberán inducir a error a los consumidores.

Artículo 17.- *Responsabilidades*

1. Los explotadores de empresas alimentarias y de empresas de piensos se asegurarán, en todas las etapas de la producción, la transformación y la distribución que tienen lugar en las empresas bajo su control, de que los alimentos o los piensos cumplen los requisitos de la legislación alimentaria pertinentes a los efectos de sus actividades y verificarán que se cumplen dichos requisitos.

2. Los Estados miembros velarán por el cumplimiento de la legislación alimentaria, y controlarán y verificarán que los explotadores de empresas alimentarias y de empresas de piensos cumplen los requisitos pertinentes de la legislación alimentaria en todas las etapas de la producción, la transformación y la distribución.

Para tal fin, mantendrán un sistema de controles oficiales y llevarán a cabo otras actividades oportunas, incluida la información al público sobre la inocuidad y los riesgos de los alimentos y los piensos, la vigilancia de la inocuidad de alimentos y piensos y otras actividades de control que cubran todas las etapas de la producción, la transformación y la distribución.

Los Estados miembros regularán asimismo las medidas y las sanciones aplicables a las infracciones de la legislación alimentaria y de la legislación relativa a los piensos. Esas medidas y sanciones deberán ser efectivas, proporcionadas y disuasorias.

Artículo 18.- *Trazabilidad*

1. En todas las etapas de la producción, la transformación y la distribución deberá asegurarse la trazabilidad de los alimentos, los piensos, los animales destinados a la producción de alimentos y de cualquier otra sustancia destinada a ser incorporada en un alimento o un pienso, o con probabilidad de serlo.

2. Los explotadores de empresas alimentarias y de empresas de piensos deberán poder identificar a cualquier persona que les haya suministrado un alimento, un pienso, un animal destinado a la producción de alimentos, o cualquier sustancia destinada a ser incorporada en un alimento o un pienso, o con probabilidad de serlo.

Para tal fin, dichos explotadores pondrán en práctica sistemas y procedimientos que permitan poner esta información a disposición de las autoridades competentes si éstas así lo solicitan.

3. Los explotadores de empresas alimentarias y de empresas de piensos deberán poner en práctica sistemas y procedimientos para identificar a las empresas a las que hayan suministrado sus productos. Pondrán esta información a disposición de las autoridades competentes si éstas así lo solicitan.

4. Los alimentos o los piensos comercializados o con probabilidad de comercializarse en la Comunidad deberán estar adecuadamente etiquetados o identificados para facilitar su trazabilidad mediante documentación o información pertinentes, de acuerdo con los requisitos pertinentes de disposiciones más específicas.

5. Podrán adoptarse disposiciones para la aplicación de lo dispuesto en el presente artículo en relación con sectores específicos de acuerdo con el procedimiento contemplado en el apartado 2 del artículo 58.

Artículo 19.- *Responsabilidades respecto a los alimentos: explotadores de empresas alimentarias*

1. Si un explotador de empresa alimentaria considera o tiene motivos para pensar que alguno de los alimentos que ha importado, producido, transformado, fabricado o distribuido no cumple los requisitos de seguridad de los alimentos, procederá inmediatamente a su retirada del mercado cuando los alimentos hayan dejado de estar sometidos al control inmediato de ese explotador inicial e informará de ello a las autoridades competentes. En caso de que el producto pueda haber llegado a los consumidores, el explotador informará de forma efectiva y precisa a los consumidores de las razones de esa retirada y, si es necesario, recuperará los productos que ya les hayan sido suministrados cuando otras medidas no sean suficientes para alcanzar un nivel elevado de protección de la salud.

2. El explotador de empresa alimentaria responsable de las actividades de venta al por menor o distribución que no afecten al envasado, al etiquetado, a la inocuidad o a la integridad del alimento procederá, dentro de los límites de las actividades que lleve a cabo, a la retirada de los productos que no se ajusten a los requisitos de seguridad y contribuirá a la inocuidad de ese alimento comunicando la información pertinente para su trazabilidad y cooperando en las medidas que adopten los productores, los transformadores, los fabricantes o las autoridades competentes.

3. El explotador de empresa alimentaria que considere o tenga motivos para pensar que uno de los alimentos que ha comercializado puede ser nocivo para la salud de las personas deberá informar inmediatamente de ello a las autoridades competentes. El explotador también deberá informar a las autoridades competentes de las medidas adoptadas para prevenir los riesgos para el consumidor final y no impedirá a ninguna persona cooperar, de conformidad con la legislación y la práctica jurídica nacionales, con las autoridades competentes, ni la disuadirá de hacerlo, cuando ello permita prevenir, reducir o eliminar un riesgo resultante de un alimento.

4. Los explotadores de empresas alimentarias colaborarán con las autoridades competentes en lo que se refiere a las medidas adoptadas para evitar o reducir los riesgos que presente un alimento que suministren o hayan suministrado.

Artículo 20.- *Responsabilidades respecto a los piensos: explotadores de empresas de piensos*

1. Si un explotador de empresa de piensos considera o tiene motivos para pensar que alguno de los piensos que ha importado, producido, transformado, fabricado o distribuido no cumple los requisitos de inocuidad, procederá inmediatamente a su retirada del mercado e informará de ello a las autoridades competentes. En las mencionadas circunstancias o, en el caso del apartado 3 del artículo 15, cuando el lote o remesa no cumplan la obligación de inocuidad, dicho pienso será destruido, a menos que la autoridad competente acepte otra solución. El explotador informará de forma efectiva y precisa a los usuarios de ese pienso de las razones de su retirada y, si es necesario, recuperará los productos que ya les hayan sido suministrados cuando otras medidas no sean suficientes para alcanzar un nivel elevado de protección de la salud.

2. El explotador de empresa de piensos responsable de las actividades de venta al por menor o distribución que no afecten al envasado, al etiquetado, a la inocuidad o a la integridad del pienso procederá, dentro de los límites de las actividades que lleve a cabo, a la retirada de los productos que no se ajusten a los requisitos de seguridad y contribuirá a la inocuidad de los alimentos comunicando la información pertinente para su trazabilidad y cooperando en las medidas que adopten los productores, los transformadores, los fabricantes o las autoridades competentes.

3. El explotador de empresa de piensos que considere o tenga motivos para pensar que uno de los piensos que ha comercializado incumple los requisitos en materia de inocuidad de los piensos deberá informar inmediatamente de ello a las autoridades competentes. El explotador deberá informar también a las autoridades competentes de las medidas adoptadas para prevenir los riesgos derivados del empleo de dicho pienso y, de conformidad con la legislación y la práctica jurídica nacionales, no impedirá a ninguna parte cooperar con las autoridades competentes, ni la disuadirá de hacerlo, en caso de que ello pueda prevenir, reducir o eliminar un riesgo resultante de un pienso.

4. Los explotadores de empresas de piensos colaborarán con las autoridades competentes en lo que se refiere a las medidas adoptadas para evitar los riesgos que presente un pienso que suministren o hayan suministrado.

Artículo 21.- *Responsabilidad civil*

Las disposiciones del presente capítulo se aplicarán sin perjuicio de la Directiva 85/374/CEE del Consejo, de 25 de julio de 1985, relativa a la aproximación de las disposiciones legales, reglamentarias y administrativas de los Estados miembros en materia de responsabilidad por los daños causados por productos defectuosos.

CAPÍTULO III.- AUTORIDAD EUROPEA DE SEGURIDAD ALIMENTARIA

SECCIÓN 1.- COMETIDO Y FUNCIONES

Artículo 22.- *Cometido de la Autoridad*

1. Por el presente Reglamento se crea una Autoridad Europea de Seguridad Alimentaria, denominada en lo sucesivo, la «Autoridad».

2. La Autoridad facilitará asesoramiento científico y apoyo científico y técnico de cara a la labor legislativa y política de la Comunidad en todos aquellos ámbitos que, directa o indirectamente, influyen en la seguridad de los alimentos y los piensos. La Autoridad facilitará información independiente acerca de todos los temas comprendidos en estos ámbitos e informarán sobre riesgos.

3. La Autoridad contribuirá a lograr un nivel elevado de protección de la vida y la salud de las personas y, a este respecto, tendrá en cuenta la salud y el bienestar de los animales, las cuestiones fitosanitarias y el medio ambiente, todo ello en el contexto del funcionamiento del mercado interior.

4. La Autoridad recopilará y analizará los datos que permitan la caracterización y el control de los riesgos que, directa o indirectamente, influyan en la seguridad de los alimentos y de los piensos.

5. La Autoridad también tendrá como cometido:

a) facilitar asesoramiento científico y apoyo científico y técnico en temas de nutrición humana en relación con la legislación comunitaria y, cuando la Comisión lo solicite, prestar asistencia en la labor de comunicación sobre cuestiones nutricionales en el marco del programa de salud pública de la Comunidad;

b) emitir dictámenes científicos sobre otras cuestiones relacionadas con la salud y el bienestar de los animales o sobre cuestiones fitosanitarias;

c) emitir dictámenes científicos sobre productos distintos de los alimentos y los piensos que guarden relación con los organismos modificados genéticamente según se definen en la Directiva 2001/18/CE y sin perjuicio de los procedimientos que en la misma se establecen.

6. La Autoridad emitirá dictámenes científicos que servirán de base científica para la redacción y la adopción de medidas comunitarias en los ámbitos comprendidos en su cometido.

7. La Autoridad llevará a cabo sus funciones en unas condiciones que le permitan servir de referente en virtud de su independencia, la calidad científica y técnica de los dictámenes que emita, la información que difunda, la transparencia de sus procedimientos y sus métodos de actuación y su diligencia en la ejecución de las tareas que se le asignen.

Actuará en estrecha colaboración con los organismos competentes de los Estados miembros que lleven a cabo tareas similares a las que desempeña la Autoridad.

8. La Autoridad, la Comisión y los Estados miembros cooperarán para propiciar la coherencia efectiva entre las funciones de determinación del riesgo, gestión del riesgo y comunicación del riesgo.

9. Los Estados miembros cooperarán con la Autoridad para asegurar el cumplimiento de su cometido.

Artículo 23.- *Funciones de la Autoridad*

Las funciones de la Autoridad serán las siguientes:

a) proporcionará a las instituciones comunitarias y a los Estados miembros los mejores dictámenes científicos posibles en todos los casos previstos por la legislación comunitaria y en relación con cualquier cuestión de las comprendidas en su cometido;

b) promoverá y coordinará el desarrollo de metodologías uniformes de determinación del riesgo en los ámbitos comprendidos en su cometido;

c) proporcionará a la Comisión apoyo científico y técnico en los ámbitos comprendidos en su cometido y, si así se le solicita, en la interpretación y el examen de los dictámenes de determinación del riesgo;

d) encargará los estudios científicos que sean necesarios para el cumplimiento de su cometido;

e) buscará, recopilará, cotejará, analizará y resumirá los datos científicos y técnicos de los ámbitos comprendidos en su cometido;

f) emprenderá acciones para identificar y caracterizar los riesgos emergentes en los ámbitos comprendidos en su cometido;

g) establecerá un sistema de redes interconectadas de organizaciones que actúen en los ámbitos comprendidos en su cometido, de cuyo funcionamiento será responsable;

h) proporcionará asistencia científica y técnica, cuando así se lo solicite la Comisión, en los procedimientos de gestión de crisis que ésta ponga en marcha en relación con la seguridad de los alimentos y los piensos;

i) proporcionará asistencia científica y técnica, cuando así se lo solicite la Comisión, con el fin de mejorar la cooperación entre la Comunidad, los países que han solicitado la adhesión, las organizaciones internacionales y terceros países, en los ámbitos comprendidos en su cometido;

j) se asegurará de que el público y otras partes interesadas reciben una información rápida, fiable, objetiva y comprensible en los ámbitos comprendidos en su cometido;

k) formulará de forma independiente sus propias conclusiones y orientaciones sobre temas comprendidos en su cometido;

l) llevará a cabo cualquier otra tarea que le asigne la Comisión y esté comprendida en su cometido.

SECCIÓN 2.- ORGANIZACIÓN

Artículo 24.- *Órganos de la Autoridad*

La Autoridad estará compuesta por:

a) una Junta Directiva,

b) un Director Ejecutivo y su equipo de colaboradores,

c) un Foro Consultivo,

d) un Comité científico y varias comisiones técnicas científicas.

Artículo 25.- *Junta Directiva*

1. La Junta Directiva estará compuesta por 14 miembros nombrados por el Consejo, en consulta con el Parlamento Europeo procedentes de una lista elaborada por la Comisión que contendrá un número de candidatos considerablemente mayor que el de los que deban ser nombrados, y un representante de la Comisión. Cuatro de los miembros contarán con historial en organizaciones representativas de los consumidores y otras partes interesadas en la cadena alimentaria.

La lista elaborada por la Comisión, junto con la documentación pertinente, será remitida al Parlamento Europeo. Tan pronto como sea posible y en el plazo de tres meses a partir de dicha comunicación, el Parlamento Europeo someterá su punto de vista a la consideración del Consejo, que designará entonces a la Junta Directiva.

Los miembros de la Junta Directiva serán designados de forma que garantice el máximo nivel de competencia, una amplia gama de conocimientos especializados pertinentes y, en consonancia con estos criterios, la distribución geográfica más amplia posible dentro de la Unión.

2. El mandato de los miembros será de cuatro años, renovable una sola vez. No obstante, en el primer mandato, su duración será de seis años para la mitad de los miembros.

3. La Junta Directiva adoptará los estatutos de la Autoridad basándose en una propuesta del Director Ejecutivo. Dicho reglamento se hará público.

4. La Junta Directiva elegirá a su presidente de entre sus miembros, por un periodo de dos años renovable.

5. La Junta Directiva adoptará su Reglamento interno.

Salvo que se disponga otra cosa, actuará por mayoría de sus miembros.

6. La Junta Directiva se reunirá a iniciativa del presidente o a petición de al menos un tercio de sus miembros.

7. La Junta Directiva se asegurará de que la Autoridad cumple su cometido y lleva a cabo las tareas que le son asignadas en las condiciones establecidas en el presente Reglamento.

8. Antes del 31 de enero de cada año, la Junta Directiva aprobará el programa de trabajo de la Autoridad para el año siguiente. También adoptará un programa plurianual revisable. La Junta Directiva se asegurará de que estos programas son coherentes con las prioridades legislativas y políticas de la Comunidad en el ámbito de la seguridad alimentaria.

Antes del 30 de marzo de cada año, aprobará el informe general de actividad de la Autoridad correspondiente al año anterior.

9. El Consejo de administración adoptará la normativa financiera aplicable a la Autoridad, previa consulta a la Comisión. Dicha normativa sólo podrá desviarse del Reglamento (CE, Euratom) nº 2343/2002 de la Comisión, de 19 de noviembre de 2002, por el que se aprueba el Reglamento financiero marco de los organismos a que se refiere el artículo 185 del Reglamento (CE, Euratom) nº 1605/2002 del Consejo, por el que se aprueba el Reglamento financiero aplicable al presupuesto general de las Comunidades Europeas, en la medida en que las exigencias específicas de funcionamiento de la Autoridad lo requieran, y con la autorización previa de la Comisión.

10. El Director Ejecutivo participará, sin derecho de voto, en las reuniones de la Junta Directiva, y asumirá las funciones de secretaría. La Junta Directiva invitará al presidente del Comité Científico a participar en sus reuniones, sin derecho de voto.

Artículo 26.- *Director Ejecutivo*

1. El Director Ejecutivo será nombrado por la Junta Directiva, a partir de una lista de candidatos propuesta por la Comisión tras celebrarse un procedimiento competitivo abierto, previa publicación en el Diario Oficial de las Comunidades Europeas y en otros medios de comunicación de una convocatoria de manifestaciones de interés, por un período de cinco años renovable. Antes del nombramiento se invitará sin demora al candidato designado por la Junta Directiva a realizar una declaración ante el Parlamento Europeo y a responder a las preguntas formuladas por los miembros de esta institución. El Director Ejecutivo podrá ser destituido por mayoría de la Junta Directiva.

2. El Director Ejecutivo será el representante legal de la Autoridad. Estarán bajo su responsabilidad:

a) la administración cotidiana de la Autoridad;

b) la elaboración de una propuesta para los programas de trabajo de la Autoridad, en consulta con la Comisión;

c) la ejecución de los programas de trabajo y de las decisiones adoptadas por la Junta Directiva;

d) asegurar un apropiado apoyo científico, técnico y administrativo al Comité Científico y las comisiones técnicas científicas;

e) asegurar que las funciones de la Autoridad se realizan de acuerdo con las exigencias de sus usuarios, en particular por lo que respecta a la adecuación de los servicios ofrecidos y al tiempo que requieren;

f) la preparación del proyecto del estado de previsión de los ingresos y gastos, así como la ejecución del presupuesto de la Autoridad;

g) todas las cuestiones relacionadas con el personal;

h) establecer y mantener contactos con el Parlamento Europeo y cuidar de que exista un diálogo periódico con sus pertinentes comisiones.

3. Cada año, el Director ejecutivo someterá a la aprobación del Consejo de administración:

a) un proyecto de informe general de actividades que cubra el conjunto de las tareas de la Autoridad del año transcurrido;

b) proyectos de programas de trabajo.

El Director ejecutivo transmitirá, tras su adopción por el Consejo de administración, los programas de trabajo al Parlamento Europeo, al Consejo, a la Comisión y a los Estados miembros, y asegurará su publicación.

El Director ejecutivo transmitirá, tras su adopción por el Consejo de administración y, a más tardar, el 15 de junio, el informe general de actividades de la Autoridad al Parlamento Europeo, al Consejo, a la Comisión, al Tribunal de Cuentas, al Comité Económico y Social Europeo y al Comité de las Regiones, y asegurará su publicación.

El Director ejecutivo remitirá a la Autoridad Presupuestaria todos los años toda la información pertinente sobre los resultados de los procedimientos de evaluación.

Artículo 27.- *Foro Consultivo*

1. El Foro Consultivo estará compuesto por representantes de organismos competentes de los Estados miembros que lleven a cabo tareas similares a las de la Autoridad, a razón de un representante nombrado por cada Estado miembro. Los representantes podrán ser reemplazados por suplentes, nombrados al mismo tiempo.

2. Los miembros de este Foro no podrán ser miembros de la Junta Directiva.

3. El Foro Consultivo asesorará al Director Ejecutivo en el ejercicio de las funciones que le atribuye el presente Reglamento, en particular en la elaboración de una propuesta relativa al programa de trabajo de la Autoridad. El Director Ejecutivo podrá asimismo pedir al Foro Consultivo asesoramiento sobre la fijación de prioridades para la petición de dictámenes científicos.

4. El Foro Consultivo constituirá un mecanismo para intercambiar información relativa a riesgos potenciales y centralizar conocimientos. Garantizará una estrecha cooperación entre la Autoridad y los organismos competentes de los Estados miembros, en particular en los siguientes casos:

a) para evitar duplicaciones entre los estudios científicos de la Autoridad y los de los Estados miembros, de conformidad con el artículo 32;

b) en las circunstancias a que se refiere el apartado 4 del artículo 30, cuando la Autoridad y un organismo nacional estén obligados a cooperar;

c) para fomentar la interconexión a escala europea de las organizaciones que actúen en los ámbitos que comprende el cometido de la Autoridad, con arreglo a lo dispuesto en el apartado 1 del artículo 36;

d) cuando la Autoridad o algún Estado miembro observe un riesgo emergente.

5. El Foro Consultivo estará presidido por el Director Ejecutivo. Se reunirá regularmente, y no menos de cuatro veces al año, a iniciativa del presidente o a petición de al menos un tercio de sus miembros. Su procedimiento operativo se especificará en los estatutos de la Autoridad y se hará público.

6. La Autoridad proporcionará al Foro Consultivo el apoyo logístico y técnico necesario, y asumirá la secretaría de sus reuniones.

7. Podrán participar representantes de los servicios de la Comisión en los trabajos de este Foro. El Director Ejecutivo podrá invitar a participar en sus trabajos a representantes del Parlamento Europeo y de otros organismos pertinentes.

Cuando el Foro Consultivo aborde las cuestiones a que se refiere la letra b) del apartado 5 del artículo 22, podrán participar en sus trabajos representantes de los órganos competentes de los Estados miembros que desempeñen funciones similares a las descritas en la letra b) del apartado 5 del artículo 22, a razón de un representante por cada Estado miembro.

Artículo 28.- *Comité científico y comisiones técnicas científicas*

1. El Comité científico y las comisiones técnicas científicas permanentes serán responsables de proporcionar a la Autoridad sus dictámenes científicos, cada uno dentro de su propio ámbito de competencia, y, cuando sea necesario, contarán con la posibilidad de organizar audiencias públicas.

2. El Comité científico será responsable de la coordinación general necesaria para asegurar la coherencia del procedimiento de dictámenes científicos, en particular por lo que se refiere a la adopción de los procedimientos de trabajo y a la armonización de los métodos de trabajo. Emitirá dictámenes sobre cuestiones de carácter multisectorial comprendidas en el ámbito de competencia de más de una comisión técnica científica, y sobre cuestiones que no se incluyan en el ámbito de competencia de ninguna de ellas.

En la medida en que sea necesario, y especialmente en relación con asuntos que no sean competencia de ninguna de las comisiones técnicas científicas, el Comité creará grupos de trabajo. En tales casos tendrá en cuenta el asesoramiento de dichos grupos de trabajo a la hora de elaborar dictámenes científicos.

3. El Comité científico estará compuesto por los presidentes de las comisiones técnicas científicas y por seis expertos científicos independientes no pertenecientes a ninguna de ellas.

4. Las comisiones técnicas científicas estarán compuestas por expertos científicos independientes. Cuando se cree la Autoridad, se establecerán las siguientes comisiones técnicas científicas:

a) Comisión técnica de aditivos alimentarios y fuentes de nutrientes añadidos a los alimentos.

b) Comisión técnica de aditivos y productos o sustancias utilizados en los piensos para animales.

c) Comisión técnica de productos fitosanitarios y sus residuos.

d) Comisión técnica de organismos modificados genéticamente.

e) Comisión técnica de productos dietéticos, nutrición y alergias.

f) Comisión técnica de factores de peligro biológicos.

g) Comisión técnica de contaminantes de la cadena alimentaria.

h) Comisión técnica de salud y bienestar de los animales.

i) Comisión técnica de fitosanidad.

j) Comisión técnica de materiales en contacto con alimentos, enzimas, aromatizantes y auxiliares tecnológicos.

La Comisión podrá adaptar, a petición de la Autoridad, el número de comisiones técnicas científicas y su denominación a la luz de la evolución técnica y científica. Estas medidas, destinadas a modificar elementos no esenciales del presente Reglamento completándolo, se adoptarán con arreglo al procedimiento de reglamentación con control contemplado en el artículo 58, apartado 3.

5. Los miembros del Comité científico que no formen parte de las comisiones técnicas científicas y los miembros de estas últimas serán nombrados por la Junta Directiva, a propuesta del Director Ejecutivo, por un periodo de tres años renovable, previa publicación en el Diario Oficial de las Comunidades Europeas, en destacadas publicaciones científicas pertinentes y en el sitio Internet de la Autoridad de una convocatoria de manifestaciones de interés.

6. El Comité científico y cada una de las comisiones técnicas científicas elegirán de entre sus miembros un presidente y dos vicepresidentes.

7. El Comité científico y las comisiones técnicas científicas actuarán por mayoría de sus miembros. Se harán constar las opiniones minoritarias.

8. Los representantes de los servicios de la Comisión tendrán derecho a estar presentes en las reuniones del Comité científico, de las comisiones técnicas científicas y de sus grupos de trabajo. Si se les invita a hacerlo, podrán proporcionar las aclaraciones o informaciones oportunas, pero no intentarán influir en los debates.

9. Los procedimientos de funcionamiento y cooperación del Comité científico y las comisiones técnicas científicas se establecerán en los estatutos de la Autoridad.

Estos procedimientos se referirán en particular a:

a) el número de veces consecutivas que un miembro puede trabajar en el Comité científico o en una comisión técnica científica;

b) el número de miembros de cada comisión técnica científica;

c) el reembolso de los gastos de los miembros del Comité científico y las comisiones técnicas científicas;

d) la manera en que se asignan las tareas y las solicitudes de dictamen científico al Comité científico y a las comisiones técnicas científicas;

e) la creación y organización de los grupos de trabajo del Comité científico y de las comisiones técnicas científicas, y a la posibilidad de incluir a expertos externos en esos grupos de trabajo;

f) la posibilidad de invitar a observadores a las reuniones del Comité científico y de las comisiones científicas;

g) la posibilidad de organizar audiencias públicas.

SECCIÓN 3.- FUNCIONAMIENTO

Artículo 29.- *Dictámenes científicos*

1. La Autoridad emitirá un dictamen científico:

a) a petición de la Comisión, con respecto a cualquier tema comprendido en su cometido, y en todos los casos en que la legislación comunitaria disponga que ha de consultársele;

b) por iniciativa propia en relación con temas comprendidos en su cometido.

El Parlamento Europeo o cualquier Estado miembro podrá pedir a la Autoridad que emita un dictamen científico sobre temas comprendidos en su cometido.

2. Las peticiones a que se refiere el apartado 1 irán acompañadas de documentación de referencia que explique el problema científico que deberá abordarse y su interés comunitario.

3. Cuando la legislación comunitaria no establezca plazos concretos para la emisión de un dictamen científico, la Autoridad los emitirá en el plazo especificado en la solicitud de dictamen, salvo en circunstancias debidamente justificadas.

4. Cuando se formulen diversas peticiones referidas a los mismos temas o cuando éstas no se ajusten a lo dispuesto en el apartado 2 o su contenido no esté claro, la Autoridad podrá desestimarlas o bien proponer modificaciones de las peticiones de dictamen, en consulta con la institución o el Estado o Estados miembros de las que emanen. Se comunicará a la institución o Estado o Estados miembros que hayan formulado la petición el motivo de la denegación.

5. Cuando la Autoridad ya haya emitido un dictamen científico sobre el tema concreto a que se refiera una petición, podrá desestimarla si llega a la conclusión de que no concurren elementos científicos nuevos que justifiquen su revisión. Se facilitará a la institución o Estado o Estados miembros que hayan formulado la petición el motivo de la denegación.

6. La Comisión establecerá las normas de desarrollo para la aplicación de este artículo tras consultar a la Autoridad. Estas normas especificarán, en particular:

a) el procedimiento que deberá aplicar la Autoridad a las solicitudes que se le presenten;

b) las directrices que rigen la evaluación científica de sustancias, productos o procesos sujetos, según la legislación comunitaria, a un sistema de autorización previa o inclusión en una lista positiva, en particular cuando la legislación comunitaria disponga o autorice que el solicitante presente un expediente al efecto.

La medida contemplada en la letra a), destinada a modificar elementos no esenciales del presente Reglamento completándolo, se adoptará con arreglo al procedimiento de reglamentación con control contemplado en el artículo 58, apartado 3.

Las directrices contempladas en la letra b) se adoptarán con arreglo al procedimiento de reglamentación contemplado en el artículo 58, apartado 2.

7. Los estatutos de la Autoridad especificarán los requisitos relativos al formato, la exposición de motivos y la publicación de un dictamen científico.

Artículo 30.- *Dictámenes científicos discrepantes*

1. La Autoridad velará para descubrir con prontitud toda posible fuente de discrepancia entre sus dictámenes científicos y los emitidos por otros organismos que lleven a cabo funciones similares.

2. Cuando la Autoridad descubra una posible fuente de discrepancia, se pondrá en contacto con el otro organismo para asegurarse de que comparten toda la información científica pertinente y determinar las cuestiones científicas que pueden ser objeto de controversia.

3. Cuando se haya observado una discrepancia sustantiva en cuestiones científicas y el organismo interesado sea un organismo comunitario o uno de los comités científicos de la Comunidad, la Autoridad y este organismo o este comité estarán obligados a cooperar con el fin de resolver la discrepancia, o presentar a la Comisión un documento conjunto que aclare las cuestiones científicas controvertidas y señale los problemas que plantean los datos. Este documento se hará público.

4. Cuando se haya observado una discrepancia sustantiva en cuestiones científicas y el organismo interesado pertenezca a un Estado miembro, la Autoridad y el organismo nacional estarán obligados a cooperar con el fin o de resolver la discrepancia, o de elaborar un documento conjunto que aclare las cuestiones científicas controvertidas y señale los problemas que plantean los datos. Este documento se hará público.

Artículo 31.- *Asistencia científica y técnica*

1. La Comisión podrá solicitar a la Autoridad asistencia científica y técnica en cualquier ámbito comprendido en su cometido. Para prestar esa asistencia, la Autoridad realizará funciones de carácter científico o técnico en las cuales aplicará principios científicos o técnicos consagrados, que no requerirán una evaluación científica por parte del Comité Científico ni de ninguna de las comisiones técnicas. En este contexto, entre sus funciones podrá figurar, en particular, la de asistir a la Comisión en el establecimiento o evaluación de criterios técnicos, así como en la elaboración de directrices técnicas.

2. Cuando la Comisión solicite asistencia científica o técnica a la Autoridad, especificará, de acuerdo con ésta, el plazo en que debe prestársela.

Artículo 32.- *Estudios científicos*

1. La Autoridad, valiéndose de los mejores recursos científicos independientes disponibles, encargará los estudios científicos que sean necesarios para el cumplimiento de su cometido. Dichos estudios se encargarán de manera abierta y transparente. La Autoridad intentará evitar duplicaciones con los programas de investigación de los Estados miembros y la Comunidad, y fomentará la cooperación mediante la coordinación apropiada.

2. La Autoridad informará al Parlamento Europeo, a la Comisión y a los Estados miembros de los resultados de sus estudios científicos.

Artículo 33.- *Recopilación de datos*

1. La Autoridad buscará, recopilará, cotejará, analizará y resumirá los datos científicos y técnicos pertinentes de los ámbitos comprendidos en su cometido. Recopilará, en particular, datos sobre:

a) el consumo de alimentos y los riesgos a que se exponen los individuos que los consumen;

b) la incidencia y la prevalencia de riesgos biológicos;

c) los contaminantes de los alimentos y los piensos;

d) los residuos.

2. A efectos del apartado 1, la Autoridad trabajará en estrecha cooperación con todas las organizaciones que realicen actividades de recopilación de datos, incluidas las de los países que han solicitado la adhesión a la Unión Europea, las de terceros países o las de organismos internacionales.

3. Los Estados miembros adoptarán las medidas necesarias para que los datos que recojan en los ámbitos contemplados en los apartados 1 y 2 se transmitan a la Autoridad.

4. La Autoridad transmitirá a los Estados miembros y a la Comisión las recomendaciones apropiadas para mejorar la comparabilidad desde el punto de vista técnico de los datos que recibe y de los análisis, con el fin de promover su consolidación a nivel comunitario.

5. En el año siguiente a la fecha de la entrada en vigor del presente Reglamento, la Comisión publicará un inventario de los sistemas de recopilación de datos existentes en la Comunidad en los ámbitos que comprende el cometido de la Autoridad.

El informe, que irá acompañado, en su caso, de las correspondientes propuestas, indicará, en particular:

a) el papel que habría que asignar a la Autoridad en cada uno de los sistemas, y las modificaciones o mejoras que pudieran ser necesarias para permitir a la Autoridad cumplir su cometido, en cooperación con los Estados miembros;

b) los defectos que habría que corregir para permitir a la Autoridad recopilar y resumir a nivel comunitario los datos científicos y técnicos pertinentes de los ámbitos comprendidos en su cometido.

6. La Autoridad transmitirá los resultados de su trabajo de recopilación de datos al Parlamento Europeo, a la Comisión y a los Estados miembros.

Artículo 34.- *Identificación de riesgos emergentes*

1. La Autoridad creará procedimientos de control para buscar, recopilar, cotejar y analizar, de modo sistemático, la información y los datos con el fin de identificar riesgos emergentes en los ámbitos comprendidos en su cometido.

2. Cuando tenga información que le lleve a sospechar de un riesgo emergente grave, solicitará información complementaria a los Estados miembros, a otros organismos comunitarios y a la Comisión, que responderán con carácter de urgencia y le transmitirán cuantos datos pertinentes obren en su poder.

3. La Autoridad utilizará toda la información que reciba en el cumplimiento de su cometido para identificar un riesgo emergente.

4. La Autoridad transmitirá la evaluación y la información que recopile sobre riesgos emergentes al Parlamento Europeo, a la Comisión y a los Estados miembros.

Artículo 35.- *Sistema de alerta rápida*

Para que la Autoridad ejerza lo mejor posible sus tareas de vigilancia de los riesgos sanitarios y nutricionales derivados de los alimentos, se le remitirán todos los mensajes que se transmitan a través del sistema de alerta rápida. La Autoridad analizará el contenido de los mensajes con el fin de proporcionar a la Comisión y a los Estados miembros la información necesaria para el análisis del riesgo.

Artículo 36.- *Interconexión de las organizaciones que actúan en los ámbitos comprendidos en el cometido de la Autoridad*

1. La Autoridad fomentará la interconexión europea de las organizaciones que actúen en los ámbitos comprendidos en su cometido. El objetivo de esta interconexión es, en particular, ofrecer un marco de cooperación científica a través de la coordinación de las actividades, el intercambio de información, la creación y puesta en práctica de proyectos conjuntos y el intercambio de conocimientos especializados y de las mejores prácticas en los ámbitos comprendidos en el cometido de la Autoridad.

2. La Junta Directiva, a propuesta del Director Ejecutivo, elaborará una lista, que se hará pública, de organizaciones competentes nombradas por los Estados miembros, que podrán ayudar a la Autoridad en su cometido a título individual o colectivo. La Autoridad podrá confiar a estas organizaciones tareas tales como el trabajo preparatorio de los dictámenes científicos, asistencia científica y técnica, la recopilación de datos y la identificación de riesgos emergentes. Algunas de estas tareas podrán optar a ayuda financiera.

3. La Comisión, previa consulta a la Autoridad, establecerá normas por las que se fijen los criterios para incluir a una institución en la lista de organizaciones competentes, nombradas por los Estados miembros, las normas para la fijación de requisitos de calidad armonizados y las disposiciones financieras que regularán las ayudas financieras. Estas medidas, destinadas a modificar elementos no esenciales del presente Reglamento, incluso completándolo, se adoptarán con arreglo al procedimiento de reglamentación con control contemplado en el artículo 58, apartado 3.

La Comisión establecerá otras normas de desarrollo para la aplicación de los apartados 1 y 2, tras consultar a la Autoridad y con arreglo al procedimiento de reglamentación contemplado en el artículo 58, apartado 2.

4. En el año siguiente a la fecha de entrada en vigor del presente Reglamento, la Comisión publicará un inventario de los sistemas comunitarios existentes en los ámbitos comprendidos en el cometido de la Autoridad, que prevean la realización por los Estados miembros de determinadas funciones en el sector de la evaluación científica, en particular, el examen de los expedientes de autorización. El informe, que irá acompañado, en su caso, de las correspondientes propuestas, indicará las modificaciones o mejoras que pudiera requerir cada uno de los sistemas para permitir a la Autoridad cumplir su cometido, en cooperación con los Estados miembros.

SECCIÓN 4.- INDEPENDENCIA, TRANSPARENCIA, CONFIDENCIALIDAD Y COMUNICACIÓN

Artículo 37.- *Independencia*

1. Los miembros de la Junta Directiva, los del Foro Consultivo y el Director Ejecutivo deberán comprometerse a actuar con independencia y en interés del público en general.

Con este propósito, harán una declaración de compromiso y una declaración de intereses en la que o bien manifiesten no tener ningún interés que pudiera considerarse que va en perjuicio de su independencia, o bien indiquen los intereses directos o indirectos que tengan y que pudiera considerarse que van en perjuicio de su independencia. Deberán hacer estas declaraciones anualmente y por escrito.

2. Los miembros del Comité Científico y de las comisiones técnicas científicas deberán comprometerse a actuar con independencia de cualquier influencia externa.

Con este propósito, harán una declaración de compromiso y una declaración de intereses en la que o bien manifiesten no tener ningún interés que pudiera considerarse que va en perjuicio de su independencia, o bien indiquen los intereses directos o indirectos que tengan y que pudiera considerarse que van en perjuicio de su independencia. Deberán hacer estas declaraciones anualmente y por escrito.

3. Los miembros de la Junta Directiva, el Director Ejecutivo, los miembros del Foro Consultivo, los del Comité Científico y los de las comisiones técnicas científicas, así como los expertos externos que participen en los grupos de trabajo, declararán en cada reunión cualquier interés que pudiera considerarse que va en perjuicio de su independencia en relación con cualquiera de los puntos del orden del día.

Artículo 38.- *Transparencia*

1. La Autoridad se asegurará de que todas sus actividades se llevan a cabo con un alto grado de transparencia. En particular hará públicos sin demora:

a) los órdenes del día y las actas del Comité Científico y de las comisiones técnicas científicas;

b) los dictámenes del Comité Científico y de las comisiones técnicas científicas inmediatamente después de su adopción, haciendo siempre constar las opiniones minoritarias;

c) la información en que se basen sus dictámenes, sin perjuicio de lo dispuesto en los artículos 39 y 41;

d) las declaraciones anuales de intereses hechas por los miembros de la Junta Directiva, el Director Ejecutivo, los miembros del Foro Consultivo, del Comité Científico y de las comisiones técnicas científicas, así como las relacionadas con los puntos del orden del día de las reuniones;

e) los resultados de sus estudios científicos;

f) el informe anual sobre sus actividades;

g) las peticiones de dictamen científico formuladas por el Parlamento Europeo, la Comisión o un Estado miembro que se hayan desestimado o modificado, y los motivos de la denegación o modificación.

2. La Junta Directiva, celebrará sus reuniones en público, a propuesta del Director Ejecutivo, a menos que por cuestiones administrativas específicas del orden del día se decida lo contrario, y podrá autorizar a los representantes de los consumidores y de otras partes interesadas a participar como observadores en algunas de las actividades de la Autoridad.

3. La Autoridad establecerá en sus estatutos las modalidades prácticas para aplicar las normas de transparencia contempladas en los apartados 1 y 2.

Artículo 39.- *Confidencialidad*

1. No obstante lo dispuesto en el artículo 38, la Autoridad no revelará a terceras partes la información que reciba para la que se haya solicitado y justificado un tratamiento confidencial, salvo que las circunstancias exijan que deba hacerse pública para proteger la salud pública.

2. Los miembros de la Junta Directiva, el Director Ejecutivo, los miembros del Comité Científico y de las comisiones técnicas científicas, los expertos externos que participen en los grupos de trabajo, los miembros del Foro Consultivo y los miembros del personal de la Autoridad estarán sujetos, incluso después de haber cesado en sus funciones, a la obligación de confidencialidad establecida en el artículo 287 del Tratado.

3. En ningún caso se mantendrán en secreto las conclusiones de los dictámenes científicos emitidos por la Autoridad en relación con efectos previsibles sobre la salud.

4. La Autoridad establecerá en sus estatutos las modalidades prácticas para aplicar las normas de confidencialidad contempladas en los apartados 1 y 2.

Artículo 40.- *Comunicaciones de la Autoridad*

1. La Autoridad comunicará por iniciativa propia la información relativa a los ámbitos comprendidos en su cometido, sin perjuicio de la competencia de la Comisión para comunicar sus decisiones relativas a la gestión del riesgo.

2. La Autoridad velará por que el público en general y otras partes interesadas reciban prontamente una información objetiva, fiable y fácilmente accesibles, en particular en lo que respecta a los resultados de sus trabajos. Para cumplir este objetivo, la Autoridad elaborará y difundirá material informativo destinado al público en general.

3. La Autoridad colaborará estrechamente con la Comisión y los Estados miembros para fomentar la coherencia necesaria en el proceso de comunicación de riesgos.

La Autoridad hará públicos todos los dictámenes que emita, según lo dispuesto en el artículo 38.

4. La Autoridad garantizará una cooperación apropiada con los organismos competentes de los Estados miembros y con otras partes interesadas, en relación con las campañas de información al público.

Artículo 41.- *Acceso a los documentos*

1. El Reglamento (CE) nº 1049/2001 del Parlamento Europeo y del Consejo, de 30 de mayo de 2001, relativo al acceso del público a los documentos del Parlamento Europeo, del Consejo y de la Comisión se aplicará a los documentos en poder de la Autoridad.

2. El Consejo de administración adoptará las disposiciones prácticas de aplicación del Reglamento (CE) nº 1049/2001 en el plazo de seis meses a partir de la entrada en vigor del Reglamento (CE) nº 1642/2003 del Parlamento Europeo y del Consejo, de 22 de julio de 2003, que modifica el Reglamento (CE) nº 178/2002 por el que se establecen los principios y los requisitos generales de la legislación alimentaria, se crea la Autoridad Europea de Seguridad Alimentaria y se fijan procedimientos relativos a la seguridad alimentaria.

3. Las decisiones adoptadas por la Autoridad en aplicación del artículo 8 del Reglamento (CE) nº 1049/2001 podrán ser objeto de una reclamación ante el Defensor del Pueblo o de un recurso ante el Tribunal de Justicia, en las condiciones previstas, respectivamente, en los artículos 195 y 230 del Tratado.

Artículo 42.- *Consumidores, productores y otras partes interesadas*

La Autoridad establecerá contactos efectivos con representantes de los consumidores, con representantes de los productores, con los transformadores y con cualquier otra parte interesada.

SECCIÓN 5.- DISPOSICIONES FINANCIERAS

Artículo 43.- *Aprobación del presupuesto de la Autoridad*

1. Los ingresos de la Autoridad estarán compuestos por la contribución de la Comunidad y de cualquier Estado con el que la Comunidad haya celebrado los acuerdos a que hace referencia el artículo 49, así como por las tasas correspondientes a las publicaciones, conferencias, cursos de formación y cualquier otra actividad similar que preste la Autoridad.

2. En los gastos de la Autoridad se incluirán los gastos de personal, administrativos, de infraestructura y de explotación, así como los gastos derivados de contratos con terceras partes o del apoyo financiero contemplado en el artículo 36.

3. El Director ejecutivo elaborará en tiempo útil, antes de la fecha mencionada en el apartado 5, un proyecto del estado de previsión de los ingresos y gastos de la Autoridad para el ejercicio presupuestario siguiente y lo transmitirá al Consejo de administración junto con un proyecto de la plantilla de personal.

4. Los ingresos y los gastos deberán estar equilibrados.

5. Cada año, el Consejo de administración, sobre la base del proyecto del estado de previsión de los ingresos y gastos, establecerá el estado de previsión de los ingresos y gastos de la Autoridad para el ejercicio siguiente. A más tardar el 31 de marzo, el Consejo de administración remitirá dicho estado de previsión, en el que figurará un proyecto de plantilla de personal y estará acompañado de los programas de trabajo provisionales, a la Comisión, así como a los países con los que la Comunidad haya celebrado acuerdos de conformidad con el artículo 49.

6. La Comisión remitirá el estado de previsión al Parlamento Europeo y al Consejo (denominados en lo sucesivo la Autoridad Presupuestaria) con el anteproyecto de presupuesto general de la Unión Europea.

7. La Comisión, a partir del estado de previsión, inscribirá en el anteproyecto de presupuesto general de la Unión Europea las previsiones que considere necesarias por lo que respecta a la plantilla de personal y al importe de la subvención con cargo al presupuesto general, y lo presentará a la Autoridad Presupuestaria de conformidad con el artículo 272 del Tratado.

8. La Autoridad Presupuestaria autorizará los créditos en concepto de la subvención destinada a la Autoridad.

La Autoridad Presupuestaria fijará la plantilla de personal de la Autoridad.

9. El Consejo de administración adoptará el presupuesto. Éste será definitivo tras la adopción definitiva del presupuesto general de la Unión Europea. En su caso, se adaptará en consecuencia.

10. Cuando el Consejo de administración se proponga realizar cualquier proyecto que pudiera tener repercusiones financieras significativas en la financiación del presupuesto, en particular proyectos de carácter inmobiliario como la adquisición o el alquiler de edificios, lo notificará lo antes posible a la Autoridad Presupuestaria. Informará asimismo a la Comisión.

Cuando una rama de la Autoridad Presupuestaria haya comunicado su intención de emitir un dictamen, lo transmitirá al Consejo de administración en un plazo de seis semanas, a contar desde la notificación del proyecto.

Artículo 44.- *Ejecución del presupuesto de la Autoridad*

1. El Director ejecutivo ejecutará el presupuesto de la Autoridad.

2. El contable de la Autoridad remitirá al contable de la Comisión, a más tardar el 1 de marzo siguiente al final del ejercicio, las cuentas provisionales, conjuntamente con el informe sobre la gestión presupuestaria y financiera del ejercicio. El contable de la Comisión procederá a la consolidación de las cuentas provisionales de las instituciones y organismos descentralizados de conformidad con el artículo 128 del Reglamento financiero general.

3. El contable de la Comisión remitirá al Tribunal de Cuentas, a más tardar el 31 de marzo siguiente al final del ejercicio, las cuentas provisionales de la Autoridad, conjuntamente con el informe sobre la gestión presupuestaria y financiera del ejercicio. El informe sobre la gestión presupuestaria y financiera del ejercicio se remitirá asimismo al Parlamento Europeo y al Consejo.

4. Tras la recepción de las observaciones formuladas por el Tribunal de Cuentas sobre las cuentas provisionales de la Autoridad, según lo dispuesto en el artículo 129 del Reglamento financiero general, el Director ejecutivo elaborará las cuentas definitivas de la Autoridad bajo su propia responsabilidad y las remitirá para su dictamen al Consejo de administración.

5. El Consejo de administración emitirá un dictamen sobre las cuentas definitivas de la Autoridad.

6. El Director ejecutivo remitirá estas cuentas definitivas, conjuntamente con el dictamen del Consejo de administración, a más tardar el 1 de julio siguiente al final del ejercicio, al Parlamento Europeo, al Consejo, a la Comisión y al Tribunal de Cuentas.

7. Las cuentas definitivas se harán públicas.

8. A más tardar el 30 de septiembre, el Director ejecutivo remitirá al Tribunal de Cuentas una respuesta a sus observaciones. Transmitirá asimismo esta respuesta al Consejo de administración.

9. El Director ejecutivo presentará al Parlamento Europeo, a instancias de éste, de conformidad con lo dispuesto en el apartado 3 del artículo 146 del Reglamento financiero general, toda la información necesaria para el correcto desarrollo del procedimiento de aprobación de la gestión del ejercicio de que se trate.

10. El Parlamento Europeo, previa recomendación del Consejo por mayoría cualificada, aprobará, antes del 30 de abril del año N + 2, la gestión del Director ejecutivo con respecto a la ejecución del presupuesto del ejercicio N.

Artículo 45.- *Tasas cobradas por la Autoridad*

En los tres años siguientes a la fecha de entrada en vigor del presente Reglamento, la Comisión, tras consultar a la Autoridad, a los Estados miembros y a las partes interesadas, publicará un informe sobre si es posible y aconsejable presentar una propuesta legislativa, en el marco del procedimiento de codecisión y de conformidad con el Tratado, por otros servicios prestados por la Autoridad.

SECCIÓN 6.- DISPOSICIONES GENERALES

Artículo 46.- *Personalidad jurídica y privilegios*

1. La Autoridad tendrá personalidad jurídica. Se beneficiará en todos los Estados miembros de las más amplias facultades otorgadas por la ley a las personas jurídicas. En particular, podrá adquirir y enajenar bienes muebles e inmuebles e incoar acciones legales.

2. Se aplicará a la Autoridad el Protocolo sobre los privilegios y las inmunidades de las Comunidades Europeas.

Artículo 47.- *Responsabilidad civil*

1. La responsabilidad contractual de la Autoridad se regirá por la legislación aplicable al contrato de que se trate. El Tribunal de Justicia de las Comunidades Europeas será competente para juzgar en virtud de una cláusula arbitral incluida en un contrato celebrado por la Autoridad.

2. En materia de responsabilidad extracontractual, la Autoridad reparará el perjuicio causado por ella o sus agentes en el ejercicio de sus funciones de acuerdo con los principios generales comunes a las legislaciones de los Estados miembros. El Tribunal de Justicia será competente en los litigios relacionados con la indemnización por tales perjuicios.

3. La responsabilidad personal de los agentes de la Autoridad para con ésta se regirá por las disposiciones pertinentes aplicables a su personal.

Artículo 48.- *Personal*

1. El personal de la Autoridad estará sujeto al Estatuto aplicable a los funcionarios y otros agentes de las Comunidades Europeas.

2. Con respecto a su personal, la Autoridad ejercerá los poderes que le han sido conferidos a la autoridad facultada para proceder a los nombramientos.

Artículo 49.- *Participación de terceros países*

La Autoridad estará abierta a la participación de países que hayan celebrado acuerdos con la Comunidad Europea en virtud de los cuales hayan adoptado y apliquen la legislación comunitaria en el ámbito cubierto por el presente Reglamento.

Conforme a las disposiciones pertinentes de dichos acuerdos se establecerán las modalidades relativas a la naturaleza, la extensión y la forma de esa participación en los trabajos de la Autoridad, incluidas las disposiciones relativas a la participación en las redes que administre la Autoridad, la inclusión en la lista de organizaciones competentes a las que ésta pueda confiar determinadas misiones, las contribuciones financieras y los recursos humanos.

CAPÍTULO IV.- SISTEMA DE ALERTA RÁPIDA, GESTIÓN DE CRISIS Y SITUACIONES DE EMERGENCIA

SECCIÓN 1.- SISTEMA DE ALERTA RÁPIDA

Artículo 50.- *Sistema de alerta rápida*

1. Se establece un sistema de alerta rápida, en forma de red, destinado a notificar los riesgos, directos o indirectos, para la salud humana y que se deriven de alimentos o piensos. En él participarán los Estados miembros, la Comisión y la Autoridad. Los Estados miembros, la Comisión y la Autoridad designarán, respectivamente, un punto de contacto, que será un miembro de la red. La Comisión será responsable de la gestión de la red.

2. Cuando un miembro de la red posea información relativa a la existencia de un riesgo grave, directo o indirecto, para la salud humana derivado de un alimento o de un pienso, notificará inmediatamente esta información a la Comisión a través del sistema de alerta rápida. La Comisión comunicará inmediatamente esta información a los miembros de la red.

La Autoridad podrá complementar la notificación con cualquier información científica o técnica que facilite una gestión del riesgo rápida y adecuada por parte de los Estados miembros.

3. Sin perjuicio de otras disposiciones de la legislación comunitaria, los Estados miembros notificarán inmediatamente a la Comisión a través del sistema de alerta rápida:

a) las medidas que adopten para restringir la comercialización de alimentos o piensos, retirarlos del mercado o recuperarlos si ya han sido suministrados a los consumidores, con el fin de proteger la salud humana contra un riesgo que exige una acción rápida;

b) las recomendaciones a los profesionales o los acuerdos establecidos con ellos para, voluntaria u obligatoriamente, prevenir o restringir o someter a condiciones especiales la comercialización o el eventual uso de un alimento o un pienso, o bien imponerles condiciones especiales, con motivo de un riesgo grave para la salud de las personas que exige una actuación rápida;

c) los rechazos de lotes, contenedores o cargamentos de alimentos o piensos, que obedezcan a un riesgo directo o indirecto para la salud humana efectuados por una autoridad competente en algún puesto fronterizo de la Unión Europea.

La notificación irá acompañada de una explicación pormenorizada de las razones de la acción emprendida por las autoridades competentes del Estado miembro donde se ha emitido. Vendrá seguida rápidamente de información suplementaria, en particular, cuando las medidas en que esté basada la notificación se modifiquen o retiren.

La Comisión transmitirá inmediatamente a los miembros de la red la notificación y la información complementaria que haya recibido conforme a los párrafos primero y segundo.

Cuando una autoridad competente rechace en un puesto fronterizo de la Unión Europea un lote, un contenedor o un cargamento, la Comisión lo notificará inmediatamente a todos los puestos fronterizos de la Unión Europea, así como al país tercero de origen.

4. Cuando se envíen a un país tercero un alimento o un pienso que hayan sido objeto de una notificación en el sistema de alerta rápida, la Comisión proporcionará a ese país la información correspondiente.

5. Los Estados miembros informarán inmediatamente a la Comisión de las acciones emprendidas o las medidas adoptadas tras recibir las notificaciones y la información complementaria transmitidas a través del sistema de alerta rápida. La Comisión comunicará inmediatamente esta información a los miembros de la red.

6. En el sistema informativo de alerta rápida podrán participar los países que hayan solicitado la adhesión a la Unión Europea, terceros países u organizaciones internacionales, en virtud de acuerdos celebrados entre la Comunidad y esos países u organizaciones y según los procedimientos definidos en esos acuerdos, los cuales se basarán en la reciprocidad e incluirán medidas relativas a la confidencialidad equivalentes a las aplicables en la Comunidad.

Artículo 51.- *Normas de desarrollo*

La Comisión adoptará las normas de desarrollo para la aplicación del artículo 50 tras debatir con la Autoridad y de acuerdo con el procedimiento contemplado en el apartado 2 del artículo 58. Estas medidas especificarán, en particular, las condiciones y procedimientos específicos aplicables a la transmisión de las notificaciones y la información complementaria.

Artículo 52.- *Normas de confidencialidad aplicables al sistema de alerta rápida*

1. En general, la información de que dispongan los miembros de la red en relación con el riesgo que presenta un alimento o un pienso para la salud de las personas será accesible al público, de conformidad con el principio de información que estipula el artículo 10. De modo general, el público tendrá acceso a la información sobre la identificación de producto, la naturaleza del riesgo y la medida adoptada.

Sin embargo, los miembros de la red harán lo necesario para que los miembros de su personal estén obligados a no revelar la información obtenida a los efectos de la presente sección y que, por su naturaleza, esté protegida por el secreto profesional en casos debidamente justificados, salvo que se trate de una información que deba hacerse pública porque las circunstancias así lo requieran para proteger la salud de las personas.

2. La protección del secreto profesional no impedirá la difusión a las autoridades competentes de la información pertinente para asegurar la eficacia de la vigilancia del mercado y de las actividades ejecutorias en el sector de los alimentos y los piensos. Las autoridades que reciban información protegida por el secreto profesional garantizarán su protección conforme al apartado 1.

SECCIÓN 2.- SITUACIONES DE EMERGENCIA

Artículo 53.- *Medidas de emergencia para alimentos y piensos de origen comunitario o importados de un país tercero*

1. Cuando se ponga de manifiesto la probabilidad de que un alimento o un pienso, procedente de la Comunidad o importado de un país tercero, constituya un riesgo grave para la salud de las personas, de los animales o para el medio ambiente, y dicho riesgo no pueda controlarse satisfactoriamente mediante la adopción de medidas por parte de los Estados miembros afectados, la Comisión, con arreglo al procedimiento previsto en el apartado 2 del artículo 58, por iniciativa propia o a petición de un Estado miembro, adoptará de inmediato una o varias de las medidas que se exponen a continuación, en función de la gravedad de la situación:

a) si es un alimento o un pienso de origen comunitario:

i) suspensión de la comercialización o utilización del alimento en cuestión;

ii) suspensión de la comercialización o del uso del pienso en cuestión;

iii) establecimiento de condiciones especiales para ese alimento o pienso;

iv) cualquier otra medida provisional adecuada;

b) si es un alimento o un pienso importado de un país tercero:

i) suspensión de las importaciones de ese alimento o pienso procedentes de la totalidad o de parte del territorio del país tercero en cuestión y, si procede, del país tercero de tránsito;

ii) establecimiento de condiciones especiales para el alimento o el pienso procedente de la totalidad o de parte del territorio del país tercero en cuestión;

iii) cualquier otra medida provisional adecuada.

2. No obstante, en situaciones de emergencia, la Comisión podrá adoptar provisionalmente las medidas a que se refiere el apartado 1, previa consulta con el Estado o los Estados miembros afectados e informando de ello a los demás Estados miembros.

Tan pronto como sea posible, y a más tardar en un plazo de diez días hábiles, se confirmarán, modificarán, revocarán o ampliarán las medidas adoptadas, de acuerdo con el procedimiento contemplado en el apartado 2 del artículo 58, y se harán públicos sin demora los motivos de la decisión de la Comisión.

Artículo 54.- *Otras medidas de emergencia*

1. Cuando un Estado miembro informe oficialmente a la Comisión de la necesidad de adoptar medidas de emergencia y la Comisión no haya actuado de conformidad con lo dispuesto en el artículo 53, dicho Estado miembro podrá adoptar medidas provisionales de protección, en cuyo caso deberá informar inmediatamente a los demás Estados miembros y a la Comisión.

2. En un plazo de diez días hábiles, la Comisión planteará el asunto al Comité establecido en el apartado 1 del artículo 58, de acuerdo con el procedimiento contemplado en el apartado 2 del artículo 58, con vistas a la adopción de medidas para ampliar, modificar o derogar las medidas provisionales de protección adoptadas por el Estado miembro.

3. El Estado miembro podrá mantener sus medidas provisionales de protección hasta que se adopten las medidas comunitarias.

SECCIÓN 3.- GESTIÓN DE CRISIS

Artículo 55.- *Plan general para la gestión de crisis*

1. La Comisión redactará, en estrecha cooperación con la Autoridad y los Estados miembros, un plan general para la gestión de crisis en el ámbito de la seguridad de los alimentos y los piensos (en lo sucesivo, denominado el «plan general»).

2. El plan general especificará los tipos de situaciones que entrañen riesgos directos o indirectos para la salud humana derivados de alimentos y piensos y que probablemente no puedan prevenirse, eliminarse o reducirse a un grado aceptable mediante las medidas ya aplicadas, o que no puedan gestionarse adecuadamente mediante la simple aplicación de los artículos 53 y 54.

El plan general también especificará los procedimientos prácticos necesarios para gestionar una crisis, en especial los principios de transparencia que hayan de aplicarse, y una estrategia de comunicación.

Artículo 56.- *Célula de crisis*

1. Sin perjuicio de su papel como garante de la aplicación de la legislación comunitaria, cuando la Comisión descubra una situación que entrañe un grave riesgo directo o indirecto para la salud humana que se derive de alimentos y piensos y que no pueda prevenirse, eliminarse o reducirse a un grado aceptable mediante las medidas ya aplicadas o no pueda gestionarse adecuadamente mediante la simple aplicación de los artículos 53 y 54, enviará inmediatamente la correspondiente notificación a los Estados miembros y a la Autoridad.

2. La Comisión creará de inmediato una célula de crisis en la que participará la Autoridad, la cual, si es necesario, proporcionará asistencia científica y técnica.

Artículo 57.- *Funciones de la célula de crisis*

1. La célula de crisis será la encargada de recopilar y evaluar toda la información pertinente y de determinar las opciones disponibles para prevenir, eliminar o reducir a un grado aceptable el riesgo para la salud humana de la manera más eficaz y rápida posible.

2. La célula de crisis podrá recurrir a la ayuda de cualquier persona pública o privada cuyos conocimientos técnicos considere necesarios para una gestión eficaz de la crisis.

3. La célula de crisis mantendrá informado al público sobre los riesgos presentes y las medidas adoptadas.

CAPÍTULO V.- PROCEDIMIENTOS Y DISPOSICIONES FINALES

SECCIÓN 1.- COMITÉ Y PROCEDIMIENTOS DE MEDIACIÓN

Artículo 58.- *Comité*

1. La Comisión estará asistida por un Comité Permanente de la Cadena Alimentaria y de Sanidad Animal, en lo sucesivo denominado «el Comité», compuesto por representantes de los Estados miembros y presidido por el representante de la Comisión. El Comité estará organizado en secciones que se ocuparán de todos los asuntos pertinentes.

2. En los casos en que se haga referencia al presente apartado, serán de aplicación los artículos 5 y 7 de la Decisión 1999/468/CE, observando lo dispuesto en su artículo 8.

El plazo contemplado en el artículo 5, apartado 6, de la Decisión 1999/468/CE queda fijado en tres meses.

3. En los casos en que se haga referencia al presente apartado, serán de aplicación el artículo 5 bis, apartados 1 a 4, y el artículo 7 de la Decisión 1999/468/CE, observando lo dispuesto en su artículo 8.

Artículo 59.- *Funciones atribuidas al Comité*

El Comité ejercerá las funciones que le atribuyan el presente Reglamento y otras disposiciones comunitarias pertinentes, en los casos y en las condiciones previstos en dichas disposiciones. Podrá también examinar cualquier asunto que entre en el ámbito de esas disposiciones, ya sea a iniciativa de su presidente o a petición, por escrito, de uno de sus miembros.

Artículo 60.- *Procedimiento de mediación*

1. Sin perjuicio de la aplicación de otras disposiciones comunitarias, cuando un Estado miembro considere que una medida adoptada por otro Estado miembro en el ámbito de la seguridad alimentaria es incompatible con el presente Reglamento, o que es probable que esa medida afecte al funcionamiento del mercado interior, remitirá el asunto a la Comisión, que informará inmediatamente al otro Estado miembro de que se trate.

2. Los dos Estados miembros en cuestión y la Comisión no escatimarán esfuerzos para resolver el problema. Si no se llega a un acuerdo, la Comisión podrá pedir a la Autoridad un dictamen sobre cualquier controversia científica pertinente. Los términos de esa petición y el plazo en que la Autoridad deberá emitir su dictamen se establecerán por mutuo acuerdo entre la Comisión y la Autoridad, tras consultar a los dos Estados miembros de que se trate.

SECCIÓN 2.- DISPOSICIONES FINALES

Artículo 61.- *Cláusula de revisión*

1. Antes del 1 de enero de 2005, y posteriormente cada seis años, la Autoridad, en colaboración con la Comisión, encargará una evaluación externa independiente de sus logros basándose en las directrices que determine la Junta Directiva de acuerdo con la Comisión. En esta evaluación se analizarán las prácticas de trabajo de la Autoridad y su incidencia. La evaluación tendrá en cuenta las opiniones de los interesados, tanto a escala comunitaria como nacional.

La Junta Directiva de la Autoridad examinará las conclusiones de la evaluación y, si es necesario, recomendará a la Comisión los cambios que deben hacerse en la Autoridad y en sus prácticas de trabajo. Tanto la evaluación como las recomendaciones se harán públicas.

2. Antes del 1 de enero de 2005, la Comisión publicará un informe sobre la experiencia adquirida en la aplicación de las secciones 1 y 2 del capítulo IV.

3. Los informes y las recomendaciones a que se refieren los apartados 1 y 2 se cursarán al Consejo y al Parlamento Europeo.

Artículo 62.- *Referencias a la Autoridad Europea de Seguridad Alimentaria y al Comité Permanente de la Cadena Alimentaria y de Sanidad Animal*

1. Toda referencia que se haga en la legislación comunitaria al Comité Científico de la Alimentación Humana, el Comité Científico de la Alimentación Animal, el Comité Científico Veterinario, el Comité Científico de los Plaguicidas, el Comité Científico de las Plantas y el Comité Director Científico se sustituirá por una referencia a la Autoridad Europea de Seguridad Alimentaria.

2. Toda referencia que se haga en la legislación comunitaria al Comité Permanente de Productos Alimenticios, el Comité Permanente de la Alimentación Animal y el Comité Veterinario Permanente se sustituirá por una referencia al Comité Permanente de la Cadena Alimentaria y de Sanidad Animal.

Toda referencia al Comité Fitosanitario Permanente que se haga en las Directivas 76/895/CEE, 86/362/CEE, 86/363/CEE, 90/642/CEE y 91/414/CEE, relativas a los productos fitosanitarios y a los niveles máximos de residuos, así como en la legislación comunitaria basada en las mismas, se sustituirá por una referencia al Comité Permanente de la Cadena Alimentaria y de Sanidad Animal.

3. A efectos de los apartados 1 y 2, se entenderá por legislación comunitaria todos los reglamentos, directivas y decisiones de la Comunidad.

4. Quedan derogadas por el presente Reglamento las Decisiones 68/361/CEE, 69/414/CEE y 70/372/CEE.

Artículo 63.- *Competencias de la Agencia Europea para la Evaluación de Medicamentos*

El presente Reglamento se aplicará sin perjuicio de las competencias conferidas a la Agencia Europea para la Evaluación de Medicamentos por el Reglamento (CEE) nº 2309/93, el Reglamento (CEE) nº 2377/90, la Directiva 75/319/CEE del Consejo y la Directiva 81/851/CEE del Consejo.

Artículo 64.- *Entrada en funciones de la Autoridad*

La Autoridad iniciará sus actividades el 1 de enero de 2002.

Artículo 65.- *Entrada en vigor*

El presente Reglamento entrará en vigor a los veinte días de su publicación en el Diario Oficial de las Comunidades Europeas.

Los artículos 11, 12 y 14 a 20 serán aplicables a partir del 1 de enero de 2005.

Los artículos 29, 56, 57, 60 y el apartado 1 del artículo 62 se aplicarán a partir de la fecha del nombramiento de los miembros del Comité Científico y de las comisiones técnicas científicas que se publicará en la serie C del Diario Oficial.

El presente Reglamento será obligatorio en todos sus elementos y directamente aplicable en cada Estado miembro.

21 de diciembre de 1988.- Directiva nº 89/108/CEE
del Consejo,
relativa a la aproximación de las legislaciones de los Estados miembros sobre los alimentos ultracongelados destinados a la alimentación humana
(D.O. L 40, 11 de febrero de 1989)

[V.C. 11/12/2008]

EL CONSEJO DE LAS COMUNIDADES EUROPEAS,

Visto el Tratado constitutivo de la Comunidad Económica Europea y, en particular, su artículo 100 A,

Vista la propuesta de la Comisión,

En cooperación con el Parlamento Europeo,

Visto el dictamen del Comité Económico y Social,

(1) Considerando que la fabricación y el comercio de productos ultracongelados destinados a la alimentación humana denominados en lo sucesivo «alimentos ultracongelados» ocupan un lugar cada vez más importante en la Comunidad;

(2) Considerando que las diferencias existentes entre las legislaciones nacionales relativas a los alimentos ultracongelados obstaculizan su libre circulación; que pueden crear condiciones de competencia desiguales y que por ello tienen una incidencia directa sobre el establecimiento y el funcionamiento del mercado común;

(3) Considerando que, por consiguiente, es necesario aproximar dichas legislaciones;

(4) Considerando que, a tal fin, es necesario dar a la normativa comunitaria el máximo ámbito de aplicación posible, extendiéndola a todos los productos ultracongelados destinados a la alimentación humana, e incluyendo en la misma no sólo los productos destinados a ser suministrados en esa forma al consumidor final así como a los restaurantes, hospitales, comedores y a las colectividades similares, sino también los productos que tienen que ser sometidos a transformaciones o preparaciones posteriores;

(5) Considerando, sin embargo, que dicha normativa sólo debe aplicarse a los productos que se presenten en el mercado como alimentos ultracongelados;

(6) Considerando que, en cualquier caso, es conveniente establecer los principios generales que debe satisfacer todo alimento ultracongelado;

(7) Considerando que, posteriormente, se podrán adoptar, si fuera necesario, disposiciones particulares como complemento de los principios generales, para determinados grupos de alimentos ultracongelados, de conformidad con el procedimiento aplicable a cada uno de dichos grupos;

(8) Considerando que la ultracongelación tiene como finalidad la conservación de las características intrínsecas de los alimentos mediante un procedimiento de congelación rápida y que es necesario alcanzar una temperatura igual o inferior a -18 °C en cada una de las partes del producto;

(9) Considerando que, a una temperatura de -18 °C, se interrumpe toda actividad microbiológica que pueda alterar la calidad de un producto alimenticio y que, por ello, es necesario mantener al menos dicha temperatura, mediante una cierta tolerancia técnicamente inevitable, durante el almacenamiento y la distribución de los alimentos ultracongelados antes de su venta al consumidor final;

(10) Considerando que serán inevitables, por razones técnicas, determinados aumentos de temperatura y que, por lo tanto, dichos aumentos podrán tolerarse siempre que no perjudiquen la calidad de los productos, lo cual puede garantizarse mediante la observancia de las prácticas correctas de conservación y de distribución, habida cuenta, en particular, el nivel de rotación de las existencias;

(11) Considerando que las cualidades de determinados equipos técnicos actualmente en uso para la distribución local de alimentos ultracongelados no permiten garantizar en todos los casos un total respeto de los limites de temperatura impuestos por la presente Directiva y que, por ello, conviene establecer un régimen transitorio que permita amortizar en condiciones normales el material existente;

(12) Considerando que la presente Directiva puede limitarse a enunciar los objetivos que se deben conseguir en lo que se refiere tanto al equipo utilizado en la operación de ultracongelación como a las temperaturas que se deben respetar en las instalaciones y mecanismos de almacenamiento, manutención, transporte y distribución;

(13) Considerando que incumbe a los Estados miembros garantizar, por medio de controles oficiales, que el material empleado puede responder a dichos objetivos;

(14) Considerando que debido a dicho control es inútil cualquier sistema de certificación oficial en los intercambios comerciales;

(15) Considerando que es conveniente establecer la posibilidad de utilizar fluidos congelantes, lo que implica su contacto con los alimentos ultracongelados; que, por ello, dichos fluidos tienen que ser lo suficientemente inertes para no ceder a los alimentos componentes en una cantidad que pueda suponer un peligro para la salud humana, originar una modificación inaceptable de la composición de los alimentos o alterar sus caracteres organolépticos;

(16) Considerando que para conseguir este objetivo, procede establecer la lista de las sustancias en cuestión y fijar sus criterios de pureza así como las condiciones de su uso;

(17) Considerando que los alimentos ultracongelados destinados al consumidor final y a los restaurantes, hospitales, comedores y otras colectividades similares están sometidos, en lo que se refiere a su etiquetado, a las normas establecidas por la Directiva 79/112/CEE del Consejo, de 18 de diciembre de 1978, relativa a la aproximación de las legislaciones de los Estados miembros en materia de etiquetado, presentación y publicidad de los productos alimenticios destinados al consumidor final, modificada en último lugar por la Directiva 86/197/CEE; que, por ello, la presente Directiva puede limitarse a establecer las indicaciones específicas en el caso de los alimentos ultracongelados;

(18) Considerando que, a fin de facilitar los intercambio, también conviene establecer las normas de etiquetado de los alimentos ultracongelados no destinados a ser suministrados en ese estado al consumidor final, ni a los restaurantes, hospitales, comedores y otras colectividades similares;

(19) Considerando que, para simplificar y acelerar el procedimiento, es conveniente confiar a la Comisión la adopción de medidas ejecutorias de carácter técnico;

(20) Considerando que, siempre que el Consejo confiere a la Comisión competencias para la ejecución de normas establecidas en el campo de los productos alimenticios, es conveniente prever un procedimiento por el que se instaure una estrecha cooperación entre los Estados miembros y la Comisión en el Comité permanente de productos alimenticios, creado por la Decisión 69/414/CEE del Consejo,

HA ADOPTADO LA PRESENTE DIRECTIVA:

Artículo 1

1. La presente Directiva afecta a los productos ultracongelados destinados a la alimentación humana, denominados en lo sucesivo «alimentos ultracongelados».

2. A los efectos de la presente Directiva, se entenderá por «alimentos ultracongelados» los productos alimenticios:

— que hayan sido sometidos a un proceso adecuado de congelación denominado «congelación rápida», que permita rebasar tan rápidamente como sea necesario, en función de la naturaleza del producto, la zona de máxima cristalización que dé como resultado que la temperatura del producto en todas sus partes - tras la estabilización térmica - se mantenga sin interrupción en temperaturas iguales o inferiores a -18 °C y

— que sean comercializados de modo que indiquen que poseen esta característica.

Los helados alimenticios no serán considerados alimentos ultracongelados con arreglo a la presente Directiva.

3. La presente Directiva se aplicará sin perjuicio de las disposiciones comunitarias dependientes:

a) de una organización común de mercados en los ámbitos de la agricultura y de la pesca;

b) de la higiene veterinaria.

Artículo 2

Únicamente los productos definidos en el apartado 2 del artículo 1 podrán llevar las denominaciones previstas en los artículos 8 y 9.

Artículo 3

1. Las materias primas utilizadas para la fabricación de los alimentos ultracongelados deberán ser de calidad sana, cabal y comercial y presentar el grado necesario de frescura.

2. La preparación de los productos que deberán ser tratados y la congelación rápida deberán efectuarse lo antes posible con ayuda de un equipo técnico adecuado para reducir al mínimo las modificaciones químicas, bioquímicas y microbiológicas.

Artículo 4

Las sustancias congelantes cuyo uso en contacto directo con los alimentos ultracongelados se autoriza, excluyendo a todas las demás, son las siguientes:

— el aire,

— el nitrógeno,

— el anhídrido carbónico.

No obstante lo dispuesto en el párrafo primero, los Estados miembros podrán mantener, hasta el día 31 de diciembre de 1992, las legislaciones nacionales que autoricen el uso de diclorodifluorometano (R 12) como sustancia congelante.

La Comisión adoptará en la medida en que sea necesario los criterios de pureza a los que deberán responder dichas sustancias congelantes. Estas medidas, destinadas a modificar elementos no esenciales de la presente Directiva completándola, se adoptarán con arreglo al procedimiento de reglamentación con control contemplado en el artículo 12, apartado 2.

Artículo 5

1. La temperatura de los alimentos ultracongelados deberá ser estable y mantenerse, en todas las partes del producto, a -18 °C o menos, con la posibilidad de breves fluctuaciones hacia arriba de 3 °C como máximo durante el transporte.

2. No obstante, se admitirán tolerancias de temperatura del producto conformes a las prácticas correctas de conservación y de distribución durante la distribución local y en los armarios frigoríficos de venta al consumidor final, con las siguientes condiciones:

a) dichas tolerancias no deberán superar los 3 °C;

b) podrán, sin embargo, alcanzar 6 °C en los armarios frigoríficos de venta al consumidor final, si y en la medida en que los Estados miembros lo decidan. En tal caso, los Estados miembros elegirán la temperatura en función de la rotación de las existencias o de los productos en el comercio al por menor e informarán a la Comisión de las medidas adoptadas indicando los motivos que las justifiquen.

La Comisión examinará de nuevo la tolerancia prevista en la presente letra en función de las evoluciones técnicas y presentará, si fuere necesario, propuestas al Consejo, antes del 1 de enero de 1993.

3. Durante un periodo de ocho años a partir de la notificación de la presente Directiva, los Estados miembros podrán autorizar, para la distribución local, tolerancias que lleguen hasta los 6 °C.

Artículo 6

1. Los Estados miembros:

a) garantizarán que los equipos utilizados para la congelación rápida, el almacenamiento, el transporte, la distribución local y los armarios frigoríficos de venta sean aptos para satisfacer el cumplimiento de las exigencias previstas en la presente Directiva;

b) efectuarán un control oficial por sondeo de las temperaturas de los alimentos ultracongelados.

2. Los Estados miembros se abstendrán de exigir que con el fin de o en el momento de la comercialización de alimentos ultracongelados, un certificado oficial pruebe el respeto de las disposiciones del apartado 1.

Artículo 7

Los alimentos ultracongelados destinados a ser expedidos al consumidor final deberán ser envasados por el fabricante o por el envasador en envases previos adecuados que los protejan contra las contaminaciones externas, microbianas o de otro tipo, y contra la desecación.

Artículo 8

1. La Directiva 79/112/CEE se aplicará a los productos contemplados en la presente Directiva y destinados a su suministro en estas condiciones al consumidor final y a restaurantes, hospitales, comedores y otras colectividades similares sin perjuicio de las siguientes condiciones:

a) la denominación de venta deberá ser completada con la mención o las menciones siguientes:
en español «ultracongelado» o «congelado rápidamente»,
en danés «dybfrossen»,
en alemán «tiefgefroren» o «Tiefkühlkost» o «tiefgekühlt» o «gefrostet»,
en griego «βαθείας κατάψυξης» o «ταχείας κατάψυξης» o «υπερ-κατεψυγμένα»,
en inglés «quick-frozen»,
en francés «surgelé»,
en italiano «surgelato»,
en neerlandés «diepvries»,
en portugués «ultracongelado»,
en finlandés «pakastettu»,
en sueco «djupfryst»,
en checo «hluboce zmrazené nebo hluboce zmrazená nebo hluboce zmrazený»,
en estonio «sügavkülmutatud or külmutatud»,
en letón «ātri sasaldēts»,
en lituano «greitai užšaldyti»,
en húngaro «gyorsfagyasztott»,
en maltés «iffriżat»,
en polaco «produkt głęboko mrożony»,
en esloveno «hitro zamrznjen»,
en eslovaco «hlbokozmrazené»,
en búlgaro «бързо замразена»,
en rumano «congelare rapidă»;
b) la indicación de la fecha de duración mínima deberá ir acompañada de la indicación del período durante el cual el destinatario podrá almacenar los productos ultracongelados y la indicación de la temperatura de conservación y/o del equipo de conservación exigido;
c) el etiquetado de cualquier alimento ultracongelado deberá incluir una mención que permita identificar el lote;
d) la etiqueta de cualquier alimento ultracongelado deberá incluir una indicación clara del tipo «no congelar de nuevo tras la descongelación».

Artículo 9

1. El etiquetado de los productos definidos en el apartado 2 del artículo 1 y no destinados a su suministro al consumidor final ni a restaurantes, hospitales, comedores y otras colectividades similares incluirá únicamente las siguientes indicaciones obligatorias;
a) la denominación de venta completada con arreglo a la letra a) del apartado 1 del artículo 8:
b) la cantidad neta expresada en unidad de masa;
c) una mención que permita identificar el lote;
d) el nombre o razón social y dirección del fabricante o envasador o de un vendedor establecido dentro de la Comunidad.

2. Las menciones previstas en el apartado 1 deberán figurar en el embalaje, el recipiente, el envase o en una etiqueta unida a ellos.

3. El presente artículo no afectará a las disposiciones comunitarias más detalladas o más amplias existentes en materia de metrología.

Artículo 10

Los Estados miembros no podrán prohibir o limitar la comercialización de los productos definidos en el apartado 2 del artículo 1 y que sean conformes a la presente Directiva y a las medidas adoptadas para su aplicación, por razones relacionadas con sus características de fabricación, su envasado o su etiquetado.

Artículo 11

La Comisión adoptará las normas relativas a la toma de muestras, al control de las temperaturas de los alimentos ultracongelados y al control de las temperaturas en los medios de transporte, de depósito y de almacenamiento. Estas medidas, destinadas a modificar elementos no esenciales de la presente Directiva completándola, se adoptarán con arreglo al procedimiento de reglamentación con control contemplado en el artículo 12, apartado 2.

Artículo 12

1. La Comisión estará asistida por el Comité Permanente de la Cadena Alimentaria y de Sanidad Animal, creado por el artículo 58 del Reglamento (CE) nº 178/2002, denominado en lo sucesivo «Comité».

2. En los casos en que se haga referencia al presente apartado, serán de aplicación el artículo 5 bis, apartados 1 a 4, y el artículo 7 de la Decisión 1999/468/CE, observando lo dispuesto en su artículo 8.

Artículo 13

1. Los Estados miembros adoptarán las medidas necesarias para dar cumplimiento a la presente Directiva. Informarán de ello inmediatamente a la Comisión. Estas medidas deberán:

— admitir, a más tardar dieciocho meses después de la notificación de la Directiva, el comercio de los productos que sean conformes con la presente Directiva;

— prohibir, a más tardar veinticuatro meses después de la notificación de la Directiva, el comercio de los productos que no sean conformes con la presente Directiva.

2. Por lo que se refiere a los armarios frigoríficos de venta al consumidor final, los Estados miembros, durante un plazo de ocho años a partir de la notificación de la presente Directiva, podrán mantener las legislaciones existentes en el momento de la aplicación de la presente Directiva.

En tal caso, los Estados miembros informarán de ello a la Comisión indicando los motivos que justifiquen su decisión.

Artículo 14

Los destinatarios de la presente Directiva son los Estados miembros.

8 de febrero de 1993.- Reglamento (CEE) nº 315/93
del Consejo,
por el que se establecen procedimientos comunitarios en relación con los contaminantes presentes en los productos alimenticios
(D.O. L 37, 13 de feberero de 1993)

[V.C. 07/08/2009]

EL CONSEJO DE LAS COMUNIDADES EUROPEAS,

Visto el Tratado constitutivo de la Comunidad Económica Europea y, en particular, su artículo 100 A,

Vista la propuesta de la Comisión,

En cooperación con el Parlamento Europeo,

Visto el dictamen del Comité Económico y Social,

(1) Considerando que es importante adoptar medidas encaminadas al establecimiento progresivo del mercado interior dentro de un plazo que expira el 31 de diciembre de 1992; que el mercado interior implica un espacio sin fronteras internas en el que se garantiza la libre circulación de bienes, personas, servicios y capitales;

(2) Considerando que las disparidades entre las normas adoptadas por cada Estado miembro pueden comprometer el funcionamiento del mercado común y que es preciso establecer un procedimiento para la adopción de normas comunitarias armonizadas;

(3) Considerando que los contaminantes pueden introducirse en los alimentos en cualquier fase de la cadena alimentaria, de la producción al consumo;

(4) Considerando que, en interés de la salud pública, los contenidos en estos contaminantes deben mantenerse a niveles aceptables desde el punto de vista toxicológico;

(5) Considerando que deberán aplicarse restricciones más limitativas siempre que sean compatibles con las prácticas profesionales correctas; que el cumplimiento de estas prácticas profesionales correctas puede ser debidamente controlado por los poderes públicos, gracias a la formación y experiencia de su personal;

(6) Considerando que el presente Reglamento se aplicará sin perjuicio de las disposicones adoptadas en el marco de otras normas comunitarias más específicas;

(7) Considerando que conviene en lo que a la protección de la salud se refiere, dar prioridad a la búsqueda de un planteamiento general de la cuestión de los contaminantes en la alimentación;

(8) Considerando que el Comité científico de alimentación humana creado mediante Decisión 74/234/CEE deberá ser consultado sobre todas aquellas cuestiones que puedan incidir en la salud pública,

HA ADOPTADO EL PRESENTE REGLAMENTO:

Artículo 1

1. El presente Reglamento tiene por objeto los contaminantes presentes en los productos alimenticios.

Se entenderá por «contaminante» cualquier sustancia que no haya sido agregada intencionadamente al alimento en cuestión, pero que sin embargo se encuentra en el mismo como residuo de la producción (incluidos los tratamientos administrados a los cultivos y al ganado y en la práctica de la medicina veterinaria), de la fabricación, transformación, preparación, tratamiento, acondicionamiento, empaquetado, transporte o almacenamiento de dicho alimento o como consecuencia de la contaminación medioambiental. Esta definición no abarca las partículas extrañas tales como, por ejemplo, restos de insectos, pelos de animales y otras.

2. El presente Reglamento no se aplicará a las contaminantes que sean objeto de una normativa comunitaria más específica.

Desde la entrada en vigor del presente Reglamento, la Comisión publicará en la serie C del Diario Oficial de las Comunidades Europeas, con carácter informativo, una lista de las normas mencionadas anteriormente. Si hubiere lugar, la Comisión actualizará dicha lista.

3. Las disposiciones relativas a los contaminantes se adoptarán de conformidad con el presente Reglamento salvo en el cso de las contempladas en la normativa mencionada en el apartado 2.

Artículo 2

1. Queda prohibida la puesta en el mercado de productos alimenticios que contengan contaminantes en proporciones inaceptables respecto de la salud pública y en particular desde el punto de vista toxicológico.

2. Además, los contaminantes deberán mantenerse al mínimo nivel posible mediante prácticas correctas en todas las fases mencionadas en el artículo 1.

3. Para proteger la salud pública y de conformidad con el apartado 1, la Comisión podrá, en caso necesario, establecer las tolerancias máximas para contaminantes específicos. Estas medidas, destinadas a modificar elementos no esenciales del presente Reglamento completándolo, se adoptarán con arreglo al procedimiento de reglamentación con control contemplado en el artículo 8, apartado 3. Por imperiosas razones de urgencia, la Comisión podrá aplicar el procedimiento de urgencia contemplado en el artículo 8, apartado 4.

Dichos límites tolerados consistirán en una lista comunitaria no exhaustiva y podrán incluir:

— límites para el mismo contaminante en distintos productos alimenticios;

— límites de detección analítica;

— una referencia a los métodos de muestreo y de análisis que habrán de utilizarse.

Artículo 3

Aquellas disposiciones que puedan afectar a la salud pública se adoptarán previa consulta del Comité científico de la alimentación humana.

Artículo 4

1. Cuando un Estado miembro, tras obtener nuevos datos o reevaluar la información de que disponía, tenga motivos concretos para sospechar que un determinado contaminante presente en alimentos constituye una amenaza sanitaria, a pesar de cumplir el presente Reglamento o las reglamentaciones específicas adoptadas en virtud del presente Reglamento, dicho Estado miembro podrá suspender o limitar temporalmente la aplicación en su territorio de las disposiciones pertinentes. Informará de ello inmediamente a los demás Estados miembros y a la Comisión exponiendo los motivos de su decisión.

2. La Comisión examinará los motivos alegados por el Estado miembro contemplado en el apartado 1 a la mayor brevedad posible en el seno del Comité permanente de productos alimenticios creado mediante la Decisión 69/414/CEE del Consejo. A continuación, emitirá su dictamen al respecto y adoptará las medidas oportunas destinadas a confirmar, modificar o derogar la medida nacional, con arreglo al procedimiento establecido en el artículo 8, apartado 2.

Artículo 5

1. Los Estados miembros no podrán prohibir, restringir u obstaculizar, por motivos relacionados con el contenido de contaminantes de los alimentos, la puesta en el mercado de dichos alimentos si son conformes al presente Reglamento o a las disposiciones específicas adoptadas en virtud de éste.

2. Mientras no se adopten las disposiciones comunitarias relativas a las tolerancias máximas contempladas en el apartado 3 del artículo 2, serán de aplicación, de conformidad con lo dispuesto en el Tratado, las disposiciones nacionales al respecto.

3.

a) Cuando un Estado miembro mantenga las disposiciones de su legislación nacional, lo comunicará a la Comisión y a los demás Estados miembros en el plazo de seis meses a partir de la fecha de adopción del presente Reglamento.

b) En caso de que un Estado miembro estime necesario adoptar una nueva normativa, comunicará a la Comisión y a los demás Estados miembros las medidas previstas, precisando los motivos. La Comisión consultará a los Estados miembros en el seno del Comité permanente de productos alimenticios cuando lo considere útil o a petición de un Estado miembro.

El Estado miembro sólo podrá tomar las medidas previstas tres meses después de dicha comunicación, siempre y cuando la Comisión no haya emitido un dictamen contrario.

En este caso, y antes de que expire el plazo contemplado en el párrafo segundo, la Comisión iniciará el procedimiento previsto en el artículo 8, apartado 2, para que se decida si las medidas previstas pueden aplicarse, si se da el caso, previa introducción de las modificaciones oportunas.

Artículo 6

La Comisión presentará cada año al Comité permanente de productos alimenticios un informe sobre la evolución general de la legislación comunitaria en materia de contaminantes.

Artículo 7

La Comisión enviará al Consejo cuatro años después de la entrada en vigor del presente Reglamento un informe sobre la experiencia adquirida incluyendo, en su caso, cualquier propuesta que considere apropiada.

Artículo 8

1. La Comisión estará asistida por el Comité Permanente de la Cadena Alimentaria y de Sanidad Animal, creado por el artículo 58 del Reglamento (CE) nº 178/2002, denominado en lo sucesivo «Comité».

2. En los casos en que se haga referencia al presente artículo, serán de aplicación los artículos 5 y 7 de la Decisión 1999/468/CE, observando lo dispuesto en su artículo 8.

El plazo contemplado en el apartado 6 del artículo 5 de la Decisión 1999/468/CE queda fijado en tres meses.

3. En los casos en que se haga referencia al presente apartado, serán de aplicación el artículo 5 bis, apartados 1 a 4, y el artículo 7 de la Decisión 1999/468/CE del Consejo, observando lo dispuesto en su artículo 8.

4. En los casos en que se haga referencia al presente apartado, serán de aplicación el artículo 5 bis, apartados 1, 2, 4 y 6, y el artículo 7 de la Decisión 1999/468/CE observando lo dispuesto en su artículo 8.

Artículo 9

El presente Reglamento entrará en vigor el 1 de marzo de 1993.

El presente Reglamento será obligatorio en todos sus elementos y directamente aplicable en cada Estado miembro.

22 de mayo de 2001.- Reglamento (CE) nº 999/2001
del Parlamento Europeo y del Consejo,
por el que se establecen disposiciones para la prevención, el control y la erradicación de determinadas encefalopatías espongiformes transmisibles
(D.O. L 147, 31 de mayo de 2001)

[V.C. 18/03/2011]

TJUE, 25 de febrero de 2010, Asunto C-562/08, Müller Fleisch GmbH contra Land Baden-Württemberg. [Interpretación del Art. 6(1) y del anexo III, capítulo A, parte I] [Sistema de seguimiento de la encefalopatía espongiforme bovina - Sacrificio por el procedimiento habitual - Carne destinada al consumo humano - Prueba obligatoria de detección]
TJUE, 12 de enero de 2006, Asunto C-504/04, Agrarproduktion Staebelow GmbH contra Landrat des Landkreises Bad Doberan. [Interpretación del Art. 13(1), primera frase, (c)] [Prevención, control y erradicación de determinadas encefalopatías espongiformes transmisibles].

EL PARLAMENTO EUROPEO Y EL CONSEJO DE LA UNIÓN EUROPEA,

Visto el Tratado constitutivo de la Comunidad Europea, y en particular, la letra b) del apartado 4 de su artículo 152,

Vista la propuesta de la Comisión,

Visto el dictamen del Comité Económico y Social,

Previa consulta al Comité de las Regiones,

De conformidad con el procedimiento establecido en el artículo 251 del Tratado,

Considerando lo siguiente:

(1) Desde hace unos cuantos años se viene observando la aparición de varias encefalopatías espongiformes transmisibles (EET) diferentes en seres humanos, por una parte, y en animales, por otra. La encefalopatía espongiforme bovina (EEB) se observó por primera vez en el ganado bovino en 1986 y, en años posteriores, en otras especies animales. En 1996 se describió una nueva variante de la enfermedad de Creutzfeldt-Jakob (ECJ). Siguen acumulándose pruebas sobre la similitud del agente de la EEB con el responsable de la nueva variante de la enfermedad de Creutzfeldt-Jakob.

(2) Desde 1990 la Comunidad ha adoptado una serie de medidas para proteger la salud humana y animal del riesgo de la EEB. Dichas medidas se han basado en las disposiciones de salvaguardia de las directivas relativas a medidas de policía sanitaria. Habida cuenta de la magnitud del riesgo que constituyen determinadas EET para la salud humana y animal, es conveniente adoptar normas específicas para su prevención, control y erradicación.

(3) El presente Reglamento se refiere directamente a la salud pública y es pertinente para el funcionamiento del mercado interior. Abarca los productos incluidos en el anexo I del Tratado, así como los productos no incluidos en dicho anexo. Por consiguiente, procede tomar como base jurídica la letra b) del apartado 4 del artículo 152 del Tratado.

(4) La Comisión ha recabado dictámenes científicos, en particular del Comité Director Científico y del Comité Científico de las Medidas Veterinarias relacionadas con la Salud Pública, sobre varios aspectos de las EET. Entre dichos dictámenes se incluyen algunos sobre medidas para reducir el riesgo potencial para los seres humanos y los animales derivado de la exposición a productos procedentes de animales infectados.

(5) Las presentes disposiciones deben aplicarse a la producción y puesta en el mercado de animales vivos y productos de origen animal. Sin embargo, no es necesario que se apliquen a los productos cosméticos, los medicamentos y los productos sanitarios, ni a sus materias primas o productos intermedios, para los cuales son aplicables otras normas específicas relativas, especialmente, a la no utilización de material especificado de riesgo. Tampoco cabe su aplicación a productos de origen animal que no constituyan un riesgo para la salud humana o animal por destinarse a finalidades distintas de la fabricación de productos alimenticios, piensos o abonos. Por el contrario, es preciso velar por que los productos de origen animal excluidos del ámbito de aplicación del presente Reglamento se mantengan separados de los incluidos en él, a menos que los primeros cumplan, como mínimo, los mismos requisitos sanitarios que estos últimos.

(6) Debe preverse la adopción de medidas de salvaguardia por parte de la Comisión en aquellos casos en que la autoridad competente de un determinado Estado miembro o tercer país no haya hecho frente adecuadamente a un riesgo de EET.

(7) Debe establecerse un procedimiento para la determinación de la situación epidemiológica respecto de la EEB de un Estado miembro, de un tercer país y de una de sus regiones (denominados en lo sucesivo países o regiones) a partir del riesgo de introducción inicial (en inglés «incident risk»), propagación y exposición de los seres humanos, utilizando la información disponible. La Comisión deberá clasificar en una categoría, en función de toda la información de que disponga, a los Estados miembros y terceros países que decidan no solicitar la determinación de su situación epidemiológica.

(8) Los Estados miembros deben instaurar programas de formación para los responsables de la prevención y lucha contra las EET, así como para los veterinarios, productores agrarios y trabajadores relacionados con el transporte, la comercialización y el sacrificio de animales de cría.

(8 bis) La utilización de determinadas proteínas animales transformadas procedentes de animales no rumiantes para la alimentación de animales no rumiantes debe autorizarse teniendo en cuenta la prohibición de reciclado entre especies distintas establecida en el Reglamento (CE) nº 1774/2002 del Parlamento Europeo y del Consejo, de 3 de octubre de 2002, por el que se establecen las normas sanitarias aplicables a los subproductos animales no destinados al consumo humano, así como los aspectos de control relacionados en particular con la diferenciación de las proteínas animales transformadas particulares de algunas especies, como se establece en la Comunicación sobre la Hoja de ruta para las EET, adoptada por la Comisión el 15 de julio de 2005.

(9) Es preciso que los Estados miembros lleven a cabo un programa anual de seguimiento de la EEB y la tembladera e informen a la Comisión y a los demás Estados miembros de los resultados del programa, así como de la aparición de cualquier otra EET.

(10) Determinados tejidos de los rumiantes deben ser declarados material especificado de riesgo basándose en la patogenia de las EET y la situación epidemiológica del país o región de origen o residencia del animal de que se trate. Los materiales especificados de riesgo se deben extraer y eliminar de modo que se evite cualquier riesgo para la salud humana o animal. En particular, no se deben poner en el mercado para ser utilizados en la fabricación de productos alimenticios, piensos o abonos. Sin embargo, debe contemplarse la posibilidad de lograr un nivel equivalente de protección sanitaria mediante la realización de una prueba de detección de EET a cada animal desde su validación completa. En los países o regiones que no estén clasificados entre los de mínimo riesgo de EEB, no se debe permitir la utilización de técnicas de sacrificio que presenten riesgos de provocar la contaminación de otros tejidos a partir del tejido cerebral.

(11) Deben adoptarse medidas para evitar la transmisión de las EET a seres humanos o animales mediante la prohibición del uso de determinadas categorías de proteínas animales para alimentar a determinadas categorías de animales, así como mediante la prohibición del uso de determinados materiales procedentes de rumiantes en la alimentación humana. Dichas prohibiciones deben ser proporcionales a los riesgos existentes.

(11 bis) En su Resolución de 28 de octubre de 2004, el Parlamento Europeo manifestó su preocupación respecto de la alimentación de los rumiantes a base de proteínas animales, puesto que éstas no forman parte de la alimentación natural del ganado adulto. Tras la crisis de la EEB y de la fiebre aftosa, se reconoce cada vez más que la mejor manera de proteger la salud humana y animal es criar y alimentar a los animales respetando las características de cada especie. Con arreglo al principio de cautela, para preservar la alimentación y las condiciones de vida naturales de los rumiantes, es necesario mantener la prohibición de alimentarlos con proteínas animales en formas que normalmente no forman parte de su alimentación natural.

(11 ter) La carne separada mecánicamente se obtiene extrayendo la carne de los huesos de manera que se destruye o modifica la estructura de la fibra muscular y puede contener parte de los huesos y del periostio (membrana que recubre el hueso). Por lo tanto, la carne separada mecánicamente no se puede comparar con la carne normal. En consecuencia, es necesario revisar su uso para el consumo humano.

(12) Toda sospecha de presencia de cualquier EET en cualquier animal debe ser notificada a la autoridad competente, que debe adoptar inmediatamente todas las

medidas adecuadas, y, en particular, someter al animal sospechoso a restricciones de desplazamiento a la espera de los resultados del examen, o bien mandarlo sacrificar bajo supervisión oficial. En caso de que la autoridad competente no pueda descartar la posibilidad de una EET, debe ordenar que se realicen las investigaciones pertinentes y conservar la canal bajo vigilancia oficial hasta que se haya efectuado un diagnóstico.

(13) En caso de que se confirme oficialmente la presencia de una EET, la autoridad competente debe tomar todas las medidas necesarias, procediendo, en particular, a la destrucción de la canal, efectuando una investigación para identificar a todos los animales que presenten riesgo y sometiendo tanto a los animales como a los productos de origen animal identificados como tales a restricciones de circulación. Se debe indemnizar sin demora a los propietarios por la pérdida de los animales y productos de origen animal que sean destruidos en aplicación de lo dispuesto en el presente Reglamento.

(14) Conviene que los Estados miembros elaboren planes de emergencia sobre las medidas nacionales que deberán aplicarse en caso de aparición de un brote de EEB. Dichos planes deben ser aprobados por la Comisión. Debe preverse la posibilidad de ampliar este régimen a otras EET distintas de la EEB.

(15) Deben establecerse disposiciones relativas a la puesta en el mercado de determinados animales vivos y productos de origen animal. Las normas comunitarias vigentes sobre identificación y registro de animales de la especie bovina prevén un sistema que hace posible seguir el rastro de los animales hasta su madre y su rebaño de origen con arreglo a las normas internacionales. Conviene que se prevean garantías equivalentes para los bovinos importados de terceros países. Conviene asimismo que los animales y productos de origen animal incluidos en dicha normativa y que se trasladen en el marco de intercambios intracomunitarios o se importen de terceros países vayan acompañados de los certificados que exige la normativa comunitaria, completados en su caso con arreglo al presente Reglamento.

(16) Debe prohibirse la puesta en el mercado de determinados productos de origen animal procedentes de animales de la especie bovina de regiones de alto riesgo. No obstante, esta prohibición no debe aplicarse a determinados productos de origen animal producidos en condiciones controladas a partir de animales de los que puede demostrarse que no presentan un riesgo alto de infección por una EET.

(17) Con el fin de asegurar el respeto de las normas relativas a la prevención, el control y la erradicación de las EET, es necesario tomar muestras para pruebas de detección en laboratorio sobre la base de un protocolo establecido previamente que permita dar una imagen epidemiológica completa de la situación en materia de EET. Para garantizar la uniformidad de los procedimientos de detección y de los resultados, se deben crear laboratorios de referencia nacionales y comunitarios, así como métodos científicos fiables, entre los cuales deben incluirse pruebas de diagnóstico rápido específicas de las EET. Debería, dentro de lo posible, recurrirse a pruebas de diagnóstico rápido.

(18) Deben efectuarse inspecciones comunitarias en los Estados miembros para garantizar la aplicación uniforme de los requisitos relativos a la prevención, el control y la erradicación de las EET y prever asimismo la aplicación de procedimientos de auditoría. Para asegurarse de que los terceros países ofrecen unas garantías equivalentes a las aplicadas en la Comunidad a la hora de importar en la Comunidad animales vivos y productos de origen animal, deben realizarse inspecciones y controles comunitarios in situ con objeto de comprobar que los terceros países exportadores cumplen los requisitos para la importación.

(19) Es importante que las medidas comerciales relativas a las EET se basen en normas, directrices o recomendaciones internacionales, cuando existan. No obstante, cuando las medidas basadas en las normas, directrices o recomendaciones internacionales pertinentes no proporcionen el adecuado nivel de protección sanitaria, pueden adoptarse medidas con justificación científica que ofrezcan un nivel de protección sanitaria más alto.

(20) Se debe prever la revisión del presente Reglamento en función de las nuevas informaciones científicas disponibles.

(21) En el contexto de presente Reglamento, conviene establecer las medidas transitorias necesarias, en particular, para regular la utilización de material especificado de riesgo.

(22) Las medidas necesarias para la ejecución del presente Reglamento deben aprobarse con arreglo a la Decisión 1999/468/CE del Consejo, de 28 de junio de 1999,

por la que se establecen los procedimientos para el ejercicio de las competencias de ejecución atribuidas a la Comisión.

(23) A efectos de la puesta en marcha del presente Reglamento, conviene establecer procedimientos que permitan a la Comisión y a los Estados miembros cooperar estrecha y eficazmente en el seno del Comité veterinario permanente, del Comité permanente de la alimentación animal y del Comité permanente de productos alimenticios.

(24) Dado que las normas de desarrollo del presente Reglamento son medidas de alcance general según lo dispuesto en el artículo 2 de la Decisión 1999/468/CE, éstas deberán aprobarse con arreglo al procedimiento de reglamentación establecido en el artículo 5 de la citada Decisión.

HAN ADOPTADO EL PRESENTE REGLAMENTO:

CAPÍTULO I- DISPOSICIONES GENERALES

Artículo 1.- *Ámbito de aplicación*

1. El presente Reglamento establece disposiciones para la prevención, el control y la erradicación de las encefalopatías espongiformes transmisibles (EET) en los animales. Se aplicará a la producción y puesta en el mercado de los animales vivos y de los productos de origen animal y, en determinados casos específicos, a su exportación.

2. El presente Reglamento no se aplicará a:

a) los cosméticos, medicamentos o productos sanitarios, ni a sus materias primas o productos intermedios;

b) los productos que no se destinen a la alimentación humana, la alimentación animal o los abonos, ni a sus materias primas o productos intermedios;

c) los productos de origen animal destinados a exposiciones, a la enseñanza, a la investigación científica, a estudios especiales o análisis, siempre que dichos productos no vayan a ser consumidos o utilizados por personas o por animales distintos de los utilizados en tales proyectos de investigación;

d) los animales vivos utilizados en la investigación o destinados a ella.

Artículo 2.- *Separación de animales vivos y de productos de origen animal*

Con el fin de evitar la contaminación cruzada o la sustitución de animales vivos o productos de origen animal a que se refiere el apartado 1 del artículo 1 por aquellos a los que se refieren las letras a), b) y c) del apartado 2 del artículo 1, o por los animales vivos contemplados en la letra d) del apartado 2 del artículo 1, los primeros deberán mantenerse separados en todo momento de los segundos, salvo si estos animales vivos o productos de origen animal se elaboran en unas condiciones de protección sanitaria respecto de las EET cuando menos iguales.

Las normas de desarrollo del presente artículo se adoptarán de conformidad con el procedimiento establecido en el apartado 2 del artículo 24.

Artículo 3.- *Definiciones*

1. A efectos del presente Reglamento, se entenderá por:

a) «EET»: todas las encefalopatías espongiformes transmisibles EET a excepción de las que afectan al ser humano;

b) «puesta en el mercado»: toda operación dirigida a suministrar a un tercero ubicado en la Comunidad animales vivos o productos de origen animal incluidos en el ámbito de aplicación del presente Reglamento, mediante venta o cualquier otra forma de cesión a dicho tercero a título oneroso o gratuito, así como su almacenamiento con vistas a su posterior suministro a dicho tercero;

c) «producto de origen animal»: todo producto derivado de un animal o que contenga un producto derivado de un animal al que se apliquen las disposiciones establecidas en la Directiva 89/662/CEE o la Directiva 90/425/CEE;

d) «materias primas»: las materias de base o cualquier otro producto de origen animal a partir de los cuales, o con cuya intervención, se elaboren los productos contemplados en las letras a) y b) del apartado 2 del artículo 1;

e) «autoridad competente»: la autoridad central de un Estado miembro facultada para garantizar el cumplimiento de los requisitos del presente Reglamento o cualquier otra autoridad en la que la autoridad central haya delegado dicha competencia, en especial en lo que respecta al control de los piensos; la presente definición incluye igualmente, en su caso, la autoridad correspondiente de un país tercero;

f) «categoría»: cada una de las categorías de clasificación establecidas en el capítulo C del anexo II;

g) «material especificado de riesgo»: los tejidos especificados en el anexo V; salvo que se indique lo contrario, no incluye los productos que contengan dichos tejidos o se deriven de ellos;

h) «animal sospechoso de estar infectado por una EET»: todo animal vivo, sacrificado o muerto que presente o haya presentado anomalías neurológicas o de comportamiento o un deterioro progresivo del estado general atribuible a un trastorno del sistema nervioso central, con respecto a los cuales no se pueda establecer otro diagnóstico a tenor de un examen clínico, de la respuesta a un tratamiento, de un examen post mortem o tras un análisis de laboratorio ante o post mortem. También se considerará sospechoso de estar infectado por la encefalopatía espongiforme bovina (EEB) todo bovino que haya sido sometido a una prueba de diagnóstico rápido de la EEB que haya arrojado un resultado positivo;

i) «explotación»: cualquier lugar en el que los animales incluidos en el ámbito de aplicación del presente Reglamento sean estabulados, mantenidos, criados, manipulados o mostrados al público;

j) «muestreo»: la toma de muestras de animales, de su entorno o de productos de origen animal que proporciona una representación estadísticamente correcta, para establecer un diagnóstico de enfermedad o determinar relaciones familiares, para vigilar la salud o para comprobar la ausencia de agentes microbiológicos o de determinados materiales en productos de origen animal;

k) «abono»: toda sustancia que contenga productos de origen animal y se aplique a la tierra para favorecer el crecimiento de la vegetación; podrá incluir residuos digestivos procedentes de la biogasificación o de compostaje;

l) «pruebas de diagnóstico rápido»: los procedimientos de análisis mencionados en el anexo X que ofrezcan resultados en un plazo de veinticuatro horas;

m) «prueba alternativa»: las pruebas a que se refiere el apartado 2 del artículo 8 que se utilicen en sustitución de la retirada del material especificado de riesgo;

n) «carne separada mecánicamente» o CSM: el producto obtenido extrayendo la carne de los huesos carnosos después del deshuesado por medios mecánicos que ocasionan la pérdida o alteración de la estructura de la fibra muscular;

o) «vigilancia pasiva»: la comunicación de todos los casos de animales sospechosos de estar infectados por una EET y, si el examen clínico no excluye la presencia de una EET, la realización de pruebas de laboratorio de dichos animales;

p) «vigilancia activa»: la realización de pruebas de los animales no comunicados como sospechosos de infección por una EET, tales como los animales sacrificados como medida de urgencia, animales que presentan síntomas en las pruebas previas al sacrificio, animales encontrados muertos, animales sanos sacrificados y animales eliminados debido a un caso de EEB, en particular para determinar la evolución y prevalencia de EET en un país o región;

2. Las definiciones específicas que figuran en el anexo I también serán de aplicación.

3. Cuando los términos del presente Reglamento no estén definidos en el apartado 1 o en el anexo I, convendrá referirse a las definiciones pertinentes del Reglamento (CE) nº 1760/2000, así como aquellas que figuran en las Directivas 64/432/CEE, 89/662/CE, 90/425/CEE y 91/68/CEE o que se derivan de ellas, y que sean de aplicación en la medida en que el presente texto haga referencia a ellas.

Artículo 4.- *Medidas de salvaguardia*

1. Por lo que respecta a la aplicación de las medidas de salvaguardia, serán de aplicación los principios y las disposiciones del artículo 9 de la Directiva 89/662/CEE, del artículo 10 de la Directiva 90/425/CEE, del artículo 18 de la Directiva 91/496/CEE, así como del artículo 22 de la Directiva 97/78/CE.

2. Las medidas de salvaguardia se adoptarán de conformidad con el procedimiento establecido en el apartado 2 del artículo 2 y se comunicarán simultáneamente al Parlamento Europeo junto con los motivos que las justifiquen.

CAPÍTULO II- DETERMINACIÓN DE LA CALIFICACIÓN SANITARIA RESPECTO DE LA EEB

Artículo 5.- *Clasificación*

1. La situación de la EEB en los Estados miembros o en terceros países o en sus regiones (denominados en lo sucesivo «países o regiones») se determinará mediante su clasificación en una de las tres categorías siguientes:

— riesgo insignificante de EEB, según se define en el anexo II,

— riesgo controlado de EEB, según se define en el anexo II,

— riesgo indeterminado de EEB, según se define en el anexo II.

La calificación sanitaria respecto de la EEB de los países o regiones, sólo podrá determinarse basándose en los criterios enumerados en el capítulo A del anexo II. Dichos criterios incluirán los resultados de un análisis de riesgo que identifique todos los factores potenciales de aparición de la EEB, tal como se definen en el capítulo B del anexo II, y su evolución a lo largo del tiempo, así como medidas globales de vigilancia activa y pasiva que tengan en cuenta la categoría de riesgo del país o región.

Los Estados miembros y los terceros países que quieran ser mantenidos en la lista de terceros países autorizados para exportar a la Comunidad los animales vivos o los productos indicados en el presente Reglamento presentarán a la Comisión una solicitud con vistas a determinar su certificación sanitaria con respecto a la EEB, acompañada de las informaciones correspondientes relativas a los criterios enumerados en el capítulo A del anexo II, así como los factores de riesgo potenciales enumerados en el capítulo B del anexo II y su evolución en el tiempo.

2. Con arreglo al procedimiento establecido en el apartado 2 del artículo 24 y teniendo en cuenta los criterios y los factores de riesgo potenciales mencionados en el apartado 1, se tomará una decisión sobre cada solicitud con el fin de clasificar a cada Estado miembro o país tercero o la región de uno u otro que hubiere presentado la solicitud en una de las categorías mencionadas en el capítulo C del anexo II.

Dicha decisión se tomará en el plazo de seis meses a partir de la presentación de la solicitud y de la información pertinente a que se refiere el párrafo segundo del apartado 1. Si la Comisión considera que los documentos justificativos no contienen la información a que se refieren los capítulos A y B del anexo II, pedirá que le sea facilitada información complementaria en un plazo que se especificará. La decisión definitiva se tomará en el plazo de seis meses a partir de la entrega de la información completa.

Una vez que la Oficina Internacional de Epizootias (OIE) haya establecido un procedimiento para clasificar los países por categorías y en caso de que se haya clasificado al país solicitante en una de esas categorías, se podrá decidir, en su caso y conforme al procedimiento establecido en el apartado 2 del artículo 24, evaluar de nuevo la clasificación comunitaria del país de que se trate efectuada con arreglo al párrafo primero del presente apartado.

3. Si la Comisión considera que la información presentada por un Estado miembro o un país tercero de conformidad con los capítulos A y B del anexo II es insuficiente o poco clara, podrá determinar, conforme al procedimiento establecido en el apartado 2 del artículo 24, la calificación sanitaria respecto de la EEB del Estado miembro o tercer país en cuestión a partir de un análisis de riesgo completo.

Este análisis de riesgo deberá incluir un estudio estadístico concluyente de la situación epidemiológica en relación con la EET en el Estado miembro o tercer país solicitante, para lo que se utilizarán, en el marco de un procedimiento de detección sistemática, pruebas de diagnóstico rápido. La Comisión tendrá en cuenta los criterios de clasificación establecidos por la OIE.

Las pruebas de diagnóstico rápido se autorizarán a estos efectos con arreglo al procedimiento de reglamentación con control contemplado en el artículo 24, apartado 3, y figurarán en la lista del anexo X, capítulo C, punto 4.

Este procedimiento de detección podrán utilizarlo también los Estados miembros o los países terceros que deseen que la Comisión apruebe, conforme al procedimiento establecido en el apartado 2 artículo 24, la clasificación a la que ellos hubieren procedido sobre dicha base.

El coste de este procedimiento de detección correrá a cargo del Estado miembro o tercer país en cuestión.

4. Los Estados miembros y terceros países que no hubieren presentado ninguna solicitud de conformidad con lo establecido en el párrafo tercero del apartado 1 cumplirán, por lo que se refiere a la expedición desde su territorio de animales vivos y productos de origen animal, los requisitos de importación aplicables a países con un riesgo indeterminado de EEB mientras no presenten dicha solicitud y no se haya adoptado una decisión final sobre su calificación sanitaria respecto de la EEB.

5. Los Estados miembros comunicarán a la Comisión sin dilación cualquier hecho epidemiológico o cualquier otra información que pueda conducir a un cambio de su calificación sanitaria respecto de la EEB, y en particular los resultados de los programas de seguimiento previstos en el artículo 6.

6. De conformidad con el procedimiento establecido en el apartado 2 del artículo 24, el mantenimiento de un tercer país en una de las listas previstas por la normativa comunitaria para poder exportar a la Comunidad animales vivos y productos de origen animal para los que el presente Reglamento prevé normas específicas estará supeditado —teniendo en cuenta la información disponible o en caso de presunción de presencia de una EET— al suministro de la información mencionada en el apartado 1. En caso de negativa a facilitar dicha información —en un plazo de tres meses a partir de la solicitud de la Comisión— se aplicará lo dispuesto en el apartado 4 del presente artículo hasta que dicha información sea presentada y evaluada con arreglo a los apartados 2 o 3.

La posibilidad de que un tercer país exporte a la Comunidad animales vivos o productos de origen animal para los que el presente Reglamento prevé normas específicas en las condiciones correspondientes a la categoría que le haya atribuido la Comisión estará supeditada a que dicho país se comprometa a comunicar por escrito sin dilación a esta última cualquier hecho epidemiológico o de otra naturaleza que pueda conducir a un cambio en la calificación sanitaria respecto de la EEB.

7. Podrá adoptarse una decisión, con arreglo al procedimiento establecido en el apartado 2 del artículo 24, para modificar la calificación respecto de la EEB de un Estado miembro o de un tercer país o una de sus regiones en función de los resultados de los controles contemplados en el artículo 21.

8. Las decisiones que se mencionan en los apartados 2, 3, 4, 6 y 7 se basarán en una evaluación del riesgo, teniendo en cuenta los criterios recomendados en los capítulos A y B del anexo II.

CAPÍTULO III- PREVENCIÓN DE LAS EET

Artículo 6.- *Sistema de seguimiento*

1. Los Estados miembros llevarán a cabo un programa anual de seguimiento de la EEB, basado en la vigilancia activa y pasiva, con arreglo al anexo III. En caso de que esté disponible para las especies animales, el programa incluirá un procedimiento de detección sistemática mediante las pruebas de diagnóstico rápido.

Las pruebas de diagnóstico rápido se autorizarán a estos efectos con arreglo al procedimiento contemplado en el apartado 3 del artículo 24 y figurarán en la lista del anexo X.

1 bis. El programa de seguimiento anual a que se refiere el apartado 1 cubrirá, como mínimo, las subpoblaciones siguientes:

a) bovinos de más de 24 meses que han sido objeto de un» sacrificio de urgencia «o con síntomas durante la inspección previa al sacrificio,

b) bovinos de más de 30 meses que han sido objeto de un sacrificio normal para el consumo humano,

c) bovinos de más de 24 meses que no se han sacrificado para consumo humano o que han muerto o han sido eliminados en la granja, durante el transporte o en el matadero (animales muertos).

Los Estados miembros podrán establecer excepciones a lo dispuesto en la letra c) en el caso de regiones alejadas, con escasa densidad de ganado y en las que no esté organizada la recogida de los animales muertos. Los Estados miembros que hagan uso de esta posibilidad informarán de ello a la Comisión y presentarán una lista de las regiones de que se trate, junto con la justificación de la excepción. La excepción no cubrirá más del 10 % de la cabaña de bovinos en un Estado miembro.

1 ter. Previa consulta del comité científico pertinente, la edad establecida en las letras a) y c) del apartado 1 bis se podrá adaptar en función del progreso científico de conformidad con el procedimiento contemplado en el apartado 3 del artículo 24.

A petición de un Estado miembro que pueda demostrar que la situación epidemiológica del país ha mejorado, con arreglo a determinados criterios que se establecerán de conformidad con el procedimiento contemplado en el apartado 3 del artículo 24, se podrán revisar los programas anuales de seguimiento de dicho Estado miembro.

El Estado miembro interesado deberá presentar pruebas, mediante un análisis de riesgo global, de su capacidad para determinar la eficacia de las medidas adoptadas y garantizar la protección de la salud humana y animal. En particular, el Estado miembro deberá demostrar:

a) una prevalencia de la EEB en neta disminución o establemente baja, sobre la base de resultados actualizados de las pruebas de detección;

b) que ha adoptado y aplicado durante un mínimo de seis años un programa completo de detección de la EEB (legislación comunitaria sobre trazabilidad e identificación de animales vivos y seguimiento de la EEB);

c) que ha adoptado y aplicado durante un mínimo de seis años la legislación comunitaria relativa a la prohibición total en materia de alimentación del ganado.

2. Los Estados miembros informarán a la Comisión y a los demás Estados miembros, en el seno del Comité veterinario permanente, de la aparición de casos de EET distintas de la EEB.

3. Deberán registrarse todos los exámenes de laboratorio y las investigaciones oficiales de conformidad con lo dispuesto en el capítulo B del anexo III.

4. Los Estados miembros presentarán a la Comisión un informe anual que deberá contener como mínimo los datos que se indican en la parte I del capítulo B del anexo III. El informe correspondiente a cada año civil se presentará a más tardar el 31 de marzo del año siguiente. En el plazo de tres meses a partir de la recepción de los informes nacionales la Comisión presentará al Comité veterinario permanente una síntesis de dichos informes que recogerá como mínimo los datos mencionados en la parte I del capítulo B del anexo III.

5. Las disposiciones para la aplicación del presente artículo se adoptarán de conformidad con el procedimiento contemplado en el apartado 2 del artículo 24.

Artículo 6 bis.- *Programas de cría*

1. Los Estados miembros podrán introducir programas de cría para seleccionar animales resistentes a las EET en su población ovina. Los programas incluirán un marco para el reconocimiento de la calificación de algunos rebaños como resistentes a las EET y podrán ampliarse para incluir otras especies animales sobre la base de pruebas científicas que corroboren la resistencia a las EET de genotipos particulares de dichas especies.

2. Las disposiciones específicas para los programas contemplados en el apartado 1 del presente artículo se adoptarán de conformidad con el procedimiento contemplado en el apartado 2 del artículo 24.

3. Los Estados miembros que introduzcan programas de cría informarán regularmente a la Comisión, a fin de poder evaluar científicamente esos programas, en particular su incidencia tanto en la frecuencia de los brotes de EET como en la variedad y variabilidad genética y en la cría de conservación de razas ovinas antiguas, raras o adaptadas a una región particular. Los resultados científicos y las consecuencias generales de los programas de cría se evaluarán periódicamente y, en caso necesario, se modificarán en consecuencia.

Artículo 7.- *Prohibiciones en materia de alimentación de los animales*

1. Queda prohibido utilizar proteínas procedentes de animales en la alimentación de rumiantes.

2. La prohibición contemplada en el apartado 1 se ampliará a los animales distintos de los rumiantes y se restringirá, en lo relativo a la alimentación de dichos animales con productos de origen animal, con arreglo al anexo IV.

3. Los apartados 1 y 2 se aplicarán sin perjuicio de lo dispuesto en el anexo IV en el que se establecen las excepciones a las prohibiciones contenidas en estos apartados.

La Comisión podrá permitir, de conformidad con el procedimiento contemplado en el apartado 3 del artículo 24, sobre la base de una evaluación científica de las necesidades alimentarias de las crías de rumiantes, sin perjuicio de las disposiciones adoptadas para la aplicación del presente artículo mencionadas en el apartado 5 del presente artículo, y tras una evaluación de los aspectos relativos al control de esta excepción, que se alimente a las crías de rumiantes con proteínas derivadas del pescado.

4. Se prohíbe a los Estados miembros o a las regiones de los Estados miembros que estén clasificados en la categoría de riesgo indeterminado de EEB la exportación o el almacenamiento de piensos para ganado que contengan proteínas procedentes de mamíferos y de piensos para mamíferos, a excepción de los alimentos para perros, gatos y animales de peletería, que contengan proteínas tratadas procedentes de mamíferos.

Se prohíbe a los terceros países, o a sus regiones, que estén clasificados en la categoría de riesgo indeterminado de EEB exportar a la Comunidad piensos para ganado que contengan proteínas procedentes de mamíferos y piensos para mamíferos, a excepción de los alimentos para perros, gatos y animales de peletería, que contengan proteínas procedentes de mamíferos.

A petición de un Estado miembro o de un país tercero, podrá adoptarse, de conformidad con el procedimiento contemplado en el apartado 2 del artículo 24, una decisión basada en criterios pormenorizados que habrán de establecerse de conformidad con el procedimiento contemplado en el apartado 3 del artículo 24, para autorizar excepciones individuales a las restricciones contempladas en el presente apartado. Toda excepción deberá tener en cuenta las disposiciones del apartado 3 del presente artículo.

4 bis. Sobre la base de una evaluación de riesgo favorable que tenga en cuenta por lo menos el alcance y el origen posible de la contaminación, así como el destino final del lote, podrá adoptarse una decisión, de conformidad con el procedimiento contemplado en el apartado 3 del artículo 24, para fijar un nivel de tolerancia para la presencia de pequeñas cantidades de proteínas animales en los piensos debida a contaminación accidental y técnicamente inevitable.

5. Las normas de desarrollo del presente artículo, y en particular las normas de prevención de la contaminación cruzada y los métodos de muestreo y de análisis de muestras necesarios para verificar el cumplimiento del presente artículo, se adoptarán de conformidad con el procedimiento contemplado en el apartado 2 del artículo 24. Dichas normas se basarán en un informe de la Comisión sobre el origen, la transformación, el control y la trazabilidad de los piensos de origen animal.

Artículo 8.- *Material especificado de riesgo*

1. El material especificado de riesgo se extraerá y eliminará de conformidad con lo dispuesto en el anexo V del presente Reglamento y en el Reglamento (CE) nº 1774/2002. No se importará en la Comunidad. La lista de material especificado de riesgo que figura en el anexo V deberá incluir como mínimo el cerebro, la médula espinal, los ojos y las amígdalas de los bovinos de más de doce meses, y la columna vertebral de los bovinos de una edad que se determinará de conformidad con el procedimiento contemplado en el apartado 3 del artículo 24. Teniendo en cuenta las diferentes categorías de riesgo establecidas en el párrafo primero del apartado 1 del artículo 5 y los requisitos contemplados en el apartado 1 bis y en la letra b) del apartado 1 ter del artículo 6, se modificará en consecuencia la lista del material especificado de riesgo que figura en el anexo V.

2. El apartado 1 del presente artículo no se aplicará a los tejidos de animales que hayan sido sometidos a una prueba alternativa autorizada para ese objetivo concreto de conformidad con el procedimiento contemplado en el apartado 3 del artículo 24, siempre que dicha prueba esté incluida en la lista que figura en el anexo X, se haya efectuado cumpliendo los requisitos enumerados en el anexo V y sus resultados sean negativos.

Los Estados miembros que, con arreglo a lo establecido en el presente apartado, autoricen la utilización de una prueba alternativa deberán informar de ello a los demás Estados miembros y a la Comisión.

3. En los Estados miembros, o en sus regiones, con un riesgo controlado o indeterminado de EEB, no se practicará, tras el aturdimiento, la laceración del tejido nervioso central mediante la introducción de un instrumento en forma de vara alargada en la cavidad craneal, ni mediante la inyección de gas en la cavidad craneal en relación con el aturdimiento, en los bovinos, ovinos y caprinos cuya carne esté destinada al consumo humano o animal.

4. Los datos relativos a las edades indicados en el anexo V se podrán adaptar. Esta adaptación se realizará en función de los conocimientos científicos demostrados más recientes relativos a la probabilidad estadística de que aparezca una EET en los grupos de edad en cuestión de la cabaña comunitaria de bovino, ovino y caprino.

5. Podrán adoptarse, de conformidad con el procedimiento contemplado en el apartado 3 del artículo 24, normas que regulen excepciones a lo dispuesto en los apartados 1 a 4 del presente artículo, en lo referente a la fecha de aplicación efectiva de la prohibición prevista en el apartado 1 del artículo 7 o, cuando corresponda para un tercer país o una de sus regiones con un riesgo controlado de EEB, a la fecha de aplicación efectiva de la prohibición del uso de proteínas derivadas de mamíferos en la alimentación de los rumiantes, con el fin de limitar los requisitos de extracción y eliminación del material especificado de riesgo a los animales nacidos antes de la fecha fijada para los países o regiones de que se trate.

6. Las normas de desarrollo del presente artículo se adoptarán de conformidad con el procedimiento establecido en el apartado 2 del artículo 24.

Artículo 9.- *Productos de origen animal derivados de materiales procedentes de rumiantes o que contengan dichos materiales*

1. Los productos de origen animal enumerados en el anexo VI se elaborarán en condiciones de producción aprobadas de conformidad con el procedimiento contemplado en el apartado 3 del artículo 24.

2. En la elaboración de carnes separadas mecánicamente (CSM) no se utilizarán los huesos de bovinos, ovinos y caprinos originarios de países o regiones con un riesgo controlado o indeterminado de EEB. Antes del 1 de julio de 2008, los Estados miembros presentarán a la Comisión un informe sobre el uso y los métodos de producción de CSM en su territorio. El informe incluirá una declaración sobre si tiene intención o no de continuar la producción de CSM.

Sobre la base de dichos informes, la Comisión presentará una comunicación al Parlamento Europeo y al Consejo sobre las futuras necesidades y la utilización de CSM en la Comunidad, incluida la política de información al consumidor.

3. Los apartados 1 y 2 no se aplicarán, habida cuenta de los criterios establecidos en el anexo V, punto 5, a los rumiantes que hayan sido sometidos a una prueba alternativa reconocida con arreglo al procedimiento de reglamentación con control contemplado en el artículo 24, apartado 3, siempre que dicha prueba esté contemplada en el anexo X, y sus resultados sean negativos.

4. Las normas de desarrollo del presente artículo se adoptarán de conformidad con el procedimiento establecido en el apartado 2 del artículo 24.

Artículo 10.- *Programas de formación*

1. Los Estados miembros velarán por que el personal de la autoridad competente y de los laboratorios de diagnóstico, así como de las facultades de agronomía y veterinaria, los veterinarios oficiales, los veterinarios privados, el personal de los mataderos y los ganaderos y las personas que tengan o críen animales hayan recibido formación sobre los síntomas clínicos, la epidemiología y, si se trata del personal encargado de los controles, la interpretación de los resultados de los estudios de laboratorio sobre las EET.

2. A fin de garantizar una puesta en práctica eficaz de los programas de formación indicados en el apartado 1, la Comunidad podrá conceder ayuda financiera. El importe de dicha ayuda se fijará de conformidad con el procedimiento establecido en el apartado 2 del artículo 24.

CAPÍTULO IV- CONTROL Y ERRADICACIÓN DE LAS EET

Artículo 11.- *Notificación*

Sin perjuicio de lo dispuesto en la Directiva 82/894/CEE, los Estados miembros velarán por que siempre que se sospeche que un animal está infectado por una EET, el caso sea notificado de inmediato a las autoridades competentes.

Los Estados miembros informarán periódicamente a los demás Estados miembros y a la Comisión de los casos de EET notificados.

La autoridad competente adoptará inmediatamente las medidas establecidas en el artículo 12 del presente Reglamento, así como cualesquiera otras medidas necesarias.

Artículo 12.- *Medidas relativas a los animales sospechosos*

1. Cualquier animal del que se sospeche que está infectado por una EET deberá someterse a una restricción oficial de circulación hasta que se conozca el resultado de un examen clínico y epidemiológico efectuado por la autoridad competente, o deberá dársele muerte para su examen en laboratorio bajo supervisión oficial.

Si se sospecha oficialmente que se ha producido un caso de EET en un animal bovino de una explotación de un Estado miembro, todos los demás bovinos de esa explotación deberán someterse a una restricción oficial de circulación hasta que se conozcan los resultados del examen. Si se sospecha oficialmente que se ha producido un caso de EET en un animal ovino o caprino de una explotación de un Estado miembro, todos los demás ovinos o caprinos de esa explotación deberán someterse a una restricción oficial de circulación hasta que se conozcan los resultados.

Sin embargo, si existen indicios de que la explotación en la que se encontraba el animal cuando apareció la sospecha de EET no es probablemente la explotación en la que el animal estuvo expuesto a dicha enfermedad, la autoridad competente podrá decidir que sólo el animal sospechoso de infección sea objeto de una restricción oficial de circulación.

Si se considera necesario, la autoridad competente podrá decidir también, según la información epidemiológica disponible, que otras explotaciones o sólo la explotación donde tuvo lugar la exposición sean sometidas a vigilancia oficial.

De conformidad con el procedimiento contemplado en el apartado 2 del artículo 24, y no obstante lo dispuesto en el presente apartado en relación con la restricción oficial de circulación, se podrá dispensar a un Estado miembro de la aplicación de dicha restricción si aplica medidas que ofrezcan garantías equivalentes basadas en una evaluación adecuada de los posibles riesgos presentes para la salud de los animales y las personas.

2. En caso de que la autoridad competente decida que no puede descartarse la posibilidad de una infección por EET, se sacrificará al animal si aún está vivo; se le extraerá el cerebro y los demás tejidos que determine la autoridad competente, que se enviarán a un laboratorio oficial autorizado o al laboratorio de referencia nacional previsto en el apartado 1 del artículo 19 o comunitario previsto en el apartado 2 del artículo 19, para ser sometidos a un examen utilizando los métodos establecidos en el artículo 20.

3. Todas las partes del cuerpo del animal sospechoso se conservarán bajo supervisión oficial hasta que se conozca el diagnóstico negativo o se eliminarán con arreglo a lo dispuesto en el Reglamento (CE) nº 1774/2002.

4. Las normas de desarrollo del presente artículo se adoptarán de conformidad con el procedimiento establecido en el apartado 2 del artículo 24.

Artículo 13.- *Medidas consiguientes a la confirmación de la presencia de EET*

1. Cuando se haya confirmado oficialmente la presencia de una EET, se aplicarán sin dilación las siguientes medidas:

a) todas las partes del cuerpo del animal infectado se eliminarán con arreglo a lo dispuesto en el Reglamento (CE) nº 1774/2002, a excepción de los materiales conservados para los registros de conformidad con el capítulo B del anexo III del presente Reglamento;

b) se realizará una investigación para identificar todos los animales expuestos al riesgo con arreglo al punto 1 del anexo VII;

c) todos los animales expuestos a riesgo y sus productos enumerados en el punto 2 del anexo VII del presente Reglamento que hayan sido identificados en la investigación mencionada en la letra b) serán sacrificados y eliminados de conformidad con lo dispuesto en el Reglamento (CE) nº 1774/2002.

A petición de un Estado miembro y sobre la base de una evaluación de riesgo favorable que tenga especialmente en cuenta las medidas de control en dicho Estado miembro, se podrá adoptar una decisión, de conformidad con el procedimiento contemplado en el apartado 2 del artículo 24, para autorizar el uso de los bovinos a que se refiere el presente apartado hasta el final de su vida productiva.

No obstante lo dispuesto en el presente apartado, un Estado miembro podrá aplicar otras medidas que ofrezcan un nivel de protección equivalente basado en una evaluación del riesgo favorable de conformidad con los artículos 24 bis y 25, tomando particularmente en consideración las medidas de control existentes en dicho Estado miembro, si dichas medidas han sido aprobadas por dicho Estado miembro con arreglo al procedimiento de reglamentación contemplado en el artículo 24, apartado 2.

2. En espera de la ejecución de las medidas indicadas en las letras b) y c) del apartado 1, la explotación en la que se encontraba el animal en el momento en que se confirmó la presencia de EET será sometida a vigilancia oficial y cualquier traslado, con origen o destino en la explotación en cuestión, de animales sensibles a las EET y de productos de origen animal, estará supeditado a la autorización de la autoridad competente, con el fin de garantizar la inmediata localización y la identificación de los animales y los productos de origen animal en cuestión.

Si existen indicios de que la explotación en la que se encontraba el animal cuando se confirmó la presencia de EET no es probablemente la explotación en la que el animal estuvo expuesto a dicha enfermedad, la autoridad competente podrá decidir que ambas explotaciones o únicamente la explotación en la que estuvo expuesto sean objeto de vigilancia oficial.

3. De conformidad con el procedimiento establecido en el apartado 2 del artículo 24, los Estados miembros que hayan aplicado un régimen alternativo que ofrezca garantías equivalentes tal como se contempla en el párrafo quinto del apartado 1 del artículo 12 podrán, no obstante lo exigido en las letras b) y c) del apartado 1, ser dispensados de la obligación de aplicar medidas oficiales que prohíban el traslado de los animales o que impongan su sacrificio y destrucción.

4. Los propietarios serán compensados sin demora por la pérdida de los animales a los que se haya tenido que dar muerte o de los productos de origen animal destruidos conforme al apartado 2 del artículo 12 y a las letras a) y c) del apartado 1 del presente artículo.

5. Sin perjuicio de lo dispuesto en la Directiva 82/894/CEE, toda confirmación de la presencia de una EET distinta de la EEB deberá notificarse anualmente a la Comisión.

6. Las normas de desarrollo del presente artículo se adoptarán de conformidad con el procedimiento establecido en el apartado 2 del artículo 24.

Artículo 14.- *Plan de emergencia*

1. Los Estados miembros elaborarán —de acuerdo con los criterios generales recogidos en la normativa comunitaria en materia de lucha contra las enfermedades de los animales— directrices en las que se especifiquen las medidas nacionales que deban aplicarse y se precisen las competencias y responsabilidades en caso de que se confirmen casos de EET.

2. Cuando sea necesario para permitir la aplicación uniforme de la legislación comunitaria, las líneas directrices podrán armonizarse conforme al procedimiento establecido en el apartado 2 del artículo 24.

CAPÍTULO V- PUESTA EN EL MERCADO Y EXPORTACIÓN

Artículo 15.- *Animales vivos, su esperma, sus óvulos y embriones*

1. La puesta en el mercado o, llegado el caso, la exportación de bovinos, ovinos o caprinos, de su esperma, sus óvulos y embriones estará sujeta a las condiciones establecidas en el anexo VIII, o, cuando se trate de importaciones, a las condiciones establecidas en el anexo IX. Los animales vivos y sus óvulos y embriones deberán ir acompañados de los certificados sanitarios adecuados previstos por la legislación comunitaria, de conformidad con el artículo 17 o, en los casos de importaciones, con el artículo 18.

2. La puesta en el mercado de los descendientes de primera generación, así como de esperma, embriones y óvulos de los animales sospechosos de padecer una EET o en los que ésta haya sido confirmada, estará supeditada a las condiciones establecidas en el capítulo B del anexo VIII.

3. De conformidad con el procedimiento contemplado en el apartado 3 del artículo 24, las disposiciones de los apartados 1 y 2 podrán hacerse extensivas a otras especies animales.

4. Las normas de desarrollo del presente artículo podrán adoptarse con arreglo al procedimiento contemplado en el apartado 2 del artículo 24.

Artículo 16.- *Puesta en el mercado de productos de origen animal*

1. Los siguientes productos de origen animal procedentes de rumiantes sanos no estarán sujetos a las restricciones de puesta en el mercado, o llegado el caso, de exportación, establecidas en el presente artículo y en las disposiciones de los capítulos C y D del anexo VIII y en los capítulos A, C, F y G del anexo IX:

a) los productos de origen animal incluidos en el ámbito de aplicación de las disposiciones del artículo 15, y en particular el esperma, los embriones y los óvulos;

b) la leche y los productos lácteos, los cueros y las pieles y la gelatina y el colágeno derivados de cueros y pieles.

2. Los productos de origen animal originarios de terceros países con un riesgo controlado o indeterminado de EEB procederán de bovinos, ovinos y caprinos sanos a los que no se haya practicado la laceración del tejido nervioso central ni la inyección de gas en la cavidad craneal a que se refiere el apartado 3 del artículo 8.

3. No se comercializarán productos alimentarios de origen animal que contengan materias procedentes de bovinos originarios de un país o región con un riesgo indeterminado de EEB, salvo que procedan de animales:

a) que hayan nacido ocho años después de la fecha a partir de la cual se ha aplicado efectivamente la prohibición de utilizar proteínas derivadas de mamíferos en la alimentación de rumiantes; y

b) que hayan nacido, se hayan criado y hayan estado en rebaños con un historial certificado indemne de EEB desde hace siete años como mínimo.

Además, queda prohibido expedir productos alimentarios derivados de rumiantes desde un Estado miembro o una región de éste con un riesgo indeterminado de EEB a otro Estado miembro, o importarlos de un tercer país con un riesgo indeterminado de EEB.

Esta prohibición no se aplicará a los productos de origen animal que se enumeran en el capítulo C del anexo VIII y que cumplen los requisitos de dicho capítulo.

Los productos deberán ir acompañados de un certificado sanitario, expedido por un veterinario oficial, que acredite que se han producido de conformidad con el presente Reglamento.

4. Cuando un animal sea trasladado de un país o región a otro país o región de categoría diferente, se clasificará en la más alta de las categorías de los países o regiones en los que haya estado más de veinticuatro horas, a menos que puedan darse garantías adecuadas de que el animal no ha recibido alimentos del país o región clasificado en la más alta de las categorías.

5. Los productos de origen animal para los que el presente artículo establece disposiciones específicas deberán ir acompañados de los certificados sanitarios o de los documentos comerciales oportunos previstos por la legislación comunitaria de conformidad con los artículos 17 y 18 o, cuando la legislación comunitaria no prevea este requisito, de un certificado sanitario o de un documento comercial cuyos modelos se establecerán con arreglo al procedimiento previsto en el apartado 2 del artículo 24.

6. A los efectos de su importación en la Comunidad, los productos de origen animal cumplirán las condiciones establecidas en los capítulos A, C, F y G del anexo IX.

7. Con arreglo al procedimiento de reglamentación con control contemplado en el artículo 24, apartado 3, las disposiciones de los apartados 1 a 6 podrán hacerse extensivas a otros productos de origen animal. Las normas de desarrollo del presente artículo se adoptarán con arreglo al procedimiento de reglamentación contemplado en el artículo 24, apartado 2.

Artículo 17

Según el procedimiento establecido en el apartado 2 del artículo 24, los certificados sanitarios a que se refieren el anexo F de la Directiva 64/432/CEE y los Modelos II y III del anexo E de la Directiva 91/68/CEE, así como los certificados sanitarios pertinentes previstos en la normativa comunitaria relativa a los intercambios de esperma, óvulos y embriones de bovinos, ovinos o caprinos, se completarán, en caso necesario, con una referencia a la categoría del Estado miembro o región de origen y especificará la clasificación asignada de conformidad con el artículo 5.

Los documentos comerciales pertinentes relativos a los intercambios de productos de origen animal se completarán, cuando proceda, con una referencia a la categoría del Estado miembro o la región de origen atribuida por la Comisión de conformidad con el artículo 5.

Artículo 18

Por lo que respecta a los terceros países clasificados en una categoría con arreglo al artículo 5, los certificados sanitarios pertinentes para la importación previstos en la normativa comunitaria se completarán, de conformidad con el procedimiento contemplado en el apartado 2 del artículo 24, con los requisitos específicos establecidos en el anexo IX, en cuanto se adopte dicha decisión de clasificación.

CAPÍTULO VI- LABORATORIOS DE REFERENCIA, MUESTREO, PRUEBAS Y CONTROLES

Artículo 19.- *Laboratorios de referencia*

1. Los laboratorios nacionales de referencia de cada Estado miembro y sus funciones y cometidos serán los que indican en el capítulo A del anexo X.

2. El laboratorio comunitario de referencia y sus funciones y cometidos se indican en el capítulo B del anexo X.

Artículo 20.- *Métodos de muestreo y de análisis de laboratorio*

1. El muestreo y las pruebas de detección en laboratorio para determinar la presencia o no de una EET se llevarán a cabo utilizando los métodos y protocolos establecidos en el capítulo C del anexo X.

2. Cuando sea necesario para garantizar la aplicación uniforme de lo dispuesto en el presente artículo, se adoptarán normas de desarrollo con arreglo al procedimiento de reglamentación contemplado en el artículo 24, apartado 2. El método para confirmar la EEB en ovinos y caprinos se elaborará con arreglo al procedimiento de reglamentación con control contemplado en el artículo 24, apartado 3.

Artículo 21.- *Controles comunitarios*

1. En la medida en que sea necesario para la aplicación uniforme del presente Reglamento, expertos de la Comisión podrán realizar controles in situ en colaboración con las autoridades competentes de los Estados miembros. El Estado miembro en cuyo territorio se efectúe un control facilitará a los expertos toda la ayuda necesaria para el cumplimiento de sus funciones. La Comisión informará a la autoridad competente del resultado de los controles realizados.

Las normas de desarrollo del presente artículo, y en particular las encaminadas a regular el régimen de colaboración con las autoridades nacionales, se aprobarán siguiendo el procedimiento contemplado en el apartado 2 del artículo 24.

2. Los controles comunitarios respecto de terceros países deberán efectuarse de conformidad con los artículos 20 y 21 de la Directiva 97/78/CE.

CAPÍTULO VII.- DISPOSICIONES TRANSITORIAS Y DISPOSICIONES FINALES

Artículo 22.- *Medidas transitorias relativas al material especificado de riesgo*

1. Las disposiciones del capítulo A del anexo XI se aplicarán durante un período de seis meses como mínimo a partir de 1 de julio de 2001 y concluirán en la fecha en que se adopte una decisión con arreglo a lo dispuesto en los apartados 2 o 4 del artículo 5, fecha a partir de la cual será de aplicación el artículo 8.

2. Los resultados de un estudio estadístico concluyente realizado según lo establecido en el apartado 3 del artículo 5 durante el período transitorio se utilizarán para confirmar o invalidar las conclusiones del análisis de riesgo contemplado en el apartado 1 del artículo 5, y se tendrán al mismo tiempo en cuenta los criterios de clasificación definidos por la OIE.

3. Las normas detalladas sobre este estudio estadístico deberán adoptarse, previa consulta al Comité científico apropiado, con arreglo al procedimiento establecido en el apartado 2 del artículo 24.

4. Los criterios mínimos que deberá seguir dicho estudio estadístico serán los establecidos en el capítulo B del anexo XI.

Artículo 23.- *Modificación de los anexos y medidas transitorias*

Tras haber consultado al Comité científico apropiado sobre cualquier cuestión que pudiera afectar a la salud pública, se modificarán o completarán los anexos y se adoptarán cualesquiera medidas transitorias adecuadas, con arreglo al procedimiento de reglamentación con control contemplado en el artículo 24, apartado 3.

De conformidad con dicho procedimiento, se adoptarán medidas transitorias por un período que concluirá el 1 de julio de 2007, para permitir el paso del régimen actual al régimen establecido por el presente Reglamento.

Artículo 23 bis

Se adoptarán, de conformidad con el procedimiento de reglamentación con control contemplado en el apartado 3 del artículo 24, las siguientes medidas con el objetivo de modificar elementos no esenciales del presente Reglamento, incluyendo medidas que lo completen:

a) aprobación de las pruebas de diagnóstico rápido a que se refieren el artículo 5, apartado 3, párrafo tercero, el artículo 6, apartado 1, el artículo 8, apartado 2, y el artículo 9, apartado 3;

b) adaptación de la edad a que se refiere el apartado 1 ter del artículo 6;

c) criterios para demostrar la mejoría de la situación epidemiológica a que se refiere el apartado 1 ter del artículo 6;

d) decisión de permitir la alimentación de rumiantes jóvenes con proteínas derivadas de pescado a que se refiere el apartado 3 del artículo 7;

e) criterios para autorizar excepciones a las restricciones a que se refiere el apartado 4 del artículo 7;

f) decisión de introducir un nivel de tolerancia a que se refiere el apartado 4 bis del artículo 7;

g) decisión sobre la edad a que se refiere el apartado 1 del artículo 8;

h) normas que regulen excepciones a la obligación de extracción y eliminación del material especificado de riesgo a que se refiere el apartado 5 del artículo 8;

i) condiciones de producción aprobadas a que se refiere el apartado 1 del artículo 9;

j) decisión de extender ciertas disposiciones a otras especies animales a que se refieren el apartado 3 del artículo 15;

k) extensión de las disposiciones del artículo 16, apartados 1 a 6, a otros productos de origen animal;

l) adopción del método para confirmar la EEB en ovinos y caprinos a que se refiere el artículo 20, apartado 2;

m) modificaciones o adiciones en los anexos y adopción de cualesquiera medidas transitorias adecuadas a que hace referencia el artículo 23.

Artículo 24.- *Comités*

1. La Comisión estará asistida por el Comité permanente de la cadena alimentaria y de la salud animal. No obstante, la Comisión consultará también al Comité permanente de zootecnia en relación con el artículo 6 bis.

2. En los casos en que se haga referencia al presente apartado, serán de aplicación los artículos 5 y 7 de la Decisión 1999/468/CE, observando lo dispuesto en su artículo 8.

El plazo contemplado en el apartado 6 del artículo 5 de dicha Decisión queda fijado en tres meses y, en el caso de las medidas de salvaguardia contempladas en el apartado 2 del artículo 4 del presente Reglamento, en 15 días.

3. En los casos en que se haga referencia al presente apartado, serán de aplicación los apartados 1 a 4 del artículo 5 bis y el artículo 7 de la Decisión 1999/468/CE, observando lo dispuesto en su artículo 8.

Artículo 24 bis

Las decisiones que se adopten de conformidad con uno de los procedimientos contemplados en el artículo 24 se basarán en una evaluación adecuada del riesgo potencial para la salud humana y animal y, teniendo en cuenta las pruebas científicas existentes, deberán mantener o, en caso de que esté científicamente justificado, incrementar el nivel de protección de la salud humana y animal garantizado en la Comunidad.

Artículo 25.- *Consulta con los Comités científicos*

Se consultará a los Comités científicos adecuados sobre cualquier cuestión que entre dentro del ámbito de aplicación del presente Reglamento que pudiere afectar a la salud pública.

Artículo 26.- *Entrada en vigor*

El presente Reglamento entrará en vigor al día siguiente de su publicación en el Diario Oficial de las Comunidades Europeas.

Será aplicable a partir del 1 de julio de 2001.

El presente Reglamento será obligatorio en todos sus elementos y directamente aplicable en cada Estado miembro.

ANEXO I.-
Definiciones específicas

[Anexo no reproducido en la presente publicación]

ANEXO II.-
Dterminación de la calificación sanitaria respecto de la EEB

[Anexo no reproducido en la presente publicación]

ANEXO III.-
Sistema de seguimiento

[Anexo no reproducido en la presente publicación]

ANEXO IV.-
Alimentación animal

[Anexo no reproducido en la presente publicación]

ANEXO V.-
Material especificado de riesgo

[Anexo no reproducido en la presente publicación]

ANEXO VI.-
Normas aplicables a determinados productos de origen animal derivados de materiales procedentes de rumiantes o que los contengan

[Anexo no reproducido en la presente publicación]

ANEXO VII.-
Erradicación de la encefalopatía espongiforme transmisible

[Anexo no reproducido en la presente publicación]

ANEXO VIII.-
Puesta en el mercado y exportación

[Anexo no reproducido en la presente publicación]

ANEXO IX.-
Importación de animales vivos, embriones, óvulos y productos de origen animal en la comunidad

[Anexo no reproducido en la presente publicación]

ANEXO X.-
Laboratorios de referencia, muestreo y métodos de análisis de laboratorio

[Anexo no reproducido en la presente publicación]

3 de diciembre de 2001.- Directiva nº 2001/95/CE
del Parlamento Europeo y del Consejo,
relativa a la seguridad general de los productos
(D.O. L 11, 15 de enero de 2002)

[V.C. 01/01/2010]

TJUE, 30 de abril de 2009, Asunto C-132/08, Lidl Magyarország Kereskedelmi Bt. contra Nemzeti Hírközlési Hatóság Tanácsa. [Ver párr. 34 a 40]

EL PARLAMENTO EUROPEO Y EL CONSEJO DE LA UNIÓN EUROPEA,

Visto el Tratado constitutivo de la Comunidad Europea, y en particular, su artículo 95,

Vista la propuesta de la Comisión,

Visto el dictamen del Comité Económico y Social,

De conformidad con el procedimiento establecido en el artículo 251 del Tratado, a la vista del texto conjunto aprobado el 2 de agosto de 2001 por el Comité de conciliación,

Considerando lo siguiente:

(1) Con arreglo al artículo 16 de la Directiva 92/59/CEE del Consejo, de 29 de junio de 1992, relativa a la seguridad general de los productos, el Consejo, cuatro años después de la fecha fijada para la aplicación de dicha Directiva, y basándose en un informe de la Comisión relativo a la experiencia adquirida, acompañado de propuestas adecuadas, debía decidir acerca de la posible adaptación de la Directiva 92/59/CEE. Dado que es necesario introducir en ella varias modificaciones para completar, afianzar o clarificar algunas de sus disposiciones a la luz de la experiencia adquirida y de la reciente evolución en el ámbito de la seguridad de los productos de consumo, así como de los cambios introducidos en el Tratado, en particular los artículos 152 sobre la salud pública y 153 sobre la protección de los consumidores, y a la luz del principio de cautela, debe procederse, en aras de la claridad, a la refundición de la Directiva 92/59/CEE. Dicha refundición excluye del ámbito de aplicación de la presente Directiva la seguridad de los servicios, dado que la Comisión tiene la intención de identificar las necesidades, las posibilidades y las prioridades de acción comunitaria en materia de seguridad de los servicios y de responsabilidad de quienes los prestan con vistas a presentar las propuestas que correspondan.

(2) Es importante adoptar medidas para mejorar el funcionamiento del mercado interior, que supone un espacio sin fronteras internas en el que está garantizada la libre circulación de bienes, personas, servicios y capitales.

(3) En ausencia de disposiciones comunitarias, la existencia de legislaciones horizontales de los Estados miembros relativas a la seguridad de los productos, que imponen a los operadores económicos, en particular, la obligación general de comercializar exclusivamente productos seguros, podría hacer que el grado de protección de los consumidores variara de un país a otro, lo cual, junto con la ausencia de legislación horizontal en algunos Estados miembros, podría crear barreras al comercio y falsear la competencia dentro del mercado interior.

(4) Para garantizar un nivel elevado de protección de los consumidores, la Comunidad debe ayudar a proteger su salud y su seguridad. A ello ha de contribuir la existencia de una legislación comunitaria horizontal que introduzca una obligación general de seguridad de los productos, así como disposiciones sobre las obligaciones generales de productores y distribuidores, sobre el control de la aplicación de los requisitos comunitarios relativos a la seguridad de los productos y sobre el intercambio rápido de información y la actuación a escala comunitaria en determinados casos.

(5) Es muy difícil adoptar una legislación comunitaria para cada producto existente o que se pueda crear. Se necesita un marco legislativo horizontal amplio que regule esos productos, que llene las lagunas existentes, en particular hasta tanto tenga lugar la revisión de la legislación específica existente, y que complemente las disposiciones de la legislación específica actual o futura, con el objetivo concreto de asegurar un nivel elevado de protección de la salud y la seguridad de los consumidores, según prevé el artículo 95 del Tratado.

(6) Es, por tanto, necesario establecer a escala comunitaria una obligación general de seguridad para todo producto puesto en el mercado, o que de cualquier otro modo se ponga a disposición de los consumidores, que esté específicamente destinado a ellos o que, aun no estándolo, pueda ser por ellos utilizado en condiciones razonablemente

previsibles. En todos estos casos, los productos pueden presentar riesgos para la salud y la seguridad de los consumidores que deben prevenirse. No obstante, algunos bienes de segunda mano deben quedar excluidos por su propia naturaleza.

(7) Las disposiciones de la presente Directiva se deben aplicar a todos los productos, independientemente de las técnicas de venta, e incluidas la venta a distancia y electrónica.

(8) La seguridad de los productos debe evaluarse teniendo en cuenta todos los aspectos pertinentes, en particular las categorías de consumidores que pueden ser especialmente vulnerables a los riesgos que presentan los productos en cuestión, en particular los niños y las personas mayores.

(9) La presente Directiva no se aplica a los servicios, pero, a efectos de garantizar los objetivos de protección perseguidos, sus disposiciones deben aplicarse asimismo a los productos ofrecidos o puestos a disposición de los consumidores en el marco de una prestación de servicio para que éstos los utilicen. La seguridad del equipo utilizado por los propios prestadores de servicio para proporcionar un servicio a los consumidores no entra en el ámbito de aplicación de la presente Directiva, ya que debe considerarse en relación con la seguridad del servicio prestado. En particular, los equipos en los que los consumidores circulan o viajan, que son manipulados por un prestador de servicio, quedan excluidos del ámbito de aplicación de la presente Directiva.

(10) Los productos que estén diseñados exclusivamente para un uso profesional, pero que, posteriormente, hayan pasado al mercado de los consumidores en general, deben estar sujetos a las disposiciones de la presente Directiva, pues pueden presentar riesgos para la salud y la seguridad de los consumidores cuando se utilicen en condiciones razonablemente previsibles.

(11) A fin de garantizar la salud y la seguridad de los consumidores, todas las disposiciones de la presente Directiva deberán aplicarse cuando no existan disposiciones más específicas en el marco de normativas comunitarias relativas a la seguridad de los productos de que se trate.

(12) Si normativas comunitarias específicas establecen obligaciones de seguridad que sólo se refieran a algunos riesgos o categorías de riesgo en relación con los productos en cuestión, las obligaciones de los operadores económicos con respecto a esos riesgos son las determinadas por las disposiciones contenidas en la legislación específica, mientras que a los demás riesgos debe aplicárseles la obligación general de seguridad establecida en la presente Directiva.

(13) Las disposiciones de la presente Directiva referidas a las demás obligaciones de productores y distribuidores, a las obligaciones y poderes de los Estados miembros, al intercambio de información y a las intervenciones rápidas, así como a la difusión de información y a la confidencialidad, se aplican a los productos contemplados por normativas comunitarias específicas si éstas no incluyen ya dichas obligaciones.

(14) A fin de facilitar una aplicación eficaz y coherente de la obligación general de seguridad de la presente Directiva, es importante establecer normas europeas no obligatorias que contemplen determinados productos y categorías de riesgo, de tal manera que se dé por supuesto que el producto que cumpla una norma nacional por la que se trasponga una norma comunitaria cumple asimismo la mencionada obligación.

(15) De conformidad con los objetivos de la presente Directiva, los organismos europeos de normalización deben establecer normas europeas de acuerdo con los mandatos que les sean dados por la Comisión, asistida por comités adecuados. Para garantizar que los productos que observan las normas cumplen la obligación general de seguridad, la Comisión, asistida por un comité compuesto por representantes de los Estados miembros, debe fijar los requisitos que tendrán que cumplir las normas. Esos requisitos deben incluirse en los mandatos que se impartan a los organismos de normalización.

(16) A falta de normas específicas, y cuando no existan las normas europeas establecidas con arreglo a los mandatos de la Comisión o no se recurra a estas últimas, la seguridad de los productos deberá evaluarse teniendo en cuenta, en particular, las normas nacionales por las que se transponga otras normas europeas o internacionales o recomendaciones de la Comisión, o, en su defecto, las normas nacionales, las internacionales, los códigos de buenas prácticas, el estado actual de la técnica y la seguridad que los consumidores puedan razonablemente esperar. En este contexto, las recomendaciones de la Comisión pueden facilitar la aplicación coherente y eficaz de la

presente Directiva hasta tanto existan normas europeas o para los riesgos y/o los productos para los que se considere que dichas normas no son posibles o adecuadas.

(17) Una certificación apropiada e independiente, reconocida por las autoridades competentes, podrá facilitar la prueba de que se cumplen los criterios de seguridad aplicables al producto.

(18) Es conveniente imponer a los operadores económicos otras obligaciones además de la obligación general de seguridad, pues es necesario que intervengan para prevenir los riesgos que puedan amenazar a los consumidores en determinadas circunstancias.

(19) Entre las obligaciones adicionales de los productores, debe figurar la de adoptar medidas que, proporcionalmente a las características de los productos, les permitan obtener información sobre los riesgos que pueden presentar; suministrar a los consumidores una información que les permita evaluar y prevenir los riesgos; avisarles de los riesgos que presentan los productos peligrosos que ya les hayan sido suministrados; retirarlos del mercado y, como último recurso, recuperar estos productos en caso necesario, lo que puede acarrear, según las disposiciones aplicables en los Estados miembros, una forma adecuada de compensación, por ejemplo, el cambio de los mismos o el reembolso.

(20) Los distribuidores deben ayudar a cumplir los requisitos de seguridad aplicables. Las obligaciones impuestas a los distribuidores se aplican proporcionalmente a sus responsabilidades respectivas. En particular, puede resultar imposible, en el marco de actividades caritativas, facilitar a las autoridades competentes información y documentación sobre los posibles riesgos y el origen del producto para los objetos de segunda mano aislados aportados por personas privadas.

(21) Tanto los productores como los distribuidores deben cooperar con las autoridades competentes en las actuaciones dirigidas a prevenir riesgos y deben informarlas cuando determinen que algunos de los productos que han suministrado son peligrosos. En la presente Directiva deben establecerse las condiciones en que ha de proporcionarse esa información, para facilitar su aplicación eficaz, evitando que los operadores económicos y las autoridades tengan que soportar una carga excesiva.

(22) Para garantizar el cumplimiento efectivo de las obligaciones que pesan sobre productores y distribuidores, los Estados miembros deben, por un lado, crear o designar las autoridades responsables de controlar la seguridad de los productos, atribuyéndoles poder para adoptar las medidas apropiadas y, en especial, para imponer sanciones efectivas, proporcionadas y disuasorias y, por otro lado, deben asegurar la coordinación adecuada entre las diversas autoridades designadas.

(23) Es necesario, en particular, que las medidas apropiadas permitan a los Estados miembros ordenar u organizar, de manera inmediata y eficaz, la retirada de productos peligrosos ya puestos en el mercado y, como último recurso, ordenar, coordinar y organizar la recuperación de los productos peligrosos que ya hayan sido suministrados a los consumidores. Estos poderes deben aplicarse cuando los productores y los distribuidores no cumplan adecuadamente su obligación de prevenir los riesgos para los consumidores. Las autoridades deben disponer de poderes y procedimientos para, en caso necesario, decidir y aplicar rápidamente las medidas que sean pertinentes.

(24) La seguridad de los consumidores depende mucho de las medidas activas de control activo aplicadas para que se cumplan los requisitos comunitarios de seguridad de los productos. Por lo tanto, los Estados miembros deben aplicar planteamientos sistemáticos para garantizar la efectividad de la vigilancia del mercado y de otras medidas de control, y deben asegurarse de que el público y las partes interesadas reciben la información necesaria a este respecto.

(25) Es necesario que las autoridades de control de los Estados miembros colaboren entre sí para alcanzar los objetivos de protección de la presente Directiva. Por tanto, es conveniente favorecer el funcionamiento de una red europea de dichas autoridades de control para facilitar, de forma coordinada con otros procedimientos comunitarios, en particular el sistema comunitario de intercambio rápido de información (RAPEX), una mejor colaboración operativa en lo que respecta a la vigilancia del mercado y otras medidas de control, en particular la determinación del riesgo, los ensayos sobre productos, el intercambio de conocimientos técnicos y científicos, la realización de proyectos conjuntos de vigilancia y el seguimiento, retirada o recuperación de productos peligrosos.

(26) Para asegurar un nivel coherente y elevado de protección de la salud y la seguridad de los consumidores y preservar la unidad del mercado interior es necesario

informar a la Comisión de toda medida que restrinja la puesta en el mercado de un producto o exija su retirada o su recuperación. Este tipo de medidas deben adoptarse de acuerdo con las disposiciones del Tratado y, en particular, de sus artículos 28, 29 y 30.

(27) Para un control eficaz de la seguridad de los productos se requiere el establecimiento, a nivel nacional y comunitario, de un sistema de intercambio rápido de información en caso de que exista un riesgo grave que exija una intervención rápida en relación con la seguridad de un producto. Resulta asimismo oportuno describir en la presente Directiva los procedimientos detallados sobre el funcionamiento del sistema y conferir a la Comisión el poder de adaptarlos con la asistencia de un comité.

(28) La presente Directiva prevé el establecimiento de directrices, no vinculantes, destinadas a indicar criterios sencillos y claros y normas prácticas susceptibles de evolucionar, en particular para posibilitar la notificación eficaz de las medidas que limitan la puesta en el mercado de los productos en los casos indicados en la presente Directiva, teniendo en cuenta la diversidad de las situaciones tratadas por los Estados miembros y los agentes económicos. Las directrices deben incluir en particular criterios para aplicar la definición de riesgo grave, con objeto de facilitar una aplicación coherente de las disposiciones pertinentes en caso de tales riesgos.

(29) Incumbe en primer lugar a los Estados miembros, en cumplimiento de las disposiciones del Tratado y, en particular, de sus artículos 28, 29 y 30, adoptar las medidas apropiadas con respecto a los productos peligrosos que se encuentran en su territorio.

(30) No obstante, si los Estados miembros tienen distintos planteamientos para hacer frente al riesgo que presenten determinados productos, esta divergencia podría ocasionar disparidades inaceptables para la protección de los consumidores y constituir un obstáculo para el comercio intracomunitario.

(31) Puede existir la posibilidad de tener que afrontar rápidamente graves problemas de seguridad de un producto que afecten o pudieran afectar de inmediato a la totalidad o a una parte importante de la Comunidad y que, habida cuenta de la naturaleza del problema de seguridad planteado por el producto, no puedan tratarse eficazmente con la urgencia debida siguiendo los procedimientos previstos en las normas específicas de Derecho comunitario aplicables al producto o a la categoría de productos de que se trate.

(32) Es necesario, por tanto, crear un mecanismo adecuado que permita, como último recurso, la adopción de medidas aplicables en toda la Comunidad, en forma de decisión destinada a los Estados miembros, para hacer frente a las situaciones creadas por productos que presenten un riesgo grave. Conviene que dicha decisión incluya la prohibición de exportar los citados productos, excepto en aquellos casos en que circunstancias excepcionales permitan decidir la prohibición parcial o incluso la no prohibición, en particular cuando se encuentre establecido un sistema de consentimiento previo. Por otra parte, debe estudiarse la decisión relativa a la prohibición de exportar con miras a prevenir los riesgos para la salud y la seguridad de los consumidores. Dicha decisión no será directamente aplicable a los operadores económicos, por lo que los Estados miembros deberán adoptar las medidas necesarias para su ejecución. Las decisiones adoptadas según este procedimiento deben ser medidas provisionales, salvo cuando se apliquen a productos o lotes de productos identificados individualmente. Con objeto de asegurar la debida evaluación de las medidas necesarias y de su elaboración, conviene que éstas sean adoptadas por la Comisión, ayudada por un comité, a la vista de las consultas con los Estados miembros, y en caso de que se planteen cuestiones científicas del ámbito de la competencia de un comité científico comunitario, en concertación con el comité científico competente para el riesgo de que se trate.

(33) Las medidas necesarias para la ejecución de la presente Directiva deben aprobarse con arreglo a la Decisión 1999/468/CE del Consejo, de 28 de junio de 1999, por la que se establecen los procedimientos para el ejercicio de las competencias de ejecución atribuidas a la Comisión.

(34) Para facilitar la aplicación efectiva y coherente de la presente Directiva, los diversos aspectos de su aplicación podrían ser, en determinados casos, objeto de debate en el seno de un comité.

(35) Debe asegurarse el acceso público a la información sobre seguridad de los productos de la que dispongan las autoridades. Sin embargo, debe protegerse el secreto profesional contemplado en el artículo 287 del Tratado de una manera que sea compatible con la eficacia de la vigilancia del mercado y de las medidas de protección.

(36) La presente Directiva no debe tener efectos sobre los derechos de los perjudicados, a efectos de la Directiva 85/374/CEE del Consejo, de 25 de julio de 1985, relativa a la aproximación de las disposiciones legales, reglamentarias y administrativas de los Estados miembros en materia de responsabilidad por los daños causados por productos defectuosos.

(37) Es necesario que los Estados miembros establezcan los procedimientos de recurso apropiados ante las jurisdicciones competentes en lo relativo a las medidas adoptadas por las autoridades competentes que restrinjan la puesta en el mercado de un producto o impongan su retirada o su recuperación.

(38) Por otra parte, la adopción de medidas con respecto a productos importados, como las relativas a la prohibición de exportar, para evitar riesgos para la salud y la seguridad de los consumidores, debe efectuarse de conformidad con las obligaciones internacionales de la Comunidad.

(39) La Comisión debe examinar periódicamente el modo en que se aplique la presente Directiva y los resultados obtenidos, en particular en relación con el funcionamiento de los sistemas de vigilancia del mercado, el intercambio rápido de información y las medidas adoptadas a escala comunitaria, junto con otras cuestiones relevantes para la seguridad de los productos de consumo en la Comunidad, y debe, asimismo, presentar informes periódicos sobre este particular al Parlamento Europeo y al Consejo.

(40) La presente Directiva no debe afectar a las obligaciones de los Estados miembros con respecto al plazo para la transposición y puesta en aplicación de la Directiva 92/59/CEE.

HAN ADOPTADO LA PRESENTE DIRECTIVA:

CAPÍTULO I.- OBJETIVOS — ÁMBITO DE APLICACIÓN — DEFINICIONES

Artículo 1

1. El objetivo de la presente Directiva es garantizar que los productos que se pongan en el mercado sean seguros.

2. La presente Directiva se aplicará a todos los productos definidos en la letra a) del artículo 2. Cada una de sus disposiciones se aplicará en la medida en que no existan, en el marco de las normas comunitarias, disposiciones específicas que tengan el mismo objetivo y que regulen la seguridad de los productos correspondientes.

Cuando la normativa comunitaria incluya disposiciones específicas de seguridad para un producto, la presente Directiva se aplicará únicamente a los aspectos, riesgos o categorías de riesgo no previstos en esas disposiciones. En consecuencia:

a) las letras b) y c) del artículo 2 y los artículos 3 y 4 de la presente Directiva no se aplicarán a dichos productos por lo que se refiere a los riesgos o categorías de riesgo regulados por la normativa específica;

b) los artículos 5 a 18 se aplicarán, salvo en los casos en que no existan disposiciones específicas que regulen los aspectos regulados en dichos artículos y tengan el mismo objetivo.

Artículo 2

A efectos de la presente Directiva se entenderá por:

a) «producto»: cualquier producto —incluidos los que entran en el marco de una prestación de servicios—, destinado al consumidor o que, en condiciones razonablemente previsibles, pueda ser utilizado por el consumidor aunque no le esté destinado, que se le suministre o se ponga a su disposición, a título oneroso o gratuito, en el marco de una actividad comercial, ya sea nuevo, usado o reacondicionado.

Esta definición no incluye los productos usados suministrados como antigüedades o para ser reparados o reacondicionados antes de su utilización, siempre que el proveedor informe de ello claramente a la persona a la que suministre el producto;

b) «producto seguro»: cualquier producto que, en condiciones de utilización normales o razonablemente previsibles, incluidas las condiciones de duración y, si procede, de puesta en servicio, instalación y de mantenimiento, no presente riesgo alguno o únicamente riesgos mínimos, compatibles con el uso del producto y considerados admisibles dentro del respeto de un nivel elevado de protección de la salud y de la seguridad de las personas, habida cuenta, en particular, de los siguientes elementos:

i) características del producto, entre ellas su composición, envase, instrucciones de montaje y, si procede, instalación y mantenimiento, *ii)* efecto sobre otros productos cuando razonablemente se pueda prever la utilización del primero junto con los segundos,

iii) presentación del producto, etiquetado, posibles avisos e instrucciones de uso y eliminación, así como cualquier otra indicación o información relativa al producto,

iv) categorías de consumidores que estén en condiciones de riesgo en la utilización del producto, en particular los niños y las personas mayores.

La posibilidad de obtener niveles superiores de seguridad o de obtener otros productos que presenten menor grado de riesgo no será razón suficiente para considerar que un producto es peligroso;

c) «producto peligroso»: cualquier producto que no responda a la definición de producto seguro de la letra b);

d) «riesgo grave»: todo riesgo grave, incluidos aquellos cuyos efectos no son inmediatos, que exija una intervención rápida de las autoridades públicas;

e) productor:

i) el fabricante de un producto, cuando esté establecido en la Comunidad, y toda persona que se presente como fabricante estampando en el producto su nombre, marca o cualquier otro signo distintivo, o toda persona que proceda al reacondicionamiento del producto,

ii) el representante del fabricante cuando éste no esté establecido en la Comunidad o, a falta de representante establecido en la Comunidad, el importador del producto,

iii) los demás profesionales de la cadena de comercialización, en la medida en que sus actividades puedan afectar a las características de seguridad del producto;

f) «distribuidor»: cualquier profesional de la cadena de comercialización cuya actividad no afecte a las características de seguridad de los productos;

g) «recuperación»: toda medida destinada a recobrar un producto peligroso que el productor o el distribuidor haya suministrado o puesto a disposición del consumidor;

h) «retirada»: toda medida destinada a impedir la distribución y la exposición de un producto peligroso así como su oferta al consumidor.

CAPÍTULO II.- OBLIGACIÓN GENERAL DE SEGURIDAD, CRITERIOS DE EVALUACIÓN DE LA CONFORMIDAD Y NORMAS EUROPEAS

Artículo 3

1. Los productores tienen la obligación de poner en el mercado únicamente productos seguros.

2. Se considerará que un producto es seguro en los aspectos cubiertos por la normativa nacional aplicable cuando, de no existir disposiciones comunitarias específicas que regulen la seguridad del producto en cuestión, sea conforme a la normativa nacional específica del Estado miembro en cuyo territorio sea comercializado, establecida conforme al Tratado y en concreto a sus artículos 28 y 30, que fijen los requisitos que debe satisfacer el producto desde el punto de vista de la salud y la seguridad para poder ser comercializado.

Se supondrá que un producto es seguro, respecto de los riesgos y de las categorías de riesgos cubiertos por las normas nacionales aplicables, cuando sea conforme a las normas nacionales no obligatorias que sean transposición de normas europeas cuyas referencias haya publicado la Comisión en el Diario Oficial de las Comunidades Europeas en aplicación del artículo 4. Los Estados miembros publicarán las referencias de dichas normas nacionales.

3. En circunstancias distintas de las mencionadas en el apartado 2, se evaluará la conformidad de un producto con la obligación general de seguridad teniendo especialmente en cuenta los elementos siguientes, cuando existan:

a) las normas nacionales no obligatorias que sean transposición de las normas europeas pertinentes distintas de las mencionadas en el apartado 2;

b) las normas establecidas en el Estado miembro en el que el producto se comercialice;

c) las recomendaciones de la Comisión que establezcan directrices sobre la evaluación de la seguridad de los productos;

d) los códigos de buena conducta en materia de seguridad de los productos que estén en vigor en el sector;

e) el estado actual de los conocimientos y de la técnica;

f) la seguridad que pueden esperar razonablemente los consumidores.

4. La conformidad de un producto con los criterios destinados a garantizar la obligación general de seguridad, en particular con las normas mencionadas en los apartados 2 y 3, no impedirá que las autoridades competentes de los Estados miembros puedan adoptar las medidas oportunas para restringir la puesta en el mercado de un producto o exigir su retirada del mercado o su recuperación si, a pesar de dicha conformidad, resultara peligroso.

Artículo 4

1. A efectos de la presente Directiva, las normas europeas mencionadas en el párrafo segundo del apartado 2 del artículo 3 se elaborarán de la manera siguiente:

a) la Comisión fijará los requisitos destinados a garantizar que los productos conformes a estas normas satisfacen la obligación general de seguridad; estas medidas, destinadas a modificar elementos no esenciales de la presente Directiva completándola, se adoptarán con arreglo al procedimiento de reglamentación con control contemplado en el artículo 15, apartado 4;

b) sobre la base de esos requisitos, la Comisión, de conformidad con la Directiva 98/34/CE del Parlamento Europeo y del Consejo, de 22 de junio de 1998, por la que se establece un procedimiento de información en materia de las normas y reglamentaciones técnicas y de las reglas relativas a los servicios de la sociedad de la información, solicitará a los organismos europeos de normalización que elaboren normas que satisfagan dichos requisitos;

c) sobre la base de esos mandatos, los organismos europeos de normalización adoptarán las normas según los principios expuestos en las directrices generales de cooperación entre ellos y la Comisión;

d) la Comisión informará cada tres años al Parlamento Europeo y al Consejo, en el marco del informe contemplado en el apartado 2 del artículo 19, sobre sus programas para fijar los requisitos y los mandatos para la normalización contemplados en las letras a) y b). Dicho informe incluirá, en particular, un análisis de las decisiones tomadas en materia de requisitos y mandatos para la normalización contemplados en las letras a) y b) y sobre las normas contempladas en la letra c). También deberá incluir información sobre los productos respecto de los cuales se proponga fijar los requisitos y los mandatos en cuestión, los riesgos de los productos que deberán considerarse y los resultados de cualquier trabajo preparatorio que se haya llevado a cabo en ese sector.

2. La Comisión publicará en el Diario Oficial de las Comunidades Europeas las referencias de las normas europeas así adaptadas y elaboradas de conformidad con los requisitos del apartado 1.

Si una norma adoptada por los organismos europeos de normalización antes de la entrada en vigor de la presente Directiva garantizara la obligación general de seguridad, la Comisión decidirá publicar sus referencias en el Diario Oficial.

Si una norma no garantizara la obligación general de seguridad, la Comisión retirará de las publicaciones, total o parcialmente, la referencia de la norma.

En los casos contemplados en los párrafos segundo y tercero, la Comisión, por iniciativa propia o a petición de un Estado miembro, decidirá, según el procedimiento previsto en el apartado 2 del artículo 15, sobre la adecuación de la norma a la obligación general de seguridad. La Comisión decidirá sobre la publicación o retirada tras haber consultado al comité establecido por el artículo 5 de la Directiva 98/34/CE. La Comisión informará a los Estados miembros de su decisión.

CAPÍTULO III.- OTRAS OBLIGACIONES DE PRODUCTORES Y DISTRIBUIDORES

Artículo 5

1. Dentro de los límites de sus respectivas actividades, los productores proporcionarán a los consumidores información adecuada que les permita evaluar los riesgos inherentes a un producto durante su período de utilización normal o razonablemente previsible, cuando éstos no sean inmediatamente perceptibles sin avisos adecuados, a fin de que puedan precaverse de dichos riesgos.

La existencia de tales avisos no eximirá del respeto de las demás obligaciones establecidas en la presente Directiva.

Igualmente dentro de los límites de sus respectivas actividades, los productores adoptarán medidas apropiadas, según las características de los productos que suministren, de manera que puedan:

a) mantenerse informados de los riesgos que dichos productos puedan presentar;

b) actuar en consecuencia, si fuera necesario, retirando del mercado el producto para evitar dichos riesgos, avisando de manera adecuada y eficaz a los consumidores, o recuperando los productos de los consumidores.

Las medidas contempladas en el párrafo tercero incluirán por ejemplo:

a) la indicación, por medio del producto o de su embalaje, de la identidad y datos del productor y de la referencia del producto o, si procede, del lote de productos a que pertenezca, salvo en los casos en que la omisión de dicha indicación esté justificada; y

b) en todos los casos en que sea apropiado, la realización de pruebas por muestreo de los productos comercializados, el estudio y, si procede, el registro de las reclamaciones presentadas y la información del productor a los distribuidores sobre el seguimiento de estos productos.

Las acciones a que se refiere la letra b) del tercer párrafo se emprenderán voluntariamente o a instancia de las autoridades competentes de conformidad con la letra f) del apartado 1 del artículo 8. La recuperación tendrá lugar como último recurso cuando otras acciones no basten para prevenir los riesgos, cuando los productores lo estimen necesario o cuando se vean obligados a hacerlo a raíz de una medida adoptada por la autoridad competente. Podrá efectuarse en el marco de los códigos de buena conducta en la materia del Estado miembro afectado, cuando éstos existan.

2. Los distribuidores actuarán con diligencia para contribuir al cumplimiento de los requisitos de seguridad aplicables absteniéndose, en particular, de suministrar productos cuando sepan, o debieran suponer, por la información que poseen y como profesionales, que no cumplen dichos requisitos. Además, dentro de los límites de sus actividades respectivas, participarán en la vigilancia de la seguridad de los productos puestos en el mercado, en concreto informando sobre los riesgos que presenten, manteniendo y proporcionando la documentación necesaria para averiguar el origen de los productos y colaborando en las actuaciones emprendidas por los productores y las autoridades competentes para evitar dichos riesgos. Dentro de los límites de sus actividades respectivas, deberán adoptar las medidas que les permitan una colaboración eficaz.

3. En los casos en que los productores y los distribuidores sepan o deban saber, por la información que poseen y como profesionales, que un producto que ya han puesto en el mercado presenta para el consumidor riesgos incompatibles con la obligación general de seguridad, informarán inmediatamente a las autoridades competentes de los Estados miembros en las condiciones fijadas en el anexo I, precisando, en particular, las medidas adoptadas para prevenir los riesgos para los consumidores.

La Comisión adaptará los requisitos específicos para la obligación de información que figura en el anexo I. Estas medidas, destinadas a modificar elementos no esenciales de la presente Directiva completándola, se adoptarán con arreglo al procedimiento de reglamentación con control contemplado en el artículo 15, apartado 5.

4. Los productores y los distribuidores, dentro de los límites de sus actividades respectivas, colaborarán con las autoridades competentes, a petición de éstas, en las actuaciones emprendidas para evitar los riesgos que presenten los productos que suministren o hayan suministrado. Los procedimientos de dicha colaboración, en especial los procedimientos de diálogo con los productores y distribuidores interesados sobre cuestiones relacionadas con la seguridad de los productos, serán definidos por las autoridades competentes.

CAPÍTULO IV.- OBLIGACIONES ESPECÍFICAS Y FACULTADES DE LOS ESTADOS MIEMBROS

Artículo 6

1. Los Estados miembros garantizarán que los productores y los distribuidores cumplan las obligaciones que les corresponden en virtud de la presente Directiva, de forma que los productos puestos en el mercado sean seguros.

2. Los Estados miembros deberán, en particular, crear o nombrar las autoridades competentes para verificar que los productos sean conformes a la obligación general de seguridad, velando por que estas autoridades tengan y ejerzan las facultades necesarias para adoptar las medidas apropiadas exigidas por la presente Directiva.

3. Los Estados miembros determinarán las tareas, las facultades, la organización y las formas de cooperación de las autoridades competentes. Mantendrán informada a la Comisión a este respecto, y ésta hará llegar dicha información a los demás Estados miembros.

Artículo 7

Los Estados miembros determinarán el régimen de sanciones aplicables a las infracciones de las disposiciones nacionales adoptadas en aplicación de la presente Directiva y adoptarán todas las medidas necesarias para garantizar su aplicación. Estas sanciones deberán ser eficaces, proporcionadas y disuasorias. Los Estados miembros notificarán estas disposiciones a la Comisión a más tardar el 15 de enero de 2004, y comunicarán, a la mayor brevedad, toda modificación ulterior de las mismas.

Artículo 8

1. A efectos de la presente Directiva, en particular, del artículo 6, las autoridades competentes de los Estados miembros dispondrán de la facultad de adoptar, entre otras, las medidas que figuran en la letra a) y, en su caso, en las letras b) a f):

a) para todos los productos:

i) organizar verificaciones adecuadas de las características de seguridad de los productos de alcance suficiente, incluso después de haber sido puestos en el mercado como productos seguros, hasta la última fase de utilización o de consumo,

ii) exigir toda la información necesaria a las partes interesadas,

iii) recoger muestras de los productos para someterlas a análisis de seguridad;

b) para todo producto que pueda presentar riesgos en determinadas condiciones:

i) exigir que consten en el producto las advertencias pertinentes, redactadas de forma clara y fácilmente comprensible, sobre los riesgos que pueda entrañar, en las lenguas oficiales del Estado miembro en el que se comercialice,

ii) imponer condiciones previas a la puesta en el mercado del producto, a fin de que sea seguro;

c) para todo producto que pueda presentar riesgos para determinadas personas: disponer que dichas personas sean inmediatamente informadas de manera adecuada sobre dicho riesgo, entre otras cosas, mediante la publicación de avisos especiales;

d) para todo producto que pueda ser peligroso: prohibir temporalmente, durante el período necesario para efectuar las diferentes inspecciones, verificaciones o evaluaciones de seguridad, que se suministre, se proponga su suministro o se exponga;

e) para todo producto peligroso: prohibir su puesta en el mercado y establecer las medidas complementarias necesarias para garantizar el cumplimiento de esta prohibición;

f) para todo producto peligroso que ya haya sido puesto en el mercado:

i) ordenar u organizar la retirada efectiva e inmediata, alertando a los consumidores de los riesgos que entrañe,

ii) ordenar o coordinar o, en su caso, organizar con los productores y distribuidores la recuperación del producto ya suministrado a los consumidores y la destrucción del producto en condiciones apropiadas.

2. Cuando las autoridades competentes de los Estados miembros adopten medidas tales como las previstas en el apartado 1 y, en particular, las indicadas en las letras d) a f), actuarán de conformidad con lo dispuesto en el Tratado y, en particular, en sus artículos 28 y 30, de manera que las medidas se apliquen de forma proporcionada a la gravedad del riesgo teniendo debidamente en cuenta el principio de cautela.

En este marco, estimularán y favorecerán la actuación voluntaria de productores y distribuidores, de acuerdo con las obligaciones que les incumban en virtud de la presente Directiva y, en particular, del capítulo III, si procede mediante la elaboración de códigos de buena conducta.

Si es necesario, organizarán u ordenarán las medidas previstas en la letra f) del apartado 1 en caso de que la actuación emprendida por los productores y los distribuidores de acuerdo con sus obligaciones no sea satisfactoria o sea insuficiente. La recuperación se efectuará como último recurso. Podrá aplicarse en el marco de los códigos de buena conducta en la materia de los Estados miembros interesados, cuando tales códigos existan.

3. En el caso de los productos que presenten un riesgo grave, las autoridades competentes adoptarán con la debida celeridad las medidas apropiadas mencionadas en el apartado 1, letras b) a f). Los Estados miembros deberán juzgar cada caso en particular sobre la base de sus características intrínsecas, y teniendo en cuenta las directrices a las que hace referencia el punto 8 del anexo II.

4. Las medidas que deberán adoptar las autoridades competentes en virtud del presente artículo se dirigirán, según el caso:

a) al productor;

b) dentro de los límites de sus respectivas actividades, a los distribuidores y, en particular, al responsable de la distribución inicial en el mercado nacional;
c) si fuera necesario, a cualquier otra persona, con vistas a la colaboración en las acciones emprendidas para evitar los riesgos derivados de un producto.

Artículo 9

1. Para llevar a cabo una vigilancia eficaz del mercado con el objetivo de garantizar un nivel elevado de protección de la salud y la seguridad de los consumidores, lo que supone la cooperación entre sus autoridades competentes, los Estados miembros velarán por que se establezcan procedimientos que incluyan medios y medidas adecuados, que podrán incluir, en particular,
a) el establecimiento, la actualización periódica y la puesta en práctica de programas de vigilancia sectoriales por categorías de producto o de riesgo, así como el seguimiento de las actividades de vigilancia, de las observaciones y de los resultados;
b) el seguimiento y actualización de los conocimientos científicos y técnicos sobre la seguridad de los productos;
c) las evaluaciones y el examen periódicos del funcionamiento de las actividades de control y de su eficacia y, si fuera necesario, la revisión del procedimiento y de la organización de la vigilancia.
2. Los Estados miembros velarán por que los consumidores y otras partes interesadas puedan presentar a las autoridades competentes reclamaciones sobre la seguridad de los productos y las actividades de vigilancia y de control, y de que estas reclamaciones sean objeto del seguimiento oportuno. Asimismo, informarán activamente a los consumidores y a las demás partes interesadas de los procedimientos establecidos a tal efecto.

Artículo 10

1. La Comisión fomentará el funcionamiento en una red europea de las autoridades de los Estados miembros responsables en materia de seguridad de los productos, en particular en forma de cooperación administrativa, y participará en el mismo.
2. Este funcionamiento en red se desarrollará de manera coordinada con los otros procedimientos comunitarios existentes y, en particular, el sistema RAPEX. Tendrá como objetivo, en particular, facilitar:
a) el intercambio de información sobre determinación del riesgo, productos peligrosos, métodos de ensayo y resultados, avances científicos recientes y otros aspectos pertinentes para las actividades de control;
b) la preparación y la realización de proyectos conjuntos de vigilancia y ensayo;
c) el intercambio de conocimientos técnicos y de prácticas óptimas, así como la colaboración en actividades de formación;
d) la mejora de la colaboración a escala comunitaria en materia de localización, retirada y recuperación de productos peligrosos.

CAPÍTULO V.- INTERCAMBIO DE INFORMACIÓN Y SITUACIONES DE INTERVENCIÓN RÁPIDA

Artículo 11

1. Cuando un Estado miembro adopte medidas que restrinjan la puesta en el mercado de productos —o impongan su retirada o su recuperación—, según lo previsto en las letras b) a f) del apartado 1 del artículo 8, dicho Estado miembro las notificará a la Comisión, siempre que el artículo 12 o una norma comunitaria específica no prescriban ya dicha notificación, precisando las razones que hayan motivado la adopción de las medidas. Informará asimismo a la Comisión de toda modificación o cese de esas medidas.
Si el Estado miembro notificante considera que los efectos del riesgo no van más allá o no pueden ir más allá de su territorio, notificará las medidas a que se hace referencia en el apartado 1 siempre que éstas incluyan información que pueda ser de interés para los Estados miembros en lo que se refiere a la seguridad de los productos, especialmente si dichas medidas responden a un riesgo nuevo, aún no señalado en otras notificaciones.
La Comisión, de conformidad con el procedimiento previsto en el apartado 3 del artículo 15, establecerá, velando por garantizar la eficacia y el buen funcionamiento del sistema, las directrices a las que hace referencia el punto 8 del anexo II, las cuales propondrán el contenido y el formulario tipo para las notificaciones previstas en el

presente artículo y ofrecerán, en particular, criterios precisos para determinar las condiciones para las que la notificación sea pertinente a efectos del párrafo segundo.

2. La Comisión remitirá la notificación a los demás Estados miembros, salvo que, tras examinarla basándose en los datos contenidos en la notificación, llegue a la conclusión de que la medida no es conforme a la legislación comunitaria. En este caso, informará de ello inmediatamente al Estado miembro que haya tomado la iniciativa.

Artículo 12

1. Cuando un Estado miembro adopte o decida adoptar, recomendar a los productores y distribuidores o acordar con ellos la adopción de medidas o actuaciones, obligatorias o voluntarias, para impedir, restringir o someter a condiciones particulares en su territorio la comercialización o la utilización eventual de productos debido a un riesgo grave, lo notificará inmediatamente a la Comisión a través del sistema RAPEX. Informará inmediatamente a la Comisión de la modificación o suspensión de la medida o actuación de que se trate.

Si el Estado miembro notificante considera que el riesgo tiene unos efectos limitados a su propio territorio, procederá con arreglo a las modalidades que se definen en el artículo 11, teniendo en cuenta los criterios pertinentes establecidos en las directrices a las que hace referencia el punto 8 del anexo II.

Sin perjuicio de lo dispuesto en el primer párrafo, los Estados miembros, antes de decidirse a tomar tales medidas o emprender tales actuaciones, podrán comunicar a la Comisión los datos de que dispongan sobre la existencia de un riesgo grave.

En caso de riesgo grave, comunicarán a la Comisión las actuaciones voluntarias, previstas en el artículo 5 de la presente Directiva, que hayan emprendido los productores y los distribuidores.

2. Tras recibir dichas notificaciones, la Comisión comprobará si se ajustan al presente artículo y a los requisitos aplicables al funcionamiento de RAPEX y los transmitirá a los demás Estados miembros, que a su vez comunicarán inmediatamente a la Comisión las medidas adoptadas.

3. En el anexo II figuran los procedimientos de aplicación de RAPEX. La Comisión adaptará dichos procedimientos. Estas medidas, destinadas a modificar elementos no esenciales de la presente Directiva completándola, se adoptarán con arreglo al procedimiento de reglamentación con control contemplado en el artículo 15, apartado 5.

4. El sistema RAPEX estará abierto a los países candidatos, a terceros países o a organizaciones internacionales, en el marco de acuerdos celebrados entre la Comunidad y esos países u organizaciones y según lo que dispongan dichos acuerdos, los cuales estarán basados en la reciprocidad e incluirán normas relativas a la confidencialidad equivalentes a las aplicables en la Comunidad.

Artículo 13

1. Si la Comisión tuviera conocimiento de la existencia de un riesgo grave que determinados productos entrañen para la salud y la seguridad de los consumidores en distintos Estados miembros, podrá, previa consulta a los Estados miembros y, cuando se planteen cuestiones científicas que correspondan a la competencia de un comité científico comunitario, al comité científico competente para el riesgo de que se trate, y a la luz de dichas consultas, adoptar una decisión por el procedimiento establecido en el apartado 2 del artículo 15, que requiera a los Estados miembros la adopción de medidas de entre las previstas en las letras b) a f) del apartado 1 del artículo 8, si a la vez:

a) resulta de las consultas previas con los Estados miembros que existen divergencias manifiestas entre los Estados miembros con respecto al procedimiento adoptado o por adoptar para hacer frente al riesgo; y

b) se trata de un riesgo al que no pudiera hacerse frente, por la naturaleza del problema de seguridad del producto, de forma compatible con el grado de urgencia, en el marco de otros procedimientos previstos por la normativa comunitaria específica aplicable a los productos de que se trate; y

c) se trata de un riesgo al que sólo pudiera hacerse frente de manera eficaz adoptando medidas adecuadas aplicables en el ámbito comunitario, a fin de garantizar un nivel uniforme y elevado de protección de la salud y la seguridad de los consumidores y el buen funcionamiento del mercado interior.

2. Las decisiones a las que se hace referencia en el apartado 1 tendrán una validez máxima de un año, pero podrán revalidarse, con arreglo al mismo procedimiento, por períodos adicionales, ninguno de los cuales podrá ser superior a un año.

No obstante, las decisiones que afecten a productos o lotes de productos específicos identificados individualmente tendrán una validez ilimitada en el tiempo.

3. Estará prohibida la exportación desde la Comunidad de productos peligrosos sobre los que se haya adoptado una decisión de acuerdo con el apartado 1, salvo que la decisión prevea lo contrario.

4. Los Estados miembros tomarán todas las medidas necesarias para aplicar las decisiones previstas en el apartado 1 en un plazo inferior a veinte días, salvo que en las correspondientes decisiones se especifique un plazo distinto.

5. Las autoridades competentes encargadas de aplicar las medidas previstas en el apartado 1 ofrecerán, en el plazo de un mes, a las partes interesadas la oportunidad de exponer su punto de vista e informarán de ello a la Comisión.

CAPÍTULO VI.- COMITOLOGÍA

Artículo 14

1. Las medidas necesarias para la ejecución de la presente Directiva relativas a las materias que se enumeran a continuación se aprobarán con arreglo al procedimiento de reglamentación contemplado en el apartado 2 del artículo 15:

a) las medidas contempladas en el artículo 4 relativas a normas adoptadas por organismos europeos de normalización;

b) las decisiones contempladas en el artículo 13, que imponen a los Estados miembros la obligación de adoptar medidas previstas en las letras b) a f) del apartado 1 del artículo 8.

2. Las medidas necesarias para la ejecución de la presente Directiva en lo que respecta a todas las demás materias serán aprobadas con arreglo al procedimiento consultivo previsto en el apartado 3 del artículo 15.

Artículo 15

1. La Comisión estará asistida por un Comité.

2. En los casos en que se haga referencia al presente apartado, serán de aplicación los artículos 5 y 7 de la Decisión 1999/468/CE, observando lo dispuesto en su artículo 8.

El plazo contemplado en el artículo 5, apartado 6, de la Decisión 1999/468/CE queda fijado en 15 días.

3. En los casos en que se haga referencia al presente apartado, serán de aplicación los artículos 3 y 7 de la Decisión 1999/468/CE, observando lo dispuesto en su artículo 8.

4. En los casos en que se haga referencia al presente apartado, serán de aplicación el artículo 5 bis, apartados 1 a 4, y el artículo 7 de la Decisión 1999/468/CE, observando lo dispuesto en su artículo 8.

5. En los casos en que se haga referencia al presente apartado, serán de aplicación el artículo 5 bis, apartados 1 a 4, y 5, letra b), y el artículo 7 de la Decisión 1999/468/CE, observando lo dispuesto en su artículo 8.

Los plazos establecidos en el artículo 5 bis, apartado 3, letra c), y apartado 4, letras b) y e), de la Decisión 1999/468/CE serán dos meses, un mes y dos meses, respectivamente.

CAPÍTULO VII.- DISPOSICIONES FINALES

Artículo 16

1. El público tendrá acceso, en general, a la información de que dispongan las autoridades de los Estados miembros o la Comisión con relación a los riesgos que los productos entrañen para la salud y la seguridad de los consumidores, de conformidad con las exigencias de transparencia y sin perjuicio de las restricciones necesarias para las actividades de control e investigación. En particular, el público tendrá acceso a la información sobre la identificación del producto, la naturaleza del riesgo y las medidas adoptadas.

No obstante, los Estados miembros y la Comisión adoptarán las medidas necesarias para que sus funcionarios y agentes estén obligados a no divulgar la información obtenida a efectos de la aplicación de la presente Directiva que, por su naturaleza y en casos debidamente justificados, esté amparada por el secreto profesional, con excepción de la información sobre características de seguridad de los productos que, según lo exijan las circunstancias, deba hacerse pública para proteger adecuadamente la salud y la seguridad de los consumidores.

2. La protección del secreto profesional no impedirá la comunicación a las autoridades competentes de toda aquella información que sea pertinente para asegurar la eficacia de las actividades de control y vigilancia del mercado. Las autoridades que reciban información amparada por el secreto profesional asegurarán su protección.

Artículo 17

La presente Directiva se aplicará sin perjuicio de lo dispuesto en la Directiva 85/374/CEE.

Artículo 18

1. Toda medida adoptada en virtud de la presente Directiva y que restrinja la puesta en el mercado de un producto, o requiera su retirada o su recuperación, deberá estar debidamente motivada. Se notificará a la parte interesada con la mayor brevedad posible, indicando los recursos que puedan interponerse con arreglo a las disposiciones vigentes en el Estado miembro de que se trate y los plazos para presentarlos.

Siempre que ello sea posible, se dará a las partes interesadas la posibilidad de exponer su punto de vista antes de adoptar la medida. Si, debido a la urgencia del asunto, no fuera posible efectuar tal consulta previamente, se realizará en un momento oportuno tras la puesta en aplicación de la medida.

Las medidas que requieran la retirada de un producto o su recuperación, incluirán disposiciones destinadas a incitar a los distribuidores, usuarios y consumidores finales a que contribuyan a la aplicación de las mismas.

2. Los Estados miembros velarán por que pueda recurrirse por vía judicial contra cualquier medida adoptada por las autoridades competentes que limite la puesta en el mercado de un producto u obligue a retirarlo del mercado o a recuperarlo.

3. Cualquier decisión adoptada en virtud de la presente Directiva que restrinja la puesta en el mercado de un producto u obligue a retirarlo o a recuperarlo, no condicionará en modo alguno la determinación, en virtud del Derecho penal nacional aplicable, de la responsabilidad de la parte a la que vaya dirigida.

Artículo 19

1. La Comisión podrá consultar al comité contemplado en el artículo 15 sobre cualquier cuestión relativa a la puesta en aplicación de la presente Directiva y, en particular, sobre cuestiones relativas a las actividades de control y vigilancia del mercado.

2. Cada tres años, a partir del 15 de enero de 2004, la Comisión presentará al Parlamento Europeo y al Consejo un informe sobre la aplicación de la presente Directiva.

En particular, ese informe tratará de la seguridad de los productos de consumo y en concreto de la mejora de su trazabilidad, del funcionamiento de la vigilancia del mercado, del trabajo de normalización, del funcionamiento del sistema RAPEX y de las medidas comunitarias adoptadas con arreglo al artículo 13. Para ello, la Comisión evaluará los aspectos más pertinentes, en especial los procedimientos, sistemas y prácticas que se apliquen en los Estados miembros, a la vista de los requisitos establecidos en la presente Directiva y en las demás normas comunitarias sobre seguridad de los productos. Los Estados miembros proporcionarán a la Comisión toda la asistencia y la información necesarias para que lleve a cabo sus evaluaciones y prepare los informes.

Artículo 20

La Comisión identificará las necesidades, posibilidades y prioridades de acción comunitaria en materia de seguridad de los servicios y presentará al Parlamento Europeo y al Consejo, antes del 1 de enero de 2003, un informe acompañado de propuestas al respecto según proceda.

Artículo 21

1. Los Estados miembros adoptarán las disposiciones legales, reglamentarias y administrativas necesarias para dar cumplimiento a lo establecido en la presente Directiva el 15 de enero de 2004. Informarán inmediatamente de ello a la Comisión.

Cuando los Estados miembros adopten dichas disposiciones, éstas harán referencia a la presente Directiva o irán acompañadas de dicha referencia en su publicación oficial. Los Estados miembros establecerán la forma de la mencionada referencia.

2. Los Estados miembros comunicarán a la Comisión el texto de las disposiciones de Derecho interno que adopten en el ámbito regulado por la presente Directiva.

Artículo 22

La Directiva 92/59/CEE quedará derogada el 15 de enero de 2004 sin perjuicio de las obligaciones de los Estados miembros con respecto a los plazos de transposición y puesta en aplicación de la Directiva derogada, previstos en el anexo III.

Las referencias a la Directiva 92/59/CEE se entenderán hechas a la presente Directiva, con arreglo a la tabla de correspondencias que figura en el anexo IV.

Artículo 23

La presente Directiva entrará en vigor el día de su publicación en el Diario Oficial de las Comunidades Europeas.

Artículo 24

Los destinatarios de la presente Directiva serán los Estados miembros.

ANEXO I.-

Requisitos relativos a la información sobre productos no conformes a la obligación general de seguridad que han de proporcionar los productores y los distribuidores a las autoridades competentes

1. La información prevista en el apartado 3 del artículo 5 o, en su caso, en disposiciones específicas de la normativa comunitaria relativa al producto de que se trate, se proporcionará a las autoridades competentes designadas a tal efecto en los Estados miembros en cuyo mercado estén o hayan sido puestos los productos o se hayan suministrado a los consumidores de cualquier otra forma.

2. La Comisión, asistida por el Comité previsto en el artículo 15, definirá el contenido y el formulario tipo de las notificaciones previstas en el presente anexo procurando garantizar la eficacia y el buen funcionamiento del sistema. Propondrá, en particular, si procede en forma de guía, criterios simples y claros para determinar las condiciones concretas, como las relativas a productos o circunstancias aislados, en las que no proceda la notificación en virtud del presente anexo.

3. En caso de riesgos graves, dicha información deberá contener, al menos:

a) detalles que permitan identificar con precisión el producto o lote de productos;

b) una descripción completa del riesgo que presentan los productos;

c) toda la información disponible que sea útil para localizar el producto;

d) una descripción de la actuación emprendida con el fin de prevenir los riesgos para los consumidores.

ANEXO II.-

Procedimientos para la aplicación del sistema rapex y directrices para las notificaciones

1. El sistema RAPEX se aplicará a los productos definidos en la letra a) del artículo 2 que presenten un riesgo grave para la salud y la seguridad de los consumidores.

No se incluyen en el ámbito de aplicación del sistema RAPEX los productos farmacéuticos, a los cuales se aplican las Directivas 75/319/CEE y 81/851/CEE.

2. Básicamente, el sistema RAPEX está encaminado a realizar un intercambio rápido de información en caso de riesgo grave. Las directrices a las que hace referencia el punto 8 definen criterios específicos para identificar los riesgos graves.

3. El Estado miembro notificante de acuerdo con el artículo 12 de la presente Directiva proporcionará todas las precisiones disponibles; en particular, la notificación contendrá la información estipulada en las directrices a las que hace referencia el punto 8 y, como mínimo, lo siguiente:

a) la información que permita identificar el producto;

b) una descripción del riesgo y un resumen de los resultados de toda prueba o análisis y de sus conclusiones que permita evaluar su importancia;

c) el carácter y la duración de las medidas o las actuaciones adoptadas o decididas, si procede;

d) información sobre las cadenas de comercialización y sobre la distribución del producto, en particular en los países de destino.

Esta información deberá transmitirse utilizando el formulario tipo de notificación previsto al efecto y en la forma estipulada en las directrices a las que hace referencia el punto 8.

Cuando el objetivo de la medida notificada conforme a los artículos 11 o 12 sea restringir la comercialización o el uso de una sustancia o un preparado químicos, los

Estados miembros proporcionarán lo antes posible o bien un resumen, o bien las referencias de los datos relacionados con esa sustancia o ese preparado, o de sus sustitutos conocidos en caso de que los haya, si disponen de tal información. Comunicarán asimismo los efectos previstos de la medida sobre la salud y la seguridad de los consumidores, junto con la evaluación del riesgo llevada a cabo de acuerdo con los principios generales para evaluar los riesgos de las sustancias químicas, a los que hace referencia el apartado 4 del artículo 10 del Reglamento (CEE) n° 793/93 si se trata de una sustancia ya existente, o el apartado 2 del artículo 3 de la Directiva 67/548/CEE si se trata de una sustancia nueva. En las directrices a las que se refiere el punto 8 se definirán los detalles y los procedimientos de la información requerida al respecto.

4. Antes de decidir adoptar alguna medida, el Estado miembro que haya informado a la Comisión de un riesgo grave conforme al tercer párrafo del apartado 1 del artículo 12, tendrá cuarenta y cinco días de plazo para comunicar a la Comisión si confirma o modifica la información.

5. En el plazo más breve posible, la Comisión verificará la conformidad de la información recibida por el sistema RAPEX con las disposiciones de la Directiva y, cuando lo considere necesario y a fin de evaluar la seguridad de los productos, podrá llevar a cabo una investigación por iniciativa propia. En caso de que se lleve a cabo tal investigación, los Estados miembros deberán suministrar a la Comisión la información solicitada, en la medida de lo posible.

6. Al recibir una notificación con arreglo al artículo 12, los Estados miembros deberán informar a la Comisión, dentro del plazo estipulado en las directrices a las que hace referencia el punto 8, sobre los siguientes aspectos:

a) si el producto ha sido comercializado en su territorio;

b) qué medidas podrían llegar a adoptar en relación con el producto a la vista de su propia situación, razonando los motivos, concretamente la diferente evaluación del riesgo o cualquier otra circunstancia especial que justifique su decisión, en particular la inexistencia de medidas o seguimiento;

c) toda información complementaria pertinente que hayan obtenido sobre el peligro, incluidos los resultados de los ensayos o análisis.

Las directrices a las que hace referencia el punto 8 propondrán criterios precisos para la notificación de las medidas cuyo alcance esté limitado al territorio nacional y el procedimiento aplicable a dichas notificaciones relativas a riesgos que el Estado miembro notificante considere limitados a su territorio.

7. Los Estados miembros informarán inmediatamente a la Comisión de toda modificación de las medidas o actuaciones en cuestión o de su retirada.

8. La Comisión, con arreglo al procedimiento previsto en el apartado 3 del artículo 15 de la presente Directiva, establecerá y actualizará periódicamente unas directrices relativas a la gestión del sistema RAPEX por la Comisión y los Estados miembros.

9. La Comisión podrá informar a los puntos de contacto nacionales acerca de los productos que presenten riesgos graves, y que hayan sido importados a o exportados desde la Comunidad o el Espacio Económico Europeo.

10. El Estado miembro notificante será el responsable de la información proporcionada.

11. La Comisión velará por el buen funcionamiento del sistema, procediendo, en concreto, a la clasificación y ordenación de las notificaciones según su urgencia respectiva. Se determinarán las modalidades en las directrices contempladas en el punto 8.

ANEXO III.-
Plazo de transposición y de puesta en aplicación de la directiva derogada (contemplados en el primer párrafo del artículo 22)

[Anexo no reproducido en la presente publicación]

ANEXO IV.-
Tabla de correspondencias (contemplada en el párrafo segundo del artículo 22)

[Anexo no reproducido en la presente publicación]

16 de diciembre de 2002.- Directiva nº 2002/99/CE
del Consejo,
por la que se establecen las normas zoosanitarias aplicables a la producción, transformación, distribución e introducción de los productos de origen animal destinados al consumo humano
(D.O. L 18, 23 de enero de 2003)

EL CONSEJO DE LA UNIÓN EUROPEA,

Visto el Tratado constitutivo de la Comunidad Europea, y en particular su artículo 37,

Vista la propuesta de la Comisión,

Visto el dictamen del Parlamento Europeo,

Visto el dictamen del Comité Económico y Social,

Considerando lo siguiente:

(1) En el contexto del mercado único, se han establecido normas zoosanitarias específicas para regular el comercio intracomunitario en la producción, transformación, distribución e introducción desde terceros países de productos de origen animal destinados al consumo humano incluidos en el anexo I del Tratado.

(2) Estas normas han garantizado la supresión de los obstáculos al comercio de los productos en cuestión, contribuyendo así a la creación del mercado interior, al tiempo que garantizan un elevado nivel de protección de la sanidad animal.

(3) Estas normas tienen además como objetivo evitar la introducción o la propagación de enfermedades de los animales como consecuencia de la comercialización de productos de origen animal. Estas normas contemplan principios generales como los que restringen la comercialización de los productos procedentes de una explotación o zona infectada por epizootias, y los que exigen que los productos procedentes de zonas restringidas se sometan a un tratamiento concebido para destruir el agente infeccioso.

(4) Estas disposiciones generales pueden armonizarse, eliminando así las posibles incoherencias que hayan podido producirse cuando se adoptaron las normas zoosanitarias específicas. Esta armonización garantizará también la aplicación uniforme de esas normas en toda la Comunidad y una mayor transparencia en la estructura de la normativa comunitaria.

(5) Los controles veterinarios de los productos de origen animal destinados al comercio deben efectuarse de conformidad con la Directiva 89/662/CEE del Consejo, de 11 de diciembre de 1989, relativa a los controles veterinarios aplicables en los intercambios intracomunitarios con vistas a la realización del mercado interior. La Directiva 89/662/CEE establece medidas de salvaguardia que pueden aplicarse en caso de presentarse un peligro grave para la sanidad animal.

(6) Los productos importados de terceros países no deben representar ningún peligro para la sanidad animal del ganado comunitario.

(7) Con este fin, deben establecerse procedimientos que impidan la introducción de epizootias. Tales procedimientos llevan aparejada una evaluación periódica de la situación de la sanidad animal en los terceros países de que se trate.

(8) Deben establecerse asimismo procedimientos para fijar las normas o los criterios generales o específicos que haya que aplicar a las importaciones de productos de origen animal.

(9) La Directiva 72/462/CEE del Consejo, de 12 de diciembre de 1972, relativa a problemas sanitarios y de policía sanitaria en las importaciones de animales de las especies bovina, porcina, ovina y caprina y de carne fresca o de productos a base de carne, procedentes de terceros países, contiene ya normas sobre la importación de carne de ungulados domésticos y productos cárnicos preparados con ese tipo de carne.

(10) Los procedimientos aplicables a la importación de carne y productos cárnicos pueden utilizarse como modelo para la importación de otros productos de origen animal.

(11) Los controles veterinarios de los productos de origen animal importados en la Comunidad procedentes de terceros países deben realizarse con arreglo a la Directiva 97/78/CE del Consejo, de 18 de diciembre de 1997, por la que se establecen los principios relativos a la organización de controles veterinarios de los productos que se introduzcan en la Comunidad procedentes de países terceros. La Directiva 97/78/CEE establece medidas de salvaguardia que pueden aplicarse en caso de presentarse un peligro grave para la sanidad animal.

(12) Deben tenerse en cuenta las directrices establecidas por la Oficina Internacional de Epizootias (OIE) cuando se adopten normas aplicables al comercio internacional.

(13) Deben organizarse auditorías e inspecciones comunitarias para garantizar la aplicación uniforme de las disposiciones de sanidad animal.

(14) Los productos regulados por la presente Directiva figuran en el anexo I del Tratado.

(15) Las medidas necesarias para la ejecución de la presente Directiva deben aprobarse con arreglo a la Decisión 1999/468/CE del Consejo, de 28 de junio de 1999, por la que se establecen los procedimientos para el ejercicio de las competencias de ejecución atribuidas a la Comisión.

HA ADOPTADO LA PRESENTE DIRECTIVA:

Artículo 1.- *Ámbito de aplicación*

La presente Directiva establece las normas zoosanitarias generales por las que se regulan todas las fases de la producción, transformación y distribución dentro de la Comunidad y de la introducción desde terceros países de los productos de origen animal y de los productos obtenidos a partir de los mismos destinados al consumo humano.

Estas normas se entenderán sin perjuicio de las disposiciones estipuladas en las Directivas 89/662/CEE, 97/78/CE y en las Directivas enumeradas en el anexo I.

Artículo 2.- *Definiciones*

A los efectos de la presente Directiva, serán aplicables en la medida en que resulte necesario las definiciones del Reglamento (CE) n° 178/2002 del Parlamento Europeo y del Consejo, de 28 de enero de 2002, por el que se establecen los principios y los requisitos generales de la legislación alimentaria, se crea la Autoridad Europea de Seguridad Alimentaria y se fijan procedimientos relativos a la seguridad alimentaria y de la Directiva 97/78/CE. Además, serán aplicables las siguientes definiciones:

1) todas las fases de producción, transformación y distribución: cualquier fase, desde la producción primaria de un producto de origen animal, inclusive, hasta su almacenamiento, transporte, venta o suministro al consumidor final, inclusive;

2) introducción: la entrada de mercancías en un territorio de los mencionados en el anexo I de la Directiva 97/78/CE para su comercialización con arreglo a los procedimientos aduaneros mencionados en las letras a) a f) del apartado 16 del artículo 4 del Reglamento (CE) n° 2913/92 del Consejo, de 12 de octubre de 1992, por el que se aprueba el Código aduanero comunitario;

3) veterinario oficial, un veterinario cualificado para actuar como tal y nombrado por la autoridad competente;

4) productos de origen animal: los productos obtenidos a partir de animales, así como los productos obtenidos de los mismos, destinados al consumo humano, incluidos los animales vivos, cuando estén preparados para este uso.

CAPÍTULO I.- REQUISITOS ZOOSANITARIOS APLICABLES A TODAS LAS FASES DE LA PRODUCCIÓN, TRANSFORMACIÓN Y DISTRIBUCIÓN DE PRODUCTOS DE ORIGEN ANIMAL EN LA COMUNIDAD

Artículo 3.- *Requisitos zoosanitarios generales*

1. Los Estados miembros adoptarán las medidas necesarias para garantizar que los agentes económicos del sector alimentario, en todas las fases de la producción, transformación y distribución dentro de la Comunidad de productos de origen animal no provoquen la propagación de enfermedades transmisibles a los animales de conformidad con lo dispuesto más abajo.

2. Los productos de origen animal deberán obtenerse de animales que cumplan las condiciones de sanidad animal establecidas en la normativa comunitaria pertinente.

3. Los productos de origen animal se obtendrán de animales:

a) que no procedan de explotaciones, establecimientos, territorios o partes de territorios sometidos a restricciones zoosanitarias aplicables a los animales y productos de que se trate, de acuerdo con las normas a que se refiere el anexo I;

b) que, en el caso de la carne y los productos a base de carne, no hayan sido sacrificados en un matadero en el que, en el momento del sacrificio o del proceso de producción, hubiera animales infectados o sospechosos de estar infectados con alguna de las enfermedades a las que se aplican las normas a que se refiere la letra a), o canales o partes de las mismas de tales animales, salvo que la citada sospecha se haya eliminado;

c) que, en el caso de animales y productos de la acuicultura, cumplan la Directiva 91/67/CEE.

Artículo 4.- *Excepciones*

1. No obstante lo dispuesto en el artículo 3 y siempre que se cumplan las medidas de control de las enfermedades mencionadas en el anexo I, los Estados miembros podrán autorizar la producción, transformación y distribución de productos de origen animal procedentes de territorios o partes de territorios sometidos a restricciones zoosanitarias, pero que no procedan de explotaciones infectadas o que se sospeche que estén infectadas, siempre que:

i) los productos, antes de que se sometan al tratamiento que se menciona más abajo, se obtengan, manipulen, transporten y almacenen de forma separada o en otro momento que los productos que cumplan todas las condiciones zoosanitarias, y que las condiciones de transporte fuera del territorio sujeto a restricciones zoosanitarias hayan sido aprobadas por la autoridad competente,

ii) los productos que deban someterse a tratamiento se identifiquen convenientemente,

iii) los productos sean sometidos a un tratamiento que baste para eliminar el problema zoosanitario de que se trate, y

iv) el tratamiento se aplique en un establecimiento autorizado con ese fin por el Estado miembro donde se presente el problema zoosanitario.

Las disposiciones del párrafo primero se aplicarán de conformidad con el anexo II y el punto 1 del anexo III o con las disposiciones que se adopten con arreglo al procedimiento a que se refiere el apartado 2 del artículo 12.

2. La producción, transformación y distribución de productos de la acuicultura que no cumplan las condiciones establecidas en el artículo 3, se autorizarán siempre que se cumplan las condiciones establecidas en la Directiva 91/67/CEE y, cuando sea necesario, con arreglo a las condiciones suplementarias que se establezcan de conformidad con el procedimiento a que se refiere el apartado 2 del artículo 12.

3. Además, cuando la situación sanitaria lo permita, podrán concederse excepciones a lo dispuesto en el artículo 3 en determinados supuestos de conformidad con el procedimiento a que se refiere el apartado 2 del artículo 12. En este caso, se tendrá especialmente en cuenta lo siguiente:

a) las características específicas de la enfermedad en la especie en cuestión, y

b) las pruebas que deban realizarse en los animales.

Cuando se concedan tales excepciones, se garantizará que el grado de protección de enfermedades animales no se vea afectado. Las medidas necesarias para garantizar la protección de la sanidad animal en la Comunidad se adoptarán, por tanto, de conformidad con el mismo procedimiento.

Artículo 5.- *Certificados veterinarios*

1. Los Estados miembros garantizarán que los productos de origen animal destinados al consumo humano se sometan a certificación veterinaria cuando:

- las disposiciones adoptadas por razones de sanidad animal con arreglo a lo dispuesto en el artículo 9 de la Directiva 89/662/CEE exijan que los productos de origen animal procedentes de un Estado miembro deban ir acompañados de un certificado sanitario, o
- se haya concedido una excepción con arreglo al apartado 3 del artículo 4.

2. De conformidad con el procedimiento a que se refiere el apartado 2 del artículo 12, se podrán establecer modalidades de aplicación, y en particular un modelo para el citado certificado, teniendo en cuenta los principios generales definidos en el anexo IV. Los certificados podrán incluir detalles necesarios con arreglo a otra legislación comunitaria sobre sanidad animal y salud pública.

Artículo 6.- *Controles veterinarios oficiales*

1. En espera de la adopción de los reglamentos del Parlamento Europeo y del Consejo por los que se establecen normas específicas de higiene de los alimentos de origen animal y de normas sobre los controles aplicables a piensos y alimentos, los Estados miembros velarán por que sus autoridades competentes lleven a cabo los controles oficiales de sanidad animal para garantizar el cumplimiento de la presente Directiva, de sus disposiciones de aplicación y de las medidas de salvaguardia que se apliquen a los productos de origen animal en virtud del mismo. Como norma general, las inspecciones deberán efectuarse sin aviso previo y los controles se realizarán tal como se establece en la Directiva 89/662/CEE.

2. En espera de la adopción de los reglamentos del Parlamento Europeo y del Consejo por los que se establecen normas específicas de higiene de los alimentos de origen animal y de normas sobre los controles aplicables a piensos y alimentos, cuando se compruebe que se han infringido las normas zoosanitarias, los Estados miembros adoptarán las medidas necesarias para remediar la situación, de conformidad con lo dispuesto en la Directiva 89/662/CEE.

3. En la medida en que sea necesario para la aplicación uniforme de la presente Directiva, los expertos de la Comisión podrán realizar controles in situ, en colaboración con las autoridades competentes de los Estados miembros, incluyendo auditorías. Los Estados miembros en cuyo territorio se efectúe un control facilitarán a los expertos toda la ayuda necesaria para la realización de sus cometidos. La Comisión informará a la autoridad competente del resultado de los controles realizados.

En caso de que, en el transcurso de una auditoría o inspección de la Comisión, se compruebe la existencia de un riesgo grave para la sanidad animal, el Estado miembro de que se trate tomará inmediatamente todas las medidas necesarias para la salvaguardia de ésta. De no tomarse tales medidas o si se considera que éstas son insuficientes, la Comisión, de conformidad con los procedimientos a que se refiere el apartado 2 del artículo 12, adoptará las medidas necesarias para salvaguardar la sanidad animal e informará de ello a los Estados miembros.

4. Las normas de desarrollo del presente artículo, y en particular las encaminadas a regular el régimen de colaboración con las autoridades nacionales, se adoptarán de conformidad con el procedimiento a que se refiere el apartado 2 del artículo 12.

CAPÍTULO II.- IMPORTACIONES PROCEDENTES DE TERCEROS PAÍSES

Artículo 7.- *Disposiciones generales*

Los Estados miembros adoptarán las medidas necesarias para garantizar que los productos de origen animal destinados al consumo humano procedentes de terceros países se introduzcan únicamente si cumplen las disposiciones del capítulo I aplicables a todas las fases de la producción, transformación y distribución de dichos productos en la Comunidad u ofrecen garantías zoosanitarias equivalentes.

Artículo 8.- *Cumplimiento de las normas comunitarias*

Con el fin de garantizar el cumplimiento de las obligaciones generales establecidas en el artículo 7, se establecerán los siguientes elementos de acuerdo con el procedimiento a que se refiere el apartado 2 del artículo 12:

1) Listas de los terceros países o partes de terceros países de los que estén permitidas las importaciones de determinados productos de origen animal. Sólo podrán incluirse en dichas listas aquellos terceros países en los que se haya llevado a cabo una auditoría comunitaria que demuestre que las autoridades veterinarias competentes ofrecen garantías adecuadas sobre el cumplimiento de la legislación comunitaria.

Al elaborar o actualizar dichas listas, se tendrá especialmente en cuenta lo siguiente:

a) la legislación del tercer país;

b) la organización de la autoridad veterinaria competente y sus servicios de inspección en el tercer país, las competencias de estos últimos, el control al que están sujetos, su autoridad y el complemento de personal necesario para aplicar su legislación de manera eficaz;

c) las condiciones zoosanitarias reales aplicadas a la producción, elaboración, manipulación, almacenamiento y expedición de los productos de origen animal destinados a la Comunidad;

d) las garantías que la autoridad veterinaria competente del tercer país pueda ofrecer en cuanto al cumplimiento de las normas zoosanitarias pertinentes o a la aplicación de normas equivalentes;

e) toda experiencia en la comercialización del producto originario del tercer país y los resultados de todos los controles de importación efectuados;

f) los resultados de las inspecciones y auditorías comunitarias efectuadas en el tercer país y, en particular, los resultados de la evaluación de las autoridades competentes o, cuando así lo requiera la Comisión, el informe presentado por las autoridades competentes del tercer país sobre las inspecciones que haya efectuado;

g) el estado sanitario del ganado, de otros animales domésticos y de la fauna en el tercer país, con especial atención a las enfermedades exóticas de los animales y a cualesquiera aspectos de la situación sanitaria general de ese país que puedan suponer un peligro para la salud pública o la sanidad animal en la Comunidad;

h) la regularidad y rapidez con las que el tercer país facilita información y la precisión de dicha información sobre la presencia en su territorio de enfermedades animales infecciosas o contagiosas, en particular las enfermedades que figuran en las listas de notificación obligatoria de la Oficina Internacional de Epizootias (OIE) o, tratándose de las enfermedades de los animales de la acuicultura, las enfermedades de notificación obligatoria que figuran en el Código de sanidad de los animales acuáticos de la OIE;

i) las normas para prevenir y controlar las enfermedades animales infecciosas o contagiosas vigentes en el tercer país y su aplicación, incluidas las normas sobre las importaciones procedentes de otros países.

2) La Comisión dispondrá que se actualicen periódicamente las versiones de todas las listas establecidas o actualizadas de acuerdo con el presente artículo para su puesta a disposición del público. Las listas elaboradas en aplicación del presente artículo podrán combinarse con otras listas elaboradas con fines de salud pública y sanidad animal e incluir también modelos de certificados sanitarios.

3) Las normas relativas a la procedencia de los productos de origen animal y de los animales de los que éstos hayan sido obtenidos se establecerán de conformidad con el procedimiento a que se refiere el apartado 2 del artículo 12.

4) Se establecerán condiciones especiales de importación para cada tercer país o grupo de terceros países de conformidad con el procedimiento a que se refiere el apartado 2 del artículo 12, teniendo en cuenta la situación zoosanitaria del tercer país o terceros países en cuestión.

5) En caso necesario, podrán establecerse de conformidad con el procedimiento a que se refiere el apartado 2 del artículo 12:

- las disposiciones de aplicación del presente artículo,
- los criterios para clasificar los terceros países y partes de ellos con respecto a las enfermedades animales, y
- las normas específicas relativas a los tipos de introducción o a los productos concretos, como la introducción por los viajeros o la introducción de muestrarios comerciales.

Artículo 9.- *Documentos*

1. Los envíos de productos de origen animal se presentarán a su entrada en la Comunidad con un certificado veterinario que cumpla los requisitos establecidos en el anexo IV.

2. El certificado veterinario dará fe de que los productos:

a) cumplen los requisitos establecidos para dichos productos en la presente Directiva y en la legislación comunitaria en la que se establecen los requisitos de salud animal o disposiciones equivalentes a dichos requisitos, y

b) cumplen todos los requisitos especiales para la importación establecidos de conformidad con el procedimiento a que se refiere el apartado 2 del artículo 12.

3. Los documentos podrán incluir detalles exigidos por otros actos legislativos comunitarios sobre cuestiones de salud pública y zoosanitaria.

4. Con arreglo al procedimiento a que se refiere el apartado 2 del artículo 12:

a) podrá preverse la admisión de documentos electrónicos;

b) podrán establecerse modelos de documentos, y

c) podrán establecerse normas y certificación para el tránsito.

Artículo 10.- *Inspecciones y auditorías comunitarias*

1. Las inspecciones y/o auditorías comunitarias en todas las fases contempladas por la presente Directiva podrán ser efectuadas en terceros países por expertos de la Comisión a fin de verificar la conformidad o la equivalencia con las normas zoosanitarias comunitarias. Los expertos de la Comisión podrán estar acompañados de expertos de los Estados miembros habilitados por la Comisión para llevar a cabo las citadas inspecciones y/o auditorías.

2. Las inspecciones y/o auditorías en terceros países a que se hace referencia en el apartado 1 se realizarán en nombre de la Comunidad, y la Comisión sufragará los gastos correspondientes.

3. El procedimiento para la realización de inspecciones y/o auditorías en los terceros países mencionados en el apartado 1 podrá establecerse o modificarse de acuerdo con el procedimiento previsto en el apartado 2 del artículo 12.

4. Cuando una inspección o una auditoría comunitarias revelen un riesgo importante para la sanidad animal, la Comisión tomará inmediatamente las medidas necesarias para la protección de la sanidad animal, de conformidad con el artículo 22 de la Directiva 97/78/CE e informará de ello a los Estados miembros.

CAPÍTULO III.- DISPOSICIONES FINALES

Artículo 11.- *Actualización de los anexos técnicos*

Los anexos del presente Reglamento se podrán modificar de conformidad con el procedimiento a que se refiere el apartado 2 del artículo 12 con objeto de tener en cuenta en particular:

i) el asesoramiento y los conocimientos científicos, y en particular sobre nuevas evaluaciones de riesgos,

ii) los avances técnicos, y

iii) el establecimiento de objetivos de seguridad para la sanidad animal.

Artículo 12.- *Procedimiento del Comité*

1. La Comisión estará asistida por el Comité permanente de la cadena alimentaria y de sanidad animal creado por el artículo 58 del Reglamento (CE) n° 178/2002.

2. En los casos en que se haga referencia al presente apartado, serán de aplicación los artículos 5 y 7 de la Decisión 1999/468/CE.

El plazo contemplado en el apartado 6 del artículo 5 de la Decisión 1999/468/CE queda fijado en tres meses.

3. El Comité aprobará su reglamento interno.

Artículo 13.- *Disposiciones transitorias*

1. A partir de la fecha prevista en el apartado 1 del artículo 14 dejarán de aplicarse las normas zoosanitarias establecidas en las Directivas enumeradas en el anexo V.

2. Las normas de desarrollo adoptadas sobre la base de dichas disposiciones seguirán en vigor hasta su sustitución por normas de efecto equivalente adoptadas en virtud de la presente Directiva.

3. Podrán establecerse medidas transitorias de conformidad con el procedimiento a que se refiere el apartado 2 del artículo 12.

Artículo 14

1. Los Estados miembros adoptarán y publicarán las disposiciones legales, reglamentarias y administrativas necesarias para dar cumplimiento a lo dispuesto en la presente Directiva a más tardar el 1 de enero de 2005. Informarán de ello inmediatamente a la Comisión.

Cuando los Estados miembros adopten dichas disposiciones, éstas contendrán una referencia a la presente Directiva, o irán acompañadas de dicha referencia cuando se publiquen oficialmente. Los Estados miembros adoptarán el procedimiento para efectuar la mencionada referencia.

2. Los Estados miembros comunicarán a la Comisión el texto de las principales disposiciones de Derecho interno que adopten en el ámbito regulado por la presente Directiva.

Artículo 15

La presente Directiva entrará en vigor a los veinte días de su publicación en el Diario Oficial de las Comunidades Europeas.

Artículo 16

Los destinatarios de la presente Directiva serán los Estados miembros.

ANEXO I.-

Enfermedades relevantes en los intercambios comerciales de productos de origen animal contra las cuales se han establecido medidas de control en virtud de la normativa comunitaria

[Anexo no reproducido en la presente publicación]

ANEXO II.-
Sello especial de identificación para la carne procedente de territorios o partes de territorios que no cumplan todas las condiciones zoosanitarias correspondientes

[Anexo no reproducido en la presente publicación]

ANEXO III.-
Tratamientos para eliminar peligros zoosanitarios específicos debidos a la carne y a la leche

[Anexo no reproducido en la presente publicación]

ANEXO IV-
Principios generales de certificación

[Anexo no reproducido en la presente publicación]

ANEXO V

[Anexo no reproducido en la presente publicación]

17 de noviembre de 2003.- Reglamento (CE) nº 2160/2003

del Parlamento Europeo y del Consejo,

sobre el control de la salmonela y otros agentes zoonóticos específicos transmitidos por los alimentos

(D.O. L 325, 12 de diciembre de 2003)

[V.C. 01/12/2011]

EL PARLAMENTO EUROPEO Y EL CONSEJO DE LA UNIÓN EUROPEA,

Visto el Tratado constitutivo de la Comunidad Europea, y en particular la letra b) del apartado 4 del artículo 152,

Vista la propuesta de la Comisión,

Visto el dictamen del Comité Económico y Social Europeo,

Previa consulta al Comité de las Regiones,

De conformidad con el procedimiento establecido en el artículo 251 del Tratado,

Considerando lo siguiente:

(1) Los animales vivos y los alimentos de origen animal se recogen en la lista del anexo I del Tratado. La ganadería y la puesta en el mercado de los alimentos de origen animal constituyen una importante fuente de ingresos para los agricultores. La aplicación de medidas veterinarias destinadas a elevar el nivel de la salud pública y de la sanidad animal en la Comunidad contribuye al desarrollo racional del sector agrícola.

(2) La protección de la salud humana frente a las enfermedades e infecciones transmisibles directa o indirectamente entre animales y seres humanos (zoonosis) reviste una importancia capital.

(3) Las zoonosis que se transmiten por los alimentos pueden causar dolencias a los seres humanos y pérdidas económicas a la producción agroalimentaria.

(4) Las zoonosis que se transmiten por fuentes distintas de los alimentos, especialmente las que lo hacen por medio de la fauna salvaje y de los animales de compañía, también constituyen un motivo de preocupación.

(5) Las zoonosis presentes a nivel de la producción primaria deben controlarse convenientemente para garantizar que los objetivos del presente Reglamento se han logrado. No obstante, en el caso de la producción primaria destinada al suministro directo de pequeñas cantidades de productos primarios al consumidor final o a comercios locales por parte del operador de una empresa alimentaria que los produce, es preciso proteger la salud pública a través del derecho nacional. En este caso, existe una estrecha relación entre el productor y el consumidor. Tal producción no debe contribuir de manera significativa a la prevalencia media de zoonosis en la población animal de la Comunidad en su conjunto. Los requisitos generales de muestreo y análisis pueden no resultar prácticos o apropiados para los productores que posean una cantidad muy pequeña de animales y estén ubicados en regiones con limitaciones geográficas especiales.

(6) La Directiva 92/117/CEE del Consejo, de 17 de diciembre de 1992, relativa a las medidas de protección contra determinadas zoonosis y determinados agentes productores de zoonosis en animales y productos de origen animal, a fin de evitar brotes de infecciones e intoxicaciones procedentes de los alimentos, preveía el establecimiento de mecanismos de vigilancia de determinadas zoonosis y medidas de control de la salmonela en ciertas aves de corral.

(7) Dicha Directiva exigía a los Estados miembros que presentaran a la Comisión las medidas nacionales que hubieran puesto en práctica para alcanzar los objetivos de la Directiva y que elaboraran planes de vigilancia de la salmonela en las aves de corral. No obstante, la Directiva 97/22/CE del Consejo, por la que se modifica la Directiva 92/117/CEE, suspendió este requisito hasta que tenga lugar la revisión prevista en el artículo 15 bis de la Directiva 92/117/CEE.

(8) Varios Estados miembros han presentado ya planes de vigilancia de la salmonela que han sido aprobados por la Comisión. Además de ello, se ha instado a todos los Estados miembros, con efectos a partir del 1 de enero de 1998, a cumplir las medidas mínimas dispuestas, en relación con las salmonelas, en la sección I del anexo III de la Directiva 92/117/CEE y a establecer normas que especifiquen las medidas que deben tomarse para evitar la introducción de salmonela en las explotaciones.

(9) Esas normas mínimas atañían a la vigilancia y el control de salmonela en manadas reproductoras de la especie Gallus gallus. Cuando se detectaba y confirmaba la

presencia de serotipos de Salmonella enteritidis o Salmonella typhimurium en muestras, la Directiva 92/117/CEE establecía medidas específicas para controlar la infección.

(10) Otras disposiciones comunitarias prevén la vigilancia y el control de ciertas zoonosis en la población animal. En particular, la Directiva 64/432/CEE del Consejo, de 26 de junio de 1964, relativa a problemas de policía sanitaria en materia de intercambios intracomunitarios de animales de las especies bovina y porcina, trata de la tuberculosis bovina y la brucelosis bovina. La Directiva 91/68/CEE del Consejo, de 28 de enero de 1991, relativa a las normas de policía sanitaria que regulan los intercambios intracomunitarios de animales de las especies ovina y caprina, trata de la brucelosis ovina y caprina. El presente Reglamento no debe crear ninguna duplicación innecesaria de dichos requisitos vigentes.

(11) Además una futura norma comunitaria sobre la higiene de los productos alimenticios debe abarcar también aspectos específicos necesarios para la prevención, el control y la vigilancia de las zoonosis y de los agentes zoonóticos e incluir normas específicas relativas a la calidad microbiológica de los alimentos.

(12) La Directiva 92/117/CEE establece que se recojan datos sobre la presencia de zoonosis y agentes zoonóticos en los piensos, los animales, los alimentos y los seres humanos. Si bien ese sistema de recopilación de datos adolece de falta de armonización y, por consiguiente, no permite efectuar comparaciones entre los Estados miembros, sí constituye una base para evaluar la situación actual en materia de zoonosis y agentes zoonóticos en la Comunidad.

(13) Los resultados del sistema de recopilación de datos reflejan que ciertos agentes zoonóticos, concretamente del género Salmonella y del género Campylobacter, son los causantes de la mayor parte de casos de zoonosis en seres humanos. Aparentemente, están disminuyendo los casos de personas afectadas por salmonelosis, especialmente las causadas por Salmonella enteritidis y Salmonella typhimurium, lo que demuestra que las medidas de control tomadas por la Comunidad están teniendo éxito. Sin embargo, se considera que muchos casos no se llegan a conocer y que, por lo tanto, los datos recogidos no ofrecen necesariamente una visión completa de la situación.

(14) En el dictamen sobre las zoonosis que aprobó el 12 de abril de 2000, el Comité científico de medidas veterinarias relacionadas con la salud pública consideró que las medidas en vigor en aquel momento para controlar las infecciones zoonóticas de origen alimentario eran insuficientes. Además, consideró que los datos epidemiológicos que estaban recogiendo los Estados miembros eran incompletos, además de no ser totalmente comparables. En consecuencia, el Comité recomendaba mejorar las medidas de vigilancia y señalaba opciones para la gestión del riesgo.

(15) Así pues, es necesario mejorar los sistemas actuales de control de agentes zoonóticos específicos. Al mismo tiempo, las normas dispuestas en la Directiva 2003/99/CE del Parlamento Europeo y del Consejo, de 17 de noviembre de 2003, sobre la vigilancia de las zoonosis y los agentes zoonóticos, por la que se modifica la Decisión 90/424/CEE del Consejo y se deroga la Directiva 92/117/CEE del Consejo, sustituirán los sistemas de vigilancia y recopilación de datos establecidos en la Directiva 92/117/CEE.

(16) En principio, los controles deben abarcar la totalidad de la cadena alimentaria, desde la granja hasta la mesa.

(17) Las normas que regulen dichos controles deben ser en general las establecidas por la normativa comunitaria sobre piensos, sanidad animal e higiene alimentaria.

(18) No obstante, es necesario establecer requisitos específicos de control para determinadas zoonosis y agentes zoonóticos.

(19) Estos requisitos específicos han de basarse en objetivos de reducción de la prevalencia de las zoonosis o agentes zoonóticos.

(20) Los objetivos que se establezcan para las zoonosis y los agentes zoonóticos de las poblaciones animales deben tener en cuenta, en particular, su frecuencia y las tendencias epidemiológicas en las poblaciones animales y humanas, en los piensos y en los alimentos, su gravedad para los seres humanos, sus posibles consecuencias económicas, el asesoramiento científico y la existencia de medidas adecuadas para reducir su prevalencia. En su caso, podrían fijarse objetivos para otras partes de la cadena alimentaria.

(21) Para alcanzar esos objetivos a su debido tiempo, los Estados miembros deben establecer programas de control específicos que deben recibir el visto bueno de la Comunidad.

(22) La principal responsabilidad de la seguridad de los alimentos debe recaer en los operadores de empresas alimentarias y de empresas de piensos. Por ello, los Estados miembros deben fomentar la creación de programas de control a nivel de las empresas.

(23) En sus programas de control, los Estados miembros y los operadores de empresas alimentarias y de empresas de piensos podrían utilizar métodos de control específicos. Sin embargo, algunos métodos pueden no resultar aceptables, sobre todo si entorpecen la consecución del objetivo general, interfieren específicamente con sistemas establecidos de análisis o pueden poner en peligro la salud pública. Deben, por tanto, establecerse procedimientos que permitan a la Comunidad decidir que determinados métodos de control no deben utilizarse dentro de los programas de control.

(24) Podrían existir o desarrollarse métodos de control que, si bien no entran dentro de ninguna norma comunitaria específica sobre autorización de productos, pueden ayudar a conseguir el objetivo de reducir la prevalencia de determinadas zoonosis y agentes zoonóticos. Por consiguiente, debe ser posible aprobar el empleo de esos métodos a escala comunitaria.

(25) Será fundamental garantizar que la reposición de animales se haga a partir de manadas o rebaños que hayan estado sujetos a controles acordes con las normas del presente Reglamento. Cuando esté llevándose a cabo un programa de control específico, se deben comunicar los resultados de los análisis a los compradores de animales. Con tal fin, se han de añadir requisitos a la normativa comunitaria relativa al comercio intracomunitario y a las importaciones de terceros países, en particular con respecto a las partidas de animales vivos y huevos para incubar. Deben modificarse en consecuencia la Directiva 64/432/CEE, la Directiva 72/462/CEE del Consejo, de 12 de diciembre de 1972, relativa a problemas sanitarios y de policía sanitaria en las importaciones de animales de las especies bovina y porcina y de carnes frescas procedentes de terceros países, y la Directiva 90/539/CEE del Consejo, de 15 de octubre de 1990, relativa a las condiciones de policía sanitaria que regulan los intercambios intracomunitarios y las importaciones de aves de corral y de huevos para incubar procedentes de países terceros.

(26) La adopción del presente Reglamento no debe afectar a las garantías adicionales acordadas para Finlandia y Suecia en su adhesión a la Comunidad y confirmadas por las Decisiones 94/968/CE, 95/50/CE, 95/160/CE, 95/161/CE y 95/168/CE de la Comisión y por las Decisiones 95/409/CE, 95/410/CE y 95/411/CE del Consejo. El presente Reglamento debe prever un procedimiento para la concesión de garantías durante un período transitorio a todo Estado miembro que haya aprobado un programa de control nacional que rebase los requisitos mínimos comunitarios en relación con la salmonela. Los resultados de las pruebas sobre animales vivos y huevos para incubar comercializados con dicho Estado miembro deben satisfacer los criterios establecidos en su programa de control nacional. La futura norma comunitaria sobre la higiene de los productos alimenticios de origen animal debe facilitar un procedimiento similar en relación con la carne y los huevos de mesa.

(27) Los terceros países que exporten a la Comunidad deben aplicar medidas equivalentes para el control de las zoonosis al mismo tiempo que se aplican las medidas en la Comunidad.

(28) Por lo que respecta al control de Salmonella, de los datos disponibles se desprende que los productos avícolas son la fuente principal de la salmonelosis humana. Por lo tanto, deben aplicarse medidas de control a su producción, ampliándose así las medidas emprendidas por la Directiva 92/117/CEE. Por lo que respecta a la producción de huevos de mesa, es importante establecer medidas específicas relativas a la puesta en el mercado de productos procedentes de manadas que analíticamente no se haya demostrado que están libres de la Salmonella que se pretende detectar. En cuanto a la carne de aves de corral, el objetivo es ponerla en el mercado con garantías razonables de que está libre de Salmonella. Es necesario un período de transición para que los operadores de empresas alimentarias se adapten a las medidas previstas, que podrán seguir adaptándose, en particular, a la luz de una evaluación científica del riesgo.

(29) Conviene designar laboratorios nacionales y comunitarios de referencia que asesoren y ayuden en las cuestiones que entren en el ámbito de aplicación del presente Reglamento.

(30) Para que el presente Reglamento se aplique de manera uniforme, se debe establecer la posibilidad de organizar controles e inspecciones comunitarias con arreglo a otras normas comunitarias en este ámbito.

(31) Es preciso establecer procedimientos apropiados para modificar algunas disposiciones del presente Reglamento en función de los avances técnicos y científicos y para adoptar medidas de ejecución y medidas transitorias.

(32) Para tener en cuenta el progreso científico y técnico debe asegurarse una cooperación estrecha y eficaz entre la Comisión y los Estados miembros en el Comité permanente creado por el Reglamento (CE) nº 178/2002 del Parlamento Europeo y del Consejo, de 28 de enero de 2002, por el que se establecen los principios y los requisitos generales de la legislación alimentaria, se crea la Autoridad Europea de Seguridad Alimentaria y se fijan procedimientos relativos a la seguridad alimentaria.

(33) Las medidas necesarias para la ejecución del presente Reglamento deben aprobarse con arreglo a la Decisión 1999/468/CE del Consejo, de 28 de junio de 1999, por la que se establecen los procedimientos para el ejercicio de las competencias de ejecución atribuidas a la Comisión.

HAN ADOPTADO EL PRESENTE REGLAMENTO:

CAPÍTULO I.- DISPOSICIONES INTRODUCTORIAS

Artículo 1.- *Objeto y ámbito de aplicación*

1. La finalidad del presente Reglamento es garantizar que se adopten medidas apropiadas y eficaces para detectar y controlar la salmonela y otros agentes zoonóticos en todas las fases pertinentes de producción, transformación y distribución, en particular a nivel de producción primaria, incluidos los piensos, con objeto de disminuir su prevalencia y el riesgo que suponen para la salud pública.

2. El presente Reglamento regula:

a) la adopción de objetivos de reducción de la prevalencia de zoonosis específicas en las poblaciones animales:

i) a nivel de producción primaria, y

ii) en su caso, para la zoonosis o el agente zoonótico de que se trate, en otras fases de la cadena alimentaria, incluidos los alimentos y los piensos;

b) la aprobación de programas específicos de control establecidos por los Estados miembros y por operadores de empresas alimentarias y de empresas de piensos;

c) la adopción de normas específicas respecto a determinados métodos de control aplicados para reducir la prevalencia de las zoonosis y los agentes zoonóticos;

d) la adopción de normas referentes al comercio intracomunitario de animales y a las importaciones de terceros países de determinados animales y sus productos.

3. El presente Reglamento no se aplicará a la producción primaria:

a) para uso doméstico privado, o

b) destinada al suministro directo por parte del productor de pequeñas cantidades de productos primarios al consumidor final o a establecimientos locales de venta al por menor que abastecen directamente de productos primarios al consumidor final.

4. Los Estados miembros establecerán, con arreglo a su derecho nacional, normas que regulen las actividades a las que hace referencia la letra b) del apartado 3. Estas normas nacionales deberán garantizar que se han logrado los objetivos del presente Reglamento.

5. El presente Reglamento se aplicará sin perjuicio de disposiciones comunitarias más específicas sobre sanidad animal, nutrición animal, higiene de los alimentos, enfermedades humanas transmisibles, salud y seguridad en el lugar de trabajo, ingeniería genética y encefalopatías espongiformes transmisibles.

Artículo 2.- *Definiciones*

A efectos del presente Reglamento, se aplicarán las definiciones siguientes:

1) las definiciones establecidas en el Reglamento (CE) nº 178/2002;

2) las definiciones establecidas en la Directiva 2003/99/CE, y

3) las siguientes definiciones:

a) «rebaño» : un animal o grupo de animales mantenidos en una explotación como unidad epidemiológica, y

b) «manada de aves» : todas las aves que tengan el mismo estatuto sanitario y se encuentren en las mismas instalaciones o en el mismo recinto y que constituyan una única unidad epidemiológica; en caso de aves estabuladas, esto incluirá a todas las aves que compartan la misma cubicación de aire.

Artículo 3.- *Autoridades competentes*

1. Cada Estado miembro nombrará una o varias autoridades competentes a los efectos del presente Reglamento y lo comunicará a la Comisión. Si un Estado miembro nombra a más de una autoridad competente deberá:

a) notificar a la Comisión la autoridad competente que actuará como punto de enlace para los contactos con la Comisión, y

b) garantizar que las autoridades competentes cooperan para velar por el adecuado cumplimiento de los requisitos del presente Reglamento.

2. La autoridad o autoridades competentes tendrán, en particular, los siguientes cometidos:

a) elaborar los programas indicados en el apartado 1 del artículo 5 y preparar cualesquiera modificaciones de los mismos que sean necesarias, particularmente a la vista de los datos y resultados obtenidos;

b) recopilar los datos necesarios para evaluar los medios empleados y los resultados obtenidos con la aplicación de los programas nacionales de control establecidos en el artículo 5 y enviar anualmente a la Comisión dichos datos y resultados, con inclusión de los resultados de cualquier encuesta realizada, de acuerdo con las normas establecidas con arreglo a lo dispuesto en el apartado 1 del artículo 9 de la Directiva 2003/99/CE;

c) efectuar comprobaciones periódicas en las instalaciones alimentarias y, en caso necesario, de las empresas de piensos para cerciorarse de la observancia del presente Reglamento.

CAPÍTULO II.- OBJETIVOS COMUNITARIOS

Artículo 4- *Objetivos comunitarios de reducción de la prevalencia de las zoonosis y de los agentes zoonóticos*

1. Se fijarán objetivos comunitarios de reducción de la prevalencia de las zoonosis y de los agentes zoonóticos enumerados en la columna 1 del anexo I en las poblaciones animales indicadas en la columna 2 del anexo I, teniendo en cuenta, en particular:

a) la experiencia adquirida en el contexto de las medidas nacionales en vigor, y

b) la información transmitida a la Comisión o a la Autoridad Europea de Seguridad Alimentaria en cumplimiento de la normativa comunitaria vigente, especialmente en el marco de la información prevista en la Directiva 2003/99/CE, y en particular en su artículo 5.

La Comisión establecerá los objetivos y cualquier modificación de los mismos. Estas medidas, destinadas a modificar elementos no esenciales del presente Reglamento, incluso completándolo, se adoptarán con arreglo al procedimiento de reglamentación con control contemplado en el artículo 14, apartado 3.

2. Los objetivos expuestos en el apartado 1 consistirán, como mínimo, en:

a) una expresión numérica:

i) del porcentaje máximo de unidades epidemiológicas que continúan siendo positivas, y/o

ii) del porcentaje mínimo de reducción del número de unidades epidemiológicas que continúen siendo positivas;

b) el plazo máximo en el que deban alcanzarse los mismos;

c) la definición de las unidades epidemiológicas a las que se refiere la letra a);

d) la determinación de los programas de detección necesarios para comprobar si se han alcanzado los objetivos;

e) la definición, cuando proceda, de los serotipos con importancia en salud pública o de otros subtipos de zoonosis o agentes zoonóticos contemplados en la columna 1 del anexo I, teniendo en cuenta los criterios generales recogidos en la letra c) del apartado 6 y los criterios específicos fijados en el anexo III.

3. Los objetivos comunitarios se fijarán por primera vez antes de las fechas pertinentes indicadas en la columna 4 del anexo I.

4.

a) Al definir cada objetivo comunitario, la Comisión facilitará un análisis de sus costes y beneficios esperados. En dicho análisis se tomarán especialmente en consideración los criterios establecidos en la letra c) del apartado 6. Los Estados miembros, previa petición, aportarán a la Comisión toda la asistencia necesaria para que pueda preparar su análisis.

b) Antes de proponer cada objetivo comunitario, la Comisión consultará a los Estados miembros, en el seno del Comité a que se refiere el apartado 1 del artículo 14, sobre los resultados de su análisis.
c) A la luz de los resultados de este análisis y de la consulta a los Estados miembros, la Comisión propondrá objetivos comunitarios, según convenga.
5. No obstante, como excepción a la letra e) del apartado 2 y al apartado 4, las siguientes normas se aplicarán a las aves de corral durante un período transitorio.
El objetivo comunitario establecido para manadas reproductoras de Gallus gallus durante este período transitorio abarcará únicamente los cinco serotipos de salmonela más frecuentes en la salmonelosis humana, que se determinarán basándose en datos recopilados mediante los sistemas de vigilancia de la CE. Los objetivos comunitarios establecidos para las gallinas ponedoras, los pollos de engorde y los pavos para el período transitorio abarcarán la Salmonella enteriditis y la Salmonella typhimurium. No obstante, si fuera necesario, estos objetivos podrán ampliarse a otros serotipos sobre la base de los resultados de un análisis realizado de conformidad con lo dispuesto en el apartado 4.
El período transitorio se aplicará a cada objetivo comunitario para la reducción de la prevalencia de la salmonela en las aves de corral. Durará tres años en cada caso, a partir de la fecha mencionada en la columna 5 del anexo I.
6.
a) La Comisión podrá modificar el anexo I a los efectos enumerados en la letra b), teniendo en cuenta, en particular, los criterios que figuran en la letra c). Estas medidas, destinadas a modificar elementos no esenciales del presente Reglamento, se adoptarán con arreglo al procedimiento de reglamentación con control contemplado en el artículo 14, apartado 3.
b) Las modificaciones del anexo I podrán alterar el alcance de los requisitos relativos a la fijación de los objetivos comunitarios ampliando, restringiendo o modificando:
i) las zoonosis o los agentes zoonóticos,
ii) las fases de la cadena alimentaria, y/o
iii) las poblaciones animales afectadas.
c) Los criterios que deben considerarse antes de modificar el anexo I incluyen, en lo que se refiere a la zoonosis o al agente zoonótico de que se trate:
i) su frecuencia en la población humana y animal y en los piensos y alimentos,
ii) la gravedad de sus efectos para los seres humanos,
iii) sus consecuencias económicas para la salud pública y la sanidad animal, así como para las empresas de alimentos y de piensos,
iv) las tendencias epidemiológicas en la población humana y animal y en los piensos y alimentos,
v) los dictámenes científicos,
vi) los avances tecnológicos, en particular en lo que se refiere a la viabilidad de las opciones de control disponibles, y
vii) los requisitos y las tendencias relativas a los sistemas de cría y a los métodos de producción.
7. La Comisión podrá modificar o completar el anexo III. Estas medidas, destinadas a modificar elementos no esenciales del presente Reglamento, se adoptarán con arreglo al procedimiento de reglamentación con control contemplado en el artículo 14, apartado 3.
8. La Comisión revisará la aplicación de los objetivos comunitarios y tendrá en cuenta dicha revisión al proponer otros objetivos.
9. Las medidas adoptadas para reducir la prevalencia de las zoonosis y de los agentes zoonóticos enumerados en el anexo I se aplicarán siguiendo las normas establecidas en el presente Reglamento o cualesquiera otras normas que se adopten con arreglo al mismo.

CAPÍTULO III.- PROGRAMAS DE CONTROL

Artículo 5.- *Programas nacionales de control*
1. Los Estados miembros establecerán programas nacionales de control para cada una de las zoonosis y de los agentes zoonóticos enumerados en el anexo I para alcanzar los objetivos comunitarios indicados en el artículo 4. Los programas nacionales de control tendrán en cuenta la distribución geográfica de las zoonosis en cada Estado miembro y las consecuencias financieras para los productores primarios y los operadores de

empresas alimentarias y de empresas de piensos derivadas del establecimiento de controles eficaces.

2. Los programas nacionales de control serán continuos y abarcarán un período de, como mínimo, tres años consecutivos.

3. Los programas nacionales de control:

a) dispondrán la detección de las zoonosis y de los agentes zoonóticos de acuerdo con los requisitos y con las normas mínimas de muestreo que se indican en el anexo II;

b) definirán las responsabilidades respectivas de las autoridades competentes y de los operadores de empresas alimentarias y de empresas de piensos;

c) especificarán las medidas de control que habrán de tomarse cuando se detecten zoonosis o agentes zoonóticos, particularmente para proteger la salud pública, inclusive la aplicación de las medidas específicas establecidas en el anexo II;

d) estipularán los mecanismos de evaluación de los progresos conseguidos merced a ellos y los de revisión de los propios programas, principalmente en función de los resultados obtenidos en la detección de zoonosis y agentes zoonóticos.

4. Los programas nacionales de control abarcarán como mínimo las siguientes fases de la cadena alimentaria:

a) la producción de piensos;

b) la producción primaria de animales;

c) la transformación y preparación de alimentos de origen animal.

5. Los programas nacionales de control incluirán, cuando proceda, disposiciones relativas a métodos de ensayo y a criterios para evaluar los resultados de estos ensayos, a fin de realizar pruebas sobre animales y huevos para incubar enviados dentro del territorio nacional, como parte de los controles oficiales establecidos en la parte A del anexo II.

6. La Comisión podrá modificar o completar los requisitos y las normas mínimas de muestreo establecidos en el anexo II teniendo en cuenta, en particular, los criterios enunciados en el artículo 4, apartado 6, letra c). Estas medidas, destinadas a modificar elementos no esenciales del presente Reglamento, se adoptarán con arreglo al procedimiento de reglamentación con control contemplado en el artículo 14, apartado 3.

7. En los seis meses siguientes a la fijación de los objetivos comunitarios contemplados en el artículo 4, los Estados miembros presentarán a la Comisión sus programas nacionales de control y establecerán las medidas que se hayan de aplicar.

En el caso de Bulgaria y Rumanía, cuando ya haya vencido el plazo de presentación de los programas nacionales de control para los demás Estados miembros, la fecha de presentación será la fecha de adhesión.

Artículo 6.- *Aprobación de los programas nacionales de control*

1. Tras la presentación por parte de los Estados miembros de programas nacionales de control con arreglo al artículo 5, la Comisión dispondrá de dos meses para solicitar a esos Estados miembros cualquier otra información pertinente y necesaria. Los Estados miembros facilitarán esa información adicional dentro de los dos meses siguientes a la recepción de la citada solicitud. La Comisión, dentro de los dos meses siguientes a la recepción de dicha información o, de no haberla solicitado, en el plazo de seis meses a partir de la presentación de los programas nacionales de control, determinará si cumplen o no las disposiciones pertinentes y, en particular, las del presente Reglamento.

2. Cuando la Comisión haya establecido la conformidad de un programa nacional de control, o a petición del Estado miembro que lo haya presentado, éste se estudiará sin demora indebida con miras a aprobarlo con arreglo al procedimiento al que hace referencia el apartado 2 del artículo 14.

3. Podrán aprobarse, de acuerdo con el procedimiento a que se refiere el apartado 2 del artículo 14, modificaciones del programa previamente aprobado conforme al apartado 2 para tener en cuenta la evolución de la situación de un Estado miembro dado, y en particular a tenor de los resultados a que se refiere la letra d) del apartado 3 del artículo 5.

Artículo 7.- *Programas de control de los operadores de empresas alimentarias y de empresas de piensos*

1. Los operadores de empresas alimentarias y de empresas de piensos o sus organizaciones representativas podrán establecer programas de control que cubran, en la medida de lo posible, todas las fases de producción, transformación y distribución.

2. Cuando deseen que sus programas de control formen parte de los programas de control nacionales, los operadores de empresas alimentarias y de empresas de piensos o sus organizaciones representativas presentarán sus programas de control, o bien las modificaciones de los mismos, a la autoridad competente del Estado miembro en que estén ubicados, a fin de obtener su aprobación. Si las actividades en cuestión se llevan a cabo en diferentes Estados miembros, estos programas deberán ser aprobados en cada Estado miembro por separado.

3. La autoridad competente sólo podrá aprobar los programas de control presentados de conformidad con el apartado 2 cuando compruebe que cumplen los requisitos pertinentes establecidos en el anexo II y los objetivos del correspondiente programa nacional de control.

4. Los Estados miembros mantendrán listas actualizadas de los programas de control aprobados de los operadores de empresas alimentarias y de empresas de piensos o de sus organizaciones representativas. Las listas se comunicarán a la Comisión cuando ésta lo solicite.

5. Los operadores de empresas alimentarias y de empresas de piensos o sus organizaciones representativas comunicarán periódicamente a las autoridades competentes los resultados de sus programas de control.

CAPÍTULO IV.- MÉTODOS DE CONTROL

Artículo 8.- *Métodos específicos de control*

1. A iniciativa de la Comisión o a instancias de un Estado miembro:

a) podrá decidirse que puedan o deban aplicarse métodos específicos de control para reducir la prevalencia de zoonosis y agentes zoonóticos en la fase de la producción primaria de animales y en otras fases de la cadena alimentaria;

b) podrán adoptarse normas sobre las condiciones de utilización de los métodos contemplados en la letra a);

c) podrán adoptarse normas de desarrollo en relación con los documentos y procedimientos necesarios así como con los requisitos mínimos de los métodos indicados en la letra a), y

d) podrán adoptarse decisiones según las cuales determinados métodos específicos de control no podrán utilizarse como parte de los programas de control.

Estas medidas, destinadas a modificar elementos no esenciales del presente Reglamento completándolo, se adoptarán con arreglo al procedimiento de reglamentación con control contemplado en el artículo 14, apartado 3.

2. Lo dispuesto en las letras a), b) y c) del apartado 1 no se aplicará a los métodos que empleen sustancias o técnicas amparadas en la normativa comunitaria sobre nutrición animal, aditivos alimentarios o medicamentos veterinarios.

CAPÍTULO V.- COMERCIO

Artículo 9.- *Comercio intracomunitario*

1. A partir de las fechas indicadas en la columna 5 del anexo I, a más tardar, las manadas de aves y rebaños de origen de las especies enumeradas en la columna 2 se someterán a pruebas para detectar la presencia de las zoonosis y los agentes zoonóticos enumerados en la columna 1, antes de que se produzca cualquier envío de animales vivos o huevos para incubar desde la empresa alimentaria de origen. La fecha y los resultados de las pruebas se incluirán en los certificados sanitarios pertinentes contemplados en la legislación comunitaria.

2. Podrá autorizarse al Estado miembro de destino, de acuerdo con el procedimiento a que se refiere el apartado 2 del artículo 14, a exigir, durante un período transitorio, que los resultados de las pruebas que deben figurar en los correspondientes certificados sanitarios de las partidas de animales y huevos para incubar sujetos a la realización de pruebas en el Estado miembro de envío cumplan en lo que se refiere a la salmonela los mismos criterios que se aplican conforme a su programa nacional aprobado, de acuerdo con el apartado 5 del artículo 5, a las remesas enviadas dentro de su territorio.

Esa autorización podrá retirarse de acuerdo con el mismo procedimiento.

3. Las medidas especiales relativas a la salmonela que se habían aplicado a animales vivos enviados a Finlandia y a Suecia antes de la entrada en vigor del presente

Reglamento seguirán aplicándose como si se hubieran autorizado con arreglo al apartado 2.

4. Sin perjuicio del artículo 5, apartado 6, la Comisión podrá establecer normas específicas referentes a la determinación por los Estados miembros de los criterios mencionados en el artículo 5, apartado 5, y en el apartado 2 del presente artículo. Estas medidas, destinadas a modificar elementos no esenciales del presente Reglamento completándolo, se adoptarán con arreglo al procedimiento de reglamentación con control contemplado en el artículo 14, apartado 3.

Artículo 10.- *Importaciones procedentes de terceros países*

1. A partir de las fechas indicadas en la columna 5 del anexo I, para ser incluido o continuar en las listas previstas por la legislación comunitaria, correspondientes a las especies o categorías pertinentes, en las que figuran aquellos terceros países de los cuales los Estados miembros pueden importar los animales o huevos para incubar contemplados en el presente Reglamento, el tercer país interesado deberá presentar a la Comisión un programa equivalente al previsto en el artículo 5 cuya aprobación se deberá realizar con arreglo a lo dispuesto en el presente artículo. El programa incorporará detalles de las garantías ofrecidas por dicho país en lo que se refiere a las inspecciones y controles de las zoonosis y los agentes zoonóticos. Dichas garantías habrán de ser cuando menos equivalentes a las establecidas en el presente Reglamento. La Oficina Alimentaria y Veterinaria de la Comisión participará estrechamente en la vigilancia de la existencia de programas de control equivalentes en terceros países.

2. Los citados programas serán aprobados de acuerdo con el procedimiento al que se refiere el apartado 2 del artículo 14, a condición de que se demuestre objetivamente la equivalencia de las medidas en ellos descritas con los correspondientes requisitos aplicables conforme a la normativa comunitaria. De acuerdo con dicho procedimiento, podrán aceptarse garantías alternativas a las dispuestas en el presente Reglamento, siempre y cuando no sean más ventajosas que las aplicables al comercio intracomunitario.

3. Con respecto a los terceros países con los que ya esté establecido un flujo comercial regular, se aplicará lo dispuesto en el apartado 7 del artículo 5 y en el apartado 1 del artículo 6 en materia de plazos de presentación y aprobación de los programas. Con respecto a los terceros países con los que se establezca o reanude un flujo comercial, se aplicarán los plazos previstos en el artículo 6.

4. Las manadas y los rebaños de origen de las especies enumeradas en la columna 2 del anexo I se someterán a pruebas antes de que se produzca cualquier envío de animales vivos o huevos para incubar desde la empresa alimentaria de origen. Las manadas de aves y los rebaños se someterán a las pruebas de detección de las zoonosis y de los agentes zoonóticos indicados en la columna 1 del anexo I o, si fuera necesario para lograr el objetivo de garantías equivalentes que establece el apartado 1, de aquellas zoonosis y agentes zoonóticos que podrán determinarse de acuerdo con el procedimiento a que se refiere el apartado 2 del artículo 14. La fecha y los resultados de esas pruebas deberán constar en los correspondientes certificados de importación, cuyos modelos previstos en la normativa comunitaria se modificarán convenientemente.

5. Podrá autorizarse al Estado miembro de destino final, de acuerdo con el procedimiento de reglamentación contemplado en el artículo 14, apartado 2, para exigir, durante un período provisional, que los resultados de las pruebas mencionadas en el apartado 4 del presente artículo cumplan los mismos criterios que se aplican conforme a su programa nacional, de acuerdo con el artículo 5, apartado 5. Esta autorización podrá retirarse y, sin perjuicio de lo dispuesto en el artículo 5, apartado 6, la Comisión podrá establecer normas específicas relativas a esos criterios. Estas medidas, destinadas a modificar elementos no esenciales del presente Reglamento completándolo, se adoptarán con arreglo al procedimiento de reglamentación con control contemplado en el artículo 14, apartado 3.

6. Para ser incluido o continuar en las listas previstas por la legislación comunitaria, para las correspondientes categorías de productos, en las que figuran aquellos terceros países de los cuales los Estados miembros pueden importar los productos contemplados en el presente Reglamento, el tercer país interesado deberá presentar a la Comisión garantías equivalentes a las establecidas en el presente Reglamento.

CAPÍTULO VI.- LABORATORIOS

Artículo 11.- *Laboratorios de referencia*

1. Se designarán laboratorios comunitarios de referencia para el análisis y las pruebas de detección de las zoonosis y de los agentes zoonóticos indicados en la columna 1 del anexo I de acuerdo con el procedimiento al que se refiere el apartado 2 del artículo 14.

2. La Comisión establecerá las responsabilidades y los cometidos de los laboratorios comunitarios de referencia, especialmente en lo que atañe a la coordinación de sus actividades con las de los laboratorios nacionales de referencia. Estas medidas, destinadas a modificar elementos no esenciales del presente Reglamento completándolo, se adoptarán con arreglo al procedimiento de reglamentación con control contemplado en el artículo 14, apartado 3.

3. Los Estados miembros designarán laboratorios nacionales de referencia para la realización de los análisis y las pruebas relativas a las zoonosis y agentes zoonóticos enumerados en la columna 1 del anexo I. Los nombres y direcciones de los laboratorios se comunicarán a la Comisión.

4. La Comisión podrá establecer determinadas responsabilidades y determinados cometidos de los laboratorios nacionales de referencia, especialmente en lo que atañe a la coordinación de sus actividades con las de los correspondientes laboratorios de referencia de los Estados miembros, designados con arreglo al artículo 12, apartado 1, letra a). Estas medidas, destinadas a modificar elementos no esenciales del presente Reglamento completándolo, se adoptarán con arreglo al procedimiento de reglamentación con control contemplado en el artículo 14, apartado 3.

Artículo 12.- *Autorización de laboratorios, requisitos de calidad y métodos de ensayo aprobados*

1. Los laboratorios participantes en programas de control según lo dispuesto en los artículos 5 y 7 deberán, a efectos de los análisis de muestras para detectar la presencia de las zoonosis y de los agentes zoonóticos indicados en la columna 1 del anexo I:

a) ser laboratorios designados por la autoridad competente; y

b) aplicar sistemas de aseguramiento de calidad acordes con la actual norma EN/ISO a más tardar dentro de los 24 meses a partir de la entrada en vigor del presente Reglamento o dentro de los 24 meses a partir de la fecha de inclusión de nuevas zoonosis o agentes zoonóticos en la columna 1 del anexo I.

2. Los laboratorios deberán participar periódicamente en las pruebas de detección colectivas organizadas o coordinadas por el laboratorio nacional de referencia.

3. Las pruebas para detectar la presencia de las zoonosis y de los agentes zoonóticos indicados en la columna 1 del anexo I se realizarán utilizando como métodos de referencia los métodos y protocolos recomendados por los organismos internacionales de normalización.

Podrán utilizarse métodos alternativos que hayan sido validados conforme a normas reconocidas internacionalmente y que ofrezcan resultados equivalentes a los obtenidos con el correspondiente método de referencia.

En caso necesario, la Comisión podrá aprobar otros métodos de ensayo. Estas medidas, destinadas a modificar elementos no esenciales del presente Reglamento completándolo, se adoptarán con arreglo al procedimiento de reglamentación con control contemplado en el artículo 14, apartado 3.

CAPÍTULO VII.- APLICACIÓN

Artículo 13.- *Medidas transitorias y de ejecución*

La Comisión podrá adoptar las medidas transitorias o de ejecución adecuadas, incluidas las modificaciones que sea necesario introducir en los certificados sanitarios pertinentes. Las medidas transitorias de alcance general destinadas a modificar elementos no esenciales del presente Reglamento, incluidas las que lo completan con nuevos elementos no esenciales, en particular otras especificaciones en los requisitos establecidos en las disposiciones del presente Reglamento, se adoptarán con arreglo al procedimiento de reglamentación con control contemplado en el artículo 14, apartado 3.

Otras medidas transitorias o de ejecución podrán adoptarse con arreglo al procedimiento de reglamentación contemplado en el artículo 14, apartado 2.

Artículo 14.- *Procedimiento de Comité*

1. La Comisión estará asistida por el Comité permanente de la cadena alimentaria y de sanidad animal creado por el Reglamento (CE) nº 178/2002 (en lo sucesivo denominado «el Comité»).

2. En los casos en que se haga referencia al presente apartado, serán de aplicación los artículos 5 y 7 de la Decisión 1999/468/CE, observando lo dispuesto en su artículo 8.

El plazo contemplado en el apartado 6 del artículo 5 de la Decisión 1999/468/CE queda fijado en tres meses.

3. En los casos en que se haga referencia al presente apartado, serán de aplicación el artículo 5 bis, apartados 1 a 4, y el artículo 7 de la Decisión 1999/468/CE, observando lo dispuesto en su artículo 8.

Artículo 15.- *Consulta a la Autoridad Europea de Seguridad Alimentaria*

La Comisión consultará a la Autoridad Europea de Seguridad Alimentaria sobre cualquier cuestión incluida en el ámbito de aplicación del presente Reglamento que pueda tener repercusiones importantes para la salud pública y, en particular, le consultará antes de proponer objetivos comunitarios de conformidad con el artículo 4 o métodos específicos de control de conformidad con el artículo 8.

Artículo 16.- *Informe sobre los acuerdos financieros*

1. La Comisión presentará dentro de los tres años a partir de la entrada en vigor del presente Reglamento un informe al Parlamento Europeo y al Consejo.

2. En dicho informe se tratarán:

a) los acuerdos en vigor, a escala comunitaria y nacional, para financiar medidas tomadas para el control de zoonosis y de agentes zoonóticos, y

b) el efecto que tienen dichos acuerdos sobre la eficacia de dichas medidas.

3. La Comisión adjuntará a su informe, en su caso, las propuestas pertinentes.

4. Los Estados miembros facilitarán a la Comisión, previa solicitud, toda la asistencia necesaria para que pueda preparar su informe.

CAPÍTULO VIII.- DISPOSICIONES GENERALES Y FINALES

Artículo 17- *Controles comunitarios*

1. Los expertos de la Comisión llevarán a cabo inspecciones sobre el terreno en cooperación con las autoridades competentes de los Estados miembros a fin de asegurarse de que las disposiciones del presente Reglamento, las normas adoptadas con arreglo al mismo y cualesquiera medidas de salvaguardia se cumplen de manera uniforme. Todo Estado miembro en cuyo territorio se hagan inspecciones facilitará a los expertos toda la asistencia que sea necesaria para el cumplimiento de sus obligaciones. La Comisión informará a las autoridades competentes de los resultados de las inspecciones realizadas.

2. Las normas prácticas de ejecución del presente artículo, en especial las que regulan el procedimiento de cooperación con las autoridades nacionales competentes, se establecerán con arreglo al procedimiento de reglamentación contemplado en el artículo 14, apartado 2.

Artículo 18- *Entrada en vigor*

El presente Reglamento entrará en vigor el día de su publicación en el Diario Oficial de la Unión Europea.

Será aplicable a los seis meses de su entrada en vigor.

El presente Reglamento será obligatorio en todos sus elementos y directamente aplicable en cada Estado miembro.

ANEXO I.-

Zoonosis y agentes zoonóticos con respecto a los cuales se fijarán objetivos comunitarios de reducción de la prevalencia de conformidad con el artículo 4

[Anexo no reproducido en la presente publicación]

ANEXO II.-
Control de las zoonosis y de los agentes zoonóticos enumerados en el Anexo I

[Anexo no reproducido en la presente publicación]

ANEXO III.-
Criterios específicos para determinar serotipos de salmonella con importancia para la salud pública

[Anexo no reproducido en la presente publicación]

29 de abril de 2004.- Reglamento (CE) nº 852/2004
del Parlamento Europeo y del Consejo,
relativo a la higiene de los productos alimenticios
(D.O. L 139, 30 de abril de 2004)

[V.C. 20/04/2009]

TJUE, 6 de octubre de 2011, Asunto C-382/10, Erich Albrecht y otros contra Landeshauptmann von Wien.
[Interpretación del anexo II, capítulo IX, parte 3]
TJUE, 6 de octubre de 2011, Asunto C-381/10, Astrid Preissl KEG contra Landeshauptmann von Wien.
[Interpretación del anexo II, capítulo I, parte 4]

EL PARLAMENTO EUROPEO Y EL CONSEJO DE LA UNIÓN EUROPEA,

Visto el Tratado constitutivo de la Comunidad Europea, y en particular su artículo 95 y la letra b) del apartado 4 del artículo 152,

Vista la propuesta de la Comisión,

Visto el dictamen del Comité Económico y Social Europeo,

Previa consulta al Comité de las Regiones,

De conformidad con el procedimiento establecido en el artículo 251 del Tratado,

Considerando lo siguiente:

(1) Uno de los objetivos fundamentales de la legislación alimentaria consiste en lograr un nivel elevado de protección de la vida y la salud de las personas, según establece el Reglamento (CE) nº 178/2000. Dicho Reglamento establece asimismo otros principios y definiciones comunes para la legislación alimentaria comunitaria y nacional, incluyendo el objetivo de lograr la libre circulación de los alimentos en la Comunidad.

(2) La Directiva 93/43/CEE del Consejo, de 14 de junio de 1993, relativa a la higiene de los productos alimenticios, estableció las normas generales de higiene de los productos alimenticios y las modalidades para la verificación de la observancia de dichas normas.

(3) La experiencia ha demostrado que dichas normas y procedimientos constituyen una base sólida para garantizar la seguridad alimentaria. En el marco de la política agrícola común varias directivas han sido adaptadas a fin de establecer normas sanitarias específicas para la producción y puesta en el mercado de los productos incluidos en la lista del anexo I del Tratado. Dichas normas han reducido los obstáculos comerciales para los productos en cuestión, contribuyendo a la creación del mercado interior y garantizando al mismo tiempo un elevado nivel de protección de la salud pública.

(4) En relación con la salud pública, dichas normas y procedimientos contienen principios comunes, en particular por lo que respecta a las responsabilidades de los fabricantes y de las autoridades competentes, los requisitos estructurales, operativos e higiénicos para los establecimientos, los procedimientos para la autorización de establecimientos, los requisitos para el almacenamiento y el transporte y el marcado sanitario.

(5) Estos principios constituyen la base común para la producción según normas higiénicas de todos los alimentos, incluidos los productos de origen animal enumerados en el anexo I del Tratado.

(6) Además de la citada base común, también son necesarias normas específicas de higiene para determinados productos alimenticios. El Reglamento (CE) nº 853/2004 del Parlamento Europeo y del Consejo, de 29 de abril de 2004, por el que se establecen normas específicas de higiene de los alimentos de origen animal, establece dichas normas.

(7) El objetivo principal de las nuevas normas de higiene generales y específicas es garantizar un elevado nivel de protección de los consumidores en relación con la seguridad alimentaria.

(8) Es necesario un planteamiento integrado para garantizar la seguridad alimentaria desde el lugar de producción primaria hasta su puesta en el mercado o exportación. Cada uno de los operadores de empresa alimentaria a lo largo de la cadena alimentaria debe garantizar que no se comprometa la seguridad alimentaria.

(9) Las normas comunitarias no deben aplicarse ni a la producción primaria para uso doméstico privado ni a la preparación, manipulación o almacenamiento domésticos de alimentos para su consumo doméstico privado. Además, los requisitos comunitarios se deben aplicar únicamente a empresas, lo que implica una cierta continuidad de las actividades y un cierto grado de organización.

(10) Los peligros alimentarios presentes en la producción primaria deben detectarse y controlarse adecuadamente para garantizar el logro de los objetivos del presente Reglamento. No obstante, en el caso del suministro directo de pequeñas cantidades de productos primarios por parte del operador de empresa alimentaria que los produzca a los consumidores finales o a establecimientos locales de venta al por menor, conviene que la protección de la salud pública se regule mediante la legislación nacional, en particular por la estrecha relación entre el productor y el consumidor.

(11) En la actualidad no es viable todavía aplicar de forma general los principios de análisis de peligros y puntos de control crítico (APPCC) a la producción primaria. No obstante, las guías de prácticas correctas deben fomentar el uso de prácticas higiénicas apropiadas en las explotaciones. En caso necesario, dichas guías deben completarse con normas específicas de higiene para la producción primaria. Es conveniente que los requisitos en materia de higiene aplicables a la producción primaria y a operaciones relacionadas sean distintos de aquellos aplicables a otras operaciones.

(12) La seguridad alimentaria es el resultado de diversos factores: deben establecerse normas mínimas en materia de higiene mediante actos legislativos, deben implantarse controles oficiales para comprobar el cumplimiento de las normas por parte de los operadores de empresa alimentaria, y los operadores de empresa alimentaria deben establecer y poner en marcha programas y procedimientos de seguridad alimentaria basados en los principios de APPCC.

(13) El éxito de la aplicación de procedimientos basados en los principios de APPCC requerirá el compromiso y la cooperación plena de los empleados del sector alimentario. A tal fin, los empleados en recibir formación. El sistema de APPCC es un instrumento para ayudar a los operadores de empresa alimentaria a lograr un nivel más elevado de seguridad alimentaria. El sistema de APPCC no debe considerarse un método de autorregulación ni debe sustituir los controles oficiales.

(14) Aunque en un primer momento el requisito de establecer procedimientos basados en los principios del APPCC no se debe aplicar a la producción primaria, la viabilidad de la extensión de este sistema a la misma será uno de los elementos de la revisión que la Comisión llevará a cabo tras la puesta en aplicación del presente Reglamento. No obstante, conviene que los Estados miembros alienten a los operadores en el nivel de producción primaria a aplicar dichos principios en la medida de lo posible.

(15) Los requisitos relativos al APPCC deben tener en cuenta los principios incluidos en el Codex Alimentarius. Deben ser suficientemente flexibles para poder aplicarse en todas las situaciones, incluido en las pequeñas empresas. En particular, es necesario reconocer que en determinadas empresas alimentarias no es posible identificar puntos de control crítico y que, en algunos casos, las prácticas higiénicas correctas pueden reemplazar el seguimiento de puntos críticos. De modo similar, el requisito de establecer «límites críticos» no implica que sea necesario fijar una cifra límite en cada caso. Además, el requisito de conservar documentos debe ser flexible para evitar cargas excesivas para empresas muy pequeñas.

(16) La flexibilidad también es conveniente para poder seguir utilizando métodos tradicionales en cualquiera de las fases de producción, transformación o distribución de alimentos y en relación con los requisitos estructurales de los establecimientos. La flexibilidad es particularmente importante para las regiones con limitaciones geográficas especiales, incluidas las regiones ultraperiféricas a las que se refiere el apartado 2 del artículo 299 del Tratado. No obstante, la flexibilidad no debe poner en peligro los objetivos de higiene de los alimentos. Por otra parte, dado que todos los alimentos fabricados con arreglo a las normas de higiene circularán libremente en toda la Comunidad, el procedimiento por el que los Estados miembros puedan aplicar la flexibilidad debe ser completamente transparente. Debe preverse que, en caso necesario, para resolver discrepancias se mantendrá un debate en el seno del Comité permanente de la cadena alimentaria y de sanidad animal, creado mediante el Reglamento (CE) nº 178/2002.

(17) El establecimiento de objetivos sobre reducción de patógenos o procedimientos de actuación puede servir de guía para la aplicación de las normas de higiene. Por lo tanto, es necesario prever procedimientos para tal fin. Dichos objetivos complementarían la legislación alimentaria existente, como el Reglamento (CEE) nº 315/93 del Consejo, de 8 de febrero de 1993, por el que se establecen procedimientos comunitarios en relación con los contaminantes presentes en los productos alimenticios, que prevé el establecimiento de límites máximos de tolerancia para determinados contaminantes, y el

Reglamento (CE) nº 178/2002, que prohíbe la puesta en el mercado de alimentos que no sean seguros y establece una base uniforme para el recurso al principio de cautela.

(18) Con el fin de tomar en consideración los avances técnicos y científicos, debe garantizarse una estrecha y eficaz cooperación entre la Comisión y los Estados miembros en el seno del Comité permanente de la cadena alimentaria y de sanidad animal. El presente Reglamento tiene en cuenta las obligaciones internacionales establecidas en el Acuerdo sobre Medidas Sanitarias y Fitosanitarias de la OMC y las normas internacionales de seguridad alimentaria contempladas en el Codex Alimentarius.

(19) Es necesario el registro de establecimientos y la cooperación de los operadores de empresa alimentaria para que las autoridades competentes puedan llevar a cabo de manera eficaz los controles oficiales.

(20) La trazabilidad de los alimentos y los ingredientes alimentarios a lo largo de la cadena alimentaria es un factor esencial para garantizar la seguridad alimentaria. El Reglamento (CE) nº 178/2002 contiene disposiciones para garantizar la trazabilidad de los alimentos y los ingredientes alimentarios y establece un procedimiento para la adopción de las normas de desarrollo en relación con sectores específicos.

(21) Los alimentos importados en la Comunidad deben cumplir los requisitos generales contemplados en el Reglamento (CE) nº 178/2002 o requisitos equivalentes a los comunitarios. El presente Reglamento establece determinados requisitos específicos en materia de higiene para los alimentos importados en la Comunidad.

(22) Los alimentos exportados de la Comunidad a terceros países deben cumplir los requisitos generales que establece el Reglamento (CE) nº 178/2002. El presente Reglamento establece los requisitos específicos en materia de higiene para los alimentos exportados por la Comunidad.

(23) La normativa comunitaria en materia de higiene alimentaria debe sustentarse en consideraciones científicas. A tal fin, debe consultarse a la Autoridad Europea de Seguridad Alimentaria cuando sea necesario.

(24) Puesto que el presente Reglamento sustituye la Directiva 93/43/CEE, procede derogarla.

(25) Los requisitos del presente Reglamento no se deben aplicar hasta que hayan entrado en vigor todas las partes de la nueva legislación relativa a la higiene de los alimentos. También es conveniente dejar que transcurran por lo menos dieciocho meses entre la entrada en vigor y la aplicación de las nuevas normas, con el fin de que las industrias interesadas puedan adaptarse.

(26) Las medidas necesarias para la ejecución del presente Reglamento deben aprobarse con arreglo a la Decisión 1999/468/CE del Consejo, de 28 de junio de 1999, por la que se establecen los procedimientos para el ejercicio de las competencias de ejecución atribuidas a la Comisión.

HAN ADOPTADO EL PRESENTE REGLAMENTO:

CAPÍTULO I.- DISPOSICIONES GENERALES

Artículo 1.- *Ámbito de aplicación*

1. El presente Reglamento establece normas generales destinadas a los operadores de empresa alimentaria en materia de higiene de los productos alimenticios, teniendo particularmente en cuenta los principios siguientes:

a) el operador de empresa alimentaria es el principal responsable de la seguridad alimentaria;

b) la necesidad de garantizar la seguridad alimentaria a lo largo de la cadena alimentaria, empezando en la producción primaria;

c) la importancia de que los alimentos que no pueden almacenarse con seguridad a temperatura ambiente, en particular los alimentos congelados, mantengan la cadena de frío;

d) la aplicación general de procedimientos basados en los principios de análisis de peligros y puntos de control crítico (APPCC) que, junto con la aplicación de prácticas higiénicas correctas, debería reforzar la responsabilidad de los operadores de empresa alimentaria;

e) las guías de prácticas correctas son un instrumento valioso para ayudar a los operadores de empresa alimentaria en todos los niveles de la cadena alimentaria a cumplir las normas sobre higiene de los alimentos y a aplicar los principios de APPCC;

f) la necesidad de establecer criterios microbiológicos y requisitos relativos a la temperatura basados en una evaluación científica de los riesgos;

g) la necesidad de garantizar que los alimentos importados tienen, como mínimo, el mismo nivel higiénico que los alimentos producidos en la Comunidad o que tienen un nivel equivalente.

El presente Reglamento se aplicará a todas las etapas de la producción, la transformación y la distribución de alimentos y a las exportaciones, sin perjuicio de otros requisitos más específicos en materia de higiene alimentaria.

2. El presente Reglamento no se aplicará a:

a) la producción primaria para uso doméstico privado;

b) a la preparación, manipulación o almacenamiento domésticos de productos alimenticios para consumo doméstico privado;

c) el suministro directo por parte del productor de pequeñas cantidades de productos primarios al consumidor final o a establecimientos locales de venta al por menor para el abastecimiento del consumidor final.

d) los centros de recogida y tenerías que entran dentro de la definición de empresa del sector alimentario únicamente porque manipulan materias primas para la producción de gelatina o colágeno.

3. Los Estados miembros establecerán, con arreglo a su Derecho nacional, normas que regulen las actividades a que hace referencia la letra c) del apartado 2. Estas normas nacionales deberán garantizar la realización de los objetivos del presente Reglamento.

Artículo 2.- *Definiciones*

1. A efectos del presente Reglamento se entenderá por:

a) «higiene alimentaria»: denominada en lo sucesivo «higiene»: las medidas y condiciones necesarias para controlar los peligros y garantizar la aptitud para el consumo humano de un producto alimenticio teniendo en cuenta la utilización prevista para dicho producto;

b) «productos primarios»: los productos de producción primaria, incluidos los de la tierra, la ganadería, la caza y la pesca;

c) «establecimiento»: cualquier unidad de una empresa del sector alimentario;

d) «autoridad competente»: la autoridad central de un Estado miembro facultada para garantizar el cumplimiento de los requisitos del presente Reglamento o cualquier otra autoridad en la que la autoridad central haya delegado dicha competencia; en su caso igualmente la autoridad correspondiente de un país tercero;

e) «equivalente»: respecto a sistemas diferentes, capaz de alcanzar los mismos objetivos;

f) «contaminación»: la introducción o presencia de un peligro;

g) «agua potable»: el agua que cumple los requisitos mínimos establecidos en la Directiva 98/83/CE del Consejo, de 3 de noviembre de 1998, relativa a la calidad de las aguas destinadas al consumo humano);

h) «agua de mar limpia»: el agua de mar natural, artificial o purificada o el agua salobre que no contenga microorganismos, sustancias nocivas o plancton marino tóxico en cantidades que puedan afectar directa o indirectamente a la calidad sanitaria de los productos alimenticios;

i) «agua limpia»: el agua de mar limpia o el agua dulce de calidad higiénica similar;

j) «envasado y envase»: la introducción de un producto alimenticio en un envase o recipiente en contacto directo con el mismo, así como el propio envase o recipiente;

k) «embalaje»: la colocación de uno o más productos alimenticios envasados en un segundo recipiente, así como el propio recipiente;

l) «recipiente herméticamente cerrado»: el recipiente diseñado para que sea seguro ante la presencia de peligros.

m) «transformación»: cualquier acción que altere sustancialmente el producto inicial, incluido el tratamiento térmico, el ahumado, el curado, la maduración, el secado, el marinado, la extracción, la extrusión o una combinación de esos procedimientos;

n) «productos sin transformar»: los productos alimenticios que no hayan sido sometidos a una transformación, incluyendo los productos que se hayan dividido, partido, seccionado, rebanado, deshuesado, picado, pelado o desollado, triturado, cortado, limpiado, desgrasado, descascarillado, molido, refrigerado, congelado, ultracongelado o descongelado;

o) «productos transformados»: los productos alimenticios obtenidos de la transformación de productos sin transformar. Estos productos pueden contener ingredientes que sean necesarios para su elaboración o para conferirles unas características específicas;

2. Las definiciones establecidas en el Reglamento (CE) nº 178/2002 serán igualmente de aplicación.

3. En los anexos, las expresiones «cuando sea necesario», «en su caso», «adecuado» y «suficiente» se entenderán respectivamente como cuando sea necesario, en su caso, adecuado y suficiente para alcanzar los objetivos del presente Reglamento.

CAPÍTULO II.- OBLIGACIONES DE LOS OPERADORES DE EMPRESA ALIMENTARIA

Artículo 3.- *Obligaciones generales*

Los operadores de empresa alimentaria se cerciorarán de que en todas las etapas de la producción, la transformación y la distribución de alimentos bajo su control se cumplen los requisitos de higiene pertinentes contemplados en el presente Reglamento.

Artículo 4.- *Requisitos generales y específicos en materia de higiene*

1. Los operadores de empresa alimentaria que desempeñen su actividad en la producción primaria y en las operaciones conexas enumeradas en el anexo I cumplirán las normas generales en materia de higiene que figuran en la parte A del anexo I y los requisitos específicos fijados en el Reglamento (CE) nº 853/2004.

2. Los operadores de empresa alimentaria que desempeñen su actividad en cualquiera de las fases de producción, transformación y distribución de alimentos posteriores a aquellas a las que es de aplicación el apartado 1 cumplirán las normas generales de higiene que figuran en el anexo II y los requisitos específicos fijados en el Reglamento (CE) nº 853/2004.

3. Los operadores de empresa alimentaria adoptarán, en la medida en que proceda, las siguientes medidas de higiene específicas:

a) cumplimiento de los criterios microbiológicos para los productos alimenticios;

b) procedimientos necesarios para alcanzar los objetivos fijados de cara a lograr las metas del presente Reglamento;

c) cumplimiento de los requisitos relativos al control de la temperatura de los productos alimenticios;

d) mantenimiento de la cadena del frío;

e) muestreo y análisis.

4. La Comisión establecerá los criterios, los requisitos y los objetivos mencionados en el apartado 3, así como los métodos de toma de muestras y análisis conexos. Estas medidas, destinadas a modificar elementos no esenciales del presente Reglamento completándolo, se adoptarán con arreglo al procedimiento de reglamentación con control contemplado en el artículo 14, apartado 3.

5. En caso de que el presente Reglamento, así como el Reglamento (CE) nº 853/2004 y sus medidas de ejecución, no especifiquen los métodos de muestreo o de análisis, los operadores de empresa alimentaria podrán utilizar métodos adecuados establecidos en otras legislaciones comunitarias o nacionales o, a falta de éstos, métodos que ofrezcan resultados equivalentes a los obtenidos utilizando el método de referencia, siempre y cuando estén validados científicamente con arreglo a normas o protocolos reconocidos internacionalmente.

6. Los operadores de empresa alimentaria podrán utilizar las guías que citan los artículos 7, 8 y 9 como ayuda en el cumplimiento de sus obligaciones con arreglo al presente Reglamento.

Artículo 5.- *Sistema de análisis de peligros y puntos de control crítico*

1. Los operadores de empresa alimentaria deberán crear, aplicar y mantener un procedimiento o procedimientos permanentes basados en los principios del APPCC.

2. Los principios APPCC son los siguientes:

a) detectar cualquier peligro que deba evitarse, eliminarse o reducirse a niveles aceptables;

b) detectar los puntos de control crítico en la fase o fases en las que el control sea esencial para evitar o eliminar un peligro o reducirlo a niveles aceptables;

c) establecer, en los puntos de control crítico, límites críticos que diferencien la aceptabilidad de la inaceptabilidad para la prevención, eliminación o reducción de los peligros detectados;

d) establecer y aplicar procedimientos de vigilancia efectivos en los puntos de control crítico;

e) establecer medidas correctivas cuando la vigilancia indique que un punto de control crítico no está controlado;

f) establecer procedimientos, que se aplicarán regularmente, para verificar que las medidas contempladas en las letras a) a e) son eficaces, y

g) elaborar documentos y registros en función de la naturaleza y el tamaño de la empresa alimentaria para demostrar la aplicación efectiva de las medidas contempladas en las letras a) a f).

Cuando se introduzca alguna modificación en el producto, el proceso o en cualquiera de sus fases, los operadores de empresa alimentaria revisarán el procedimiento y introducirán en él los cambios necesarios.

3. El apartado 1 se aplicará únicamente a los operadores de empresa alimentaria que intervengan en cualquier etapa de la producción, transformación y distribución de alimentos posteriores a la producción primaria y a las operaciones asociadas enumeradas en el anexo I.

4. Los operadores de empresa alimentaria:

a) aportarán a la autoridad competente, en la manera en que ésta lo solicite, pruebas de que cumplen el requisito contemplado en el apartado 1, teniendo en cuenta la naturaleza y el tamaño de la empresa alimentaria;

b) garantizarán que los documentos que describan sus procedimientos desarrollados de acuerdo con el presente artículo estén actualizados permanentemente;

c) conservarán los demás documentos y registros durante un período adecuado.

5. Las normas de desarrollo para la aplicación del presente artículo podrán aprobarse de conformidad con el procedimiento previsto en el apartado 2 del artículo 14. Tales normas podrán facilitar a determinados operadores de empresa alimentaria la aplicación del presente artículo, en particular estableciendo el uso de los procedimientos que fijen las guías para la aplicación de los principios del APPCC con el fin de cumplir con lo dispuesto en el apartado 1. Las normas podrán también especificar el período durante el cual los operadores de empresa alimentaria deberán conservar los documentos y registros de conformidad con la letra c) del apartado 4.

Artículo 6.- *Controles oficiales, registro y autorización*

1. Los operadores de empresa alimentaria colaborarán con las autoridades competentes de conformidad con otras disposiciones aplicables de la legislación comunitaria o, si éstas no existieran, del derecho nacional.

2. En particular, los operadores de empresa alimentaria notificarán a la autoridad competente apropiada todos los establecimientos que estén bajo su control en los que se realice cualquiera de las operaciones de producción, transformación y distribución de alimentos de la forma requerida por la autoridad competente, con el fin de proceder a su registro.

Los operadores de empresa alimentaria velarán asimismo por que la autoridad competente disponga continuamente de información actualizada sobre los establecimientos, notificándole cualquier cambio significativo en las actividades que se lleven a cabo y todo cierre de establecimientos existentes.

3. No obstante, los operadores de empresa alimentaria velarán por que los establecimientos hayan sido autorizados por la autoridad competente, tras haber efectuado al menos una visita in situ, cuando sea necesaria una autorización con arreglo a:

a) la legislación nacional del Estado miembro en el que esté situado el establecimiento;

b) el Reglamento (CE) nº 853/2004, o bien

c) una decisión adoptada por la Comisión. Esta medida, destinada a modificar elementos no esenciales del presente Reglamento, se adoptará con arreglo al procedimiento de reglamentación con control contemplado en el artículo 14, apartado 3.

Los Estados miembros que exijan con arreglo a la legislación nacional la autorización de determinados establecimientos situados en su territorio, de conformidad con lo dispuesto en la letra a), informarán a la Comisión y a los demás Estados miembros de las normas nacionales correspondientes.

Artículo 7.- *Elaboración, difusión y uso de guías*

Los Estados miembros fomentarán la elaboración de guías nacionales de prácticas correctas de higiene y para la aplicación de los principios del sistema APPCC de conformidad con el artículo 8. Se elaborarán guías comunitarias con arreglo al artículo 9.

Se alentará la difusión y el uso de guías tanto nacionales como comunitarias. No obstante, los operadores de empresa alimentaria podrán utilizar estas guías con carácter voluntario.

Artículo 8.- *Guías nacionales*

1. Cuando se elaboren las guías nacionales de prácticas correctas serán elaboradas y difundidas por la industria alimentaria:

a) en consulta con los representantes de otras partes cuyos intereses puedan verse afectados de manera sustancial, como por ejemplo las autoridades competentes y las asociaciones de consumidores;

b) teniendo en cuenta los códigos de prácticas pertinentes del Codex Alimentarius; y

c) teniendo en cuenta las recomendaciones que figuran en la parte B del anexo I, cuando se refieran a la producción primaria y a las operaciones conexas enumeradas en el anexo I.

2. Las guías nacionales podrán elaborarse bajo los auspicios de un organismo nacional de normalización de los mencionados en el anexo II de la Directiva 98/34/CE.

3. Los Estados miembros estudiarán las guías nacionales para garantizar que:

a) han sido elaboradas de conformidad con el apartado 1;

b) la aplicación de su contenido sea viable para los sectores a los que se refieren, y

c) sean idóneas para cumplir las disposiciones de los artículos 3, 4 y 5 en los sectores o para los productos alimenticios de que se trate.

4. Los Estados miembros remitirán a la Comisión las guías nacionales que cumplan los requisitos del apartado 3. La Comisión creará y mantendrá un sistema de registro de dichas guías y lo pondrá a la disposición de los Estados miembros.

5. Las guías de prácticas correctas elaboradas de conformidad con lo dispuesto en la Directiva 93/43/CE seguirán siendo aplicables tras la entrada en vigor del presente Reglamento siempre y cuando sean compatibles con los objetivos de éste último.

Artículo 9.- *Guías comunitarias*

1. Antes de elaborar guías comunitarias de prácticas correctas de higiene o para la aplicación de los principios del sistema de APPCC, la Comisión consultará al Comité a que se refiere el artículo 14. El objetivo de esta consulta será estudiar la conveniencia de elaborar dichas guías, así como su alcance y su contenido.

2. En caso de que se confeccionen las guías comunitarias, la Comisión velará por que sean elaboradas y difundidas:

a) por, o en consulta con, representantes de los distintos sectores empresariales europeos de la industria alimentaria, incluidas las PYME, y demás partes interesadas, como las asociaciones de consumidores;

b) en colaboración con las partes interesadas que puedan verse afectadas de manera sustancial, incluidas las autoridades competentes;

c) teniendo en cuenta los códigos de prácticas del Codex Alimentarius, y

d) teniendo en cuenta las recomendaciones que figuran en la parte B del anexo I, cuando se refieran a la producción primaria y a las operaciones conexas enumeradas en el anexo I.

3. El Comité a que se refiere el artículo 14 evaluará los proyectos de guías comunitarias para garantizar que:

a) han sido elaboradas de conformidad con el apartado 2;

b) la aplicación de su contenido es viable en toda la Comunidad para los sectores a que se refieren, y

c) sean idóneas para cumplir las disposiciones de los artículos 3, 4 y 5 en los sectores o para los productos alimenticios de que se trate.

4. La Comisión invitará al Comité contemplado en el artículo 14 a que revise periódicamente las guías comunitarias preparadas de conformidad con el presente artículo, en cooperación con las instancias mencionadas en el apartado 2.

El propósito de dicha revisión consistirá en garantizar que las guías sigan siendo aplicables y tener en cuenta los avances científicos y tecnológicos.

5. Los títulos y referencias a las guías comunitarias preparadas de acuerdo con el presente artículo se publicarán en la serie C del Diario Oficial de la Unión Europea.

CAPÍTULO IV.- IMPORTACIONES Y EXPORTACIONES

Artículo 10.- *Importaciones*

Por lo que respecta a la higiene de los alimentos importados, los requisitos pertinentes de la legislación alimentaria mencionados en el artículo 11 del Reglamento (CE) nº 178/2002 incluirán los requisitos establecidos en los artículos 3 a 6 del presente Reglamento.

Artículo 11.- *Exportaciones*

Por lo que respecta a la higiene de los alimentos exportados o reexportados, los requisitos pertinentes de la legislación alimentaria contemplados en el artículo 12 del Reglamento (CE) nº 178/2002 incluirán los requisitos establecidos en los artículos 3 a 6 del presente Reglamento.

CAPÍTULO V.- DISPOSICIONES FINALES

Artículo 12

Las medidas transitorias de alcance general destinadas a modificar elementos no esenciales del presente Reglamento, incluso completándolo con nuevos elementos no esenciales, en particular especificaciones adicionales de los requisitos establecidos en el presente Reglamento, se adoptarán con arreglo al procedimiento de reglamentación con control contemplado en el artículo 14, apartado 3.

Podrán adoptarse otras medidas de ejecución o transitorias con arreglo al procedimiento de reglamentación contemplado en el artículo 14, apartado 2.

Artículo 13.- *Modificación y adaptación de los anexos I y II*

1. La Comisión podrá adaptar o actualizar los anexos I y II teniendo en cuenta:

a) la necesidad de revisar las recomendaciones formuladas en el punto 2 de la parte B del anexo I;

b) la experiencia adquirida mediante la aplicación de sistemas basados en el APPCC con arreglo al artículo 5;

c) los avances tecnológicos y sus consecuencias prácticas, y las expectativas del consumidor respecto a la composición de los alimentos;

d) el asesoramiento científico, y en particular nuevas evaluaciones de riesgos;

e) los criterios microbiológicos y de temperatura para los productos alimenticios.

Estas medidas, destinadas a modificar elementos no esenciales del presente Reglamento, incluso completándolo, se adoptarán con arreglo al procedimiento de reglamentación con control contemplado en el artículo 14, apartado 3.

2. La Comisión podrá conceder excepciones respecto de lo dispuesto en los anexos I y II, en particular, con el fin de facilitar la aplicación del artículo 5 por lo que se refiere a las pequeñas explotaciones, teniendo en cuenta los factores de riesgo pertinentes, siempre que dichas excepciones no afecten a la realización de los objetivos del presente Reglamento. Estas medidas, destinadas a modificar elementos no esenciales del presente Reglamento completándolo, se adoptarán con arreglo al procedimiento de reglamentación con control contemplado en el artículo 14, apartado 3.

3. Los Estados miembros podrán adoptar medidas nacionales de adaptación de los requisitos establecidos en el anexo II con arreglo a los apartados 4 a 7 siempre que no quede comprometida la realización de los objetivos del presente Reglamento.

4.

a) Las medidas nacionales contempladas en el apartado 3 tendrán por objeto:

i) permitir seguir utilizando métodos tradicionales en cualquiera de las fases de producción, transformación o distribución de alimentos, o bien

ii) responder a las necesidades de las empresas del sector alimentario en regiones con limitaciones geográficas especiales;

b) En cualesquiera otras circunstancias, únicamente se aplicarán a la construcción, diseño y equipamiento de los establecimientos.

5. Los Estados miembros que deseen adoptar las medidas nacionales contempladas en el apartado 3 lo notificarán a la Comisión y a los demás Estados miembros. La notificación:

a) incluirá una descripción detallada de los requisitos que el Estado miembro considera que deben ser adaptados y de la naturaleza de la adaptación que se pretende;

b) describirá los productos alimenticios y los establecimientos a que se refiera;

c) explicará los motivos de la adaptación, incluso, cuando proceda, facilitando un resumen del análisis de peligros efectuado e indicando las medidas previstas para asegurar que la adaptación no comprometa los objetivos del presente Reglamento, y

d) proporcionará cualquier otra información pertinente.

6. Los demás Estados miembros dispondrán de tres meses a partir de la recepción de la notificación prevista en el apartado 5 para enviar comentarios escritos a la Comisión. Para las adaptaciones resultantes de lo dispuesto en la letra b) del apartado 4 el plazo se ampliará a cuatro meses a petición de cualquier Estado miembro. La Comisión podrá consultar a los Estados miembros en el seno del comité previsto en el apartado 1 del artículo 14 y estará obligada a hacerlo si recibe comentarios escritos de uno o varios Estados miembros. La Comisión, de conformidad con el procedimiento mencionado en el apartado 2 del artículo 14, podrá decidir si las medidas previstas pueden ser aplicadas, condicionándolas, en caso necesario, a las modificaciones oportunas. Cuando sea conveniente, la Comisión podrá proponer medidas de aplicación general con arreglo a los apartados 1 o 2 del presente artículo.

7. Los Estados miembros podrán adoptar medidas nacionales de adaptación de los requisitos del anexo II sólo:

a) conforme a una decisión adoptada con arreglo al apartado 6, o bien

b) si un mes después de la expiración del plazo previsto en el apartado 6 la Comisión no hubiera informado a los Estados miembros de que ha recibido comentarios escritos o de su intención de proponer la adopción de una decisión de conformidad con el apartado 6.

Artículo 14.- *Procedimiento de comité*

1. La Comisión estará asistida por el Comité permanente de la cadena alimentaria y de sanidad animal.

2. En los casos en que se haga referencia al presente apartado, serán de aplicación los artículos 5 y 7 de la Decisión 1999/468/CE, observando lo dispuesto en su artículo 8.

El plazo contemplado en el apartado 6 del artículo 5 de la Decisión 1999/468/CE queda fijado en tres meses.

3. En los casos en que se haga referencia al presente apartado, serán de aplicación el artículo 5 bis, apartados 1 a 4, y el artículo 7 de la Decisión 1999/468/CE, observando lo dispuesto en su artículo 8.

Artículo 15.- *Consulta a la Autoridad Europea de Seguridad Alimentaria*

La Comisión consultará a la Autoridad Europea de Seguridad Alimentaria sobre cualquier cuestión incluida en el ámbito de aplicación del presente Reglamento que pueda tener repercusiones sanitarias importantes y, en particular, antes de proponer criterios, requisitos u objetivos de conformidad con el apartado 4 del artículo 4.

Artículo 16.- *Informe al Parlamento y al Consejo*

1. La Comisión presentará al Parlamento Europeo y al Consejo un informe a más tardar el 20 de mayo de 2009.

2. Dicho informe examinará en particular a la experiencia obtenida de la aplicación del presente Reglamento y considerará la conveniencia y la viabilidad de adoptar disposiciones para extender los requisitos del artículo 5 a los operadores de empresa alimentaria que desempeñan su actividad en la producción primaria y en las operaciones conexas que se enumeran en el anexo I.

3. En caso necesario, la Comisión adjuntará al informe las propuestas oportunas.

Artículo 17.- *Derogación*

1. La Directiva 93/43/CEE quedará derogada con efecto a partir de la fecha de aplicación del presente Reglamento.

2. Las referencias a la Directiva derogada se entenderán hechas al presente Reglamento.

3. No obstante, las decisiones adoptadas con arreglo al apartado 3 del artículo 3 y al artículo 10 de la Directiva 93/43/CEE permanecerán en vigor hasta su sustitución por decisiones adoptadas de conformidad con el presente Reglamento o el Reglamento (CE) nº 178/2002. Hasta tanto se determinen los criterios o requisitos mencionados en las letras a) a e) del apartado 3 del artículo 4 del presente Reglamento, los Estados miembros podrán mantener cualesquiera normas nacionales relativas a dichos criterios o requisitos que hayan sido adoptadas de conformidad con la Directiva 93/43/CEE.

4. Hasta tanto se aplique la nueva legislación comunitaria sobre las normas relativas a los controles oficiales de los alimentos, los Estados miembros adoptarán todas las medidas adecuadas para garantizar el cumplimiento de las obligaciones establecidas en el presente Reglamento o con arreglo al mismo.

Artículo 18.- *Entrada en vigor*

El presente Reglamento entrará en vigor a los veinte días de su publicación en el Diario Oficial de la Unión Europea.

Será aplicable dieciocho meses después de la fecha en que entren en vigor todos los actos siguientes:

a) el Reglamento (CE) nº 853/2004;

b) el Reglamento (CE) nº 854/2004 del Parlamento Europeo y del Consejo, de 29 de abril de 2004, por el que se establecen normas específicas para la organización de controles oficiales de los productos de origen animal destinados al consumo humano y se modifican las Directivas 89/662/CEE y 92/118/CEE del Consejo y la Decisión 95/408/CE del Consejo, y

c) la Directiva 2004/41/CE del Parlamento Europeo y del Consejo, de 21 de abril de 2004, por la que se derogan determinadas directivas que establecen las condiciones de higiene de los productos alimenticios y las condiciones sanitarias para la producción y comercialización de determinados productos de origen animal destinados al consumo humano.

No obstante, no será aplicable antes del 1 de enero de 2006.

El presente Reglamento será obligatorio en todos sus elementos y directamente aplicable en cada Estado miembro.

ANEXO I.-
Producción primaria

PARTE A: DISPOSICIONES GENERALES DE HIGIENE APLICABLES A LA PRODUCCIÓN PRIMARIA Y A LAS OPERACIONES CONEXAS

I. Ámbito de aplicación

1. El presente anexo será aplicable a la producción primaria y a las siguientes operaciones conexas:

a) el transporte, el almacenamiento y la manipulación de productos primarios en el lugar de producción, siempre que no se altere su naturaleza de manera sustancial;

b) el transporte de animales vivos, cuando sea necesario para conseguir los objetivos del presente Reglamento, y

c) en el caso de productos de origen vegetal, productos de la pesa y animales de caza silvestre, las operaciones de transporte de productos primarios cuya naturaleza no se haya alterado de manera sustancial, desde el lugar de producción a un establecimiento.

II. Disposiciones en materia de higiene

2. Los operadores de empresa alimentaria deberán asegurarse, en la medida de lo posible, de que los productos primarios estén protegidos contra cualquier foco de contaminación teniendo en cuenta cualquier tipo de transformación a que se sometan posteriormente los productos primarios.

3. Sin perjuicio de la norma general establecida en el apartado 2, los operadores de empresa alimentaria deberán cumplir las correspondientes disposiciones legislativas comunitarias y nacionales relativas al control de los peligros en la producción primaria, y operaciones conexas incluidas:

a) medidas de control de la contaminación procedente del aire, del suelo, del agua, de los piensos, de los fertilizantes, de los medicamentos veterinarios, de los productos fitosanitarios y biocidas, y del almacenamiento, tratamiento y eliminación de residuos, y

b) medidas zoosanitarias y relativas al bienestar animal así como medidas fitosanitarias que tengan repercusiones sobre la salud humana, incluidos los programas de vigilancia y control de zoonosis y de agentes zoonóticos.

4. Los operadores de empresa alimentaria que se dediquen a la cría, la recolección o la caza de animales o a la producción de productos primarios de origen animal deberán tomar, según corresponda, las medidas oportunas siguientes:

a) mantendrán limpias todas las instalaciones utilizadas en relación con la producción primaria y operaciones conexas, incluidas aquellas utilizadas para almacenar y manipular los alimentos para animales, y, en su caso, tras la limpieza, las desinfectarán de la manera adecuada;

b) mantendrán limpios, y cuando sea necesario, desinfectarán adecuadamente tras la limpieza el equipo, los contenedores, cajas, vehículos y embarcaciones;

c) garantizarán en la medida de lo posible la limpieza de los animales para sacrificio y, en su caso, de los animales de producción;

d) utilizarán agua potable o agua limpia cuando sea necesario para evitar la contaminación;

e) garantizarán que el personal que manipule productos alimenticios se halle en buen estado de salud y reciba formación sobre riesgos sanitarios;

f) evitarán en la medida de lo posible que los animales y las plagas provoquen contaminación;

g) almacenarán y manipularán los residuos y sustancias peligrosas de forma tal que se evite la contaminación;

h) impedirán la introducción y difusión de enfermedades contagiosas transmisibles al ser humano a través de los alimentos, incluso mediante la adopción de medidas preventivas al introducir nuevos animales y la comunicación a las autoridades competentes de las sospechas de focos de dichas enfermedades;

i) tendrán en cuenta los resultados de todos los análisis pertinentes efectuados en muestras tomadas de animales u otras muestras que tengan importancia para la salud humana, y

j) emplearán correctamente los aditivos para piensos y los medicamentos para animales, de conformidad con la legislación pertinente.

5. Los operadores de empresa alimentaria que produzcan o cosechen productos vegetales deberán adoptar las medidas adecuadas siguientes, según corresponda:

a) mantendrán limpios y, cuando sea necesario, tras la limpieza, desinfectarán adecuadamente las instalaciones, equipo, contenedores, cajas, vehículos y embarcaciones;

b) garantizarán, cuando sea necesario, unas condiciones higiénicas en la producción, el transporte y el almacenamiento de productos vegetales, así como la limpieza de los mismos;

c) utilizarán agua potable o agua limpia cuando sea necesario para evitar la contaminación;

d) garantizarán que el personal que manipule productos alimenticios se halle en buen estado de salud y reciba formación sobre riesgos sanitarios;

e) evitarán en la medida de lo posible que los animales y las plagas provoquen contaminación;

f) almacenarán y manipularán los residuos y sustancias peligrosas de forma tal que se evite la contaminación;

g) tendrán en cuenta los resultados de todos los análisis pertinentes efectuados en muestras tomadas de plantas u otras muestras que tengan importancia para la salud humana, y

h) utilizarán correctamente los productos fitosanitarios y los biocidas, tal como lo requiere la legislación pertinente.

6. Los operadores de empresa alimentaria a los que se informe de problemas detectados durante los controles oficiales deberán tomar las medidas oportunas para ponerles remedio.

III. Registro

7. Los operadores de empresa alimentaria deberán llevar y conservar registros sobre las medidas aplicadas para controlar los peligros de manera adecuada y durante un período adecuado teniendo en cuenta la naturaleza y el tamaño de la empresa alimentaria. Previa petición, los operadores de empresa alimentaria pondrán la información relevante que conste en dichos registros a disposición de las autoridades competentes y de los operadores de empresa alimentaria de recepción.

8. Los operadores de empresa alimentaria que críen animales o que produzcan productos primarios de origen animal deberán, en particular, llevar registros sobre:

a) la naturaleza y el origen de los alimentos suministrados a los animales;
b) el detalle de los medicamentos veterinarios u otros tratamientos administrados a los animales, las fechas de su administración y los tiempos de espera;
c) la aparición de enfermedades que puedan afectar a la seguridad de los productos de origen animal;
d) los resultados de todos los análisis efectuados en muestras tomadas de animales y otras muestras tomadas con fines de diagnóstico, que tengan importancia para la salud humana, y
e) todos los informes pertinentes sobre los controles efectuados a animales o a productos de origen animal.
9. Los operadores de empresa alimentaria que produzcan o cosechen productos vegetales deberán, en particular, llevar registros sobre:
a) la utilización de productos fitosanitarios y biocidas;
b) la aparición de plagas o de enfermedades que puedan afectar a la seguridad de los productos de origen vegetal, y
c) los resultados de todos los análisis pertinentes efectuados en muestras tomadas de plantas u otras muestras que tengan importancia para la salud humana.
10. Para la conservación de dichos registros, los operadores de empresa alimentaria podrán estar asistidos por otras personas, como veterinarios, agrónomos y técnicos agrarios.

PARTE B: RECOMENDACIONES PARA LAS GUÍAS DE PRÁCTICAS CORRECTAS DE HIGIENE

1. En las guías nacionales y comunitarias citadas en los artículos 7, 8 y 9 del presente Reglamento deberán figurar unas orientaciones sobre prácticas correctas de higiene para el control de los peligros en la producción primaria y operaciones conexas.
2. Las guías de prácticas correctas de higiene deberán incluir la oportuna información sobre los peligros que puedan presentarse en la producción primaria y operaciones conexas, así como las medidas para combatirlos, incluidas las medidas correspondientes establecidas en la legislación comunitaria y nacional y en los programas nacionales y comunitarios. Entre los ejemplos de estos peligros y medidas pueden incluirse:
a) el control de la contaminación por agentes tales como las micotoxinas, los metales pesados y el material radiactivo;
b) el uso de agua, residuos orgánicos y fertilizantes;
c) el uso correcto y adecuado de productos fitosanitarios y biocidas, y su trazabilidad;
d) el uso correcto y adecuado de medicamentos veterinarios y aditivos alimentarios y su trazabilidad;
e) la preparación, el almacenamiento, la utilización y la trazabilidad de los piensos;
f) la eliminación limpia de los animales muertos, residuos y desperdicios;
g) medidas de protección para impedir la introducción de enfermedades contagiosas transmisibles al ser humano a través de los alimentos, y cualquier obligación de notificación al respecto a la autoridad competente;
h) los procedimientos, prácticas y métodos para garantizar que los alimentos son producidos, manipulados, envasados, almacenados y transportados en unas condiciones higiénicas adecuadas, que incluyen una limpieza y un control de plagas eficaces;
i) medidas relativas a la limpieza de los animales para sacrificio y producción;
j) medidas relativas al registro.

ANEXO II.-
Requisitos higiénicos generales aplicables a todos los operadores de empresa alimentaria (excepto si es de aplicación el anexo I)

INTRODUCCIÓN

Los capítulos V a XII se aplican a todas las fases de la producción, transformación y distribución de alimentos y los restantes capítulos se aplican como se indica a continuación:
— el capítulo I se aplica a todos los locales destinados a los productos alimenticios, excepto a aquellos a los que sea de aplicación el capítulo III,
— el capítulo II se aplica a todas las instalaciones en las que se preparen, traten o transformen productos alimenticios, excepto los comedores y los locales a los que sea de aplicación el capítulo III,

— el capítulo III se aplica a las instalaciones mencionadas en el título de ese capítulo,
— el capítulo IV se aplica a todos los medios de transporte.

CAPÍTULO I.- Requisitos generales de los locales destinados a los productos alimenticios (que no sean los mencionados en el capítulo III)

1. Los locales destinados a los productos alimenticios deberán conservarse limpios y en buen estado de mantenimiento.

2. La disposición, el diseño, la construcción, el emplazamiento y el tamaño de los locales destinados a los productos alimenticios:

a) permitirán un mantenimiento, limpieza y/o desinfección adecuados, evitarán o reducirán al mínimo la contaminación transmitida por el aire y dispondrán de un espacio de trabajo suficiente que permita una realización higiénica de todas las operaciones;

b) evitarán la acumulación de suciedad, el contacto con materiales tóxicos, el depósito de partículas en los productos alimenticios y la formación de condensación o moho indeseable en las superficies;

c) permitirán unas prácticas de higiene alimentaria correctas, incluida la protección contra la contaminación, y en particular el control de las plagas, y

d) cuando sea necesario, ofrecerán unas condiciones adecuadas de manipulación y almacenamiento a temperatura controlada y capacidad suficiente para poder mantener los productos alimenticios a una temperatura apropiada que se pueda comprobar y, si es preciso, registrar.

3. Deberá haber un número suficiente de inodoros de cisterna conectados a una red de evacuación eficaz. Los inodoros no deberán comunicar directamente con las salas en las que se manipulen los productos alimenticios.

4. Deberá haber un número suficiente de lavabos, situados convenientemente y destinados a la limpieza de las manos. Los lavabos para la limpieza de las manos deberán disponer de agua corriente caliente y fría, así como de material de limpieza y secado higiénico de aquellas. En caso necesario, las instalaciones destinadas al lavado de los productos alimenticios deberán estar separadas de las destinadas a lavarse las manos.

5. Deberá disponerse de medios adecuados y suficientes de ventilación mecánica o natural. Deberán evitarse las corrientes de aire mecánicas desde zonas contaminadas a zonas limpias. Los sistemas de ventilación deberán estar construidos de tal modo que pueda accederse fácilmente a los filtros y a otras partes que haya que limpiar o sustituir.

6. Todos los sanitarios deberán disponer de suficiente ventilación natural o mecánica.

7. Los locales destinados a los productos alimenticios deberán disponer de suficiente luz natural o artificial.

8. Las redes de evacuación de aguas residuales deberán ser suficientes para cumplir los objetivos pretendidos y estar concebidas y construidas de modo que se evite todo riesgo de contaminación. Cuando los canales de desagüe estén total o parcialmente abiertos, deberán estar diseñados de tal modo que se garantice que los residuos no van de una zona contaminada a otra limpia, en particular, a una zona en la que se manipulen productos alimenticios que puedan representar un alto riesgo para el consumidor final.

9. Cuando sea necesario, el personal deberá disponer de vestuarios adecuados.

10. Los productos de limpieza y desinfección no deberán almacenarse en las zonas en las que se manipulen productos alimenticios.

CAPÍTULO II.- Requisitos específicos de las salas donde se preparan, tratan o transforman los productos alimenticios (excluidos los comedores y los locales mencionados en el capítulo III)

1. El diseño y disposición de las salas en las que se preparen, traten o transformen los productos alimenticios (excluidos los comedores y aquellos locales que se detallan en el título del capítulo III, pero incluidos los espacios contenidos en los medios de transporte) deberán permitir unas prácticas correctas de higiene alimentaria, incluida la protección contra la contaminación entre y durante las operaciones. En particular:

a) las superficies de los suelos deberán mantenerse en buen estado y ser fáciles de limpiar y, en caso necesario, de desinfectar, lo que requerirá el uso de materiales impermeables, no absorbentes, lavables y no tóxicos, a menos que los operadores de empresa alimentaria puedan convencer a la autoridad competente de la idoneidad de otros materiales utilizados. En su caso, los suelos deberán permitir un desagüe suficiente;

b) las superficies de las paredes deberán conservarse en buen estado y ser fáciles de limpiar y, en caso necesario, de desinfectar, lo que requerirá el uso de materiales impermeables, no absorbentes, lavables y no tóxicos; su superficie deberá ser lisa hasta una altura adecuada para las operaciones que deban realizarse, a menos que los operadores de empresa alimentaria puedan convencer a la autoridad competente de la idoneidad de otros materiales utilizados;

c) los techos (o, cuando no hubiera techos, la superficie interior del tejado), falsos techos y demás instalaciones suspendidas deberán estar construidos y trabajados de forma que impidan la acumulación de suciedad y reduzcan la condensación, la formación de moho no deseable y el desprendimiento de partículas;

d) las ventanas y demás huecos practicables deberán estar construidos de forma que impidan la acumulación de suciedad, y los que puedan comunicar con el exterior deberán estar provistos, en caso necesario, de pantallas contra insectos que puedan desmontarse con facilidad para la limpieza. Cuando debido a la apertura de las ventanas pudiera producirse contaminación, éstas deberán permanecer cerradas con falleba durante la producción;

e) las puertas deberán ser fáciles de limpiar y, en caso necesario, de desinfectar, lo que requerirá que sus superficies sean lisas y no absorbentes, a menos que los operadores de empresa alimentaria puedan convencer a las autoridades competentes de la idoneidad de otros materiales utilizados, y

f) las superficies (incluidas las del equipo) de las zonas en que se manipulen los productos alimenticios, y en particular las que estén en contacto con éstos, deberán mantenerse en buen estado, ser fáciles de limpiar y, en caso necesario, de desinfectar, lo que requerirá que estén construidas con materiales lisos, lavables, resistentes a la corrosión y no tóxicos, a menos que los operadores de empresa alimentaria puedan convencer a las autoridades competentes de la idoneidad de otros materiales utilizados.

2. Se dispondrá, en caso necesario, de instalaciones adecuadas para la limpieza, desinfección y almacenamiento del equipo y los utensilios de trabajo. Dichas instalaciones deberán estar construidas con materiales resistentes a la corrosión, ser fáciles de limpiar y tener un suministro suficiente de agua caliente y fría.

3. Se tomarán las medidas adecuadas, cuando sea necesario, para el lavado de los productos alimenticios. Todos los fregaderos o instalaciones similares destinadas al lavado de los productos alimenticios deberán tener un suministro suficiente de agua potable caliente, fría o ambas, en consonancia con los requisitos del capítulo VII, y deberán mantenerse limpios y, en caso necesario, desinfectados.

CAPÍTULO III.- Requisitos de los locales ambulantes o provisionales (como carpas, tenderetes y vehículos de venta ambulante), los locales utilizados principalmente como vivienda privada pero donde regularmente se preparan productos alimenticios para su puesta en el mercado, y las máquinas expendedoras

1. Los locales y las máquinas expendedoras deberán, en la medida de lo posible, mantenerse limpios y en buen estado y estar situados, diseñados y construidos de forma que impidan el riesgo de contaminación, en particular por parte de animales y organismos nocivos.

2. En particular, cuando sea necesario:

a) deberá disponerse de instalaciones adecuadas para mantener una correcta higiene personal (incluidas instalaciones para la limpieza y secado higiénico de las manos, instalaciones sanitarias higiénicas y vestuarios);

b) las superficies que estén en contacto con los productos alimenticios deberán estar en buen estado y ser fáciles de limpiar y, en caso necesario, de desinfectar, lo que requerirá que los materiales sean lisos, lavables, resistentes a la corrosión y no tóxicos, a menos que los operadores de empresa alimentaria puedan convencer a las autoridades competentes de la idoneidad de otros materiales utilizados;

c) deberá contarse con material adecuado para la limpieza y, cuando sea necesario, la desinfección del equipo y los utensilios de trabajo;

d) cuando la limpieza de los productos alimenticios forme parte de la actividad de las empresas alimentarias, deberán adoptarse las disposiciones precisas para que este cometido se realice higiénicamente;

e) deberá contarse con un suministro suficiente de agua potable caliente, fría o ambas;

f) deberá contarse con medios o instalaciones adecuados para el almacenamiento y la eliminación higiénicos de sustancias y desechos peligrosos y/o no comestibles, ya sean líquidos o sólidos;
g) deberá contarse con instalaciones o medios adecuados para el mantenimiento y el control de las condiciones adecuadas de temperatura de los productos alimenticios;
h) los productos alimenticios deberán colocarse de modo tal que se evite el riesgo de contaminación en la medida de lo posible.

CAPÍTULO IV.- Transporte

1. Los receptáculos de vehículos o contenedores utilizados para transportar los productos alimenticios deberán mantenerse limpios y en buen estado a fin de proteger los productos alimenticios de la contaminación y deberán diseñarse y construirse, en caso necesario, de forma que permitan una limpieza o desinfección adecuadas.
2. Los receptáculos de vehículos o contenedores no deberán utilizarse para transportar más que productos alimenticios cuando éstos puedan ser contaminados por otro tipo de carga.
3. Cuando se usen vehículos o contenedores para el transporte de cualquier otra cosa además de productos alimenticios, o para el transporte de distintos tipos de productos alimenticios a la vez, deberá existir, en caso necesario, una separación efectiva de los productos.
4. Los productos alimenticios a granel en estado líquido, granulado o en polvo deberán transportarse en receptáculos, contenedores o cisternas reservados para su transporte. En los contenedores figurará una indicación, claramente visible e indeleble, y en una o varias lenguas comunitarias, sobre su utilización para el transporte de productos alimenticios, o bien la indicación «exclusivamente para productos alimenticios».
5. Cuando se hayan utilizado receptáculos de vehículos o contenedores para el transporte de otros productos que no sean productos alimenticios o para el transporte de productos alimenticios distintos, deberá realizarse una limpieza eficaz entre las cargas para evitar el riesgo de contaminación.
6. Los productos alimenticios cargados en receptáculos de vehículos o en contenedores deberán colocarse y protegerse de forma que se reduzca al mínimo el riesgo de contaminación.
7. Cuando sea necesario, los receptáculos de vehículos o contenedores utilizados para el transporte de productos alimenticios deberán ser capaces de mantener los productos alimenticios a la temperatura adecuada y de forma que se pueda controlar dicha temperatura.

CAPÍTULO V.- Requisitos del equipo

1. Todos los artículos, instalaciones y equipos que estén en contacto con los productos alimenticios:
a) deberán limpiarse perfectamente y, en caso necesario, desinfectarse. La limpieza y desinfección se realizarán con la frecuencia necesaria para evitar cualquier riesgo de contaminación;
b) su construcción, composición y estado de conservación y mantenimiento deberán reducir al mínimo el riesgo de contaminación;
c) a excepción de los recipientes y envases no recuperables, su construcción, composición y estado de conservación y mantenimiento deberán permitir que se limpien perfectamente y, en caso necesario, se desinfecten, y
d) su instalación permitirá la limpieza adecuada del equipo y de la zona circundante.
2. Si fuese necesario, los equipos deberán estar provistos de todos los dispositivos de control adecuados para garantizar el cumplimiento de los objetivos del presente Reglamento.
3. Si para impedir la corrosión de los equipos y recipientes fuese necesario utilizar aditivos químicos, ello deberá hacerse conforme a las prácticas correctas.

CAPÍTULO VI.- Desperdicios de productos alimenticios

1. Los desperdicios de productos alimenticios, los subproductos no comestibles y los residuos de otro tipo deberán retirarse con la mayor rapidez posible de las salas en las que estén depositados alimentos para evitar su acumulación.

2. Los desperdicios de productos alimenticios, los subproductos no comestibles y los residuos de otro tipo deberán depositarse en contenedores provistos de cierre, a menos que los operadores de empresa alimentaria puedan convencer a las autoridades competentes de la idoneidad de otros contenedores o sistemas de evacuación. Dichos contenedores deberán presentar unas características de construcción adecuadas, estar en buen estado y ser de fácil limpieza y, en caso necesario, de fácil desinfección.

3. Deberán tomarse medidas adecuadas para el almacenamiento y la eliminación de los desperdicios de productos alimenticios, subproductos no comestibles y otros deshechos. Los depósitos de desperdicios deberán diseñarse y tratarse de forma que puedan mantenerse limpios y, en su caso, libre de animales y organismos nocivos.

4. Todos los residuos deberán eliminarse higiénicamente y sin perjudicar al medio ambiente con arreglo a la normativa comunitaria aplicable a tal efecto, y no deberán constituir una fuente de contaminación directa o indirecta.

CAPÍTULO VII.- Suministro de agua

1. *a)* Deberá contarse con un suministro adecuado de agua potable, que se utilizará siempre que sea necesario para evitar la contaminación de los productos alimenticios.

b) Podrá utilizarse agua limpia para los productos de la pesca enteros, y agua de mar limpia para los moluscos bivalvos, los equinodermos, los tunicados y los gasterópodos marinos vivos. También podrá utilizarse agua limpia para el lavado externo.

Cuando se utilice agua limpia, deberá disponerse de las instalaciones adecuadas para su suministro, de modo que se garantice que su uso no es fuente de contaminación del producto alimenticio.

2. Cuando se utilice agua no potable, por ejemplo, para la prevención de incendios, la producción de vapor, la refrigeración y otros usos semejantes, deberá circular por una canalización independiente debidamente señalizada. El agua no potable no deberá contener ninguna conexión con la red de distribución de agua potable ni habrá posibilidad alguna de reflujo hacia ésta.

3. El agua reciclada que se utilice en el proceso de transformación o como ingrediente no deberá representar riesgos de contaminación. Deberá ser de una calidad idéntica a la del agua potable, a menos que la autoridad competente haya determinado que la calidad del agua no puede afectar a la salubridad de los productos alimenticios en su forma acabada.

4. El hielo que vaya a estar en contacto con los productos alimenticios o que pueda contaminarlos deberá hacerse con agua potable o, en caso de que se utilice para refrigerar productos de la pesca enteros, con agua limpia. Deberá elaborarse, manipularse y almacenarse en condiciones que lo protejan de toda contaminación.

5. El vapor utilizado en contacto directo con los productos alimenticios no deberá contener ninguna sustancia que entrañe peligro para la salud o pueda contaminar el producto.

6. Cuando se aplique el tratamiento térmico a productos alimenticios que estén en recipientes herméticamente cerrados, deberá velarse por que el agua utilizada para enfriar éstos después del tratamiento térmico no sea una fuente de contaminación de los productos alimenticios.

CAPÍTULO VIII.- Higiene del personal

1. Todas las personas que trabajen en una zona de manipulación de productos alimenticios deberán mantener un elevado grado de limpieza y deberán llevar una vestimenta adecuada, limpia y, en su caso, protectora.

2. Las personas que padezcan o sean portadoras de una enfermedad que pueda transmitirse a través de los productos alimenticios, o estén aquejadas, por ejemplo, de heridas infectadas, infecciones cutáneas, llagas o diarrea, no deberán estar autorizadas a manipular los productos alimenticios ni a entrar bajo ningún concepto en zonas de manipulación de productos alimenticios cuando exista riesgo de contaminación directa o indirecta. Toda persona que se halle en tales circunstancias, que esté empleada en una empresa del sector alimentario y que pueda estar en contacto con productos alimenticios deberá poner inmediatamente en conocimiento del operador de empresa alimentaria la enfermedad que padece o los síntomas que presenta y si es posible, también sus causas.

CAPÍTULO IX.- Disposiciones aplicables a los productos alimenticios

1. Ningún operador de empresa alimentaria deberá aceptar materias primas o ingredientes distintos de animales vivos, ni ningún otro material que intervenga en la transformación de los productos, si se sabe que están tan contaminados con parásitos, microorganismos patógenos o sustancias tóxicas, en descomposición o extrañas, o cabe prever razonablemente que lo estén, que, incluso después de que el operador de empresa alimentaria haya aplicado higiénicamente los procedimientos normales de clasificación, preparación o transformación, el producto final no sería apto para el consumo humano.

2. Las materias primas y todos los ingredientes almacenados en una empresa del sector alimentario deberán conservarse en condiciones adecuadas que permitan evitar su deterioro nocivo y protegerlos de la contaminación.

3. En todas las etapas de producción, transformación y distribución, los productos alimenticios deberán estar protegidos contra cualquier foco de contaminación que pueda hacerlos no aptos para el consumo humano o nocivos para la salud, o contaminarlos de manera que pueda considerarse razonablemente desaconsejable su consumo en ese estado.

4. Deberán aplicarse procedimientos adecuados de lucha contra las plagas. Deberán aplicarse asimismo procedimientos adecuados para evitar que los animales domésticos puedan acceder a los lugares en que se preparan, manipulan o almacenan productos alimenticios (o, cuando la autoridad competente lo autorice en casos específicos, para evitar que dicho acceso dé lugar a contaminación).

5. Las materias primas, ingredientes, productos semiacabados y productos acabados que puedan contribuir a la multiplicación de microorganismos patógenos o a la formación de toxinas no deberán conservarse a temperaturas que puedan dar lugar a riesgos para la salud. No deberá interrumpirse la cadena de frío. No obstante, se permitirán períodos limitados no sometidos al control de temperatura por necesidades prácticas de manipulación durante la preparación, transporte, almacenamiento, presentación y entrega de los productos alimenticios, siempre que ello no suponga un riesgo para la salud. Las empresas del sector alimentario que elaboren, manipulen y envasen productos alimenticios transformados deberán disponer de salas adecuadas con suficiente capacidad para almacenar las materias primas separadas de los productos transformados y de una capacidad suficiente de almacenamiento refrigerado separado.

6. Cuando los productos alimenticios deban conservarse o servirse a bajas temperaturas, deberán refrigerarse cuanto antes, una vez concluida la fase del tratamiento térmico, o la fase final de la preparación en caso de que éste no se aplique, a una temperatura que no dé lugar a riesgos para la salud.

7. La descongelación de los productos alimenticios deberá realizarse de tal modo que se reduzca al mínimo el riesgo de multiplicación de microorganismos patógenos o la formación de toxinas. Durante la descongelación, los productos alimenticios deberán estar sometidos a temperaturas que no supongan un riesgo para la salud. Cuando el líquido resultante de este proceso pueda presentar un riesgo para la salud deberá drenarse adecuadamente. Una vez descongelados, los productos alimenticios se manipularán de tal modo que se reduzca al mínimo el riesgo de multiplicación de microorganismos patógenos o la formación de toxinas.

8. Las sustancias peligrosas o no comestibles, incluidos los piensos, deberán llevar su pertinente etiqueta y se almacenarán en recipientes separados y bien cerrados.

CAPÍTULO X.- Requisitos de envasado y embalaje de los productos alimenticios

1. Los materiales utilizados para el envasado y el embalaje no deberán ser una fuente de contaminación.

2. Los envases deberán almacenarse de modo que no estén expuestos a ningún riesgo de contaminación.

3. Las operaciones de envasado y embalaje deberán realizarse de forma que se evite la contaminación de los productos. En su caso, y en particular tratándose de latas y tarros de vidrio, deberá garantizarse la integridad de la construcción del recipiente y su limpieza.

4. Los envases y embalajes que vuelvan a utilizarse para productos alimenticios deberán ser fáciles de limpiar y, en caso necesario, de desinfectar.

CAPÍTULO XI.- Tratamiento térmico

Los siguientes requisitos únicamente serán de aplicación a los alimentos comercializados en recipientes herméticamente cerrados.

1. Cualquier proceso de tratamiento térmico utilizado para la transformación de productos sin transformar o para seguir transformando productos transformados deberá:

a) mantener todas las partes del producto tratado a una temperatura determinada durante un período de tiempo determinado, y

b) evitar la contaminación del producto durante el proceso.

2. Para garantizar que el proceso empleado consiga los objetivos deseados, los operadores de empresa alimentaria deberán controlar regularmente los principales parámetros pertinentes (en particular, la temperatura, la presión, el cierre y la microbiología), lo que podrá hacerse mediante el uso de dispositivos automáticos.

3. El proceso utilizado debería cumplir unas normas reconocidas internacionalmente (por ejemplo, la pasteurización, la temperatura ultra alta o la esterilización).

CAPÍTULO XII.- Formación

Los operadores de empresa alimentaria deberán garantizar:

1) La supervisión y la instrucción o formación de los manipuladores de productos alimenticios en cuestiones de higiene alimentaria, de acuerdo con su actividad laboral.

2) Que quienes tengan a su cargo el desarrollo y mantenimiento del procedimiento mencionado en el apartado 1 del artículo 5 del presente Reglamento o la aplicación de las guías pertinentes hayan recibido una formación adecuada en lo tocante a la aplicación de los principios del APPCC.

3) El cumplimiento de todos los requisitos de la legislación nacional relativa a los programas de formación para los trabajadores de determinados sectores alimentarios.

29 de abril de 2004.-Reglamento (CE) nº 853/2004
del Parlamento Europeo y del Consejo,
por el que se establecen normas específicas de higiene de los alimentos de origen animal
(D.O. L 139, 30 de abril de 2004)

[V.C. 29/12/2011]

TJUE, 29 de octubre de 2009, Asunto C-140/08, Rakvere Lihakombinaat AS contra Põllumajandusministeerium y Maksu- ja Tolliameti Ida maksu- ja tollikeskus. [Interpretación del anexo I]

EL PARLAMENTO EUROPEO Y EL CONSEJO DE LA UNIÓN EUROPEA,

Visto el Tratado constitutivo de la Comunidad Europea, y en particular la letra b) del apartado 4 del artículo 152,

Vista la propuesta de la Comisión,

Visto el dictamen del Comité Económico y Social Europeo,

Previa consulta al Comité de las Regiones,

De conformidad con el procedimiento establecido en el artículo 251 del Tratado,

Considerando lo siguiente:

(1) El Reglamento (CE) nº 852/2004 del Parlamento Europeo y del Consejo establece normas generales para los operadores de empresa alimentaria sobre higiene de los productos alimenticios.

(2) Determinados productos alimenticios pueden presentar peligros para la salud humana, y ello hace necesario el establecer normas higiénicas específicas. Así ocurre en particular con los alimentos de origen animal, con respecto a los cuales se han observado con frecuencia riesgos microbiológicos y químicos.

(3) En el contexto de la política agrícola común se han adoptado numerosas directivas que establecen normas sanitarias específicas para la producción y puesta en el mercado de los productos enumerados en el anexo I del Tratado. Estas normas han servido para reducir los obstáculos comerciales para los productos en cuestión, contribuyendo así a la realización del mercado interior y al establecimiento de un elevado nivel de protección de la salud pública.

(4) Por lo que respecta a la salud pública, dichas normas contienen una serie de principios comunes, referentes sobre todo a las responsabilidades de fabricantes y autoridades competentes, a los requisitos estructurales, operativos e higiénicos para los establecimientos, a los procedimientos de autorización de éstos y a los requisitos para el almacenamiento y el transporte y el marcado sanitario.

(5) Estos principios constituyen una base común para la producción higiénica de alimentos de origen animal que permite la simplificación de las directivas existentes.

(6) Es conveniente alcanzar una mayor simplificación aplicando las mismas normas, siempre que sea adecuado, a todos los productos de origen animal.

(7) También permite la simplificación la obligación que impone el Reglamento (CE) nº 852/2004 a los operadores de empresa alimentaria en una etapa cualquiera de la producción, transformación o distribución de alimentos posterior a la etapa de la producción primaria y operaciones afines, de instituir, aplicar y mantener procedimientos basados en los principios del análisis de peligros y puntos de control crítico (APPCC).

(8) Tomados en conjunto, todos estos factores justifican una refundición de las normas específicas de higiene que contienen las directivas existentes.

(9) Los objetivos principales de la refundición son: garantizar un elevado nivel de protección de los consumidores, asegurando la inocuidad alimentaria, en concreto logrando que los operadores de empresas alimentarias estén sometidos a las mismas disposiciones jurídicas en toda la Comunidad, y velar por el buen funcionamiento del mercado interior de productos de origen animal, contribuyendo así a los objetivos de la política agrícola común.

(10) Es necesario mantener y, cuando proceda para garantizar la protección del consumidor, reforzar normas higiénicas pormenorizadas para los productos de origen animal.

(11) La normativa comunitaria no debe aplicarse ni a la producción primaria para uso doméstico privado ni a la preparación, manipulación o almacenamiento domésticos de alimentos para consumo doméstico privado. Además, cuando el propio operador de

empresa alimentaria suministra directamente, en pequeñas cantidades, productos primarios o determinados tipos de carne al consumidor final o a un establecimiento local de venta al por menor, conviene proteger la salud pública mediante una normativa nacional, especialmente debido a la estrecha relación entre el productor y el consumidor.

(12) Los requisitos establecidos en el Reglamento (CE) nº 852/2004 son suficientes, por lo general, para garantizar la seguridad alimentaria en los establecimientos que realizan actividades al por menor que suponen la venta o el suministro directo de alimentos de origen animal al consumidor. El presente Reglamento debe aplicarse en general a las actividades al por mayor (es decir, las de un establecimiento minorista con vistas al suministro de alimentos de origen animal a otro establecimiento). No obstante, a excepción de los requisitos específicos de temperatura que estipula el presente Reglamento, los requisitos del Reglamento (CE) nº 852/2004 deben ser suficientes para las actividades al por mayor consistentes únicamente en el almacenamiento o transporte.

(13) Los Estados miembros deben gozar de cierta discrecionalidad para ampliar o limitar en la legislación nacional la aplicación de los requisitos del presente Reglamento a la venta al por menor. Sin embargo, pueden limitar esta aplicación sólo si estiman que los requisitos del Reglamento (CE) nº 852/2004 son suficientes para alcanzar los objetivos de higiene alimentaria y cuando el suministro de alimentos de origen animal de un establecimiento de venta al por menor a otro establecimiento constituye una actividad marginal, localizada y restringida. Este suministro debe, por tanto, constituir únicamente una pequeña proporción de la actividad del establecimiento; los establecimientos destinatarios deben estar situados en la proximidad inmediata, y el suministro debe afectar sólo a determinados tipos de productos y establecimientos.

(14) De conformidad con el artículo 10 del Tratado, los Estados miembros adoptarán todas las medidas apropiadas para garantizar que los operadores de empresa alimentaria cumplen las obligaciones derivadas del presente Reglamento.

(15) La trazabilidad de los alimentos es un elemento fundamental para garantizar la seguridad alimentaria. Además de cumplir las normas generales del Reglamento (CE) nº 178/2002, los operadores de empresa alimentaria responsables de los establecimientos sujetos a autorización con arreglo al presente Reglamento deben asegurarse de que todos los productos de origen animal que pongan en el mercado llevan una marca sanitaria o una marca de identificación.

(16) Los alimentos importados en la Comunidad deben cumplir los requisitos generales que establece el Reglamento (CE) nº 178/2002, o bien normas equivalentes a las comunitarias. El presente Reglamento establece requisitos higiénicos específicos para los alimentos de origen animal importados en la Comunidad.

(17) La adopción del presente Reglamento no debe reducir el nivel de protección proporcionado por las garantías complementarias acordadas a Finlandia y Suecia en su adhesión a la Comunidad y confirmadas por las Decisiones 94/968/CE, 95/50/CE, 95/160/CE, 95/161/CE, 95/168/CE, 95/409/CE, 95/410/CE y 95/411/CE. Debe facilitarse un procedimiento para la concesión de garantías durante un período transitorio a todo Estado miembro que disponga de un programa de control nacional aprobado que sea equivalente, para el alimento de origen animal de que se trate, a los aprobados para Finlandia y Suecia. El Reglamento (CE) nº 2160/2003 del Parlamento Europeo y del Consejo, de 17 de noviembre de 2003, sobre el control de la salmonela y otros agentes zoonóticos específicos transmitidos por los alimentos, facilita un procedimiento similar en relación con los animales vivos y los huevos para incubar.

(18) Es oportuno que los requisitos estructurales e higiénicos establecidos en el presente Reglamento se apliquen a todos los tipos de establecimientos, incluidas las pequeñas empresas y los mataderos móviles.

(19) La flexibilidad es necesaria para permitir que se sigan empleando métodos tradicionales en cualquiera de las fases de producción, transformación o distribución de alimentos en lo que respecta a los requisitos estructurales para los establecimientos. La flexibilidad es particularmente importante para las regiones con limitaciones geográficas especiales, incluidas las regiones ultraperiféricas a las que se refiere el apartado 2 del artículo 299 del Tratado. No obstante, la flexibilidad no debe comprometer los objetivos de higiene de los alimentos. Por lo demás, dado que todos los alimentos elaborados con arreglo a las normas de higiene circularán normalmente con libertad por toda la Comunidad, el procedimiento que permita a los Estados miembros ejercer la flexibilidad debe ser totalmente transparente. Debe preverse que, en caso necesario, para resolver discrepancias se mantenga un debate en el Comité permanente de la cadena alimentaria

y de sanidad animal creado mediante el Reglamento (CE) nº 178/2002 y que la Comisión coordine el proceso y adopte las medidas adecuadas.

(20) La definición de la carne separada mecánicamente (CSM) debe ser de carácter genérico y abarcar todos los métodos de separación mecánica. La rapidez de la evolución tecnológica en este campo justifica la conveniencia de una definición flexible. No obstante, los requisitos técnicos para la CSM deben variar en función de la evaluación de riesgo del producto que resulte de los distintos métodos.

(21) Existen interacciones entre operadores de empresa alimentaria, incluido el sector de los piensos, así como conexiones entre la sanidad animal, el bienestar de los animales y las consideraciones de salud pública en todas las fases de producción, transformación y distribución. Para ello es necesaria la adecuada comunicación entre los diversos agentes que intervienen en la cadena alimentaria, desde la producción primaria hasta la venta al por menor.

(22) Para garantizar una correcta inspección de la caza silvestre puesta en el mercado de la Comunidad, los cuerpos de los animales cazados y sus vísceras deben ser presentados a un establecimiento de manipulación de caza para ser sometidos a una inspección post mortem oficial. No obstante, y con el fin de preservar determinadas tradiciones cinegéticas sin menoscabar la inocuidad de los alimentos, conviene prever una formación destinada a los cazadores que pongan en el mercado animales de caza silvestre destinados al consumo humano. De este modo, los cazadores pueden proceder a un primer examen de la caza silvestre sobre el terreno. En estas circunstancias, no es necesario exigir a los cazadores que hayan recibido formación la entrega de todas las vísceras al establecimiento de manipulación de caza para un examen post mortem si, cuando lleven a cabo ese examen inicial, no observan peligros o anomalías. No obstante, los Estados miembros deben poder establecer normas más estrictas dentro de su territorio para tener en cuenta riesgos específicos.

(23) El presente Reglamento debe establecer criterios para la leche cruda en espera de la adopción de nuevos requisitos para su puesta en el mercado. Estos criterios deben consistir en valores de activación, que impliquen que si se superan esos valores, los operadores de empresa alimentaria deben adoptar medidas correctivas y avisar a la autoridad competente. No deben ser cifras máximas por encima de las cuales no se puede poner en el mercado la leche cruda. Esto supone que, en determinadas circunstancias, la leche cruda que no cumpla plenamente los criterios puede utilizarse de manera inocua para el consumo humano a condición de que se tomen las medidas adecuadas. Por lo que se refiere a la leche cruda y a la nata cruda destinadas al consumo humano directo, conviene permitir a cada Estado miembro que mantenga o establezca las medidas sanitarias adecuadas para garantizar el cumplimiento en su territorio de los objetivos del presente Reglamento.

(24) El criterio aplicable a la leche cruda utilizada para fabricar productos lácteos debe ser tres veces más estricto que el criterio aplicable a la leche cruda recogida en la explotación. El criterio aplicable a la leche cruda utilizada para fabricar productos lácteos transformados es un valor absoluto, mientras que el aplicable a la leche cruda recogida en la explotación es un promedio. El cumplimiento de los requisitos de temperatura establecidos en el presente Reglamento no evita totalmente el crecimiento de bacterias durante el transporte y el almacenamiento.

(25) La presente refundición supone que las normas de higiene existentes pueden derogarse. Esto se ha conseguido mediante la Directiva 2004/41/CE del Parlamento Europeo y del Consejo, de 21 de abril de 2004, por la que se derogan determinadas Directivas que establecen las condiciones de higiene de los productos alimenticios y las condiciones sanitarias para la producción y comercialización de determinados productos de origen animal destinados al consumo humano y se modifican las Directivas 89/662/CE y 92/118/CEE del Consejo y la Decisión 95/408/CE del Consejo.

(26) Además, las normas del presente Reglamento relativas a los huevos sustituyen a las de la Decisión 94/371/CE del Consejo, de 20 de junio de 1994, por la que se establecen condiciones específicas de salud pública para la puesta en el mercado de determinadas clases de huevos, que no tienen efecto a raíz de la supresión del anexo II de la Directiva 92/118/CEE del Consejo

(27) La normativa comunitaria en materia de higiene alimentaria debe sustentarse en consideraciones científicas. A tal fin, debe consultarse a la Autoridad Europea de Seguridad Alimentaria cuando sea necesario.

(28) Para tener en cuenta el progreso científico y técnico debe asegurarse una cooperación estrecha y eficaz entre la Comisión y los Estados miembros en el seno del Comité permanente de la cadena alimentaria y de sanidad animal.

(29) Los requisitos del presente Reglamento no se deben aplicar hasta que hayan entrado en vigor todas las partes de la nueva legislación relativa a la higiene de los alimentos. También es conveniente dejar que transcurran al menos dieciocho meses entre la entrada en vigor y la aplicación de las nuevas normas, con el fin de que las industrias interesadas puedan adaptarse.

(30) Las medidas necesarias para la ejecución del presente Reglamento deben aprobarse con arreglo a la Decisión 1999/468/CE del Consejo, de 28 de junio de 1999, por la que se establecen los procedimientos para el ejercicio de las competencias de ejecución atribuidas a la Comisión.

HAN ADOPTADO EL PRESENTE REGLAMENTO:

CAPÍTULO I.- DISPOSICIONES GENERALES

Artículo 1- *Ámbito de aplicación*

1. El presente Reglamento establece normas específicas destinadas a los operadores de empresa alimentaria en materia de higiene de los alimentos de origen animal. Las presentes disposiciones complementan las establecidas por el Reglamento (CE) nº 852/2004. Serán aplicables a los productos de origen animal tanto transformados como sin transformar.

2. A no ser que se indique expresamente lo contrario, el presente Reglamento no se aplicará a los alimentos que contengan tanto productos de origen vegetal como productos transformados de origen animal. No obstante, los productos transformados de origen animal utilizados en la preparación de tales productos deberán ser obtenidos y manipulados de conformidad con las disposiciones del presente Reglamento.

3. El presente Reglamento no se aplicará a:

a) la producción primaria para uso doméstico privado;

b) la preparación, manipulación o almacenamiento domésticos de productos alimenticios para consumo doméstico privado;

c) el suministro directo por parte del productor de pequeñas cantidades de productos primarios al consumidor final o a establecimientos locales de venta al por menor que suministran directamente al consumidor final;

d) el suministro directo por parte del productor de pequeñas cantidades de carne procedente de aves de corral y lagomorfos sacrificados en la explotación al consumidor final o a establecimientos locales de venta al por menor que suministran directamente dicha carne como carne fresca al consumidor final;

> *[Desaplicación temporal del Art. 1(3)(d) desde el 1.1.2010 hasta el 31.12.2013 establecida por el Reglamento (CE) n° 1162/2009 de la Comisión, Art. 2: "No obstante lo dispuesto en el artículo 1, apartado 3, letra d), y sin perjuicio de lo dispuesto en el artículo 1, apartado 4, del Reglamento (CE) nº 853/2004, las disposiciones establecidas en dicho Reglamento no serán aplicables al suministro directo, por parte del productor al consumidor final, o a establecimientos minoristas locales que suministren directamente al consumidor final, de pequeñas cantidades de carne procedente de aves de corral y lagomorfos sacrificados en la explotación."]*

e) el suministro directo por parte de los cazadores de pequeñas cantidades de caza silvestre o de carne de caza silvestre al consumidor final o a establecimientos locales de venta al por menor que suministran directamente al consumidor final.

4. Los Estados miembros establecerán, con arreglo a su Derecho nacional, normas que regulen las actividades y personas a que hacen referencia las letras c), d) y e) del apartado 3. Estas normas nacionales deberán garantizar la realización de los objetivos del presente Reglamento.

5.

a) A no ser que se indique expresamente lo contrario, el presente Reglamento no se aplicará a la venta al por menor.

b) No obstante, el presente Reglamento se aplicará a la venta al por menor cuando las operaciones se lleven a cabo con objeto de suministrar alimentos de origen animal a otro establecimiento, a menos que:

i) las operaciones consistan exclusivamente en el almacenamiento o el transporte, en cuyo caso se aplicarán sin embargo los requisitos específicos de temperatura establecidos en el anexo III, o bien

ii) el suministro de alimentos de origen animal a partir del establecimiento de venta al por menor se efectúe únicamente con destino a otros establecimientos de venta al por menor y, con arreglo a la legislación nacional, dicho suministro sea una actividad marginal, localizada y restringida.

c) Los Estados miembros podrán adoptar medidas nacionales para aplicar los requisitos del presente Reglamento a los establecimientos de venta al por menor situados en su territorio a los cuales el Reglamento no se aplicaría de conformidad con las letras a) o b).

6. El presente Reglamento se aplicará sin perjuicio de:

a) las normas zoosanitarias y de salud pública pertinentes ni de cualquier otra disposición más restrictiva establecida para la prevención, el control y la erradicación de determinadas encefalopatías espongiformes transmisibles;

b) los requisitos sobre bienestar de los animales;

c) los requisitos sobre identificación de los animales y trazabilidad de los productos de origen animal.

Artículo 2.- *Definiciones*

A efectos del presente Reglamento se aplicarán las siguientes definiciones:

1) las definiciones que se establecen en el Reglamento (CE) nº 178/2002;

2) las definiciones que se establecen en el Reglamento (CE) nº 852/2004;

3) las definiciones que se establecen en el anexo I, y

4) en su caso, las definiciones técnicas establecidas en los anexos II y III.

CAPÍTULO II.- OBLIGACIONES DE LOS OPERADORES DE EMPRESA ALIMENTARIA

Artículo 3.- *Obligaciones generales*

1. Los operadores de empresa alimentaria cumplirán las disposiciones pertinentes de los anexos II y III.

2. Los operadores de empresa alimentaria no utilizarán para eliminar la contaminación de superficie de los productos de origen animal ninguna sustancia distinta del agua potable o, cuando el Reglamento (CE) nº 852/2004 o el presente Reglamento autoricen su uso, distinta del agua limpia, a menos que el uso de dicha sustancia haya sido autorizado por la Comisión. Estas medidas, destinadas a modificar elementos no esenciales del presente Reglamento completándolo, se adoptarán con arreglo al procedimiento de reglamentación con control contemplado en el artículo 12, apartado 3. Los operadores de empresa alimentaria cumplirán también cualquier posible condición de uso que se adopte con arreglo al mismo procedimiento. La utilización de una sustancia autorizada no afectará a la obligación de los operadores de empresa alimentaria de cumplir los requisitos del presente Reglamento.

Artículo 4.- *Registro y autorización de los establecimientos*

1. Los operadores de empresa alimentaria pondrán en el mercado productos de origen animal fabricados en la Comunidad únicamente si han sido elaborados y manipulados exclusivamente en establecimientos que:

a) cumplan los requisitos pertinentes del Reglamento (CE) nº 852/2004 de los anexos II y III del presente Reglamento y otros requisitos pertinentes de la legislación alimentaria, y

b) hayan sido registrados por la autoridad competente o, cuando sea preceptivo en virtud del apartado 2, hayan recibido autorización.

2. Sin perjuicio de lo dispuesto en el apartado 3 del artículo 6 del Reglamento (CE) nº 852/2004, los establecimientos que manipulen los productos de origen animal para los que el anexo III del presente Reglamento establece requisitos no ejercerán sus actividades a menos que la autoridad competente los haya autorizado de conformidad con el apartado 3 del presente artículo, con la salvedad de los establecimientos que se dediquen únicamente a:

a) la producción primaria;

b) operaciones de transporte;

c) almacenamiento de productos que no necesiten almacenarse bajo una temperatura controlada, o

d) las operaciones de venta al por menor distintas de aquellas a las que se aplica el presente Reglamento de conformidad con la letra b) del apartado 5 del artículo 1.

3. Los establecimientos sujetos a autorización de conformidad con el apartado 2 no iniciarán su actividad hasta que la autoridad competente, de conformidad con el Reglamento (CE) nº 854/2004 del Parlamento Europeo y del Consejo, de 29 de abril de 2004, por el que se establecen normas específicas para la organización de controles oficiales de los productos de origen animal destinados al consumo humano, haya:

a) concedido al establecimiento la autorización para desarrollar su actividad después de una inspección in situ, o

b) concedido al establecimiento una autorización condicional.

4. Los operadores de empresa alimentaria deberán cooperar con las autoridades competentes de conformidad con lo dispuesto en la Reglamento (CE) nº 854/2004. En particular, los operadores de empresa alimentaria garantizarán que un establecimiento deje de realizar sus actividades si la autoridad competente retira su autorización o, en el caso de una autorización condicional, no la prorroga o no concede una autorización plena.

5. El presente artículo no impedirá que un establecimiento ponga en el mercado alimentos entre la fecha de aplicación del presente Reglamento y la primera inspección posterior por parte de la autoridad competente si el establecimiento:

a) está sujeto a autorización con arreglo al apartado 2 y había puesto en el mercado productos de origen animal de conformidad con la legislación comunitaria inmediatamente antes de la aplicación del presente Reglamento, o bien

b) es de un tipo respecto del cual no existía el requisito de autorización antes de la aplicación del presente Reglamento.

Artículo 5.- *Marcado sanitario y de identificación*

1. Los operadores de empresa alimentaria no pondrán en el mercado productos de origen animal manipulados en un establecimiento sujeto a autorización de conformidad con el apartado 2 del artículo 4 que no lleven:

a) una marca sanitaria fijada de conformidad con el Reglamento (CE) nº 854/2004, o bien

b) en caso de que el citado Reglamento no contemple la aplicación de una marca sanitaria, una marca de identificación fijada de conformidad con lo dispuesto en la sección I del anexo II del presente Reglamento.

2. Los operadores de empresa alimentaria podrán fijar una marca de identificación a un producto de origen animal únicamente si el producto se ha producido de conformidad con el presente Reglamento en establecimientos que cumplan los requisitos del artículo 4.

3. Los operadores de empresa alimentaria no podrán retirar de la carne una marca sanitaria fijada de conformidad con el Reglamento (CE) nº 854/2004 a menos que despiecen, procesen o manipulen de otra forma dicha carne.

Artículo 6- *Productos de origen animal procedentes de países no comunitarios*

1. Los operadores de empresa alimentaria que importen productos de origen animal procedentes de terceros países garantizarán que sólo se procederá a la importación si:

[Desaplicación temporal del Art. 6(1) desde el 1.1.2010 hasta el 31.12.2013 establecida por el Reglamento (CE) n° 1162/2009 de la Comisión, Art. 3.1: "El artículo 6, apartado 1, del Reglamento (CE) nº 853/2004 no será aplicable a las importaciones de productos de origen animal para los que no se hayan establecido condiciones sanitarias públicas de importación armonizadas, incluidas listas de terceros países, de partes de terceros países y de establecimientos a partir de los cuales se autoriza la importación.

Las importaciones de dichos productos deberán cumplir las condiciones sanitarias públicas de importación establecidas por el Estado miembro de que se trate."]

a) el tercer país de expedición figura en una lista de terceros países de los que se permiten las importaciones del producto, elaborada de acuerdo con lo dispuesto en el artículo 11 del Reglamento (CE) nº 854/2004;

b)

i) el establecimiento de expedición de dicho producto, en el que fue obtenido o preparado, figura en una lista de establecimientos de los que se permiten las importaciones del producto cuando proceda, elaborada de acuerdo con lo dispuesto en el artículo 12 del Reglamento (CE) nº 854/2004,

ii) en el caso de la carne fresca, la carne picada, los preparados de carne, los productos de la carne y la CSM el producto fue elaborado a partir de carne obtenida en mataderos y salas de despiece que figuran en listas elaboradas y actualizadas de conformidad con el artículo 12 del Reglamento (CE) nº 854/2004 o en establecimientos comunitarios autorizados, y

iii) en el caso de los moluscos bivalvos vivos, los equinodermos, los tunicados y los gasterópodos marinos, la zona de producción figura en una lista elaborada de conformidad con lo dispuesto en el artículo 13 de dicho Reglamento, cuando haya lugar;

c) el producto cumple:

i) los requisitos del presente Reglamento, incluidos los requisitos del artículo 5 sobre el marcado sanitario y de identificación,

ii) los requisitos del Reglamento (CE) nº 852/2004, y

iii) los procedimientos de importación establecidos de conformidad con la legislación comunitaria aplicable a los controles de importaciones de los productos de origen animal, y

d) se cumplen los requisitos del artículo 14 del Reglamento (CE) nº 854/2004 relativos a los certificados y documentos, si ha lugar.

2. No obstante lo dispuesto en el apartado 1, la importación de productos de la pesca podrá también tener lugar con arreglo a las disposiciones específicas establecidas en el artículo 15 del Reglamento (CE) nº 854/2004.

3. Los operadores de empresa alimentaria que importen productos de origen animal garantizarán:

a) que los productos se presentan para su control en el momento de la importación de acuerdo con la Directiva 97/78/CE;

b) que la importación cumple los requisitos de la Directiva 2002/99/CE , y

c) que las operaciones bajo su control que tienen lugar después de la importación se realizan de acuerdo con los requisitos establecidos en el anexo III.

4. Los operadores de empresa alimentaria que importen alimentos que contengan tanto productos de origen vegetal como productos transformados de origen animal garantizarán que los productos transformados de origen animal contenidos en tales alimentos cumplen los requisitos de los apartados 1 a 3. Deberán poder demostrar que lo han hecho así [por ejemplo, mediante la documentación o certificación adecuada, que no debe ser necesariamente en el formato especificado en la letra d) del apartado 1].

[Desaplicación temporal del Art. 6(4) desde el 1.1.2010 hasta el 31.12.2013 establecida por el Reglamento (CE) nº 1162/2009 de la Comisión, Art. 3.2: "No obstante lo dispuesto en el artículo 6, apartado 4, del Reglamento (CE) nº 853/2004, los operadores de empresa alimentaria que importen productos que contengan tanto productos de origen vegetal como productos transformados de origen animal, distintos de los mencionados en el artículo 3, apartado 1, del Reglamento (UE) nº 28/2012, estarán exentos de la obligación prevista en dicho artículo.
Las importaciones de dichos productos deberán cumplir, en su caso, las normas comunitarias armonizadas y, en otros casos, las normas nacionales aplicadas por los Estados miembros."]

CAPÍTULO III.- COMERCIALIZACIÓN

Artículo 7- *Documentos*

1. Toda vez que así lo requiera lo dispuesto en los anexos II o III, los operadores de empresa alimentaria velarán por que los envíos de productos de origen animal vayan acompañados de los certificados u otros documentos correspondientes.

2. Con arreglo al procedimiento previsto en el apartado 2 del artículo 12:

a) podrán establecerse modelos de documentos, y

b) podrá preverse la admisión de documentos electrónicos.

Artículo 8.- *Garantías especiales*

1. Los operadores de empresa alimentaria que tengan la intención de poner en el mercado los siguientes alimentos de origen animal en Suecia o Finlandia cumplirán las normas del apartado 2 en relación con la salmonela:

a) la carne de vacuno y de porcino, incluida la carne picada pero excluidos los preparados de carne y la carne separada mecánicamente (CSM);

b) la carne de aves de corral de las especies siguientes: gallinas domésticas, pavos, pintadas, patos y gansos, incluida la carne picada, pero excluidos los preparados de carne y la CSM, y

c) los huevos.

2.

a) En el caso de la carne de animales de las especies bovina y porcina y de aves de corral, deberán haberse tomado muestras de los envíos en el establecimiento de origen y deberán haberse sometido a una prueba microbiológica con resultados negativos con arreglo a la legislación comunitaria.

b) En el caso de los huevos, los centros de embalaje ofrecerán garantías de que los envíos proceden de corrales que han sido sometidos a una prueba microbiológica con resultados negativos con arreglo a la legislación comunitaria.

c) En el caso de la carne de animales de las especies bovina y porcina, no será necesario efectuar la prueba prevista en la letra a) cuando se trate de envíos destinados a un establecimiento en el que vayan a someterse a un proceso de pasteurización, esterilización u otro tratamiento de efectos similares. En el caso de los huevos, no será necesario efectuar la prueba prevista en la letra b) cuando se trate de envíos destinados a la elaboración de productos transformados mediante un proceso que garantice la eliminación de la salmonela.

d) Tampoco será necesario someter a las pruebas previstas en las letras a) y b) los productos alimenticios que procedan de establecimientos inscritos en programas de control operativos que hayan sido reconocidos, respecto de los alimentos de origen animal de que se trate y con arreglo al procedimiento previsto en el apartado 2 del artículo 12, como equivalentes al aprobado para Suecia y Finlandia.

e) La carne de animales de las especies bovina y porcina y de aves de corral irá acompañada de un documento comercial o certificado conforme a un modelo establecido por la legislación comunitaria, en el que se hará constar que:

i) se han llevado a cabo las verificaciones previstas en la letra a), con resultados negativos, o bien

ii) la carne está destinada a uno de los tratamientos previstos en la letra c), o bien

iii) la carne procede de un establecimiento cubierto por la letra d).

f) En el caso de los huevos, los envíos deberán ir acompañados de un certificado en el que se declare que se han efectuado con resultado negativo las pruebas previstas en la letra b) o que los huevos están destinados al tratamiento descrito en la letra c).

3.

a) La Comisión podrá actualizar los requisitos formulados en los apartados 1 y 2 para tener en cuenta, en particular, los cambios en los programas de control de los Estados miembros o la adopción de criterios microbiológicos de conformidad con el Reglamento (CE) nº 852/2004. Estas medidas, destinadas a modificar elementos no esenciales del presente Reglamento, incluso completándolo, se adoptarán con arreglo al procedimiento de reglamentación con control contemplado en el artículo 12, apartado 3.

b) De conformidad con el procedimiento de reglamentación contemplado en el artículo 12, apartado 2, las normas establecidas en el apartado 2 del presente artículo respecto de los productos alimenticios mencionados en su apartado 1 podrán hacerse extensivas, total o parcialmente, a cualquier Estado miembro, o región de un Estado miembro, que tenga un programa de control reconocido como equivalente al aprobado para Suecia y Finlandia respecto de los alimentos de origen animal de que se trate.

4. A efectos del presente artículo, se entenderá por «programa de control» un programa de control aprobado con arreglo al Reglamento (CE) nº 2160/2003.

CAPÍTULO IV.- DISPOSICIONES FINALES

Artículo 9

Las medidas transitorias de alcance general destinadas a modificar elementos no esenciales del presente Reglamento, incluso completándolo con nuevos elementos no esenciales, en particular especificaciones adicionales de los requisitos establecidos el presente Reglamento, se adoptarán con arreglo al procedimiento de reglamentación con control contemplado en el artículo 12, apartado 3.

Podrán adoptarse otras medidas de ejecución o transitorias con arreglo al procedimiento de reglamentación contemplado en el artículo 12, apartado 2.

Artículo 10.- *Modificación y adaptación de los anexos II y III*

1. La Comisión podrá adaptar o actualizar los anexos II y III, teniendo en cuenta:

a) la elaboración de guías de buenas prácticas;

b) la experiencia adquirida en la aplicación de sistemas de APPCC con arreglo al artículo 5 del Reglamento (CE) 852/2004;

c) los avances tecnológicos y sus consecuencias prácticas, y las expectativas del consumidor con respecto a la composición de los alimentos;

d) el asesoramiento científico, y en particular nuevas evaluaciones de riesgos;

e) los criterios microbiológicos y de temperatura relativos a los productos alimenticios;

f) los cambios en las tendencias del consumo.

Estas medidas, destinadas a modificar elementos no esenciales del presente Reglamento, incluso completándolo, se adoptarán con arreglo al procedimiento de reglamentación con control contemplado en el artículo 12, apartado 3.

2. La Comisión podrá conceder excepciones respecto de lo dispuesto en los anexos II y III, siempre que dichas excepciones no afecten a la realización de los objetivos del presente Reglamento. Estas medidas, destinadas a modificar elementos no esenciales del presente Reglamento, se adoptarán con arreglo al procedimiento de reglamentación con control contemplado en el artículo 12, apartado 3.

3. Los Estados miembros podrán adoptar medidas nacionales de adaptación de los requisitos del anexo III con arreglo a los apartados 4 a 8 siempre que no comprometan los objetivos del presente Reglamento.

4.

a) Las medidas nacionales mencionadas en el apartado 3 tendrán por objeto:

i) permitir seguir utilizando métodos tradicionales en cualquiera de las fases de producción, transformación o distribución de alimentos, o

ii) responder a las necesidades de las empresas del sector alimentario situadas en regiones con condicionantes geográficos particulares, o

b) en otras circunstancias, se aplicarán exclusivamente a la construcción, diseño y equipamiento de los establecimientos.

5. Los Estados miembros que deseen adoptar las medidas nacionales mencionadas en el apartado 3 lo notificarán a la Comisión y a los demás Estados miembros. La notificación:

a) incluirá una descripción detallada de los requisitos que el Estado miembro considera que deben ser adaptados y de la naturaleza de la adaptación que se pretende;

b) describirá los productos alimenticios y los establecimientos a que se refiera;

c) explicará los motivos de la adaptación, incluso, cuando proceda, facilitando un resumen del análisis de peligros efectuado y de las medidas previstas para garantizar que la adaptación no comprometa los objetivos del presente Reglamento, y

d) proporcionará cualquier otra información pertinente.

6. Los demás Estados miembros dispondrán de tres meses a partir de la recepción de la notificación prevista en el apartado 5 para enviar comentarios escritos a la Comisión. Para las adaptaciones resultantes de lo dispuesto en la letra b) del apartado 4 el plazo se ampliará a cuatro meses a petición de cualquier Estado miembro. La Comisión podrá consultar a los Estados miembros reunidos en el comité previsto en el apartado 1 del artículo 12 y estará obligada a hacerlo si recibe comentarios escritos de uno o varios Estados miembros. Con arreglo al procedimiento mencionado en el apartado 2 del artículo 12, podrá decidir si las medidas previstas pueden ser aplicadas, sujetas en caso necesario a las modificaciones oportunas. Cuando sea conveniente, la Comisión podrá proponer medidas de aplicación general con arreglo a los apartados 1 o 2 del presente artículo.

7. Los Estados miembros podrán adoptar medidas nacionales de adaptación de los requisitos del anexo III sólo:

a) conforme a una decisión adoptada con arreglo al apartado 6;

b) si un mes después de la expiración del plazo previsto en el apartado 6 la Comisión no hubiera informado a los Estados miembros de que ha recibido comentarios escritos o de su intención de proponer la adopción de una decisión de conformidad con el apartado 6, o

c) de conformidad con el apartado 8.

8. Un Estado miembro podrá, por propia iniciativa y de conformidad con las disposiciones generales del Tratado, mantener o establecer normas nacionales:

a) que prohíban o limiten la puesta en el mercado en su territorio de leche cruda o nata cruda destinada al consumo humano directo, o

b) que permitan, con la autorización de la autoridad competente, el uso de leche cruda que no cumpla los criterios establecidos en la sección IX del anexo III en lo que se refiere a las colonias de gérmenes y al contenido de células somáticas para fabricar quesos con un período de envejecimiento o de maduración de al menos 60 días, y productos lácteos obtenidos en relación con la fabricación de dichos quesos, siempre y cuando ello no vaya en menoscabo de la realización de los objetivos del presente Reglamento.

Artículo 11.- *Decisiones específicas*

Sin perjuicio de las disposiciones generales del artículo 9 y del artículo 10, apartado 1, podrán establecerse medidas de ejecución con arreglo al procedimiento de reglamentación contemplado en el artículo 12, apartado 2, y adoptarse modificaciones de los anexos II o III, como medidas destinadas a modificar elementos no esenciales del presente Reglamento, con arreglo al procedimiento de reglamentación con control contemplado en el artículo 12, apartado 3, con el fin de:

1) establecer normas para el transporte de carne sin refrigerar;

2) especificar, respecto de las CSM, el contenido de calcio que no es notablemente mayor que el de la carne picada;

3) establecer otros tratamientos que puedan aplicarse en los establecimientos de transformación a los moluscos bivalvos vivos de las zonas de producción de las clases B o C cuando no hayan sido sometidos a depuración o reinstalación;

4) especificar métodos de ensayo reconocidos para la detección de biotoxinas marinas;

5) establecer nuevas normas sanitarias para los moluscos bivalvos vivos, en cooperación con el laboratorio de referencia comunitario competente, entre ellos:

a) valores máximos y métodos de análisis que deban aplicarse a otras biotoxinas marinas;

b) procedimientos de detección de virus y normas virológicas, y

c) los programas de muestreo, los métodos y las tolerancias analíticas que tengan que aplicarse para comprobar el cumplimiento de las normas sanitarias.

6) establecer normas o controles sanitarios cuando existan pruebas científicas de su necesidad para la protección de la salud pública;

7) hacer extensivo el capítulo IX de la sección VII del anexo III a los moluscos bivalvos vivos distintos de los pectínidos;

8) especificar criterios para determinar en qué momento los datos epidemiológicos indican que una zona de pesca no presenta un peligro sanitario en lo que se refiere a la presencia de parásitos y, en consecuencia, en qué momento puede la autoridad competente autorizar a los operadores de empresa alimentaria a no congelar los productos de la pesca de conformidad con la parte D del capítulo III de la sección VIII del anexo III;

9) establecer criterios y límites de frescura relativos a la histamina y al nitrógeno volátil total para los productos de la pesca;

10) autorizar el uso de leche cruda que no cumpla los criterios establecidos en la sección IX del anexo III respecto de las colonias de gérmenes y del contenido de células somáticas para fabricar determinados productos lácteos;

11) sin perjuicio de lo dispuesto en la Directiva 96/23/CE establecer un valor máximo autorizado para el total acumulado de residuos de sustancias antibióticas en la leche cruda;

12) aprobar procesos equivalentes para la producción de gelatina o colágeno.

Artículo 12.- *Procedimiento de Comité*

1. La Comisión estará asistida por el Comité permanente de la cadena alimentaria y de sanidad animal.

2. En los casos en que se haga referencia al presente apartado, serán de aplicación los artículos 5 y 7 de la Decisión 1999/468/CE, observando lo dispuesto en su artículo 8.

El plazo contemplado en el apartado 6 del artículo 5 de la Decisión 1999/468/CE queda fijado en tres meses.

3. En los casos en que se haga referencia al presente apartado, serán de aplicación el artículo 5 bis, apartados 1 a 4, y el artículo 7 de la Decisión 1999/468/CE, observando lo dispuesto en su artículo 8.

Artículo 13.- *Consulta a la Autoridad Europea de Seguridad Alimentaria*

La Comisión consultará a la Autoridad Europea de Seguridad Alimentaria sobre cualquier cuestión que entre en el ámbito de aplicación del presente Reglamento y pueda tener repercusiones sanitarias importantes y, en particular, antes de proponer hacer extensiva a otras especies animales la sección III del anexo III.

Artículo 14.- *Informe al Parlamento Europeo y al Consejo*

1. La Comisión presentará al Parlamento Europeo y al Consejo a más tardar el 20 de mayo de 2009, un informe en el que pasará revista a la experiencia obtenida con la aplicación del presente Reglamento.

2. En caso necesario, la Comisión adjuntará al informe las propuestas oportunas.

Artículo 15.-

El presente Reglamento entrará en vigor a los veinte días de su publicación en el Diario Oficial de la Unión Europea.

Será aplicable dieciocho meses después de la fecha en que entren en vigor todos los actos siguientes:

a) Reglamento (CE) nº 852/2004;

b) Reglamento (CE) nº 854/2004, y

c) Directiva 2004/41/CE.

Sin embargo, no se aplicará antes del 1 de enero de 2006.

El presente Reglamento será obligatorio en todos sus elementos y directamente aplicable en cada Estado miembro.

ANEXO I.-
Definiciones

A los efectos del presente Reglamento, se entenderá por:

1. CARNE

1.1. «Carne»: las partes comestibles de los animales a que se refieren los puntos 1.2 a 1.8, incluida la sangre.

1.2. «Ungulados domésticos»: los animales domésticos de las especies bovina (incluidas las especies Bubalus y Bison), porcina, ovina y caprina, así como los solípedos domésticos.

1.3. «Aves de corral»: las aves de cría, incluidas las aves que no se consideran domésticas pero que se crían como animales domésticos, con excepción de las ratites.

1.4. «Lagomorfos»: los conejos, liebres y roedores.

1.5. «Caza silvestre»:

— los ungulados y lagomorfos silvestres, así como otros mamíferos terrestres que se cazan para el consumo humano y son considerados caza silvestre con arreglo a la legislación aplicable en el Estado miembro de que se trate, incluidos los mamíferos que viven en territorios cerrados en condiciones de libertad similares a las de los animales de caza silvestre, y

— las aves silvestres cazadas para el consumo humano.

1.6. «Caza de cría»: las ratitas de cría y los mamíferos terrestres de cría distintos de los mencionados en el punto 1.2.

1.7. «Caza menor silvestre»: las aves de caza silvestres y los lagomorfos que viven en libertad.

1.8. «Caza mayor silvestre»: los mamíferos terrestres salvajes que viven en libertad y que no entran en la definición de caza menor silvestre.

1.9. «Canal»: el cuerpo de un animal una vez sacrificado y faenado.

1.10. «Carne fresca»: la carne que no ha sido sometida a procesos de conservación distintos de la refrigeración, la congelación o la ultracongelación, incluida la carne envasada al vacío o envasada en atmósfera controlada.

1.11. «Despojos»: la carne fresca que no sea la de la canal, incluidas las vísceras y la sangre.

1.12. «Vísceras»: los órganos de las cavidades torácica, abdominal y pélvica, así como la tráquea y el esófago y, en el caso de las aves, el buche.

1.13. «Carne picada»: la carne deshuesada que ha sido sometida a una operación de picado en trozos y que contiene menos de 1 % de sal.

1.14. «Carne separada mecánicamente» (CSM): el producto obtenido extrayendo la carne de los huesos carnosos después del deshuesado, o de las canales de las aves, por medios mecánicos que ocasionan la pérdida o alteración de la estructura de la fibra muscular.

1.15. «Preparados de carne»: la carne fresca, incluida la carne que ha sido troceada, a la que se han añadido productos alimenticios, condimentos o aditivos, o que ha sido sometida a transformaciones que no bastan para alterar la estructura interna de la fibra muscular ni, por lo tanto, para eliminar las características de la carne fresca.

1.16. «Matadero»: el establecimiento donde se sacrifican y faenan animales cuya carne está destinada al consumo humano.

1.17. «Planta de despiece»: el establecimiento utilizado para deshuesar o despiezar carne.

1.18. «Establecimiento de manipulación de caza»: todo establecimiento en el que se prepara la caza y la carne de caza después de cazarla para ponerlas a la venta.

2. MOLUSCOS BIVALVOS VIVOS

2.1. «Moluscos bivalvos»: los moluscos lamelibranquios que se alimentan por filtración.

2.2. «Biotoxinas marinas»: las sustancias tóxicas acumuladas en los moluscos bivalvos, en particular debido a la ingestión de plancton que contenga dichas toxinas.

2.3. «Acondicionamiento»: el almacenamiento de moluscos bivalvos vivos procedentes de zonas de producción, centros de depuración o centros de expedición de clase A, en tanques o en cualquier otra instalación que contenga agua de mar limpia o en zonas naturales, para limpiarlos de arena, fango o limo, para preservar o mejorar sus cualidades organolépticas y para garantizar que estén en buen estado de vitalidad antes de envasarlos o embalarlos.

2.4. «Recolector»: toda persona física o jurídica que recolecta moluscos bivalvos vivos por uno u otro medio en una zona de recolección, para su manipulación y puesta en el mercado.

2.5. «Zona de producción»: las zonas marítimas, de lagunas o de estuarios donde se encuentren bancos naturales o zonas de cultivo de moluscos bivalvos y donde se recolecten moluscos bivalvos vivos.

2.6. «Zona de reinstalación»: las zonas marítimas, de lagunas o de estuarios claramente delimitadas y señalizadas por boyas, postes o cualquier otro material fijo, exclusivamente destinadas a la depuración natural de moluscos bivalvos vivos.

2.7. «Centro de expedición»: todo establecimiento terrestre o flotante en el que se reciben, acondicionan, lavan, limpian, calibran, envasan y embalan moluscos bivalvos vivos aptos para el consumo humano.

2.8. «Centro de depuración»: el establecimiento que dispone de tanques alimentados con agua de mar limpia en los que se mantienen los moluscos bivalvos vivos durante el tiempo necesario para reducir la contaminación con objeto de hacerlos aptos para el consumo humano.

2.9. «Reinstalación»: el traslado de moluscos bivalvos vivos a zonas marítimas, de lagunas o de estuarios durante el tiempo necesario para reducir las sustancias contaminantes con objeto de hacerlos aptos para el consumo humano. Esta operación no incluye la operación específica de traslado de moluscos bivalvos a zonas más apropiadas para su posterior crecimiento o engorde.

3. PRODUCTOS DE LA PESCA

3.1. «Productos de la pesca»: todos los animales marinos o de agua dulce (salvo los moluscos bivalvos vivos, los equinodermos vivos, los tunicados vivos y los gasterópodos marinos vivos, así como todos los mamíferos, reptiles y ranas), ya sean salvajes o de cría, incluidas todas las formas, partes y productos comestibles de dichos animales.

3.2. «Buque factoría»: todo buque a bordo del cual se somete a los productos de la pesca a una o varias de las siguientes operaciones antes del envasado o embalado y, si es necesario, de la refrigeración o congelación: fileteado, corte en rodajas, pelado, separación de las valvas o del caparazón, picado o transformación.

3.3. «Buque congelador»: todo buque a bordo del cual se efectúe la congelación de los productos de la pesca, precedida, en caso necesario, de labores de preparación como el sangrado, descabezado, evisceración y extracción de las aletas, y seguida, si es preciso, del envasado o el embalado.

3.4. «Producto de la pesca separado mecánicamente»: cualquier producto obtenido extrayendo la carne de los productos de la pesca por medios mecánicos que ocasionan la pérdida o alteración de la estructura de la fibra muscular.

3.5. «Productos de la pesca frescos»: los productos de la pesca sin transformar, enteros o preparados, incluidos los productos embalados al vacío o en atmósfera modificada, que no se hayan sometido a ningún tratamiento distinto de la refrigeración para garantizar su conservación.

3.6. «Productos de la pesca preparados»: los productos de la pesca sin transformar que se hayan sometido a una operación que afecte a su integridad anatómica, como evisceración, descabezado, corte en rodajas, fileteado y picado.

4. LECHE

4.1. «Leche cruda»: la leche producida por la secreción de la glándula mamaria de animales de abasto que no haya sido calentada a una temperatura superior a 40 oC ni sometida a un tratamiento de efecto equivalente.

4.2. «Explotación productora de leche»: el establecimiento que dispone de uno o más animales de abasto para la producción de leche con vistas a ponerla en el mercado como alimento.

5. HUEVOS

5.1. «Huevos»: los huevos con cáscara –con exclusión de los cascados, incubados o cocidos– de aves de cría aptos para el consumo humano directo o para la preparación de ovoproductos.

5.2. «Huevo líquido»: el contenido del huevo no transformado después de quitar la cáscara.

5.3. «Huevos resquebrajados»: los huevos cuya cáscara esté resquebrajada, con las membranas intactas.

5.4. «Centro de embalado»: el establecimiento donde se calibran los huevos por peso y calidad.

6. ANCAS DE RANA Y CARACOLES

6.1. «Ancas de rana»: la parte posterior del cuerpo seccionado transversalmente por detrás de las extremidades anteriores, eviscerada y despellejada, de la especie Rana (familia de los Ránidos).

6.2. «Caracoles»: los gasterópodos terrestres de las especies Helix pomatia Linné, Helix aspersa Muller, Helix lucorum y de las especies pertenecientes a la familia de los Acatínidos.

7. PRODUCTOS TRANSFORMADOS

7.1. «Productos cárnicos»: los productos transformados resultantes de la transformación de la carne o de la nueva transformación de dichos productos transformados, de modo que la superficie de corte muestre que el producto ha dejado de poseer las características de la carne fresca.

7.2. «Productos lácteos»: los productos transformados como resultado de la transformación de la leche cruda, o de la transformación subsiguiente de tales productos transformados.

7.3. «Ovoproductos»: los productos transformados resultantes de la transformación de huevos, de diversos componentes o mezclas de huevos, o de la transformación subsiguiente de tales productos transformados.

7.4. «Productos de la pesca transformados»: productos transformados resultantes de la transformación de productos de la pesca o de la nueva transformación de dichos productos transformados.

7.5. «Grasas animales fundidas»: las grasas obtenidas por fundición mediante tratamiento térmico de la carne (incluidos los huesos) y destinadas al consumo humano.

7.6. «Chicharrones»: los residuos proteicos de la fundición de grasas, tras la separación parcial de la grasa y el agua.

7.7. «Gelatina»: la proteína natural, soluble, gelificante o no, obtenida mediante la hidrólisis parcial de colágeno producido a partir de huesos, pieles, tendones y nervios de animales.

7.8. «Colágeno»: el producto a base de proteína obtenido a partir de huesos, pieles, tendones y nervios de animales y fabricado de conformidad con las disposiciones pertinentes del presente Reglamento.

7.9. «Estómagos, vejigas e intestinos tratados»: los estómagos, vejigas e intestinos que hayan sido sometidos a tratamientos como salado, calentamiento o secado después de haberse extraído y después de limpiarlos.

8. OTRAS DEFINICIONES

8.1. «Productos de origen animal»:

— los alimentos de origen animal, incluidas la miel y la sangre,

— los moluscos bivalvos vivos, los equinodermos vivos, los tunicados vivos y los gasterópodos marinos vivos destinados al consumo humano, y

— otros animales destinados a ser preparados con vistas a suministrarlos vivos al consumidor final.

8.2. «Mercado mayorista»: una empresa del sector alimentario integrada por varias unidades independientes que comparten instalaciones y secciones comunes en las que los productos alimenticios se venden a los operadores de empresa alimentaria.

ANEXO II.-
Requisitos relativos a varios productos de origen animal

SECCIÓN I: MARCADO DE IDENTIFICACIÓN

Cuando resulte necesario de conformidad con lo dispuesto en los artículos 5 y 6, y sin perjuicio de lo dispuesto en el anexo III, los operadores de empresa alimentaria deberán garantizar la fijación de una marca de identificación en los productos de origen animal de conformidad con las siguientes disposiciones.

A. FIJACIÓN DE LA MARCA DE IDENTIFICACIÓN

1. La marca de identificación deberá fijarse antes de que el producto abandone el establecimiento de producción.

2. No obstante, deberá fijarse una nueva marca en el producto si se desembala o se desenvasa o si se somete a una nueva transformación en otro establecimiento, en cuyo caso la nueva marca deberá indicar el número de autorización del establecimiento en que tengan lugar esas operaciones.

3. La marca de identificación no será necesaria en los embalajes de huevos provistos de un código de centro de embalado de conformidad con el anexo XIV, parte A, del Reglamento (CE) nº 1234/2007 del Consejo.

4. Los operadores de empresa alimentaria deberán, de conformidad con el artículo 18 del Reglamento (CE) nº 178/2002, contar con sistemas y procedimientos para identificar a los operadores de empresa alimentaria de los cuales han recibido y a los cuales han entregado productos de origen animal.

B. FORMA DE LA MARCA DE IDENTIFICACIÓN

5. La marca deberá ser legible e indeleble, y sus caracteres fácilmente descifrables. Se fijará de forma que quede claramente visible para las autoridades competentes.

6. La marca deberá indicar el nombre del país en el que esté ubicado el establecimiento, que podrá figurar con todas sus letras o abreviado en un código de dos letras conforme a la norma ISO correspondiente.

Para los Estados miembros, sin embargo, dichos códigos son los siguientes: BE, BG, CZ, DK, DE, EE, GR, ES, FR, IE, IT, CY, LV, LT, LU, HU, MT, NL, AT, PL, PT, SI, SK, FI, RO, SE y UK.

7. La marca deberá indicar el número de autorización del establecimiento. En el caso de establecimientos que elaboren productos alimenticios a los que se aplique el presente Reglamento y productos alimenticios a los que no se les aplique, el operador de empresa alimentaria podrá fijar la misma marca de identificación en ambos tipos de productos alimenticios.

8. Las marcas fijadas en establecimientos situados en la Comunidad deberán tener forma oval e incluirán las siglas CE, EB, EC, EF, EG, EK, EO, EY, ES, EÜ, EK o WE.

Estas siglas no se incluirán en las marcas fijadas en productos importados en la Comunidad procedentes de establecimientos situados fuera de su territorio.

C. MÉTODO DE MARCADO

9. Dependiendo del tipo de presentación de cada producto de origen animal, la marca podrá fijarse directamente en el producto, en el envase o en el embalaje, o bien estamparse en una etiqueta fijada a cualquiera de los tres. La marca podrá consistir también en una etiqueta inamovible de material resistente.

10. En el caso de los embalajes que contengan carne despiezada o despojos, la marca deberá fijarse a una etiqueta sujeta al embalaje, o estamparse en el embalaje, de tal modo que quede destruida cuando éste se abra. Esto no será necesario, sin embargo, si el proceso de apertura destruye el embalaje. Cuando el envase ofrezca la misma protección que el embalaje, la etiqueta podrá colocarse en el envase.

11. Cuando los productos de origen animal se introduzcan en contenedores de transporte o en grandes embalajes y se destinen a su posterior manipulación, transformación, envasado o embalado en otro establecimiento, la marca podrá fijarse en la superficie exterior del contenedor o embalaje.

12. En el caso de los productos de origen animal líquidos, granulares o en polvo transportados en grandes cantidades, así como de los productos de la pesca transportados en grandes cantidades, la marca de identificación no será necesaria si la documentación que lo acompaña contiene la información indicada en los puntos 6, 7 y, si procede, 8.

13. Cuando los productos de origen animal se pongan en el mercado en embalajes destinados al suministro directo al consumidor final, bastará con fijar la marca únicamente en el exterior de dicho embalaje.

14. Cuando la marca se aplique directamente a los productos de origen animal, los colores utilizados deberán estar autorizados de conformidad con las normas comunitarias para el uso de sustancias colorantes en los productos alimenticios.

SECCIÓN II: OBJETIVOS DE LOS PROCEDIMIENTOS DE APPCC

1. Los operadores de empresa alimentaria que exploten mataderos deberán garantizar que los procedimientos que han establecido de conformidad con lo dispuesto en el artículo 5 del Reglamento (CE) nº 852/2004 cumplen los requisitos cuya necesidad haya quedado demostrada por el análisis de peligros, así como los requisitos específicos enumerados en el punto 2.

2. Los procedimientos deberán garantizar que cada animal o, en su caso, cada lote de animales que se acepte en los locales del establecimiento:

a) ha sido convenientemente identificado;

b) va acompañado de la información pertinente de su explotación de procedencia a que se refiere la sección IB;

c) no procede de una explotación o de una zona sujetas a una prohibición de desplazamiento o a otra restricción por motivos de sanidad animal o pública, excepto cuando la autoridad competente así lo permita;

d) está limpio;

e) goza de buena salud, en la medida en que así puede juzgarlo el operador de empresa alimentaria;

f) se halla, al llegar al matadero, en un estado satisfactorio por lo que respecta al bienestar.

3. En caso de que no se cumpla alguno de los requisitos enumerados en el punto 2, el operador de empresa alimentaria deberá notificarlo al veterinario oficial y tomar las medidas oportunas.

SECCIÓN III: INFORMACIÓN SOBRE LA CADENA ALIMENTARIA

Los operadores de empresa alimentaria que exploten mataderos deberán, en su caso, solicitar, recibir, verificar e intervenir en la información sobre la cadena alimentaria tal como figura en la presente sección en relación con todos los animales, distintos de la caza silvestre, que se hayan enviado o que se vayan a enviar al matadero.

1. Los operadores de los mataderos no deberán aceptar animales en los locales del matadero a menos que hayan solicitado y recibido la información pertinente sobre la cadena alimentaria contenida en los registros de la explotación de procedencia conforme a lo dispuesto en el Reglamento (CE) nº 852/2004.

2. Los operadores de los mataderos deberán recibir dicha información al menos 24 horas antes de la llegada de los animales al matadero, excepto en las circunstancias mencionadas en el punto 7.

3. La información de la cadena alimentaria mencionada en el punto 1 incluirá, en particular:

a) la situación de la explotación de procedencia o la situación regional en cuanto a la salud animal;

b) el estado de salud de los animales;

c) los medicamentos veterinarios u otros tratamientos administrados a los animales durante un período adecuado y con un tiempo de espera superior a cero, junto con las fechas de su administración y plazos de retirada;

d) la aparición de enfermedades que puedan afectar a la inocuidad de la carne;

e) los resultados, siempre que sean pertinentes para la protección de la salud pública, de los análisis efectuados sobre muestras tomadas a los animales u otras muestras recogidas para diagnosticar las enfermedades que puedan afectar a la inocuidad de la carne, incluidas las muestras tomadas en el marco de la vigilancia y el control de las zoonosis y los residuos;

f) cualquier informe pertinente relacionado con anteriores inspecciones ante mortem y post mortem en animales procedentes de la misma explotación de procedencia, incluidos, en particular, los informes del veterinario oficial;

g) datos de producción, cuando puedan indicar la presencia de enfermedades, y

h) el nombre y la dirección del veterinario privado que atiende normalmente la explotación de procedencia.

4.

a) Sin embargo, no es necesario que los operadores de los mataderos reciban:

i) la información mencionada en las letras a), b), f) y h) del punto 3 si el operador ya es consciente de dicha información (por ejemplo, a través de un acuerdo permanente o de un sistema de aseguramiento de la calidad), o

ii) la información a que se hace referencia en las letras a), b), f) y g) del punto 3 si el productor declara que no hay información pertinente que notificar.

b) No es necesario facilitar la información como un extracto textual de los registros de la explotación de procedencia. Puede aportarse por medio de intercambio de datos electrónicos o en forma de una declaración normalizada firmada por el productor.

5. Los operadores de empresa alimentaria que decidan aceptar animales en los locales del matadero tras evaluar la información correspondiente sobre la cadena alimentaria deberán dar una copia de la información al veterinario oficial sin dilación y, excepto en las circunstancias mencionadas en el punto 7, por lo menos 24 horas antes de la llegada del animal o del lote. El operador de empresa alimentaria deberá notificar al veterinario oficial toda información que plantee inquietud respecto a la salud antes de la inspección ante mortem del animal de que se trate.

6. Cuando los animales lleguen al matadero sin la información sobre la cadena alimentaria, el operador deberá notificarlo inmediatamente al veterinario oficial. El sacrificio del animal no podrá tener lugar hasta que el veterinario oficial lo permita.

7. Si la autoridad competente así lo permite, y siempre que ello no ponga en peligro los objetivos del presente Reglamento, la información sobre la cadena alimentaria podrá llegar menos de 24 horas antes de la llegada al matadero de los animales de todas las especies a los que se refiere, o acompañar a estos animales al matadero.

Sin embargo, cualquier elemento de la información sobre la cadena alimentaria, cuyo conocimiento pueda causar una perturbación importante de la actividad del matadero, deberá comunicarse al operador de empresa alimentaria que explote el matadero con la suficiente antelación, antes de la llegada de los animales al matadero, a fin de que ese operador de empresa alimentaria pueda planificar la actividad del matadero en consecuencia.

El operador de empresa alimentaria que explote el matadero deberá evaluar la información pertinente y comunicar la información sobre la cadena alimentaria recibida al veterinario oficial. El sacrificio o el faenado de los animales no podrán tener lugar hasta que el veterinario oficial lo permita.

8. Los operadores de empresa alimentaria deberán comprobar los pasaportes que acompañen al solípedo doméstico para asegurarse de que el animal está destinado al sacrificio para el consumo humano. Si aceptan al animal para el sacrificio, deberán suministrar el pasaporte al veterinario oficial.

ANEXO III.-
Requisitos específicos

[Anexo no reproducido en la presente publicación]

12 de enero de 2005.-Reglamento (CE) nº 37/2005
de la Comisión,
relativo al control las temperaturas en los medios de transporte y los locales de depósito y almacenamiento de alimentos ultracongelados destinados al consumo
(D.O. L 10, 13 de enero de 2005)

[V.C. 02/02/2005]

LA COMISIÓN DE LAS COMUNIDADES EUROPEAS,

Visto el Tratado constitutivo de la Comunidad Europea,

Vista la Directiva 89/108/CEE del Consejo, de 21 de diciembre de 1988, relativa a la aproximación de las legislaciones de los Estados miembros sobre los alimentos ultracongelados destinados a la alimentación humana, y, en particular, su artículo 11,

Considerando lo siguiente:

(1) En la Directiva 92/1/CEE de la Comisión, de 13 de enero de 1992, relativa al control de las temperaturas en los medios de transporte y los locales de depósito y almacenamiento de alimentos ultracongelados destinados al consumo humano, se establecen los requisitos para garantizar el mantenimiento pleno de las temperaturas exigidas por la Directiva 89/108/CEE.

(2) En el momento de la adopción de la Directiva 92/1/CEE, aún no se había establecido ninguna norma europea relativa a los instrumentos de control de las temperaturas en los medios de transporte y los locales de depósito y almacenamiento de alimentos ultracongelados.

(3) En 1999 y en 2001, el Comité Europeo de Normalización estableció normas relativas a los instrumentos de registro de la temperatura del aire y los termómetros. La utilización de dichas normas uniformes garantizaría que los equipos utilizados para controlar las temperaturas de los alimentos cumplen un conjunto armonizado de requisitos técnicos.

(4) Para facilitar una aplicación gradual de dichas medidas por parte de los explotadores, debería permitirse durante un período transitorio la utilización de instrumentos de medición instalados de conformidad con la legislación vigente antes de la adopción del presente Reglamento.

(5) La Directiva 92/1/CEE prevé una excepción relativa al transporte de alimentos utracongelados por ferrocarril. Dicha excepción ha dejado de estar justificada y se debería poner término a la misma una vez que haya transcurrido un período transitorio.

(6) Sería excesivo imponer requisitos de registro de temperaturas en los pequeños equipos utilizados en el comercio al por menor y, por tanto, deberían mantenerse las excepciones actuales respecto a las vitrinas de venta al por menor y las pequeñas cámaras de frío que se utilizan en los comercios al por menor para la conservación de existencias.

(7) Conviene garantizar la aplicabilidad directa de las nuevas normas para los equipos de medición y de la normativa técnica que ya figura en la Directiva 92/1/CEE. En aras de la coherencia y la uniformidad de la legislación comunitaria, conviene derogar la Directiva 92/1/CEE y sustituirla por el presente Reglamento.

(8) Las medidas previstas en el presente Reglamento se ajustan al dictamen del Comité permanente de la cadena alimentaria y de sanidad animal.

HA ADOPTADO EL PRESENTE REGLAMENTO:

Artículo 1.- *Objeto y ámbito de aplicación*

El presente Reglamento se refiere al control de las temperaturas en los medios de transporte y los locales de depósito y almacenamiento que se utilizan para los alimentos ultracongelados.

Artículo 2.- *Control y registro de las temperaturas*

1. Los medios de transporte y los locales de depósito y almacenamiento de los alimentos ultracongelados deberán disponer de instrumentos de registro adecuados para controlar a intervalos regulares y frecuentes la temperatura del aire a que están sometidos los alimentos ultracongelados.

2. A partir del 1 de enero de 2006, todos los instrumentos de medición utilizados para controlar la temperatura, tal como se dispone en el apartado 1, deberán cumplir las normas EN 12830, EN 13485 y EN 13486. Los explotadores de empresas alimentarias mantendrán todos los documentos que permitan verificar que los instrumentos antes mencionados cumplen la norma EN pertinente.

No obstante, los instrumentos de medición que se instalen hasta el 31 de diciembre de 2005 de conformidad con la legislación vigente antes de la adopción del presente Reglamento podrán seguir utilizándose hasta el 31 de diciembre de 2009 a más tardar.

3. Los explotadores de empresas alimentarias deberán fechar y guardar las temperaturas registradas durante un año o un período más largo, teniendo en cuenta la naturaleza y el período de conservación de los alimentos ultracongelados.

Artículo 3.- *Excepciones a lo dispuesto en el artículo 2*

1. No obstante lo dispuesto en el artículo 2, la temperatura del aire durante el almacenamiento en las vitrinas de venta al por menor y durante la distribución local sólo se medirá mediante al menos un termómetro colocado en un lugar fácilmente visible.

En el caso de las vitrinas de venta al por menor:

a) se marcará claramente la línea de carga máxima de la vitrina;

b) el termómetro deberá indicar la temperatura del aire de retorno al nivel de dicha línea.

2. La autoridad competente podrá conceder excepciones a los requisitos establecidos en el artículo 2 cuando se trate de instalaciones de refrigeración de menos de diez metros cúbicos destinadas a la conservación de existencias en los comercios al por menor, para permitir la medición de la temperatura del aire mediante un termómetro colocado en un lugar fácilmente visible.

Artículo 4.- *Derogación*

Queda derogada la Directiva 92/1/CEE.

Artículo 5.- *Entrada en vigor y aplicabilidad*

El presente Reglamento entrará en vigor el vigésimo día siguiente al de su publicación en el Diario Oficial de la Unión Europea.

No obstante, en el caso del transporte ferroviario, se aplicará a partir del 1 de enero de 2006.

El presente Reglamento será obligatorio en todos sus elementos y directamente aplicable en cada Estado miembro.

12 de enero de 2005.- Reglamento (CE) nº 183/2005
del Parlamento Europeo y del Consejo,
por el que se fijan requisitos en materia de higiene de los piensos
(D.O. L 35, 8 de febrero de 2005)

[V.C. 20/04/2009]

TJUE, 8 de noviembre de 2007, Asunto C-421/06 (auto de la corte), Fratelli Martini & C. SpA y Cargill Srl contra Ministero delle Politiche agricole e forestali y otros. [Policía sanitaria - Piensos compuestos - Indicación, en la etiqueta, de los porcentajes del peso de las materias primas contenidas en el pienso - Prohibición de inducir a engaño al consumidor.]

EL PARLAMENTO EUROPEO Y EL CONSEJO DE LA UNIÓN EUROPEA,

Visto el Tratado constitutivo de la Comunidad Europea y, en particular, el apartado 2 de su artículo 37 y la letra b) del apartado 4 de su artículo 152,

Vista la propuesta de la Comisión,

Visto el dictamen del Comité Económico y Social Europeo,

Previa consulta al Comité de las Regiones,

De conformidad con el procedimiento establecido en el artículo 251 del Tratado,

Considerando lo siguiente:

(1) La producción animal ocupa un lugar muy importante en el sector agrícola de la Comunidad. La obtención de resultados satisfactorios en esta actividad depende en gran medida de la utilización de piensos inocuos y de buena calidad.

(2) La consecución de un elevado nivel de protección de la salud humana y animal constituye uno de los objetivos fundamentales de la legislación alimentaria, tal y como se establece en el Reglamento (CE) nº 178/2002 del Parlamento Europeo y del Consejo, de 28 de enero de 2002, por el que se establecen los principios y los requisitos generales de la legislación alimentaria, se crea la Autoridad Europea de Seguridad Alimentaria y se fijan procedimientos relativos a la seguridad alimentaria. En ese Reglamento se fijan asimismo otros principios y definiciones comunes para la legislación alimentaria nacional y comunitaria, incluido el objetivo de garantizar la libre circulación de los piensos dentro de la Comunidad.

(3) La Directiva 95/69/CE del Consejo estableció los requisitos y normas aplicables a determinadas categorías de establecimientos e intermediarios del sector de la alimentación animal en el ejercicio de sus actividades. La experiencia ha demostrado que estos requisitos y estas normas constituyen una base sólida para garantizar la seguridad de los piensos. Esta Directiva también estableció requisitos para la autorización de los establecimientos que producen ciertas sustancias enumeradas en la Directiva 82/471/CEE del Consejo, de 30 de junio de 1982, relativa a determinados productos utilizados en la alimentación animal.

(4) La Directiva 98/51/CE de la Comisión, de 9 de julio de 1998, relativa a determinadas disposiciones de aplicación de la Directiva 95/69/CE del Consejo por la que se establecen los requisitos y las normas aplicables a la autorización y el registro de determinados establecimientos e intermediarios del sector de la alimentación animal, estableció determinadas disposiciones que incluían normas relativas a las importaciones procedentes de terceros países.

(5) La experiencia ha demostrado igualmente que es necesario velar por que todas las empresas de piensos, incluida la acuicultura, actúen de conformidad con requisitos de seguridad armonizados, y proceder a una revisión general para tener en cuenta la necesidad de garantizar un nivel más elevado de protección de la salud humana y animal y del medio ambiente.

(6) El objetivo principal de las nuevas normas en materia de higiene establecidas en el presente Reglamento es asegurar un elevado nivel de protección de los consumidores por lo que respecta a la seguridad de los alimentos y los piensos, teniendo en cuenta especialmente los siguientes principios:

a) el hecho de que los explotadores de empresas del sector son los principales responsables de la seguridad de los piensos;

b) la necesidad de garantizar la seguridad de los piensos a lo largo de toda la cadena alimentaria, desde la producción primaria de piensos hasta la alimentación de animales destinados a la producción de alimentos;

c) la aplicación generalizada de procedimientos basados en los principios del sistema de análisis de peligros y puntos críticos de control (HACCP) que, junto con la aplicación de buenas prácticas en materia de higiene, debe reforzar la responsabilidad de los explotadores de empresas de piensos;

d) el hecho de que las guías de buenas prácticas constituyen un valioso instrumento para ayudar a los explotadores de empresas del sector, a todos los niveles de la cadena de la alimentación animal, a cumplir las normas en materia de higiene de los piensos y a aplicar los principios HACCP;

e) la definición de criterios microbiológicos basados en criterios de riesgo científicos;

f) la necesidad de garantizar que los piensos importados tengan, como mínimo, un nivel equivalente al de los piensos producidos en la Comunidad.

(7) Con objeto de lograr la plena aplicación del sistema de registro y autorización a todos los explotadores de empresas de piensos y, en consecuencia, garantizar la plena trazabilidad, conviene velar por que obtengan y utilicen piensos procedentes únicamente de establecimientos registrados y/o autorizados de conformidad con el presente Reglamento.

(8) Se requiere un planteamiento integrado para garantizar la seguridad de los piensos desde la producción primaria de los piensos hasta su comercialización o exportación. La producción primaria de los piensos incluye los productos que se someten únicamente a tratamientos meramente físicos como la limpieza, el embalaje, el almacenamiento, el secado natural o el ensilado.

(9) De conformidad con los principios de proporcionalidad y subsidiariedad, las normas comunitarias no deben aplicarse a ciertos casos de producción doméstica privada de piensos y alimentación de ciertos animales, ni al suministro directo, a escala local, de pequeñas cantidades de producción primaria de piensos por el productor a explotaciones agrícolas locales o a la venta al por menor de piensos para animales de compañía.

(10) Para garantizar la consecución de los objetivos establecidos en el presente Reglamento, es preciso identificar y controlar adecuadamente los factores de peligro presentes en la producción primaria de piensos. Por consiguiente, los principios fundamentales de las normas recogidas en el presente Reglamento deben aplicarse a las explotaciones agrícolas que fabrican piensos destinados únicamente a las necesidades de su propia producción, así como a las explotaciones agrícolas que los comercializan. Es necesario tomar en consideración el hecho de que el riesgo es menor si los piensos se producen y utilizan para alimentar animales que sirven únicamente para el consumo doméstico o para animales que no se utilizan para la producción de alimentos. El comercio de pequeñas cantidades de productos de pienso a nivel local y la venta al por menor de alimentos para animales de compañía recibirán un trato especial en el marco del presente Reglamento.

(11) La aplicación de los principios HACCP a la producción primaria de piensos es el objetivo a medio plazo de la legislación europea en materia de higiene. Sin embargo, las guías de buenas prácticas deben fomentar ya desde ahora el uso de requisitos apropiados en materia de higiene.

(12) La seguridad de los piensos depende de diversos factores. La legislación debe fijar requisitos mínimos en materia de higiene y deben ponerse a punto controles oficiales para comprobar su cumplimiento por parte de los explotadores de empresas del sector. Además, éstos deben adoptar medidas o procedimientos que permitan alcanzar un nivel elevado de seguridad de los piensos.

(13) Los principios HACCP pueden ayudar a los explotadores de empresas del sector a alcanzar un nivel más elevado de seguridad de los piensos. Estos principios no deben considerarse un mecanismo de autorregulación y no sustituyen a los controles oficiales.

(14) La aplicación de los principios HACCP requiere la cooperación y el compromiso plenos de los trabajadores de las empresas de piensos.

(15) A la hora de aplicar los principios HACCP a la producción de piensos deben tenerse en cuenta los principios establecidos en el Codex Alimentarius, previendo al mismo tiempo un margen de flexibilidad suficiente que permita su aplicación en cualquier tipo de situación. En ciertas empresas del sector no es posible identificar puntos críticos de control y, en algunos casos, el seguimiento de buenas prácticas puede reemplazar a la supervisión de estos puntos. Del mismo modo, el requisito de establecer «límites críticos», tal como está establecido en el Codex Alimentarius, no requiere que se fije un límite numérico en todos los casos. El requisito de conservar documentos, como está establecido en el mismo Código, debe aplicarse con cierta flexibilidad a fin de evitar

cargas innecesarias para las empresas muy pequeñas. Se debe garantizar que las operaciones realizadas por una empresa de piensos en la producción primaria de piensos, incluidas las operaciones conexas y la mezcla de los piensos con piensos complementarios, exclusivamente para las necesidades de su explotación, no se vean obligadas a atenerse a los principios HACCP.

(16) También es preciso prever un cierto grado de flexibilidad a fin de satisfacer las necesidades específicas de las empresas de piensos situadas en regiones con limitaciones geográficas especiales o por lo que se refiere al cumplimiento de requisitos estructurales. Sin embargo, esta flexibilidad no debe poner en peligro la consecución de los objetivos marcados en materia de higiene de los piensos. Se debe prever la posibilidad de celebrar debates, cuando proceda, en el Comité permanente de la cadena alimentaria y de sanidad animal.

(17) Un sistema de registro y autorización de todas las empresas de piensos por parte de las autoridades competentes de los Estados miembros es apropiado para garantizar la trazabilidad de los productos desde el fabricante hasta el usuario final y facilitar la realización de controles oficiales eficaces. Con objeto de poner en marcha y de llevar a la práctica el sistema establecido en el presente Reglamento, la autoridad competente de los Estados miembros podrá utilizar los sistemas actuales para la recogida de datos relativos a las empresas de piensos.

(18) Es conveniente que se mantenga un sistema de autorización de las empresas del sector para aquellas actividades que puedan entrañar un riesgo más elevado en la fabricación de piensos. Se deben prever procedimientos que permitan ampliar el actual ámbito de aplicación del sistema de autorización previsto actualmente en la Directiva 95/69/CE.

(19) Como requisito previo a su autorización o registro, las empresas de piensos deben cumplir una serie de condiciones correspondientes a sus operaciones por lo que respecta a las instalaciones, el equipo, el personal, la producción, el control de la calidad, el almacenamiento y la documentación, a fin de garantizar tanto la inocuidad de los piensos como la trazabilidad de los productos. Debe preverse que dichas condiciones varíen para adecuarse a los diversos tipos de empresas de piensos. Se debe permitir que los Estados miembros concedan autorizaciones condicionales si en la inspección sobre el terreno se pone de manifiesto que el establecimiento cumple todos los requisitos de infraestructura y equipamiento. No obstante, también es adecuado fijar un plazo máximo de dicha autorización condicional.

(20) Deben preverse disposiciones que permitan la suspensión temporal, la modificación o la revocación del registro o de la autorización en caso de que los establecimientos modifiquen o pongan fin a sus actividades, o dejen de cumplir las condiciones aplicables a estas.

(21) La trazabilidad de los piensos y de sus ingredientes a lo largo de la cadena de la alimentación animal es un factor esencial para garantizar su inocuidad. El Reglamento (CE) nº 178/2002 contiene normas destinadas a garantizar la trazabilidad de los piensos y de sus ingredientes y prevé un procedimiento para la adopción de normas de ejecución aplicables a sectores específicos.

(22) Sucesivas crisis relacionadas con los piensos han puesto de manifiesto que un fallo en cualquiera de las fases de la cadena de la alimentación animal puede tener consecuencias económicas importantes. Las características de la producción de piensos y la complejidad inherente al circuito de distribución de éstos implican que sea difícil la retirada de los piensos del mercado. El coste que supone reparar los daños económicos ocasionados a lo largo de la cadena de la alimentación humana y animal se sufraga a menudo con cargo a fondos públicos. Se podrían reparar mejor estas consecuencias económicas, a bajo coste para la sociedad, haciendo recaer la responsabilidad económica en el explotador cuya actividad cause un daño económico en el sector de la alimentación animal. Sin embargo, puede no resultar viable o adecuado establecer un sistema general obligatorio de responsabilidad económica y de garantía financiera, por ejemplo mediante seguros, que se aplique a todos los explotadores de empresas de piensos. Por lo tanto, la Comisión debe estudiar esta cuestión con mayor detenimiento, teniendo en cuenta las disposiciones de la legislación actual respecto de la responsabilidad en otros ámbitos, así como los sistemas y las prácticas existentes en los Estados miembros. Con este fin, la Comisión debe presentar un informe, acompañado en su caso de propuestas legislativas.

(23) Los piensos importados en la Comunidad deben cumplir los requisitos generales establecidos en el Reglamento (CE) nº 178/2002 y las condiciones de importación establecidas en el Reglamento (CE) nº 882/2004 del Parlamento Europeo y del Consejo, de 29 de abril de 2004, sobre los controles oficiales efectuados para garantizar la verificación del cumplimiento de la legislación en materia de piensos y alimentos y la normativa sobre salud animal y bienestar de los animales. Con objeto de evitar perturbaciones del mercado, es adecuado que, hasta que se lleven a término las medidas de aplicación, sigan autorizándose las importaciones en las condiciones establecidas en la Directiva 98/51/CE.

(24) Los productos comunitarios exportados a terceros países deben cumplir los requisitos generales establecidos en el Reglamento (CE) nº 178/2002.

(25) Conviene hacer extensivo el ámbito de aplicación del sistema de alerta rápida para alimentos y piensos establecido por el Reglamento (CE) nº 178/2002 a los riesgos para la salud animal o el medio ambiente derivados de piensos utilizados para animales no destinados a la producción de alimentos.

(26) La legislación comunitaria en materia de higiene de los piensos debe sustentarse en consideraciones científicas. A tal fin, debe consultarse a la Autoridad Europea de Seguridad Alimentaria siempre que sea necesario.

(27) Para poder tener en cuenta los avances técnicos y científicos, la Comisión y los Estados miembros deben cooperar estrecha y eficazmente en el Comité permanente de la cadena alimentaria y de sanidad animal.

(28) El presente Reglamento tiene en cuenta las obligaciones internacionales establecidas en el Acuerdo sobre medidas sanitarias y fitosanitarias de la OMC y las normas internacionales de seguridad alimentaria que figuran en el Codex Alimentarius.

(29) Los Estados miembros deben establecer reglas sobre las sanciones aplicables en caso de incumplimiento de las disposiciones del presente Reglamento y velar por su ejecución. Estas sanciones deben ser eficaces, proporcionadas y disuasorias.

(30) Procede aprobar las medidas necesarias para la aplicación del presente Reglamento con arreglo a la Decisión 1999/468/CE del Consejo, de 28 de junio de 1999, por la que se establecen los procedimientos para el ejercicio de las competencias de ejecución atribuidas a la Comisión,

(31) Conviene aplazar la fecha de aplicación del Reglamento para dar a las empresas de piensos afectadas tiempo suficiente para adaptarse al mismo.

(32) Por las razones señaladas deben derogarse las Directivas 95/69/CE y 98/51/CE.

HAN ADOPTADO EL PRESENTE REGLAMENTO:

CAPÍTULO I.- OBJETO, ÁMBITO DE APLICACIÓN Y DEFINICIONES

Artículo 1.- *Objeto*

En el presente Reglamento se establecen:

a) normas generales en materia de higiene de los piensos;

b) condiciones y mecanismos que garanticen la trazabilidad de los piensos;

c) condiciones y mecanismos para el registro y la autorización de los establecimientos.

Artículo 2.- *Ámbito de aplicación*

1. El presente Reglamento se aplicará a:

a) las actividades de los explotadores de empresas de piensos en todas las etapas del proceso, desde la producción primaria de piensos hasta su comercialización;

b) la alimentación de los animales destinados a la producción de alimentos;

c) las importaciones y las exportaciones de piensos procedentes de y destinados a terceros países.

2. El presente Reglamento no se aplicará a:

a) la producción doméstica de piensos para su utilización en la alimentación de:

i) animales destinados a la producción de alimentos para consumo propio, y

ii) animales no destinados a la producción de alimentos;

b) la alimentación de animales destinados a la producción de alimentos para consumo propio o a las actividades mencionadas en la letra c) del apartado 2 del artículo 1 del Reglamento (CE) nº 852/2004 del Parlamento Europeo y del Consejo, de 29 de abril de 2004, relativo a la higiene de los productos alimenticios;

c) la alimentación de animales no destinados a la producción de alimentos;

d) el suministro directo, a nivel local, de pequeñas cantidades de producción primaria de piensos por el productor a explotaciones agrícolas locales para su utilización en dichas explotaciones agrícolas;

e) la venta al por menor de piensos para animales de compañía.

3. Los Estados miembros podrán establecer normas y directrices para regular las actividades consideradas en el apartado 2. Estas normas y directrices nacionales garantizarán la consecución de los objetivos del presente Reglamento.

Artículo 3.- *Definiciones*

A efectos del presente Reglamento, se aplicarán las definiciones que figuran en el Reglamento (CE) nº 178/2002, a reserva de las definiciones específicas siguientes:

a) «higiene de los piensos»: las medidas y condiciones necesarias para controlar los peligros y garantizar la aptitud para el consumo animal de un pienso, teniendo en cuenta su utilización prevista;

b) «explotador de empresa de piensos»: la persona física o jurídica responsable de asegurar el cumplimiento de los requisitos del presente Reglamento en la empresa de piensos bajo su control;

c) «aditivos para piensos»: las sustancias o los microorganismos autorizados en virtud del Reglamento (CE) nº 1831/2003 del Parlamento Europeo y del Consejo, de 22 de septiembre de 2003, sobre los aditivos en la alimentación animal;

d) «establecimiento»: cualquier unidad de una empresa de piensos;

e) «autoridad competente»: la autoridad de un Estado miembro o de un país tercero designada para llevar a cabo controles oficiales;

f) «producción primaria de piensos»: la producción de productos agrícolas, incluido, en particular, el cultivo, la cosecha, el ordeño y la cría de animales (antes de ser sacrificados) o la actividad pesquera, que únicamente den como resultado productos que no se sometan a ninguna otra operación tras su cosecha, recogida o captura, exceptuando el tratamiento meramente físico.

CAPÍTULO II.- OBLIGACIONES

Artículo 4.- *Obligaciones generales*

1. Los explotadores de empresas de piensos garantizarán que todas las etapas de producción, transformación y distribución que tienen lugar bajo su control se lleven a cabo de conformidad con la legislación comunitaria, la legislación nacional compatible con ella y las buenas prácticas, y en particular garantizarán que cumplan los requisitos pertinentes en materia de higiene que establece el presente Reglamento.

2. Al alimentar animales destinados a la producción de alimentos, los agricultores deberán adoptar medidas y procedimientos para mantener al nivel más bajo que pueda alcanzarse razonablemente el riesgo de contaminación biológica, química y física de los piensos, los animales y los productos de origen animal.

Artículo 5.- *Obligaciones específicas*

1. Para las operaciones en el ámbito de la producción primaria de piensos y las siguientes operaciones asociadas:

a) el transporte, el almacenamiento y la manipulación de productos primarios en el lugar de producción,

b) las operaciones de transporte para entregar los productos primarios del lugar de producción a un establecimiento;

c) la mezcla de piensos exclusivamente para las necesidades de su explotación sin utilizar aditivos ni premezclas de aditivos con excepción de los aditivos de ensilado,

los explotadores de empresas de piensos deberán cumplir las disposiciones del anexo I cuando sean pertinentes para las operaciones que se lleven a cabo.

2. Para las operaciones no consideradas en el apartado 1, incluida la mezcla de piensos exclusivamente para las necesidades de su explotación cuando se utilicen aditivos o premezclas de aditivos con excepción de los aditivos de ensilado, los explotadores de empresas de piensos deberán cumplir las disposiciones del anexo II cuando sean pertinentes para las operaciones que se lleven a cabo.

3. Los explotadores de empresas de piensos deberán:

a) cumplir criterios microbiológicos específicos;

b) adoptar las medidas o los procedimientos necesarios para alcanzar objetivos específicos.

La Comisión definirá los criterios y objetivos mencionados en las letras a) y b). Estas medidas, destinadas a modificar elementos no esenciales del presente Reglamento completándolo, se adoptarán con arreglo al procedimiento de reglamentación con control contemplado en el artículo 31, apartado 3

4. Los explotadores de empresas de piensos podrán utilizar las guías a las que se hace referencia en el capítulo III como ayuda con vistas al cumplimiento de las obligaciones que les incumben en virtud del presente Reglamento.

5. Al alimentar animales destinados a la producción de alimentos, los agricultores deberán cumplir las disposiciones del anexo III.

6. Los explotadores de empresas de piensos y agricultores deberán obtener y utilizar únicamente los piensos procedentes de los establecimientos registrados y/o autorizados con arreglo al presente Reglamento.

Artículo 6.- *Sistema de análisis de peligros y puntos críticos de control (HACCP)*

1. Los explotadores de empresas de piensos que lleven a cabo operaciones no consideradas en el apartado 1 del artículo 5 deberán poner a punto, aplicar y mantener uno o varios procedimientos escritos permanentes basados en los principios HACCP.

2. Los principios a los que se hace referencia en el apartado 1 son los siguientes:

a) identificar cualquier peligro que deba evitarse, eliminarse o reducirse a niveles aceptables;

b) determinar los puntos críticos de control en la etapa o etapas en las que un control sea indispensable para evitar o eliminar un peligro o reducirlo a niveles aceptables;

c) establecer límites críticos en los puntos críticos de control que diferencien la aceptabilidad de la inaceptabilidad para la prevención, eliminación o reducción de los peligros identificados;

d) establecer y aplicar procedimientos de supervisión eficaces en los puntos críticos de control;

e) establecer medidas correctoras cuando de la supervisión se desprenda que un punto crítico no está controlado;

f) establecer procedimientos para verificar que las medidas indicadas en las letras a) a e) son completas y eficaces; los procedimientos de verificación se llevarán a cabo regularmente;

g) establecer documentos y registros en función de la naturaleza y el tamaño de las empresas de piensos a fin de demostrar la aplicación efectiva de las medidas indicadas en las letras a) a f).

3. En caso de modificación en el producto, el proceso, o cualquier etapa de producción, transformación, almacenamiento y distribución, los explotadores de empresas de piensos deberán revisar su procedimiento e introducir los cambios necesarios.

4. En el marco del sistema de procedimientos indicado en el apartado 1, los explotadores de empresas de piensos podrán utilizar guías de buenas prácticas junto con guías para la aplicación de los principios HACCP, elaboradas de conformidad con lo dispuesto en el artículo 20.

5. Podrán adoptarse medidas para facilitar la aplicación del presente artículo, también para las pequeñas empresas, de conformidad con el procedimiento previsto en el apartado 2 del artículo 31.

Artículo 7.- *Documentos relativos al sistema HACCP*

1. Los explotadores de empresas de piensos deberán:

a) acreditar ante la autoridad competente, en la forma que esta disponga, que cumplen lo dispuesto en el artículo 6;

b) garantizar que todos los documentos que describen los procedimientos establecidos de conformidad con el artículo 6 estén actualizados en todo momento.

2. La autoridad competente deberá tener en cuenta la naturaleza y el tamaño de la empresa de piensos al fijar los requisitos de forma a los que se hace referencia en la letra a) del apartado 1.

3. Podrán adoptarse disposiciones detalladas para la aplicación del presente artículo con arreglo al procedimiento previsto en el apartado 2 del artículo 31. Dichas disposiciones podrían ayudar a ciertos explotadores de empresas de piensos a aplicar los principios HACCP desarrollados de conformidad con el capítulo III con vistas al cumplimiento de los requisitos establecidos en el apartado 1 del artículo 6.

Artículo 8.- *Garantías financieras*

1. Con objeto de prepararse para un sistema eficaz de garantías financieras para los explotadores de empresas de piensos, la Comisión presentará al Parlamento Europeo y al Consejo, a más tardar el 8 de febrero de 2006, un informe sobre las garantías financieras en el sector de los piensos. Dicho informe, además de examinar las disposiciones legales, los sistemas y las prácticas nacionales existentes en materia de responsabilidad en el sector de los piensos y sectores conexos, irá acompañado en su caso de propuestas legislativas relativas a dicho sistema de garantías viable y factible a escala de la Comunidad. Estas garantías deberían cubrir todos los costes de los que los explotadores podrían ser considerados responsables como consecuencia directa de la retirada del mercado, tratamiento y/o destrucción de cualquier pienso o animal y de cualquier alimento elaborado a partir de ellos.

2. Los explotadores de empresas de piensos serán responsables de cualesquiera infracciones de la legislación pertinente en materia de seguridad de los piensos; los explotadores, en el sentido del apartado 2 del artículo 5, presentarán pruebas de que están cubiertos por las garantías financieras exigidas por las medidas legislativas comunitarias a que se refiere el apartado 1.

Artículo 9.- *Controles oficiales, notificación y registro*

1. Los explotadores de empresas de piensos deberán cooperar con las autoridades competentes, de conformidad con las disposiciones legislativas comunitarias pertinentes y con la legislación nacional compatible con ellas.

2. Los explotadores de empresas de piensos deberán:

a) notificar a la autoridad competente de la que dependan, en la forma requerida por ésta, todos los establecimientos bajo su control que intervengan en cualquiera de las etapas de producción, transformación, almacenamiento, transporte o distribución de piensos, con vistas a su inscripción en un registro;

b) facilitar a la autoridad competente información actualizada sobre todos los establecimientos bajo su control indicados en la letra a), debiendo notificarle, en particular, cualquier modificación significativa de sus actividades o el cierre de cualquier establecimiento existente.

3. La autoridad competente llevará uno o varios registros de establecimientos.

Artículo 10.- *Autorización de establecimientos de empresas de piensos*

Los explotadores de empresas de piensos garantizarán que los establecimientos bajo su control que entren en el ámbito de aplicación del presente Reglamento dispongan de una autorización otorgada por la autoridad competente, siempre que:

1) dichos establecimientos realicen una de las actividades siguientes:

a) fabricar y/o comercializar alguno de los piensos contemplados en el Reglamento (CE) nº 1831/2003 o de los productos indicados en la Directiva 82/471/CEE y a los que se hace referencia en el capítulo 1 del anexo IV del presente Reglamento;

b) fabricar y/o comercializar premezclas que utilicen los aditivos para piensos a que se hace referencia en el capítulo 2 del anexo IV del presente Reglamento;

c) fabricar para la comercialización o producir exclusivamente para las necesidades de su explotación piensos compuestos que utilicen aditivos para piensos o premezclas que contengan aditivos para piensos y a los que se hace referencia en el capítulo 3 del anexo IV del presente Reglamento;

2) así lo requiera la legislación nacional del Estado miembro en el que esté ubicado el establecimiento, o

3) así lo requiera un Reglamento adoptado por la Comisión. Esta medida, destinada a modificar elementos no esenciales del presente Reglamento completándolo, se adoptará con arreglo al procedimiento de reglamentación con control contemplado en el artículo 31, apartado 3.

Artículo 11.- *Requisitos*

Para poder ejercer sus actividades profesionales, los explotadores de empresas de piensos deberán:

a) estar inscritos en un registro, tal y como se establece en el artículo 9, o

b) contar con una autorización, cuando así se requiera de conformidad con el artículo 10.

Artículo 12.- *Información sobre las normas nacionales de autorización*

Los Estados miembros cuya legislación nacional requiera la autorización, con arreglo al apartado 2 del artículo 10, de ciertos establecimientos ubicados en su territorio deberán informar a la Comisión y a los demás Estados miembros de las normas nacionales aplicables.

Artículo 13.- *Autorización de establecimientos*

1. La autoridad competente sólo autorizará un establecimiento cuando de una inspección sobre el terreno previa al inicio de la actividad se desprenda que cumple los requisitos del presente Reglamento que les son aplicables.

2. La autoridad competente podrá conceder una autorización condicional si en la inspección sobre el terreno se pone de manifiesto que el establecimiento cumple todos los requisitos de infraestructura y equipamiento. Únicamente concederá la autorización plena si en una nueva inspección sobre el terreno efectuada al cabo de tres meses de la autorización condicional comprueba que el establecimiento cumple los demás requisitos previstos en el apartado 1. Si se han producido claros progresos pero el establecimiento todavía no cumple todos estos requisitos, la autoridad competente podrá prorrogar la autorización condicional. No obstante, la duración total de esta última no será superior a seis meses.

Artículo 14.- *Suspensión del registro o de la autorización*

La autoridad competente suspenderá temporalmente el registro o la autorización de un establecimiento para una, varias o todas sus actividades, si se demuestra que ha dejado de cumplir las condiciones aplicables a esas actividades.

La suspensión durará hasta que el establecimiento vuelva a cumplir dichas condiciones. En caso de que no se cumplan en el plazo de un año, se aplicará el artículo 15.

Artículo 15.- *Revocación del registro o de la autorización*

La autoridad competente revocará el registro o la autorización de un establecimiento para una o varias de sus actividades, en caso de que:

a) el establecimiento cese en una o varias de sus actividades;

b) se demuestre que no ha cumplido las condiciones aplicables a sus actividades durante un período de un año;

c) observe deficiencias graves o haya tenido que interrumpir de manera reiterada la producción en un establecimiento y el explotador de la empresa de piensos no pueda todavía ofrecer garantías adecuadas con respecto a la producción futura.

Artículo 16.- *Modificaciones del registro o de la autorización de un establecimiento*

La autoridad competente modificará, previa solicitud, el registro o la autorización de un establecimiento si éste ha demostrado su capacidad para dedicarse a actividades que complementen o reemplacen aquéllas para las cuales había sido inicialmente registrado o autorizado.

Artículo 17.- *Exención relativa a las inspecciones sobre el terreno*

1. Los Estados miembros estarán exentos de la obligación de llevar a cabo las inspecciones sobre el terreno previstas en el artículo 13 en aquellas empresas de piensos que actúen únicamente en calidad de comerciantes sin tener nunca el producto en sus locales.

2. Estas empresas presentarán a la autoridad competente una declaración, en la forma definida por la autoridad competente, en la que confirmarán que los piensos comercializados por ellas cumplen las condiciones del presente Reglamento.

Artículo 18.- *Medidas transitorias*

1. Los establecimientos y los intermediarios autorizados y/o registrados de conformidad con la Directiva 95/69/CE podrán proseguir sus actividades a condición de que presenten a la autoridad competente de la zona en la que estén situadas sus instalaciones una notificación a tal efecto, a más tardar el 1 de enero de 2006.

2. Los establecimientos y los intermediarios que no requieran registro ni autorización de conformidad con la Directiva 95/69/CE, pero que deban ser registrados de conformidad con el presente Reglamento, podrán proseguir sus actividades a condición de que presenten a la autoridad competente de la zona en la que estén situadas sus instalaciones una solicitud de registro, a más tardar el 1 de enero de 2006.

3. A más tardar el 1 de enero de 2008, los solicitantes deberán declarar, en la forma definida por la autoridad competente, que se han cumplido las condiciones estipuladas en el presente Reglamento.

4. Las autoridades competentes tendrán en cuenta los sistemas ya existentes para la recogida de datos y pedirán al notificador o solicitante que facilite sólo la información suplementaria que sea necesaria para garantizar el cumplimiento de las condiciones del presente Reglamento. En particular, las autoridades competentes podrán considerar como una solicitud con arreglo al apartado 2 una notificación con arreglo al artículo 6 del Reglamento (CE) nº 852/2004.

Artículo 19.- *Lista de establecimientos registrados o autorizados*

1. Para cada actividad, la autoridad competente inscribirá en una o varias listas nacionales los establecimientos que haya autorizado de conformidad con el artículo 9.

2. Los establecimientos autorizados por la autoridad competente conforme al artículo 13 se inscribirán en una lista nacional con un número de identificación individual.

3. Los Estados miembros mantendrán actualizadas las inscripciones de los establecimientos que figuran en las listas indicadas en los apartados 1 y 2 en función de las decisiones de suspensión, revocación o modificación del registro o de la autorización contempladas en los artículos 14, 15 y 16.

4. La lista contemplada en el apartado 2 deberá elaborarse siguiendo el modelo que figura en el capítulo I del anexo V.

5. El número de identificación al que se hace referencia en el apartado 2 tendrá la forma prevista en el capítulo II del anexo V.

6. La Comisión consolidará y pondrá a disposición del público aquella parte de la lista de los Estados miembros que incluya los establecimientos mencionados en el apartado 2 por primera vez en noviembre de 2007 y posteriormente, a más tardar el 30 de noviembre de cada año. La lista consolidada tendrá en cuenta las modificaciones introducidas a lo largo del año.

7. Los Estados miembros pondrán a disposición del público las listas de establecimientos a que se refiere el apartado 1.

CAPÍTULO III- GUÍAS DE BUENAS PRÁCTICAS

Artículo 20.- *Elaboración, difusión y utilización de guías*

1. La Comisión fomentará la elaboración de guías comunitarias de buenas prácticas en el sector de la alimentación animal, así como para la aplicación de los principios HACCP, de conformidad con lo dispuesto en el artículo 22.

Cuando sea necesario, los Estados miembros fomentarán la elaboración de guías nacionales con arreglo a lo dispuesto en el artículo 21.

2. Las autoridades competentes fomentarán la difusión y la utilización de guías nacionales y comunitarias.

3. Sin embargo, la utilización de estas guías por los explotadores de empresas de piensos tendrá carácter voluntario.

Artículo 21.- *Guías nacionales*

1. Cuando se elaboren las guías nacionales de buenas prácticas, serán elaboradas y difundidas por la industria de alimentos para animales:

a) en consulta con los representantes de las partes cuyos intereses puedan verse afectados de manera sustancial, como por ejemplo las autoridades competentes y las asociaciones de consumidores;

b) teniendo en cuenta los códigos de prácticas pertinentes del Codex Alimentarius, y

c) teniendo en cuenta las recomendaciones que figuran en el anexo I, cuando se refieran a la producción primaria de piensos.

2. Los Estados miembros examinarán las guías nacionales para garantizar que:

a) se han elaborado de conformidad con lo dispuesto en el apartado 1;

b) su contenido puede ser puesto en práctica en los sectores a los que se refieren, y

c) son idóneas para asegurar el cumplimiento de las disposiciones de los artículos 4, 5 y 6 en los sectores y/o para los piensos a los que se refieren.

3. Los Estados miembros remitirán a la Comisión las guías nacionales.

4. La Comisión llevará y gestionará un sistema de registro de dichas guías y lo pondrá a disposición de los Estados miembros.

Artículo 22.- *Guías comunitarias*

1. Antes de proceder a la elaboración de guías comunitarias de buenas prácticas en materia de higiene, la Comisión consultará al Comité indicado en el apartado 1 del artículo 31. El objeto de esta consulta será estudiar la conveniencia de elaborar dichas guías, así como su alcance y su contenido.

2. En caso de que se confeccionen las guías comunitarias, la Comisión garantizará que sean elaboradas y difundidas:

a) por, o en consulta con, representantes pertinentes de los sectores europeos de la industria de piensos y otras partes interesadas, como las organizaciones de consumidores;

b) en colaboración con las partes cuyos intereses puedan verse afectados de manera sustancial, incluidas las autoridades competentes.

3. Las guías comunitarias serán elaboradas y difundidas teniendo en cuenta:

a) los códigos de prácticas pertinentes del Codex Alimentarius, y

b) cuando conciernan a la producción primaria de piensos, los requisitos establecidos en el anexo I.

4. El Comité indicado en el apartado 1 del artículo 31 examinará los proyectos de guías comunitarias para garantizar que:

a) se han elaborado de conformidad con lo dispuesto en los apartados 2 y 3;

b) su contenido puede ser puesto en práctica en toda la Comunidad en los sectores a los que se refieren, y

c) son idóneos para asegurar el cumplimiento de las disposiciones de los artículos 4, 5 y 6 en los sectores y/o para los piensos a los que se refieren.

5. La Comisión invitará periódicamente al Comité indicado en el apartado 1 del artículo 31 a que revise las guías comunitarias preparadas de conformidad con el presente artículo, en cooperación con las instancias a las que se hace referencia en el apartado 2 del presente artículo. El propósito de dicha revisión consistirá en garantizar que las guías siguen siendo viables y tener en cuenta los progresos tecnológicos y científicos.

6. Los títulos y las referencias a las guías comunitarias preparadas de conformidad con el presente artículo se publicarán en la serie C del Diario Oficial de la Unión Europea.

CAPÍTULO IV.- IMPORTACIONES Y EXPORTACIONES

Artículo 23.- *Importaciones*

1. Los explotadores de empresas de piensos que importen piensos procedentes de terceros países garantizarán que sólo se realicen importaciones si se cumplen las siguientes condiciones:

a) el tercer país de expedición figura en una lista, elaborada de conformidad con el artículo 48 del Reglamento (CE) nº 882/2004, de terceros países desde los cuales se permiten las importaciones de piensos;

b) el establecimiento de expedición figura en una lista, elaborada y actualizada por el país tercero de conformidad con el artículo 48 del Reglamento (CE) nº 882/2004, de establecimientos desde los cuales se permiten las importaciones de piensos;

c) los piensos se produjeron en un establecimiento de expedición o en otro establecimiento inscrito en la lista indicada en la letra b) o en la Comunidad, y

d) los piensos cumplen:

i) los requisitos establecidos en el presente Reglamento y en cualquier otra legislación comunitaria por la que se establezcan normas para los piensos, o

ii) condiciones que la Comunidad considere al menos equivalentes, o

iii) cuando exista un acuerdo específico entre la Comunidad y el país exportador, los requisitos que figuran en él.

2. Podrá adoptarse un modelo de certificado de importación de conformidad con el procedimiento previsto en el apartado 2 del artículo 31.

Artículo 24.- *Medidas provisionales*

No obstante lo dispuesto en el artículo 33 y hasta que finalice la elaboración de las listas previstas en las letras a) y b) del apartado 1 del artículo 23, las importaciones seguirán siendo autorizadas conforme a las condiciones establecidas en el artículo 6 de la Directiva 98/51/CE.

Artículo 25.- *Exportaciones*

Los piensos, incluidos los piensos para animales no destinados a la producción de alimentos, producidos en la Comunidad y destinados al mercado de los terceros países, deberán cumplir las disposiciones del artículo 12 del Reglamento (CE) nº 178/2002.

CAPÍTULO V.- DISPOSICIONES FINALES

Artículo 26.- *Medidas de aplicación*

Podrán establecerse medidas de aplicación de conformidad con el procedimiento previsto en el apartado 2 del artículo 31.

Artículo 27.- *Modificación de los anexos I, II y III*

Los anexos I, II y III podrán ser modificados a fin de tener en cuenta:

a) la elaboración de guías de buenas prácticas;

b) la experiencia adquirida en la aplicación de sistemas basados en los principios HACCP de conformidad con el artículo 6;

c) los progresos tecnológicos;

d) los dictámenes científicos, particularmente nuevas evaluaciones de riesgos;

e) el establecimiento de objetivos específicos en materia de seguridad de los piensos, y

f) el desarrollo de requisitos relacionados con operaciones específicas.

Estas medidas, destinadas a modificar los elementos no esenciales del presente Reglamento, se adoptarán con arreglo al procedimiento de reglamentación con control contemplado en el artículo 31, apartado 3.

Artículo 28.- *Excepciones respecto de lo dispuesto en los anexos I, II y III*

La Comisión podrá conceder excepciones respecto de lo dispuesto en los anexos I, II y III a condición de que dichas excepciones no pongan en peligro la consecución de los objetivos del presente Reglamento. Estas medidas, destinadas a modificar elementos no esenciales del presente Reglamento completándolo, se adoptarán con arreglo al procedimiento de reglamentación con control contemplado en el artículo 31, apartado 3.

Artículo 29.- *Sistema de alerta rápida*

Cuando un pienso determinado, incluidos los piensos para animales no destinados a la producción de alimentos, represente un riesgo grave para la salud humana o animal o para el medio ambiente, se aplicará el artículo 50 del Reglamento (CE) nº 178/2002, *mutatis mutandis*.

Artículo 30.- *Sanciones*

Los Estados miembros establecerán las normas relativas a las sanciones aplicables en caso de infracción del presente Reglamento y tomarán las medidas necesarias para garantizar su aplicación. Las sanciones establecidas deberán ser eficaces, proporcionadas y disuasorias. Los Estados miembros notificarán esas disposiciones a la Comisión a más tardar el 8 de febrero de 2007 y le informarán sin demora de cualquier modificación posterior de las mismas.

Artículo 31.- *Procedimiento de Comité*

1. La Comisión estará asistida por el Comité permanente de la cadena alimentaria y de sanidad animal creado por el Reglamento (CE) nº 178/2002 (en lo sucesivo denominado «el Comité»).

2. En los casos en que se haga referencia al presente apartado, serán de aplicación los artículos 5 y 7 de la Decisión 1999/468/CE, observando lo dispuesto en su artículo 8.

El plazo contemplado en el apartado 6 del artículo 5 de la Decisión 1999/468/CE queda fijado en tres meses.

3. En los casos en que se haga referencia al presente apartado, serán de aplicación el artículo 5 bis, apartados 1 a 4, y el artículo 7 de la Decisión 1999/468/CE, observando lo dispuesto en su artículo 8.

Artículo 32.- *Consulta a la Autoridad Europea de Seguridad Alimentaria*

La Comisión consultará con la Autoridad Europea de Seguridad Alimentaria cualquier cuestión que entre dentro del ámbito de competencia del presente Reglamento y que pueda tener una incidencia significativa sobre la salud pública y, en particular, antes de proponer criterios u objetivos específicos de conformidad con el apartado 3 del artículo 5.

Artículo 33.- *Derogación*

Quedan derogadas, sin perjuicio de las obligaciones de los Estados miembros en lo tocante a los plazos de incorporación a su legislación, y con efecto a partir del 1 de enero de 2006, las Directivas siguientes:

a) Directiva 95/69/CE del Consejo;

b) Directiva 98/51/CE de la Comisión.

Artículo 34.- *Entrada en vigor*

El presente Reglamento entrará en vigor el día de su publicación en el Diario Oficial de la Unión Europea.

Será aplicable a partir del 1 de enero de 2006.

El presente Reglamento será obligatorio en todos sus elementos y directamente aplicable en cada Estado miembro.

ANEXO I.-
Producción primaria

PARTE A.- Requisitos aplicables a las empresas de piensos por lo que respecta a la producción primaria de piensos a que se refiere el apartado 1 del artículo 5

I. Disposiciones sobre higiene

1. Los explotadores de empresas de piensos responsables de la producción primaria de piensos deberán garantizar que las operaciones se gestionen y pongan en práctica de manera que se puedan prevenir, eliminar o reducir al mínimo los peligros que puedan afectar a la seguridad de los piensos.

2. Los explotadores de empresas de piensos deberán garantizar, en la medida de lo posible, que los productos primarios producidos, preparados, limpiados, embalados, almacenados y transportados bajo su responsabilidad estén protegidos contra la contaminación y el deterioro.

3. Los explotadores de empresas de piensos deberán cumplir las obligaciones impuestas en los puntos 1 y 2 ajustándose a las disposiciones legislativas nacionales y comunitarias pertinentes relativas al control de los peligros, en particular:

i) las medidas destinadas a controlar la contaminación peligrosa como la procedente del aire, el suelo, el agua, los fertilizantes, los productos fitosanitarios, los biocidas, los medicamentos veterinarios y la manipulación y eliminación de residuos,y

ii) las medidas relativas a los aspectos fitosanitarios, la salud animal y el medio ambiente que tengan efectos sobre la seguridad de los piensos, incluidos los programas de vigilancia y control de las zoonosis y de los agentes zoonóticos.

4. Cuando proceda, los explotadores de empresas de piensos adoptarán medidas apropiadas para, en particular:

a) mantener limpios y, siempre que sea necesario una vez limpios, desinfectar de forma adecuada las instalaciones, el equipo, los contenedores, los cajones de embalaje y los vehículos utilizados en la producción, la preparación, la clasificación, el embalaje, el almacenamiento y el transporte de piensos;

b) garantizar, siempre que sea necesario, condiciones higiénicas en la producción, el transporte y el almacenamiento de los piensos, así como su limpieza;

c) utilizar, siempre que sea necesario, agua limpia para evitar la contaminación peligrosa;

d) evitar, en la medida de lo posible, la contaminación peligrosa provocada por animales y plagas;

e) almacenar y manipular los residuos y las sustancias peligrosas por separado y de forma segura a fin de evitar la contaminación peligrosa;

f) garantizar que los materiales de embalaje no constituyan una fuente de contaminación peligrosa de los piensos;

g) tener en cuenta los resultados de cualquier análisis de muestras tomadas de productos primarios o de otras muestras que sean pertinentes para la seguridad de los piensos.

II. Registros

1. Los explotadores de empresas de piensos llevarán registros de las medidas adoptadas para controlar los peligros, de forma adecuada y por un período apropiado, teniendo en cuenta la naturaleza y el tamaño de sus empresas. Además, deberán poner toda la información pertinente recogida en estos registros a disposición de la autoridad competente.

2. En concreto, los explotadores de empresas de piensos deberán llevar registros sobre:

a) cualquier utilización de productos fitosanitarios y biocidas;

b) la utilización de semillas modificadas genéticamente;

c) cualquier presencia de plagas o enfermedades que puedan afectar a la seguridad de los productos primarios;

d) los resultados de todos los análisis efectuados en muestras tomadas de productos primarios o de otras muestras recogidas con fines de diagnóstico que revistan importancia para la seguridad de los piensos;

e) el origen y cantidad de cada entrada de piensos y el destino y cantidad de cada salida de piensos.

3. Otras personas, como veterinarios, agrónomos y técnicos agrícolas, podrán asistir a los explotadores de empresas de piensos a llevar los registros que sean pertinentes para las actividades llevadas a cabo en la explotación agrícola.

PARTE B.- Recomendaciones de guías de buenas prácticas

1. En caso de que se redacten las guías nacionales y comunitarias contempladas en el capítulo III del presente Reglamento, contendrán orientaciones en materia de buenas prácticas para controlar los peligros en la producción primaria de piensos.

2. Las guías de buenas prácticas deberán incluir información apropiada sobre los peligros que puedan surgir en la producción primaria de piensos y sobre las medidas para controlarlos, incluidas las acciones pertinentes previstas en disposiciones legislativas o programas comunitarios y nacionales, tales como:

a) el control de agentes contaminantes como las micotoxinas, los metales pesados y el material radiactivo;

b) la utilización de agua, residuos orgánicos y fertilizantes;

c) el uso correcto y apropiado de productos fitosanitarios y biocidas y su trazabilidad;

d) el uso correcto y apropiado de medicamentos veterinarios y aditivos para piensos y su trazabilidad;

e) la preparación, el almacenamiento y la trazabilidad de materias primas para piensos;

f) la eliminación adecuada de los animales muertos, los residuos y las yacijas;

g) medidas de protección para evitar la introducción de enfermedades contagiosas transmisibles a los animales a través de los piensos, y cualquier obligación de notificación al respecto a la autoridad competente;

h) los procedimientos, las prácticas y los métodos que garanticen que los piensos se producen, preparan, embalan, almacenan y transportan en condiciones higiénicas adecuadas, incluidas medidas eficaces de limpieza y de control de plagas;

i) detalles relativos al modo de llevar los registros.

ANEXO II.-

Requisitos aplicables a las empresas de piensos que no intervienen en la producción primaria de piensos a que se refiere el apartado 1 del artículo 5

INSTALACIONES Y EQUIPO

1. Las instalaciones, el equipo, los contenedores, los cajones de embalaje y los vehículos utilizados en la transformación y el almacenamiento de piensos, así como sus alrededores inmediatos, se mantendrán limpios y se aplicarán programas eficaces de control de plagas.

2. La disposición, el diseño, la construcción y las dimensiones de las instalaciones y el equipo deberán:

a) permitir una limpieza y desinfección adecuadas;

b) ser de tal forma que se reduzca al mínimo el riesgo de error y se evite la contaminación, incluida la contaminación cruzada, y, en general, cualquier efecto nocivo para la seguridad y la calidad de los productos. La maquinaria que haya entrado en contacto con los piensos deberá secarse después de cualquier proceso de limpieza en húmedo.

3. Las instalaciones y el equipo que deban utilizarse en las operaciones de mezclado y fabricación deberán ser objeto regularmente de controles apropiados, de conformidad con los procedimientos escritos previamente establecidos para los productos por el fabricante.

a) Todas las balanzas y dispositivos de medición utilizados en la fabricación de piensos deberán ser apropiados para la gama de pesos o volúmenes que deban medirse y ser sometidos regularmente a pruebas para garantizar su precisión.

b) Todos los dispositivos de mezcla utilizados en la fabricación de piensos deberán ser apropiados para la gama de pesos o volúmenes que deban mezclarse y capaces de fabricar mezclas y diluidos homogéneos idóneos. Los explotadores demostrarán la eficacia de los mezcladores en lo que se refiere a la homogeneidad.

4. Las instalaciones deberán contar con iluminación natural y/o artificial adecuadas.

5. Los desagües deberán ser adecuados para los fines perseguidos y estar diseñados y construidos de modo que se evite cualquier riesgo de contaminación de los piensos.

6. El agua utilizada en la fabricación de piensos deberá ser la adecuada para los animales; los conductos de agua serán de material inerte.

7. La evacuación de las aguas residuales, de desecho y pluviales se efectuará de manera que no afecte al equipo ni a la seguridad y calidad de los piensos. Se controlarán el deterioro y el polvo para prevenir la proliferación de plagas.

8. Las ventanas y demás aberturas deberán, en su caso, ser a prueba de plagas. Las puertas deberán ser herméticas y, cuando estén cerradas, ser a prueba de plagas.

9. En caso necesario, los techos y las armaduras de las cubiertas deberán estar diseñados, construidos y acabados de forma que impidan la acumulación de suciedad y reduzcan la condensación, la formación de moho no deseable y el desprendimiento de partículas que puedan afectar a la seguridad y a la calidad de los piensos.

PERSONAL

Las empresas de piensos deberán disponer de personal suficiente con las competencias y cualificaciones necesarias para la fabricación de los productos de que se trate. Se establecerá un organigrama en el que se precisarán las cualificaciones (por ejemplo, los títulos y la experiencia profesional) y responsabilidades del personal supervisor. Este organigrama se pondrá a disposición de las autoridades competentes responsables de la inspección. Deberá informarse claramente y por escrito a todo el personal de sus funciones, responsabilidades y competencias, en particular siempre que se realice una modificación, a fin de que los productos tengan la calidad deseada.

PRODUCCIÓN

1. Se designará a una persona cualificada como responsable de la producción.

2. Los explotadores de empresas de piensos deberán garantizar que las distintas etapas de la producción se realicen conforme a procedimientos e instrucciones previamente establecidos por escrito con vistas a definir, verificar y mantener bajo control los puntos críticos del proceso de fabricación.

3. Se adoptarán medidas de carácter técnico u organizativo para evitar o reducir al mínimo, según las necesidades, la contaminación cruzada y los errores. Deberá contarse con medios suficientes y apropiados para llevar a cabo controles en el transcurso de la fabricación.

4. Se supervisará la presencia de piensos prohibidos, de sustancias indeseables y demás contaminantes que puedan afectar a la salud humana o animal, y se pondrán a punto estrategias de control que permitan reducir al mínimo los riesgos.

5. Los residuos y los materiales no aptos como piensos deberán aislarse e identificarse. Todos los materiales de este tipo que contengan niveles peligrosos de medicamentos veterinarios, contaminantes u otros factores de peligro se eliminarán de forma apropiada y no se utilizarán como piensos.

6. Los explotadores de empresas de piensos tomarán las medidas adecuadas para garantizar el rastreo de los productos.

CONTROL DE LA CALIDAD

1. Cuando proceda, se designará a una persona cualificada como responsable del control de la calidad.

2. Las empresas de piensos deberán tener acceso, en el marco de un sistema de control de la calidad, a un laboratorio con el personal y el equipo adecuados.

3. Se redactará y pondrá en práctica un plan de control de la calidad, en el que se incluirán, en particular, los controles de los puntos críticos del proceso de fabricación, los procedimientos de toma de muestras y su periodicidad, los métodos de análisis y su periodicidad, el cumplimiento de las especificaciones —así como el destino que se deberá dar a los productos en caso de incumplimiento— desde los materiales transformados hasta los productos finales.

4. Con el fin de garantizar la trazabilidad, los fabricantes conservarán documentos relativos a la materias primas utilizadas en los productos finales. Tales documentos tendrán que estar disponibles para las autoridades competentes durante un período apropiado al uso para el que se comercializan los productos. Además, se tomarán y conservarán muestras, en cantidad suficiente, de los ingredientes y de cada lote de productos fabricados y comercializados, o de cada fracción específica de la producción (en caso de producción continua), a fin de garantizar su trazabilidad, de acuerdo con un procedimiento establecido previamente por el fabricante (estas tomas deberán ser periódicas en caso de que la fabricación se destine exclusivamente a sus propias necesidades). Dichas muestras se precintarán y etiquetarán de manera que resulten fácilmente identificables, y se conservarán en condiciones de almacenamiento que excluyan cualquier posibilidad de modificación anormal de su composición o de adulteración. Permanecerán a disposición de las autoridades competentes durante un período apropiado al uso para el que se comercializa el pienso. En el caso de piensos para animales no destinados a la producción de alimentos, el fabricante del pienso sólo deberá conservar muestras del producto acabado.

ALMACENAMIENTO Y TRANSPORTE

1. Los piensos transformados se separarán de las materias primas no transformadas y de los aditivos a fin de evitar cualquier contaminación cruzada de los primeros. Se utilizarán materiales de embalaje apropiados.

2. Los piensos deberán almacenarse y transportarse en contenedores adecuados. Se almacenarán en lugares diseñados, adaptados y mantenidos de manera que garanticen buenas condiciones de almacenamiento, y a los que sólo tenga acceso el personal autorizado por el explotador de la empresa de piensos.

3. Los piensos se almacenarán y se transportarán de manera que puedan ser fácilmente identificables a fin de evitar cualquier confusión o contaminación cruzada y de prevenir su deterioro.

4. Los contenedores y el equipo utilizados en el transporte, el almacenamiento, el acarreo, la manipulación y las operaciones de pesado del pienso deberán mantenerse limpios. Se pondrán a punto programas de limpieza y se reducirán al mínimo los rastros de detergentes y desinfectantes.

5. Deberá reducirse al mínimo y mantenerse bajo control cualquier deterioro a fin de limitar la proliferación de plagas.

6. Cuando proceda, las temperaturas se mantendrán al nivel más bajo posible para evitar la condensación y el deterioro.

MODO DE LLEVAR LOS REGISTROS

1. Todos los explotadores de empresas de piensos, incluidos los que actúan sólo como comerciantes sin tener nunca el producto en sus instalaciones, llevarán un registro con los datos pertinentes, incluidos los detalles relativos a la adquisición, la producción y las ventas, que permitan reconstituir el proceso desde la recepción hasta la entrega, con inclusión de la exportación hasta el destino final.

2. Los explotadores de empresas de piensos, salvo aquéllos que actúan sólo como comerciantes sin tener nunca el producto en sus instalaciones, deberán conservar en un registro los siguientes documentos:

a) Documentos relativos al proceso de fabricación y a los controles.

Las empresas de piensos deberán disponer de un sistema de documentación que permita definir los puntos críticos del proceso de fabricación y garantizar su control, y establecer y poner en práctica un plan de control de la calidad. Deberán conservar los resultados de los controles efectuados. Todos estos documentos deberán conservarse de forma que sea posible reconstituir el proceso de fabricación de cada lote de productos puesto en circulación y establecer las correspondientes responsabilidades en caso de reclamación.

b) Documentos relativos a la trazabilidad, en particular:

i) de los aditivos para piensos:

— la naturaleza y la cantidad de los aditivos producidos, las fechas respectivas de fabricación y, en su caso, el número del lote o de la fracción específica de la producción, en caso de fabricación continua,

— el nombre y la dirección del establecimiento al que se entregan los aditivos, la naturaleza y la cantidad de los aditivos entregados y, en su caso, el número del lote o de la fracción específica de la producción, en caso de fabricación continua,

ii) de los productos considerados en la Directiva 82/471/CEE:

— la naturaleza de los productos y la cantidad producida, las fechas respectivas de fabricación y, en su caso, el número del lote o de la fracción específica de la producción, en caso de fabricación continua,

— el nombre y la dirección de los establecimientos o usuarios (establecimientos o agricultores) a quienes se entregan estos productos, así como detalles de la naturaleza y cantidad de los productos entregados y, en su caso, el número del lote o de la fracción específica de la producción, en caso de fabricación continua,

iii) de las premezclas:

— el nombre y la dirección de los fabricantes o proveedores de aditivos, la naturaleza y cantidad de los aditivos utilizados y, en su caso, el número del lote o de la fracción específica de la producción, en caso de fabricación continua,

— la fecha de fabricación de la premezcla y, en su caso, el número del lote,

— el nombre y la dirección del establecimiento al que se entrega la premezcla, la fecha de entrega, la naturaleza y cantidad de la premezcla entregada, y, en su caso, el número del lote,

iv) de los piensos compuestos/materias primas para piensos:

— el nombre y la dirección de los fabricantes o proveedores de premezclas o aditivos, la naturaleza y cantidad de la premezcla utilizada, y, en su caso, el número del lote,

— el nombre y la dirección de los proveedores de las materias primas para piensos y piensos complementarios y la fecha de entrega,

— el tipo, la cantidad y la formulación de los piensos compuestos,

— la naturaleza y cantidad de las materias primas para piensos o de los piensos compuestos fabricados, así como la fecha de fabricación, y el nombre y la dirección del comprador (por ejemplo un agricultor u otro explotador).

RECLAMACIONES Y RETIRADA DE LOS PRODUCTOS

1. Los explotadores de empresas de piensos deberán poner en práctica un sistema de registro y tratamiento de las reclamaciones.

2. Asimismo, tendrán que establecer, si ello resultase necesario, un sistema de retirada rápida de los productos presentes en el circuito de distribución. Deberán definir, por procedimiento escrito, el destino de los productos retirados, que, antes de ser puestos de nuevo en circulación, deberán ser objeto de un nuevo control de calidad.

ANEXO III.-
Buenas prácticas en materia de alimentación de los animales

APACENTAMIENTO

El apacentamiento en pastos y campos de cultivo se llevará a cabo de forma que se reduzca al mínimo la contaminación de los alimentos de origen animal por factores de peligro físicos, biológicos o químicos.

Cuando proceda, se observará un período de descanso adecuado antes de dejar que el ganado pazca en pastos, cultivos y restos de cultivos, así como entre las rotaciones de pastos, a fin de reducir al mínimo, cuando pueda plantearse este problema, la contaminación cruzada biológica proveniente del estiércol, y de garantizar el respeto de los períodos de suspensión de las aplicaciones de sustancias químicas en el campo.

REQUISITOS RELATIVOS A LOS ESTABLOS Y EQUIPOS DE ALIMENTACIÓN

La unidad de producción animal se diseñará de forma que pueda limpiarse de manera adecuada. La unidad de producción animal y el equipo utilizado para alimentar a los animales se limpiará a fondo regularmente para prevenir la acumulación de factores de peligro. Las sustancias químicas utilizadas en la limpieza y la esterilización se utilizarán conforme a las instrucciones y se almacenarán lejos de las zonas de almacenamiento de piensos y de alimentación de los animales.

Se pondrá a punto un sistema de control de plagas para impedir el acceso de éstas a la unidad de producción animal a fin de reducir al mínimo la posibilidad de contaminación de los piensos y los materiales de las yacijas o de las unidades para animales.

Los edificios y el equipo utilizados para alimentar a los animales se mantendrán limpios. Se pondrán a punto sistemas para evacuar regularmente el estiércol, los residuos y otras posibles fuentes de contaminación de los piensos.

Los piensos y los materiales de las yacijas utilizados en la unidad de producción animal se cambiarán frecuentemente evitándose que se enmohezcan.

ALIMENTACIÓN

1. Almacenamiento

Los piensos se almacenarán separadamente de las sustancias químicas y de otros productos prohibidos para la alimentación animal. Las zonas de almacenamiento y los contenedores se mantendrán limpios y secos y, cuando sea necesario, se aplicarán las medidas apropiadas de control de plagas. Las zonas de almacenamiento y los contenedores se limpiarán regularmente para evitar la contaminación cruzada innecesaria.

Las semillas se almacenarán de manera apropiada y de forma que no sean accesibles a los animales.

Los piensos medicados y los piensos no medicados destinados a clases o especies diferentes de animales se almacenarán de manera que se reduzca el riesgo de alimentación de animales a los que no estén destinados.

2. Distribución

El sistema de distribución de los piensos en la explotación agrícola garantizará que se suministre el pienso adecuado al grupo de animales que corresponda. Durante la distribución y la alimentación de los animales, los piensos se manipularán de modo que no se produzca contaminación proveniente de zonas de almacenamiento y equipos contaminados. Los piensos no medicados se manipularán separadamente de los medicados para evitar cualquier forma de contaminación.

Los vehículos de transporte de la explotación y el equipo de alimentación se limpiarán periódicamente, en particular cuando se usen en la entrega y distribución de piensos medicados.

PIENSO Y AGUA

La calidad del agua destinada al abrevado o a la acuicultura deberá ser la adecuada para los animales que se estén explotando. Cuando haya motivos de inquietud respecto a la contaminación de animales o de productos animales por el agua, se tomarán medidas para evaluar y reducir al mínimo los riesgos.

Los equipos para el suministro de piensos y agua deberán estar diseñados, construidos y ubicados de forma que se reduzca al mínimo el riesgo de contaminación de los piensos y del agua. Los sistemas para abrevar a los animales se limpiarán y serán objeto de mantenimiento regularmente, en la medida de lo posible.

PERSONAL

La persona responsable de alimentar y manipular los animales poseerá las aptitudes, los conocimientos y la competencia requeridos.

ANEXO IV.-
Buenas prácticas en materia de alimentación de los animales

[Anexo no reproducido en la presente publicación]

ANEXO V

[Anexo no reproducido en la presente publicación]

22 de diciembre de 2006.- Reglamento (CE) nº 2023/2006
de la Comisión,
sobre buenas prácticas de fabricación de materiales y objetos destinados a entrar en contacto con alimentos
(D.O. L 384, 29 de diciembre de 2006)

[V.C. 17/04/2008]

LA COMISIÓN DE LAS COMUNIDADES EUROPEAS,

Visto el Tratado constitutivo de la Comunidad Europea,

Visto el Reglamento (CE) nº 1935/2004 del Parlamento Europeo y del Consejo, de 27 de octubre de 2004, sobre los materiales y objetos destinados a entrar en contacto con alimentos, y, en particular, su artículo 5, apartado 1,

Considerando lo siguiente:

(1) Los grupos de materiales y objetos que figuran en el anexo I del Reglamento (CE) nº 1935/2004 y las combinaciones de esos materiales y objetos o materiales y objetos reciclados que se utilicen en tales materiales y objetos deben fabricarse de acuerdo con normas generales y detalladas sobre buenas prácticas de fabricación.

(2) Algunos sectores de la industria han establecido directrices sobre buenas prácticas de fabricación, pero otros aún carecen de ellas. En consecuencia, parece necesario garantizar la uniformidad entre Estados miembros en cuanto a buenas prácticas de fabricación de materiales y objetos destinados a entrar en contacto con alimentos.

(3) Para garantizar dicha uniformidad, es preciso imponer algunas obligaciones a los operadores de empresas.

(4) Todos los operadores de empresas deben efectuar una eficaz gestión de la calidad de sus actividades de fabricación, adaptada a su posición en la cadena de suministro.

(5) Las normas deben aplicarse a los materiales y objetos que estén destinados a entrar en contacto con alimentos, que estén ya en contacto con alimentos y estén destinados a tal efecto, o de los que quepa esperar razonablemente que entrarán en contacto con alimentos o que transferirán sus componentes a los alimentos en condiciones normales o previsibles de empleo.

(6) Por otro lado, estas normas deben aplicarse de manera proporcionada para evitar cargas innecesarias a las pequeñas empresas.

(7) Procede establecer ahora normas detalladas para procesos que impliquen la utilización de tintas de impresión y, en su caso, para otros procesos. Para las tintas de impresión aplicadas en el lado de un material u objeto que no vaya a estar en contacto con alimentos, las normas sobre buenas practicas de fabricación deben garantizar, en particular, que las sustancias no se transmitan a los alimentos mediante repinte o a través del sustrato.

(8) Las medidas previstas en el presente Reglamento se ajustan al dictamen del Comité permanente de la cadena alimentaria y de sanidad animal.

HA ADOPTADO EL PRESENTE REGLAMENTO:

Artículo 1.- *Objeto*

El presente Reglamento establece las normas sobre buenas prácticas de fabricación para los grupos de materiales y objetos destinados a entrar en contacto con alimentos (en lo sucesivo, los "materiales y objetos") que figuran en el anexo I del Reglamento (CE) nº 1935/2004 y las combinaciones de esos materiales y objetos o materiales y objetos reciclados que se utilicen en tales materiales y objetos.

Artículo 2.- *Ámbito de aplicación*

El presente Reglamento se aplicará a todos los sectores y todas las etapas de fabricación, procesamiento y distribución de los materiales y objetos, hasta la producción de sustancias primas, ésta no inclusive.

Las normas detalladas establecidas en el anexo se aplicarán, según proceda, a los procesos pertinentes mencionados individualmente.

Artículo 3.- *Definiciones*

A efectos del presente Reglamento, se aplicarán las definiciones siguientes:

a) "buena práctica de fabricación", los aspectos de aseguramiento de la calidad que garantizan que los materiales y objetos se producen y controlan de forma coherente, para asegurarse de que sean conformes a las normas aplicables y los estándares de calidad adecuados para el uso previsto y no pongan en peligro la salud humana o causen un cambio inaceptable en la composición de los alimentos o un deterioro de sus características organolépticas;

b) "sistema de aseguramiento de la calidad", la suma total de las disposiciones organizadas y documentadas para garantizar que los materiales y objetos tengan la calidad que requiere su conformidad con las normas aplicables y los estándares de calidad para el uso previsto;

c) "sistema de control de la calidad", la aplicación sistemática de las medidas establecidas en el sistema de aseguramiento de la calidad para que las materias primas y los materiales y objetos intermedios y acabados sean conformes a las especificaciones determinadas en el sistema de aseguramiento de la calidad;

d) "lado sin contacto con los alimentos", la superficie del material u objeto que no entra directamente en contacto con los alimentos;

e) "lado en contacto con los alimentos", la superficie de un material u objeto que entra directamente en contacto con los alimentos.

Artículo 4.- *Conformidad con las buenas prácticas de fabricación*

Los operadores de empresas se asegurarán de que las operaciones de fabricación se lleven a cabo de conformidad con:

a) las normas generales sobre buenas prácticas de fabricación establecidas en los artículos 5, 6 y 7,

b) las normas detalladas sobre buenas prácticas de fabricación establecidas en el anexo.

Artículo 5.- *Sistema de aseguramiento de la calidad*

1. El operador de empresa establecerá y aplicará un sistema de aseguramiento de la calidad eficaz y documentado y garantizará su cumplimiento. Ese sistema:

a) tendrá en cuenta la adecuación, los conocimientos y las habilidades del personal, y la organización de las instalaciones y del equipo de manera que se garantice que los materiales y objetos acabados satisfacen las normas aplicables;

b) se aplicará teniendo en cuenta el tamaño de la empresa, para no imponerle una carga excesiva.

2. Se seleccionarán materias primas que cumplan especificaciones preestablecidas que garanticen que el material u objeto satisfacen las normas aplicables.

3. Las diversas operaciones se llevarán a cabo de conformidad con instrucciones y procedimientos preestablecidos.

Artículo 6.- *Sistema de control de la calidad*

1. El operador de empresa establecerá y mantendrá un sistema eficaz de control de la calidad.

2. El sistema de control de la calidad incluirá el seguimiento de la aplicación y la consecución de buenas prácticas de fabricación y determinará medidas de corrección de cualquier fallo en la consecución de dichas prácticas. Tales medidas de corrección se aplicarán sin demora y se pondrán a disposición de las autoridades competentes a efectos de inspección.

Artículo 7.- *Documentación*

1. El operador de empresa establecerá y conservará documentación adecuada, en papel o en formato electrónico, sobre especificaciones, fórmulas de fabricación y procesamientos pertinentes para la conformidad y la seguridad de los materiales u objetos acabados.

2. El operador de empresa establecerá y conservará documentación adecuada, en papel o en formato electrónico, sobre registros de las diversas operaciones de fabricación pertinentes para la conformidad y la seguridad de los materiales u objetos acabados y sobre los resultados del sistema de control de la calidad.

3. El operador de empresa pondrá esta documentación a disposición de las autoridades competentes cuando éstas la soliciten.

Artículo 8.- *Entrada en vigor*

El presente Reglamento entrará en vigor el vigésimo día siguiente al de su publicación en el Diario Oficial de la Unión Europea.

El presente Reglamento será aplicable a partir del 1 de agosto de 2008.

El presente Reglamento será obligatorio en todos sus elementos y directamente aplicable en cada Estado miembro.

ANEXO.-
Normas detalladas sobre buenas prácticas de fabricación

[Anexo no reproducido en la presente publicación]

29 de mayo de 2009.- Reglamento (CE) nº 450/2009
de la Comisión,
sobre materiales y objetos activos e inteligentes destinados a entrar en contacto con alimentos
(D.O. L 135, 30 de mayo de 2009)

LA COMISIÓN DE LAS COMUNIDADES EUROPEAS,

Visto el Tratado constitutivo de la Comunidad Europea,

Visto el Reglamento (CE) nº 1935/2004 del Parlamento Europeo y del Consejo, de 27 de octubre de 2004, sobre los materiales y objetos destinados a entrar en contacto con alimentos y por el que se derogan las Directivas 80/590/CEE y 89/109/CEE, y, en particular, su artículo 5, apartado 1, letras h), i), l), m) y n),

Previa consulta a la Autoridad Europea de Seguridad Alimentaria,

Considerando lo siguiente:

(1) El Reglamento (CE) nº 1935/2004 establece que los materiales y objetos activos e inteligentes en contacto con alimentos ("los materiales y objetos activos e inteligentes") están incluidos en su ámbito de aplicación y que, por tanto, todas las disposiciones aplicables a cualquier material y objeto destinado a entrar en contacto con alimentos ("los materiales en contacto con alimentos") también les son aplicables. Otras disposiciones establecidas en otras medidas comunitarias, como la Directiva 2001/95/CE del Parlamento Europeo y del Consejo de 3 de diciembre de 2001, relativa a la seguridad general de los productos, y sus medidas de desarrollo y la Directiva 87/357/CEE del Consejo de 25 de junio de 1987, relativa a la aproximación de las legislaciones de los Estados miembros sobre los productos de apariencia engañosa que ponen en peligro la salud o la seguridad de los consumidores, son también aplicables, en su caso, a dichos materiales y objetos.

(2) El Reglamento (CE) nº 1935/2004 establece los principios generales para eliminar las diferencias existentes entre las legislaciones de los Estados miembros relativas a los materiales en contacto con alimentos. Dicho Reglamento dispone en su artículo 5, apartado 1, la adopción de medidas específicas aplicables a grupos de materiales y objetos y describe con detalle el procedimiento de autorización de sustancias a escala comunitaria cuando una medida concreta incluye una lista de sustancias autorizadas.

(3) En el Reglamento (CE) nº 1935/2004 se exponen algunas normas aplicables a los materiales y objetos activos e inteligentes. Tales normas incluyen disposiciones relativas a sustancias activas liberadas que deben cumplir tanto las disposiciones comunitarias y nacionales aplicables a los alimentos como las normas de etiquetado. Las normas concretas deben fijarse en una medida específica.

(4) El presente Reglamento debe ser una medida específica a tenor del artículo 5, apartado 1, letra b), del Reglamento (CE) nº 1935/2004. En este Reglamento deben establecerse las normas concretas sobre materiales y objetos activos e inteligentes que deben aplicarse además de los requisitos generales que establece el Reglamento (CE) nº 1935/2004 con vistas a su uso seguro.

(5) Existen muchos tipos diferentes de materiales y objetos activos e inteligentes. Las sustancias responsables de la función activa o inteligente pueden estar en un recipiente aparte, por ejemplo en una bolsita de papel, o estar directamente incorporadas en el material de envase, por ejemplo en el plástico de una botella hecha de ese material. Esas sustancias, que son las responsables de crear la función activa o inteligente de ese material u objeto ("los componentes"), deben ser evaluadas conforme al presente Reglamento. Las partes pasivas, como el recipiente, el envase en el que este se coloca y el material del envase al que se incorpora la sustancia, deben incluirse en el ámbito de aplicación de las disposiciones comunitarias o nacionales pertinentes aplicables a esos materiales y objetos.

(6) Los materiales y objetos activos e inteligentes pueden estar compuestos de una o más capas o partes de diferentes tipos de materiales, como plástico, papel y cartón, o revestimientos y barnices. Los requisitos aplicables a estos materiales pueden estar completamente armonizados, solo parcialmente armonizados, o aún no armonizados a escala comunitaria. Las normas que se establece en el presente Reglamento deben aplicarse sin perjuicio de las disposiciones comunitarias o nacionales que regulen dichos materiales.

(7) La sustancia o, si procede, la combinación de sustancias que constituye los componentes deben someterse a evaluación para garantizar que son seguras y que cumplen los requisitos establecidos en el Reglamento (CE) nº 1935/2004. En algunos casos puede ser necesario evaluar y autorizar la combinación de sustancias, si la función activa o inteligente implica interacciones entre diversas sustancias y esas interacciones son las que intensifican la función o generan nuevas sustancias responsables de la función activa e inteligente.

(8) El Reglamento (CE) nº 1935/2004, dispone que cuando las medidas específicas incluyan una lista de sustancias autorizadas en la Comunidad para ser utilizadas en la fabricación de materiales y objetos destinados a entrar en contacto con alimentos, dichas sustancias deben ser objeto de una evaluación de seguridad antes de ser autorizadas.

(9) Conviene que la persona interesada en introducir en el mercado materiales y objetos activos e inteligentes o componentes, en particular, el solicitante, presente toda la información necesaria para evaluar la seguridad de la sustancia o, si es preciso, de la combinación de sustancias que constituye el componente.

(10) La evaluación de la seguridad de la sustancia o combinación de sustancias que constituye el componente debe llevarla a cabo la Autoridad Europea de Seguridad Alimentaria (EFSA), tras la presentación de una solicitud válida de conformidad con los artículos 9 y 10 del Reglamento (CE) nº 1935/2004. A fin de informar al solicitante de los datos que deben facilitarse para la evaluación de la seguridad, la Autoridad debe publicar directrices detalladas sobre cómo preparar y presentar la solicitud. Para poder hacer cumplir las posibles restricciones, sería necesario que el solicitante proporcionara un método de análisis apropiado para la detección y cuantificación de la sustancia. La Autoridad debe evaluar si el método de análisis es adecuado para hacer cumplir cualquier restricción propuesta.

(11) La evaluación de la seguridad de una sustancia específica o de una combinación de sustancias debe ir seguida de una decisión de gestión del riesgo sobre si la sustancia debe o no incluirse en la lista comunitaria de sustancias autorizadas que pueden utilizarse en componentes activos e inteligentes ("la lista comunitaria"). Dicha decisión debe adoptarse de conformidad con el procedimiento de reglamentación contemplado en el artículo 23, apartado 2, del Reglamento (CE) nº 1935/2004, que garantiza una estrecha colaboración entre la Comisión y los Estados miembros.

(12) La lista comunitaria debe incluir la identidad, las restricciones o especificaciones o las condiciones de uso de la sustancia o combinación de sustancias y, si es preciso, del componente o del material u objeto al que se añadan o incorporen. La identidad de una sustancia debe incluir, como mínimo, su nombre y, si esta información está disponible y es necesaria, su número CAS, su granulometría, su composición u otras especificaciones.

(13) Los materiales y objetos activos pueden incorporar deliberadamente sustancias destinadas a ser liberadas en el alimento. Puesto que tales sustancias se añaden intencionadamente al alimento, solo deben emplearse en las condiciones expuestas en las disposiciones comunitarias o nacionales pertinentes para su uso en alimentos. Si esas disposiciones comunitarias o nacionales prevén un procedimiento de autorización de la sustancia, esta y su uso deben cumplir los requisitos de tal procedimiento conforme a la legislación sobre alimentos de que se trate, por ejemplo la legislación sobre aditivos alimentarios. Los aditivos y las enzimas alimentarias también podrían implantarse o inmovilizarse en el material y tener una función tecnológica en el alimento. Las aplicaciones de este tipo están cubiertas por la legislación sobre aditivos y enzimas alimentarios y deben, por tanto, tratarse de la misma manera que las sustancias activas liberadas.

(14) Los sistemas de envase inteligentes ofrecen al usuario información sobre las condiciones del alimento y no deben liberar en este sus elementos constituyentes. Los sistemas inteligentes pueden colocarse en la superficie externa del envase y separarse del alimento mediante una barrera funcional situada dentro de los materiales u objetos en contacto con los alimentos, que impide que migren a estos las sustancias que se encuentran tras ella. Detrás de una barrera funcional pueden utilizarse sustancias no autorizadas, siempre y cuando cumplan determinados criterios y su migración permanezca por debajo de un límite de detección determinado. Teniendo en cuenta los alimentos para lactantes y otras personas especialmente sensibles, así como las dificultades de este tipo de análisis, aquejado de una amplia tolerancia analítica, debe establecerse un nivel máximo de 0,01 mg/kg de alimento para la migración de una

sustancia no autorizada a través de una barrera funcional. El riesgo de las nuevas tecnologías mediante las cuales se diseñan sustancias con tamaño de partícula que presentan unas propiedades químicas y físicas muy diferentes de las de tamaño mayor, por ejemplo nanopartículas, debe evaluarse caso por caso hasta que se disponga de más información sobre ellas. Por tanto, no deben incluirse en el concepto de barrera funcional.

(15) La medida comunitaria específica en cuyo ámbito entre la parte pasiva del material activo o inteligente puede establecer requisitos relativos a la inactividad del material, como puede ser un límite global de migración aplicable a los materiales plásticos. Si un componente activo liberador se incorpora a un material en contacto con alimentos cubierto por una medida comunitaria específica, puede existir el riesgo de que se sobrepase el límite de migración global debido a la liberación de la sustancia activa. Dado que la función activa no es una característica inherente al material pasivo, la cantidad de sustancia activa liberada no debe incluirse en el cálculo del valor de migración global.

(16) El artículo 4, apartado 5, del Reglamento (CE) nº 1935/2004 establece que los materiales y objetos activos e inteligentes que estén ya en contacto con alimentos deberán etiquetarse adecuadamente para que el consumidor pueda identificar las partes no comestibles. Es indispensable que tal información sea coherente para evitar confundir a los consumidores. Así pues, los materiales y objetos activos e inteligentes deben etiquetarse en términos apropiados y, cuando sea técnicamente posible, con un símbolo, siempre que los materiales y objetos, o partes de los mismos, se perciban como comestibles.

(17) El artículo 16 del Reglamento (CE) nº 1935/2004 establece que los materiales y objetos deben ir acompañados de una declaración de conformidad por escrito que certifique que cumplen las normas que les son aplicables. De conformidad con el artículo 5, apartado 1, letras h) e i), del citado Reglamento, a fin de aumentar la coordinación y la responsabilidad de los proveedores en cada fase de la fabricación, las personas responsables deben documentar el cumplimiento de las normas pertinentes en una declaración de conformidad que han de poner a disposición de su cliente. Además, en cada fase de la fabricación, la documentación de apoyo en la que se fundamente la declaración de conformidad debe mantenerse a disposición de las autoridades encargadas de velar por el cumplimiento de la normativa.

(18) El artículo 17, apartado 1, del Reglamento (CE) nº 178/2002 del Parlamento Europeo y del Consejo obliga al operador de una empresa alimentaria a verificar que los alimentos cumplen las normas del derecho alimentario que les son aplicables. Según el artículo 15, apartado 1, letra e), del Reglamento (CE) nº 1935/2004, los materiales y objetos activos que aún no están en contacto con alimentos cuando se introducen en el mercado deben ir acompañados de información sobre el uso o los usos permitidos y demás información pertinente, como el nombre y la cantidad máxima de las sustancias liberadas por el componente activo, a fin de que los operadores de las empresas alimentarias que utilicen estos materiales y objetos puedan cumplir las demás disposiciones comunitarias o, en su defecto, nacionales pertinentes aplicables a los alimentos, en especial las relativas al etiquetado de los alimentos. Con este fin, y sin perjuicio del requisito de confidencialidad, debe darse a los operadores de empresas alimentarias acceso a la información pertinente que les permita garantizar que la migración o la liberación intencionada de los materiales y objetos activos e inteligentes a los alimentos cumplen las especificaciones y restricciones establecidas en disposiciones comunitarias o nacionales aplicables a los alimentos.

(19) Dado que en los mercados de los Estados miembros ya se encuentran varios materiales y objetos activos e inteligentes, deben establecerse disposiciones para que la transición a un procedimiento de autorización comunitario se desarrolle sin problemas y sin perturbar el actual mercado de esos materiales y objetos. Debe darse tiempo suficiente al solicitante para que entregue la información necesaria de cara a la evaluación de la seguridad de la sustancia o combinación de sustancias que constituye el componente. Por tanto, debe darse un plazo de dieciocho meses durante el cual los solicitantes deben presentar la información sobre los materiales y objetos activos e inteligentes. Durante ese período de dieciocho meses también debe ser posible presentar solicitudes de autorización de una nueva sustancia o combinación de sustancias.

(20) La Autoridad debe evaluar sin dilación todas las solicitudes relativas a sustancias ya existentes o nuevas que constituyan los componentes y con respecto a las cuales se

haya presentado una solicitud válida dentro del plazo y conforme a las directrices de la Autoridad durante la fase inicial de solicitud.

(21) La Comisión, una vez realizada la evaluación de la seguridad de todas las sustancias para las que se haya presentado una solicitud válida conforme a las directrices de la Autoridad durante el período inicial de dieciocho meses, debe proponer una lista comunitaria de sustancias autorizadas. Con objeto de garantizar condiciones justas y equitativas para todos los solicitantes, la lista comunitaria debe compilarse en una sola etapa.

(22) La disposición relativa a la declaración de conformidad y la disposición específica sobre el etiquetado deben aplicarse únicamente seis meses después de la entrada en vigor del presente Reglamento, a fin de que los operadores de las empresas dispongan de tiempo suficiente para adaptarse a estas nuevas normas.

(23) Las medidas previstas en el presente Reglamento se ajustan al dictamen del Comité permanente de la cadena alimentaria y de sanidad animal.

HA ADOPTADO EL PRESENTE REGLAMENTO:

CAPÍTULO I.- DISPOSICIONES GENERALES

Artículo 1.- *Objeto*

El presente Reglamento establece requisitos específicos para la comercialización de materiales y objetos activos e inteligentes destinados a entrar en contacto con alimentos.

Dichos requisitos específicos no obstan a las disposiciones comunitarias o nacionales aplicables a los materiales u objetos a los que se añaden o incorporan componentes activos o inteligentes.

Artículo 2.- *Ámbito de aplicación*

El presente Reglamento se aplicará a los materiales y objetos activos e inteligentes que se introduzcan en el mercado comunitario.

Artículo 3.- *Definiciones*

A efectos de este Reglamento, se entenderá por:

a) "materiales y objetos activos": los destinados a prolongar la vida útil o a mantener o mejorar el estado del alimento envasado. Están diseñados para incorporar intencionadamente componentes que liberarán sustancias en el alimento envasado o en su entorno o absorberán sustancias del alimento o de su entorno;

b) "materiales y objetos inteligentes": aquellos que controlan el estado de los alimentos envasados o de su entorno;

c) "componente": sustancia o combinación de sustancias causante de la función activa o inteligente del material u objeto, incluidos los productos de la reacción in situ de esas sustancias. No incluye las partes pasivas, como el material al que se añaden o incorporan;

d) "barrera funcional": barrera compuesta de una o varias capas de materiales en contacto con alimentos que garantiza que el material u objeto final cumple lo establecido en el artículo 3 del Reglamento (CE) nº 1935/2004 y en el presente Reglamento;

e) "materiales y objetos activos liberadores": los diseñados para incorporar intencionadamente componentes que liberarán sustancias en el alimento envasado, en su superficie o en su entorno;

f) "sustancias activas liberadas": las destinadas a ser liberadas en el alimento envasado, en su superficie o en su entorno por materiales y objetos activos liberadores y que cumplen un propósito en el alimento.

Artículo 4.- *Introducción en el mercado de materiales y objetos activos e inteligentes*

Podrán introducirse en el mercado los materiales y objetos activos e inteligentes siempre que:

a) sean adecuados y eficaces para el uso previsto;

b) cumplan los requisitos generales expuestos en el artículo 3 del Reglamento (CE) nº 1935/2004;

c) cumplan los requisitos especiales expuestos en el artículo 4 del Reglamento (CE) nº 1935/2004;

d) cumplan los requisitos relativos al etiquetado expuestos en el artículo 15, apartado 1, letra e), del Reglamento (CE) nº 1935/2004;

e) cumplan los requisitos relativos a la composición que se establecen en el capítulo II del presente Reglamento;

f) cumplan los requisitos relativos al etiquetado y la declaración que se establecen en los capítulos III y IV del presente Reglamento.

CAPÍTULO II.- COMPOSICIÓN

SECCIÓN 1.- LISTA COMUNITARIA DE SUSTANCIAS AUTORIZADAS

Artículo 5.- *Lista comunitaria de sustancias que pueden utilizarse en componentes activos e inteligentes*

1. Únicamente las sustancias incluidas en la lista comunitaria de sustancias autorizadas (en lo sucesivo, "la lista comunitaria") podrán utilizarse en componentes de los materiales y objetos activos e inteligentes.

2. No obstante lo dispuesto en el apartado 1, las sustancias que figuran a continuación podrán utilizarse en componentes de materiales y objetos activos e inteligentes sin que se incluyan en la lista comunitaria:

a) sustancias activas liberadas, siempre que cumplan las condiciones expuestas en el artículo 9 del presente Reglamento;

b) sustancias dentro del ámbito de aplicación de disposiciones comunitarias o nacionales aplicables a los alimentos, que se añadan o incorporen a materiales y objetos activos mediante técnicas tales como la implantación o la inmovilización para tener un efecto tecnológico en el alimento, siempre que cumplan las condiciones expuestas en el artículo 9;

c) sustancias empleadas en componentes que no estén en contacto directo con el alimento ni con su entorno y estén separados del alimento por una barrera funcional, siempre que cumplan las condiciones expuestas en el artículo 10 y no pertenezcan a ninguna de las dos categorías siguientes:

i) sustancias clasificadas como "mutágenas", "carcinógenas" o "tóxicas para la reproducción" según los criterios de las secciones 3.5, 3.6 y 3.7 del anexo I del Reglamento (CE) nº 1272/2008 del Parlamento Europeo y del Consejo,

ii) sustancias diseñadas intencionadamente con tamaño de partícula, que presentan propiedades funcionales físicas y químicas muy diferentes de las de sustancias de tamaño mayor.

Artículo 6.- *Condiciones para la inclusión de sustancias en la lista comunitaria*

Para ser incluidas en la lista comunitaria, las sustancias que constituyan el componente de materiales y objetos activos e inteligentes deberán cumplir los requisitos del artículo 3 y, si es de aplicación, del artículo 4 del Reglamento (CE) nº 1935/2004, en el estado de uso previsto del material u objeto activo o inteligente.

Artículo 7.- *Contenido de la lista comunitaria*

La lista comunitaria deberá especificar:

a) la identidad de la sustancia o las sustancias;

b) la función de la sustancia o las sustancias;

c) el número de referencia;

d) si es preciso, las condiciones de uso de la sustancia o las sustancias o el componente;

e) si es preciso, las restricciones y/o especificaciones de uso de la sustancia o las sustancias;

f) si es preciso, las condiciones de uso del material u objeto al que se añada o incorpore la sustancia o el componente.

Artículo 8.- *Condiciones para el establecimiento de la lista comunitaria*

1. La lista comunitaria se confeccionará sobre la base de las solicitudes presentadas con arreglo al artículo 9 del Reglamento (CE) nº 1935/2004.

2. El plazo para la presentación de solicitudes será de dieciocho meses tras la fecha de publicación de las directrices de la Autoridad Europea de Seguridad Alimentaria (en lo sucesivo, "la Autoridad") para la evaluación de la seguridad de las sustancias empleadas en materiales y objetos activos e inteligentes.

La Autoridad publicará dichas directrices, a más tardar seis meses después de la fecha de publicación del presente Reglamento.

3. La Comisión hará público un registro de todas las sustancias para las que se haya presentado una solicitud válida de acuerdo con el apartado 2.

4. La Comisión adoptará la lista comunitaria conforme al procedimiento establecido en los artículos 10 y 11 del Reglamento (CE) nº 1935/2004.

5. Si la Autoridad pide información suplementaria y el solicitante no aporta los datos adicionales en el plazo fijado, la sustancia no será evaluada por la Autoridad con vistas a su inclusión en la lista comunitaria, pues la solicitud no podrá considerarse válida.

6. La Comisión adoptará la lista comunitaria una vez que la Autoridad haya emitido su dictamen con respecto a todas las sustancias incluidas en el registro para las que se haya presentado una solicitud válida con arreglo a los apartados 2 y 5.

7. Para la inclusión de nuevas sustancias en la lista comunitaria se aplicará el procedimiento establecido en los artículos 9, 10 y 11 del Reglamento (CE) nº 1935/2004.

SECCIÓN 2.-CONDICIONES DE USO DE LAS SUSTANCIAS QUE NO HAN DE INCLUIRSE EN LA LISTA COMUNITARIA

Artículo 9.- *Sustancias contempladas en el artículo 5, apartado 2, letras a) y b)*

1. Las sustancias activas liberadas contempladas en el artículo 5, apartado 2, letra a), del presente Reglamento y las sustancias añadidas o incorporadas mediante implantación o inmovilización, tal como se contempla en el artículo 2, apartado 2, letra b), del presente Reglamento, deberán utilizarse cumpliendo plenamente las disposiciones comunitarias y nacionales pertinentes aplicables a los alimentos y cumplir las disposiciones del Reglamento (CE) nº 1935/2004 y, en su caso, sus medidas de desarrollo.

2. La cantidad de sustancia activa liberada no se incluirá en el valor de la migración global medida en los casos en que en una medida comunitaria específica se establezca un límite de migración global para el material en contacto con alimentos al que se incorpore el componente.

3. Sin perjuicio de lo dispuesto en el artículo 4, apartados 1 y 3, del Reglamento (CE) nº 1935/2004, la cantidad de sustancia activa liberada podrá superar la restricción concreta establecida para esa sustancia en una medida comunitaria o nacional específica sobre los materiales en contacto con alimentos a los que se incorpore el componente en tanto en cuanto cumpla las disposiciones comunitarias o, en su defecto, nacionales aplicables a los alimentos.

Artículo 10.- *Sustancias contempladas en el artículo 5, apartado 2, letra c)*

1. La migración al alimento de sustancias procedentes de componentes que no estén en contacto directo con alimentos ni con su entorno, contemplados en el artículo 5, apartado 2, letra c), no deberá exceder de 0,01 mg/kg, medidos con certeza estadística mediante un método de análisis conforme con el artículo 11 del Reglamento (CE) nº 882/2004 del Parlamento Europeo y del Consejo.

2. El límite fijado en el apartado 1 deberá expresarse siempre como concentración en alimentos. Se aplicará a un grupo de sustancias, si están estructural y toxicológicamente relacionadas, en particular isómeros o sustancias con el mismo grupo funcional relevante, e incluirá la posible transferencia involuntaria.

CAPÍTULO III.- ETIQUETADO

Artículo 11.- *Normas adicionales sobre el etiquetado*

1. Para que el consumidor pueda distinguir las partes no comestibles, los materiales y objetos activos e inteligentes o sus partes, cuando puedan percibirse como comestibles, deberán etiquetarse:

a) con las palabras "NO INGERIR" y,

b) siempre que sea técnicamente posible, figurará en ellos el símbolo reproducido en el anexo I.

2. La información exigida en el apartado 1 deberá ser visible, claramente legible e indeleble. Deberá imprimirse en caracteres con un tamaño mínimo de carácter de 3 mm y cumplir los requisitos establecidos en el artículo 15 del Reglamento (CE) nº 1935/2004.

3. La sustancia activa liberada deberá considerarse un ingrediente a tenor del artículo 6, apartado 4, letra a), de la Directiva 2000/13/CE del Parlamento Europeo y del Consejo y estará sujeta a lo dispuesto en dicha Directiva.

CAPÍTULO IV.- DECLARACIÓN DE CONFORMIDAD Y DOCUMENTACIÓN

Artículo 12.- *Declaración de conformidad*

1. En las fases de comercialización distintas del punto de venta al consumidor final, los materiales y objetos activos e inteligentes, ya estén en contacto con los alimentos o no, o los componentes destinados a la fabricación de esos materiales y objetos o las sustancias destinadas a la fabricación de los componentes deberán ir acompañados de una declaración de conformidad por escrito de conformidad con el artículo 16 del Reglamento (CE) nº 1935/2004.

2. La declaración contemplada en el apartado 1 será realizada por el explotador de la empresa y deberá contener la información establecida en el anexo II.

Artículo 13.- *Documentación de apoyo*

El operador de la empresa deberá poner a disposición de las autoridades nacionales competentes, si estas así lo solicitan, la documentación apropiada que demuestre que los materiales y objetos activos e inteligentes, así como los componentes destinados a su fabricación, cumplen los requisitos del presente Reglamento.

Dicha documentación deberá contener información sobre la adecuación y la eficacia del material y el objeto activo e inteligente y sobre las condiciones y los resultados de los ensayos, los cálculos u otros análisis, así como pruebas de la seguridad o una argumentación que demuestre el cumplimiento de la normativa.

CAPÍTULO V.- DISPOSICIONES FINALES

Artículo 14.- *Entrada en vigor y aplicación*

El presente Reglamento entrará en vigor el vigésimo día siguiente al de su publicación en el Diario Oficial de la Unión Europea.

El artículo 4, letra e), y el artículo 5 se aplicará a partir de la fecha de aplicación de la lista comunitaria. Hasta esa fecha, sin perjuicio de los requisitos establecidos en el artículo 4, apartado 2, del Reglamento (CE) nº 1935/2004 y los artículos 9 y 10 del presente Reglamento, seguirán aplicándose las disposiciones nacionales vigentes sobre materiales y objetos activos e inteligentes.

El artículo 4, letra f), el artículo 11, apartados 1 y 2, y el capítulo IV se aplicarán a partir del 19 de diciembre de 2009. Hasta tal fecha, y sin perjuicio de los requisitos establecidos en el artículo 4, apartados 5 y 6, del Reglamento (CE) nº 1935/2004 y el artículo 11, apartado 3, del presente Reglamento, continuarán aplicándose las disposiciones nacionales vigentes sobre etiquetado y declaración de conformidad de materiales y objetos activos e inteligentes

Antes de la fecha de aplicación del artículo 11, apartados 1 y 2, del presente Reglamento estará permitido introducir en el mercado materiales y objetos etiquetados de conformidad con el artículo 4, apartado 5, del Reglamento (CE) nº 1935/2004, hasta que se agoten las existencias.

Hasta la fecha de aplicación de la lista comunitaria, las sustancias activas liberadas serán autorizadas y utilizadas de acuerdo con las disposiciones comunitarias pertinentes relativas a los alimentos y cumplirán con lo dispuesto en el Reglamento (CE) nº 1935/2004 y sus medidas de aplicación.

El presente Reglamento será obligatorio en todos sus elementos y directamente aplicable en cada Estado miembro.

ANEXO I.-
Símbolo

[Anexo no reproducido en la presente publicación]

ANEXO II.-
Declaración de conformidad

[Anexo no reproducido en la presente publicación]

10 de enero de 2011.- Reglamento (UE) N° 16/2011
de la Comisión,
por el que se establecen medidas de ejecución del Sistema de Alerta Rápida para los Productos Alimenticios y los Alimentos para Animales
(D.O. L 6, 11 de enero de 2011)

LA COMISIÓN EUROPEA,

Visto el Tratado de Funcionamiento de la Unión Europea,

Visto el Reglamento (CE) nº 178/2002 del Parlamento Europeo y del Consejo, de 28 de enero de 2002, por el que se establecen los principios y los requisitos generales de la legislación alimentaria, se crea la Autoridad Europea de Seguridad Alimentaria y se fijan procedimientos relativos a la seguridad alimentaria, y, en particular, su artículo 51,

Considerando lo siguiente:

(1) El Reglamento (CE) nº 178/2002 establece un Sistema de Alerta Rápida para los Productos Alimenticios y los Alimentos para animales (en lo sucesivo, "RASFF"), gestionado por la Comisión y en el que participan los Estados miembros, la Comisión y la Autoridad Europea de Seguridad Alimentaria (EFSA), a fin de ofrecer a las autoridades de control un instrumento eficaz de notificación de los riesgos para la salud humana derivados de los productos alimenticios o los alimentos para animales. El artículo 50 de dicho Reglamento establece el ámbito de aplicación y los requisitos de funcionamiento del RASFF.

(2) En el artículo 51 del Reglamento (CE) nº 178/2002, se pide a la Comisión que adopte normas de desarrollo para la aplicación del artículo 50 de dicho Reglamento, en particular, con respecto a las condiciones y procedimientos específicos aplicables a la transmisión de las notificaciones y la información complementaria.

(3) Los Estados miembros son ante todo responsables de la aplicación de la legislación de la UE. Llevan a cabo controles oficiales cuyas normas están establecidas en el Reglamento (CE) nº 882/2004 del Parlamento Europeo y del Consejo, de 29 de abril de 2004, sobre los controles oficiales efectuados para garantizar la verificación del cumplimiento de la legislación en materia de piensos y alimentos y la normativa sobre salud animal y bienestar de los animales. El RASFF apoya las acciones de los Estados miembros permitiendo el intercambio rápido de información sobre los riesgos planteados por los productos alimenticios o los alimentos para animales y sobre las medidas adoptadas o que deben adoptarse para hacer frente a dichos riesgos.

(4) El artículo 29 del Reglamento (CE) nº 183/2005 del Parlamento Europeo y del Consejo, de 12 de enero de 2005, por el que se fijan requisitos en materia de higiene de los piensos, extiende el ámbito de aplicación del RASFF a los riesgos graves para la salud animal y el medio ambiente. Por tanto, el término "riesgo" utilizado en el presente Reglamento debe entenderse como un riesgo directo o indirecto para la salud humana relacionado con productos alimenticios, material en contacto con productos alimenticios o alimentos para animales de conformidad con el Reglamento (CE) nº 178/2002 o como un riesgo grave para la salud humana, la salud animal o el medio ambiente relacionado con los alimentos para animales de conformidad con el Reglamento (CE) nº 183/2005.

(5) Deben establecerse normas para permitir que el RASFF funcione correctamente en casos en los que se identifique un riesgo grave en el sentido del artículo 50, apartado 2, del Reglamento (CE) nº 178/2002 y en otros casos en los que, aunque el riesgo identificado sea menos grave o urgente, sea necesario un intercambio de información eficaz entre los miembros de la red RASFF. Las notificaciones se clasifican en notificaciones de alerta, de información y de rechazo en frontera para que puedan ser tratadas más eficazmente por los miembros de la red.

(6) Para que el RASFF funcione eficazmente, deben formularse requisitos relativos al procedimiento de transmisión de los diferentes tipos de notificaciones. Las notificaciones de alerta deben transmitirse y tratarse de manera prioritaria. Las notificaciones de rechazo en frontera son especialmente pertinentes para los controles llevados a cabo en los puestos de inspección fronterizos o los puntos de entrada designados, en la frontera del Espacio Económico Europeo. Gracias a los modelos y los diccionarios de datos, las notificaciones se leen y se comprenden mejor. En algunas notificaciones se marca especialmente a determinados miembros de la red de manera que se fijen en ellas y las tramiten con rapidez.

(7) De conformidad con el Reglamento (CE) nº 178/2002, la Comisión, los Estados miembros y la EFSA han designado puntos de contacto que representan a los miembros de la red para que la comunicación sea rápida y correcta. En aplicación del artículo 50 de dicho Reglamento y para evitar posibles malentendidos en la transmisión de las notificaciones, solo debe haber un punto de contacto designado por cada miembro de la red. Este punto de contacto debe facilitar la transmisión rápida a una autoridad competente de un país miembro.

(8) A fin de garantizar el funcionamiento correcto y eficaz de la red entre sus miembros, deben establecerse normas comunes sobre las tareas de los puntos de contacto. También deben establecerse disposiciones relativas a la función coordinadora de la Comisión, en particular la verificación de las notificaciones. A este respecto, la Comisión debe, asimismo, ayudar a los miembros de la red a adoptar las medidas adecuadas determinando los riesgos y los operadores recurrentes comunicados en las notificaciones.

(9) Para los casos en que, a pesar de los controles realizados por el miembro notificante o la Comisión, una notificación transmitida resulte ser errónea o injustificada, debe establecerse un procedimiento que prevea su modificación o su retirada del sistema.

(10) De conformidad con los apartados 3 y 4 del artículo 50 del Reglamento (CE) nº 178/2002, la Comisión debe informar a determinados terceros países sobre algunas notificaciones del RASFF. Por tanto, sin perjuicio de las disposiciones específicas de los acuerdos celebrados con arreglo al artículo 50, apartado 6, del Reglamento (CE) nº 178/2002, la Comisión debe garantizar el contacto directo con las autoridades de los terceros países responsables de la seguridad alimentaria para enviar notificaciones a dichos países y, al mismo tiempo, asegurar el intercambio de información pertinente sobre dichas notificaciones y cualquier riesgo directo o indirecto para la salud humana derivado de productos alimenticios o alimentos para animales.

(11) El artículo 10 del Reglamento (CE) nº 178/2002 obliga a las autoridades públicas a informar al público sobre los riesgos para la salud humana, entre otras cosas. La Comisión debe facilitar información resumida sobre las notificaciones del RASFF transmitidas e informes anuales que pongan de relieve las tendencias en cuestiones de seguridad alimentaria notificadas a través del RASFF y la evolución de la propia red, a fin de informar a los miembros, a las partes interesadas y al público en general.

(12) El presente Reglamento se ha discutido con la Autoridad Europea de Seguridad Alimentaria.

(13) Las medidas previstas en el presente Reglamento se ajustan al dictamen del Comité permanente de la cadena alimentaria y de sanidad animal.

HA ADOPTADO EL PRESENTE REGLAMENTO:

Artículo 1.- *Definiciones*

A los efectos del presente Reglamento, se aplicarán las siguientes definiciones, además de las establecidas en los Reglamentos (CE) nº 178/2002 y (CE) nº 882/2004; se entenderá por:

1) "red": el sistema de alerta rápida para la notificación de un riesgo directo o indirecto para la salud humana derivado de productos alimenticios o alimentos para animales, conforme a lo establecido en el artículo 50 del Reglamento (CE) nº 178/2002;

2) "miembro de la red": un Estado miembro, la Comisión, la Autoridad Europea de Seguridad Alimentaria y cualquier país solicitante, tercer país u organización internacional que haya celebrado un acuerdo con la Unión Europea de conformidad con el artículo 50, apartado 6, del Reglamento (CE) nº 178/2002;

3) "punto de contacto": el punto de contacto que representa al miembro de la red;

4) "notificación de alerta": una notificación de un riesgo que requiere o podría requerir una acción rápida en otro país miembro;

5) "notificación de información"

a) "notificación de información para seguimiento": una notificación de información relacionada con un producto que está en el mercado o puede comercializarse en otro Estado miembro;

b) "notificación de información para atención": una notificación de información relacionada con un producto que:

i) está presente únicamente en el país miembro notificante, o

ii) no ha sido comercializado, o

iii) ya no está presente en el mercado;

6) "notificación de rechazo en frontera" una notificación de rechazo de un lote, contenedor o cargamento de productos alimenticios o alimentos para animales, tal como se indica en el artículo 50, apartado 3, letra c), del Reglamento (CE) nº 178/2002;

7) "notificación original" una notificación de alerta, una notificación de información o una notificación de rechazo en frontera;

8) "notificación de seguimiento" una notificación que incluye información adicional con respecto a una notificación original;

9) "operadores profesionales": los explotadores de empresa alimentaria y los explotadores de empresa de piensos, tal como se definen en el Reglamento (CE) nº 178/2002, y los operadores de empresa, tal como se definen en el Reglamento (CE) nº 1935/2004 del Parlamento Europeo y del Consejo.

Artículo 2.- *Tareas de los miembros de la red*

1. Los miembros de la red garantizarán el funcionamiento eficaz de la red dentro de su jurisdicción.

2. Cada miembro de la red designará un punto de contacto y comunicará dicha designación al punto de contacto de la Comisión, así como información detallada relativa a las personas responsables de su funcionamiento y los datos de contacto de estas. A tal efecto, utilizará el modelo de información sobre el punto de contacto que deberá facilitar el punto de contacto de la Comisión.

3. El punto de contacto de la Comisión mantendrá actualizada la lista de puntos de contacto y la pondrá a disposición de todos los miembros de la red. Los miembros de la red informarán inmediatamente al punto de contacto de la Comisión sobre cualquier cambio en sus puntos de contacto y datos de contacto.

4. El punto de contacto de la Comisión facilitará a los miembros de la red los modelos que deberán utilizarse para las notificaciones.

5. Los miembros de la red garantizarán una comunicación eficaz entre sus puntos de contacto y las autoridades competentes dentro de su jurisdicción, por una parte, y entre sus puntos de contacto y el punto de contacto de la Comisión, por otra, a efectos de la red. En particular:

a) establecerán una red de comunicación eficaz entre sus puntos de contacto y todas las autoridades competentes pertinentes dentro de su jurisdicción que permita la transmisión inmediata de una notificación a las autoridades competentes para emprender las acciones adecuadas, y asegurarán su buen funcionamiento permanente;

b) definirán las funciones y responsabilidades de sus puntos de contacto y las de las autoridades competentes pertinentes dentro de su jurisdicción, con respecto a la preparación y la transmisión de las notificaciones enviadas al punto de contacto de la Comisión, y a la evaluación y la distribución de las notificaciones del punto de contacto de la Comisión que se reciban.

6. Todos los puntos de contacto garantizarán la disponibilidad de un funcionario de guardia con el que se puede contactar fuera de las horas de oficina 24 horas al día y siete días por semana para comunicaciones urgentes.

Artículo 3.- *Notificaciones de alerta*

1. Los miembros de la red enviarán notificaciones de alerta al punto de contacto de la Comisión sin demora indebida y, en cualquier caso, en un plazo de 48 horas a partir del momento en que se les haya comunicado el riesgo. Las notificaciones de alerta incluirán toda la información disponible relativa, en particular, al riesgo y al producto del que se deriva. Sin embargo, el hecho de que no se haya reunido toda la información pertinente no retrasará indebidamente la transmisión de las notificaciones de alerta.

2. El punto de contacto de la Comisión transmitirá las notificaciones de alerta a todos los miembros de la red en un plazo de 24 horas a partir de la recepción, una vez efectuada la verificación mencionada en el artículo 8.

3. Fuera de las horas de oficina, los miembros de la red anunciarán la transmisión o el seguimiento de una notificación de alerta llamando por teléfono al número de urgencia del punto de contacto de la Comisión. El punto de contacto de la Comisión informará a los miembros de la red señalados para el seguimiento llamando por teléfono a sus números de urgencia.

Artículo 4.- *Notificaciones de información*

1. Los miembros de la red enviarán notificaciones de información al punto de contacto de la Comisión sin demora indebida. La notificación incluirá toda la información disponible relativa, en particular, al riesgo y al producto del que se deriva.

2. El punto de contacto de la Comisión transmitirá las notificaciones de información a todos los miembros de la red sin demora indebida, una vez efectuada la verificación mencionada en el artículo 8.

Artículo 5.- *Notificaciones de rechazo en frontera*

1. Los miembros de la red enviarán notificaciones de rechazo en frontera al punto de contacto de la Comisión sin demora indebida. La notificación incluirá toda la información disponible relativa, en particular, al riesgo y al producto del que se deriva.

2. El punto de contacto de la Comisión transmitirá las notificaciones de rechazo en frontera a los puestos de inspección fronterizos definidos en la Directiva 97/78/CE del Consejo, de 18 de diciembre de 1997, por la que se establecen los principios relativos a la organización de controles veterinarios de los productos que se introduzcan en la Comunidad procedentes de terceros países, y a los puntos de entrada designados que se contemplan en el Reglamento (CE) nº 882/2004.

Artículo 6.- *Notificaciones de seguimiento*

1. Cuando un miembro de la red tenga cualquier información suplementaria sobre el riesgo o el producto mencionado en la notificación original, transmitirá inmediatamente a través de su punto de contacto una notificación de seguimiento al punto de contacto de la Comisión.

2. Cuando un miembro de la red haya solicitado información de seguimiento relacionada con una notificación original, esa información se facilitará en la medida de lo posible y sin demora indebida.

3. Cuando tras la recepción de una notificación original se emprendan acciones, tal como se indica en el artículo 50, apartado 5, del Reglamento (CE) nº 178/2002, el miembro que las haya emprendido transmitirá inmediatamente información detallada sobre ellas al punto de contacto de la Comisión por medio de una notificación de seguimiento.

4. Si las acciones mencionadas en el apartado 3 consisten en la retención de un producto y su devolución a un expedidor residente en otro país miembro:

a) el miembro que emprenda las acciones facilitará información pertinente sobre el producto devuelto en una notificación de información, a no ser que la información ya figurara completamente en la notificación original;

b) el país miembro al que se hayan devuelto los productos informará en una notificación de seguimiento de las acciones emprendidas en relación con los productos devueltos.

5. El punto de contacto de la Comisión transmitirá las notificaciones de seguimiento a todos los miembros de la red sin demora indebida y en un plazo de 24 horas cuando se trate de notificaciones de seguimiento de alertas.

Artículo 7.- *Presentación de las notificaciones*

1. Las notificaciones se presentarán utilizando los modelos facilitados por el punto de contacto de la Comisión.

2. Se cumplimentarán todas las secciones pertinentes de los modelos para permitir una identificación clara del producto o productos, así como del riesgo o riesgo implicados, y ofrecer la información relativa a su trazabilidad. Se utilizarán en la medida de lo posible los diccionarios de datos facilitados por el punto de contacto de la Comisión.

3. Las notificaciones se clasificarán, de acuerdo con las informaciones facilitadas en el artículo 1, en una de las siguientes categorías:

a) notificación original:

i) notificación de alerta,

ii) notificación de información para seguimiento,

iii) notificación de información para atención,

iv) notificación de rechazo en frontera;

b) notificación de seguimiento.

4. Las notificaciones identificarán a los miembros a los que se pide que efectúen un seguimiento de la notificación.

5. Todos los documentos pertinentes se adjuntarán a la notificación y se enviarán al punto de contacto de la Comisión sin demora indebida.

Artículo 8.- *Verificación de la notificación*

Antes de transmitir una notificación a todos los miembros de la red, el punto de contacto de la Comisión:

a) verificará la completitud y la legibilidad de la notificación, en particular si se han seleccionado los datos apropiados de los diccionarios mencionados en el artículo 7, apartado 2;

b) verificará la adecuación de la base jurídica considerada para los casos de incumplimiento detectados; sin embargo, una base jurídica inadecuada no impedirá la transmisión de la notificación si se ha identificado un riesgo;

c) verificará que el tema de la notificación entra dentro del ámbito de aplicación de la red, con arreglo a lo dispuesto en el artículo 50 del Reglamento (CE) nº 178/2002;

d) garantizará que la información esencial de la notificación se facilite en un lenguaje fácilmente comprensible por todos los miembros de la red;

e) verificará el cumplimiento de los requisitos establecidos en el presente Reglamento;

f) identificará los casos recurrentes de un mismo operador profesional, un mismo riesgo o un mismo país de origen en las notificaciones.

A fin de respetar el plazo de transmisión, la Comisión puede introducir pequeñas modificaciones en la notificación, siempre que hayan sido acordadas con el miembro notificante antes de la transmisión.

Artículo 9.- *Retirada y modificación de las notificaciones*

1. Cualquier miembro de la red puede solicitar que el punto de contacto de la Comisión retire una notificación transmitida a través de la red, previo acuerdo del miembro notificante, si la información en la que se basan las acciones que deben emprenderse parece injustificada o la notificación se ha transmitido erróneamente.

2. Cualquier miembro de la red puede solicitar que se introduzcan modificaciones en la notificación, previo acuerdo del miembro notificante. Una notificación de seguimiento no se considerará modificación de una notificación y puede, por tanto, transmitirse sin el acuerdo de cualquier otro miembro de la red.

Artículo 10.- *Intercambio de información con terceros países*

1. Si el producto notificado es originario de un tercer país o se distribuye en un tercer país, la Comisión informará al país en cuestión sin demora indebida.

2. Sin perjuicio de las disposiciones específicas de los acuerdos celebrados con arreglo al artículo 50, apartado 6, del Reglamento (CE) nº 178/2002, el punto de contacto de la Comisión se pondrá en comunicación con el único punto de contacto designado del tercer país, si lo hubiera, para reforzar la comunicación, en particular mediante la utilización de las tecnologías de la información. El punto de contacto de la Comisión enviará a ese punto de contacto del tercer país notificaciones de atención o seguimiento en función de la gravedad del riesgo.

Artículo 11.- *Publicaciones*

La Comisión puede publicar:

a) un resumen de todas las notificaciones de alerta, información y rechazo en frontera con información sobre la clasificación y la situación de la notificación, los productos y los riesgos identificados, el país de origen, los países en los que se han distribuido los productos, el miembro notificante de la red, la base para la notificación y las medidas adoptadas;

b) un informe anual sobre las notificaciones transmitidas a través de la red.

Artículo 12

El presente Reglamento entrará en vigor el vigésimo día siguiente al de su publicación en el Diario Oficial de la Unión Europea.

El presente Reglamento será obligatorio en todos sus elementos y directamente aplicable en cada Estado miembro.

14 de enero de 2011.- Reglamento (UE) nº 10/2011
de la Comisión,
sobre materiales y objetos plásticos destinados a entrar en contacto con alimentos
(D.O. L 12, 15 de enero de 2011)

[V.C. 30/12/2011]

LA COMISIÓN EUROPEA,

Visto el Tratado de Funcionamiento de la Unión Europea,

Visto el Reglamento (CE) nº 1935/2004 del Parlamento Europeo y del Consejo, de 27 de octubre de 2004, sobre los materiales y objetos destinados a entrar en contacto con alimentos y por el que se derogan las Directivas 80/590/CEE y 89/109/CEE, y, en particular, su artículo 5, apartado 1, letras a), c), d), e), f), h), i) y j),

Previa consulta a la Autoridad Europea de Seguridad Alimentaria,

Considerando lo siguiente:

(1) El Reglamento (CE) nº 1935/2004 establece los principios generales para eliminar las diferencias entre las legislaciones de los Estados miembros en lo relativo a los materiales destinados a entrar en contacto con alimentos. El artículo 5, apartado 1, de este Reglamento dispone la adopción de medidas específicas respecto de los grupos de materiales y objetos y describe al detalle el procedimiento de autorización de las sustancias a nivel de la UE cuando una medida específica establezca una lista de sustancias autorizadas.

(2) El presente Reglamento constituye una medida específica a los efectos del artículo 5, apartado 1, del Reglamento (CE) nº 1935/2004. El presente Reglamento establece las normas específicas aplicables a los materiales y artículos plásticos para su uso seguro, y deroga la Directiva 2002/72/CE de la Comisión de 6 de agosto de 2002, relativa a los materiales y objetos plásticos destinados a entrar en contacto con productos alimenticios.

(3) La Directiva 2002/72/CE establece normas básicas para la fabricación de materiales y objetos plásticos. Esta Directiva ha sido modificada en seis ocasiones y de forma sustancial. Conviene, en aras de la claridad, consolidar el texto y eliminar las partes redundantes y obsoletas.

(4) En el pasado, la Directiva 2002/72/CE y sus modificaciones han sido incorporadas a la normativa nacional sin adaptaciones importantes. Habitualmente, para la transposición a la normativa nacional se requiere un período de doce meses. Si se modifican las listas de monómeros y aditivos para autorizar nuevas sustancias, este plazo de transposición lleva a un retraso de la autorización y, en consecuencia, entorpece la innovación. Por tanto, resulta adecuado adoptar medidas sobre los materiales y objetos plásticos en forma de reglamento directamente aplicable en todos los Estados miembros.

(5) La Directiva 2002/72/CE se aplica a los materiales y objetos hechos exclusivamente de materias plásticas y a las juntas plásticas de las tapas. En el pasado, estos eran los principales usos de los plásticos en los productos comercializados. Sin embargo, en los últimos años, además de los materiales y objetos hechos solo de plástico, los plásticos también se usan combinados con otros materiales y objetos en los llamados compuestos multicapa. Las normas sobre el uso de cloruro de vinilo monómero establecidas en la Directiva 78/142/CEE del Consejo, de 30 de enero de 1978, relativa a la aproximación de las legislaciones de los Estados miembros sobre materiales y objetos que contengan cloruro de vinilo monómero, destinados a entrar en contacto con productos alimenticios, ya se aplican a todos los plásticos. Por tanto, resulta apropiado ampliar el ámbito de aplicación del presente Reglamento a las capas plásticas contenidas en compuestos multicapa.

(6) Los materiales y objetos plásticos pueden estar compuestos de diferentes capas de materias plásticas unidas entre sí por medio de adhesivos. Los materiales y objetos plásticos pueden también estar impresos o recubiertos con un revestimiento orgánico o inorgánico. Los materiales y objetos plásticos impresos o recubiertos, al igual que los unidos entre sí por medio de adhesivos, deben quedar incluidos en el ámbito de aplicación del presente Reglamento. Los adhesivos, revestimientos y tintas de imprenta no están necesariamente compuestos de las mismas sustancias que los plásticos. El Reglamento (CE) nº 1935/2004 dispone que pueden establecerse medidas específicas para los adhesivos, los revestimientos y las tintas de imprenta. Por tanto, debe permitirse

que los materiales y objetos plásticos que estén impresos, recubiertos o unidos entre sí por medio de adhesivos contengan en las capas de impresión, revestimiento o adhesivo sustancias distintas de las autorizadas a nivel de la UE para los plásticos. Estas capas pueden estar sujetas a otras normas de la UE o nacionales.

(7) Los plásticos, al igual que las resinas de intercambio iónico, los cauchos y las siliconas, son sustancias macromoleculares obtenidas por procesos de polimerización. El Reglamento (CE) nº 1935/2004 dispone que pueden establecerse medidas específicas para las resinas de intercambio iónico, los cauchos y las siliconas. Dado que estos materiales no están compuestos de las mismas sustancias que los plásticos y tienen distintas propiedades fisicoquímicas, es preciso aplicarles normas específicas, y conviene aclarar que no están incluidos en el ámbito de aplicación del presente Reglamento.

(8) Los plásticos están hechos de monómeros y otras sustancias de partida que, mediante una reacción química, dan lugar a una estructura macromolecular, el polímero, que forma el principal componente estructural de los plásticos. Al polímero se le añaden aditivos para obtener determinados efectos tecnológicos. Como tal, el polímero es una estructura inerte de alto peso molecular. Dado que las sustancias con un peso molecular superior a 1 000 Da normalmente no pueden ser absorbidas por el cuerpo, el riesgo potencial para la salud que supone el propio polímero es mínimo. El riesgo potencial para la salud puede derivarse de monómeros u otras sustancias de partida que no hayan reaccionado o lo hayan hecho de forma incompleta, o bien de aditivos de bajo peso molecular que son cedidos a los alimentos por migración a partir del material plástico en contacto con estos. Por lo tanto, los monómeros, las otras sustancias de partida y los aditivos deben ser sometidos a una evaluación de riesgos, y su uso en la fabricación de materiales y objetos plásticos debe estar sujeto a autorización.

(9) La evaluación de los riesgos de una sustancia realizada por la Autoridad Europea de Seguridad Alimentaria (en lo sucesivo, «la Autoridad») debe incluir la propia sustancia, las impurezas pertinentes y los productos de degradación y reacción que pueden darse en el uso previsto. La evaluación de riesgos debe tener en cuenta la posible migración en las peores condiciones previsibles de uso y la toxicidad. Sobre la base de la evaluación de riesgos, la autorización debe, en caso necesario, establecer especificaciones para la sustancia y restricciones de uso, restricciones cuantitativas o límites de migración para garantizar la seguridad del material u objeto final.

(10) Aún no se han establecido normas a escala de la UE para la evaluación de riesgos ni el uso de colorantes en los plásticos. Por tanto, su uso debe seguir estando regulado en la legislación nacional. Será conveniente volver a analizar esta situación más adelante.

(11) Es de prever que los disolventes usados en la fabricación de plásticos para crear un entorno de reacción adecuado desaparezcan en el proceso de fabricación, ya que suelen ser volátiles. Aún no se han establecido normas a escala de la UE para la evaluación de riesgos ni el uso de disolventes en la fabricación de plásticos. Por tanto, su uso debe seguir estando regulado en la legislación nacional. Será conveniente volver a analizar esta situación más adelante.

(12) Los plásticos también pueden estar hechos de estructuras macromoleculares sintéticas o naturales sometidas a reacción química con otras sustancias de partida para crear una macromolécula modificada. Las macromoléculas sintéticas usadas suelen ser estructuras intermedias que no están completamente polimerizadas. El riesgo potencial para la salud puede derivarse de la migración de otras sustancias de partida, usadas para modificar la macromolécula, que no hayan reaccionado o lo hayan hecho de forma incompleta, o de una macromolécula que haya reaccionado de forma incompleta. Por lo tanto, las otras sustancias de partida y las macromoléculas usadas en la fabricación de macromoléculas modificadas deben ser sometidas a una evaluación de riesgos y su uso en la fabricación de materiales y objetos plásticos debe estar sujeto a autorización.

(13) Los plásticos también pueden ser hechos por microorganismos que crean estructuras macromoleculares a partir de sustancias de partida mediante procesos de fermentación. Seguidamente, la macromolécula se libera en un medio o se extrae. El riesgo potencial para la salud puede derivarse de la migración de sustancias de partida que no hayan reaccionado o lo hayan hecho de forma incompleta, de productos intermedios o de subproductos del proceso de fermentación. En este caso, el producto final debería ser sometido a una evaluación de riesgos y su uso en la fabricación de materiales y objetos plásticos debe estar sujeto a autorización.

(14) La Directiva 2002/72/CE contiene listas diferentes para los monómeros u otras sustancias de partida y para los aditivos autorizados en la fabricación de materiales y objetos plásticos. Para los monómeros, otras sustancias de partida y aditivos, la lista de la Unión está ahora completa, lo que significa que únicamente pueden utilizarse las sustancias autorizadas a escala de la UE. Por ello, ya no es necesario recoger los monómeros u otras sustancias de partida y los aditivos en listas separadas atendiendo a su situación de autorización. Dado que algunas sustancias pueden usarse como monómeros u otras sustancias de partida e igualmente como aditivos, conviene, por motivos de claridad, publicarlas en una sola lista de sustancias autorizadas, indicando la función que se autoriza.

(15) Los polímeros no solo pueden ser usados como los principales componentes estructurales de los plásticos, sino también como aditivos que aportan determinados efectos tecnológicos al plástico. Si un aditivo polimérico es idéntico a un polímero que puede ser el principal componente estructural de un material plástico, puede considerarse que los riesgos que presente el aditivo polimérico están evaluados si los monómeros ya han sido evaluados y autorizados. En tal caso, el aditivo polimérico no precisaría autorización, y podría ser utilizado al amparo de la autorización de sus monómeros y otras sustancias de partida. Si un aditivo polimérico no es idéntico a un polímero que puede ser el principal componente estructural de un material plástico, entonces no puede considerarse que los riesgos del aditivo polimérico han sido evaluados por la evaluación de los monómeros. En tal caso, el aditivo polimérico debe ser sometido a una evaluación de riesgos atendiendo a su baja fracción de peso molecular, inferior a 1 000 Da, y estar sujeto a autorización antes de su uso en la fabricación de materiales y objetos plásticos.

(16) En el pasado no se hizo una diferenciación clara entre aditivos que tienen una función en el polímero final y auxiliares para la producción de polímeros (PPA en sus siglas inglesas), que solo tienen una función en el proceso de fabricación y no se pretende que estén presentes en el objeto final. Algunas sustancias que actúan como PPA ya se incluyeron en la lista incompleta de aditivos en el pasado. Estos PPA deberían permanecer en la lista de sustancias autorizadas de la Unión. No obstante, conviene aclarar que el uso de otros PPA seguirá siendo posible, cuando esté regulado en la normativa nacional. Será conveniente volver a analizar esta situación más adelante.

(17) La lista de la Unión contiene sustancias autorizadas para su uso en la fabricación de plásticos. Algunas sustancias, como ácidos, alcoholes y fenoles, pueden presentarse también en forma de sales. Dado que en el estómago las sales suelen ser transformadas en ácido, alcohol o fenol, el uso de sales con cationes cuya seguridad ha sido evaluada debería, en principio, ser autorizado conjuntamente con el del ácido, alcohol o fenol. En determinados casos, cuando la evaluación de la seguridad señale temores relacionados con el uso de ácidos libres, solo las sales deben ser autorizadas, con la indicación en la lista de la palabra «sales».

(18) Las sustancias utilizadas en la fabricación de materiales y objetos plásticos pueden contener impurezas debidas a sus procesos de fabricación o extracción. Estas impurezas se añaden de forma oluntaria, junto con la sustancia, en la fabricación del material plástico, y se habla de sustancias añadidas involuntariamente o NIAS en sus siglas inglesas). En la medida en que sean pertinentes para la evaluación de riesgos, las principales impurezas de una sustancia deben tomarse en consideración y, en caso necesario, incluirse en las especificaciones de la sustancia. No obstante, en la autorización no es posible enumerar y considerar todas las impurezas. Por ello, estas sustancias pueden estar presentes en un material u objeto, a pesar de no estar incluidas en la lista de la Unión

(19) En la fabricación de polímeros se utilizan sustancias, como los catalizadores, para iniciar la reacción de polimerización, y sustancias, como los reactivos de transferencia de cadena, de extensión de cadena o de detención de cadena, para controlar la reacción de polimerización. Estos auxiliares de polimerización se usan en cantidades mínimas, y no se pretende que estén presentes en el polímero final. Por ello, no deberían estar sujetos, por el momento, al procedimiento de autorización a nivel de la UE. Cualquier riesgo potencial derivado de su uso que presente el material u objeto final debe ser evaluado por el fabricante con arreglo a principios científicos sobre evaluación de riesgos internacionalmente reconocidos.

(20) Durante la fabricación y el uso de materiales y objetos plásticos, pueden formarse productos de reacción y degradación. Estos productos de reacción y degradación están

presentes de forma involuntaria en el material plástico (NIAS). En la medida en que sean pertinentes para la evaluación de riesgos, deben tomarse en consideración los principales productos de reacción y degradación, que han de recogerse en las restricciones de la sustancia. No obstante, en la autorización no es posible enumerar y considerar todos los productos de reacción y degradación. Por tanto, no deben incluirse como entradas en la lista de la Unión. Cualquier riesgo potencial que presente el material u objeto final derivado de productos de reacción o degradación debe ser evaluado por el fabricante con arreglo a principios científicos sobre evaluación de riesgos internacionalmente reconocidos.

(21) Antes de establecerse la lista de aditivos de la Unión, podían utilizarse en la fabricación de plásticos aditivos distintos de los autorizados a nivel de la UE. En relación con estos aditivos que estaban permitidos en los Estados miembros, el plazo para la presentación de datos a fin de que la Autoridad evalúe su seguridad con vistas a su inclusión en la lista de la Unión expiró el 31 de diciembre de 2006. Los aditivos para los que se presentaron solicitudes válidas en ese plazo se recogieron en una lista provisional. Aún no se ha adoptado una decisión sobre la autorización a nivel de la UE de determinados aditivos de la lista provisional. Estos aditivos deberían poder seguir siendo utilizados al amparo de la legislación nacional hasta que concluya su evaluación y se adopte una decisión sobre su inclusión en la lista de la Unión.

(22) Cuando un aditivo incluido en la lista provisional se incorpore a la lista de la Unión o cuando se decida no incluirlo en la lista de la Unión, ese aditivo debe ser eliminado de la lista provisional de aditivos.

(23) Las nuevas tecnologías permiten obtener sustancias en partículas que, por su tamaño, muestran propiedades químicas y físicas netamente diferentes de las observadas a gran escala, como es el caso de las nanopartículas. Estas diferentes propiedades pueden implicar propiedades toxicológicas distintas, por lo cual la Autoridad debe evaluar caso por caso el riesgo que estas sustancias presentan, a la espera de que se conozca más información sobre esas nuevas tecnologías. Por tanto, debe quedar claro que las autorizaciones basadas en la evaluación de riesgos de las sustancias en partículas de tamaños convencionales no incluyen las nanopartículas fabricadas.

(24) Sobre la base de la evaluación de riesgos, la autorización debe, en caso necesario, establecer límites de migración específica para garantizar la seguridad del material u objeto final. Si un aditivo autorizado para la fabricación de materiales y objetos plásticos está autorizado al mismo tiempo como aditivo alimentario o sustancia aromatizante, ha de garantizarse que la liberación de la sustancia no cambia la composición del alimento de manera inaceptable. Por ello, la liberación de tal sustancia de doble uso como aditivo o aromatizante no debe producir una función tecnológica en el alimento a menos que esta función sea intencionada y que el material en contacto alimentario cumpla los requisitos para materiales activos en contacto con los alimentos que establecen el Reglamento (CE) nº 1935/2004 y el Reglamento (CE) nº 450/2009 de la Comisión, de 29 de mayo de 2009, sobre materiales y objetos activos e inteligentes destinados a entrar en contacto con alimentos. Los requisitos del Reglamento (CE) nº 1333/2008 del Parlamento Europeo y del Consejo, de 16 de diciembre de 2008, sobre aditivos alimentarios, o del Reglamento (CE) nº 1334/2008 del Parlamento Europeo y del Consejo, de 16 de diciembre de 2008, sobre los aromas y determinados ingredientes alimentarios con propiedades aromatizantes utilizados en los alimentos y por el que se modifican el Reglamento (CEE) nº 1601/91 del Consejo, los Reglamentos (CE) nº 2232/96 y (CE) nº 110/2008 y la Directiva 2000/13/CE, deben respetarse, en la medida en que sean aplicables.

(25) En virtud del artículo 3, apartado 1, letra b), del Reglamento (CE) nº 1935/2004, la liberación de sustancias a partir de materiales y objetos en contacto con alimentos no debe provocar una modificación inaceptable de la composición de los alimentos. Las buenas prácticas de fabricación permiten fabricar materiales plásticos de manera que no liberen más de 10 mg de sustancias por 1 dm2 de la superficie del material plástico. Si la evaluación de riesgos de una sustancia particular no indica un nivel inferior, este nivel debería fijarse como límite genérico para la inercia de un material plástico, el límite de migración global. A fin de obtener resultados comparables en la verificación del límite de migración global, deben realizarse ensayos en condiciones normalizadas de duración, temperatura y medio de ensayo (simulante alimentario) que representen las peores condiciones previsibles de uso del material u objeto plástico.

(26) El límite de migración global de 10 mg por 1 dm2 corresponde, para un embalaje cúbico que contenga 1 kg de alimento, a una migración de 60 mg por kilogramo de alimento. En el caso de embalajes pequeños, para los que la relación entre superficie y volumen es mayor, la migración resultante es más alta. Para los lactantes y niños de corta edad, que consumen más cantidad de alimento por kilogramo de peso corporal y aún no tienen una nutrición diversificada, procede adoptar disposiciones especiales con objeto de limitar la ingesta de las sustancias cedidas por los materiales en contacto alimentario. A fin de permitir con embalajes de pequeño volumen la misma protección que con embalajes mayores, el límite de migración global para los materiales de contacto destinados a embalajes de alimentos para lactantes y niños de corta edad debe estar asociado al límite en el alimento, y no a la superficie del embalaje.

(27) En los últimos años se están desarrollando materiales plásticos para contacto alimentario que no constan solo de una capa plástica, sino que combinan hasta quince capas plásticas diferentes para obtener resultados óptimos de funcionalidad y protección de los alimentos, reduciendo al mismo tiempo los residuos de embalajes. En estos materiales u objetos plásticos multicapa, las capas pueden estar separadas de los alimentos por una barrera funcional. Esta barrera es una capa en el interior de los materiales y objetos en contacto con alimentos que impide la migración hacia los alimentos de las sustancias que se encuentran detrás de ella. Tras una barrera funcional pueden utilizarse sustancias no autorizadas, a condición de que cumplan determinados criterios y su migración se mantenga por debajo de un límite de detección dado. Tomando en consideración los alimentos para lactantes y otras personas especialmente sensibles, así como la amplia tolerancia analítica de los análisis de migración, conviene establecer un nivel máximo de 0,01 mg/kg de alimento para la migración de una sustancia no autorizada a través de una barrera funcional. Las sustancias mutágenas, carcinógenas o tóxicas para la reproducción no deben utilizarse en los materiales u objetos en contacto con alimentos sin una autorización previa, por lo que no deben quedar amparadas por la noción de barrera funcional. Dado que las nuevas tecnologías permiten obtener sustancias en partículas que, por su tamaño, muestran propiedades químicas y físicas netamente diferentes de las observadas a mayor escala, como es el caso de las nanopartículas, debe evaluarse caso por caso el riesgo que presentan, a la espera de que se conozca más información sobre esas nuevas tecnologías. Por tanto, estas partículas no deben quedar cubiertas por la noción de barrera funcional.

(28) En los últimos años se están desarrollando materiales y objetos destinados a entrar en contacto con alimentos que combinan diversos materiales para obtener resultados óptimos de funcionalidad y protección de los alimentos, reduciendo al mismo tiempo los residuos de embalajes. Las capas plásticas de estos materiales y objetos compuestos multicapa deben cumplir los mismos requisitos de composición que las capas plásticas que no están combinadas con otros materiales. En los compuestos multicapa, procede aplicar la noción de «barrera funcional» a las capas plásticas separadas de los alimentos por una barrera funcional. Dado que con las capas plásticas se combinan otros materiales y aún no se han adoptado medidas específicas para estos materiales a escala de la UE, todavía no es posible establecer requisitos para los materiales y objetos compuestos multicapa finales. Por ello, no procede aplicarles límites de migración específica ni el límite de migración global, con la excepción del cloruro de vinilo monómero, sustancia para la que ya se ha establecido esta restricción. A falta de una medida específica a nivel de la UE que regule el material u objeto compuesto multicapa completo, los Estados miembros pueden mantener o adoptar disposiciones nacionales para estos materiales y objetos, siempre que cumplan las normas del Tratado.

(29) El artículo 16, apartado 1, del Reglamento (CE) nº 1935/2004 dispone que los materiales y objetos a los que se refieran las medidas específicas deben ir acompañados de una declaración por escrito que certifique su conformidad con las normas que les sean aplicables. Para reforzar la coordinación y responsabilidad de los proveedores en todas las fases de fabricación, incluida la de las sustancias de partida, los responsables deben documentar el cumplimiento de las normas pertinentes en una declaración de conformidad que ha de quedar a disposición de sus clientes.

(30) Los revestimientos, las tintas de imprenta y los adhesivos aún no son objeto de una regulación europea específica, por lo que no están sujetos al requisito de la declaración de conformidad. No obstante, en relación con los revestimientos, las tintas de imprenta y los adhesivos destinados a usarse en materiales y objetos plásticos, debe proporcionarse al fabricante del objeto plástico final información adecuada que le permita

garantizar la conformidad de las sustancias para las que el presente Reglamento establece límites de migración.

(31) El artículo 17, apartado 1, del Reglamento (CE) nº 178/2002 del Parlamento Europeo y del Consejo, de 28 de enero de 2002, por el que se establecen los principios y los requisitos generales de la legislación alimentaria, se crea la Autoridad Europea de Seguridad Alimentaria y se fijan procedimientos relativos a la seguridad alimentaria, exige que los explotadores de empresas alimentarias se aseguren de que los alimentos cumplen los requisitos pertinentes. A tal fin y sin perjuicio de la exigencia de confidencialidad, los explotadores de empresas alimentarias deben tener acceso a la información pertinente para que puedan garantizar que la migración desde los materiales y objetos hacia los alimentos cumple las especificaciones y restricciones de la legislación alimentaria.

(32) En todas las fases de la fabricación deben mantenerse a disposición de las autoridades competentes documentos justificativos que acrediten la declaración de conformidad. Estas pruebas de la conformidad pueden estar basadas en ensayos de migración. Dado que la realización de ensayos de migración es compleja, costosa y larga, debe admitirse que la conformidad pueda probarse también mediante cálculos, simulaciones y otros análisis, así como con pruebas científicas o razonamientos, si ofrecen resultados que sean al menos tan restrictivos como los ensayos de migración. Los resultados de ensayos deben considerarse válidos siempre que las formulaciones y condiciones de transformación permanezcan constantes dentro de un sistema de aseguramiento de la calidad.

(33) Cuando se someten a ensayo objetos que aún no han estado en contacto con alimentos, a menudo no es posible determinar, en el caso de objetos como películas o tapas, qué superficie está en contacto con un volumen determinado de alimento. Para estos objetos, conviene establecer normas específicas para la verificación de la conformidad.

(34) La fijación de límites de migración parte de la hipótesis convencional de que una persona de 60 kg de peso corporal ingiera diariamente 1 kg de alimento, y de que este esté embalado en un envase cúbico con una superficie de 6 dm2 que libere la sustancia. Si se consideran envases muy pequeños o muy grandes, la relación entre superficie y volumen de alimento embalado diverge mucho de la hipótesis convencional. Por ello, debe normalizarse su superficie antes de cotejar los resultados de ensayos con los límites de migración. Conviene revisar estas normas cuando se disponga de nuevos datos sobre los usos de los embalajes alimentarios.

(35) El límite de migración específica es la cantidad máxima permitida de una sustancia en los alimentos. Con él se garantiza que el material en contacto alimentario no conlleva un riesgo para la salud. El fabricante debe garantizar que los materiales y objetos que aún no estén en contacto con alimentos respetarán esos límites cuando entren en contacto con alimentos en las peores condiciones previsibles. Por tanto, ha de evaluarse la conformidad de los materiales y objetos que aún no estén en contacto con alimentos, y deben establecerse las normas para los ensayos correspondientes.

(36) Los alimentos constituyen estructuras complejas, por lo que el análisis de las sustancias que migran a los alimentos puede plantear dificultades. Por ello, han de determinarse medios de ensayo que simulen la transferencia de sustancias del material plástico a los alimentos. Estos medios deben representar las principales propiedades fisicoquímicas que muestran los alimentos. Al usar simulantes alimentarios, las condiciones normalizadas de duración y temperatura de ensayo deben reproducir, en la medida de lo posible, la migración que puede producirse desde el objeto al alimento.

(37) Para hallar el simulante alimentario apropiado para determinados alimentos, deben tenerse en cuenta la composición química y las propiedades físicas de cada alimento. Pueden consultarse resultados de investigaciones que, en relación con determinados alimentos representativos, comparan la migración a los alimentos con la migración a simulantes alimentarios. Sobre la base de estos resultados deben asignarse los simulantes alimentarios. En particular, para los alimentos que contienen grasas, el resultado obtenido con simulantes alimentarios puede, en ciertos casos, exagerar significativamente la migración hacia los alimentos. En estos casos, debe preverse que el resultado obtenido con simulante alimentario se corrija aplicando un coeficiente de reducción.

(38) La exposición a sustancias que migran desde los materiales en contacto con alimentos se basa en la hipótesis convencional de que una persona consuma

diariamente 1 kg de alimento. Sin embargo, una persona ingiere como máximo 200 g de grasas al día. Esto debe tomarse en consideración para las sustancias lipofílicas que solo migran a las grasas. Por ello, debe contemplarse la corrección mediante un factor de corrección aplicable a las sustancias lipofílicas, con arreglo al dictamen del Comité Científico de la Alimentación Humana y al dictamen de la Autoridad.

(39) Los controles oficiales deben establecer estrategias de ensayo que permitan a las autoridades competentes realizar controles eficientes haciendo un uso óptimo de los recursos disponibles. Por lo tanto, ha de admitirse el uso de métodos de cribado para controlar la conformidad en determinadas condiciones. La no conformidad de un material u objeto debe confirmarse con un método de verificación.

(40) El presente Reglamento debe establecer las normas básicas para los ensayos de migración. No obstante, dado que la realización de ensayos de migración es muy complicada, estas normas básicas no pueden contemplar todos los casos previsibles ni todos los detalles necesarios para llevar a cabo los ensayos. Por esta razón, conviene elaborar un documento europeo de orientación que aborde más en detalle la aplicación de las normas básicas para los ensayos de migración.

(41) Las normas actualizadas sobre simulantes alimentarios y ensayos de migración que adopta el presente Reglamento van a anular las establecidas en la Directiva 78/142/CEE y en el anexo de la Directiva 82/711/CEE del Consejo, de 18 de octubre de 1982, que establece las normas de base necesarias para la verificación de la migración de los constituyentes de los materiales y objetos de materia plástica destinados a entrar en contacto con productos alimenticios.

(42) Las sustancias presentes en los plásticos pero no recogidas en la lista del anexo I del presente Reglamento no han sido necesariamente sometidas a una evaluación de riesgos, ya que no han estado sujetas a un procedimiento de autorización. Para estas sustancias, conviene que el explotador de la empresa pertinente evalúe la conformidad con el artículo 3 del Reglamento (CE) nº 1935/2004 según principios científicos sobre evaluación de riesgos internacionalmente reconocidos, teniendo en cuenta la exposición a materiales de contacto alimentario y a otras fuentes.

(43) Recientemente, otros monómeros, sustancias de partida y aditivos han sido objeto de una evaluación científica favorable de la Autoridad, por lo que ahora han de ser añadidos a la lista de la Unión.

(44) Dado que se añaden nuevas sustancias a la lista de la Unión, procede aplicar el Reglamento tan pronto como sea posible, para que los fabricantes puedan adaptarse al progreso técnico y para estimular la innovación.

(45) Algunas normas para los ensayos de migración han de ser actualizadas para tener en cuenta nuevos conocimientos científicos. Las autoridades competentes y la industria tienen que adaptar sus normas de ensayo a estas disposiciones actualizadas. Para dar tiempo a esta adaptación, parece oportuno disponer que las nuevas normas no se apliquen hasta dos años después de la adopción del Reglamento.

(46) En la actualidad, los explotadores de empresas respaldan sus declaraciones de conformidad con documentos justificativos, atendiendo a los requisitos fijados en la Directiva 2002/72/CE. La declaración de conformidad, en principio, solo tiene que actualizarse cuando cambios sustanciales en la producción traigan consigo variaciones en la migración, o cuando se disponga de nuevos datos científicos. A fin de limitar la carga para los explotadores de empresas, los materiales que se habían introducido en el mercado legítimamente con arreglo a los requisitos de la Directiva 2002/72/CE deben poder ser comercializados con una declaración de conformidad basada en documentos justificativos con arreglo a la Directiva 2002/72/CE hasta cinco años después de la adopción del Reglamento.

(47) Los métodos de análisis para determinar la migración y el contenido residual de cloruro de vinilo monómero descritos en las Directivas de la Comisión 80/766/CEE, de 8 de julio de 1980, relativa a la determinación del método comunitario de análisis para el control oficial del contenido de cloruro de vinilo monómero en los materiales y objetos destinados a entrar en contacto con productos alimenticios, y 81/432/CEE, de 29 de abril de 1981, sobre determinación del método comunitario de análisis para el control oficial del cloruro de vinilo cedido por los materiales y objetos a los productos alimenticios, han quedado obsoletos. Los métodos de análisis deben cumplir los criterios establecidos en el artículo 11 del Reglamento (CE) nº 882/2004 del Parlamento Europeo y del Consejo, de 29 de abril de 2004, sobre los controles oficiales efectuados para garantizar la

verificación del cumplimiento de la legislación en materia de piensos y alimentos. Por tanto, procede derogar las Directivas 80/766/CEE y 81/432/CEE.

(48) Las medidas previstas en el presente Reglamento se ajustan al dictamen del Comité permanente de la cadena alimentaria y de sanidad animal.

HA ADOPTADO EL PRESENTE REGLAMENTO:

CAPÍTULO I.- DISPOSICIONES GENERALES

Artículo 1.- *Objeto*

1. El presente Reglamento constituye una medida específica a los efectos del artículo 5, apartado 1, del Reglamento (CE) nº 1935/2004.

2. El presente Reglamento establece requisitos específicos para la fabricación y comercialización de materiales y objetos plásticos:

a) destinados a entrar en contacto con alimentos;

b) ya en contacto con alimentos, o

c) que es razonable suponer que entren en contacto con alimentos.

Artículo 2.- *Ámbito de aplicación*

1. El presente Reglamento se aplicará a los materiales y objetos de las siguientes categorías que se introduzcan en el mercado de la UE:

a) materiales y objetos y sus partes que consten exclusivamente de materias plásticas;

b) materiales y objetos plásticos multicapa unidos por adhesivos o por otros medios;

c) materiales y objetos contemplados en las letras a) o b) que estén impresos o recubiertos por un revestimiento;

d) capas plásticas o revestimientos plásticos que formen juntas de tapas y cierres y que, junto con estas tapas y cierres, constituyan un juego de dos o más capas de materiales de distintos tipos;

e) capas plásticas en materiales y objetos compuestos multicapa.

2. El presente Reglamento no se aplicará a los siguientes materiales y objetos que se introduzcan en el mercado de la UE, y que quedarán cubiertos por otras medidas específicas:

a) resinas de intercambio iónico;

b) caucho;

c) siliconas.

3. El presente Reglamento se aplicará sin perjuicio de las disposiciones de la UE o nacionales aplicables a las tintas de imprenta, los adhesivos o los revestimientos.

Artículo 3.- *Definiciones*

A efectos del presente Reglamento serán aplicables las siguientes definiciones:

1) «materiales y objetos plásticos»:

a) los materiales y objetos a que se refiere el artículo 2, apartado 1, letras a), b) y c), y

b) las capas plásticas a que se refiere el artículo 2, apartado 1, letras d) y e);

2) «plástico»: polímero al que pueden haberse añadido aditivos u otras sustancias y que es capaz de funcionar como principal componente estructural de materiales y objetos finales;

3) «polímero»: toda sustancia macromolecular obtenida por:

a) un procedimiento de polimerización, como poliadición o policondensación, o cualquier otro procedimiento similar, a partir de monómeros y otras sustancias de partida;

b) modificación química de macromoléculas naturales o sintéticas, o

c) fermentación microbiana;

4) «plástico multicapa»: un material u objeto formado por dos o más capas de materia plástica;

5) «compuesto multicapa»: un material u objeto formado por dos o más capas de diferentes tipos de materiales, de los que al menos uno es una capa plástica;

6) «monómero u otra sustancia de partida»:

a) sustancia sometida a cualquier tipo de procedimiento de polimerización para la fabricación de polímeros;

b) sustancia macromolecular natural o sintética usada en la fabricación de macromoléculas modificadas, o

c) sustancia utilizada para modificar macromoléculas naturales existentes o macromoléculas sintéticas;

7) «aditivo»: sustancia que se añade intencionadamente a los plásticos para obtener un efecto físico o químico durante la fabricación del plástico o en el material u objeto final; su presencia en el material o objeto final es intencionada;

8) «auxiliar para la producción de polímeros»: toda sustancia usada para aportar un medio adecuado para la fabricación de un polímero o un plástico; puede estar presente, pero ni es intencionado que esté presente en los materiales u objetos finales ni tiene efecto físico o químico en el material u objeto final;

9) «sustancia añadida inintencionadamente»: impureza en las sustancias usadas, producto intermedio de reacción formado durante el proceso de producción o producto de descomposición o reacción;

10) «auxiliar de polimerización»: sustancia que inicia la polimerización o controla la formación de la estructura macromolecular;

11) «límite de migración global (LMG)»: cantidad máxima permitida de sustancias no volátiles liberada desde un material u objeto en simulantes alimentarios;

12) «simulante alimentario»: medio de ensayo que imita un alimento; en su comportamiento, el simulante alimentario imita la migración a partir de materiales en contacto con los alimentos;

13) «límite de migración específica» (LME): cantidad máxima permitida de una sustancia dada liberada desde un material u objeto en alimentos o en simulantes alimentarios;

14) «límite de migración específica total» (LME[T]): suma máxima permitida de sustancias particulares liberada en alimentos o simulantes alimentarios como total de los grupos de sustancias indicados;

15) «barrera funcional»: barrera constituida por una o varias capas de cualquier tipo de material que garantiza que el material u objeto final cumple el artículo 3 del Reglamento (CE) nº 1935/2004 y lo dispuesto en el presente Reglamento;

16) «alimento no graso»: alimento para el cual el cuadro 2 del anexo V del presente Reglamento solo establece simulantes alimentarios distintos de los simulantes D1 y D2 para los ensayos de migración;

17) «restricción»: limitación del uso de una sustancia, límite de migración o límite de contenido de la sustancia en el material u objeto;

18) «especificación»: composición de una sustancia, criterios de pureza para una sustancia, características fisicoquímicas de una sustancia, datos sobre el proceso de fabricación de una sustancia o cualquier otra información sobre la expresión de sus límites de migración.

Artículo 4.- *Introducción en el mercado de materiales y objetos plásticos*

Los materiales y objetos plásticos solo podrán ser introducidos en el mercado si:

a) cumplen los requisitos pertinentes establecidos en el artículo 3 del Reglamento (CE) nº 1935/2004 para su uso previsto y previsible;

b) cumplen los requisitos de etiquetado establecidos en el artículo 15 del Reglamento (CE) nº 1935/2004;

c) cumplen los requisitos de trazabilidad establecidos en el artículo 17 del Reglamento (CE) nº 1935/2004;

d) han sido fabricados con arreglo a buenas prácticas de fabricación según lo establecido en el Reglamento (CE) nº 2023/2006 de la Comisión, y

e) cumplen los requisitos de composición y declaración que se establecen en los capítulos II, III y IV del presente Reglamento.

CAPÍTULO II.- REQUISITOS DE COMPOSICIÓN

SECCIÓN 1- SUSTANCIAS AUTORIZADAS

Artículo 5.- *Lista de sustancias autorizadas de la Unión*

1. En la fabricación de capas plásticas de materiales y objetos plásticos únicamente podrán utilizarse intencionadamente las sustancias enumeradas en la lista de sustancias autorizadas de la Unión (en lo sucesivo, «la lista de la Unión»).

2. La lista de la Unión contendrá:

a) monómeros u otras sustancias de partida;

b) aditivos, excluidos los colorantes;

c) auxiliares para la producción de polímeros, excluidos los disolventes;

d) macromoléculas obtenidas por fermentación microbiana.

3. La lista de la Unión podrá ser modificada con arreglo al procedimiento establecido en los artículos 8 a 12 del Reglamento (CE) nº 1935/2004.

Artículo 6.- *Excepciones para sustancias no incluidas en la lista de la Unión*

1. No obstante lo dispuesto en el artículo 5, podrán usarse sustancias distintas de las incluidas en la lista de la Unión como auxiliares para la producción de polímeros en la fabricación de capas plásticas de materiales y objetos plásticos conforme a la normativa nacional.

2. No obstante lo dispuesto en el artículo 5, podrán usarse colorantes y disolventes en la fabricación de capas plásticas de materiales y objetos plásticos conforme a la normativa nacional.

3. Las siguientes sustancias no incluidas en la lista de la Unión estarán autorizadas si cumplen lo dispuesto en los artículos 8, 9, 10, 11 y 12:

a) sales (incluidas las sales dobles y sales ácidas) de aluminio, amonio, bario, calcio, cobalto, cobre, hierro, litio, magnesio, manganeso, potasio, sodio y zinc de los ácidos, fenoles o alcoholes autorizados;

b) mezclas obtenidas mezclando sustancias autorizadas sin reacción química de sus componentes;

c) cuando se usen como aditivos, sustancias poliméricas naturales o sintéticas de peso molecular igual o superior a 1 000 Da, excepto las macromoléculas obtenidas por fermentación microbiana, que cumplan los requisitos del presente Reglamento, si son capaces de funcionar como principales componentes estructurales de materiales u objetos finales;

d) cuando se usen como monómeros u otras sustancias de partida, prepolímeros y sustancias macromoleculares naturales o sintéticas, y sus mezclas, excepto las macromoléculas obtenidas por fermentación microbiana, si los monómeros u otras sustancias de partida necesarios para sintetizarlos están incluidos en la lista de la Unión.

4. Las siguientes sustancias no incluidas en la lista de la Unión podrán estar presentes en las capas plásticas de materiales y objetos plásticos:

a) sustancias añadidas inintencionadamente;

b) auxiliares de polimerización.

5. No obstante lo dispuesto en el artículo 5, podrán seguirse usando aditivos no incluidos en la lista de la Unión regulados por la normativa nacional después del 1 de enero de 2010 hasta que se adopte la decisión de incluirlos o no incluirlos en la lista de la Unión, a condición de que estén incluidos en la lista provisional contemplada en el artículo 7.

Artículo 7.- *Elaboración y gestión de la lista provisional*

1. La lista provisional de aditivos pendientes de evaluación por la Autoridad Europea de Seguridad Alimentaria (en lo sucesivo, «la Autoridad») que publicó la Comisión en 2008 será actualizada periódicamente.

2. Se suprimirá un aditivo de la lista provisional:

a) cuando se incluya en la lista de la Unión que se establece en el anexo I;

b) cuando la Comisión adopte la decisión de no incluirlo en la lista de la Unión, o

c) si, durante el examen de los datos, la Autoridad pide más información y esta no se le presenta en los plazos que la Autoridad determine.

SECCIÓN 2.- REQUISITOS GENERALES, RESTRICCIONES Y ESPECIFICACIONES

Artículo 8.- *Requisitos generales aplicables a las sustancias*

Las sustancias usadas en la fabricación de capas plásticas para materiales y objetos plásticos serán de calidad técnica y pureza adecuadas al uso previsto y previsible de los materiales u objetos. La composición será conocida del fabricante de la sustancia y se comunicará a las autoridades competentes cuando lo soliciten.

Artículo 9.- *Requisitos específicos aplicables a las sustancias*

1. Las sustancias usadas en la fabricación de capas plásticas para materiales y objetos plásticos estarán sujetas a las siguientes restricciones y especificaciones:

a) el límite de migración específica que se establece en el artículo 11;

b) el límite de migración global que se establece en el artículo 12;

c) las restricciones y especificaciones que se establecen en el punto 1, cuadro 1, columna 10, del anexo I;

d) las especificaciones detalladas que se establecen en el punto 4 del anexo I.

2. Las sustancias en nanoforma solo se usarán si así se autoriza y se menciona en las especificaciones del anexo I.

Artículo 10.- *Restricciones generales aplicables a los materiales y objetos plásticos*

Las restricciones generales relativas a los materiales y objetos plásticos se establecen en el anexo II.

Artículo 11.- *Límites de migración específica*

1. Los materiales y objetos plásticos no cederán sus constituyentes a los alimentos en cantidades superiores a los límites de migración específica (LME) que se establecen en el anexo I. Estos límites de migración específica se expresan en mg de sustancia por kg de alimento (mg/kg).

2. Con respecto a las sustancias para las que el anexo I no establezca límite de migración específica ni otras restricciones, se aplicará un límite genérico de migración específica de 60 mg/kg.

3. No obstante lo dispuesto en los apartados 1 y 2, los aditivos que también estén autorizados como aditivos alimentarios en virtud del Reglamento (CE) nº 1333/2008 o como aromas por el Reglamento (CE) nº 1334/2008 no migrarán a los alimentos en cantidades que produzcan un efecto técnico en los alimentos finales, y tampoco:

a) rebasarán las restricciones establecidas en el Reglamento (CE) nº 1333/2008, en el Reglamento (CE) nº 1334/2008 o en el anexo I del presente Reglamento en alimentos para los cuales su uso esté autorizado como aditivos alimentarios o aromas, ni

b) rebasarán las restricciones establecidas en el anexo I del presente Reglamento en alimentos para los cuales su uso no esté autorizado como aditivos alimentarios o aromas.

Artículo 12.- *Límite de migración global*

1. Los materiales y objetos plásticos no cederán sus constituyentes a los simulantes alimentarios en cantidades que superen en total los 10 miligramos de constituyentes liberados por decímetro cuadrado de superficie de contacto (mg/dm2).

2. No obstante lo dispuesto en el apartado 1, los materiales y objetos plásticos destinados a entrar en contacto con alimentos para lactantes y niños de corta edad, tal como se definen en las Directivas 2006/141/CE y 2006/125/CE de la Comisión, no cederán sus constituyentes a los simulantes alimentarios en cantidades que superen en total los 60 miligramos de constituyentes liberados por kilogramo de simulante alimentario.

CAPÍTULO III- DISPOSICIONES ESPECÍFICAS PARA DETERMINADOS MATERIALES Y OBJETOS

Artículo 13.- *Materiales y objetos plásticos multicapa*

1. En un material u objeto plástico multicapa, la composición de cada una de las capas plásticas deberá ajustarse al presente Reglamento.

2. No obstante lo dispuesto en el apartado 1, una capa plástica que no esté en contacto directo con alimentos y esté separada de estos por una barrera funcional podrá:

a) no ajustarse a las restricciones y especificaciones del presente Reglamento, con excepción de las establecidas para el cloruro de vinilo monómero en el anexo I, o

b) haber sido fabricada con sustancias que no figuren en la lista de la Unión ni en la lista provisional.

3. La migración de las sustancias contempladas en el apartado 2, letra b), a los alimentos o simulantes alimentarios no deberá ser detectable al medirse con certeza estadística mediante un método de análisis establecido en el artículo 11 del Reglamento (CE) nº 882/2004, con un límite de detección de 0,01 mg/kg. Este límite se expresará siempre como concentración en alimentos o simulantes alimentarios. Se aplicará a un grupo de compuestos, si están estructural y toxicológicamente relacionados, particularmente isómeros o compuestos con el mismo grupo funcional pertinente, e incluirá posibles transferencias no deseadas.

4. Las sustancias que no figuran en la lista de la Unión ni en la lista provisional contempladas en el apartado 2, letra b), no deberán pertenecer a ninguna de las siguientes categorías:

a) sustancias clasificadas como «mutágenas», «carcinógenas» o «tóxicas para la reproducción» con arreglo a los criterios fijados en los puntos 3.5, 3.6 y 3.7 del anexo I del Reglamento (CE) nº 1272/2008 del Parlamento Europeo y del Consejo;

b) sustancias en nanoforma.

5. El material u objeto plástico multicapa final deberá ajustarse a los límites de migración específica establecidos en el artículo 11 y al límite de migración global fijado en el artículo 12 del presente Reglamento.

Artículo 14.- *Materiales y objetos compuestos multicapa*

1. En un material u objeto compuesto multicapa, la composición de cada una de las capas plásticas deberá ajustarse al presente Reglamento.

2. No obstante lo dispuesto en el apartado 1, una capa plástica de un material u objeto compuesto multicapa que no esté en contacto directo con alimentos y esté separada de estos por una barrera funcional podrá haber sido fabricada con sustancias que no figuren en la lista de la Unión ni en la lista provisional.

3. Las sustancias que no figuran en la lista de la Unión ni en la lista provisional contempladas en el apartado 2 no deberán pertenecer a ninguna de las siguientes categorías:

a) sustancias clasificadas como «mutágenas», «carcinógenas» o «tóxicas para la reproducción» con arreglo a los criterios fijados en los puntos 3.5, 3.6 y 3.7 del anexo I del Reglamento (CE) nº 1272/2008 del Parlamento Europeo y del Consejo;

b) sustancias en nanoforma.

4. No obstante lo dispuesto en el apartado 1, los artículos 11 y 12 del presente Reglamento no se aplicarán a las capas plásticas de los materiales y objetos compuestos multicapa.

5. Las capas plásticas de los materiales y objetos compuestos multicapa deberán siempre cumplir las restricciones que para el cloruro de vinilo monómero se establecen en el anexo I del presente Reglamento.

6. La legislación nacional podrá establecer límites de migración específica y global para las capas plásticas de materiales u objetos compuestos multicapa, así como para el material u objeto final.

CAPÍTULO IV.- DECLARACIÓN DE CONFORMIDAD Y DOCUMENTACIÓN

Artículo 15.- *Declaración de conformidad*

1. En las fases de comercialización que no sean la fase de venta al por menor, deberá facilitarse una declaración escrita con arreglo al artículo 16 del Reglamento (CE) nº 1935/2004 para los materiales y objetos plásticos, los productos de fases intermedias de su fabricación y las sustancias destinadas a la fabricación de dichos materiales y objetos plásticos.

2. El operador económico emitirá la declaración escrita contemplada en el apartado 1, la cual contendrá la información que se establece en el anexo IV.

3. La declaración escrita permitirá identificar fácilmente los materiales, objetos, productos de fases intermedias de fabricación o sustancias para los cuales se haya expedido. Será renovada cuando se produzcan cambios sustanciales en la composición o producción que modifiquen la migración desde los materiales y objetos, o cuando estén disponibles nuevos datos científicos.

Artículo 16.- *Documentos justificativos*

1. El operador económico deberá facilitar a las autoridades nacionales competentes, cuando estas lo soliciten, documentación apropiada que demuestre que los materiales y objetos, los productos de fases intermedias de fabricación y las sustancias destinadas a la fabricación de estos materiales y objetos cumplen los requisitos del presente Reglamento.

2. Dicha documentación deberá incluir las condiciones y los resultados de ensayos, cálculos, simulaciones y otros análisis, así como pruebas sobre la seguridad, o bien un razonamiento que demuestre la conformidad. Las normas para la demostración experimental de la conformidad se establecen en el capítulo V.

CAPÍTULO V.- CONFORMIDAD

Artículo 17.- *Expresión de los resultados de los ensayos de migración*

1. Para verificar la conformidad, los valores de migración específica se expresarán en mg/kg aplicando la relación real entre superficie y volumen en el uso efectivo o previsto.

2. No obstante lo dispuesto en el apartado 1, para:

a) envases y otros objetos que contengan o estén destinados a contener menos de 500 mililitros o gramos o más de 10 litros;

b) materiales y objetos cuya forma impida estimar la relación entre su superficie y la cantidad de alimentos en contacto con ellos;

c) láminas y películas que aún no hayan estado en contacto con alimentos;

d) láminas y películas que contengan menos de 500 mililitros o gramos o más de 10 litros, el valor de la migración se expresará en mg/kg, aplicando un coeficiente superficie/volumen de 6 dm2 por kg de alimento.

El presente apartado no se aplicará a los materiales y objetos plásticos destinados a entrar en contacto o que ya estén en contacto con alimentos para lactantes y niños de corta edad, tal como se definen en las Directivas 2006/141/CE y 2006/125/CE.

3. No obstante lo dispuesto en el apartado 1, el valor de migración específica para tapas, juntas, tapones y otros dispositivos de cierre similares se expresará en:

a) mg/kg, utilizando el contenido real del envase al que se destina el cierre, o en mg/dm2, aplicando la superficie total de contacto del dispositivo de cierre y el envase cerrado, si se conoce el uso previsto del dispositivo, teniendo en cuenta asimismo lo dispuesto en el apartado 2;

b) mg/objeto, si se desconoce el uso previsto del dispositivo.

4. El valor de migración global para tapas, juntas, tapones y otros dispositivos de cierre similares se expresará en:

a) mg/dm2, aplicando la superficie total de contacto del dispositivo de cierre y el envase cerrado, si se conoce el uso previsto del dispositivo;

b) mg/objeto, si se desconoce el uso previsto del dispositivo.

Artículo 18.- *Normas para evaluar la conformidad con los límites de migración*

1. Respecto de los materiales y objetos que ya estén en contacto con alimentos, la verificación de la conformidad con los límites de migración específica se efectuará con arreglo a las normas que establece el capítulo 1 del anexo V.

2. Para los materiales y objetos que aún no estén en contacto con alimentos, la verificación de la conformidad con los límites de migración específica se efectuará en alimentos o en los simulantes alimentarios que se contemplan en el anexo III y con arreglo a las normas que establece el capítulo 2, sección 2.1, del anexo V.

3. Respecto de los materiales y objetos que aún no estén en contacto con alimentos, la conformidad con los límites de migración específica puede determinarse por cribado aplicando los procedimientos de cribado que establece el capítulo 2, sección 2.2, del anexo V. Si al aplicar el procedimiento de cribado un material u objeto no cumple los límites de migración, la conclusión de no conformidad ha de ser confirmada mediante una verificación de la conformidad con arreglo al apartado 2.

4. Para los materiales y objetos que aún no estén en contacto con alimentos, la verificación de la conformidad con el límite de migración global se efectuará en los simulantes alimentarios A, B, C, D1 y D2 que se establecen en el anexo III y con arreglo a las disposiciones del capítulo 3, sección 3.1, del anexo V.

5. Respecto de los materiales y objetos que aún no estén en contacto con alimentos, la conformidad con el límite de migración global puede determinarse por cribado aplicando los procedimientos de cribado que establece el capítulo 3, sección 3.4, del anexo V. Si al aplicar el procedimiento de cribado un material u objeto no cumple el límite de migración, la conclusión de no conformidad ha de ser confirmada mediante una verificación de la conformidad con arreglo al apartado 4.

6. Los resultados de los ensayos de migración específica obtenidos con alimentos prevalecerán sobre los obtenidos con simulantes alimentarios. Los resultados de los ensayos de migración específica obtenidos con simulantes alimentarios prevalecerán sobre los obtenidos en procedimientos de cribado.

7. Antes de comparar los resultados de los ensayos de migración específica y global con los límites de migración se aplicarán los factores de corrección que fija el capítulo 4 del anexo V, con arreglo a las normas que allí se establecen.

Artículo 19.- *Evaluación de las sustancias no incluidas en la lista de la Unión*

En relación con las sustancias contempladas en el artículo 6, apartados 1, 2, 4 y 5, y en el artículo 14, apartado 2, del presente Reglamento, el cumplimiento del artículo 3 del Reglamento (CE) nº 1935/2004 se evaluará con arreglo a principios científicos sobre evaluación de riesgos internacionalmente reconocidos.

CAPÍTULO VI.- DISPOSICIONES FINALES

Artículo 20.- *Modificaciones de actos de la UE*

El anexo de la Directiva 85/572/CEE del Consejo se sustituye por el texto siguiente:

«Los simulantes que se deberán utilizar en las pruebas de migración de constituyentes de materiales y objetos plásticos destinados a entrar en contacto con un alimento o con grupos específicos de alimentos se establecen en el punto 3 del anexo III del Reglamento (CE) nº 10/2011.»

Artículo 21.- *Derogación de actos de la UE*

Quedan derogadas las Directivas 80/766/CEE, 81/432/CEE y 2002/72/CE a partir del 1 de mayo de 2011.

Las referencias a las Directivas derogadas se entenderán hechas al presente Reglamento y se leerán con arreglo a las tablas de correspondencias que figuran en el anexo VI.

Artículo 22.- *Disposiciones transitorias*

1. Hasta el 31 de diciembre de 2012, los documentos justificativos contemplados en el artículo 16 se basarán en las normas básicas para ensayos de migración global y específica establecidas en el anexo de la Directiva 82/711/CEE.

2. A partir del 1 de enero de 2013, los documentos justificativos contemplados en el artículo 16 para los materiales, objetos y sustancias introducidos en el mercado hasta el 31 de diciembre de 2015, podrán basarse en:

a) las normas para ensayos de migración establecidas en el artículo 18 del presente Reglamento, o

b) las normas básicas para ensayos de migración global y específica establecidas en el anexo de la Directiva 82/711/CEE.

3. A partir del 1 de enero de 2016, los documentos justificativos contemplados en el artículo 16 se basarán en las normas para ensayos de migración establecidas en el artículo 18, sin perjuicio del apartado 2 del presente artículo.

4. Hasta el 31 de diciembre de 2015, los aditivos utilizados en encolado de fibra de vidrio para plásticos reforzados con fibra de vidrio que no figuren en el anexo I deberán cumplir las disposiciones sobre evaluación de riesgos establecidas en el artículo 19.

5. Los materiales y objetos que hayan sido introducidos en el mercado legítimamente antes del 1 de mayo de 2011 podrán ser introducidos en el mercado hasta el 31 de diciembre de 2012.

Artículo 23.- *Entrada en vigor y aplicación*

El presente Reglamento entrará en vigor el vigésimo día siguiente al de su publicación en el Diario Oficial de la Unión Europea.

Será aplicable a partir del 1 de mayo de 2011.

Lo dispuesto en el artículo 5 con relación al uso de aditivos, excluidos los plastificantes, será aplicable a las capas plásticas o revestimientos plásticos de las tapas y los cierres contemplados en el artículo 2, apartado 1, letra d), a partir del 31 de diciembre de 2015.

Lo dispuesto en el artículo 5 con relación al uso de aditivos utilizados en encolado de fibra de vidrio para plásticos reforzados con fibra de vidrio será aplicable a partir del 31 de diciembre de 2015.

El artículo 18, apartados 2 y 4, y el artículo 20 serán aplicables a partir del 31 de diciembre de 2012.

El presente Reglamento será obligatorio en todos sus elementos y directamente aplicable en los Estados miembros de conformidad con los Tratados.

ANEXO I.-
Sustancias

[Anexo no reproducido en la presente publicación]

ANEXO II.-
Restricciones aplicables a materiales y objetos

[Anexo no reproducido en la presente publicación]

ANEXO III.-
Simulantes alimentarios

[Anexo no reproducido en la presente publicación]

ANEXO IV.-
Declaración de conformidad

[Anexo no reproducido en la presente publicación]

ANEXO V.-
Realización de ensayos de conformidad

[Anexo no reproducido en la presente publicación]

ANEXO VI.-
Tablas de correspondencias

[Anexo no reproducido en la presente publicación]

13 de diciembre de 2011.- Directiva nº 2011/91/UE

del Parlamento Europeo y del Consejo,

relativa a las menciones o marcas que permitan identificar el lote al que pertenece un producto alimenticio

(D.O. L 334, 6 de diciembre de 2011)

EL PARLAMENTO EUROPEO Y EL CONSEJO DE LA UNIÓN EUROPEA,

Visto el Tratado de Funcionamiento de la Unión Europea y, en particular, su artículo 114,

Vista la propuesta de la Comisión Europea,

Previa transmisión del proyecto de acto legislativo a los Parlamentos nacionales,

Visto el dictamen del Comité Económico y Social Europeo,

De conformidad con el procedimiento legislativo ordinario,

Considerando lo siguiente:

(1) La Directiva 89/396/CEE del Consejo, de 14 de junio de 1989, relativa a las menciones o marcas que permitan identificar el lote al que pertenece un producto alimenticio, ha sido modificada en varias ocasiones y de forma sustancial. Conviene, en aras de una mayor racionalidad y claridad, proceder a la codificación de dicha Directiva.

(2) El mercado interior implica un espacio sin fronteras interiores en el que se garantiza la libre circulación de mercancías, personas, servicios y capitales.

(3) Los intercambios de productos alimenticios ocupan un lugar muy importante dentro del mercado interior.

(4) La indicación del lote al que pertenece un producto alimenticio responde al afán de ofrecer una mejor información sobre la identidad de los productos. Por ello, constituye una valiosa fuente de información cuando surge un litigio acerca de los productos alimenticios o cuando estos presentan un peligro para la salud de los consumidores.

(5) La Directiva 2000/13/CE del Parlamento Europeo y del Consejo, de 20 de marzo de 2000, relativa a la aproximación de las legislaciones de los Estados miembros en materia de etiquetado, presentación y publicidad de los productos alimenticios no prevé ningún tipo de mención relativa a la identificación de los lotes.

(6) A escala internacional, es una obligación generalizada la referencia al lote de fabricación o de acondicionamiento de los productos alimenticios previamente embalados. La Unión debe contribuir al desarrollo del comercio internacional.

(7) Por lo tanto, conviene prever las normas de carácter general y horizontal que deban regular la gestión de un sistema común de identificación de lotes.

(8) La eficacia de dicho sistema depende de su aplicación en las distintas fases de comercialización. No obstante, resulta conveniente excluir algunos productos y algunas operaciones, en particular las que tienen lugar al comienzo del circuito de comercialización de los productos agrícolas.

(9) Es conveniente tener en cuenta que el consumo inmediatamente posterior a la compra de determinados productos alimenticios, como los helados alimenticios en porciones individuales, hace innecesaria la indicación del lote directamente en el envase individual. En el caso de dichos productos, la indicación del lote debe figurar, en cambio, obligatoriamente en los envases de varias unidades.

(10) El concepto de lote supone que varias unidades de venta del mismo producto alimenticio presentan características prácticamente idénticas de producción, fabricación o envasado. Dicho concepto no podría por tanto aplicarse a productos presentados a granel o que, por su especificidad individual o su carácter heterogéneo, no puedan considerarse como componentes de un conjunto homogéneo.

(11) Ante la diversidad de métodos de identificación empleados, debe corresponder al operador económico determinar el lote y poner la mención o marca correspondiente.

(12) No obstante, para satisfacer las necesidades de información a las que está destinada dicha mención, conviene que esta pueda ser distinguida y reconocida claramente como tal.

(13) La fecha de duración mínima o la fecha de caducidad, con arreglo a la Directiva 2000/13/CE, puede servir para la identificación del lote, siempre que esté señalada de forma precisa.

(14) La presente Directiva no debe afectar a las obligaciones de los Estados miembros relativas a los plazos de transposición al Derecho nacional de las Directivas que figuran en la parte B del anexo I.

HAN ADOPTADO LA PRESENTE DIRECTIVA:

Artículo 1

1. La presente Directiva se refiere a la indicación que permite identificar el lote al que pertenece un producto alimenticio.

2. Con arreglo a la presente Directiva, se entiende por "lote" un conjunto de unidades de venta de un producto alimenticio, producido, fabricado o envasado en circunstancias prácticamente idénticas.

Artículo 2

1. Solo se podrá comercializar un producto alimenticio si fuere acompañado de una indicación como la mencionada en el artículo 1, apartado 1.

2. El apartado 1 no se aplicará:

a) a los productos agrícolas que, al salir de la zona de explotación, sean:

i) vendidos o entregados a centros de almacenamiento, de envase o de embalaje,

ii) enviados a organizaciones de productores, o

iii) recogidos para su integración inmediata en un sistema operativo de preparación o de transformación;

b) cuando, en los puntos de venta al consumidor final, los productos alimenticios no estén previamente embalados, sean embalados a petición del comprador o estén previamente embalados para su venta inmediata;

c) a los embalajes o recipientes cuyo lado mayor tenga una superficie inferior a 10 cm2;

d) a las porciones individuales de helados alimenticios. La indicación que permita identificar el lote figurará en los envases de varias unidades.

Artículo 3

El lote será determinado, en cada caso, por el productor, el fabricante o el envasador del producto alimenticio en cuestión, o por el primer vendedor establecido en el interior de la Unión.

La indicación a que se refiere el apartado 1 del artículo 1 se determinará y pondrá bajo la responsabilidad de uno u otro de dichos operadores. Irá precedida de la letra "L", salvo en los casos en que se distinga claramente de las demás indicaciones de etiquetado.

Artículo 4

Cuando los productos alimenticios estén previamente embalados, la indicación contemplada en el apartado 1 del artículo 1 y, en su caso, la letra "L" figurarán en el embalaje previo o en una etiqueta unida a este.

Cuando los productos alimenticios no estén previamente embalados, la indicación contemplada en el apartado 1 del artículo 1 y, en su caso, la letra "L" figurarán en el embalaje o en el recipiente o, en su defecto, en los documentos comerciales pertinentes.

En todos los casos, la indicación figurará de tal manera que sea fácilmente visible, claramente legible e indeleble.

Artículo 5

Cuando la fecha de duración mínima o la fecha de caducidad figure en el etiquetado, el producto alimenticio podrá no ir acompañado de la indicación contemplada en el apartado 1 del artículo 1, siempre que dicha fecha tenga, por lo menos, el día y el mes indicados claramente y en este orden.

Artículo 6

La presente Directiva se aplicará sin perjuicio de las indicaciones previstas en las disposiciones específicas de la Unión.

La Comisión publicará y mantendrá actualizada la lista de las disposiciones en cuestión.

Artículo 7

Queda derogada la Directiva 89/396/CEE, modificada por las Directivas indicadas en la parte A del anexo I, sin perjuicio de las obligaciones de los Estados miembros relativas a los plazos de transposición al Derecho nacional de la Directivas que figuran en la parte B del anexo I.

Las referencias a la Directiva derogada se entenderán hechas a la presente Directiva y se leerán con arreglo a la tabla de correspondencias que figura en el anexo II.

Artículo 8
La presente Directiva entrará en vigor a los veinte días de su publicación en el Diario Oficial de la Unión Europea.

Artículo 9
Los destinatarios de la presente Directiva son los Estados miembros.

ANEXO I

[Anexo no reproducido en la presente publicación]

ANEXO II.-
Tabla de correspondencias

[Anexo no reproducido en la presente publicación]

B.- Reglas de control

25 de febrero de 1993.- Directiva nº 93/5/CEE
del Consejo,
relativa a la asistencia a la Comisión por parte de los Estados miembros y a su cooperación en materia de examen científico de las cuestiones relacionadas con productos alimenticios
(D.O. L 52, 4 de marzo de 1993)

[V.C. 20/11/2003]

EL CONSEJO DE LAS COMUNIDADES EUROPEAS,

Visto el Tratado constitutivo de la Comunidad Económica Europea y, en particular, su artículo 100 A,

Vista la propuesta de la Comisión,

En cooperación con el Parlamento Europeo,

Visto el dictamen del Comité Económico y Social,

(1) Considerando que la realización y el buen funcionamiento del mercado interior en el ámbito de los productos alimenticios requieren el examen y la evaluación de cuestiones científicas relacionadas con los productos alimenticios, especialmente cuando estas cuestiones atañen a la salud humana;

(2) Considerando que los consumidores tienen derecho a una política comunitaria en materia de productos alimenticios que favorezca la seguridad en este ámbito, en particular desde los puntos de vista de la nutrición, la microbiología y la toxicología;

(3) Considerando que, para asistirla en dicha labor, la Comisión creó el Comité científico de la alimentación humana mediante la Decisión 74/234/CEE;

(4) Considerando que la consulta a este Comité es actualmente necesaria en cuestiones de sanidad pública, en virtud de determinadas directivas como las relativas a alimentos dietéticos, materiales y objetos en contacto con productos alimenticios, aditivos, aromas y disolventes de extracción;

(5) Considerando que el Comité científico de la alimentación humana debe intervenir mucho más ampliamente en las políticas comunitarias que atañen a la alimentación, la dieta y la salud pública;

(6) Considerando que, en interés de los consumidores y de la industria, el proceso de creación de una base científica satisfactoria para las cuestiones relacionadas con la higiene alimentaria debe ser independiente, transparente y eficaz y reflejar la situación existente en todos los Estados miembros;

(7) Considerando que, para garantizar un funcionamiento eficaz de dicho Comité, la Comunidad debe contar con el apoyo científico de los Estados miembros;

(8) Considerando que la Comunidad necesita también ayuda científica en otras cuestiones de interés público esenciales para el funcionamiento del mercado interior, como el tratamiento de los incidentes relacionados con la contaminación de alimentos y, en general, cuando es preciso elaborar una nueva normativa sobre productos alimenticios que pueda afectar a la salud humana;

(9) Considerando que, con el fin de garantizar la realización de estas tareas, la Comisión debe tener acceso a la información y a la asistencia disponibles en los Estados miembros, los cuales deberán facilitar el cumplimiento de su cometido;

(10) Considerando que en los Estados miembros existen diversos organismos cuya labor consiste en proporcionar a sus gobiernos respectivos una ayuda científica en cuestiones relativas a los productos alimenticios, y que es preciso utilizar estos recursos de forma eficaz en las actividades comunitarias a través de la cooperación;

(11) Considerando que los Estados miembros deberán adoptar todas las medidas necesarias, incluidas las de tipo financiero y dentro de los límites de sus recursos, a efectos de capacitar a sus autoridades y organismos competentes para cooperar con la Comisión y prestarle el apoyo que necesita en el estudio científico de las cuestiones de interés público relacionadas con la alimentación;

(12) Considerando, por tanto, que es necesario proceder a la armonización de las disposiciones que rigen estos organismos, a fin de permitir su cooperación con la Comisión, en particular con el objetivo de elaborar las futuras reglamentaciones que garanticen la libre circulación de los productos alimenticios, sobre la base de todos los datos científicos disponibles;

(13) Considerando que es necesario mejorar y fortalecer las atribuciones y recursos científicos y técnicos del Comité científico de la alimentación humana, en particular con objeto de aumentar la eficacia de la Comunidad en todas las cuestiones alimentarias;

(14) Considerando que es necesario prever la posibilidad de que países terceros participen en esta cooperación;

(15) Considerando que la Comisión debe hacerse cargo de la gestión de dicha cooperación y que, por su parte, los Estados miembros deben asistirla en esta labor en el marco del Comité permanente de productos alimenticios;

(16) Considerando que la realización del mercado interior debería dar lugar a una mayor participación de la Comunidad en reuniones y trabajos sobre productos alimenticios de organizaciones internacionales así como en relaciones bilaterales,

HA ADOPTADO LA PRESENTE DIRECTIVA:

Artículo 1

1. Los Estados miembros adoptarán las medidas necesarias para que sus autoridades y organismos competentes puedan cooperar con la Comisión y prestarle la asistencia necesaria para el examen científico de las cuestiones de interés público relacionadas con la alimentación, especialmente en el ámbito de la salud pública, en disciplinas relacionadas con la medicina, la nutrición, la toxicología, la biología, la higiene, la tecnología de los alimentos, la biotecnología, los nuevos alimentos y procesos, las técnicas de evaluación de riesgos, la física y la química.

2.

a) El procedimiento de cooperación de la presente Directiva se aplicará cuando un acto del Consejo requiera el dictamen del Comité científico de la alimentación humana.

b) En su caso, la aplicación del procedimiento de cooperación de la presente Directiva a otras cuestiones relacionadas con la protección de la salud y de la vida de las personas en lo tocante al consumo de alimentos se decidirá de acuerdo con el procedimiento previsto en el artículo 5.

Artículo 2

Cada Estado miembro designará a la autoridad u organismo responsable de la cooperación con la Comisión y de la distribución del trabajo entre los institutos pertinentes situados en su territorio en lo que se refiere a las tareas definidas en el artículo 3, e informará de ello a la Comisión.

La Comisión publicará en el Diario Oficial de las Comunidades Europeas la lista de las autoridades designadas a que se refiere el párrafo primero y la mantendrá actualizada.

Las autoridades designadas remitirán a la Comisión una lista de los institutos que participen en el procedimiento de cooperación dentro de su jurisdicción, así como cualquier modificación de dicha lista. La Comisión comunicará dicha información a las autoridades mencionadas y a otras partes interesadas.

Artículo 3

1. En el Anexo se enumeran las principales tareas que deberán llevar a cabo los institutos que participen en la cooperación.

2. Las medidas que a continuación se mencionan se adoptarán con arreglo al procedimiento definido en el artículo 5:

- definición de las normas de gestión administrativa de la cooperación, incluidos:

— las medidas que garanticen la transparencia de las recomendaciones hechas por el Comité científico de la alimentación humana,

— los procedimientos de presentación y tramitación de los expedientes;

- confección, y actualización cada seis meses como mínimo, de un inventario de tareas en el que se indique la prioridad asignada a cada una de ellas.

3. Las tareas que hayan de realizarse según el inventario adoptado con arreglo al segundo guión del apartado 2 del presente artículo se distribuirán de conformidad con el procedimiento establecido en el artículo 5, tomándose como base los conocimientos científicos y dentro de los límites de los recursos de que dispongan los Estados miembros.

Artículo 4

La Comisión, previa consulta a los organismos o autoridades mencionados en el artículo 2, podrá invitar a institutos de países terceros a participar, de forma voluntaria, en las tareas necesarias para el logro de los objetivos de la presente Directiva y, en particular, en las que figuren en el inventario mencionado en el segundo guión del apartado 2 del artículo 3. Cuando un instituto de un país tercero haya aceptado participar en el desempeño de estas tareas, la Comisión tomará en consideración dicha participación en el momento de distribuir las tareas, de conformidad con el apartado 3 del artículo 3.

En ningún caso la participación contemplada en el párrafo primero podrá implicar cargas para el presupuesto comunitario.

Artículo 5

1. La Comisión estará asistida por el Comité Permanente de la Cadena Alimentaria y de Sanidad Animal, creado por el artículo 58 del Reglamento (CE) nº 178/2002 denominado en lo sucesivo «Comité».

2. En los casos en que se haga referencia al presente artículo, serán de aplicación los artículos 5 y 7 de la Decisión 1999/468/CE, observando lo dispuesto en su artículo 8.

El plazo contemplado en el apartado 6 del artículo 5 de la Decisión 1999/468/CE queda fijado en tres meses.

3. El Comité aprobará su reglamento interno.

Artículo 6

La Comisión informará al Parlamento Europeo y al Consejo sobre las estructuras, trabajo y resultados del Comité científico de la alimentación humana a los tres años de la puesta en aplicación de la presente Directiva y con periodicidad trienal a partir de esa fecha.

Artículo 7

1. Los Estados miembros adoptarán las disposiciones legales, reglamentarias y administrativas necesarias para dar cumplimiento a lo establecido en la presente Directiva antes del 1 de junio de 1993. Informarán inmediatamente de ello a la Comisión.

Cuando los Estados miembros adopten las disposiciones a que se refiere el apartado 1, éstas harán referencia a la presente Directiva o irán acompañadas de dicha referencia en su publicación oficial. Los Estados miembros establecerán las modalidades de la mencionada referencia.

2. Los Estados miembros comunicarán a la Comisión el texto de las principales disposiciones que adopten en el ámbito regulado por la presente Directiva.

Artículo 8

Los destinatarios de la presente Directiva serán los Estados miembros.

ANEXO

Entre las principales tareas que deberán realizar los institutos que participen en la cooperación estarán las siguientes:

— la preparación de protocolos para la evaluación de riesgos relativos a componentes alimentarios y la elaboración de métodos de evaluación nutricional;

— la evaluación de la adecuación nutricional de la dieta;

— el examen de los datos de pruebas presentados a la Comisión, en virtud de lo estipulado en disposiciones comunitarias, y la elaboración de una monografía para su evaluación por el Comité científico de la alimentación humana;

— la elaboración de los estudios de consumo alimentario necesarios, especialmente para la determinación o evaluación de las condiciones de uso de aditivos alimentarios o la fijación de los valores límite para otras sustancias que entren en la composición de los productos alimenticios;

— investigaciones sobre elementos del régimen alimentario de los Estados miembros o sobre los contaminantes biológicos o químicos de los productos alimenticios;

— la ayuda a la Comisión para cumplir los compromisos internacionales de la Comunidad, poniendo a su disposición conocimientos científicos y técnicos en materia de inocuidad de los productos alimenticios.

22 de enero de 2004.- Reglamento (CE) nº 136/2004
de la Comisión,
por el que se establecen los procedimientos de control veterinario en los puestos de inspección fronterizos de la Comunidad de los productos importados de terceros países
(D.O. L 21, 28 de enero de 2004)

[V.C. 01/05/2009]

LA COMISIÓN DE LAS COMUNIDADES EUROPEAS,

Visto el Tratado constitutivo de la Comunidad Europea,

Vista la Directiva 97/78/CE del Consejo, de 18 de diciembre de 1997, por la que se establecen los principios relativos a la organización de controles veterinarios de los productos que se introduzcan en la Comunidad procedentes de países terceros y, en particular, el apartado 5 de su artículo 3, el apartado 5 de su artículo 4, el apartado 4 de su artículo 5, el apartado 7 de su artículo 8, el apartado 3 de su artículo 16 y el apartado 1 de su artículo 19,

Considerando lo siguiente:

(1) Los primeros requisitos para los controles veterinarios de los productos procedentes de terceros países que entren en la Comunidad se establecieron en la Directiva 90/675/CEE del Consejo, que fue derogada y sustituida por la Directiva 97/78/CE.

(2) A la luz de la experiencia adquirida desde la adopción de la Directiva 90/675/CEE, se introdujeron algunos cambios en los procedimientos mediante la Directiva 97/78/CE. La Decisión 93/13/CEE de la Comisión, de 22 de diciembre de 1992, por la que se establecen los procedimientos de los controles veterinarios en los puestos de inspección fronterizos de la Comunidad al introducirse productos procedentes de terceros países, cuya última modificación la constituye la Decisión 2003/279/CE, se adoptó basándose en la primera Directiva, por lo que debe ser actualizada.

(3) El certificado expedido tras la realización de los controles veterinarios, que actualmente figura en el anexo B de la Decisión 93/13/CEE, debe adaptarse con el fin de tener en cuenta los cambios en los procedimientos aplicables tanto a las partidas que cumplan las normas comunitarias como a las que no se ajusten a ellas, y en función de que sean partidas para importación en la Comunidad o sólo en tránsito.

(4) La Decisión 2000/208/CE de la Comisión, de 24 de febrero de 2000, por la que se establecen disposiciones de aplicación de la Directiva 97/78/CE del Consejo para el tránsito por carretera a través de la Unión Europea de productos de origen animal de un tercer país con destino a otro, y la Decisión 2000/571/CE de la Comisión, de 8 de septiembre de 2000, por la que se establecen los métodos de control veterinario de los productos procedentes de terceros países que están destinados a zonas francas, depósitos francos, depósitos aduaneros o provisionistas de medios de transporte marítimo transfronterizo contienen normas detalladas sobre el uso de dicho certificado.

(5) No obstante, es preciso establecer normas específicas para la gestión práctica del certificado en los casos en que los envíos obtengan la autorización veterinaria en el puesto de inspección fronterizo pero permanezcan cierto tiempo bajo vigilancia aduanera por razones fiscales. En tales casos, es necesario disponer de un sistema de trazabilidad y establecer claramente la documentación que debe acompañar el envío.

(6) Para un correcto funcionamiento del sistema de controles veterinarios en el mercado interior, toda la información correspondiente a un producto debería figurar en un único documento según un modelo uniforme, al objeto de reducir los problemas lingüísticos entre los diferentes Estados miembros.

(7) Las indicaciones específicas para el muestreo armonizado y para las pruebas de laboratorio de los diferentes tipos de producto se fijarán posteriormente mediante decisiones relativas a las modalidades de aplicación, pero, entretanto, deben seguir aplicándose las normas nacionales, salvo en el caso de medidas particulares de salvaguardia.

(8) La experiencia ha demostrado que es esencial contar con buenas fuentes de información sobre todos los envíos que entren en la Comunidad, con el fin de reducir el fraude e impedir que se eludan los controles. La comprobación de los manifiestos de carga constituye un elemento clave de dicho proceso de recogida de información, pero es una tarea compleja y pesada que debería informatizarse siempre que sea posible.

(9) Además de recabar con diligencia la información pertinente entre todos los operadores correspondientes, la autoridad competente debería poder acceder a las bases de datos pertinentes de las autoridades aduaneras. Todos los operadores deberían estar integrados en dicho sistema de bases de datos, para garantizar que la información actualizada pueda estar disponible para los interesados.

(10) Determinados productos vegetales que suponen un riesgo de propagación a los animales de enfermedades infecciosas o contagiosas deberían someterse a controles veterinarios. Es necesario establecer una lista de dichos productos, así como una lista de los terceros países o las regiones de terceros países que pueden estar autorizados a exportar dichos productos a la Comunidad.

(11) Por lo que se refiere a las pequeñas cantidades de productos de origen animal transportados para el consumo personal por los pasajeros procedentes de terceros países, son posibles exenciones de los requisitos previstos en los procedimientos de controles veterinarios. Algunos de dichos productos son objeto de una medida de salvaguardia en virtud de la Decisión 2002/995/CE de la Comisión, de 9 de diciembre de 2002, por la que se establecen medidas cautelares provisionales respecto a las importaciones de productos de origen animal destinados al consumo particular. En espera de la adopción de una normativa permanente para este sector, debe mantenerse la referencia a dichas medidas.

(12) Las medidas del presente Reglamento sustituyen a las establecidas en la Decisión 93/13/CEE, por lo que debe derogarse dicha Decisión.

(13) Las medidas previstas en el presente Reglamento se ajustan al dictamen del Comité permanente de la cadena alimentaria y de sanidad animal.

HA ADOPTADO EL PRESENTE REGLAMENTO:

Artículo 1.- *Controles veterinarios*

1. Los controles documentales previstos en el apartado 3 del artículo 4 de la Directiva 97/78/CE se efectuarán con arreglo al anexo I del presente Reglamento.

2. Las pruebas de laboratorio y los análisis de las muestras oficiales contemplados en la letra b) del apartado 4 del artículo 4 de la Directiva 97/78/CE se efectuarán con arreglo al anexo II del presente Reglamento.

Artículo 2.- *Notificación de la llegada de productos mediante el Documento Veterinario Común de Entrada*

1. Antes de que la partida llegue físicamente al territorio de la Comunidad, la persona responsable de la carga notificará la llegada de los productos al personal veterinario del puesto de inspección fronterizo al que deban presentarse, valiéndose del Documento Veterinario Común de Entrada (DVCE) establecido en el anexo III.

2. El DVCE se expedirá conforme a las normas generales relativas a la certificación establecidas en otros actos legislativos comunitarios pertinentes.

3. El DVCE constará de un original y varias copias según determine la autoridad competente para cumplir los requisitos del presente Reglamento. La persona responsable de la carga cumplimentará la parte 1 del DVCE y lo entregará al personal veterinario del puesto de inspección fronterizo.

4. Sin perjuicio de lo dispuesto en los apartados 1 y 3, previo acuerdo de las autoridades competentes del Estado miembro a las que corresponda la partida, la información contenida en el DVCE podrá ser objeto de una notificación por adelantado utilizando medios de telecomunicación o cualquier otro sistema de transmisión electrónica de datos. Cuando se proceda de este modo, la información facilitada en formato electrónico será la requerida en la parte 1 del modelo de DVCE.

Artículo 3.- *Procedimiento que deberá seguirse tras la realización de los controles veterinarios*

1. Una vez realizados los controles veterinarios establecidos en el artículo 4 de la Directiva 97/78/CE, se cumplimentará la parte 2 del documento DVCE, bajo la responsabilidad del veterinario oficial responsable del puesto de inspección fronterizo. EL DVCE será firmado por dicho veterinario oficial o por otro veterinario oficial que actúe bajo su supervisión, para dar la autorización veterinaria a la partida.

En caso de que los puestos de inspección fronterizos controlen importaciones de pescado conforme a lo dispuesto en la Decisión 93/352/CEE de la Comisión, el agente oficial designado podrá desempeñar las funciones del veterinario oficial, incluida la cumplimentación y firma del DVCE.

2. El original del DVCE de las partidas que hayan recibido la autorización veterinaria estará formado por las partes 1 y 2, debidamente cumplimentadas y firmadas.

3. El veterinario oficial o la persona responsable de la carga notificará la autorización veterinaria de la partida, a las autoridades aduaneras del puesto de inspección fronterizo, tal como se establece en el apartado 1, entregando el original del DVCE o por vía electrónica.

— Una vez obtenido el despacho aduanero*, el original del DVCE acompañará a la partida hasta el primer establecimiento de destino.

[*En el presente Reglamento, el término «despacho aduanero» significa el despacho a libre práctica tal como se define en el artículo 79 del Reglamento (CEE) nº 2913/92 del Consejo, de 12 de octubre de 1992, por el que se aprueba el Código aduanero comunitario (DO L 302 de 19.10.1992, p. 1).]

— El veterinario oficial del puesto de inspección fronterizo conservará una copia del DVCE.

— El veterinario oficial entregará una copia del DVCE a la persona responsable de la carga.

4. El veterinario oficial conservará durante al menos tres años el original de la certificación veterinaria o la documentación emitida por el país tercero que acompañe a la partida, así como una copia del DVCE. No obstante, en el caso de partidas de productos en tránsito o para almacenamiento en un depósito autorizado conforme al apartado 4 del artículo 12 o al artículo 13 de la Directiva 97/78/CE y cuyo destino final no sea la Comunidad, los documentos veterinarios originales que acompañan a la partida a su llegada continuarán el viaje con ella, y en el puesto de inspección fronterizo sólo se conservarán copias de dichos documentos.

Artículo 4.- *Procedimiento que deberá seguirse cuando las partidas de productos hayan obtenido la autorización veterinaria pero se encuentren todavía bajo vigilancia aduanera*

1. Cuando las partidas de productos hayan obtenido la autorización veterinaria en el puesto de inspección fronterizo tal como se establece en el apartado 1 del artículo 3 pero permanezcan bajo vigilancia aduanera y sean despachadas a libre práctica en una fase posterior, se aplicará el procedimiento establecido en los apartados 2, 3 y 4.

2. El original del DVCE acompañará a la partida mientras ésta permanezca bajo vigilancia aduanera a través de uno o varios establecimientos, hasta que la persona responsable de la carga solicite el despacho aduanero.

3. Para la realización del primer despacho aduanero, la persona responsable de la carga presentará el original del DVCE en la oficina de aduanas responsable del establecimiento en el que se encuentre la partida. La presentación podrá hacerse también por vía electrónica, si lo autoriza la autoridad competente.

4. Cuando se haya solicitado el despacho aduanero tal como se establece en el apartado 3, el operador del establecimiento:

a) guardará una copia del DVCE que acompaña a la partida;

b) registrará la fecha de recepción de la partida, y

c) registrará la fecha del despacho aduanero, o las diferentes fechas del despacho si la partida se fracciona en partes conforme al artículo 5.

Artículo 5.- *Procedimiento que deberá seguirse cuando las partidas bajo vigilancia aduanera sean fraccionadas*

1. Cuando una partida contemplada en el apartado 1 del artículo 4 se fraccione en partes, el original del DVCE se presentará a las autoridades aduaneras competentes responsables del establecimiento en el que se efectúe el fraccionamiento. En el establecimiento en el que se fraccione la carga se conservará una copia del DVCE.

2. La autoridad competente responsable del establecimiento contemplado en el apartado 1 podrá emitir una fotocopia autenticada del original del DVCE para acompañar a cada fracción de la partida, sobre la cual anotará la información relativa a la cantidad o el peso modificados.

La autoridad competente podrá exigir al operador del establecimiento en el que se fraccione la partida que lleve un registro para garantizar la trazabilidad de las diferentes partes de la partida.

Los registros y las copias del DVCE se conservarán durante tres años.

Artículo 6.- *Coordinación con otros servicios de control*

Para garantizar que todos los productos de origen animal que entren en la Comunidad se someten a controles veterinarios, la autoridad competente y los veterinarios oficiales de cada Estado miembro se coordinarán con otros servicios de control (que velan por el cumplimiento de las normas) para recabar toda la información pertinente sobre la introducción de productos de origen animal. Esto se aplicará en particular a lo siguiente:

a) la información (disposición) disponible de los servicios aduaneros;

b) la información contenida en los manifiestos de carga de buques (y navíos), trenes o aviones;

c) las otras fuentes de información (a disposición) disponibles de los operadores comerciales por vía terrestre, ferroviaria, portuaria (naval) o aeroportuaria (aérea).

Artículo 7.- *Acceso a bases de datos e integración de los sistemas informáticos (de tecnología de la información)*

A efectos del artículo 6, la autoridad competente tendrá acceso a las bases de datos de las que dispongan los servicios aduaneros, o a partes relevantes de ellas.

Siempre que se garantice la adecuada seguridad de los datos, los sistemas informáticos utilizados por la autoridad competente se integrarán con los de los servicios aduaneros y los de los operadores comerciales, en la medida de lo posible y cuando proceda, a fin de acelerar la transferencia de información.

Artículo 8.- *Normas específicas para los productos transportados en el equipaje personal de los viajeros o enviados a particulares*

Los productos de origen animal transportados en el equipaje de los viajeros o enviados a particulares en pequeñas partidas cumplirán los requisitos establecidos en el Reglamento (CE) nº 206/2009 .

Artículo 9.- *Controles veterinarios de algunos productos vegetales*

1. Los Estados miembros someterán los productos vegetales que se enumeran en el anexo IV, procedentes de los países autorizados y especificados en el anexo V, a los controles documentales previstos en el apartado 1 del artículo 1 del presente Reglamento y, cuando proceda, a las pruebas de laboratorio previstas en el apartado 2 del artículo 1 y a otros controles físicos establecidos en el anexo III de la Directiva 97/78/CE.

2. Los requisitos de la Directiva 97/78/CE y del presente Reglamento serán aplicables a todos los productos vegetales enumerados en el anexo IV del presente Reglamento que, especialmente a causa de su origen y destino posterior, puedan suponer un riesgo de propagación de enfermedades animales infecciosas o contagiosas.

Artículo 10.- *Uso de la Certificación electrónica (certificados electrónicos)*

La expedición, el uso, la transmisión y la conservación del DVCE, según se establece en las diferentes situaciones que se describen en el presente Reglamento, podrán efectuarse por medios electrónicos a discreción de la autoridad competente.

Artículo 11.- *Derogación*

Queda derogada la Decisión 93/13/CEE.

Las referencias a la Decisión derogada se entenderán hechas al presente Reglamento.

Artículo 12.- *Entrada en vigor*

El presente Reglamento entrará en vigor el 1 de marzo de 2004.

El presente Reglamento será obligatorio en todos sus elementos y directamente aplicable en cada Estado miembro.

ANEXO I.-

Controles documentales contemplados en el apartado 1 del artículo 1

Las normas que se exponen a continuación se aplicarán a los controles documentales de los productos procedentes de terceros países:

1. En relación con cada partida, la autoridad competente deberá comprobar el destino aduanero y el uso previsto (tratamiento aprobado que se prevé dar en aduana a las mercancías o el uso) al que se destinarán las mercancías.

2. Cada certificado o documento relativo a la sanidad animal o la salud pública que acompañe a una partida de productos originarios de terceros países y presentados al

Puesto de Inspección Fronterizo habrá de ser objeto de un control destinado a comprobar (corroborar), según proceda:

a) que se trata de un certificado o documento original;

b) que se refiere a un país tercero o parte de un país tercero autorizado a exportar a la Comunidad o, en el caso de productos no armonizados, al Estado miembro de destino;

c) que su presentación y contenido se ajustan al modelo establecido para el producto y el país tercero de que se trate o, en el caso de productos no armonizados, para el Estado miembro de destino;

d) que cumple los principios generales de certificación establecidos en el anexo IV de la Directiva 2002/99/CE del Consejo;

e) que ha sido correctamente cumplimentado (cumplimentado en su totalidad);

f) que se refiere a un establecimiento o buque autorizado o registrado para exportar a la Comunidad o, en el caso de productos no armonizados, al Estado miembro de destino;

g) que lleva la firma del veterinario oficial, o, si procede, del representante de la autoridad oficial, así como la indicación legible y en letras mayúsculas de su nombre y cargo y, además, que el sello sanitario oficial del país tercero y la firma oficial están estampados en un color diferente al de la impresión del certificado, o, en el caso de los certificados electrónicos, que la firma y el sello se han introducido mediante un sistema seguro;

h) que la parte 1 del DVCE está correctamente cumplimentada y que la información que en ella figura coincide con la contenida en otros documentos oficiales relevantes(pertinentes) que acompañan a la partida.

ANEXO II.-

Pruebas de laboratorio contempladas en el apartado 2 del artículo 1

Las siguientes normas se aplicarán a las pruebas de laboratorio que deberán efectuarse con los productos:

1. Los Estados miembros someterán las partidas de productos presentadas a la importación a un plan de vigilancia, al objeto de verificar el cumplimiento de la legislación comunitaria o, cuando proceda, las normas nacionales correspondientes, especialmente para la detección de residuos, agentes patógenos u otras substancias peligrosas para el hombre, los animales o el medio. Dichos planes de vigilancia se basarán en la naturaleza de los productos y el riesgo que representen, teniendo en cuenta todos los parámetros de vigilancia pertinentes, como la frecuencia y el número de partidas que lleguen y los resultados de la vigilancia previa.

2. Cuando, en virtud de los planes de vigilancia previstos en el apartado 1, se realicen pruebas de laboratorio aleatorias y no se detecte ningún riesgo inmediato para la salud pública o la sanidad animal, las partidas analizadas podrán despacharse a libre práctica antes de que se obtengan los resultados de laboratorio. En todos los casos, deberán introducirse las correspondientes notas en el DVCE que acompañe a la partida, y deberá informarse a la autoridad competente del lugar de destino conforme a lo dispuesto en el artículo 8 de la Directiva 97/78/CE.

3. Si las pruebas de laboratorio se efectuaran basándose en una sospecha de irregularidad, en información disponible, en una notificación previa del sistema de Alerta Rápida para los Alimentos y los Piensos o en una medida de salvaguardia, y si las pruebas se refieren a una sustancia o un agente patógeno que suponga un riesgo directo e inmediato para la salud pública o animal, el veterinario oficial responsable del puesto de inspección fronterizo que haya efectuado la prueba, o la autoridad competente, deberá aplazar (retrasar) la autorización veterinaria y el despacho a libre práctica de la partida hasta que se reciban los resultados satisfactorios de las pruebas de laboratorio. Mientras tanto, la partida permanecerá en el puesto de inspección fronterizo que haya efectuado los controles veterinarios, bajo el control de las autoridades y (bajo) la responsabilidad del veterinario oficial o el agente oficial designado.

4. Cada Estado miembro informará mensualmente a la Comisión sobre los resultados favorables y desfavorables (positivos y negativos) de las pruebas de laboratorio realizadas en sus puestos de inspección fronterizos.

ANEXO III.-

Documento veterinario común de entrada (DVCE)

[Anexo no reproducido en la presente publicación]

ANEXO IV.-
Lista de productos vegetales contemplados en el artículo 9

[Anexo no reproducido en la presente publicación]

ANEXO V.-
Lista de países contemplados en el artículo 9

[Anexo no reproducido en la presente publicación]

18 de febrero de 2004.- Reglamento (CE) N° 282/2004
de la Comisión,
relativo al establecimiento de un documento para la declaración y el control veterinario de los animales procedentes de terceros países e introducidos en la Comunidad
(D.O. L 49, 19 de febrero de 2004)

[V.C. 31/03/2004]

LA COMISIÓN DE LAS COMUNIDADES EUROPEAS,

Visto el Tratado constitutivo de la Comunidad Europea,

Vista la Directiva 91/496/CEE del Consejo, de 15 de julio de 1991, por la que se establecen los principios relativos a la organización de controles veterinarios de los animales que se introduzcan en la Comunidad procedentes de países terceros y por la que se modifican las Directivas 89/662/CEE, 90/425/CEE y 90/675/CEE, y, en particular, el apartado 2 de sus artículos 3 y 7,

Considerando lo siguiente:

(1) Para un mejor funcionamiento de los puestos de inspección fronterizos, la notificación previa de la llegada de animales procedentes de terceros países requiere la adopción de un documento oficial que recoja los datos necesarios para la declaración en aduana.

(2) Los procedimientos de declaración y de control veterinario de los animales en la fontera deben armonizarse con los procedimientos relativos a los productos de origen animal.

(3) En el marco de esta armonización, es preciso retomar la definición de persona interesada en la carga tal como se establece en la letra e) del apartado 2 del artículo 2 de la Directiva 97/78/CE del Consejo.

(4) El desarrollo del sistema informático veterinario integrado Traces, previsto en la Decisión 2003/623/CE de la Comisión, impone una normalización de los documentos de declaración y control que permita controlar los datos recabados y, por tanto, su tratamiento con el fin de mejorar la seguridad sanitaria de la Comunidad.

(5) Las disposiciones de la Decisión 92/527/CEE de la Comisión, por la que se establece un modelo del certificado que acredita la realización de los controles previstos en la Directiva 91/496/CEE, deben, por consiguiente, ser actualizados por el presente Reglamento y la Decisión 92/527/CEE debe derogarse en consecuencia.

(6) Teniendo en cuenta que deberán eliminarse los puestos de inspección fronterizos entre los Estados miembros y los nuevos Estados miembros en el momento de la adhesión de éstos, debe introducirse una medida transitoria a fin de evitarles el establecimiento de nuevos procedimientos administrativos durante un período de un mes.

(7) Las medidas previstas en el presente Reglamento se ajustan al dictamen del Comité permanente de la cadena alimentaria y de sanidad animal.

HA ADOPTADO EL PRESENTE REGLAMENTO:

Artículo 1.- *Notificación de la llegada de animales mediante el documento veterinario común de entrada*

1. Cuando se introduzca en la Comunidad cualquier animal contemplado en la Directiva 91/496/CEE procedente de terceros países, el interesado en la carga, con arreglo a lo establecido en la letra e) del apartado 2 del artículo 2 de la Directiva 97/78/CE, notificará esa introducción al menos un día laborable antes de la llegada prevista del animal o de los animales al territorio de la Comunidad. Esta notificación se hará al personal de inspección del puesto de inspección fronterizo por medio de un documento que se ajuste al modelo de documento veterinario común de entrada (DVCE) que figura en el anexo I.

2. El DVCE se emitirá conforme a las normas generales de certificación establecidas en la legislación comunitaria pertinente.

3. El DVCE constará de un original y tantas copias como solicite la autoridad competente para cumplir los requisitos del presente Reglamento. El interesado en la carga cumplimentará la parte 1 del número de copias del DVCE requeridas y las entregará al veterinario oficial responsable del puesto de inspección fronterizo.

4. No obstante lo dispuesto en los apartados 1 y 3, previa autorización de las autoridades competentes del Estado miembro correspondiente para la partida, la información contenida en el DVCE podrá ser objeto de notificación previa utilizando un sistema de telecomunicación o cualquier otro sistema de transmisión de datos. Cuando se haga de este modo, la información facilitada por vía electrónica deberá ser exactamente la requerida en la parte 1 del modelo del DVCE.

Artículo 2.- *Controles veterinarios*

Los controles veterinarios y los análisis de laboratorio se efectuarán conforme a lo dispuesto en la Decisión 97/794/CE de la Comisión.

Artículo 3.- *Procedimientos que deberán seguirse tras la realización de los controles veterinarios*

1. Una vez realizados los controles veterinarios contemplados en el artículo 4 de la Directiva 91/496/CEE, se cumplimentará la parte 2 del documento DVCE bajo la responsabilidad del veterinario oficial del puesto de inspección fronterizo. Dicha parte 2 será firmada por este veterinario o por otro veterinario oficial que actúe bajo la autoridad del primero.

En caso de que se rechace la importación, se cumplimentará la casilla «Información sobre la reexpedición» de la parte 3 del DVCE según proceda, desde el momento en que se tenga conocimiento de la información pertinente. Esta se integrará en el sistema de intercambio de información contemplado en el artículo 20 de la Directiva 90/425/CEE del Consejo.

2. El original del DVCE estará formado por las partes 1 y 2 debidamente cumplimentadas y firmadas.

3. El veterinario oficial, el importador o la persona interesada en la carga notificará a continuación a las autoridades aduaneras del puesto de inspección fronterizo la decisión veterinaria adoptada en relación con la partida, presentando el original del DVCE o transmitiéndolo por vía electrónica.

4. En caso de decisión veterinaria favorable y previo acuerdo de las autoridades aduaneras, el original del DVCE acompañará a los animales hasta el destino indicado en el documento.

5. El veterinario oficial conservará en el puesto de inspección fronterizo una copia del DVCE.

6. Se entregará una copia del DVCE y, cuando proceda, de conformidad con el artículo 7 de la Directiva 91/496/CEE, una copia de los certificados veterinarios de importación, al importador o a la persona interesada en la carga.

7. El veterinario oficial conservará el original del certificado veterinario o de los documentos que acompañen a los animales, así como una copia del DVCE, durante un período mínimo de tres años. No obstante, para los animales en tránsito o en transbordo cuyo destino final esté situado fuera de la Comunidad, el documento veterinario original que acompañe a los animales en el momento de la llegada seguirá viaje con ellos, y en el puesto de inspección fronterizo únicamente se conservarán copias.

Artículo 4.- *Procedimientos que deberán seguirse en el caso de animales bajo supervisión aduanera o que sean objeto de un seguimiento particular*

Cuando los animales introducidos en la Comunidad estén dispensados de la obligación de controles de identidad o físicos en virtud del apartado 3 del artículo 4 o del inciso ii) de la letra b) del apartado 1 del punto A del artículo 8 de la Directiva 91/496/CEE, el veterinario oficial del puesto de inspección fronterizo de entrada en la Comunidad informará, en caso de control documental favorable, al veterinario oficial del puesto de inspección fronterizo del lugar de destino. Esta información se efectuará mediante el sistema de intercambio de información mencionado en el artículo 20 de la Directiva 90/425/CEE. El veterinario oficial del puesto de inspección fronterizo de destino emitirá un DVCE que incluirá la decisión veterinaria final sobre la aceptación de los animales. En caso de que no llegue la partida o no exista una correspondencia cuantitativa o cualitativa de la misma, la autoridad competente del puesto de inspección fronterizo de destino cumplimentará la parte 3 del DVCE.

En caso de tránsito, la persona interesada en la carga presentará la partida al veterinario oficial del puesto de inspección fronterizo de salida. El veterinario oficial de los puestos de inspección fronterizos al que se anuncie el paso de animales en tránsito a su salida de la Comunidad con destino a un tercer país deberá cumplimentar la parte 3 del DVCE, e informará mediante este documento al veterinario oficial del puesto de inspección fronterizo por el que los animales en tránsito entraron en la Comunidad.

Los veterinarios oficiales de la autoridad competente en el lugar de destino a los que se anuncie la llegada de animales con destino a un matadero, a una planta de cuarentena autorizada conforme a la definición de la Decisión 2000/666/CE de la Comisión o a organismos, institutos o centros oficialmente autorizados conforme a la definición de la Directiva 92/65/CEE del Consejo, y situados en su zona de competencia, deberán cumplimentar la parte 3 del DVCE en caso de que no llegue la partida o no exista una correspondencia cuantitativa o cualitativa de la misma.

Artículo 5.- *Coordinación entre las autoridades competentes encargadas de los controles*

Para garantizar que todos los animales que entren en la Comunidad se sometan a controles veterinarios, la autoridad competente y los veterinarios oficiales de cada Estado miembro trabajarán en coordinación con los otros servicios de control para recabar toda la información pertinente sobre la importación de animales. Esto se aplicará, en particular, a la siguiente información:

a) información de que dispongan los servicios aduaneros;

b) información contenida en los manifiestos de carga de buques, trenes o aviones;

c) otras fuentes de información a disposición de los operadores terrestres, ferroviarios, portuarios o aeroportuarios.

Artículo 6.- *Acceso a las bases de datos y participación en los sistemas de información*

Para cumplir el objetivo del artículo 5, las autoridades competentes y los servicios aduaneros de los Estados miembros organizarán el intercambio mutuo de los datos contenidos en sus bases de datos respectivas. Los sistemas informáticos utilizados por la autoridad competente estarán coordinados, en la medida de lo posible y respetando la seguridad de la información, con los de los servicios aduaneros y los de los operadores comerciales, a fin de acelerar la transferencia de información.

Artículo 7.- *Utilización de la certificación electrónica*

La producción, la utilización, la transmisión y el almacenamiento de los DVCE podrán realizarse por vía electrónica, previo acuerdo de la autoridad competente.

La transmisión de la información entre autoridades competentes se efectuará a través del sistema de intercambio de información contemplado en el artículo 20 de la Directiva 90/425/CEE.

Artículo 8

El presente Reglamento no se aplicará hasta el 1 de mayo de 2004 a los puestos de inspección fronterizos enumerados en el anexo II, que deberán suprimirse a partir de la adhesión de Hungría, Polonia, la República Checa, Eslovaquia y Eslovenia.

Artículo 9.- *Derogación*

Queda derogada la Decisión 92/527/CEE.

Las referencias a la Decisión derogada se entenderán hechas al presente Reglamento.

Artículo 10.- *Entrada en vigor*

El presente Reglamento entrará en vigor el 31 de marzo de 2004.

El presente Reglamento será obligatorio en todos sus elementos y directamente aplicable en cada Estado miembro.

ANEXO I

[Anexo no reproducido en la presente publicación]

ANEXO II

[Anexo no reproducido en la presente publicación]

29 de abril de 2004.- Reglamento (CE) nº 854/2004
del Parlamento Europeo y del Consejo,
por el que se establecen normas específicas para la organización de controles oficiales de los productos de origen animal destinados al consumo humano
(D.O. L 139, 30 de abril de 2004)

[V.C. 29/07/2011]

EL PARLAMENTO EUROPEO Y EL CONSEJO DE LA UNIÓN EUROPEA,

Visto el Tratado constitutivo de la Comunidad Europea, y en particular la letra b) del apartado 4 de su artículo 152,

Vista la propuesta de la Comisión,

Visto el dictamen del Comité Económico y Social Europeo,

Previa consulta al Comité de las Regiones,

De conformidad con el procedimiento establecido en el artículo 251 del Tratado,

Considerando lo siguiente:

(1) El Reglamento (CE) nº 852/2004 del Parlamento Europeo y del Consejo establece normas generales de higiene aplicables a todos los productos alimenticios y el Reglamento (CE) nº 853/2004 del Parlamento Europeo y del Consejo, establece normas de higiene específicas para los productos de origen animal.

(2) Se requieren normas específicas para la realización de controles oficiales de los productos de origen animal con objeto de tener en cuenta aspectos específicos asociados a esos productos.

(3) El ámbito de aplicación de las normas de control específicas debe reflejar el de las normas específicas de higiene aplicables a los operadores de empresa alimentaria que se establecen en el Reglamento (CE) nº 853/2004. Sin embargo, los Estados miembros deben efectuar asimismo controles oficiales adecuados para hacer cumplir las normas nacionales establecidas con arreglo al apartado 4 del artículo 1 de dicho Reglamento. A tal fin, pueden hacer extensivos a dichas normas nacionales los principios del presente Reglamento.

(4) Los controles oficiales de los productos de origen animal deben tratar todos los aspectos que son importantes para proteger la salud pública y, en su caso, la sanidad y el bienestar de los animales. Dichos controles deben basarse en la información más reciente y pertinente disponible y debe, por lo tanto, ser posible adaptarlos a medida que se vayan conociendo nuevos datos.

(5) La legislación comunitaria sobre seguridad alimentaria debe tener una base científica sólida. Para ello, debe consultarse a la Autoridad Europea de Seguridad Alimentaria siempre que sea necesario.

(6) La naturaleza e intensidad de los controles oficiales deben basarse en una evaluación de los riesgos para la salud pública, la sanidad animal y el bienestar de los animales, cuando corresponda, así como del tipo y del rendimiento de los procesos efectuados y del operador de empresa alimentaria afectado.

(7) Procede prever la adaptación de determinadas normas de control específicas, mediante el procedimiento transparente indicado en el Reglamento (CE) nº 852/2004 y el Reglamento (CE) nº 853/2004, y prever asimismo flexibilidad para adaptarse a las necesidades específicas de los establecimientos que utilizan métodos tradicionales, con una baja capacidad o situados en regiones que están sujetas a limitaciones geográficas especiales. El procedimiento debe permitir también que se desarrollen proyectos piloto para probar nuevas posibilidades de controles de higiene de la carne. Sin embargo, dicha flexibilidad no debe comprometer los objetivos de higiene de los alimentos.

(8) Los controles oficiales de la producción cárnica son necesarios para comprobar que los operadores de empresa alimentaria observan las normas de higiene y cumplen los criterios y objetivos establecidos en la legislación comunitaria. Estos controles oficiales deben incluir auditorías de las actividades llevadas a cabo por dichos operadores e inspecciones, incluida la comprobación de los propios controles de los operadores de empresa alimentaria.

(9) Teniendo en cuenta sus conocimientos técnicos especializados, es conveniente que los veterinarios oficiales efectúen auditorías e inspecciones en los mataderos, establecimientos de manipulación de caza y determinadas salas de despiece. Los

Estados miembros deben decidir libremente qué personal es el más adecuado para realizar auditorías e inspecciones en otros tipos de establecimientos.

(10) Los controles oficiales de la producción de moluscos bivalvos vivos y de productos pesqueros son necesarios para verificar el cumplimiento de los criterios y objetivos establecidos en la legislación comunitaria. Los controles oficiales de la producción de moluscos bivalvos vivos deben centrarse, en particular, en las zonas de reinstalación y producción de dichos moluscos y en el producto final.

(11) Los controles oficiales de la producción de leche cruda son necesarios para comprobar el cumplimiento de los criterios y objetivos establecidos en la legislación comunitaria. Dichos controles deben centrarse, en particular, en las explotaciones de producción de leche y en la leche cruda en el momento de su recogida.

(12) Los requisitos del presente Reglamento no se deben aplicar hasta que hayan entrado en vigor todas las partes de la nueva legislación relativa a la higiene de los alimentos. También es conveniente dejar que transcurran 18 meses entre la entrada en vigor y la aplicación de las nuevas normas, con el fin de que las autoridades competentes y las industrias interesadas tengan tiempo para adaptarse.

(13) Las medidas necesarias para la ejecución del presente Reglamento deben aprobarse con arreglo a la Decisión 1999/468/CE del Consejo, de 28 de junio de 1999, por la que se establecen los procedimientos para el ejercicio de las competencias de ejecución atribuidas a la Comisión.

HAN ADOPTADO EL PRESENTE REGLAMENTO:

CAPÍTULO I.- DISPOSICIONES GENERALES

Artículo 1.- *Ámbito de aplicación*

1. El presente Reglamento establece normas específicas para la organización de controles oficiales de los productos de origen animal.

1 bis. El presente Reglamento se aplicará de forma adicional al Reglamento (CE) nº 882/2004 del Parlamento Europeo y del Consejo, de 29 de abril de 2004, sobre los controles oficiales efectuados para garantizar la verificación del cumplimiento de la legislación en materia de piensos y alimentos y la normativa sobre salud animal y bienestar de los animales.

2. El presente Reglamento se aplicará únicamente a las actividades y personas a las que se aplica el Reglamento (CE) nº 853/2004.

3. La realización de los controles oficiales con arreglo al presente Reglamento se entenderá sin perjuicio de la responsabilidad jurídica principal de los operadores de empresa alimentaria en lo que atañe a su obligación de garantizar la seguridad alimentaria, con arreglo a lo dispuesto en el Reglamento (CE) nº 178/2002 del Parlamento Europeo y del Consejo, de 28 de enero de 2002, por el que se establecen los principios y los requisitos generales de la legislación alimentaria, se crea la Autoridad Europea de Seguridad Alimentaria y se fijan procedimientos relativos a la seguridad alimentaria, y de la responsabilidad civil o penal que se derive del incumplimiento de sus obligaciones.

Artículo 2.- *Definiciones*

1. A efectos del presente Reglamento se aplicarán las siguientes definiciones:

a) [...]

b) [...]

c) «autoridad competente»: la autoridad central de un Estado miembro competente para llevar a cabo comprobaciones veterinarias o cualquier autoridad a la que se haya delegado dicha competencia;

d) [...]

e) [...]

f) «veterinario oficial»: un veterinario cualificado, conforme al presente Reglamento, para actuar como tal y nombrado por la autoridad competente;

g) «veterinario autorizado»: un veterinario designado por la autoridad competente para llevar a cabo, por cuenta de ella, controles oficiales específicos en las explotaciones;

h) «auxiliar oficial»: una persona cualificada, conforme al presente Reglamento, para actuar como tal, nombrada por la autoridad competente y que desempeña su labor a las órdenes y bajo la responsabilidad de un veterinario oficial, y *i)* «marcado sanitario»: un marcado que indica que en el momento de su colocación se han efectuado controles oficiales con arreglo al presente Reglamento.

2. Se aplicarán igualmente, cuando procedan, las definiciones establecidas en los siguientes Reglamentos:

a) Reglamento (CE) nº 178/2002;

b) las definiciones de «subproductos animales», «encefalopatías espongiformes transmisibles» y «material especificado de riesgo» establecidas en el Reglamento (CE) nº 1774/2002 del Parlamento Europeo y del Consejo, de 3 de octubre de 2002, por el que se establecen las normas sanitarias aplicables a los subproductos animales no destinados al consumo humano;

b bis) Reglamento (CE) nº 882/2004;

c) Reglamento (CE) nº 852/2004, con excepción de la definición de «autoridad competente», y

d) Reglamento (CE) nº 853/2004.

CAPÍTULO II.- CONTROLES OFICIALES EN RELACIÓN CON LOS ESTABLECIMIENTOS COMUNITARIOS

Artículo 3.- *Autorización de los establecimientos*

1. Las autoridades competentes autorizarán un establecimiento en el momento y en la manera que se especifican en el apartado 2 del artículo 31 del Reglamento (CE) nº 882/2004.

2. En el caso de los buques factoría y congeladores con pabellón de los Estados miembros, podrán ampliarse, en caso necesario, los plazos de tres y seis meses previstos para la autorización condicional de otros establecimientos. No obstante, la autorización condicional no superará un total de 12 meses. Las inspecciones de dichos buques se efectuarán de conformidad con lo dispuesto en el anexo III.

3. La autoridad competente otorgará a cada establecimiento autorizado, inclusive los que cuenten con una autorización condicional, un número de autorización, al que podrán añadirse códigos que indiquen los tipos de productos de origen animal fabricados. En el caso de los mercados al por mayor, el número de autorización podrá completarse con un número secundario que indique las unidades o los grupos de unidades que venden o fabrican productos de origen animal.

4.

a) [...]

b) [...]

c) En el caso de los mercados mayoristas, la autoridad competente podrá retirar o suspender una autorización con respecto a determinadas unidades o grupos de unidades.

5. Los apartados 1, 2 y 3 se aplicarán tanto a:

a) los establecimientos que inicien la comercialización de productos de origen animal en la fecha de aplicación del presente Reglamento o con posterioridad, y

b) los establecimientos que ya comercializasen productos de origen animal para los que anteriormente no existía un requisito de autorización. En este último caso, se efectuará lo antes posible la visita in situ de la autoridad competente exigida con arreglo al apartado 1.

El apartado 4 se aplicará igualmente a los establecimientos autorizados que hayan comercializado productos de origen animal de conformidad con la legislación comunitaria inmediatamente antes de la aplicación del presente Reglamento.

[...]

Artículo 4.- *Principios generales de los controles oficiales de todos los productos de origen animal incluidos en el ámbito de aplicación del presente Reglamento*

1. Los Estados miembros velarán por que los operadores de empresas alimentarias proporcionen toda la ayuda necesaria para garantizar que los controles oficiales efectuados por la autoridad competente puedan realizarse de manera eficaz.

Se encargarán, en particular, de lo siguiente:

— facilitar el acceso a todos los edificios, locales, instalaciones u otras infraestructuras,

— presentar cualquier documentación o registro exigidos en virtud del presente Reglamento o que la autoridad competente considere necesarios para valorar la situación.

2. La autoridad competente efectuará controles oficiales para comprobar el cumplimiento, por parte de los operadores de empresa alimentaria, de:

a) el Reglamento (CE) nº 852/2004;

b) el Reglamento (CE) nº 853/2004, y

c) el Reglamento (CE) nº 1774/2002.

3. Los controles oficiales a que hace referencia el apartado 1 incluirán:

a) auditorías de buenas prácticas de higiene y de procedimientos basados en el sistema del análisis de peligros y puntos de control crítico (APPCC);

b) los controles oficiales especificados en los artículos 5, 6, 7 y 8, y

c) en su caso, las funciones específicas de auditoría que se precisan en los anexos.

4. En las auditorías de buenas prácticas de higiene se comprobará que el operador de empresa alimentaria aplica, de forma continua y adecuada, procedimientos relativos al menos a los siguientes asuntos:

a) comprobaciones de información sobre la cadena alimentaria;

b) el diseño y el mantenimiento de los locales y el equipamiento;

c) la higiene antes, durante y después de las operaciones;

d) la higiene personal;

e) la formación en procedimientos de higiene y de trabajo;

f) el control de plagas;

g) la calidad del agua;

h) el control de la temperatura, y

i) el control de los alimentos que entran en el establecimiento y que salen de éste y de la documentación que los acompañe.

5. Las auditorías de procedimientos basados en el sistema APPCC comprobarán que los operadores de empresa alimentaria aplican dichos procedimientos de forma permanente y adecuada y prestarán especial atención a velar por que los procedimientos ofrezcan las garantías especificadas en la sección II del anexo II del Reglamento (CE) nº 853/2004. En especial, comprobarán si los procedimientos garantizan, en la medida de lo posible, que los productos de origen animal:

a) son conformes a los criterios microbiológicos establecidos en virtud de la legislación comunitaria;

b) son conformes con la legislación comunitaria sobre residuos, contaminantes y sustancias prohibidas, y

c) no presentan peligros físicos tales como cuerpos extraños.

Cuando un operador de empresa alimentaria utilice, con arreglo al artículo 5 del Reglamento (CE) nº 852/2004, procedimientos recogidos en guías para la aplicación de los principios del sistema APPCC en lugar de establecer sus propios procedimientos específicos, la auditoría deberá abarcar el uso apropiado de esas guías.

6. La comprobación del cumplimiento de los requisitos del Reglamento (CE) nº 853/2004 relativos a la aplicación de marcados de identificación se efectuará en todos los establecimientos autorizados de conformidad con ese Reglamento, además de la comprobación del cumplimiento de los demás requisitos de trazabilidad.

7. En el caso de los mataderos, establecimientos de manipulación de caza y salas de despiece que comercialicen carne fresca, un veterinario oficial llevará a cabo las funciones de auditoría previstas en los apartados 3 y 4.

8. Al llevar a cabo las funciones de auditoría, la autoridad competente dedicará una atención especial a:

a) determinar si el personal y las actividades del personal del establecimiento cumplen, en todas las fases del proceso de producción, los requisitos pertinentes estipulados en los Reglamentos a que se refieren las letras a) y b) del apartado 1. En apoyo de la auditoría, la autoridad competente podrá efectuar pruebas de evaluación para comprobar que la actividad del personal se ajusta a criterios especificados;

b) comprobar los registros pertinentes del operador de empresa alimentaria;

c) tomar muestras para la realización de análisis de laboratorio, cuando sea necesario, y

d) elaborar documentos en que se deje constancia de los elementos que se han tenido en cuenta y de las conclusiones de la auditoría.

9. La naturaleza y la intensidad de las tareas de auditoría respecto de cada establecimiento concreto dependerán del riesgo que se evalúe. Para ello, la autoridad competente evaluará con regularidad:

a) los riesgos para la salud pública y, en su caso, para la sanidad animal;

b) en el caso de los mataderos, los aspectos relativos al bienestar de los animales;
c) el tipo y rendimiento de los procesos efectuados, y
d) los antecedentes del operador de empresa alimentaria en lo tocante al cumplimiento de la legislación alimentaria.

Artículo 5.- *Carne fresca*
Los Estados miembros velarán por que los controles oficiales relativos a la carne fresca se efectúen de conformidad con lo dispuesto en el anexo I.

1) El veterinario oficial efectuará las tareas de inspección de los mataderos, establecimientos de manipulación de caza y salas de despiece que comercialicen carne fresca de conformidad con los requisitos generales del capítulo II de la sección I del anexo I y con los requisitos específicos de la sección IV, especialmente en lo relativo a:
a) información sobre la cadena alimentaria;
b) inspección ante mortem;
c) bienestar animal;
d) inspección post mortem;
e) material especificado de riesgo y otros subproductos animales, y
f) pruebas de laboratorio.

2) El marcado sanitario de canales de ungulados domésticos, mamíferos de caza de cría distintos de los lagomorfos, y caza mayor silvestre, así como medias canales, cuartos y piezas procedentes del despiece de medias canales en tres piezas al por mayor, se efectuarán en los mataderos y establecimientos de manipulación de caza de conformidad con lo establecido en el capítulo III de la sección I del anexo I. Los marcados sanitarios serán colocados por el veterinario oficial o bajo su responsabilidad, cuando los controles oficiales no hayan observado deficiencias que impliquen que la carne sea no apta para el consumo humano.

3) Una vez efectuados los controles mencionados en los puntos 1 y 2, el veterinario oficial tomará las medidas oportunas indicadas en la sección II del anexo I, especialmente por lo que se refiere a:
a) la comunicación de los resultados de la inspección;
b) las decisiones relativas a la información sobre la cadena alimentaria;
c) las decisiones relativas a los animales vivos;
d) las decisiones relativas al bienestar animal, y
e) las decisiones relativas a la carne.

4) Para la realización de los controles oficiales con arreglo a las secciones I y II del anexo I conforme a lo especificado en el capítulo I de la sección III, el veterinario oficial podrá contar con la asistencia de auxiliares oficiales. En tal caso, éstos actuarán formando un equipo independiente.

5)
a) Los Estados miembros velarán por que exista suficiente personal oficial para efectuar los controles oficiales requeridos a tenor del anexo I con la frecuencia especificada en el capítulo II de la sección III.
b) Se recurrirá a un planteamiento basado en los riesgos para evaluar el número de personal oficial que deberá estar presente en la cadena de sacrificio en un matadero determinado. El personal oficial estará compuesto por un número suficiente de personas para poder cumplir todos los requisitos del presente Reglamento; este número será fijado por la autoridad competente.

6)
a) Los Estados miembros podrán permitir que miembros del personal del matadero presten asistencia en los controles oficiales mediante la realización de determinadas funciones específicas en relación con la producción de carne de aves de corral y lagomorfos, bajo la supervisión del veterinario oficial, con arreglo a lo dispuesto en la parte A del capítulo III de la sección III del anexo I. En tal caso, velarán por que el personal que lleve a cabo dichas tareas:
i) esté cualificado y reciba una formación de conformidad con las citadas disposiciones,
ii) actúe con independencia del personal de producción, e
iii) informe de cualquier deficiencia al veterinario oficial.
b) Igualmente, los Estados miembros podrán permitir que determinadas funciones específicas de muestreo y ensayo sean efectuadas por miembros del personal del matadero con arreglo a lo dispuesto en la parte B del capítulo III de la sección III del anexo I.

7) Los Estados miembros velarán por que los veterinarios oficiales y los auxiliares oficiales cuenten con la cualificación y reciban la formación adecuada con arreglo a lo dispuesto en el capítulo IV de la sección III del anexo I.

Artículo 6.- *Moluscos bivalvos vivos*

Los Estados miembros velarán por que la producción y comercialización de moluscos bivalvos, equinodermos, tunicados y gasterópodos marinos vivos se sometan a controles oficiales con arreglo a lo dispuesto en el anexo II.

Artículo 7.- *Productos de la pesca*

Los Estados miembros velarán por que los controles oficiales relativos a los productos de la pesca se efectúen de conformidad con lo dispuesto en el anexo III.

Artículo 8.- *Leche cruda productos lácteos*

Los Estados miembros velarán por que los controles oficiales relativos a la leche cruda y a los productos lácteos se efectúen de conformidad con lo dispuesto en el anexo IV.

Artículo 9.- *[...]*

CAPÍTULO III.- PROCEDIMIENTOS APLICABLES A LA IMPORTACIÓN

[Desaplicación temporal del capítulo III desde el 1.1.2010 hasta el 31.12.2013 establecida por el Reglamento (CE) n° 1162/2009 de la Comisión, Art. 5: "El capítulo III del Reglamento (CE) nº 854/2004 no se aplicará a las importaciones de productos de origen animal para los que no se hayan establecido condiciones sanitarias públicas de importación armonizadas, incluidas listas de terceros países, de partes de terceros países y de establecimientos a partir de los cuales se autoriza la importación.

Las importaciones de dichos productos deberán cumplir las condiciones sanitarias públicas de importación establecidas por el Estado miembro de que se trate."]

Artículo 10

Para garantizar la aplicación uniforme de los principios y condiciones establecidos en el artículo 11 del Reglamento (CE) nº 178/2002 y en el capítulo II del título VI del Reglamento (CE) nº 882/2004, se aplicarán los procedimientos que se establecen en el presente capítulo.

Artículo 11.- *Listas de terceros países y de partes de terceros países a partir de los cuales están permitidas las importaciones de determinados productos de origen animal*

1. Sólo se importarán productos de origen animal de aquellos terceros países o partes de terceros países que figuren en una lista elaborada y actualizada de acuerdo con el procedimiento establecido en el apartado 2 del artículo 19.

2. Sólo podrán incluirse en dichas listas aquellos terceros países en los que se haya llevado a cabo un control comunitario que demuestre que las autoridades competentes ofrecen garantías adecuadas con arreglo a lo previsto en el apartado 3 del artículo 48 del Reglamento (CE) nº 882/2004. No obstante, podrá incluirse en dichas listas un tercer país sin que se haya realizado en él un control comunitario en caso de que:

a) el riesgo determinado con arreglo a la letra a) del apartado 3 del artículo 46 del Reglamento (CE) nº 882/2004 no lo justifique, y

b) al decidir la inclusión de un determinado tercer país en una lista con arreglo al apartado 1, se determine que existe otra información que indica que la autoridad competente ofrece las garantías necesarias.

3. Las listas elaboradas en virtud de lo dispuesto en el presente artículo podrán combinarse con otras listas elaboradas a efectos de salud pública y sanidad animal.

4. Al elaborarse o actualizarse las listas, se tendrán especialmente en cuenta los criterios enumerados en el artículo 46 y en el apartado 3 del artículo 48 del Reglamento (CE) nº 882/2004. Asimismo deberán tenerse en cuenta:

a) la legislación del tercer país sobre:

i) los productos de origen animal,

ii) el uso de medicamentos veterinarios, incluidas las normas sobre su prohibición o autorización, distribución y comercialización, así como las normas que regulan las operaciones de administración e inspección, y

iii) la preparación y utilización de piensos, incluidos los procedimientos para utilizar aditivos y la preparación y utilización de piensos medicinales, así como la calidad higiénica de las materias primas utilizadas en la preparación de piensos y del producto final;

b) [...]

c) [...]

d) [...]

e) [...]

f) [...]

g) [...]

h) [...]

i) las condiciones higiénicas de producción, elaboración, manipulación, almacenamiento y expedición efectivamente aplicadas a los productos de origen animal destinados a la Comunidad;

j) toda experiencia en la comercialización del producto originario del tercer país y los resultados de todos los controles de importación efectuados;

k) los resultados de los controles comunitarios efectuados en el tercer país y, en particular, los resultados de la evaluación realizada por las autoridades competentes, y la acción que estas últimas han desarrollado a la vista de las recomendaciones que les hayan sido dadas a raíz de un control comunitario;

l) la existencia, aplicación y comunicación de un programa aprobado de control de zoonosis, y

m) la existencia, aplicación y comunicación de un programa aprobado de control de residuos.

5. La Comisión se encargará de que sean públicas las versiones actualizadas de todas las listas elaboradas o actualizadas de acuerdo con lo dispuesto en el presente artículo.

Artículo 12.- *Listas de establecimientos a partir de los cuales están permitidas las importaciones de determinados productos de origen animal*

1. Los productos de origen animal únicamente podrán ser importados en la Comunidad si han sido expedidos desde establecimientos que figuren en las listas elaboradas y actualizadas de acuerdo con lo dispuesto en el presente artículo, y procederán o habrán sido preparados en dichos establecimientos, excepto:

a) cuando, caso por caso, se decida que, de acuerdo con el procedimiento contemplado en el apartado 2 del artículo 19, las garantías que facilita un determinado tercer país por lo que respecta a las importaciones de determinados productos de origen animal son tales que es innecesario el procedimiento previsto en el presente artículo para garantizar el cumplimiento de los requisitos establecidos en el apartado 2, y

b) en los casos especificados en el anexo V.

Además, la carne fresca, la carne picada, los preparados de carne, los productos cárnicos y la carne separada mecánicamente únicamente podrán ser importados en la Comunidad si han sido fabricados a partir de carne obtenida en mataderos y salas de despiece que figuren en listas elaboradas y actualizadas con arreglo al presente artículo o en establecimientos comunitarios autorizados.

2. Sólo podrá incluirse un establecimiento en dichas listas si la autoridad competente del tercer país de origen garantiza lo siguiente:

a) que dicho establecimiento, junto con cualesquiera establecimientos que manipulen materia prima de origen animal utilizada en la fabricación de los productos de origen animal de que se trata, cumplen los requisitos comunitarios pertinentes, en particular, los establecidos en el Reglamento (CE) nº 853/2004, o los requisitos que se consideren equivalentes a dichos requisitos cuando se decida añadir al tercer país en cuestión en la lista correspondiente de conformidad con el artículo 11;

b) que un servicio de inspección oficial de dicho tercer país supervisa los establecimientos, y si es necesario pone a disposición de la Comisión toda la información pertinente sobre los establecimientos que suministran materias primas, y

c) que tiene competencias reales para paralizar las exportaciones de los establecimientos a la Comunidad en el caso de que los establecimientos dejen de cumplir los requisitos que se indican en la letra a).

3. Las autoridades competentes de los terceros países que figuran en las listas establecidas y actualizadas con arreglo al artículo 11 garantizarán que se establezcan, actualicen y comuniquen a la Comisión las listas de los establecimientos contemplados en el apartado 1.

4.

a) La Comisión notificará periódicamente a los puntos de contacto que los Estados miembros hayan designado a este efecto la recepción de listas nuevas o actualizadas procedentes de las autoridades competentes de los terceros países en cuestión, de conformidad con el apartado 3.

b) Si en el plazo de veinte días laborables a partir de la notificación de la Comisión, ningún Estado miembro pone objeciones a la lista nueva o actualizada, las importaciones procedentes de los establecimientos que figuran en la lista se autorizarán una vez transcurridos diez días laborables desde la fecha en que la Comisión la haya hecho pública.

c) La Comisión informará a todos los Estados miembros e incluirá el punto en el orden del día de la siguiente reunión de la sección correspondiente del Comité permanente de la cadena alimentaria y de sanidad animal para que, en su caso, se adopte una decisión de acuerdo con el procedimiento contemplado en el apartado 2 del artículo 19, en aquellos casos en que al menos un Estado miembro presente comentarios por escrito o cuando estime que es necesaria la modificación de una lista ante informaciones pertinentes, como los informes de inspección comunitarios o las notificaciones en virtud del sistema de alerta rápida.

5. La Comisión se encargará de que sean públicas las versiones actualizadas de todas las listas.

Artículo 13.- *Moluscos bivalvos, equinodermos, tunicados y gasterópodos marinos vivos*

1. No obstante lo dispuesto en la letra b) del apartado 1 del artículo 12, los moluscos bivalvos, los equinodermos, los tunicados y los gasterópodos marinos vivos deberán proceder de zonas de producción de terceros países que figuren en listas elaboradas y actualizadas de acuerdo con lo dispuesto en el artículo 12.

2. El requisito mencionado en el apartado 1 no se aplicará a los pectínidos recolectados fuera de las zonas de producción clasificadas. No obstante, los controles oficiales relativos a los pectínidos se efectuarán de conformidad con lo dispuesto en el capítulo III del anexo II.

3.

a) Antes de proceder a la elaboración de las listas mencionadas en el apartado 1, se tendrán especialmente en cuenta las garantías que la autoridad competente del tercer país pueda dar sobre el cumplimiento de los requisitos del presente Reglamento en materia de clasificación y control de las zonas de producción.

b) Deberá realizarse una visita de inspección comunitaria in situ antes de elaborar dichas listas, a menos que:

i) el riesgo determinado con arreglo al punto 18 del artículo 18 no lo justifique, y

ii) a la hora de decidir añadir una zona de producción particular a la lista, de conformidad con el apartado 1, se determine que existe otra información que indica que la autoridad competente ha dado las garantías necesarias.

4. La Comisión se encargará de que sean públicas las versiones actualizadas de todas las listas elaboradas o actualizadas de acuerdo con lo dispuesto en el presente artículo.

Artículo 14.- *Documentos*

1. Los envíos de productos de origen animal que sean importados a la Comunidad irán acompañados de un documento que cumpla los requisitos establecidos en el anexo VI.

2. El documento dará fe de que los productos cumplen:

a) los requisitos establecidos para dichos productos en el Reglamento (CE) nº 852/2004 y el Reglamento (CE) nº 853/2004 o disposiciones equivalentes a dichos requisitos, y

b) las condiciones de importación especsficas establecidas de conformidad con el artículo 48 del Reglamento (CE) nº 882/2004.

3. Los documentos podrán incluir detalles exigidos por otras normas comunitarias sobre cuestiones de salud pública y sanidad animal.

4. Podrán concederse excepciones al apartado 1 de acuerdo con el procedimiento contemplado en el apartado 2 del artículo 19, cuando sea posible obtener de otra manera las garantías a las que hace referencia el apartado 2 del presente artículo.

Artículo 15.- *Disposiciones especiales para los productos de la pesca*

1. Los procedimientos establecidos en el presente capítulo no se aplicarán a los productos de la pesca frescos desembarcados en la Comunidad directamente de un buque pesquero que enarbole pabellón de un tercer país.

Los controles oficiales relativos a este tipo de productos de la pesca se efectuarán de conformidad con lo dispuesto en el anexo III.

2.

a) Los productos de la pesca importados de un buque factoría o congelador que enarbole pabellón de un tercer país procederán de buques que figuren en una lista elaborada y actualizada de acuerdo con el procedimiento estipulado en el apartado 4 del artículo 12.

b) No obstante, mediante excepción de lo dispuesto en la letra b) del apartado 2 del artículo 12, un buque podrá incluirse también en dichas listas:

i) sobre la base de una comunicación conjunta de la autoridad competente del tercer país del pabellón del buque y de la autoridad competente de otro tercer país a la que aquella autoridad competente hubiera delegado responsabilidades para la inspección del buque de que se trate, siempre que:

— dicho tercer país figure en la lista, elaborada de acuerdo con el artículo 11, de terceros países de los que se permiten las importaciones de productos de la pesca,

— todos los productos de la pesca del buque en cuestión destinados a su comercialización en la Comunidad se desembarquen directamente en dicho tercer país,

— la autoridad competente de dicho tercer país haya inspeccionado el buque y haya declarado que cumple los requisitos comunitarios, y

— la autoridad competente de dicho tercer país haya declarado que inspeccionará periódicamente el buque para asegurarse de que sigue cumpliendo los requisitos comunitarios, o

ii) sobre la base de una comunicación conjunta de la autoridad competente del tercer país del pabellón del buque y de la autoridad competente de un Estado miembro a la que aquella autoridad competente hubiera delegado responsabilidades para la inspección del buque de que se trate, siempre que:

— todos los productos de la pesca del buque en cuestión destinados a su comercialización en la Comunidad se desembarquen directamente en dicho Estado miembro,

— la autoridad competente de dicho Estado miembro haya inspeccionado el buque y haya declarado que cumple los requisitos comunitarios, y

— la autoridad competente de dicho Estado miembro declare que inspeccionará periódicamente el buque para asegurarse de que sigue cumpliendo los requisitos comunitarios.

c) La Comisión se encargará de que sean públicas las versiones actualizadas de todas las listas elaboradas o actualizadas de acuerdo con lo dispuesto en el presente artículo.

3. Cuando los productos de la pesca se importen directamente de un buque pesquero o congelador, el documento exigido en virtud del artículo 14 podrá sustituirse por un documento firmado por el capitán.

4. Podrán adoptarse normas detalladas para la aplicación del presente artículo de conformidad con el procedimiento contemplado en el apartado 2 del artículo 19.

CAPÍTULO IV.- DISPOSICIONES FINALES

Artículo 16

Las medidas transitorias de alcance general destinadas a modificar elementos no esenciales del presente Reglamento, incluso completándolo con nuevos elementos no esenciales, en particular especificaciones adicionales de los requisitos establecidos en el presente Reglamento, se adoptarán con arreglo al procedimiento de reglamentación con control contemplado en el artículo 19, apartado 3.

Podrán adoptarse otras medidas de ejecución o transitorias con arreglo al procedimiento de reglamentación contemplado en el artículo 19, apartado 2.

Artículo 17.- *Modificación y adaptación de los anexos*

1. La Comisión podrá modificar o completar los anexos I, II, III, IV, V y VI con el fin de tener en cuenta los progresos científicos y técnicos. Estas medidas, destinadas a modificar elementos no esenciales del presente Reglamento, incluso completándolo, se adoptarán con arreglo al procedimiento de reglamentación con control contemplado en el artículo 19, apartado 3.

2. La Comisión podrá adoptar excepciones respecto de los anexos I, II, III, IV, V y VI, siempre que dichas excepciones no impidan la consecución de los objetivos del presente Reglamento. Estas medidas, destinadas a modificar elementos no esenciales del presente Reglamento completándolo, se adoptarán con arreglo al procedimiento de reglamentación con control contemplado en el artículo 19, apartado 3.

3. Los Estados miembros, sin comprometer el logro de los objetivos del presente Reglamento, podrán adoptar, de conformidad con lo dispuesto en los apartados 4 a 7, medidas nacionales para ajustar los requisitos establecidos en el anexo I.

4. Las medidas nacionales a que se refiere el apartado 3 deberán:

a) tener el objetivo de:

i) permitir el uso continuado de los métodos tradicionales en cualquiera de las etapas de producción, transformación o distribución de alimentos,

ii) adaptar las necesidades de las empresas alimentarias de escasa capacidad o situadas en regiones que estén sujetas a especiales limitaciones geográficas,

iii) permitir que se lleven a cabo proyectos piloto para ensayar nuevos enfoques de controles de higiene para la carne;

b) referirse en particular a los siguientes elementos del anexo I:

i) información sobre la cadena alimentaria,

ii) presencia de la autoridad competente en los establecimientos.

5. Todo Estado miembro que desee adoptar las medidas nacionales a que se hace mención en el apartado 3 deberá notificarlo a la Comisión y a los demás Estados miembros. Cada notificación deberá:

a) facilitar una descripción detallada de los requisitos que dicho Estado miembro considera necesario adaptar y la naturaleza de dicha adaptación;

b) describir los establecimientos afectados;

c) explicar los motivos de la adaptación, incluyendo, en su caso, un resumen del análisis de peligros llevado a cabo y de toda medida que deba adoptarse para garantizar que la adaptación no impida la consecución de los objetivos del presente Reglamento, y

d) facilitar cualquier otra información pertinente.

6. Los demás Estados miembros dispondrán de tres meses a partir de la recepción de la notificación a que se hace mención en el apartado 5 para remitir observaciones escritas a la Comisión, la cual, cuando reciba observaciones de uno o varios Estados miembros, podrá consultar a los Estados miembros reunidos en el Comité mencionado en el apartado 1 del artículo 19. De conformidad con el procedimiento a que se hace mención en el apartado 2 del artículo 19, la Comisión podrá decidir si las medidas consideradas pueden ponerse en ejecución sin perjuicio, en su caso, de las modificaciones pertinentes. Si ha lugar, la Comisión podrá proponer medidas generales con arreglo a lo dispuesto en los apartados 1 o 2 del presente artículo.

7. Los Estados miembros podrán adoptar medidas nacionales para adaptar los requisitos del anexo I únicamente:

a) en cumplimiento de una decisión adoptada con arreglo a lo dispuesto en el apartado 6;

b) si, en el plazo de un mes a partir de la expiración del plazo a que se hace mención en el apartado 6, la Comisión no ha informado a los Estados miembros de que ha recibido observaciones escritas o de que tiene la intención de proponer la adopción de una decisión con arreglo al apartado 6.

8. Cuando un Estado miembro adopte medidas nacionales para llevar a cabo un proyecto piloto con objeto de ensayar nuevos enfoques de controles de higiene para la carne, de conformidad con lo dispuesto en los apartados 3 a 7, dicho Estado miembro deberá comunicar los resultados a la Comisión en cuanto estén disponibles. La Comisión considerará entonces si propone medidas generales con arreglo a las disposiciones del apartado 1.

Artículo 18.- *Decisiones específicas*

Sin perjuicio de la aplicación general del artículo 16 y del artículo 17, apartado 1, podrán establecerse medidas de ejecución con arreglo al procedimiento de reglamentación contemplado en el artículo 19, apartado 2, y adoptarse modificaciones de los anexos I, II, III, IV, V y VI, como medidas destinadas a modificar elementos no esenciales del presente Reglamento, con arreglo al procedimiento de reglamentación con control contemplado en el artículo 19, apartado 3, para especificar:

1) pruebas para evaluar la actuación de los operadores de empresa alimentaria y su personal;

2) el método para comunicar los resultados de la inspección;

3) los criterios para determinar, sobre la base de un análisis de riesgos, cuándo no es necesaria la presencia del veterinario oficial en los mataderos y establecimientos de manipulación de caza durante todo el proceso de inspección ante mortem y post mortem;

4) normas relativas a las pruebas para veterinarios oficiales y auxiliares oficiales;

5) criterios microbiológicos para el control del proceso en relación con la higiene en las instalaciones;

6) procedimientos alternativos, pruebas serológicas u otras pruebas de laboratorio que proporcionen garantías al menos equivalentes a los procedimientos de inspección post mortem que se describen en la sección IV del anexo I, y puedan por tanto sustituirlos si la autoridad competente así lo decidiera;

7) circunstancias en las que no sean necesarios algunos de los procedimientos específicos post mortem que se describen en la sección IV del anexo I, teniendo en cuenta la explotación, región o país de origen y los principios de análisis de riesgos;

8) normas para las pruebas de laboratorio;

9) el tratamiento de refrigeración que deba aplicarse a la carne en relación con la cisticercosis y la triquinosis;

10) las condiciones en las que cabe certificar oficialmente la ausencia de cisticercosis o triquinosis en una explotación o región determinada;

11) los métodos que hay que aplicar al examinar las condiciones indicadas en el capítulo IX de la sección IV del anexo I;

12) para cerdos de engorde, los criterios relativos a condiciones de alojamiento controladas y sistemas de producción integrados;

13) los criterios para la clasificación de la producción y de las zonas de reinstalación para los moluscos bivalvos vivos en cooperación con el laboratorio comunitario de referencia, incluyendo:

a) valores límite y métodos de análisis para las biotoxinas marinas;

b) procedimientos de prueba de virus y de normas virológicas, y

c) planes de muestreo y los métodos y tolerancias analíticas que deben aplicarse para comprobar el cumplimiento de los requisitos;

14) los criterios organolépticos para la evaluación de la frescura de los productos de la pesca;

15) los límites analíticos, métodos de análisis y planes de muestreo que deberán emplearse para realizar los controles oficiales de los productos de la pesca requeridos a tenor del anexo III, incluido en lo que respecta a parásitos y contaminantes medioambientales;

16) el método por el cual la Comisión elaborará las listas de terceros países y establecimientos en terceros países disponibles al público con arreglo a los artículos 11, 12, 13 y 15.

17) *[...]*

18) *[...]*

19) *[...]*

20) *[...]*

Artículo 19.- *Procedimiento de Comité*

1. La Comisión estará asistida por el Comité permanente de la cadena alimentaria y de sanidad animal creado por el artículo 58 del Reglamento (CE) nº 178/2002.

2. En los casos en que se haga referencia al presente apartado, serán de aplicación los artículos 5 y 7 de la Decisión 1999/468/CE, observando lo dispuesto en su artículo 8.

El plazo contemplado en el apartado 6 del artículo 5 de la Decisión 1999/468/CE queda fijado en tres meses.

3. En los casos en que se haga referencia al presente apartado, serán de aplicación el artículo 5 bis, apartados 1 a 4, y el artículo 7 de la Decisión 1999/468/CE, observando lo dispuesto en su artículo 8.

Artículo 20.- *Consulta a la Autoridad Europea de Seguridad Alimentaria*

La Comisión consultará a la Autoridad Europea de Seguridad Alimentaria sobre asuntos incluidos dentro del ámbito de aplicación del presente Reglamento siempre que sea necesario, y en particular:

1) antes de proponer la modificación de los requisitos específicos relativos a los procedimientos de inspección post mortem establecidos en la sección IV del anexo I;

2) antes de proponer la modificación de las normas establecidas en el capítulo IX de la sección IV del anexo I acerca de la carne de animales en los que la inspección post mortem haya revelado lesiones sintomáticas de infección por brucelosis o tuberculosis, y

3) antes de proponer medidas de aplicación sobre los asuntos a que se refieren los puntos 5 a 15 del artículo 18.

Artículo 21.- *Informe al Parlamento Europeo y al Consejo*

1. A más tardar el 20 de mayo de 2009, la Comisión presentará un informe al Parlamento Europeo y al Consejo en el que se analice la experiencia adquirida en la aplicación del presente Reglamento.

2. En su caso, la Comisión acompañará el informe de las propuestas pertinentes.

Artículo 22.- *Entrada en vigor*

El presente Reglamento entrará en vigor a los veinte días de su publicación en el Diario Oficial de la Unión Europea.

Se aplicará 18 meses después de la fecha en que hayan entrado en vigor todos los actos siguientes:

a) Reglamento (CE) nº 852/2004;

b) Reglamento (CE) nº 853/2004;

c) Directiva 2004/41/CE del Parlamento Europeo y del Consejo, de 29 de abril de 2004, por la que se derogan determinadas directivas que establecen las condiciones de higiene de los productos alimenticios y las condiciones sanitarias para la producción y comercialización de determinados productos de origen animal destinados al consumo humano y se modifican las Directivas 89/662/CEE y 92/118/CEE del Consejo y la Decisión 95/408/CE del Consejo.

Sin embargo, no se aplicará antes del 1 de enero de 2006.

El presente Reglamento será obligatorio en todos sus elementos y directamente aplicable en cada Estado miembro.

ANEXO I.-
Carne fresca

[Anexo no reproducido en la presente publicación]

ANEXO II.-
Moluscos bivalvos vivos

[Anexo no reproducido en la presente publicación]

ANEXO III.-
Productos de la pesca

[Anexo no reproducido en la presente publicación]

ANEXO IV.-
Leche cruda, calostro, productos lácteos y productos derivados del calostro

[Anexo no reproducido en la presente publicación]

ANEXO V.-
Establecimientos no sometidos a la exigencia de listado del apartado 1 del artículo 12

[Anexo no reproducido en la presente publicación]

ANEXO VI.-
Requisitos para los certificados de acompañamiento de las importaciones

[Anexo no reproducido en la presente publicación]

29 de abril de 2004.- Reglamento (CE) nº 882/2004

del Parlamento Europeo y del Consejo,

sobre los controles oficiales efectuados para garantizar la verificación del cumplimiento de la legislación en materia de piensos y alimentos y la normativa sobre salud animal y bienestar de los animales

(D.O. L 165, 30 de abril de 2004)

[V.C. 23/09/2011]

TJUE, 7 de julio de 2011, Asunto C-523/09, Rakvere Piim AS y Maag Piimatööstus AS contra Veterinaar- ja Toiduamet. [Interpretación del Art. 27 (3), (4) y (6)] [Tasas en materia de inspecciones y controles sanitarios de la producción de leche.]

TJUE, 23 de abril de 2009, Asunto C-331/07, Comisión de las Comunidades Europeas contra República Helénica. [Incumplimiento de Estado - Legislación en materia de piensos y alimentos - Insuficiencia de personal asignado a los servicios responsables de los controles veterinarios].

TJUE, 19 de marzo de 2009, Asunto C-270/07, Comisión de las Comunidades Europeas contra República Federal de Alemania. [Incumplimiento de Estado - Tasas en materia de inspecciones y controles veterinarios]

EL PARLAMENTO EUROPEO Y EL CONSEJO DE LA UNIÓN EUROPEA,

Visto el Tratado constitutivo de la Comunidad Europea, y en particular sus artículos 37 y 95 y la letra b) del apartado 4 de su artículo 152,

Vista la propuesta de la Comisión,

Visto el Dictamen del Comité Económico y Social Europeo,

Visto el Dictamen del Comité de las Regiones,

De conformidad con el procedimiento establecido en el artículo 251 del Tratado,

Considerando lo siguiente:

(1) Los piensos y los alimentos deben ser seguros y salubres. La legislación comunitaria comprende una serie de normas encaminadas a garantizar la consecución de ese objetivo. Estas normas abarcan la producción y la comercialización de los piensos y los alimentos.

(2) Las normas básicas relacionadas con la legislación sobre piensos y alimentos están establecidas en el Reglamento (CE) nº 178/2002 del Parlamento Europeo y del Consejo, de 28 de enero de 2002, por el que se establecen los principios y los requisitos generales de la legislación alimentaria, se crea la Autoridad Europea de Seguridad Alimentaria y se fijan procedimientos relativos a la seguridad alimentaria.

(3) A estas normas básicas se suma una legislación sobre piensos y alimentos más específica que abarca ámbitos diversos: nutrición animal, incluidos los piensos con medicamentos, higiene de los piensos y los alimentos, zoonosis, subproductos animales, residuos y contaminantes, control y erradicación de enfermedades animales que afectan a la salud pública, etiquetado de piensos y alimentos, plaguicidas, aditivos de piensos y alimentos, vitaminas, sales minerales, oligoelementos y otros aditivos, materiales en contacto con los alimentos, requisitos de calidad y composición, agua potable, ionización, alimentos nuevos y organismos modificados genéticamente (OMG).

(4) La legislación comunitaria sobre piensos y alimentos se basa en el principio de que los explotadores de empresas alimentarias y de piensos deben asegurarse, en todas las etapas de la producción, la transformación y la distribución que tienen lugar en las empresas bajo su control, de que los alimentos y los piensos cumplen los requisitos de la legislación sobre piensos y alimentos pertinentes a los efectos de sus actividades.

(5) La salud animal y el bienestar de los animales son factores importantes que contribuyen a la calidad y la seguridad de los alimentos, a la prevención de la diseminación de enfermedades de los animales y al tratamiento humano de los mismos. Las normas por las que se rigen estos aspectos están recogidas en diversos actos que especifican las obligaciones de las personas físicas y jurídicas en relación con la salud animal y el bienestar de los animales, así como las funciones de las autoridades competentes.

(6) Los Estados miembros deben velar por que se cumplan la legislación sobre piensos y alimentos y la normativa sobre salud y bienestar de los animales, y hacer el correspondiente seguimiento y verificar que los explotadores de empresas cumplen los

requisitos pertinentes de dichas normas en todas las etapas de la producción, la transformación y la distribución. Para ello deben organizarse controles oficiales.

(7) Por consiguiente, es conveniente establecer a nivel comunitario un marco armonizado de normas generales para la organización de dichos controles. Es conveniente evaluar, a la vista de la experiencia, si dicho marco general funciona correctamente, en particular en el ámbito de la salud animal y el bienestar de los animales. Por consiguiente, es conveniente que la Comisión presente un informe junto con cualquier propuesta que resulte necesaria.

(8) Como norma general, este marco comunitario no debe incluir controles oficiales relativos a organismos nocivos para las plantas y los productos de ellas derivados, pues tales controles están ya adecuadamente contemplados en la Directiva 2000/29/CE del Consejo, de 8 de mayo de 2000, relativa a las medidas de protección contra la introducción en la Comunidad de organismos nocivos para los vegetales o productos vegetales y contra su propagación en el interior de la Comunidad. No obstante, algunos aspectos del presente Reglamento sí deberían aplicarse al sector fitosanitario, en particular los que se refieren al establecimiento de planes nacionales de control plurianuales y a las inspecciones comunitarias en los Estados miembros y en terceros países. Es, por tanto, oportuno modificar en consecuencia la Directiva 2000/29/CE.

(9) El Reglamento (CEE) nº 2092/91 del Consejo, de 24 de junio de 1991, sobre la producción agrícola ecológica y su indicación en los productos agrarios y alimenticios, el Reglamento (CEE) nº 2081/92 del Consejo, de 14 de julio de 1992, relativo a la protección de las indicaciones geográficas y de las denominaciones de origen de los productos agrícolas y alimenticios, y el Reglamento (CEE) nº 2082/92 del Consejo, de 14 de julio de 1992, relativo a la certificación de las características específicas de los productos agrícolas y alimenticios, incluyen medidas específicas para verificar el cumplimiento de los requisitos que contienen. Los requisitos contenidos en el presente Reglamento deben ser lo bastante flexibles para poder tener en cuenta la especificidad de estos ámbitos.

(10) Para verificar el cumplimiento de las normas relativas a la organización común de los mercados de productos agropecuarios (cultivos herbáceos, vino, aceite de oliva, frutas y hortalizas, lúpulo, leche y productos lácteos, carne de vacuno y ternera, carne de ovino, carne de caprino y miel), existe ya un sistema de control específico bien establecido. Por lo tanto, este Reglamento no debe aplicarse a esos ámbitos, máxime cuando sus objetivos difieren de los que persiguen los mecanismos de control para la organización común de los mercados de productos agropecuarios.

(11) Las autoridades competentes para efectuar los controles oficiales deben cumplir una serie de criterios operativos que garanticen su imparcialidad y eficacia. Deben contar con personal suficiente que tenga la cualificación y experiencia adecuadas, y poseer instalaciones y equipos apropiados para desempeñar correctamente sus funciones.

(12) Los controles oficiales deben llevarse a cabo por medio de técnicas apropiadas desarrolladas al efecto, entre las que se incluyen las actividades de vigilancia regulares y controles más intensivos, como inspecciones, verificaciones, auditorías, tomas de muestras y análisis de las mismas, etc. La correcta aplicación de esas técnicas requiere que el personal que lleve a cabo los controles oficiales reciba la formación adecuada. La formación es necesaria también para que las autoridades de control tomen decisiones de manera uniforme, en particular con respecto a la aplicación de los principios del análisis de peligros y puntos de control crítico (HACCP en sus siglas inglesas).

(13) La frecuencia de los controles oficiales debe ser regular y proporcional a la naturaleza del riesgo, teniendo en cuenta los resultados de los propios controles efectuados por los explotadores de empresas alimentarias y de piensos conforme a programas de control basados en el sistema HACCP o a programas de aseguramiento de la calidad, cuando éstos estén diseñados para cumplir los requisitos de la legislación sobre piensos y alimentos y la normativa sobre salud animal y bienestar de los animales. Deben efectuarse controles ad hoc ante la sospecha de que ha habido un incumplimiento. Además, podrán efectuarse controles ad hocen cualquier momento, incluso cuando no haya sospecha de incumplimiento.

(14) Los controles oficiales deben realizarse basándose en procedimientos documentados, a fin de asegurar que se llevan a cabo de una manera uniforme y con una calidad elevada constante.

(15) Cuando en la realización de los controles oficiales participan distintas unidades de control, las autoridades competentes deben garantizar la existencia de procedimientos de coordinación adecuados, así como su eficaz aplicación

(16) Asimismo, si la entidad central ha delegado la competencia para realizar los controles oficiales en una entidad regional o local, las autoridades competentes deben asegurarse de que existe una coordinación eficaz entre la entidad central y esa entidad regional o local.

(17) Los laboratorios que participan en el análisis de muestras oficiales deben aplicar procedimientos autorizados internacionalmente o normas de funcionamiento basadas en criterios y emplear métodos de análisis que, en la medida de lo posible, hayan sido validados. Dichos laboratorios deben disponer, en particular, de equipo que les permita determinar correctamente el cumplimiento de normas como los niveles máximos de residuos fijados por el Derecho comunitario.

(18) La designación de laboratorios comunitarios y nacionales de referencia ha de contribuir a que los resultados de los análisis sean de elevada calidad y muy uniformes. Este objetivo puede alcanzarse, entre otras cosas, aplicando métodos de análisis validados, asegurando la disponibilidad de materiales de referencia, organizando ensayos comparativos y formando adecuadamente al personal de los laboratorios.

(19) Las actividades de los laboratorios de referencia deben abarcar todos los ámbitos de la legislación sobre piensos y alimentos y de la salud animal, y en particular aquellos en los que se requieren resultados precisos de análisis y diagnósticos.

(20) El Comité Europeo de Normalización (CEN) ha elaborado normas europeas (normas EN) adecuadas a los efectos del presente Reglamento. Estas normas EN se refieren, en particular, al funcionamiento y la evaluación de laboratorios de ensayo y al funcionamiento y la acreditación de los órganos de control. También han elaborado normas internacionales la Organización Internacional de Normalización (ISO) y la Unión Internacional de Química Pura y Aplicada (IUPAC). Estas normas, en casos bien definidos, podrían ser adecuadas a los efectos del presente Reglamento, teniendo en cuenta que en la legislación sobre piensos y alimentos se han establecido criterios sobre resultados a fin de garantizar la flexibilidad y la rentabilidad.

(21) Deben tomarse las medidas oportunas para que la autoridad competente pueda delegar en un organismo de control la competencia para llevar a cabo tareas específicas de control, y establecerse las condiciones en que puede tener lugar esa delegación.

(22) Deben existir procedimientos adecuados para la cooperación entre las autoridades competentes dentro de los Estados miembros y entre unos Estados miembros y otros, en particular cuando los controles oficiales pongan de manifiesto que los problemas relacionados con piensos o alimentos afectan a más de un Estado miembro. Para facilitar esa cooperación, los Estados miembros deben designar uno o varios organismos de enlace que estarán encargados de coordinar la transmisión y recepción de las peticiones de asistencia.

(23) De acuerdo con el artículo 50 del Reglamento (CE) nº 178/2002, los Estados miembros que posean información relativa a la existencia de un riesgo grave, directo o indirecto, para la salud humana derivado de un alimento o de un pienso, notificarán inmediatamente esta información a la Comisión.

(24) Es importante crear procedimientos uniformes para el control de los piensos y alimentos introducidos en el territorio de la Comunidad procedentes de terceros países, teniendo en cuenta que ya se han establecido procedimientos armonizados de importación con respecto a los alimentos de origen animal en virtud de la Directiva 97/78/CE del Consejo y, con respecto a los animales vivos, en virtud de la Directiva 91/496/CEE del Consejo.

El funcionamiento de estos procedimientos existentes es correcto y deben mantenerse.

(25) Los controles de piensos y alimentos procedentes de terceros países a los que se refiere la Directiva 97/78/CE se limitan a los aspectos veterinarios. Es necesario complementar estos controles con controles oficiales relacionados con aspectos no contemplados por los controles veterinarios, como son los aditivos, el etiquetado, la trazabilidad, la irradiación de alimentos y los materiales en contacto con alimentos.

(26) La legislación comunitaria establece también procedimientos para el control de piensos importados, en virtud de la Directiva 95/53/CE del Consejo, de 25 de octubre de 1995, por la que se establecen los principios relativos a la organización de los controles oficiales en el ámbito de la alimentación animal. Esta Directiva establece los principios y

procedimientos que deben aplicar los Estados miembros en el despacho a libre práctica de piensos importados.

(27) Conviene establecer normas comunitarias para asegurar que los piensos y alimentos procedentes de terceros países se someten a controles oficiales antes de su despacho a libre práctica en la Comunidad. Debe prestarse una atención especial a los controles de piensos y alimentos importados que pueden presentar un riesgo mayor de contaminación.

(28) Deben establecerse también las medidas oportunas para organizar controles oficiales de los piensos y alimentos que se introducen en el territorio de la Comunidad bajo regímenes aduaneros distintos de la libre práctica, en particular los introducidos bajo los regímenes aduaneros contemplados en las letras b) a f) del apartado 16 del artículo 4 del Reglamento (CEE) nº 2913/92 del Consejo, de 12 de octubre de 1992, por el que se aprueba el código aduanero comunitario, así como su entrada en una zona franca o un depósito franco. Se incluye también la introducción de piensos y alimentos procedentes de terceros países por parte de pasajeros de medios de transporte internacionales y mediante paquetes postales.

(29) A los efectos de los controles oficiales de piensos y alimentos, es necesario definir el territorio de la Comunidad en el que se aplican las normas, a fin de garantizar que los piensos y alimentos que se introducen en dicho territorio son sometidos a los controles establecidos por el presente Reglamento. El citado territorio no coincide necesariamente con el establecido en el artículo 299 del Tratado ni con el definido en el artículo 3 del Reglamento (CEE) nº 2913/92.

(30) Para organizar de manera más eficaz los controles oficiales de los piensos y alimentos procedentes de terceros países, y a fin de facilitar los flujos comerciales, puede ser necesario designar puntos específicos para su entrada en el territorio de la Comunidad. Igualmente, puede ser necesario exigir que se notifique previamente la llegada de mercancías al territorio de la Comunidad. Debe velarse por que cada punto de entrada designado pueda acceder a las instalaciones adecuadas para llevar a cabo los controles en plazos de tiempo razonables.

(31) Al establecer normas sobre los controles oficiales de piensos y alimentos procedentes de terceros países debería garantizarse la cooperación de las autoridades competentes y los servicios aduaneros, teniendo en cuenta el hecho de que ya existen normas a este respecto en el Reglamento (CEE) nº 339/93 del Consejo, de 8 de febrero de 1993, relativo a los controles de conformidad de productos importados de terceros países respecto a las normas aplicables en materia de seguridad de los productos.

(32) Deben aportarse recursos financieros adecuados para organizar los controles oficiales. Por ello, las autoridades competentes de los Estados miembros deben poder imponer tasas o gravámenes para cubrir los costes originados por los controles oficiales. Durante este proceso, las autoridades competentes de los Estados miembros gozarán de libertad para establecer las tasas y gravámenes como importes a tanto alzado basados en los costes originados, teniendo en cuenta la situación pecífica de los establecimientos. Si se imponen tasas a los explotadores, deben aplicarse unos principios comunes. Por lo tanto, conviene establecer criterios para la fijación del importe de las tasas de inspección. Por lo que respecta a las tasas aplicables a los controles de las importaciones, conviene establecer directamente los importes correspondientes a los principales artículos de importación, con vistas a su aplicación uniforme y a fin de evitar distorsiones del comercio.

(33) La legislación sobre piensos y alimentos de la Comunidad contiene disposiciones relativas al registro o la autorización por la autoridad competente de determinadas empresas alimentarias y de piensos. Se trata, en particular, del Reglamento (CE) nº 852/2004 del Parlamento Europeo y del Consejo, de 29 de abril de 2004, relativo a la higiene de los productos alimenticios, del Reglamento (CE) nº 853/2004 del Parlamento Europeo y del Consejo, de 29 de abril de 2004, por el que se establecen normas específicas de higiene de los alimentos de origen animal, de la Directiva 95/69/CE del Consejo, de 22 de diciembre de 1995, por la que se establecen los requisitos y las normas aplicables a la autorización y el registro de determinados establecimientos e intermediarios del sector de la alimentación animal, y del futuro Reglamento sobre la higiene de los piensos.

Deben ponerse en marcha procedimientos para garantizar que el registro y la autorización de las empresas alimentarias y de piensos se llevan a cabo de manera eficaz y transparente.

(34) Para que el planteamiento de los controles oficiales sea global y uniforme, los Estados miembros deben establecer y aplicar planes nacionales de control plurianuales de acuerdo con unas directrices amplias elaboradas a nivel comunitario. Éstas deben fomentar estrategias nacionales coherentes y determinar las prioridades en función de los riesgos, así como los procedimientos de control más eficaces. La estrategia comunitaria tendría que adoptar un planteamiento global integrado de la aplicación de los controles. Dado el carácter no vinculante de determinadas directrices técnicas que deberán establecerse, conviene establecerlas mediante un procedimiento de comité consultivo.

(35) Los planes nacionales de control plurianuales deben abarcar la legislación sobre piensos y alimentos, así como la legislación sobre salud animal y bienestar de los animales.

(36) Los planes nacionales de control plurianuales deben constituir una base sólida para que los servicios de inspección de la Comisión efectúen controles en los Estados miembros. Los planes de control han de permitir a los servicios de inspección de la Comisión verificar si los controles oficiales de los Estados miembros se organizan de acuerdo con los criterios establecidos en el presente Reglamento. Cuando resulta apropiado, y, en particular, cuando la auditoría de los Estados miembros basada en los anes nacionales de control plurianuales pone de manifiesto puntos débiles o fallos, deben efectuarse inspecciones y auditorías pormenorizadas.

(37) Debe exigirse a los Estados miembros que presenten a la Comisión un informe anual sobre la aplicación de los planes nacionales de control plurianuales, informe que debe contener los resultados de los controles y las auditorías oficiales efectuados el año anterior y, en caso necesario, una actualización del programa inicial en función de esos resultados.

(38) Los controles comunitarios en los Estados miembros han de permitir a los servicios de control de la Comisión verificar si la legislación sobre piensos y alimentos, así como la legislación sobre salud animal y bienestar de los animales, se aplican de manera uniforme y correcta en toda la Comunidad.

(39) Los controles comunitarios en terceros países son necesarios para comprobar el cumplimiento o la equivalencia respecto de la legislación comunitaria sobre piensos y alimentos así como de la legislación sobre la salud animal y, si procede, sobre el bienestar de los animales. También puede pedirse a estos países que faciliten información sobre sus sistemas de control. Esta información, que debe establecerse de acuerdo con las directrices comunitarias, ha de servir de base a los ulteriores controles de la Comisión, que deben llevarse a cabo en un marco multidisciplinar en el que se incluyan los principales sectores exportadores a la Comunidad. De esta manera ha de ser posible simplificar el actual régimen, mejorar la cooperación eficaz en el control y, en consecuencia, facilitar los flujos comerciales.

(40) Para garantizar que las mercancías importadas cumplen la legislación comunitaria en materia de piensos y alimentos u otras normas equivalentes, es necesario establecer procedimientos que permitan definir, según proceda, las condiciones de importación y los requisitos de certificación.

(41) Las infracciones de la legislación sobre piensos y alimentos y de la normativa sobre salud animal y bienestar de los animales pueden constituir una amenaza para la salud humana y la salud animal y el bienestar de los animales. Por lo tanto, deben ser objeto de medidas nacionales eficaces, disuasorias y proporcionadas en toda la Comunidad.

(42) Entre esas medidas deben incluirse acciones administrativas por parte de las autoridades competentes de los Estados miembros, que han de aplicar procedimientos al efecto. La ventaja que ofrecen dichos procedimientos es que permiten actuar rápidamente para resolver una situación.

(43) Los explotadores deben tener derecho a recurrir las decisiones adoptadas por la autoridad competente a raíz de los controles oficiales, y ser informados de ese derecho.

(44) Es oportuno tener en cuenta las necesidades especiales de los países en desarrollo y, en particular, de los menos desarrollados, y adoptar medidas al efecto. La Comisión debe comprometerse a apoyar a los países en desarrollo en el ámbito de la seguridad de los piensos y alimentos, que constituye un elemento importante de la salud humana y del desarrollo del comercio. Dicho apoyo debe organizarse en el contexto de la política de cooperación al desarrollo de la Comunidad.

(45) Las normas contenidas en el presente Reglamento constituyen la base del planteamiento integrado y genérico necesario para aplicar una política de control coherente en materia de seguridad de los piensos y los alimentos y de salud animal y bienestar de los animales, aunque debe ser posible establecer medidas específicas de control cuando sea oportuno, por ejemplo con respecto a la fijación de niveles máximos de residuos de determinados contaminantes a escala de la CE. Igualmente, deben mantenerse las normas más específicas que ya existen en el ámbito de los controles de piensos y alimentos y de salud animal y bienestar de los animales.

Se trata, en particular, de los actos siguientes: la Directiva 96/22/CE, la Directiva 96/23/CE, el Reglamento (CE) nº 854/2004, el Reglamento (CE) nº 999/2001, el Reglamento (CE) nº 2160/2003, la Directiva 86/362/CEE, la Directiva 90/642/CEE y las normas de desarrollo de ella derivadas, la Directiva 92/1/CEE, la Directiva 92/2/CEE, así como los actos relativos al control de enfermedades de los animales, como la fiebre aftosa o la peste porcina, y los requisitos sobre los controles oficiales del bienestar de los animales.

(46) El presente Reglamento abarca ámbitos que ya están incluidos en algunas Directivas vigentes. Conviene, por lo tanto, derogar los siguientes actos sobre controles de piensos y alimentos y reemplazarlos por las normas del presente Reglamento: Directiva 70/373/CEE, Directiva 85/591/CEE, Directiva 89/397/CEE, Directiva 93/99/CEE, Decisión 93/383/CEE, Directiva 95/53/CE, Directiva 96/43/CE, Decisión 98/728/CE y Decisión 1999/313/CE.

(47) A la luz del presente Reglamento, deben modificarse la Directiva 96/23/CE, la Directiva 97/78/CE y la Directiva 2000/29/CE.

(48) Dado que el objetivo del presente Reglamento, a saber, asegurar el planteamiento armonizado de los controles oficiales, no puede ser alcanzado de manera suficiente por los Estados miembros y, por consiguiente, debido a su complejidad, su carácter transfronterizo y, con respecto a las importaciones de piensos y alimentos, su carácter internacional, puede lograrse mejor a nivel comunitario, la Comunidad puede adoptar medidas, de acuerdo con el principio de subsidiariedad consagrado en el artículo 5 del Tratado. De conformidad con el principio de proporcionalidad enunciado en dicho artículo, el presente Reglamento no excede de lo necesario para alcanzar dicho objetivo.

(49) Las medidas necesarias para la aplicación del presente Reglamento deben adoptarse de acuerdo con la Decisión 1999/468/CE del Consejo, de 28 de junio de 1999, por la que se establecen los procedimientos para el ejercicio de las competencias de ejecución atribuidas a la Comisión.

HAN ADOPTADO EL PRESENTE REGLAMENTO:

TÍTULO I.- OBJETO, ÁMBITO Y DEFINICIONES

Artículo 1.- *Objeto y ámbito*

1. El presente Reglamento establece normas generales para la realización de controles oficiales a fin de comprobar el cumplimiento de las normas orientadas en particular a:

a) prevenir, eliminar o reducir a niveles aceptables los riesgos que amenazan directamente o a través del medio ambiente a las personas y los animales;

b) garantizar prácticas equitativas en el comercio de piensos y alimentos y proteger los intereses de los consumidores, incluidos el etiquetado de piensos y alimentos y otras modalidades de información al consumidor.

2. El presente Reglamento no se aplicará a los controles oficiales destinados a verificar el cumplimiento de las normas sobre la organización común de los mercados de productos agropecuarios.

3. El presente Reglamento se entenderá sin perjuicio de las disposiciones comunitarias específicas relativas a los controles oficiales.

4. La realización de los controles oficiales con arreglo al presente Reglamento se entenderá sin perjuicio de la responsabilidad principal de los explotadores de empresas alimentarias y de piensos en lo que atañe a su obligación de garantizar la seguridad de los piensos y los alimentos, con arreglo a lo dispuesto en el Reglamento (CE) nº 178/2002, y de la responsabilidad civil o penal que se derive del incumplimiento de sus obligaciones.

Artículo 2.- *Definiciones*

A los efectos del presente Reglamento se aplicarán las definiciones establecidas en los artículos 2 y 3 del Reglamento (CE) nº 178/2002.

Se aplicarán asimismo las definiciones siguientes:

1) «control oficial»: toda forma de control que efectúe la autoridad competente o la Comunidad para verificar el cumplimiento de la legislación sobre piensos y alimentos, así como las normas relativas a la salud animal y el bienestar de los animales,

2) «verificación»: la comprobación, mediante examen y estudio de pruebas objetivas, de si se han cumplido los requisitos especificados,

3) «legislación sobre piensos»: las disposiciones legales, reglamentarias y administrativas aplicables a los piensos en general, y a su seguridad en particular, ya sea a nivel comunitario o nacional; abarca todas las fases de la producción, la transformación y la distribución de piensos y su utilización,

4) «autoridad competente»: la autoridad central de un Estado miembro competente para la organización de los controles oficiales o cualquier otra autoridad a la que se haya atribuido esta competencia; en su caso, se aplicará asimismo a la autoridad correspondiente de un tercer país,

5) «organismo de control»: un tercero independiente en el que la autoridad competente ha delegado determinadas tareas de control,

6) «auditoría»: un examen sistemático e independiente para determinar si las actividades y sus resultados se corresponden con los planes previstos, y si éstos se aplican eficazmente y son adecuados para alcanzar los objetivos,

7) «inspección»: el examen de todos los aspectos relativos a los piensos, los alimentos, la salud animal y el bienestar de los animales a fin de verificar que dichos aspectos cumplen los requisitos legales establecidos en la legislación sobre piensos y alimentos así como en la normativa en materia de salud animal y bienestar de los animales,

8) «control»: la realización de una serie programada de observaciones o mediciones a fin de obtener una visión general del grado de cumplimiento de la legislación sobre piensos y alimentos así como de la normativa en materia de salud animal y bienestar de los animales,

9) «vigilancia»: la atenta observación de una o varias empresas alimentarias o de piensos, de uno o varios explotadores de empresas alimentarias o de piensos o de sus actividades,

10) «incumplimiento»: el hecho de no cumplir la legislación en materia de piensos y alimentos y las normas para la protección de la salud animal y el bienestar de los animales,

11) «muestreo para análisis»: la toma de muestras de piensos o alimentos o de cualquier otra sustancia (incluso a partir del entorno ambiental) relacionada con la producción, transformación y distribución de piensos o alimentos o con la salud de los animales, a fin de verificar, mediante análisis, si se cumple la legislación sobre piensos y alimentos o las normas en materia de salud animal,

12) «certificación oficial»: el procedimiento mediante el cual la autoridad competente o los organismos de control autorizados para actuar en tal calidad dan fe por escrito, por medios electrónicos o de forma equivalente, del cumplimiento,

13) «inmovilización oficial»: el procedimiento mediante el cual la autoridad competente se asegura de que un pienso o alimento no se mueve ni manipula mientras se aguarda una decisión sobre su destino; incluye el almacenamiento, por los explotadores de la empresa alimentaria o de piensos, de acuerdo con las instrucciones de la autoridad competente,

14) «equivalencia»: la capacidad de diferentes sistemas o medidas de alcanzar los mismos objetivos; por «equivalentes» se entenderán distintos sistemas o medidas capaces de alcanzar los mismos objetivos,

15) «importación»: el despacho a libre práctica de piensos o de alimentos o la intención de despachar a libre práctica piensos y alimentos, en el sentido del artículo 79 del Reglamento (CEE) nº 2913/92, en uno de los territorios mencionados en el anexo I,

16) «introducción»: la importación tal como se define en el punto 15 más arriba y el sometimiento de mercancías a los regímenes aduaneros considerados en las letras b) a f) del apartado 16 del artículo 4 del Reglamento (CEE) nº 2913/92, así como su entrada en una zona franca o un depósito franco,

17) «control documental»: el examen de la documentación comercial y, si procede, de los documentos que acompañan obligatoriamente a la partida conforme a la legislación sobre piensos o alimentos,

18) «control identificativo»: la inspección visual para confirmar que los certificados u otros documentos que acompañan a la partida coinciden con el etiquetado y el contenido de la misma,

19) «control físico»: el control del pienso o el alimento en sí, que podrá incluir el control de los medios de transporte, del embalaje, etiquetado y la temperatura, el muestreo para análisis y los ensayos de laboratorio, y cualquier otro control necesario para verificar el cumplimiento de la legislación en materia de piensos y alimentos,

20) «plan de control»: descripción elaborada por la autoridad competente que contiene información general sobre la estructura y la organización de sus sistemas de control oficial.

TÍTULO II.- CONTROLES OFICIALES EFECTUADOS POR LOS ESTADOS MIEMBROS

CAPÍTULO I.- OBLIGACIONES GENERALES

Artículo 3.- *Obligaciones generales con respecto a la organización de controles oficiales*

1. Los Estados miembros garantizarán que se efectúan controles oficiales con regularidad, basados en los riesgos y con la frecuencia apropiada, de modo que se alcancen los objetivos del presente Reglamento, teniendo en cuenta:

a) los riesgos identificados en relación con animales, piensos o alimentos, con empresas alimentarias o de piensos, con el uso de piensos o alimentos, o con cualquier proceso, material, sustancia, actividad u operación que puedan afectar a la seguridad de los piensos o los alimentos o a la salud animal o el bienestar de los animales;

b) el historial de los explotadores de empresas alimentarias o de piensos en cuanto al cumplimiento de la legislación sobre piensos o alimentos o de las normas en materia de salud animal y bienestar de los animales;

c) la fiabilidad de los autocontroles que ya se hayan realizado, y

d) cualquier dato que pudiera indicar incumplimiento.

2. Los controles oficiales se efectuarán sin previo aviso, salvo en casos tales como las auditorías, en las que será necesaria la notificación del explotador de la empresa alimentaria o de piensos. También se podrán realizar controles oficiales ad hoc.

3. Los controles oficiales se llevarán a cabo en cualquiera de las fases de la producción, la transformación y la distribución de los piensos o alimentos y de los animales y productos de origen animal. Incluirán controles de las empresas alimentarias y de piensos, del uso de piensos y alimentos, del almacenamiento de piensos y alimentos, de cualquier proceso, material, sustancia, actividad u operación, incluido el transporte, aplicados a piensos o alimentos y de animales vivos, requeridos para alcanzar los objetivos del presente Reglamento.

4. Los controles oficiales se aplicarán, con el mismo cuidado, a las exportaciones fuera de la Comunidad, a la comercialización dentro de la Comunidad y a la introducción procedente de terceros países en los territorios contemplados en el anexo I.

5. Los Estados miembros adoptarán todas las medidas necesarias para garantizar que los productos destinados a ser enviados a otro Estado miembro se controlen con el mismo cuidado que los destinados a la comercialización en su propio territorio.

6. La autoridad competente del Estado miembro de destino podrá verificar mediante controles no discriminatorios que los piensos y alimentos cumplen la legislación sobre piensos y alimentos. En la medida estrictamente necesaria para la realización de los controles oficiales, los Estados miembros podrán pedir a los explotadores que están en posesión de mercancías que les hayan sido enviadas desde otro Estado miembro que notifiquen la llegada de dichas mercancías.

7. En caso de que un Estado miembro, al efectuar un control en el lugar de destino o durante el almacenamiento o el transporte, comprobara un incumplimiento, adoptará las medidas oportunas, que podrán incluir la reexpedición al Estado miembro de origen.

CAPÍTULO II.- AUTORIDADES COMPETENTES

Artículo 4.- *Designación de las autoridades competentes y criterios operativos*

1. Los Estados miembros designarán a las autoridades competentes responsables con respecto a los objetivos y los controles oficiales establecidos en el presente Reglamento.

2. Las autoridades competentes garantizarán:

a) la eficacia y adecuación de los controles oficiales de los animales vivos, los alimentos y los piensos en todas las fases de la producción, la transformación y la distribución, así como del uso de los piensos;

b) que el personal que lleve a cabo los controles oficiales no esté sometido a ningún conflicto de intereses;

c) que posean o tengan acceso a equipos adecuados de laboratorio de ensayo y a un personal suficiente que cuente con la cualificación y experiencia adecuadas, para poder llevar a cabo con eficacia los controles oficiales y las funciones de control;

d) que posean instalaciones y equipos apropiados y en el debido estado para que el personal pueda realizar los controles oficiales con eficacia;

e) que posean la capacidad jurídica necesaria para efectuar los controles oficiales y tomar las medidas que establece el presente Reglamento;

f) que tengan a punto planes de emergencia y estén preparadas para ponerlos en práctica en caso de urgencia;

g) que los explotadores de empresas alimentarias y de piensos estén obligados a someterse a inspecciones realizadas de acuerdo con el presente Reglamento y a asistir al personal de la autoridad competente en el cumplimiento de sus tareas.

3. Cuando un Estado miembro delegue su competencia para realizar los controles oficiales en una o varias autoridades distintas de la autoridad competente central, en particular las autoridades regionales o locales, se garantizará una coordinación eficaz y efectiva entre todas las autoridades competentes involucradas, incluso, si procede, en el ámbito de la protección del medio ambiente y de la salud.

4. Las autoridades competentes garantizarán la imparcialidad, la calidad y la coherencia de los controles oficiales en todos los niveles. Todas las autoridades a quienes se haya atribuido la competencia para realizar controles oficiales deberán respetar plenamente los criterios enumerados en el apartado 2.

5. De haber, en una autoridad competente, diferentes unidades competentes para realizar los controles oficiales, se garantizará una coordinación y cooperación eficaces y efectivas entre tales unidades.

6. Las autoridades competentes realizarán auditorías internas o podrán ordenar la realización de auditorías externas y, atendiendo al resultado de éstas, tomarán las medidas oportunas para asegurarse de que están alcanzando los objetivos del presente Reglamento. Dichas auditorías serán objeto de un examen independiente y se realizarán de manera transparente.

7. Podrán adoptarse normas de desarrollo para la aplicación del presente artículo de acuerdo con el procedimiento considerado en el apartado 3 del artículo 62.

Artículo 5.- *Delegación de tareas específicas relacionadas con los controles oficiales*

1. La autoridad competente podrá delegar tareas de control específicas en uno o más organismos de control de acuerdo con los apartados 2 a 4.

Podrá establecerse, de acuerdo con el procedimiento considerado en el apartado 3 del artículo 62, una lista de tareas que podrán delegarse o no.

No obstante, las acciones consideradas en el artículo 54 no serán objeto de delegación.

2. La autoridad competente solamente podrá delegar tareas específicas en un organismo de control particular si:

a) se describen con precisión las tareas que dicho organismo de control puede llevar a cabo y las condiciones en que puede realizarlas;

b) existen pruebas de que el organismo de control:

i) posee la experiencia, los equipos y la infraestructura necesarios para realizar las tareas que le han sido delegadas,

ii) cuenta con personal suficiente con la cualificación y experiencia adecuadas,

iii) es imparcial y no tiene ningún conflicto de intereses en lo que respecta al ejercicio de las tareas que le han sido delegadas;

c) el organismo de control trabaja y está acreditado de acuerdo con la norma europea EN 45004, «Criterios generales para el funcionamiento de los diversos tipos de organismos que realizan inspección», o con otra norma que resulte más pertinente para las tareas delegadas de que se trate;

d) los laboratorios funcionan con arreglo a las normas previstas en el apartado 2 del artículo 12;

e) el organismo de control comunica a la autoridad competente, con regularidad y siempre que esta última lo pida, los resultados de los controles llevados a cabo. Si los resultados de los controles revelan o hacen sospechar un incumplimiento, el organismo de control informará inmediatamente de ello a la autoridad competente;

f) existe una coordinación efectiva y eficaz entre la autoridad competente y el organismo de control en que haya delegado.

3. Las autoridades competentes que deleguen tareas específicas en los organismos de control organizarán auditorías o inspecciones de los organismos de control según sea necesario. La autoridad competente que delega podrá retirar la delegación si los resultados de una auditoría o de una inspección revelan que esos organismos no están realizando correctamente las tareas que les han sido asignadas. La delegación se retirará sin demora si el organismo de control no toma medidas correctoras adecuadas y oportunas.

4. Todo Estado miembro que desee delegar una tarea de control específica en un organismo de control deberá notificarlo a la Comisión. La correspondiente notificación describirá en detalle:

a) la autoridad competente que va a delegar la tarea;

b) la tarea que se va a delegar;

c) el organismo de control en que se va a delegar la tarea.

Artículo 6.- *Personal encargado de efectuar los controles oficiales*

La autoridad competente garantizará que todo su personal encargado de efectuar los controles oficiales:

a) recibe la formación adecuada a su ámbito de actuación que le capacite para cumplir su función de manera competente y efectuar los controles oficiales de manera coherente. Esta formación abarcará, según proceda, los ámbitos considerados en el capítulo I del anexo II;

b) está al día en su ámbito de competencia y recibe con regularidad la formación adicional necesaria, y

c) tiene aptitudes para la cooperación multidisciplinar.

Artículo 7.- *Transparencia y confidencialidad*

1. Las autoridades competentes velarán por que sus actividades se desarrollen con un nivel elevado de transparencia. Con tal propósito, la información pertinente que obre en su poder se pondrá a disposición del público lo antes posible.

Por regla general, el público tendrá acceso a:

a) información sobre las actividades de control de las autoridades competentes y su eficacia, e

b) información con arreglo al artículo 10 del Reglamento (CE) nº 178/2002.

2. La autoridad competente adoptará medidas para garantizar la obligación de los miembros de su personal de no divulgar información obtenida en el desempeño de sus funciones de control oficial que, por su naturaleza, están sometidas al secreto profesional en casos debidamente justificados. La protección del secreto profesional no impedirá la divulgación por parte de las autoridades competentes de la información a que se refiere la letra b) del apartado 1. No se verán afectadas las normas contenidas en la Directiva 95/46/CE del Parlamento Europeo y del Consejo, de 24 de octubre de 1995, relativa a la protección de las personas físicas en lo que respecta al tratamiento de datos personales y a la libre circulación de estos datos.

3. En la información sometida al secreto profesional se incluye en particular:

— la confidencialidad de la instrucción o de procesos judiciales en curso,

— los datos personales,

— los documentos amparados por una excepción conforme al Reglamento (CE) nº 1049/2001 del Parlamento Europeo y del Consejo, de 30 de mayo de 2001, relativo al acceso del público a los documentos del Parlamento Europeo, del Consejo y de la Comisión,

— la información protegida por la legislación nacional y comunitaria relativa, en particular, al secreto profesional, la confidencialidad de las deliberaciones, las relaciones internacionales y la defensa nacional.

Artículo 8.- *Procedimientos de control y verificación*

1. Los controles oficiales efectuados por las autoridades competentes se llevarán a cabo de acuerdo con procedimientos documentados. Estos procedimientos contendrán información e instrucciones para el personal que realice los controles oficiales, incluidos, entre otros, los ámbitos considerados en el capítulo II del anexo II.

2. Los Estados miembros velarán por que se disponga de procedimientos jurídicos que garanticen el acceso del personal de las autoridades competentes a los locales y a la documentación de los explotadores de empresas alimentarias y de piensos para poder cumplir su cometido adecuadamente.

3. Las autoridades competentes establecerán procedimientos para:

a) verificar la eficacia de los controles oficiales que realizan, y

b) asegurarse de que se adoptan las medidas correctoras cuando es preciso y de que la documentación mencionada en el apartado 1 se actualiza en la medida necesaria.

4. La Comisión podrá establecer directrices para los controles oficiales de acuerdo con el procedimiento considerado en el apartado 2 del artículo 62.

Las directrices podrán contener, en particular, recomendaciones sobre los controles oficiales relativos a:

a) la aplicación de procedimientos HACCP;

b) los sistemas de gestión aplicados por los explotadores de las empresas alimentarias o de piensos para cumplir los requisitos de la legislación sobre piensos y alimentos;

c) la seguridad química, física y microbiológica de los piensos y los alimentos.

Artículo 9.- *Informes*

1. La autoridad competente elaborará informes de los controles oficiales que haya efectuado.

2. Dichos informes describirán la finalidad de los controles oficiales, los métodos de control aplicados, los resultados de los controles oficiales y, en su caso, las medidas que deberá tomar el explotador de la empresa de que se trate.

3. Como mínimo en caso de incumplimiento, la autoridad competente facilitará al explotador de la empresa de que se trate una copia del informe previsto en el apartado 2.

Artículo 10.- *Actividades, métodos y técnicas de control*

1. Las tareas relacionadas con los controles oficiales se efectuarán, en general, por medio de métodos y técnicas de control adecuados, como el control, la vigilancia, la verificación, la auditoría, la inspección, el muestreo y el análisis.

2. Los controles oficiales de piensos y alimentos consistirán, entre otras, en las actividades siguientes:

a) el examen de todos los sistemas de control puestos a punto por los explotadores de empresas alimentarias y de piensos y de los resultados obtenidos;

b) la inspección de:

i) instalaciones de producción primaria, empresas alimentarias y de piensos, con inclusión de sus inmediaciones, locales, oficinas, equipos, instalaciones, maquinaria y transporte, así como de los piensos y los alimentos,

ii) las materias primas, los ingredientes, los coadyuvantes tecnológicos y otros productos utilizados en la preparación y fabricación de piensos y alimentos,

iii) los productos semielaborados,

iv) el material y los objetos que vayan a estar en contacto con los alimentos,

v) los productos y los procesos de limpieza y mantenimiento, y los plaguicidas,

vi) el etiquetado, la presentación y la publicidad;

c) la comprobación de las condiciones de higiene en las empresas alimentarias y de piensos;

d) la evaluación de los procedimientos de buenas prácticas de fabricación, prácticas correctas de higiene, buenas prácticas agrícolas y HACCP, teniendo en cuenta el empleo de guías elaboradas de conformidad con la legislación comunitaria;

e) el examen de la documentación escrita y otros registros que puedan ser relevantes para evaluar el cumplimiento de la legislación sobre piensos o la legislación alimentaria;

f) entrevistas con los explotadores de las empresas alimentarias y de piensos y con su personal;

g) la lectura de los valores registrados por los instrumentos de medición de la empresa alimentaria o de piensos;

h) controles realizados con el propio instrumental de la autoridad competente para verificar las mediciones llevadas a cabo por los explotadores de la empresa alimentaria o de piensos;

i) cualquier otra actividad requerida para garantizar el cumplimiento de los objetivos del presente Reglamento.

Artículo 11.- *Métodos de muestreo y análisis*

1. Los métodos de muestreo y análisis utilizados en los controles oficiales serán conformes con la normativa comunitaria en vigor o:

a) a falta de esta normativa, con las normas o protocolos internacionalmente reconocidos, por ejemplo, los aceptados por el Comité Europeo de Normalización (CEN), o los aceptados en la legislación nacional, o

b) a falta de las anteriores, con otros métodos adecuados al objetivo perseguido o desarrollados de acuerdo con protocolos científicos.

2. Cuando no sea aplicable el apartado 1, la validación de los métodos de análisis podrá realizarse en un único laboratorio conforme a un protocolo aceptado internacionalmente.

3. Siempre que sea posible, los métodos de análisis se caracterizarán mediante los criterios pertinentes establecidos en el anexo III.

4. La Comisión podrá adoptar las medidas de aplicación siguientes:

a) los métodos de muestreo y análisis, incluidos los métodos de confirmación o de referencia, que habrá que emplear en caso de discrepancia;

b) los criterios de rendimiento, los parámetros de análisis, la incertidumbre de medida y los procedimientos de validación de los métodos a que se refiere la letra a), y

c) las normas para la interpretación de los resultados.

Estas medidas, destinadas a modificar elementos no esenciales del presente Reglamento completándolo, se adoptarán con arreglo al procedimiento de reglamentación con control contemplado en el artículo 62, apartado 4.

5. Las autoridades competentes establecerán los procedimientos adecuados para garantizar el derecho de los explotadores de empresas alimentarias y de piensos cuyos productos sean sometidos a muestreo y análisis a solicitar un dictamen de expertos adicional sin perjuicio de la obligación de las autoridades competentes de actuar sin demora en caso de emergencia.

6. En particular, velarán por que los explotadores de empresas alimentarias y de piensos puedan conseguir una cantidad suficiente de muestras para la obtención de un dictamen de expertos adicional, a menos que ello resulte imposible debido al carácter altamente perecedero de los productos o a que se dispone de muy poca cantidad de substrato.

7. Las muestras deberán manipularse y etiquetarse de forma que se garantice su validez legal y analítica.

Artículo 12.- *Laboratorios oficiales*

1. La autoridad competente designará los laboratorios que pueden realizar el análisis de las muestras tomadas en los controles oficiales.

2. Sin embargo, las autoridades competentes podrán designar únicamente laboratorios que funcionen y estén evaluados y acreditados conforme a las siguientes normas europeas:

a) EN ISO/IEC 17025, «Requisitos generales relativos a la competencia de los laboratorios de ensayo y calibración»;

b) EN ISO/IEC 17011, «Requisitos generales para los organismos de acreditación que realizan la acreditación de organismos de evaluación de la conformidad»;

c) [...]

teniendo en cuenta los criterios establecidos en la legislación comunitaria sobre piensos y alimentos aplicables a los diferentes métodos de ensayo.

[Desaplicación temporal del Art. 12(2) desde el 1.1.2010 hasta el 31.12.2013 establecida por el Reglamento (CE) n° 1162/2009 de la Comisión, Art. 6: "No obstante lo dispuesto en el artículo 12, apartado 2, del Reglamento (CE) nº 882/2004, la autoridad competente podrá designar un laboratorio que realice los controles oficiales de Trichinella y que esté localizado en un matadero o en un establecimiento de manipulación de caza, siempre y cuando, aunque no esté acreditado, dicho laboratorio:

a) demuestre que ha iniciado y prosigue los procedimientos de acreditación necesarios conforme al Reglamento (CE) nº 882/2004;

b) presente a la autoridad competente garantías satisfactorias de que se han implantado sistemas de control de la calidad para los análisis que efectúa a efectos de los controles oficiales.

Los Estados miembros que apliquen esta disposición transitoria informarán a la Comisión al final de cada año sobre los progresos registrados en la acreditación de dichos laboratorios designados."]

3. La acreditación y la evaluación de los laboratorios de ensayo considerados en el apartado 2 podrán referirse a ensayos individuales o a grupos de ensayos.

4. Las autoridades competentes podrán anular la designación a que refiere el apartado 1 cuando dejen de cumplirse las condiciones previstas en el apartado 2.

CAPÍTULO IV.- GESTIÓN DE CRISIS

Artículo 13.- *Planes de emergencia para piensos y alimentos*

1. Con el fin de aplicar el plan general para la gestión de crisis considerado en el artículo 55 del Reglamento (CE) nº 178/2002, los Estados miembros elaborarán planes de emergencia operativos en los que se establecerán las medidas que deberán aplicarse sin demora si se descubre que un pienso o alimento supone un riesgo grave para las personas o los animales, ya sea directamente o a través del medio ambiente.

2. Dichos planes de emergencia especificarán:

a) las autoridades administrativas que han de intervenir;

b) sus competencias y responsabilidades, y

c) los cauces y procedimientos para compartir la información entre las partes interesadas.

3. Los Estados miembros revisarán estos planes de emergencia de la manera oportuna y, en especial, a la luz de los cambios en la organización de la autoridad competente y de la experiencia, incluida la experiencia adquirida en ejercicios de simulación.

4. Cuando sea necesario, podrán adoptarse normas de desarrollo de acuerdo con el procedimiento considerado en el apartado 3 del artículo 62. Dichas medidas establecerán disposiciones armonizadas para planes de emergencia en la medida necesaria para garantizar la compatibilidad de dichos planes con el plan general para la gestión de crisis al que se refiere el artículo 55 del Reglamento (CE) nº 178/2002. Estas medidas indicarán también el papel que las partes interesadas desempeñan en el establecimiento y el funcionamiento de los planes de emergencia.

CAPÍTULO V.- CONTROLES OFICIALES SOBRE LA INTRODUCCIÓN DE PIENSOS Y ALIMENTOS PROCEDENTES DE TERCEROS PAÍSES

Artículo 14.- *Controles oficiales de piensos y alimentos de origen animal*

1. El presente Reglamento se entenderá sin perjuicio de los requisitos de los controles veterinarios de piensos y alimentos de origen animal establecidos en la Directiva 97/78/CE. No obstante, las autoridades competentes designadas de conformidad con la Directiva 97/78/CE realizarán, además, controles oficiales para verificar que se cumplen los aspectos de la legislación en materia de piensos o alimentos no considerados en la citada Directiva, en su caso incluyendo los mencionados en el capítulo II del título VI del presente Reglamento.

2. Las disposiciones generales de los artículos 18 a 25 del presente Reglamento también se aplicarán a los controles oficiales de todos los piensos y alimentos, incluidos los de origen animal.

3. La obtención de resultados satisfactorios en los controles de las mercancías:

a) sometidas a uno de los regímenes aduaneros previstos en las letras b) a f) del apartado 16 del artículo 4 del Reglamento (CEE) nº 2913/92, o

b) que se manipulen en zonas francas o depósitos francos, según se define en la letra b) del apartado 15 del artículo 4 del Reglamento (CEE) nº 2913/92,

no eximirá a los explotadores de las empresas alimentarias y de piensos de su obligación de garantizar que los piensos y los alimentos cumplen la legislación sobre piensos y alimentos desde el momento de su despacho a libre práctica, ni impedirá que se realicen otros controles oficiales en los piensos y los alimentos en cuestión.

Artículo 15.- *Controles oficiales de piensos y alimentos de origen no animal*

1. La autoridad competente efectuará con regularidad controles oficiales de los piensos y los alimentos de origen no animal que se importen en los territorios mencionados en el anexo I del presente Reglamento y no estén incluidos en el ámbito de aplicación de la Directiva 97/78/CE. Dichos controles se organizarán con arreglo al plan nacional de control plurianual elaborado de conformidad con los artículos 41 a 43 y en función de los riesgos potenciales. Abarcarán todos los aspectos relacionados con la legislación en materia de piensos y alimentos.

2. Los controles se llevarán a cabo en un lugar adecuado, incluido el punto de entrada de las mercancías en uno de los territorios mencionados en el anexo I, el punto de despacho a libre práctica, un almacén, los locales del explotador de la empresa alimentaria o de piensos que realice la importación, o cualquier otro punto de las cadenas de alimentación humana y animal que tenga acceso a las instalaciones apropiadas de control.

3. Estos controles también podrán realizarse en las mercancías:

a) sometidas a alguno de los regímenes aduaneros considerados en las letras b) a f) del apartado 16 del artículo 4 del Reglamento (CEE) nº 2913/92, o

b) que hayan de entrar en zonas francas o depósitos francos, según se define en la letra b) del apartado 15 del artículo 4 del Reglamento (CEE) nº 2913/92.

4. La obtención de resultados satisfactorios en los controles a que se refiere el apartado 3 no eximirá a los explotadores de empresas alimentarias y de piensos de su obligación de garantizar que los piensos y los alimentos cumplen la legislación sobre piensos y alimentos desde el momento de su despacho a libre práctica, ni impedirá que se realicen otros controles oficiales en los piensos o alimentos en cuestión.

5. Se elaborará y mantendrá actualizada, con arreglo al procedimiento mencionado en el apartado 3 del artículo 62, una lista de los piensos y los alimentos de origen no animal que, sobre la base de los riesgos conocidos o emergentes, tendrán que ser objeto de un control oficial más intenso en el punto de entrada en los territorios mencionados en el anexo I. La frecuencia y naturaleza de dichos controles se determinarán de acuerdo con el mismo procedimiento. Al mismo tiempo, las tasas relativas a dichos controles podrán establecerse de acuerdo con el mismo procedimiento.

Artículo 16.- *Tipos de controles de piensos y alimentos de origen no animal*

1. Los controles oficiales mencionados en el apartado 1 del artículo 15 incluirán al menos un control documental sistemático, un control de identidad aleatorio, y, según proceda, un control físico.

2. Los controles físicos se realizarán con una frecuencia que dependerá de:

a) los riesgos asociados con los distintos tipos de piensos y alimentos;

b) el historial con respecto al cumplimiento de los requisitos del producto del tercer país de que se trate y del establecimiento de origen, así como de los explotadores de empresas alimentarias o de piensos que efectúan la importación y la exportación del producto;

c) los controles llevados a cabo por el explotador de una empresa alimentaria o de piensos que importó el producto;

d) las garantías ofrecidas por la autoridad competente del tercer país de origen.

3. Los Estados miembros garantizarán que los controles físicos se efectúen en condiciones adecuadas y en un lugar con acceso a instalaciones de control adecuadas que permita realizar correctamente los exámenes, tomar un número de muestras adaptado a la gestión del riesgo y manipular higiénicamente los piensos y los alimentos. Las muestras deberán manipularse de modo que se garantice su validez legal y analítica. Los Estados miembros garantizarán que el equipo y la metodología empleados sean adecuados para medir los valores límite establecidos con arreglo a la legislación nacional o comunitaria.

Artículo 17.- *Puntos de entrada y notificación previa*

1. A la hora de organizar los controles oficiales previstos en el apartado 5 del artículo 15, los Estados miembros deberán:

— designar puntos concretos de entrada en su territorio con acceso a las instalaciones de control adecuadas para los distintos tipos de piensos y alimentos, y

— exigir a los explotadores de empresas alimentarias y de piensos responsables de las partidas que les informen con antelación de la llegada y la naturaleza de una partida.

Los Estados miembros podrán aplicar las mismas normas en relación con otros piensos que no sean de origen animal.

2. Los Estados miembros informarán a la Comisión y a los demás Estados miembros de cualquier medida que tomen con arreglo al apartado 1.

Dichas medidas se concebirán de manera que se eviten distorsiones innecesarias del mercado.

Artículo 18.- *Actuación en caso de sospecha*

En caso de sospecha de incumplimiento o cuando existan dudas sobre la identidad o el destino real de una partida, o sobre correspondencia entre la partida y su garantía certificada, la autoridad competente efectuará controles oficiales para confirmar o descartar esa sospecha o duda. La autoridad competente dispondrá la inmovilización oficial de las partidas de que se trate hasta que obtenga los resultados de dichos controles oficiales.

Artículo 19.- *Actuación a raíz de los controles oficiales de piensos y alimentos procedentes de terceros países*

1. La autoridad competente inmovilizará los piensos o alimentos procedentes de terceros países que no cumplan la legislación en materia de piensos o alimentos y, tras oír a los explotadores de las empresas alimentarias o de piensos responsables de la partida, tomará las siguientes medidas en relación con ellos:

a) ordenará que dichos piensos o alimentos sean destruidos, sometidos a un tratamiento con arreglo a lo dispuesto en el artículo 20 o reexpedidos fuera de la Comunidad con arreglo a lo dispuesto en el artículo 21; también podrán tomarse otras medidas adecuadas, como la utilización de los piensos o alimentos para fines distintos de los previstos inicialmente;

b) cuando los piensos o alimentos ya hayan sido comercializados, supervisará o, en caso necesario, ordenará su recuperación o retirada antes de tomar una de las medidas anteriormente citadas;

c) comprobará que los piensos o alimentos no tengan efectos adversos para la salud humana o animal, ya sea directamente o a través del medio ambiente, durante o a la espera de que se aplique cualquiera de las medidas mencionadas en la letras a) y b).

2. No obstante, si:

a) los controles oficiales previstos en los artículos 14 y 15 indican que una partida es perjudicial para la salud humana o animal, o no es segura, la autoridad competente procederá a inmovilizar oficialmente la partida de que se trate en espera de su destrucción o de la adopción de cualquier otra medida necesaria para proteger la salud humana o animal;

b) los piensos o alimentos de origen no animal que están sometidos a un control más intenso conforme al apartado 5 del artículo 15, no se han presentado al control oficial o no se han presentado con arreglo a cualquiera de los requisitos específicos establecidos de conformidad con el artículo 17, la autoridad competente ordenará su recuperación e inmovilización oficial inmediata para que, a continuación, sean destruidos o reexpedidos conforme al artículo 21.

3. Cuando se deniegue la introducción de piensos o alimentos, la autoridad competente notificará a la Comisión y a los demás Estados miembros sus conclusiones y la identidad de los productos de que se trate con arreglo al procedimiento previsto en el apartado 3 del artículo 50 del Reglamento (CE) nº 178/2002 y comunicará sus decisiones a los servicios aduaneros, junto con información sobre el destino final de la partida.

4. Las decisiones relativas a los envíos serán recurribles conforme al apartado 3 del artículo 54.

Artículo 20.- *Tratamiento especial*

1. El tratamiento especial mencionado en el artículo 19 podrá consistir en:

a) el tratamiento o la transformación a fin de que los piensos o alimentos se ajusten a los requisitos de la legislación comunitaria o a los requisitos de un tercer país de reexpedición, incluida, en su caso, la descontaminación, aunque con exclusión de la dilución;

b) la transformación de cualquier otra forma adecuada para fines distintos del consumo animal o humano.

2. La autoridad competente velará por que el tratamiento especial se realice en establecimientos que estén bajo su control o bajo el control de otro Estado miembro y con arreglo a las condiciones definidas por la Comisión. Estas medidas, destinadas a modificar elementos no esenciales del presente Reglamento completándolo, se adoptarán con arreglo al procedimiento de reglamentación con control contemplado en el artículo 62, apartado 4. A falta de tales condiciones, los tratamientos especiales se efectuarán con arreglo a las normas nacionales.

Artículo 21.- *Reexpedición de partidas*

1. La autoridad competente sólo permitirá la reexpedición de una partida cuando:

a) se haya acordado su destino con el explotador de la empresa alimentaria o de piensos responsable de la partida;

b) el explotador de la empresa alimentaria o de piensos haya informado previamente a la autoridad competente del tercer país de origen, o el tercer país de destino si éste fuera diferente, de los motivos y circunstancias por los que el pienso o el alimento en cuestión no ha podido ser comercializado en la Comunidad, y

c) cuando el tercer país de destino no sea el tercer país de origen, la autoridad competente del tercer país de destino les haya comunicado que está dispuesta a recibir la partida.

2. Sin perjuicio de la normativa nacional aplicable a los plazos para solicitar un dictamen de expertos adicional y cuando los resultados de los controles oficiales no lo impidan, la reexpedición tendrá lugar, como norma general, antes de que transcurran 60 días desde el día en que la autoridad competente haya determinado el destino de la partida, salvo que se hayan emprendido acciones legales. Si, transcurrido el plazo de 60 días, la reexpedición no se realiza, se procederá, salvo que se justifique la demora, a destruir la partida.

3. A la espera de que las partidas sean reexpedidas o de que se confirmen las razones del rechazo, la autoridad competente procederá a su inmovilización oficial.

4. La autoridad competente notificará a la Comisión y a los demás Estados miembros con arreglo al procedimiento previsto en el apartado 3 del artículo 50 del Reglamento (CE) nº 178/2002 y comunicará sus decisiones a los servicios aduaneros. Las autoridades competentes cooperarán conforme a lo dispuesto en el título IV para tomar todas las demás medidas necesarias para asegurarse de que resulte imposible reintroducir en la Comunidad las partidas rechazadas.

Artículo 22.- *Costes*

Los costes que generen a las autoridades competentes las actividades a que se refieren los artículos 18 a 21 correrán a cargo del explotador de la empresa alimentaria o de piensos responsable de la partida, o bien de su representante.

Artículo 23.- *Autorización de los controles previos a la exportación efectuados por terceros países*

1. Podrán autorizarse, siguiendo el procedimiento a que se refiere el apartado 3 del artículo 62, los controles específicos de piensos y alimentos efectuados por un tercer país inmediatamente antes de su exportación a la Comunidad para verificar que los productos exportados cumplen los requisitos comunitarios. La autorización podrá aplicarse únicamente a los piensos y los alimentos originarios del tercer país en cuestión, y podrá concederse en relación con uno o más productos.

2. Cuando se haya concedido dicha autorización, podrá reducirse en consecuencia la frecuencia de los controles de piensos y alimentos. Sin embargo, los Estados miembros realizarán controles oficiales de los piensos y alimentos importados de acuerdo con la autorización indicada en el apartado 1 para garantizar que los controles previos a la exportación efectuados en el tercer país siguen siendo eficaces.

3. La autorización a que se refiere el apartado 1 sólo podrá concederse a un tercer país si:

a) una auditoría comunitaria ha demostrado que los piensos y alimentos exportados a la Comunidad cumplen los requisitos comunitarios o equivalentes;

b) se considera que los controles llevados a cabo en el tercer país con anterioridad a la expedición resultan suficientemente eficaces y capaces de sustituir o reducir los controles documentales, identificativos y físicos establecidos en la legislación comunitaria.

4. En la autorización considerada en el apartado 1 deberá especificarse la autoridad competente del tercer país bajo cuya responsabilidad se efectúan los controles previos a la exportación y, si procede, todo organismo de control en el que la autoridad central competente pueda delegar ciertas tareas. Esta delegación sólo podrá autorizarse si cumple los criterios del artículo 5 o unas condiciones equivalentes.

5. La autoridad competente y todo organismo de control especificados en la autorización serán los responsables de establecer los contactos necesarios con la Comunidad.

6. La autoridad competente o el organismo de control del tercer país garantizará la certificación oficial de cada partida sometida a control con anterioridad a su entrada en alguno de los territorios mencionados en el anexo I. La autorización mencionada en el apartado 1 establecerá un modelo para dichos certificados.

7. Sin perjuicio de lo dispuesto en el apartado 3 del artículo 50 del Reglamento (CE) nº 178/2002, cuando los controles oficiales sobre importaciones sujetos al procedimiento mencionado en el apartado 2 revelen la existencia de incumplimientos importantes, los Estados miembros lo notificarán inmediatamente a la Comisión, a los demás Estados miembros y a los explotadores afectados de conformidad con el procedimiento previsto en el título IV del presente Reglamento, aumentarán el número de partidas sometidas a control y, si es necesario para hacer un examen analítico correcto de la situación, guardarán un número adecuado de muestras en condiciones de almacenamiento apropiadas.

8. Si se descubre que, en un número significativo de partidas, las mercancías no se corresponden con la información contenida en los certificados expedidos por la autoridad competente o el organismo de control del tercer país, dejará de ser de aplicación la reducción de frecuencia de los controles prevista en el apartado 2.

Artículo 24.- *Autoridades competentes y servicios aduaneros*

1. Las autoridades competentes y los servicios aduaneros cooperarán estrechamente en la organización de los controles oficiales a que se refiere el presente capítulo.

2. Con respecto a las partidas de piensos y alimentos de origen animal y de piensos y alimentos indicados en el apartado 5 del artículo 15, los servicios aduaneros no permitirán su entrada o su manipulación en zonas francas o depósitos francos sin el acuerdo de la autoridad competente.

3. En caso de tomarse muestras, la autoridad competente informará a los servicios aduaneros y a los explotadores afectados e indicará si pueden despacharse o no las mercancías antes de disponer de los resultados del análisis de las muestras, siempre que se garantice la trazabilidad de la partida.

4. En caso de despacho a libre práctica, las autoridades competentes y los servicios aduaneros cooperarán conforme a los requisitos establecidos en los artículos 2 a 6 del Reglamento (CEE) nº 339/93.

Artículo 25.- *Normas de desarrollo*

1. Las medidas necesarias para garantizar la aplicación uniforme de los controles oficiales en la introducción de piensos y alimentos se adoptarán de acuerdo con el procedimiento a que se refiere el apartado 3 del artículo 62.

2. En particular, podrán establecerse normas de desarrollo relativas a:

a) piensos y alimentos importados o sometidos a alguno de los regímenes aduaneros indicados en las letras b) a f) del apartado 16 del artículo 4 del Reglamento (CEE) no2913/92, o que hayan de manipularse en zonas francas o depósitos francos, según se define en la letra b) del apartado 15 del artículo 4 del Reglamento (CEE) nº 2913/92;

b) alimentos para abastecer a la tripulación y los pasajeros de medios de transporte internacionales;

c) piensos y alimentos pedidos a distancia (por ejemplo, por correo electrónico, teléfono o Internet) y entregados al consumidor;

d) piensos destinados a animales de compañía y caballos y alimentos que lleven consigo los pasajeros y la tripulación de medios de transporte internacionales;

e) condiciones o exenciones específicas relacionadas con determinados territorios a que se refiere el artículo 3 del Reglamento (CEE) nº 2913/92, a fin de tener en cuenta las restricciones de orden natural que son propias de dichos territorios;

f) garantizar la coherencia de las decisiones de las autoridades competentes relativas a piensos y alimentos procedentes de terceros países en el marco del artículo 19;

g) partidas de origen comunitario que son devueltas de un tercer país;

h) documentos que deben acompañar a las remesas cuando se hayan tomado muestras.

CAPÍTULO VI.- FINANCIACIÓN DE LOS CONTROLES OFICIALES

Artículo 26.- *Principio general*

Los Estados miembros velarán por que existan los recursos económicos adecuados para facilitar los recursos personales y de otro tipo necesarios para efectuar los controles oficiales por cualesquiera medios que se consideren oportunos, incluida la imposición general o el establecimiento de tasas o gravámenes.

Artículo 27.- *Tasas o gravámenes*

1. Los Estados miembros podrán establecer tasas o gravámenes para cubrir el coste de los controles oficiales.

2. No obstante, los Estados miembros garantizarán la recaudación de una tasa en el caso de las actividades contempladas en la sección A del anexo IV y en la sección A del anexo V.

3. Sin perjuicio de lo dispuesto en los apartados 4 y 6, las tasas percibidas en relación con las actividades específicas mencionadas en la sección A del anexo IV y en la sección A del anexo V no serán inferiores a los importes mínimos especificados en la sección B del anexo IV y en la sección B del anexo V. No obstante, durante un período de transición que se extenderá hasta el 1 de enero de 2008, los Estados miembros podrán seguir aplicando, en relación con las actividades contempladas en la sección A del anexo IV, los importes actualmente aplicados en virtud de la Directiva 85/73/CEE.

Al menos cada dos años, la Comisión actualizará los tipos previstos en el anexo IV, sección B, y en el anexo V, sección B, en particular, a fin de tener en cuenta la inflación. Estas medidas, destinadas a modificar elementos no esenciales del presente Reglamento, se adoptarán con arreglo al procedimiento de reglamentación con control contemplado en el artículo 62, apartado 4.

4. Las tasas percibidas en relación con los controles oficiales establecidos en virtud de los apartados 1 o 2:

a) no excederán de lo costeado por las autoridades competentes correspondientes por los criterios enumerados en el anexo VI, y

b) podrán fijarse a tanto alzado en función del coste para las autoridades competentes a lo largo de un periodo determinado o, en su caso, atendiendo a los importes establecidos en la sección B del anexo IV o en la sección B del anexo V.

5. A la hora de fijar las tasas, los Estados miembros tomarán en consideración:

a) el tipo de empresa de que se trate y los factores de riesgo pertinentes;

b) los intereses de las empresas con escasa capacidad;

c) los métodos tradicionales de producción, transformación y distribución;

d) las necesidades de las empresas situadas en regiones con limitaciones geográficas especiales.

6. Cuando, debido a los sistemas de autocontrol y rastreo establecidos por la empresa alimentaria o de piensos, así como al nivel de cumplimiento descubierto durante los controles oficiales, los controles oficiales de ciertos tipos de alimentos, piensos o actividades se realicen con una frecuencia reducida, o cuando se deseen tener en cuenta los criterios a que se refieren las letras b) a d) del apartado 5, los Estados miembros podrán fijar la tasa por los controles oficiales en una cuantía inferior a los importes mínimos previstos en la letra b) del apartado 4, siempre que el Estado miembro interesado remita a la Comisión un informe en el que se especifique:

a) el tipo de pienso, alimento o actividad afectada;

b) los controles realizados en las empresas alimentarias o de piensos en cuestión, y

c) el método de cálculo utilizado para la reducción de la tasa.

7. Cuando la autoridad competente lleve a cabo al mismo tiempo varios controles oficiales en un mismo establecimiento, considerará que éstos constituyen una sola actividad y percibirá una sola tasa.

8. Las tasas correspondientes al control de las importaciones serán abonadas por la empresa o por su representante a la autoridad competente encargada del control de las importaciones.

9. Las tasas no se devolverán ni directa ni indirectamente, salvo que se hayan percibido indebidamente.

10. Sin perjuicio de los costes derivados de los gastos a que se refiere el artículo 28, los Estados miembros no percibirán otras tasas que no sean las indicadas en el presente artículo por la aplicación del presente Reglamento.

11. Los explotadores u otras empresas pertinentes o sus representantes recibirán un comprobante del pago de las tasas.

12. Los Estados miembros publicarán el método de cálculo de las tasas y lo comunicarán a la Comisión, quien estudiará si las tasas se ajustan a los requisitos del presente Reglamento.

Artículo 28.- *Gastos derivados de controles oficiales adicionales*

Cuando la detección de un incumplimiento dé lugar a controles oficiales que excedan de las actividades normales de control efectuadas por las autoridades competentes, éstas imputarán los gastos derivados de los controles oficiales adicionales a los explotadores responsables del incumplimiento o podrán imputarlos al explotador propietario o tenedor de las mercancías en el momento en que se llevan a cabo los controles oficiales adicionales. Se considerarán actividades normales de control aquellas actividades de control habituales exigidas en virtud de la legislación comunitaria o nacional, y, en particular, las descritas en el plan indicado en el artículo 41. Entre las actividades que exceden de las actividades normales de control están la toma de muestras y su análisis, así como otros controles necesarios para comprobar el alcance de un problema y verificar si se han tomado medidas correctoras o para descubrir y/o comprobar un incumplimiento.

Artículo 29.- *Cuantía de los gastos*

Al fijar la cuantía de los gastos a que se refiere el artículo 28, se tendrán en cuenta los principios establecidos en el artículo 27.

CAPÍTULO VII.- OTRAS DISPOSICIONES

Artículo 30.- *Certificación oficial*

1. Sin perjuicio de los requisitos relativos a la certificación oficial adoptados a efectos de la salud animal o el bienestar de los animales, la Comisión podrá imponer los requisitos siguientes:

a) las circunstancias en las que se requiere una certificación oficial;

b) los modelos de certificados;

c) las cualificaciones del personal encargado de la certificación;

d) los principios que han de respetarse para asegurar una certificación fiable, incluida la certificación electrónica;

e) los procedimientos que han de seguirse para retirar o reemplazar certificados;

f) las partidas divididas en partidas más pequeñas o mezcladas con otras;

g) los documentos que han de acompañar a las mercancías una vez efectuados los controles oficiales.

Las medidas contempladas en la letra a) destinadas a modificar elementos no esenciales del presente Reglamento completándolo, se adoptarán con arreglo al procedimiento de reglamentación con control contemplado en el artículo 62, apartado 4.

Las medidas contempladas en las letras b) a g) se adoptarán con arreglo al procedimiento de reglamentación contemplado en el artículo 62, apartado 3.

2. Si se exige la certificación oficial, deberá garantizarse:

a) que el certificado y la partida están relacionados;

b) que la información contenida en el certificado es correcta y auténtica.

3. Se combinarán, cuando proceda, en un modelo único de certificado los requisitos relativos a la certificación oficial de piensos y alimentos y demás requisitos de certificación oficial.

Artículo 31.- *Registro y autorización de los establecimientos de empresas alimentarias y de piensos*

1.

a) Las autoridades competentes establecerán los procedimientos que deberán seguir los explotadores de empresas alimentarias y de piensos al solicitar el registro de sus establecimientos conforme al Reglamento (CE) nº 852/2004, a la Directiva 95/69/CE o al futuro Reglamento sobre la higiene de los piensos.

b) Las autoridades competentes elaborarán y mantendrán actualizada una lista de los explotadores de empresas alimentarias y de piensos que hayan sido registrados. Si ya existe tal lista para otros fines, también podrá utilizarse a los efectos del presente Reglamento.

2.

a) Las autoridades competentes establecerán unos procedimientos que deberán seguir los explotadores de empresas alimentarias y de piensos al solicitar la autorización de sus establecimientos conforme al Reglamento (CE) nº 852/2004, al Reglamento (CE) nº 854/2004, a la Directiva 95/69/CE o al futuro Reglamento sobre la higiene de los piensos.

b) Cuando la autoridad competente reciba de un explotador de empresa alimentaria o de piensos una solicitud de autorización, llevará a cabo una inspección in situ.

c) Dicha autoridad sólo autorizará un establecimiento para las actividades en cuestión si el explotador de empresa alimentaria o de piensos ha demostrado que cumple los requisitos correspondientes de la legislación en materia de piensos o alimentos.

d) La autoridad competente podrá conceder una autorización condicional si se pone de manifiesto que el establecimiento cumple todos los requisitos de infraestructura y equipamiento. Únicamente concederá la autorización plena si en un nuevo control oficial del establecimiento, efectuado al cabo de tres meses de la autorización condicional, comprueba que el establecimiento cumple los demás requisitos pertinentes de la legislación en materia de piensos o alimentos. Si se han producido claros progresos pero el establecimiento todavía no cumple todos estos requisitos, la autoridad competente podrá prorrogar la autorización condicional. No obstante, la duración total de esta última no será superior a seis meses.

e) La autoridad competente verificará la autorización de los establecimientos al realizar controles oficiales. En caso de que la autoridad competente observe deficiencias graves o deba interrumpir de manera reiterada la producción en un establecimiento y el explotador de empresa alimentaria o de piensos no pueda ofrecer garantías adecuadas con respecto a la producción futura, la autoridad competente iniciará un procedimiento de retirada de la autorización al establecimiento. No obstante, la autoridad competente podrá suspender la autorización a un establecimiento si el explotador de la empresa alimentaria o de piensos puede garantizar que solucionará las deficiencias en un plazo razonable.

f) Las autoridades competentes mantendrán actualizadas las listas de establecimientos autorizados y las pondrán a disposición de los demás Estados miembros y del público de un modo que pueda especificarse con arreglo al procedimiento indicado en el apartado 3 del artículo 62.

TÍTULO III.- LABORATORIOS DE REFERENCIA

Artículo 32.- *Laboratorios comunitarios de referencia*

1. Los laboratorios comunitarios de referencia para piensos y alimentos considerados en el anexo VII serán responsables de:

a) proporcionar a los laboratorios nacionales de referencia los detalles de los métodos analíticos, en especial de los métodos de referencia;

b) coordinar la aplicación de los métodos mencionados en la letra a) por parte de los laboratorios nacionales de referencia, en particular organizando la realización de ensayos comparativos y realizando su adecuado seguimiento de acuerdo con protocolos internacionalmente aceptados, si están disponibles;

c) coordinar, en su ámbito de competencias, la organización práctica necesaria para aplicar nuevos métodos de análisis e informar a los laboratorios nacionales de referencia de los avances en este campo;

d) organizar cursos de formación inicial y continua dirigidos al personal de los laboratorios nacionales de referencia y a expertos de países en desarrollo;

e) proporcionar a la Comisión asistencia científica y técnica, sobre todo en los casos en que un Estado miembro cuestione los resultados de los análisis;

f) colaborar con los laboratorios encargados de analizar los piensos y los alimentos en terceros países.

2. Los laboratorios comunitarios de referencia en el sector de la salud animal serán responsables de:

a) coordinar los métodos de diagnóstico de enfermedades empleados en los Estados miembros;

b) contribuir activamente al diagnóstico de los brotes de enfermedades en los Estados miembros mediante la recepción de muestras de agentes patógenos para su diagnóstico de confirmación, caracterización y realización de estudios epizoóticos;

c) facilitar la formación inicial o continua de expertos en diagnóstico de laboratorio, con miras a la armonización de las técnicas de diagnóstico en toda la Comunidad;

d) colaborar, en lo relativo a los métodos de diagnóstico de enfermedades animales incluidas en su ámbito de competencia, con los laboratorios competentes de terceros países en que haya prevalencia de dichas enfermedades;

e) organizar cursos de formación inicial y continua dirigidos al personal de los laboratorios nacionales de referencia y a expertos de países en desarrollo.

3. Los apartados 2 y 3 del artículo 12 se aplicarán a los laboratorios comunitarios de referencia.

4. Los laboratorios comunitarios de referencia deberán cumplir los siguientes requisitos:

a) contar con el personal debidamente cualificado y adecuadamente formado en las técnicas diagnósticas y analíticas que se aplican en su ámbito de competencia;

b) poseer los equipos y productos necesarios para realizar las tareas que les sean asignadas;

c) contar con una infraestructura administrativa apropiada;

d) garantizar que su personal respeta el carácter confidencial de determinados asuntos, resultados o comunicaciones;

e) tener un conocimiento suficiente de las normas y prácticas internacionales;

f) disponer, si procede, de una lista actualizada de las sustancias de referencia y los reactivos disponibles y de una lista actualizada de los fabricantes y proveedores de esas sustancias y reactivos;

g) tener en cuenta las actividades de investigación desarrolladas a nivel nacional y comunitario;

h) disponer de personar formado para situaciones de emergencia que se produzcan dentro de la Comunidad.

5. La Comisión podrá incluir en el anexo VII otros laboratorios comunitarios de referencia competentes en los ámbitos mencionados en el artículo 1. Estas medidas, destinadas a modificar elementos no esenciales del presente Reglamento, se adoptarán con arreglo al procedimiento de reglamentación con control contemplado en el artículo 62, apartado 4. El anexo VII podrá actualizarse siguiendo el mismo procedimiento.

6. La Comisión podrá establecer responsabilidades y tareas adicionales para los laboratorios comunitarios de referencia. Estas medidas, destinadas a modificar elementos no esenciales del presente Reglamento completándolo, se adoptarán con arreglo al procedimiento de reglamentación con control contemplado en el artículo 62, apartado 4.

7. De acuerdo con el artículo 28 de la Decisión 90/424/CEE del Consejo, de 26 de junio de 1990, relativa a determinados gastos en el sector veterinario, los laboratorios comunitarios de referencia podrán ser beneficiarios de una contribución económica de la Comunidad.

8. Los laboratorios comunitarios de referencia podrán ser objeto de controles comunitarios para verificar que cumplen los requisitos del presente Reglamento. En caso de que tales controles pongan de manifiesto que un laboratorio no cumple los requisitos o las tareas para las que han sido designados, podrán adoptarse las medidas necesarias de conformidad con el procedimiento establecido en el apartado 3 del artículo 62.

9. Los apartados 1 a 7 se aplicarán sin perjuicio de normas más específicas, en particular el capítulo VI del Reglamento (CE) nº 999/2001 y el artículo 14 de la Directiva 96/23/CE.

Artículo 33.- *Laboratorios nacionales de referencia*

1. Los Estados miembros alcanzarán un acuerdo para designar a uno o varios laboratorios nacionales de referencia por cada laboratorio comunitario de referencia indicado en el artículo 32. Un Estado miembro podrá designar un laboratorio situado en otro Estado miembro o en un Estado miembro de la Asociación Europea de Libre Comercio (AELC), y un mismo laboratorio podrá servir de laboratorio nacional de referencia para más de un Estado miembro.

2. Estos laboratorios nacionales de referencia:

a) colaborarán con el laboratorio comunitario de referencia en su ámbito de competencias;

b) coordinarán, para su área de competencia, las actividades de los laboratorios oficiales encargados del análisis de muestras conforme al artículo 11;

c) cuando proceda, organizarán ensayos comparativos entre los laboratorios oficiales nacionales y velarán por que dichos ensayos comparativos reciban un seguimiento adecuado;

d) se encargarán de difundir a la autoridad competente y a los laboratorios oficiales nacionales la información suministrada por el laboratorio comunitario de referencia;

e) facilitarán a la autoridad competente asistencia científica y técnica para la puesta en práctica de los planes de control coordinados que se adopten de acuerdo con el artículo 53;

f) se harán cargo de las demás funciones específicas establecidas de acuerdo con el procedimiento a que se refiere el apartado 3 del artículo 62, sin perjuicio de las funciones nacionales que ya les corresponda desempeñar.

3. Los apartados 2 y 3 del artículo 12 se aplicarán a los laboratorios nacionales de referencia.

4. Los Estados miembros comunicarán el nombre y la dirección de cada laboratorio nacional de referencia a la Comisión, al laboratorio comunitario de referencia pertinente y a los demás Estados miembros.

5. Los Estados miembros que tengan más de un laboratorio nacional de referencia por cada laboratorio comunitario de referencia deberán garantizar que estos laboratorios cooperan estrechamente para establecer una coordinación eficaz entre sí, con los demás laboratorios nacionales y con el laboratorio comunitario de referencia.

6. La Comisión podrá establecer responsabilidades y tareas adicionales para los laboratorios nacionales de referencia. Estas medidas, destinadas a modificar elementos no esenciales del presente Reglamento completándolo, se adoptarán con arreglo al procedimiento de reglamentación con control contemplado en el artículo 62, apartado 4.

7. Los apartados 1 a 5 se aplicarán sin perjuicio de normas más específicas, en particular el capítulo VI del Reglamento (CE) nº 999/2001 y el artículo 14 de la Directiva 96/23/CE.

TÍTULO IV.- ASISTENCIA Y COOPERACIÓN ADMINISTRATIVAS EN LOS SECTORES DE LOS PIENSOS Y ALIMENTOS

Artículo 34.- *Principios generales*

1. Cuando el resultado de los controles oficiales de piensos y alimentos requiera actuaciones en más de un Estado miembro, las autoridades competentes de los Estados miembros interesados deberán facilitarse asistencia administrativa mutua.

2. Las autoridades competentes proporcionarán asistencia administrativa previa petición, o bien de manera espontánea cuando el curso de las investigaciones así lo exija. La asistencia administrativa podrá incluir, cuando proceda, la participación en controles in situ efectuados por la autoridad competente de otro Estado miembro.

3. Los artículos 35 a 40 se aplicarán sin perjuicio de las normas nacionales aplicables a la entrega de documentos que estén siendo objeto de un procedimiento judicial, o estén relacionados con el mismo, o de las normas dirigidas a proteger los intereses comerciales de personas físicas o jurídicas.

Artículo 35.- *Organismos de enlace*

1. Cada Estado miembro designará uno o varios organismos de enlace que establecerán el debido contacto con los organismos de enlace de los demás Estados miembros. La función de los organismos de enlace será facilitar y coordinar la comunicación entre autoridades competentes y, en particular, la transmisión y recepción de solicitudes de asistencia.

2. Los Estados miembros comunicarán a la Comisión y a los demás Estados miembros toda la información pertinente relativa a los organismos de enlace designados, así como las modificaciones de esa información.

3. Sin perjuicio de lo dispuesto en el apartado 1, la designación de organismos de enlace no será óbice para los contactos, el intercambio de información y la cooperación que se establezcan entre el personal de las autoridades competentes de distintos Estados miembros.

4. Las autoridades competentes a las que se aplique la Directiva 89/608/CEE del Consejo, de 21 de noviembre de 1989, relativa a la asistencia mutua entre las autoridades administrativas de los Estados miembros y a la colaboración entre éstas y la Comisión con objeto de asegurar la correcta aplicación de las legislaciones veterinaria y zootécnica, establecerán los enlaces oportunos con las autoridades que actúen de conformidad con el presente título.

Artículo 36.- *Asistencia previa petición*

1. Al recibir una petición motivada, la autoridad competente se asegurará de que la autoridad competente peticionaria reciba toda la información y todos los documentos que ésta necesita para verificar el cumplimiento de la legislación en materia de piensos y alimentos en su jurisdicción. Para ello, la autoridad competente que haya recibido la petición se ocupará de que se realicen todas las pesquisas administrativas necesarias para obtener dicha información y dichos documentos.

2. La información y los documentos proporcionados conforme al apartado 1 se transmitirán sin demoras innecesarias. Podrá proporcionarse tanto la documentación original como copia de la misma.

3. Por acuerdo entre la autoridad peticionaria y la autoridad a la que se dirige la petición, podrá estar presente en las investigaciones administrativas personal designado por la autoridad peticionaria.

Dichas investigaciones serán efectuadas siempre por personal de la autoridad a la que se haya dirigido la petición.

El personal de la autoridad peticionaria no podrá ejercer por iniciativa propia los poderes de investigación conferidos a los funcionarios de la autoridad que haya recibido la petición. Sin embargo, tendrá acceso a los mismos locales y documentos que estos últimos, por intermediación suya y únicamente a los efectos de la investigación administrativa en curso.

4. El personal de la autoridad peticionaria presente en otro Estado miembro conforme al apartado 3 deberá llevar siempre consigo un poder por escrito en el que figuren su identidad y condición oficial.

Artículo 37.- *Asistencia sin petición previa*

1. Si una autoridad competente tuviera conocimiento de un incumplimiento que pudiera tener implicaciones para otro u otros Estados miembros, les transmitirá esa información sin necesidad de petición previa y sin dilación.

2. Los Estados miembros que reciban esa información investigarán el asunto e informarán de los resultados de esa investigación y, en su caso, de las medidas tomadas al Estado miembro que haya suministrado la información.

Artículo 38.- *Asistencia en caso de incumplimiento*

1. Si, en el transcurso de un control oficial efectuado en el lugar de destino de las mercancías o durante su transporte, la autoridad competente del Estado miembro de destino comprobase que las mercancías no cumplen la legislación sobre piensos y alimentos, de tal manera que entrañan un riesgo para la salud humana o animal o constituyen una infracción grave de dicha legislación sobre piensos y alimentos, se pondrá en contacto sin demora con la autoridad competente del Estado miembro de expedición.

2. La autoridad competente del Estado miembro de expedición investigará el asunto, adoptará todas las medidas necesarias y comunicará a la autoridad competente del Estado miembro de destino la naturaleza de las investigaciones y los controles oficiales realizados, las decisiones adoptadas y los motivos de dichas decisiones.

3. Si la autoridad competente del Estado miembro de destino tuviera razones para creer que dichas medidas no son adecuadas, las autoridades competentes de los dos Estados miembros buscarán conjuntamente los medios para remediar la situación, incluida, si procede, una inspección in situ conjunta, efectuada con arreglo a los apartados 3 y 4 del artículo 36. En caso de que no lograran ponerse de acuerdo sobre las medidas adecuadas, informarán de ello a la Comisión.

Artículo 39.- *Relaciones con terceros países*

1. Cuando una autoridad competente reciba información de un tercer país que indique un incumplimiento o un riesgo para la salud humana o animal, transmitirá dicha información a las autoridades competentes de los demás Estados miembros, si considera que pudiera interesarles o si ellas así lo solicitaren. También comunicará esa información a la Comisión cuando revista importancia a escala comunitaria.

2. Cuando el tercer país de que se trate se haya comprometido legalmente a prestar la ayuda necesaria para reunir pruebas de la irregularidad de las transacciones que sean o parezcan ser contrarias a la legislación sobre piensos y alimentos, se le podrá comunicar la información obtenida al amparo del presente Reglamento previo consentimiento de las autoridades competentes que la hayan suministrado y conforme a las disposiciones aplicables a la comunicación de datos personales a terceros países.

Artículo 40.- *Asistencia coordinada y seguimiento a cargo de la Comisión*

1. La Comisión coordinará sin demora la actuación de los Estados miembros cuando, sobre la base de la información procedente de éstos o de otras fuentes, tenga constancia de actividades que sean o parezcan ser contrarias a la legislación sobre piensos o alimentos y revistan especial interés a escala comunitaria, y, en particular, cuando:

a) presenten o puedan presentar ramificaciones en varios Estados miembros, o

b) parezca que se han llevado a cabo actividades similares en varios Estados miembros, o

c) los Estados miembros no consigan llegar a un acuerdo sobre las medidas oportunas en respuesta al incumplimiento.

2. Si los controles oficiales en el lugar de destino revelan incumplimientos reiterados u otros riesgos para personas, plantas o animales derivados de los piensos o alimentos, ya sea directamente o a través del medio ambiente, la autoridad competente del Estado miembro de destino informará sin dilación a la Comisión y a las autoridades competentes de los demás Estados miembros.

3. La Comisión podrá:

a) en colaboración con el Estado miembro afectado, enviar un equipo de inspección para que lleve a cabo un control oficial in situ;

b) pedir que la autoridad competente del Estado miembro de expedición intensifique los controles oficiales pertinentes e informe de las acciones y de las medidas adoptadas.

4. Cuando las medidas previstas en los apartados 2 y 3 se tomen para hacer frente a incumplimientos reiterados de una empresa alimentaria o de piensos, la autoridad competente cargará a cuenta de dicha empresa todos los gastos derivados de tales medidas.

TÍTULO V.- PLANES DE CONTROL

Artículo 41.- *Programas nacionales de control plurianuales*

Para garantizar la aplicación efectiva de lo dispuesto en el apartado 2 del artículo 17 del Reglamento (CE) nº 178/2002, en la normativa sobre salud animal y bienestar de los animales y en el artículo 45 del presente Reglamento, cada Estado miembro preparará un único plan nacional de control plurianual integrado.

Artículo 42.- *Principios para la preparación de programas nacionales de control plurianuales*

1. Los Estados miembros:

a) aplicarán por vez primera el plan citado en el artículo 41 a más tardar el 1 de enero de 2007;

b) lo actualizarán periódicamente en función de la evolución de la situación, y

c) facilitarán a la Comisión la versión más reciente del plan toda vez que lo solicite.

2. Cada plan nacional de control plurianual contendrá información general sobre la estructura y la organización de los sistemas de control de piensos y alimentos y de salud animal y bienestar de los animales en el Estado miembro de que se trate, en particular, sobre:

a) los objetivos estratégicos del plan y la manera en que las prioridades de control y la asignación de recursos reflejan esos objetivos;

b) la categorización del riesgo de las actividades en cuestión;

c) la designación de las autoridades competentes y sus tareas a nivel central, regional y local, así como sobre los recursos de que disponen;

d) la organización y gestión generales de los controles oficiales a nivel nacional, regional y local, incluidos los controles oficiales en establecimientos concretos;

e) los sistemas de control aplicados en los distintos sectores y la coordinación establecida entre los diferentes servicios de las autoridades competentes responsables de los controles oficiales en dichos sectores;

f) si procede, la delegación de tareas en organismos de control;

g) los métodos que garantizan el cumplimiento de los criterios operativos del apartado 2 del artículo 4;

h) la formación del personal que efectúa los controles oficiales a los que se refiere el artículo 6;

i) los procedimientos documentales considerados en los artículos 8 y 9;

j) la organización y el funcionamiento de planes de emergencia para las emergencias relacionadas con enfermedades propagadas por los animales o los alimentos, los incidentes relacionados con contaminación de piensos y alimentos y otros riesgos para la salud humana;

k) la organización de la cooperación y la asistencia mutua.

3. Los planes nacionales de control plurianuales podrán ajustarse mientras estén en marcha. Las modificaciones podrán introducirse a la luz de factores como los siguientes, o bien para tenerlos en cuenta:

a) nueva legislación;

b) la aparición de nuevas enfermedades u otros riesgos para la salud;

c) cambios significativos en la estructura, gestión o funcionamiento de las autoridades nacionales competentes;

d) los resultados de los controles oficiales de los Estados miembros;

e) los resultados de los controles comunitarios efectuados de acuerdo con el artículo 45;

f) cualquier modificación de las directrices a las que se refiere el artículo 43;

g) descubrimientos científicos;

h) los resultados de las auditorías llevadas a cabo por un tercer país en un Estado miembro.

Artículo 43.- *Directrices para los planes nacionales de control plurianuales*

1. Los planes nacionales de control plurianuales a que se refiere el artículo 41 tendrán en cuenta las directrices que elaborará la Comisión conforme al procedimiento indicado en el apartado 2 del artículo 62. Estas directrices, en concreto:

a) promoverán un planteamiento coherente, exhaustivo e integrado de los controles oficiales de la legislación sobre piensos y alimentos y sobre salud animal y bienestar de los animales, abarcando todos los sectores y todas las fases de la cadena de piensos y alimentaria, inclusive la importación y la introducción;

b) determinarán prioridades basadas en los riesgos y criterios para la categorización del riesgo de las actividades en cuestión, así como los procedimientos de control más eficaces;

c) determinarán otras prioridades y los procedimientos de control más eficaces;

d) determinarán cuáles son las fases de los procesos de producción, transformación y distribución de alimentos y piensos, incluida la utilización de los piensos, que proporcionarán la información más fiable e indicativa acerca del cumplimiento de la legislación sobre piensos y alimentos;

e) fomentarán la adopción de las mejores prácticas en todos los niveles del sistema de control;

f) fomentarán asimismo el desarrollo de controles eficaces de los sistemas de trazabilidad;

g) asesorarán sobre el desarrollo de sistemas para llevar un registro del funcionamiento y los resultados de las acciones de control;

h) tendrán en cuenta las normas y recomendaciones de los organismos internacionales pertinentes con respecto a la organización y el funcionamiento de servicios oficiales;

i) establecerán criterios para la realización de las auditorías consideradas en el apartado 6 del artículo 4;

j) establecerán la estructura y la información que deberán contener los informes anuales prescritos en el artículo 44;

k) señalarán los principales indicadores de rendimiento que deberán aplicarse al evaluar los planes nacionales de control plurianuales.

2. Cuando sea necesario, las directrices se adaptarán a la luz del análisis de los informes anuales que los Estados miembros presenten con arreglo al artículo 44 o de los controles comunitarios efectuados con arreglo al artículo 45.

Artículo 44.- *Informes anuales*

1. Un año después de haber comenzado la aplicación de los planes nacionales de control plurianuales, y desde entonces con una periodicidad anual, los Estados miembros presentarán a la Comisión un informe que contendrá:

a) toda adaptación efectuada en los planes nacionales de control plurianuales para tener en cuenta los factores considerados en el apartado 3 del artículo 42;

b) los resultados de los controles y de las auditorías efectuados el año anterior conforme a lo dispuesto en el plan nacional de control plurianual;

c) el tipo y el número de casos de incumplimiento descubiertos;

d) las acciones destinadas a asegurar el funcionamiento eficaz de los planes nacionales de control plurianuales, incluida la ejecución y sus resultados.

2. Para favorecer la coherencia en la presentación de estos informes y, en particular, de los resultados de los controles oficiales, la información a que se refiere el apartado 1 tendrá en cuenta las directrices que elaborará la Comisión conforme al procedimiento indicado en el apartado 2 del artículo 62.

3. Los Estados miembros concluirán sus informes y los transmitirán a la Comisión en los seis primeros meses del año siguiente al que se refieran los informes.

4. A la luz de los informes considerados en el apartado 1, del resultado de los controles comunitarios efectuados conforme al artículo 45 y de cualquier otra información relevante, la Comisión elaborará un informe anual sobre el funcionamiento global de los controles oficiales de los Estados miembros. En él se incluirán, cuando proceda, recomendaciones sobre:

a) posibles mejoras de los sistemas de control oficial y auditoría implantados en los Estados miembros, en relación con su ámbito, gestión y aplicación;

b) acciones concretas de control en sectores o actividades, independientemente de que estén cubiertos por los planes nacionales de control plurianuales;

c) planes coordinados para abordar temas de particular interés.

5. Los planes nacionales de control plurianuales y las directrices correspondientes se adaptarán, si procede, en función de las conclusiones y recomendaciones contenidas en el informe de la Comisión.

6. La Comisión presentará su informe al Parlamento Europeo y al Consejo y lo pondrá a disposición del público.

TÍTULO VI.- ACTIVIDADES COMUNITARIAS

CAPÍTULO I.- CONTROLES COMUNITARIOS

Artículo 45.- *Controles comunitarios en los Estados miembros*

1. Expertos de la Comisión efectuarán auditorías generales y específicas en los Estados miembros. La Comisión podrá designar expertos de los Estados miembros para asistir a sus propios expertos. Se organizarán auditorías generales y específicas en colaboración con las autoridades competentes de los Estados miembros. Las auditorías se efectuarán de forma periódica. Su principal finalidad será verificar que el conjunto de los controles oficiales que se efectúan en los Estados miembros sea acorde con los planes nacionales de control plurianuales contemplados en el artículo 41 y cumpla la legislación comunitaria. A estos efectos, y para que las auditorías puedan efectuarse con eficacia, antes de realizar dichas auditorías la Comisión podrá solicitar que los Estados miembros faciliten lo antes posible a la Comisión copias actualizadas de los planes nacionales de control.

2. Las auditorías generales podrán complementarse con auditorías e inspecciones específicas en uno o más ámbitos concretos. Estas auditorías e inspecciones específicas servirán, en particular, para:

a) verificar la aplicación del plan nacional de control plurianual, de la legislación sobre piensos y alimentos y de la legislación sobre salud animal y bienestar de los animales, y podrán incluir, cuando proceda, inspecciones in situ de los servicios oficiales y de las instalaciones relacionadas con el sector auditado;

b) verificar el funcionamiento y la organización de las autoridades competentes;

c) investigar problemas importantes o recurrentes de los Estados miembros;

d) investigar situaciones de emergencia, problemas emergentes o situaciones nuevas de los Estados miembros.

3. La Comisión informará de las conclusiones de cada control efectuado. Su informe contendrá, si procede, recomendaciones dirigidas a los Estados miembros para mejorar el cumplimiento de la legislación sobre piensos y alimentos y de la normativa sobre salud animal y bienestar de los animales. La Comisión pondrá sus informes a disposición del público. En el caso de informes sobre controles efectuados en un Estado miembro, la Comisión transmitirá a la correspondiente autoridad competente un proyecto de informe para que ésta pueda formular observaciones, tendrá en cuenta dichas observaciones en la preparación del informe definitivo y publicará las observaciones de la autoridad competente junto con el informe definitivo.

4. La Comisión establecerá un programa de control anual, que comunicará con antelación a los Estados miembros y de cuyos resultados deberá informar. La Comisión podrá adaptar el programa para tener en cuenta los cambios en los ámbitos de la seguridad de los piensos y alimentos, la salud animal, el bienestar de los animales y la fitosanidad.

5. Los Estados miembros:

a) mantendrán un seguimiento adecuado a la luz de las recomendaciones resultantes de los controles comunitarios;

b) proporcionarán toda la ayuda necesaria y toda la documentación y demás apoyo técnico que los expertos de la Comisión soliciten para poder efectuar los controles de manera eficiente y eficaz;

c) velarán por que los expertos de la Comisión tengan acceso a todos los locales o partes de locales y a toda la información, incluidos los sistemas de ordenadores, pertinente para el ejercicio de sus funciones.

6. Podrán establecerse o modificarse, con arreglo al procedimiento considerado en el apartado 3 del artículo 62, disposiciones detalladas con relación a los controles comunitarios en los Estados miembros.

Artículo 46.- *Controles comunitarios en terceros países*

1. Expertos de la Comisión podrán efectuar controles oficiales en terceros países para verificar, basándose en la información a que se refiere el apartado 1 del artículo 47, que la legislación y los sistemas de un tercer país cumplen la legislación sobre piensos y alimentos de la Comunidad, así como la legislación comunitaria sobre salud animal, o son equivalentes a éstas. La Comisión podrá nombrar expertos de los Estados miembros para que asistan a sus propios expertos. Estos controles oficiales se referirán, en particular, a:

a) la legislación del tercer país de que se trate;

b) la organización de las autoridades competentes del tercer país de que se trate, sus poderes e independencia, la supervisión a la que están sujetos y la autoridad que poseen para hacer cumplir de manera efectiva su legislación;

c) la formación del personal en el ejercicio de controles oficiales;

d) los recursos de que disponen las autoridades competentes, en especial las instalaciones de diagnóstico;

e) la existencia y el funcionamiento de procedimientos de control documentados y de sistemas de control por prioridades;

f) cuando proceda, la situación relativa a la salud animal, en especial a las zoonosis, y la situación fitosanitaria, así como el procedimiento para notificar a la Comisión y a los organismos internacionales pertinentes los brotes de enfermedades de animales y plantas;

g) el alcance y el funcionamiento de los controles oficiales sobre las importaciones de animales, plantas y sus productos;

h) las garantías que puede ofrecer el tercer país respecto del cumplimiento de los requisitos comunitarios o su equivalencia.

2. Para que los controles en un tercer país puedan efectuarse con eficacia, antes de realizar dichos controles, la Comisión podrá pedir al Estado miembro de que se trate que facilite la información a que se refiere el apartado 1 del artículo 47 y, cuando proceda, los registros por escrito relativos a la aplicación de los controles en cuestión.

3. La frecuencia de los controles comunitarios en terceros países se decidirá en función de:

a) una evaluación de riesgos de los productos exportados a la Comunidad;

b) las disposiciones de la legislación comunitaria;

c) el volumen y la naturaleza de las importaciones procedentes del país en cuestión;

d) los resultados de los controles que los servicios de la Comisión u otros organismos de inspección ya hayan efectuado;

e) los resultados de los controles de las importaciones u otro tipo de controles que las autoridades competentes de los Estados miembros hayan efectuado;

f) la información proporcionada por la Autoridad Europea de Seguridad Alimentaria u organismos similares;

g) la información proporcionada por organismos reconocidos internacionalmente como la Organización Mundial de la Salud (OMS), el Codex Alimentarius de la Comisión y la Organización Mundial de Sanidad Animal (OIE), o por otras fuentes;

h) las pruebas de enfermedades emergentes u otras circunstancias que pudieran dar lugar a riesgos sanitarios ocasionados por animales vivos, plantas vivas o piensos o alimentos importados de un tercer país;

i) la necesidad de investigar o responder a situaciones de emergencia en terceros países concretos.

La Comisión fijará los criterios aplicables para realizar la evaluación de riesgos considerada en la letra a). Estas medidas, destinadas a modificar elementos no esenciales del presente Reglamento completándolo, se adoptarán con arreglo al procedimiento de reglamentación con control contemplado en el artículo 62, apartado 4.

4. El procedimiento y las normas de desarrollo para realizar los controles en terceros países se podrán determinar o modificar conforme al procedimiento a que se refiere el apartado 3 del artículo 62.

Los procedimientos y las normas de desarrollo se referirán, en especial:

a) a los controles en terceros países con los que existe un acuerdo bilateral;

b) a los controles en otros terceros países.

Con arreglo al mismo procedimiento, podrán establecerse, con carácter recíproco, gravámenes por los controles antes mencionados.

5. Si se detecta un riesgo grave para la salud humana o animal en el transcurso de un control comunitario, la Comisión tomará de inmediato todas las medidas de emergencia necesarias con arreglo al artículo 53 del Reglamento (CE) nº 178/2002 o a las disposiciones de salvaguarda de otros instrumentos legislativos comunitarios pertinentes.

6. La Comisión elaborará un informe de los resultados de cada control comunitario que se realice. Si procede, su informe contendrá recomendaciones. La Comisión pondrá sus informes a disposición del público.

7. La Comisión comunicará por adelantado a los Estados miembros su programa de controles en terceros países, e informará de los resultados. Podrá modificar el programa para adaptarlo a los cambios en los ámbitos de la seguridad de los piensos y alimentos, la salud animal y la fitosanidad.

CAPÍTULO II.- CONDICIONES IMPUESTAS A LA IMPORTACIÓN

Artículo 47.- *Condiciones generales a la importación*

1. La Comisión tendrá la responsabilidad de solicitar a los terceros países que tengan la intención de exportar mercancías a la Comunidad que faciliten de manera exacta y actualizada la siguiente información sobre la organización y gestión generales de los sistemas de control sanitario:

a) toda la normativa sanitaria o fitosanitaria adoptada o propuesta en su territorio;

b) todos los procedimientos de control e inspección y de producción, cuarentena, tolerancia a los plaguicidas y autorización de aditivos alimentarios aplicados en su territorio;

c) los procedimientos de evaluación de riesgos, los factores considerados, así como la determinación del nivel apropiado de protección sanitaria o fitosanitaria;

d) cuando proceda, el curso que se ha dado a las recomendaciones realizadas a raíz de los controles considerados en el artículo 46.

2. La información a que se refiere el apartado 1 será proporcionada a la naturaleza de las mercancías y podrá tener en cuenta la situación y la estructura específicas del tercer país y la naturaleza de los productos exportados a la Comunidad. En su ámbito entrarán, como mínimo, las mercancías destinadas a la exportación a la Comunidad.

3. La información mencionada en los apartados 1 y 2 también podrá referirse a:

a) los resultados de los controles nacionales efectuados en mercancías destinadas a ser exportadas a la Comunidad;

b) los cambios importantes que se hayan introducido en la estructura y el funcionamiento de los sistemas de control pertinentes, en particular para satisfacer los requisitos o las recomendaciones de la Comunidad.

4. Cuando un tercer país no facilite dicha información o ésta sea inadecuada, se podrán imponer condiciones de importación específicas, de conformidad con el procedimiento a que se refiere el apartado 3 del artículo 62, teniendo en cuenta cada caso particular y de forma estrictamente provisional, tras realizarse consultas con el tercer país de que se trate.

5. Se establecerán, de conformidad con el procedimiento a que se refiere el apartado 2 del artículo 62, unas directrices que especifiquen la manera en que debe elaborarse y presentarse a la Comisión la información indicada en los apartados 1, 2 y 3, así como medidas transitorias, dando tiempo a los terceros países para preparar esta información.

Artículo 48.- *Condiciones específicas para la importación*

1. En la medida en que las condiciones y los procedimientos detallados que habrán de respetarse al importar mercancías procedentes de terceros países o sus regiones no se hayan previsto en la legislación comunitaria, y en particular en el Reglamento (CE) nº 854/2004, si fuere necesario, la Comisión establecerá dichos procedimientos y condiciones. Estas medidas, destinadas a modificar elementos no esenciales del presente Reglamento completándolo, se adoptarán con arreglo al procedimiento de reglamentación con control contemplado en el artículo 62, apartado 4.

2. Entre las condiciones y los procedimientos detallados a que hace referencia el apartado 1 podrán estar:

a) el establecimiento de una lista de terceros países desde los cuales pueden importarse productos específicos en alguno de los territorios indicados en el anexo I;

b) el establecimiento de los modelos de certificados que acompañan a las partidas;

c) las condiciones especiales de importación, en función del tipo de producto o de animal y de los posibles riesgos con él relacionados.

3. Sólo figurarán en la lista a que hace referencia la letra a) del apartado 2 aquellos terceros países cuyas autoridades competentes ofrezcan garantías apropiadas con respecto al cumplimiento o la equivalencia con la legislación comunitaria sobre piensos y alimentos y la normativa en materia de salud animal.

4. Al confeccionar o actualizar las listas deberán tenerse presentes, en particular, los criterios siguientes:

a) la legislación del tercer país en el sector de que se trate;

b) la estructura y la organización de la autoridad competente del tercer país y sus servicios de control, así como los poderes de una y otros y las garantías que pueden ofrecer con respecto a la aplicación de la legislación en cuestión;

c) la existencia de los adecuados controles oficiales;

d) la regularidad y rapidez con que informa el tercer país de la presencia de peligros relacionados con piensos y alimentos y con animales vivos;

e) las garantías ofrecidas por el tercer país de que:

i) las condiciones aplicadas a los establecimientos desde los que pueden importarse piensos y alimentos en la Comunidad cumplen los requisitos contenidos en la legislación comunitaria sobre piensos y alimentos, o son equivalentes a los mismos,

ii) existe una lista actualizada de estos establecimientos,

iii) la lista de establecimientos y sus versiones actualizadas se comunican sin demora a la Comisión,

iv) la autoridad competente del tercer país somete regularmente a un control efectivo a estos establecimientos.

5. Al adoptar las condiciones especiales para la importación indicadas en la letra c) del apartado 2 se tendrán en cuenta la información suministrada por los terceros países de que se trate y, si es necesario, los resultados de los controles comunitarios en ellos efectuados. Estas condiciones especiales aplicables a la importación podrán establecerse para un único producto o para un grupo de productos y aplicarse a un único tercer país, a regiones de un tercer país o a un grupo de terceros países.

Artículo 49.- *Equivalencia*

1. A raíz de la aplicación de un acuerdo de equivalencia, o de una auditoría satisfactoria, podrá adoptarse una decisión, de conformidad con el procedimiento indicado en el apartado 3 del artículo 62, por la que se reconozca que las medidas que aplican un tercer país o alguna de sus regiones en ámbitos específicos ofrecen garantías equivalentes a las que se aplican en la Comunidad, si el tercer país aporta pruebas objetivas a este respecto.

2. La decisión indicada en el apartado 1 establecerá las condiciones que rigen las importaciones procedentes de dicho tercer país o de una región de un tercer país.

Entre dichas condiciones podrán estar las siguientes:

a) la índole y el contenido de los certificados que deben acompañar a los productos;

b) los requisitos específicos aplicables a la importación en la Comunidad;

c) cuando sea necesario, los procedimientos para elaborar o modificar listas de las regiones o los establecimientos de los que está permitido importar.

3. La decisión indicada en el apartado 1 será revocada conforme al mismo procedimiento y sin dilación cuando deje de cumplirse cualquiera de las condiciones para el reconocimiento de la equivalencia establecidas en el momento de adoptarse dicha decisión.

Artículo 50.- *Apoyo a los países en desarrollo*

1. Podrán adoptarse y mantenerse, de conformidad con el procedimiento indicado en el apartado 3 del artículo 62, las siguientes medidas, siempre que se demuestre su efecto garantizador de que los países en desarrollo pueden cumplir las disposiciones del presente Reglamento:

a) una introducción gradual de las obligaciones a que se refieren los artículos 47 y 48 para los productos exportados a la Comunidad. Se evaluarán los avances en el cumplimiento de estas obligaciones y se tendrán en cuenta para determinar la necesidad de determinadas exenciones totales o parciales, de duración limitada, a dichas obligaciones. La introducción gradual tendrá en cuenta asimismo los avances en la creación de la capacidad institucional a que se refiere el apartado 2;

b) la asistencia para facilitar la información a que se refiere el artículo 47, si es necesario a cargo de expertos de la Comunidad;

c) el fomento de proyectos conjuntos entre países en desarrollo y Estados miembros;

d) la elaboración de directrices que ayuden a los países en desarrollo a organizar los controles oficiales de productos exportados a la Comunidad;

e) el envío de expertos de la Comunidad a los países en desarrollo para ayudarles a organizar los controles oficiales;

f) la participación del personal de control de los países en desarrollo en los cursos de formación mencionados en el artículo 51;

2. En el contexto de la política comunitaria de cooperación al desarrollo, la Comisión fomentará la ayuda a los países en desarrollo en lo que se refiere a la seguridad de los alimentos y piensos, en general, y al cumplimiento de las normas sobre alimentos y piensos, en particular, para crear la capacidad institucional necesaria para cumplir los requisitos a que se refieren los artículos 5, 12, 47 y 48.

CAPÍTULO III.- *FORMACIÓN DEL PERSONAL DE CONTROL*

Artículo 51.- *Formación del personal de control*

1. La Comisión podrá organizar cursos de formación para el personal de las autoridades competentes de los Estados miembros encargado de los controles oficiales contemplados en el presente Reglamento. Estos cursos de formación servirán para configurar un planteamiento armonizado de los controles oficiales en los Estados miembros. Los cursos podrán tratar, en particular, los siguientes temas:

a) la legislación comunitaria sobre piensos y alimentos y la normativa en materia de salud animal y bienestar de los animales;

b) métodos y técnicas de control, como son las auditorías de los sistemas concebidos por los explotadores para cumplir la legislación sobre piensos y alimentos y la normativa sobre salud animal y bienestar de los animales;

c) controles a que han de someterse las mercancías importadas en la Comunidad;

d) métodos y técnicas de producción, transformación y comercialización de piensos y alimentos.

2. A los cursos de formación indicados en el apartado 1 podrán acceder participantes de terceros países, sobre todo de los países en desarrollo.

3. Podrán establecerse normas detalladas relativas a la organización de los cursos de formación de acuerdo con el procedimiento indicado en el apartado 3 del artículo 62.

CAPÍTULO IV.- OTRAS ACTIVIDADES COMUNITARIAS

Artículo 52.- *Controles de terceros países en Estados miembros*

1. A petición de las autoridades competentes de los Estados miembros y en colaboración con ellas, dichas autoridades podrán ser asistidas por expertos de la Comisión durante los controles que lleven a cabo terceros países.

2. En tales casos, los Estados miembros en cuyo territorio un tercer país tenga previsto llevar a cabo un control informarán a la Comisión de su planificación y ámbito, así como de la documentación y cualesquiera datos relevantes que permitan a la Comisión participar de manera efectiva en dicho control.

3. La asistencia de la Comisión servirá, concretamente, para:

a) aclarar cuestiones relacionadas con la legislación comunitaria sobre piensos y alimentos y la normativa comunitaria sobre salud animal y bienestar de los animales;

b) proporcionar información y datos disponibles a nivel comunitario que puedan ser útiles para el control realizado por el tercer país;

c) asegurar la uniformidad de los controles que lleven a cabo terceros países.

Artículo 53.- *Planes coordinados de control*

La Comisión podrá recomendar planes coordinados de conformidad con el procedimiento indicado en el apartado 2 del artículo 62. Estos planes se organizarán:

a) de manera anual conforme a un programa, y

b) si se estima necesario, de manera puntual con el fin, en particular, de determinar la prevalencia de riesgos en piensos, alimentos o animales.

TÍTULO VII.- MEDIDAS DE EJECUCIÓN

CAPÍTULO I.- MEDIDAS DE EJECUCIÓN NACIONALES

Artículo 54.- *Actuación en caso de incumplimiento*

1. En caso de que la autoridad competente observe un incumplimiento, tomará medidas para garantizar que el explotador ponga remedio a la situación. Al decidir las medidas que deban emprenderse, la autoridad competente tendrá en cuenta la naturaleza del incumplimiento y el historial de incumplimientos del explotador.

2. Entre las medidas que podrán adoptarse se incluyen las siguientes:

a) imponer procedimientos de saneamiento o cualquier otra medida que se estime necesaria para asegurar la inocuidad de los piensos o los alimentos o el cumplimiento de la legislación sobre piensos o alimentos y de la normativa en materia de salud animal y bienestar de los animales;

b) restringir o prohibir la comercialización, importación o exportación de piensos, alimentos o animales;

c) controlar y, si resulta necesario, ordenar la recuperación, retirada o destrucción de piensos o alimentos;

d) autorizar el uso del pienso o el alimento para fines distintos de aquellos a los que estaban destinados originariamente;

e) suspender las actividades o cerrar la totalidad o parte de la empresa afectada durante un período de tiempo conveniente;

f) suspender o retirar la autorización del establecimiento;

g) aplicar las medidas indicadas en el artículo 19 a las partidas procedentes de terceros países;

h) aplicar cualquier otra medida que la autoridad competente considere adecuada.

3. La autoridad competente facilitará al explotador de que se trate o a su representante:

a) una notificación por escrito de su decisión relativa a la acción que deba emprenderse con arreglo al apartado 1, junto con las razones en las que se basa dicha decisión, e

b) información sobre su derecho a recurrir dichas decisiones y sobre el procedimiento y los plazos aplicables.

4. Cuando proceda, la autoridad competente deberá asimismo notificar su decisión a la autoridad competente del Estado miembro de expedición.

5. Todos los gastos que se originen en aplicación del presente artículo correrán a cargo del explotador de la empresa alimentaria o de piensos responsable.

Artículo 55.- *Sanciones*

1. Los Estados miembros establecerán las normas sobre las sanciones aplicables a las infracciones de la legislación en materia de piensos y alimentos y de otras disposiciones comunitarias sobre la protección de la salud animal y el bienestar de los animales y tomarán todas las medidas necesarias para garantizar su aplicación. Las sanciones establecidas deberán ser eficaces, proporcionadas y disuasorias.

2. Los Estados miembros notificarán sin demora a la Comisión las disposiciones aplicables a las infracciones de la legislación en materia de piensos y alimentos y cualquier modificación posterior de las mismas.

CAPÍTULO II.- MEDIDAS DE EJECUCIÓN COMUNITARIAS

Artículo 56.- *Medidas de salvaguardia*

1. Se adoptarán medidas con arreglo a los procedimientos previstos en el artículo 53 del Reglamento (CE) nº 178/2002 en caso de que:

a) la Comisión tenga pruebas de un fallo grave en los sistemas de control de un Estado miembro, y *b)* tal fallo pudiera constituir un riesgo posible y generalizado para la salud humana, la salud animal o el bienestar de los animales, ya sea directamente o a través del medio ambiente.

2. Tales medidas sólo se adoptarán cuando:

a) los controles comunitarios hayan puesto en evidencia el incumplimiento de la legislación comunitaria e informado del mismo, y

b) el Estado miembro afectado no haya remediado la situación a instancias de la Comisión y en el plazo por ella establecido.

TÍTULO VIII.- ADAPTACIÓN DE LA LEGISLACIÓN COMUNITARIA

Artículo 57.- *Modificación de la Directiva 96/23/CE*

La Directiva 96/23/CE se modifica del siguiente modo:

1) El apartado 2 del artículo 14 se sustituye por el texto siguiente:

«2. Los laboratorios comunitarios de referencia serán los designados en la parte correspondiente del anexo VII del Reglamento (CE) nº 882/2004 del Parlamento Europeo y del Consejo, de 29 de abril de 2004, sobre los controles oficiales efectuados para garantizar la verificación del cumplimiento de la legislación en materia de piensos y alimentos y la normativa sobre salud animal y bienestar de los animales.».

2) En el artículo 30, la parte del apartado 1 que comienza diciendo «Cuando estos nuevos controles revelen [xxx]» y termina con el texto «[xxx] o la utilización con otros fines autorizados por la normativa comunitaria, sin indemnización ni compensación», se sustituye por el texto siguiente:

«Cuando los controles demuestren la presencia de sustancias o productos no autorizados o se sobrepasen los límites máximos se aplicará lo dispuesto en los artículos 19 a 22 del Reglamento (CE) nº 882/2004.».

3) Se suprime el anexo V.

Artículo 58.- *Modificación de la Directiva 97/78/CE*

La Directiva 97/78/CE se modifica del siguiente modo:

1) El artículo 1 se sustituye por el texto siguiente:

«Los Estados miembros realizarán los controles veterinarios de los productos procedentes de terceros países que se introduzcan en alguno de los territorios enumerados en el anexo I de conformidad con la presente Directiva y con el Reglamento (CE) nº 882/2004 del Parlamento Europeo y del Consejo, de 29 de abril de 2004, sobre los controles oficiales efectuados para garantizar la verificación del cumplimiento de la legislación en materia de piensos y alimentos y la normativa sobre salud animal y bienestar de los animales.».

2) La letra a) del apartado 2 del artículo 2 se sustituye por el texto siguiente:

«a) "productos": los productos de origen animal a que se refieren las Directivas 89/662/CEE y 90/425/CEE, el Reglamento (CE) nº 1774/2002 del Parlamento Europeo y del Consejo, de 3 de octubre de 2002, por el que se establecen las normas sanitarias aplicables a los subproductos animales no destinados al consumo humano, la Directiva 2002/99/CE del Consejo, de 16 de diciembre de 2002, por la que se establecen las normas zoosanitarias aplicables a la producción, transformación, distribución e introducción de los productos de origen animal destinados al consumo humano, y el Reglamento (CE) nº 854/2004 del Parlamento Europeo y del Consejo, de 29 de abril de 2004, por el que establecen normas específicas para la organización de controles oficiales de los productos de origen animal destinados al consumo humano, así como los productos vegetales contemplados en el artículo 19.».

3) En el apartado 3 del artículo 7, los términos «los gastos de inspección previstos por la Directiva 85/73/CEE del Consejo, de 29 de enero de 1985, relativa a la financiación de las inspecciones y controles sanitarios contemplados por las Directivas 89/662/CEE, 90/425/CEE, 90/675/CEE y 91/496/CEE (modificada y consolidada)» se sustituyen por el texto siguiente:

«las tasas de inspección consideradas en el Reglamento (CE) nº 882/2004»

4) En la letra b) del apartado 1 del artículo 10 se suprimen los términos siguientes:

«o, en el caso de establecimientos aprobados con arreglo a la Decisión 95/408/CE del Consejo, de 22 de junio de 1995, relativa a las condiciones de elaboración, durante un período transitorio, de las listas provisionales de los establecimientos de terceros países de los que los Estados miembros están autorizados para importar determinados productos de origen animal, productos de la pesca y moluscos bivalvos vivos, de un establecimiento que haya sido objeto de una inspección, bien comunitaria, o bien nacional».

5) Se suprime el apartado 9 del artículo 12.
6) Se suprime el apartado 5 del artículo 15.
7) En el artículo 16 se añade el apartado siguiente:

«4. Las normas detalladas relativas a la introducción de productos de origen animal destinados a la tripulación y a los pasajeros de medios de transporte internacionales, y relativas a productos de origen animal que sean objeto de un pedido a distancia (por ejemplo, por correo, por teléfono o a través de Internet) y se envíen al consumidor, se establecerán conforme al artículo 25 del Reglamento (CE) nº 882/2004»

8) Se suprime el artículo 21.
9) Se suprime el artículo 23.
10) En el segundo guión del apartado 1 del artículo 24, el texto «con arreglo a lo dispuesto en las letras a) y b) del apartado 2 del artículo 17» se sustituye por el siguiente: «con arreglo al artículo 17».

Artículo 59.- *Modificación de la Directiva 2000/29/CE*

En la Directiva 2000/29/CE se inserta el artículo siguiente:

«Artículo 27 bis.- A los efectos de la presente Directiva, y sin perjuicio de lo dispuesto en el artículo 21, se aplicarán, según proceda, los artículos 41 a 46 del Reglamento (CE) nº 882/2004 del Parlamento Europeo y del Consejo, de 29 de abril de 2004, sobre los controles oficiales efectuados para garantizar la verificación del cumplimiento de la legislación en materia de piensos y alimentos y la normativa sobre salud animal y bienestar de los animales.».

Artículo 60.- *Modificación del Reglamento (CE) nº 854/2004*

El Reglamento (CE) nº 854/2004 queda modificado como sigue:

1) En el artículo 1 se añade el apartado siguiente:

«1 bis. El presente Reglamento se aplicará de forma adicional al Reglamento (CE) nº 882/2004 del Parlamento Europeo y del Consejo, de 29 de abril de 2004, sobre los controles oficiales efectuados para garantizar la verificación del cumplimiento de la legislación en materia de piensos y alimentos y la normativa sobre salud animal y bienestar de los animales.».

2) En el artículo 2:
a) en el apartado 1, se suprimen las letras a), b), d) y e), *y*
b) en el apartado 2 se añade la letra siguiente:

«b bis) Reglamento (CE) nº 882/2004;».

3) En el artículo 3:
a) el apartado 1 se sustituye por el texto siguiente:

«1. Las autoridades competentes autorizarán un establecimiento en el momento y en la manera que se especifican en el apartado 2 del artículo 31 del Reglamento (CE) nº 882/2004.»

y

b) se suprimen las letras a) y b) del apartado 4 y el apartado 6.
4) Se suprime el artículo 9.
5) El artículo 10 se sustituye por el texto siguiente:

«Artículo 10.- Para garantizar la aplicación uniforme de los principios y condiciones establecidos en el artículo 11 del Reglamento (CE) nº 178/2002 y en el capítulo II del título VI del Reglamento (CE) nº 882/2004, se aplicarán los procedimientos que se establecen en el presente capítulo.».

6) En el artículo 11:
a) el apartado 2 se sustituye por el texto siguiente:

«2. Sólo podrán incluirse en dichas listas aquellos terceros países en los que se haya llevado a cabo un control comunitario que demuestre que las autoridades competentes ofrecen garantías adecuadas con arreglo a lo previsto en el apartado 3 del artículo 48 del Reglamento (CE) nº 882/2004. No obstante, podrá incluirse en dichas listas un tercer país sin que se haya realizado en él un control comunitario en caso de que:

a) el riesgo determinado con arreglo a la letra a) del apartado 3 del artículo 46 del Reglamento (CE) nº 882/2004 no lo justifique, y

b) al decidir la inclusión de un determinado tercer país en una lista con arreglo al apartado 1, se determine que existe otra información que indica que la autoridad competente ofrece las garantías necesarias.»;

b) en el apartado 4, la introducción se sustituye por el texto siguiente:

«4. Al elaborarse o actualizarse las listas, se tendrán especialmente en cuenta los criterios enumerados en el artículo 46 y en el apartado 3 del artículo 48 del Reglamento (CE) nº 882/2004. Asimismo deberán tenerse en cuenta:»

y

c) se suprimen las letras b) a h) del apartado 4.

7) La letra b) del apartado 2 del artículo 14 se sustituye por el texto siguiente:

«b) las condiciones de importación especsficas establecidas de conformidad con el artículo 48 del Reglamento (CE) nº 882/2004.».

8) En el artículo 18 se suprimen los puntos 17 a 20.

Artículo 61.- *Derogación de actos comunitarios*

1. Quedan derogadas, con efectos a partir del 1 de enero de 2006, las Directivas 70/373/CEE, 85/591/CEE, 89/397/CEE, 93/99/CEE y 95/53/CE y las Decisiones 93/383/CEE, 98/728/CE y 1999/313/CE. La Directiva 85/73/CEE queda derogada con efectos a partir del 1 de enero de 2008.

2. Sin embargo, las normas de desarrollo adoptadas basándose en los actos citados, y en particular las indicadas en el anexo VIII, seguirán vigentes siempre que no contradigan lo dispuesto en el presente Reglamento, a la espera de la adopción de las disposiciones necesarias, con base en el presente Reglamento.

3. Las referencias a los actos derogados se entenderán como referencias al presente Reglamento.

TÍTULO IX.- DISPOSICIONES GENERALES

Artículo 62.- *Procedimiento del Comité*

1. La Comisión estará asistida por el Comité permanente de la cadena alimentaria y de sanidad animal instituido por el artículo 58 del Reglamento (CE) nº 178/2002 o, cuando trate asuntos relacionados fundamentalmente con la fitosanidad, por el Comité fitosanitario permanente creado por la Decisión 76/894/CEE del Consejo.

2. En los casos en que se haga referencia al presente apartado, serán de aplicación los artículos 3 y 7 de la Decisión 1999/468/CE, observando lo dispuesto en su artículo 8.

3. En los casos en que se haga referencia al presente apartado, serán de aplicación los artículos 5 y 7 de la Decisión 1999/468/CE, observando lo dispuesto en su artículo 8.

El plazo contemplado en el apartado 6 del artículo 5 de la Decisión 1999/468/CE queda fijado en tres meses.

4. En los casos en que se haga referencia al presente apartado, serán de aplicación el artículo 5 bis, apartados 1 a 4, y el artículo 7 de la Decisión 1999/468/CE, observando lo dispuesto en su artículo 8.

Artículo 63.- *Normas de desarrollo y medidas transitorias*

1. Las medidas transitorias de alcance general destinadas a modificar elementos no esenciales del presente Reglamento, incluso completándolo con nuevos elementos no esenciales, en particular:

— toda modificación de las normas contempladas en el artículo 12, apartado 2,

— la definición de los piensos que deben considerarse de origen animal a los efectos del presente Reglamento,

y las nuevas especificaciones de los requisitos establecidos en las disposiciones del presente Reglamento, se adoptarán con arreglo al procedimiento de reglamentación con control contemplado en el artículo 62, apartado 4.

Otras medidas transitorias y de aplicación necesarias para asegurar la aplicación uniforme del presente Reglamento podrán establecerse con arreglo al procedimiento de reglamentación contemplado en el artículo 62, apartado 3. Lo anterior se aplicará, en particular, a:

— la delegación de tareas de control a los organismos de control a que se refiere el artículo 5, cuando dichos organismos de control ya estuvieran en funcionamiento antes de la entrada en vigor del presente Reglamento,

— el incumplimiento a que se hace referencia en el artículo 28 que dé lugar a gastos derivados de controles oficiales adicionales,

— los gastos incurridos con arreglo al artículo 54,

— las normas sobre el análisis microbiológico, físico o químico en los controles oficiales, especialmente en caso de sospecha de riesgo, incluida la vigilancia de la seguridad de los productos importados de terceros países.

2. A fin de tener en cuenta la especificidad de los Reglamentos (CEE) nº 2092/91, (CEE) nº 2081/92 y (CEE) nº 2082/92, las medidas específicas que la Comisión deba adoptar podrán establecer las excepciones y adaptaciones necesarias en relación con las normas establecidas en el presente Reglamento. Estas medidas, destinadas a modificar elementos no esenciales del presente Reglamento completándolo, se adoptarán con arreglo al procedimiento de reglamentación con control contemplado en el artículo 62, apartado 4.

Artículo 64.- *Modificación de los anexos y las referencias a normas europeas*

Las medidas siguientes, destinadas a modificar elementos no esenciales del presente Reglamento, se adoptarán con arreglo al procedimiento de reglamentación con control contemplado en el artículo 62, apartado 4:

1) actualización de los anexos del presente Reglamento, salvo los anexos I, IV y V, sin perjuicio de lo dispuesto en el artículo 27, apartado 3, en particular a fin de tener en cuenta los cambios administrativos y los progresos científicos o tecnológicos;

2) actualización de las referencias a normas europeas incluidas en el presente Reglamento en caso de que el CEN modifique tales referencias.

Artículo 65.- *Informe dirigido al Parlamento Europeo y al Consejo*

1. La Comisión presentará un informe al Parlamento Europeo y al Consejo, a más tardar el 20 de mayo de 2007.

2. En el informe se examinará, en particular, la experiencia adquirida en la aplicación del presente Reglamento y se considerarán, en particular, las siguientes cuestiones:

a) volver a evaluar el ámbito de aplicación en relación con la salud animal y el bienestar de los animales;

b) velar por que otros sectores contribuyan a la financiación de los controles oficiales mediante la ampliación de la lista de actividades a que se refieren la sección A del anexo IV y la sección A del anexo V, teniendo en cuenta en particular la incidencia, tras su adopción, de la legislación comunitaria en materia de higiene de los piensos y los alimentos;

c) fijar importes mínimos actualizados de tasas a que se refieren la sección B del anexo IV y la sección B del anexo V, teniendo en cuenta en especial los factores de riesgo.

3. Si procede, la Comisión presentará propuestas pertinentes junto con dicho informe.

Artículo 66.- *Apoyo económico de la Comunidad*

1. Los créditos necesarios para:

a) los gastos de viaje y estancia de los expertos de los Estados miembros como consecuencia de su nombramiento por la Comisión para que asistan a sus expertos conforme al apartado 1 de los artículos 45 y 46;

b) la formación de los funcionarios de control contemplada en el artículo 51, y

c) la financiación de otras medidas necesarias para garantizar la aplicación del presente Reglamento,

se autorizarán cada año en el marco del procedimiento presupuestario.

2. Entre las medidas consideradas en la letra c) del apartado 1 estarán incluidas, en particular, la organización de conferencias, la creación de bases de datos, la publicación de información, la organización de estudios y la organización de reuniones para preparar las sesiones del Comité permanente de la cadena alimentaria y de sanidad animal.

3. Podrá concederse apoyo técnico y una contribución económica de la Comunidad para la organización de las actividades consideradas en el artículo 50, en función de los recursos humanos y económicos de que disponga la Comisión.

TÍTULO X.- DISPOSICIÓN FINAL

Artículo 67.- *Entrada en vigor*

El presente Reglamento entrará en vigor a los veinte días de su publicación en el Diario Oficial de la Unión Europea.

Se aplicará a partir del 1 de enero de 2006.

No obstante, los artículos 27 y 28 se aplicarán a partir del 1 de enero de 2007.

ANEXO I.-
Territorios mencionados en el artículo 2, apartado 15

[Anexo no reproducido en la presente publicación]

ANEXO II.-
Autoridades competentes

[Anexo no reproducido en la presente publicación]

ANEXO III.-
Características de los métodos de análisis

[Anexo no reproducido en la presente publicación]

ANEXO IV.-
Operaciones e importes mínimos de las tasas o gravámenes en relación con los controles oficiales de establecimientos comunitarios

[Anexo no reproducido en la presente publicación]

ANEXO V.-
Operaciones e importes mínimos de las tasas o gravámenes en relación con los controles oficiales de mercancías y animales vivos importados en la comunidad

[Anexo no reproducido en la presente publicación]

ANEXO VI.-
Criterios que han de tenerse en cuenta en el cálculo de las tasas

[Anexo no reproducido en la presente publicación]

ANEXO VII.-
Laboratorios de referencia de la Unión Europea (UE) (anteriormente denominados «laboratorios comunitarios de referencia»)

[Anexo no reproducido en la presente publicación]

ANEXO VIII.-
Normas de desarrollo que siguen vigentes de conformidad con el artículo 61

[Anexo no reproducido en la presente publicación]

Reglamento (CEE) n° 100/72 de la Comisión, de 14 de enero de 1972, por el que se establecen las modalidades de aplicación relativas a la desnaturalización del azúcar para la alimentación animal [V.C. 16/02/1996].

TJUE, 18 de febrero de 1982, Asunto 77/81, Zuckerfabrik Franken GmbH contra República Federal de Alemania. [Interpretación del Art. 14(1)(b)]

Directiva 76/621/CEE de Consejo, de 20 de julio de 1976, relativa a la determinación del porcentaje máximo de ácido erúcico en los aceites y grasas destinados como tales a la alimentación humana, y en los productos alimenticios que contengan aceites o grasas añadidos [V.C. 05/06/2003].

Directiva 78/142/CEE del Consejo, de 30 de enero de 1978, relativa a la aproximación de las legislaciones de los Estados Miembros sobre materiales y objetos que contengan cloruro de vinilo monómero, destinados a entrar en contacto con productos alimenticios.

Primera Directiva 79/796/CEE de la Comisión, de 26 de julio de 1979, que fija los métodos de análisis comunitarios para el control de ciertos azúcares destinados al consumo humano.

Primera Directiva 79/1067/CEE de la Comisión, de 13 de noviembre de 1979, sobre fijación de los métodos de análisis comunitarios para el control de determinados tipos de leche conservada parcial o totalmente deshidratada destinados a la alimentación humana.

Directiva 80/891/CEE de la Comisión, de 25 de julio de 1980, relativa al método de análisis comunitario para la determinación del contenido en ácido en los aceites y grasas destinados como tales a la alimentación humana, y en los productos alimenticios que contengan aceites o grasas añadidas.

Directiva 82/711/CEE del Consejo, de 18 de octubre de 1982, que establece las normas de base necesarias para la verificación de la migración de los constituyentes de los materiales y objetos de materia plástica destinados a entrar en contacto con productos alimenticios [V.C. 01/09/1997].

Directiva 83/417/CEE del Consejo, de 25 de julio de 1983, relativa a la aproximación de las legislaciones de los Estados Miembros sobre determinadas lactoproteínas (caseínas y caseinatos) destinadas a la alimentación humana [V.C. 20/01/2009].

TJUE, 6 de junio de 2002, Asunto C-133/99, Reino de los Países Bajos contra Comisión de las Comunidades Europeas. [Interpretación del Art. 2] [Ayudas para la leche desnatada destinada a la fabricación de caseína y de caseinatos]

Directiva 84/500/CEE del Consejo, de 15 de octubre de 1984, relativa a la aproximación de las legislaciones de los Estados Miembros sobre objetos de cerámica destinados a entrar en contacto con productos alimenticios [V.C. 20/05/2005].

Reglamento n° (Euratom) n° 3954/87 del Consejo de 22 de diciembre de 1987 por el que se establecen tolerancias máximas de contaminación radiactiva de los productos alimenticios y los piensos tras un accidente nuclear o cualquier otro caso de emergencia radiológica [V.C. 25/07/1989].

Reglamento n° (Euratom) n° 944/89 de la Comisión de 12 de abril de 1989 por el que se establecen tolerancias máximas de contaminación radiactiva de los productos alimenticios secundarios tras un accidente nuclear o cualquier otro caso de emergencia radiológica.

Reglamento n° (CEE) n° 2219/89 del Consejo, de 18 de julio de 1989, relativo a las condiciones particulares de exportación de productos alimenticios y piensos después de un accidente nuclear o en cualquier otra situación de emergencia radiológica.

Directiva n° 92/2/CEE de la Comisión, de 13 de enero de 1992, por la que se establece el procedimiento de muestreo y el método comunitario de análisis para el control oficial de las temperaturas de los alimentos ultracongelados destinados al consumo humano.

Reglamento (CE) n° 1935/2004 del Parlamento Europeo y del Consejo, de 27 de octubre de 2004, sobre los materiales y objetos destinados a entrar en contacto con alimentos y por el que se derogan las Directivas 80/590/CEE y 89/109/CEE [V.C. 07/08/2009].

Reglamento (CE) n° 2073/2005 de la Comisión, de 15 de noviembre de 2005, relativo a los criterios microbiológicos aplicables a los productos alimenticios [V.C. 19/05/2010].

Reglamento (CE) n° 401/2006 de la Comisión, de 23 de febrero de 2006, por el que se establecen los métodos de muestreo y de análisis para el control oficial del contenido de micotoxinas en los productos alimenticios [V.C. 13/03/2010].

Directiva 2008/38/CE de la Comisión, de 5 de marzo de 2008, por la que se establece una lista de usos previstos de los alimentos para animales destinados a objetivos de nutrición específicos [V.C. 13/12/2010].

Reglamento (CE) n° 152/2009 de la Comisión, de 27 de enero de 2009, por el que se establecen los métodos de muestreo y análisis para el control oficial de los piensos.

Reglamento (CE) n° 767/2009 del Parlamento Europeo y del Consejo, de 13 de julio de 2009, sobre la comercialización y la utilización de los piensos, por el que se modifica el Reglamento (CE) n° 1831/2003 y se derogan las Directivas 79/373/CEE del Consejo, 80/511/CEE de la Comisión, 82/471/CEE del Consejo, 83/228/CEE del Consejo, 93/74/CEE del Consejo, 93/113/CE del Consejo y 96/25/CE del Consejo y la Decisión 2004/217/CE de la Comisión [V.C. 01/09/2010].

Reglamento (CE) nº 669/2009 de la Comisión, de 24 de julio de 2009, por el que se aplica el Reglamento (CE) nº 882/2004 del Parlamento Europeo y del Consejo en lo que respecta a la intensificación de los controles oficiales de las importaciones de determinados piensos y alimentos de origen no animal y se modifica la Decisión 2006/504/CE [V.C. 07/04/2012].

Capítulo 2.- Aditivos Alimentarios y Auxiliares Tecnológicos

28 de octubre de 1996.- Reglamento (CE) nº 2232/96

del Parlamento Europeo y del Consejo,

por el que se establece un procedimiento comunitario para las sustancias aromatizantes utilizadas o destinadas a ser utilizadas en o sobre los productos alimenticios

(D.O. L 299, 23 de noviembre de 1996)

[V.C. 20/01/2011]

EL PARLAMENTO EUROPEO Y EL CONSEJO DE LA UNIÓN EUROPEA,

Visto el Tratado constitutivo de la Comunidad Europea y, en particular, su artículo 100A,

Vista la propuesta de la Comisión,

Visto el dictamen del Comité Económico y Social,

Previa consulta con el Comité científico de la alimentación humana,

De conformidad con el procedimiento establecido en el artículo 189 B del Tratado,

(1) Considerando que la Directiva 88/388/CEE del Consejo, de 22 de junio de 1988, relativa a la aproximación de las legislaciones de los Estados miembros en el ámbito de los aromas que se utilizan en los productos alimenticios y de los materiales de base para su producción dispone que el Consejo adopte las disposiciones adecuadas relativas a las sustancias aromatizantes;

(2) Considerando que esas disposiciones adecuadas son de aplicación sin perjuicio del marco general establecido por la Directiva 88/388/CEE;

(3) Considerando que las diferencias existentes entre las legislaciones nacionales en materia de aromas obstaculizan la libre circulación de productos alimenticios; que pueden crear condiciones de competencia desigual, incidiendo por ello directamente en el establecimiento o funcionamiento del mercado interior;

(4) Considerando que las legislaciones nacionales relativas a los agentes aromatizantes destinados a ser utilizados en o sobre los productos alimenticios deben tener en cuenta, en primer lugar, los requisitos de la protección de la salud de las personas, pero igualmente las necesidades económicas y técnicas, dentro de los límites que exige la protección sanitaria;

(5) Considerando que, para lograr la libre circulación de los productos alimenticios, es necesaria la aproximación de dichas legislaciones;

(6) Considerando que las medidas comunitarias previstas por el presente Reglamento no son solamente necesarias, sino indispensables para lograr los objetivos establecidos; que los Estados miembros no pueden por sí solos alcanzar estos objetivos;

(7) Considerando que es necesario sentar los criterios generales para la utilización de sustancias aromatizantes;

(8) Considerando que, atendiendo a las recomendaciones científicas más recientes, es necesario establecer una lista de sustancias aromatizantes que pueden utilizarse en o sobre los productos alimenticios;

(9) Considerando que esta lista debe ser abierta y susceptible de modificación a tenor de la evolución científica y técnica;

(10) Considerando que las sustancias aromatizantes ya autorizadas, elaboradas a través de un proceso o con materiales de base que no constituyen la base de la evaluación del Comité científico de la alimentación humana, deberán someterse de nuevo a un examen exhaustivo por parte de este Comité;

(11) Considerando que puede ser necesario, por razones sanitarias, establecer condiciones de uso para determinadas sustancias aromatizantes;

(12) Considerando que conviene, en un primer momento, reunir en un repertorio las sustancias aromatizantes que se empleen ya en los Estados miembros y cuya utilización no pueda ser discutida, en virtud de las normas generales del Tratado, por los demás Estados miembros; que dicho repertorio no está sujeto al artículo 7 de la Directiva 88/388/CEE y, por lo tanto, no requiere por el momento la intervención del Comité científico de la alimentación humana;

(13) Considerando, no obstante, que debe adoptarse una cláusula de salvaguardia que permita a los Estados miembros adoptar las medidas que se impongan cuando una sustancia aromatizante pueda representar un peligro para la salud pública;

(14) Considerando que, conforme al artículo 214 del Tratado, es necesario garantizar la protección de la propiedad intelectual vinculada a la formulación y a la fabricación de una sustancia aromatizante,

HAN ADOPTADO EL PRESENTE REGLAMENTO:

Artículo 1

1. El presente Reglamento establece el procedimiento para adoptar normas en relación con las sustancias aromatizantes contempladas en los guiones tercero, cuarto, quinto y sexto del punto 1 del artículo 5 de la Directiva 88/388/CEE. El presente Reglamento se aplicará sin perjuicio de las demás disposiciones de la Directiva 88/388/CEE.

2. El presente Reglamento se aplicará a las sustancias aromatizantes, tal como se definen en la letra b) del apartado 2 del artículo 1 de la Directiva 88/388/CEE, utilizadas o destinadas a ser utilizadas en o sobre los productos alimenticios para darles olor o sabor.

3. El presente Reglamento se aplicará sin perjuicio de las directivas específicas que permiten la utilización de sustancias aromatizantes incluidas en el presente Reglamento para fines distintos de los contemplados en el apartado 2.

Artículo 2

1. Las sustancias aromatizantes deberán atenerse a los criterios generales de utilización que figuran en el Anexo.

2. La lista de sustancias aromatizantes cuya utilización se autoriza, con exclusión de todas las demás, se establecerá de conformidad con los artículos 3, 4 y 5.

Artículo 3

1. Dentro del plazo de un año a partir de la entrada en vigor del presente Reglamento, los Estados miembros notificarán a la Comisión la lista de sustancias aromatizantes que, de conformidad con la Directiva 88/388/CEE, pueden utilizarse en o sobre los productos alimenticios comercializados en su territorio. Dichas notificaciones incluirán cualquier información útil relativa:

a) al carácter de dichas sustancias aromatizantes, como la fórmula química, el número CAS, el número Einecs, la nomenclatura IUPAC, su origen y, cuando proceda, las condiciones de su uso;

b) a los productos alimenticios en o sobre los que se utilizan principalmente dichas sustancias aromatizantes;

c) al respeto, en cada Estado miembro, de los criterios previstos en el artículo 4 de la Directiva 88/388/CEE, y la motivación correspondiente.

2. Basándose en las notificaciones previstas en el apartado 1, tras un estudio de dichas notificaciones por parte de la Comisión, y teniendo en cuenta la letra c) del apartado 1, las sustancias aromatizantes cuya utilización legal en un Estado miembro deba ser reconocida por los demás Estados miembros se incluirán en un repertorio que se adoptará de conformidad con el procedimiento previsto en el artículo 7 en un plazo de un año a partir de la expiración del período de notificación que establece el apartado 1. Si resulta necesario, dicho repertorio podrá incluir condiciones de utilización.

Las sustancias aromatizantes se designarán de tal forma que queden protegidos los derechos de propiedad intelectual de su fabricante.

3. Si un Estado miembro comprobase, basándose en un informe detallado, debido a la aparición de nuevos datos o a una nueva evaluación de los datos ya existentes realizada después de la confección del repertorio previsto en el apartado 2, que una sustancia aromatizante puede representar un peligro para la salud pública, podrá suspender o restringir en su territorio la utilización de dicha sustancia. Informará de ello inmediatamente a la Comisión y a los demás Estados miembros, precisando los motivos que justifiquen su decisión.

La Comisión estudiará lo antes posible los motivos alegados por el Estado miembro de que se trate y, tras consultar al Comité permanente de productos alimenticios creado por la Decisión 69/414/CEE del Consejo, emitirá su dictamen.

Si la Comisión considera que es necesario modificar el repertorio de sustancias aromatizantes, para garantizar la protección de la salud pública, iniciará el procedimiento previsto en el artículo 7 con el fin de decidir las modificaciones necesarias. El Estado que haya adoptado las medidas de salvaguardia podrá manterlas hasta que entren en vigor dichas modificaciones.

Artículo 4

1. Con el fin de comprobar si las sustancias aromatizantes que figuran en el repertorio mencionado en el artículo 3 se atienen a los criterios generales de utilización que figuran en el Anexo, se adoptará, según el procedimiento previsto en el artículo 7, en un plazo de diez meses a partir de la adopción del repertorio, un programa de evaluación de dichas sustancias aromatizantes.

Dicho programa definirá, en concreto:

— el orden de prioridad según el cual deberán estudiarse las sustancias aromatizantes, habida cuenta de sus respectivos usos,

— los plazos,

— las sustancias aromatizantes que deberán ser objeto de cooperación científica.

2. Los responsables de la comercialización de las sustancias aromatizantes comunicarán a la Comisión, llegado el caso previa petición, los datos necesarios para la evaluación de éstas.

3. Si, tras evaluar una sustancia aromatizante, se comprueba que ésta no responde a los criterios generales de utilización que figuran en el Anexo, se eliminará dicha sustancia del repertorio, por el procedimiento previsto en el artículo 7.

Artículo 5

1. La lista de sustancias aromatizantes prevista en el artículo 2, apartado 2, se adoptará mediante el procedimiento establecido en el artículo 7, a más tardar el 31 de diciembre de 2010.

2. Podrá autorizarse, por el procedimiento establecido en el artículo 7, la utilización de una nueva sustancia aromatizante que no figure en el repertorio previsto en el apartado 2 del artículo 3. A tal fin, la sustancia deberá incluirse primero en el programa de evaluación contemplado en el apartado 1 del artículo 4, según el procedimiento del artículo 7, y ser evaluada después en función del puesto que se le atribuya en dicho programa.

Artículo 6

1. El presente Reglamento se aplicará sin perjuicio de las disposiciones comunitarias que autorizan la utilización, en o sobre ciertos productos alimenticios, de determinadas categorías de sustancias aromatizantes definidas en el artículo 1 de la Directiva 88/388/CEE.

2. No obstante, las sustancias aromatizantes de estas categorías deberán ser conformes a los criterios generales de utilización que figuran en el Anexo.

Artículo 7

1. La Comisión estará asistida por el Comité Permanente de la Cadena Alimentaria y de Sanidad Animal, creado por el artículo 58 del Reglamento (CE) nº 178/2002, denominado en lo sucesivo «Comité».

2. En los casos en que se haga referencia al presente artículo, serán de aplicación los artículos 5 y 7 de la Decisión 1999/468/CE, observando lo dispuesto en su artículo 8.

El plazo contemplado en el apartado 6 del artículo 5 de la Decisión 1999/468/CE queda fijado en tres meses.

3. El Comité aprobará su reglamento interno.

Artículo 8 *[...]*

Artículo 9

Los Estados miembros no podrán prohibir, restringir u obstaculizar la comercialización o la utilización en o sobre los productos alimenticios de las sustancias aromatizantes que sean conformes al presente Reglamento.

Artículo 10

Las disposiciones para ajustar los actos comunitarios existentes al presente Reglamento se adoptarán de acuerdo con el procedimiento establecido en el artículo 7.

Artículo 11

El presente Reglamento entrará en vigor el día de su publicación en el Diario Oficial de las Comunidades Europeas.

El presente Reglamento será obligatorio en todos sus elementos y directamente aplicable en cada Estado miembro.

ANEXO.-

Criterios generales para la utilización de sustancias aromatizantes contempladas en el apartado 1 del artículo 2

1. La utilización de las sustancias aromatizantes podrá ser autorizada siempre y cuando:

— no presenten ningún riesgo para la salud del consumidor, con arreglo a la evaluación científica contemplada en el artículo 7 de la Directiva 88/388/CEE,

— no induzca a engaño al consumidor.

2. Para poder medir los posibles efectos nocivos de una sustancia aromatizante habrá que someterla a una evaluación toxicológica apropiada. Cuando una sustancia aromatizante contenga un organismo modificado genéticamente o esté constituida por semejante organismo, según se contempla en los apartados 1 y 2 del artículo 2 de la Directiva 90/220/CEE del Consejo, de 23 de abril de 1990, relativa a la liberación intencional en el medio ambiente de organismos modificados genéticamente, no serán de aplicación los artículos 11 a 18 de dicha Directiva. No obstante, al evaluar la seguridad de esa sustancia aromatizante deberá tenerse en cuenta el requisito de la seguridad del medio ambiente que establece dicha Directiva.

3. Todas las sustancias aromatizantes deberán ser objeto de una vigilancia continuada y habrá que volver a analizarlas siempre que sea necesario.

27 de enero de 1997.- Reglamento (CE) nº 258/97
del Parlamento Europeo y del Consejo,
sobre nuevos alimentos y nuevos ingredientes alimentarios
(D.O. L 43, 14 de febrero de 1997)

[V.C. 07/08/2009]

TJUE, 14 de abril de 2011, Asunto C-327/09, Mensch und Natur AG contra Freistaat Bayern. [Interpretación del Art. 7] [Nuevo alimento o nuevo ingrediente alimentario - Decisión 2000/196/CE - "Stevia rebaudiana Bertoni: plantas y hojas secas" - Denegación de la autorización de comercialización - Efectos respecto a una persona distinta del destinatario].

TJUE, 15 de enero de 2009, Asunto C-383/07, M-K Europa GmbH & Co. KG contra Stadt Regensburg. [Interpretación del Arts. 1(2) y 13] [Nuevos alimentos y nuevos ingredientes alimentarios].

TJUE, 9 de junio de 2005, Asuntos acumulados C-211/03, C-299/03 y C-316/03 a C-318/03, HLH Warenvertriebs GmbH (C-211/03) y Orthica BV (C-299/03 y C-316/03 a C-318/03) contra Bundesrepublik Deutschland. [interpretación del Art. 1(2)] [Distinción entre medicamentos y productos alimenticios - Producto comercializado como complemento alimenticio en el Estado miembro de origen, pero considerado medicamento en el Estado miembro de importación - Autorización de comercialización]

TJUE, 9 de septiembre de 2003, Asunto C-236/01., Monsanto Agricoltura Italia SpA y otros contra Presidenza del Consiglio dei Ministri y otros. [Interpretación de los Arts. 3(1), 3(4), 5 y 12] [Nuevos alimentos - Comercialización - Evaluación de su seguridad (inocuidad) - Procedimiento simplificado - Equivalencia sustancial con alimentos existentes - Alimentos producidos a partir de líneas de maíz genéticamente modificado - Presencia de restos de proteínas transgénicas - Medida por la que un Estado miembro limita de modo temporal o suspende la comercialización o el uso de un nuevo alimento dentro de su territorio].

EL PARLAMENTO EUROPEO Y EL CONSEJO DE LA UNIÓN EUROPEA,

Visto el Tratado constitutivo de la Comunidad Europea y, en particular, su artículo 100 A,

Vistas las propuestas de la Comisión,

Visto el dictamen del Comité Económico y Social,

De conformidad con el procedimiento establecido en el artículo 189 B del Tratado, a la vista del texto conjunto aprobado por el Comité de Conciliación el 9 de diciembre de 1996,

(1) Considerando que las diferencias entre las legislaciones nacionales en materia de nuevos alimentos o de nuevos ingredientes alimentarios pueden obstaculizar la libre circulación de productos alimenticios; que esas diferencias pueden crear condiciones de competencia desleal afectando de manera directa al funcionamiento del mercado interior;

(2) Considerando que, para proteger la salud pública, es necesario garantizar que los nuevos alimentos y los nuevos ingredientes alimentarios estén sometidos a una evaluación de seguridad única por medio de un procedimiento comunitario antes de ser puestos en el mercado en la Comunidad; que en el caso de nuevos alimentos o de nuevos ingredientes alimentarios sustancialmente equivalentes a alimentos o a ingredientes alimentarios existentes, conviene prever un procedimiento simplificado;

(3) Considerando que los aditivos alimentarios, los aromas para productos alimenticios y los disolventes de extracción están incluidos en otras disposiciones comunitarias y, por lo tanto, deberían excluirse del ámbito de aplicación del presente Reglamento;

(4) Considerando que es conveniente establecer medidas apropiadas para la puesta en el mercado de nuevos alimentos o de nuevos ingredientes alimentarios derivados de variedades vegetales contempladas en la Directiva 70/457/CEE del Consejo, de 29 de septiembre de 1970, referente al catálogo común de las variedades de las especies de plantas agrícolas y en la Directiva 70/458/CEE del Consejo, de 29 de septiembre de 1970, referente a la comercialización de las semillas de plantas hortícolas;

(5) Considerando que es posible que vayan asociados riesgos para el medio ambiente con nuevos alimentos o ingredientes alimentarios que contengan o consistan en organismos modificados genéticamente; que la Directiva 90/220/CEE del Consejo, de 23 de abril de 1990, sobre la liberación intencional en el medio ambiente de organismos modificados genéticamente ha precisado que, para dichos productos, debe siempre efectuarse una evaluación del riesgo medioambiental a fin de garantizar la seguridad

para el medio ambiente; que, con vistas a establecer un sistema comunitario unificado para la evaluación de un producto, deben tomarse disposiciones en el ámbito del presente Reglamento para una evaluación específica del riesgo medioambiental, la cual, conforme a los procedimientos establecidos por el artículo 10 de la Directiva 90/220/CEE debe ser similar a la establecida en la misma, junto con la evaluación de la idoneidad del producto para su uso como alimento o ingrediente alimentario;

(6) Considerando que el Comité científico de la alimentación humana, creado por la Decisión 74/234/CEE, debe ser consultado sobre cualquier cuestión relativa al presente Reglamento cuando ésta pueda tener un efecto sobre la salud pública;

(7) Considerando que la Directiva 89/397/CEE del Consejo, de 14 de junio de 1989, relativa al control oficial de los productos alimenticios y la Directiva 93/99/CEE del Consejo, de 29 de octubre de 1993, sobre medidas adicionales relativas al control oficial de los productos alimenticios son aplicables a los nuevos alimentos o ingredientes alimentarios;

(8) Considerando que sin perjuicio de otros requisitos de la legislación comunitaria sobre el etiquetado de los productos alimenticios, conviene establecer requisitos específicos suplementarios en materia de etiquetado; que estos requisitos deben ser objeto de disposiciones precisas para garantizar al consumidor la información necesaria; que conviene informar a grupos determinados de la población que estén asociados con prácticas alimenticias bien establecidas cuando la presencia en un nuevo alimento de materias que no se encuentren en el producto alimenticio equivalente existente suscite una reserva de carácter ético para dichos grupos de población; que los alimentos y los ingredientes alimentarios que contengan organismos genéticamente modificados que sean puestos en el mercado deben ser seguros para la salud humana; que esta seguridad está garantizada por la conformidad con el procedimiento de autorización contenido en la Directiva 90/220/CEE y/o por el procedimiento específico de evaluación establecido en el presente Reglamento; que, en la medida en que un organismo está definido en la legislación comunitaria, por lo que respecta al etiquetado, la información al consumidor sobre la existencia de un organismo que haya sido genéticamente modificado constituye un requisito adicional aplicable a los alimentos e ingredientes alimentarios a los que se refiere el presente Reglamento;

(9) Considerando que, en relación con los alimentos e ingredientes alimentarios que estén destinados a ser puestos en el mercado para su suministro al consumidor final y que puedan contener tanto productos genéticamente modificados como convencionales, y sin perjuicio de los demás requisitos de etiquetado establecidos en el presente Reglamento, se considerará, con carácter de excepción, en particular por lo que se refiere a las entregas a granel, que la información al consumidor sobre la posibilidad de que los alimentos e ingredientes alimentarios de que se trate pueden contener organismos genéticamente modificados cumple los requisitos del artículo 8;

(10) Considerando que nada debe impedir que un proveedor informe al cunsumidor en la etiqueta de un alimento o ingrediente alimentario que el producto en cuestión no es un alimento nuevo en la acepción del presente Reglamento y que las técnicas utilizadas para obtener nuevos alimentos mencionados en el apartado 2 del artículo 1 no fueron utilizadas para la producción de dicho alimento o ingrediente alimentario;

(11) Considerando que, respecto al presente Reglamento, deberá preverse un procedimiento para establecer una estrecha cooperación entre los Estados miembros y la Comisión en el seno del Comité permanente de productos alimentarios creado mediante la Decisión 69/414/CEE;

(12) Considerando que el 20 de diciembre de 1994 se concluyó un acuerdo sobre un modus vivendi entre el Parlamento Europeo, el Consejo y la Comisión relativo a las medidas de ejecución de los actos aprobados según el procedimiento contemplado en el artículo 189 B del Tratado CE,

HAN ADOPTADO EL PRESENTE REGLAMENTO:

Artículo 1

1. El presente Reglamento tiene por objeto la puesta en el mercado en la Comunidad de nuevos alimentos y de nuevos ingredientes alimentarios.

2. El presente Reglamento se aplicará a la puesta en el mercado en la Comunidad de alimentos y de ingredientes alimentarios que, hasta el momento, no hayan sido utilizados en una medida importante para el consumo humano en la Comunidad, y que estén incluidos en las siguientes categorías:

a) [...]

b) [...]

c) alimentos e ingredientes alimentarios de estructura molecular primaria nueva o modificada intencionadamente;

d) alimentos e ingredientes alimentarios consistentes en microorganismos, hongos o algas u obtenidos a partir de éstos;

e) alimentos e ingredientes alimentarios consistentes en vegetales, u obtenidos a partir de ellos, y los ingredientes alimentarios obtenidos a partir de animales, excepto los alimentos e ingredientes alimentarios obtenidos mediante prácticas tradicionales de multiplicación o de selección y cuyo historial de uso alimentario sea seguro;

f) alimentos e ingredientes alimentarios que se hayan sometido a un proceso de producción no utilizado habitualmente, que provoca en su composición o estructura cambios significativos de su valor nutritivo, de su metabolismo o de su contenido en sustancias indeseables.

3. Llegado el caso, podrá determinarse según el procedimiento establecido en el artículo 13, apartado 2 si un tipo de alimento o ingrediente alimentario está incluido en el apartado 2 del presente artículo.

Artículo 2

1. El presente Reglamento no se aplicará a:

a) los aditivos alimentarios que estén incluidos en el ámbito de aplicación de la Directiva 89/107/CEE del Consejo, de 21 de diciembre de 1988, relativa a la aproximación de las legislaciones de los Estados miembros sobre los aditivos alimentarios autorizados en los productos alimenticios destinados al consumo humano;

b) los aromas para productos alimenticios que estén incluidos en el ámbito de aplicación de la Directiva 88/388/CEE del Consejo, de 22 de junio de 1988, relativa a la aproximación de las legislaciones de los Estados miembros en el ámbito de los aromas que se utilizan en los productos alimenticios y de los materiales de base para su producción;

c) los disolventes de extracción utilizados en la fabricación de productos alimenticios que estén incluidos en el ámbito de aplicación de la Directiva 88/344/CEE del Consejo, de 13 de junio de 1988, relativa a la aproximación de las legislaciones de los Estados miembros sobre los disolventes de extracción utilizados en la fabricación de productos alimenticios y de sus ingredientes;

d) enzimas alimentarias que entran en el ámbito de aplicación del Reglamento (CE) nº 1332/2008 del Parlamento Europeo y del Consejo, de 16 diciembre de 2008, sobre las enzimas alimentarias.

2. Las exclusiones del ámbito de aplicación del presente Reglamento a las que se refieren las letras a), b) y c) del apartado 1 se aplicarán solamente mientras el nivel de seguridad establecido en las Directivas 88/344/CEE, 88/388/CEE y 89/107/CEE corresponda al nivel de seguridad del presente Reglamento.

3. Teniendo en cuenta lo dispuesto en el artículo 11, la Comisión garantizará que el nivel de seguridad establecido en las Directivas mencionadas anteriormente, así como en las medidas de ejecución de esas Directivas y del presente Reglamento, corresponde al nivel de seguridad del presente Reglamento.

Artículo 3

1. Los alimentos o ingredientes alimentarios contemplados en el presente Reglamento no deberán:

— suponer ningún riesgo para el consumidor;

— inducir a error al consumidor;

— diferir de otros alimentos e ingredientes alimentarios a cuya sustitución se destinen de tal manera que su consumo normal implique desventajas para el consumidor desde el punto de vista de la nutrición.

2. Para la puesta en el mercado en la Comunidad de alimentos e ingredientes alimentarios incluidos en el ámbito de aplicación del presente Reglamento, se aplicarán los procedimientos establecidos en los artículos 4, 6, 7 y 8, basándose en los criterios definidos en el apartado 1 del presente artículo y en otros factores pertinentes mencionados en dichos artículos.

[...]

3. *[...]*

4. No obstante lo dispuesto en el apartado 2, el procedimiento contemplado en el artículo 5 se aplicará a los alimentos o ingredientes alimentarios mencionados en las letras d) y e) del apartado 2 del artículo 1 que, a tenor de los datos científicos disponibles y reconocidos de forma general o de un dictamen emitido por uno de los organismos competentes contemplados en el apartado 3 del artículo 4, sean sustancialmente equivalentes a alimentos o a ingredientes alimentarios existentes en lo que se refiere a su composición, valor nutricional, metabolismo, uso al que están destinados y a su contenido de sustancias indeseables.

Llegado el caso, podrá determinarse, según el procedimiento establecido en el artículo 13, apartado 2, si un tipo de alimento o ingrediente alimentario está incluido en el presente apartado.

Artículo 4

1. La persona responsable de la puesta en el mercado en la Comunidad, denominada en lo sucesivo «solicitante», presentará una solicitud al Estado miembro en el que el producto vaya a ser puesto en el mercado por primera vez. Al mismo tiempo enviará copia de dicha solicitud a la Comisión.

2. Se procederá a la evaluación inicial contemplada en el artículo 6.

Una vez concluido el procedimiento establecido en el apartado 4 del artículo 6, el Estado miembro al que hace referencia el apartado 1 informará sin demora al solicitante:

— de que puede proceder a poner en el mercado el alimento o ingrediente alimentario, en caso de no requerirse la evaluación complementaria mencionada en el apartado 3 del artículo 6 y siempre que no se haya formulado ninguna objeción fundamentada con arreglo al apartado 4 del artículo 6, o bien

— de que es necesaria una decisión de autorización con arreglo al artículo 7.

3. Cada Estado miembro notificará a la Comisión el nombre y dirección de los organismos de evaluación de alimentos competentes en su territorio para la elaboración de los informes de evaluación inicial citados en el apartado 2 del artículo 6.

4. Antes de la fecha de entrada en vigor del presente Reglamento, la Comisión publicará recomendaciones respecto a los aspectos científicos relativos a:

— la información que deberá facilitarse en apoyo de una solicitud, así como a la presentación de la misma;

— la elaboración de los informes de evaluación inicial previstos en el artículo 6.

5. Las posibles normas de desarrollo del presente artículo se adoptarán con arreglo al procedimiento establecido en el artículo 13, apartado 2.

Artículo 5

En el caso de alimentos o ingredientes alimentarios a que se refiere el apartado 4 del artículo 3, el solicitante notificará la puesta en el mercado a la Comisión. La notificación se acompañará de los elementos pertinentes mencionados en el apartado 4 del artículo 3. En un plazo de 60 días la Comisión transmitirá a los Estados miembros copia de esta notificación, así como, a petición de un Estado miembro, una copia de dichos elementos pertinentes. La Comisión publicará anualmente un resumen de estas notificaciones en la serie C del Diario Oficial de las Comunidades Europeas.

Por lo que se refiere al etiquetado, se aplicarán las disposiciones del artículo 8.

Artículo 6

1. La solicitud contemplada en el apartado 1 del artículo 4 contendrá la información necesaria, con inclusión de una copia de los estudios que se hayan realizado y cualquier otro elemento de que se disponga para demostrar que el alimento o el ingrediente alimentario cumple los criterios establecidos en el apartado 1 del artículo 3, así como la correspondiente propuesta de presentación y etiquetado del alimento o del ingrediente alimentario conforme a los requisitos fijados en el artículo 8. Además, la solicitud estará acompañada de un resumen del dossier.

2. Recibida la solicitud, el Estado miembro a que se refiere al apartado 1 del artículo 4 hará que se lleve a cabo una evaluación inicial. Con tal finalidad, o bien notificará a la Comisión el nombre del organismo competente en materia de evaluación de productos alimenticios encargado de elaborar el informe de evaluación inicial, o bien solicitará a la Comisión que concierte con otro Estado miembro la elaboración de dicho informe por uno de los organismos competentes en materia de evaluación de productos alimenticios mencionados en el apartado 3 del artículo 4.

La Comisión cursará sin demora a todos los Estados miembros una copia del resumen del dossier facilitado por el solicitante y el nombre del organismo competente encargado de efectuar la evaluación inicial.

3. El informe de evaluación inicial se elaborará en un plazo de tres meses a partir de la recepción de la solicitud que cumpla las condiciones establecidas en el apartado 1, de conformidad con las recomendaciones del apartado 4 del artículo 4, e indicará si el alimento o el ingrediente alimentario requiere o no una evaluación complementaria de conformidad con el artículo 7.

4. El Estado miembro interesado remitirá sin demora el informe del organismo competente en materia de evaluación de productos alimenticios a la Comisión, que a su vez cursará el informe a los demás Estados miembros. En un plazo de 60 días a partir de la fecha en que la Comisión haya cursado el informe, un Estado miembro o la Comisión podrán presentar observaciones u objeciones fundamentadas a la comercialización del alimento o del ingrediente alimentario de que se trate. Las observaciones u objeciones podrán también referirse a la presentación o al etiquetado del alimento o del ingrediente alimentario.

La Comisión será destinataria de las observaciones u objeciones formuladas, que transmitirá a los Estados miembros en el plazo de 60 días mencionado en el párrafo primero.

A petición de un Estado miembro, el solicitante facilitará una copia de las informaciones útiles que figuran en la solicitud.

Artículo 7

1. Cuando sea necesaria una evaluación complementaria con arreglo al apartado 3 del artículo 6, o cuando se formule una objeción de conformidad con el apartado 4 del artículo 6, se adoptará una decisión de autorización según el procedimiento establecido en el artículo 13, apartado 2.

2. La decisión establecerá el alcance de la autorización y, en su caso, precisará:

— las condiciones de uso del alimento o del ingrediente alimentario;

— la denominación del alimento o del ingrediente alimentario, así como su descripción;

— los requisitos específicos en materia de etiquetado contemplados en el artículo 8.

3. La Comisión informará sin demora al solicitante de la decisión adoptada. Las decisiones se publicarán en el Diario Oficial de las Comunidades Europeas.

Artículo 8

1. Sin perjuicio de los demás requisitos de la legislación comunitaria sobre etiquetado de los productos alimenticios, los requisitos específicos suplementarios siguientes en materia de etiquetado se aplicarán a los productos alimenticios para informar al consumidor final de:

a) las características o propiedades alimentarias, tales como:

— la composición,

— el valor nutritivo o los efectos nutritivos,

— el uso al que el alimento está destinado,

en cuanto hagan que un nuevo alimento o ingrediente alimentario deje de ser equivalente a un alimento o ingrediente alimentario existente.

A los efectos de este artículo, se considerará que un nuevo alimento o ingrediente alimentario deja de ser equivalente si una evaluación científica, basada en un análisis adecuado de los datos existentes puede demostrar que las características estudiadas son distintas de las que presente un alimento o ingrediente alimentario convencional, teniendo en cuenta los límites aceptados de las variaciones naturales de estas características.

En este caso, el etiquetado deberá llevar la mención de estas características o propriedades modificadas, junto con la indicación del método por el cual se haya obtenido dicha característica o propiedad;

b) la presencia en el nuevo alimento o ingrediente alimentario de materias que no estén presentes en un producto alimenticio equivalente existente y que puedan tener consecuencias para la salud de determinados grupos de población;

c) la presencia en el nuevo alimento de materias que no estén presentes en el producto alimenticio equivalente existente y que planteen una reserva de carácter ético.

d) [...]

2. A falta de alimento o de ingrediente alimentario equivalente existente, se adoptarán, cuando sea necesario, disposiciones apropiadas a fin de garantizar que el consumidor esté informado de manera adecuada de la naturaleza del alimento o del ingrediente alimentario.

3. Las posibles normas de desarrollo del presente artículo se adoptarán con arreglo al procedimiento establecido en el artículo 13, apartado 2.

Artículo 9 *[...]*

Artículo 10

La Comisión adoptará normas para la protección de los datos facilitados por el solicitante. Estas medidas, destinadas a modificar elementos no esenciales del presente Reglamento, completándolo, se adoptarán con arreglo al procedimiento de reglamentación con control contemplado en el artículo 13, apartado 3.

Artículo 11

Se consultará al Comité científico de la alimentación humana sobre toda cuestión incluida en el ámbito de aplicación del presente Reglamento que pueda tener repercusiones en la salud pública.

Artículo 12

1. Cuando, como consecuencia de una nueva información o de una nueva evaluación de la información existente, un Estado miembro tenga motivos fundados para considerar que la utilización de un alimento o de un ingrediente alimentario que cumpla lo dispuesto en el presente Reglamento pone en peligro la salud humana o el medio ambiente, dicho Estado miembro podrá limitar de modo temporal o suspender la comercialización y el uso del alimento o ingrediente alimentario en cuestión dentro de su territorio. Deberá informar de ello inmediatamente a los demás Estados miembros y a la Comisión, precisando los motivos de su decisión.

2. En el seno del Comité permanente de productos alimenticios, la Comisión estudiará lo antes posible las razones a que se refiere al apartado 1. Adoptará las medidas apropiadas destinadas a confirmar, modificar o derogar la medida nacional, de acuerdo con el procedimiento de reglamentación establecido en el artículo 13, apartado 2. El Estado miembro que haya adoptado la decisión contemplada en el apartado 1 podrá mantenerla hasta la entrada en vigor de estas medidas.

Artículo 13

1. La Comisión estará asistida por el Comité Permanente de la Cadena Alimentaria y de Sanidad Animal, creado por el artículo 58 del Reglamento (CE) nº 178/2002, denominado en lo sucesivo «Comité».

2. En los casos en que se haga referencia al presente artículo, serán de aplicación los artículos 5 y 7 de la Decisión 1999/468/CE, observando lo dispuesto en su artículo 8.

El plazo contemplado en el apartado 6 del artículo 5 de la Decisión 1999/468/CE queda fijado en tres meses.

3. En los casos en que se haga referencia al presente apartado, serán de aplicación el artículo 5 bis, apartados 1 a 4, y el artículo 7 de la Decisión 1999/468/CE, observando lo dispuesto en su artículo 8.

Artículo 14

1. A más tardar, en un plazo de 5 años desde la fecha de entrada en vigor del presente Reglamento y a la vista de la experiencia adquirida, la Comisión presentará al Parlamento Europeo y al Consejo un informe sobre la aplicación del presente Reglamento, que se acompañará, en su caso, de las propuestas adecuadas.

2. Sin perjuicio de la revisión prevista en el apartado 1, la Comisión ejercerá un control sobre la aplicación del presente Reglamento y sus repercusiones sobre la salud, la protección de los consumidores, la información al consumidor y el funcionamiento del mercado interior y, en caso necesario, presentará propuestas al respecto en la fecha más temprana posible.

Artículo 15

El presente Reglamento entrará en vigor a los 90 días de su publicación en el Diario Oficial de las Comunidades Europeas.

El presente Reglamento será obligatorio en todos sus elementos y directamente aplicable en cada Estado miembro.

22 de septiembre de 2003.- Reglamento (CE) nº 1831/2003
del Parlamento Europeo y del Consejo,
sobre los aditivos en la alimentación animal
(D.O. L 268, 18 de octubre de 2003)

[V.C. 01/09/2010]

EL PARLAMENTO EUROPEO Y EL CONSEJO DE LA UNIÓN EUROPEA,

Visto el Tratado constitutivo de la Comunidad Europea, y en particular su artículo 37 y la letra b) del apartado 4 de su artículo 152,

Vista la propuesta de la Comisión,

Visto el dictamen del Comité Económico y Social Europeo,

Previa consulta al Comité de las Regiones,

De conformidad con el procedimiento establecido en el artículo 251 del Tratado,

Considerando lo siguiente:

(1) La producción ganadera ocupa un lugar muy importante en la agricultura de la Comunidad; los resultados satisfactorios dependen en gran medida del uso de piensos seguros y de buena calidad.

(2) La libre circulación de alimentos y alimentos para animales seguros y saludables constituye un aspecto esencial del mercado interior y contribuye notablemente a la salud y el bienestar de los ciudadanos, al tiempo que favorece sus intereses sociales y económicos.

(3) Al aplicar las políticas comunitarias debe garantizarse un nivel elevado de protección de la vida y la salud de las personas.

(4) A fin de proteger la salud humana, la sanidad animal y el medio ambiente, los aditivos para alimentación animal, antes de ser comercializados, utilizados o transformados en la Comunidad, deben ser sometidos a una evaluación de su seguridad mediante un procedimiento comunitario. Dado que los alimentos de los animales de compañía no son parte de la cadena alimentaria y no tienen consecuencias medioambientales para las tierras de labranza, procede introducir disposiciones específicas relativas a los aditivos para dichos alimentos.

(5) El artículo 11 del Reglamento (CE) nº 178/2002 del Parlamento Europeo y del Consejo, de 28 de enero de 2002, por el que se establecen los principios y los requisitos generales de la legislación alimentaria, se crea la Autoridad Europea de Seguridad Alimentaria y se fijan procedimientos relativos a la seguridad alimentaria, consagra el principio de la legislación alimentaria comunitaria de que los alimentos y piensos importados a la Comunidad para ser comercializados en ella deben cumplir los requisitos pertinentes de la legislación alimentaria o condiciones que la Comunidad reconozca al menos como equivalentes. Por consiguiente, es necesario someter las importaciones de aditivos en la alimentación animal procedentes de terceros países a condiciones equivalentes a las aplicables a los aditivos producidos en la Comunidad.

(6) La acción comunitaria en materia de salud humana, de sanidad animal y de medio ambiente debe basarse en el principio de precaución.

(7) De acuerdo con el artículo 153 del Tratado, la Comunidad contribuirá a promover el derecho de los consumidores a la información.

(8) La aplicación de la Directiva 70/524/CEE del Consejo, de 23 de noviembre de 1970, sobre los aditivos en la alimentación animal, ha puesto de manifiesto la necesidad de revisar todas las normas sobre los aditivos para proteger mejor la sanidad de los animales, la salud humana y el medio ambiente. También es necesario tener en cuenta que el progreso tecnológico y el avance científico han puesto a disposición nuevos tipos de aditivos, tales como los utilizados en el ensilaje o en el agua.

(9) El presente Reglamento debe aplicarse también a las mezclas de aditivos vendidos al consumidor final, y la comercialización y la utilización de dichas mezclas deberán ajustarse a las condiciones establecidas en la autorización de cada aditivo particular.

(10) Las premezclas no deben considerarse preparados comprendidos en la definición de aditivo.

(11) El principio fundamental en este sector debe ser que sólo los aditivos autorizados conforme al procedimiento establecido en el presente Reglamento puedan comercializarse, utilizarse o transformarse para la alimentación animal en las condiciones previstas por dicha autorización.

(12) Deben definirse las categorías de aditivos para piensos para facilitar el procedimiento de evaluación con vistas a la autorización. Los aminoácidos, sales de aminoácidos o sustancias análogas, y la urea y derivados, que están actualmente cubiertos por la Directiva 82/471/CEE del Consejo, de 30 de junio de 1982, relativa a determinados productos utilizados en la alimentación animal, deben incluirse como una categoría de aditivos para piensos y ser transferidos por tanto del ámbito de aplicación de dicha Directiva al presente Reglamento.

(13) Las normas de ejecución referentes a la solicitud de autorización de aditivos para alimentación animal deben tener en cuenta los diferentes requisitos en materia de documentación aplicables a los animales productores de alimentos y a otros animales.

(14) A fin de garantizar una evaluación científica armonizada de los aditivos para piensos, ésta debe ser efectuada por la Autoridad Europea de Seguridad Alimentaria creada por el Reglamento (CE) nº 178/2002. Las solicitudes deben completarse con estudios sobre los residuos a fin de evaluar la fijación de límites máximos de residuos (LMR).

(15) La Comisión debe elaborar las directrices relativas a la autorización de aditivos para piensos en colaboración con la Autoridad Europea de Seguridad Alimentaria. Al elaborar estas directrices, se debe prestar atención a la posibilidad de extrapolar a las especies menores los resultados de los estudios realizados sobre las especies mayores.

(16) Conviene prever asimismo un procedimiento de autorización simplificado para aquellos aditivos que hayan superado con éxito el procedimiento de autorización para uso alimentario establecido en la Directiva 89/107/CEE del Consejo, de 21 de diciembre de 1988, relativa a la aproximación de las legislaciones de los Estados miembros sobre los aditivos alimentarios autorizados en los productos alimenticios destinados al consumo humano.

(17) Se reconoce que en algunos casos, la evaluación científica del riesgo no puede por sí sola ofrecer toda la información en la que debe basarse una decisión relacionada con la gestión del riesgo, y que es legítimo tener en cuenta otros factores pertinentes, entre ellos factores de carácter sociológico, económico y medioambiental, así como la viabilidad de los controles y el beneficio para los animales o para los consumidores de productos de origen animal. Por tanto, la autorización de un aditivo debe ser concedida por la Comisión.

(18) Con objeto de asegurar el nivel adecuado de protección del bienestar animal y de la seguridad del consumidor, debe animarse a los solicitantes a solicitar la prórroga de la autorización para las especies menores, garantizándoles un año más de protección de los datos además de los diez años de protección de los datos relativos a todas las especies para las cuales se autoriza el aditivo.

(19) Debe conferirse a la Comisión la competencia en materia de autorización de los aditivos para piensos y de establecimiento de las condiciones para su utilización, así como en materia de mantenimiento y publicación de un registro de aditivos para piensos autorizados, con arreglo a un procedimiento que garantice una estrecha colaboración entre los Estados miembros y la Comisión en el marco del Comité Permanente de la Cadena Alimentaria y de Sanidad Animal.

(20) Cuando sea necesario, el titular de la autorización debe aplicar un plan de vigilancia consecutivo a la comercialización para localizar e identificar cualquier efecto directo o indirecto, inmediato, diferido o imprevisto derivado de la utilización de los aditivos para piensos en la salud humana, en la sanidad animal o en el medio ambiente, utilizando un marco de rastreo del producto similar al ya existente en otros sectores y acorde con los requisitos de trazabilidad establecidos en la legislación alimentaria.

(21) Para hacer posible que se tengan en cuenta el progreso tecnológico y el avance científico, es necesario revisar periódicamente las autorizaciones de aditivos para piensos. El carácter limitado en el tiempo de las autorizaciones debe permitir realizar dicha revisión.

(22) Se debe establecer un registro de los aditivos para piensos autorizados que incluirá información específica sobre los productos y métodos de detección. Toda la información que no sea confidencial debe ponerse a disposición del público.

(23) Es necesario establecer normas transitorias para tener en cuenta los aditivos ya presentes en el mercado y que se autorizaron con arreglo a la Directiva 70/524/CEE, y los aminoácidos, sales de aminoácidos o sustancias análogas, la urea y derivados, actualmente autorizados con arreglo a la Directiva 82/471/CEE, y los agentes de ensilaje, así como los aditivos para los que está en marcha el procedimiento de autorización. En

particular, conviene prever que dichos productos puedan permanecer en el mercado únicamente en la medida en que se haya presentado a la Comisión una notificación con vistas a su evaluación en el plazo de un año a partir de la entrada en vigor del presente Reglamento.

(24) Actualmente se comercializan y se utilizan en la Comunidad varios aditivos para ensilaje sin estar autorizados con arreglo a la Directiva 70/524/CEE. Aunque es indispensable aplicar las disposiciones del presente Reglamento a dichas sustancias dadas su naturaleza y uso, es conveniente aplicar las mismas disposiciones transitorias. De esta forma, será posible obtener información sobre todas las sustancias que actualmente se utilizan y elaborar una lista de ellas, lo que permitirá, cuando sea necesario, adoptar medidas de salvaguardia para aquellas sustancias que no cumplan los requisitos de autorización mencionados en el artículo 5 del presente Reglamento.

(25) En su dictamen de 28 de mayo de 1999, el Comité científico director señaló que: «La utilización de antimicrobianos promotores del crecimiento pertenecientes a categorías utilizadas o que pueden utilizarse en la medicina humana o veterinaria (es decir, cuando hay un riesgo de selección de una resistencia cruzada a los medicamentos utilizados para tratar las infecciones bacterianas) debe ir reduciéndose lo más rápidamente posible y, por último, suprimirse». El segundo dictamen del Comité científico director sobre la resistencia a los antimicrobianos, que se adoptó los días 10 y 11 de mayo de 2001, confirmó la necesidad de prever un período de tiempo suficiente para reemplazar dichos antimicrobianos por productos alternativos: «El proceso de retirada progresiva debe planificarse y coordinarse adecuadamente, ya que una acción precipitada podría tener repercusiones en la sanidad animal».

(26) Por consiguiente, es necesario fijar una fecha a partir de la cual quede prohibida la utilización de los antibióticos promotores del crecimiento que siguen estando autorizados, previendo tiempo suficiente para desarrollar productos alternativos que sustituyan a dichos antibióticos. También es necesario prohibir la autorización de nuevos antibióticos para su utilización como aditivos para piensos. En el marco de la retirada progresiva de los antibióticos promotores del crecimiento y para garantizar un alto nivel de protección de la sanidad de los animales, se pedirá a la Autoridad Europea de Seguridad Alimentaria que examine los progresos realizados en el desarrollo de sustancias alternativas y métodos alternativos de gestión, alimentación, higiene, etc. antes de 2005.

(27) Algunas sustancias con efectos coccidiostáticos e histomonostáticos deben considerarse aditivos para piensos a efectos del presente Reglamento.

(28) Debe exigirse el etiquetado detallado de los productos porque permite al usuario final elegir con pleno conocimiento de causa y crea el menor número de obstáculos al comercio, además de facilitar la equidad de las transacciones. En este contexto, conviene, de modo general, que los requisitos aplicables a los aditivos para alimentación animal reflejen los que se aplican a los aditivos alimentarios. Por consiguiente, resulta adecuado prever requisitos simplificados en materia de etiquetado para los aromatizantes similares a los aplicables a los aromatizantes presentes en los alimentos sin perjuicio, no obstante, de la posibilidad de fijar requisitos específicos en materia de etiquetado para autorizar aditivos concretos.

(29) El Reglamento (CE) nº 1829/2003 del Parlamento Europeo y del Consejo, de 22 de septiembre de 2003, sobre alimentos y piensos modificados genéticamente, prevé un procedimiento de autorización para la comercialización de alimentos y piensos modificados genéticamente, incluidos los aditivos para piensos que constan de, contienen o están producidos a partir de organismos modificados genéticamente. Dado que los objetivos de dicho Reglamento difieren de los del presente Reglamento, los aditivos para piensos deben ser sometidos antes de su comercialización a un procedimiento de autorización además del procedimiento de autorización previsto en el citado Reglamento.

(30) Los artículos 53 y 54 del Reglamento (CE) nº 178/2002 establecen procedimientos para la adopción de medidas de emergencia en relación con piensos de origen comunitario o importados de un tercer país. Autorizan a adoptar dichas medidas cuando exista la probabilidad de que un pienso constituya un riesgo grave para la salud de las personas, la sanidad de los animales o para el medio ambiente, y dicho riesgo no pueda controlarse satisfactoriamente mediante la adopción de medidas por parte de los Estados miembros afectados.

(31) Las medidas necesarias para la ejecución del presente Reglamento deben aprobarse con arreglo a la Decisión 1999/468/CE del Consejo, de 28 de junio de 1999,

por la que se establecen los procedimientos para el ejercicio de las competencias de ejecución atribuidas a la Comisión.

(32) Los Estados miembros deben establecer las normas sobre las sanciones aplicables a las infracciones de lo dispuesto por el presente Reglamento y garantizar la aplicación de dichas normas. Dichas sanciones deben ser eficaces, proporcionadas y disuasorias.

(33) Debe derogarse la Directiva 70/524/CEE. No obstante, las disposiciones de etiquetado aplicables a los piensos compuestos que contienen aditivos deben mantenerse hasta que se finalice la revisión de la Directiva 79/373/CEE del Consejo, de 2 de abril de 1979, relativa a la comercialización de los piensos compuestos.

(34) Las líneas directrices dirigidas a los Estados miembros para la presentación de un expediente de solicitud figuran en la Directiva 87/153/CEE del Consejo, de 16 de febrero de 1987, por la que se fijan líneas directrices para la evaluación de los aditivos en la alimentación animal. La verificación de la conformidad de los expedientes corresponderá a la Autoridad Europea de Seguridad Alimentaria. Es, por tanto, necesario derogar la Directiva 87/153/CEE, manteniendo no obstante en vigor el anexo hasta que se hayan adoptado nuevas normas de ejecución.

(35) Es necesario un período transitorio para evitar interrupciones en la utilización de los aditivos para alimentación animal. En consecuencia, hasta que las normas del presente Reglamento sean aplicables, se debe permitir el mantenimiento en el mercado de las sustancias ya autorizadas y su utilización con arreglo a la legislación vigente.

HAN ADOPTADO EL PRESENTE REGLAMENTO:

CAPÍTULO I.- *ÁMBITO DE APLICACIÓN Y DEFINICIONES*

Artículo 1.- *Ámbito de aplicación*

1. El objetivo del presente Reglamento es establecer un procedimiento comunitario para autorización de la comercialización y uso de los aditivos para alimentación animal e introducir normas de vigilancia y etiquetado de los aditivos y premezclas para alimentación animal a fin de facilitar la base para garantizar un alto nivel de protección de la salud humana, la sanidad y el bienestar de los animales, el medio ambiente y los intereses de los usuarios y consumidores con respecto a los aditivos para alimentación animal, garantizando al mismo tiempo el funcionamiento eficaz del mercado interior.

2. El presente Reglamento no se aplicará a:

a) los auxiliares tecnológicos;

b) los medicamentos veterinarios, tal como se definen en la Directiva 2001/82/CE, excepto los coccidiostáticos y los histomonóstatos usados como aditivos para piensos.

Artículo 2.- *Definiciones*

1. A efectos del presente Reglamento, se aplicarán las definiciones de «pienso», «empresa de piensos», «explotador de empresa de piensos», «comercialización» y «trazabilidad» del Reglamento (CE) nº 178/2002.

2. Se aplicarán igualmente las definiciones siguientes:

a) «aditivo para alimentación animal»: sustancias, microorganismos y preparados distintos de las materias primas para piensos y de las premezclas, que se añaden intencionadamente a los piensos o al agua a fin de realizar, en particular, una o varias de las funciones mencionadas en el apartado 3 del artículo 5;

b) «materias primas para piensos»: los productos definidos en la letra a) del artículo 2 de la Directiva 96/25/CE del Consejo, de 29 de abril de 1996, sobre la circulación de materias primas para la alimentación animal;

c) «piensos compuestos»: los productos definidos en la letra b) del artículo 2 de la Directiva 79/373/CEE;

d) «piensos complementarios»: los productos definidos en la letra e) del artículo 2 de la Directiva 79/373/CEE;

e) «premezclas»: mezclas de aditivos para alimentación animal o mezclas de uno o más aditivos para alimentación animal con materias primas para piensos o agua utilizadas como soporte que no se destinan a la alimentación directa de los animales;

f) «ración diaria»: la cantidad total de alimentos, referida a un contenido en humedad del 12 %, que necesita como media diaria un animal de una especie, una categoría de edad y un rendimiento determinados para satisfacer el conjunto de sus necesidades;

g) «piensos completos»: los productos definidos en la letra c) del artículo 2 de la Directiva 1999/29/CE del Consejo, de 22 de abril de 1999, relativa a las sustancias y productos indeseables en la alimentación animal;

h) «auxiliares tecnológicos»: cualquier sustancia no consumida por sí misma como pienso, sino utilizada intencionadamente en la elaboración de piensos o materias primas para piensos para lograr un objetivo tecnológico durante el tratamiento o la transformación que puede originar la presencia no intencionada pero técnicamente inevitable de residuos de sustancias o sus derivados en el producto final, siempre que estos residuos no tengan efectos adversos en la sanidad de los animales, en la salud de las personas ni en el medio ambiente y no tengan efectos tecnológicos en el producto acabado;

i) «antimicrobianos»: sustancias producidas sintética o naturalmente que se utilizan para eliminar o inhibir el crecimiento de microorganismos, entre ellos bacterias, virus y hongos, y de parásitos, en particular protozoos;

j) «antibióticos»: antimicrobianos producidos por un microorganismo o derivados de éste que destruyen o inhiben el crecimiento de otros microorganismos;

k) «coccidiostáticos» e «histomonóstatos»: sustancias destinadas a eliminar o inhibir protozoos;

l) «límite máximo de residuos»: la concentración máxima de residuos derivada de la utilización de un aditivo en la alimentación animal que la Comunidad puede autorizar o reconocer legalmente como aceptable en un alimento o sobre él;

m) «microorganismo»: microorganismos capaces de formar colonias;

n) «primera comercialización»: la primera comercialización de un aditivo después de su fabricación, la importación de un aditivo o, cuando un aditivo se ha añadido a piensos no comercializados, la primera comercialización de dichos piensos.

3. Cuando sea necesario, se podrá determinar, de conformidad con el procedimiento mencionado en el apartado 2 del artículo 22, si una sustancia, microorganismo o preparado es un aditivo para alimentación animal dentro del ámbito de aplicación del presente Reglamento.

CAPÍTULO II.- AUTORIZACIÓN, UTILIZACIÓN, SEGUIMIENTO Y MEDIDAS TRANSITORIAS APLICABLES A LOS ADITIVOS PARA ALIMENTACIÓN ANIMAL

Artículo 3.- *Comercialización, transformación y utilización*

1. No se comercializará, transformará o utilizará un aditivo para alimentación animal a no ser que:

a) se disponga de una autorización concedida con arreglo al presente Reglamento;

b) se cumplan las condiciones de utilización establecidas en el presente Reglamento, incluidas las condiciones generales establecidas en el anexo IV, a no ser que la autorización disponga otra cosa, y en la autorización de la sustancia;

c) se cumplan los requisitos de etiquetado establecidos en el presente Reglamento.

2. Para experimentos con fines científicos, los Estados miembros podrán autorizar el uso como aditivos de sustancias que no estén autorizadas a nivel comunitario, con la excepción de los antibióticos, siempre que dichos experimentos se efectúen con arreglo a los principios y condiciones previstos en la Directiva 87/153/CEE, en la Directiva 83/228/CEE, o en las normas mencionadas en el apartado 4 del artículo 7 del presente Reglamento, y siempre que exista una supervisión oficial adecuada. Los animales en cuestión sólo podrán utilizarse para la producción de alimentos si las autoridades establecen que no tendrá efectos adversos en la sanidad de los animales, en la salud de las personas ni en el medio ambiente.

3. En el caso de los aditivos pertenecientes a las categorías d) y e) del apartado 1 del artículo 6 y de los aditivos incluidos en el ámbito de aplicación de la legislación comunitaria relativa a la comercialización de productos que consten de, contengan o estén producidos a partir de organismos modificados genéticamente (OMG), nadie podrá comercializar por primera vez el producto, salvo el titular de la autorización indicado en el reglamento de autorización a que se refiere el artículo 9, su sucesor o sucesores legales, o una persona a la que éste haya autorizado por escrito.

4. Salvo disposición contraria, se permitirá la mezcla de aditivos destinada a la venta directa al usuario final, sin perjuicio del respeto de las condiciones de utilización contempladas en la autorización de cada aditivo específico. Por consiguiente, la mezcla de aditivos autorizados no estará sujeta a una autorización específica distinta de los requisitos establecidos en la Directiva 95/69/CE.

5. En caso necesario, como consecuencia del progreso tecnológico o de los avances científicos, la Comisión podrá adaptar las condiciones generales establecidas en el anexo IV. Estas medidas, destinadas a modificar elementos no esenciales del presente Reglamento, se adoptarán con arreglo al procedimiento de reglamentación con control contemplado en el artículo 22, apartado 3.

Artículo 4.- *Autorización*

1. Cualquier persona que desee obtener una autorización de un aditivo para alimentación animal o de un nuevo uso de un aditivo para alimentación animal presentará una solicitud con arreglo al artículo 7.

2. Sólo se concederá, rechazará, prorrogará, modificará, suspenderá o revocará una autorización por los motivos y con arreglo a los procedimientos establecidos en el presente Reglamento o de conformidad con los artículos 53 y 54 del Reglamento (CE) nº 178/2002.

3. El solicitante de una autorización o su representante deberá estar establecido en la Comunidad.

Artículo 5.- *Requisitos de autorización*

1. No se autorizará un aditivo para piensos si el solicitante de la autorización no demuestra adecuada y suficientemente, con arreglo a las medidas de ejecución establecidas en el artículo 7 que, utilizado con arreglo a las condiciones establecidas en el reglamento por el que se autoriza la utilización del aditivo, éste cumple los requisitos del apartado 2 y posee al menos una de las características del apartado 3.

2. El aditivo para alimentación animal no deberá:

a) tener un efecto adverso para la sanidad animal, la salud humana o el medio ambiente;

b) ser presentado de manera que induzca a error al consumidor;

c) perjudicar al consumidor influyendo negativamente en las características distintivas de los productos animales o inducirle a error con respecto a las características distintivas de dichos productos.

3. El aditivo para alimentación animal deberá:

a) influir positivamente en las características del pienso;

b) influir positivamente en las características de los productos animales;

c) influir favorablemente en el color de los pájaros y peces ornamentales;

d) satisfacer las necesidades alimenticias de los animales;

e) influir positivamente en las repercusiones medioambientales de la producción animal;

f) influir positivamente en la producción, la actividad o el bienestar de los animales, especialmente actuando en la flora gastrointestinal o la digestibilidad de los piensos, o

g) tener un efecto coccidiostático o histomonostático.

4. Los antibióticos distintos de los coccidiostáticos o de los histomonóstatos no se autorizarán como aditivos para alimentación animal.

Artículo 6.- *Categorías de aditivos para alimentación animal*

1. Un aditivo para alimentación animal se asignará a una o más de las siguientes categorías con arreglo a sus funciones y propiedades, de conformidad con el procedimiento establecido en los artículos 7, 8 y 9:

a) aditivos tecnológicos: cualquier sustancia añadida a los piensos con fines tecnológicos;

b) aditivos organolépticos: cualquier sustancia que, añadida a los piensos, mejora o modifica las propiedades organolépticas de éstos o las características visuales de los alimentos de origen animal;

c) aditivos nutricionales;

d) aditivos zootécnicos: cualquier aditivo utilizado para influir positivamente en la productividad de los animales sanos o en el medio ambiente;

e) coccidiostáticos e histomonóstatos.

2. Dentro de las categorías mencionadas en el apartado 1, los aditivos para alimentación animal se asignarán además a uno o más de los grupos funcionales mencionados en el anexo I, con arreglo a su función o funciones principales, de conformidad con el procedimiento especificado en los artículos 7, 8 y 9.

3. En caso necesario, como consecuencia del progreso tecnológico o de los avances científicos, la Comisión establecerá categorías de aditivos para la alimentación animal y grupos funcionales suplementarios. Estas medidas, destinadas a modificar elementos no esenciales del presente Reglamento completándolo, se adoptarán con arreglo al procedimiento de reglamentación con control contemplado en el artículo 22, apartado 3.

Artículo 7.- *Solicitud de autorización*

1. La solicitud de autorización prevista en el artículo 4 deberá presentarse a la Comisión, que informará inmediatamente de ello a los Estados miembros y transmitirá la solicitud a la Autoridad Europea de Seguridad Alimentaria, denominada en lo sucesivo «la Autoridad».

2. La Autoridad:

a) enviará por escrito el acuse de recibo de la solicitud, incluidos la información y la documentación mencionados en el apartado 3, al solicitante en los quince días siguientes a su recepción, indicando la fecha en que se recibió la solicitud;

b) pondrá a disposición de los Estados miembros y de la Comisión cualquier información complementaria que haya presentado el solicitante;

c) pondrá a disposición del público el resumen del expediente mencionado en la letra h) del apartado 3 del presente artículo, respetando los requisitos de confidencialidad establecidos en el apartado 2 del artículo 18.

3. Cuando presente la solicitud, el solicitante deberá enviar directamente a la Autoridad la información y la documentación siguientes:

a) el nombre y la dirección del solicitante;

b) la identificación del aditivo para alimentación animal, una propuesta para clasificarlo por categoría y grupo funcional con arreglo al artículo 6, y sus datos específicos, incluido, cuando sea aplicable, el grado de pureza;

c) una descripción del método de producción y fabricación y de las utilizaciones previstas del aditivo para alimentación animal, del método de análisis del aditivo del pienso en función de su uso previsto, y, cuando proceda, del método de análisis que se aplica para determinar el nivel de los residuos del aditivo para alimentación animal, o sus metabolitos, en los alimentos;

d) una copia de los estudios llevados a cabo y cualquier otro material disponible para demostrar que el aditivo para alimentación animal cumple los criterios establecidos en los apartados 2 y 3 del artículo 5;

e) las condiciones propuestas para la comercialización del aditivo para alimentación animal, incluidos los requisitos de etiquetado y, si procede, las condiciones específicas de utilización y manipulación (incluidas las incompatibilidades conocidas), los niveles de uso en piensos complementarios y las especies animales y las categorías a las que va destinado el aditivo para piensos;

f) una declaración escrita en la que se indique que el solicitante ha enviado directamente tres muestras al laboratorio comunitario de referencia mencionado en el artículo 21 con arreglo a los requisitos establecidos en el anexo II;

g) para los aditivos que de acuerdo con la propuesta a que se refiere la letra b) no pertenecen a las categorías a) y b) mencionadas en el apartado 1 del artículo 6, y en el caso de los aditivos incluidos en el ámbito de aplicación de la legislación comunitaria relativa a la comercialización de productos que constan de, contienen o están producidos a partir de OMG, una propuesta de seguimiento consecutivo a la comercialización;

h) un resumen del expediente que incluya la información suministrada con arreglo a las letras a) a g);

i) para los aditivos incluidos en el ámbito de aplicación de la legislación comunitaria relativa a la comercialización de productos que constan de, contienen o están producidos a partir de OMG, información sobre cualquier autorización concedida con arreglo a la legislación aplicable.

4. Tras consultar a la Autoridad, la Comisión, de conformidad con el procedimiento mencionado en el apartado 2 del artículo 22, establecerá normas de ejecución del presente artículo, incluidas normas relativas a la preparación y presentación de la solicitud.

Hasta que se adopten dichas normas de ejecución, ésta se realizará con arreglo al anexo de la Directiva 87/153/CEE.

5. Tras consultar a la Autoridad, se establecerán orientaciones específicas para la autorización de aditivos, en caso necesario para cada categoría de aditivos a que se refiere el apartado 1 del artículo 6 de conformidad con el procedimiento mencionado en el apartado 2 del artículo 22. Estas orientaciones tendrán en cuenta la posibilidad de extrapolar a las especies menores los resultados de los estudios realizados sobre las especies principales.

Previa consulta a la Autoridad, se podrán establecer nuevas normas de aplicación del presente artículo.

La Comisión establecerá las normas que permitan disposiciones simplificadas para la autorización de aditivos cuyo uso en productos alimenticios haya sido autorizado. Estas medidas, destinadas a modificar elementos no esenciales del presente Reglamento, incluso completándolo, se adoptarán con arreglo al procedimiento de reglamentación con control contemplado en el artículo 22, apartado 3.

Otras normas de aplicación podrán adoptarse con arreglo al procedimiento de reglamentación contemplado en el artículo 22, apartado 2. Estas normas, si procede, deberían diferenciar entre los requisitos con respecto a los aditivos para piensos destinados a animales productores de alimentos y los requisitos con respecto a otros animales, en particular a los animales de compañía.

6. La Autoridad publicará instrucciones detalladas para ayudar al solicitante en la preparación y presentación de la solicitud.

Artículo 8.- *Dictamen de la Autoridad*

1. La Autoridad emitirá dictamen en los seis meses siguientes a la recepción de una solicitud válida. Este plazo se ampliará cuando la Autoridad recabe información complementaria del solicitante, tal como se establece en el apartado 2.

2. Cuando proceda, la Autoridad podrá pedir al solicitante que complemente, en un plazo determinado por la Autoridad previo acuerdo con el solicitante, la información que acompaña a la solicitud.

3. Para preparar su dictamen, la Autoridad:

a) verificará que la información y la documentación presentadas por el solicitante son conformes con lo dispuesto en el artículo 7 y efectuará una evaluación para determinar si el aditivo para alimentación animal cumple con las condiciones establecidas en el artículo 5;

b) verificará el informe del laboratorio comunitario de referencia.

4. En caso de dictamen favorable a la autorización del aditivo para alimentación animal, este dictamen deberá incluir:

a) el nombre y la dirección del solicitante;

b) la denominación del aditivo para alimentación animal, incluida su clasificación por categoría y grupo funcional con arreglo al artículo 6, y sus datos específicos incluidos, cuando sean aplicables, los criterios de pureza y el método de análisis;

c) en función del resultado de la evaluación, las condiciones o restricciones específicas relativas a la manipulación, los requisitos del seguimiento consecutivo a la comercialización y el uso, incluidas las especies animales y categorías de especies animales a las que va destinado el aditivo;

d) requisitos adicionales específicos del etiquetado del aditivo para alimentación animal como consecuencia de las condiciones y restricciones de la letra c);

e) una propuesta para el establecimiento de límites máximos de residuos (LMR) en los alimentos de origen animal de que se trate, a no ser que el dictamen de la Autoridad llegue a la conclusión de que no es necesario fijar LMR para la protección de los consumidores o ya se hayan fijado LMR en el anexo I o III del Reglamento (CEE) nº 2377/90 del Consejo, de 26 de junio de 1990, por el que se establece un procedimiento comunitario de fijación de los límites máximos de residuos de medicamentos veterinarios en los alimentos de origen animal.

5. La Autoridad enviará sin dilación su dictamen a la Comisión, a los Estados miembros y al solicitante, incluyendo un informe en el que se exponga su evaluación del aditivo para alimentación animal y señalando las razones en que se basa su conclusión.

6. La Autoridad hará público su dictamen tras haber eliminado cualquier dato que sea confidencial de conformidad con el apartado 2 del artículo 18.

Artículo 9.- *Autorización de la Comunidad*

1. En los tres meses siguientes a la recepción del dictamen de la Autoridad, la Comisión preparará un proyecto de reglamento para la concesión o la denegación de la autorización. Dicho proyecto tendrá en cuenta los requisitos de los apartados 2 y 3 del artículo 5, la legislación comunitaria y otros factores legítimos relacionados con la cuestión considerada, en particular los beneficios para la sanidad y el bienestar de los animales y para el consumidor de productos animales.

Si el proyecto está en desacuerdo con el dictamen de la Autoridad, explicará el por qué de las diferencias existentes.

En casos excepcionalmente complejos, podrá ampliarse el plazo de tres meses.

2. El proyecto se adoptará de conformidad con el procedimiento mencionado en el apartado 2 del artículo 22.

3. Las normas para la aplicación de este artículo y en concreto lo referente al número de identificación para los aditivos autorizados podrán ser establecidas de conformidad con el procedimiento mencionado en el apartado 2 del artículo 22.

4. La Comisión informará sin demora al solicitante del reglamento adoptado de acuerdo con el apartado 2.

5. El reglamento que otorgue la autorización deberá incluir los elementos mencionados en las letras b), c), d) y e) del apartado 4 del artículo 8 y un número de identificación.

6. El reglamento que conceda la autorización para aditivos pertenecientes a las categorías d) y e) mencionadas en el apartado 1 del artículo 6, y para aditivos que consten de, contengan o estén producidos a partir de OMG, deberá indicar el nombre del titular de la autorización y, si procede, el identificador único asignado al OMG que se menciona en el Reglamento (CE) nº 1830/2003 del Parlamento Europeo y del Consejo, de 22 de septiembre de 2003, relativo a la trazabilidad y al etiquetado de organismos modificados genéticamente y a la trazabilidad de los alimentos y piensos producidos a partir de éstos, y por el que se modifica la Directiva 2001/18/CE.

7. Cuando las cantidades de residuos de un aditivo en los alimentos de origen animal, procedentes de los piensos para animales alimentados con dicho aditivo, puedan tener un efecto perjudicial para la salud humana, el reglamento incluirá límites máximos de residuos (LMR) de la sustancia activa o sus metabolitos en los alimentos de origen animal de que se trate. En tal caso, la sustancia activa se considerará, a efectos de la Directiva 96/23/CE del Consejo, como perteneciente al ámbito de aplicación del anexo I de dicha Directiva. Cuando ya se haya establecido en normas comunitarias un LMR para la sustancia en cuestión, dicho LMR se aplicará también a los residuos de la sustancia activa o sus metabolitos procedentes de la utilización de la sustancia como aditivo para alimentación animal.

8. La autorización concedida conforme al procedimiento establecido en el presente Reglamento será válida en toda la Comunidad por un período de diez años renovable de acuerdo con el artículo 14. El aditivo para alimentación animal autorizado será inscrito en el registro al que se refiere el artículo 17 (en lo sucesivo «el registro»). Cada entrada de ese registro mencionará la fecha de autorización e incluirá los datos mencionados en los apartados 5, 6 y 7.

9. La concesión de la autorización no eximirá al explotador de la empresa de piensos de su responsabilidad civil y penal en relación con el aditivo para alimentación animal en cuestión.

Artículo 10.- *Estatuto de los productos existentes*

1. No obstante lo dispuesto en el artículo 3, los aditivos para piensos comercializados con arreglo a la Directiva 70/524/CEE y la urea y derivados, los aminoácidos, sales de aminoácidos o sustancias análogas, incluidas en los puntos 2.1, 3 y 4 del anexo de la Directiva 82/471/CEE, podrán comercializarse y utilizarse con arreglo a las condiciones especificadas en las Directivas 70/524/CEE o 82/471/CEE y sus medidas de ejecución, incluidas en particular las disposiciones específicas de etiquetado para piensos compuestos y materias primas para piensos, siempre que se cumplan las siguientes condiciones:

a) en el plazo de un año desde la entrada en vigor del presente Reglamento, las personas que comercialicen por primera vez un aditivo para alimentación animal, o cualquier otra parte interesada, lo notificarán a la Comisión. Al mismo tiempo, la información mencionada en las letras a), b) y c) del apartado 3 del artículo 7 se enviará directamente a la Autoridad;

b) en el año siguiente a la notificación mencionada en la letra a), la Autoridad, una vez que haya verificado que se ha presentado toda la información requerida, comunicará a la Comisión que ha recibido la información que exige el presente artículo. Los productos en cuestión serán inscritos en el registro. Cada entrada del registro mencionará la fecha en que el producto en cuestión se inscribió por primera vez y, si procede, la fecha de expiración de la autorización en vigor.

2. Deberá presentarse una solicitud con arreglo al artículo 7, a más tardar un año antes de la fecha de expiración de la autorización concedida con arreglo a la Directiva 70/524/CEE para los aditivos con un período de autorización limitado, y en un plazo máximo de siete años después de la entrada en vigor del presente Reglamento para los aditivos autorizados por un período de tiempo ilimitado o de conformidad con la Directiva 82/471/CEE. De conformidad con el procedimiento mencionado en el apartado 2 del artículo 22, se podrá adoptar un calendario detallado en el que se enumeren, por orden de prioridad, las distintas clases de aditivos que deberán reexaminarse. Se consultará a la Autoridad en relación con la elaboración de esta lista.

3. Los productos inscritos en el registro estarán sujetos a las disposiciones del presente Reglamento, en particular a los artículos 8, 9, 12, 13, 14 y 16 que, sin perjuicio de las condiciones específicas relativas al etiquetado, la comercialización y la utilización de cada sustancia con arreglo al apartado 1, se aplicarán a dichos productos como si hubieran sido autorizados con arreglo al artículo 9.

4. Si las autorizaciones no se han concedido a un titular concreto, la persona que importe o fabrique los productos contemplados en el presente artículo o cualquier otra parte interesada podrán presentar a la Comisión la información mencionada en el apartado 1 o la solicitud a la que se refiere el apartado 2.

5. Si la notificación y la información que debe acompañarla, contempladas en la letra a) del apartado 1, no se presentan en el plazo especificado o resultan ser incorrectas, o si la solicitud no se presenta como exige el apartado 2 en el plazo previsto, se adoptará un reglamento de conformidad con el procedimiento mencionado en el apartado 2 del artículo 22, por el que se exija la retirada del mercado de los aditivos en cuestión. En esa medida podrá preverse un período de tiempo limitado durante el cual puedan agotarse las existencias del producto.

6. Si, por razones que escapan al control del solicitante, no se toma ninguna decisión con respecto a la renovación de la autorización antes de la fecha de expiración, el período de autorización del producto se ampliará automáticamente hasta que la Comisión tome una decisión. La Comisión comunicará al solicitante esta prórroga de la autorización.

7. No obstante lo dispuesto en el artículo 3, las sustancias, los microorganismos y los preparados utilizados en la Comunidad como aditivos para ensilaje en la fecha a la que se refiere el apartado 2 del artículo 26, se podrán comercializar y utilizar en la Comunidad siempre que se cumplan las disposiciones de las letras a) y b) del apartado 1 y del apartado 2. Los apartados 3 y 4 se aplicarán por analogía. Para dichas sustancias, el plazo de solicitud a que hace referencia el apartado 2 será de siete años desde la entrada en vigor del presente Reglamento.

Artículo 11.- *Retirada*

1. Con vistas a la adopción de una decisión con respecto a la supresión progresiva de la utilización de los coccidiostáticos y los histomonóstatos como aditivos para alimentación animal a más tardar el 31 de diciembre de 2012, la Comisión presentará al Parlamento Europeo y al Consejo, antes del 1 de enero de 2008, un informe sobre la utilización de estas sustancias como aditivos para alimentación animal así como las alternativas disponibles acompañado, en su caso, de propuestas legislativas.

2. No obstante lo dispuesto el artículo 10, y sin perjuicio del artículo 13, la comercialización y la utilización como aditivos para alimentación animal de antibióticos distintos de los coccidiostáticos y los histomonóstatos sólo podrá efectuarse hasta el 31 de diciembre de 2005; a partir del 1 de enero de 2006, estas sustancias se eliminarán del registro.

Artículo 12.- *Supervisión*

1. Después de autorizarse un aditivo con arreglo al presente Reglamento, las personas que utilicen o comercialicen dicha sustancia, o un pienso al que se haya añadido, así como cualquier otra persona interesada, garantizarán el cumplimiento de las condiciones y restricciones que se hayan impuesto a la comercialización, utilización y manipulación de dicho aditivo o de los piensos que lo contengan.

2. Cuando se hayan impuesto requisitos de seguimiento mencionados en la letra c) del apartado 4 del artículo 8, el titular de la autorización garantizará dicho seguimiento y presentará informes a la Comisión de conformidad con la autorización. El titular de la autorización comunicará inmediatamente a la Comisión cualquier nueva información que pueda influir en la evaluación de la seguridad de la utilización del aditivo para alimentación animal, en particular los efectos para la salud de categorías específicas de consumidores. El titular de la autorización deberá informar inmediatamente a la Comisión de cualquier prohibición o restricción impuesta por la autoridad competente de un tercer país en el que se comercialice el aditivo para alimentación animal.

Artículo 13.- *Modificación, suspensión y revocación de autorizaciones*

1. Por propia iniciativa o a petición de un Estado miembro o de la Comisión, la Autoridad emitirá un dictamen sobre si una autorización todavía cumple los requisitos establecidos en el presente Reglamento, y enviará inmediatamente su dictamen a la Comisión, a los Estados miembros y, cuando proceda, al titular de la autorización. El dictamen se hará público.

2. La Comisión estudiará sin demora el dictamen de la Autoridad. Toda medida apropiada se tomará con arreglo a los artículos 53 y 54 del Reglamento (CE) nº 178/2002. Se tomará una decisión sobre la modificación, suspensión o revocación de la autorización de conformidad con el procedimiento mencionado en el apartado 2 del artículo 22 del presente Reglamento.

3. Si el titular de la autorización desea cambiar los términos de la autorización mediante la presentación de una solicitud a la Comisión, acompañada de los datos pertinentes en las que se apoya su propuesta de modificación, la Autoridad transmitirá su dictamen sobre la propuesta a la Comisión y a los Estados miembros. La Comisión estudiará sin demora el dictamen de la Autoridad y tomará una decisión de conformidad con el procedimiento mencionado en el apartado 2 del artículo 22.

4. La Comisión informará sin demora al solicitante de la decisión adoptada. En el registro se introducirá la correspondiente modificación cuando proceda.

5. Los apartados 1 y 2 del artículo 7 y los artículos 8 y 9 se aplicarán por analogía.

Artículo 14.-*Renovación de autorizaciones*

1. Las autorizaciones en virtud del presente Reglamento serán prorrogables por períodos de diez años. Las solicitudes de renovación se enviarán a la Comisión al menos un año antes de la fecha de expiración de la autorización.

Si las autorizaciones no se han concedido a un titular concreto, cualquier persona que comercialice por primera vez el aditivo o cualquier otra persona interesada podrá presentar a la Comisión la solicitud y será considerada como solicitante.

En el caso de autorizaciones concedidas a un titular específico, el titular de la autorización o su sucesor o sucesores podrán presentar a la Comisión la solicitud y serán considerados como solicitantes.

2. Cuando presente la solicitud, el solicitante deberá enviar directamente a la Autoridad la información y la documentación siguientes:

a) una copia de la autorización para comercializar el aditivo para alimentación animal;

b) un informe sobre los resultados del seguimiento consecutivo a la comercialización si la autorización exige la realización de dicho seguimiento;

c) todo nuevo dato disponible con respecto a la evaluación de la seguridad en relación con el uso del aditivo para alimentación animal y a los riesgos que presente para los animales, las personas o el medio ambiente;

d) cuando proceda, una propuesta para modificar o complementar las condiciones de la autorización original, como son, entre otras, las relacionadas con el futuro seguimiento.

3. Los apartados 1, 2, 4 y 5 del artículo 7 y los artículos 8 y 9 se aplicarán por analogía.

4. Si, por razones que escapan al control del solicitante, no se toma ninguna decisión con respecto a la renovación de la autorización antes de la fecha de expiración, el período de autorización del producto se ampliará automáticamente hasta que la Comisión tome una decisión. La información sobre la prórroga de la autorización estará a disposición del público en el Registro mencionado en el artículo 17.

Artículo 15.- *Autorización urgente*

En casos concretos en los que sea necesaria una autorización urgente para garantizar la protección del bienestar animal, la Comisión, de conformidad con el procedimiento mencionado en el apartado 2 del artículo 22, podrá autorizar la utilización de un aditivo con carácter provisional durante un período máximo de cinco años.

CAPÍTULO III.- ETIQUETADO Y ENVASADO

Artículo 16.- *Etiquetado y envasado de aditivos para alimentación animal y de premezclas*

1. No se podrá comercializar un aditivo para alimentación animal, o una premezcla de aditivos, a no ser que su envase o contenedor esté etiquetado bajo la responsabilidad de un productor, envasador, importador, vendedor o distribuidor establecido en la Comunidad y figure en él, de manera bien visible, claramente legible e indeleble, en al menos la lengua o lenguas nacionales de los Estados miembros en que se comercialice, la siguiente información sobre cada aditivo contenido en el material:

a) el nombre específico dado a los aditivos en el momento de la autorización, precedido del nombre del grupo funcional indicado en la autorización;

b) el nombre o razón social y el domicilio o domicilio social del responsable de las indicaciones contempladas en el presente artículo;

c) el peso neto o, para los aditivos líquidos y premezclas, el volumen neto o el peso neto;

d) cuando corresponda, el número de autorización del establecimiento que fabrica o comercializa el aditivo para piensos o la premezcla con arreglo al artículo 10 del Reglamento (CE) nº 183/2005 del Parlamento Europeo y del Consejo, de 12 de enero de 2005, por el que se fijan requisitos en materia de higiene de los piensos, o, según proceda, al artículo 5 de la Directiva 95/69/CE;

e) las instrucciones de uso, las recomendaciones para una utilización segura y, en su caso, los requisitos específicos mencionados en la autorización, incluidas las especies y categorías de animales a las que está destinado el aditivo o la premezcla de aditivos;

f) el número de identificación;

g) el número de referencia del lote y la fecha de fabricación.

En el caso de las premezclas, las letras b), d), e) y g) no se aplicarán a los aditivos para piensos añadidos.

2. En relación con los aromatizantes, la lista de los aditivos podrá sustituirse por la expresión «mezcla de aromatizantes». Lo anterior no se aplicará a los aromatizantes sujetos a una limitación cuantitativa utilizados para la alimentación animal y en el agua potable.

3. Además de la información indicada en el apartado 1, en el envase o recipiente que contenga un aditivo para piensos perteneciente a uno de los grupos funcionales especificados en el anexo III, o una premezcla que contenga un aditivo perteneciente a uno de los grupos funcionales especificados en el anexo III, deberá figurar, de manera bien visible, claramente legible e indeleble, la información indicada en dicho anexo.

4. En el caso de las premezclas, la palabra «Premezcla» deberá figurar en la etiqueta. Deberán declararse los soportes, en el caso de las materias primas para piensos, de conformidad con el artículo 17, apartado 1, letra e), del Reglamento (CE) nº 767/2009 del Parlamento Europeo y del Consejo, de 13 de julio de 2009, sobre la comercialización y la utilización de los piensos, y cuando se utilice agua como soporte, se declarará asimismo el contenido de humedad de la premezcla. Solo podrá indicarse una fecha de durabilidad mínima para cada premezcla en su conjunto; dicha fecha de durabilidad mínima se determinará a partir de la fecha de durabilidad mínima de cada uno de sus componentes.

5. Los aditivos y premezclas sólo serán comercializados en envases o contenedores cerrados cuyo sistema de cierre se rompa al abrirlos y no pueda utilizarse de nuevo.

6. La Comisión podrá adoptar las modificaciones del anexo III para tener en cuenta el progreso tecnológico y los avances científicos. Estas medidas, destinadas a modificar los elementos no esenciales del presente Reglamento, se adoptarán con arreglo al procedimiento de reglamentación con control contemplado en el artículo 22, apartado 3.

CAPÍTULO IV.- DISPOSICIONES GENERALES Y FINALES

Artículo 17.- *Registro comunitario de aditivos para alimentación animal*

1. La Comisión creará y mantendrá actualizado un Registro comunitario de aditivos para alimentación animal.

2. El registro deberá ser de acceso público.

Artículo 18.- *Confidencialidad*

1. El solicitante podrá indicar qué datos de los presentados conforme al presente Reglamento desea que reciban un tratamiento confidencial porque su revelación pudiera perjudicar seriamente su posición competitiva. En tal caso, deberá aportar una justificación verificable.

2. La Comisión determinará, tras consultar al solicitante, qué información, distinta de la indicada en el apartado 3, debe mantenerse confidencial e informará de su decisión al solicitante.

3. No se considerará confidencial la siguiente información:

a) el nombre y la composición del aditivo para alimentación animal y, en su caso, la indicación de la cepa productora;

b) las propiedades fisicoquímicas y biológicas del aditivo para alimentación animal;

c) las conclusiones de los resultados del estudio sobre los efectos del aditivo para alimentación animal para la salud humana, para la sanidad de los animales y para el medio ambiente;

d) las conclusiones de los resultados del estudio sobre los efectos del aditivo para alimentación animal sobre las características de los productos animales y sus propiedades nutricionales;

e) los métodos de detección e identificación del aditivo para alimentación animal y, en su caso, los requisitos relativos al seguimiento y un resumen de los resultados del seguimiento.

4. No obstante lo dispuesto en el apartado 2, la Autoridad proporcionará a la Comisión y a los Estados miembros toda la información que esté en su poder si así se le solicita, incluida cualquier información considerada confidencial con arreglo al apartado 2.

5. Al tramitar solicitudes de acceso a los documentos que obren en su poder, la Autoridad aplicará los principios contenidos en el Reglamento (CE) nº 1049/2001 del Parlamento Europeo y del Consejo, de 30 de mayo de 2001, relativo al acceso del público a los documentos del Parlamento Europeo, del Consejo y de la Comisión.

6. Los Estados miembros, la Comisión y la Autoridad mantendrán el carácter confidencial de toda la información que se haya determinado como tal conforme al apartado 2, salvo que se trate de información que deba hacerse pública para proteger la salud de las personas, la sanidad de los animales o el medio ambiente. Los Estados miembros tramitarán las solicitudes de acceso a los documentos que se les haya transmitido con arreglo al presente Reglamento de conformidad con lo dispuesto en el artículo 5 del Reglamento (CE) nº 1049/2001.

7. Si un solicitante retira o ha retirado su solicitud, los Estados miembros, la Comisión y la Autoridad respetarán la confidencialidad de la información comercial e industrial, incluida la relativa a la investigación y el desarrollo, así como aquella con respecto a cuya confidencialidad la Comisión y el solicitante no estén de acuerdo.

Artículo 19.- *Revisión administrativa*

Las decisiones o inhibiciones en virtud de las competencias que confiere a la Autoridad el presente Reglamento podrán ser revisadas por la Comisión a iniciativa propia o a petición de un Estado miembro o de cualquier persona directa e individualmente afectada.

A tal fin se presentará una solicitud a la Comisión en un plazo de dos meses a partir de la fecha en que la parte afectada tenga conocimiento de la acción u omisión de que se trate.

La Comisión adoptará una decisión en el plazo de dos meses exigiendo, si procediera, a la Autoridad que, dentro de un plazo establecido, anule su decisión, o que actúe si se inhibió.

Artículo 20.- *Protección de datos*

1. Los datos científicos y demás información contenida en el expediente de solicitud conforme al artículo 7 no podrán ser utilizados en provecho de otro solicitante durante un período de diez años contado a partir de la fecha de autorización, salvo que el otro solicitante haya acordado con el solicitante anterior el uso de esos datos y esa información.

2. Con objeto de estimular los esfuerzos de obtención de autorizaciones para especies menores relativas a aditivos cuya utilización está autorizada para otras especies, el período de protección de datos de diez años se ampliará en un año por cada especie menor para la cual se conceda una prórroga de la autorización de utilización.

3. El solicitante y el solicitante anterior harán todo lo necesario para alcanzar un acuerdo sobre el intercambio de información, con objeto de evitar repetir pruebas toxicológicas en vertebrados. Si, no obstante, no se llega a un acuerdo para compartir dicha información, la Comisión podrá decidir acerca de la divulgación de la información necesaria para evitar repetir pruebas toxicológicas en vertebrados, garantizando un equilibrio razonable entre los intereses de las partes afectadas.

4. Al finalizar el período de diez años, los resultados de toda la evaluación o parte de la evaluación realizada sobre la base de los datos y la información científicos incluidos en el expediente de solicitud podrán ser utilizados por la Autoridad en provecho de otro solicitante.

Artículo 21.- *Laboratorios de referencia*

El laboratorio comunitario de referencia, así como sus deberes y tareas, figuran en el anexo II.

Los solicitantes de autorización de aditivos contribuirán a sufragar los costes de las tareas del laboratorio comunitario de referencia y del consorcio de laboratorios nacionales de referencia mencionadas en el anexo II.

Las normas detalladas para la aplicación del anexo II podrán adoptarse de conformidad con el procedimiento de reglamentación contemplado en el artículo 22, apartado 2.

El anexo II podrá ser modificado por la Comisión. Estas medidas, destinadas a modificar los elementos no esenciales del presente Reglamento, se adoptarán con arreglo al procedimiento de reglamentación con control contemplado en el artículo 22, apartado 3.

Artículo 22.- *Procedimiento del Comité*

1. La Comisión estará asistida por el Comité permanente de la cadena alimentaria y de sanidad animal creado por el artículo 58 del Reglamento (CE) nº 178/2002, denominado en lo sucesivo «el Comité».

2. En los casos en que se haga referencia al presente apartado, serán de aplicación los artículos 5 y 7 de la Decisión 1999/468/CE, observando lo dispuesto en su artículo 8.

El plazo contemplado en el apartado 6 del artículo 5 de la Decisión 1999/468/CE queda fijado en tres meses.

3. En los casos en que se haga referencia al presente apartado, serán de aplicación el artículo 5 bis, apartados 1 a 4, y el artículo 7 de la Decisión 1999/468/CE, observando lo dispuesto en su artículo 8.

Artículo 23.- *Derogaciones*

1. Queda derogada la Directiva 70/524/CEE con efectos a partir de la fecha de aplicación del presente Reglamento. No obstante, el artículo 16 de la Directiva 70/524/CEE permanecerá en vigor hasta que se haya revisado la Directiva 79/373/CEE para incluir normas relativas al etiquetado de los piensos a los que se han añadido aditivos.

2. Se suprimen los puntos 2.1, 3 y 4 del anexo de la Directiva 82/471/CEE con efectos a partir de la fecha de aplicación del presente Reglamento.

3. Queda derogada la Directiva 87/153/CEE con efectos a partir de la fecha de aplicación del presente Reglamento. No obstante, el anexo de dicha Directiva permanecerá en vigor hasta que se adopten las normas de ejecución previstas en el apartado 4 del artículo 7 del presente Reglamento.

4. Las referencias a la Directiva 70/524/CEE se entenderán como referencias al presente Reglamento.

Artículo 24.- *Sanciones*

Los Estados miembros establecerán las normas sobre las sanciones aplicables a las infracciones de lo dispuesto por el presente Reglamento y adoptarán todas las medidas necesarias para asegurar la aplicación de dichas normas. Las sanciones fijadas deberán ser eficaces, proporcionadas y disuasorias.

Los Estados miembros notificarán esas normas y medidas a la Comisión, a más tardar, en los 12 meses siguientes a la fecha de publicación del presente Reglamento, y le comunicarán de inmediato cualquier modificación de las mismas.

Artículo 25.- *Medidas transitorias*

1. Las solicitudes presentadas con arreglo al artículo 4 de la Directiva 70/524/CEE antes de la fecha de aplicación del presente Reglamento se tratarán como solicitudes en virtud del artículo 7 del presente Reglamento cuando todavía no se hayan enviado a la Comisión las observaciones iniciales previstas en el apartado 4 del artículo 4 de la Directiva 70/524/CEE. Los Estados miembros designados como ponentes con respecto a tal solicitud deberán transmitir inmediatamente a la Comisión el expediente presentado con arreglo a dicha solicitud. No obstante el apartado 1 del artículo 23, dichas solicitudes continuarán siendo tratadas conforme al artículo 4 de la Directiva 70/524/CEE cuando ya se hayan enviado a la Comisión las observaciones iniciales previstas en el apartado 4 del artículo 4 de dicha Directiva 70/524/CEE.

2. Los requisitos de etiquetado establecidos en el capítulo III no se aplicarán a los productos que se hayan fabricado y etiquetado legalmente en la Comunidad, o que se hayan importado y comercializado legalmente en la Comunidad, con anterioridad a la fecha de aplicación del presente Reglamento.

Artículo 26.- *Entrada en vigor*

1. El presente Reglamento entrará en vigor a los veinte días de su publicación en el Diario Oficial de la Unión Europea.

2. Se aplicará una vez transcurridos 12 meses a partir de la fecha de su publicación.

El presente Reglamento será obligatorio en todos sus elementos y directamente aplicable en cada Estado miembro.

ANEXO I.-
Grupos de aditivos

[Anexo no reproducido en la presente publicación]

ANEXO II.-
Deberes y tareas del laboratorio comunitario de referencia

[Anexo no reproducido en la presente publicación]

ANEXO III.-
Requisitos específicos relativos al etiquetado de algunos aditivos para alimentación animal y premezclas

[Anexo no reproducido en la presente publicación]

ANEXO IV.-
Condiciones generales de uso

[Anexo no reproducido en la presente publicación]

10 de noviembre de 2003.- Reglamento (CE) nº 2065/2003
del Parlamento Europeo y del Consejo,
sobre los aromas de humo utilizados o destinados a ser utilizados en los productos alimenticios o en su superficie
(D.O. L 309, 26 de noviembre de 2003)

[V.C. 07/08/2009]

TJUE, 6 de diciembre de 2005, Asunto C-66/04, Reino Unido de Gran Bretaña y de Irlanda del Norte contra Parlamento Europeo y Consejo de la Unión Europea. [Interpretación de los Arts. 4 y 5]

EL PARLAMENTO EUROPEO Y EL CONSEJO DE LA UNIÓN EUROPEA,

Visto el Tratado constitutivo de la Comunidad Europea, y en particular su artículo 95,

Vista la propuesta de la Comisión,

Visto el dictamen del Comité Económico y Social Europeo,

De conformidad con el procedimiento establecido en el artículo 251 del Tratado,

Considerando lo siguiente:

(1) La Directiva 88/388/CEE del Consejo, de 22 de junio de 1988, relativa a la aproximación de las legislaciones de los Estados miembros en el ámbito de los aromas que se utilizan en los productos alimenticios y de los materiales de base para su producción, y en particular el séptimo guión del punto 1 de su artículo 5, prevé la adopción de disposiciones apropiadas relativas a los materiales de base utilizados para la producción de aromas de humo, así como las condiciones de reacción utilizadas para su preparación.

(2) La libre circulación de productos alimenticios seguros y saludables es un aspecto esencial del mercado interior y contribuye significativamente a la salud y el bienestar de los ciudadanos, así como a sus intereses sociales y económicos.

(3) En la ejecución de las políticas comunitarias debe garantizarse un nivel elevado de protección de la vida y la salud de las personas.

(4) A fin de proteger la salud de las personas, los aromas de humo deben someterse a una evaluación de su seguridad mediante un procedimiento comunitario antes de ponerse en el mercado o utilizarse en productos alimenticios, o en su superficie, dentro de la Comunidad.

(5) Las diferencias existentes entre las disposiciones legales, reglamentarias y administrativas nacionales en relación con la evaluación y la autorización de aromas de humo pueden obstaculizar su libre circulación y crear las condiciones para una competencia desigual y desleal. En consecuencia, debe establecerse un procedimiento de autorización a nivel comunitario.

(6) La composición química del humo es compleja y depende, entre otras cosas, de los tipos de madera utilizada, del método empleado para producir humo, del contenido de agua de la madera y de la temperatura y concentración de oxígeno durante la producción de humo. Los alimentos ahumados en general plantean problemas desde el punto de vista sanitario, sobre todo con respecto a la posible presencia de hidrocarburos policíclicos aromáticos. Dado que los aromas de humo se producen a partir de humo sometido a procedimientos de fraccionamiento y purificación, se considera generalmente que la utilización de aromas de humos plantea menos problemas para la salud que el procedimiento de ahumado tradicional. No obstante, en las evaluaciones de seguridad deben tenerse en cuenta las posibilidades de aplicación más amplias de los aromas de humo en comparación con el ahumado tradicional.

(7) El presente Reglamento se aplica a los aromas de humo tal como se definen en la Directiva 88/388/CEE. La producción de estos aromas de humo se inicia con la condensación del humo. El humo condensado se separa normalmente mediante procedimientos físicos en un condensado de humo primario de base acuosa, una fase de alta densidad de alquitrán insoluble en agua y una fase oleosa insoluble en agua. La fase oleosa insoluble en agua es un subproducto inadecuado para la producción de aromas de humo. Los condensados de humo primarios y las fracciones de la fase de alta densidad de alquitrán insoluble en agua, que se denominan «fracciones primarias de alquitrán», se purifican para eliminar los componentes del humo más perjudiciales para la salud humana. Entonces pueden utilizarse como tales en productos alimenticios o en su superficie, o para la producción de aromas de humo derivados obtenidos mediante otros

tratamientos físicos adecuados, tales como procedimientos de extracción, destilación, concentración por evaporación, absorción o separación por membrana, y la adición de ingredientes alimentarios, otros aromas, aditivos alimentarios o disolventes, sin perjuicio de la legislación comunitaria más específica.

(8) El Comité científico de la alimentación humana llegó a la conclusión de que, debido a las importantes diferencias físicas y químicas entre los aromas de humo utilizados para aromatizar los alimentos, no es posible diseñar un método común para evaluar su seguridad y, por consiguiente, la evaluación toxicológica debería centrarse en la seguridad de los diferentes condensados de humo. Sobre la base de este dictamen, el presente Reglamento debe prever la evaluación científica de los condensados de humo primarios y las fracciones primarias de alquitrán, denominados en lo sucesivo productos primarios, con respecto a la seguridad de su utilización como tales o para producir aromas de humo derivados destinados a ser utilizados en los productos alimenticios o en su superficie.

(9) En cuanto a las condiciones de producción, el presente Reglamento refleja las conclusiones a las que llegó el Comité científico de la alimentación humana en su informe sobre los aromas de humo de 25 de junio de 1993, en el que especificó las diversas condiciones de producción y proporcionó la información necesaria para evaluar los aromas de humo utilizados o destinados a ser utilizados en los productos alimenticios o en su superficie. Este informe se basaba a su vez en el informe del Consejo de Europa «Health aspects of using smoke flavours as food ingredients» («Aspectos sanitarios de la utilización de los aromas de humo como ingredientes alimentarios»). Contiene asimismo una lista no exhaustiva de tipos de madera que puede considerarse una lista indicativa de las maderas adecuadas para la producción de aromas de humo.

(10) Sobre la base de la evaluación de seguridad, debe preverse el establecimiento de una lista de productos primarios autorizados para ser utilizados como tales en los productos alimenticios o en su superficie, o para producir aromas de humo utilizables en los productos alimenticios o en su superficie, dentro de la Comunidad. Esta lista debe describir claramente los productos primarios y las condiciones para su utilización, así como la fecha a partir de la cual la autorización es válida.

(11) Para garantizar la armonización, las evaluaciones de seguridad deben ser realizadas por la Autoridad Europea de Seguridad Alimentaria (denominada en lo sucesivo la Autoridad), creada mediante el Reglamento (CE) nº 178/2002 del Parlamento Europeo y del Consejo, de 28 de enero de 2002, por el que se establecen los principios y los requisitos generales de la legislación alimentaria, se crea la Autoridad Europea de Seguridad Alimentaria y se fijan procedimientos relativos a la seguridad alimentaria.

(12) La evaluación de la seguridad de un producto primario específico debe ir seguida de una decisión de gestión del riesgo para determinar si el producto debe inscribirse en la lista comunitaria de productos primarios autorizados. Dicha decisión debe adoptarse con arreglo al procedimiento de reglamentación para garantizar una estrecha cooperación entre la Comisión y los Estados miembros.

(13) Conviene que la persona (el solicitante) que piense poner en el mercado productos primarios o aromas de humo derivados presente toda la información necesaria para la evaluación de la seguridad. El solicitante debe también proponer un método validado de muestreo y detección para los productos primarios que deba utilizarse para controlar el cumplimiento de las disposiciones del presente Reglamento. Si es necesario, la Comisión debe adoptar criterios de calidad para dichos métodos analíticos después de consultar a la Autoridad para recibir asistencia científica y técnica.

(14) Dado que muchos aromas de humo ya se han puesto en el mercado en los Estados miembros, debe velarse por que el paso a un procedimiento de autorización comunitaria se realice sin complicaciones y no perturbe el mercado existente de aromas de humo. Debe concederse al solicitante un plazo de tiempo suficiente para poner a disposición de la Autoridad la información necesaria para la evaluación de la seguridad de estos productos. En consecuencia, debe establecerse un determinado período de tiempo, denominado en lo sucesivo la primera fase, en el que el solicitante debe presentar a la Autoridad la información sobre los productos primarios existentes. Las solicitudes de autorización de nuevos productos primarios pueden presentarse también en la primera fase. La Autoridad debe evaluar sin demora todas las solicitudes relativas a productos primarios existentes o nuevos para los que se haya presentado suficiente información en la primera fase.

(15) La Comisión debe elaborar la lista positiva comunitaria al término de la evaluación de la seguridad de todos los productos primarios para los que se haya presentado suficiente información en la primera fase. Con objeto de garantizar condiciones justas y equitativas para todos los solicitantes, esta compilación inicial de la lista debe realizarse en una sola etapa. Después del establecimiento inicial de la lista de productos primarios autorizados, debe ser posible la inclusión de otros productos primarios mediante una decisión de la Comisión, sobre la base de la evaluación de seguridad hecha por la Autoridad.

(16) Si la evaluación hecha por la Autoridad indica que un aroma de humo existente, ya puesto en el mercado en los Estados miembros, constituye un grave riesgo para la salud humana, el producto debe retirarse del mercado inmediatamente.

(17) Los artículos 53 y 54 del Reglamento (CE) nº 178/2002 establecen procedimientos para la adopción de medidas de emergencia en relación con productos alimenticios de origen comunitario o importados de un tercer país. Autorizan a la Comisión a adoptar dichas medidas cuando se ponga de manifiesto la probabilidad de que un producto alimenticio constituya un riesgo grave para la salud de las personas o de los animales o para el medio ambiente, y dicho riesgo no pueda controlarse satisfactoriamente mediante la adopción de medidas por parte de los Estados miembros interesados.

(18) Es necesario exigir de los operadores de empresas alimentarias que utilizan productos primarios o aromas de humo derivados que establezcan procedimientos que permitan verificar, en todas las fases de la puesta en el mercado de un producto primario o un aroma de humo derivado, que está autorizado por el presente Reglamento y que se respetan las condiciones para su utilización.

(19) Para garantizar a los productos primarios existentes y nuevos un acceso equitativo al mercado, debe establecerse un periodo transitorio durante el cual las medidas nacionales sigan siendo aplicables en los Estados miembros.

(20) Los anexos del presente Reglamento deben poder adaptarse al progreso científico y técnico.

(21) Las medidas necesarias para la ejecución del presente Reglamento deben aprobarse con arreglo a la Decisión 1999/468/CE del Consejo, de 28 de junio de 1999, por la que se establecen los procedimientos para el ejercicio de las competencias de ejecución atribuidas a la Comisión.

HAN ADOPTADO EL PRESENTE REGLAMENTO:

Artículo 1.- *Objeto*

1. El presente Reglamento tiene por objeto garantizar el funcionamiento eficaz del mercado interior con respecto a los aromas de humo utilizados o destinados a ser utilizados en los productos alimenticios o en su superficie, constituyendo la base para garantizar un nivel elevado de protección de la salud de las personas y de los intereses de los consumidores.

2. A tal efecto, el presente Reglamento establece:

a) un procedimiento comunitario para la evaluación y la autorización de los condensados de humo primarios y las fracciones primarias de alquitrán destinados a ser utilizados como tales en los productos alimenticios o en su superficie o en la producción de aromas de humo derivados destinados a ser utilizados en los productos alimenticios o en su superficie;

b) un procedimiento comunitario para el establecimiento de una lista de condensados de humo primarios y fracciones primarias de alquitrán autorizados en la Comunidad, con exclusión de todos los demás, y sus condiciones de utilización en los productos alimenticios o en su superficie.

Artículo 2.- *Ámbito de aplicación*

El presente Reglamento se aplicará a:

1) los aromas de humo utilizados o destinados a ser utilizados en los productos alimenticios o en su superficie;

2) los materiales de base para la producción de aromas de humo;

3) las condiciones en las que se preparan los aromas de humo;

4) los productos alimenticios que contienen aromas de humo en su composición o en su superficie.

Artículo 3.- *Definiciones*

A efectos del presente Reglamento, se aplicarán las definiciones establecidas en la Directiva 88/388/CEE y en el Reglamento (CE) nº 178/2002.

Asimismo, se entenderá por:

1) condensados de humo primarios: la parte de base acuosa purificada del humo condensado, término que quedará comprendido en la definición de aromas de humo;

2) fracciones primarias de alquitrán: la fracción purificada de la fase de alta densidad de alquitrán insoluble en agua del humo condensado, término que quedará comprendido en la definición de aromas de humo;

3) productos primarios: los condensados de humo primarios y las fracciones primarias de alquitrán;

4) aromas de humo derivados: los aromas obtenidos a partir del tratamiento ulterior de productos primarios y utilizados o destinados a ser utilizados en los productos alimenticios o en su superficie para darles un aroma ahumado.

Artículo 4.- *Requisitos generales en cuanto a utilización y seguridad*

1. Sólo se autorizará la utilización de aromas de humo en los productos alimenticios o en su superficie si se demuestra suficientemente que:

— no presentan riesgos para la salud de las personas,

— no inducen a error a los consumidores.

Cada autorización podrá estar sujeta a condiciones específicas de utilización.

2. No se pondrá en el mercado un aroma de humo o cualquier producto alimenticio que lo contenga en su composición o en su superficie si el aroma de humo no es un producto primario autorizado con arreglo al artículo 6 o no ha sido derivado de dicho producto y no se cumplen las condiciones de utilización establecidas en la autorización con arreglo al presente Reglamento.

Artículo 5.- *Condiciones de producción*

1. Las maderas utilizadas para la producción de productos primarios no deberán haber sido tratadas, voluntaria o involuntariamente, con sustancias químicas en los seis meses inmediatamente anteriores a la tala o después de esta, a no ser que pueda demostrarse que la sustancia utilizada para el tratamiento no produce ninguna sustancia potencialmente tóxica durante la combustión.

La persona que ponga en el mercado productos primarios deberá poder demostrar, mediante certificados o documentos pertinentes, que se cumplen los requisitos establecidos en el primer párrafo.

2. Las condiciones para la producción de productos primarios se establecen en el anexo I. La fase oleosa insoluble en agua, que es un subproducto del proceso, no se utilizará para la producción de aromas de humo.

3. Sin perjuicio de lo dispuesto en otras normas comunitarias, los productos primarios podrán ser tratados ulteriormente mediante procesos físicos adecuados para la producción de aromas de humo derivados. Cuando haya diferencias de opinión sobre la idoneidad de un determinado proceso físico, podrá adoptarse una decisión con arreglo al procedimiento previsto en el apartado 2 del artículo 19.

Artículo 6.- *Lista comunitaria de productos primarios autorizados*

1. Se establecerá, con arreglo al procedimiento mencionado en el apartado 2 del artículo 19, una lista de productos primarios autorizados en la Comunidad, con exclusión de todos los demás, para ser utilizados como tales en los productos alimenticios o en su superficie o para la producción de aromas de humo derivados.

2. La lista mencionada en el apartado 1 incluirá para cada producto primario autorizado un código exclusivo de identificación del producto, la denominación del producto, el nombre y la dirección del titular de la autorización, una descripción y una caracterización claras del producto, las condiciones para su utilización en productos o categorías de productos alimenticios específicos o en su superficie y la fecha a partir de la cual se autoriza su utilización.

3. Después de establecerse la lista mencionada en el apartado 1, podrán añadirse a ella productos primarios conforme al procedimiento mencionado en el apartado 2 del artículo 19.

Artículo 7.- *Solicitud de autorización*

1. Para obtener la inclusión de un producto primario en la lista a que se refiere el apartado 1 del artículo 6, deberá presentarse una solicitud con arreglo a las disposiciones siguientes.

2.

a) La solicitud se enviará a la autoridad competente de un Estado miembro.

b) La autoridad competente:

i) enviará por escrito al solicitante un acuse de recibo de la solicitud en los 14 días siguientes a la recepción de la misma, en el que deberá figurar la fecha de recepción,

ii) informará sin demora a la Autoridad Europea de Seguridad Alimentaria, en adelante la Autoridad, y

iii) pondrá la solicitud y toda la información complementaria aportada por el solicitante a disposición de la Autoridad.

c) La Autoridad informará sin demora a los demás Estados miembros y a la Comisión de la solicitud y pondrá a su disposición la solicitud y toda la información complementaria aportada por el solicitante.

3. La solicitud deberá ir acompañada de la información y la documentación siguientes:

a) nombre y dirección del solicitante;

b) la información mencionada en el anexo II;

c) una declaración motivada de que el producto cumple lo dispuesto en el primer guión del apartado 1 del artículo 4;

d) un resumen del expediente.

4. La Autoridad publicará una guía detallada sobre la preparación y la presentación de la solicitud.

Artículo 8.- *Dictamen de la Autoridad*

1. En los seis meses siguientes a la recepción de una solicitud válida, la Autoridad emitirá un dictamen sobre la conformidad del producto y de su uso previsto con lo dispuesto en el apartado 1 del artículo 4. La autoridad podrá prolongar dicho período, en cuyo caso proporcionará una explicación del retraso al solicitante, a la Comisión y a los Estados miembros.

2. Cuando proceda, la Autoridad podrá pedir al solicitante que complemente la información que acompaña a la solicitud en un plazo determinado por ella, que en ningún caso deberá ser superior a 12 meses. Si la Autoridad pide información complementaria, el plazo establecido en el apartado 1 dejará de correr hasta que se proporcione la información requerida. Del mismo modo, dicho plazo dejará también de correr durante el tiempo que se haya concedido al solicitante para preparar aclaraciones orales o escritas.

3. Para preparar su dictamen, la Autoridad:

a) comprobará que la información y la documentación presentadas por el solicitante son conformes con lo dispuesto en el apartado 3 del artículo 7, en cuyo caso la solicitud se considerará válida;

b) informará al solicitante, a la Comisión y a los Estados miembros en caso de que una solicitud no sea válida.

4. En caso de ser favorable a la autorización del producto evaluado, el dictamen deberá incluir:

a) las condiciones o restricciones que deban imponerse a la utilización del producto primario evaluado, en cuanto tal o como aromas de humo derivados, en productos o categorías de productos alimenticios específicos o en su superficie;

b) una evaluación de la idoneidad del método analítico propuesto con arreglo al punto 4 del anexo II para los fines de control previstos.

5. La Autoridad enviará su dictamen a la Comisión, a los Estados miembros y al solicitante.

6. La Autoridad hará público su dictamen tras haber eliminado cualquier dato considerado confidencial, de conformidad con el artículo 15.

Artículo 9.- *Autorización de la Comunidad*

1. En los tres meses siguientes a la recepción del dictamen de la Autoridad, la Comisión preparará un proyecto de la medida que deberá adoptarse con respecto a la solicitud de inclusión de un producto primario en la lista mencionada en el apartado 1 del artículo 6, para lo cual tendrá en cuenta los requisitos del apartado 1 del artículo 4, el Derecho comunitario y otros factores legítimos pertinentes respecto del asunto en cuestión. Si el proyecto de medida está en desacuerdo con el dictamen de la Autoridad, la Comisión explicará el porqué de las diferencias existentes.

La medida mencionada en el primer párrafo deberá ser:

a) un proyecto de reglamento por el que se modifique la lista mencionada en el apartado 1 del artículo 6 para incluir en ella el producto primario con arreglo a los requisitos del apartado 2 del artículo 6, o

b) un proyecto de decisión, dirigido al solicitante, por el que se rechace la autorización solicitada.

2. La medida se adoptará de acuerdo con el procedimiento mencionado en el apartado 2 del artículo 19. La Comisión informará sin demora al solicitante de la decisión adoptada.

3. Sin perjuicio de lo dispuesto en el artículo 11, la autorización concedida conforme al procedimiento establecido en el presente Reglamento será válida en toda la Comunidad por un período de diez años renovable de acuerdo con el artículo 12.

4. Después de concederse una autorización con arreglo al presente Reglamento, el titular de la autorización o cualquier otro operador de una empresa alimentaria que utilice el producto primario o los aromas de humo derivados autorizados deberá atenerse a las condiciones y restricciones anejas a la autorización.

5. El titular de la autorización informará inmediatamente a la Comisión de cualquier nuevo dato científico o técnico que pueda incidir en la evaluación de la seguridad del producto primario o los aromas de humo derivados autorizados con respecto a la salud de las personas. Si es necesario, la Autoridad reexaminará la evaluación.

6. La concesión de la autorización no reducirá la responsabilidad general civil y penal de los operadores de empresas alimentarias en relación con el producto primario, el aroma de humo derivado o el producto alimenticio que contenga el producto primario o aroma de humo derivado autorizados.

Artículo 10.- *Elaboración inicial de la lista comunitaria de productos primarios autorizados*

1. En los 18 meses siguientes a la entrada en vigor del presente Reglamento, los operadores de empresas alimentarias presentarán una solicitud con arreglo al artículo 7 a fin de elaborar la lista comunitaria inicial de productos primarios autorizados. Sin perjuicio de lo dispuesto en el apartado 1 del artículo 9, esta lista inicial se establecerá después de que la Autoridad haya emitido un dictamen sobre cada producto primario para el que se haya presentado una solicitud válida durante ese período.

Las solicitudes respecto de las cuales la Autoridad no pueda emitir un dictamen porque el solicitante no haya respetado los plazos para la presentación de información complementaria con arreglo al apartado 2 del artículo 8 no se tomarán en consideración para su posible inclusión en la lista comunitaria inicial.

2. En los tres meses siguientes a la recepción de todos los dictámenes mencionados en el apartado 1, la Comisión preparará un proyecto de reglamento para la compilación inicial de la lista mencionada en el apartado 1 del artículo 6, teniendo en cuenta los requisitos previstos en el apartado 2 del artículo 6.

Artículo 11.- *Modificación, suspensión y revocación de las autorizaciones*

1. El titular de la autorización podrá solicitar una modificación de la autorización existente con arreglo al procedimiento establecido en el artículo 7.

2. Por propia iniciativa o a petición de un Estado miembro o de la Comisión, la Autoridad emitirá un dictamen sobre si una autorización sigue siendo conforme con el presente Reglamento, con arreglo, si procede, al procedimiento establecido en el artículo 8.

3. La Comisión estudiará sin demora el dictamen de la Autoridad y preparará un proyecto de la decisión que haya de tomarse.

4. Si el proyecto de medida prevé modificar la autorización, deberá precisar qué cambios es necesario introducir en las condiciones de utilización y, en su caso, en las restricciones anejas a dicha autorización.

5. La medida final, es decir, la modificación, suspensión o revocación de la autorización, se tomará de acuerdo con el procedimiento mencionado en el apartado 2 del artículo 19.

6. La Comisión informará sin demora al titular de la autorización de la medida adoptada.

Artículo 12.- *Renovación de autorizaciones*

1. Sin perjuicio de lo dispuesto en el artículo 11, las autorizaciones concedidas conforme al presente Reglamento serán renovables por períodos de diez años, mediante una solicitud que el titular de la autorización deberá presentar a la Comisión, a más tardar 18 meses antes de la fecha de expiración de la autorización.

2. La solicitud deberá ir acompañada de la información y la documentación siguientes:

a) una referencia a la autorización original;

b) toda la información disponible con respecto a los puntos enumerados en el anexo II, que complemente la información ya facilitada a la Autoridad con ocasión de la evaluación o las evaluaciones anteriores y que las actualice a la luz de los progresos científicos y técnicos más recientes;

c) una declaración motivada de que el producto cumple lo dispuesto en el primer guión del apartado 1 del artículo 4.

3. Los artículos 7 a 9 se aplicarán mutatis mutandis.

4. Si, por razones que escapan al control del titular de la autorización, un mes antes de la fecha de expiración no se ha tomado aún decisión alguna sobre la renovación de la autorización, el período de autorización del producto se prorrogará automáticamente por seis meses. La Comisión informará sin demora al titular de la autorización y a los Estados miembros del retraso producido.

Artículo 13.- *Trazabilidad*

1. En la primera fase de la puesta en el mercado de un producto primario o un aroma de humo autorizado derivado de los productos autorizados incluidos en la lista mencionada en el apartado 1 del artículo 6, los operadores de una empresa alimentaria garantizarán que se transmita al operador de una empresa alimentaria que recibe el producto la información siguiente:

a) el código del producto autorizado que figura en la lista mencionada en el apartado 1 del artículo 6;

b) las condiciones de utilización del producto autorizado que se indican en la lista mencionada en el apartado 1 del artículo 6;

c) en el caso de un aroma de humo derivado, la relación cuantitativa con el producto primario; esta relación se expresará en términos claros y fácilmente comprensibles para que el operador de una empresa alimentaria destinatario pueda utilizar el aroma de humo derivado con arreglo a las condiciones de utilización establecidas en la lista mencionada en el apartado 1 del artículo 6.

2. En todas las fases posteriores de la puesta en el mercado de los productos mencionados en el apartado 1, los operadores de empresas alimentarias garantizarán que la información recibida en virtud del apartado 1 se transmita a los operadores de empresas alimentarias que reciban los productos.

3. Los operadores de empresas alimentarias dispondrán de sistemas y procedimientos que permitan identificar a los proveedores o los destinatarios de los productos mencionados en el apartado 1.

4. Los apartados 1 a 3 se entienden sin perjuicio de otros requisitos específicos de la legislación comunitaria.

Artículo 14.- *Acceso público*

1. Las solicitudes de autorización, la información complementaria facilitada por los solicitantes y los dictámenes de la Autoridad, con la salvedad de la información de carácter confidencial, serán de acceso público, de conformidad con los artículos 38, 39 y 41 del Reglamento (CE) nº 178/2002.

2. Al tramitar las solicitudes de acceso a documentos que obren en su poder, la Autoridad aplicará los principios contemplados en el Reglamento (CE) nº 1049/2001 del Parlamento Europeo y del Consejo, de 30 de mayo de 2001, relativo al acceso del público a los documentos del Parlamento Europeo, del Consejo y de la Comisión.

3. Los Estados miembros tramitarán las solicitudes de acceso a los documentos recibidas en virtud del presente Reglamento de conformidad con el artículo 5 del Reglamento (CE) nº 1049/2001.

Artículo 15.- *Confidencialidad*

1. El solicitante podrá indicar qué datos de los presentados conforme al artículo 7 desea que reciban un tratamiento confidencial porque su revelación pudiera perjudicar seriamente su posición competitiva. Deberá aportar una justificación verificable a este respecto.

2. Sin perjuicio de lo dispuesto en el apartado 3, la Comisión determinará, tras consultar al solicitante, qué información debe mantenerse confidencial, e informará de su decisión al solicitante y a la Autoridad.

3. Sin perjuicio de lo dispuesto en el apartado 3 del artículo 39 del Reglamento (CE) nº 178/2002, no se considerará confidencial la siguiente información:

a) el nombre y la dirección del solicitante y el nombre del producto;

b) en el caso de un dictamen favorable a la autorización del producto evaluado, la información mencionada en el apartado 2 del artículo 6;

c) la información que presente un interés directo para la evaluación de la seguridad del producto;

d) el método analítico a que se refiere el punto 4 del anexo II.

4. No obstante lo dispuesto en el apartado 2, la Autoridad suministrará a la Comisión y a los Estados miembros toda la información que esté en su poder si así se le solicita.

5. La Comisión, la Autoridad y los Estados miembros adoptarán las medidas necesarias para garantizar la adecuada confidencialidad de la información que reciban en virtud del presente Reglamento, salvo que se trate de información que debe hacerse pública, si las circunstancias así lo exigen, para proteger la salud de las personas.

6. Si un solicitante retira o ha retirado su solicitud, la Autoridad, la Comisión y los Estados miembros respetarán la confidencialidad de la información comercial e industrial facilitada, incluida la relativa a la investigación y el desarrollo, así como aquella con respecto a cuya confidencialidad la Comisión y el solicitante no se hayan puesto de acuerdo.

Artículo 16.- *Protección de datos*

La información que conste en la solicitud presentada conforme al artículo 7 no podrá ser utilizada en provecho de otro solicitante, salvo que el otro solicitante haya acordado con el titular de la autorización el uso de esa información.

Artículo 17.- *Inspección y medidas de control*

1. Los Estados miembros velarán por que se realicen inspecciones y otras medidas de control, según convenga, para hacer cumplir el presente Reglamento.

2. Cuando sea necesario y a petición de la Comisión, la Autoridad contribuirá a elaborar orientaciones técnicas sobre la toma de muestras y la realización de pruebas para facilitar un enfoque coordinado de la aplicación del apartado 1.

3. Cuando sea necesario, la Comisión, después de haber solicitado la asistencia científica y técnica de la Autoridad, adoptará criterios de calidad para los métodos analíticos validados propuestos conforme al punto 4 del anexo II, incluidas las sustancias que deben medirse.

Estas medidas, destinadas a modificar elementos no esenciales del presente Reglamento, se adoptarán con arreglo al procedimiento de reglamentación con control contemplado en el artículo 19, apartado 3.

Artículo 18.- *Modificaciones*

1. La Comisión adoptará las modificaciones de los anexos después de haber solicitado a la Autoridad su asistencia científica o técnica. Estas medidas, destinadas a modificar elementos no esenciales del presente Reglamento, se adoptarán con arreglo al procedimiento de reglamentación con control contemplado en el artículo 19, apartado 3.

2. Las modificaciones de la lista mencionada en el artículo 6, apartado 1, se adoptarán con arreglo al procedimiento de reglamentación contemplado en el artículo 19, apartado 2, después de haber solicitado a la Autoridad su asistencia científica o técnica.

Artículo 19.- *Procedimiento del Comité*

1. La Comisión estará asistida por el Comité mencionado en el apartado 1 del artículo 58 del Reglamento (CE) nº 178/2002.

2. En los casos en que se haga referencia al presente apartado, serán de aplicación los artículos 5 y 7 de la Decisión 1999/468/CE, observando lo dispuesto en su artículo 8.

El plazo contemplado en el apartado 6 del artículo 5 de la Decisión 1999/468/CE queda fijado en tres meses.

3. En los casos en que se haga referencia al presente apartado, serán de aplicación el artículo 5 bis, apartados 1 a 4, y el artículo 7 de la Decisión 1999/468/CE, observando lo dispuesto en su artículo 8.

Artículo 20.- *Medidas transitorias*

Sin perjuicio de lo dispuesto en el apartado 2 del artículo 4, el comercio y la utilización de los siguientes productos primarios y aromas de humo derivados, así como de los productos alimenticios que contengan cualquiera de estos productos, que ya estuvieran en el mercado en la fecha de entrada en vigor del presente Reglamento, se autorizarán durante los períodos siguientes:

a) productos primarios para los que se haya presentado una solicitud válida con arreglo al artículo 7 y al apartado 3 del artículo 8 antes del 16 de junio de 2005 y aromas de humo derivados: hasta que se establezca la lista mencionada en el apartado 1 del artículo 10;

b) productos alimenticios que contengan productos primarios para los que se haya presentado una solicitud válida con arreglo al artículo 7 y al apartado 3 del artículo 8 antes del 16 de junio de 2005 y/o que contengan aromas de humo derivados: hasta 12 meses después de que se establezca la lista mencionada en el apartado 1 del artículo 10;

c) productos alimenticios que contengan productos primarios para los que no se haya presentado una solicitud válida con arreglo al artículo 7 y al apartado 3 del artículo 8 antes del 16 de junio de 2005 y/o aromas de humo derivados: hasta el 16 de junio de 2006;

Los productos alimenticios que se hayan puesto en el mercado legalmente antes de finalizar los períodos mencionados en las letras b) y c) podrán comercializarse hasta que se agoten las existencias.

Artículo 21.- *Entrada en vigor*

El presente Reglamento entrará en vigor a los veinte días de su publicación en el Diario Oficial de la Unión Europea.

El apartado 2 del artículo 4 se aplicará a partir del 16 de junio de 2005. Hasta esa fecha, seguirán siendo aplicables en los Estados miembros las disposiciones nacionales vigentes relativas a los aromas de humo y a su utilización en los productos alimenticios o en su superficie.

El presente Reglamento será obligatorio en todos sus elementos y directamente aplicable en cada Estado miembro.

ANEXO I.-
Condiciones de producción de productos primarios

[Anexo no reproducido en la presente publicación]

ANEXO II.-
Información necesaria para la evaluación científica de los productos primarios

[Anexo no reproducido en la presente publicación]

23 de febrero de 2005.- Reglamento (CE) nº 396/2005

del Parlamento Europeo y del Consejo,

relativo a los límites máximos de residuos de plaguicidas en alimentos y piensos de origen vegetal y animal

y que modifica la Directiva 91/414/CEE del Consejo

(D.O. L 70, 16 de marzo de 2005)

[V.C. 01/01/2011]

EL PARLAMENTO EUROPEO Y EL CONSEJO DE LA UNIÓN EUROPEA,

Visto el Tratado constitutivo de la Comunidad Europea y, en particular, su artículo 37 y su artículo 152, apartado 4, letra b),

Vista la propuesta de la Comisión,

Visto el dictamen del Comité Económico y Social Europeo,

Previa consulta al Comité de las Regiones,

De conformidad con el procedimiento establecido en el artículo 251 del Tratado,

Considerando lo siguiente:

(1) Se han modificado varias veces de forma importante la Directiva 76/895/CEE del Consejo, de 23 de noviembre de 1976, relativa a la fijación de los contenidos máximos de residuos de plaguicidas en las frutas y hortalizas, la Directiva 86/362/CEE del Consejo, de 24 de julio de 1986, relativa a la fijación de contenidos máximos para los residuos de plaguicidas sobre y en los cereales, la Directiva 86/363/CEE del Consejo, de 24 de julio de 1986, relativa a la fijación de contenidos máximos para los residuos de plaguicidas sobre y en los productos alimenticios de origen animal, y la Directiva 90/642/CEE del Consejo, de 27 de noviembre de 1990, relativa a la fijación de los contenidos máximos de residuos de plaguicidas en determinados productos de origen vegetal, incluidas las frutas y hortalizas. Por motivos de claridad y simplicidad, estas Directivas deben derogarse y sustituirse por un único acto legislativo.

(2) Este Reglamento afecta directamente a la salud pública y es pertinente para el funcionamiento del mercado interior. Las diferencias en los límites máximos nacionales de residuos de plaguicidas pueden crear obstáculos al comercio de los productos incluidos en el anexo I del Tratado y de sus productos derivados entre los Estados miembros y entre terceros países y la Comunidad. Por tanto, en aras de la libre circulación de mercancías, de la equidad de las condiciones de competencia entre los Estados miembros, así como de un nivel elevado de protección de los consumidores, es conveniente fijar a escala comunitaria los límites máximos de residuos (LMR) en productos de origen vegetal y animal, teniendo en cuenta las buenas prácticas agrícolas.

(3) Un reglamento por el que se establezcan los LMR no requiere adaptaciones del Derecho nacional de los Estados miembros. Por tanto, se trata del instrumento jurídico más apropiado para fijar LMR de plaguicidas en productos de origen vegetal y animal, ya que sus disposiciones precisas se aplicarán al mismo tiempo y de la misma manera en toda la Comunidad, permitiendo así un uso más eficiente de los recursos nacionales.

(4) La producción y el consumo de productos vegetales y animales tienen gran importancia en la Comunidad. El rendimiento de la producción vegetal se ve continuamente afectado por los organismos nocivos. Es fundamental proteger los vegetales y productos vegetales frente a estos organismos, para evitar la disminución del rendimiento o los daños a los productos, y garantizar tanto la calidad de los productos recolectados como una productividad agrícola elevada. Con este fin se dispone de diferentes métodos, incluidos métodos no químicos, prácticas como el uso de variedades resistentes, la rotación de cultivos, la escarda mecanizada, el control biológico y métodos químicos como el uso de productos fitosanitarios.

(5) Uno de los medios más comunes de protección de los vegetales y productos vegetales contra los efectos de los organismos nocivos consiste en el uso de sustancias activas en los productos fitosanitarios. Sin embargo, su uso puede tener como consecuencia la presencia de residuos en los productos tratados, en los animales alimentados con dichos productos y en la miel producida por abejas expuestas a dichas sustancias. Dado que la salud pública ha de primar sobre el interés de la protección fitosanitaria, de conformidad con la Directiva 91/414/CEE del Consejo, de 15 de julio de 1991, relativa a la comercialización de productos fitosanitarios, es necesario velar por que tales residuos no estén presentes en niveles que supongan un riesgo inaceptable

para los seres humanos y, en su caso, para los animales. Los LMR deben establecerse en el nivel más bajo que pueda alcanzarse según las buenas prácticas agrícolas para cada plaguicida con vistas a proteger a grupos vulnerables como los niños y los no nacidos.

(6) También es importante seguir trabajando para desarrollar una metodología que tenga en cuenta los efectos acumulativos y sinérgicos; teniendo en cuenta la exposición de las personas a combinaciones de sustancias activas y sus efectos acumulativos y posiblemente globales y sinérgicos para la salud humana, los LMR se deben establecer previa consulta a la Autoridad Europea de Seguridad Alimentaria (en lo sucesivo, «la Autoridad»), establecida por el Reglamento (CE) nº 178/2002 del Parlamento Europeo y del Consejo, de 28 de enero de 2002, por el que se establecen los principios y los requisitos generales de la legislación alimentaria, se crea la Autoridad Europea de Seguridad Alimentaria y se fijan procedimientos relativos a la seguridad alimentaria.

(7) La Directiva 91/414/CEE establece que los Estados miembros, al conceder una autorización, deben exigir que los productos fitosanitarios se utilicen adecuadamente. El uso adecuado supone la aplicación de los principios de buenas prácticas agrícolas, así como de los principios de control integrado. En caso de que los LMR derivados de un uso autorizado de un plaguicida con arreglo a la Directiva 91/414/CEE supongan un riesgo para el consumidor, debe revisarse dicho uso para disminuir el nivel de los residuos del plaguicida. La Comunidad debe fomentar el uso de métodos o productos que favorezcan la reducción del riesgo y el uso de cantidades de plaguicidas en niveles que sean compatibles con una lucha eficaz contra las plagas.

(8) En virtud de la Directiva 79/117/CEE del Consejo, de 21 de diciembre de 1978, relativa a la prohibición de salida al mercado y de utilización de productos fitosanitarios que contengan determinadas sustancias activas, está prohibida una serie de sustancias activas. Por otra parte, otras muchas sustancias activas no están autorizadas actualmente con arreglo a la Directiva 91/414/CEE. Es necesario controlar y supervisar cuidadosamente los residuos de sustancias activas en productos de origen vegetal y animal que se deban a un uso no autorizado, a la contaminación ambiental o al uso en terceros países.

(9) Las normas básicas relativas a la legislación sobre alimentos y piensos se establecen en el Reglamento (CE) nº 178/2002.

(10) Además de dichas normas básicas, es necesario disponer de normas más específicas para garantizar el funcionamiento eficaz del mercado interior y el comercio con terceros países en relación con productos vegetales y animales, frescos, transformados y/o compuestos, destinados al consumo humano o a la alimentación animal, en los que pueda haber residuos de plaguicidas, sentando a la vez las bases para asegurar un elevado nivel de protección de la salud humana y animal y de los intereses de los consumidores. Tales normas deben incluir el establecimiento de LMR específicos de cada plaguicida en todos los productos alimenticios y piensos, así como la calidad de los datos con que se justifiquen dichos LMR.

(11) Pese a que los principios de la legislación alimentaria general establecidos en el Reglamento (CE) nº 178/2002 se aplican únicamente a los piensos para los animales destinados a la producción de alimentos, habida cuenta de la dificultad de delimitar los productos utilizados como piensos para los animales no destinados a la producción de alimentos y con el fin de facilitar el control y la ejecución de las disposiciones del presente Reglamento, es oportuno aplicar dichas disposiciones también a los piensos utilizados para los animales no destinados a la producción de alimentos. Sin embargo, el presente Reglamento no debe impedir la realización de las pruebas necesarias para la evaluación de los plaguicidas.

(12) La Directiva 91/414/CEE establece normas básicas respecto al uso y la comercialización de productos fitosanitarios. Dispone, en particular, que el uso de dichos productos no debe tener efectos nocivos sobre los seres humanos o los animales. Es posible que los residuos de plaguicidas procedentes del uso de productos fitosanitarios tengan efectos nocivos sobre la salud de los consumidores. En consecuencia, procede definir normas respecto de los LMR en los productos destinados al consumo humano que estén vinculadas a la autorización de uso de los productos fitosanitarios según lo establecido en el marco de la Directiva 91/414/CEE. De la misma manera, la mencionada Directiva debe adaptarse para tener en cuenta los procedimientos comunitarios para el establecimiento de LMR en virtud de la presente Directiva. A tenor de lo dispuesto en dicha Directiva, se puede designar a un Estado miembro ponente para la evaluación de

una sustancia activa. A los efectos del presente Reglamento conviene utilizar la experiencia de que se disponga en ese Estado miembro.

(13) Es procedente instaurar normas específicas relativas al control de residuos de plaguicidas con objeto de complementar las disposiciones generales de la legislación comunitaria relativas al control de alimentos y piensos.

(14) Al examinar los LMR de los plaguicidas, también debe reconocerse que pocos consumidores son conscientes de los riesgos que presentan. Sería oportuno facilitar a la opinión pública una explicación exhaustiva de dichos riesgos.

(15) Los Estados miembros deben examinar la posibilidad de publicar el nombre de las empresas cuyos productos contengan residuos de plaguicidas en niveles superiores a los niveles máximos autorizados.

(16) La Directiva 2002/32/CE del Parlamento Europeo y del Consejo, de 7 de mayo de 2002, sobre sustancias indeseables en la alimentación animal, contiene normas específicas sobre los piensos, con inclusión de su comercialización y almacenamiento y de la alimentación de los animales. En el caso de ciertos productos no es posible determinar si se van a destinar a la alimentación humana o animal. Por tanto, los residuos de plaguicidas en dichos productos deben ser inocuos para el consumo tanto humano como, en su caso, animal. En consecuencia, es apropiado que las normas dispuestas en el presente Reglamento sean aplicables también a dichos productos, además de las normas específicas de nutrición animal.

(17) Es necesario definir a escala comunitaria determinados términos relativos a la fijación, al control y a la presentación de informes sobre los controles de los LMR en productos de origen vegetal y animal. Es importante que los Estados miembros apliquen las sanciones adecuadas, de conformidad con el Reglamento (CE) nº 882/2004 del Parlamento Europeo y del Consejo, de 29 de abril de 2004, sobre los controles oficiales efectuados para garantizar la verificación del cumplimiento de la legislación en materia de piensos y alimentos y la normativa sobre salud animal y bienestar de los animales.

(18) La Directiva 76/895/CEE establece que los Estados miembros pueden autorizar LMR superiores a los autorizados actualmente a escala comunitaria. Dicha posibilidad debe desaparecer, ya que, en el contexto del mercado interior, podría crear obstáculos al comercio intracomunitario.

(19) La determinación de LMR de plaguicidas exige un largo estudio técnico e incluye la evaluación de los posibles riesgos para los consumidores. Por tanto, no es posible fijar inmediatamente LMR de los plaguicidas regulados actualmente por la Directiva 76/895/CEE ni de los plaguicidas para los que no se han fijado aún LMR comunitarios.

(20) Es conveniente que los requisitos mínimos aplicables a los datos que han de utilizarse a la hora de considerar la fijación de LMR de plaguicidas se establezcan a escala comunitaria.

(21) En circunstancias excepcionales, y en particular en lo que respecta a plaguicidas no autorizados que pueden estar presentes en el medio ambiente, es conveniente permitir el uso de datos de seguimiento a la hora de fijar LMR.

(22) Los LMR de plaguicidas deben someterse a un seguimiento constante y modificarse a la luz de las nuevas informaciones y datos disponibles. En los casos en que los usos autorizados de productos fitosanitarios no originen niveles detectables de residuos de plaguicidas, los LMR deben fijarse en el nivel más bajo de determinación analítica. En lo que respecta a los usos de plaguicidas no autorizados a escala comunitaria, deben fijarse LMR suficientemente bajos para proteger al consumidor de la ingesta de cantidades no autorizadas o excesivas de residuos de plaguicidas. Para facilitar el control de los residuos de plaguicidas, debe fijarse un valor por defecto para los residuos de plaguicidas presentes en los productos o grupos de productos comprendidos en el anexo I para los que no se hayan fijado LMR en los anexos II o III, a menos que la sustancia activa de que se trate figure en la lista del anexo IV. Es oportuno fijar el valor por defecto en 0,01 mg/kg y establecer la posibilidad de fijarlo en un nivel diferente para las sustancias activas incluidas en el anexo V, teniendo en cuenta los métodos analíticos rutinarios de que se disponga y/o la protección del consumidor.

(23) El Reglamento (CE) nº 178/2002 define procedimientos para tomar medidas de urgencia en relación con los alimentos y los piensos de origen comunitario o importados de un tercer país. Estos procedimientos permiten a la Comisión adoptar dichas medidas en situaciones en que los alimentos pueden constituir un riesgo grave para la salud humana o animal o para el medio ambiente, y en que tal riesgo no puede combatirse satisfactoriamente con las medidas tomadas por el Estado o Estados miembros

afectados. Es conveniente que estas medidas y sus efectos sobre los seres humanos y, en su caso, los animales sean evaluados por la Autoridad.

(24) La exposición de los consumidores a lo largo de toda su vida y, cuando corresponda, su exposición aguda a residuos de plaguicidas a través de productos alimenticios deben evaluarse de acuerdo con los procedimientos y prácticas de la Comunidad, teniendo en cuenta las directrices publicadas por la Organización Mundial de la Salud.

(25) A través de la Organización Mundial del Comercio, debe consultarse sobre los LMR propuestos con los socios comerciales de la Comunidad, cuyas observaciones deben tenerse en cuenta antes de la adopción de dichos LMR. A la hora de fijar los LMR comunitarios, también deben tenerse en cuenta los LMR fijados internacionalmente por la Comisión del Codex Alimentarius, teniendo en cuenta las correspondientes buenas prácticas agrícolas.

(26) En el caso de alimentos y piensos producidos fuera de la Comunidad, pueden aplicarse legalmente prácticas agrícolas diferentes en relación con el uso de productos fitosanitarios, lo que en ocasiones da lugar a residuos de plaguicidas diferentes de los resultantes de los usos aplicados legalmente en la Comunidad. Por tanto, es conveniente establecer LMR en productos importados que tengan en cuenta estos usos y los residuos resultantes, siempre que pueda demostrarse la seguridad de los productos siguiendo los mismos criterios que con la producción interior.

(27) Es necesario que la Autoridad evalúe las solicitudes relacionadas con los LMR y los informes de evaluación elaborados por los Estados miembros, teniendo en cuenta toda la gama de efectos toxicológicos tales como la inmunotoxicidad, la perturbación endocrina y la toxicidad de desarrollo, con objeto de determinar los riesgos que suponen para los consumidores y, en su caso, para los animales.

(28) Los Estados miembros deben adoptar normas sobre las sanciones aplicables a las infracciones del presente Reglamento y velar por su ejecución. Estas sanciones deben ser eficaces, proporcionadas y disuasorias.

(29) El desarrollo de un sistema comunitario armonizado para los LMR implica la elaboración de directrices, bases de datos y otras actividades con costes asociados. Es pertinente que, en ciertos casos, la Comunidad contribuya a la financiación de dichos costes.

(30) Constituye una buena práctica administrativa y es deseable desde el punto de vista técnico coordinar el calendario de las decisiones sobre LMR de sustancias activas con las decisiones tomadas respecto a estas sustancias con arreglo a la Directiva 91/414/CEE. Respecto a muchas sustancias para las que aún no se ha fijado ningún LMR comunitario, no se prevé la adopción de decisiones con arreglo a dicha Directiva antes de la fecha de entrada en vigor del presente Reglamento.

(31) Es necesario, por tanto, adoptar normas aparte sobre LMR armonizados temporales pero obligatorios, con el fin de fijar progresivamente los LMR según se vayan tomando decisiones sobre las distintas sustancias activas como parte de las evaluaciones efectuadas con arreglo a la Directiva 91/414/CEE. Esos LMR armonizados temporales deben basarse, en particular, en los LMR nacionales existentes establecidos por los Estados miembros, y deben respetar las disposiciones nacionales en las que se haya basado su establecimiento, siempre y cuando los LMR no supongan un riesgo inaceptable para los consumidores.

(32) Tras la inclusión de las sustancias activas existentes en el anexo I de la Directiva 91/414/CEE, los Estados miembros deben evaluar nuevamente cada producto fitosanitario que contenga esas sustancias activas en un plazo de cuatro años desde la fecha de su inclusión. Los LMR en cuestión deben mantenerse durante un período máximo de cuatro años para garantizar la continuidad de las autorizaciones y, una vez terminada la nueva evaluación, deben convertirse en valores definitivos si vienen respaldados por expedientes que cumplan lo dispuesto en el anexo III de la Directiva 91/414/CEE, o fijarse en un nivel por defecto si no tienen ese respaldo.

(33) El presente Reglamento establece LMR para el control de los residuos de plaguicidas en los alimentos y los piensos. Por ello es oportuno que los Estados miembros establezcan programas nacionales para controlar dichos residuos. Los resultados de los programas nacionales de control se remitirán a la Comisión, a la Autoridad y a los demás Estados miembros y se incluirán en el informe anual comunitario.

(34) Para asegurar la información adecuada al consumidor, los Estados miembros, de conformidad con el Reglamento (CE) nº 882/2004, deben publicar anualmente en Internet los resultados del seguimiento nacional de residuos, facilitando todos los datos individuales, incluidos el lugar de recogida y los nombres de minoristas, comerciantes y/o productores.

(35) Las medidas necesarias para la aplicación del presente Reglamento deben adoptarse de acuerdo con la Decisión 1999/468/CE del Consejo, de 28 de junio de 1999, por la que se establecen los procedimientos para el ejercicio de las competencias de ejecución atribuidas a la Comisión.

(36) De acuerdo con el principio de proporcionalidad, para el logro de los objetivos básicos de facilitar el comercio y de proteger al consumidor es necesario y adecuado adoptar normas sobre LMR en productos de origen vegetal y animal. El presente Reglamento no excede de lo necesario para alcanzar los objetivos perseguidos, de conformidad con el artículo 5, párrafo tercero, del Tratado.

HAN ADOPTADO EL PRESENTE REGLAMENTO:

CAPÍTULO I.- OBJETO, ÁMBITO DE APLICACIÓN Y DEFINICIONES

Artículo 1.- *Objeto*

El presente Reglamento establece, de conformidad con los principios generales expuestos en el Reglamento (CE) nº 178/2002, en particular, la necesidad de garantizar un nivel elevado de protección de los consumidores, disposiciones comunitarias armonizadas relativas a los límites máximos de residuos de plaguicidas en alimentos y piensos de origen vegetal y animal.

Artículo 2.- *Ámbito de aplicación*

1. El presente Reglamento será aplicable a los productos y partes de productos de origen vegetal y animal comprendidos en el anexo I que vayan a utilizarse como alimentos o piensos, frescos, transformados o compuestos en los que pueda haber residuos de plaguicidas.

2. El presente Reglamento no se aplicará a los productos comprendidos en el anexo I si puede demostrarse, mediante las pruebas adecuadas, que se destinan:

a) a la fabricación de productos distintos de los alimentos o los piensos;

b) a la siembra o a la plantación, o

c) a las actividades autorizadas por la legislación nacional para ensayos de las sustancias activas.

3. Los límites máximos de residuos de plaguicidas fijados de acuerdo con el presente Reglamento no se aplicarán a los productos comprendidos en el anexo I que se destinen a la exportación a terceros países y se traten antes de la exportación, si se ha demostrado mediante los justificantes adecuados que el tercer país de destino exige o acepta ese tratamiento particular a fin de prevenir la introducción de organismos nocivos en su territorio.

4. El presente Reglamento se aplicará sin perjuicio de las Directivas 98/8/CE y 2002/32/CE y del Reglamento (CEE) nº 2377/90.

Artículo 3.- *Definiciones*

1. A efectos del presente Reglamento, serán aplicables las definiciones del Reglamento (CE) nº 178/2002 y las definiciones del artículo 2, puntos 1 y 4, de la Directiva 91/414/CEE.

2. Se entenderá asimismo por:

a) «buena practica agrícola» (BPA), el uso seguro, recomendado, autorizado o registrado a escala nacional, de productos fitosanitarios en condiciones reales, en cualquier fase de la producción, almacenamiento, transporte, distribución y transformación de alimentos y piensos. Implica igualmente la aplicación, de conformidad con la Directiva 91/414/CEE, de los principios de control integrado de las plagas en una zona climática determinada, así como el uso de la cantidad mínima de plaguicidas y el establecimiento de LMR y LMR temporales al más bajo nivel posible que permita obtener el efecto deseado;

b) «BPA crítica», cuando exista más de una BPA para una combinación de sustancia activa y producto, la que produzca el nivel aceptable más elevado de residuos de plaguicidas en un producto agrícola tratado y que constituya la base para establecer el LMR;

c) «residuos de plaguicidas», los residuos, incluidas las sustancias activas, los metabolitos y los productos de degradación o de reacción de sustancias activas utilizadas actualmente o con anterioridad en productos fitosanitarios según se definen en el artículo 2, punto 1, de la Directiva 91/414/CEE que estén presentes en los productos comprendidos en el anexo I del presente Reglamento, incluidos en particular aquellos cuya presencia pueda deberse a su uso en fitosanidad, en veterinaria y como biocidas;

d) «límite máximo de residuos» (LMR), el límite legal superior de concentración de un residuo de plaguicida en alimentos o piensos establecido de conformidad con el presente Reglamento, basado en las buenas prácticas agrícolas y la menor exposición del consumidor necesaria para proteger a todos los consumidores vulnerables;

e) «CXL», un LMR fijado por la Comisión del Codex Alimentarius;

f) «límite de determinación» (LD), la menor concentración de residuo validada que se puede cuantificar y notificar en un seguimiento sistemático con métodos validados de control;

g) «tolerancia en la importación», un LMR fijado para productos importados para satisfacer las necesidades del comercio internacional en caso de que:

— el uso de la sustancia activa en un producto fitosanitario sobre un producto determinado no esté autorizado en la Comunidad por motivos distintos a los relacionados con la salud pública para el producto específico y el uso específico, o

— un nivel diferente sea adecuado dado que el LMR existente en la Comunidad se fijó por razones distintas a las relacionadas con la salud pública para el producto específico y el uso específico;

h) «prueba de aptitud», una prueba comparativa en que varios laboratorios efectúan análisis de muestras idénticas, para evaluar la calidad de los análisis realizados por cada laboratorio;

i) «dosis aguda de referencia», la estimación de la cantidad de sustancia presente en los alimentos, expresada en función del peso corporal, que puede ingerirse en un corto período de tiempo, generalmente en una comida o en un día, sin provocar un riesgo apreciable para el consumidor, según los datos obtenidos de estudios apropiados y teniendo en cuenta los grupos vulnerables de población (por ejemplo, los niños y los no nacidos);

j) «ingesta diaria admisible», la estimación de la cantidad de sustancia presente en los alimentos, expresada en función del peso corporal, que puede ingerirse diariamente a lo largo de toda la vida sin provocar un riesgo apreciable para ningún consumidor, según todos los hechos conocidos en el momento de la evaluación, teniendo en cuenta los grupos vulnerables de población (por ejemplo, los niños y los no nacidos).

Artículo 4.- *Lista de los grupos de productos a los que se aplicarán LMR armonizados*

1. Los productos, grupos de productos o partes de productos a que se refiere el artículo 2, apartado 1, a los que se aplicarán LMR armonizados, se determinarán y quedarán comprendidos en el anexo I. Esta medida, destinada a modificar elementos no esenciales del presente Reglamento, se adoptará con arreglo al procedimiento de reglamentación con control contemplado en el artículo 45, apartado 3. El anexo I incluirá todos los productos para los que se hayan fijado LMR, así como los demás productos a los que convenga aplicar LMR armonizados, en especial por su importancia en la alimentación de los consumidores o en el comercio. Los productos se agruparán de forma que, en la medida de lo posible, puedan fijarse LMR para un grupo de productos similares o afines.

2. El anexo I se establecerá por primera vez en un plazo de tres meses a partir de la entrada en vigor del presente Reglamento y se revisará cuando sea necesario, en particular a petición de un Estado miembro.

Artículo 5.- *Establecimiento de una lista de sustancias activas respecto a las que no se exigen LMR*

1. Las sustancias activas de productos fitosanitarios evaluadas con arreglo a la Directiva 91/414/CEE para las que no se exigen LMR se determinarán y enumerarán en el anexo IV del presente Reglamento, teniendo en cuenta los usos de dichas sustancias activas y los elementos contemplados en el artículo 14, apartado 2, letras a), c) y d). Estas medidas, destinadas a modificar elementos no esenciales del presente Reglamento, se adoptarán con arreglo al procedimiento de reglamentación con control contemplado en el artículo 45, apartado 4.

2. El anexo IV se elaborará por primera vez en un plazo de 12 meses a partir de la entrada en vigor del presente Reglamento.

CAPÍTULO II.- PROCEDIMIENTO APLICABLE A LAS SOLICITUDES DE LMR

SECCIÓN 1.- PRESENTACIÓN DE SOLICITUDES DE LMR

Artículo 6.- *Solicitudes*

1. Cuando un Estado miembro tenga previsto conceder una autorización o una autorización provisional de uso de un producto fitosanitario con arreglo a la Directiva 91/414/CEE, estudiará si, debido a tal uso, es necesario modificar un LMR existente recogido en los anexos II o III del presente Reglamento, fijar un nuevo LMR o incluir en el anexo IV la sustancia activa de que se trate. En caso necesario exigirá a la parte que solicite la autorización que presente una solicitud con arreglo a lo dispuesto en el artículo 7.

2. Todas las partes que acrediten, aportando pruebas suficientes, un interés legítimo en la salud, incluidas las organizaciones de la sociedad civil, así como cualquier parte comercialmente interesada, como los fabricantes, agricultores importadores y productores de los productos comprendidos en el anexo I, podrán, asimismo presentar una solicitud a un Estado miembro de conformidad con lo dispuesto en el artículo 7.

3. Cuando un Estado miembro considere necesaria la fijación, modificación o supresión de un LMR, dicho Estado miembro podrá también recopilar y evaluar una solicitud de fijación, modificación o supresión del LMR con arreglo a las disposiciones del artículo 7.

4. Las solicitudes de tolerancias en la importación se presentarán a los Estados miembros ponentes designados de conformidad con la Directiva 91/414/CEE o, cuando no se hayan nombrado ponentes, a los Estados miembros que designe la Comisión a tenor del procedimiento a que se refiere el artículo 45, apartado 2, del presente Reglamento, a petición del solicitante. Las solicitudes se efectuarán de conformidad con el artículo 7 del presente Reglamento.

Artículo 7.- *Requisitos aplicables a las solicitudes de LMR*

1. En el momento de presentar la solicitud de LMR, el solicitante facilitará los datos y documentación siguientes:

a) el nombre y la dirección del solicitante;

b) una presentación del expediente de la solicitud, que incluya:

i) un resumen de la solicitud,

ii) las principales razones que la avalan,

iii) un índice de la documentación,

iv) un ejemplar de las BPA correspondientes que se apliquen al uso específico de dicha sustancia activa;

c) una reseña global de preocupaciones pertinentes formuladas en la documentación científica disponible sobre el producto fitosanitario y/o sus residuos;

d) los datos indicados en los anexos II y III de la Directiva 91/414/CEE en relación con los requisitos en materia de información para la fijación de LMR de plaguicidas, incluyendo, cuando sea pertinente, datos toxicológicos, datos sobre los métodos de análisis normales para su uso en laboratorios de control, y datos sobre el metabolismo vegetal y animal.

Sin embargo, cuando los datos pertinentes ya sean públicos, en particular cuando una sustancia activa ya haya sido evaluada con arreglo a la Directiva 91/414/CEE o cuando exista un CXL y el solicitante presente dichos datos, los Estados miembros podrán también utilizar esta información para evaluar una solicitud. En dichos casos, el informe de evaluación justificará el uso o no de tales datos.

2. Cuando sea oportuno, el Estado miembro que realice la evaluación podrá pedir al solicitante que presente información complementaria a la exigida en virtud del apartado 1, en el plazo que él mismo fije y que en ningún caso excederá de dos años.

Artículo 8.- *Evaluación de las solicitudes*

1. Un Estado miembro al que se presente, de conformidad con el artículo 6, una solicitud que cumpla lo dispuesto en el artículo 7 remitirá inmediatamente una copia a la Autoridad y a la Comisión y elaborará un informe de evaluación sin demoras indebidas.

2. Las solicitudes se evaluarán con arreglo a los principios uniformes para la evaluación y autorización de los productos fitosanitarios establecidos en el anexo VI de la Directiva

91/414/CEE o con arreglo a los principios de evaluación específicos que se fijarán en un reglamento de la Comisión. Dicho reglamento, destinado a modificar elementos no esenciales del presente Reglamento, completándolo, se adoptará con arreglo al procedimiento de reglamentación con control contemplado en el artículo 45, apartado 3.

3. No obstante lo dispuesto en el apartado 1 y mediando acuerdo al respecto entre los Estados miembros interesados, podrá realizar la evaluación de la solicitud el Estado miembro ponente designado de conformidad con la Directiva 91/414/CEE para la sustancia activa de que se trate.

4. Cuando un Estado miembro encuentre dificultades para evaluar una solicitud, o con el fin de evitar una repetición innecesaria del trabajo, podrá decidirse, con arreglo al procedimiento a que se refiere el artículo 45, apartado 2, el Estado miembro que evaluará una solicitud concreta.

Artículo 9.- *Presentación de las solicitudes evaluadas a la Comisión y a la Autoridad*

1. Tras finalizar el informe de evaluación, el Estado miembro lo enviará a la Comisión. La Comisión informará sin demora a los Estados miembros y remitirá la solicitud, el informe de evaluación y el expediente que lo avale a la Autoridad.

2. La Autoridad acusará recibo de la solicitud sin demora y por escrito al solicitante, al Estado miembro evaluador y a la Comisión. En el acuse de recibo figurará la fecha de recepción de la solicitud y de los documentos acompañantes.

SECCIÓN 2.- EXAMEN DE LAS SOLICITUDES RELATIVAS A LMR POR PARTE DE LA AUTORIDAD

Artículo 10.- *Dictamen de la Autoridad sobre las solicitudes relativas a LMR*

1. La Autoridad evaluará las solicitudes y los informes de evaluación y emitirá un dictamen motivado en particular sobre los riesgos para el consumidor y, en su caso, para los animales, asociados a la fijación, la modificación o la supresión de un LMR. Dicho dictamen incluirá los siguientes elementos:

a) una evaluación de si el método analítico de seguimiento habitual propuesto en la solicitud es adecuado según los objetivos previstos de control;

b) el LD previsto para la combinación del plaguicida con el producto;

c) una evaluación de los riesgos de superación de la ingesta diaria admisible o de la dosis aguda de referencia como resultado de la modificación del LMR; la aportación a la ingesta debida a los residuos presentes en el producto para el que se pide el LMR;

d) cualquier otro elemento pertinente para la evaluación del riesgo.

2. La Autoridad comunicará su dictamen motivado al solicitante, a la Comisión y a los Estados miembros. El dictamen motivado definirá con claridad el fundamento de cada una de las conclusiones a las que se llegue.

3. Sin perjuicio de lo dispuesto en el artículo 39 del Reglamento (CE) nº 178/2002, la Autoridad hará público su dictamen motivado.

Artículo 11.- *Plazos para el dictamen de la Autoridad sobre las solicitudes relativas a LMR*

1. La Autoridad emitirá su dictamen motivado, según lo dispuesto en el artículo 10, lo antes posible y a más tardar a los tres meses de la fecha de recepción de la solicitud.

En casos excepcionales en los que se necesite llevar a cabo evaluaciones más detalladas, el plazo previsto en el primer párrafo podrá ampliarse a seis meses a partir de la fecha de recepción de la solicitud válida.

2. En caso de que la Autoridad pida información complementaria, el plazo establecido en el apartado 1 quedará suspendido hasta la presentación de la información pedida. Dicha suspensión estará sujeta al artículo 13.

Artículo 12.- *Evaluación por la Autoridad de los LMR existentes*

1. La Autoridad, dentro de un plazo de 12 meses a partir de la fecha de inclusión o no inclusión de una sustancia activa en el anexo I de la Directiva 91/414/CEE tras la entrada en vigor del presente Reglamento, presentará a la Comisión y a los Estados miembros un dictamen motivado, basado, en particular, en el correspondiente informe de evaluación preparado con arreglo a la Directiva 91/414/CEE, sobre:

a) los LMR existentes de dicha sustancia activa recogidos en los anexos II o III del presente Reglamento;

b) la necesidad de fijar nuevos LMR de dicha sustancia activa o de incluirla en el anexo IV del presente Reglamento;

c) los factores específicos relacionados con la transformación a que se refiere el artículo 20, apartado 2, que puedan ser necesarios para dicha sustancia activa;

d) los LMR cuya inclusión en el anexo II o en el anexo III del presente Reglamento podría considerar la Comisión, y los LMR que podrían suprimirse en relación con dicha sustancia activa.

2. En el caso de las sustancias que figuren en el anexo I de la Directiva 91/414/CEE antes de la fecha de entrada en vigor del presente Reglamento, el dictamen motivado a que se refiere el apartado 1 del presente artículo se emitirá en un plazo de 12 meses a partir de dicha fecha.

Artículo 13.- *Revisión administrativa*

Las decisiones o inhibiciones de la Autoridad al amparo de las competencias que le confiere el presente Reglamento podrán ser revisadas por la Comisión, por propia iniciativa o a petición de un Estado miembro o de cualquier persona directa e individualmente afectada.

A tal fin se presentará una solicitud a la Comisión en un plazo de dos meses a partir de la fecha en que la parte afectada tenga conocimiento de la acción u omisión de que se trate.

La Comisión adoptará una decisión en el plazo de dos meses, exigiendo, si procediera, a la Autoridad que dentro de un plazo establecido anule su decisión o actúe si se inhibió.

SECCIÓN 3.- FIJACIÓN, MODIFICACIÓN O SUPRESIÓN DE LMR

Artículo 14.- *Decisiones sobre las solicitudes relativas a LMR*

1. Una vez recibido el dictamen de la Autoridad y teniendo en cuenta dicho dictamen, la Comisión elaborará sin demora y, a más tardar, a los tres meses, alguno de los siguientes actos:

a) un reglamento sobre la determinación, modificación o supresión de un LMR. Dicho reglamento, destinado a modificar elementos no esenciales del presente Reglamento, se adoptará con arreglo al procedimiento de reglamentación con control contemplado en el artículo 45, apartado 4. Por imperiosas razones de urgencia, la Comisión podrá recurrir al procedimiento de urgencia previsto en el artículo 45, apartado 5, con objeto de garantizar un nivel elevado de protección del consumidor;

b) una decisión denegatoria de la solicitud, que se adoptará con arreglo al procedimiento de reglamentación contemplado en el artículo 45, apartado 2.

2. Respecto a los actos a que se refiere el apartado 1 se tendrá en cuenta lo siguiente:

a) los conocimientos científicos y técnicos disponibles;

b) la posible presencia de residuos de plaguicidas procedentes de fuentes distintas de los usos fitosanitarios habituales de las sustancias activas y sus efectos acumulativos y sinérgicos conocidos, cuando se disponga de los métodos para evaluar dichos efectos;

c) los resultados de una evaluación de todos los posibles riesgos para los consumidores con una ingesta elevada y una vulnerabilidad elevada y, en su caso, para los animales;

d) los resultados de las evaluaciones y decisiones dirigidas a modificar los usos de los productos fitosanitarios;

e) un CXL o la BPA aplicada en un tercer país para el uso legal de una sustancia activa en dicho país;

f) otros factores legítimos pertinentes para la cuestión que se esté considerando.

3. La Comisión podrá pedir información adicional en cualquier momento al solicitante o a la Autoridad. La Comisión pondrá a disposición de los Estados miembros y la Autoridad cualquier información complementaria que reciba.

Artículo 15.- *Inclusión de LMR nuevos o modificados en los anexos II y III*

1. El reglamento a que se refiere el artículo 14, apartado 1:

a) fijará LMR nuevos o modificados y los incluirá en la lista del anexo II del presente Reglamento cuando las sustancias activas hayan sido incluidas en el anexo I de la Directiva 91/414/CEE, o

b) cuando las sustancias activas no se hayan incluido en el anexo I de la Directiva 91/414/CEE ni en el anexo II del presente Reglamento, fijará o modificará LMR temporales y los incluirá en la lista del anexo III del presente Reglamento, o *c)* en los casos mencionados en el artículo 16, fijará LMR temporales y los incluirá en la lista del anexo III del presente Reglamento.

2. Los LMR temporales que se fijen de conformidad con el apartado 1, letra b), se suprimirán del anexo III mediante un reglamento, un año después de la fecha de inclusión o no inclusión de la sustancia activa correspondiente en el anexo I de la Directiva 91/414/CEE. Dicho reglamento, destinado a modificar elementos no esenciales del presente Reglamento, se adoptará con arreglo al procedimiento de reglamentación con control contemplado en el artículo 45, apartado 4. Por imperiosas razones de urgencia, la Comisión podrá recurrir al procedimiento de urgencia previsto en el artículo 45, apartado 5, con objeto de garantizar un nivel elevado de protección del consumidor.

No obstante, cuando uno o más Estados miembros así lo soliciten, los LMR temporales podrán mantenerse durante un año más a la espera de la confirmación de que se hayan iniciado los estudios científicos necesarios para respaldar una solicitud de fijación de un LMR. En caso de que se presente esta confirmación, el LMR temporal se mantendrá otros dos años, siempre que no se hayan detectado riesgos inaceptables para la seguridad del consumidor.

Artículo 16.- *Procedimiento para fijar LMR temporales en determinadas circunstancias*

1. El reglamento a que se refiere el artículo 14, apartado 1, también podrá fijar un LMR temporal para su inclusión en el anexo III en los siguientes casos:

a) en casos excepcionales, especialmente cuando la presencia de residuos de plaguicidas pueda deberse a la contaminación ambiental o de otro tipo o a una utilización de productos fitosanitarios con arreglo a lo dispuesto en el artículo 8, apartado 4, de la Directiva 91/414/CEE, o

b) cuando los productos correspondientes constituyan una fracción poco importante de la dieta de los consumidores europeos y no constituyan una fracción importante de la dieta de subgrupos pertinentes, y, en su caso, de la dieta de los animales, o

c) para la miel, o

d) las infusiones de hierbas, o

e) cuando los usos fundamentales de los productos fitosanitarios se hayan definido en una decisión de no inclusión o de supresión de una sustancia activa en el anexo I de la Directiva 91/414/CEE, o

f) cuando se hayan incluido nuevos productos, grupos de productos y/o partes de productos en el anexo I, y uno o más Estados miembros así lo soliciten, con el fin de permitir cualquier estudio científico necesario para respaldar una solicitud de fijación de un LMR y su evaluación, siempre que no se hayan detectado riesgos inaceptables para la seguridad del consumidor.

2. La inclusión de LMR temporales indicada en el apartado 1 estará basada en el dictamen de la Autoridad, los datos de seguimiento y una evaluación que demuestre que no hay riesgos inaceptables para los consumidores ni para los animales.

Al menos una vez cada diez años se volverá a estudiar si los LMR temporales mencionados en el apartado 1, letras a), b), c) y d), siguen teniendo validez y, en su caso, se procederá a modificarlos o suprimirlos.

Los LMR a que hace referencia el apartado 1, letra e), se volverán a estudiar a la expiración del período para el que se autorizó el uso esencial. Los LMR a que hace referencia el apartado 1, letra f), se volverán a estudiar cuando se hayan concluido y evaluado todos los estudios científicos, pero a más tardar cuatro años después de su inclusión en el anexo III.

Artículo 17.- *Modificaciones de los LMR tras la retirada de las autorizaciones de productos fitosanitarios*

Las modificaciones de los anexos II o III necesarias para suprimir un LMR como consecuencia de la retirada de una autorización vigente de un producto fitosanitario podrán efectuarse sin solicitar el dictamen de la Autoridad.

CAPÍTULO III.- *LMR APLICABLES A PRODUCTOS DE ORIGEN VEGETAL Y ANIMAL*

Artículo 18.- *Cumplimiento de los LMR*

1. Desde el momento en que se comercialicen como alimentos o piensos, o se utilicen para alimentar animales, los productos comprendidos en el anexo I no contendrán ningún residuo de plaguicida que supere:

a) los LMR relativos a esos productos y recogidos en los anexos II y III;

b) un 0,01 mg/kg de los productos para los que no se fija ningún LMR específico en los anexos II o III o de las sustancias activas que no figuren en el anexo IV a menos que con los métodos analíticos de rutina disponibles se fijen distintos valores por defecto de una sustancia activa. Esta medida, destinada a modificar elementos no esenciales del presente Reglamento, se adoptará con arreglo al procedimiento de reglamentación con control contemplado en el artículo 45, apartado 4. Por imperiosas razones de urgencia, la Comisión podrá recurrir al procedimiento de urgencia previsto en el artículo 45, apartado 5, con objeto de garantizar un nivel elevado de protección del consumidor.

2. Los Estados miembros no podrán prohibir ni impedir en su territorio que los productos comprendidos en el anexo I sean comercializados o utilizados como piensos para animales destinados a la producción de alimentos, alegando que contienen residuos de plaguicidas, siempre y cuando:

a) dichos productos se ajusten a lo dispuesto en el apartado 1 y en el artículo 20, o

b) la sustancia activa esté incluida en el anexo IV.

3. No obstante lo dispuesto en el apartado 1, los Estados miembros podrán autorizar, tras un tratamiento por fumigación posterior a la cosecha realizado en sus propios territorios, niveles de residuos de sustancias activas que excedan de los límites especificados en los anexos II y III para los productos comprendidos en el anexo I, cuando esa combinación de sustancia activa y producto figure en la lista del anexo VII, siempre y cuando:

a) dichos productos no se destinen al consumo inmediato;

b) se disponga de controles adecuados para garantizar que los productos no puedan ponerse a disposición del usuario o consumidor final, si son suministrados directamente a este, hasta que los residuos dejen de superar los límites máximos especificados en los anexos II o III;

c) los demás Estados miembros y la Comisión hayan sido informados de las medidas adoptadas.

Las medidas destinadas a modificar elementos no esenciales del presente Reglamento y por las que se definan las combinaciones de sustancia activa y producto que figuran en la lista del anexo VII se adoptarán con arreglo al procedimiento de reglamentación con control contemplado en el artículo 45, apartado 3.

4. En circunstancias excepcionales, y en particular después de la utilización de productos fitosanitarios con arreglo al artículo 8, apartado 4, de la Directiva 91/414/CEE o en cumplimiento de las obligaciones que contempla la Directiva 2000/29/CE, los Estados miembros podrán autorizar la comercialización, o utilización en su territorio como pienso animal, de alimentos o piensos tratados que no cumplan las disposiciones del apartado 1, siempre que dichos alimentos o piensos no entrañen riesgos inaceptables. Estas autorizaciones se notificarán inmediatamente a los demás Estados miembros, a la Comisión y a la Autoridad, junto con una adecuada evaluación del riesgo, para que sean examinadas a la mayor brevedad con vistas a fijar LMR temporales por un período concreto o tomar cualquier otra medida que fuese necesaria al respecto. Estas medidas, destinadas a modificar elementos no esenciales del presente Reglamento, completándolo, se adoptarán con arreglo al procedimiento de reglamentación con control contemplado en el artículo 45, apartado 4. Por imperiosas razones de urgencia, la Comisión podrá recurrir al procedimiento de urgencia previsto en el artículo 45, apartado 5, con objeto de garantizar un nivel elevado de protección del consumidor.

Artículo 19.- *Prohibición relativa a productos transformados o compuestos*

Quedan prohibidas la transformación o mezcla, a efectos de dilución con los mismos productos o con otros, de productos comprendidos en el anexo I que no se ajusten a lo dispuesto en el artículo 18, apartado 1, o en el artículo 20, con miras a su comercialización como alimentos o piensos o a su utilización en la alimentación de animales.

Artículo 20.- *LMR aplicables a productos transformados o compuestos*

1. Cuando en los anexos II o III no se hayan establecido LMR para alimentos o piensos transformados o compuestos, se aplicarán los LMR previstos en el artículo 18, apartado 1, para el correspondiente producto comprendido en el anexo I, teniendo en cuenta los cambios en los niveles de residuos de plaguicidas debidos a la transformación o mezcla.

2. En la lista del anexo VI podrán incluirse factores específicos de concentración o de dilución para determinadas operaciones de transformación o mezcla o para determinados productos transformados o compuestos. Esta medida, destinada a modificar elementos no esenciales del presente Reglamento, se adoptará con arreglo al procedimiento de reglamentación con control contemplado en el artículo 45, apartado 3.

CAPÍTULO IV.- DISPOSICIONES ESPECIALES SOBRE LA INCLUSIÓN EN EL PRESENTE REGLAMENTO DE LMR EXISTENTES

Artículo 21.- *Establecimiento de LMR por primera vez*

1. Los LMR para los productos comprendidos en el anexo I se fijarán e incluirán por primera vez en el anexo II incorporando los LMR previstos en las Directivas 86/362/CEE, 86/363/CEE y 90/642/CEE, teniendo en cuenta los criterios enumerados en el artículo 14, apartado 2, del presente Reglamento. Estas medidas, destinadas a modificar elementos no esenciales del presente Reglamento, se adoptarán con arreglo al procedimiento de reglamentación con control contemplado en el artículo 45, apartado 3.

2. El anexo II se elaborará en un plazo de 12 meses a partir de la entrada en vigor del presente Reglamento.

Artículo 22.- *Fijación de LMR temporales por primera vez*

1. Los LMR temporales de sustancias activas respecto a las cuales aún no se haya tomado una decisión de inclusión o de no inclusión en el anexo I de la Directiva 91/414/CEE se fijarán e incluirán por primera vez en el anexo III del presente Reglamento, a menos que ya figuren en la lista del anexo II teniendo en cuenta la información presentada por los Estados miembros y, en su caso, el dictamen motivado a que se refiere el artículo 24, así como los factores previstos en el artículo 14, apartado 2, y los LMR siguientes:

a) los LMR restantes del anexo de la Directiva 76/895/CEE, y

b) los LMR nacionales no armonizados hasta la fecha.

Las medidas que modifiquen elementos no esenciales del presente Reglamento se adoptarán con arreglo al procedimiento de reglamentación con control contemplado en el artículo 45, apartado 3.

2. El anexo III se elaborará en un plazo de doce meses a partir de la entrada en vigor del presente Reglamento de conformidad con los artículos 23, 24 y 25.

Artículo 23.- *Información que deben presentar los Estados miembros sobre los LMR nacionales*

Cuando una sustancia activa aún no esté incluida en el anexo I de la Directiva 91/414/CEE, y cuando un Estado miembro haya fijado para ella, a más tardar en la fecha de entrada en vigor del anexo I del presente Reglamento, un LMR nacional para un producto comprendido en el anexo I del presente Reglamento, o haya decidido que no es necesario ningún LMR para tal sustancia activa, dicho Estado miembro notificará a la Comisión, en la forma y plazo que se establezcan de conformidad con el procedimiento a que se refiere el artículo 45, apartado 2, el LMR nacional o el hecho de que no se requiere ningún LMR para una sustancia activa, y, en su caso y a petición de la Comisión:

a) la BPA;

b) si en el Estado miembro se aplica la BPA crítica, un resumen de los datos de las pruebas controladas o de los datos de vigilancia, si se dispone de tal información;

c) la ingesta diaria admisible y, cuando sea pertinente, la dosis aguda de referencia que se hayan utilizado en la evaluación nacional del riesgo, así como el resultado de dicha evaluación.

Artículo 24.- *Dictamen de la Autoridad sobre los datos en que se basan los LMR nacionales*

1. La Autoridad facilitará a la Comisión un dictamen motivado sobre los riesgos potenciales para la salud del consumidor derivados de lo siguiente:

a) los LMR temporales que puedan incluirse en el anexo III;

b) las sustancias activas que puedan incluirse en el anexo IV.

2. Al preparar el dictamen motivado contemplado en el apartado 1, la Autoridad tendrá en cuenta los conocimientos técnicos y científicos disponibles y, en particular, la información presentada por los Estados miembros tal como se estipula en el artículo 23.

Artículo 25.-*Fijación de LMR temporales*

Teniendo en cuenta el dictamen de la Autoridad, si un dictamen semejante fuera necesario, podrán fijarse e incluirse en el anexo III, con arreglo a lo dispuesto en el artículo 22, apartado 1, LMR temporales para las sustancias activas contempladas en el artículo 23 o, según proceda, podrá incluirse la sustancia activa en el anexo IV conforme a lo dispuesto en el artículo 5, apartado 1. Los LMR temporales se fijarán en el nivel más bajo que pueda alcanzarse en todos los Estados miembros sobre la base de buenas prácticas agrícolas.

CAPÍTULO V.- CONTROLES OFICIALES, INFORMES Y SANCIONES

SECCIÓN 1.- CONTROLES OFICIALES DE LOS LMR

Artículo 26.- *Controles oficiales*

1. Sin perjuicio de la Directiva 96/23/CE, los Estados miembros efectuarán controles oficiales de los residuos de plaguicidas con el fin de garantizar el cumplimiento del presente Reglamento, de conformidad con las disposiciones pertinentes de la legislación comunitaria en materia de controles oficiales de los alimentos y piensos.

2. Los mencionados controles de los residuos de plaguicidas consistirán, en particular, en la toma y posterior análisis de muestras y la determinación de los plaguicidas presentes en ellas y de sus respectivos niveles de residuos. También se llevarán a cabo los mencionados controles en el punto de distribución al consumidor.

Artículo 27.- *Muestreo*

1. Cada Estado miembro tomará un número y una variedad de muestras suficientes para garantizar que los resultados sean representativos de su mercado, teniendo en cuenta los resultados de los programas de control anteriores. Este muestreo se realizará lo más cerca posible del punto de distribución para permitir la adopción subsiguiente de medidas ejecutivas.

2. Las medidas destinadas a modificar elementos no esenciales del presente Reglamento, completándolo, y por las que se determinen los métodos de muestreo necesarios para efectuar los controles de los residuos de plaguicidas en productos distintos de los establecidos en la Directiva 2002/63/CE, se adoptarán con arreglo al procedimiento de reglamentación con control contemplado en el artículo 45, apartado 3, del presente Reglamento.

Artículo 28.- *Métodos de análisis*

1. Los métodos de análisis de residuos de plaguicidas deberán cumplir los criterios que fijen las disposiciones pertinentes de la legislación comunitaria en materia de controles oficiales de los alimentos y los piensos.

2. Las directrices técnicas relativas a criterios específicos de validación y procedimientos de control de calidad, en relación con los métodos de análisis para la determinación de los residuos de plaguicidas, podrán adoptarse con arreglo al procedimiento a que se refiere el artículo 45, apartado 2.

3. Todos los laboratorios que analicen muestras a efectos de control oficial de residuos de plaguicidas participarán en las pruebas comunitarias de aptitud para los residuos de plaguicidas, organizadas por la Comisión.

SECCIÓN 2.- PROGRAMA COMUNITARIO DE CONTROL

Artículo 29.- *Programa comunitario de control*

1. La Comisión preparará un programa comunitario plurianual coordinado de control, en el que se indicarán las muestras concretas que deben incluirse en los programas nacionales de control y se tendrán en cuenta los problemas que se hayan detectado en relación con el cumplimiento de los LMR establecidos en el presente Reglamento, con el objetivo de evaluar el grado de exposición de los consumidores y la aplicación de la legislación vigente.

2. El programa comunitario de control se adoptará y se actualizará cada año con arreglo al procedimiento a que se refiere el artículo 45, apartado 2. El proyecto de programa comunitario de control se presentará cada año al Comité contemplado en el artículo 45, apartado 1, al menos seis meses antes de que concluya el año civil.

SECCIÓN 3.- PROGRAMAS NACIONALES DE CONTROL

Artículo 30.- *Programas nacionales de control para los residuos de plaguicidas*

1. Los Estados miembros establecerán programas nacionales de control plurianuales para los residuos de plaguicidas, que actualizarán cada año.

Estos programas se basarán en el riesgo y estarán dirigidos en particular a evaluar el grado de exposición de los consumidores y el cumplimiento de la legislación vigente. En ellos se especificarán al menos los siguientes elementos:

a) los productos que hayan de muestrearse;

b) el número de muestras que deba tomarse y los análisis que hayan de efectuarse;

c) los plaguicidas que deban analizarse;

d) los criterios aplicados en la elaboración de dichos programas, con inclusión de:

i) las combinaciones de plaguicida y producto que se vayan a seleccionar,

ii) el número de muestras que ha de tomarse de productos nacionales y no nacionales, respectivamente,

iii) la proporción que representa el consumo de los productos dentro de la dieta nacional,

iv) el programa comunitario de control, y

v) los resultados de los programas de control anteriores.

2. Los Estados miembros presentarán anualmente a la Comisión y a la Autoridad los programas nacionales actualizados de control de residuos de plaguicidas mencionados en el apartado 1, al menos tres meses antes de que concluya el año civil.

3. Los Estados miembros participarán en el programa comunitario de control contemplado en el artículo 29. Los Estados miembros publicarán anualmente en Internet todos los resultados del seguimiento nacional de residuos. Cuando se excedan los LMR, los Estados miembros podrán designar nominalmente a los minoristas, comerciantes y productores.

SECCIÓN 4.- *INFORMACIÓN QUE DEBEN PRESENTAR LOS ESTADOS MIEMBROS E INFORME ANUAL*

Artículo 31.- *Información que deben presentar los Estados miembros*

1. A más tardar el 31 de agosto de cada año, los Estados miembros presentarán a la Comisión, a la Autoridad y a los demás Estados miembros la información siguiente acerca del año civil anterior:

a) los resultados de los controles oficiales indicados en el artículo 26, apartado 1;

b) los LD aplicados en los programas nacionales de control contemplados en el artículo 30 y en el programa comunitario de control contemplado en el artículo 29;

c) datos sobre la participación de los laboratorios de análisis en las pruebas de aptitud comunitarias a que se refiere el artículo 28, apartado 3, en relación con las combinaciones de plaguicida y producto muestreadas en el programa nacional de control;

d) datos sobre la acreditación de los laboratorios de análisis que participan en los controles indicados en la letra a);

e) cuando lo permita la legislación nacional, información detallada sobre las medidas de ejecución adoptadas.

2. Las normas de desarrollo relativas a la presentación de la información por parte de los Estados miembros podrán decidirse con arreglo al procedimiento a que se refiere el artículo 45, apartado 2, previa consulta a la Autoridad.

Artículo 32.- *Informe anual sobre residuos de plaguicidas*

1. Sobre la base de la información facilitada por los Estados miembros en virtud del artículo 31, apartado 1, la Autoridad elaborará un informe anual sobre los residuos de plaguicidas.

2. La Autoridad incluirá en el informe anual, como mínimo, la información siguiente:

a) un análisis de los resultados del control previsto en el artículo 26, apartado 2;

b) una exposición de los posibles motivos por los que fueran superados los LMR, junto con las observaciones pertinentes acerca de las opciones en materia de gestión de riesgos;

c) un análisis de los riesgos crónicos y agudos que puedan suponer los residuos de plaguicidas para la salud de los consumidores;

d) una evaluación de la exposición de los consumidores a los residuos de plaguicidas basada en la información prevista en la letra a) y otros datos pertinentes disponibles, incluidos los informes presentados en cumplimiento de la Directiva 96/23/CE.

3. En caso de que un Estado miembro no haya presentado la información correspondiente de conformidad con el artículo 31, la Autoridad podrá no tener en cuenta la información relativa a dicho Estado miembro a la hora de elaborar el informe anual.

4. La forma de presentación del informe anual podrá decidirse con arreglo al procedimiento a que se refiere el artículo 45, apartado 2.

5. La Autoridad presentará a la Comisión el informe anual a más tardar el último día de febrero de cada año.

6. El informe anual podrá incluir un dictamen sobre los plaguicidas que deben contemplarse en futuros programas.

7. La Autoridad hará público el informe anual, así como las posibles observaciones de la Comisión o los Estados miembros.

Artículo 33.- *Presentación del informe anual sobre residuos de plaguicidas ante el Comité*

La Comisión presentará sin dilación el informe anual sobre residuos de plaguicidas al Comité contemplado en el artículo 45, apartado 1, a fin de que éste lo examine y formule recomendaciones sobre las medidas que deban tomarse en relación con las infracciones notificadas de los LMR establecidos en los anexos II y III.

SECCIÓN 5.- SANCIONES

Artículo 34.- *Sanciones*

Los Estados miembros adoptarán normas sobre las sanciones aplicables a las infracciones de lo dispuesto en el presente Reglamento y tomarán todas las medidas necesarias para su ejecución. Las sanciones adoptadas deberán ser eficaces, proporcionadas y disuasorias.

Los Estados miembros notificarán sin demora a la Comisión estas normas y cualesquiera modificaciones posteriores.

CAPÍTULO VI.- MEDIDAS DE URGENCIA

Artículo 35.- *Medidas de urgencia*

Se aplicarán los artículos 53 y 54 del Reglamento (CE) nº 178/2002 cuando nuevos datos o una nueva evaluación de la información existente indiquen que unos residuos de plaguicidas o unos LMR regulados por el presente Reglamento pueden poner en peligro la salud humana o animal y hacer necesaria una intervención inmediata. Los plazos dentro de los cuales la Comisión debe adoptar sus decisiones se reducirán a siete días en el caso de los productos frescos.

CAPÍTULO VII.- MEDIDAS DE APOYO RELATIVAS A LOS LMR ARMONIZADOS DE PLAGUICIDAS

Artículo 36.- *Medidas de apoyo relativas a los LMR armonizados de plaguicidas*

1. Se establecerán a escala comunitaria medidas de apoyo relativas a los LMR armonizados de plaguicidas, que incluirán lo siguiente:

a) una base de datos consolidada de la legislación comunitaria sobre LMR de plaguicidas, destinada asimismo a hacer pública dicha información;

b) las pruebas comunitarias de aptitud a que se refiere el artículo 28, apartado 3;

c) los estudios y demás medidas necesarios para la preparación y el desarrollo de la legislación y de las directrices técnicas sobre residuos de plaguicidas, dirigidos, en particular, a desarrollar y utilizar métodos de evaluación de los efectos globales, acumulativos y sinérgicos;

d) los estudios necesarios para la estimación de la exposición de los consumidores y animales a los residuos de plaguicidas;

e) los estudios necesarios para prestar apoyo a los laboratorios de control cuando los métodos de análisis no sean suficientes para controlar los LMR establecidos.

2. Se podrán adoptar las disposiciones de desarrollo necesarias en relación con las medidas mencionadas en el apartado 1 con arreglo al procedimiento indicado en el artículo 45, apartado 2.

Artículo 37.- *Aportación de la Comunidad a las medidas de apoyo relativas a los LMR armonizados de plaguicidas*

1. La Comunidad podrá hacer una aportación económica de hasta el 100 % del coste de las medidas indicadas en el artículo 36.

2. Los créditos se autorizarán cada ejercicio dentro del procedimiento presupuestario.

CAPÍTULO VIII.- COORDINACIÓN DE LAS SOLICITUDES RELATIVAS A LOS LMR

Artículo 38.- *Designación de las autoridades nacionales*

Cada Estado miembro designará una o más autoridades nacionales para coordinar, a efectos del presente Reglamento, la cooperación con la Comisión, la Autoridad, los demás Estados miembros, los fabricantes, los productores y los agricultores. Cuando un Estado miembro designe a más de una autoridad, indicará cuál de ellas actuará como punto de contacto.

La autoridad nacional podrá delegar funciones en otros organismos.

Cada Estado miembro comunicará a la Comisión y a la Autoridad el nombre y la dirección de las autoridades nacionales designadas.

Artículo 39.- *Coordinación por parte de la Autoridad de la información sobre LMR*

La Autoridad:

a) se coordinará con el Estado miembro ponente designado de acuerdo con la Directiva 91/414/CEE en relación con una sustancia activa;

b) se coordinará con los Estados miembros y la Comisión en lo que se refiere a los LMR y en particular a efectos del cumplimiento de los requisitos del artículo 41.

Artículo 40.- *Información que deben presentar los Estados miembros*

Los Estados miembros presentarán a la Autoridad, cuando ésta así lo solicite, cualquier información disponible que sea necesaria para evaluar la inocuidad de los LMR.

Artículo 41.- *Base de datos de la Autoridad sobre LMR*

Sin perjuicio de las disposiciones aplicables de la legislación nacional y comunitaria sobre el acceso a los documentos, la Autoridad creará y mantendrá una base de datos, accesible para la Comisión y las autoridades competentes de los Estados miembros, con la información científica pertinente y las buenas prácticas agrícolas relativas a los LMR, las sustancias activas y los factores de transformación recogidos en los anexos II, III, IV y VII. Contendrá especialmente las evaluaciones de la ingesta alimentaria, los factores de transformación y las conclusiones finales de la evaluación toxicológica.

Artículo 42.- *Estados miembros y tasas*

1. Los Estados miembros podrán recuperar mediante tasas o gravámenes los gastos que suponen las tareas relacionadas con el establecimiento, modificación o supresión de LMR o cualesquiera otras tareas derivadas de las obligaciones previstas en el presente Reglamento.

2. Los Estados miembros velarán por que las tasas o gravámenes contemplados en el apartado 1:

a) se establezcan de forma transparente;

b) correspondan al coste real de las tareas realizadas.

Se podrá utilizar una escala de tarifas fijas establecidas en base al coste medio de las tareas contempladas en el apartado 1.

CAPÍTULO IX.- APLICACIÓN

Artículo 43.- *Dictamen científico de la Autoridad*

La Comisión o los Estados miembros podrán solicitar a la Autoridad un dictamen científico sobre cualquier medida relacionada con la evaluación de riesgos conforme al presente Reglamento. La Comisión podrá especificar el plazo en el que dicho dictamen deberá emitirse.

Artículo 44.- *Procedimiento de adopción de los dictámenes de la Autoridad*

1. Cuando los dictámenes que ha de formular la Autoridad con arreglo al presente Reglamento sólo exijan una labor de carácter científico o técnico que suponga la aplicación de principios científicos o técnicos bien establecidos, la Autoridad podrá emitirlos sin consultar al Comité científico o a las comisiones técnicas científicas mencionadas en el artículo 28 del Reglamento (CE) nº 178/2002, a menos que se opongan a ello la Comisión o un Estado miembro.

2. En las normas de desarrollo a que se refiere el artículo 29, apartado 6, letra a), del Reglamento (CE) nº 178/2002 se especificarán los supuestos de aplicación del apartado 1 del presente artículo.

Artículo 45.- *Procedimiento de comité*

1. La Comisión estará asistida por el Comité permanente de la cadena alimentaria y de sanidad animal, creado en virtud del artículo 58 del Reglamento (CE) nº 178/2002.

2. En los casos en que se haga referencia al presente apartado, se aplicarán los artículos 5 y 7 de la Decisión 1999/468/CE, observando lo dispuesto en su artículo 8.

El plazo contemplado en el artículo 5, apartado 6, de la Decisión 1999/468/CE queda fijado en tres meses.

3. En los casos en que se haga referencia al presente apartado, se aplicarán el artículo 5 bis, apartados 1 a 4, y el artículo 7 de la Decisión 1999/468/CE, observando lo dispuesto en su artículo 8.

4. En los casos en que se haga referencia al presente apartado, se aplicarán el artículo 5 bis, apartados 1 a 4 y apartado 5, letra b), y el artículo 7 de la Decisión 1999/468/CE, observando lo dispuesto en su artículo 8.

Los plazos contemplados en el artículo 5 bis, apartado 3, letra c), y apartado 4, letras b) y e), de la Decisión 1999/468/CE serán de dos meses, un mes y dos meses, respectivamente.

5. En los casos en que se haga referencia al presente apartado, se aplicarán el artículo 5 bis, apartados 1, 2, 4 y 6, y el artículo 7 de la Decisión 1999/468/CE, observando lo dispuesto en el artículo 8 de dicha Decisión.

Artículo 46.- *Disposiciones de aplicación*

1. Las disposiciones de ejecución que garanticen la aplicación uniforme del presente Reglamento, los documentos de asistencia técnica para ayudar a su aplicación y las normas pormenorizadas relativas a los datos científicos exigidos para el establecimiento de LMR se establecerán y podrán modificarse con arreglo al procedimiento de reglamentación contemplado en el artículo 45, apartado 2, teniendo en cuenta, cuando proceda, el dictamen de la Autoridad.

2. Las medidas destinadas a modificar elementos no esenciales del presente Reglamento relativas al establecimiento o la modificación de las fechas mencionadas en el artículo 23, del artículo 29, apartado 2, del artículo 30, apartado 2, del artículo 31, apartado 1, y del artículo 32, apartado 5, se adoptarán con arreglo al procedimiento de reglamentación con control contemplado en el artículo 45, apartado 3, teniendo en cuenta, cuando proceda, el dictamen de la Autoridad.

Artículo 47.- *Informe sobre la aplicación del presente Reglamento*

En el plazo máximo de diez años a partir de la fecha de entrada en vigor del presente Reglamento, la Comisión presentará al Parlamento Europeo y al Consejo un informe sobre su aplicación, acompañado, si ha lugar, de las propuestas pertinentes.

CAPÍTULO X.- *DISPOSICIONES FINALES*

Artículo 48.- *Derogaciones y adaptación de la legislación*

1. Quedan derogadas las Directivas 76/895/CEE, 86/362/CEE, 86/363/CEE y 90/642/CEE con efectos a partir de la fecha indicada en el artículo 50, párrafo segundo.

2. El artículo 4, apartado 1, letra f), de la Directiva 91/414/CEE se sustituye por el texto siguiente:

> «f) cuando corresponda, si los LMR en los productos agrícolas afectados por la utilización a que hace referencia la autorización se han establecido o modificado con arreglo al Reglamento (CE) nº 396/2005.».

Artículo 49.- *Medidas transitorias*

1. Los requisitos del capítulo III no se aplicarán a los productos legalmente producidos o importados en la Comunidad antes de la fecha prevista en el artículo 50, párrafo segundo.

Sin embargo, para asegurar un alto nivel de protección de los consumidores, se podrán tomar las medidas oportunas con respecto a esos productos. Estas medidas, destinadas a modificar elementos no esenciales del presente Reglamento, completándolo, se adoptarán con arreglo al procedimiento de reglamentación con control contemplado en el artículo 45, apartado 5.

2. Cuando sea necesario para permitir la comercialización, la transformación y el consumo normales de los productos, podrán adoptarse nuevas medidas transitorias para la aplicación de determinados LMR contemplados en los artículos 15, 16, 21, 22 y 25. Estas medidas, destinadas a modificar elementos no esenciales del presente Reglamento, completándolo, sin perjuicio de la obligación de garantizar un alto nivel de protección de los consumidores, se adoptarán con arreglo al procedimiento de reglamentación con control contemplado en el artículo 45, apartado 4.

Artículo 50.- *Entrada en vigor*

El presente Reglamento entrará en vigor a los veinte días de su publicación en el Diario Oficial de la Unión Europea.

Los capítulos II, III y V se aplicarán a los seis meses de la publicación del último de los reglamentos por los que se establezcan los anexos I, II, III y IV.

El presente Reglamento será obligatorio en todos sus elementos y directamente aplicable en cada Estado miembro.

ANEXO I.-

Productos de origen vegetal y animal a que se refiere al artículo 2, apartado 1

[Anexo no reproducido en la presente publicación]

ANEXO II.-

Límites máximos de residuos establecidos anteriormente en las Directivas 86/362/CEE y 90/642/CEE, mencionados en el artículo 21, apartado 1

[Anexo no reproducido en la presente publicación]

ANEXO III.-

LMR provisionales conforme al artículo 16, apartado 1, y al artículo 22, apartado 1

[Anexo no reproducido en la presente publicación]

ANEXO IV.-

Lista de sustancias activas de productos fitosanitarios evaluados de conformidad con la Directiva 91/414/CEE para los que no se exigen LRM, prevista en su artículo 5, apartado 1

[Anexo no reproducido en la presente publicación]

ANEXO VII.-

Combinaciones de sustancia activa y producto tal como se contempla en el artículo 18, apartado 3

[Anexo no reproducido en la presente publicación]

20 de diciembre de 2006.- Reglamento (CE) nº 1925/2006
del Parlamento Europeo y del Consejo,
sobre la adición de vitaminas, minerales y otras sustancias determinadas a los alimentos
(D.O. L 404, 30 de diciembre de 2006)

[V.C. 05/12/2011]

EL PARLAMENTO EUROPEO Y EL CONSEJO DE LA UNIÓN EUROPEA,

Visto el Tratado constitutivo de la Comunidad Europea, y en particular su artículo 95,

Vista la propuesta de la Comisión,

Visto el dictamen del Comité Económico y Social Europeo,

De conformidad con el procedimiento establecido en el artículo 251 del Tratado,

Considerando lo siguiente:

(1) Para la producción de alimentos puede utilizarse una amplia gama de nutrientes y otros ingredientes, como las vitaminas, los minerales, incluidos los oligoelementos, los aminoácidos, los ácidos grasos esenciales, las fibras y diversas plantas y extractos de hierbas, sin que esta enumeración tenga carácter exhaustivo. En los Estados miembros, su adición a los alimentos está regulada por normas nacionales diferentes, que obstaculizan la libre circulación de estos productos, crean condiciones desiguales de competencia y, por tanto, tienen una incidencia directa en el funcionamiento del mercado interior. Es preciso, por esta razón, adoptar normas comunitarias que armonicen las disposiciones nacionales relativas a la adición de vitaminas, minerales y otras determinadas sustancias a los alimentos.

(2) El presente Reglamento pretende regular la adición de vitaminas y minerales a los alimentos y la utilización de otras determinadas sustancias o ingredientes que contienen sustancias distintas de las vitaminas o los minerales, cuando se añaden a los alimentos o se usan en su elaboración en condiciones tales que supongan la ingestión de cantidades que superen con mucho las razonablemente previsibles en las condiciones normales de consumo de una dieta equilibrada y/o variada o que representen por otros motivos un riesgo potencial para el consumidor. Cuando no se hayan adoptado disposiciones comunitarias específicas en materia de prohibición o restricción de la utilización de sustancias o ingredientes que contengan sustancias distintas de las vitaminas o los minerales con arreglo al presente Reglamento o a otras disposiciones comunitarias específicas, pueden aplicarse las disposiciones nacionales pertinentes, sin perjuicio de las disposiciones del Tratado.

(3) Algunos Estados miembros obligan a añadir algunas vitaminas y minerales en ciertos alimentos corrientes por razones de salud pública. Estas razones pueden ser pertinentes a nivel nacional, o incluso regional, y, por tanto, no pueden justificar hoy en día la armonización de la adición obligatoria de tales nutrientes en toda la Comunidad. Sin embargo, si en determinadas circunstancias o en algún momento fuera procedente hacerlo, podrían adoptarse disposiciones de este tipo a escala comunitaria. Entretanto, sería útil recopilar información sobre esas medidas nacionales.

(4) Las vitaminas y minerales pueden ser añadidos voluntariamente a los alimentos por los productores de alimentos, pero en ocasiones su incorporación a ellos como sustancias nutritivas puede ser obligatoria en virtud de la legislación comunitaria específica. También pueden añadirse con fines tecnológicos, como aditivos, colorantes o aromas, o con otros fines similares, incluidas las prácticas y los procesos enológicos autorizados que contemple la legislación comunitaria pertinente. El presente Reglamento debe aplicarse sin perjuicio de las disposiciones comunitarias específicas relativas a la adición o el uso de vitaminas y minerales en determinados productos o grupos de productos o a su adición con fines distintos de los contemplados en el presente Reglamento.

(5) Teniendo en cuenta que la Directiva 2002/46/CE del Parlamento Europeo y del Consejo, de 10 de junio de 2002, relativa a la aproximación de las legislaciones de los Estados miembros en materia de complementos alimenticios establece disposiciones específicas sobre los complementos alimenticios que contengan vitaminas y minerales, las disposiciones del presente Reglamento en relación con las vitaminas y los minerales no deben aplicarse a los complementos alimenticios.

(6) Los productores añaden vitaminas y minerales a los alimentos con diversas finalidades, entre ellas para restituir su contenido cuando ha quedado mermado durante el proceso de fabricación, almacenamiento o manipulación, o para darles un valor nutricional semejante al de los alimentos de los que pretenden ser alternativas.

(7) En circunstancias normales, una dieta adecuada y variada puede proporcionar todos los nutrientes necesarios para el normal desarrollo y mantenimiento de un organismo sano, en cantidades tales como las establecidas y recomendadas a tenor de datos científicos generalmente reconocidos. Sin embargo, los estudios demuestran que esta situación ideal no se da en la práctica para todas las vitaminas y minerales, ni para todos los grupos de población de la Comunidad. Los alimentos con vitaminas y minerales añadidos parecen aportar una contribución apreciable a la ingesta de tales nutrientes y, por tanto, puede considerarse que contribuyen de manera positiva a la ingesta general de nutrientes.

(8) Se puede demostrar que en la Comunidad existen actualmente algunas deficiencias de nutrientes, aunque no son muy frecuentes. Los cambios de la situación socioeconómica imperante en la Comunidad y de los estilos de vida de diversos grupos de población han dado lugar a necesidades nutricionales diferentes y a modificaciones de los hábitos alimenticios. A su vez, esto ha provocado modificaciones de las necesidades calóricas y de nutrientes de diversos grupos de población e ingestas de algunas vitaminas y minerales por estos grupos que son inferiores a las recomendadas en distintos Estados miembros. Además, los conocimientos derivados de progresos científicos indican que, para el mantenimiento de una salud y un bienestar óptimos, la ingesta de ciertos nutrientes podría ser superior a la que se recomienda actualmente.

(9) Sólo debe permitirse la adición a los alimentos de vitaminas y minerales que formen normalmente parte de la dieta y se consuman en ella, y que se consideren nutrientes esenciales, sin que ello implique que su adición sea necesaria. Debe evitarse toda posible controversia en torno a la identidad de estos nutrientes esenciales. Por tanto, resulta oportuno establecer una lista positiva de dichas vitaminas y minerales.

(10) Es necesario que las sustancias químicas utilizadas como fuentes de vitaminas y minerales que se pueden añadir a los alimentos sean seguras y biodisponibles, es decir, que sean susceptibles de ser utilizadas por el organismo. Por esta razón debe establecerse además una lista positiva de estas sustancias. Deben figurar en ella las sustancias aprobadas por el Comité científico de la alimentación humana en un dictamen emitido el 12 de mayo de 1999, atendiendo a los mencionados criterios de seguridad y biodisponibilidad, que pueden utilizarse en la fabricación de alimentos destinados a lactantes y a niños de corta edad, de otros alimentos destinados a una alimentación especial o de complementos alimenticios. Aunque el cloruro sódico (sal común) no aparezca entre las sustancias de la lista, puede seguir utilizándose como ingrediente en la preparación de alimentos.

(11) Cuando proceda, dicha lista debe revisarse en el plazo más breve posible con objeto de mantenerla actualizada con respecto a los progresos científicos y tecnológicos. Las revisiones deben adoptar la forma de normas de desarrollo de carácter técnico, y su adopción debe delegarse en la Comisión para simplificar y agilizar el procedimiento.

(12) En la mayoría de los casos, los fabricantes hacen publicidad de los alimentos a los que se han añadido vitaminas y minerales, por lo que los consumidores pueden percibirlos como productos con ventajas nutricionales, fisiológicas o de otro tipo para la salud en relación con otros productos similares o distintos a los que no se han añadido esos nutrientes. Ello puede inducir al consumidor a tomar decisiones que resulten inconvenientes por otras razones. Para contrarrestar estos posibles efectos negativos, se considera oportuno imponer determinadas restricciones a los productos a los que pueden añadirse vitaminas y minerales, además de las que se deriven naturalmente de consideraciones tecnológicas o resulten necesarias por razones de seguridad al establecer límites máximos de vitaminas y minerales en tales productos. En tal sentido, la presencia en un producto de determinadas sustancias, como el alcohol, sería un criterio adecuado para no permitir que se añadan vitaminas o minerales. Las excepciones a la prohibición de añadir vitaminas y minerales a bebidas alcohólicas deben limitarse a la protección de recetas tradicionales de vino, a condición de que los productos correspondientes se notifiquen a la Comisión. No debe atribuirse a las adiciones ninguna alegación nutricional o de propiedades saludables. Además, a fin de evitar confundir a los consumidores sobre el valor nutritivo natural de los alimentos frescos, tampoco se debe permitir añadir a éstos vitaminas o minerales.

(13) El presente Reglamento no tiene como finalidad regular la utilización de vitaminas y minerales en cantidades ínfimas como marcadores de autenticidad utilizados con el objetivo de combatir el fraude.

(14) La ingesta excesiva de vitaminas y minerales puede tener efectos perjudiciales para la salud y, por tanto, conviene establecer, en ciertos casos, cantidades máximas cuando se añadan a los alimentos. Estas cantidades deben garantizar que la utilización normal de los productos, siguiendo las instrucciones proporcionadas por el fabricante, resultará segura para los consumidores en el contexto de una dieta diversificada. Por tanto, estas cantidades deben ser los niveles máximos de seguridad totales de las vitaminas y los minerales presentes en el alimento naturalmente y/o añadidos al mismo con cualquier fin, incluidos los fines tecnológicos.

(15) Por esta razón, cuando proceda, dichas cantidades máximas y cualesquiera otras condiciones para restringir su adición a los alimentos han de adoptarse tomando en consideración los niveles máximos de seguridad de dichos nutrientes establecidos mediante una evaluación científica del riesgo basada en datos científicos generalmente reconocidos y su posible ingesta a partir de otros alimentos. También debe tenerse en cuenta la ingesta de referencia de vitaminas y minerales para la población. Si es necesario establecer, para algunas vitaminas y minerales, restricciones respecto a los alimentos a los que pueden añadirse (por ejemplo, adición de yodo a la sal), la prioridad debe establecerse en función del objetivo de restituir su contenido cuando haya quedado mermado durante el proceso de fabricación, almacenamiento o manipulación y del objetivo de dar a los alimentos un valor nutricional semejante al de los alimentos de los que pretenden ser alternativas.

(16) Las vitaminas y minerales añadidos a los alimentos deben tener por efecto la presencia de una cantidad mínima en el alimento. De otro modo, la presencia de cantidades demasiado pequeñas e insignificantes en tales alimentos enriquecidos no presentaría ninguna ventaja para los consumidores y les induciría a error. En este mismo principio se basa el requisito de que estos nutrientes estén presentes en una cantidad significativa en los alimentos para poder declararlo así en el etiquetado sobre propiedades nutritivas. Por tanto, sería conveniente que las cantidades mínimas de vitaminas y minerales presentes en los alimentos a los que se han añadido tales vitaminas y minerales fuesen idénticas a esas cantidades significativas que deben estar presentes para que dichos nutrientes se declaren en el etiquetado salvo excepción específica que disponga lo contrario.

(17) La adopción de cantidades máximas y de cualesquiera condiciones de utilización en aplicación de los principios y criterios establecidos en el presente Reglamento y la adopción de cantidades mínimas constituirían normas de desarrollo de carácter técnico, y deben ser delegadas en la Comisión para simplificar y agilizar el procedimiento.

(18) La Directiva 2000/13/CE del Parlamento Europeo y del Consejo, de 20 de marzo de 2000, relativa a la aproximación de las legislaciones de los Estados miembros en materia de etiquetado, presentación y publicidad de los productos alimenticios, contiene disposiciones y definiciones generales sobre etiquetado. Por tanto, el presente Reglamento debe limitarse a establecer las disposiciones adicionales que sean necesarias. Asimismo, tales disposiciones adicionales deben aplicarse sin perjuicio de lo dispuesto en el Reglamento (CE) nº 1924/2006 del Parlamento Europeo y del Consejo, de 20 de diciembre 2006, sobre las declaraciones nutricionales y de propiedades saludables en los alimentos.

(19) Dada la importancia nutricional de los productos a los que se han añadido vitaminas y minerales y su posible incidencia en los hábitos alimenticios y la ingesta total de nutrientes, es importante que el consumidor esté en condiciones de evaluar su calidad nutricional global. Por tanto, no obstante lo dispuesto en el artículo 2 de la Directiva 90/496/CEE del Consejo, de 24 de septiembre de 1990, relativa al etiquetado sobre propiedades nutritivas de los productos alimenticios, el etiquetado nutricional debe ser obligatorio.

(20) Una dieta normal y variada contiene muchos ingredientes, que a su vez contienen muchas sustancias. La ingesta de esas sustancias o ingredientes derivada de su uso normal y tradicional en las dietas usuales no sería motivo de preocupación y no necesita ser regulada. Algunas sustancias distintas de las vitaminas y los minerales o ingredientes que las contienen se añaden a los alimentos en forma de extractos o concentrados, lo que puede dar lugar a ingestas bastante mayores que las que se obtendrían consumiendo una dieta adecuada y variada. En ciertos casos, la seguridad de tales

prácticas es muy discutida y sus beneficios no están claros; por ello, es preciso regularlas. En esos casos, procede que los operadores alimentarios, que son responsables de la seguridad de los productos alimenticios que comercializan, asuman la carga de la prueba.

(21) Dada la particular índole de los alimentos a los que se añaden vitaminas y minerales, deben establecerse otros medios adicionales, además de los que están habitualmente a la disposición de los órganos de control, para facilitar una supervisión eficaz de tales productos.

(22) Dado que el objetivo del presente Reglamento, a saber, garantizar el funcionamiento efectivo del mercado interior en lo que se refiere a la adición de vitaminas y minerales y otras determinadas sustancias a los alimentos asegurando al mismo tiempo un elevado nivel de protección de los consumidores, no puede ser alcanzado de manera suficiente por los Estados miembros y, por consiguiente, puede lograrse mejor a nivel comunitario, la Comunidad puede adoptar medidas, de acuerdo con el principio de subsidiariedad consagrado en el artículo 5 del Tratado. De conformidad con el principio de proporcionalidad enunciado en dicho artículo, el presente Reglamento no excede de lo necesario para alcanzar dicho objetivo.

(23) Las medidas necesarias para la ejecución del presente Reglamento deben adoptarse conforme a lo dispuesto en la Decisión 1999/468/CE del Consejo, de 28 de junio de 1999, por la que se establecen los procedimientos para el ejercicio de las competencias de ejecución atribuidas a la Comisión,

HAN ADOPTADO EL PRESENTE REGLAMENTO:

CAPÍTULO I.- OBJETIVO, ÁMBITO DE APLICACIÓN Y DEFINICIONES

Artículo 1.- *Contenido y ámbito de aplicación*

1. El presente Reglamento tiene por objeto armonizar las disposiciones legales, reglamentarias o administrativas de los Estados miembros relativas a la adición de vitaminas, minerales y otras determinadas sustancias a los alimentos, con el fin de garantizar el funcionamiento efectivo del mercado interior asegurando al mismo tiempo un elevado nivel de protección de los consumidores.

2. Las disposiciones del presente Reglamento relativas a las vitaminas y los minerales no se aplicarán a los complementos alimenticios cubiertos por la Directiva 2002/46/CE.

3. El presente Reglamento se aplicará sin perjuicio de las disposiciones específicas de la legislación comunitaria relativas a:

a) los productos alimenticios destinados a una alimentación especial y, a falta de disposiciones específicas, los requisitos de composición de tales productos que impongan las necesidades nutricionales especiales de las personas a las que se destinan;

b) nuevos alimentos y nuevos ingredientes alimentarios;

c) alimentos modificados genéticamente;

d) los aditivos y aromas alimentarios;

e) prácticas y procesos enológicos autorizados.

Artículo 2.- *Definiciones*

A los efectos del presente Reglamento, se entenderá por:

1. «Autoridad», la Autoridad Europea de Seguridad Alimentaria establecida por el Reglamento (CE) nº 178/2002 del Parlamento Europeo y del Consejo, de 28 de enero de 2002, por el que se establecen los principios y los requisitos generales de la legislación alimentaria, se crea la Autoridad Europea de Seguridad Alimentaria y se fijan procedimientos relativos a la seguridad alimentaria;

2. «otra sustancia», una sustancia distinta de las vitaminas o los minerales, con efectos nutricionales o fisiológicos.

CAPÍTULO II.- ADICIÓN DE VITAMINAS Y MINERALES

Artículo 3.- *Requisitos para la adición de vitaminas y minerales*

1. Únicamente podrán añadirse a los alimentos las vitaminas y/o los minerales que figuran en las listas del anexo I, en las formas que se enumeran en las listas del anexo II, supeditado a las normas establecidas en el presente Reglamento.

2. Podrán añadirse vitaminas y minerales a los alimentos de forma biodisponible para el organismo humano, independientemente de que suelan contenerlos, para tener en cuenta, en particular, cualquiera de los siguientes hechos:

a) la deficiencia de una o más vitaminas y/o minerales en la población o en grupos específicos de población que pueda demostrarse con pruebas clínicas o subclínicas de deficiencia o deducirse de estimaciones que indiquen niveles bajos de ingestión de nutrientes, o

b) la posibilidad de mejorar el estado nutricional de la población o de grupos específicos de la población, y/o de corregir posibles deficiencias en la ingesta diaria de vitaminas o minerales debidas a cambios en los hábitos alimenticios, o

c) los progresos de los conocimientos científicos generalmente reconocidos sobre el papel de las vitaminas y los minerales en la nutrición y los consiguientes efectos para la salud.

3. Las modificaciones de las listas mencionadas en el apartado 1 del presente artículo se adoptarán con arreglo al procedimiento de reglamentación con control contemplado en el artículo 14, apartado 3, teniendo en cuenta el dictamen de la Autoridad.

Por imperiosas razones de urgencia, la Comisión podrá recurrir al procedimiento de urgencia contemplado en el artículo 14, apartado 4, para la supresión de una vitamina o un mineral de las listas mencionadas en el apartado 1 del presente artículo.

Antes de introducir dichas modificaciones, la Comisión consultará a las partes interesadas, en particular a los operadores del sector alimentario y a los grupos de consumidores.

Artículo 4.- *Restricciones a la adición de vitaminas y minerales*

No podrán añadirse vitaminas ni minerales a:

a) alimentos no transformados, como frutas, hortalizas, carne, carne de ave o pescado;

b) bebidas con un volumen alcohólico superior a 1,2 %, salvo y no obstante lo dispuesto en el apartado 2 del artículo 3, a los productos que cumplan todos los requisitos siguientes:

i) que aparezcan mencionados en los apartados 6 y 13 del artículo 44 del Reglamento (CE) nº 1493/1999 del Consejo, de 17 de mayo de 1999, sobre la organización común del mercado del vino; y

ii) que se comercializaran antes de la adopción del presente Reglamento; y

iii) que fueran notificados a la Comisión por un Estado miembro de conformidad con el artículo 11,

y siempre que no se atribuya a los productos ninguna alegación nutricional ni de propiedades saludables.

Las medidas que establezcan los otros alimentos o categorías de alimentos a los que no podrán añadirse determinadas vitaminas y minerales destinadas a modificar elementos no esenciales del presente Reglamento, podrán adoptarse con arreglo al procedimiento de reglamentación con control contemplado en el artículo 14, apartado 3, a la luz de las pruebas científicas y teniendo en cuenta su valor nutricional.

Artículo 5.- *Criterios de pureza*

1. Los criterios de pureza de las fórmulas vitamínicas y las sustancias minerales enumeradas en el anexo II, destinados a modificar elementos no esenciales del presente Reglamento, completándolo, se adoptarán con arreglo al procedimiento de reglamentación con control contemplado en el artículo 14, apartado 3, excepto cuando se apliquen con arreglo al apartado 2 del presente artículo.

2. Para las fórmulas vitamínicas y las sustancias minerales enumeradas en el anexo II se aplicarán los criterios de pureza que la legislación comunitaria establezca para su uso en la fabricación de alimentos con fines distintos de los regulados por el presente Reglamento.

3. Respecto de las fórmulas vitamínicas y las sustancias minerales enumeradas en el anexo II para las que la legislación comunitaria no especifique criterios de pureza, y mientras no se adopten tales especificaciones, se aplicarán criterios de pureza generalmente reconocidos recomendados por organismos internacionales, y podrán mantenerse las normas nacionales que establezcan criterios de pureza más estrictos.

Artículo 6.- *Condiciones para la adición de vitaminas y minerales*

1. Cuando se añada una vitamina o un mineral a los alimentos, la cantidad máxima total de la vitamina o mineral, cualquiera que sea la finalidad de la adición, que se encuentre en el alimento comercializado no podrá exceder las cantidades máximas. Las medidas que establezcan dichas cantidades destinadas a modificar elementos no esenciales del presente Reglamento, completándolo, se adoptarán con arreglo al procedimiento de reglamentación con control contemplado en el artículo 14, apartado 3. La Comisión podrá presentar a este efecto un proyecto de medidas con vistas a establecer las cantidades máximas a más tardar el 19 de enero de 2009. Para los productos concentrados y deshidratados, las cantidades máximas serán las presentes en los alimentos cuando se preparen para el consumo según las instrucciones del fabricante.

2. Cualesquiera condiciones que restrinjan o prohíban la adición de una vitamina o un mineral específico a un alimento o a una categoría de alimentos destinadas a modificar elementos no esenciales del presente Reglamento, incluso completándolo, se adoptarán con arreglo al procedimiento de reglamentación de control contemplado en el artículo 14, apartado 3.

3. Las cantidades máximas mencionadas en el apartado 1, así como las condiciones a que se refiere el apartado 2, se fijarán teniendo en cuenta:

a) los niveles máximos de seguridad de vitaminas y minerales establecidos mediante la determinación científica del riesgo a partir de datos científicos generalmente reconocidos, teniendo en cuenta, según proceda, los diferentes grados de sensibilidad de las distintas categorías de consumidores, y

b) la ingesta de vitaminas y minerales a partir de otras fuentes de la dieta.

4. Cuando se establezcan las cantidades máximas a que se refiere el apartado 1, así como las condiciones a que se refiere el apartado 2, también se tendrá debidamente en cuenta la ingesta de referencia de vitaminas y minerales para la población.

5. Cuando se fijen las cantidades máximas a que se refiere el apartado 1, así como las condiciones a que se refiere el apartado 2 para vitaminas y minerales cuya ingesta de referencia para la población esté próxima a los niveles máximos de seguridad, se tendrán también en cuenta, en caso necesario:

a) la aportación de cada producto al conjunto de la dieta de toda la población o de subgrupos de población,

b) las características nutricionales del producto establecidas según lo previsto en el Reglamento (CE) nº 1924/2006.

6. La adición de una vitamina o un mineral en un alimento tendrá como resultado la presencia de dicha vitamina o mineral en el alimento en al menos una cantidad significativa, que se definirá de conformidad con el anexo de la Directiva 90/496/CEE. Las medidas que establezcan las cantidades mínimas para alimentos y categorías de alimentos específicos, incluidas cualesquiera cantidades inferiores, que constituyan una excepción respecto de las mencionadas cantidades significativas, destinadas a modificar elementos no esenciales del presente Reglamento, completándolo, se adoptarán con arreglo al procedimiento de reglamentación con control contemplado en el artículo 14, apartado 3, del presente Reglamento.

Artículo 7.- *Etiquetado, presentación y publicidad*

1. El etiquetado, la presentación y la publicidad de los alimentos a los que se hayan añadido vitaminas y minerales no incluirán ninguna indicación que declare o sugiera que una dieta equilibrada y variada no puede aportar las cantidades apropiadas de nutrientes. Cuando proceda, podrá establecerse una excepción en relación con un nutriente determinado destinada a modificar elementos no esenciales del presente Reglamento, completándolo, de conformidad con el procedimiento de reglamentación con control contemplado en el artículo 14, apartado 3.

2. El etiquetado, la presentación y la publicidad de alimentos a los que se hayan añadido vitaminas y minerales no inducirán a error ni engañarán al consumidor con respecto a las ventajas nutritivas resultantes de la adición de estos nutrientes.

3. El etiquetado sobre propiedades nutritivas de los productos a los que se hayan añadido vitaminas y minerales y regulados en el presente Reglamento será obligatorio. Los datos que se facilitarán serán los previstos en el artículo 30, apartado 1, del Reglamento (UE) nº 1169/2011 del Parlamento Europeo y del Consejo, de 25 de octubre de 2011, sobre la información alimentaria facilitada al consumidor, así como las cantidades totales presentes de vitaminas y minerales si se han añadido al alimento.

[El inciso 3 fue modificado por el Art. 50 del Reglamento (CE) n° 1169/2011. No obstante, el Art. 54.3 del mismo reglamento establece una disposición transitoria que faculta la circulación de los respectivos productos al amparo de la versión anterior de la norma. Esta establecía: "*El etiquetado sobre propiedades nutritivas de los productos a los que se hayan añadido vitaminas y minerales y regulados en el presente Reglamento será obligatorio. Los datos que se facilitarán serán los previstos en el artículo 4, apartado 1, grupo 2, de la Directiva 90/496/CEE, así como las cantidades totales presentes de vitaminas y minerales si se han añadido al alimento. "]*

4. El etiquetado de los productos a los que se han añadido vitaminas y minerales puede llevar una declaración que indique dicha adición en virtud de las condiciones establecidas en el Reglamento (CE) nº 1924/2006.

5. El presente artículo será aplicable sin perjuicio de otras disposiciones de la legislación alimentaria aplicables a categorías específicas de alimentos.

6. Podrán adoptarse normas de desarrollo del presente artículo de conformidad con el procedimiento contemplado en el artículo 14, apartado 2.

CAPÍTULO III.- ADICIÓN DE OTRAS DETERMINADAS SUSTANCIAS

Artículo 8.- *Sustancias sujetas a restricción, prohibición o control comunitario*

1. Se seguirá el procedimiento previsto en el presente artículo si se añade a los alimentos o se utiliza en la producción de alimentos una sustancia que no sea una vitamina ni un mineral, o un ingrediente que contenga una sustancia distinta de las vitaminas o los minerales, en condiciones que puedan dar lugar a la ingestión de cantidades de esta sustancia ampliamente superiores a las que puede esperarse razonablemente que se ingiera en condiciones normales de consumo en una dieta equilibrada y variada o que representen por otros motivos un riesgo potencial para la salud del consumidor.

2. La Comisión, a iniciativa propia o basándose en la información facilitada por los Estados miembros, podrá adoptar una decisión destinada a modificar elementos no esenciales del presente Reglamento, después de que la Autoridad evalúe en cada caso la información disponible, con arreglo al procedimiento de reglamentación con control contemplado en el artículo 14, apartado 3, con el fin de incluir, en caso necesario, la sustancia o el ingrediente en el anexo III. En particular:

a) si se constata un efecto nocivo para la salud, dicha sustancia o el ingrediente que la contenga:

i) se incluirán en el anexo III, parte A, y se prohibirá su adición a los alimentos o su uso en la fabricación de alimentos, o

ii) se incluirán en el anexo III, parte B, y su adición a los alimentos o su uso en la fabricación de alimentos solo se permitirán en las condiciones previstas en dicha parte;

b) si se constata que puede tener un efecto perjudicial para la salud, aunque persista la incertidumbre científica, la sustancia se incluirá en el anexo III, parte C.

Por imperiosas razones de urgencia, la Comisión podrá hacer uso del procedimiento de urgencia contemplado en el artículo 14, apartado 4, para la inclusión de la sustancia o ingrediente en el anexo III, parte A o B.

3. Las disposiciones comunitarias aplicables a alimentos específicos podrán prever restricciones o prohibiciones del uso de algunas sustancias, además de las establecidas en el presente Reglamento.

4. Los operadores del sector alimentario, o cualquier otra parte interesada, pueden en todo momento presentar a la Autoridad un expediente en donde se recojan los datos científicos que acrediten la inocuidad de la sustancia mencionada en el anexo III, parte C, en las condiciones en que se usa en un alimento o categoría de alimentos y se explique la finalidad de dicha utilización. La Autoridad informará sin demora a los Estados miembros y a la Comisión de la presentación de este expediente y lo pondrá a disposición de estos.

5. Cuatro años después de la fecha de inscripción de una sustancia en el anexo III, parte C, una decisión destinada a modificar elementos no esenciales del presente Reglamento, se adoptará con arreglo al procedimiento de reglamentación con control contemplado en el artículo 14, apartado 3, y teniendo en cuenta el dictamen de la Autoridad, sobre cualquier expediente sometido a evaluación en virtud del apartado 4 del presente artículo, con objeto de autorizar de manera general el uso de una sustancia incluida en el anexo III, parte C, o de incluirla en el anexo III, parte A o parte B, según convenga.

Por imperiosas razones de urgencia, la Comisión podrá hacer uso del procedimiento de urgencia contemplado en el artículo 14, apartado 4, para la inclusión de la sustancia o ingrediente en el anexo III, parte A o B.

6. La Comisión establecerá, de conformidad con el procedimiento contemplado en el artículo 14, apartado 2, normas de desarrollo para la aplicación del presente artículo, en particular disposiciones sobre la presentación mencionada en el apartado 4 del presente artículo.

CAPÍTULO IV.- DISPOSICIONES GENERALES Y FINALES

Artículo 9.- *Registro comunitario*

1. La Comisión creará y mantendrá un Registro comunitario sobre la adición de vitaminas, minerales y otras determinadas sustancias a los alimentos, denominado en lo sucesivo «el Registro».

2. El Registro incluirá:

a) las vitaminas y los minerales enumerados en el anexo I que puedan añadirse a los alimentos,

b) las fórmulas vitamínicas y las sustancias minerales enumeradas en el anexo II que puedan añadirse a los alimentos,

c) las cantidades máximas y mínimas de vitaminas y de minerales que puedan añadirse a los alimentos y toda condición asociada, establecidas en virtud del artículo 6,

d) información sobre las disposiciones nacionales aplicables a la adición preceptiva de vitaminas y minerales contemplada en el artículo 11,

e) las restricciones a la adición de vitaminas y minerales previstas en el artículo 4,

f) las sustancias en relación con las cuales se hayan presentado expedientes según lo dispuesto en el artículo 17, apartado 1, letra b),

g) información sobre las sustancias incluidas en el anexo III y las razones de su inclusión,

h) información sobre las sustancias enumeradas en el anexo III, parte C, cuyo uso esté en general autorizado en virtud del artículo 8, apartado 5.

3. El Registro será público.

Artículo 10.- *Libre circulación de mercancías*

Sin perjuicio de lo dispuesto en el Tratado, y en particular en sus artículos 28 y 30, los Estados miembros no podrán prohibir ni restringir, mediante la aplicación de disposiciones nacionales no armonizadas que regulen la adición de vitaminas y minerales a los alimentos, el comercio de alimentos que se ajusten a lo dispuesto en el presente Reglamento y en los actos comunitarios adoptados para desarrollarlo.

Artículo 11.- *Disposiciones nacionales*

1. A más tardar el 19 de julio de 2007, los Estados miembros informarán a la Comisión sobre las disposiciones nacionales en vigor relativas a la adición preceptiva de vitaminas y minerales y a los productos cubiertos por la excepción a que se refiere el artículo 4, letra b).

2. Si un Estado miembro, a falta de disposiciones comunitarias, considera necesario adoptar una nueva disposición legislativa:

a) sobre la adición preceptiva de vitaminas y minerales a alimentos específicos o a categorías de alimentos, o

b) sobre la prohibición o la restricción del uso de otras determinadas sustancias en la fabricación de alimentos específicos,

lo notificará a la Comisión de conformidad con el procedimiento establecido en el artículo 12.

Artículo 12.- *Procedimiento de notificación*

1. Si un Estado miembro considera necesario adoptar una nueva disposición legislativa, notificará a la Comisión y a los demás Estados miembros las medidas previstas y señalará las razones que las justifican.

2. La Comisión consultará al Comité a que se refiere el artículo 14, apartado 1, si considera que esta consulta es necesaria o si así lo solicita un Estado miembro, y emitirá un dictamen sobre las medidas previstas.

3. El Estado miembro en cuestión sólo podrá adoptar las medidas previstas cuando hayan transcurrido seis meses desde la notificación mencionada en el apartado 1, siempre y cuando el dictamen de la Comisión no sea negativo.

Si el dictamen de la Comisión fuere negativo, en él deberá determinarse, de conformidad con el procedimiento contemplado en el artículo 14, apartado 2, y antes de que expire el período mencionado en el párrafo primero, si pueden aplicarse las medidas previstas. La Comisión podrá exigir que se efectúen algunas modificaciones en las medidas previstas.

Artículo 13.- *Medidas de salvaguardia*

1. Si un Estado miembro tiene motivos serios para considerar que un producto pone en peligro la salud humana a pesar de ajustarse a lo dispuesto en el presente Reglamento, podrá suspender temporalmente o restringir la aplicación de las disposiciones en cuestión en su territorio.

Informará de ello inmediatamente a los demás Estados miembros y a la Comisión y les comunicará los motivos de su decisión.

2. Se adoptará una decisión de conformidad con el procedimiento contemplado en el artículo 14, apartado 2, recabando previamente, cuando proceda, el dictamen de la Autoridad.

La Comisión podrá poner en marcha este procedimiento por iniciativa propia.

3. El Estado miembro a que se refiere el apartado 1 podrá mantener la suspensión o restricción hasta que le haya sido notificada la decisión prevista en el apartado 2.

Artículo 14.- *Comité*

1. La Comisión estará asistida por el Comité permanente de la cadena alimentaria y de sanidad animal establecido por el artículo 58, apartado 1, del Reglamento (CE) nº 178/2002.

2. En los casos en que se haga referencia al presente apartado, serán de aplicación los artículos 5 y 7 de la Decisión 1999/468/CE, observando lo dispuesto en su artículo 8. El plazo contemplado en el artículo 5, apartado 6, de la Decisión 1999/468/CE queda fijado en tres meses.

3. En los casos en que se haga referencia al presente apartado, serán de aplicación el artículo 5 bis, apartados 1 a 4, y el artículo 7 de la Decisión 1999/468/CE, observando lo dispuesto en su artículo 8.

4. En los casos en que se haga referencia al presente apartado, serán de aplicación el artículo 5 bis, apartados 1, 2 y 6, y el artículo 7 de la Decisión 1999/468/CE, observando lo dispuesto en su artículo 8.

Artículo 15.- *Seguimiento*

Con objeto de facilitar un seguimiento eficaz de los alimentos a los que se hayan añadido vitaminas y minerales y de los alimentos que contengan las sustancias incluidas en el anexo III, partes B y C, los Estados miembros podrán exigir al productor o a la persona que comercialice en su territorio dichos alimentos que notifique a la autoridad competente dicha comercialización mediante la presentación de un modelo de la etiqueta utilizada en el producto. En tales casos, también podrá exigirse información sobre la retirada del producto del mercado.

Artículo 16.- *Evaluación*

A más tardar el 1 de julio de 2013, la Comisión presentará al Parlamento Europeo y al Consejo un informe sobre los efectos de la aplicación del presente Reglamento, en particular sobre la evolución del mercado de los alimentos con vitaminas y minerales añadidos, su consumo, la aportación de nutrientes para la población y los cambios de los hábitos alimenticios, y la adición de otras sustancias, acompañado de cualquier propuesta de modificación del presente Reglamento que la Comisión considere necesaria. A este respecto, los Estados miembros aportarán la información pertinente necesaria a la Comisión a más tardar el 1 de julio de 2012. Las normas de desarrollo del presente artículo se establecerán de conformidad con el procedimiento contemplado en el artículo 14, apartado 2.

Artículo 17.- *Medidas transitorias*

1. No obstante lo dispuesto en el artículo 3, apartado 1, y hasta el 19 de enero de 2014, los Estados miembros podrán autorizar en su territorio el uso de vitaminas y minerales que no figuren en la lista del anexo I o en formas no enumeradas en el anexo II, siempre que se cumplan las dos condiciones siguientes:

a) la sustancia en cuestión se use para su adición a alimentos comercializados en la Comunidad el 19 de enero de 2007, y

b) la Autoridad no haya emitido dictamen desfavorable sobre el uso de esa sustancia o sobre su uso en esa forma en la fabricación de alimentos, sobre la base de un expediente relativo al uso de la sustancia en cuestión que haya sido presentado a la Comisión por el Estado miembro a más tardar el 19 de enero de 2010.

2. Hasta el 19 de enero de 2014, y de acuerdo con lo dispuesto en el Tratado, los Estados miembros podrán seguir aplicando las restricciones o prohibiciones nacionales existentes al comercio de alimentos a los que se añadan vitaminas o minerales no incluidos en la lista del anexo I o en formas no recogidas en el anexo II.

3. De acuerdo con las disposiciones del Tratado, los Estados miembros podrán seguir aplicando las disposiciones nacionales vigentes sobre cantidades máximas y mínimas de las vitaminas y minerales enumerados en el anexo I que se añadan a los alimentos y sobre las condiciones aplicables a tal adición, hasta que se hayan adoptado las correspondientes disposiciones comunitarias con arreglo al artículo 6 o en virtud de otras disposiciones comunitarias específicas.

Artículo 18.- *Entrada en vigor*

El presente Reglamento entrará en vigor a los veinte días de su publicación en el Diario Oficial de la Unión Europea.

Será aplicable a partir del 1 de julio de 2007.

Los productos puestos en el mercado o etiquetados antes del 1 de julio de 2007 que no se ajusten a lo dispuesto en el presente Reglamento podrán comercializarse hasta la fecha de su caducidad, pero en cualquier caso no después del 31 de diciembre de 2009.

El presente Reglamento será obligatorio en todos sus elementos y directamente aplicable en cada Estado miembro.

ANEXO I.-
Vitaminas y minerales que pueden añadirse a los alimentos

[Anexo no reproducido en la presente publicación]

ANEXO II.-
Fórmulas vitamínicas y sustancias minerales que pueden añadirse a los alimentos

[Anexo no reproducido en la presente publicación]

ANEXO III.-
Sustancias cuyo uso en los alimentos está prohibido, restringido o sujeto a control comunitario

[Anexo no reproducido en la presente publicación]

16 de diciembre de 2008.- Reglamento (CE) nº 1331/2008

del Parlamento Europeo y del Consejo,

por el que se establece un procedimiento de autorización común para los aditivos, las enzimas y los aromas alimentarios

(D.O. L 354, 31 de diciembre de 2008)

EL PARLAMENTO EUROPEO Y EL CONSEJO DE LA UNIÓN EUROPEA,

Visto el Tratado constitutivo de la Comunidad Europea y, en particular, su artículo 95,

Vista la propuesta de la Comisión,

Visto el dictamen del Comité Económico y Social Europeo,

De conformidad con el procedimiento establecido en el artículo 251 del Tratado,

Considerando lo siguiente:

(1) La libre circulación de alimentos seguros y saludables es un aspecto esencial del mercado interior y contribuye significativamente a la salud y el bienestar de los ciudadanos, así como a sus intereses sociales y económicos.

(2) En la ejecución de las políticas comunitarias debe garantizarse un nivel elevado de protección de la vida y la salud de las personas.

(3) A fin de proteger la salud humana, debe evaluarse la inocuidad de la utilización de los aditivos, las enzimas y los aromas en la alimentación humana antes de su comercialización en la Comunidad.

(4) El Reglamento (CE) nº 1333/2008 del Parlamento Europeo y del Consejo, de 16 de diciembre de 2008, sobre aditivos alimentarios, el Reglamento (CE) nº 1332/2008 del Parlamento Europeo y del Consejo, de 16 de diciembre de 2008, sobre enzimas alimentarias y el Reglamento (CE) nº 1334/2008 del Parlamento Europeo y del Consejo, de 16 de diciembre de 2008, sobre los aromas y determinados ingredientes alimentarios con propiedades aromatizantes utilizados en los alimentos (en lo sucesivo denominados "las normas alimentarias sectoriales"), establecen criterios y exigencias armonizados sobre la evaluación y la autorización de estas sustancias.

(5) En particular, se prevé que los aditivos alimentarios, las enzimas alimentarias y los aromas alimentarios, en la medida en que estos últimos deben someterse a una evaluación de la seguridad de conformidad con el Reglamento (CE) nº 1334/2008, únicamente puedan comercializarse y utilizarse en la alimentación humana, de conformidad con las condiciones fijadas por cada norma alimentaria sectorial, si están incluidos en una lista comunitaria de sustancias autorizadas.

(6) Garantizar la transparencia en la producción y manipulación de los productos alimenticios es esencial para mantener la confianza del consumidor.

(7) En este marco, se considera oportuno establecer, para estas tres categorías de sustancias, un procedimiento comunitario común de evaluación y de autorización que sea eficaz, limitado en el tiempo y transparente, a fin de facilitar su libre circulación en el mercado comunitario.

(8) Este procedimiento común debe basarse en los principios de buena administración y de seguridad jurídica, y debe aplicarse respetando dichos principios.

(9) Así pues, el presente Reglamento completa el marco reglamentario de autorización de sustancias mediante la fijación de las diferentes fases del procedimiento, de los plazos para dichas fases, de la función de los agentes interesados y de los principios aplicables. No obstante, para determinados aspectos del procedimiento, es preciso tener en cuenta las características específicas de cada norma alimentaria sectorial.

(10) Los plazos establecidos en el procedimiento tienen en cuenta el tiempo necesario para examinar los diferentes criterios fijados en cada norma alimentaria sectorial y conceden un espacio de tiempo adecuado para realizar consultas al preparar los proyectos de medidas. En concreto, el plazo de nueve meses para que la Comisión presente un proyecto de reglamento de actualización de la lista comunitaria no debe impedir que pueda hacerse en un plazo más corto.

(11) Al recibir una solicitud, la Comisión debe iniciar el procedimiento y, si resulta necesario, recabar lo antes posible, una vez controladas la validez y aplicabilidad de la solicitud, el dictamen de la Autoridad Europea de Seguridad Alimentaria (denominada en lo sucesivo "la Autoridad") creada por el Reglamento (CE) nº 178/2002 del Parlamento Europeo y del Consejo, de 28 de enero de 2002, por el que se establecen los principios y los requisitos generales de la legislación alimentaria, se crea la Autoridad Europea de Seguridad Alimentaria y se fijan procedimientos relativos a la seguridad alimentaria.

(12) De conformidad con el marco de determinación del riesgo en materia de seguridad alimentaria establecido por el Reglamento (CE) nº 178/2002, la autorización de comercializar sustancias debe ir precedida de una determinación científica independiente, realizada al nivel más elevado posible, del riesgo que presenta para la salud humana. Tras esta determinación, que debe efectuarse bajo la responsabilidad de la Autoridad, la Comisión debe tomar una decisión de gestión del riesgo mediante un procedimiento de reglamentación que asegure una estrecha cooperación entre la Comisión y los Estados miembros.

(13) Siempre que se cumplan los criterios para la autorización establecidos en las normas alimentarias sectoriales, debe otorgarse la autorización de comercialización con arreglo al presente Reglamento.

(14) Se reconoce que, en algunos casos, la determinación científica del riesgo no puede por sí sola ofrecer toda la información en la que debe basarse una decisión relacionada con la gestión del riesgo, por lo que pueden tenerse debidamente en cuenta otros factores pertinentes y legítimos de carácter sociológico, económico, tradicional, ético y medioambiental, así como la viabilidad de los controles.

(15) A fin de mantener informados a los operadores económicos de los sectores afectados y a la población sobre las autorizaciones en vigor, es conveniente que las sustancias autorizadas figuren en una lista comunitaria establecida, mantenida y publicada por la Comisión.

(16) Cuando proceda, y en determinadas circunstancias, las normas alimentarias sectoriales específicas pueden prever, para un determinado período de tiempo, la protección de los datos científicos y de otros datos presentados por el solicitante. En este caso, las normas alimentarias sectoriales deben determinar las condiciones en las que estos datos no podrán utilizarse en beneficio de otro solicitante.

(17) El funcionamiento en red entre la Autoridad y las organizaciones de los Estados miembros que actúan en los ámbitos comprendidos en el cometido de la Autoridad es uno de los principios de base del funcionamiento de esta. En consecuencia, para elaborar su dictamen, la Autoridad puede recurrir a la red puesta a su disposición por el artículo 36 del Reglamento (CE) nº 178/2002 y por el Reglamento (CE) nº 2230/2004 de la Comisión.

(18) El procedimiento común de autorización de sustancias debe responder a las exigencias de transparencia y de información del público, garantizando al mismo tiempo el derecho del solicitante a mantener la confidencialidad de determinados datos.

(19) La protección de la confidencialidad de determinados aspectos de una solicitud debe mantenerse con el fin de proteger la posición competitiva de un solicitante. No obstante, bajo ninguna circunstancia debe ser confidencial la información relacionada con la seguridad de una sustancia, incluidos, de forma no exclusiva, los estudios toxicológicos y otros estudios relacionados con la seguridad y los propios datos primarios.

(20) Con arreglo a lo establecido en el Reglamento (CE) nº 178/2002, el Reglamento (CE) nº 1049/2001 del Parlamento Europeo y del Consejo, de 30 de mayo de 2001, relativo al acceso del público a los documentos del Parlamento Europeo, del Consejo y de la Comisión se aplica a los documentos que obren en poder de la Autoridad.

(21) El Reglamento (CE) nº 178/2002 establece procedimientos para la adopción de medidas de emergencia en relación con alimentos de origen comunitario o importados de un tercer país. En él se autoriza a la Comisión a adoptar dichas medidas cuando se ponga de manifiesto la posibilidad de que un alimento constituya un riesgo grave para la salud humana, la sanidad animal o para el medio ambiente, y dicho riesgo no pueda controlarse satisfactoriamente mediante la adopción de medidas por parte de los Estados miembros interesados.

(22) En aras de la eficacia y la simplificación legislativa, es conveniente examinar a medio plazo la pertinencia de ampliar el ámbito de aplicación del procedimiento común a otras normas vigentes en el ámbito alimentario.

(23) Dado que los objetivos del presente Reglamento no pueden ser alcanzados de manera suficiente por los Estados miembros debido a las diferencias que existen entre las legislaciones y las disposiciones nacionales y, por consiguiente, pueden lograrse mejor a nivel comunitario, la Comunidad puede adoptar medidas, de acuerdo con el principio de subsidiariedad consagrado en el artículo 5 del Tratado. De conformidad con

el principio de proporcionalidad enunciado en dicho artículo, el presente Reglamento no excede de lo necesario para alcanzar dichos objetivos.

(24) Procede aprobar las medidas necesarias para la ejecución el presente Reglamento con arreglo a la Decisión 1999/468/CE del Consejo, de 28 de junio de 1999, por la que se establecen los procedimientos para el ejercicio de las competencias de ejecución atribuidas a la Comisión.

(25) Conviene, en particular, conferir competencias a la Comisión para que actualice las listas comunitarias. Dado que estas medidas son de alcance general, y están destinadas a modificar elementos no esenciales de cada norma alimentaria sectorial, incluso completándola con nuevos elementos no esenciales, deben adoptarse con arreglo al procedimiento de reglamentación con control previsto en el artículo 5 bis de la Decisión 1999/468/CE.

(26) Por razones de eficacia, los plazos normalmente aplicables en el marco del procedimiento de reglamentación con control deben abreviarse para la inclusión de sustancias en las listas comunitarias y para incluir, suprimir o modificar las condiciones, las especificaciones o las restricciones que estén vinculadas a la presencia de una sustancia en la lista comunitaria.

(27) Cuando, por imperiosas razones de urgencia, los plazos normalmente aplicables en el marco del procedimiento de reglamentación con control no puedan respetarse, la Comisión debe poder aplicar el procedimiento de urgencia previsto en el artículo 5 bis, apartado 6, de la Decisión 1999/468/CE para retirar una sustancia de las listas comunitarias y para incluir, suprimir o modificar las condiciones, las especificaciones o las restricciones que estén vinculadas a la presencia de una sustancia en las listas comunitarias.

HAN ADOPTADO EL PRESENTE REGLAMENTO:

CAPITULO I.- PRINCIPIOS GENERALES

Artículo 1.- *Objetivo y ámbito de aplicación*

1. El presente Reglamento establece un procedimiento común de evaluación y de autorización (en lo sucesivo, "el procedimiento común") de los aditivos alimentarios, las enzimas alimentarias, los aromas alimentarios y los materiales de base de aromas alimentarios y los materiales de base de ingredientes alimenticios con propiedades aromatizantes utilizados o destinados a ser utilizados en los productos alimenticios o en su superficie (en lo sucesivo, "las sustancias"), que contribuye a la libre circulación de productos alimenticios en la Comunidad y a un nivel elevado de protección de la salud humana y a un nivel elevado de protección de los consumidores, incluida la protección de los intereses de estos últimos. El presente Reglamento no es aplicable a los aromas de humo que entren en el ámbito de aplicación del Reglamento (CE) nº 2065/2003 del Parlamento Europeo y del Consejo, de 10 de noviembre de 2003, sobre los aromas de humo utilizados o destinados a ser utilizados en los productos alimenticios o en su superficie.

2. El procedimiento común establece los procedimientos que rigen la actualización de las listas de sustancias cuya comercialización está autorizada en la Comunidad de conformidad con los Reglamentos (CE) nº 1333/2008, (CE) nº 1332/2008 y (CE) nº 1334/2008 (denominados en lo sucesivo "las normas alimentarias sectoriales").

3. Cada norma alimentaria sectorial determinará los criterios con arreglo a los cuales las sustancias pueden incluirse en la lista comunitaria prevista en el artículo 2, el contenido del Reglamento previsto en el artículo 7 y, en su caso, las disposiciones transitorias relativas a los procedimientos en curso.

Artículo 2.- *Lista comunitaria de sustancias*

1. En el marco de cada norma alimentaria sectorial, las sustancias cuya comercialización en la Comunidad está autorizada figuran en una lista cuyo contenido está determinado por dicha norma (denominada en lo sucesivo "la lista comunitaria"). La actualización de la lista comunitaria será responsabilidad de la Comisión. La lista se publicará en el Diario Oficial de la Unión Europea.

2. Se entenderá por "actualización de la lista comunitaria":

a) la inclusión de una sustancia en la lista comunitaria;

b) la retirada de una sustancia de la lista comunitaria;

c) la inclusión, la supresión o la modificación de las condiciones, las especificaciones o las restricciones que están vinculadas a la presencia de una sustancia en la lista comunitaria.

CAPÍTULO II.- PROCEDIMIENTO COMÚN

Artículo 3.- *Principales etapas del procedimiento común*

1. El procedimiento común para la actualización de la lista comunitaria podrá iniciarse a iniciativa de la Comisión o en respuesta a una solicitud. Esta solicitud podrá presentarla un Estado miembro o una persona interesada, que a su vez podrá representar a varias personas interesadas, en las condiciones establecidas en las disposiciones de aplicación mencionadas en el artículo 9, apartado 1, letra a) (denominado en lo sucesivo "el solicitante"). Las solicitudes se dirigirán a la Comisión.

2. La Comisión recabará previamente el dictamen de la Autoridad Europea de Seguridad Alimentaria (denominada en lo sucesivo "la Autoridad"), que se emitirá de conformidad con el artículo 5.

No obstante, para las actualizaciones mencionadas en el artículo 2, apartado 2, letras b) y c), la Comisión no estará obligada a recabar el dictamen de la Autoridad si las actualizaciones de que se trata no son susceptibles de tener una repercusión en la salud humana.

3. El procedimiento común concluirá mediante la adopción por la Comisión de un reglamento por el que se efectúe la actualización, con arreglo al artículo 7.

4. No obstante lo dispuesto en el apartado 3, la Comisión, en cualquier fase del procedimiento, podrá poner fin al procedimiento común y renunciar a efectuar la actualización prevista, si considera que la actualización de que se trate no está justificada. En su caso, tendrá en cuenta el dictamen de la Autoridad, la opinión de los Estados miembros, así como cualquier disposición pertinente de la legislación comunitaria y otros factores útiles para la cuestión examinada.

En este caso, la Comisión, si procede, informará directamente al solicitante y a los Estados miembros indicando en su carta los motivos por los que no considera justificada la actualización.

Artículo 4.- *Inicio del procedimiento*

1. Cuando reciba una solicitud de actualización de la lista comunitaria, la Comisión:

a) remitirá por escrito un acuse de recibo al solicitante en el plazo de 14 días laborables tras la recepción de la solicitud;

b) en su caso, transmitirá la solicitud a la Autoridad lo antes posible y le presentará una solicitud de dictamen de conformidad con el artículo 3, apartado 2.

La Comisión permitirá el acceso de los Estados miembros a la solicitud.

2. La Comisión, en los casos en que inicie el procedimiento por propia iniciativa, informará de ello a los Estados miembros y, si procede, presentará una solicitud de dictamen a la Autoridad.

Artículo 5.- *Dictamen de la Autoridad*

1. La Autoridad emitirá un dictamen en un plazo de nueve meses a partir de la recepción de una solicitud válida.

2. La Autoridad transmitirá su dictamen a la Comisión, a los Estados miembros y, si procede, al solicitante.

Artículo 6.- *Datos complementarios en relación con la determinación del riesgo*

1. En los casos debidamente justificados en que la Autoridad pida datos complementarios al solicitante, podrá ampliarse el plazo mencionado en el artículo 5, apartado 1. La Autoridad, previa consulta del solicitante, establecerá un plazo en el que puedan comunicarse estos datos e informará a la Comisión sobre el plazo adicional necesario. Si la Comisión no presenta ninguna objeción en los ocho días laborables posteriores a la fecha en que haya sido informada por la Autoridad, el plazo mencionado en el artículo 5, apartado 1, se ampliará automáticamente con el plazo adicional. La Comisión informará a los Estados miembros de la citada ampliación.

2. Si no se comunican a la Autoridad los datos complementarios en el plazo adicional mencionado en el apartado 1, la Autoridad finalizará su dictamen sobre la base de los datos que ya se hayan comunicado.

3. Cuando el solicitante presente datos complementarios por su propia iniciativa, los comunicará a la Autoridad y a la Comisión. En este caso, la Autoridad emitirá su dictamen en el plazo inicial, sin perjuicio de lo dispuesto en el artículo 10.

4. La Autoridad permitirá el acceso de los Estados miembros y de la Comisión a los datos complementarios.

Artículo 7.- *Actualización de la lista comunitaria*

1. En un plazo de nueve meses tras el dictamen de la Autoridad, la Comisión presentará al comité mencionado en el artículo 14, apartado 1, un proyecto de reglamento por el que se actualice la lista comunitaria, teniendo en cuenta el dictamen de la Autoridad así como cualquier disposición pertinente de la legislación comunitaria y otros factores legítimos que tengan relación con el asunto considerado.

En los casos en los que no se solicite un dictamen de la Autoridad, el plazo de nueve meses comenzará en la fecha en que la Comisión haya recibido una solicitud válida.

2. En el Reglamento por el que se actualiza la lista comunitaria se explicarán las consideraciones en las que se basa.

3. Cuando el proyecto de reglamento no sea conforme al dictamen de la Autoridad, la Comisión motivará las razones de su decisión.

4. Las medidas destinadas a modificar elementos no esenciales de cada norma alimentaria sectorial, correlativas a la retirada de una sustancia de la lista comunitaria, se adoptarán con arreglo al procedimiento de reglamentación con control contemplado en el artículo 14, apartado 3.

5. Por razones de eficacia, las medidas destinadas a modificar elementos no esenciales de cada norma alimentaria sectorial, incluso completándola, correlativas a la inclusión de una sustancia en la lista comunitaria y para la inclusión, supresión o la modificación de las condiciones, las especificaciones o las restricciones que estén vinculadas a la presencia de una sustancia en la lista comunitaria, se adoptarán de conformidad con el procedimiento de reglamentación con control contemplado en el artículo 14, apartado 4.

6. Por imperiosas razones de urgencia, la Comisión podrá hacer uso del procedimiento de urgencia contemplado en el artículo 14, apartado 5, para retirar una sustancia de la lista comunitaria y para incluir, suprimir o modificar las condiciones, las especificaciones o las restricciones que estén vinculadas a la presencia de una sustancia en la lista comunitaria.

Artículo 8.- *Datos complementarios en relación con la gestión del riesgo*

1. Cuando la Comisión pida al solicitante datos complementarios sobre aspectos relativos a la gestión del riesgo, fijará, en concertación con el solicitante, un plazo en el que puedan comunicarse dichos datos. En este caso, podrá ampliarse en consecuencia el plazo mencionado en el artículo 7. La Comisión informará a los Estados miembros sobre la ampliación del plazo y pondrá a disposición de los Estados miembros los datos complementarios una vez comunicados.

2. Si no se comunican los datos complementarios en el plazo adicional mencionado en el apartado 1, la Comisión actuará sobre la base de los datos ya comunicados.

CAPÍTULO III.- DISPOSICIONES VARIAS

Artículo 9.- *Medidas de ejecución*

1. La Comisión adoptará con arreglo al procedimiento de reglamentación mencionado en el artículo 14, apartado 2, y en un plazo de 24 meses a partir de la adopción de cada norma alimentaria sectorial, las medidas de ejecución del presente Reglamento, en particular en relación con:

a) el contenido, la redacción y la presentación de la solicitud mencionada en el artículo 4, apartado 1;

b) las modalidades de control de la validez de la solicitud;

c) la naturaleza de la información que debe figurar en el dictamen de la Autoridad a que hace referencia el artículo 5.

2. La Comisión, con vistas a la adopción de las medidas de ejecución mencionadas en el apartado 1, letra a), consultará a la Autoridad que le presentará, en un plazo de seis meses después de la fecha de entrada en vigor de cada norma alimentaria sectorial, una propuesta relativa a los datos necesarios para la determinación del riesgo de las sustancias en cuestión.

Artículo 10.- *Ampliación de los plazos*

En circunstancias excepcionales, la Comisión, por su propia iniciativa o, en su caso, a petición de la Autoridad, podrá ampliar los plazos mencionados en el artículo 5, apartado 1, y en el artículo 7, si las características del expediente lo justifican, sin perjuicio de lo establecido en el artículo 6, apartado 1, y en el artículo 8, apartado 1. En este caso, la Comisión, si procede, informará al solicitante y a los Estados miembros sobre esta ampliación de los plazos así como sobre los motivos que la justifican.

Artículo 11.- *Transparencia*

La Autoridad asegurará la transparencia de sus actividades de conformidad con el artículo 38 del Reglamento (CE) nº 178/2002. En particular, hará públicos sus dictámenes sin demora. Asimismo, hará públicas las solicitudes de dictamen así como cualquier ampliación de plazo en virtud del artículo 6, apartado 1.

Artículo 12.- *Confidencialidad*

1. Podrá aplicarse un trato confidencial a los datos comunicados por el solicitante cuya divulgación pudiera perjudicar seriamente su posición competitiva.

Bajo ninguna circunstancia, se considerarán confidenciales los datos siguientes:

a) el nombre y la dirección del solicitante;

b) el nombre y una descripción clara de la sustancia;

c) la justificación de la utilización de la sustancia en alimentos específicos o en su superficie, o en las categorías de alimentos;

d) los datos que presenten un interés para la determinación de la seguridad de la sustancia;

e) si procede, el método o los métodos de análisis.

2. A efectos de la aplicación del apartado 1, el solicitante indicará, entre los datos comunicados, los que desee que se traten de manera confidencial. En dichos casos, deberá aportar una justificación verificable.

3. Previa consulta de los solicitantes, la Comisión determinará cuáles son los datos que pueden seguir siendo confidenciales y lo comunicará a los solicitantes y a los Estados miembros.

4. El solicitante, una vez conozca la posición de la Comisión, dispondrá de un plazo de tres semanas para retirar su solicitud a fin de mantener la confidencialidad de los datos transmitidos. Se mantendrá la confidencialidad hasta que haya expirado este plazo.

5. La Comisión, la Autoridad y los Estados miembros adoptarán, de conformidad con el Reglamento (CE) nº 1049/2001, las medidas necesarias para garantizar la confidencialidad de los datos recibidos en virtud de lo dispuesto en el presente Reglamento, salvo que se trate de datos que las circunstancias obliguen a hacer públicos para proteger la salud humana, la sanidad animal o el medio ambiente.

6. Si un solicitante retira o ha retirado una solicitud, la Comisión, la Autoridad y los Estados miembros no divulgarán la información confidencial, incluida la información con respecto a cuya confidencialidad la Comisión y el solicitante no se hubieran puesto de acuerdo.

7. La aplicación de los apartados 1 a 6 no afectará a la circulación de información entre la Comisión, la Autoridad y los Estados miembros.

Artículo 13.- *Situaciones de emergencia*

Cuando se produzca una situación de emergencia en relación con una sustancia que figure en la lista comunitaria, especialmente a la luz de un dictamen de la Autoridad, deberán tomarse medidas de conformidad con los procedimientos mencionados en los artículos 53 y 54 del Reglamento (CE) nº 178/2002.

Artículo 14.- *Procedimiento de comité*

1. La Comisión estará asistida por el Comité permanente de la cadena alimentaria y de sanidad animal creado en virtud del artículo 58 del Reglamento (CE) nº 178/2002.

2. En los casos en que se haga referencia al presente apartado, serán de aplicación los artículos 5 y 7 de la Decisión 1999/468/CE, observando lo dispuesto en su artículo 8.

El plazo contemplado en el artículo 5, apartado 6, de la Decisión 1999/468/CE queda fijado en tres meses.

3. En los casos en que se haga referencia al presente apartado, serán de aplicación el artículo 5 bis, apartados 1 a 4, y el artículo 7 de la Decisión 1999/468/CE, observando lo dispuesto en su artículo 8.

4. En los casos en que se haga referencia al presente apartado, serán de aplicación el artículo 5 bis, apartados 1 a 4 y apartado 5, letra b), y el artículo 7 de la Decisión 1999/468/CE, observando lo dispuesto en su artículo 8.

Los plazos contemplados en el artículo 5 bis, apartado 3, letra c), y apartado 4, letras b) y e), de la Decisión 1999/468/CE quedan fijados, respectivamente, en dos meses, dos meses y cuatro meses.

5. En los casos en que se haga referencia al presente apartado, serán de aplicación el artículo 5 bis, apartados 1, 2, 4 y 6, y el artículo 7 de la Decisión 1999/468/CE, observando lo dispuesto en su artículo 8.

Artículo 15.- *Autoridades competentes de los Estados miembros*

A más tardar seis meses después de la entrada en vigor de cada norma alimentaria sectorial, los Estados miembros transmitirán a la Comisión y a la Autoridad, en el marco de cada norma alimentaria sectorial, el nombre y la dirección, así como un punto de contacto, de la autoridad nacional competente en lo que respecta al procedimiento común.

CAPÍTULO IV.- DISPOSICIÓN FINAL

Artículo 16.- *Entrada en vigor*

El presente Reglamento entrará en vigor a los veinte días de su publicación en el Diario Oficial de la Unión Europea.

Será aplicable, para cada norma alimentaria sectorial, en la fecha de aplicación de las medidas contempladas en el artículo 9, apartado 1.

El artículo 9 se aplicará a partir del 20 de enero de 2009.

El presente Reglamento será obligatorio en todos sus elementos y directamente aplicable en cada Estado miembro.

16 de diciembre de 2008.- Reglamento (CE) nº 1332/2008
del Parlamento Europeo y del Consejo,
sobre enzimas alimentarias
y por el que se modifican la Directiva 83/417/CEE del Consejo, el Reglamento (CE) nº 1493/1999 del Consejo, la Directiva 2000/13/CE, la Directiva 2001/112/CE del Consejo y el Reglamento (CE) nº 258/97
(D.O. L 354 de 31 de dieciembre de 2008)

EL PARLAMENTO EUROPEO Y EL CONSEJO DE LA UNIÓN EUROPEA,
Visto el Tratado constitutivo de la Comunidad Europea y, en particular, su artículo 95,
Vista la propuesta de la Comisión,
Visto el dictamen del Comité Económico y Social Europeo,
De conformidad con el procedimiento establecido en el artículo 251 del Tratado,
Considerando lo siguiente:

(1) La libre circulación de alimentos seguros y saludables es un aspecto esencial del mercado interior y contribuye significativamente a la salud y el bienestar de los ciudadanos, así como a sus intereses sociales y económicos.

(2) Al aplicar las políticas comunitarias debe garantizarse un nivel elevado de protección de la vida y la salud de las personas.

(3) Las enzimas alimentarias distintas de las utilizadas como aditivos alimentarios no están actualmente reguladas, o lo están como auxiliares tecnológicos de los alimentos por la legislación de los Estados miembros. Las diferencias existentes entre las disposiciones legales, reglamentarias y administrativas nacionales en relación con la evaluación y la autorización de enzimas alimentarias pueden obstaculizar su libre circulación y crear las condiciones para una competencia desigual y desleal. Por ello es necesario adoptar normas comunitarias que armonicen las disposiciones nacionales relativas al uso de enzimas en los alimentos.

(4) El presente Reglamento únicamente debe aplicarse a las enzimas utilizadas con fines tecnológicos en la fabricación, la transformación, la preparación, el tratamiento, el envase, el transporte o el almacenamiento de los alimentos, incluidas las utilizadas como auxiliares tecnológicos (denominadas en lo sucesivo "las enzimas alimentarias"). Por lo tanto, no debe ampliarse el ámbito del presente Reglamento a las enzimas que no se añaden a los alimentos para desempeñar una función tecnológica sino que se destinan al consumo humano, como las enzimas con finalidad nutritiva o digestiva. No deben considerarse enzimas alimentarias los cultivos microbianos utilizados tradicionalmente en la producción alimentaria, por ejemplo la de queso y de vino, que pueden producir enzimas alimentarias fortuitamente pero que no se utilizan específicamente para producirlas.

(5) Las enzimas alimentarias utilizadas exclusivamente en la producción de aditivos alimentarios que entran en el ámbito de aplicación del Reglamento (CE) nº 1333/2008 del Parlamento Europeo y del Consejo, de 16 de diciembre de 2008, sobre aditivos alimentarios deben quedar excluidas del ámbito de aplicación del presente Reglamento, puesto que la seguridad de estos alimentos ya se evalúa y se regula. Sin embargo, cuando estas enzimas alimentarias se utilizan como tal en los alimentos, están cubiertas por el presente Reglamento.

(6) Las enzimas alimentarias sólo deben aprobarse y utilizarse si cumplen los criterios establecidos en el presente Reglamento. Las enzimas alimentarias deben ser inocuas al utilizarse, tiene que haber una necesidad tecnológica para su uso y su uso no ha de inducir a error a los consumidores. Inducir a error a los consumidores comprende, sin que la enumeración sea exhaustiva, cuestiones relacionadas con la naturaleza, frescura o calidad de los ingredientes utilizados, el carácter natural de un producto o del proceso de producción y las cualidades nutricionales del producto. La aprobación de las enzimas alimentarias debe asimismo tener en cuenta otros factores pertinentes para la cuestión que se está tratando, como los factores sociales, económicos, de tradición, éticos y medioambientales y el principio de cautela, así como la viabilidad de los controles.

(7) Se permiten algunas enzimas alimentarias para usos específicos, por ejemplo en zumos de fruta, algunos productos similares y ciertas lactoproteínas destinadas al consumo humano, así como para determinadas prácticas y procesos enológicos autorizados. La utilización de estas enzimas alimentarias debe utilizarse ser conforme

con el presente Reglamento y con las disposiciones específicas establecidas en la legislación comunitaria pertinente. La Directiva 2001/112/CE del Consejo, de 20 de diciembre de 2001, relativa a los zumos de frutas y otros productos similares destinados a la alimentación humana, la Directiva 83/417/CEE del Consejo, de 25 de julio de 1983, relativa a la aproximación de las legislaciones de los Estados Miembros sobre determinadas lactoproteínas (caseínas y caseinatos) destinadas a la alimentación humana, y el Reglamento (CE) nº 1493/1999 del Consejo, de 17 de mayo de 1999, por el que se establece la organización común del mercado vitivinícola deben, por lo tanto, modificarse en consecuencia. Dado que todas las enzimas alimentarias deben quedar cubiertas por el presente Reglamento, el Reglamento (CE) nº 258/97 del Parlamento Europeo y del Consejo, de 27 de enero de 1997, sobre nuevos alimentos y nuevos ingredientes alimentarios debe modificarse en consecuencia.

(8) Las enzimas alimentarias cuyo uso se permite en la Comunidad deben figurar en una lista comunitaria que las describa claramente y especifique las posibles condiciones que rijan su uso, lo que incluye, en caso necesario, información sobre su función en el producto alimenticio final. Dicha lista debe ir complementada por especificaciones, en particular sobre su origen, incluida, cuando proceda, información sobre las propiedades alergénicas, y los criterios de pureza.

(9) A fin de garantizar la armonización, la determinación del riesgo de las enzimas alimentarias y su inclusión en la lista comunitaria deben llevarse a cabo de conformidad con el procedimiento establecido en el Reglamento (CE) nº 1331/2008 del Parlamento Europeo y del Consejo, de 16 de diciembre de 2008, por el que se establece un procedimiento de autorización común para los aditivos, las enzimas y los aromas alimentarios.

(10) De conformidad con el Reglamento (CE) nº 178/2002 del Parlamento Europeo y del Consejo, de 28 de enero de 2002, por el que se establecen los principios y los requisitos generales de la legislación alimentaria, se crea la Autoridad Europea de Seguridad Alimentaria y se fijan procedimientos relativos a la seguridad alimentaria, deben consultarse a la Autoridad Europea de Seguridad Alimentaria (denominada en lo sucesivo "la Autoridad") los asuntos que pueden afectar a la salud pública.

(11) Una enzima alimentaria que entre en el ámbito de aplicación del Reglamento (CE) nº 1829/2003 del Parlamento Europeo y del Consejo, de 22 de septiembre de 2003, sobre alimentos y piensos modificados genéticamente, debe autorizarse de conformidad con dicho Reglamento, así como conforme al presente Reglamento.

(12) Las enzimas alimentarias que figuren en la lista comunitaria de conformidad con el presente Reglamento y que se hayan elaborado mediante métodos de producción o mediante el uso de materias primas significativamente diferentes de los incluidos en la determinación del riesgo de la Autoridad, o distintos de los abarcados por la autorización y las características técnicas del presente Reglamento, deben presentarse a la Autoridad para una determinación centrada en las características técnicas. Por "significativamente diferentes" podrían entenderse, entre otros, los casos en que se ha producido un cambio del método de producción de la extracción de plantas a la producción por fermentación mediante un microorganismo o la modificación genética del microorganismo de origen, un cambio en las materias primas o un cambio en el tamaño de las partículas.

(13) Dado que muchas enzimas alimentarias ya se comercializan en la Comunidad, debe velarse por que el paso a una lista comunitaria de enzimas alimentarias se realice sin complicaciones y no perturbe el mercado existente de las mismas. Debe concederse al solicitante un plazo de tiempo suficiente para poner a disposición de la Autoridad la información necesaria para la determinación del riesgo de estos productos. Se debe por lo tanto conceder un período inicial de dos años tras la fecha de aplicación de las medidas de ejecución que se establezcan de conformidad con el Reglamento (CE) nº 1331/2008 para que los solicitantes tengan tiempo suficiente para presentar información sobre las enzimas existentes que pueden incluirse en la lista comunitaria que se elaborará de conformidad con el presente Reglamento. También debe ser posible presentar solicitudes de autorización de nuevas enzimas durante el período inicial de dos años. La Autoridad debe evaluar sin demora todas las solicitudes relativas a enzimas alimentarias para las que se haya presentado suficiente información en ese período.

(14) Con objeto de garantizar condiciones justas y equitativas para todos los solicitantes, la lista comunitaria debe compilarse en una sola etapa. Esta lista debe establecerse tras finalizar la determinación del riesgo de todas las enzimas alimentarias para las cuales se haya presentado suficiente información durante el período inicial de

dos años. No obstante, las evaluaciones de riesgo que sobre las distintas enzimas realice la Autoridad deben publicarse en cuanto se hayan concluido.

(15) Se espera que se presenten muchas solicitudes durante el período inicial de dos años. Por ello, tal vez se necesite mucho tiempo para concluir la determinación del riesgo de todas estas enzimas y elaborar la lista comunitaria. Para garantizar la igualdad de acceso al mercado de las enzimas alimentarias nuevas tras el período inicial de dos años, debe preverse un período transitorio durante el cual puedan comercializarse y utilizarse las enzimas alimentarias y los alimentos con enzimas alimentarias, de conformidad con las normas nacionales existentes en los Estados miembros, hasta que se haya elaborado la lista comunitaria.

(16) Las enzimas alimentarias invertasa (E 1103) y lisozima (E 1105), autorizadas como aditivos alimentarios en virtud de la Directiva 95/2/CE del Parlamento Europeo y del Consejo, de 20 de febrero de 1995, relativa a aditivos alimentarios distintos de los colorantes y edulcorantes, y las condiciones que rigen su uso, deben transferirse de la Directiva 95/2/CE a la lista comunitaria cuando esta se elabore, de conformidad con el presente Reglamento. Además, el Reglamento (CE) nº 1493/1999 del Consejo autoriza el uso de la ureasa, la betaglucanasa y la lisozima en el vino si se ajusta a las prescripciones que figuran en el Reglamento (CE) nº 423/2008 de la Comisión, de 8 de mayo de 2008, que fija determinadas disposiciones de aplicación del Reglamento (CE) nº 1493/1999 del Consejo e introduce un código comunitario de prácticas y tratamientos enológicos. Estas sustancias son enzimas alimentarias y deben entrar en el ámbito del presente Reglamento. Por lo tanto, también deben añadirse a la lista comunitaria que se elabore para su uso en el vino de conformidad con el Reglamento (CE) nº 1493/1999 y con el Reglamento (CE) nº 423/2008.

(17) Las enzimas alimentarias siguen sometidas a las obligaciones generales de etiquetado previstas en la Directiva 2000/13/CE del Parlamento Europeo y del Consejo, de 20 de marzo de 2000, relativa a la aproximación de las legislaciones de los Estados miembros en materia de etiquetado, presentación y publicidad de los productos alimenticios y, según proceda, en el Reglamento (CE) nº 1829/2003 y en el Reglamento (CE) nº 1830/2003 del Parlamento Europeo y del Consejo, de 22 de septiembre de 2003, relativo a la trazabilidad y al etiquetado de organismos modificados genéticamente y a la trazabilidad de los alimentos y piensos producidos a partir de éstos. Además, el presente Reglamento debe incluir disposiciones específicas para el etiquetado de las enzimas alimentarias vendidas como tales al fabricante o al consumidor.

(18) Las enzimas alimentarias están cubiertas por la definición de "alimento" del Reglamento (CE) nº 178/2002; por ello, cuando se utilizan en alimentos, tienen que indicarse como ingredientes en su etiquetado de conformidad con la Directiva 2000/13/CE. Las enzimas alimentarias deben designarse por su función tecnológica en los alimentos, seguida del nombre específico de la enzima alimentaria. Sin embargo, hay que prever excepciones a las disposiciones de etiquetado cuando la enzima no desempeña ninguna función tecnológica en el producto final, sino que se encuentra en el producto alimenticio como resto de alguno de los ingredientes del producto alimenticio, o por haberse utilizado como auxiliar tecnológico. La Directiva 2000/13/CE debe modificarse en consecuencia.

(19) Las enzimas alimentarias deben mantenerse en observación permanente y ser evaluadas nuevamente siempre que sea necesario, teniendo en cuenta las variaciones de las condiciones de uso y las nuevas informaciones científicas.

(20) Procede aprobar las medidas necesarias para la ejecución del presente Reglamento con arreglo a la Decisión 1999/468/CE del Consejo, de 28 de junio de 1999, por la que se establecen los procedimientos para el ejercicio de las competencias de ejecución atribuidas a la Comisión.

(21) Conviene, en particular, conferir competencias a la Comisión para que adopte las medidas transitorias adecuadas. Dado que estas medidas son de alcance general y están destinadas a modificar elementos no esenciales del presente Reglamento, incluso completándolo con nuevos elementos no esenciales, deben adoptarse con arreglo al procedimiento de reglamentación con control previsto en el artículo 5 bis de la Decisión 1999/468/CE.

(22) Para desarrollar y actualizar la legislación comunitaria sobre enzimas alimentarias de modo proporcionado y efectivo, es necesario recoger datos, compartir información y coordinar el trabajo entre los Estados miembros. Para ello puede ser útil realizar estudios

que aborden cuestiones específicas con objeto de facilitar el proceso de toma de decisiones. Conviene que la Comunidad financie tales estudios como parte de su procedimiento presupuestario. La financiación de este tipo de medidas está contemplada en el Reglamento (CE) nº 882/2004 del Parlamento Europeo y del Consejo, de 29 de abril de 2004, sobre los controles oficiales efectuados para garantizar la verificación del cumplimiento de la legislación en materia de piensos y alimentos y la normativa sobre salud animal y bienestar de los animales.

(23) Los Estados miembros deben llevar a cabo controles oficiales del cumplimiento del presente Reglamento, de conformidad con el Reglamento (CE) nº 882/2004.

(24) Dado que el objetivo del presente Reglamento, a saber, establecer normas comunitarias sobre enzimas alimentarias, no puede ser alcanzado de manera suficiente por los Estados miembros y, por consiguiente, en interés de la unidad de mercado y de un elevado nivel de protección de los consumidores, puede lograrse mejor, a nivel comunitario, la Comunidad puede adoptar medidas, de acuerdo con el principio de subsidiariedad consagrado en el artículo 5 del Tratado. De conformidad con el principio de proporcionalidad enunciado en dicho artículo, el presente Reglamento no excede de lo necesario para alcanzar dicho objetivo.

HAN ADOPTADO EL PRESENTE REGLAMENTO:

CAPÍTULO I.- OBJETO, ÁMBITO DE APLICACIÓN Y DEFINICIONES

Artículo 1.- *Objeto*

El presente Reglamento establece normas sobre las enzimas alimentarias utilizadas en los alimentos, incluidas las que se utilizan como auxiliares tecnológicos, a fin de asegurar el funcionamiento eficaz del mercado interior y, al mismo tiempo, garantizar un nivel elevado de protección de la salud humana y un nivel elevado de protección de los consumidores, incluida la protección de los intereses de estos últimos y de las prácticas leales de comercio de productos alimenticios, teniendo en cuenta, cuando proceda, la protección del medio ambiente.

A estos efectos, el presente Reglamento establece:

a) una lista comunitaria de enzimas alimentarias autorizadas;

b) condiciones de utilización de las enzimas alimentarias en los alimentos;

c) normas para el etiquetado de las enzimas alimentarias vendidas como tales.

Artículo 2.- *Ámbito de aplicación*

1. El presente Reglamento se aplicará a las enzimas alimentarias definidas en el artículo 3.

2. El presente Reglamento no se aplicará a las enzimas alimentarias en la medida en que utilicen para la producción de:

a) los aditivos alimentarios que entran en el ámbito de aplicación del Reglamento (CE) nº 1333/2008;

b) los auxiliares tecnológicos.

3. El presente Reglamento se aplicará sin perjuicio de cualquier norma comunitaria específica referente al uso de enzimas alimentarias:

a) en alimentos específicos;

b) con fines distintos de los cubiertos por el presente Reglamento.

4. El presente Reglamento no se aplicará a los cultivos microbianos utilizados tradicionalmente en la producción alimentaria que casualmente pueden producir enzimas, pero que no se utilizan específicamente para producirlas.

Artículo 3.- *Definiciones*

1. A efectos del presente Reglamento, se aplicarán las definiciones establecidas en el Reglamento (CE) nº 178/2002, el Reglamento (CE) nº 1829/2003 y el Reglamento (CE) nº 1333/2008.

2. Se aplicarán asimismo las definiciones siguientes:

a) "enzima alimentaria": producto obtenido a partir de plantas, animales o microorganismos, incluidos los obtenidos mediante un proceso de fermentación por microorganismos:

i) que contiene una o más enzimas capaces de catalizar una reacción bioquímica específica, y

ii) que se añade a los alimentos con un fin tecnológico en cualquier fase de la fabricación, transformación, preparación, tratamiento, envase, transporte o almacenamiento de los mismos;

b) "preparado de enzimas alimentarias": formulación compuesta por una o más enzimas alimentarias en la cual se integran las sustancias como los aditivos alimentarios u otros ingredientes con objeto de facilitar su almacenamiento, venta, normalización, dilución o disolución.

CAPÍTULO II.- LISTA COMUNITARIA DE ENZIMAS ALIMENTARIAS AUTORIZADAS

Artículo 4.- *Lista comunitaria de enzimas alimentarias*

Sólo las enzimas alimentarias que estén incluidas en la lista comunitaria podrán comercializarse como tales y utilizarse en alimentos, de acuerdo con las especificaciones y las condiciones de uso establecidas en el artículo 7, apartado 2.

Artículo 5.- *Prohibición de enzimas alimentarias y alimentos no conformes*

Queda prohibida la comercialización de enzimas alimentarias y de cualquier alimento en que se hayan utilizado dichas enzima alimentarias si la utilización de las enzimas alimentarias no es conforme con lo dispuesto en el presente Reglamento y en sus medidas de aplicación.

Artículo 6.- *Condiciones generales para la inclusión de enzimas alimentarias en la lista comunitaria*

Una enzima alimentaria podrá incluirse en la lista comunitaria únicamente si cumple las siguientes condiciones y, cuando proceda, otros factores legítimos:

a) no plantea, sobre la base de las pruebas científicas disponibles y al nivel de uso propuesto, problemas de seguridad para la salud del consumidor;

b) existe una necesidad tecnológica razonable, y

c) su uso no induce a error al consumidor. Inducir a error al consumidor incluye, entre otras cuestiones, las relacionadas con la naturaleza, la frescura y la calidad de los ingredientes utilizados, el carácter natural del producto o del proceso de producción, o la calidad nutricional del producto.

Artículo 7.- *Contenido de la lista comunitaria de enzimas alimentarias*

1. Podrán incluirse en la lista comunitaria las enzimas alimentarias que cumplen las condiciones establecidas en el artículo 6, con arreglo al procedimiento contemplado en el Reglamento (CE) nº 1331/2008.

2. En cada entrada de una enzima alimentaria de la lista comunitaria se especificará:

a) el nombre de la enzima alimentaria;

b) sus características técnicas, como su origen, los criterios de pureza y cualquier otra información necesaria;

c) los alimentos a los cuales puede añadirse la enzima alimentaria;

d) las condiciones en que puede utilizarse la enzima alimentaria; cuando resulte procedente, no se fijará nivel máximo alguno para una enzima alimentaria. En tal caso, la enzima alimentaria se utilizará de conformidad con el principio de quantum satis;

e) si procede, si hay alguna restricción a la venta directa de la enzima alimentaria a los consumidores finales;

f) en su caso, los requisitos específicos para el etiquetado de los alimentos en los que se han utilizado las enzimas alimentarias para asegurarse de que el consumidor final esté informado de la condición física de los alimentos o del tratamiento específico al que se han sometido.

3. La lista comunitaria se modificará de conformidad con el procedimiento mencionado en el Reglamento (CE) nº 1331/2008.

Artículo 8.- *Enzimas alimentarias que entran en el ámbito de aplicación del Reglamento (CE) nº 1829/2003*

1. Una enzima alimentaria comprendida en el ámbito de aplicación del Reglamento (CE) nº 1829/2003 podrá incluirse en la lista comunitaria con arreglo al presente Reglamento únicamente tras quedar cubierta por una autorización de conformidad con el Reglamento (CE) nº 1829/2003.

2. Cuando una enzima alimentaria ya incluida en la lista comunitaria se produzca a partir de una fuente diferente comprendida en el ámbito de aplicación del

Reglamento (CE) nº 1829/2003, no se requerirá una nueva autorización en virtud del presente Reglamento, siempre y cuando la nueva fuente esté cubierta por una autorización de conformidad con el Reglamento (CE) nº 1829/2003 y la enzima alimentaria respete las especificaciones establecidas en el presente Reglamento.

Artículo 9.- *Decisiones de interpretación*

En caso necesario, se podrá decidir, con arreglo al procedimiento de reglamentación contemplado en el artículo 15, apartado 2:

a) si una determinada sustancia responde o no a la definición de enzima alimentaria enunciada en el artículo 3;

b) si un determinado alimento pertenece o no a una categoría de alimento que figura en la lista comunitaria de enzimas alimentarias.

CAPÍTULO III.- ETIQUETADO

Artículo 10.- *Etiquetado de enzimas alimentarias y preparados de enzimas alimentarias no destinados a la venta al consumidor final*

1. Las enzimas alimentarias y los preparados de enzimas alimentarias no destinados a la venta al consumidor final, ya sea vendidos por separado o mezclados entre sí o con otros ingredientes, tal como se definen en el artículo 6, apartado 4 de la Directiva 2000/13/CE, sólo podrán comercializarse con el etiquetado establecido en el artículo 11 del presente Reglamento, el cual deberá ser fácilmente visible, claramente legible e indeleble. La información requerida en virtud del artículo 11 estará expresada en un lenguaje fácilmente comprensible para los compradores.

2. Dentro de su propio territorio, el Estado miembro donde se comercialice el producto podrá estipular, de conformidad con el Tratado, que la información contemplada en el artículo 11 se proporcione en la lengua o las lenguas oficiales de la Comunidad que el propio Estado miembro determine. Ello no impedirá que tal información se ofrezca en varios idiomas.

Artículo 11.- *Requisitos generales de etiquetado de las enzimas alimentarias y preparados de enzimas alimentarias no destinados a la venta al consumidor final*

1. Cuando las enzimas alimentarias y los preparados de enzimas alimentarias no destinados a la venta al consumidor final se vendan por separado o mezclados entre sí y/o con otros ingredientes alimentarios, sus envases o recipientes deberán llevar la siguiente información:

a) el nombre establecido en virtud del presente Reglamento con respecto a cada enzima alimentaria o una descripción de venta que incluya, bien el nombre de cada enzima alimentaria, o bien, a falta de dicho nombre, el nombre aceptado establecido según la nomenclatura de la Unión Internacional de Bioquímica y Biología Molecular;

b) la mención "destinado a la alimentación" o "uso restringido en alimentos", o una referencia más específica a su utilización prevista en los alimentos;

c) si es necesario, las condiciones específicas de almacenamiento y de utilización;

d) una indicación que permita identificar la partida o lote;

e) las instrucciones de uso, en caso de que su omisión no permita hacer un uso apropiado de la enzima alimentaria;

f) el nombre o la razón social y la dirección del fabricante, el envasador o el vendedor;

g) una indicación de la cantidad máxima de cada componente o grupo de componentes sujetos a limitación cuantitativa en los alimentos y/o información adecuada, formulada de manera clara y fácilmente comprensible que permita al comprador cumplir el presente Reglamento u otra legislación comunitaria pertinentes; cuando el mismo límite cuantitativo se aplique a un grupo de componentes utilizados por separado o combinados, el porcentaje combinado podrá indicarse con una sola cifra; el límite cuantitativo se expresará numéricamente o mediante el principio quantum satis;

h) la cantidad neta;

i) la actividad de la enzima alimentaria o enzimas alimentarias;

j) la fecha de duración mínima o la fecha de caducidad;

k) si procede, información sobre una enzima alimentaria u otras sustancias según lo mencionado en el presente artículo y que figuren en el anexo III bis de la Directiva 2000/13/CE.

2. Cuando las enzimas alimentarias o los preparados de enzimas alimentarias se vendan mezclados entre sí o con otros ingredientes alimentarios, sus envases o recipientes llevarán una lista de todos los ingredientes en orden ponderal decreciente según su porcentaje del peso total.

3. Los envases o recipientes de los preparados de enzimas alimentarias llevarán una lista de todos los componentes en orden ponderal decreciente según su porcentaje del peso total.

4. No obstante lo dispuesto en los apartados 1, 2 y 3, la información exigida en el apartado 1, letras e) a g), y en los apartados 2 y 3 podrá figurar únicamente en los documentos relativos a la partida que deben proporcionarse en el momento de la entrega o con anterioridad a ésta, a condición de que aparezca en un lugar fácilmente visible del envase o del recipiente del producto en cuestión la mención "no destinado a la venta al por menor".

5. No obstante lo dispuesto en los apartados 1, 2 y 3, cuando las enzimas alimentarias y los preparados de enzimas alimentarias se suministren en cisternas, toda la información podrá figurar únicamente en los documentos relativos a la partida que deben presentarse en el momento de la entrega.

Artículo 12.- *Etiquetado de las enzimas alimentarias y los preparados de enzimas alimentarias destinados a la venta al consumidor final*

1. Sin perjuicio de lo dispuesto en la Directiva 2000/13/CE, la Directiva 89/396/CEE del Consejo, de 14 de junio de 1989, relativa a las menciones o marcas que permitan identificar el lote al que pertenece un producto alimenticio y el Reglamento (CE) nº 1829/2003, las enzimas alimentarias y los preparados de enzimas alimentarias que se vendan por separado o mezclados entre sí y/o con otros ingredientes alimentarios y estén destinados a la venta al consumidor final sólo podrán comercializarse si sus envases o recipientes llevan la siguiente información:

a) el nombre establecido en virtud del presente Reglamento con respecto a cada enzima alimentaria o una descripción de venta que incluya, bien el nombre de cada enzima alimentaria, o bien, a falta de dicho nombre, el nombre aceptado establecido según la nomenclatura de la Unión Internacional de Bioquímica y Biología Molecular;

b) la mención "destinado a la alimentación" o "uso restringido en alimentos", o una referencia más específica a su utilización prevista en los alimentos.

2. Con respecto a la información establecida en el apartado 1 del presente artículo, se aplicará en consecuencia el artículo 13, apartado 2, de la Directiva 2000/13/CE.

Artículo 13.- *Otros requisitos de etiquetado*

Las disposiciones de los artículos 10 a 12 se aplicarán sin perjuicio de las disposiciones legales, reglamentarias o administrativas más detalladas o más amplias relativas a la metrología o a la presentación, la clasificación, el envasado y el etiquetado de sustancias y de preparados peligrosos o al transporte de tales sustancias y preparados.

CAPÍTULO IV.- DISPOSICIONES PROCEDIMENTALES Y APLICACIÓN

Artículo 14.- *Deber de información*

1. Todo productor o usuario de una enzima alimentaria informará inmediatamente a la Comisión de cualquier dato científico o técnico nuevo que pueda afectar a la evaluación de la seguridad de la enzima alimentaria.

2. Respecto de una enzima alimentaria autorizada en virtud del presente Reglamento que se haya elaborado con métodos de producción o mediante el uso de materias primas significativamente diferentes de los que figuran en la determinación del riesgo de la Autoridad Europea de Seguridad Alimentaria (denominada en lo sucesivo "la Autoridad"), un productor o usuario deberá presentar a la Comisión, antes de la comercialización de la enzima alimentaria, los datos necesarios que permitan a la Autoridad llevar a cabo una evaluación de la enzima alimentaria en relación con el método de producción o las características que se hayan modificado.

3. Los productores o los usuarios de una enzima alimentaria deberán proporcionar a la Comisión, cuando lo solicite, información sobre los usos reales de la misma. La Comisión pondrá dicha información a disposición de los Estados miembros.

Artículo 15.- *Procedimiento de comité*

1. La Comisión estará asistida por el Comité Permanente de la Cadena Alimentaria y de Sanidad Animal.

2. En los casos en que se haga referencia al presente apartado, serán de aplicación los artículos 5 y 7 de la Decisión 1999/468/CE, observando lo dispuesto en su artículo 8.

El plazo establecido en el artículo 5, apartado 6, de la Decisión 1999/468/CE queda fijado en tres meses.

3. En los casos en que se haga referencia al presente apartado, serán de aplicación el artículo 5 bis, apartados 1 a 4, y el artículo 7 de la Decisión 1999/468/CE, observando lo dispuesto en su artículo 8.

Artículo 16.- *Financiación comunitaria de las políticas armonizadas*

La base jurídica para la financiación de las medidas resultantes del presente Reglamento será el artículo 66, apartado 1, letra c), del Reglamento (CE) nº 882/2004.

CAPÍTULO V.- DISPOSICIONES TRANSITORIAS Y FINALES

Artículo 17.- *Elaboración de la lista comunitaria de enzimas alimentarias*

1. La lista comunitaria de enzimas alimentarias se elaborará sobre la base de las solicitudes que se presenten de conformidad con el apartado 2.

2. Las partes interesadas podrán presentar solicitudes para la inclusión de una enzima alimentaria en la lista comunitaria.

El límite de presentación de dichas solicitudes será 24 meses tras la fecha de aplicación de las medidas de ejecución que se establezcan de conformidad con el artículo 9, apartado 1, del Reglamento (CE) nº 1331/2008.

3. La Comisión elaborará un registro (denominado en lo sucesivo "el Registro") de todas las enzimas alimentarias que deban estudiarse para ser incluidas en la lista comunitaria y para las que se haya presentado, de conformidad con el apartado 2 del presente artículo, una solicitud que cumpla los criterios de validez que se establezcan de conformidad con el artículo 9, apartado 1, del Reglamento (CE) nº 1331/2008. El Registro será público.

La Comisión someterá las solicitudes al dictamen de la Autoridad.

4. Una vez que la Autoridad haya emitido su dictamen sobre cada una de las enzimas alimentarias del Registro, la Comisión adoptará la lista comunitaria de conformidad con el procedimiento establecido en el Reglamento (CE) nº 1331/2008.

Sin embargo, como excepción a este procedimiento:

a) no se aplicará a la adopción del dictamen por la Autoridad el artículo 5, apartado 1, del Reglamento (CE) nº 1331/2008;

b) la Comisión adoptará por primera vez la lista comunitaria una vez que la Autoridad haya emitido su dictamen sobre todas las enzimas alimentarias del Registro.

5. Si es preciso, se adoptarán, a efectos del presente artículo, medidas transitorias adecuadas que estén destinadas a modificar elementos no esenciales del presente Reglamento, incluso completándolo, con arreglo al procedimiento de reglamentación con control contemplado en el artículo 15, apartado 3.

Artículo 18.- *Medidas transitorias*

1. No obstante lo dispuesto en los artículos 7 y 17 del presente Reglamento, en la lista comunitaria que se elabore figurarán las siguientes enzimas alimentarias:

a) la invertasa (E 1103) y la lisozima (E 1105), con indicación de las condiciones que rigen su uso, según lo especificado en el anexo I y en la parte C del anexo III de la Directiva 95/2/CE;

b) la ureasa, la betaglucanasa y la lisozima utilizadas en el vino, de conformidad con el Reglamento (CE) nº 1493/1999 y sus normas de aplicación.

2. Las enzimas alimentarias, preparados de enzimas alimentarias y productos alimenticios que contengan enzimas alimentarias comercializados o etiquetados antes del 20 de enero de 2010 que no cumplan lo dispuesto en los artículos 10 a 12 podrán comercializarse hasta su fecha de duración mínima o de caducidad.

Artículo 19.- *Modificaciones de la Directiva 83/417/CEE*

En la Directiva 83/417/CEE, anexo I, sección III, letra d), los guiones se sustituyen por el texto siguiente:

"— cuajo que cumpla los requisitos del Reglamento (CE) nº 1332/2008 del Parlamento Europeo y del Consejo, de 16 de diciembre de 2008, sobre enzimas alimentarias [],

— otras enzimas que coagulen la leche y que cumplan los requisitos del Reglamento (CE) nº 1332/2008.".

Artículo 20.- *Modificación del Reglamento (CE) nº 1493/1999*

En el artículo 43 del Reglamento (CE) nº 1493/1999, se añade el apartado siguiente:

"3. Las enzimas y las preparaciones enzimáticas utilizadas en las prácticas y los procesos enológicos autorizados enumerados en el anexo IV cumplirán los requisitos del Reglamento (CE) nº 1332/2008 del Parlamento Europeo y del Consejo, de 16 de diciembre de 2008, sobre enzimas alimentarias."

Artículo 21.- *Modificaciones de la Directiva 2000/13/CE*

La Directiva 2000/13/CE se modifica como sigue:

1) El artículo 6, apartado 4, queda modificado como sigue:

a) la letra a) se sustituye por el texto siguiente:

"a) Se entiende por "ingrediente" cualquier sustancia, incluidos los aditivos y las enzimas, utilizada en la fabricación o en la preparación de un producto alimenticio y que todavía se encuentra presente en el producto acabado, aunque sea en una forma modificada.";

b) en la letra c), inciso ii), la palabra introductoria "aditivos" se sustituye por "aditivos y enzimas";

c) en la letra c), inciso iii), las palabras "aditivos y aromas" se sustituyen por "aditivos, enzimas y aromas".

2) En el artículo 6, apartado 6, se añade el siguiente guión:

"— las enzimas distintas de las mencionadas en el apartado 4, letra c), inciso ii), deben designarse mediante el nombre de una de las categorías de ingredientes que figuran en el anexo II, seguido de su nombre específico,".

Artículo 22.- *Modificaciones de la Directiva 2001/112/CE*

En la Directiva 2001/112/CE, anexo I, sección II, apartado 2, los guiones cuarto, quinto y sexto se sustituyen por el texto siguiente:

"— enzimas pectolíticas que cumplan los requisitos del Reglamento (CE) nº 1332/2008 del Parlamento Europeo y del Consejo, de 16 de diciembre de 2008, sobre enzimas alimentarias,

— enzimas proteolíticas que cumplan los requisitos del Reglamento (CE) nº 1332/2008,

— enzimas amilolíticas que cumplan los requisitos del Reglamento (CE) nº 1332/2008."

Artículo 23.- *Modificación del Reglamento (CE) nº 258/97*

En el artículo 2, apartado 1, del Reglamento (CE) nº 258/1997, se añade la letra siguiente:

"d) enzimas alimentarias que entran en el ámbito de aplicación del Reglamento (CE) nº 1332/2008 del Parlamento Europeo y del Consejo, de 16 diciembre de 2008, sobre las enzimas alimentarias."

Artículo 24.- *Entrada en vigor*

El presente Reglamento entrará en vigor a los veinte días de su publicación en el Diario Oficial de la Unión Europea.

El artículo 4 se aplicará a partir de la fecha de aplicación de la lista comunitaria. Hasta esa fecha, seguirán siendo aplicables en los Estados miembros las disposiciones nacionales vigentes relativas a la comercialización y el uso de enzimas alimentarias y de alimentos elaborados con enzimas alimentarias.

Los artículos 10 a 13 se aplicarán a partir del 20 de enero de 2010.

El presente Reglamento será obligatorio en todos sus elementos y directamente aplicable en cada Estado miembro.

16 de diciembre de 2008.- Reglamento (CE) nº 1333/2008
del Parlamento Europeo y del Consejo,
sobre aditivos alimentarios
(D.O. L 354, 31 de diciembre de 2008)

[V.C. 02/12/2011]

EL PARLAMENTO EUROPEO Y EL CONSEJO DE LA UNIÓN EUROPEA,

Visto el Tratado constitutivo de la Comunidad Europea y, en particular, su artículo 95,

Vista la propuesta de la Comisión,

Visto el dictamen del Comité Económico y Social Europeo,

De conformidad con el procedimiento establecido en el artículo 251 del Tratado,

Considerando lo siguiente:

(1) La libre circulación de alimentos seguros y saludables es un aspecto esencial del mercado interior y contribuye significativamente a la salud y el bienestar de los ciudadanos, así como a sus intereses sociales y económicos.

(2) En la ejecución de las políticas comunitarias debe garantizarse un nivel elevado de protección de la vida y la salud de las personas.

(3) El presente Reglamento sustituye a directivas y decisiones anteriores relativas a los aditivos alimentarios cuyo uso está permitido en los alimentos, con el fin de asegurar el funcionamiento eficaz del mercado interior y, al mismo tiempo, garantizar un nivel elevado de protección de la salud humana y un nivel elevado de protección de los consumidores, incluida la protección de los intereses de los consumidores, por medio de procedimientos exhaustivos y simplificados.

(4) El presente Reglamento armoniza en la Comunidad el uso de aditivos alimentarios en los alimentos. Esta armonización abarca el uso de aditivos alimentarios en los alimentos regulados por la Directiva 89/398/CEE del Consejo, de 3 de mayo de 1989, relativa a la aproximación de las legislaciones de los Estados miembros sobre los productos alimenticios destinados a una alimentación especial, así como el uso de ciertos colorantes alimentarios para el marcado sanitario de la carne y la decoración y el marcado de huevos. El presente Reglamento armoniza también el uso de los aditivos alimentarios en aditivos alimentarios y en enzimas alimentarias, con ánimo de garantizar su seguridad y calidad y de facilitar su almacenamiento y su uso. Esta regulación no existía anteriormente a nivel comunitario.

(5) Los aditivos alimentarios son sustancias que normalmente no se consumen como alimentos en sí mismas, sino que se añaden intencionalmente a los alimentos para alguno de los fines tecnológicos descritos en el presente Reglamento, como la conservación del alimento. Es conveniente que todos los aditivos alimentarios queden incluidos en el ámbito de aplicación del presente Reglamento, y que la lista de categorías funcionales se actualice en consecuencia a la luz del progreso científico y de la evolución técnica. Sin embargo, las sustancias empleadas como aromatizantes o saborizantes o con fines nutricionales (como los sustitutos de la sal, las vitaminas o los minerales) no deben considerarse aditivos alimentarios. Tampoco deben entrar en el ámbito de aplicación del presente Reglamento las sustancias consideradas alimentos que pueden utilizarse con una función tecnológica, como son el cloruro de sodio o el azafrán empleado como colorante, ni las enzimas alimentarias. No obstante, los preparados obtenidos de alimentos y demás materiales naturales, que se considera tienen un efecto tecnológico en el alimento final y que se consiguen a través de la extracción selectiva de componentes (por ejemplo, pigmentos) en relación con los componentes nutritivos o aromáticos, se considerarán aditivos a los efectos del presente Reglamento. Y por último, las enzimas alimentarias se regulan en el Reglamento (CE) nº 1332/2008 del Parlamento Europeo y del Consejo, de 16 de diciembre de 2008, sobre enzimas alimentarias, que excluye la aplicación del presente Reglamento.

(6) Las sustancias que no se consumen como alimentos en sí mismas, pero que se utilizan intencionalmente en la transformación de los alimentos y que solamente permanecen en el producto alimenticio final como residuos sin ningún efecto tecnológico (coadyuvantes tecnológicos) no deben regularse en el presente Reglamento.

(7) Es importante que los aditivos alimentarios solo se autoricen y se utilicen si cumplen los criterios establecidos en el presente Reglamento. El uso de los aditivos alimentarios debe ser seguro, responder a una necesidad tecnológica, y no inducir a error al

consumidor y aportarle un beneficio. Entre las observaciones que pueden inducir a error al consumidor figuran las relacionadas con la naturaleza del producto, su grado de frescura, la calidad de los ingredientes utilizados, el carácter natural del producto o del proceso de producción o la calidad nutricional del producto, incluido su contenido de frutas y verduras. Es conveniente que, a la hora de autorizar aditivos alimentarios, se tengan también en cuenta otros factores pertinentes, en particular factores sociales, económicos, relacionados con tradiciones, éticos y ambientales, así como el principio de precaución y la viabilidad de efectuar controles. En el uso de aditivos alimentarios y la determinación de sus niveles máximos debe tenerse en cuenta la ingesta del aditivo a partir de otras fuentes y la exposición al aditivo de determinados grupos de consumidores (por ejemplo, los consumidores alérgicos).

(8) Los aditivos alimentarios deben cumplir las especificaciones aprobadas, las cuales deben contener información que permita identificar adecuadamente el aditivo alimentario, en especial su origen, y describir los criterios de pureza aceptables. Las especificaciones elaboradas en el pasado para los aditivos alimentarios incluidos en la Directiva 95/31/CE de la Comisión, de 5 de julio de 1995, por la que se establecen criterios específicos de pureza de los edulcorantes que pueden emplearse en los productos alimenticios, la Directiva 95/45/CE de la Comisión, de 26 de julio de 1995, por la que se establecen criterios específicos de pureza en relación con los colorantes utilizados en los productos alimenticios, y la Directiva 96/77/CE de la Comisión, de 2 de diciembre de 1996, por la que se establecen criterios específicos de pureza de los aditivos alimentarios distintos de los colorantes y edulcorantes deben mantenerse hasta que los aditivos correspondientes se inscriban en los anexos del presente Reglamento. En ese momento debe establecerse mediante reglamento las especificaciones correspondientes a esos aditivos. Esas especificaciones deben referirse de manera directa a los aditivos incluidos en las listas comunitarias de los anexos del presente Reglamento. Sin embargo, en aras de la claridad, no conviene que tales especificaciones, por la complejidad de sus características y contenido, se integren como tales en las citadas listas comunitarias, sino que se establezcan en uno o varios reglamentos aparte.

(9) Algunos aditivos alimentarios están permitidos para usos específicos en prácticas y procesos enológicos determinados. El uso de tales aditivos alimentarios debe cumplir lo dispuesto en el presente Reglamento y las disposiciones específicas establecidas en la legislación comunitaria pertinente.

(10) Para asegurar la armonización, la determinación del riesgo y la autorización de los aditivos alimentarios deben llevarse a cabo de conformidad con el procedimiento establecido en el Reglamento (CE) nº 1331/2008 del Parlamento Europeo y del Consejo, de 16 de diciembre de 2008, por el que se establece un procedimiento de autorización común para los aditivos, las enzimas y los aromas alimentarios.

(11) Conforme al Reglamento (CE) nº 178/2002 del Parlamento Europeo y del Consejo, de 28 de enero de 2002, por el que se establecen los principios y los requisitos generales de la legislación alimentaria, se crea la Autoridad Europea de Seguridad Alimentaria y se fijan procedimientos relativos a la seguridad alimentaria, deben consultarse a la Autoridad Europea de Seguridad Alimentaria (denominada en lo sucesivo «la Autoridad») los asuntos que puedan afectar a la salud pública.

(12) Es conveniente que los aditivos alimentarios incluidos en el ámbito de aplicación del Reglamento (CE) nº 1829/2003 del Parlamento Europeo y del Consejo, de 22 de septiembre de 2003, sobre alimentos y piensos modificados genéticamente estén autorizados con arreglo a lo dispuesto en dicho Reglamento así como con arreglo a lo dispuesto en el presente Reglamento.

(13) Los aditivos alimentarios ya autorizados conforme al presente Reglamento que se elaboren con métodos de producción o mediante el uso de materias primas significativamente diferentes de los incluidos en la determinación de riesgo de la Autoridad, o diferentes de los contemplados en las especificaciones establecidas, deben someterse a la evaluación de la Autoridad. El calificativo «significativamente diferente» podría aplicarse, entre otras cosas, si se modifica el método de producción para pasar de la extracción de una planta a la producción por fermentación mediante un microorganismo, si se modifica genéticamente el microorganismo original, o si cambian las materias primas o bien el tamaño de las partículas, incluido el uso de la nanotecnología.

(14) Los aditivos alimentarios deben mantenerse en observación permanente y han de ser evaluados nuevamente siempre que sea necesario, teniendo en cuenta las

variaciones de las condiciones de uso y los nuevos datos científicos. Cuando sea necesario, la Comisión, junto con los Estados miembros, estudiará las acciones apropiadas.

(15) Se debe permitir que los Estados miembros que, el 1 de enero de 1992, mantuvieron la prohibición del uso de ciertos aditivos en determinados alimentos específicos considerados tradicionales y producidos en su territorio, continúen aplicando esas prohibiciones. Por otra parte, por lo que se refiere a productos tales como el queso feta o el salame cacciatore, el presente Reglamento debe aplicarse sin perjuicio de normas más restrictivas relacionadas con el uso de determinadas denominaciones conforme al Reglamento (CE) nº 510/2006 del Consejo, de 20 de marzo de 2006, sobre la protección de las indicaciones geográficas y de las denominaciones de origen de los productos agrícolas y alimenticios, y al Reglamento (CE) nº 509/2006 del Consejo, de 20 de marzo de 2006, sobre las especialidades tradicionales garantizadas de los productos agrícolas y alimenticios.

(16) Salvo en caso de que un aditivo esté sujeto a restricciones adicionales, se puede autorizar que esté presente en un alimento, no como resultado de una adición directa, sino de una transferencia a partir de un ingrediente en el que la presencia del aditivo esté autorizada, siempre y cuando la cantidad de aditivo en el alimento acabado no sea superior a la que resultaría de su introducción como consecuencia del uso del ingrediente en condiciones tecnológicas adecuadas y buenas prácticas de fabricación.

(17) Los aditivos alimentarios siguen estando sujetos a las obligaciones generales de etiquetado establecidas la Directiva 2000/13/CE del Parlamento Europeo y del Consejo, de 20 de marzo de 2000, relativa a la aproximación de las legislaciones de los Estados miembros en materia de etiquetado, presentación y publicidad de los productos alimenticios y, según los casos, en el Reglamento (CE) nº 1829/2003 y en el Reglamento (CE) nº 1830/2003 del Parlamento Europeo y del Consejo, de 22 de septiembre de 2003, relativo a la trazabilidad y al etiquetado de organismos modificados genéticamente y a la trazabilidad de los alimentos y piensos producidos a partir de estos. Además, el presente Reglamento debe establecer disposiciones específicas sobre el etiquetado de aditivos alimentarios vendidos como tales al fabricante o al consumidor final.

(18) Los edulcorantes autorizados conforme al presente Reglamento podrán utilizarse en edulcorantes de mesa de venta directa a los consumidores. Los fabricantes de estos productos deberán informar adecuadamente al consumidor para su uso en condiciones de seguridad. Dicha información podrá facilitarse de diferentes formas como en el etiquetado, sitios web de Internet, líneas de información al consumidor o en los puntos de venta. Para adoptar un enfoque uniforme respecto a la aplicación de este requisito, podrá resultar necesario formular orientaciones a escala comunitaria.

(19) Procede aprobar las medidas necesarias para la ejecución del presente Reglamento con arreglo a lo dispuesto en la Decisión 1999/468/CE del Consejo, de 28 de junio de 1999, por la que se establecen los procedimientos para el ejercicio de las competencias de ejecución atribuidas a la Comisión.

(20) Conviene, en particular, conferir competencias a la Comisión para que modifique los anexos del presente Reglamento y adopte las medidas transitorias oportunas. Dado que estas medidas son de alcance general y están destinadas a modificar elementos no esenciales del presente Reglamento, incluso completándolo con nuevos elementos no esenciales, deben adoptarse con arreglo al procedimiento de reglamentación con control previsto en el artículo 5 bis de la Decisión 1999/468/CE.

(21) Por motivos de eficiencia, es conveniente que los plazos normalmente aplicables al procedimiento de reglamentación con control se acorten para la adopción de determinadas modificaciones de los anexos II y III relativas a sustancias ya autorizadas en virtud de otros actos de la legislación comunitaria y para la adopción de cuantas medidas transitorias puedan resultar oportunas en relación con dichas sustancias.

(22) Para desarrollar y actualizar la legislación comunitaria sobre aditivos alimentarios de una manera proporcionada y eficaz, es necesario recoger datos, compartir información y coordinar el trabajo entre Estados miembros. A tal fin, puede ser útil realizar estudios específicos encaminados a facilitar el proceso de toma de decisiones. Conviene que la Comunidad financie tales estudios como parte de su procedimiento presupuestario. La financiación de este tipo de medidas está contemplada en el Reglamento (CE) nº 882/2004 del Parlamento Europeo y del Consejo, de 29 de abril de 2004, sobre los controles oficiales efectuados para garantizar la verificación del

cumplimiento de la legislación en materia de piensos y alimentos y la normativa sobre salud animal y bienestar de los animales.

(23) Los Estados miembros deben llevar a cabo controles oficiales para hacer que se cumpla el presente Reglamento de conformidad con el Reglamento (CE) nº 882/2004.

(24) Dado que el objetivo del presente Reglamento, a saber, el establecimiento de normas comunitarias sobre aditivos alimentarios, no puede ser alcanzado de manera suficiente por los Estados miembros y, por consiguiente, en interés de la unidad de mercado y de un elevado nivel de protección de los consumidores, puede lograrse mejor a nivel comunitario, la Comunidad puede adoptar medidas, de acuerdo con el principio de subsidiariedad consagrado en el artículo 5 del Tratado. De conformidad con el principio de proporcionalidad enunciado en dicho artículo, el presente Reglamento no excede de lo necesario para alcanzar dicho objetivo.

(25) Tras la adopción del presente Reglamento, la Comisión, asistida por el Comité permanente de la cadena alimentaria y de sanidad animal, debe revisar todas las autorizaciones existentes atendiendo a criterios distintos del de seguridad, como son la ingesta, la necesidad tecnológica y la posibilidad de inducir a error al consumidor. Todos los aditivos alimentarios que vayan a seguir estando autorizados en la Comunidad deben transferirse a las listas comunitarias de los anexos II y III del presente Reglamento. El anexo III del presente Reglamento debe completarse con los demás aditivos alimentarios empleados en aditivos alimentarios y enzimas alimentarias y como soportes de nutrientes, junto con sus condiciones de uso, de conformidad con el Reglamento (CE) nº 1331/2008. Para permitir un período de transición adecuado, las disposiciones del anexo III distintas de las relativas a los soportes de aditivos alimentarios y los aditivos alimentarios en los aromas no deben aplicarse hasta el 1 de enero de 2011.

(26) Hasta que se hayan establecido las futuras listas comunitarias de aditivos alimentarios, es necesario prever un procedimiento simplificado que permita actualizar las listas vigentes de aditivos alimentarios contenidas en las directivas ya existentes.

(27) Sin perjuicio del resultado de la actualización a que se refiere el considerando 25, en el plazo de un año tras la adopción del presente Reglamento, la Comisión debe crear un programa de evaluación para que la Autoridad evalúe de nuevo la seguridad de los aditivos alimentarios que ya estaban autorizados en la Comunidad. Ese programa debe definir las necesidades y el orden de prioridad según los cuales deben examinarse los aditivos alimentarios autorizados.

(28) El presente Reglamento deroga y sustituye los siguientes actos: El presente Reglamento deroga y sustituye los siguientes actos: Directiva 62/2645/CEE del Consejo, relativa a la aproximación de las reglamentaciones de los Estados miembros sobre las materias colorantes que pueden emplearse en los productos destinados a la alimentación humana; Directiva 65/66/CEE del Consejo, de 26 de enero de 1965, que establece los criterios de pureza específicos para los agentes conservadores que pueden emplearse en los productos destinados a la alimentación humana; Directiva 78/663/CEE del Consejo, de 25 de julio de 1978, que establece los criterios de pureza específicos para los agentes emulsionantes, estabilizantes, espesantes y gelificantes que pueden emplearse en los productos alimenticios; Directiva 78/664/CEE del Consejo, de 25 de julio de 1978, que establece criterios específicos de pureza para las sustancias que tienen efectos antioxidantes y pueden utilizarse en los productos destinados al consumo humano; Primera Directiva 81/712/CEE de la Comisión, de 28 de julio de 1981, sobre fijación de los métodos de análisis comunitarios para el control de los criterios de pureza de determinados aditivos alimentarios; Directiva 89/107/CEE del Consejo, de 21 de diciembre de 1988, relativa a la aproximación de las legislaciones de los Estados miembros sobre los aditivos alimentarios autorizados en los productos alimenticios destinados al consumo humano; Directiva 94/35/CE del Parlamento Europeo y del Consejo, de 30 de junio de 1994, relativa a los edulcorantes utilizados en los productos alimenticios; Directiva 94/36/CE del Parlamento Europeo y del Consejo, de 30 de junio de 1994, relativa a los colorantes utilizados en los productos alimenticios; Directiva 95/2/CE del Parlamento Europeo y del Consejo, de 20 de febrero de 1995, relativa a aditivos alimentarios distintos de los colorantes y edulcorantes; Decisión nº 292/97/CE del Parlamento Europeo y del Consejo, de 19 de diciembre de 1996, relativa al mantenimiento de las legislaciones nacionales que prohíben la utilización de determinados aditivos en la producción de ciertos productos alimenticios específicos, y Decisión 2002/247/CE de la Comisión, de 27 de marzo de 2002, por la que se suspende la comercialización y la importación de artículos de confitería a base de gelatina que

contienen el aditivo alimentario E 425 konjac). Sin embargo, conviene que algunas disposiciones de esos actos sigan estando en vigor durante un período transitorio para dar tiempo a que se preparen las listas comunitarias de los anexos del presente Reglamento.

HAN ADOPTADO EL PRESENTE REGLAMENTO:

CAPÍTULO I.- OBJETO, ÁMBITO DE APLICACIÓN Y DEFINICIONES

Artículo 1.- *Objeto*

El presente Reglamento establece normas sobre los aditivos alimentarios usados en los alimentos a fin de asegurar el funcionamiento eficaz del mercado interior y un elevado nivel de protección de la salud humana y un elevado nivel de protección de los consumidores, incluida la protección de los intereses de estos últimos y las prácticas leales de comercio de productos alimenticios, teniendo en cuenta, cuando proceda, la protección del medio ambiente.

A estos efectos, el presente Reglamento establece:

a) listas comunitarias de aditivos alimentarios autorizados, que figuran en los anexos II y III;

b) condiciones de utilización de los aditivos alimentarios en los alimentos, inclusive en aditivos alimentarios y en enzimas alimentarias reguladas en el Reglamento (CE) nº 1332/2008, y en los aromas alimentarios regulados en el Reglamento (CE) nº 1334/2008 del Parlamento Europeo y del Consejo, de 16 de diciembre de 2008, sobre los aromas y determinados ingredientes alimentarios con propiedades aromatizantes utilizados en los alimentos;

c) normas para el etiquetado de los aditivos alimentarios vendidos como tales.

Artículo 2.- *Ámbito de aplicación*

1. El presente Reglamento se aplicará a los aditivos alimentarios.

2. El presente Reglamento no se aplicará a las siguientes sustancias, a menos que se utilicen como aditivos alimentarios:

a) coadyuvantes tecnológicos;

b) sustancias empleadas para la protección de plantas y productos vegetales con arreglo a las normas comunitarias de fitosanidad;

c) sustancias añadidas como nutrientes a los alimentos;

d) sustancias utilizadas para el tratamiento del agua de consumo humano incluidas en el ámbito de aplicación de la Directiva 98/83/CE del Consejo, de 3 de noviembre de 1998, relativa a la calidad de las aguas destinadas al consumo humano;

e) aromas incluidos en el ámbito de aplicación del Reglamento (CE) nº 1334/2008.

3. El presente Reglamento no se aplicará a las enzimas alimentarias incluidas en el ámbito de aplicación del Reglamento (CE) nº 1332/2008, con efecto a partir de la fecha de aprobación de la lista comunitaria de enzimas alimentarias de conformidad con el artículo 17 de dicho Reglamento.

4. El presente Reglamento se aplicará sin perjuicio de las normas comunitarias específicas relativas al uso de aditivos alimentarios:

a) en productos alimenticios específicos;

b) con fines distintos de los cubiertos por el presente Reglamento.

Artículo 3.- *Definiciones*

1. A efectos del presente Reglamento se aplicarán las definiciones establecidas en los Reglamentos (CE) nº 178/2002 y (CE) nº 1829/2003.

2. A efectos del presente Reglamento, se entenderá asimismo por:

a) «aditivo alimentario», toda sustancia que normalmente no se consuma como alimento en sí misma ni se use como ingrediente característico de los alimentos, tenga o no valor nutritivo, y cuya adición intencionada – con un propósito tecnológico – a un alimento durante su fabricación, transformación, preparación, tratamiento, envasado, transporte o almacenamiento tenga por efecto, o quepa razonablemente prever que tenga por efecto, que el propio aditivo o sus subproductos se conviertan directa o indirectamente en un componente del alimento;

No se considerarán aditivos alimentarios:

i) los monosacáridos, disacáridos u oligosacáridos utilizados por sus propiedades edulcorantes, ni los alimentos que los contengan,

ii) los alimentos, ya sea deshidratados o concentrados, incluidos los aromatizantes, incorporados durante la fabricación de alimentos compuestos por sus propiedades aromáticas, sápidas o nutritivas y con un efecto colorante secundario,

iii) las sustancias utilizadas en los materiales de recubrimiento o revestimiento que no formen parte de los alimentos y que no estén destinadas a ser consumidas con ellos,

iv) los productos que contengan pectina y estén derivados de pulpa de manzana deshidratada o pieles de cítricos o membrillos, o de una mezcla de ambos, por la acción de un ácido diluido seguida de una neutralización parcial con sales de sodio o potasio («pectina líquida»),

v) las gomas base para chicle,

vi) la dextrina blanca o amarilla, el almidón tostado o dextrinado, el almidón modificado por tratamiento ácido o alcalino, el almidón blanqueado, el almidón modificado por medios físicos y el almidón tratado con enzimas amilolíticas,

vii) el cloruro de amonio,

viii) el plasma sanguíneo, la gelatina comestible, los hidrolizados de proteínas y sus sales, la proteína láctea y el gluten,

ix) los aminoácidos y sus sales, a excepción del ácido glutámico, la glicina, la cisteína y la cistina y sus sales sin función tecnológica,

x) los caseinatos y la caseína,

xi) la inulina;

b) «coadyuvante tecnológico», toda sustancia que:

i) no se consuma como alimento en sí misma,

ii) se utilice intencionalmente en la transformación de materias primas, alimentos o sus ingredientes para cumplir un determinado propósito tecnológico durante el tratamiento o la transformación, y

iii) pueda dar lugar a la presencia involuntaria, pero técnicamente inevitable, en el producto final de residuos de la propia sustancia o de sus derivados, a condición de que no presenten ningún riesgo para la salud y no tengan ningún efecto tecnológico en el producto final;

c) «clases funcionales», las categorías establecidas en el anexo I según la función tecnológica que un aditivo alimentario desempeña en el producto alimenticio;

d) «alimento no elaborado», un alimento que no haya sido sometido a ningún tratamiento que dé lugar a un cambio sustancial de su estado original, no considerándose a estos efectos que ninguna de las siguientes acciones dé lugar a un cambio sustancial: dividir, partir, trocear, deshuesar, picar, despellejar, mondar, pelar, triturar, cortar, limpiar, recortar, ultracongelar, congelar, refrigerar, moler, descascarar, envasar o desenvasar;

e) «alimento sin azúcares añadidos», un alimento sin:

i) ningún monosacárido o disacárido añadido,

ii) ningún alimento añadido que contenga monosacáridos o disacáridos que se utilice por sus propiedades edulcorantes;

f) «alimento de valor energético reducido», un alimento cuyo valor energético se haya reducido al menos un 30 % en comparación con el alimento original o un producto similar;

g) «edulcorantes de mesa», preparados de edulcorantes permitidos, que pueden contener otros aditivos o ingredientes alimentarios y que están destinados a la venta al consumidor final como substitutos del azúcar;

h) «quantum satis», que no se especifica un nivel numérico máximo y las sustancias se utilizarán de conformidad con la buena práctica de fabricación, en una cantidad no superior a la necesaria para lograr el fin perseguido y a condición de que no se induzca a error al consumidor.

CAPÍTULO II.- LISTAS COMUNITARIAS DE ADITIVOS ALIMENTARIOS AUTORIZADOS

Artículo 4.- *Listas comunitarias de aditivos alimentarios*

1. Solo los aditivos alimentarios que estén incluidos en la lista comunitaria del anexo II podrán comercializarse como tales y utilizarse en alimentos, en las condiciones de utilización que en él se especifican.

2. Solo los aditivos alimentarios que estén incluidos en la lista comunitaria del anexo III podrán utilizarse en aditivos alimentarios, en enzimas alimentarias y en aromas alimentarios, en las condiciones de utilización que en él se especifican.

3. Los aditivos alimentarios del anexo II se incluirán en la lista atendiendo a las categorías de alimentos a las que puedan añadirse.

4. Los aditivos alimentarios del anexo III se incluirán en la lista atendiendo a los aditivos alimentarios, las enzimas alimentarias, los aromas alimentarios y los nutrientes, o las categorías de estos, a los que puedan añadirse.

5. Los aditivos alimentarios deberán cumplir las especificaciones a las que se refiere el artículo 14.

Artículo 5.- *Prohibición de aditivos alimentarios y alimentos no conformes*

Queda prohibida la comercialización de cualquier aditivo alimentario o de cualquier alimento en el que esté presente tal aditivo si la utilización del aditivo alimentario no es conforme con el presente Reglamento.

Artículo 6.- *Condiciones generales para la inclusión de aditivos alimentarios en las listas comunitarias*

1. Un aditivo alimentario podrá incluirse en las listas comunitarias de los anexos II y III únicamente si cumple las condiciones siguientes y, si procede, otras condiciones legítimas, incluidos factores medioambientales:

a) no plantea, sobre la base de las pruebas científicas disponibles y al nivel de uso propuesto, problemas de seguridad para la salud del consumidor, y

b) existe una necesidad tecnológica razonable que no puede ser satisfecha por otros medios económica y tecnológicamente practicables, y

c) su uso no induce a error al consumidor.

2. Para ser incluido en las listas comunitarias de los anexos II y III, un aditivo alimentario deberá presentar ventajas y beneficios para el consumidor y, por lo tanto, servir a uno o varios de los siguientes fines:

a) preservar la calidad nutricional del alimento;

b) suministrar los ingredientes o constituyentes necesarios para alimentos destinados a grupos de consumidores con necesidades dietéticas especiales;

c) mejorar la estabilidad o la calidad de conservación de un alimento o mejorar sus propiedades organolépticas, a condición de que no se altere la naturaleza, sustancia o calidad del alimento de tal manera que se induzca a error al consumidor;

d) ayudar en la fabricación, la transformación, la preparación, el tratamiento, el envasado, el transporte o el almacenamiento del alimento, incluidos los aditivos, enzimas y aromas alimentarios, a condición de que el aditivo alimentario no se utilice para disimular los efectos del uso de materias primas defectuosas o de cualesquiera prácticas o técnicas indeseables, en especial prácticas o técnicas antihigiénicas, en el transcurso de cualquiera de esas actividades.

3. No obstante lo dispuesto en el apartado 2, letra a), un aditivo alimentario que reduzca la calidad nutricional de un alimento podrá incluirse en la lista comunitaria del anexo II si:

a) el alimento no constituye un componente significativo de una dieta normal, o

b) el aditivo alimentario es necesario para la producción de alimentos destinados a grupos de consumidores con necesidades dietéticas especiales.

Artículo 7.- *Condiciones específicas para los edulcorantes*

Un aditivo alimentario podrá incluirse en la lista comunitaria del anexo II dentro de la clase funcional de los edulcorantes únicamente si, además de servir a uno o varios de los fines enunciados en el artículo 6, apartado 2, sirve a unos o varios de los siguientes fines:

a) la sustitución de azúcares en la producción de alimentos de valor energético reducido, alimentos no cariogénicos o alimentos sin azúcares añadidos, o

b) la sustitución de azúcares si esta permite incrementar el tiempo de conservación del alimento, o

c) la producción de alimentos destinados a una alimentación especial según la definición del artículo 1, apartado 2, letra a), de la Directiva 89/398/CEE.

Artículo 8.- *Condiciones específicas para los colorantes*

Un aditivo alimentario podrá incluirse en la lista comunitaria del anexo II dentro de la clase funcional de los colorantes únicamente si, además de servir a uno o varios de los fines enunciados en el artículo 6, apartado 2, sirve a unos o varios de los siguientes fines:

a) devolver la apariencia original a un alimento cuyo color se haya visto afectado por la transformación, el almacenamiento, el envasado y la distribución, pudiendo haber quedado mermado su atractivo visual;

b) aumentar el atractivo visual de los alimentos;

c) dar color a un alimento que, de otro modo, sea incoloro.

Artículo 9.- *Clases funcionales de aditivos alimentarios*

1. Los aditivos alimentarios podrán asignarse en los anexos II y III a una de las clases funcionales del anexo I sobre la base de su función tecnológica principal.

La asignación de un aditivo alimentario a una clase funcional no impedirá que se utilice para varias funciones.

2. Cuando el progreso científico o el desarrollo tecnológico lo hagan necesario, las medidas destinadas a modificar elementos no esenciales del presente Reglamento y relativas a nuevas clases funcionales que puedan añadirse al anexo I se adoptarán de conformidad con el procedimiento de reglamentación con control contemplado en el artículo 28, apartado 3.

Artículo 10.- *Contenido de las listas comunitarias de aditivos alimentarios*

1. Un aditivo alimentario que cumpla las condiciones enunciadas en los artículos 6, 7 y 8 podrá incluirse, con arreglo al procedimiento contemplado en el Reglamento (CE) nº 1331/2008:

a) en la lista comunitaria del anexo II del presente Reglamento, o

b) en la lista comunitaria del anexo III del presente Reglamento.

2. En la entrada correspondiente a un aditivo alimentario de las listas comunitarias de los anexos II y III se especificará:

a) el nombre del aditivo alimentario y su número E;

b) los alimentos a los cuales puede añadirse;

c) las condiciones en las cuales puede usarse;

d) en su caso, si hay alguna restricción a la venta directa del aditivo al consumidor final.

3. Las listas comunitarias de los anexos II y III se modificarán de conformidad con el procedimiento contemplado en el Reglamento (CE) nº 1331/2008.

Artículo 11.- *Niveles de uso de aditivos alimentarios*

1. Al establecer las condiciones de uso mencionadas en el artículo 10, apartado 2, letra c):

a) el nivel de uso se fijará en el valor mínimo necesario para lograr el efecto deseado;

b) los niveles se fijarán teniendo en cuenta:

i) toda ingesta diaria admisible, o estimación equivalente, establecida para el aditivo alimentario en cuestión y su ingesta diaria probable a partir de todas las fuentes,

ii) cuando el aditivo alimentario vaya a ser utilizado en alimentos ingeridos por grupos especiales de consumidores, la ingesta diaria posible del aditivo en esos grupos.

2. Cuando proceda, no se fijará ningún nivel numérico máximo para un aditivo alimentario (quantum satis). En ese caso, el aditivo alimentario se utilizará de acuerdo con el principio quantum satis.

3. Los niveles máximos de aditivos alimentarios establecidos en el anexo II se aplicarán a los alimentos comercializados, salvo que se indique otra cosa. No obstante lo dispuesto en este principio, en el caso de los alimentos deshidratados o concentrados que hayan de reconstituirse, los niveles máximas se aplicarán a los alimentos reconstituidos siguiendo las instrucciones de la etiqueta, teniendo en cuenta el factor mínimo de dilución.

4. Los niveles máximos de colorantes establecidos en el anexo II se aplicarán a las cantidades de principio colorante contenidas en el preparado colorante, salvo que se indique otra cosa.

Artículo 12.- *Cambios en el proceso de producción o en las materias primas de un aditivo alimentario ya incluido en una lista comunitaria*

Cuando un aditivo alimentario ya esté incluido en una lista comunitaria y se produzca un cambio significativo en sus métodos de producción o en las materias primas usadas, o se produce un cambio en el tamaño de las partículas, por ejemplo mediante nanotecnología, el aditivo alimentario preparado con estos nuevos métodos o materias primas se considerará un aditivo diferente y, antes de que pueda comercializarse, deberá incluirse una nueva entrada en las listas comunitarias o una modificación de las especificaciones.

Artículo 13.- *Aditivos alimentarios incluidos en el ámbito de aplicación del Reglamento (CE) nº 1829/2003*

1. Un aditivo alimentario comprendido en el ámbito de aplicación del Reglamento (CE) nº 1829/2003 podrán incluirse en las listas comunitarias de los anexos II y III con arreglo al presente Reglamento únicamente tras quedar cubiertos por una autorización de conformidad con el Reglamento (CE) nº 1829/2003.

2. Cuando un aditivo alimentario ya incluido en la lista comunitaria se produzca a partir de una fuente diferente comprendida en el ámbito de aplicación del Reglamento (CE) nº 1829/2003, no se requerirá una nueva autorización en virtud del presente Reglamento siempre y cuando la nueva fuente esté cubierta por una autorización de conformidad con el Reglamento (CE) nº 1829/2003 y el aditivo alimentario respete las especificaciones establecidas en el presente Reglamento.

Artículo 14.- *Especificaciones de los aditivos alimentarios*

Las especificaciones de los aditivos alimentarios relativas, en particular, al origen, los criterios de pureza y cualquier otra información necesaria se adoptarán cuando el aditivo alimentario se incluya por primera vez en las listas comunitarias de los anexos II y III, de conformidad con el procedimiento contemplado en el Reglamento (CE) nº 1331/2008.

CAPÍTULO III.- USO DE ADITIVOS ALIMENTARIOS EN LOS ALIMENTOS

Artículo 15.- *Uso de aditivos alimentarios en alimentos no elaborados*

No se usarán aditivos alimentarios en alimentos no elaborados, excepto cuando tal posibilidad se contemple específicamente en el anexo II.

Artículo 16.- *Uso de aditivos alimentarios en alimentos para lactantes y niños de corta edad*

No se usarán aditivos alimentarios en los alimentos para lactantes y niños de corta edad según la Directiva 89/398/CEE, en especial en los alimentos dietéticos para lactantes y niños de corta edad destinados a usos médicos especiales, excepto cuando tal posibilidad se contemple específicamente en el anexo II del presente Reglamento.

Artículo 17.- *Uso de colorantes para el marcado*

Solo los colorantes alimentarios enumerados en el anexo II del presente Reglamento podrán usarse para el marcado sanitario establecido en la Directiva 91/497/CEE del Consejo, de 29 de julio de 1991, por la que se modifica y codifica la Directiva 64/433/CEE relativa a problemas sanitarios en materia de intercambios intracomunitarios de carne fresca para ampliarla a la producción y comercialización de carnes frescas y para otros marcados exigidos en los productos cárnicos, así como para la coloración decorativa y el marcado de cáscaras de huevo conforme a lo dispuesto en el Reglamento (CE) nº 853/04 del Parlamento Europeo y del Consejo, de 29 de abril de 2004, por el que se establecen normas específicas de higiene de los alimentos de origen animal.

Artículo 18.- *Principio de transferencia*

1. Se permitirá la presencia de un aditivo alimentario:

a) en un alimento compuesto distinto de los contemplados en el anexo II, cuando el aditivo alimentario esté permitido en uno de los ingredientes del alimento compuesto;

b) en un alimento al que se haya añadido un aditivo, enzima o aromatizante alimentario, cuando el aditivo alimentario:

i) esté permitido en el aditivo, enzima o aromatizante alimentario con arreglo al presente Reglamento, y

ii) haya sido transferido al alimento por medio del aditivo, enzima o aromatizante alimentario, y

iii) no tenga ninguna función tecnológica en el alimento final;

c) en un alimento que únicamente vaya a emplearse en la preparación de un alimento compuesto, y a condición de que este último cumpla lo dispuesto en el presente Reglamento.

2. El apartado 1 no se aplicará a las fórmulas para lactantes, las fórmulas de continuación, los alimentos elaborados a base de cereales, los alimentos infantiles y los alimentos dietéticos para lactantes y niños de corta edad destinados a usos médicos especiales según lo dispuesto en la Directiva 89/398/CEE, excepto cuando se indique expresamente.

3. Cuando el aditivo alimentario de un aromatizante alimentario, un aditivo alimentario o una enzima alimentaria se añada a un alimento y tenga en este una función tecnológica, se considerará un aditivo alimentario de dicho alimento y no un aditivo alimentario del aromatizante, aditivo o enzima alimentario, y deberá cumplir las condiciones de uso que puedan haberse estipulado para dicho alimento.

4. Sin perjuicio de lo dispuesto en el apartado 1, estará permitida la presencia de un aditivo alimentario utilizado como edulcorante en alimentos compuestos sin azúcares añadidos, en alimentos compuestos de valor energético reducido, en alimentos compuestos dietéticos para dietas bajas en calorías, en alimentos compuestos no cariogénicos y en alimentos compuestos de vida útil alargada, siempre y cuando el edulcorante esté permitido en uno de los ingredientes del alimento compuesto.

Artículo 19.- *Decisiones de interpretación*

En caso necesario, se podrá decidir, con arreglo al procedimiento de reglamentación contemplado en el artículo 28, apartado 2:

a) si un alimento concreto pertenece a una de las categorías de alimentos mencionadas en el anexo II, o

b) si un aditivo alimentario enumerado en los anexos II y III y permitido «quantum satis» se emplea de acuerdo con los criterios contemplados en el artículo 11, apartado 2, o

c) si una sustancia dada cumple la definición de aditivo alimentario del artículo 3.

Artículo 20.- *Alimentos tradicionales*

Los Estados miembros enumerados en el anexo IV podrán seguir prohibiendo el uso de determinadas categorías de aditivos alimentarios en los alimentos tradicionales producidos en su territorio que se enumeran en dicho anexo.

CAPÍTULO IV.- ETIQUETADO

Artículo 21.- *Etiquetado de los aditivos alimentarios no destinados a la venta al consumidor final*

1. Los aditivos alimentarios no destinados a la venta al consumidor final, vendidos por separado o mezclados entre sí o con otros ingredientes, tal como se definen en el artículo 6, apartado 4, de la Directiva 2000/13/CE, solo podrán comercializarse con el etiquetado establecido en el artículo 22 del presente Reglamento, el cual deberá ser fácilmente visible, claramente legible e indeleble. La información estará expresada en un lenguaje fácilmente comprensible para los compradores.

2. Dentro de su propio territorio, el Estado miembro donde se comercialice el producto podrá estipular, de conformidad con el Tratado, que la información contemplada en el artículo 22 se proporcione en la lengua o las lenguas oficiales de la Comunidad que el propio Estado miembro determine. Ello no impedirá que tal información se ofrezca en varios idiomas.

Artículo 22.- *Requisitos generales de etiquetado de los aditivos alimentarios no destinados a la venta al consumidor final*

1. Cuando los aditivos alimentarios no destinados a la venta al consumidor final se vendan por separado o mezclados entre sí o con otros ingredientes alimentarios o con otras sustancias añadidas, su envase o recipiente deberá llevar la siguiente información:

a) el nombre o el número E, según lo establecido en el presente Reglamento, de cada aditivo alimentario, o una denominación de venta que incluya el nombre o el número E de cada aditivo alimentario;

b) la mención «destinado a la alimentación» o «uso restringido en los alimentos», o una referencia más específica a su utilización prevista en los alimentos;

c) si es necesario, las condiciones especiales de almacenamiento y de utilización;

d) una indicación que permita identificar la partida o el lote;

e) las instrucciones de uso, en caso de que su omisión no permita hacer un uso apropiado del aditivo alimentario;

f) el nombre o la razón social y la dirección del fabricante, el envasador o el vendedor;

g) una indicación de la cantidad máxima de cada componente o grupo de componentes sujeto a limitación cuantitativa en los alimentos o la información adecuada, formulada de manera clara y fácilmente comprensible, que permita al comprador cumplir el presente Reglamento u otra legislación comunitaria pertinente; cuando el mismo límite cuantitativo se aplique a un grupo de componentes utilizados por separado o combinados, el porcentaje combinado podrá indicarse en una sola cifra; el límite cuantitativo se expresará numéricamente o mediante el principio quantum satis;

h) la cantidad neta;

i) la fecha de duración mínima o la fecha de caducidad;

j) cuando proceda, información sobre un aditivo alimentario u otras sustancias contempladas en el presente artículo y enumeradas en el anexo III bis de la Directiva 2000/13/CE, por lo que se refiere a la indicación de los ingredientes presentes en los productos alimenticios.

2. Cuando los aditivos alimentarios se vendan mezclados entre sí o con otros ingredientes alimentarios, sus envases o recipientes llevarán una lista de todos los ingredientes en orden ponderal decreciente según su porcentaje en del peso total.

3. Cuando se añadan sustancias (incluidos aditivos alimentarios u otros ingredientes alimentarios) a los aditivos alimentarios con el fin de facilitar su almacenamiento, venta, normalización, dilución o disolución, en su envase o recipiente deberá constar la lista de todas esas sustancias, en orden ponderal decreciente según su porcentaje del peso total.

4. No obstante lo dispuesto en los apartados 1, 2 y 3, la información exigida en el apartado 1, letras e) a g), y en los apartados 2 y 3 podrá figurar únicamente en los documentos relativos a la partida que deben proporcionarse en el momento de la entrega o con anterioridad a esta, a condición de que aparezca en un lugar fácilmente visible del envase o el recipiente del producto en cuestión la mención «no destinado a la venta al por menor».

5. No obstante lo dispuesto en los apartados 1, 2 y 3, cuando los aditivos alimentarios se suministren en cisternas, toda la información podrá figurar únicamente en los documentos relativos a la partida que deben proporcionarse en el momento de la entrega.

Artículo 23.- *Etiquetado de los aditivos alimentarios destinados a la venta al consumidor final*

1. Sin perjuicio de lo dispuesto en la Directiva 2000/13/CE, la Directiva 89/396/CEE del Consejo, de 14 de junio de 1989, relativa a las menciones o marcas que permitan identificar el lote al que pertenece un producto alimenticio y el Reglamento (CE) nº 1829/2003, los aditivos alimentarios vendidos por separado o mezclados entre sí y/o con otros ingredientes alimentarios y estén destinados a la venta al consumidor final solo podrán comercializarse si sus envases o recipientes llevan la información siguiente:

a) el nombre y el número E, según lo establecido en el presente Reglamento, de cada aditivo alimentario, o una denominación de venta que incluya el nombre y el número E de cada aditivo alimentario;

b) la mención «destinado a la alimentación» o «uso restringido en los alimentos», o una referencia más específica a su utilización prevista en los alimentos.

2. No obstante lo dispuesto en el apartado 1, letra a), la denominación de venta de los edulcorantes de mesa incluirá el término «edulcorante de mesa a base de ...», utilizando el nombre del edulcorante o edulcorantes empleados en su composición.

3. El etiquetado de un edulcorante de mesa que contenga polioles, aspartamo o sal de aspartamo-acesulfamo deberá llevar las siguientes advertencias:

a) polioles: «un consumo excesivo puede tener efectos laxantes»;

b) aspartamo o sal de aspartamo-acesulfamo: «contiene una fuente de fenilalanina».

4. Los fabricantes de edulcorantes de mesa proporcionarán de forma adecuada la información necesaria para que el consumidor los utilice en condiciones seguras. Se podrán adoptar orientaciones para la aplicación del presente apartado de conformidad con el procedimiento de reglamentación con control contemplado en el artículo 28, apartado 3.

5. Para la información a que se refieren los apartados 1 a 3 del presente artículo, se aplicará el artículo 13, apartado 2, de la Directiva 2000/13/CE.

Artículo 24.- *Requisitos de etiquetado para los alimentos que contienen determinados colorantes alimentarios*

1. Sin perjuicio de lo dispuesto en la Directiva 2000/13/CE, el etiquetado de alimentos que contienen los colorantes alimentarios enumerados en el anexo V del presente Reglamento incluirá la información adicional establecida en dicho anexo.

2. Con respecto a la información prevista en el apartado 1 del presente artículo, se aplicará el artículo 13, apartado 2, de la Directiva 2000/13/CE.

3. Cuando sea necesario, como consecuencia de progresos científicos o del desarrollo técnico se modificará el anexo V mediante medidas destinadas a modificar elementos no esenciales del presente Reglamento de conformidad con el procedimiento de reglamentación con control contemplado en el artículo 28, apartado 4.

Artículo 25.- *Otros requisitos de etiquetado*
Las disposiciones de los artículos 21, 22, 23 y 24 se aplicarán sin perjuicio de las disposiciones legales, reglamentarias o administrativas más detalladas o más amplias relativas a la metrología o aplicables a la presentación, la clasificación, el envasado y el etiquetado de sustancias y de preparados peligrosos o al transporte de tales sustancias y preparados.

CAPÍTULO V.- DISPOSICIONES PROCEDIMENTALES Y APLICACIÓN

Artículo 26.- *Deber de información*
1. Todo productor o usuario de un aditivo alimentario informará inmediatamente a la Comisión de cualquier dato científico o técnico nuevo que pueda afectar a la evaluación de la seguridad del aditivo alimentario.
2. Todo productor o usuario de un aditivo alimentario informará a la Comisión, a petición de esta, del uso real que se esté dando al aditivo alimentario. La Comisión pondrá dicha información a disposición de los Estados miembros.

Artículo 27.- *Seguimiento de la ingesta de aditivos alimentarios*
1. Los Estados miembros se dotarán de sistemas que permitan hacer un seguimiento del consumo y el uso de aditivos alimentarios desde una perspectiva basada en el riesgo, e informarán a la Comisión y a la Autoridad de sus resultados con una periodicidad adecuada.
2. Tras consultar a la Autoridad, se adoptará, con arreglo al procedimiento de reglamentación contemplado en el artículo 28, apartado 2, una metodología común para que los Estados miembros recopilen información sobre la ingesta dietética de aditivos alimentarios en la Comunidad.

Artículo 28.- *Procedimiento de comité*
1. La Comisión estará asistida por el Comité permanente de la cadena alimentaria y de sanidad animal.
2. En los casos en que se haga referencia al presente apartado, serán de aplicación los artículos 5 y 7 de la Decisión 1999/468/CE, observando lo dispuesto en su artículo 8.
El plazo contemplado en el artículo 5, apartado 6, de la Decisión 1999/468/CE queda fijado en tres meses.
3. En los casos en que se haga referencia al presente apartado, serán de aplicación el artículo 5 bis, apartados 1 a 4, y el artículo 7 de la Decisión 1999/468/CE, observando lo dispuesto en su artículo 8.
4. En los casos en que se haga referencia al presente apartado, serán de aplicación el artículo 5 bis, apartados 1 a 4 y apartado 5, letra b), y el artículo 7 de la Decisión 1999/468/CE, observando lo dispuesto en su artículo 8.
Los plazos contemplados en el artículo 5 bis, apartado 3, letra c), y apartado 4, letras b) y e), de la Decisión 1999/468/CE quedan fijados, respectivamente, en dos meses, dos meses y cuatro meses.

Artículo 29.- *Financiación comunitaria de las políticas armonizadas*
La base jurídica para la financiación de las medidas resultantes del presente Reglamento será el artículo 66, apartado 1, letra c), del Reglamento (CE) nº 882/2004.

CAPÍTULO VI.- DISPOSICIONES TRANSITORIAS Y FINALES

Artículo 30.- *Establecimiento de las listas comunitarias de aditivos alimentarios*
1. Los aditivos alimentarios cuyo uso en alimentos esté permitido conforme a las Directivas 94/35/CE, 94/36/CE y 95/2/CE, modificadas con arreglo al artículo 31 del presente Reglamento, así como sus condiciones de uso, se incorporarán al anexo II del presente Reglamento una vez realizada una revisión encaminada a verificar que cumplen lo dispuesto en sus artículos 6, 7 y 8. Las medidas relativas a la inclusión de dichos aditivos en el anexo II, destinadas a modificar elementos no esenciales del presente

Reglamento, se adoptarán de conformidad con el procedimiento de reglamentación con control contemplado en el artículo 28, apartado 4. La revisión no incluirá una nueva determinación del riesgo por parte de la Autoridad. La revisión deberá estar terminada a más tardar el 20 de enero de 2011.

Los aditivos alimentarios y sus condiciones de uso que ya no se necesiten no figurarán en el anexo II.

2. Los aditivos alimentarios autorizados para el uso en aditivos alimentarios por la Directiva 95/2/CE, así como sus condiciones de uso, se incorporarán a la parte 1 del anexo III del presente Reglamento una vez realizada una revisión encaminada a verificar que cumplen lo dispuesto en su artículo 6. Las medidas relativas a la inclusión de dichos aditivos en el anexo III, destinadas a modificar elementos no esenciales del presente Reglamento, se adoptarán de conformidad con el procedimiento de reglamentación con control contemplado en el artículo 28, apartado 4. La revisión no incluirá una nueva determinación del riesgo por parte de la Autoridad. La revisión deberá estar terminada a más tardar el 20 de enero de 2011.

Los aditivos alimentarios y sus condiciones de uso que ya no se necesiten no figurarán en el anexo III.

3. Los aditivos alimentarios autorizados para el uso en aromas alimentarios por la Directiva 95/2/CE, así como sus condiciones de uso, se incorporarán a la parte 4 del anexo III del presente Reglamento una vez realizada una revisión encaminada a verificar que cumplen lo dispuesto en su artículo 6. Las medidas relativas a la inclusión de dichos aditivos en el anexo III, destinadas a modificar elementos no esenciales del presente Reglamento, se adoptarán de conformidad con el procedimiento de reglamentación con control contemplado en el artículo 28, apartado 4. La revisión no incluirá una nueva determinación del riesgo por parte de la Autoridad. La revisión deberá estar terminada a más tardar el 20 de enero de 2011.

Los aditivos alimentarios y sus condiciones de uso que ya no se necesiten no figurarán en el anexo III.

4. Las especificaciones de los aditivos alimentarios a que se refieren los apartados 1 a 3 del presente artículo se adoptarán, de conformidad con el Reglamento (CE) nº 1331/2008, en el momento en que esos aditivos alimentarios se introduzcan en los anexos conforme a lo dispuesto en dichos apartados.

5. Las medidas relativas a cualesquiera medidas transitorias, destinadas a modificar elementos no esenciales del presente Reglamento, incluso completándolo, se adoptarán con arreglo al procedimiento de reglamentación con control contemplado en el artículo 28, apartado 3.

Artículo 31.- *Medidas transitorias*

Hasta que concluya el establecimiento de las listas comunitarias de aditivos alimentarios según lo dispuesto en el artículo 30, los anexos de las Directivas 94/35/CE, 94/36/CE y 95/2/CE se modificarán, en caso necesario, mediante medidas, destinadas a modificar elementos no esenciales de dichas Directivas, que adoptará la Comisión de conformidad con el procedimiento de reglamentación con control contemplado en el artículo 28, apartado 4.

Los productos comercializados o etiquetados antes del 20 de enero de 2010 que no cumplan lo dispuesto en el artículo 22, apartado 1, letra i), y apartado 4 del presente Reglamento podrán comercializarse hasta su fecha de duración mínima o de caducidad.

Los productos comercializados o etiquetados antes del 20 de julio de 2010 que no cumplan lo dispuesto en el artículo 24 podrán comercializarse hasta su fecha de duración mínima o de caducidad.

Artículo 32.- *Reevaluación de aditivos alimentarios autorizados*

1. La Autoridad efectuará una nueva determinación del riesgo de los aditivos alimentarios que estuvieran permitidos antes del 20 de enero de 2009.

2. Después de consultar a la Autoridad se adoptará antes del 20 de enero de 2010 y de conformidad con el procedimiento de reglamentación establecido en el artículo 28, apartado 2, un programa de para esos aditivos. El programa de evaluación se publicará en el Diario Oficial de la Unión Europea.

Artículo 33.- *Derogaciones*

1. Quedan derogados los siguientes actos:

a) Directiva del Consejo, de 23 de octubre de 1962, relativa a la aproximación de las regulaciones de los Estados miembros referentes a las materias colorantes que pueden emplearse en los productos destinados a la alimentación humana;
b) Directiva 65/66/CEE;
c) Directiva 78/663/CEE;
d) Directiva 78/664/CEE;
e) Directiva 81/712/CEE;
f) Directiva 89/107/CEE;
g) Directiva 94/35/CE;
h) Directiva 94/36/CE;
i) Directiva 95/2/CE;
j) Decisión 292/97/CE;
k) Decisión 2002/247/CE.
2. Las referencias a los actos derogados se entenderán hechas al presente Reglamento.

Artículo 34.- *Disposiciones transitorias*
No obstante lo dispuesto en el artículo 33, las siguientes disposiciones continuarán aplicándose hasta que se haya completado la transferencia con arreglo al artículo 30, apartados 1, 2 y 3, del presente Reglamento de aditivos alimentarios ya permitidos por las Directivas 94/35/CE, 94/36/CE y 95/2/CE:
a) el artículo 2, apartados 1, 2 y 4, y el anexo de la Directiva 94/35/CE;
b) el artículo 2, apartados 1 a 6, 8, 9 y 10, y los anexos I a V de la Directiva 94/36/CE;
c) los artículos 2 y 4 y los anexos I a VI de la Directiva 95/2/CE.
No obstante lo dispuesto en la letra c), las autorizaciones de los aditivos E 1103 invertasa y E 1105 lisozima establecidas en la Directiva 95/2/CE quedan derogadas con efecto a partir de la fecha de aplicación de la lista comunitaria de enzimas alimentarias conforme al artículo 17 del Reglamento (CE) nº 1332/2008.

Artículo 35.- *Entrada en vigor*
El presente Reglamento entrará en vigor a los veinte días de su publicación en el Diario Oficial de la Unión Europea.
Se aplicará a partir del 20 de enero de 2010.
Sin embargo, el artículo 4, apartado 2, se aplicará a las partes 2, 3 y 5 del anexo III a partir del 1 de enero de 2011 y el artículo 23, apartado 4, se aplicará a partir del 20 de enero de 2011. El artículo 24 se aplicará a partir del 20 de julio de 2010. El artículo 31 se aplicará a partir del 20 de enero de 2009.
El presente Reglamento será obligatorio en todos sus elementos y directamente aplicable en cada Estado miembro.

ANEXO I.-
Clases funcionales de aditivos alimentarios usados en alimentos y de aditivos alimentarios usados en aditivos alimentarios y enzimas alimentarias

1. "Edulcorantes": sustancias que se emplean para dar un sabor dulce a los alimentos o en edulcorantes de mesa.
2. "Colorantes": sustancias que dan color a un alimento o le devuelven su color original; pueden ser componentes naturales de los alimentos y sustancias naturales que normalmente no se consumen como alimentos en sí mismas ni se emplean como ingredientes característicos de los alimentos. Se considerarán colorantes en el sentido del presente Reglamento los preparados obtenidos a partir de alimentos y otros materiales comestibles naturales de base mediante una extracción física, química, o física y química, conducente a la separación de los pigmentos respecto de los componentes nutritivos o aromáticos.
3. "Conservadores": sustancias que prolongan la vida útil de los alimentos protegiéndolos del deterioro causado por microorganismos o que protegen del crecimiento de microorganismos patógenos.
4. "Antioxidantes": sustancias que prolongan la vida útil de los alimentos protegiéndolos del deterioro causado por la oxidación, como el enranciamiento de las grasas y los cambios de color.
5. "Soportes": sustancias empleadas para disolver, diluir, dispersar o modificar físicamente de otra manera un aditivo alimentario, un aromatizante, una enzima

alimentaria o un nutriente u otra sustancia añadidos a un alimento con fines nutricionales o fisiológicos sin alterar su función (y sin tener por sí mismas ningún efecto tecnológico), a fin de facilitar su manipulación, aplicación o uso.

6. "Acidulantes": sustancias que incrementan la acidez de un producto alimenticio o le confieren un sabor ácido, o ambas cosas.

7. "Correctores de la acidez": sustancias que alteran o controlan la acidez o alcalinidad de un producto alimenticio.

8. "Antiaglomerantes": sustancias que reducen la tendencia de las partículas de un producto alimenticio a adherirse unas a otras.

9. "Antiespumantes": sustancias que impiden o reducen la formación de espuma.

10. "Agentes de carga": sustancias que aumentan el volumen de un producto alimenticio sin contribuir significativamente a su valor energético disponible.

11. "Emulgentes": sustancias que hacen posible la formación o el mantenimiento de una mezcla homogénea de dos o más fases no miscibles, como el aceite y el agua, en un producto alimenticio.

12. "Sales de fundido": sustancias que reordenan las proteínas contenidas en el queso de manera dispersa, con lo que producen la distribución homogénea de la grasa y otros componentes.

13. "Endurecedores": sustancias que vuelven o mantienen los tejidos de frutas u hortalizas firmes o crujientes o actúan junto con agentes gelificantes para producir o reforzar un gel.

14. "Potenciadores del sabor": sustancias que realzan el sabor o el aroma, o ambos, de un producto alimenticio.

15. "Espumantes": sustancias que hacen posible formar una dispersión homogénea de una fase gaseosa en un producto alimenticio líquido o sólido.

16. "Gelificantes": sustancias que dan textura a un producto alimenticio mediante la formación de un gel.

17. "Agentes de recubrimiento" (incluidos los lubricantes): sustancias que, cuando se aplican en la superficie exterior de un producto alimenticio, confieren a este un aspecto brillante o lo revisten con una capa protectora.

18. "Humectantes": sustancias que impiden la desecación de los alimentos contrarrestando el efecto de una atmósfera con un grado bajo de humedad, o que favorecen la disolución de un polvo en un medio acuoso.

19. "Almidones modificados": sustancias obtenidas por uno o más tratamientos químicos de almidones comestibles, que pueden haber sufrido un tratamiento físico o enzimático y ser diluidas o blanqueadas con ácidos o bases.

20. "Gases de envasado": gases, distintos del aire, introducidos en un recipiente antes o después de colocar en él un producto alimenticio, o mientras se coloca.

21. "Gases propelentes": gases diferentes del aire que expulsan un producto alimenticio de un recipiente.

22. "Gasificantes": sustancias o combinaciones de sustancias que liberan gas y, de esa manera, aumentan el volumen de una masa.

23. "Secuestrantes": sustancias que forman complejos químicos con iones metálicos.

24. "Estabilizantes": sustancias que posibilitan el mantenimiento del estado físico-químico de un producto alimenticio; incluyen las sustancias que permiten el mantenimiento de una dispersión homogénea de dos o más sustancias no miscibles en un producto alimenticio, las que estabilizan, retienen o intensifican el color de un producto alimenticio y las que incrementan la capacidad de enlace de los alimentos, en especial el entrecruzamiento de las proteínas, que permite unir trozos de alimento para formar un alimento reconstituido.

25. "Espesantes": sustancias que aumentan la viscosidad de un alimento.

26. "Agentes de tratamiento de las harinas": sustancias, distintas de los emulgentes, que se añaden a la harina o a la masa para mejorar su calidad de cocción.

ANEXO II.-
Lista comunitaria de aditivos alimentarios cuyo uso está autorizado en alimentos, y condiciones de uso.

[Anexo no reproducido en la presente publicación]

ANEXO III.-

Lista comunitaria de aditivos alimentarios cuyo uso está autorizado en aditivos alimentarios, enzimas alimentarias y aromas alimentarios, y condiciones de uso.

[Anexo no reproducido en la presente publicación]

ANEXO IV.-

Alimentos tradicionales en los que determinados estados miembros pueden seguir prohibiendo el uso de determinadas categorías de aditivos alimentarios

[Anexo no reproducido en la presente publicación]

ANEXO V.-

Lista de los colorantes alimentarios a que se refiere el artículo 24 para los que el etiquetado de alimentos incluirá información adicional

[Anexo no reproducido en la presente publicación]

16 de diciembre de 2008.- Reglamento (CE) nº 1334/2008

del Parlamento Europeo y del Consejo,

sobre los aromas y determinados ingredientes alimentarios con propiedades aromatizantes utilizados en los alimentos

y por el que se modifican el Reglamento (CEE) nº 1601/91 del Consejo, los Reglamentos (CE) nº 2232/96 y (CE) nº 110/2008 y la Directiva 2000/13/CE

(D.O. L 354, 31 de diciembre de 2008)

[V.C. 20/01/2009]

EL PARLAMENTO EUROPEO Y EL CONSEJO DE LA UNIÓN EUROPEA,

Visto el Tratado constitutivo de la Comunidad Europea y, en particular, su artículo 95,

Vista la propuesta de la Comisión,

Visto el dictamen del Comité Económico y Social Europeo,

De conformidad con el procedimiento establecido en el artículo 251 del Tratado,

Considerando lo siguiente:

(1) La Directiva 88/388/CEE del Consejo, de 22 de junio de 1988, relativa a la aproximación de las legislaciones de los Estados miembros en el ámbito de los aromas que se utilizan en los productos alimenticios y de los materiales de base para su producción, debe actualizarse para tener en cuenta los avances técnicos y científicos. En aras de la claridad y la eficacia, la Directiva 88/388/CEE debe sustituirse por el presente Reglamento.

(2) La Decisión 88/389/CEE del Consejo, de 22 de junio de 1988, relativa al establecimiento por la Comisión de un inventario de sustancias y materiales de base utilizados para la preparación de aromas prevé el establecimiento de dicho inventario en los 24 meses siguientes a su adopción. Esta Decisión ha quedado obsoleta y debe sustituirse.

(3) La Directiva 91/71/CEE de la Comisión, de 16 de enero de 1991, por la que se completa la Directiva 88/388/CEE del Consejo relativa a la aproximación de las legislaciones de los Estados miembros en el ámbito de los aromas que se utilizan en los productos alimenticios y de los materiales de base para su producción, establece las normas relativas al etiquetado de los aromas. Dichas normas se sustituyen por el presente Reglamento y la Directiva debe, por tanto, derogarse.

(4) La libre circulación de alimentos seguros y saludables es un aspecto esencial del mercado interior y contribuye significativamente a la salud y el bienestar de los ciudadanos, así como a sus intereses sociales y económicos.

(5) A fin de proteger la salud humana, el presente Reglamento debe incluir los aromas, sus materiales de base y los alimentos que los contienen. Debe abarcar asimismo determinados ingredientes alimentarios con propiedades aromatizantes que se añaden a los alimentos con el propósito de dar aroma y que contribuyen significativamente a la presencia en estos alimentos de determinadas sustancias naturales indeseables (denominados en lo sucesivo "los ingredientes alimentarios con propiedades aromatizantes"), sus materiales de base y los productos alimenticios que las contienen.

(6) No entran en el ámbito del presente Reglamento los productos alimenticios naturales que no hayan experimentado ningún tratamiento de transformación, los productos alimenticios no compuestos, tales como especias, plantas aromáticas, tés e infusiones (por ejemplo, té de frutas o de hierbas), ni las mezclas de especias y plantas aromáticas, mezclas de tés y mezclas de hierbas para infusiones, siempre que se consuman como tales, y no añadidas a los alimentos.

(7) Los aromas se utilizan para mejorar o modificar el olor o el sabor de los alimentos, en beneficio del consumidor. Los aromas y los ingredientes alimentarios con propiedades aromatizantes deben utilizarse únicamente si cumplen los criterios establecidos en el presente Reglamento. Deben ser seguros cuando se utilicen, por lo que algunos deben ser objeto de una determinación de riesgo antes de autorizar su utilización en los alimentos. En la medida de lo posible, conviene tener en cuenta las consecuencias negativas que el uso de determinados aromas pueda tener para los grupos vulnerables. La utilización de aromas no debe inducir a error a los consumidores y su presencia en los alimentos debe indicarse siempre mediante un etiquetado adecuado. Los aromas, no obstante, no deben utilizarse de modo que puedan inducir a error al consumidor sobre aspectos relacionados con, entre otras cosas, la naturaleza del producto, su grado de

frescura, la calidad de los ingredientes utilizados, el carácter natural del producto o del proceso de producción o la calidad nutricional del producto. Es conveniente que a la hora de autorizar aromas se tengan también en cuenta otros factores pertinentes, en particular factores sociales, económicos, relacionados con tradiciones, éticos y ambientales, el principio de cautela así como la viabilidad de efectuar controles.

(8) Desde 1999, el Comité científico de la alimentación humana y, posteriormente, la Autoridad Europea de Seguridad Alimentaria (denominada en lo sucesivo "la Autoridad") creada en virtud del Reglamento (CE) nº 178/2002 del Parlamento Europeo y del Consejo, de 28 de enero de 2002, por el que se establecen los principios y los requisitos generales de la legislación alimentaria, se crea la Autoridad Europea de Seguridad Alimentaria y se fijan procedimientos relativos a la seguridad alimentaria han emitido dictámenes sobre una serie de sustancias presentes de manera natural en los materiales de base utilizados en la producción de aromas e ingredientes alimentarios con propiedades aromatizantes que, según el Comité de expertos en sustancias aromatizantes del Consejo de Europa, suscitan preocupación desde un punto de vista toxicológico. Las sustancias que presentan un riesgo toxicológico confirmado por el Comité científico de la alimentación humana deben considerarse sustancias indeseables y no deben añadirse como tales a los alimentos.

(9) Dada su presencia natural en las plantas, estas sustancias indeseables pueden estar presentes en los preparados aromatizantes y en los ingredientes alimentarios con propiedades aromatizantes. Las plantas se utilizan tradicionalmente como alimentos o ingredientes alimentarios. Conviene establecer valores máximos adecuados en lo que se refiere a la presencia de estas sustancias indeseables en los alimentos que más contribuyan a su ingesta por los seres humanos, teniendo en cuenta a la vez la necesidad de proteger la salud humana y su presencia inevitable en los productos alimenticios tradicionales.

(10) Conviene que los valores máximos de determinadas sustancias naturales indeseables se centren en los alimentos o categorías de alimentos que más contribuyen a la ingesta dietética. Caso de que una sustancia adicional natural indeseable presente de manera natural suponga un riesgo para la salud del consumidor, los valores máximos deberían fijarse de acuerdo con el dictamen de la Autoridad. Los Estados miembros deben organizar controles basándose en posibles riesgos, con arreglo al Reglamento (CE) nº 882/2004 del Parlamento Europeo y del Consejo, de 29 de abril de 2004, sobre los controles oficiales efectuados para garantizar la verificación del cumplimiento de la legislación en materia de piensos y alimentos y la normativa sobre salud animal y bienestar de los animales. No obstante, los productores están obligados a tener en cuenta la presencia de dichas sustancias al utilizar ingredientes alimentarios con propiedades aromatizantes o aromas en la preparación de todo tipo de alimentos, para garantizar que no se comercializan alimentos que no son seguros.

(11) Deben adoptarse disposiciones a nivel comunitario para prohibir o restringir la utilización de determinados materiales de origen vegetal, animal, microbiológico o mineral que suscitan preocupación para la salud humana en la producción de aromas e ingredientes alimentarios con propiedades aromatizantes y sus aplicaciones en la producción de alimentos.

(12) La determinación del riesgo debe ser realizada por la Autoridad.

(13) Con objeto de garantizar la armonización, es necesario que la determinación del riesgo y la autorización de los aromas y materiales de base que deben ser evaluados se realice de conformidad con el procedimiento establecido en el Reglamento (CE) nº 1331/2008 del Parlamento Europeo y del Consejo, de 16 de diciembre de 2008, del Parlamento Europeo y del Consejo, por el que se establece un procedimiento común de autorización de aditivos, enzimas y aromas alimentarios.

(14) Las sustancias aromatizantes son sustancias químicas definidas, lo que incluye sustancias aromatizantes obtenidas por síntesis química o aisladas a través de procesos químicos, y sustancias aromatizantes naturales. Se lleva a cabo actualmente un programa de evaluación de las sustancias aromatizantes con arreglo al Reglamento (CE) nº 2232/96 del Parlamento Europeo y del Consejo, de 28 de octubre de 1996, por el que se establece un procedimiento comunitario para las sustancias aromatizantes utilizadas o destinadas a ser utilizadas en los productos alimenticios. Dicho Reglamento prevé la adopción de una lista de sustancias aromatizantes en los cinco años siguientes a la adopción del programa. Debe fijarse un nuevo plazo para la adopción de dicha lista. Se

propondrá incluir dicha lista en la lista contemplada en el artículo 2, apartado 1, del Reglamento (CE) nº 1331/2008.

(15) Los preparados aromatizantes son aromas distintos de las sustancias químicas definidas, obtenidos mediante procedimientos físicos, enzimáticos o microbiológicos a partir de materiales de origen vegetal, animal o microbiológico en estado natural o transformados para el consumo humano. Los preparados aromatizantes producidos a partir de alimentos no deben ser objeto de una evaluación o un procedimiento de autorización para su utilización en los alimentos salvo que existan dudas sobre su seguridad. No obstante, antes de autorizarlos es preciso evaluar y aprobar la seguridad de los preparados aromatizantes obtenidos de materiales no alimentarios.

(16) El Reglamento (CE) nº 178/2002 define alimento como cualquier sustancia o producto destinado a ser ingerido por los seres humanos o con probabilidad razonable de serlo, tanto si ha sido transformado entera o parcialmente como si no. Los materiales de origen vegetal, animal o microbiológico, cuya utilización en la producción de aromas pueda ser suficientemente demostrada hoy en día, se consideran materiales alimentarios a este fin, incluso si algunos de estos materiales de base, como el palo de rosa y las hojas de fresa no se hayan utilizado como tales en la alimentación. Estos materiales no tienen que evaluarse.

(17) De la misma manera, los preparados aromatizantes producidos mediante tratamiento térmico a partir de alimentos en condiciones específicas no deben ser objeto de una evaluación o un procedimiento de autorización para poder utilizarse en los alimentos, salvo que existan dudas sobre su seguridad. No obstante, antes de autorizarlos es preciso evaluar y aprobar la seguridad de los aromas producidos por tratamiento térmico a partir de materiales no alimentarios o que no satisfacen determinadas condiciones de producción.

(18) El Reglamento (CE) nº 2065/2003/CE del Parlamento Europeo y del Consejo, de 10 de noviembre de 2003, sobre los aromas de humo utilizados o destinados a ser utilizados en los productos alimenticios o en su superficie, establece un procedimiento para la evaluación y la autorización de los aromas de humo y pretende establecer una lista de condensados de humo primarios y fracciones primarias de alquitrán cuya utilización está autorizada, con exclusión de todos los demás.

(19) Los precursores de aromas, tales como hidratos de carbono, oligopéptidos y aminoácidos añaden aroma a los alimentos mediante las reacciones químicas que se producen durante la transformación de dichos alimentos. Los precursores de aromas producidos a partir de alimentos no deben ser objeto de una evaluación o un procedimiento de autorización para su utilización en los alimentos, salvo que existan dudas sobre su seguridad. No obstante, antes de autorizarlos es preciso evaluar y aprobar la seguridad de los precursores de aromas producidos a partir de materiales no alimentarios.

(20) Otros aromas que no estén incluidos en las definiciones de los aromas antes mencionados pueden utilizarse en los alimentos después de someterse a un procedimiento de evaluación y autorización. Como ejemplo se pueden citar los aromas obtenidos calentando aceite o grasa a una temperatura extremadamente elevada durante un período muy breve de tiempo, lo que da un aroma como de tostado.

(21) Los materiales de origen vegetal, animal, microbiológico o mineral distintos de los productos alimenticios solo pueden autorizarse para la producción de aromas tras una determinación científica de su seguridad. Podría ser necesario autorizar solamente algunas partes de los materiales o establecer condiciones para su utilización.

(22) Los aromas pueden contener los aditivos alimentarios autorizados por el Reglamento (CE) nº 1333/2008, del Parlamento Europeo y del Consejo, de 16 de diciembre de 2008, sobre aditivos alimentarios o cualesquiera otros ingredientes con fines tecnológicos, como su almacenamiento, normalización, dilución o disolución y estabilización.

(23) Un aroma o un material de base incluido en el ámbito de aplicación del Reglamento (CE) nº 1829/2003 del Parlamento Europeo y del Consejo, de 22 de septiembre de 2003, sobre alimentos y piensos modificados genéticamente debe ser autorizado de conformidad con dicho Reglamento, así como con arreglo al presente Reglamento.

(24) Los aromas siguen estando sujetos a las obligaciones generales de etiquetado establecidas en la Directiva 2000/13/CE del Parlamento Europeo y del Consejo, de 20 de marzo de 2000, relativa a la aproximación de las legislaciones de los Estados miembros

en materia de etiquetado, presentación y publicidad de los productos alimenticios y, según los casos, en el Reglamento (CE) nº 1829/2003 y en el Reglamento (CE) nº 1830/2003 del Parlamento Europeo y del Consejo, de 22 de septiembre de 2003, relativo a la trazabilidad y al etiquetado de organismos modificados genéticamente y a la trazabilidad de los alimentos y piensos producidos a partir de estos. Además, el presente Reglamento debe establecer disposiciones específicas sobre el etiquetado de aromas vendidos como tales al fabricante o al consumidor final.

(25) Las sustancias o los preparados aromatizantes solo podrán llevar la etiqueta "natural" si cumplen determinados criterios a fin de garantizar que no inducen a error a los consumidores.

(26) Deben adoptarse requisitos específicos de información a fin de que no se induzca a error a los consumidores respecto al material de base utilizado en la producción de aromas naturales. En concreto, si se utiliza el término "natural" para describir un aroma, las partes aromatizantes utilizadas deben ser íntegramente de origen natural. Además, debe indicarse en la etiqueta el origen de los aromas, salvo en el caso de que los materiales de base de que se trate no se reconozcan en el aroma o el sabor del alimento. Si se menciona la fuente del aroma, al menos un 95 % de la parte aromatizante debe provenir del material de base citado. Dado que el uso de aromas no debe inducir a error al consumidor, el 5 % restante, como máximo, solo podrá utilizarse a fines de normalización o para dar, por ejemplo, un mayor toque de frescor, fuerza, madurez o verdor al aroma. Cuando a pesar de haber utilizado menos del 95 % de la parte aromatizante procedente de la fuente de que se trate, puede seguir reconociéndose aún el aroma de dicha fuente, esta debe mencionarse conjuntamente con una declaración según la cual se añadieron otros aromas naturales añadidos; por ejemplo, el extracto de cacao al que se han añadido otros aromas naturales para dar un toque de plátano.

(27) Debe informarse a los consumidores si el sabor ahumado del alimento se debe a la presencia de aromas de humo. De conformidad con lo dispuesto en la Directiva 2000/13/CE, el etiquetado no debe inducir a error al consumidor con respecto a si el producto ha sido ahumado mediante un procedimiento tradicional de humo fresco o tratado con aromas de humo. La Directiva 2000/13/CE debe adaptarse para tener en cuenta las definiciones previstas en el presente Reglamento con respecto a los aromas, los aromas de humo y a la utilización del término "natural" para la descripción de los aromas.

(28) A fin de evaluar la seguridad de las sustancias aromatizantes para la salud humana, es esencial disponer de información sobre el consumo y la utilización de sustancias aromatizantes. Conviene, por tanto, controlar periódicamente las cantidades de sustancias aromatizantes que se añaden a los productos alimenticios.

(29) Procede aprobar las medidas necesarias para la ejecución del presente Reglamento con arreglo a la Decisión 1999/468/CE del Consejo, de 28 de junio de 1999, por la que se establecen los procedimientos para el ejercicio de las competencias de ejecución atribuidas a la Comisión.

(30) Conviene, en particular, conferir competencias a la Comisión para que modifique los anexos del presente Reglamento y adopte las medidas transitorias oportunas respecto de la elaboración de la lista comunitaria. Dado que estas medidas son de alcance general y están destinadas a modificar elementos no esenciales del presente Reglamento, incluso completándolo con nuevos elementos no esenciales, deben adoptarse con arreglo al procedimiento de reglamentación con control previsto en el artículo 5 bis de la Decisión 1999/468/CE.

(31) Cuando, por imperiosas razones de urgencia, los plazos normalmente aplicables en el marco del procedimiento de reglamentación con control no puedan respetarse, la Comisión debe poder aplicar el procedimiento de urgencia previsto en el artículo 5 bis, apartado 6, de la Decisión 1999/468/CE para la adopción de las medidas descritas en el artículo 8, apartado 2, y de las modificaciones que deban introducirse en los anexos II a V del presente Reglamento.

(32) Cuando proceda, los anexos II a V del presente Reglamento deben adaptarse a los avances científicos y técnicos, teniendo en cuenta la información proporcionada por los fabricantes y los usuarios de los aromas y la resultante de la vigilancia y los controles de los Estados miembros.

(33) Con objeto de desarrollar y actualizar la legislación comunitaria sobre aromas de manera proporcionada y efectiva, es necesario recopilar datos, intercambiar información y coordinar el trabajo entre los Estados miembros. A tal fin, puede resultar útil realizar

estudios sobre temas específicos para facilitar el proceso de toma de decisiones. Conviene que la Comunidad financie dichos estudios en el marco de su procedimiento presupuestario. La financiación de este tipo de medidas está contemplada en el Reglamento (CE) nº 882/2004.

(34) A la espera del establecimiento de la lista comunitaria, deben adoptarse disposiciones para la evaluación y autorización de sustancias aromatizantes no cubiertas por el programa de evaluación previsto en el Reglamento (CE) nº 2232/96. Es preciso, por tanto, establecer un régimen transitorio que permita evaluar y autorizar dichas sustancias aromatizantes con arreglo al procedimiento establecido en el Reglamento (CE) nº 1331/2008. No obstante, los plazos previstos en dicho Reglamento para que la Autoridad emita su dictamen y para que la Comisión presente al Comité permanente de la cadena alimentaria y de sanidad animal un proyecto de reglamento por el que se actualice la lista comunitaria no deben aplicarse, ya que conviene dar prioridad al programa de evaluación en curso.

(35) Dado que el objetivo del presente Reglamento, a saber, el establecimiento de normas relativas a la utilización de aromas y de determinados ingredientes alimentarios con propiedades aromatizantes en los productos alimenticios, no pueden ser alcanzados de manera suficiente por los Estados miembros y, por consiguiente, en interés de la unidad de mercado y de un elevado nivel de protección de los consumidores, pueden lograrse mejor a nivel comunitario, la Comunidad puede adoptar medidas, de acuerdo con el principio de subsidiariedad consagrado en el artículo 5 del Tratado. De conformidad con el principio de proporcionalidad enunciado en dicho artículo, el presente Reglamento no excede de lo necesario para alcanzar este objetivo.

(36) El Reglamento (CEE) nº 1601/91 del Consejo, de 10 de junio de 1991, por el que se establecen reglas generales relativas a la definición, designación y presentación de vinos aromatizados, de bebidas aromatizadas a base de vino y de cócteles aromatizados de productos vitivinícolas y Reglamento (CE) nº 110/2008 del Parlamento Europeo y del Consejo, de 15 de enero de 2008, relativo a la definición, designación, presentación, etiquetado y protección de la indicación geográfica de bebidas espirituosas y por el que se deroga el Reglamento (CEE) nº 1576/89 del Consejo, deben adaptarse a las nuevas definiciones establecidas en el presente Reglamento.

(37) Procede, por tanto, modificar los Reglamentos (CEE) nº 1601/91 y (CE) nº 2232/96 y (CE) nº 110/2008, así como la Directiva 2000/13/CE, en consecuencia.

HAN ADOPTADO EL PRESENTE REGLAMENTO:

CAPÍTULO I.- OBJETO, ÁMBITO DE APLICACIÓN Y DEFINICIONES

Artículo 1.- *Objeto*

El presente Reglamento establece normas sobre los aromas y los ingredientes alimentarios con propiedades aromatizantes utilizados en los alimentos, a fin de asegurar el funcionamiento eficaz del mercado interior y, al mismo tiempo, garantizar un nivel elevado de protección de la salud humana y un nivel elevado de protección de los consumidores, incluida la protección de los intereses de estos últimos y de las prácticas leales de comercio de productos alimenticios, teniendo en cuenta, cuando proceda, la protección del medio ambiente.

A estos efectos, el presente Reglamento establece:

a) una lista comunitaria de aromas y materiales de base autorizados para su utilización en los alimentos, establecida en el anexo I (denominada en lo sucesivo "la lista comunitaria");

b) las condiciones de utilización de los aromas y los ingredientes alimentarios con propiedades aromatizantes en los alimentos;

c) las normas para el etiquetado de los aromas.

Artículo 2.- *Ámbito de aplicación*

1. El presente Reglamento se aplicará a:

a) los aromas utilizados o destinados a ser utilizados en los alimentos, sin perjuicio de las disposiciones más específicas que establece el Reglamento (CE) nº 2065/2003;

b) los ingredientes alimentarios con propiedades aromatizantes;

c) los alimentos que contienen aromas y los ingredientes alimentarios con propiedades aromatizantes;

d) los materiales de base utilizados para los aromas y para los ingredientes alimentarios con propiedades aromatizantes.

2. El presente Reglamento no se aplicará a:

a) las sustancias que tengan exclusivamente un sabor dulce, ácido o salado;

b) los alimentos crudos;

c) los alimentos no compuestos y las mezclas tales como especias o hierbas frescas, secas o congeladas, las mezclas de té y las mezclas para infusiones como tales, siempre y cuando no se hayan utilizado como ingredientes alimentarios.

Artículo 3.- *Definiciones*

1. A efectos del presente Reglamento, se aplicarán las definiciones establecidas en los Reglamentos (CE) nº 178/2002 y (CE) nº 1829/2003.

2. A efectos del presente Reglamento, se entenderá asimismo por:

a) "aromas", los productos:

i) no destinados al consumo como tales y que se añadan a los alimentos para darles un olor o un sabor o para modificar su olor o sabor,

ii) hechos o constituidos de las siguientes categorías: sustancias aromatizantes, preparados aromatizantes, aromas obtenidos mediante procedimientos térmicos, aromas de humo, precursores de aromas u otros aromas o mezclas de aromas;

b) "sustancia aromatizante", una sustancia química definida que posea propiedades aromatizantes;

c) "sustancia aromatizante natural", sustancia aromatizante obtenida por procedimientos físicos, enzimáticos o microbiológicos apropiados a partir de materias de origen vegetal, animal o microbiológicas en estado natural o transformadas para el consumo humano por uno o varios de los procedimientos tradicionales de preparación de alimentos enumerados en el anexo II. Las sustancias aromatizantes naturales son sustancias que están presentes de manera natural y que han sido identificadas en la naturaleza;

d) "preparación aromatizante", un producto distinto de las sustancias aromatizantes obtenidas de:

i) alimentos mediante procedimientos físicos, enzimáticos o microbiológicos apropiados, a partir de materias en estado natural o transformadas para el consumo humano por uno o varios de los procedimientos tradicionales de preparación de alimentos enumerados en el anexo II, o

ii) material de origen vegetal, animal o microbiológico, distinto de los alimentos, obtenido mediante procedimientos físicos, enzimáticos o microbiológicos apropiados, tomado como tal o preparado mediante uno o varios de los procedimientos tradicionales de preparación de alimentos enumerados en el anexo II;

e) "aroma obtenido por tratamiento térmico", un producto obtenido por calentamiento a partir de una mezcla de ingredientes que en sí mismos no posean necesariamente propiedades aromatizantes y de los cuales al menos uno contenga nitrógeno (amino) y otro sea un azúcar reductor; los ingredientes utilizados para la producción de aromas obtenidos mediante procedimiento térmico pueden ser:

i) alimentos, o

ii) material de base distinto de los alimentos;

f) "aroma de humo", un producto obtenido mediante fraccionamiento y purificación de humo condensado que produce condensados de humo primarios, fracciones primarias de alquitrán y aromas de humo derivados tal como se definen en el artículo 3, puntos 1, 2 y 4, del Reglamento (CE) nº 2065/2003;

g) "precursor de aroma", un producto que no posea necesariamente en sí mismo propiedades aromatizantes, añadido intencionalmente a un alimento con el único propósito de producir un aroma mediante ruptura o por reacción a otros componentes durante la transformación del alimento; puede obtenerse a partir de:

i) alimentos, o

ii) material de base distinto de los alimentos;

h) "otros aromas", aroma añadido o destinado a ser añadido a alimentos para darles un olor o un sabor y que no se incluye en las definiciones b) a g);

i) "ingrediente alimentario con propiedades aromatizantes", un ingrediente alimentario distinto de los aromas que puede añadirse a los alimentos con el propósito fundamental de darles un aroma o modificar el suyo propio y que contribuye significativamente a la presencia en estos alimentos de determinadas sustancias naturales indeseables;

j) "material de base", material de origen vegetal, animal, microbiológico o mineral a partir del cual se producen aromas o ingredientes alimentarios con propiedades aromatizantes; y que puede ser:

i) un alimento, o

ii) material de base distinto de los alimentos;

k) "procedimiento físico apropiado", un procedimiento físico que no modifica intencionalmente la naturaleza química de los componentes del aroma, sin perjuicio de la lista de procedimientos tradicionales de preparación de alimentos del anexo II, y en el que no interviene, entre otros, el uso de oxígeno atómico, ozono, catalizadores inorgánicos, catalizadores metálicos, reactivos organometálicos ni rayos ultravioletas.

3. A efectos de las definiciones enumeradas en el apartado 2, letras d), e), g) y j), se considerarán alimentos en el sentido del presente Reglamento los materiales de base cuya utilización en la producción de aromas ha sido demostrada ampliamente hoy en día.

4. Los aromas pueden contener aditivos alimentarios de los autorizados por el Reglamento (CE) nº 1333/2008 o cualesquiera otros ingredientes alimentarios incorporados con fines tecnológicos.

CAPÍTULO II.- CONDICIONES DE UTILIZACIÓN DE LOS AROMAS, LOS INGREDIENTES ALIMENTARIOS CON PROPIEDADES AROMATIZANTES Y LOS MATERIALES DE BASE

Artículo 4.- *Condiciones generales de utilización de los aromas y los ingredientes alimentarios con propiedades aromatizantes*

Podrán utilizarse en los alimentos únicamente los aromas o ingredientes alimentarios con propiedades aromatizantes que cumplan las siguientes condiciones:

a) que no planteen, según las pruebas científicas disponibles, ningún riesgo de seguridad para la salud de los consumidores, y

b) que su utilización no induzca a error a los consumidores.

Artículo 5.- *Prohibición de aromas y alimentos no conformes*

Queda prohibida la comercialización de aromas o de cualesquiera alimentos en los que estén presentes tales aromas o ingredientes alimentarios con propiedades aromatizantes cuyo uso no sea conforme con el presente Reglamento.

Artículo 6.- *Presencia de determinadas sustancias*

1. Las sustancias enumeradas en la parte A del anexo III no se añadirán en su estado natural a los alimentos.

2. Sin perjuicio de lo dispuesto en el Reglamento (CE) nº 110/2008, los contenidos máximos de algunas sustancias, presentes de manera natural en los aromas y los ingredientes alimentarios con propiedades aromatizantes, en los alimentos compuestos enumerados en la parte B del anexo III no deberán superarse como resultado de la utilización de aromas e ingredientes alimentarios con propiedades aromatizantes en dichos alimentos. Los contenidos máximos de las sustancias establecidas en el anexo III se aplicarán a los alimentos tal como se comercializan, salvo que se indique otra cosa. No obstante lo dispuesto en este principio, en el caso de alimentos deshidratados o concentrados que hayan de reconstituirse, se aplicarán los contenidos máximos a los alimentos ya reconstituidos siguiendo las instrucciones de la etiqueta, teniendo en cuenta el factor mínimo de dilución.

3. Se establecerán disposiciones detalladas de aplicación del apartado 2 con arreglo al procedimiento de reglamentación contemplado en el artículo 21, apartado 2, de acuerdo con el dictamen de la Autoridad Europea de Seguridad Alimentaria (denominada en lo sucesivo "la Autoridad"), cuando proceda.

Artículo 7.- *Utilización de determinados materiales de base*

1. Los materiales de base enumerados en la parte A del anexo IV no se utilizarán en la producción de aromas ni de ingredientes alimentarios con propiedades aromatizantes.

2. Los aromas y los ingredientes alimentarios con propiedades aromatizantes producidos de materiales de base que figuran en la parte B del anexo IV, solo podrán utilizarse en las condiciones establecidas en dicho anexo.

Artículo 8.- *Aromas e ingredientes alimentarios con propiedades aromatizantes para los que no se requiere evaluación ni autorización*

1. De conformidad con el presente Reglamento, los siguientes aromas e ingredientes alimentarios con propiedades aromatizantes podrán utilizarse en los alimentos sin necesidad de evaluación ni autorización, siempre y cuando cumplan lo dispuesto en el artículo 4:

a) los preparados aromatizantes a que se refiere el artículo 3, apartado 2, letra d), inciso i);

b) los aromas obtenidos mediante tratamiento térmico a que se refiere el artículo 3, apartado 2, letra e), inciso i), que cumplen las condiciones relativas a su producción y respetan los contenidos máximos para determinadas sustancias establecidos en el anexo V;

c) los precursores de aromas a los que se refiere el artículo 3, apartado 2, letra g), inciso i);

d) los ingredientes alimentarios con propiedades aromatizantes.

2. Sin perjuicio de lo dispuesto en el apartado 1, si la Comisión, un Estado miembro o la Autoridad tuviera dudas con respecto a la seguridad de un aroma o ingrediente alimentario con propiedades aromatizantes a los que se refiere el apartado 1, la Autoridad llevará a cabo la determinación del riesgo de dicho aroma o ingrediente alimentario con propiedades aromatizantes. En ese caso, se aplicarán *mutatis mutandis* los artículos 4, 5 y 6 del Reglamento (CE) nº 1331/2008. Si es preciso, la Comisión adoptará, a tenor del dictamen de la Autoridad, medidas destinadas a modificar elementos no esenciales del presente Reglamento, incluso completándolo, con arreglo al procedimiento de reglamentación con control contemplado en el artículo 21, apartado 3. Tales medidas se incluirán, según el caso, en los anexos III, IV o V. Por imperiosas razones de urgencia, la Comisión podrá hacer uso del procedimiento de urgencia contemplado en el artículo 21, apartado 4.

CAPÍTULO III.- LISTA COMUNITARIA DE AROMAS Y MATERIALES DE BASE AUTORIZADOS PARA SU UTILIZACIÓN EN LOS ALIMENTOS

Artículo 9.- *Aromas y materiales de base para los que se requiere una evaluación y una autorización*

El presente capítulo se aplicará a:

a) las sustancias aromatizantes:

b) los preparados aromatizantes a que se refiere el artículo 3, apartado 2, letra d), inciso ii);

c) los aromas obtenidos mediante calentamiento de ingredientes incluidos total o parcialmente en el artículo 3, apartado 2, letra e), inciso ii), o que no cumplen las condiciones de producción de los aromas obtenidos por tratamiento térmico o los contenidos máximos de determinadas sustancias indeseables enumeradas en el anexo V;

d) los precursores de aromas a los que se refiere el artículo 3, apartado 2, letra g), inciso ii);

e) otros aromas mencionados en el artículo 3, apartado 2, letra h);

f) materiales de base distintos de los alimentos a que se refiere el artículo 3, apartado 2, letra j), inciso ii).

Artículo 10.- *Lista comunitaria de aromas y materiales de base*

De los aromas y materiales de base contemplados en el artículo 9, podrán comercializarse como tales y utilizarse en los alimentos únicamente los que figuren en la lista comunitaria, respetando las condiciones de utilización que en ella se especifican, cuando proceda.

Artículo 11.- *Inclusión de aromas y materiales de base en la lista comunitaria*

1. Podrán incluirse en la lista comunitaria, de conformidad con el procedimiento previsto en el Reglamento (CE) nº 1331/2008, únicamente los aromas o materiales de base que cumplan las condiciones establecidas en el artículo 4 del presente Reglamento.

2. La entrada relativa a un aroma o un material de base deberá especificar:

a) la identificación del aroma o el material de base autorizado;

b) en su caso, las condiciones en las que puede utilizarse el aroma.

3. La lista comunitaria se modificará de conformidad con el procedimiento mencionado en el Reglamento (CE) nº 1331/2008.

Artículo 12.- *Aromas o materiales de base incluidos en el ámbito de aplicación del Reglamento (CE) nº 1829/2003*

1. Un aroma o material de base comprendido en el ámbito de aplicación del Reglamento (CE) nº 1829/2003 podrá incluirse en la lista comunitaria del anexo I con arreglo al presente Reglamento únicamente tras quedar cubierto por una autorización de conformidad con el Reglamento (CE) nº 1829/2003.

2. Cuando un aroma ya incluido en la lista comunitaria se produzca a partir de una fuente diferente comprendida en el ámbito de aplicación del Reglamento (CE) nº 1829/2003, no se requerirá una nueva autorización en virtud del presente Reglamento, siempre y cuando la nueva fuente esté cubierta por una autorización de conformidad con el Reglamento (CE) nº 1829/2003 y el aroma respete a las especificaciones establecidas en el presente Reglamento.

Artículo 13.- *Decisiones de interpretación*

En caso necesario, se podrá decidir, con arreglo al procedimiento de reglamentación contemplado en el artículo 21, apartado 2:

a) si una sustancia o mezcla de sustancias, un material o un tipo de alimento determinados están o no incluidos en las categorías enumeradas en el artículo 2, apartado 1;

b) la categoría específica de las definidas en el artículo 3, apartado 2, letras b) a j), a que pertenece una sustancia determinada;

c) si un producto concreto pertenece o no a una de las categorías de alimentos o es un alimento de los mencionados en el anexo I o en la parte B del anexo III.

CAPÍTULO IV.- ETIQUETADO

Artículo 14.- *Etiquetado de aromas no destinados a la venta al consumidor final*

1. Los aromas que no se destinen para la venta al consumidor final solo podrán comercializarse con el etiquetado establecido en los artículos 15 y 16, que deberá ser fácilmente visible, claramente legible e indeleble. La información exigida con arreglo al artículo 15 estará expresada en un lenguaje fácilmente comprensible para los compradores.

2. Dentro de su propio territorio, el Estado miembro en donde se comercialice el producto podrá estipular, de conformidad con el Tratado, que la información contemplada en el artículo 15 se proporcione en la lengua o las lenguas oficiales de la Comunidad que el propio Estado miembro determine. Ello no impedirá que tal información se ofrezca en varios idiomas.

Artículo 15.- *Requisitos generales de etiquetado de aromas no destinados a la venta al consumidor final*

1. Cuando los aromas no destinados a la venta al consumidor final se vendan por separado o mezclados entre sí o con otros ingredientes alimentarios, o se les hayan añadido otras sustancias con arreglo al artículo 3, apartado 4, su envase o recipiente deberá llevar la siguiente información:

a) la denominación de venta: el término "aroma", una denominación más específica o una descripción del aroma;

b) la mención "destinado a la alimentación", la mención "uso restringido en los alimentos" o una referencia más específica a su utilización prevista en los alimentos;

c) si es necesario, las condiciones especiales de almacenamiento y de utilización;

d) una indicación que permita identificar la partida o el lote;

e) la enumeración, en orden ponderal decreciente, de:

i) las categorías de aromas presentes, y

ii) los nombres de todas las demás sustancias o materiales del producto o, si procede, sus números E;

f) el nombre o la razón social y la dirección del fabricante, el envasador o el vendedor;

g) una indicación de la cantidad máxima de cada componente o grupo de componentes sujetos a una limitación cuantitativa en los alimentos e información apropiada formulada de manera clara y fácilmente comprensible, que permita al comprador cumplir el presente Reglamento u otra legislación comunitaria pertinente;

h) la cantidad neta;

i) la fecha de duración mínima o la fecha de caducidad;

j) cuando proceda, información sobre un aroma u otras sustancias contempladas en el presente artículo y enumeradas en el anexo III bis de la Directiva 2000/13/CE, por lo que se refiere a la indicación de los ingredientes presentes en los productos alimenticios.

2. No obstante lo dispuesto en el apartado 1, la información exigida en las letras e) y g) de dicho apartado podrá figurar únicamente en los documentos relativos a la partida que deben proporcionarse en el momento de la entrega o con anterioridad a esta, a condición de que aparezca en un lugar fácilmente visible del envase o del recipiente del producto en cuestión la mención "no destinado a la venta al por menor".

3. No obstante lo dispuesto en el apartado 1, cuando los aromas se suministren en cisternas, toda la información podrá figurar únicamente en los documentos relativos a la partida que deben presentarse en el momento de la entrega.

Artículo 16.- *Requisitos específicos para la utilización del término "natural"*

1. Cuando se utilice el término "natural" para describir un aroma en la denominación de venta a la que se refiere el artículo 15, apartado 1, letra a), se aplicará lo dispuesto en los apartados 2 a 6 del presente artículo.

2. El término "natural" solo podrá utilizarse para designar un aroma si la parte aromatizante se compone únicamente de preparados aromatizantes o sustancias aromatizantes naturales.

3. El término "sustancia aromatizante natural" solo podrá utilizarse para los aromas en los que la parte aromatizante contiene exclusivamente sustancias aromatizantes naturales.

4. El término "natural" solo podrá utilizarse en combinación con la referencia a un alimento, categoría de alimentos o fuente de aromas animal o vegetal si la parte aromatizante se ha obtenido totalmente o al menos en un 95 % (p/p) a partir del material de base de que se trate.

La descripción deberá formularse de la siguiente manera: "aroma natural de "alimento(s) o categoría de alimentos o fuente(s)"".

5. El término "aroma natural de "alimento(s) o categoría de alimentos o fuente(s)" con otros aromas naturales" podrá utilizarse únicamente si la parte aromatizante proviene en parte del material de base de que se trate y su aroma es fácilmente reconocible.

6. El término "aroma natural" podrá utilizarse únicamente si la parte aromatizante proviene de diferentes materiales de base y la referencia a los materiales de base no evoquen su aroma o sabor.

Artículo 17.- *Etiquetado de aromas destinados a la venta al consumidor final*

1. Sin perjuicio de lo dispuesto en la Directiva 2000/13/CE, la Directiva 89/396/CEE del Consejo, de 14 de junio de 1989, relativa a las menciones o marcas que permitan identificar el lote al que pertenece un producto alimenticio y el Reglamento (CE) nº 1829/2003, los aromas que se vendan separadamente o mezclados entre sí o con otros ingredientes alimentarios, o a los que se hayan añadido otras sustancias, y que estén destinados a la venta al consumidor final solo podrán comercializarse si sus envases o recipientes incluyen la mención "destinado a la alimentación" o "uso restringido en los alimentos" o una referencia más específica a su utilización prevista en los alimentos, que deberá ser fácilmente visible, claramente legible e indeleble.

2. Cuando se utilice el término "natural" para describir un aroma en la denominación de venta a la que se refiere el artículo 15, apartado 1, letra a), se aplicará lo dispuesto en el artículo 16.

Artículo 18.- *Otros requisitos de etiquetado*

Las disposiciones de los artículos 14 a 17 se aplicarán sin perjuicio de las disposiciones legales, reglamentarias o administrativas más detalladas o más amplias relativas a la metrología o a la presentación, la clasificación, el envasado y el etiquetado de sustancias y de preparados peligrosos o al transporte de tales sustancias y preparados.

CAPÍTULO V.- DISPOSICIONES PROCEDIMENTALES Y APLICACIÓN

Artículo 19.- *Informes que deben presentar los operadores de empresas alimentarias*

1. Todo productor o usuario, o el representante de dicho productor o usuario, de una sustancia aromatizante deberá informar, a petición de la Comisión, de la cantidad de sustancia añadida a los alimentos en la Comunidad en un período de doce meses. La información facilitada en este contexto recibirá un trato confidencial en la medida en que la misma no se requiera para la determinación de la seguridad.

La Comisión pondrá a disposición de los Estados miembros la información sobre los niveles de utilización por categoría específica de alimentos en la Comunidad.

2. En el caso de los aromas ya autorizados conforme al presente Reglamento que se elaboren con métodos de producción o materias primas significativamente diferentes de los incluidos en la determinación de riesgo de la Autoridad, el productor o usuario, si procede, presentará a la Comisión, antes de comercializar el aroma, los datos necesarios para que la Autoridad pueda efectuar una evaluación del mismo atendiendo al nuevo método de producción o a las características modificadas.

3. El productor o usuario de aromas o materiales de base informará inmediatamente a la Comisión de cualquier dato científico o técnico nuevo que haya llegado a su conocimiento y al que tenga acceso y que pueda afectar a la determinación de la seguridad de la sustancia aromatizante.

4. Las disposiciones de aplicación del apartado 1 se adoptarán con arreglo al procedimiento de reglamentación contemplado en el artículo 21, apartado 2.

Artículo 20.- *Seguimiento y presentación de informes por los Estados miembros*

1. Los Estados miembros se dotarán de sistemas que permitan hacer un seguimiento del consumo y el uso de los aromas incluidos en la lista comunitaria, y del consumo de las sustancias enumeradas en el anexo III desde una perspectiva basada en el riesgo, e informarán a la Comisión y a la Autoridad de sus resultados con una periodicidad adecuada.

2. Previa consulta a la Autoridad, se adoptará, de conformidad con el procedimiento de reglamentación contemplado en el artículo 21, apartado 2, y a más tardar el 20 de enero de 2011, un método común de recopilación por los Estados miembros de información sobre la ingesta y la utilización de los aromas incluidos en la lista comunitaria y las sustancias enumeradas en el anexo III.

Artículo 21.- *Procedimiento de comité*

1. La Comisión estará asistida por el Comité permanente de la cadena alimentaria y de sanidad animal.

2. En los casos en que se haga referencia al presente apartado serán de aplicación los artículos 5 y 7 de la Decisión 1999/468/CE, observando lo dispuesto en su artículo 8.

El plazo contemplado en el artículo 5, apartado 6, de la Decisión 1999/468/CE queda fijado en tres meses.

3. En los casos en que se haga referencia al presente apartado, se aplicarán el artículo 5 bis, apartados 1 a 4, y el artículo 7 de la Decisión 1999/468/CE, observando lo dispuesto en su artículo 8.

4. En los casos en que se haga referencia al presente apartado, serán de aplicación el artículo 5 bis, apartados 1, 2, 4 y 6, y el artículo 7 de la Decisión 1999/468/CE, observando lo dispuesto su artículo 8.

Artículo 22.- *Modificaciones de los anexos II a V*

Si es preciso para tener en cuenta los progresos científicos y técnicos se adoptarán, a tenor del dictamen de la Autoridad, modificaciones de los anexos II a V, destinadas a modificar elementos no esenciales del mismo, de conformidad con el procedimiento de reglamentación con control mencionado en el artículo 21, apartado 3.

Por imperiosas razones de urgencia, la Comisión podrá hacer uso del procedimiento de urgencia contemplado en el artículo 21, apartado 4.

Artículo 23.- *Financiación comunitaria de las políticas armonizadas*

La base jurídica para la financiación de las medidas resultantes del presente Reglamento será el artículo 66, apartado 1, letra c), del Reglamento (CE) nº 882/2004.

CAPÍTULO VI.- DISPOSICIONES TRANSITORIAS Y FINALES

Artículo 24.- *Derogaciones*

1. La Directiva 88/388/CEE, la Decisión 88/389/CEE y la Directiva 91/71/CEE quedan derogadas a partir del 20 de enero de 2011.

2. El Reglamento (CE) nº 2232/96 queda derogado a partir de la fecha en que entre en aplicación la lista contemplada en su artículo 2, apartado 2.

3. Las referencias a los actos derogados se entenderán hechas al presente Reglamento.

Artículo 25.- *Incorporación de la lista de sustancias aromatizantes en la lista comunitaria de aromas y materiales de base y régimen transitorio*

1. La lista comunitaria se establecerá incorporando la lista de sustancias aromatizantes contemplada en el artículo 2, apartado 2, del Reglamento (CE) nº 2232/96 en el anexo I del presente Reglamento en el momento de su adopción.

2. A la espera del establecimiento de la lista comunitaria, se aplicará el Reglamento (CE) nº 1331/2008, para la evaluación y la autorización de las sustancias aromatizantes que no estén cubiertas por el programa de evaluación previsto en el artículo 4 del Reglamento (CE) nº 2232/96.

No obstante lo dispuesto en dicho procedimiento, el plazo de nueve meses previsto en el artículo 5, apartado 1, y en el artículo 7 del Reglamento (CE) nº 1331/2008, no se aplicará a dicha evaluación ni autorización.

3. Toda medida transitoria que resulte conveniente y esté destinada a modificar elementos no esenciales del presente Reglamento, incluso completándolo, se adoptará con arreglo al procedimiento de reglamentación con control contemplado en el artículo 21, apartado 3.

Artículo 26.- *Modificación del Reglamento (CEE) nº 1601/91*

El artículo 2, apartado 1, se modifica de la manera siguiente:

1) En la letra a), el primer subguión del tercer guión se sustituye por el texto siguiente:

"— sustancias aromatizantes o preparados aromatizantes, tal como se definen en el artículo 3, apartado 2, letras b) y d), del Reglamento (CE) nº 1334/2008 del Parlamento Europeo y del Consejo, de 16 de diciembre de 2008, relativo a aromas y determinados ingredientes alimentarios con propiedades aromatizantes utilizados en los alimentos, o".

2) En la letra b), el primer subguión del tercer guión se sustituye por el texto siguiente:

"— sustancias aromatizantes o preparados aromatizantes, tal como se definen en el artículo 3, apartado 2, letras b) y d), del Reglamento (CE) nº 1334/2008, o";

3) En la letra c), el primer subguión del segundo guión se sustituye por el texto siguiente:

"— sustancias aromatizantes o preparados aromatizantes, tal como se definen en el artículo 3, apartado 2, letras b) y d), del Reglamento (CE) nº 1334/2008, o".

Artículo 27.- *Modificación del Reglamento (CE) nº 2232/96*

En el artículo 5 del Reglamento (CE) nº 2232/96, el apartado 1 se sustituye por el texto siguiente:

"1. La lista de sustancias aromatizantes prevista en el artículo 2, apartado 2, se adoptará mediante el procedimiento establecido en el artículo 7, a más tardar el 31 de diciembre de 2010.".

Artículo 28.- *Modificación del Reglamento (CE) nº 110/2008*

El Reglamento (CE) nº 110/2008 queda modificado como sigue:

1) En el artículo 5, apartado 2, la letra c) se sustituye por el texto siguiente:

"c) contener sustancias aromatizantes como las que se definen en el artículo 3, apartado 2, letra b), del Reglamento (CE) nº 1334/2008 del Parlamento Europeo y del Consejo, de 16 de diciembre de 2008, sobre los aromas y determinados ingredientes alimentarios con propiedades aromatizantes utilizados en los alimentos, y los preparados aromatizantes definidos en el artículo 3, apartado 2, letra d), de dicho Reglamento;".

2) En el artículo 5, apartado 3, la letra c) se sustituye por el texto siguiente:

"c) contener uno o más aromatizantes de los definidos en el artículo 3, apartado 2, letra a), del Reglamento (CE) nº 1334/2008;".

3) En el anexo I, el punto 9) se sustituye por el texto siguiente:

"9) Aromatización

La operación que consiste en utilizar en la elaboración de una bebida espirituosa uno o varios de los aromas definidos en el artículo 3, apartado 2, letra a), del Reglamento (CE) nº 1334/2008.".

4) El anexo II se modifica como sigue:

a) en el punto 19, la letra c) se sustituye por el texto siguiente:

"c) Otras sustancias aromatizantes como las que se definen en el artículo 3, apartado 2, letra b), del Reglamento (CE) nº 1334/2008 o preparados aromatizantes como los que se definen en el artículo 3, apartado 2, letra b), de dicho Reglamento, o las plantas aromáticas o partes de plantas aromáticas podrán utilizarse como complemento, siempre que los caracteres organolépticos del enebro puedan percibirse, incluso si a veces están atenuados.";

b) en el punto 20, la letra c) se sustituye por el texto siguiente:

"c) En la elaboración del gin, solo podrán utilizarse como complemento sustancias aromatizantes como las que se definen en el artículo 3, apartado 2, letra b), del Reglamento (CE) nº 1334/2008 o los preparados aromatizantes definidos en el artículo 3, apartado 2, letra d), de dicho Reglamento, de forma que el sabor de enebro sea predominante.";

c) en el punto 21, letra a), el inciso ii) se sustituye por el texto siguiente:

"ii) la mezcla del producto de esa destilación con un alcohol etílico de origen agrícola de la misma composición, pureza y grado alcohólico. Para la aromatización del gin destilado podrán utilizarse las sustancias aromatizantes o los preparados aromatizantes especificados en la categoría 20, letra c).";

d) en el punto 23, la letra c) se sustituye por el texto siguiente:

"c) Podrán utilizarse como complemento otras sustancias aromatizantes como las que se definen en el artículo 3, apartado 2, letra b), del Reglamento (CE) nº 1334/2008 o los preparados aromatizantes definidos en el artículo 3, apartado 2, letra d), de dicho Reglamento, pero el sabor de alcaravea deberá ser predominante.";

e) en el punto 24, la letra c) se sustituye por el texto siguiente:

"c) Podrán utilizarse como complemento otras sustancias aromatizantes naturales como las que se definen en el artículo 3, apartado 2, letra c), del Reglamento (CE) nº 1334/2008 o los preparados aromatizantes definidos en el artículo 3, apartado 2, letra d), de dicho Reglamento, pero el aroma de estas bebidas se deberá en gran parte a los destilados de semillas de alcaravea (Carum carvi L.) y/o de semillas de eneldo (Anethum graveolens L.). Estará prohibido el uso de aceites esenciales.";

f) en el punto 30, la letra a) se sustituye por el texto siguiente:

"a) Las bebidas espirituosas de sabor amargo o bitter son las bebidas en las que predomina un sabor amargo, obtenidas de la aromatización del alcohol etílico de origen agrícola con sustancias aromatizantes como las que se definen en el artículo 3, apartado 2, letra b), del Reglamento (CE) nº 1334/2008 o los preparados aromatizantes definidos en el artículo 3, apartado 2, letra d), de dicho Reglamento.";

g) en el punto 32, letra c), el primer párrafo y la parte introductoria del segundo párrafo se sustituyen por el texto siguiente:

"c) Para la elaboración del licor podrán utilizarse las sustancias aromatizantes como las que se definen en el artículo 3, apartado 2, letra b), del Reglamento (CE) nº 1334/2008 y los preparados aromatizantes definidos en el artículo 3, apartado 2, letra d), de dicho Reglamento. No obstante, solo las sustancias aromatizantes naturales como las que se definen en el artículo 3, apartado 2, letra c), del Reglamento (CE) nº 1334/2008 y los preparados aromatizantes definidos en el artículo 3, apartado 2, letra d), de dicho Reglamento podrán utilizarse en la elaboración de los siguientes licores:";

h) en el punto 41, la letra c) se sustituye por el texto siguiente:

"c) En la elaboración de licor a base de huevo o advocaat/avocat/advokat solo podrán utilizarse sustancias aromatizantes como las que se definen en el artículo 3, apartado 2, letra b), del Reglamento (CE) nº 1334/2008 y los preparados aromatizantes definidos en el artículo 3, apartado 2, letra d), de dicho Reglamento.";

i) en el punto 44, la letra a) se sustituye por el texto siguiente:

"a) El väkevä glögi o spritglögg es una bebida espirituosa obtenida por aromatización de alcohol etílico de origen agrícola con aroma de clavo o canela utilizando uno de los procedimientos siguientes: maceración o destilación, nueva destilación del alcohol en presencia de partes de las plantas antes mencionadas, añadido de sustancias aromatizantes como las que se definen en el artículo 3, apartado 2, letra c), del Reglamento (CE) nº 1334/2008 de clavo o canela, o una combinación de estos procedimientos.";

j) en el punto 44, la letra c) se sustituye por el texto siguiente:

"c) Podrán utilizarse como complemento otros aromas, sustancias aromatizantes o preparados aromatizantes como los que se definen en el artículo 3, apartado 2, letras b), d) y h), del Reglamento (CE) nº 1334/2008, pero el aroma de las especias mencionadas deberá ser predominante.";

k) en el punto c) de los apartados 25, 26, 27, 28, 29, 33, 34, 35, 36, 37, 38, 39, 40, 42, 43, 45 y 46, la palabra "sustancias" se sustituirá por "sustancias aromatizantes".

Artículo 29.- *Modificación de la Directiva 2000/13/EC*

En la Directiva 2000/13/CE, el anexo III se sustituye por el texto siguiente:

"ANEXO III.- DESIGNACIÓN DE LOS AROMAS EN LA LISTA DE INGREDIENTES

1. No obstante lo dispuesto en al apartado 2, los aromas serán designados por los términos:

- "aromas" o una designación o descripción más específica del aroma, si el componente aromatizante contiene aromas tal y como se definen en el artículo 3, apartado 2, letras b), c), d), e), f), g) y h), del Reglamento (CE) nº 1334/2008 del Parlamento Europeo y del Consejo, de 16 de diciembre de 2008, relativo a aromas y determinados ingredientes alimentarios con propiedades aromatizantes utilizados en los alimentos ,
- "aroma(s) de humo" o "aroma(s) de humo producidos a partir de alimentos o categorías o fuentes de alimentos" [por ejemplo, aroma(s) de humo a partir de haya] si la parte aromatizante contiene aromas tal como se definen en el artículo 3, apartado 2, letra f), del Reglamento (CE) nº 1334/2008 y confieren un sabor ahumado a los alimentos.

2. El término "natural" para describir los aromas se utilizará con arreglo a lo dispuesto en el artículo 16 del Reglamento (CE) nº 1334/2008.".

Artículo 30.- *Entrada en vigor*

El presente Reglamento entrará en vigor a los veinte días de su publicación en el Diario Oficial de la Unión Europea.

Será aplicable a partir del 20 de enero de 2011.

El artículo 10 se aplicará a partir de la fecha de aplicación de la lista comunitaria.

Los artículos 26 y 28 se aplicarán a partir de la fecha de aplicación de la lista comunitaria.

El artículo 22 se aplicará a partir del 20 de enero de 2009. Los alimentos comercializados o etiquetados legalmente antes del 20 de enero de 2011 que no se ajusten al mismo, podrán comercializarse hasta la fecha de duración mínima o de caducidad.

El presente Reglamento será obligatorio en todos sus elementos y directamente aplicable en cada Estado miembro.

ANEXO I.-

Lista comunitaria de aromas y materiales de base autorizados para su utilización en los alimentos

[Anexo no reproducido en la presente publicación]

ANEXO II.-

Lista de procedimientos tradicionales de preparación de alimentos

[Anexo no reproducido en la presente publicación]

ANEXO III.-

Presencia de determinadas sustancias

[Anexo no reproducido en la presente publicación]

ANEXO IV.-

Lista de materiales de base a los que se aplican restricciones de utilización en la producción de aromas e ingredientes alimentarios con propiedades aromatizantes

[Anexo no reproducido en la presente publicación]

ANEXO V.-

Condiciones de producción de los aromas obtenidos por tratamiento térmico y contenidos máximos de estos aromas en determinadas sustancias

[Anexo no reproducido en la presente publicación]

23 de abril de 2009.- Directiva nº 2009/32/CE

del Parlamento Europeo y del Consejo,

relativa a la aproximación de las legislaciones de los Estados miembros sobre los disolventes de extracción utilizados en la fabricación de productos alimenticios y de sus ingredientes

(D.O. L 141, 6 de junio de 2009)

[V.C. 16/09/2010]

EL PARLAMENTO EUROPEO Y EL CONSEJO DE LA UNIÓN EUROPEA,

Visto el Tratado constitutivo de la Comunidad Europea y, en particular, su artículo 95,

Vista la propuesta de la Comisión,

Visto el dictamen del Comité Económico y Social Europeo,

De conformidad con el procedimiento establecido en el artículo 251 del Tratado,

Considerando lo siguiente:

(1) La Directiva 88/344/CEE del Consejo, de 13 de junio de 1988, relativa a la aproximación de las legislaciones de los Estados miembros sobre los disolventes de extracción utilizados en la fabricación de productos alimenticios y de sus ingredientes, ha sido modificada de forma sustancial en varias ocasiones. Con motivo de nuevas modificaciones de dicha Directiva, conviene, en aras de la claridad, proceder a la refundición de las disposiciones de la misma.

(2) Las diferencias entre las legislaciones nacionales sobre los disolventes de extracción obstaculizan la libre circulación de los productos alimenticios y pueden conducir a condiciones desiguales de competencia que afecten al funcionamiento del mercado interior.

(3) La aproximación de las legislaciones es, por consiguiente, necesaria para permitir la libre circulación de los productos alimenticios.

(4) Las legislaciones sobre los disolventes de extracción destinados a ser utilizados en los productos alimenticios deben tener en cuenta principalmente las normas relativas a la salud humana, pero también, dentro de los límites exigidos para la protección de la salud, las necesidades económicas y técnicas.

(5) Dicha aproximación debería implicar el establecimiento de una lista única de disolventes de extracción para la preparación de productos alimenticios o de otros ingredientes alimenticios. Conviene también especificar los criterios generales de pureza.

(6) El empleo de un disolvente de extracción en condiciones de buenas prácticas de fabricación debería tener como resultado la eliminación de la totalidad o de la mayor parte de los residuos de disolventes en los productos alimenticios o en sus ingredientes.

(7) En tales condiciones, la presencia de residuos o de derivados en el producto final del producto alimenticio o del ingrediente puede ser involuntaria aunque técnicamente inevitable.

(8) Una limitación específica, aun siendo útil en general, no es necesaria en el caso de las sustancias indicadas en la parte I del anexo I y admitidas desde el punto de vista de la seguridad para el consumidor si se utilizan en condiciones de buenas prácticas de fabricación.

(9) Conviene, desde la perspectiva de la protección de la salud pública, determinar las condiciones de empleo de otros disolventes de extracción indicados en las partes II y III del anexo I y los valores máximos de residuos permitidos en los productos alimenticios y sus ingredientes.

(10) Conviene definir criterios específicos de pureza para los disolventes de extracción así como métodos de análisis y toma de muestras de los disolventes de extracción en y sobre los productos alimenticios.

(11) Si la utilización de un disolvente de extracción previsto en la presente Directiva pareciere, a la vista de nuevas informaciones, que puede constituir un riesgo para la salud, los Estados miembros deberían poder suspender o limitar su utilización o reducir los límites previstos a la espera de una decisión a nivel comunitario.

(12) Procede aprobar las medidas necesarias para la ejecución de la presente Directiva con arreglo a la Decisión 1999/468/CE del Consejo, de 28 de junio de 1999, por la que se establecen los procedimientos para el ejercicio de las competencias de ejecución atribuidas a la Comisión.

(13) Conviene, en particular, conferir competencias a la Comisión para que modifique la lista de disolventes de extracción que puedan usarse en el procesado de materias primas, la fabricación de productos alimenticios, sus componentes e ingredientes y la especificación de sus condiciones de utilización y sus contenidos máximos en residuos, y para adoptar criterios generales y específicos de pureza para los disolventes de extracción y los métodos de análisis necesarios para verificar el cumplimiento de los criterios generales y específicos de pureza, así como los métodos de análisis y de muestreo de los disolventes de extracción dentro y sobre los productos alimenticios. Dado que estas medidas son de alcance general y están destinadas a modificar elementos no esenciales de la presente Directiva, completándola con nuevos elementos no esenciales, deben adoptarse con arreglo al procedimiento de reglamentación con control previsto en el artículo 5 bis de la Decisión 1999/468/CE.

(14) Por razones de eficacia, los plazos normalmente aplicables en el marco del procedimiento de reglamentación con control deben abreviarse para la adopción de modificaciones de la lista de disolventes de extracción que puedan usarse en el procesado de materias primas, la fabricación de productos alimenticios, sus componentes e ingredientes y la especificación de sus condiciones de utilización y sus contenidos máximos en residuos, y para adoptar criterios generales y específicos de pureza para los disolventes de extracción.

(15) Cuando, por imperiosas razones de urgencia, en particular cuando exista un riesgo para la salud y los plazos normalmente aplicables en el marco del procedimiento de reglamentación con control no puedan respetarse, la Comisión debe poder hacer uso del procedimiento de urgencia establecido en el artículo 5 bis, apartado 6, de la Decisión 1999/468/CE para la adopción de modificaciones de la lista de los disolventes de extracción que puedan usarse en el procesado de materias primas, la fabricación de productos alimenticios, sus componentes e ingredientes y la especificación de sus condiciones de utilización y sus contenidos máximos en residuos, y para adoptar criterios generales y específicos de pureza para los disolventes de extracción, así como para la adopción de modificaciones de la presente Directiva cuando se establezca que el uso en productos alimenticios de cualquier sustancia que figure en la lista del anexo I o el nivel de uno o más componentes contemplados en el artículo 3 contenidos en dichas sustancias, pueda poner en peligro la salud humana aún cuando cumpla con las condiciones establecidas en la presente Directiva.

(16) Los nuevos elementos introducidos en la presente Directiva se refieren únicamente a los procedimientos de comité. Por consiguiente, no es preciso que sean objeto de transposición por parte de los Estados miembros.

(17) La presente Directiva no debe afectar a las obligaciones de los Estados miembros relativas a los plazos de transposición al Derecho nacional de las Directivas que figuran en la parte B del anexo II.

HAN ADOPTADO LA PRESENTE DIRECTIVA:

Artículo 1

1. La presente Directiva se aplicará a los disolventes de extracción utilizados o destinados a ser utilizados en la fabricación de productos alimenticios o de sus ingredientes.

La presente Directiva no se aplicará a los disolventes de extracción utilizados para la producción de aditivos alimenticios, de vitaminas y de otros aditivos nutritivos salvo en el caso de que estos aditivos alimenticios, vitaminas y otros aditivos nutritivos figuren en una de las listas del anexo I.

No obstante, los Estados miembros velarán por que la utilización de aditivos alimenticios, de vitaminas y de otros aditivos nutritivos no genere en los productos alimenticios residuos de disolventes de extracción con contenidos peligrosos para la salud humana.

La presente Directiva se aplicará sin perjuicio de las disposiciones adoptadas en virtud de normas comunitarias más específicas.

2. A efectos de la presente Directiva, se entenderá por:

a) «disolvente»: cualquier sustancia capaz de disolver un producto alimenticio o cualquier componente de un producto alimenticio, incluido cualquier agente contaminante presente en dicho producto alimenticio;

b) «disolvente de extracción»: un disolvente utilizado en el proceso de extracción durante el tratamiento de materias primas, de productos alimenticios, de componentes o de ingredientes de dichos productos, que se elimine y que pueda provocar la presencia, involuntaria pero técnicamente inevitable, de residuos o de derivados en el producto alimenticio o en el ingrediente.

Artículo 2

1. Los Estados miembros autorizarán la utilización, como disolventes de extracción en la fabricación de productos alimenticios o de sus ingredientes, de las sustancias y materias enumeradas en el anexo I, en las condiciones de empleo y el respeto de los límites máximos de residuos que eventualmente se precisen en dicho anexo.

Los Estados miembros no podrán, por razones relativas a los disolventes de extracción utilizados, o sus residuos, que respondan a las disposiciones de la presente Directiva, prohibir, restringir u obstaculizar la comercialización de productos alimenticios o de sus ingredientes.

2. Los Estados miembros prohibirán la utilización, como disolventes de extracción, de otras sustancias y materias diferentes de los disolventes de extracción enumerados en el anexo I y no podrán ampliar estas condiciones de utilización ni los límites máximos de residuos admisibles más allá de lo indicado.

3. El agua, a la que podrán haberse añadido sustancias que regulen la acidez o la alcalinidad, así como otras sustancias que posean propiedades disolventes, estarán autorizadas como disolventes de extracción en la fabricación de productos alimenticios o de sus ingredientes.

Artículo 3

Los Estados miembros adoptarán todas las medidas necesarias para garantizar que las sustancias y materias que figuran en el anexo I como disolventes de extracción observen los siguientes criterios generales y específicos de pureza:

a) que no contengan una cantidad toxicológicamente peligrosa de cualquier elemento o sustancia;

b) sin perjuicio de cualquier excepción eventualmente previstas por los criterios de pureza específicos adoptados de conformidad con el artículo 4, letra d), que no contengan más de 1 mg/kg de arsénico o más de 1 mg/kg de plomo;

c) que respondan a los criterios específicos de pureza adoptados de conformidad con el artículo 4, letra d).

Artículo 4

La Comisión adoptará lo siguiente:

a) las modificaciones del anexo I que sean necesarias teniendo en cuenta el progreso científico y técnico en el ámbito de la utilización de los disolventes, de sus condiciones de utilización y de sus contenidos máximos en residuos;

b) los métodos de análisis necesarios para controlar la observancia de los criterios generales y específicos de pureza establecidos en el artículo 3;

c) el procedimiento para la toma de muestras y los métodos de análisis cualitativo y cuantitativo de los disolventes de extracción enumerados en el anexo I y utilizados en los productos o en los ingredientes;

d) en caso necesario, los criterios específicos de pureza de los disolventes de extracción enumerados en el anexo I.

Las medidas contempladas en el párrafo primero, letras b) y c), destinadas a modificar elementos no esenciales de la presente Directiva, incluso completándola, se adoptarán con arreglo al procedimiento de reglamentación con control contemplado en el artículo 6, apartado 2.

Las medidas contempladas en el párrafo primero, letras a) y d), destinadas a modificar elementos no esenciales de la presente Directiva, incluso completándola, se adoptarán con arreglo al procedimiento de reglamentación con control contemplado en el artículo 6, apartado 3.

Cuando sea necesario, las medidas contempladas en el párrafo primero, letras a) y d), se adoptarán con arreglo al procedimiento de urgencia contemplado en el artículo 6, apartado 4.

Artículo 5

1. Si, debido a nuevas informaciones o a una nueva valoración de las informaciones existentes efectuada tras la adopción de la presente Directiva, un Estado miembro tuviere motivos precisos que le permitan establecer que el empleo, en los productos alimenticios, de alguna de las sustancias contempladas en el anexo I o que la presencia en dichas sustancias de uno a varios de los elementos contemplados en el artículo 3 pudiere perjudicar a la salud humana, a pesar de que se respeten las condiciones previstas en la presente Directiva, el Estado miembro mencionado podrá suspender o limitar temporalmente la aplicación de las disposiciones de que se trate en su territorio. Informará de ello inmediatamente a los demás Estados miembros y a la Comisión, exponiendo las razones de su decisión.

2. La Comisión examinará lo antes posible los motivos alegados por el Estado miembro de que se trate y consultará al Comité contemplado en el artículo 6, apartado 1, e, inmediatamente después, emitirá un dictamen y adoptará las medidas adecuadas que podrán sustituir las medidas contempladas en el apartado 1 del presente artículo.

3. Si la Comisión estimare necesarias modificaciones en la presente Directiva para resolver las dificultades mencionadas en el apartado 1 y garantizar la protección de la salud humana, adoptará dichas modificaciones.

Estas medidas, destinadas a modificar elementos no esenciales de la presente Directiva se adoptarán de conformidad con el procedimiento de urgencia contemplado en el artículo 6, apartado 4.

Todo Estado miembro que hubiere adoptado medidas de salvaguardia podrá aplicarlas hasta la entrada en vigor de dichas modificaciones en su territorio.

Artículo 6

1. La Comisión estará asistida por el Comité permanente de la cadena alimentaria y sanidad animal establecido por el artículo 58 del Reglamento (CE) nº 178/2002 del Parlamento Europeo y del Consejo, de 28 de enero de 2002, por el que se establecen los principios y los requisitos generales de la legislación alimentaria, se crea la Autoridad Europea de Seguridad Alimentaria y se fijan procedimientos relativos a la seguridad alimentaria.

2. En los casos en que se haga referencia al presente apartado, serán de aplicación el artículo 5 bis, apartados 1 a 4, y el artículo 7 de la Decisión 1999/468/CE, observando lo dispuesto en su artículo 8.

3. En los casos en los que se haga referencia al presente apartado, serán de aplicación el artículo 5 bis, apartados 1 a 4, y apartado 5, letra b), y el artículo 7 de la Decisión 1999/468/CE, observando lo dispuesto en su artículo 8.

Los plazos previstos en el artículo 5 bis, apartado 3, letra c), y apartado 4, letras b) y e), de la Decisión 1999/468/CE quedan fijados en dos meses, un mes y dos meses respectivamente.

4. En los casos en que se haga referencia al presente apartado, serán de aplicación el artículo 5 bis, apartados 1, 2, 4 y 6, y el artículo 7 de la Decisión 1999/468/CE, observando lo dispuesto en su artículo 8.

Artículo 7

1. Los Estados miembros adoptarán todas las disposiciones útiles a fin de garantizar que las sustancias enumeradas en el anexo I y destinadas, en calidad de disolventes de extracción, para uso alimentario no puedan comercializarse a no ser que sus envases, recipientes o etiquetas lleven inscritas las siguientes menciones de manera que sean fácilmente visibles, claramente legibles e indelebles:

a) la denominación de venta indicada en el anexo I;

b) una mención clara que indique que la sustancia es de la calidad apropiada para utilizarse en la extracción de productos alimenticios o de sus ingredientes;

c) una mención que permita identificar el lote;

d) el nombre o la razón social y la dirección del fabricante, del envasador o de un vendedor establecido en el interior de la Comunidad;

e) la cantidad neta expresada en unidades de volumen;

f) en caso necesario, las normas particulares de conservación o de utilización.

2. No obstante lo dispuesto en el apartado 1, las menciones indicadas en las letras c), d), e) y f) de dicho apartado solo podrán figurar en los documentos comerciales relativos al lote, que se facilitarán antes o en el momento de la entrega.

3. El presente artículo no afectará a las disposiciones comunitarias, más precisas o más amplias, relativas a la metrología o a la clasificación, así como al envasado y al etiquetado de sustancias y mezclas peligrosas.

4. Los Estados miembros se abstendrán de precisar, más allá de lo que se prevé en el presente artículo, las modalidades según las cuales deben indicarse las menciones previstas.

Sin embargo, cada Estado miembro se encargará de prohibir en su territorio la venta al usuario de disolventes de extracción cuando las menciones previstas en el presente artículo no aparezcan en un idioma fácilmente comprensible por los usuarios, excepto cuando la información del usuario se garantice a través de otras medidas. Esta disposición no impedirá que dichas menciones se indiquen en varios idiomas.

Artículo 8

1. La presente Directiva se aplicará también a los disolventes de extracción que se utilicen o que se destinen a la fabricación de productos alimenticios o de sus ingredientes importados en la Comunidad.

2. La presente Directiva no se aplicará ni a los disolventes de extracción ni a los productos alimenticios destinados a la exportación fuera de la Comunidad.

Artículo 9

Queda derogada la Directiva 88/344/CEE modificada por los actos que figuran en la lista de la parte A del anexo II, sin perjuicio de las obligaciones de los Estados miembros en cuanto a los plazos de transposición al Derecho nacional de la Directivas que figuran en la parte B del anexo II.

Las referencias hechas a la Directiva derogada se entenderán hechas a la presente Directiva con arreglo a la tabla de correspondencias que figura en el anexo III.

Artículo 10

La presente Directiva entrará en vigor a los veinte días de su publicación en el Diario Oficial de la Unión Europea.

Artículo 11

Los destinatarios de la presente Directiva son los Estados miembros.

ANEXO I.-

Disolventes de extracción cuya utilización está autorizada para el tratamiento de materias primas, de productos alimenticios o de componentes de productos alimenticios o de sus ingredientes

[Anexo no reproducido en la presente publicación]

ANEXO II

[Anexo no reproducido en la presente publicación]

ANEXO III.-

Tabla de correspondencias

[Anexo no reproducido en la presente publicación]

Selección de documentos no reproducidos

Primera Directiva n° 85/503/CEE de la Comisión, de 25 de octubre de 1985, relativa a métodos de análisis de caseínas y caseinatos alimentarios.

Primera Directiva n° 86/424/CEE de la Comisión de 15 de julio de 1986, por la que se establecen los procedimientos comunitarios de toma de muestras destinadas a análisis químicos para caseínas y caseinatos comestibles.

Directiva n°95/45/CE de la Comisión, de 26 de julio de 1995, por la que se establecen criterios específicos de pureza en relación con los colorantes utilizados en los productos alimenticios [V.C. 10/04/2006].

Reglamento (CE) n° 1037/2001 del Consejo, de 22 de mayo de 2001, por el que se autoriza la oferta y la entrega para el consumo humano directo de determinados vinos importados que pueden haber sido sometidos a prácticas enológicas no previstas en el Reglamento (CE) n° 1493/1999 [V.C. 21/12/2005].

Reglamento (CE) n° 1895/2005 de la Comisión, de 18 de noviembre de 2005, relativo a la restricción en el uso de determinados derivados epoxídicos en materiales y objetos destinados a entrar en contacto con productos alimenticios.

Reglamento (CE) n° 1881/2006 de la Comisión, de 19 de diciembre de 2006 , por el que se fija el contenido máximo de determinados contaminantes en los productos alimenticios [V.C. 01/07/2010].

Directiva 2007/42/CE de la Comisión, de 29 de junio de 2007 , relativa a los materiales y objetos de película de celulosa regenerada destinados a entrar en contacto con productos alimenticios.

Reglamento (CE) n° 440/2008 de la Comisión, de 30 de mayo de 2008, por el que se establecen métodos de ensayo de acuerdo con el Reglamento (CE) n° 1907/2006 del Parlamento Europeo y del Consejo relativo al registro, la evaluación, la autorización y la restricción de las sustancias y preparados químicos (REACH) [V.C. 12/12/2010].

Directiva 2008/60/CE de la Comisión, de 17 de junio de 2008, por la que se establecen criterios específicos de pureza de los edulcorantes que pueden emplearse en los productos alimenticios [V.C. 08/07/2010].

Directiva 2008/84/CE de la Comisión, de 27 de agosto de 2008, por la que se establecen criterios específicos de pureza de los aditivos alimentarios distintos de los colorantes y edulcorantes [V.C. 10/11/2010].

Reglamento (CE) n° 953/2009 de la Comisión, de 13 de octubre de 2009, sobre sustancias que pueden añadirse para fines de nutrición específicos en alimentos destinados a una alimentación especial [*Véase el texto reproducido en el Capítulo 6 de la presente obra*].

Reglamento (UE) n° 37/2010 de la Comisión de 22 de diciembre de 2009 relativo a las sustancias farmacológicamente activas y su clasificación por lo que se refiere a los límites máximos de residuos en los productos alimenticios de origen animal [V.C. 14/05/2012].

Reglamento (UE) n° 1129/2011 de la Comisión, de 11 de noviembre de 2011, por el que se modifica el anexo II del Reglamento (CE) n° 1333/2008 del Parlamento Europeo y del Consejo para establecer una lista de aditivos alimentarios de la Unión.

Reglamento (UE) n° 1130/2011 de la Comisión, de 11 de noviembre de 2011, por el que se modifica el Reglamento (CE) n° 1333/2008 del Parlamento Europeo y del Consejo, sobre aditivos alimentarios, para establecer una lista de aditivos alimentarios de la Unión autorizados para ser empleados en aditivos alimentarios, enzimas alimentarias, aromas alimentarios y nutrientes.

Reglamento (UE) n° 231/2012 de la Comisión, de 9 de marzo de 2012, por el que se establecen especificaciones para los aditivos alimentarios que figuran en los anexos II y III del Reglamento (CE) n° 1333/2008 del Parlamento Europeo y del Consejo.

Reglamento de Ejecución (UE) n° 307/2012 de la Comisión, de 11 de abril de 2012, por el que se establecen normas de desarrollo para la aplicación del artículo 8 del Reglamento (CE) n° 1925/2006 del Parlamento Europeo y del Consejo, sobre la adición de vitaminas y minerales y de otras sustancias determinadas a los alimentos.

Capítulo 3.- Biotecnologías

A.- Reglas Generales

6 de julio de 1998.- Directiva nº 98/44/CE
del Parlamento Europeo y del Consejo,
relativa a la protección jurídica de las invenciones biotecnológicas
(D.O. L 213, 30 de julio de 1998)

TJUE, 18 de octubre de 2011, Asunto C-34/10, Oliver Brüstle contra Greenpeace eV. [Interpretación del Art. 6(2)(c)].
TJUE, 6 de julio de 2010, Asunto C-428/08, Monsanto Technology LLC contra Cefetra BV y otros. [Interpretación del Art. 9]
TJUE, 16 de junio de 2005, Asunto C-456/03, Comisión de las Comunidades Europeas contra República Italiana. [Incumplimiento de Estado - No adaptación del ordenamiento jurídico interno - Arts. 3(1), 5(2), 6(2) y 8 al 12]

EL PARLAMENTO EUROPEO Y EL CONSEJO DE LA UNIÓN EUROPEA,

Visto el Tratado constitutivo de la Comunidad Europea y, en particular, su artículo 100 A,

Vista la propuesta de la Comisión,

Visto el dictamen del Comité Económico y Social,

De conformidad con el procedimiento establecido en el artículo 189 B del Tratado,

(1) Considerando que la biotecnología y la ingeniería genética desempeñan una función cada vez más importante en un número considerable de actividades industriales y que la protección de las invenciones biotecnológicas tendrá sin duda una importancia capital para el desarrollo industrial de la Comunidad;

(2) Considerando que, especialmente en el ámbito de la ingeniería genética, la investigación y el desarrollo exigen una suma considerable de inversiones de alto riesgo que sólo pueden rentabilizarse con una protección jurídica adecuada;

(3) Considerando que una protección eficaz y armonizada en el conjunto de los Estados miembros es esencial para mantener e impulsar la inversión en el ámbito de la biotecnología;

(4) Considerando que, a raíz de que el Parlamento Europeo rechazase el texto conjunto, aprobado por el Comité de conciliación, de la Directiva del Parlamento Europeo y del Consejo relativa a la protección jurídica de las invenciones biotecnológicas, el Parlamento Europeo y el Consejo han comprobado que la protección jurídica de las invenciones biotecnológicas exige una aclaración;

(5) Considerando que existen divergencias en el ámbito de la protección jurídica de las invenciones biotecnológicas entre las legislaciones y prácticas de los Estados miembros; que tales disparidades podrían ocasionar obstáculos a los intercambios y, por consiguiente, entorpecer el funcionamiento del mercado interior;

(6) Considerando que tales disparidades podrían incrementarse a medida que los Estados miembros adopten nuevas leyes y prácticas administrativas diferentes o que sus interpretaciones jurisprudenciales nacionales se desarrollen de manera diversa;

(7) Considerando que una evolución heterogénea de las legislaciones nacionales relativas a la protección jurídica de las invenciones biotecnológicas en la Comunidad amenaza con desincentivar aún más los intercambios comerciales en detrimento del desarrollo industrial de estas invenciones y del buen funcionamiento del mercado interior;

(8) Considerando que la protección jurídica de las invenciones biotecnológicas no requiere el establecimiento de un Derecho específico que sustituya al Derecho nacional de patentes; que dicho Derecho nacional de patentes sigue siendo la referencia básica para la protección jurídica de las invenciones biotecnológicas, dando por sentado que ha de ser completado o adaptado en determinados aspectos específicos para tener en cuenta de forma adecuada la evolución de la tecnología que, aunque utiliza materia biológica, cumple, sin embargo, las condiciones de patentabilidad;

(9) Considerando que en determinados casos, como es la exclusión de la patentabilidad de las variedades vegetales y de razas de animales y de los procedimientos esencialmente biológicos de obtención de plantas y animales, determinados conceptos de las legislaciones nacionales procedentes de los convenios internacionales relativos a las patentes y a las variedades vegetales han creado incertidumbre en lo relativo a la protección de las invenciones biotecnológicas y de determinadas invenciones microbiológicas; que asimismo es necesaria la armonización en ese ámbito, para atajar tal estado de incertidumbre;

(10) Considerando que conviene tener en cuenta el potencial de desarrollo que la biotecnología tiene para el medio ambiente y, en particular, su utilidad para el desarrollo de métodos de cultivo del suelo menos contaminantes y más rentables; que conviene fomentar mediante el sistema de patentes la investigación y la aplicación de dichos procedimientos;

(11) Considerando que el desarrollo de las biotecnologías es importante para los países en desarrollo, tanto en el ámbito de la salud y la lucha contra las grandes epidemias y endemias como de la lucha contra el hambre en el mundo; que es asimismo oportuno impulsar, mediante el sistema de patentes, la investigación en estos ámbitos; que conviene, por otra parte, fomentar mecanismos internacionales que garanticen la difusión de estas tecnologías en el Tercer Mundo en provecho de la población afectada;

(12) Considerando que el Acuerdo sobre los aspectos de los Derechos de propiedad intelectual relacionados con el comercio (Acuerdo ADPIC), firmado por la Comunidad Europea y sus Estados miembros, ha entrado en vigor; que dicho Acuerdo prevé que la protección a través de patentes quede garantizada para los productos y procedimientos en todos los ámbitos de la tecnología;

(13) Considerando que el marco jurídico comunitario para la protección de las invenciones biotecnológicas puede circunscribirse a la definición de determinados principios aplicables a la patentabilidad de la materia biológica como tal, principios cuyo objetivo principal consiste en determinar la diferencia entre invenciones y descubrimientos en relación con la patentabilidad de determinados elementos de origen humano, al alcance de la protección conferida por una patente sobre una invención biotecnológica, a la posibilidad de recurrir a un sistema de depósito que complete la descripción escrita y, por último, a la posibilidad de obtener licencias obligatorias no exclusivas por dependencia entre variedades vegetales e invenciones, y a la inversa;

(14) Considerando que una patente de invención no autoriza a su titular a dar aplicación a la invención, sino que se limita a conferirle el derecho de prohibir a terceros su explotación con fines industriales y comerciales y que, por consiguiente, el Derecho de patentes no puede sustituir ni dejar sin efecto las legislaciones nacionales, europeas o internacionales que fijan, en su caso, limitaciones o prohibiciones, o que organizan el control de la investigación y de la utilización o comercialización de sus resultados, especialmente con relación a los requisitos de salud pública, seguridad, protección del medio ambiente, protección de los animales, conservación de la diversidad genética y respeto de determinadas normas éticas;

(15) Considerando que ni el Derecho nacional ni el Derecho europeo de patentes (Convenio de Munich) contemplan en principio la prohibición o exclusión de la patentabilidad de la materia biológica;

(16) Considerando que el Derecho de patentes se ha de ejercer respetando los principios fundamentales que garantizan la dignidad y la integridad de las personas, que es preciso reafirmar el principio según el cual el cuerpo humano, en todos los estadios de su constitución y de su desarrollo, incluidas las células germinales, así como el simple descubrimiento de uno de sus elementos o de uno de sus productos, incluida la secuencia o la secuencia parcial de un gen humano, no son patentables; que estos principios concuerdan con los criterios de patentabilidad previstos por el Derecho de patentes, en virtud de los cuales un simple descubrimiento no puede ser objeto de una patente;

(17) Considerando que ya se han realizado avances decisivos en el tratamiento de las enfermedades, merced a la existencia de medicamentos derivados de elementos aislados del cuerpo humano y/o producidos de otro modo, de medicamentos que son producto de procedimientos técnicos destinados a obtener elementos de una estructura similar a la de los elementos naturales que existen en el cuerpo humano; que, por consiguiente, conviene fomentar, mediante el sistema de patentes, la investigación conducente a la obtención y aislamiento de los elementos valiosos para la producción de medicamentos;

(18) Considerando que, dado que el sistema de patentes no basta para fomentar la investigación y producción de medicamentos biotecnológicos necesarios para luchar contra las enfermedades raras o denominadas «huérfanas», la Comunidad y sus Estados miembros tienen la obligación de ofrecer una respuesta adecuada a este problema;

(19) Considerando que se ha tenido en cuenta el dictamen n° 8 del Grupo europeo de ética de la ciencia y de las nuevas tecnologías de la Comisión;

(20) Considerando, por lo tanto, que es necesario indicar que no queda excluida la posibilidad de patentar las invenciones susceptibles de aplicación industrial que se refieran a un elemento aislado del cuerpo humano o producido de otra forma mediante un procedimiento técnico, aun en el caso de que la estructura de este elemento sea idéntica a la de un elemento natural, dando por sentado que los derechos de la patente no pueden abarcar el cuerpo humano o sus elementos en su entorno natural;

(21) Considerando que no queda excluida la posibilidad de patentar dicho elemento aislado del cuerpo humano o producido de otro modo, puesto que es el resultado de procedimientos técnicos que lo han identificado, purificado, caracterizado y multiplicado fuera del cuerpo humano, técnicas que sólo el ser humano es capaz de desarrollar y que no se presentan espontáneamente en la naturaleza;

(22) Considerando que el debate en torno a la patentabilidad de secuencias genéticas o secuencias genéticas parciales es objeto de controversia; que, con arreglo a la presente Directiva, al concederse una patente a las invenciones sobre estas secuencias o secuencias parciales deberán aplicarse los mismos criterios de patentabilidad que en todos los demás ámbitos tecnológicos, a saber, novedad, actividad inventiva y aplicación industrial; que la aplicación industrial de una secuencia o de una secuencia parcial deberá indicarse concretamente en la solicitud de patente tal como haya sido presentada;

(23) Considerando que una mera secuencia de ADN, sin indicación de función biológica alguna, no contiene enseñanzas de carácter técnico; que, por consiguiente, no constituye una invención patentable;

(24) Considerando que para respetar el criterio de la aplicación industrial es necesario, en caso de que se utilice una secuencia genética o una secuencia genética parcial para la producción de una proteína o de una proteína parcial, precisar qué proteína o qué proteína parcial se produce o qué función realiza;

(25) Considerando que, para la interpretación de los derechos conferidos por una patente, en caso de secuencias que se solapen en partes que no sean esenciales para la invención, y sólo en este caso, cada secuencia se considerará una secuencia independiente a efectos del Derecho de patentes;

(26) Considerando que, cuando se presente una solicitud de patente de una invención que tiene por objeto una materia biológica de origen humano o que utiliza una materia de este tipo, la persona a la que se hayan realizado las tomas deberá haber tenido ocasión de dar su consentimiento libremente y con la debida información sobre dichas tomas, de conformidad con el Derecho nacional;

(27) Considerando que, cuando una invención tenga por objeto una materia biológica de origen vegetal o animal o que utilice una materia de este tipo, la descripción relativa a dicha invención deberá incluir, en su caso, información sobre el lugar geográfico de origen de dicha materia, cuando éste sea conocido, y ello sin perjuicio del examen de las solicitudes de patente y de la validez de los derechos que se deriven de las patentes expedidas;

(28) Considerando que la presente Directiva no afecta a los fundamentos de derecho de las patentes vigentes, según los cuales puede concederse una patente a toda nueva aplicación de un producto ya patentado;

(29) Considerando que la presente Directiva no afecta a la exclusión de la patentabilidad de variedades vegetales y razas animales; que, por el contrario, las invenciones cuyo objeto sean vegetales o animales son patentables siempre que la aplicación de la invención no se limite técnicamente a una variedad vegetal o a una raza animal;

(30) Considerando que el concepto de variedad vegetal se define en la legislación sobre obtenciones vegetales y que, según ésta, una variedad se caracteriza por la totalidad de su genoma y posee, por ello, individualidad y puede ser diferenciada claramente de otras obtenciones vegetales;

(31) Considerando que un conjunto vegetal caracterizado por la presencia de un gen determinado (y no por la totalidad de su genoma) no es objeto de la protección de variedades; que, por esta razón, no está excluido de la patentabilidad, aun en el caso de que este conjunto abarque variedades vegetales;

(32) Considerando que, cuando una invención se limite a modificar genéticamente una variedad vegetal y se obtenga una nueva variedad vegetal, la invención seguirá estando excluida de la patentabilidad, aun cuando dicha modificación genética no sea el resultado de un procedimiento esencialmente biológico sino de un procedimiento biotecnológico;

(33) Considerando que es necesario definir, a efectos de la presente Directiva, cuándo es esencialmente biológico un procedimiento de obtención de vegetales o animales;

(34) Considerando que la presente Directiva no afecta a los conceptos de invención y descubrimiento determinados por el Derecho nacional, europeo e internacional de patentes;

(35) Considerando que la presente Directiva no afecta a las disposiciones del Derecho nacional en materia de patentes que excluyen de la patentabilidad los procedimientos de tratamiento quirúrgico o terapéutico del cuerpo humano o animal y los métodos de diagnóstico que se aplican al cuerpo humano o animal;

(36) Considerando que el Acuerdo ADPIC prevé la posibilidad de que los miembros de la Organización Mundial del Comercio excluyan de la patentabilidad aquellas invenciones cuya explotación comercial sea preciso impedir en sus territorios en interés del orden público o la moralidad, incluida la protección de la salud o la vida de las personas o de los animales o para preservar los vegetales o para evitar daños graves al medio ambiente, siempre que dicha exclusión no se haga meramente porque la explotación esté prohibida por su legislación;

(37) Considerando que en la presente Directiva se debe insistir sobre el principio que obliga a excluir de la patentabilidad las invenciones cuya explotación comercial sea contraria al orden público y a la moral;

(38) Considerando que es también necesario incluir en la parte dispositiva de la presente Directiva una lista orientativa de las invenciones no patentables, con objeto de proporcionar a los jueces y a las oficinas nacionales de patentes una guía para interpretar la referencia al orden público o a la moralidad; que no puede pretenderse que esta lista sea exhaustiva; que aquellos procedimientos cuya aplicación suponga una violación de la dignidad humana, como, por ejemplo, los procedimientos para crear híbridos de seres vivos a base de mezclas de células germinales o totipotentes de personas y animales, deberán, evidentemente, quedar también excluidos de la patentabilidad;

(39) Considerando que el orden público y la moralidad se corresponden, en particular, con los principios éticos y morales reconocidos en un Estado miembro, cuyo respeto es particularmente necesario en el terreno de la biotecnología, a causa del considerable alcance de las consecuencias potenciales de la invención en este ámbito y de sus vínculos naturales con la materia viva; que tales principios éticos y morales vienen a añadirse a los controles jurídicos habituales del Derecho de patentes, independientemente del ámbito técnico a que pertenezca la invención;

(40) Considerando que en el seno de la Unión Europea existe consenso respecto de que la intervención génica germinal en seres humanos y la clonación de seres humanos son contrarios al orden público y a la moralidad; que es necesario, por lo tanto, excluir explícitamente de la patentabilidad los procedimientos de modificación de la identidad genética germinal humana y los procedimientos de clonación de seres humanos;

(41) Considerando que los procedimientos de clonación de seres humanos pueden definirse como cualquier procedimiento, incluidas las técnicas de escisión de embriones, que tenga como objetivo crear un ser humano dotado de la misma información genética nuclear que otro ser humano vivo o fallecido;

(42) Considerando, por otra parte, que la utilización de embriones humanos con fines industriales o comerciales debe quedar también excluida de la patentabilidad, pero que esta exclusión no afecta a las invenciones técnicas que tengan un objetivo terapéutico o de diagnóstico que se aplican al embrión y que le son útiles,

(43) Considerando que el apartado 2 del artículo F del Tratado de la Unión Europea establece que la Unión respeta los derechos fundamentales, tal y como se garantizan en el Convenio europeo para la protección de los derechos humanos y de las libertades fundamentales, firmado en Roma el 4 de noviembre de 1950, y tal y como resulta de las tradiciones constitucionales comunes a los Estados miembros como principios generales del Derecho comunitario;

(44) Considerando que el Grupo europeo de ética de la ciencia y de las nuevas tecnologías de la Comisión evalúa todos los aspectos éticos vinculados a la biotecnología; que conviene señalar al respecto que cualquier consulta a dicho Grupo, inclusive en lo que se refiere al Derecho de patentes, solamente puede situarse al nivel de la evaluación de la biotecnología con respecto a principios éticos fundamentales;

(45) Considerando que deben excluirse de la patentabilidad aquellos procedimientos de modificación de la identidad genética de los animales que puedan provocarles

sufrimientos sin dar lugar a utilidad médica sustancial en el ámbito de la investigación, de la prevención, del diagnóstico o de la terapéutica, para el hombre o el animal, así como los animales surgidos de tales procedimientos;

(46) Considerando que, dado que la función de una patente es recompensar al inventor por su creatividad, concediéndole un derecho exclusivo, aunque limitado en el tiempo, y fomentar así la actividad inventiva, el titular de la patente debe estar facultado para prohibir la utilización del material autorreproducible patentado en circunstancias análogas a aquellas en que se podría prohibir la utilización de productos no autorreproducibles, es decir, la producción del propio producto patentado;

(47) Considerando que es necesario prever una primera excepción a los derechos del titular de la patente, en el caso de que éste o alguien con su consentimiento venda a un agricultor material de reproducción que incorpore la invención protegida, con fines de explotación agrícola; que esta primera excepción debe autorizar al agricultor a utilizar el producto de su cosecha para reproducción y multiplicación posterior en su propia explotación y que el alcance y las modalidades de esta excepción se han de circunscribir al alcance y modalidades previstos en el Reglamento (CE) n° 2100/94 del Consejo, de 27 de julio de 1994, relativo a la protección comunitaria de las obtenciones vegetales;

(48) Considerando que sólo se puede reclamar al agricultor la retribución contemplada por el Derecho comunitario de obtenciones vegetales como modalidad de aplicación de la excepción de la protección comunitaria de las obtenciones vegetales;

(49) Considerando, no obstante, que el titular de la patente puede hacer valer sus derechos contra el agricultor que abuse de la excepción o contra el obtentor que haya desarrollado la variedad vegetal que incorpore la invención protegida, si este último no respeta sus compromisos;

(50) Considerando que una segunda excepción de los derechos del titular de la patente ha de autorizar al agricultor a utilizar el ganado protegido con fines agrícolas;

(51) Considerando que el alcance y las modalidades de esta segunda excepción deben regirse por las leyes, las disposiciones administrativas y las prácticas nacionales, en ausencia de normas comunitarias relativas a la obtención de razas animales;

(52) Considerando que, en el ámbito de la explotación de las nuevas características vegetales surgidas de la ingeniería genética, debe garantizarse en un Estado miembro, previo pago de un canon, el acceso en forma de licencia obligatoria cuando, con relación al género o a la especie de que se trate, la variedad vegetal representa un progreso técnico importante, con un interés económico considerable en lo que respecta a la invención reivindicada por la patente;

(53) Considerando que, en el ámbito de la utilización en ingeniería genética de nuevas características vegetales surgidas de nuevas variedades vegetales, debe garantizarse el acceso, previo pago de un canon, en forma de licencia obligatoria cuando la invención represente un progreso técnico significativo de considerable interés económico;

(54) Considerando que el Acuerdo ADPIC contiene en su artículo 34 una regulación detallada de la carga de la prueba, que es vinculante para todos los Estados miembros; que por este motivo, no es necesario incluir en la presente Directiva una disposición al respecto;

(55) Considerando que, como consecuencia de la Decisión 93/626/CEE, la Comunidad es parte en el Convenio sobre la diversidad biológica, de 5 de junio de 1992; que, en el marco de la aplicación de las disposiciones legales, reglamentarias y administrativas necesarias para dar cumplimiento a lo establecido en la presente Directiva, los Estados miembros deberán tener en cuenta al respecto en concreto el artículo 3, la letra j) del artículo 8, la segunda frase del apartado 2 y el apartado 5 del artículo 16 de dicho Convenio;

(56) Considerando que la tercera Conferencia de los Estados signatarios del Convenio sobre la diversidad biológica, celebrada en noviembre de 1996, establece en la Decisión III/17 que «es necesario continuar los trabajos para desarrollar una apreciación común de la relación entre los derechos de propiedad intelectual y las correspondientes disposiciones del Acuerdo ADPIC y del Convenio sobre la diversidad biológica, en particular sobre las cuestiones relacionadas con la transferencia de tecnologías y la conservación y uso sostenible de la diversidad biológica y la participación correcta y equitativa en los beneficios producidos por la utilización de los recursos genéticos, incluida la protección de los conocimientos, innovaciones y prácticas de las comunidades indígenas y locales que representan modos de vida tradicionales importantes para la conservación y el uso sostenible de la diversidad biológica»,

HAN ADOPTADO LA PRESENTE DIRECTIVA:

CAPÍTULO I.- PATENTABILIDAD

Artículo 1

1. Los Estados miembros protegerán las invenciones biotecnológicas mediante el Derecho nacional de patentes. Los Estados miembros adaptarán su Derecho nacional de patentes, si fuere necesario, para tener en cuenta lo dispuesto en la presente Directiva.

2. La presente Directiva no afectará a las obligaciones de los Estados miembros que se deriven de los acuerdos internacionales y, en particular, del Acuerdo ADPIC y del Convenio sobre la diversidad biológica.

Artículo 2

1. A efectos de la presente Directiva, se entenderá por:

a) «materia biológica»: la materia que contenga información genética autorreproducible o reproducible en un sistema biológico;

b) «procedimiento microbiológico»: cualquier procedimiento que utilice una materia microbiológica, que incluya una intervención sobre la misma o que produzca una materia microbiológica.

2. Un procedimiento de obtención de vegetales o animales es esencialmente biológico si consiste íntegramente en fenómenos naturales como los del cruce o la selección.

3. El concepto de variedad vegetal se define en el artículo 5 del Reglamento (CE) n° 2100/94.

Artículo 3

1. A efectos de la presente Directiva, serán patentables las invenciones nuevas que impliquen actividad inventiva y sean susceptibles de aplicación industrial, aun cuando tengan por objeto un producto que esté compuesto o que contenga materia biológica o un procedimiento mediante el cual se produzca, transforme o utilice la materia biológica.

2. La materia biológica aislada de su entorno natural o producida por medio de un procedimiento técnico podrá ser objeto de una invención, aun cuando ya exista anteriormente en estado natural.

Artículo 4

1. No serán patentables:

a) las variedades vegetales y las razas de animales;

b) los procedimientos esencialmente biológicos de obtención de vegetales o de animales.

2. Serán patentables las invenciones que tengan por objeto vegetales o animales si la viabilidad técnica de la invención no se limita a una variedad vegetal o a una raza animal determinada.

3. Lo dispuesto en la letra b) del apartado 1 no afectará a la patentabilidad de invenciones cuyo objeto sea un procedimiento microbiológico o cualquier otro procedimiento técnico o un producto obtenido a través de dichos procedimientos.

Artículo 5

1. El cuerpo humano en los diferentes estadios de su constitución y de su desarrollo, así como el simple descubrimiento de uno de sus elementos, incluida la secuencia o la secuencia parcial de un gen, no podrán constituir invenciones patentables.

2. Un elemento aislado del cuerpo humano u obtenido de otro modo mediante un procedimiento técnico, incluida la secuencia o la secuencia parcial de un gen, podrá considerarse como una invención patentable, aun en el caso de que la estructura de dicho elemento sea idéntica a la de un elemento natural.

3. La aplicación industrial de una secuencia o de una secuencia parcial de un gen deberá figurar explícitamente en la solicitud de patente.

Artículo 6

1. Quedarán excluidas de la patentabilidad las invenciones cuya explotación comercial sea contraria al orden público o a la moralidad, no pudiéndose considerar como tal la explotación de una invención por el mero hecho de que esté prohibida por una disposición legal o reglamentaria.

2. En virtud de lo dispuesto en el apartado 1, se considerarán no patentables, en particular:

a) los procedimientos de clonación de seres humanos;

b) los procedimientos de modificación de la identidad genética germinal del ser humano;

c) las utilizaciones de embriones humanos con fines industriales o comerciales;

d) los procedimientos de modificación de la identidad genética de los animales que supongan para éstos sufrimientos sin utilidad médica sustancial para el hombre o el animal, y los animales resultantes de tales procedimientos.

Artículo 7

El Grupo europeo de ética de la ciencia y de las nuevas tecnologías de la Comisión evalúa todos los aspectos éticos vinculados a la biotecnología.

CAPÍTULO II.- ALCANCE DE LA PROTECCIÓN

Artículo 8

1. La protección conferida por una patente relativa a una materia biológica que, por el hecho de la invención, posea propiedades determinadas se extenderá a cualquier materia biológica obtenida a partir de dicha materia biológica por reproducción o multiplicación en forma idéntica o diferenciada y que posea esas mismas propiedades.

2. La protección conferida por una patente relativa a un procedimiento que permita producir una materia biológica que, por el hecho de la invención, posea propiedades determinadas se extenderá a la materia biológica directamente obtenida por ese procedimiento y a cualquier otra materia biológica, obtenida a partir de la materia biológica directamente obtenida, por reproducción en forma idéntica o diferenciada y que posea estas mismas propiedades.

Artículo 9

La protección conferida por una patente a un producto que contenga información genética o que consista en información genética se extenderá, sin perjuicio de lo dispuesto en el apartado 1 del artículo 5, a toda materia a la que se incorpore el producto y en la que se contenga y ejerza su función la información genética.

Artículo 10

La protección a que se refieren los artículos 8 y 9 no se extenderá a la materia biológica obtenida por reproducción o multiplicación de una materia biológica puesta en el mercado en el territorio de un Estado miembro por el titular de la patente o con el consentimiento de éste, cuando la reproducción o multiplicación sea el resultado necesario de la utilización para la que haya sido puesta en el mercado dicha materia biológica, a condición de que la materia obtenida no se utilice posteriormente para nuevas reproducciones o multiplicaciones.

Artículo 11

1. No obstante lo dispuesto en los artículos 8 y 9, la venta, o cualquier otra forma de comercialización, de material de reproducción vegetal por el titular de la patente, o con su consentimiento, a un agricultor, a efectos de explotación agrícola, implicará el derecho de este último a utilizar el producto de su cosecha para reproducción o ulterior multiplicación realizada por él mismo en su propia explotación, correspondiendo el alcance y las modalidades de esta excepción a los previstos en el artículo 14 del Reglamento (CE) n° 2100/94.

2. No obstante lo dispuesto en los artículos 8 y 9, la venta, o cualquier otra forma de comercialización de animales de cría o de material de reproducción animal por el titular de la patente, o con su consentimiento, a un agricultor implicará para este último la autorización de utilizar el ganado protegido para una finalidad agrícola. Ello incluirá la puesta a disposición del ganado o de cualquier otro material de reproducción animal para que el agricultor pueda proseguir su actividad agrícola, pero no la venta en el marco de una actividad de reproducción comercial o con esa finalidad.

3. El alcance y la modalidades de la excepción prevista en el apartado 2 se regirán por las leyes, las disposiciones administrativas y las prácticas nacionales.

CAPÍTULO III.- LICENCIAS OBLIGATORIAS POR DEPENDENCIA

Artículo 12

1. Si un obtentor no pudiere obtener o explotar un derecho de obtención vegetal sin vulnerar una patente anterior, podrá solicitar una licencia obligatoria para la explotación no exclusiva de la invención protegida por la patente, siempre que dicha licencia sea necesaria para la explotación de la variedad vegetal que deba protegerse, mediante el pago de un canon adecuado. Los Estados miembros dispondrán que, cuando se conceda una licencia de este tipo, el titular de la patente tenga derecho, en condiciones razonables, a una licencia por dependencia para utilizar la variedad protegida.

2. Si el titular de una patente de invención biotecnológica no pudiere explotarla sin infringir un derecho de obtención vegetal anterior sobre una variedad, podrá solicitar una licencia obligatoria para la explotación no exclusiva de la variedad vegetal protegida por ese derecho de obtención, mediante el pago de un canon adecuado. Los Estados miembros dispondrán que, cuando se conceda una licencia de este tipo, el titular del derecho de obtención vegetal tenga derecho, en condiciones razonables, a una licencia por dependencia para utilizar la invención protegida.

3. Los solicitantes de las licencias a que se refieren los apartados 1 y 2 deberán demostrar que:

a) se han dirigido en vano al titular de la patente o del derecho de obtención vegetal para obtener una licencia contractual;

b) la variedad o la invención constituye un avance técnico significativo de considerable importancia económica en relación con la invención reivindicada en la patente o con la variedad vegetal protegida.

4. Cada Estado miembro designará a la autoridad o a las autoridades competentes para conceder la licencia. Cuando una licencia sobre una variedad vegetal sólo la pueda otorgar la Oficina Comunitaria de Variedades Vegetales, se aplicará el artículo 29 del Reglamento (CE) n° 2100/94.

CAPÍTULO IV.- DEPÓSITO, ACCESO Y NUEVO DEPÓSITO DE UNA MATERIA BIOLÓGICA

Artículo 13

1. Si una invención se refiere a una materia biológica que no está a disposición del público y no puede ser descrita en la solicitud de patente de manera tal que un experto pueda reproducir la invención, o supone la utilización de dicha materia, la descripción sólo se considerará suficiente para la aplicación del Derecho de patentes si:

a) la materia biológica ha sido depositada, a más tardar el día de la presentación de la solicitud de patente, en una institución reconocida para la presentación. Se considerarán reconocidas, como mínimo, las autoridades internacionales de depósito que hayan adquirido dicho rango de conformidad con el artículo 7 del Tratado de Budapest, de 28 de abril de 1977, sobre el reconocimiento internacional del depósito de microorganismos a los fines del procedimiento de patentes, en lo sucesivo denominado «el Tratado de Budapest»;

b) la solicitud presentada contiene la información pertinente de que dispone el solicitante sobre las características de la materia biológica depositada;

c) en la solicitud de patentes se menciona la institución de depósito y el número del mismo.

2. El acceso a la materia biológica depositada se realizará mediante la entrega de una muestra:

a) hasta la primera publicación de la solicitud de patente, únicamente a las personas autorizadas con arreglo al Derecho nacional de patentes;

b) entre la primera publicación de la solicitud y la concesión de la patente, a cualquier persona que así lo solicite o, a petición del depositante, únicamente a un experto independiente;

c) tras la concesión de la patente y aunque la patente se revoque o se anule, a cualquier persona que así lo solicite.

3. La entrega sólo se realizará si el solicitante se compromete, mientras duren los efectos de la patente:

a) a no suministrar a terceros ninguna muestra de la materia biológica depositada o de una materia derivada de la misma, y *b)* a no utilizar muestra alguna de la materia biológica depositada o de una materia derivada de la misma, excepto con fines experimentales, salvo renuncia expresa del solicitante o del titular de la patente a dicho compromiso.

4. En caso de denegación o de retirada de la solicitud, el acceso a la materia depositada quedará limitado, a petición del solicitante y durante veinte años contados a partir de la fecha de presentación de la solicitud de la patente, a un experto independiente. En este caso, se aplicará lo dispuesto en el apartado 3.

5. Las solicitudes del depositante a que se refieren la letra b) del apartado 2 y el apartado 4 sólo podrán presentarse hasta la fecha en que se consideren concluidos los preparativos técnicos de la publicación de la solicitud de patente.

Artículo 14

1. Si la materia biológica depositada de conformidad con el artículo 13 dejare de estar disponible en la institución de depósito reconocida, se autorizará un nuevo depósito de la materia, en condiciones análogas a las previstas en el Tratado de Budapest.

2. Todo nuevo depósito deberá ir acompañado de una declaración firmada por el depositante que certifique que la materia biológica objeto del nuevo depósito es la misma que se depositó inicialmente.

CAPÍTULO V.- DISPOSICIONES FINALES

Artículo 15

1. Los Estados miembros adoptarán las disposiciones legales, reglamentarias y administrativas necesarias para dar cumplimiento a lo establecido en la presente Directiva a más tardar el 30 de julio de 2000. Informarán inmediatamente de ello a la Comisión.

Cuando los Estados miembros adopten dichas disposiciones, éstas harán referencia a la presente Directiva o irán acompañadas de dicha referencia en su publicación oficial. Los Estados miembros establecerán las modalidades de la mencionada referencia.

2. Los Estados miembros comunicarán a la Comisión el texto de las disposiciones de Derecho interno que adopten en el ámbito regulado por la presente Directiva.

Artículo 16

La Comisión transmitirá al Parlamento Europeo y al Consejo:

a) cada cinco años a partir de la fecha prevista en el apartado 1 del artículo 15, un informe sobre posibles problemas que la presente Directiva haya planteado en relación con acuerdos internacionales de protección de los derechos humanos a los que se hayan adherido los Estados miembros;

b) en un plazo de dos años a partir de la entrada en vigor de la presente Directiva, un informe orientado a evaluar las implicaciones en el ámbito de la investigación básica en ingeniería genética de la no publicación o de la publicación tardía de documentos cuyo objeto pudiera ser patentable;

c) cada año a partir de la fecha prevista en el apartado 1 del artículo 15, un informe anual sobre la evolución y las implicaciones del Derecho de patentes en el ámbito de la biotecnología y de la ingeniería genética.

Artículo 17

La presente Directiva entrará en vigor el día de su publicación en el Diario Oficial de las Comunidades Europeas.

Artículo 18

Los destinatarios de la presente Directiva serán los Estados miembros.

22 de febrero de 1999.- Directiva nº 1999/2/CE
del Parlamento Europeo y del Consejo,
relativa a la aproximación de las legislaciones de los Estados miembros sobre alimentos e ingredientes alimentarios tratados con radiaciones ionizantes
(D.O. L 66, 13 de marzo de 1999)

[V.C. 11/12/2008]

EL PARLAMENTO EUROPEO Y EL CONSEJO DE LA UNIÓN EUROPEA,

Visto el Tratado constitutivo de la Comunidad Europea y, en particular, su artículo 100 A,

Vistas las propuestas de la Comisión,

Visto el dictamen del Comité Económico y Social,

De conformidad con el procedimiento establecido en el artículo 189 B del Tratado, a la vista del texto conjunto aprobado por el Comité de conciliación el 9 de diciembre de 1998,

(1) Considerando que las diferencias entre las legislaciones nacionales relativas al tratamiento de los alimentos y los ingredientes alimentarios (denominados en lo sucesivo «los productos alimenticios») por las radiaciones ionizantes y sus condiciones de uso impiden la libre circulación de los productos alimenticios y pueden crear desigualdad de condiciones en la competencia, afectando así directamente el funcionamiento del mercado interior;

(2) Considerando que es necesario adoptar medidas con vistas al buen funcionamiento del mercado interior; que el mercado interior consiste en un espacio sin fronteras interiores en el que se garantiza la libre circulación de bienes, personas, servicios y capitales; que esto no se cumple en la actualidad, dadas las distintas prácticas de los Estados miembros, algunos de los cuales autorizan la irradiación de productos alimenticios, mientras que otros la prohíben;

(3) Considerando que la presente Directiva marco se completará con la Directiva 1999/3/CE del Parlamento Europeo y del Consejo, de 22 de febrero de 1999, relativa al establecimiento de una lista comunitaria de alimentos e ingredientes alimentarios tratados con radiaciones ionizantes, denominada en lo sucesivo «la Directiva de aplicación»;

(4) Considerando que en varios Estados miembros la irradiación de los alimentos es un tema sensible en los debates públicos; que los consumidores pueden tener motivos de preocupación por las consecuencias de la aplicación de la irradiación a los alimentos;

(5) Considerando que, hasta la entrada en vigor de la lista positiva comunitaria de productos e ingredientes alimenticios que puedan tratarse con radiaciones ionizantes, es adecuado que los Estados miembros, en cumplimiento de las normas del Tratado, sigan aplicando las restricciones o prohibiciones nacionales existentes relativas a la irradiación de productos e ingredientes alimenticios y al comercio de productos irradiados que no están incluidos en la lista positiva inicial que establece la Directiva de aplicación;

(6) Considerando que las normas relativas al uso de radiaciones ionizantes para el tratamiento de productos alimenticios deben tener en cuenta en primer lugar los imperativos de la salud humana pero, también, dentro de los límites requeridos para la protección de la salud, las necesidades económicas y técnicas;

(7) Considerando que es aplicable la Directiva 96/29/Euratom del Consejo, de 13 de mayo de 1996, por la que se establecen las normas básicas relativas a la protección sanitaria de los trabajadores y de la población contra los riesgos que resultan de las radiaciones ionizantes;

(8) Considerando que las instalaciones de irradiación autorizadas deben estar sometidas a un control oficial, mediante un sistema de inspección que se creará a los efectos de la presente Directiva;

(9) Considerando que las instalaciones autorizadas deben llevar un registro para asegurar la observancia de las normas de la presente Directiva;

(10) Considerando que la Directiva 79/112/CEE del Consejo, de 18 de diciembre de 1978, sobre la aproximación de las legislaciones de los Estados miembros en materia de etiquetado, presentación y publicidad de los productos alimenticios destinados al consumidor final, ha establecido ya las normas de etiquetado de los productos alimenticios o ingredientes irradiados para su venta al consumidor final;

(11) Considerando que deben establecerse también las normas apropiadas para el etiquetado de los productos alimenticios tratados con radiaciones ionizantes que no vayan destinados al consumidor final;

(12) Considerando que, sin perjuicio de los procedimientos decisorios establecidos en el Tratado constitutivo de la Comunidad Europea o en la presente Directiva, el Comité científico de la alimentación humana creado por la Decisión 74/234/CEE, debe ser consultado sobre cualquier cuestión relativa a la presente Directiva que pueda tener repercusiones en la salud pública;

(13) Considerando que los productos alimenticios podrán tratarse mediante radiaciones ionizantes sólo en caso de que haya una necesidad de higiene alimentaria, una ventaja, tecnológica o de otro tipo, que pueda demostrarse, o un beneficio para el consumidor y sólo si dichos productos son sanos y están en buenas condiciones, ya que el tratamiento con radiaciones ionizantes no debe ser utilizado como un sustituto de las medidas higiénicas o sanitarias o de las prácticas correctas de elaboración o de cultivo;

(14) Considerando que este proceso no debería usarse para sustituir las prácticas correctas de elaboración y que se cumple esta condición en lo que se refiere a los productos alimenticios enumerados en el anexo de la Directiva de aplicación;

(15) Considerando que, en todos los casos en los que el Consejo autorice a la Comisión a aplicar normas sobre la irradiación de productos alimenticios, deberán adoptarse disposiciones para establecer un procedimiento de estrecha cooperación entre los Estados miembros y la Comisión en el seno del Comité permanente de productos alimenticios y, si fuere necesario, en el seno del Comité veterinario permanente, o del Comité fitosanitario permanente;

(16) Considerando que, si la utilización de este proceso o el consumo de productos alimenticios tratados con radiaciones ionizantes autorizadas en virtud de la presente Directiva representa un riesgo para la salud, los Estados miembros deberían poder suspender o limitar dicha utilización, o reducir los límites fijados, a la espera de una decisión a escala comunitaria;

(17) Considerando que la Directiva 89/397/CEE, del Consejo, de 14 de junio de 1989, relativa al control oficial de los productos alimenticios, deja la elección de los medios y de los métodos a las autoridades nacionales encargadas de la aplicación; que la Directiva 93/99/CEE del Consejo, de 29 de octubre de 1993, sobre medidas adicionales relativas al control oficial de los productos alimenticios, establece normas de calidad para los laboratorios y exige el uso de métodos de análisis autorizados cuando pueda disponerse de éstos; que el artículo 5 de esta última Directiva es aplicable al control de la aplicación de la presente Directiva;

(18) Considerando que el 20 de diciembre de 1994 se concluyó un acuerdo acerca de un modus vivendi entre el Parlamento Europeo, el Consejo y la Comisión sobre las medidas de ejecución de los actos aprobados según el procedimiento establecido en el artículo 189 B del Tratado CE,

HAN ADOPTADO LA PRESENTE DIRECTIVA:

Artículo 1

1. La presente Directiva se aplicará a la elaboración, comercialización e importación de productos alimenticios y de ingredientes alimentarios, denominados en lo sucesivo «los productos alimenticios», tratados con radiaciones ionizantes.

2. La presente Directiva no se aplicará a:

a) los productos alimenticios irradiados con radiaciones ionizantes procedentes de aparatos de medición o de prueba, siempre que la dosis absorbida no rebase 0,01 Gy en el caso de los aparatos de medición que utilicen neutrones y 0,5 Gy en los demás casos, a una energía de radiación máxima de 10 MeV cuando se trate de rayos X, de 14 MeV cuando se trate de neutrones y de 5 MeV en los demás casos;

b) la irradiación de productos alimenticios que se preparen para pacientes que bajo control médico deban recibir una alimentación esterilizada.

Artículo 2

Los Estados miembros tomarán todas las medidas necesarias para garantizar que sólo se puedan poner en el mercado productos alimenticios irradiados que se ajusten a las disposiciones de la presente Directiva.

Artículo 3

1. Las condiciones que deberán respetarse para la autorización del tratamiento de los productos alimenticios mediante radiaciones ionizantes figuran en el anexo I. Dichos productos deberán hallarse en el momento del tratamiento en condiciones adecuadas de salubridad.

2. La irradiación sólo podrá llevarse a cabo con las fuentes de radiación enumeradas en el anexo II y con arreglo a lo previsto del Código de conducta para la radiación a que hace referencia el apartado 2 del artículo 7. La dosis total media absorbida deberá calcularse con arreglo a lo dispuesto en el anexo III.

Artículo 4

1. La lista comunitaria de los productos alimenticios que podrán tratarse con radiaciones ionizantes, con exclusión de todos los demás, así como las dosis máximas de radiación autorizadas, serán objeto de la Directiva de aplicación, que se adoptará con arreglo al procedimiento previsto en el artículo 100 A del Tratado, teniendo en cuenta las condiciones de autorización fijadas en el anexo I.

2. Dicha lista se establecerá por etapas.

3. La Comisión estudiará las autorizaciones nacionales vigentes y, tras consultar al Comité científico de la alimentación humana, presentará, de conformidad con el procedimiento establecido en el artículo 100 A del Tratado, unas propuestas con objeto de establecer la lista.

No más tarde del 31 de diciembre de 2000, la Comisión, de conformidad con el artículo 100 A del Tratado, presentará una propuesta para completar la lista positiva contemplada en el apartado 1.

4. Hasta la entrada en vigor de la Directiva adoptada sobre la base de la propuesta contemplada en el párrafo segundo del apartado 3, los Estados miembros podrán mantener las autorizaciones existentes relativas al tratamiento de productos alimenticios con radiaciones ionizantes, siempre y cuando:

a) el tratamiento de los productos alimenticios en cuestión haya recibido un dictamen favorable del Comité científico de la alimentación humana;

b) la dosis total media de radiación absorbida no supere los valores límite recomendados por el Comité científico de alimentación humana;

c) la radiación ionizante y la puesta en el mercado cumplan lo dispuesto en la presente Directiva.

5. Hasta la entrada en vigor de la Directiva adoptada sobre la base de la propuesta contemplada en el párrafo segundo del apartado 3, cualquier Estado miembro, con arreglo al apartado 4, podrá también autorizar el tratamiento de los productos alimenticios para los que se haya mantenido la autorización correspondiente en otro Estado miembro en donde concurran las condiciones a las que se hace referencia en el apartado 4 anterior.

6. Los Estados miembros comunicarán sin demora a la Comisión y a los demás Estados miembros las autorizaciones mantenidas con arreglo al apartado 4 o concedidas con arreglo al apartado 5 y las condiciones a cuyo cumplimiento estén supeditadas. La Comisión publicará las citadas comunicaciones en el Diario Oficial de las Comunidades Europeas.

7. Hasta la entrada en vigor de la Directiva adoptada sobre la base de la propuesta contemplada en el párrafo segundo del apartado 3, los Estados miembros, en cumplimiento de las normas del Tratado, podrán seguir aplicando las restricciones o prohibiciones nacionales existentes relativas a la radiación ionizante de productos alimenticios y al comercio de productos irradiados que no están incluidos en la lista positiva inicial establecida por la Directiva de aplicación.

Artículo 5

1. La dosis máxima de radiación de productos alimenticios podrá administrarse en dosis parciales; no obstante, no podrá rebasarse la dosis máxima de radiación fijada de conformidad con el artículo 4. El tratamiento con radiaciones ionizantes no podrá aplicarse en combinación con un procedimiento químico que tenga la misma finalidad que el tratamiento por radiación.

2. La Comisión podrá adoptar las excepciones al apartado 1. Estas medidas, destinadas a modificar elementos no esenciales de la presente Directiva completándola, se adoptarán con arreglo al procedimiento de reglamentación con control contemplado en el artículo 12, apartado 4.

Artículo 6

El etiquetado de los productos alimenticios ionizados se regirá por las disposiciones siguientes:

1) En el caso de productos destinados al consumidor final o a colectividades:

a) cuando los productos se vendan en embalajes individuales, deberá figurar en el etiquetado la mención «irradiado» o «tratado con radiación ionizante» a que se refiere el apartado 3 del artículo 5 de la Directiva 79/112/CEE.

En el caso de productos que se vendan a granel, la mención figurará junto con la denominación del producto en un cartel o un letrero colocado encima o al lado del recipiente que los contengan;

b) cuando un producto irradiado se utilice como ingrediente, la misma mención deberá acompañar a su denominación en la lista de ingredientes.

En el caso de productos que se vendan a granel, la mención figurará junto con la denominación del producto en un cartel o un letrero colocado encima o al lado del recipiente que los contengan;

c) no obstante lo dispuesto en el apartado 7 del artículo 6 de la Directiva 79/112/CEE, la misma mención también será obligatoria para indicar los ingredientes irradiados utilizados en los ingredientes compuestos de los productos alimenticios, aun cuando dichos ingredientes constituyan menos del 25 % del producto final.

2) En el caso de los productos que no vayan destinados al consumidor final o a colectividades:

a) la mención prevista en el apartado precedente deberá indicar el tratamiento, tanto en el caso de los productos, como en el de los ingredientes incluidos en un producto no irradiado;

b) deberá indicarse la identidad y la dirección postal de la instalación que haya practicado la irradiación o el número de referencia de la misma con arreglo a lo dispuesto en el artículo 7.

3) La mención de que se ha efectuado el tratamiento deberá figurar, en todos los casos, en los documentos que acompañen o se refieran a los productos alimenticios irradiados.

Artículo 7

1. Los Estados miembros darán a conocer a la Comisión el nombre de la autoridad o las autoridades encargadas de:

— la autorización previa de las instalaciones de irradiación,

— la atribución de un número oficial de referencia a las instalaciones de irradiación autorizadas,

— el control y la inspección oficiales,

— la retirada o modificación de la autorización.

2. La autorización solo se concederá si la instalación:

— cumple los requisitos del Código de conducta internacional para la explotación de instalaciones de irradiación de productos alimenticios recomendado por el Comité conjunto FAO/OMS del Código alimentario (ref. FAO/OMS/CAC/Vol. XV, edición 1) y otros requisitos adicionales que puedan ser adoptados por la Comisión. Estas medidas, destinadas a modificar elementos no esenciales de la presente Directiva completándola, se adoptarán con arreglo al procedimiento de reglamentación con control previsto en el artículo 12, apartado 4,

— designa a una persona responsable del cumplimiento de todas las condiciones necesarias para la aplicación del procedimiento.

3. Cada Estado miembro comunicará a la Comisión:

— el nombre, la dirección postal y el número de referencia de las instalaciones de irradiación que haya autorizado, así como el texto de las resoluciones de autorización y de cualesquiera resoluciones de suspensión o de retirada de autorización.

Además, los Estados miembros remitirán a la Comisión cada año:

— los resultados de los controles efectuados en las instalaciones de irradiación ionizante, en particular, respecto a las categorías y cantidades de productos tratados y a las dosis administradas;

— los resultados de los controles efectuados en la fase de comercialización del producto. Los Estados miembros velarán por que los métodos de referencia utilizados para detectar el tratamiento con radiaciones ionizantes cumplen los requisitos de los apartados 1 y 2 del anexo de la Directiva 85/591/CEE y están ya normalizados u homologados, o lo estarán lo antes posible, no más tarde del 1 de enero de 2003. Los Estados miembros informarán a la Comisión sobre los métodos que utilicen y la Comisión evaluará el uso y desarrollo de dichos métodos teniendo en cuenta un dictamen del Comité científico de alimentación humana.

4. Sobre la base de la información suministrada con arreglo al apartado 3, la Comisión publicará en el Diario Oficial de las Comunidades Europeas:

— datos pormenorizados sobre las instalaciones y sobre cualquier modificación de su situación;

— un informe basado en las informaciones facilitadas cada año por las autoridades nacionales de control.

Artículo 8

1. Las instalaciones de irradiación autorizadas con arreglo al artículo 7 llevarán, respecto de cada fuente de radiaciones ionizantes utilizadas, un registro en el que habrá de constar para cada lote de productos alimenticios tratados:

a) tipo y cantidad de productos alimenticios irradiados,

b) número de lote,

c) comitente del tratamiento por radiación,

d) destinatario de los productos alimenticios tratados,

e) fecha de irradiación,

f) material de envasado utilizado durante la irradiación,

g) parámetros para la supervisión del proceso de irradiación según el anexo III, datos sobre los controles dosimétricos efectuados con los correspondientes resultados, debiéndose indicar, en particular, con precisión los respectivos valores inferior y superior de la dosis absorbida, así como el tipo de las radiaciones ionizantes,

h) indicaciones sobre las mediciones de validación efectuadas antes de la irradiación.

2. Los datos a que se refiere el apartado 1 deberán conservarse durante cinco años.

3. Las normas de desarrollo del presente artículo se dictarán con arreglo al procedimiento establecido en el artículo 12, apartado 2.

Artículo 9

1. Los productos alimenticios tratados con radiaciones ionizantes únicamente podrán importarse desde terceros países si:

— cumplen los requisitos aplicables a dichos productos;

— van acompañados de documentos que indiquen el nombre y la dirección postal de la instalación que llevó a cabo la irradiación, así como la información a que se refiere el artículo 8;

— han sido tratados en una instalación de irradiación autorizada por la Comunidad y que figure en la lista contemplada en el apartado 2 del presente artículo.

2.

a) Con arreglo al procedimiento del artículo 12, apartado 2, la Comisión elaborará la lista de las instalaciones autorizadas, de las que un control oficial garantizará que cumplen las disposiciones del artículo 7.

A efectos de la elaboración de la citada lista, la Comisión podrá encargar a expertos que lleven a cabo en su nombre, con arreglo al artículo 5 de la Directiva 93/99/CEE, tareas de evaluación e inspección en las instalaciones de irradiación de los terceros países.

La Comisión publicará en el Diario Oficial de las Comunidades Europeas la citada lista y las modificaciones que en la misma se introduzcan.

b) La Comisión podrá establecer acuerdos técnicos con los organismos competentes de los terceros países sobre las modalidades para llevar a cabo las evaluaciones e inspecciones a que se refiere la letra a).

Artículo 10

El material que se utilice para envasar los productos alimenticios que vayan a ser irradiados deberá ser apropiado para dicho fin.

Artículo 11

Las modificaciones de los anexos destinados a tener en cuenta el progreso científico y técnico se adoptarán con arreglo al procedimiento previsto en el artículo 100 A del Tratado.

Artículo 12

1. La Comisión estará asistida por el Comité permanente de la cadena alimentaria y de sanidad animal instituido por el Reglamento (CE) nº 178/2002 del Parlamento Europeo y del Consejo.

2. En los casos en que se haga referencia al presente apartado, se aplicarán los artículos 5 y 7 de la Decisión 1999/468/CE, observando lo dispuesto en su artículo 8.

El plazo contemplado en el artículo 5, apartado 6, de la Decisión 1999/468/CE queda fijado en tres meses.

3. En los casos en que se haga referencia al presente apartado, serán de aplicación el artículo 5 bis, apartados 1 a 4, y el artículo 7 de la Decisión 1999/468/CE, sin perjuicio de lo dispuesto en su artículo 8.

4. En los casos en que se haga referencia al presente apartado, serán de aplicación el artículo 5 bis, apartados 1 a 4 y 5, letra b), y el artículo 7 de la Decisión 1999/468/CE, sin perjuicio de lo dispuesto en su artículo 8.

Los plazos contemplados en el artículo 5 bis, apartado 3, letra c), y apartado 4, letras b) y e), de la Decisión 1999/468/CE quedan fijados en dos meses, un mes y dos meses, respectivamente.

5. En los casos en que se haga referencia al presente apartado, serán de aplicación el artículo 5 bis, apartados 1, 2, 4 y 6, y el artículo 7 de la Decisión 1999/468/CE sin perjuicio de lo dispuesto en su artículo 8.

Artículo 13

Se consultará al Comité científico de la alimentación humana sobre toda cuestión perteneciente al ámbito de aplicación de la presente Directiva que pueda tener repercusiones en la salud pública.

Artículo 14

1. Cuando, a raíz de nuevos datos o de una nueva evaluación de los datos disponibles desde la adopción de la presente Directiva, un Estado miembro disponga de elementos precisos que prueben que la irradiación de determinados productos alimenticios, a pesar de cumplir las disposiciones de la presente Directiva, entraña peligro para la salud humana, podrá suspender o limitar temporalmente en su territorio la aplicación de las disposiciones correspondientes. Informará inmediatamente al respecto a los demás Estados miembros y a la Comisión, precisando los motivos de su decisión.

2. La Comisión estudiará lo antes posible en el seno del Comité permanente de productos alimenticios los motivos a que se refiere el apartado 1 y adoptará las medidas apropiadas con arreglo al procedimiento establecido en el artículo 12, apartado 2. El Estado miembro que haya adoptado la decisión contemplada en el apartado 1 podrá mantenerla hasta la entrada en vigor de estas medidas.

3. Solo la Comisión podrá introducir adaptaciones en la presente Directiva o en la Directiva de aplicación en la medida necesaria para garantizar la protección de la salud pública; en cualquier caso, tales modificaciones se limitarán a prohibiciones o restricciones con respecto a la situación jurídica anterior. Estas medidas, destinadas a modificar elementos no esenciales de la presente Directiva, incluso completándola, se adoptarán con arreglo al procedimiento de reglamentación con control contemplado en el artículo 12, apartado 3. Por imperativos de apremio, la Comisión podrá recurrir al procedimiento de urgencia contemplado en el artículo 12, apartado 5.

Artículo 15

Los Estados miembros pondrán en vigor las disposiciones legales, reglamentarias y administrativas para dar cumplimiento a lo establecido en la presente Directiva de modo que:

— a más tardar el 20 de septiembre de 2000 se autorice la comercialización y el empleo de los productos alimenticios irradiados;

— a más tardar el 20 de marzo de 2001 se prohíba la comercialización y el empleo de productos alimenticios irradiados que no cumplan lo dispuesto en la presente Directiva.

Informarán de ello a la Comisión.

Cuando los Estados miembros adopten dichas disposiciones, éstas incluirán una referencia a la presente Directiva o irán acompañadas de dicha referencia en su publicación oficial. Los Estados miembros establecerán las modalidades de la mencionada referencia.

Artículo 16
La presente Directiva entrará en vigor el séptimo día siguiente al de su publicación en el Diario Oficial de las Comunidades Europeas.

Artículo 17
Los destinatarios de la presente Directiva serán los Estados miembros.

ANEXO I.-
Condiciones para la autorización de la irradiación de productos alimenticios

1. La irradiación de productos alimenticios sólo podrá autorizarse cuando:
— esté justificada y sea necesaria desde el punto de vista tecnológico;
— no presente peligro para la salud y se lleve a cabo de acuerdo con las condiciones propuestas;
— sea beneficiosa para el consumidor;
— no se utilice como sustituto de medidas de higiene y medidas sanitarias ni de procedimientos de fabricación o agrícolas correctos.
2. La irradiación de productos alimenticios sólo se podrá utilizar para los siguientes fines:
— reducción de los riesgos de enfermedades causadas por los productos alimenticios mediante la destrucción de los organismos patógenos;
— reducción del deterioro de los productos alimenticios, frenando o deteniendo el proceso de descomposición y destruyendo los organismos responsables de dicho proceso;
— reducción de la pérdida de productos alimenticios debida a procesos de maduración prematura, germinación o aparición de brotes;
— eliminación, en los productos alimenticios, de los organismos nocivos para las plantas y los productos vegetales.

ANEXO II.-
Fuentes de radiaciones ionizantes

[Anexo no reproducido en la presente publicación]

ANEXO III

[Anexo no reproducido en la presente publicación]

B.- Organismos Modificados Genéticamente (OMG)

12 de marzo de 2001.-Directiva nº 2001/18/CE
del Parlamento Europeo y del Consejo,
sobre la liberación intencional en el medio ambiente de organismos modificados genéticamente
y por la que se deroga la Directiva 90/220/CEE del Consejo
(D.O. L 106, 17 de abril de 2001)

[V.C. 21/03/2008]

EL PARLAMENTO EUROPEO Y EL CONSEJO DE LA UNIÓN EUROPEA,

Visto el Tratado constitutivo de la Comunidad Europea, y en particular su artículo 95,

Vista la propuesta de la Comisión,

Visto el dictamen del Comité Económico y Social,

De conformidad con el procedimiento establecido en el artículo 251 del Tratado a la vista del texto conjunto aprobado por el Comité de Conciliación el 20 de diciembre de 2000,

Considerando lo siguiente:

(1) En el informe de la Comisión sobre la revisión de la Directiva 90/220/CEE del Consejo, de 23 de abril de 1990, sobre la liberación intencional en el medio ambiente de organismos modificados genéticamente, aprobado el 10 de diciembre de 1996, se ponen de manifiesto algunos aspectos que deben mejorarse.

(2) Es necesario clarificar el ámbito de la Directiva 90/220/CEE y las definiciones incluidas en ella.

(3) La Directiva 90/220/CEE ha sido modificada; ahora que se están efectuando nuevas modificaciones a dicha Directiva es deseable, en aras de la claridad y la racionalidad, una refundición de las disposiciones en cuestión.

(4) Los organismos vivos liberados en el medio ambiente en cantidades grandes o pequeñas, con fines experimentales o como productos comerciales, pueden reproducirse en el medio ambiente y atravesar fronteras nacionales, afectando por tanto a otros Estados miembros; los efectos de dichas liberaciones en el medio ambiente pueden ser irreversibles.

(5) La protección de la salud humana y del medio ambiente exigen que se preste la atención debida al control de los riesgos derivados de la liberación intencional en el medio ambiente de organismos modificados genéticamente (OMG).

(6) De acuerdo con el Tratado, la intervención comunitaria en materia de medio ambiente debe basarse en el principio de acción preventiva.

(7) Es necesario la aproximación de las legislaciones de los Estados miembros sobre la liberación intencional en el medio ambiente de OMG y garantizar la elaboración segura de productos industriales que contengan OMG.

(8) Se ha tenido en cuenta el principio de cautela a la hora de redactar la presente Directiva y debe tenerse en cuenta cuando ésta se aplique.

(9) Tiene particular importancia el respeto de los principios éticos reconocidos en un Estado miembro; los Estados miembros pueden tener en cuenta aspectos éticos cuando se liberen intencionalmente o se comercialicen OMG como productos o componentes de productos.

(10) Para disponer de un marco legislativo global y transparente, es necesario garantizar que la Comisión o los Estados miembros consulten al público durante la preparación de medidas y de que estén informados de las medidas que se tomen durante la aplicación de la presente Directiva.

(11) La comercialización cubre también las importaciones; no pueden importarse en la Comunidad productos que sean o contengan OMG cubiertos por la presente Directiva si no se ajustan a sus disposiciones.

(12) A efectos de la presente Directiva se debe considerar comercialización la puesta a disposición de OMG para su importación o manipulación en grandes cantidades, como es el caso de los productos básicos agrarios.

(13) La presente Directiva tiene debidamente en consideración la experiencia internacional en este ámbito y los compromisos comerciales internacionales en este sector y debe respetar los requisitos que establece el Protocolo de Cartagena relativo a la Bioseguridad de la Convención relativa a la Diversidad Biológica. Lo más pronto

posible y, en todo caso, antes de julio de 2001, la Comisión, en el contexto de la ratificación del Protocolo, presentará las propuestas apropiadas para su aplicación.

(14) El Comité de reglamentación debe proporcionar orientaciones para la aplicación de las disposiciones relacionadas con la definición de comercialización en la presente Directiva.

(15) A la hora de definir los "organismos modificados genéticamente" a efectos de la presente Directiva, los seres humanos no deben ser considerados organismos.

(16) Las disposiciones de la presente Directiva se entienden sin perjuicio de la legislación nacional en materia de responsabilidad medioambiental, al tiempo que la legislación comunitaria al respecto debe complementarse con normas sobre responsabilidad por distintas categorías de daños medioambientales en todo el territorio de la Unión Europea. A tal efecto la Comisión se compromete a presentar una propuesta legislativa sobre responsabilidad medioambiental antes de 2001, que incluirá también los daños ocasionados por los OMG.

(17) La presente Directiva no debe aplicarse a los organismos obtenidos mediante determinadas técnicas de modificación genética que han venido siendo utilizadas convencionalmente en varios usos y de los que se dispone de una amplia experiencia de utilización segura.

(18) Es necesario establecer procedimientos y criterios armonizados para la evaluación caso por caso de los riesgos potenciales derivados de la liberación intencional de OMG en el medio ambiente.

(19) Antes de una liberación debe efectuarse una evaluación del riesgo para el medio ambiente. Asimismo, dicha evaluación debe tener en cuenta debidamente los posibles efectos acumulados a largo plazo asociados con la interacción con otros OMG y el medio ambiente.

(20) Es necesario establecer un método común de evaluación de riesgos medioambientales basado en un informe científico independiente; también es necesario establecer objetivos comunes de seguimiento de los OMG tras su liberación deliberada o su comercialización como productos o componentes de productos. El control de los posibles efectos acumulados a largo plazo debe considerarse parte obligatoria del plan de seguimiento.

(21) Los Estados miembros y la Comisión deben garantizar que se lleve a cabo una investigación sistemática e independiente sobre los riesgos posibles que implica la liberación intencional o la comercialización de OMG. Los Estados miembros y la Comunidad deben garantizar los recursos necesarios para dicha investigación con arreglo a sus procedimientos presupuestarios y debe facilitarse a los investigadores independientes el acceso a todo el material pertinente, dentro del respeto de los derechos de propiedad intelectual.

(22) Debe tomarse particularmente en cuenta la cuestión de los genes de resistencia a los antibióticos cuando se lleve a cabo la evaluación de riesgo de OMG que contengan dichos genes.

(23) La liberación intencional de OMG en fase experimental es, en la mayoría de los casos, un paso necesario en el desarrollo de productos nuevos derivados de OMG o que los contengan.

(24) La introducción de OMG en el medio ambiente debe realizarse de acuerdo con el principio "paso a paso"; ello supone la reducción del confinamiento de los OMG y que su liberación se aumente de forma gradual, paso a paso, pero sólo en caso de que la evaluación de las etapas anteriores en términos de protección de la salud humana y del medio ambiente revele que puede pasarse a la siguiente etapa.

(25) Ningún OMG que sea producto o componente de producto y que esté destinado a ser liberado intencionalmente debe poder ser comercializado sin haberlo sometido previamente a pruebas satisfactorias en la fase de investigación y desarrollo en los ecosistemas que pudieran verse afectados por su utilización.

(26) La aplicación de la presente Directiva debe realizarse en estrecha relación con la aplicación de otros instrumentos pertinentes como la Directiva 91/414/CEE del Consejo, de 15 de junio de 1991, relativa a la comercialización de productos fitosanitarios; en ese sentido las autoridades competentes responsables de la aplicación de la presente Directiva y de dichos instrumentos, dentro de la Comisión y a escala nacional, deben coordinar su actividad en la mayor medida posible.

(27) En lo que se refiere a la evaluación de riesgos medioambientales para la Parte C, gestión de riesgos, etiquetado, control, información al público y cláusula de salvaguardia,

la presente Directiva debe ser un punto de referencia para los OMG que sean productos o componentes de productos autorizados por otro acto jurídico comunitario, el cual debe por tanto disponer la realización de una evaluación específica del riesgo medioambiental de acuerdo con los principios establecidos en el Anexo II y sobre la base de la información que se detalla en el Anexo III, sin perjuicio de los requisitos adicionales previstos por el citado acto comunitario, y establecer requisitos en materia de gestión de riesgos, etiquetado, seguimiento según proceda, información al público y cláusula de salvaguardia al menos equivalentes a los establecidos en la presente Directiva. A estos efectos, es necesario establecer una cooperación con los órganos comunitarios y nacionales mencionados en la presente Directiva con la finalidad de aplicar sus disposiciones.

(28) Es necesario establecer un procedimiento comunitario de autorización para la comercialización de OMG que sean productos o componentes de productos, siempre que el empleo previsto de los productos implique la liberación intencional de los organismos en el medio ambiente.

(29) La Comisión debe elaborar un estudio donde se evalúen las diversas opciones para mejorar la coherencia y la eficacia de este marco, centrándose en particular en un procedimiento de autorización centralizado para la comercialización de OMG en el territorio de la Comunidad.

(30) Para la legislación sectorial, podrá ser necesario adaptar los requisitos de control al producto en cuestión.

(31) La Parte C de la presente Directiva no se aplica a los productos cubiertos por el Reglamento (CEE) n° 2309/93 del Consejo de 22 de julio de 1993, por el que se establecen procedimientos comunitarios para la autorización y supervisión de medicamentos de uso humano y veterinario y por el que se crea la Agencia Europea para la Evaluación de Medicamentos, siempre y cuando incluyan una evaluación del riesgo para el medio ambiente equivalente a la que establece dicha Directiva.

(32) Toda persona, antes de acometer una liberación intencional en el medio ambiente de un OMG o de comercializar un OMG que sea producto o componente de productos, siempre que el empleo previsto de dicho producto implique su liberación intencional en el medio ambiente, debe cursar una notificación a la autoridad nacional competente.

(33) Dicha notificación debe contener un expediente técnico informativo que incluya una evaluación completa de riesgos para el medio ambiente, así como la especificación de medidas apropiadas de seguridad y de actuación en caso de emergencia y, en el caso de productos, de instrucciones y condiciones de empleo precisas, así como un proyecto de etiquetado y envasado.

(34) Una vez cursada la notificación, no se podrá llevar a cabo ninguna liberación intencional de OMG sin la previa aprobación de la autoridad competente.

(35) Un notificador debe poder retirar su expediente en cualquier fase de los procedimientos administrativos establecidos en la presente Directiva; el procedimiento administrativo debe detenerse cuando se retire un expediente.

(36) El rechazo por parte de una autoridad competente de una notificación para la comercialización de un OMG que sea un producto o un componente de un producto debe entenderse sin perjuicio de la presentación de una notificación del mismo OMG a otra autoridad competente.

(37) Debe alcanzarse un acuerdo al final del período de mediación cuando no quede pendiente ninguna objeción.

(38) El rechazo de una notificación a resultas de un informe de evaluación negativo confirmado debe entenderse sin perjuicio de futuras decisiones basadas en la notificación del mismo OMG a otra autoridad competente.

(39) En aras del buen funcionamiento de la presente Directiva, los Estados miembros deben poder acogerse a las diversas disposiciones sobre intercambio de información y experiencia antes de recurrir a la cláusula de salvaguardia de la presente Directiva.

(40) Para garantizar que se ha identificado convenientemente la presencia de OMG en productos que contengan o consistan en organismos modificados genéticamente deben aparecer claramente las palabras "Este producto contiene organismos modificados genéticamente" en una etiqueta o en un documento adjunto.

(41) Debe establecerse un sistema, mediante el apropiado procedimiento de comité, para asignar un identificador único de OMG, teniendo en cuenta la pertinente evolución experimentada en los foros internacionales.

(42) Es necesario garantizar la trazabilidad, en todas las fases de su comercialización, de los OMG como productos o componentes de productos autorizados con arreglo a la Parte C de la presente Directiva.

(43) Es necesario establecer en la presente Directiva una obligación de aplicar un plan de seguimiento para poder detectar e identificar cualquier efecto directo, indirecto, inmediato, diferido o imprevisto que los productos que contengan o consistan en OMG puedan producir en la salud humana o el medio ambiente después de su comercialización.

(44) Los Estados miembros, de acuerdo con el Tratado, deben poder tomar medidas adicionales de seguimiento e inspección, por ejemplo a cargo de servicios oficiales, de los OMG comercializados como productos o componentes de productos.

(45) Deben buscarse los medios que faciliten el control de OMG o su retirada en caso de riesgos graves.

(46) Deben tenerse en cuenta las observaciones del público en la formulación de medidas presentadas al Comité de reglamentación.

(47) Ninguna autoridad competente debe dar su aprobación a menos que se haya probado que la liberación sea segura para la salud humana y el medio ambiente.

(48) El procedimiento administrativo para otorgar autorizaciones de comercialización de OMG como productos o componentes de productos debe ser más eficaz y transparente y las primeras autorizaciones deben concederse por un plazo limitado.

(49) A los productos a los que se les haya concedido la autorización durante un período limitado debe aplicárseles un procedimiento simplificado para la renovación de la autorización.

(50) Las autorizaciones existentes concedidas según la Directiva 90/220/CEE deben renovarse para evitar disparidades entre las autorizaciones concedidas conforme a dicha Directiva y las concedidas conforme a la presente Directiva y para tener plenamente en cuenta las condiciones de autorización según la presente Directiva.

(51) Dicha renovación exige un período transitorio durante el cual las autorizaciones existentes concedidas de conformidad con la Directiva 90/220/CEE no resulten afectadas.

(52) Cuando se renueve una autorización, debe ser posible revisar todas las condiciones de la autorización original, incluidas las relacionadas con el seguimiento y la limitación de tiempo de la autorización.

(53) Debe disponerse la consulta al comité o comités científicos pertinentes establecidos por la Decisión 97/579/CE de la Comisión sobre los asuntos que pudieran tener repercusión sobre la salud humana o el medio ambiente.

(54) El sistema de intercambio de información contenida en las notificaciones establecido de conformidad con la Directiva 90/220/CEE ha sido útil y debe mantenerse.

(55) Es importante seguir de cerca el desarrollo y el uso de OMG.

(56) Cuando se comercialice un producto que contenga OMG, que sean productos o componentes de productos, y siempre que dicho producto haya sido debidamente autorizado de conformidad con la presente Directiva, un Estado miembro no podrá prohibir, restringir o impedir la comercialización de OMG que sean productos o componentes de productos, si cumplen las disposiciones de la presente Directiva; debe establecerse un procedimiento de salvaguardia en caso de riesgo para la salud humana o el medio ambiente.

(57) El Grupo europeo de Ética de la Ciencia y de las Nuevas Tecnologías de la Comisión debe ser consultado con el fin de obtener asesoramiento sobre cuestiones éticas de carácter general relativas a la liberación deliberada o a la comercialización de OMG; dichas consultas se entenderán sin perjuicio de la competencia de los Estados miembros en lo que respecta a aspectos éticos.

(58) Los Estados miembros deben poder consultar a cualquier comité que hayan establecido para asesorarlos sobre las implicaciones éticas de la biotecnología.

(59) Las medidas necesarias para la ejecución de la presente Directiva deben aprobarse con arreglo a la Decisión 1999/648/CE del Consejo, de 28 de junio de 1999, por la que se establecen los procedimientos para el ejercicio de las competencias de ejecución atribuidas a la Comisión.

(60) El intercambio de información establecido conforme a la presente Directiva debe cubrir también la experiencia obtenida con la consideración de los aspectos éticos.

(61) Con el fin de favorecer el cumplimiento efectivo de las disposiciones adoptadas conforme a la presente Directiva procede establecer sanciones que aplicarán los Estados

miembros, sin excluir los casos de liberación o comercialización no conformes a las disposiciones de la presente Directiva, especialmente cuando exista negligencia.

(62) La Comisión debe presentar cada tres años un informe que tenga en cuenta la información facilitada por los Estados miembros y aborde, en un capítulo separado, el estudio de las ventajas y desventajas socioeconómicas de cada una de las categorías de OMG cuya comercialización se autoriza, estudio que tomará debidamente en consideración el interés de los agricultores y los consumidores.

(63) Debe revisarse el marco regulador de la biotecnología con el fin de determinar la viabilidad de mejoras adicionales de la coherencia y eficacia de dicho marco; podrán precisarse adaptaciones de procedimientos para optimizar la eficacia y deben estudiarse todas las opciones que puedan ayudar a conseguirlo,

HAN ADOPTADO LA PRESENTE DIRECTIVA:

PARTE A.- DISPOSICIONES GENERALES

Artículo 1.- *Objetivo*

De conformidad con el principio de cautela, la presente Directiva tiene por objetivo aproximar las disposiciones legales, reglamentarias y administrativas de los Estados miembros y proteger la salud humana y el medio ambiente cuando:

- se produzcan liberaciones intencionales en el medio ambiente de organismos modificados genéticamente para cualquier otro propósito distinto del de su comercialización en la Comunidad
- se comercialicen organismos modificados genéticamente como productos o componentes de productos en la Comunidad.

Artículo 2.- *Definiciones*

A efectos de la presente Directiva se entenderá por:

1) "organismo", toda entidad biológica capaz de reproducirse o de transferir material genético;

2) "organismo modificado genéticamente (OMG)", el organismo, con excepción de los seres humanos, cuyo material genético haya sido modificado de una manera que no se produce naturalmente en el apareamiento ni en la recombinación natural;

Según esta definición:

a) se produce una modificación genética siempre que se utilicen, al menos, las técnicas que se enumeran en la parte 1 del Anexo I A;

b) se considera que las técnicas enumeradas en la parte 2 del Anexo I A no dan lugar a una modificación genética;

3) "liberación intencional", cualquier introducción deliberada en el medio ambiente de un OMG o de una combinación de OMG para la cual no se empleen medidas específicas de confinamiento con el fin de limitar su contacto con el conjunto de la población y el medio ambiente y proporcionar a éstos un elevado nivel de seguridad;

4) "comercialización", el suministro o la facilitación a terceros, a título oneroso o gratuito;

No se considerarán comercialización las siguientes operaciones:

- el suministro de microorganismos modificados genéticamente para actividades reguladas por la Directiva 90/219/CEE del Consejo, de 23 de abril de 1990, relativa a la utilización confinada de microorganismos modificados genéticamente, incluidas las colecciones de cultivos;
- el suministro de OMG que no sean los microorganismos a que se refiere el primer guión, para utilizarlos exclusivamente en actividades en las que se apliquen estrictas medidas específicas de confinamiento con el fin de limitar el contacto de dichos OMG con el conjunto de la población y el medio ambiente y proporcionar a éstos un elevado nivel de seguridad; las medidas deberán basarse en los mismos principios de confinamiento previstos en la Directiva 90/219/CEE;
- el suministro de OMG para utilizarlos exclusivamente para liberaciones intencionales que cumplan los requisitos enunciados en la Parte B de la presente Directiva;

5) "notificación", la presentación a la autoridad competente de un Estado miembro de la información que exige la presente Directiva;

6) "notificador", la persona que presenta la notificación;

7) "producto", preparado que consiste en un OMG o en una combinación de OMG, o que los contiene, y que se comercializa;

8) "evaluación del riesgo para el medio ambiente", la evaluación de los riesgos para la salud humana y el medio ambiente, ya sean directos o indirectos, inmediatos o retardados, que puede entrañar la liberación intencional o la comercialización de OMG y efectuada de acuerdo con el Anexo II.

Artículo 3.- *Exenciones*

1. La presente Directiva no se aplicará a los organismos obtenidos mediante las técnicas de modificación genética que se enumeran en el Anexo I B.

2. La presente Directiva no se aplicará al transporte de organismos modificados genéticamente por ferrocarril, carretera, vías navegables interiores, mar o aire.

Artículo 4.- *Obligaciones generales*

1. Los Estados miembros garantizarán, de conformidad con el principio de cautela, la adopción de todas las medidas adecuadas para evitar los efectos negativos en la salud humana y en el medio ambiente que pudieren resultar de la liberación intencional o de la comercialización de OMG. La liberación intencional en el medio ambiente o la comercialización de OMG podrá realizarse únicamente de conformidad con las Partes B o C, respectivamente.

2. Antes de presentar una notificación con arreglo a la Parte B o la Parte C, deberá realizarse una evaluación del riesgo para el medio ambiente. La información que puede resultar necesaria para llevar a cabo la evaluación del riesgo para el medio ambiente figura en el Anexo III. Los Estados miembros y la Comisión velarán por que al realizar la evaluación del riesgo para el medio ambiente se tengan debidamente en cuenta los OMG que contengan genes que expresen resistencia a los antibióticos utilizados en tratamientos médicos o veterinarios, a fin de identificar y eliminar de forma progresiva en los OMG los marcadores de resistencia a los antibióticos que puedan tener efectos negativos en la salud humana y en el medio ambiente. Esta eliminación progresiva finalizará, a más tardar, el 31 de diciembre de 2004 en el caso de OMG comercializados de conformidad con la Parte C de la presente Directiva y, a más tardar, el 31 de diciembre de 2008 en el caso de OMG autorizados en virtud de la Parte B de la misma.

3. Los Estados miembros y, cuando proceda, la Comisión se asegurarán de que se hagan evaluaciones correctas en cada caso de los potenciales efectos adversos que puedan tener, directa o indirectamente, sobre la salud humana o el medio ambiente, las transferencias genéticas de OMG a otros organismos. Esta evaluación se efectuará de conformidad con el Anexo II, teniendo en cuenta las repercusiones medioambientales según la naturaleza del organismo introducido y del entorno receptor.

4. Los Estados miembros designarán a la autoridad o autoridades competentes responsables del cumplimiento de las disposiciones de la presente Directiva. La autoridad competente examinará las notificaciones con arreglo a las Partes B y C para determinar si se cumplen o no los requisitos de la presente Directiva, así como si la evaluación del riesgo prevista en el apartado 2 es adecuada.

5. Los Estados miembros velarán por que la autoridad competente organice las inspecciones y otras medidas de control que procedan para asegurar el cumplimiento de la presente Directiva. En caso de una liberación intencional de OMG o de su comercialización como productos o componentes de productos para los que no se haya concedido una autorización, el Estado miembro correspondiente velará por que se adopten las medidas necesarias para poner fin a la liberación o la comercialización, para iniciar acciones, si fuera necesario, a fin de remediar los daños producidos e informar al público, a la Comisión y a los demás Estados miembros.

6. *[...]*

PARTE B.- LIBERACIÓN INTENCIONAL DE OMG CON CUALQUIER OTRO PROPÓSITO DISTINTO DEL DE SU COMERCIALIZACIÓN

Artículo 5

1. No se aplicarán los artículos 6 a 11 a las sustancias y compuestos medicinales de uso humano que consistan en OMG o en combinaciones de óstos, o los contengan, siempre que su liberación voluntaria, con cualquier finalidad que no sea la de comercializarlos, esté autorizada por una norma comunitaria que prevea:

a) una evaluación específica del riesgo medioambiental de conformidad con el Anexo II de la presente Directiva y basada en el tipo de información especificada en el Anexo III, sin perjuicio de cualesquiera otros requisitos adicionales previstos en dicha norma, *b)* una autorización expresa previa a la liberación,

c) un plan de seguimiento de conformidad con las disposiciones pertinentes del Anexo III, con vistas a detectar los efectos de los OMG sobre la salud humana o el medio ambiente,

d) los requisitos oportunos del tratamiento de las novedades, información al público, datos sobre resultados de la liberación e intercambios de información al menos equivalentes a los previstos en la presente Directiva y en sus medidas de desarrollo.

2. La evaluación de los riesgos para el medio ambiente que supongan dichas sustancias y compuestos se efectuará en coordinación con las autoridades nacionales y comunitarias mencionadas en la presente Directiva.

3. La citada norma deberá disponer los procedimientos que garanticen la conformidad de la evaluación específica del riesgo medioambiental y la equivalencia con las disposiciones de la presente Directiva, y deberá hacer referencia a ésta.

Artículo 6.- *Procedimiento ordinario de autorización*

1. Sin perjuicio de lo dispuesto en el artículo 5, antes de llevar a cabo una liberación intencional de OMG o de una combinación de OMG, el interesado deberá presentar una notificación a la autoridad competente del Estado miembro en cuyo territorio vaya a realizarse la liberación.

2. La notificación a que se refiere el apartado 1 incluirá:

a) un expediente técnico que proporcione la información especificada en el Anexo III necesaria para llevar cabo la evaluación del riesgo para el medio ambiente de la liberación intencional de OMG o de una combinación de éstos y, en particular:

i) información general que incluya la relativa al personal y su formación,

ii) información relativa a los OMG,

iii) información relativa a las condiciones de liberación y al posible entorno receptor,

iv) información sobre la interacción entre los OMG y el medio ambiente,

v) un plan de seguimiento, de conformidad con las partes pertinentes del Anexo III, para determinar los efectos de los OMG sobre la salud humana y el medio ambiente,

vi) información sobre el control, los métodos de reparación, el tratamiento de residuos y los planes de actuación en caso de emergencia,

vii) un resumen del expediente;

b) la evaluación del riesgo para el medio ambiente y las conclusiones exigidas en la sección D del Anexo II, junto con todas las referencias bibliográficas e indicaciones relativas a los métodos utilizados.

3. El notificador podrá remitirse a datos o resultados de notificaciones efectuadas previamente por otros notificadores, siempre que la información, los datos y los resultados no sean confidenciales o que dichos notificadores hayan dado su consentimiento por escrito, o podrá presentar información complementaria que considere pertinente.

4. La autoridad competente podrá aceptar que las liberaciones de un mismo OMG o de una combinación de OMG en un mismo lugar o en diferentes lugares con la misma finalidad y dentro de un período definido puedan notificarse en un único documento de notificación.

5. La autoridad competente comunicará al notificador la fecha de recepción de la notificación y, tras tomar en consideración si procede las observaciones que otros Estados miembros hubieran hecho de conformidad con el artículo 11, le dará una respuesta por escrito en un plazo de 90 días desde la recepción de la notificación,

a) indicando que se ha cerciorado de que la notificación se ajusta a la presente Directiva y que puede procederse a la liberación, o bien

b) indicando que la liberación no cumple los requisitos de la presente Directiva y que, por tanto, se rechaza la notificación.

6. Para calcular el plazo de 90 días mencionado en el apartado 5, no se tendrán en cuenta los períodos de tiempo en los que la autoridad competente:

a) haya estado esperando la información adicional que hubiera solicitado al notificador, o

b) esté realizando una encuesta o consulta públicas con arreglo a lo establecido en el artículo 9. Esta encuesta o consulta públicas no deberá prolongar en más de 30 días el período de 90 días a que se refiere el apartado 5.

7. Si la autoridad competente requiriere la notificación de nuevos datos, tendrá que justificarlo simultáneamente.

8. El notificador sólo podrá efectuar la liberación cuando haya recibido la autorización escrita de la autoridad competente y de conformidad con las condiciones que se hubieren fijado en ésta.

9. Los Estados miembros garantizarán que no se comercialice ningún material derivado de OMG que hayan sido liberados de manera intencional en los términos de la Parte B, salvo si se hace de conformidad con la Parte C.

Artículo 7.- *Procedimientos diferenciados*

1. Cuando se haya adquirido una experiencia suficiente en la liberación de determinados OMG en determinados ecosistemas y dichos OMG reúnan los criterios establecidos en el Anexo V, la autoridad competente podrá presentar a la Comisión una propuesta motivada para aplicar a tales tipos de OMG procedimientos diferenciados.

2. La Comisión, por iniciativa propia o a más tardar 30 días después de la recepción de la propuesta de una autoridad competente:

a) remitirá la propuesta a las autoridades competentes, que podrán presentar observaciones en un plazo de 60 días y, al mismo tiempo,

b) pondrá la propuesta a disposición del público, que podrá formular observaciones en un plazo de 60 días, y

c) consultará con el comité o comités científicos pertinentes, que podrán emitir un dictamen en un plazo de 60 días.

3. Se tomará una decisión sobre cada propuesta, con arreglo al procedimiento establecido en el apartado 2 del artículo 30. En dicha decisión se determinará la información técnica mínima del Anexo III que resulte necesaria para evaluar cualquier posible riesgo debido a la liberación, en particular:

a) información relativa a los OMG,

b) información relativa a las condiciones de liberación y al posible entorno receptor,

c) información sobre la interacción entre los OMG y el medio ambiente,

d) la evaluación del riesgo para el medio ambiente.

4. La citada decisión se tomará en un plazo de 90 días contados desde la fecha de la propuesta de la Comisión o desde la fecha de recibo de la propuesta de la autoridad competente. Dicho plazo de 90 días no incluye el período de tiempo en el que la Comisión haya estado esperando las observaciones de las autoridades competentes, las observaciones del público o el dictamen de los comités científicos, según lo dispuesto en el apartado 2.

5. La decisión adoptada con arreglo a los apartados 3 y 4 establecerá que el notificador sólo podrá efectuar la liberación cuando haya recibido la autorización escrita de la autoridad competente. Al proceder a la liberación el notificador cumplirá las condiciones que se hubieren establecido en la autorización.

La decisión adoptada con arreglo a los apartados 3 y 4 podrá prever que liberaciones de un mismo OMG o de una combinación de OMG en un mismo lugar o en diferentes lugares con la misma finalidad y dentro de un período definido puedan notificarse en un único documento de notificación.

6. Sin perjuicio de lo dispuesto en los apartados 1 a 5, seguirá aplicándose la Decisión 94/730/CE de la Comisión, de 4 de noviembre de 1994, por la que se establecen procedimientos simplificados relativos a la liberación en el medio ambiente de plantas modificadas genéticamente en virtud del apartado 5 del artículo 6 de la Directiva 90/220/CEE del Consejo.

7. Cuando un Estado miembro decida aplicar o no un procedimiento establecido en una decisión adoptada de conformidad con los apartados 3 y 4 a las liberaciones de OMG que se efectúen en su territorio, informará de ello a la Comisión.

Artículo 8.- *Modificaciones y nueva información*

1. En el caso de que se produzca cualquier modificación, o cambio no intencionado, en la liberación intencional de un OMG o de una combinación de OMG que pudiera tener consecuencias respecto a los riesgos para la salud humana y el medio ambiente después que la autoridad competente haya dado su autorización por escrito, o bien si se dispusiera de nueva información sobre dichos riesgos, ya sea mientras la autoridad competente de un Estado miembro examina la notificación o después de que dicha autoridad haya dado su autorización por escrito, el notificador deberá, de forma inmediata:

a) tomar las medidas necesarias para proteger la salud humana y el medio ambiente, *b)* informar a la autoridad competente antes de cualquier modificación o en cuanto se conozca el cambio no intencionado o se disponga de la nueva información,

c) revisar las medidas especificadas en la notificación.

2. Si la autoridad competente a que se refiere el apartado 1 llegara a disponer de información que pudiera tener consecuencias importantes en relación con riesgos para la salud humana o el medio ambiente o se dieran las circunstancias que se describen en el anterior apartado 1, la autoridad competente deberá valorar dicha información y hacerla pública. Podrá exigir al notificador que modifique las condiciones de la liberación intencional, que la suspenda o que le ponga fin e informará al público al respecto.

Artículo 9.- *Consulta e información al público*

1. Sin perjuicio de lo dispuesto en los artículos 7 y 25, los Estados miembros consultarán al público y, si procede, a determinados grupos sobre la liberación intencional propuesta. En tal caso, los Estados miembros establecerán las modalidades para llevar a cabo esta consulta, incluido un plazo de tiempo prudencial, con el fin de que el público o determinados grupos puedan dar a conocer su opinión.

2. Sin perjuicio de lo dispuesto en el artículo 25:

- los Estados miembros pondrán a disposición del público la información relativa a todas las liberaciones de OMG correspondientes a la Parte B que tengan lugar en su territorio;
- la Comisión pondrá a disposición del público la información contenida en el sistema de intercambio de información, de conformidad con el artículo 11.

Artículo 10.- *Deber del notificador de informar sobre las liberaciones*

Una vez efectuada la liberación, y, posteriormente, en los intervalos establecidos en la autorización a la vista de los resultados de la evaluación del riesgo para el medio ambiente, el notificador enviará a la autoridad competente el resultado de la liberación con respecto a cualquier riesgo para la salud humana o el medio ambiente, con especial referencia, cuando proceda, a todo tipo de producto que el notificador tenga intención de notificar posteriormente. Se elaborará el modelo para la presentación de dicho resultado con arreglo al procedimiento establecido en el apartado 2 del artículo 30.

Artículo 11.- *Intercambio de información entre las autoridades competentes y la Comisión*

1. La Comisión establecerá un sistema de intercambio de la información contenida en las notificaciones. Las autoridades competentes enviarán a la Comisión un resumen de cada notificación recibida conforme a lo dispuesto en el artículo 6, en un plazo de treinta días desde su recepción. El modelo de dicho resumen se establecerá y, si procede, se modificará, con arreglo al procedimiento contemplado en el apartado 2 del artículo 30.

2. Como máximo treinta días después de la recepción de dichos resúmenes, la Comisión los remitirá a los demás Estados miembros que, en un plazo de treinta días, podrán presentar observaciones bien a través de la Comisión, bien directamente. Los Estados miembros que lo soliciten podrán recibir una copia de la notificación completa de la autoridad competente del Estado miembro de que se trate.

3. Las autoridades competentes informarán a la Comisión de las decisiones definitivas adoptadas de acuerdo con lo dispuesto en el apartado 5 del artículo 6, incluidos, en su caso, los motivos por los que se rechaza la notificación, y de los resultados de las liberaciones recibidos con arreglo al artículo 10.

4. Respecto a las liberaciones de OMG a que se refiere el artículo 7, los Estados miembros remitirán una vez al año una relación de los OMG liberados en su territorio y una lista de las notificaciones rechazadas a la Comisión, que a su vez las enviará a las autoridades competentes de los demás Estados miembros.

PARTE C.- COMERCIALIZACIÓN DE OMG COMO PRODUCTOS O COMPONENTES DE PRODUCTOS

Artículo 12.- *Legislación sectorial*

1. Los artículos 13 a 24 no se aplicarán a los OMG que sean productos o componentes de un producto siempre que estén autorizados por una normativa comunitaria en la que se establezca la realización de una evaluación específica del riesgo para el medio ambiente de conformidad con los principios establecidos en el Anexo II, basada en la información indicada en el Anexo III, sin perjuicio de los requisitos adicionales previstos en la citada legislación comunitaria, así como, requisitos en materia de gestión del riesgo, etiquetado, seguimiento, si procede, información al público y cláusula de salvaguardia, equivalentes, como mínimo, a los que prevé la presente Directiva.

2. En lo que se refiere al Reglamento (CEE) n° 2309/93, los artículos 13 a 24 de la presente Directiva no se aplicarán a cualquier OMG que sean productos o componentes de un producto siempre que estén autorizados por dicho Reglamento, en la medida en que la realización de una evaluación específica del riesgo para el medio ambiente se establezca de conformidad con los principios establecidos en el Anexo II de la presente Directiva y basada en el tipo de información indicada en el Anexo III de la presente Directiva, sin perjuicio de otros requisitos pertinentes en materia de determinación del riesgo, gestión del riesgo, etiquetado, seguimiento, si procede, información al público y cláusula de salvaguardia previstos en la legislación comunitaria sobre productos medicinales de uso humano y veterinario.

3. Un reglamento del Parlamento Europeo y del Consejo establecerá los procedimientos que garanticen que la determinación del riesgo, los requisitos referentes a la gestión del riesgo, el etiquetado, el seguimiento, si procede, la información al público y la cláusula de salvaguardia, sean equivalentes a los que prevé la presente Directiva. La futura legislación sectorial basada en las disposiciones de dicho reglamento deberá hacer referencia a la presente Directiva. En espera de la entrada en vigor del reglamento, los OMG que sean productos o componentes de productos se comercializarán únicamente, siempre que estén autorizados por otros actos legislativos comunitarios, una vez que su comercialización haya sido autorizada con arreglo a lo dispuesto en la presente Directiva.

4. Durante la evaluación de las solicitudes de comercialización de los OMG a los que se refiere el apartado 1, se consultará a los órganos creados por la Comunidad en virtud de la presente Directiva y por los Estados miembros con el objeto de aplicar esta misma Directiva.

Artículo 12 bis.- *Medidas transitorias aplicables a la presencia accidental o técnicamente inevitable de organismos modificados genéticamente cuya evaluación de riesgo haya sido favorable*

1. La comercialización de trazas de OMG o de combinaciones de OMG en productos destinados a un uso directo como alimentos o piensos o a una ulterior transformaciónquedarán exceptuados de la aplicación de los artículos 13 a 21, siempre que cumplan las condiciones previstas en el artículo 47 del Reglamento (CE) nº 1829/2003 del Parlamento Europeo y del Consejo, de 22 de septiembre de 2003, sobre alimentos y piensos modificados genéticamente.

2. El presente artículo se aplicará durante un periodo de tres años tras la fecha de aplicación del Reglamento (CE) nº 1829/2003.

Artículo 13.- *Procedimiento de notificación*

1. Antes de comercializar un OMG o una combinación de OMG como producto o componente de producto, deberá presentarse una notificación a la autoridad competente del Estado miembro en el que vaya a comercializarse dicho OMG por primera vez. La autoridad competente acusará recibo de la fecha de recepción de la notificación y remitirá inmediatamente el resumen del expediente a que se refiere la letra h) del apartado 2, a las autoridades competentes de los demás Estados miembros y a la Comisión.

La autoridad competente comprobará sin demora si la notificación es conforme al apartado 2, y, si fuera necesario, solicitará al notificador información complementaria.

Cuando la notificación sea conforme al apartado 2, y a más tardar cuando envíe su informe de evaluación con arreglo al apartado 2 del artículo 14, la autoridad competente deberá remitir una copia de dicha notificación a la Comisión que, dentro de los 30 días siguientes a la fecha de la recepción, la remitirá a las autoridades competentes de los demás Estados miembros.

2. La notificación incluirá:

a) la información exigida en los Anexos III y IV, que deberá tener en cuenta la diversidad de lugares de uso de los OMG que sean productos o componentes de un producto e incluir los datos y resultados obtenidos en las liberaciones con fines de investigación y desarrollo, sobre las consecuencias de la liberación para la salud humana y el medio ambiente;

b) la evaluación del riesgo para el medio ambiente y las conclusiones exigidas en la sección D del Anexo II;

c) las condiciones para la comercialización del producto, incluidas las condiciones específicas de uso y manejo;

d) en relación con el apartado 4 del artículo 15, una propuesta de período de duración de la autorización, que no debe ser superior a 10 años;

e) un plan de seguimiento de conformidad con el Anexo VII, incluida una propuesta sobre la duración del plan de seguimiento; esta duración puede ser distinta del período de duración de la autorización;

f) una propuesta de etiquetado que deberá cumplir los requisitos establecidos en el Anexo IV. El etiquetado indicará claramente la presencia de OMG. En la etiqueta o en la documentación adjunta deberá figurar la frase "Este producto contiene organismos modificados genéticamente";

g) una propuesta de envasado que deberá incluir los requisitos enumerados en el Anexo IV;

h) un resumen del expediente, cuyo modelo se establecerá con arreglo al procedimiento contemplado en el apartado 2 del artículo 30.

Si, sobre la base de los resultados de liberaciones notificadas de conformidad con la Parte B, o en virtud de otros argumentos científicos justificados y sólidos, un notificador considera que la comercialización y el uso de un OMG, ya sea como producto o como componente de un producto, no presenta ningún riesgo para la salud humana ni para el medio ambiente, podrá proponer a la autoridad competente no presentar toda o parte de la información exigida en el punto B del Anexo IV.

3. El notificador incluirá en la notificación información sobre datos o resultados de liberaciones del mismo OMG o de la misma combinación de OMG que él mismo haya notificado o esté notificando dentro o fuera de la Comunidad.

4. El notificador podrá asimismo hacer referencia a datos o resultados de notificaciones anteriores presentadas por otros notificadores o presentar información adicional que considere pertinente, siempre que la información, los datos y los resultados no sean confidenciales y que dichos notificadores hayan dado su conformidad por escrito.

5. Para poder dar a un OMG o una combinación de OMG un uso distinto del mencionado en una notificación, deberá presentarse otra notificación diferente.

6. Si llegara a disponerse de nueva información con respecto a los riesgos que representa el OMG para la salud humana o el medio ambiente, antes de que se haya concedido la autorización por escrito, el notificador tomará inmediatamente las medidas necesarias para proteger la salud humana y el medio ambiente e informará a la autoridad competente. Además, el notificador revisará la información y los requisitos especificados en la notificación.

Artículo 14.- *Informe de evaluación*

1. Una vez recibida la notificación de conformidad con el apartado 2 del artículo 13 y tras acusar recibo de la misma, la autoridad competente examinará si es conforme con la presente Directiva.

2. En el plazo de 90 días a partir de la recepción de la notificación, la autoridad competente:

- preparará un informe de evaluación y lo enviará al notificador. La subsiguiente retirada del expediente por el notificador no obsta para una posterior presentación de la notificación a otra autoridad competente,
- en el caso previsto en la letra a) del apartado 3, enviará su informe junto con la información mencionada en el apartado 4 y cualquier otra información que haya servido de base a su informe a la Comisión que, dentro de un plazo de 30 días a partir de la fecha de recepción, lo remitirá a las autoridades competentes de los demás Estados miembros.

En el caso previsto en la letra b) del apartado 3, la autoridad competente enviará su informe junto con la información a que se refiere el apartado 4 y cualquier otra información que haya servido de base a su informe a la Comisión, como mínimo 15 días después del envío del informe de evaluación al notificador y como máximo 105 días después de la recepción de la notificación. Dentro de un plazo de 30 días a partir de la fecha de recepción, la Comisión remitirá dicho informe a las autoridades competentes de los demás Estados miembros.

3. El informe de evaluación indicará si:

a) los OMG de que se trate deben comercializarse y en qué condiciones, o

b) los OMG de que se trate no deben comercializarse.

Los informes de evaluación se establecerán con arreglo a las directrices recogidas en el Anexo VI.

4. A la hora de calcular el plazo de 90 días mencionado en el apartado 2, no se tendrán en cuenta los períodos de tiempo en los que la autoridad competente haya estado esperando la información adicional que hubiera solicitado al notificador. La autoridad competente deberá justificar cualquier solicitud de información adicional.

Artículo 15.- *Procedimiento ordinario*

1. En los supuestos a que se refiere el apartado 3 del artículo 14, una autoridad competente o la Comisión podrán, en un plazo de 60 días desde la fecha en que se facilite el informe de evaluación, solicitar más información, formular observaciones o presentar objeciones motivadas a la comercialización de los OMG de que se trate.

Las observaciones o las objeciones motivadas de las autoridades competentes y las respuestas se enviarán a la Comisión, que las transmitirá de inmediato a todas las autoridades competentes.

Las autoridades competentes y la Comisión dispondrán de un plazo de 105 días desde la fecha de envío del informe de evaluación para estudiar los aspectos pendientes y llegar a un acuerdo.

Los períodos en los que se haya estado esperando recibir más información del notificador no se contarán a los efectos del cálculo del día en que venza el plazo de 45 días para alcanzar un acuerdo. Cualquier solicitud de información adicional deberá motivarse.

2. En el supuesto a que se refiere la letra b) del apartado 3 del artículo 14, si la autoridad competente que preparó el informe decide que el OMG no debe comercializarse, la notificación quedará rechazada. Esta decisión deberá motivarse.

3. Si la autoridad competente que preparó el informe decide que el producto puede comercializarse, salvo que haya alguna objeción justificada de un Estado miembro o de la Comisión en los 60 días siguientes a la fecha de difusión del informe de evaluación a que se refiere la letra a) del apartado 3 del artículo 14 o que se hayan resuelto los posibles aspectos pendientes en el plazo de 105 días mencionado en el apartado 1, dicha autoridad competente dará su autorización por escrito a la comercialización del producto, la transmitirá al notificador e informará de ella a los demás Estados miembros y a la Comisión en el plazo de 30 días.

4. La autorización se concederá por un plazo máximo de 10 años a partir de la fecha de la autorización.

A efectos de la aprobación de un OMG o de su progenie con vistas únicamente a la comercialización de sus semillas de conformidad con las disposiciones comunitarias aplicables, el período de la primera autorización concluirá a más tardar 10 años a partir de la fecha de la primera inscripción de la primera variedad vegetal con OMG en un catálogo nacional oficial de variedades vegetales, de conformidad con las Directivas del Consejo 70/457/CEE y 70/458/CEE.

En el caso de materiales forestales de reproducción, el período de la primera autorización concluirá a más tardar 10 años a partir de la fecha de la primera inscripción del material de base con OMG en un registro nacional de materiales de base, de conformidad con la Directiva 1999/105/CE del Consejo.

Artículo 16.- *Criterios e información para OMG específicos*

1. Una autoridad competente, o la Comisión por iniciativa propia, podrán efectuar propuestas de criterios y requisitos de información que deberán cumplir las notificaciones, mediante excepción al artículo 13, para comercializar determinados tipos de OMG, como productos o componentes de productos.

2. Se establecerán los criterios y requisitos de información contemplados en el apartado 1 así como los requisitos relativos al resumen del expediente. Estas medidas, destinadas a modificar elementos no esenciales de la presente Directiva, completándola, se adoptarán, previa consulta del comité científico competente, con arreglo al procedimiento de reglamentación con control contemplado en el artículo 30, apartado 3. Los criterios y requisitos deberán poder garantizar un elevado nivel de seguridad para la salud humana y el medio ambiente y estar fundados en las pruebas científicas disponibles referentes a dicha seguridad y en la experiencia adquirida con liberaciones de OMG comparables.

Los requisitos establecidos en el artículo 13, apartado 2, se sustituirán por los adoptados con arreglo a lo dispuesto en el párrafo primero, aplicándose el procedimiento previsto en el artículo 13, apartados 3, 4, 5 y 6, y en los artículos 14 y 15.

3. Antes de que se inicie el procedimiento de reglamentación con control contemplado en el artículo 30, apartado 3, para tomar una decisión acerca de los criterios y requisitos en materia de información a que se refiere el apartado 1, la Comisión publicará la propuesta. El público dispondrá de un plazo de 60 días para formular observaciones a la Comisión. La Comisión transmitirá estas observaciones al Comité previsto en el artículo 30, junto con un análisis.

Artículo 17.- *Renovación de la autorización*

1. No obstante lo dispuesto en los artículos 13, 14 y 15, el procedimiento contemplado en los apartados 2 a 9 deberá aplicarse para la renovación de:

a) las autorizaciones concedidas de conformidad con la Parte C, y

b) antes de 17 de octubre de 2006, las autorizaciones concedidas con arreglo a la Directiva 90/220/CEE para la comercialización de OMG como productos o componentes de productos antes de 17 de octubre de 2002.

2. Dentro de un plazo máximo de 9 meses antes de que expire la autorización, para las autorizaciones en virtud de la letra a) del apartado 1, y antes de 17 de octubre de 2006, para las autorizaciones en virtud de letra b) del apartado 1, el notificador deberá presentar, con arreglo al presente artículo, a la autoridad competente que recibió la notificación inicial una notificación que incluya lo siguiente:

a) un ejemplar de la autorización de comercialización de los OMG,

b) un informe de los resultados del seguimiento realizado con arreglo al artículo 20. En caso de una autorización en virtud de la letra b) del apartado 1 dicho informe se presentará cuando se hubiere efectuado el seguimiento,

c) toda nueva información de que se disponga en relación con los riesgos que el producto entraña para la salud humana o el medio ambiente, y

d) cuando proceda, una propuesta para modificar o complementar las condiciones de la autorización inicial, es decir, las relativas al futuro seguimiento y el plazo de la autorización.

La autoridad competente acusará recibo de la fecha de la notificación y cuando ésta se ajuste al presente apartado procederá sin demora a remitir un ejemplar de la notificación, así como su informe de evaluación, a la Comisión, que, en un plazo de 30 días a partir de la fecha de recepción, los remitirá a las autoridades competentes de los demás Estados miembros. Enviará también su informe de evaluación al notificador.

3. El informe de evaluación indicará si:

a) el OMG debe seguir en el mercado y en qué condiciones,

b) el OMG no debe seguir en el mercado.

4. Las demás autoridades competentes o la Comisión podrán pedir más información, hacer observaciones o presentar objeciones motivadas en el plazo de 60 días a partir de la fecha de distribución del informe de evaluación.

5. Las observaciones u objeciones motivadas y las respuestas se remitirán a la Comisión, que las comunicará inmediatamente a todas las autoridades competentes.

6. En el caso de la letra a) del apartado 3 y en ausencia de cualquier objeción motivada por parte de un Estado miembro o de la Comisión en los 60 días siguientes a la fecha de distribución del informe de evaluación, la autoridad competente que lo preparó enviará al notificador la decisión final por escrito e informará a los demás Estados miembros y a la Comisión en un plazo de 30 días. La validez de la autorización no debe superar, por regla general, los diez años y podrá limitarse o ampliarse según convenga por motivos específicos.

7. Las autoridades competentes y la Comisión podrán debatir los aspectos pendientes con objeto de alcanzar un acuerdo en el plazo de 75 días a partir de la fecha de envío del informe de evaluación.

8. Si se han resuelto los aspectos pendientes en el plazo de 75 días mencionado en el apartado 7, la autoridad competente que preparó el informe de evaluación comunicará por escrito al notificador su decisión definitiva e informará a los demás Estados miembros y a la Comisión en un plazo de 30 días. La validez de la autorización podrá limitarse según convenga.

9. Tras presentar una notificación para renovar una autorización conforme al apartado 2, el notificador podrá seguir comercializando los OMG con arreglo a las condiciones establecidas en dicha autorización hasta que se tome una decisión definitiva sobre la notificación.

Artículo 18.- *Procedimiento comunitario en caso de objeción*

1. En caso de que alguna autoridad competente o la Comisión presente y mantenga alguna objeción conforme a los artículos 15, 17 y 20, se tomará y se publicará una decisión en un plazo de 120 días con arreglo al procedimiento establecido en el apartado 2 del artículo 30. Dicha decisión contendrá la misma información que el apartado 3 del artículo 19.

Para calcular el plazo de 120 días, no se tendrán en cuenta los períodos de tiempo en los que la Comisión haya estado esperando la información adicional que hubiera solicitado al notificador o el dictamen del comité científico al que hubiera consultado con arreglo al artículo 28. La Comisión motivará las solicitudes de información adicional e informará a las autoridades competentes de las solicitudes que presente al notificador. El plazo de espera del dictamen del comité científico por parte de la Comisión no deberá exceder de 90 días.

Tampoco se tendrá en cuenta el tiempo que tarde el Consejo en pronunciarse con arreglo al procedimiento establecido en el apartado 2 del artículo 30.

2. Cuando se haya adoptado una decisión favorable, la autoridad competente que hubiera preparado el informe dará su autorización por escrito a la comercialización o renovación de la autorización, la transmitirá al notificador e informará a los demás Estados miembros y a la Comisión en un plazo de 30 días desde la publicación o notificación de la decisión.

Artículo 19.- *Autorización*

1. Sin perjuicio de los requisitos de otras legislaciones comunitarias, sólo se podrá utilizar un OMG como producto o componente de producto sin más notificación en toda la Comunidad si ha obtenido por escrito una autorización de comercialización y en la medida en que observe estrictamente las condiciones específicas de utilización y las relativas al entorno y a las áreas geográficas que tales condiciones estipulen.

2. El notificador podrá proceder a la comercialización sólo cuando haya recibido la autorización escrita de la autoridad competente, de conformidad con los artículos 15, 17 y 18 y en las condiciones que estipule dicha autorización.

3. La autorización escrita mencionada en los artículos 15, 17 y 18 especificará explícitamente en todos los casos:

a) el alcance de la autorización, incluida la identidad de los OMG que se van a comercializar como productos o componentes de productos, y su identificador único,

b) el plazo de validez de la autorización,

c) las condiciones de comercialización del producto, incluidas las condiciones específicas de uso, manejo y embalaje de los OMG como productos o componentes de productos y los requisitos para la protección de determinados ecosistemas, entornos o áreas geográficas particulares,

d) que, no obstante lo dispuesto en el artículo 25, el notificador pondrá a disposición de las autoridades competentes, previa petición, muestras de control,

e) los requisitos de etiquetado, conforme a los requisitos establecidos en el Anexo IV. El etiquetado indicará claramente la presencia de OMG. La mención "Este producto contiene organismos modificados genéticamente" aparecerá en la etiqueta o en un documento que acompañe a los productos que contengan OMG,

f) los requisitos de seguimiento conforme al Anexo VII, incluidas obligaciones de información a la Comisión y a las autoridades competentes, el plazo para el plan de seguimiento, y, cuando convenga, las obligaciones de las personas que vendan el producto o de los usuarios del mismo, incluido, en el caso de los OMG cultivados, un nivel de información que se considere adecuado sobre su localización.

4. Los Estados miembros tomarán las medidas necesarias para asegurar que la autorización escrita y, cuando proceda, la decisión contemplada en el artículo 18, sean accesibles al público y que se cumplan las condiciones estipuladas en la autorización escrita y, cuando proceda, en la decisión.

Artículo 20.- *Seguimiento y tratamiento de la nueva información*

1. Tras la comercialización de OMG como productos o componentes de productos, el notificador velará por que el seguimiento y la presentación de informes sobre los mismos se lleven a cabo con arreglo a las condiciones especificadas en la autorización. Además se enviarán informes de dicho seguimiento a la Comisión y a las autoridades competentes de los Estados miembros. Basándose en dichos informes, de conformidad con los términos de la autorización y en el marco del plan de seguimiento especificado en la misma, la autoridad competente que recibió la notificación inicial podrá adaptar el plan de seguimiento al finalizar el primer período de seguimiento.

2. Si se dispone de nueva información, procedente de los usuarios o de otras fuentes, relativa a los riesgos del OMG para la salud humana o el medio ambiente después de la autorización escrita, el notificador tomará inmediatamente todas las medidas necesarias para proteger la salud humana y el medio ambiente e informará de ello a la autoridad competente.

Además, el notificador revisará la información y las condiciones descritas en la notificación.

3. Si la autoridad competente recibe información que pueda repercutir en el riesgo del OMG para la salud humana o el medio ambiente, o en las circunstancias expuestas en el apartado 2, transmitirá inmediatamente la información a la Comisión y a las autoridades competentes de los demás Estados miembros y podrá acogerse a lo dispuesto en el apartado 1 del artículo 15 y el apartado 7 del artículo 17, en su caso, cuando haya accedido a la información antes de conceder la autorización escrita.

Cuando haya accedido a la información después de conceder la autorización escrita, la autoridad competente enviará su informe de evaluación dentro de un plazo de 60 días a partir de la fecha de recepción de la nueva información, indicando si se deben modificar las condiciones de autorización y cómo, o si se debe anular la autorización, a la Comisión que, dentro de los 30 días siguientes al de la recepción de dicho informe, lo transmitirá a las autoridades competentes de los demás Estados miembros.

Los comentarios o las objeciones motivadas sobre la continuación de la comercialización del OMG o sobre la propuesta de modificación de las condiciones de autorización se transmitirán dentro de un plazo de 60 días a partir de la distribución del informe de evaluación a la Comisión, que lo remitirá inmediatamente a todas las autoridades competentes.

Las autoridades competentes y la Comisión podrán debatir cualquier cuestión pendiente con el objeto de llegar a un acuerdo dentro de un plazo de 75 días a partir de la fecha de la distribución del informe de evaluación.

A falta de objeción motivada presentada por un Estado miembro o la Comisión dentro de un plazo de 60 días a partir de la fecha de distribución de la nueva información o si las cuestiones pendientes se resuelven en un plazo de 75 días, la autoridad competente que redactó el informe modificará la autorización en el sentido propuesto, enviará la autorización modificada al notificador e informará de ello a los demás Estados miembros y a la Comisión dentro de un plazo de 30 días.

4. A fin de garantizar la transparencia, los resultados de los controles a que se refiere la Parte C de la presente Directiva se harán públicos.

Artículo 21.- *Etiquetado*

1. Los Estados miembros adoptarán todas las disposiciones necesarias para garantizar que, en cualquier fase de la comercialización, el etiquetado y envasado de los OMG comercializados que sean productos o componentes de productos se ajustan a los requisitos aplicables especificados en la autorización escrita a que se refieren el apartado 3 del artículo 15, los apartados 5 y 8 del artículo 17, el apartado 2 del artículo 18 y el apartado 3 del artículo 19.

2. Para los productos respecto de los que no puedan excluirse rastros accidentales o técnicamente inevitables de OMG autorizados, se establecerá un umbral mínimo por debajo del cual dichos productos no necesitarán etiquetarse conforme a lo dispuesto en el apartado 1.

Los niveles umbral se establecerán de acuerdo con el producto de que se trate. Estas medidas, destinadas a modificar elementos no esenciales de la presente Directiva, completándola, se adoptarán con arreglo al procedimiento de reglamentación con control contemplado en el artículo 30, apartado 3.

3. Para los productos destinados a la transformación directa, no se aplicará lo dispuesto en el apartado 1 a los rastros de OMG autorizados que estén presentes en una proporción no superior al 0,9 % o a umbrales más bajos, a condición de que la presencia de estos rastros de OMG sea accidental o técnicamente inevitable.

Podrán establecerse los niveles umbral mencionados en el párrafo primero. Estas medidas, destinadas a modificar elementos no esenciales de la presente Directiva, completándola, se adoptarán con arreglo al procedimiento de reglamentación con control contemplado en el artículo 30, apartado 3.

Artículo 22.- *Libre circulación*

Sin perjuicio de lo dispuesto en el artículo 23, los Estados miembros no podrán prohibir, restringir o impedir la comercialización de OMG que sean productos o componentes de un producto si cumplen las disposiciones de la presente Directiva.

Artículo 23.- *Cláusula de salvaguardia*

1. Cuando, por disponer de información nueva o adicional con posterioridad a la fecha de la autorización que afecte a la evaluación del riesgo para el medio ambiente o de una nueva valoración de la información existente a tenor de los conocimientos científicos nuevos o adicionales, un Estado miembro tenga razones suficientes para considerar que un OMG que sea un producto o un componente de un producto y que haya sido debidamente notificado y autorizado por escrito de conformidad con la presente Directiva, constituye un riesgo para la salud humana o el medio ambiente, podrá restringir o prohibir provisionalmente en su territorio el uso o la venta de dicho OMG que sea un producto o un componente de un producto.

Los Estados miembros garantizarán que en caso de riesgo grave, se aplicarán medidas de emergencia, tales como la suspensión o el cese de la comercialización, incluida la información al público.

El Estado miembro informará inmediatamente a la Comisión y a los demás Estados miembros sobre las acciones adoptadas con arreglo al presente artículo, exponiendo los motivos de su decisión y facilitando la nueva valoración de la evaluación del riesgo para el medio ambiente, indicando si deben modificarse, y en qué forma, las condiciones de la autorización o si debe ponerse fin a esta última y, cuando proceda, la información nueva o adicional en que se base su decisión.

2. En el plazo de 60 días a partir de la fecha de recepción de la información enviada por el Estado miembro, se adoptará una decisión respecto de la medida adoptada por dicho Estado miembro con arreglo al procedimiento de reglamentación contemplado en el artículo 30, apartado 2. Para calcular el plazo de 60 días, no se tendrán en cuenta los períodos de tiempo en que la Comisión haya estado esperando la información adicional que hubiera solicitado al notificador o el dictamen del comité o los comités científicos que hubiera consultado. El plazo para recibir el dictamen de los comités científicos consultados no excederá de 60 días.

Tampoco se tendrá en cuenta el tiempo que tarde el Consejo en pronunciarse con arreglo al procedimiento de reglamentación contemplado en el artículo 30, apartado 2.

Artículo 24.- *Información al público*

1. Sin perjuicio de lo establecido en el artículo 25, cuando la Comisión reciba una notificación conforme al apartado 1 del artículo 13, pondrá de inmediato a disposición del público el resumen a que se refiere la letra h) del apartado 2 del artículo 13. La Comisión también pondrá a disposición del público los informes de evaluación en el caso previsto en la letra a) del apartado 3 del artículo 14. El público dispondrá de un plazo de 30 días para formular observaciones a la Comisión, que las remitirá de inmediato a las autoridades competentes.

2. Sin perjuicio de lo establecido en el artículo 25, deberá ponerse a disposición del público una relación de todos los OMG cuya comercialización haya sido autorizada por escrito o haya sido rechazada como productos o componentes de productos en virtud de la presente Directiva, los informes de evaluación de dichos OMG y el dictamen o dictámenes de los comités científicos consultados. Se especificará claramente para cada producto el OMG o los OMG que contenga y su uso o usos.

PARTE D.- DISPOSICIONES FINALES

Artículo 25.- *Confidencialidad*

1. La Comisión y las autoridades competentes no comunicarán a terceros ninguna información confidencial notificada o intercambiada con arreglo a la presente Directiva y protegerán los derechos de propiedad intelectual relativos a los datos recibidos.

2. El notificador podrá señalar en las notificaciones cursadas de conformidad con la presente Directiva aquella información cuya revelación pueda perjudicar su competitividad y que, por tanto, deba considerarse confidencial. En tales casos se deberá ofrecer una justificación verificable.

3. La autoridad competente decidirá, previa consulta al notificador, qué información se mantendrá en secreto e informará al notificador de su decisión.

4. En ningún caso podrá mantenerse secreta la siguiente información cuando se facilite con arreglo a los artículos 6, 7, 8, 13, 17, 20 o 23:

- descripción global del OMG o los OMG, nombre y dirección del notificador, finalidad y lugar de la liberación y usos pretendidos;
- métodos y planes para controlar el OMG o los OMG y actuar en caso de emergencia;
- evaluación del riesgo para el medio ambiente.

5. Si, debido a cualesquiera motivos, el notificador retirare la notificación, las autoridades competentes y la Comisión deberán respetar el carácter confidencial de la información facilitada.

Artículo 26.- *Etiquetado de los OMG contemplados en el párrafo segundo del punto 4 del artículo 2*

1. Los OMG que deban facilitarse para las operaciones previstas en el párrafo segundo del punto 4 del artículo 2 estarán sujetos a requisitos adecuados de etiquetado de conformidad con las secciones correspondientes del Anexo IV con el fin de proporcionar información clara, en una etiqueta o en un documento de acompañamiento, sobre la presencia de organismos modificados genéticamente. Para ello figurarán en una etiqueta o en un documento de acompañamiento las palabras "Este producto contiene organismos modificados genéticamente".

2. Las condiciones de aplicación del apartado 1 se determinarán sin crear duplicidades ni incoherencias con las disposiciones vigentes sobre etiquetado previstas en la legislación comunitaria existente. Estas medidas, destinadas a modificar elementos no esenciales de la presente Directiva, completándola, se adoptarán con arreglo al procedimiento de reglamentación con control contemplado en el artículo 30, apartado 3. Para ello se deben tener en cuenta, en su caso, las disposiciones de etiquetado establecidas por los Estados miembros de conformidad con la legislación comunitaria.

Artículo 26 bis.- *Medidas para impedir la presencia accidental de OMG*

1. Los Estados miembros podrán adoptar las medidas adecuadas para impedir la presencia accidental de OMG en otros productos.

2. La Comisión recogerá y coordinará la información basada en estudios a escala comunitaria y nacional, observará la evolución relativa a la coexistencia de cultivos en los Estados miembros, y, sobre la base de dicha información y observación, elaborará orientaciones sobre la coexistencia de cultivos modificados genéticamente, cultivos convencionales y cultivos biológicos.

Artículo 27.- *Adaptación de los Anexos a los avances técnicos*

La adaptación de las secciones C y D del anexo II, los anexos III a VI y la sección C del anexo VII a los avances técnicos, destinada a modificar elementos no esenciales de la presente Directiva, se adoptará con arreglo al procedimiento de reglamentación con control contemplado en el artículo 30, apartado 3.

Artículo 28.- *Consulta al o a los Comités científicos*

1. Cuando una autoridad competente o la Comisión formule una objeción y la mantenga, de conformidad con el apartado 1 del artículo 15, el apartado 4 del artículo 17, el apartado 3 del artículo 20 o el artículo 23, con respecto a los riesgos de los OMG para la salud humana o el medio ambiente, o cuando el informe de evaluación mencionado en el artículo 14 indique que los OMG no deben comercializarse, la Comisión, por propia iniciativa o a instancia de un Estado miembro, consultará al (a los) Comité(s) científico(s) competente(s) sobre la objeción.

2. La Comisión, por iniciativa propia o a instancia de un Estado miembro, podrá consultar asimismo al (a los) Comité(s) científico(s) competente(s) sobre cualquier aspecto que, en virtud de la presente Directiva, pueda tener efectos adversos para la salud humana o el medio ambiente.

3. Los procedimientos administrativos previstos en la presente Directiva no se verán afectados por lo dispuesto en el apartado 2.

Artículo 29.- *Consulta al o a los Comités de ética*

1. Sin perjuicio de la competencia de los Estados miembros en lo relativo a las cuestiones de ética, la Comisión, por iniciativa propia o a instancias del Parlamento Europeo o del Consejo, consultará sobre cuestiones éticas de carácter general a cualquier comité que haya creado para asesorarla sobre las repercusiones éticas de la biotecnología, como el Grupo europeo de Ética de la Ciencia y de las Nuevas Tecnologías.

Dicha consulta podrá efectuarse asimismo a petición de un Estado miembro.

2. La consulta se llevará a cabo de acuerdo con unas normas claras de apertura, transparencia y posibilidad de acceso del público. Sus resultados serán accesibles al público.

3. Los procedimientos administrativos previstos en la presente Directiva no se verán afectados por lo dispuesto en el apartado 1.

Artículo 30.- *Comité*

1. La Comisión estará asistida por un Comité.

2. En los casos en que se haga referencia al presente apartado, serán de aplicación los artículos 5 y 7 de la Decisión 1999/468/CE, observando lo dispuesto en su artículo 8.

El plazo contemplado en el apartado 6 del artículo 5 de la Decisión 1999/468/CE queda fijado en tres meses.

3. En los casos en que se haga referencia al presente apartado, serán de aplicación el artículo 5 bis, apartados 1 a 4, y el artículo 7 de la Decisión 1999/468/CE, observando lo dispuesto en su artículo 8.

Artículo 31.- *Intercambio de información e informes*

1. Los Estados miembros y la Comisión se reunirán periódicamente e intercambiarán información acerca de la experiencia adquirida en materia de prevención de los riesgos asociados a la liberación y comercialización de OMG. Dicho intercambio de información abarcará asimismo la experiencia adquirida en la aplicación del párrafo segundo del punto 4 del artículo 2, la evaluación del riesgo para el medio ambiente, el seguimiento, así como la consulta e información al público.

En caso necesario, el Comité creado con arreglo al apartado 1 del artículo 30 podrá facilitar orientaciones sobre la aplicación del párrafo segundo del punto 4 del artículo 2.

2. La Comisión establecerá uno o varios registros con el fin de recoger la información sobre las modificaciones genéticas en los OMG mencionadas en el punto 7 de la sección A del Anexo IV. Sin perjuicio de lo dispuesto en el artículo 25, el o los registros dispondrán de una parte accesible al público. Las modalidades de utilización del o de los registros se decidirán de acuerdo con el procedimiento establecido en el apartado 2 del artículo 30.

3. Sin perjuicio de lo establecido en el apartado 2 y el punto A.7 del Anexo IV:

a) los Estados miembros crearán registros públicos donde se refleje la localización de los OMG liberados con arreglo a lo dispuesto en la Parte B de la presente Directiva,

b) los Estados miembros crearán asimismo registros con objeto de anotar la localización de OMG cultivados con arreglo a lo dispuesto en la Parte C de la presente Directiva con objeto, entre otras cosas, de que los posibles efectos de dichos OMG sobre el medio ambiente puedan ser objeto de seguimiento de acuerdo con lo dispuesto en la letra f) del apartado 3 del artículo 19 y del apartado 1 del artículo 20. Sin perjuicio de lo dispuesto en los artículos 19 y 20, dichas localizaciones:

- se deberán notificar a la autoridad competente, y
- se deberán poner en conocimiento del público

del modo que las autoridades competentes consideren adecuado y de acuerdo con las disposiciones nacionales.

4. Cada tres años, los Estados miembros enviarán a la Comisión un informe sobre las medidas adoptadas para la aplicación de las disposiciones de la presente Directiva. Dicho informe incluirá una sucinta exposición de datos específicos sobre la experiencia adquirida en relación con OMG comercializados como productos o componentes de productos con arreglo a la presente Directiva.

5. Cada tres años, la Comisión publicará un resumen basado en los informes mencionados en el apartado 4.

6. La Comisión remitirá al Parlamento Europeo y al Consejo en el año 2003 y después cada tres años un informe referente a los OMG comercializados en los Estados miembros de conformidad con la presente Directiva.

7. Cuando presente este informe en el año 2003, la Comisión presentará otro específico sobre la aplicación de las partes B y C, que incluirá una valoración de:

a) todas sus repercusiones, para tener en cuenta en concreto la diversidad de los ecosistemas europeos, y de la necesidad de complementar el marco reglamentario en esta materia;

b) la viabilidad de varias opciones con objeto de seguir mejorando la coherencia y eficacia de dicho marco, incluyendo un procedimiento de autorización comunitaria centralizado y las normas para la toma de decisiones definitiva por parte de la Comisión;

c) si se ha acumulado suficiente experiencia en relación con la aplicación de los procedimientos diferenciados mencionados en la Parte B para justificar la inclusión en estos procedimientos de una disposición sobre consentimiento implícito, y en relación con la Parte C para justificar la aplicación de los procedimientos diferenciados; y

d) las repercusiones socioeconómicas de las liberaciones intencionales y de la comercialización de los OMG.

8. La Comisión remitirá, cada año, al Parlamento Europeo y al Consejo, un informe sobre las cuestiones éticas a que se refiere el apartado 1 del artículo 29; dicho informe podrá ir acompañado, si procede, de una propuesta de modificación de la presente Directiva.

Artículo 32.- *Aplicación del Protocolo de Cartagena sobre Bioseguridad*

1. Se invita a la Comisión a que presente una propuesta legislativa para la aplicación en detalle del Protocolo de Cartagena sobre Bioseguridad lo antes posible y, en todo caso, antes de julio de 2001. La propuesta complementará y, si procede, modificará las disposiciones de la presente Directiva.

2. La propuesta incluirá, en particular, las medidas adecuadas para la aplicación de los procedimientos establecidos en el Protocolo de Cartagena y, de conformidad con lo dispuesto en él, obligará a los exportadores comunitarios a garantizar el cumplimiento de todos los requisitos del procedimiento de acuerdo fundamentado previo establecido en los artículos 7 a 10, 12 y 14 del Protocolo de Cartagena.

Artículo 33.- *Sanciones*

Los Estados miembros establecerán las sanciones aplicables en caso de violación de las disposiciones nacionales adoptadas en virtud de la presente Directiva. Dichas sanciones deberán ser eficaces, proporcionadas y disuasorias.

Artículo 34.- *Transposición*

1. Los Estados miembros pondrán en vigor las disposiciones legales, reglamentarias y administrativas necesarias para dar cumplimiento a lo dispuesto en la presente Directiva antes de 17 de octubre de 2002. Informarán inmediatamente de ello a la Comisión.

Cuando los Estados miembros adopten dichas disposiciones, éstas incluirán una referencia a la presente Directiva o irán acompañadas de dicha referencia en su publicación oficial. Los Estados miembros establecerán las modalidades de la mencionada referencia.

2. Los Estados miembros comunicarán a la Comisión el texto de las disposiciones básicas de Derecho interno que adopten en el ámbito regulado por la presente Directiva.

Artículo 35.- *Notificaciones pendientes*

1. Las notificaciones relativas a la comercialización de los OMG como productos o componentes de productos recibidas con arreglo a la Directiva 90/220/CEE y respecto de las cuales los procedimientos de dicha Directiva no hayan terminado antes de 17 de octubre de 2002, estarán sujetas a las disposiciones de la presente Directiva.

2. Antes de 17 de enero de 2003 los notificadores habrán efectuado su notificación de conformidad con la presente Directiva.

Artículo 36.- *Derogación*

1. Queda derogada la Directiva 90/220/CEE a partir de 17 de octubre de 2002.

2. Las referencias hechas a la Directiva derogada se entenderán como hechas a la presente Directiva y deben leerse de conformidad con el cuadro de correspondencias que figura en el Anexo VIII.

Artículo 37

La presente Directiva entrará en vigor el día de su publicación en el Diario Oficial de las Comunidades Europeas.

Artículo 38

Los destinatarios de la presente Directiva son los Estados miembros.

ANEXO I A.-
Técnicas a que se refiere el punto 2 del artículo 2

[Anexo no reproducido en la presente publicación]

ANEXO I B.-
Técnicas a que se refiere el artículo 3

[Anexo no reproducido en la presente publicación]

ANEXO II.-
Principios que han de seguirse para realizar la evaluación del riesgo para el medio ambiente

[Anexo no reproducido en la presente publicación]

ANEXO III.-
Información requerida en la notificación

[Anexo no reproducido en la presente publicación]

ANEXO III A.-
Información requerida en las notificaciones de liberación de organismos modificados genéticamente distintos de las plantas superiores

[Anexo no reproducido en la presente publicación]

ANEXO III B.-
Información requerida en las notificaciones de liberación de plantas superiores modificadas genéticamente (PSMG) (gimnospermas y angiospermas)

[Anexo no reproducido en la presente publicación]

ANEXO IV.-
Información complementaria

[Anexo no reproducido en la presente publicación]

ANEXO V.-
Criterios para la aplicación de procedimientos diferenciados (artículo 7)

[Anexo no reproducido en la presente publicación]

ANEXO VI.-
Directrices para los informes de evaluación

[Anexo no reproducido en la presente publicación]

ANEXO VII.-
Plan de seguimiento

[Anexo no reproducido en la presente publicación]

ANEXO VIII.-
Cuadro de correspondencias

[Anexo no reproducido en la presente publicación]

22 de septiembre de 2003.- Reglamento (CE) nº 1829/2003
del Parlamento Europeo y del Consejo,
sobre alimentos y piensos modificados genéticamente
(D.O. L 268, 18 de octubre de 2003)

[V.C. 10/04/2008]

TJUE, 8 de septiembre de 2011, asuntos acumulados C-58/10 a C-68/10, Monsanto SAS y otros contra Ministre de l'Agriculture et de la Pêche. [interpretación de los Arts. 20 y 34] [Piensos modificados genéticamente - Medidas de emergencia – Clausula de salvaguarda]

TJUE, 6 de septiembre de 2011, Asunto C-442/09, Karl Heinz Bablok y otros contra Freistaat Bayern. [Interpretación de los Arts. 2(1), 2(5), 2(10), 2(13), 4(2) y 12(2)] [Alimentos modificados genéticamente - Presencia de polen de plantas modificadas genéticamente - Conceptos de "organismo" y de "alimentos que contengan ingredientes producidos a partir de organismos modificados genéticamente"]

TG, 11 de abril de 2011, Asunto T-478/10., Département du Gers contra Comisión Europea. Recurso de anulación - Inadmisibilidad. [Interpretación de los Arts. 19(3) et 35(2)]

EL PARLAMENTO EUROPEO Y EL CONSEJO DE LA UNIÓN EUROPEA,

Visto el Tratado constitutivo de la Comunidad Europea, y en particular sus artículos 37 y 95 y la letra b) del apartado 4 de su artículo 152,

Vista la propuesta de la Comisión,

Visto el dictamen del Comité Económico y Social Europeo,

Visto el dictamen del Comité de las Regiones,

De conformidad con el procedimiento establecido en el artículo 251 del Tratado,

Considerando lo siguiente:

(1) La libre circulación de alimentos y piensos seguros y saludables constituye un aspecto esencial del mercado interior y contribuye notablemente a la salud y el bienestar de los ciudadanos, al tiempo que favorece sus intereses sociales y económicos.

(2) Al aplicar las políticas comunitarias debe garantizarse un nivel elevado de protección de la vida y la salud de las personas.

(3) A fin de proteger la salud humana y la sanidad animal, los alimentos y piensos que contienen o están compuestos por organismos modificados genéticamente o han sido producidos a partir de ellos (denominados en lo sucesivo alimentos y piensos modificados genéticamente) deben someterse a una evaluación de la seguridad mediante un procedimiento comunitario antes de ser comercializados en la Comunidad.

(4) Las diferencias existentes entre las disposiciones legales, reglamentarias y administrativas nacionales en relación con la evaluación y la autorización de alimentos y piensos modificados genéticamente pueden obstaculizar su libre circulación y crear las condiciones para una competencia desigual y desleal.

(5) En el Reglamento (CE) nº 258/97 del Parlamento Europeo y del Consejo, de 27 de enero de 1997, sobre nuevos alimentos y nuevos ingredientes alimentarios se estableció un procedimiento de autorización aplicable a los alimentos modificados genéticamente en el que participan los Estados miembros y la Comisión. Este procedimiento debe simplificarse y hacerse más transparente.

(6) El Reglamento (CE) nº 258/97 establece asimismo un procedimiento de notificación en relación con alimentos nuevos esencialmente equivalentes a alimentos ya existentes. Si bien la equivalencia sustancial es un paso clave en el proceso de evaluación de la seguridad de los alimentos modificados genéticamente, no constituye en sí misma una evaluación de la seguridad. Para garantizar que la autorización de los alimentos modificados genéticamente tenga lugar de una manera clara, transparente y armonizada, debe abandonarse dicho procedimiento de notificación en relación con estos alimentos.

(7) Los piensos que contienen o están compuestos por organismos modificados genéticamente (OMG) han estado sujetos hasta ahora al procedimiento de autorización que establecen la Directiva 90/220/CEE del Consejo, de 23 de abril de 1990 y la Directiva 2001/18/CE del Parlamento Europeo y del Consejo, de 12 de marzo de 2001, sobre la liberación intencional en el medio ambiente de organismos modificados genéticamente No existe ningún procedimiento de autorización para los piensos producidos a partir de OMG; debe establecerse, por tanto, un procedimiento de autorización comunitario único, eficaz y transparente que se aplique a los piensos que contengan o estén compuestos por OMG o se hayan producido a partir de ellos.

(8) Las disposiciones del presente Reglamento deben aplicarse también a los piensos para animales no destinados a la producción alimentaria.

(9) Los nuevos procedimientos de autorización de alimentos y piensos modificados genéticamente deben incorporar los nuevos principios introducidos en la Directiva 2001/18/CE. Además, deben hacer uso del nuevo marco para la evaluación del riesgo en cuestiones de seguridad alimentaria establecido por el Reglamento (CE) nº 178/2002 del Parlamento Europeo y del Consejo, de 28 de enero de 2002, por el que se establecen los principios y los requisitos generales de la legislación alimentaria, se crea la Autoridad Europea de Seguridad Alimentaria y se fijan procedimientos relativos a la seguridad alimentaria. Así pues, la comercialización en la Comunidad de alimentos y piensos modificados genéticamente sólo debe autorizarse tras haberse llevado a cabo, bajo responsabilidad de la Autoridad Europea de Seguridad Alimentaria (denominada en lo sucesivo la Autoridad), una evaluación científica, del mayor nivel posible, de cualquier riesgo que presenten para la salud humana y la sanidad animal y, según el caso, para el medio ambiente. A esta evaluación científica debe seguir una decisión de gestión del riesgo adoptada por la Comunidad de acuerdo con un procedimiento reglamentario que asegure una cooperación estrecha entre la Comisión y los Estados miembros.

(10) La experiencia ha demostrado que no debe concederse autorización para un único uso cuando un producto puede utilizarse como alimento y como pienso. Por lo tanto, estos productos sólo deben autorizarse si cumplen tanto los criterios de autorización aplicables a los alimentos como los aplicables a los piensos.

(11) En virtud del presente Reglamento, la autorización puede concederse a un OMG que se vaya a utilizar como materia prima para la producción de alimentos o piensos, o a los productos con fines de alimentación humana o animal que contienen o están compuestos por ese organismo o han sido producidos a partir de él, o bien a los alimentos o los piensos producidos a partir de un OMG. Así, si el OMG utilizado en la producción de alimentos o piensos ha sido autorizado conforme al presente Reglamento, los alimentos y los piensos que contengan o estén compuestos por este OMG o hayan sido producidos a partir de él no necesitan una autorización con arreglo al presente Reglamento, pero están sujetos a los requisitos establecidos en la autorización concedida al OMG en cuestión. Además, los alimentos cubiertos por una autorización concedida conforme al presente Reglamento están exentos de los requisitos establecidos en el Reglamento (CE) nº 258/97 sobre nuevos alimentos y nuevos ingredientes alimentarios, salvo que entren en una o varias de las categorías que se establecen en la letra a) del apartado 2 del artículo 1 de dicho Reglamento en relación con una característica que no haya sido tomada en consideración para la autorización concedida en virtud del presente Reglamento.

(12) La Directiva 89/107/CEE del Consejo, de 21 de diciembre de 1988, relativa a la aproximación de las legislaciones de los Estados Miembros sobre los aditivos alimentarios autorizados en los productos alimenticios destinados al consumo humano, regula la autorización de aditivos utilizados en productos alimenticios. Además de someterse a este procedimiento de autorización, los aditivos alimentarios que contienen o están compuestos por OMG o han sido producidos a partir de OMG deben entrar también en el ámbito de aplicación del presente Reglamento por lo que se refiere a la evaluación de la seguridad de la modificación genética, si bien la autorización final debe concederse conforme al procedimiento establecido en la citada Directiva 89/107/CEE.

(13) Los aromatizantes que entran en el ámbito de aplicación de la Directiva 88/388/CEE del Consejo, de 22 de junio de 1988, relativa a la aproximación de las legislaciones de los Estados miembros en el ámbito de los aromas que se utilizan en los productos alimenticios y de los materiales de base para su producción, que contienen o están compuestos por OMG o han sido producidos a partir de OMG deben entrar también en el ámbito de aplicación del presente Reglamento por lo que se refiere a la evaluación de la seguridad de la modificación genética.

(14) La Directiva 82/471/CEE del Consejo, de 30 de junio de 1982, relativa a determinados productos utilizados en la alimentación animal, contiene disposiciones sobre un procedimiento de aprobación de productos utilizados en la alimentación animal producidos mediante diversas tecnologías que pueden presentar riesgos para la salud humana, la sanidad animal y el medio ambiente. Los productos que contienen o están compuestos por OMG o han sido producidos a partir de OMG deben, sin embargo, entrar en el ámbito de aplicación del presente Reglamento.

(15) La Directiva 70/524/CEE del Consejo, de 23 de noviembre de 1970, sobre los aditivos en la alimentación animal, contiene disposiciones sobre un procedimiento de autorización para la comercialización de aditivos utilizados en piensos. Además de someterse a este procedimiento de autorización, los aditivos para piensos que contienen o están compuestos por OMG o han sido producidos a partir de OMG deben entrar también en el ámbito del presente Reglamento.

(16) El presente Reglamento debe aplicarse a los alimentos y los piensos producidos «a partir de» un OMG, pero no a los alimentos y los piensos «con» un OMG. El criterio determinante es si en el alimento o el pienso está presente algún material derivado del material de partida modificado genéticamente. Los auxiliares tecnológicos utilizados únicamente durante el proceso de producción del alimento o el pienso no entran en la definición de alimento o pienso y, por lo tanto, tampoco en el ámbito de aplicación del presente Reglamento. Tampoco entran en el ámbito de aplicación del presente Reglamento los alimentos y los piensos que se han fabricado con ayuda de un auxiliar tecnológico modificado genéticamente. Así, los productos obtenidos a partir de animales alimentados con piensos modificados genéticamente o tratados con productos veterinarios modificados genéticamente no estarán sujetos ni a los requisitos de autorización ni a los requisitos de etiquetado establecidos en el presente Reglamento.

(17) De acuerdo con el artículo 153 del Tratado, la Comunidad contribuirá a promover el derecho de los consumidores a la información. Además de los otros tipos de información al público que establece el presente Reglamento, el etiquetado de los productos permite a los consumidores elegir con conocimiento de causa y contribuye a que las transacciones entre vendedor y comprador sean justas.

(18) El artículo 2 de la Directiva 2000/13/CE del Parlamento Europeo y del Consejo, de 20 de marzo de 2000, relativa a la aproximación de las legislaciones de los Estados miembros en materia de etiquetado, presentación y publicidad de los productos alimenticios, establece que el etiquetado no debe inducir a error al comprador con respecto a las características del producto alimenticio y, en particular, a su naturaleza, identidad, cualidades, composición y modo de obtención y fabricación.

(19) Existen requisitos adicionales de etiquetado de los alimentos modificados genéticamente en el Reglamento (CE) nº 258/97, en el Reglamento (CE) nº 1139/98 del Consejo, de 26 de mayo de 1998, relativo a la indicación obligatoria, en el etiquetado de determinados productos alimenticios fabricados a partir de organismos modificados genéticamente, de información distinta de la prevista en la Directiva 79/112/CEE, y en el Reglamento (CE) nº 50/2000 de la Comisión, de 10 de enero de 2000, relativo al etiquetado de los productos alimenticios e ingredientes alimentarios que contienen aditivos y aromas modificados genéticamente o producidos a partir de organismos modificados genéticamente.

(20) Deben establecerse unos requisitos armonizados de etiquetado para los piensos modificados genéticamente, para ofrecer al usuario final, en particular a los ganaderos, una información precisa sobre la composición y las propiedades de los piensos que permita al usuario realizar una elección informada.

(21) En el etiquetado debe informarse de manera objetiva de que el alimento o el pienso contiene o está compuesto por OMG o ha sido producido a partir de OMG. Un etiquetado claro, al margen de la detectabilidad del ADN o la proteína resultantes de la modificación genética en el producto final, responde a los deseos expresados por la gran mayoría de los consumidores en numerosas encuestas, permite elegir con conocimiento de causa y descarta la posibilidad de que los consumidores se vean inducidos a error por lo que respecta al método de fabricación o producción.

(22) Las etiquetas deben dar asimismo información de cualquier característica o propiedad que haga que el alimento o el pienso sean diferentes a sus homólogos convencionales por lo que se refiere a la composición, el valor o los efectos nutricionales, el uso al que están destinados o los efectos sobre la salud de determinados sectores de la población, así como cualquier característica o propiedad que genere inquietudes de orden ético o religioso.

(23) El Reglamento (CE) nº 1830/2003 del Parlamento Europeo y del Consejo, de 22 de septiembre de 2003, relativo a la trazabilidad y al etiquetado de organismos modificados genéticamente y a la trazabilidad de alimentos y piensos producidos a partir de éstos y por el que se modifica la Directiva 2001/18/CE garantiza que la información pertinente con respecto a la modificación genética esté disponible en todas las fases de la

comercialización de OMG y de alimentos y piensos producidos a partir de OMG, y debe, por tanto, facilitar un correcto etiquetado.

(24) A pesar de que algunos operadores evitan el uso de alimentos y piensos modificados genéticamente, pueden aparecer trazas diminutas en los alimentos y los piensos convencionales como consecuencia de una presencia accidental o técnicamente inevitable en el momento de la producción de la semilla, el cultivo, la cosecha, el transporte o la transformación. En estos casos, el alimento o el pienso no debe estar sujeto a los requisitos de etiquetado establecidos en el presente Reglamento; para ello, debe fijarse un umbral de presencia accidental o técnicamente inevitable de materiales modificados genéticamente en los alimentos o los piensos, tanto cuando la comercialización de dicho material esté autorizada en la Comunidad como cuando su presencia se tolere en virtud del presente Reglamento.

(25) Conviene establecer que cuando el nivel combinado de la presencia accidental o técnicamente inevitable del material modificado genéticamente en un alimento o pienso o en uno de sus componentes sea superior al umbral establecido, dicha presencia se indique con arreglo a lo dispuesto en el presente Reglamento y que se adopten disposiciones detalladas para su aplicación. Debe preverse la posibilidad de establecer umbrales más bajos, en especial para los alimentos y piensos que contengan o consistan en OMG o con objeto de tener en cuenta los avances científicos y tecnológicos.

(26) Es indispensable que los operadores se esfuercen por evitar la presencia accidental de material modificado genéticamente no autorizado con arreglo a la legislación comunitaria en los alimentos y los piensos. Sin embargo, para garantizar que el presente Reglamento sea practicable y viable, debe establecerse un umbral específico, con la posibilidad de establecer niveles inferiores, en especial para los OMG vendidos directamente al consumidor final, como medida transitoria aplicable a trazas diminutas, presentes en alimentos o piensos, de dichos materiales modificados genéticamente, cuando su presencia sea accidental o técnicamente inevitable, y siempre que se cumplan todas las condiciones específicas que establece el presente Reglamento. La Directiva 2001/18/CE debe modificarse en consecuencia. La aplicación de esta medida debe revisarse en el contexto de la revisión general de la aplicación del presente Reglamento.

(27) Para determinar que la presencia de estos materiales es accidental o técnicamente inevitable, los operadores deben poder demostrar a las autoridades competentes que han adoptado las medidas apropiadas para evitar la presencia de alimentos o piensos modificados genéticamente.

(28) Los operadores deben impedir la presencia accidental de OMG en otros productos. La Comisión debe recoger información y desarrollar, basándose en dicha información, orientaciones sobre la coexistencia de cultivos modificados genéticamente, cultivos convencionales y cultivos biológicos. Además, se invita a la Comisión a que presente, lo antes posible, cualquier otra propuesta necesaria.

(29) La trazabilidad y el etiquetado de los OMG en todas las fases de su comercialización, incluida la posibilidad de establecer umbrales, se garantizan mediante la Directiva 2001/18/CE y el Reglamento (CE) nº 1830/2003.

(30) Es necesario establecer procedimientos armonizados de evaluación del riesgo y de autorización que sean eficaces, rápidos y transparentes, y criterios para la evaluación de los riesgos potenciales derivados de los alimentos y piensos modificados genéticamente.

(31) A fin de garantizar una evaluación científica armonizada de los alimentos y piensos modificados genéticamente, ésta debe ser efectuada por la Autoridad. Sin embargo, dado que los actos u omisiones de actuar específicos por parte de la Autoridad, con arreglo al presente Reglamento, podrían tener consecuencias jurídicas directas para los solicitantes, es conveniente ofrecer la posibilidad de una revisión administrativa de dichos actos u omisiones.

(32) Es un hecho reconocido que, en algunos casos, la evaluación científica del riesgo no puede por sí sola proporcionar toda la información en la que debe basarse una decisión de gestión del riesgo, y que pueden tenerse en cuenta otros factores legítimos relevantes para el asunto sometido a consideración.

(33) Cuando la solicitud se refiera a productos que contengan o consistan en OMG, el solicitante debe tener la posibilidad de elegir entre presentar una autorización de liberación intencional en el medio ambiente ya obtenida con arreglo a la parte C de la Directiva 2001/18/CE, sin perjuicio de las condiciones establecidas por dicha autorización, o solicitar que se lleve a cabo la evaluación del riesgo para el medio ambiente en el mismo momento que la evaluación de la seguridad con arreglo al

presente Reglamento. En este último caso, es necesario que la evaluación del riesgo para el medio ambiente respete las exigencias que establece la Directiva 2001/18/CE y que la Autoridad consulte a las autoridades nacionales competentes designadas por los Estados miembros con este fin. Además, es conveniente dar a la Autoridad la posibilidad de solicitar a una de dichas autoridades competentes que lleve a cabo la evaluación del riesgo para el medio ambiente. Asimismo es conveniente, en consonancia con el apartado 4 del artículo 12 de la Directiva 2001/18/CE, que la Autoridad consulte a las autoridades nacionales competentes designadas con arreglo a dicha Directiva en todos los casos relativos a OMG y a alimentos o piensos que contengan o consistan en un OMG antes de que finalice la evaluación del riesgo para el medio ambiente.

(34) En el caso de OMG que hayan de utilizarse como semillas u otras plántulas y material de multiplicación que estén cubiertos por el presente Reglamento, la Autoridad debe delegar la evaluación del riesgo para el medio ambiente en una autoridad nacional competente. No obstante, las autorizaciones concedidas con arreglo al presente Reglamento deben ser sin perjuicio de las disposiciones de las Directivas 68/193/CEE, 2002/53/CE y 2002/55/CE, que establecen en especial las normas y criterios para la aceptación de las variedades y su aceptación oficial para ser incluidas en catálogos comunes, y de las disposiciones de las Directivas 66/401/CEE, 66/402/CEE, 68/193/CEE, 92/33/CEE, 92/34/CEE, 2002/54/CE, 2002/55/CE, 2002/56/CE y 2002/57/CE, que regulan en particular la certificación y la comercialización de semillas y otras plántulas y material de multiplicación.

(35) Es necesario introducir, cuando sea procedente y con base en las conclusiones de la evaluación del riesgo, requisitos sobre el seguimiento postcomercialización del uso de los alimentos modificados genéticamente destinados a la alimentación humana y del uso de los piensos modificados genéticamente destinados a la alimentación animal. En el caso de los OMG, la Directiva 2001/18/CE obliga a aplicar un plan de seguimiento en relación con los efectos medioambientales.

(36) Para facilitar los controles sobre los alimentos y piensos modificados genéticamente, los solicitantes de autorización deben proponer métodos adecuados de muestreo, identificación y detección, y depositar muestras del alimento o el pienso modificado genéticamente ante la Autoridad. Cuando proceda, los métodos de muestreo y detección deben ser validados por el laboratorio comunitario de referencia.

(37) A la hora de aplicar el presente Reglamento deben tenerse en cuenta los progresos tecnológicos y los avances científicos.

(38) Los alimentos y piensos cubiertos por el presente Reglamento que hayan sido puestos en el mercado comunitario legalmente antes de la fecha de aplicación del presente Reglamento deben seguir siendo permitidos en el mercado, a condición de que los operadores proporcionen a la Comisión, en los seis meses siguientes a la fecha de aplicación del presente Reglamento, información sobre la evaluación del riesgo y sobre los métodos de muestreo, identificación y detección, según corresponda, incluyendo la transmisión de muestras de los alimentos y los piensos, así como muestras de control.

(39) Debe crearse un registro de los alimentos y piensos modificados genéticamente autorizados conforme al presente Reglamento, en el que deben figurar datos específicos sobre el producto, estudios que demuestren su seguridad, incluida, si está disponible, una referencia a estudios independientes y revisados por otros especialistas de muestreo, identificación y detección, y a los métodos respectivos. Toda la información que no sea confidencial debe ponerse a disposición del público.

(40) Para impulsar la investigación y el desarrollo sobre los OMG con fines de alimentación humana o animal, conviene proteger la inversión realizada por las personas innovadoras al recoger la información y los datos en que han apoyado la solicitud presentada conforme al presente Reglamento. No obstante, esta protección debe tener una duración limitada, a fin de evitar una repetición innecesaria de estudios y ensayos que iría en perjuicio del interés público.

(41) Las medidas necesarias para la ejecución del presente Reglamento deben aprobarse con arreglo a la Decisión 1999/468/CE del Consejo, de 28 de junio de 1999, por la que se establecen los procedimientos para el ejercicio de las competencias de ejecución atribuidas a la Comisión.

(42) Deben incluirse las disposiciones necesarias para la consulta al Grupo europeo de ética de la ciencia y de las nuevas tecnologías, creado por Decisión de la Comisión de 16 de diciembre de 1997, o a cualquier otro organismo apropiado establecido por la Comisión, a fin de recibir su asesoramiento con respecto a las cuestiones éticas

relacionadas con la comercialización de alimentos o piensos modificados genéticamente, sin perjuicio de las competencias de los Estados miembros en cuestiones de ética.

(43) A fin de proporcionar un nivel elevado de protección de la vida y la salud de las personas, de la sanidad y el bienestar de los animales, del medio ambiente y de los intereses de los consumidores en relación con los alimentos y los piensos modificados genéticamente, es preciso que los requisitos establecidos en el presente Reglamento se apliquen de forma no discriminatoria a los productos originarios de la Comunidad y a los importados de terceros países, de conformidad con los principios generales establecidos en el Reglamento (CE) nº 178/2002. El presente Reglamento tiene debidamente en cuenta los compromisos comerciales internacionales de las Comunidades Europeas y los requisitos del Protocolo de Cartagena sobre Seguridad de la Biotecnología del Convenio sobre la Diversidad Biológica, por lo que respecta a las obligaciones de los importadores y a la notificación.

(44) Algunos actos comunitarios deben ser derogados y otros modificados como consecuencia del presente Reglamento.

(45) La puesta en práctica del presente Reglamento debe revisarse a la vista de la experiencia adquirida a corto plazo y la Comisión debe hacer el seguimiento de las repercusiones de la aplicación del presente Reglamento en la salud humana y en la sanidad animal, la protección del consumidor, la información del consumidor y el funcionamiento del mercado interior.

HAN ADOPTADO EL PRESENTE REGLAMENTO:

CAPÍTULO I.- OBJETIVO Y DEFINICIONES

Artículo 1.- *Objetivo*

El objetivo del presente Reglamento, con arreglo a los principios generales contenidos en el Reglamento (CE) nº 178/2002, es:

a) sentar las bases para asegurar un nivel elevado de protección de la vida y la salud de las personas, de la sanidad y el bienestar de los animales, del medio ambiente y de los intereses de los consumidores en relación con los alimentos y piensos modificados genéticamente, al tiempo que se asegura el funcionamiento eficaz del mercado interior;

b) establecer procedimientos comunitarios para la autorización y supervisión de los alimentos y piensos modificados genéticamente;

c) establecer disposiciones relativas al etiquetado de los alimentos y piensos modificados genéticamente.

Artículo 2.- *Definiciones*

A efectos del presente Reglamento:

1) Se aplicarán las definiciones de alimento, pienso, consumidor final, empresa alimentaria y empresa de piensos contenidas en el Reglamento (CE) nº 178/2002.

2) Se aplicará la definición de trazabilidad establecida en el Reglamento (CE) nº 1830/2003.

3) Se entenderá por operador la persona física o jurídica responsable de asegurar el cumplimiento de los requisitos del presente Reglamento en las empresas alimentarias o empresas de piensos bajo su control.

4) Se aplicarán las definiciones de organismo, liberación intencional y evaluación del riesgo para el medio ambiente establecidas en la Directiva 2001/18/CE.

5) Se entenderá por organismo modificado genéticamente u OMG un organismo modificado genéticamente tal como se define en el punto 2 del artículo 2 de la Directiva 2001/18/CE, con exclusión de los organismos obtenidos mediante las técnicas de modificación genética enumeradas en el anexo I B de la Directiva 2001/18/CE.

6) Alimentos modificados genéticamente son aquellos que contienen o están compuestos por OMG o han sido producidos a partir de ellos.

7) Piensos modificados genéticamente son aquellos que contienen o están compuestos por OMG o han sido producidos a partir de ellos.

8) Organismo modificado genéticamente destinado a la alimentación humana es aquel OMG que puede utilizarse como alimento o como material de partida para la producción de alimentos.

9) Organismo modificado genéticamente destinado a la alimentación animal es aquel OMG que puede utilizarse como pienso o como material de partida para la producción de piensos.

10) Producido a partir de OMG es el derivado total o parcialmente de OMG, pero sin contener o estar compuesto por OMG.

11) Muestra de control es el OMG o su material genético (muestra positiva) y el organismo parental, o el material genético de éste, que se ha utilizado para la modificación genética (muestra negativa).

12) Homólogo convencional es cualquier alimento o pienso similar producido sin la ayuda de modificación genética y para el cual existe un historial de uso seguro bien documentado.

13) Ingrediente es el ingrediente al que se refiere el apartado 4 del artículo 6 de la Directiva 2000/13/CE.

14) Comercialización es la tenencia de alimentos o piensos con el propósito de venderlos; se incluye la oferta de venta o cualquier otra forma de transferencia, ya sea a título oneroso o gratuito, así como la venta, distribución u otra forma de transferencia.

15) Alimento preenvasado es un artículo unitario para la presentación como tal, integrado por un alimento y el envase en el que haya sido colocado antes de ponerlo en venta y que lo cubra de forma total o parcial, de manera que el contenido no pueda modificarse sin abrir o alterar el envase.

16) Colectividades son las colectividades mencionadas en el artículo 1 de la Directiva 2000/13/CE.

CAPÍTULO II.- ALIMENTOS MODIFICADOS GENÉTICAMENTE

SECCIÓN 1.- AUTORIZACIÓN Y SUPERVISIÓN

Artículo 3.- *Ámbito de aplicación*

1. La presente sección se aplicará a:

a) los OMG destinados a la alimentación humana;

b) los alimentos que contengan o estén compuestos por OMG;

c) los alimentos que se hayan producido a partir de OMG o que contengan ingredientes producidos a partir de estos organismos.

2. Cuando sean necesarias, las medidas destinadas a modificar elementos no esenciales del presente Reglamento, completándolo, y que determinen si un tipo de alimento entra en el ámbito de aplicación de la presente sección, se adoptarán con arreglo al procedimiento de reglamentación con control contemplado en el artículo 35, apartado 3.

Artículo 4.- *Requisitos*

1. Los alimentos contemplados en el apartado 1 del artículo 3 no deberán:

a) tener efectos negativos sobre la salud humana, la sanidad animal o el medio ambiente;

b) inducir a error al consumidor;

c) diferenciarse de los alimentos que están destinados a sustituir de tal manera que su consumo normal resulte desventajoso, desde el punto de vista nutricional, para los consumidores.

2. No se comercializará un OMG destinado a la alimentación humana o un alimento de los contemplados en el apartado 1 del artículo 3 a menos que estén cubiertos por una autorización concedida de acuerdo con lo dispuesto en la presente sección y cumplan las condiciones pertinentes establecidas en dicha autorización.

3. No se autorizará ningún OMG destinado a la alimentación humana o un alimento de los contemplados en el apartado 1 del artículo 3 a menos que el solicitante de la autorización haya demostrado adecuada y suficientemente que cumplen lo dispuesto en el apartado 1 del presente artículo.

4. La autorización a que se hace referencia en el apartado 2 podrá aplicarse a:

a) un OMG y a los alimentos que lo contengan o estén compuestos por él, así como a los alimentos producidos a partir de dicho OMG o con ingredientes producidos a partir de él;

b) alimentos producidos a partir de un OMG, así como a los alimentos que contengan o hayan sido producidos a partir de ese alimento;

c) un ingrediente producido a partir de un OMG, así como a los alimentos que contengan ese ingrediente.

5. La autorización a que se hace referencia en el apartado 2 no será concedida, denegada, renovada, modificada, suspendida o revocada más que por las razones y conforme a los procedimientos establecidos en el presente Reglamento.

6. El solicitante de la autorización a que se hace referencia en el apartado 2 y, una vez concedida ésta, el titular de la misma o su representante, deberá estar establecido en la Comunidad.

7. La autorización contemplada en el presente Reglamento se concederá sin perjuicio de lo establecido en las Directivas 2002/53/CE, 2002/55/CE y 68/193/CEE.

Artículo 5.- *Solicitud de autorización*

1. Para obtener la autorización a que se hace referencia en el apartado 2 del artículo 4, deberá presentarse una solicitud con arreglo a las disposiciones siguientes.

2. La solicitud se enviará a la autoridad nacional competente del Estado miembro.

a) La autoridad nacional competente:

i) enviará por escrito al solicitante un acuse de recibo de la solicitud en los 14 días siguientes a la recepción de la misma, en el que deberá figurar la fecha de la recepción de la solicitud,

ii) informará sin demora a la Autoridad Europea de Seguridad Alimentaria, denominada en lo sucesivo la Autoridad, y

iii) pondrá dicha solicitud y cualquier información complementaria que el solicitante le haya transmitido a disposición de la Autoridad.

b) La Autoridad:

i) informará sin demora a los demás Estados miembros y a la Comisión de la solicitud y pondrá a su disposición dicha solicitud y cualquier información complementaria que el solicitante le haya transmitido,

ii) pondrá a disposición del público el resumen del expediente previsto en la letra l) del apartado 3.

3. La solicitud deberá ir acompañada de lo siguiente:

a) nombre y dirección del solicitante;

b) denominación del alimento y características del mismo, en especial la operación u operaciones de transformación practicadas;

c) cuando proceda, la información requerida en el anexo II del Protocolo de Cartagena sobre Seguridad de la Biotecnología del Convenio sobre la Diversidad Biológica, denominado en lo sucesivo Protocolo de Cartagena;

d) cuando proceda, una descripción detallada del método de obtención y fabricación;

e) una copia de los estudios llevados a cabo, incluidos, si los hubiera, estudios independientes y revisados por otros especialistas, y cualquier otro material disponible para demostrar que el alimento cumple los criterios establecidos en el apartado 1 del artículo 4;

f) bien un análisis apoyado por la información y los datos apropiados, que muestre que las características del alimento no difieren de las de su homólogo convencional, teniendo en cuenta las tolerancias aplicadas a las variaciones naturales de dichas características y los criterios especificados en la letra a) del apartado 2 del artículo 13, o bien una propuesta de etiquetado del alimento de acuerdo con la letra a) del apartado 2 del artículo 13 y con el apartado 3 de ese mismo artículo;

g) bien una declaración motivada de que el alimento no genera inquietudes de orden ético o religioso, o bien una propuesta de etiquetado de acuerdo con la letra b) del apartado 2 del artículo 13;

h) cuando proceda, las condiciones de comercialización del alimento o de los alimentos producidos a partir de él, incluidas las condiciones específicas de utilización y manipulación;

i) métodos de detección, muestreo (con inclusión de referencias a métodos de muestreo existentes oficiales o normalizados) e identificación de la transformación, y, cuando sean aplicables, de detección e identificación de la transformación en el alimento y/o en los alimentos producidos a partir de él;

j) muestras del alimento y sus muestras de control, e información sobre el lugar en que se puede acceder al material de referencia;

k) cuando proceda, una propuesta de seguimiento postcomercialización del uso del alimento para el consumo humano;

l) un resumen del expediente en formato normalizado.

4. En el caso de una solicitud relacionada con un OMG destinado a la alimentación humana, las referencias a «alimento» del apartado 3 se interpretarán como referencias a un alimento que contiene o está compuesto por el OMG para el que se hace la solicitud o ha sido producido a partir de él.

5. En el caso de los OMG o de los alimentos que contienen o están compuestos por OMG, la solicitud irá también acompañada de lo siguiente:

a) el expediente técnico completo que ofrezca la información que exigen los anexos III y IV de la Directiva 2001/18/CE, así como la información y las conclusiones de la evaluación del riesgo llevada a cabo conforme a los principios establecidos en el anexo II de la citada Directiva, o una copia de la decisión de autorización en caso de que la comercialización del OMG se haya autorizado conforme a la parte C de la citada Directiva;

b) un plan de seguimiento de los efectos medioambientales conforme con el anexo VII de la Directiva 2001/18/CE, que incluya una propuesta de duración del propio plan; la duración del plan de seguimiento podrá ser diferente del período de validez propuesto para la autorización.

En este caso, no se aplicarán los artículos 13 a 24 de la Directiva 2001/18/CE.

6. Cuando la solicitud se refiera a una sustancia cuya utilización y comercialización estén sujetas, con arreglo a otras disposiciones de Derecho comunitario, a su inclusión en una lista de sustancias registradas o autorizadas con exclusión de otras, deberá hacerse constar así en la solicitud, e indicarse en ella la situación de la sustancia en virtud de la legislación aplicable.

7. La Comisión, previa consulta a la Autoridad, establecerá normas de desarrollo del presente artículo de conformidad con el procedimiento mencionado en el apartado 2 del artículo 35, incluidas normas para la preparación y la presentación de la solicitud.

8. Antes de la fecha de aplicación del presente Reglamento, la Autoridad publicará instrucciones detalladas para asistir al solicitante en la preparación y presentación de la solicitud.

Artículo 6.- *Dictamen de la Autoridad*

1. La Autoridad procurará emitir su dictamen en un plazo de seis meses a partir de la recepción de una solicitud válida. Este plazo se ampliará cuando la Autoridad pida información complementaria al solicitante, con arreglo a lo dispuesto en el apartado 2.

2. Cuando proceda, la Autoridad o una autoridad nacional competente, por mediación de la Autoridad, podrá pedir al solicitante que complemente, en un plazo determinado, la información que acompaña a la solicitud.

3. Para preparar su dictamen, la Autoridad:

a) verificará que la información y la documentación presentadas por el solicitante son conformes a lo dispuesto en el artículo 5 y determinará si el alimento cumple los criterios establecidos en el apartado 1 del artículo 4;

b) podrá pedir al organismo encargado de la evaluación de alimentos en un Estado miembro que evalúe la seguridad del alimento, de conformidad con el artículo 36 del Reglamento (CE) nº 178/2002;

c) podrá pedir a la autoridad competente designada de acuerdo con el artículo 4 de la Directiva 2001/18/CE que realice una evaluación del riesgo para el medio ambiente; si la solicitud se refiere a OMG que deban utilizarse como semillas u otras plántulas y material de multiplicación, la Autoridad deberá pedir a una autoridad nacional competente que lleve a cabo la evaluación del riesgo para el medio ambiente;

d) remitirá al laboratorio comunitario de referencia a que se refiere el artículo 32 lo dispuesto en las letras i) y j) del apartado 3 del artículo 5. Dicho laboratorio comunitario de referencia probará y validará el método de detección e identificación propuesto por el solicitante;

e) a fin de verificar la aplicación de lo dispuesto en la letra a) del apartado 2 del artículo 13, examinará la información y los datos presentados por el solicitante para demostrar que las características del alimento no difieren de las de su homólogo convencional, teniendo en cuenta las tolerancias aplicadas a las variaciones naturales de esas características.

4. En el caso de los OMG o de los alimentos que contienen o están compuestos por OMG, se aplicarán a la evaluación los requisitos de seguridad medioambiental establecidos en la Directiva 2001/18/CE, a fin de garantizar que se toman todas las medidas adecuadas para evitar los efectos perjudiciales que la liberación intencional de OMG podría tener para la salud humana, la sanidad animal o el medio ambiente. Durante la evaluación de las solicitudes para comercializar productos que estén compuestos por OMG o los contengan, la Autoridad consultará a la autoridad nacional competente en el sentido de la Directiva 2001/18/CE designada por cada Estado miembro para este fin. Las autoridades competentes dispondrán de tres meses tras la fecha de recepción de la solicitud para dar a conocer su dictamen.

5. En caso de dictamen favorable a la autorización del alimento, este dictamen incluirá además lo siguiente:

a) el nombre y la dirección del solicitante;

b) la denominación y las características del alimento;

c) cuando proceda, la información requerida en el anexo II del Protocolo de Cartagena;

d) la propuesta de etiquetado del alimento o de los alimentos producidos a partir de él;

e) cuando proceda, las condiciones o restricciones que deberían imponerse a la comercialización y/o las condiciones o restricciones específicas de utilización y manipulación, así como los requisitos de seguimiento postcomercialización basados en los resultados de la evaluación del riesgo y, en el caso de los OMG o de los alimentos que contienen o están compuestos por OMG, las condiciones para la protección de ecosistemas o del medio ambiente y zonas geográficas particulares;

f) el método de detección, validado por el laboratorio de referencia comunitario, que incluya el muestreo, la identificación de la transformación y, cuando proceda, de detección e identificación de la transformación en el alimento y/o en los alimentos producidos a partir de él; indicación del lugar en que pueda accederse a material de referencia pertinente;

g) cuando proceda, el plan de seguimiento al que se refiere la letra b) del apartado 5 del artículo 5.

6. La Autoridad enviará su dictamen a la Comisión, a los Estados miembros y al solicitante, junto con un informe en el que describa la evaluación efectuada del alimento e indique las razones y la información sobre las que se base el dictamen, incluidos los dictámenes de las autoridades competentes cuando se les consulte de conformidad con lo que dispone el apartado 4.

7. La Autoridad, con arreglo a lo dispuesto en el apartado 1 del artículo 38 del Reglamento (CE) nº 178/2002, hará público su dictamen tras haber eliminado cualquier dato que se considere confidencial de conformidad con el artículo 30 del presente Reglamento. Cualquier persona podrá remitir sus comentarios a la Comisión en los 30 días siguientes a la publicación del dictamen.

Artículo 7.- *Autorización*

1. En el plazo de tres meses tras la recepción del dictamen de la Autoridad, la Comisión presentará al Comité a que se refiere el artículo 35 un proyecto de la decisión que deberá adoptarse respecto de la solicitud, teniendo en cuenta el dictamen de la Autoridad, cualesquiera disposiciones pertinentes de la legislación comunitaria y otros factores legítimos relativos al asunto considerado. Cuando el proyecto de decisión no sea conforme al dictamen de la Autoridad, la Comisión motivará las diferencias.

2. En el caso de un proyecto de decisión que prevea la concesión de una autorización, dicho proyecto de decisión deberá incluir los detalles mencionados en el apartado 5 del artículo 6, el nombre del titular de la autorización y, cuando resulte apropiado, el identificador único atribuido al OMG mencionado en el Reglamento (CE) nº 1830/2003.

3. Se adoptará una decisión final sobre la solicitud de conformidad con el procedimiento mencionado en el apartado 2 del artículo 35.

4. La Comisión comunicará inmediatamente al solicitante la decisión que se haya adoptado y publicará una información sobre esta decisión en el Diario Oficial de la Unión Europea.

5. La autorización concedida conforme al procedimiento establecido en el presente Reglamento será válida en toda la Comunidad por un período de 10 años renovable de acuerdo con el artículo 11. El alimento autorizado será inscrito en el registro a que se refiere el artículo 28. Cada entrada de ese registro mencionará la fecha de autorización e incluirá lo dispuesto en el apartado 2.

6. La autorización concedida en virtud de la presente sección se entenderá sin perjuicio de otras disposiciones de Derecho comunitario por las que se rijan el uso y la comercialización de sustancias que sólo pueden ser utilizadas si se incluyen en una lista de sustancias registradas o autorizadas con exclusión de otras.

7. La concesión de la autorización no disminuirá en modo alguno la responsabilidad civil y penal general del operador del sector de los alimentos en relación con el alimento en cuestión.

8. Las referencias que se hacen en las partes A y D de la Directiva 2001/18/CE a los OMG autorizados con arreglo a lo dispuesto en la parte C de dicha Directiva se considerarán válidas igualmente para los OMG autorizados en virtud del presente Reglamento.

Artículo 8.- *Situación de los productos existentes*

1. No obstante lo dispuesto en el apartado 2 del artículo 4, los productos que entren en el ámbito de aplicación de la presente sección y hayan sido legalmente comercializados en la Comunidad antes de la fecha de aplicación del presente Reglamento podrán seguir comercializándose, utilizándose y transformándose siempre que se cumplan las siguientes condiciones:

a) en el caso de productos que hayan sido comercializados con arreglo a la Directiva 90/220/CEE antes de la entrada en vigor del Reglamento (CE) nº 258/97, o bien conforme a lo dispuesto por dicho Reglamento, los operadores responsables de la comercialización de los productos en cuestión notificarán a la Comisión, en los seis meses siguientes a la fecha de aplicación del presente Reglamento, la fecha en que dichos productos se comercializaron por primera vez en la Comunidad;

b) en el caso de productos que hayan sido legalmente comercializados en la Comunidad, pero que no se encuentren contemplados en la letra a), los operadores responsables de la comercialización de los productos en cuestión notificarán a la Comisión, en los seis meses siguientes a la fecha de aplicación del presente Reglamento, que los productos fueron comercializados en la Comunidad antes de la fecha de aplicación del presente Reglamento.

2. La notificación a que se refiere el apartado 1 irá acompañada por la información indicada en los apartados 3 y 5 del artículo 5, según proceda, información que la Comisión transmitirá a la Autoridad y a los Estados miembros. La Autoridad transmitirá al laboratorio comunitario de referencia los datos mencionados en las letras i) y j) del apartado 3 del artículo 5. El laboratorio comunitario de referencia probará y validará el método de detección e identificación propuesto por el solicitante.

3. En el plazo de un año tras la fecha de aplicación del presente Reglamento, y una vez que se haya verificado que se ha presentado y examinado toda la información requerida, los productos en cuestión serán inscritos en el registro. Cada entrada del registro incluirá lo dispuesto en el apartado 2 del artículo 7, si procede, y en el caso de los productos contemplados en la letra a) del apartado 1, mencionará la fecha en que los productos se comercializaron por primera vez.

4. En los nueve años siguientes a la fecha en que los productos contemplados en la letra a) del apartado 1 se comercializaron por primera vez, pero en ningún caso antes de tres años desde la fecha de aplicación del presente Reglamento, los operadores responsables de su comercialización presentarán una solicitud conforme al artículo 11, que se aplicará *mutatis mutandis*.

En los tres años siguientes a la fecha de aplicación del presente Reglamento, los operadores responsables de la comercialización de productos contemplados en la letra b) del apartado 1 presentarán una solicitud conforme al artículo 11, que se aplicará *mutatis mutandis*.

5. Los productos contemplados en el apartado 1 y los alimentos que los contengan o se hayan producido a partir de ellos estarán sometidos a lo dispuesto en el presente Reglamento, en particular en sus artículos 9, 10 y 34, que se aplicarán *mutatis mutandis*.

6. Si la notificación, así como la información y documentación que deben acompañarla mencionadas los apartados 1 y 2, no se presentan en el plazo estipulado o resultan ser incorrectas, o si la solicitud no se presenta como exige el apartado 4 en el plazo previsto, la Comisión, de conformidad con el procedimiento mencionado en el apartado 2 del artículo 35, adoptará una medida por la que se exija la retirada del mercado del producto en cuestión y de todos sus derivados. En esa medida podrá preverse un período de tiempo limitado durante el cual puedan agotarse las existencias del producto.

7. Si las autorizaciones no se han concedido a un titular concreto, será el operador que importe, produzca o fabrique los productos contemplados en el presente artículo el que presente a la Comisión la información o la solicitud.

8. Las normas de desarrollo del presente artículo se adoptarán de conformidad con el procedimiento mencionado en el apartado 2 del artículo 35.

Artículo 9.- *Supervisión*

1. Una vez que se haya concedido la autorización conforme al presente Reglamento, su titular y las partes interesadas deberán cumplir todas las condiciones o restricciones que se hayan impuesto en ella, y en particular garantizar que los productos no incluidos en la autorización no se comercialicen como alimentos o piensos. Si se ha impuesto al titular de la autorización un plan de seguimiento postcomercialización según la letra k) del apartado 3 del artículo 5 y/o un plan de seguimiento según la letra b) del apartado 5 del artículo 5, el titular de la autorización deberá asegurarse de que el plan se lleva a cabo y presentar informes a la Comisión conforme a lo establecido en la autorización. Dichos informes de seguimiento, excluyendo toda información confidencial con arreglo a lo dispuesto en el artículo 30, serán accesibles al público.

2. Si el titular de la autorización se propone modificar los términos de la misma, deberá presentar la correspondiente solicitud con arreglo al apartado 2 del artículo 5. Los artículos 5, 6 y 7 se aplicarán *mutatis mutandis*.

3. El titular de la autorización informará inmediatamente a la Comisión de cualquier nuevo dato científico o técnico que pudiera influir en la evaluación de la seguridad en relación con el uso del alimento. En particular, el titular de la autorización deberá informar inmediatamente a la Comisión de cualquier prohibición o restricción impuesta por la autoridad competente de un tercer país en el que se comercialice el alimento.

4. La Comisión pondrá rápidamente a disposición de la Autoridad y de los Estados miembros la información facilitada por el solicitante.

Artículo 10.- *Modificación, suspensión y revocación de autorizaciones*

1. Por propia iniciativa o a petición de un Estado miembro o de la Comisión, la Autoridad emitirá un dictamen sobre si una autorización para un producto contemplado en el apartado 1 del artículo 3 todavía cumple las condiciones del presente Reglamento, y lo enviará inmediatamente a la Comisión, al titular de la autorización y a los Estados miembros. La Autoridad, con arreglo a lo dispuesto en el apartado 1 del artículo 38 del Reglamento (CE) nº 178/2002, hará público su dictamen tras haber eliminado cualquier dato que se considere confidencial, de conformidad con el artículo 30 del presente Reglamento. Cualquier persona podrá remitir sus comentarios a la Comisión en los 30 días siguientes a la publicación del dictamen.

2. La Comisión examinará el dictamen de la Autoridad lo antes posible. Se adoptarán las medidas apropiadas con arreglo al artículo 34. Si procede, se modificará, suspenderá o revocará la autorización de conformidad con el procedimiento establecido en el artículo 7.

3. El apartado 2 del artículo 5 y los artículos 6 y 7 se aplicarán *mutatis mutandis*.

Artículo 11.- *Renovación de autorizaciones*

1. Las autorizaciones concedidas conforme al presente Reglamento serán renovables por períodos de 10 años, mediante una solicitud que el titular deberá presentar a la Comisión, a más tardar un año antes de que expire su autorización.

2. La solicitud deberá ir acompañada de lo siguiente:

a) una copia de la autorización para comercializar el alimento;

b) un informe de los resultados del seguimiento, si así se especifica en la autorización;

c) cualquier otro nuevo dato disponible con respecto a la evaluación de la seguridad de uso del alimento y a los riesgos que presente el alimento para los consumidores o el medio ambiente;

d) cuando proceda, una propuesta para modificar o complementar las condiciones de la autorización original, entre otras las relacionadas con el futuro seguimiento.

3. El apartado 2 del artículo 5 y los artículos 6 y 7 se aplicarán *mutatis mutandis*.

4. Si, por razones que escapan al control del titular de la autorización, no se toma ninguna decisión con respecto a su renovación antes de la fecha de expiración, la autorización del producto se prorrogará automáticamente hasta que se adopte una decisión.

5. La Comisión, tras consultar a la Autoridad, podrá establecer, de conformidad con el procedimiento mencionado en el apartado 2 del artículo 35, normas de desarrollo para la aplicación del presente artículo, incluidas normas sobre la preparación y presentación de la solicitud.

6. La Autoridad publicará instrucciones detalladas para ayudar al solicitante en la preparación y presentación de la solicitud.

Artículo 12.- *Ámbito de aplicación*

1. La presente sección se aplicará a los alimentos que vayan a suministrarse como tales al consumidor final o a las colectividades en la Comunidad y que:

a) contengan o estén compuestos por OMG, o

b) se hayan producido a partir de OMG o contengan ingredientes producidos a partir de estos organismos.

2. La presente sección no se aplicará a los alimentos que contengan material que, a su vez, contenga o esté compuesto por OMG o haya sido producido a partir de estos organismos, siempre que el contenido de dicho material no supere el 0,9 % de los ingredientes del alimento considerados individualmente o de los alimentos consistentes en un solo ingrediente, y a condición de que esta presencia sea accidental o técnicamente inevitable.

3. Para determinar que la presencia de este material es accidental o técnicamente inevitable, los operadores deberán poder proporcionar pruebas a las autoridades competentes que les demuestren de manera satisfactoria que han adoptado las medidas apropiadas para evitar la presencia de dicho material.

4. Las medidas, destinadas a modificar elementos no esenciales del presente Reglamento, completándolo, y que fijen umbrales adecuados más bajos, en particular respecto de los alimentos que contengan o consistan en OMG o tomen en consideración los avances de la ciencia y la tecnología, se adoptarán con arreglo al procedimiento de reglamentación con control contemplado en el artículo 35, apartado 3.

Artículo 13.- *Requisitos*

1. Sin perjuicio de otros requisitos de Derecho comunitario relativos al etiquetado de los productos alimenticios, los alimentos que entren en el ámbito de aplicación de la presente sección estarán sujetos a los siguientes requisitos específicos en materia de etiquetado:

a) si el alimento está compuesto por más de un ingrediente, en la lista de ingredientes establecida por el artículo 6 de la Directiva 2000/13/CE figurará entre paréntesis, inmediatamente después del ingrediente en cuestión, el texto «modificado genéticamente» o «producido a partir de [nombre del ingrediente] modificado genéticamente»;

b) si el ingrediente viene designado por el nombre de una categoría, en la lista de ingredientes figurará el texto «contiene [nombre del organismo] modificado genéticamente» o «contiene [nombre del ingrediente] producido a partir de [nombre del organismo] modificado genéticamente»;

c) a falta de una lista de ingredientes, en el etiquetado figurará claramente el texto «modificado genéticamente» o «producido a partir de [nombre del organismo] modificado genéticamente»;

d) las indicaciones mencionadas en las letras a) y b) podrán figurar en una nota al pie de la lista de ingredientes. En este caso se imprimirán en letra de tamaño al menos igual que la lista de ingredientes. Cuando no haya lista de ingredientes, figurarán claramente en la etiqueta;

e) si el alimento se ofrece para su venta al consumidor final como alimento no preenvasado o como alimento preenvasado en pequeños recipientes cuya mayor superficie consiste en un área de menos de 10 cm2, la información exigida en el presente apartado deberá exhibirse visible y permanentemente, bien en el expositor del alimento, bien inmediatamente al lado, o en el envase, en un tipo de letra lo suficientemente grande para su fácil identificación y lectura.

2. Además de los requisitos de etiquetado establecidos en el apartado 1, la etiqueta deberá mencionar cualquier característica o propiedad que se especifique en la autorización, en los siguientes casos:

a) cuando el alimento sea diferente de su homólogo convencional por lo que respecta a las siguientes características o propiedades:

i) composición,

ii) valor o efectos nutricionales,

iii) uso para el que está destinado,

iv) repercusiones para la salud de determinados sectores de la población;

b) cuando el alimento pueda generar inquietudes de orden ético o religioso.

3. Además de los requisitos de etiquetado establecidos en el apartado 1 y especificados en la autorización, el etiquetado de los alimentos que entren en el ámbito de la presente sección y no tengan homólogo convencional incluirán la información pertinente acerca de su naturaleza y sus características.

Artículo 14.- *Medidas de ejecución*

1. La Comisión podrá adoptar las siguientes medidas:

— medidas necesarias para que los operadores demuestren de manera satisfactoria a las autoridades competentes lo establecido en el artículo 12, apartado 3,

— medidas necesarias para que los operadores cumplan las condiciones que debe reunir el etiquetado establecidas en el artículo 13,

— normas específicas relativas a la información que deberán facilitar las colectividades que suministran alimentos al consumidor final. Para tener en cuenta la situación específica de las colectividades, dichas normas podrán prever la adaptación de los requisitos establecidos en el artículo 13, apartado 1, letra e).

Estas medidas, destinadas a modificar elementos no esenciales del presente Reglamento, incluso completándolo, se adoptarán con arreglo al procedimiento de reglamentación con control contemplado en el artículo 35, apartado 3.

2. Además, las normas de desarrollo para facilitar la aplicación uniforme del artículo 13 se podrán adoptar con arreglo al procedimiento de reglamentación contemplado en el artículo 35, apartado 2.

CAPÍTULO III.- PIENSOS MODIFICADOS GENÉTICAMENTE

SECCIÓN 1.- AUTORIZACIÓN Y SUPERVISIÓN

Artículo 15.- *Ámbito de aplicación*

1. La presente sección se aplicará a:

a) los OMG destinados a la alimentación animal;

b) los piensos que contengan o estén compuestos por OMG;

c) los piensos producidos a partir de OMG.

2. Cuando sean necesarias, las medidas destinadas a modificar elementos no esenciales del presente Reglamento, completándolo, y que determinen si un tipo de alimento entra en el ámbito de aplicación de la presente sección, se adoptarán con arreglo al procedimiento de reglamentación con control contemplado en el artículo 35, apartado 3.

Artículo 16.- *Requisitos*

1. Los piensos contemplados en el apartado 1 del artículo 15 no deberán:

a) tener efectos negativos sobre la salud humana, la sanidad animal o el medio ambiente;

b) inducir a error al usuario;

c) perjudicar o inducir a error al consumidor menoscabando las características distintivas de los productos animales;

d) diferenciarse de los piensos que están destinados a sustituir de tal manera que su consumo normal resulte desventajoso, desde el punto de vista nutricional, para los animales o las personas.

2. No se comercializará, utilizará o transformará ningún producto contemplado en el apartado 1 del artículo 15 a menos que esté cubierto por una autorización concedida de acuerdo con lo dispuesto en la presente sección y cumpla las condiciones pertinentes establecidas en dicha autorización.

3. No se autorizará ningún producto contemplado en el apartado 1 del artículo 15 a menos que el solicitante de la autorización haya demostrado adecuada y suficientemente que cumple lo dispuesto en el apartado 1 del presente artículo.

4. La autorización a que se hace referencia en el apartado 2 podrá aplicarse a:

a) un OMG y a los piensos que lo contengan o estén compuestos por OMG, así como a los piensos producidos a partir de OMG;

b) los piensos producidos a partir de un OMG y a los piensos que contengan o estén producidos a partir de aquéllos.

5. La autorización a que se hace referencia en el apartado 2 no será concedida, denegada, renovada, modificada, suspendida o revocada más que por las razones y conforme a los procedimientos establecidos en el presente Reglamento.

6. El solicitante de la autorización a que se hace referencia en el apartado 2 y, una vez concedida ésta, el titular de la misma o su representante deberán estar establecidos en la Comunidad.

7. La autorización contemplada en el presente Reglamento se concederá sin perjuicio de lo establecido en las Directivas 2002/53/CE, 2002/55/CE y 68/193/CEE.

Artículo 17.- *Solicitud de autorización*

1. Para obtener la autorización a que se hace referencia en el apartado 2 del artículo 16, deberá presentarse una solicitud con arreglo a las disposiciones siguientes.

2. La solicitud se enviará a la autoridad nacional competente del Estado miembro.

a) La autoridad nacional competente:

i) enviará por escrito al solicitante un acuse de recibo de la solicitud en los 14 días siguientes a la recepción de la misma, en el que deberá figurar la fecha de la recepción de la solicitud,

ii) informará sin demora a la Autoridad, y

iii) pondrá dicha solicitud y cualquier información complementaria que el solicitante le haya transmitido a disposición de la Autoridad.

b) La Autoridad:

i) informará sin demora a los demás Estados miembros y a la Comisión de la solicitud y pondrá a su disposición dicha solicitud y cualquier información complementaria que el solicitante le haya transmitido,

ii) pondrá a disposición del público el resumen del expediente a que se refiere la letra l) del apartado 3.

3. La solicitud deberá ir acompañada de lo siguiente:

a) nombre y dirección del solicitante;

b) denominación del pienso y características del mismo, en especial la operación u operaciones de transformación practicadas;

c) cuando proceda, la información requerida en el anexo II del Protocolo de Cartagena;

d) cuando proceda, una descripción detallada del método de obtención y fabricación y de los usos a los que está destinado el pienso;

e) una copia de los estudios llevados a cabo, incluidos, si los hubiera, estudios independientes y revisados por otros especialistas, y cualquier otro material disponible para demostrar que el pienso cumple los criterios establecidos en el apartado 1 del artículo 16 y, en particular para los piensos que entran en el ámbito de aplicación de la Directiva 82/471/CEE, la información exigida por la Directiva 83/228/CEE del Consejo, de 18 de abril de 1983, relativa a la fijación de directrices para la valoración de determinados productos utilizados en los alimentos para animales;

f) bien un análisis apoyado por la información y los datos apropiados, que muestre que las características del pienso no difieren de las de su homólogo convencional, teniendo en cuenta las tolerancias aplicadas a las variaciones naturales de dichas características y los criterios especificados en la letra c) del apartado 2 del artículo 25, o bien una propuesta de etiquetado del pienso de acuerdo con la letra c) del apartado 2 del artículo 25 y con el apartado 3 de ese mismo artículo;

g) bien una declaración motivada de que el pienso no genera inquietudes de orden ético o religioso, o bien una propuesta de etiquetado de acuerdo con la letra d) del apartado 2 del artículo 25;

h) cuando proceda, las condiciones de comercialización del pienso, incluidas las condiciones específicas de utilización y manipulación;

i) métodos de detección, muestreo (con inclusión de referencias a métodos de muestreo existentes oficiales o normalizados) e identificación de la transformación, y, cuando sean aplicables, de detección e identificación de la transformación en el pienso y/o en los piensos producidos a partir de él;

j) muestras del pienso y sus muestras de control, e información sobre el lugar en que se puede acceder al material de referencia;

k) cuando proceda, una propuesta de seguimiento postcomercialización del uso del pienso para el consumo animal;

l) un resumen del expediente en formato normalizado.

4. En el caso de una solicitud relacionada con un OMG destinado a la alimentación animal, las referencias a «pienso» del apartado 3 se interpretarán como referencias a un pienso que contiene o está compuesto por el OMG para el que se hace la solicitud o ha sido producido a partir de él.

5. En el caso de los OMG y de los piensos que contienen o están compuestos por OMG, la solicitud irá también acompañada de lo siguiente:

a) el expediente técnico completo que ofrezca la información que exigen los anexos III y IV de la Directiva 2001/18/CE, así como la información y las conclusiones de la evaluación del riesgo llevada a cabo conforme a los principios establecidos en el anexo II de la citada Directiva, o una copia de la decisión de autorización en caso de que la comercialización del OMG se haya autorizado conforme a la parte C de la citada Directiva;

b) un plan de seguimiento de los efectos medioambientales conforme al anexo VII de la Directiva 2001/18/CE, que incluya una propuesta de duración del propio plan; la duración del plan de seguimiento podrá ser diferente del período de validez propuesto para la autorización.

En este caso, no se aplicarán los artículos 13 a 24 de la Directiva 2001/18/CE.

6. Cuando la solicitud se refiera a una sustancia cuya utilización y comercialización estén sujetas, con arreglo a otras disposiciones de Derecho comunitario, a su inclusión en una lista de sustancias registradas o autorizadas con exclusión de otras, deberá hacerse constar así en la solicitud, e indicarse en ella la situación de la sustancia en virtud de la legislación aplicable.

7. La Comisión, previa consulta a la Autoridad, establecerá normas de desarrollo del presente artículo de conformidad con el procedimiento mencionado en el apartado 2 del artículo 35, incluidas normas para la preparación y la presentación de la solicitud.

8. Antes de la fecha de aplicación del presente Reglamento, la Autoridad publicará instrucciones detalladas para asistir al solicitante en la preparación y presentación de la solicitud.

Artículo 18.- *Dictamen de la Autoridad*

1. La Autoridad procurará emitir su dictamen en un plazo de seis meses a partir de la recepción de una solicitud válida. Este plazo se ampliará cuando la Autoridad pida información complementaria al solicitante, con arreglo a lo dispuesto en el apartado 2.

2. Cuando proceda, la Autoridad o una autoridad nacional competente, por mediación de la Autoridad, podrá pedir al solicitante que complemente, en un plazo determinado, la información que acompaña a la solicitud.

3. Para preparar su dictamen, la Autoridad:

a) verificará que la información y la documentación presentadas por el solicitante son conformes a lo dispuesto en el artículo 17 y determinará si los piensos cumplen los criterios establecidos en el apartado 1 del artículo 16;

b) podrá pedir al organismo encargado de la evaluación del pienso en un Estado miembro que evalúe la seguridad de los piensos, de conformidad con el artículo 36 del Reglamento (CE) nº 178/2002;

c) podrá pedir a la autoridad competente designada de acuerdo con el artículo 4 de la Directiva 2001/18/CE que realice una evaluación del riesgo para el medio ambiente; sin embargo, si la solicitud se refiere a OMG que deban utilizarse como semillas u otras plántulas y material de multiplicación, la Autoridad deberá pedir a una autoridad nacional competente que lleve a cabo la evaluación del riesgo para el medio ambiente;

d) remitirá al laboratorio comunitario de referencia lo dispuesto en las letras i) y j) del apartado 3 del artículo 17. Dicho laboratorio comunitario de referencia probará y validará el método de detección e identificación propuesto por el solicitante;

e) a fin de verificar la aplicación de lo dispuesto en la letra c) del apartado 2 del artículo 25, examinará la información y los datos presentados por el solicitante para demostrar que las características del pienso no difieren de las de su homólogo convencional, teniendo en cuenta las tolerancias aplicadas a las variaciones naturales de esas características.

4. En el caso de los OMG y los piensos que contienen o están compuestos por OMG, se aplicarán a la evaluación los requisitos de seguridad medioambiental establecidos en la Directiva 2001/18/CE, a fin de garantizar que se toman todas las medidas adecuadas para evitar los efectos perjudiciales que la liberación intencional de OMG podría tener sobre la salud humana, la sanidad animal y el medio ambiente. Durante la evaluación de las solicitudes para comercializar productos que estén compuestos por OMG o los contengan, la Autoridad consultará a la autoridad nacional competente en el sentido de la Directiva 2001/18/CE designada por cada Estado miembro para este fin. Las autoridades competentes dispondrán de tres meses tras la fecha de recepción de la solicitud para dar a conocer su dictamen.

5. En caso de dictamen favorable a la autorización del pienso, este dictamen incluirá además lo siguiente:

a) el nombre y la dirección del solicitante;

b) la denominación y las características del pienso;

c) cuando proceda, la información requerida en el anexo II del Protocolo de Cartagena;

d) la propuesta de etiquetado del pienso;

e) cuando proceda, las condiciones o restricciones que deberían imponerse a la comercialización y/o las condiciones o restricciones específicas de utilización y manipulación, así como los requisitos de seguimiento postcomercialización basados en los resultados de la evaluación del riesgo y, en el caso de los OMG o de los piensos que contienen o están compuestos por OMG, las condiciones para la protección de ecosistemas o del medio ambiente y zonas geográficas particulares;

f) el método de detección, validado por el laboratorio comunitario de referencia, que incluya el muestreo, la identificación de la transformación y, cuando proceda, de detección e identificación de la transformación en el pienso y/o en los piensos producidos a partir de él; indicación del lugar en que pueda accederse a material de referencia pertinente;

g) cuando proceda, el plan de seguimiento al que se refiere la letra b) del apartado 5 del artículo 17.

6. La Autoridad enviará su dictamen a la Comisión, a los Estados miembros y al solicitante, junto con un informe en el que describa la evaluación efectuada del pienso e indique las razones y la información sobre las que se base el dictamen, incluidos los dictámenes de las autoridades competentes cuando se les consulte de conformidad con lo que dispone el apartado 4.

7. La Autoridad, con arreglo a lo dispuesto en el apartado 1 del artículo 38 del Reglamento (CE) nº 178/2002, hará público su dictamen tras haber eliminado cualquier dato que se considere confidencial de conformidad con el artículo 30 del presente Reglamento. Cualquier persona podrá remitir sus comentarios a la Comisión en los 30 días siguientes a la publicación del dictamen.

Artículo 19.- *Autorización*

1. En el plazo de tres meses tras la recepción del dictamen de la Autoridad, la Comisión presentará al Comité a que se refiere el artículo 35 un proyecto de la decisión que deberá adoptarse respecto de la solicitud, teniendo en cuenta el dictamen de la Autoridad, cualesquiera disposiciones pertinentes de la legislación comunitaria y otros factores legítimos relativos al asunto considerado. Cuando el proyecto de decisión no sea conforme al dictamen de la Autoridad, la Comisión motivará las diferencias.

2. En el caso de un proyecto de decisión que prevea la concesión de una autorización, dicho proyecto de decisión deberá incluir los detalles mencionados en el apartado 5 del artículo 18, el nombre del titular de la autorización y, cuando resulte apropiado, el identificador único atribuido al OMG mencionado en el Reglamento (CE) nº 1830/2003.

3. Se adoptará una decisión final sobre la solicitud de conformidad con el procedimiento mencionado en el apartado 2 del artículo 35.

4. La Comisión comunicará inmediatamente al solicitante la decisión que se haya adoptado y publicará una información sobre esta decisión en el Diario Oficial de la Unión Europea.

5. La autorización concedida conforme al procedimiento establecido en el presente Reglamento será válida en toda la Comunidad por un período de 10 años renovable de acuerdo con el artículo 23. El pienso autorizado será inscrito en el registro a que se refiere el artículo 28. Cada entrada de ese registro mencionará la fecha de autorización e incluirá lo dispuesto en el apartado 2.

6. La autorización concedida en virtud de la presente sección se entenderá sin perjuicio de otras disposiciones de Derecho comunitario por las que se rijan el uso y la comercialización de sustancias que sólo pueden ser utilizadas si se incluyen en una lista de sustancias registradas o autorizadas con exclusión de otras.

7. La concesión de la autorización no disminuirá en modo alguno la responsabilidad civil y penal general del operador del sector de los piensos en relación con el pienso en cuestión.

8. Las referencias que se hacen en las partes A y D de la Directiva 2001/18/CE a los OMG autorizados con arreglo a lo dispuesto en la parte C de dicha Directiva se considerarán válidas igualmente para los OMG autorizados en virtud del presente Reglamento.

Artículo 20.- *Situación de los productos existentes*

1. No obstante lo dispuesto en el apartado 2 del artículo 16, los productos que entren en el ámbito de aplicación de la presente sección y se hayan comercializado legalmente en la Comunidad antes de la fecha de aplicación del presente Reglamento podrán seguir comercializándose, utilizándose y transformándose siempre que se cumplan las siguientes condiciones:

a) en el caso de los productos que hayan sido autorizados en virtud de la Directiva 90/220/CEE o de la Directiva 2001/18/CE, incluso para su utilización como piensos en virtud de la Directiva 82/471/CEE y que se hayan producido a partir de OMG, o en virtud de la Directiva 70/524/CEE, que contengan o estén compuestos por OMG o hayan sido producidos a partir de ellos, los operadores responsables de la comercialización de los productos en cuestión notificarán a la Comisión, en un plazo de seis meses a partir de la fecha de aplicación del presente Reglamento, la fecha en que comenzaron a comercializarse los productos en la Comunidad;

b) en el caso de los productos que se hayan comercializado legalmente en la Comunidad, pero que no se encuentren contemplados en la letra a), los operadores responsables de la comercialización de los productos en cuestión en la Comunidad notificarán a la Comisión, en un plazo de seis meses a partir de la fecha de aplicación del presente Reglamento, que los productos se comercializaron en la Comunidad antes de la fecha de aplicación del presente Reglamento.

2. La notificación a que hace referencia el apartado 1 irá acompañada por la información indicada en los apartados 3 y 5 del artículo 17, según proceda, que la Comisión transmitirá a la Autoridad y a los Estados miembros. La Autoridad transmitirá al laboratorio comunitario de referencia la información a que se refiere las letras i) y j) del apartado 3 del artículo 17. El laboratorio comunitario de referencia probará y validará el método de detección e identificación propuesto por el solicitante.

3. En el plazo de un año a partir de la fecha de aplicación del presente Reglamento, y una vez que haya verificado que se ha presentado y examinado toda la información requerida, los productos en cuestión serán inscritos en el registro. Cada entrada del registro incluirá lo dispuesto en el apartado 2 del artículo 19, según proceda, y en el caso de los productos a que se hace referencia en la letra a) del apartado 1 indicará la fecha en que los productos de que se trate comenzaron a comercializarse.

4. En el plazo de nueve años a partir de la fecha en que los productos a que se hace referencia en la letra a) del apartado 1 comenzaron a comercializarse, pero en ningún caso antes de tres años desde la fecha de aplicación del presente Reglamento, los operadores responsables de su comercialización presentarán una solicitud conforme al artículo 23, que se aplicará *mutatis mutandis*.

En el plazo de tres años a partir de la fecha de aplicación del presente Reglamento, los operadores responsables de comercializar los productos a que se hace referencia en la letra b) del apartado 1 presentarán una solicitud conforme al artículo 23, que se aplicará *mutatis mutandis*.

5. Los productos contemplados en el apartado 1 y los piensos que los contengan o se hayan producido a partir de ellos estarán sometidos a lo dispuesto por el presente Reglamento, y en particular por sus artículos 21, 22 y 34, que se aplicarán *mutatis mutandis*.

6. Si la notificación, así como la información y documentación que deben acompañarla mencionadas en los apartados 1 y 2, no se presentan en el plazo especificado o resultan ser incorrectas, o si la solicitud no se presenta como exige el apartado 4 en el plazo previsto, la Comisión, de conformidad con el procedimiento mencionado en el apartado 2 del artículo 35, adoptará una medida por la que se exija la retirada del mercado del producto en cuestión y de todos sus derivados. En esa medida podrá preverse un período de tiempo limitado durante el cual puedan agotarse las existencias del producto.

7. Si las autorizaciones no se han concedido a un titular concreto, será el operador que importe, produzca o fabrique los productos contemplados en el presente artículo el que presente a la Comisión la información o la solicitud.

8. Las normas de desarrollo del presente artículo se adoptarán de conformidad con el procedimiento mencionado en el apartado 2 del artículo 35.

Artículo 21.- *Supervisión*

1. Una vez que se haya concedido la autorización conforme al presente Reglamento, su titular y las partes interesadas deberán cumplir todas las condiciones o restricciones que se hayan impuesto en ella y, en particular, garantizar que los productos no incluidos en la autorización no se comercialicen como alimentos o piensos. Si se ha impuesto al titular de la autorización un plan de seguimiento postcomercialización según la letra k) del apartado 3 del artículo 17 y/o un plan de seguimiento según la letra b) del apartado 5 del artículo 17, el titular de la autorización deberá asegurarse de que el plan se lleva a cabo y presentar informes a la Comisión conforme a lo establecido en la autorización. Dichos informes de seguimiento, excluyendo toda información confidencial con arreglo a lo dispuesto en el artículo 30, serán accesibles al público.

2. Si el titular de la autorización se propone modificar los términos de la misma, deberá presentar la correspondiente solicitud con arreglo al apartado 2 del artículo 17. Los artículos 17, 18 y 19 se aplicarán *mutatis mutandis*.

3. El titular de la autorización informará inmediatamente a la Comisión de cualquier nuevo dato científico o técnico que pudiera influir en la evaluación de la seguridad en relación con el uso del pienso. En particular, el titular de la autorización deberá informar inmediatamente a la Comisión de cualquier prohibición o restricción impuesta por la autoridad competente de un tercer país en el que se comercialice el pienso.

4. La Comisión pondrá rápidamente a disposición de la Autoridad y de los Estados miembros toda la información facilitada por el solicitante.

Artículo 22.- *Modificación, suspensión y revocación de autorizaciones*

1. Por propia iniciativa o a petición de un Estado miembro o de la Comisión, la Autoridad emitirá un dictamen sobre si una autorización para un producto mencionado en el apartado 1 del artículo 15 todavía cumple las condiciones del presente Reglamento, y lo enviará inmediatamente a la Comisión, al titular de la autorización y a los Estados miembros. La Autoridad, con arreglo a lo dispuesto en el apartado 1 del artículo 38 del Reglamento (CE) nº 178/2002, hará público su dictamen tras haber eliminado cualquier dato que se considere confidencial de conformidad con el artículo 30 del presente Reglamento. Cualquier persona podrá remitir sus comentarios a la Comisión en los 30 días siguientes a la publicación del dictamen.

2. La Comisión examinará el dictamen de la Autoridad lo antes posible. Se adoptarán las medidas apropiadas con arreglo al artículo 34. Si procede, se modificará, suspenderá o revocará la autorización de conformidad con el procedimiento establecido en el artículo 19.

3. El apartado 2 del artículo 17 y los artículos 18 y 19 se aplicarán *mutatis mutandis*.

Artículo 23.- *Renovación de autorizaciones*

1. Las autorizaciones concedidas conforme al presente Reglamento serán renovables por períodos de 10 años, mediante una solicitud que el titular deberá presentar a la Comisión, a más tardar un año antes de que expire su autorización.

2. La solicitud deberá ir acompañada de lo siguiente:

a) una copia de la autorización para comercializar el pienso;

b) un informe de los resultados del seguimiento, si así se especifica en la autorización;

c) cualquier otro nuevo dato disponible con respecto a la evaluación de la seguridad de uso del pienso y a los riesgos que presente el pienso para los animales, las personas o el medio ambiente;

d) cuando proceda, una propuesta para modificar o complementar las condiciones de la autorización original, entre otras las relacionadas con el futuro seguimiento.

3. El apartado 2 del artículo 17 y los artículos 18 y 19 se aplicarán *mutatis mutandis*.

4. Si, por razones que escapan al control del titular de la autorización, no se toma ninguna decisión con respecto a su renovación antes de la fecha de expiración, el período de autorización del producto se prorrogará automáticamente hasta que se adopte una decisión.

5. La Comisión, tras consultar a la Autoridad, podrá establecer, de conformidad con el procedimiento mencionado en el apartado 2 del artículo 35, normas de desarrollo para la aplicación del presente artículo, incluidas normas sobre la preparación y presentación de la solicitud.

6. La Autoridad publicará instrucciones detalladas para ayudar al solicitante en la preparación y presentación de la solicitud.

Artículo 24.- *Ámbito de aplicación*

1. La presente sección se aplicará a los piensos contemplados en el apartado 1 del artículo 15.

2. La presente sección no se aplicará a los piensos que contengan material que, a su vez, contenga o esté compuesto por OMG o haya sido producido a partir de estos organismos en una proporción que no supere el 0,9 % del pienso y de cada uno de los alimentos para animales de que esté compuesto, y a condición de que su presencia sea accidental o técnicamente inevitable.

3. Para determinar que la presencia de este material es accidental o técnicamente inevitable, los operadores deberán poder proporcionar pruebas a las autoridades competentes que les demuestren de manera satisfactoria que han adoptado las medidas apropiadas para evitar la presencia de dicho material.

4. Las medidas, destinadas a modificar elementos no esenciales del presente Reglamento, completándolo, y que fijen umbrales adecuados más bajos, en particular respecto de los alimentos que contengan o consistan en OMG o tomen en consideración los avances de la ciencia y la tecnología, se adoptarán con arreglo al procedimiento de reglamentación con control contemplado en el artículo 35, apartado 3.

Artículo 25.- *Requisitos*

1. Sin perjuicio de otros requisitos de Derecho comunitario relativos al etiquetado de los piensos, los piensos contemplados en el apartado 1 del artículo 15 estarán sujetos a los requisitos específicos en materia de etiquetado que se exponen a continuación.

2. Toda persona que desee comercializar los piensos contemplados en el apartado 1 del artículo 15 deberá hacer lo necesario para que los datos especificados a continuación figuren de manera claramente visible, legible e indeleble en un documento adjunto o, cuando corresponda, en el envase, el contenedor o en una etiqueta colocada en ellos.

Todo alimento para animales del que esté compuesto un pienso concreto estará sujeto a las normas siguientes:

a) en el caso de los piensos mencionados en las letras a) y b) del apartado 1 del artículo 15, las palabras «[nombre del organismo] modificado genéticamente» aparecerán entre paréntesis inmediatamente a continuación del nombre específico del pienso.

A modo de alternativa, dichas palabras podrán figurar en una nota al pie de la lista de piensos, impresa en letra de tamaño al menos igual que la lista de piensos;

b) en el caso de los piensos contemplados en la letra c) del apartado 1 del artículo 15, las palabras «producidos a partir de [nombre del organismo] modificado genéticamente» aparecerán entre paréntesis inmediatamente a continuación del nombre específico del pienso.

A modo de alternativa, dichas palabras podrán figurar en una nota al pie de la lista de piensos, impresa en letra de tamaño al menos igual que la lista de piensos;

c) la etiqueta deberá mencionar cualquier característica del pienso contemplada en el apartado 1 del artículo 15 que se especifique en la autorización, como las enumeradas a continuación, que sea diferente de su homólogo convencional:

i) composición,

ii) propiedades nutricionales,

iii) uso para el que está destinado,

iv) repercusiones para la sanidad de determinadas especies o categorías de animales;

d) la etiqueta deberá mencionar cualquier característica o propiedad del pienso que se especifique en la autorización que pueda generar inquietudes de orden ético o religioso.

3. Además de los requisitos establecidos en las letras a) y b) del apartado 2 y especificados en la autorización, las etiquetas o documentos que acompañen a los piensos que entren en el ámbito de la presente sección y no tengan homólogo convencional incluirán la información pertinente acerca de su naturaleza y sus características.

Artículo 26.- *Medidas de ejecución*

1. La Comisión podrá adoptar las siguientes medidas:

— medidas necesarias para que los operadores demuestren de manera satisfactoria a las autoridades competentes lo establecido en el artículo 24, apartado 3,

— medidas necesarias para que los operadores cumplan las condiciones que debe reunir el etiquetado establecidas en el artículo 25.

Estas medidas, destinadas a modificar elementos no esenciales del presente Reglamento, incluso completándolo, se adoptarán con arreglo al procedimiento de reglamentación con control contemplado en el artículo 35, apartado 3.

2. Además, las normas de desarrollo para facilitar la aplicación uniforme del artículo 25 se podrán adoptar con arreglo al procedimiento de reglamentación contemplado en el artículo 35, apartado 2.

CAPÍTULO IV.- DISPOSICIONES COMUNES

Artículo 27.- *Productos que pueden ser utilizados como alimento y como pienso*

1. Cuando resulte probable que un producto se utilice como alimento y como pienso, se presentará una única solicitud conforme a los artículos 5 y 17, sobre la cual la Autoridad emitirá un único dictamen y la Comunidad tomará una única decisión.

2. La Autoridad examinará si conviene que una solicitud de autorización se presente al mismo tiempo para alimento y para pienso.

Artículo 28.- *Registro comunitario*

1. La Comisión creará y mantendrá un registro comunitario de alimentos y piensos modificados genéticamente, denominado en lo sucesivo registro.

2. El registro deberá ser de acceso público.

Artículo 29.- *Acceso del público*

1. La solicitud de autorización, la información complementaria transmitida por el solicitante, los dictámenes de las autoridades competentes designadas con arreglo al artículo 4 de la Directiva 2001/18/CE, los informes de seguimiento y la información transmitida por el titular de la autorización, excluida la información de carácter confidencial, serán accesibles al público.

2. Al tramitar solicitudes de acceso a los documentos que obren en su poder, la Autoridad aplicará los principios contenidos en el Reglamento (CE) nº 1049/2001 del Parlamento Europeo y el Consejo, de 30 de mayo de 2001, relativo al acceso del público a los documentos del Parlamento Europeo, del Consejo y de la Comisión.

3. Los Estados miembros tramitarán las solicitudes de acceso a los documentos que se les haya transmitido con arreglo al presente Reglamento de conformidad con el artículo 5 del Reglamento (CE) nº 1049/2001.

Artículo 30.- *Confidencialidad*

1. El solicitante podrá indicar qué datos de los presentados en virtud del presente Reglamento desea que reciban un tratamiento confidencial porque su revelación pudiera perjudicar seriamente su posición competitiva. En dichos casos, deberá aportar una justificación verificable.

2. Sin perjuicio de lo dispuesto en el apartado 3, la Comisión determinará, tras consultar al solicitante, qué información debe mantenerse confidencial, e informará de su decisión al solicitante.

3. No se considerará confidencial la siguiente información:

a) el nombre y la composición del OMG, alimento o pienso contemplados en el apartado 1 del artículo 3 y en el apartado 1 del artículo 15 y, cuando proceda, la indicación del sustrato y del microorganismo;

b) la descripción general del OMG y el nombre y la dirección del titular de la autorización;

c) las características fisicoquímicas y biológicas del OMG, el alimento o el pienso contemplados en el apartado 1 del artículo 3 y en el apartado 1 del artículo 15;

d) los efectos que tiene en la salud humana, en la sanidad animal y en el medio ambiente el OMG, el alimento o el pienso contemplados en el apartado 1 del artículo 3 y en el apartado 1 del artículo 15;

e) los efectos que tiene en las características de los productos animales y sus propiedades nutricionales el OMG, el alimento o el pienso contemplados en el apartado 1 del artículo 3 y en el apartado 1 del artículo 15;

f) los métodos de detección, incluidos el muestreo y la identificación de la operación de transformación, y, si procede, de detección e identificación de la operación de transformación en el alimento o el pienso contemplados en el apartado 1 del artículo 3 y en el apartado 1 del artículo 15;

g) información sobre el tratamiento de residuos y actuación en caso de emergencia.

4. No obstante lo dispuesto en el apartado 2, la Autoridad facilitará a la Comisión y a los Estados miembros toda la información que esté en su poder si así se le solicita.

5. El uso de los métodos de detección y la reproducción de los materiales de referencia contemplados en el apartado 3 del artículo 5 y en el apartado 3 del artículo 17 a efectos de la aplicación del presente Reglamento a los OMG, los alimentos o los piensos a que se refiera una solicitud no estarán limitados por el ejercicio de los derechos de propiedad intelectual ni de ninguna otra forma.

6. La Comisión, la Autoridad y los Estados miembros adoptarán las medidas necesarias para garantizar la confidencialidad de la información recibida en virtud de lo dispuesto en el presente Reglamento, salvo que se trate de información que las circunstancias obliguen a hacer pública para proteger la salud humana, la sanidad animal o el medio ambiente.

7. Si un solicitante retira o ha retirado una solicitud, la Autoridad, la Comisión y los Estados miembros respetarán la confidencialidad de la información comercial e industrial, incluida la relativa a la investigación y el desarrollo, así como aquella con respecto a cuya confidencialidad la Comisión y el solicitante no se hayan puesto de acuerdo.

Artículo 31.- *Protección de datos*

Los datos científicos y demás información contenida en el expediente de solicitud conforme a los apartados 3 y 5 del artículo 5 y los apartados 3 y 5 del artículo 17 no podrán ser utilizados en provecho de otro solicitante durante un período de diez años contado a partir de la fecha de autorización, salvo que el otro solicitante haya acordado con el titular de la autorización el uso de esos datos y esa información.

Al concluir ese período de 10 años, los resultados de parte o de la totalidad de la evaluación llevada a cabo sobre la base de los datos científicos y demás información contenida en el expediente de solicitud podrán ser utilizados por la Autoridad en provecho de otro solicitante, siempre que éste pueda demostrar que el alimento o el pienso para el que solicita la autorización es, en esencia, similar a uno ya autorizado en virtud del presente Reglamento.

Artículo 32.- *Laboratorio comunitario de referencia*

El laboratorio comunitario de referencia, así como sus competencias y tareas, serán los establecidos en el anexo.

Podrán designarse laboratorios nacionales de referencia de conformidad con el procedimiento mencionado en el apartado 2 del artículo 35.

Los solicitantes de autorizaciones relativas a alimentos y piensos modificados genéticamente contribuirán a sufragar los costes de las tareas del laboratorio comunitario de referencia y de la red europea de laboratorios OMG a que se refiere el anexo.

Las contribuciones de los solicitantes no serán superiores a los costes efectuados para validar los métodos de detección.

Las normas de desarrollo del presente artículo y del anexo se adoptarán con arreglo al procedimiento de reglamentación contemplado en el artículo 35, apartado 2.

Cualquier medida destinada a modificar elementos no esenciales del presente Reglamento, y que adapte el anexo se adoptará con arreglo al procedimiento de reglamentación con control contemplado en el artículo 35, apartado 3.

Artículo 33.- *Consulta al Grupo europeo de ética de la ciencia y de las nuevas tecnologías*

1. La Comisión, por propia iniciativa o a petición de un Estado miembro, podrá consultar al Grupo europeo de ética de la ciencia y de las nuevas tecnologías o a cualquier otro organismo apropiado que establezca, a fin de recabar su dictamen con respecto a cuestiones éticas.

2. La Comisión hará que estos dictámenes sean accesibles al público.

Artículo 34.- *Medidas de emergencia*

Cuando sea evidente que productos autorizados por el presente Reglamento o de acuerdo con lo dispuesto en él pueden constituir un riesgo grave para la salud humana, la sanidad animal o el medio ambiente, o cuando, a la luz de un dictamen de la Autoridad formulado de conformidad con los artículos 10 y 22, resulte necesario suspender o modificar urgentemente una autorización, se tomarán medidas con arreglo a los procedimientos previstos en los artículos 53 y 54 del Reglamento (CE) nº 178/2002.

Artículo 35.- *Comité*

1. La Comisión estará asistida por el Comité permanente de la cadena alimentaria y de sanidad animal creado por el artículo 58 del Reglamento (CE) nº 178/2002, denominado en lo sucesivo el Comité.

2. En los casos en que se haga referencia al presente apartado, serán de aplicación los artículos 5 y 7 de la Decisión 1999/468/CE, observando lo dispuesto en su artículo 8.

El plazo contemplado en el apartado 6 del artículo 5 de la Decisión 1999/468/CE queda fijado en tres meses.

3. En los casos en que se haga referencia al presente apartado, serán de aplicación el artículo 5 bis, apartados 1 a 4, y el artículo 7 de la Decisión 1999/468/CE, observando lo dispuesto en su artículo 8.

Artículo 36.- *Revisión administrativa*

Las decisiones tomadas o la falta de actuación de la Autoridad en virtud de las competencias que le confiere el presente Reglamento podrán ser objeto de una revisión administrativa por parte de la Comisión, a iniciativa propia o a petición de un Estado miembro o de cualquier persona directa e individualmente afectada.

A tal fin se presentará una solicitud a la Comisión en un plazo de dos meses a partir de la fecha en que la parte afectada tenga conocimiento de la acción u omisión de que se trate.

La Comisión adoptará una decisión en el plazo de dos meses exigiendo, si procede, a la Autoridad que retire su decisión, o que remedie su falta de actuación.

Artículo 37.- *Derogaciones*

Quedarán derogados los siguientes Reglamentos con efectos a partir de la fecha de aplicación del presente Reglamento:

— Reglamento (CE) nº 1139/98,

— Reglamento (CE) nº 49/2000,

— Reglamento (CE) nº 50/2000.

Artículo 38.- *Modificaciones del Reglamento (CE) nº 258/97*

Con efectos a partir de la fecha de aplicación del presente Reglamento, el Reglamento (CE) nº 258/97 queda modificado como sigue:

1) Se suprimen las siguientes disposiciones:

— las letras a) y b) del apartado 2 del artículo 1,

— el segundo párrafo del apartado 2 del artículo 3 y el apartado 3 del artículo 3,

— la letra d) del apartado 1 del artículo 8,

— el artículo 9.

2) La primera frase del apartado 4 del artículo 3 se sustituye por el texto siguiente:

«4. No obstante lo dispuesto en el apartado 2, el procedimiento contemplado en el artículo 5 se aplicará a los alimentos o ingredientes alimentarios mencionados en las letras d) y e) del apartado 2 del artículo 1 que, a tenor de los datos científicos disponibles y reconocidos de forma general o de un dictamen emitido por uno de los organismos competentes contemplados en el apartado 3 del artículo 4, sean sustancialmente equivalentes a alimentos o a ingredientes alimentarios existentes en lo que se refiere a su composición, valor nutricional, metabolismo, uso al que están destinados y a su contenido de sustancias indeseables.».

Artículo 39.- *Modificación de la Directiva 82/471/CEE*

Con efectos a partir de la fecha de aplicación del presente Reglamento, en el artículo 1 de la Directiva 82/471/CEE se añade el apartado 3 siguiente:

«3. La presente Directiva no se aplicará a los productos que actúen directa o indirectamente como fuentes proteínicas que entren en el ámbito de aplicación del Reglamento (CE) nº 1829/2003 del Parlamento Europeo y del Consejo, de 22 de septiembre de 2003, sobre alimentos y piensos modificados genéticamente..»

Artículo 40.- *Modificaciones de la Directiva 2002/53/CE*

Con efectos a partir de la fecha de aplicación del presente Reglamento, la Directiva 2002/53/CE queda modificada como sigue:

1) El apartado 5 del artículo 4 se sustituye por el texto siguiente:

«5. Además, si un material derivado de una variedad de planta va a ser utilizado en un alimento que entre en el ámbito de aplicación del artículo 3 del Reglamento (CE) no1829/2003 del Parlamento Europeo y del Consejo, de 22 de septiembre de 2003, sobre alimentos y piensos modificados genéticamente, o en un pienso que entre en el ámbito de aplicación del artículo 15 de dicho Reglamento, sólo se aceptará esa variedad de planta si ha sido aprobada de conformidad con el Reglamento citado.».

2) El apartado 5 del artículo 7 se sustituye por el texto siguiente:

«5. Los Estados miembros se asegurarán de que la variedad que vaya a utilizarse en alimentos o en piensos definidos en los artículos 2 y 3 del Reglamento (CE) no178/2002 del Parlamento Europeo y del Consejo, de 28 de enero de 2002, por el que se establecen los principios y los requisitos generales de la legislación alimentaria, se crea la Autoridad Europea de Seguridad Alimentaria y se fijan procedimientos relativos a la seguridad alimentaria, sólo se acepte si ha sido autorizada con arreglo a la legislación pertinente.».

Artículo 41.- *Modificaciones de la Directiva 2002/55/CE*

Con efectos a partir de la fecha de aplicación del presente Reglamento, la Directiva 2002/55/CE queda modificada como sigue:

1) El apartado 3 del artículo 4 se sustituye por el texto siguiente:

«3. Además, si un material derivado de una variedad de planta va a ser utilizado en un alimento que entre en el ámbito de aplicación del artículo 3 del Reglamento (CE) no1829/2003 del Parlamento Europeo y del Consejo, de 22 de septiembre de 2003, sobre alimentos y piensos modificados genéticamente, o en un pienso que entre en el ámbito de aplicación del artículo 15 de dicho Reglamento, sólo se aceptará esa variedad de planta si ha sido aprobada de conformidad con el Reglamento citado.».

2) El apartado 5 del artículo 7 se sustituye por el texto siguiente:

«5. Los Estados miembros se asegurarán de que la variedad que vaya a utilizarse en alimentos o piensos definidos en los artículos 2 y 3 del Reglamento (CE) nº 178/2002 del Parlamento Europeo y del Consejo, de 28 de enero de 2002, por el que se establecen los principios y los requisitos generales de la legislación alimentaria, se crea la Autoridad Europea de Seguridad Alimentaria y se fijan procedimientos relativos a la seguridad alimentaria, sólo se acepte si ha sido autorizada con arreglo a la legislación pertinente.».

Artículo 42.- *Modificación de la Directiva 68/193/CEE*

Con efectos a partir de la fecha de aplicación del presente Reglamento, el apartado 3 del artículo 5 terbis de la Directiva 68/193/CEE se sustituye por el texto siguiente:

«3.

a) Cuando vayan a utilizarse productos derivados de materiales de multiplicación de la vid como alimentos o ingredientes de éstos incluidos en el ámbito de aplicación del artículo 3 del Reglamento (CE) nº 1829/2003 del Parlamento Europeo y del Consejo, de 22 de septiembre de 2003, sobre alimentos y piensos modificados genéticamente, o como piensos o ingredientes de éstos incluidos en el ámbito de aplicación del artículo 15 de dicho Reglamento, la variedad de vid de que se trate se admitirá únicamente si ha sido autorizada de conformidad con el Reglamento citado.

b) Los Estados miembros velarán por que las variedades de vid de cuyos materiales de multiplicación se hayan derivado productos que vayan a utilizarse en alimentos y en piensos con arreglo a los artículos 2 y 3 del Reglamento (CE) nº 178/2002 del Parlamento Europeo y del Consejo, de 28 de enero de 2002, por el que se establecen los principios y los requisitos generales de la legislación alimentaria, se crea la Autoridad Europea de Seguridad Alimentaria y se fijan procedimientos relativos a la seguridad alimentaria, sólo se acepten si han sido autorizadas con arreglo a la legislación pertinente.»

Artículo 43.- *Modificaciones de la Directiva 2001/18/CE*

Con efectos a partir de la fecha de entrada en vigor del presente Reglamento, la Directiva 2001/18/CE queda modificada como sigue:

1) Se inserta el artículo 12 bis siguiente:

«Artículo 12 bis.- Medidas transitorias aplicables a la presencia accidental o técnicamente inevitable de organismos modificados genéticamente cuya evaluación de riesgo haya sido favorable

1. La comercialización de trazas de OMG o de combinaciones de OMG en productos destinados a un uso directo como alimentos o piensos o a una ulterior transformación quedarán exceptuados de la aplicación de los artículos 13 a 21, siempre que cumplan las condiciones previstas en el artículo 47 del Reglamento (CE) nº 1829/2003 del Parlamento Europeo y del Consejo, de 22 de septiembre de 2003, sobre alimentos y piensos modificados genéticamente.

2. El presente artículo se aplicará durante un periodo de tres años tras la fecha de aplicación del Reglamento (CE) nº 1829/2003.».

2) Se inserta el artículo 26 bis siguiente:

«Artículo 26 bis.- Medidas para impedir la presencia accidental de OMG

1. Los Estados miembros podrán adoptar las medidas adecuadas para impedir la presencia accidental de OMG en otros productos.

2. La Comisión recogerá y coordinará la información basada en estudios a escala comunitaria y nacional, observará la evolución relativa a la coexistencia de cultivos en los Estados miembros, y, sobre la base de dicha información y observación, elaborará orientaciones sobre la coexistencia de cultivos modificados genéticamente, cultivos convencionales y cultivos biológicos.».

Artículo 44.- *Información que ha de proporcionarse de acuerdo con el Protocolo de Cartagena*

1. La Comisión notificará a las Partes en el Protocolo de Cartagena, conforme al apartado 1 del artículo 11 o al apartado 1 del artículo 12 de dicho Protocolo, a través del Centro de Intercambio de Información sobre Seguridad de la Biotecnología, toda autorización, renovación, modificación, suspensión o revocación de la autorización de un OMG, alimento o pienso contemplados en las letras a) o b) del apartado 1 del artículo 3 y en las letras a) o b) del apartado 1 del artículo 15.

La Comisión proporcionará por escrito una copia de la información al centro focal nacional de cada Parte que haya comunicado previamente a la Secretaría que no tiene acceso al Centro de Intercambio de Información sobre Seguridad de la Biotecnología.

2. Asimismo, la Comisión tramitará las solicitudes de información adicional que haga cualquier Parte conforme al apartado 3 del artículo 11 del citado Protocolo, y proporcionará copias de las leyes, las reglamentaciones y las directrices conforme al apartado 5 del artículo 11 de dicho Protocolo.

Artículo 45.- *Sanciones*

Los Estados miembros establecerán el régimen de sanciones aplicable al incumplimiento de lo dispuesto por el presente Reglamento y adoptarán todas las medidas necesarias para asegurar su aplicación. Las sanciones fijadas deberán ser eficaces, proporcionadas y disuasorias. Los Estados miembros notificarán esas normas a la Comisión a más tardar a los seis meses de la entrada en vigor del presente Reglamento, y le comunicarán de inmediato cualquier modificación posterior.

Artículo 46.- *Medidas transitorias aplicables a las solicitudes, el etiquetado y las notificaciones*

1. Las solicitudes presentadas en virtud del artículo 4 del Reglamento (CE) nº 258/97 antes de la fecha de aplicación del presente Reglamento se convertirán en solicitudes conforme a la sección 1 del capítulo II de éste último si aún no se ha enviado a la Comisión el informe de evaluación inicial previsto por el apartado 3 del artículo 6 del citado Reglamento (CE) nº 258/97, así como en todos los casos en los que se requiera un informe de evaluación complementaria conforme a los apartados 3 o 4 de su artículo 6. Las demás solicitudes presentadas en virtud del artículo 4 del Reglamento (CE) nº 258/97 antes de la fecha de aplicación del presente Reglamento se tramitarán de conformidad con el Reglamento (CE) nº 258/97, sin perjuicio de lo dispuesto en el artículo 38 del presente Reglamento.

2. Los requisitos de etiquetado establecidos en el presente Reglamento no se aplicarán a los productos cuyo proceso de fabricación haya comenzado con anterioridad a la fecha de aplicación del presente Reglamento, siempre que dichos productos hayan sido etiquetados con arreglo a la legislación aplicable con anterioridad a la fecha de aplicación del presente Reglamento.

3. Las notificaciones relativas a productos que pueden utilizarse también como piensos presentadas en virtud del artículo 13 de la Directiva 2001/18/CE antes de la fecha de aplicación del presente Reglamento se convertirán en solicitudes conforme a la sección 1 del capítulo III de este último si aún no se ha enviado a la Comisión el informe de evaluación previsto por el artículo 14 de la citada Directiva.

4. Las solicitudes relativas a productos contemplados en la letra c) del apartado 1 del artículo 15 del presente Reglamento presentadas en virtud del artículo 7 de la Directiva 82/471/CEE antes de la fecha de aplicación del presente Reglamento se convertirán en solicitudes conforme a la sección 1 del capítulo III de este último.

5. Las solicitudes relativas a productos contemplados en el apartado 1 del artículo 15 del presente Reglamento presentadas en virtud del artículo 4 de la Directiva 70/524/CEE antes de la fecha de aplicación del presente Reglamento se complementarán con solicitudes conforme a la sección 1 del capítulo III de este último.

Artículo 47.- *Medidas transitorias aplicables a la presencia accidental o técnicamente inevitable de material modificado genéticamente cuya evaluación de riesgo haya sido favorable*

1. La presencia en un alimento o en un pienso de material que contenga o esté compuesto por OMG o haya sido producido a partir de estos organismos, en una proporción que no supere el 0,5 %, no se considerará como una infracción de lo dispuesto en el apartado 2 del artículo 4 o en el apartado 2 del artículo 16, a condición de que:

a) esa presencia sea accidental o técnicamente inevitable;

b) el material modificado genéticamente haya recibido el dictamen favorable del comité o comités científicos de la Comunidad o de la Autoridad antes de la fecha de aplicación del presente Reglamento;

c) no se haya denegado la solicitud de autorización del mismo en virtud de la legislación comunitaria pertinente, y

d) los métodos de detección estén a disposición del público.

2. Para determinar que la presencia de ese material es accidental o técnicamente inevitable, los operadores deberán poder demostrar a las autoridades competentes que han adoptado las medidas apropiadas para evitar su presencia.

3. Las medidas, destinadas a modificar elementos no esenciales del presente Reglamento, completándolo, y que rebajen los umbrales contemplados en el apartado 1, en particular en el caso de los OMG vendidos directamente al consumidor final, se adoptarán con arreglo al procedimiento de reglamentación con control contemplado en el artículo 35, apartado 3.

4. Las normas de desarrollo del presente artículo se adoptarán de conformidad con el procedimiento mencionado en el apartado 2 del artículo 35.

5. El presente artículo será aplicable durante un período de tres años tras la fecha de aplicación del presente Reglamento.

Artículo 48.- *Revisión*

1. A más tardar el 7 de noviembre de 2005, y a la luz de la experiencia adquirida, la Comisión presentará al Parlamento Europeo y al Consejo un informe sobre la aplicación del presente Reglamento, y en particular de su artículo 47, acompañado, si procede, de las propuestas adecuadas. El informe y cualquier posible propuesta serán accesibles al público.

2. Sin perjuicio de las competencias de las autoridades nacionales, la Comisión vigilará la aplicación del presente Reglamento y sus repercusiones para la salud humana, la sanidad animal, la protección e información de los consumidores y el funcionamiento del mercado interior, y si es necesario presentará propuestas lo antes posible.

Artículo 49.- *Entrada en vigor*

El presente Reglamento entrará en vigor a los veinte días de su publicación en el Diario Oficial de la Unión Europea.

Será aplicable seis meses después de la fecha de su publicación.

El presente Reglamento será obligatorio en todos sus elementos y directamente aplicable en cada Estado miembro.

ANEXO

Competencias y tareas del laboratorio comunitario de referencia

1. El laboratorio comunitario de referencia al que se refiere el artículo 32 es el Centro Común de Investigación de la Comisión.

2. En las obligaciones y tareas que se enumeran en este anexo, el laboratorio comunitario de referencia estará asistido por los laboratorios nacionales de referencia contemplados en el artículo 32, que, en consecuencia, se considerarán miembros del consorcio denominado «Red europea de laboratorios OMG».

3. El laboratorio comunitario de referencia será responsable, en particular, de:

a) recibir, preparar, almacenar, conservar y distribuir a los laboratorios de la Red europea de laboratorios OMG las muestras de control positivas y negativas adecuadas siempre que, en su caso, estos garanticen el respeto del carácter confidencial de los datos recibidos;

b) sin perjuicio de las responsabilidades del laboratorio comunitario de referencia que contempla el artículo 32 del Reglamento (CE) nº 882/2004 del Parlamento Europeo y del Consejo, distribuir a los laboratorios nacionales de referencia, en el sentido del artículo 33 del mencionado Reglamento, las muestras de control positivas y negativas adecuadas, siempre que, en su caso, éstos garanticen el respeto del carácter confidencial de los datos recibidos;

c) evaluar los datos proporcionados por el solicitante de la autorización de comercialización del alimento o el pienso, con el fin de probar y validar el método de muestreo y detección;

d) probar y validar el método de detección, incluidos el muestreo y la identificación de la operación de transformación, y, si procede, la detección e identificación de la operación de transformación en el alimento o pienso;

e) presentar a la Autoridad informes de evaluación completos.

4. El laboratorio comunitario de referencia intervendrá para resolver las controversias relacionadas con los resultados de las tareas establecidas en el presente anexo, sin perjuicio de las responsabilidades del laboratorio comunitario de referencia establecidas en el artículo 32 del Reglamento (CE) nº 882/2004.

22 de septiembre de 2003.-Reglamento (CE) nº 1830/2003
del Parlamento Europeo y del Consejo,
relativo a la trazabilidad y al etiquetado de organismos modificados genéticamente y a la trazabilidad de los alimentos y piensos producidos a partir de éstos,
y por el que se modifica la Directiva 2001/18/CE
(D.O. L 268, 18 de octubre de 2003)

[VC 11/12/2008]

EL PARLAMENTO EUROPEO Y EL CONSEJO DE LA UNIÓN EUROPEA,

Visto el Tratado constitutivo de la Comunidad Europea, y en particular el apartado 1 de su artículo 95,

Vista la propuesta de la Comisión,

Visto el dictamen del Comité Económico y Social Europeo,

Visto el dictamen del Comité de las Regiones,

De conformidad con el procedimiento establecido en el artículo 251 del Tratado,

Considerando lo siguiente:

(1) La Directiva 2001/18/CE del Parlamento Europeo y del Consejo, de 12 de marzo de 2001, sobre la liberación intencional en el medio ambiente de organismos modificados genéticamente, establece que los Estados miembros deben tomar las medidas necesarias para garantizar la trazabilidad y el etiquetado de los organismos modificados genéticamente (OMG) autorizados, en todas las fases de su comercialización.

(2) Las divergencias existentes entre las disposiciones legales, reglamentarias y administrativas nacionales sobre trazabilidad y etiquetado de los productos que contienen o están compuestos por OMG y sobre trazabilidad de los alimentos y piensos producidos a partir de OMG pueden constituir un obstáculo al libre movimiento de éstos y crear unas condiciones de competencia desiguales y poco equitativas. Un marco comunitario armonizado que regule la trazabilidad y el etiquetado de OMG debe contribuir al buen funcionamiento del mercado interior. Procede, pues, modificar en consecuencia la Directiva 2001/18/CE.

(3) Los requisitos de trazabilidad de los OMG deben facilitar, por una parte, la retirada de productos si se produjeran efectos adversos imprevistos sobre la salud humana, la sanidad animal o el medio ambiente, incluidos los ecosistemas, y, por otra, el seguimiento selectivo de los posibles efectos sobre el medio ambiente en particular. La trazabilidad debe también facilitar la aplicación de las medidas de gestión del riesgo, de conformidad con el principio de cautela.

(4) Deben establecerse requisitos de trazabilidad aplicables a los alimentos y piensos producidos a partir de OMG, a fin de facilitar el etiquetado preciso de estos productos con arreglo a los requisitos establecidos en el Reglamento (CE) n° 1829/2003 del Parlamento Europeo y del Consejo, de 22 de septiembre de 2003, sobre alimentos y piensos modificados genéticamente, de modo que se garantice que los operadores y los consumidores disponen de información correcta que les permita ejercer su libertad de elección de forma efectiva y se pueda controlar y comprobar lo indicado en la etiqueta. Dichos requisitos deben ser similares, a fin de evitar que se interrumpa el flujo de información cuando se produzcan cambios en la utilización final.

(5) La transmisión y conservación de la información que indique que un producto es un OMG o contiene OMG y de los códigos exclusivos correspondientes a los OMG en cada fase de su comercialización constituyen la base de un sistema adecuado de trazabilidad y etiquetado de los OMG. Los códigos pueden emplearse para acceder a la información específica sobre los OMG recogida en un registro y para facilitar su identificación, detección y seguimiento con arreglo a lo dispuesto en la Directiva 2001/18/CE.

(6) La transmisión y conservación de la información que indique que un alimento o un pienso ha sido producido a partir de OMG también constituye la base de un sistema adecuado de trazabilidad de dichos productos.

(7) La legislación comunitaria relativa a OMG que sean piensos o estén incorporados en piensos debe ser asimismo de aplicación a los piensos para animales no destinados a la producción de alimentos.

(8) Deben elaborarse directrices sobre muestreos y detección a fin de favorecer un planteamiento coordinado de control e inspección, y con objeto de proporcionar certidumbre jurídica a los operadores. Se deben tener en cuenta los registros que

contengan información de las modificaciones genéticas de los OMG, establecidos por la Comisión de conformidad con el apartado 2 del artículo 31 de la Directiva 2001/18/CE y con el artículo 29 del Reglamento (CE) n° 1829/2003.

(9) Los Estados miembros deben establecer normas sobre las sanciones aplicables en caso de infracción de las disposiciones del presente Reglamento.

(10) Dado que la presencia de determinadas trazas de OMG en los productos puede ser accidental o técnicamente inevitable, dicha presencia de OMG no debe comportar requisitos de trazabilidad y etiquetado. Resulta por tanto necesario fijar umbrales para la presencia accidental o técnicamente inevitable de material consistente en OMG, que los contenga o esté producido a partir de los mismos, tanto cuando la comercialización de dichos OMG esté autorizada en la Comunidad, como cuando su presencia accidental o técnicamente inevitable sea tolerada en virtud del artículo 47 del Reglamento (CE) n° 1829/2003. También conviene especificar que, cuando el nivel combinado de presencia accidental o técnicamente inevitable del citado material en un alimento o pienso o en uno de sus componentes supera los umbrales de etiquetado mencionados, dicha presencia se indique con arreglo a lo dispuesto en el presente Reglamento y se adopten disposiciones detalladas para su aplicación.

(11) Es necesario garantizar una información completa y fiable a los consumidores en relación con los OMG y los productos, alimentos y piensos producidos a partir de éstos, con objeto de que puedan seleccionar un producto habiendo sido previamente informados.

(12) Las medidas necesarias para la ejecución del presente Reglamento deben aprobarse con arreglo a la Decisión 1999/468/CE del Consejo, de 28 de junio de 1999, por la que se establecen los procedimientos para el ejercicio de las competencias de ejecución atribuidas a la Comisión.

(13) Antes de que las medidas sobre trazabilidad y etiquetado puedan aplicarse, deben establecerse sistemas de desarrollo y asignación de identificadores únicos de OMG.

(14) La Comisión debe presentar al Parlamento Europeo y al Consejo un informe sobre la ejecución del presente Reglamento, en particular en lo que se refiere a la eficacia de las normas sobre trazabilidad y etiquetado.

(15) El presente Reglamento respeta los derechos fundamentales y observa los principios reconocidos, en particular, por la Carta de los Derechos Fundamentales de la Unión Europea.

HAN ADOPTADO EL PRESENTE REGLAMENTO:

Artículo 1.- *Objetivos*

El presente Reglamento establece un marco para regular la trazabilidad de productos que contienen o están compuestos por organismos modificados genéticamente (OMG), y de los alimentos y piensos producidos a partir de OMG, con el fin de facilitar el etiquetado preciso, el seguimiento de los efectos en el medio ambiente y, cuando proceda, sobre la salud, y la aplicación de las medidas de gestión de riesgo adecuadas, incluida, en caso necesario, la retirada de los productos.

Artículo 2.- *Ámbito de aplicación*

1. El presente Reglamento se aplicará, en todas las fases de su comercialización, a:

a) los productos que contienen o están compuestos por OMG, comercializados con arreglo a la legislación comunitaria;

b) los alimentos producidos a partir de OMG, comercializados con arreglo a la legislación comunitaria;

c) los piensos producidos a partir de OMG, comercializados con arreglo a la legislación comunitaria.

2. El presente Reglamento no se aplicará a los medicamentos de uso humano o veterinario, autorizados en virtud del Reglamento (CEE) n° 2309/93.

Artículo 3.- *Definiciones*

A efectos del presente Reglamento, se entenderá por:

1) *organismo modificado genéticamente* u *OMG*, un organismo modificado genéticamente tal como se define en el punto 2 del artículo 2 de la Directiva 2001/18/CE, con exclusión de los organismos obtenidos mediante las técnicas de modificación genética enumeradas en el anexo I B de la Directiva 2001/18/CE;

2) *producido a partir de OMG*, el obtenido total o parcialmente de OMG, pero sin contener o estar compuesto por OMG;

3) *trazabilidad*, la capacidad de seguir la traza de los OMG y los productos producidos a partir de OMG a lo largo de las cadenas de producción y distribución en todas las fases de su comercialización;

4) *identificador único*, código numérico o alfanumérico sencillo cuyo objeto es identificar cada OMG conforme a la transformación genética autorizada de la que procede y facilitar que se recabe información específica del OMG;

5) *operador*, toda persona física o jurídica que comercialice un producto o reciba un producto comercializado en la Comunidad, tanto de un Estado miembro como de un tercer país, en cualquier fase de su producción o distribución, exceptuado el consumidor final;

6) *consumidor final*, el último consumidor que no vaya a utilizar el producto como parte de una operación o actividad comercial;

7) *alimento*, un alimento a tenor de la definición del artículo 2 del Reglamento (CE) n° 178/2002;

8) *ingrediente*, un ingrediente en el sentido del apartado 4 del artículo 6 de la Directiva 2000/13/CE

9) *pienso*, un pienso tal como se define en el punto 4 del artículo 3 del Reglamento (CE) n° 178/2002;

10) *comercialización*, la comercialización tal como se define en la legislación comunitaria específica con arreglo a la cual se haya autorizado el producto correspondiente; en otros casos, tal como se define en el punto 4 del artículo 2 de la Directiva 2001/18/CE;

11) *primera fase de la comercialización de un producto*, transacción inicial en las cadenas de producción y distribución, en la que el producto se pone a disposición de un tercero;

12) *producto preenvasado*, condición de un artículo unitario para la venta, integrado por un producto y el envase en el que haya sido colocado antes de ponerlo en venta y que lo cubra de forma total o parcial, siempre que el contenido no pueda modificarse sin abrir o alterar el envase.

Artículo 4.- *Requisitos de trazabilidad y etiquetado de los productos que contienen o están compuestos por OMG*

A. TRAZABILIDAD

1. En la primera fase de la comercialización de un producto que contiene o está compuesto por OMG, incluso si se comercializa a granel, los operadores velarán por que se transmita por escrito al operador que reciba el producto la información siguiente:

a) la mención de que el producto contiene o está compuesto por OMG;

b) el identificador o identificadores únicos, asignados a dichos OMG con arreglo al artículo 8.

2. En todas las fases posteriores de la comercialización de los productos a que se refiere el apartado 1, los operadores velarán por que se transmita por escrito a los operadores que reciban los productos la información que hayan recibido en virtud de dicho apartado.

3. En el caso de los productos que estén compuestos por mezclas de OMG o las contengan, destinados a utilizarse única y directamente como alimentos o piensos, o a ser procesados, la información recogida en la letra b) del apartado 1 podrá sustituirse por una declaración de uso del operador, junto con una lista de los identificadores únicos de todos los OMG que hayan sido utilizados para constituir la mezcla.

4. Sin perjuicio de lo dispuesto en el artículo 6, los operadores dispondrán de sistemas y procedimientos estandarizados que les permitan conservar la información especificada en los apartados 1, 2 y 3 y saber, durante los cinco años posteriores a cada transacción, de qué operador proceden y a qué operador han sido suministrados los productos a que se refiere el apartado 1.

5. Los apartados 1 a 4 se entenderán sin perjuicio de otros requisitos particulares contemplados en la legislación comunitaria.

B. ETIQUETADO

6. En el caso de los productos que contienen o están compuestos por OMG, los operadores garantizarán que:

a) para los productos preenvasados que contienen o están compuestos por OMG, en la etiqueta constará la indicación "Este producto contiene organismos modificados genéticamente", o bien "Este producto contiene [nombre del o de los organismos] modificado[s] genéticamente";

b) para los productos no preenvasados ofrecidos al consumidor final, la indicación "Este producto contiene organismos modificados genéticamente" o "Este producto contiene [nombre del o de los organismos], modificado[s] genéticamente" constará en la presentación del producto o en los elementos asociados a dicha presentación.

Este apartado se entenderá sin perjuicio de otros requisitos particulares contemplados en la legislación comunitaria.

C. EXENCIONES

7. Los apartados 1 a 6 no se aplicarán a las trazas de OMG en productos que estén presentes en una proporción no superior a los umbrales fijados de conformidad con los apartados 2 y 3 del artículo 21 de la Directiva 2001/18/CE, y en otras normas específicas comunitarias, a condición de que la presencia de estas trazas de OMG sea accidental o técnicamente inevitable.

8. Los apartados 1 a 6 no se aplicarán a las trazas de OMG en productos destinados al uso directo como alimentos o piensos o para la transformación, que estén presentes en una proporción no superior a los umbrales fijados para dichos OMG de conformidad con lo dispuesto en los artículos 12, 24 o 47 del Reglamento (CE) n° 1829/2003, siempre y cuando dichas trazas de OMG sean accidentales o técnicamente inevitables.

Artículo 5.- *Requisitos de trazabilidad de los productos destinados a alimentos o piensos producidos a partir de OMG*

1. Cuando un operador comercialice un producto producido a partir de OMG, deberá velar por que se transmita por escrito al operador que reciba el producto la información siguiente:

a) la indicación de cada ingrediente alimenticio producido a partir de OMG;

b) la indicación de cada materia prima o aditivo para la fabricación de pienso producidos a partir de OMG;

c) cuando se trate de productos para los que no exista lista de ingredientes, la mención de que el producto está producido a partir de OMG.

2. Sin perjuicio de lo dispuesto en el artículo 6, los operadores dispondrán de sistemas y procedimientos estandarizados que les permitan conservar la información especificada en el apartado 1 y saber, durante los cinco años posteriores a cada transacción, de qué operador proceden y a qué operador han sido suministrados los productos a que se refiere el apartado 1.

3. Los apartados 1 y 2 se entenderán sin perjuicio de otros requisitos particulares contemplados en la legislación comunitaria.

4. Los apartados 1, 2 y 3 no serán aplicables a las trazas de OMG en productos destinados a alimentos y piensos producidos a partir de OMG, que estén presentes en una proporción no superior a los umbrales establecidos para dichos OMG de conformidad con los artículos 12, 24 o 47 del Reglamento (CE) n° 1829/2003, a condición de que la presencia de estas trazas de OMG sea accidental o técnicamente inevitable.

Artículo 6.- *Exenciones*

1. En los casos en que la legislación comunitaria establezca sistemas particulares de identificación, como la numeración por lotes de los productos preenvasados, los operadores no tendrán obligación de conservar la información mencionada en los apartados 1, 2 y 3 del artículo 4 y en el apartado 1 del artículo 5, siempre y cuando dicha información y el número de lote figuren claramente en el envase y la información sobre dicha numeración se conserve durante el plazo contemplado en el apartado 4 del artículo 4 y en el apartado 2 del artículo 5.

2. El apartado 1 no se aplicará a la primera fase de comercialización de un producto ni a su fabricación primaria o reenvasado.

Artículo 7.- *Modificación de la Directiva 2001/18/CE*

La Directiva 2001/18/CE se modifica de la siguiente manera:

1) Se suprime el apartado 6 del artículo 4.

2) Se añade el siguiente apartado al artículo 21:

"3. Para los productos destinados a la transformación directa, no se aplicará lo dispuesto en el apartado 1 a las trazas de OMG autorizados que estén presentes en una proporción no superior al 0,9 % o a umbrales más bajos establecidos de conformidad con el apartado 2 del artículo 30, a condición de que la presencia de estas trazas de OMG sea accidental o técnicamente inevitable.".

Artículo 8.- *Identificadores únicos*

La Comisión:

a) creará, con anterioridad a la aplicación de los artículos 1 a 7, un sistema de desarrollo y asignación de identificadores únicos de OMG;

b) adaptará, según corresponda, el sistema contemplado en la letra a).

Las medidas previstas en el párrafo primero, destinadas modificar elementos no esenciales del presente Reglamento completándolo, se adoptarán con arreglo al procedimiento de reglamentación con control contemplado en el artículo 10, apartado 2. Al hacerlo se tendrá en cuenta la evolución registrada en los foros internacionales.

Artículo 9.- *Medidas de inspección y control*

1. Los Estados miembros velarán por que se adopten medidas de inspección y, si procede, otras medidas de control incluidas inspecciones por muestreo y análisis (cualitativos y cuantitativos) para garantizar el cumplimiento de lo dispuesto en el presente Reglamento. Las medidas de inspección y de control podrán abarcar también la inspección y el control de la posesión de un producto.

2. Con objeto de favorecer la aplicación coordinada de lo dispuesto en el apartado 1 del presente artículo, la Comisión, con anterioridad a la aplicación de los artículos 1 a 7 y con arreglo al procedimiento mencionado en el apartado 3 del artículo 10, elaborará y publicará directrices técnicas sobre muestreos y análisis. En la elaboración de las directrices técnicas en cuestión, la Comisión tendrá en cuenta los trabajos de las autoridades nacionales competentes, del Comité contemplado en el apartado 1 del artículo 58 del Reglamento (CE) n° 178/2002, así como del laboratorio comunitario de referencia creado en virtud del Reglamento (CE) n° 1829/2003.

3. Para ayudar a los Estados miembros en el cumplimiento de sus obligaciones en virtud de los apartados 1 y 2, la Comisión velará por que, a escala comunitaria, se cree un registro central en el que figuren todas las informaciones disponibles relativas a la secuenciación, así como el material de referencia relativo a los OMG que se pueden comercializar en la Comunidad. Las autoridades competentes de los Estados miembros tendrán acceso a dicho registro. El registro contendrá también, en la medida en que esté disponible, información relativa a los OMG que no estén autorizados en la Comunidad.

Artículo 10.- *Comité*

1. La Comisión estará asistida por el Comité creado por el artículo 30 de la Directiva 2001/18/CE.

2. En los casos en que se haga referencia al presente apartado, serán de aplicación el artículo 5 bis, apartados 1 a 4, y el artículo 7 de la Decisión 1999/468/CE, observando lo dispuesto en su artículo 8.

3. En los casos en que se haga referencia al presente apartado, serán de aplicación los artículos 3 y 7 de la Decisión 1999/468/CE, observando lo dispuesto en su artículo 8.

4. *[...]*

Artículo 11.- *Sanciones*

Los Estados miembros determinarán el régimen de sanciones aplicable a las infracciones del presente Reglamento, y adoptarán todas las medidas necesarias para garantizar su aplicación. Estas sanciones deberán ser efectivas, proporcionadas y disuasorias. Los Estados miembros notificarán estas disposiciones a la Comisión a más tardar el 18 de abril de 2004, así como, con la mayor brevedad, toda modificación ulterior.

Artículo 12.- *Cláusula de revisión*

A más tardar el 18 de octubre de 2005, la Comisión presentará al Parlamento Europeo y al Consejo un informe sobre la aplicación del presente Reglamento, en particular en relación con el apartado 3 de su artículo 4, y presentará en su caso una propuesta.

Artículo 13.- *Entrada en vigor*

1. El presente Reglamento entrará en vigor a los veinte días de su publicación en el Diario Oficial de la Unión Europea.

2. Los artículos 1 a 7 y el apartado 1 del artículo 9 serán aplicables a los 90 días de la fecha de publicación en el Diario Oficial de la Unión Europea de la medida contemplada en la letra a) del artículo 8.

El presente Reglamento será obligatorio en todos sus elementos y directamente aplicable en cada Estado miembro.

15 de julio de 2003.- Reglamento (CE) nº 1946/2003

del Parlamento Europeo y del Consejo,

relativo al movimiento transfronterizo de organismos modificados genéticamente

(D.O. L 287, 5 de noviembre de 2003)

EL PARLAMENTO EUROPEO Y EL CONSEJO DE LA UNIÓN EUROPEA,

Visto el Tratado constitutivo de la Comunidad Europea, y en particular el apartado 1 de su artículo 175,

Vista la propuesta de la Comisión,

Visto el dictamen del Comité Económico y Social Europeo,

Visto el dictamen del Comité de las Regiones,

De conformidad con el procedimiento establecido en el artículo 251 del Tratado,

Considerando lo siguiente:

(1) La Comunidad y sus Estados miembros firmaron en 2000 el Protocolo de Cartagena sobre Seguridad de la Biotecnología del Convenio sobre la Diversidad Biológica (denominado en lo sucesivo el Protocolo), y la Decisión 2002/628/CE relativa a la celebración del Protocolo, en nombre de la Comunidad, fue adoptada el 25 de junio de 2002.

(2) El Protocolo establece en su artículo 1 que, de conformidad con el enfoque de precaución que figura en el Principio 15 de la Declaración de Río sobre el Medio ambiente y el Desarrollo, el objetivo del Protocolo es contribuir a garantizar un nivel adecuado de protección en la esfera de la transferencia, manipulación y utilización seguras de los organismos modificados genéticamente (OMG) resultantes de la biotecnología moderna que puedan tener efectos adversos para la conservación y la utilización sostenible de la diversidad biológica, teniendo también en cuenta los riesgos para la salud humana, y centrándose concretamente en los movimientos transfronterizos.

(3) El Protocolo exige a cada una de las Partes que adopte las medidas legales, administrativas y de otro tipo necesarias y convenientes para cumplir sus obligaciones dimanantes del Protocolo. La Directiva 2001/18/CE del Parlamento Europeo y del Consejo, de 12 de marzo de 2001, sobre la liberación intencional en el medio ambiente de organismos modificados genéticamente invitaba a la Comisión a presentar una propuesta legislativa para la aplicación de los procedimientos establecidos en el Protocolo que, de conformidad con este último, obligara a los exportadores comunitarios a cerciorarse del cumplimiento de todos los requisitos del procedimiento de acuerdo fundamentado previo establecido en los artículos 7 a 10, 12 y 14 del Protocolo.

(4) Es importante organizar la supervisión y el control de los movimientos transfronterizos de OMG con el fin de contribuir a garantizar la conservación y la utilización sostenible de la diversidad biológica, teniendo también en cuenta los riesgos para la salud humana y de manera que los ciudadanos puedan elegir libremente y con conocimiento de causa en materia de OMG.

(5) Habida cuenta de que la normativa comunitaria no establece requisitos específicos para las exportaciones de OMG a terceros países, y a fin de garantizar el cumplimiento de las obligaciones que contiene el Protocolo en relación con los movimientos transfronterizos de OMG, se debe establecer un marco jurídico común que regule dichas exportaciones.

(6) De conformidad con el Protocolo, es necesario respetar el marco normativo sobre bioseguridad de la Parte de importación o del tercero de importación.

(7) Deben quedar excluidos del ámbito de aplicación del presente Reglamento los medicamentos para uso humano contemplados en otros acuerdos internacionales de los que la Comunidad o el Estado miembro en cuestión es Parte o en el cometido de otras organizaciones internacionales pertinentes de las que la Comunidad o el Estado miembro en cuestión es miembro.

(8) Las exportaciones de OMG destinados a liberación intencional en el medio ambiente deben notificarse a la Parte de importación o al tercero de importación, para que puedan tomar una decisión fundamentada basándose en una evaluación del riesgo efectuada con arreglo a procedimientos científicos sólidos.

(9) La notificación debe ser efectuada por el exportador. El exportador ha de ser responsable de la exactitud de los datos que figuran en la notificación.

(10) Los exportadores deberán esperar el consentimiento expreso, previo y por escrito de la Parte de importación o del tercero de importación antes de efectuar el primer

movimiento transfronterizo de OMG destinados a liberación intencional en el medio ambiente.

(11) Reconociendo que algunos países en desarrollo, así como algunos países con economías en transición, pueden carecer de las capacidades que les permita adoptar dichas decisiones fundamentadas, la Comisión y los Estados miembros deben realizar esfuerzos continuados para que dichos países puedan desarrollar y reforzar sus recursos humanos y sus capacidades institucionales.

(12) De conformidad con el Protocolo, la Comunidad o cualquier otra Parte puede adoptar medidas más estrictas para proteger la conservación y la utilización sostenible de la diversidad biológica que las establecidas en el Protocolo, siempre que esas medidas sean compatibles con el objetivo y las disposiciones del Protocolo y conformes con las demás obligaciones de la Parte dimanantes del Derecho internacional.

(13) En virtud del Protocolo, la Comunidad puede aplicar su normativa interna respecto de los movimientos de OMG que tengan lugar en su territorio aduanero.

(14) La normativa comunitaria vigente, y en particular la Directiva 2001/18/CE y la legislación sectorial por la que se prevé una evaluación del riesgo específica que ha de efectuarse de conformidad con los principios establecidos en dicha Directiva, ya contiene normas acordes con los objetivos del Protocolo y, por tanto, no es preciso adoptar disposiciones suplementarias en relación con las importaciones de OMG en la Comunidad.

(15) Es necesario garantizar la seguridad del transporte, manipulación y envasado de los OMG. La normativa comunitaria vigente, y en particular la Directiva 94/55/CE del Consejo, de 21 de noviembre de 1994, sobre la aproximación de las legislaciones de los Estados miembros con respecto al transporte de mercancías peligrosas por carretera y la Directiva 96/49/CE del Consejo, de 23 de julio de 1996, sobre la aproximación de las legislaciones de los Estados miembros relativas al transporte de mercancías peligrosas por ferrocarril, ya contiene normas adecuadas, por lo que no es preciso adoptar disposiciones suplementarias al respecto.

(16) Debe garantizarse la identificación de los OMG exportados o importados por la Comunidad. En lo que se refiere a la trazabilidad, el etiquetado y la identificación de las importaciones efectuadas por la Comunidad, tales OMG están sujetos a normas de la legislación comunitaria. Conviene aplicar normas similares en el caso de las exportaciones.

(17) La Comisión y los Estados miembros respaldan el proceso en lo relacionado con la elaboración apropiada de normas y procedimientos internacionales en el ámbito de la responsabilidad y de la reparación de daños resultantes de los movimientos transfronterizos de OMG, normas que deben acordarse, tal como lo establece el artículo 27 del Protocolo, en la primera reunión de la Conferencia de las Partes del Convenio que actúe como reunión de las Partes en el Protocolo.

(18) La Comisión y los Estados miembros respaldan el desarrollo ulterior y la aplicación de modelos comunes para la documentación de acompañamiento relativa a la identificación de los OMG, efectuados de conformidad con el artículo 18 del Protocolo.

(19) A fin de responder con eficacia a los movimientos transfronterizos involuntarios de OMG que puedan tener efectos adversos significativos en la conservación y utilización sostenible de la diversidad biológica, tomando en consideración los riesgos para la salud humana, cualquier Estado miembro debe, tan pronto como tenga conocimiento de un incidente en el territorio sometido a su jurisdicción que entrañe una liberación que pueda resultar en un movimiento transfronterizo involuntario de un OMG que pudiera tener tales efectos, adoptar las medidas oportunas para informar al público e informar sin demora a la Comisión, así como a todos los Estados miembros, a los Estados afectados o que puedan resultar afectados, al Centro de Intercambio de Información sobre Seguridad de la Biotecnología (CIISB) y, cuando proceda, a las organizaciones internacionales correspondientes. Asimismo, dicho Estado miembro debe consultar sin dilación a los Estados afectados o que puedan resultar afectados, a fin de que éstos puedan determinar las respuestas adecuadas e iniciar la actuación necesaria.

(20) A fin de contribuir al desarrollo del CIISB, la Comunidad y sus Estados miembros deben velar por que se comunique la información pertinente a dicho Centro y se realicen controles e informes sobre la aplicación del Protocolo en la Comunidad.

(21) Los Estados miembros deben adoptar normas sobre las sanciones aplicables en caso de infracción del presente Reglamento y velar por su aplicación. Las sanciones deben ser eficaces, proporcionadas y disuasorias.

(22) Al aplicar el presente Reglamento se debe tener en cuenta el principio de cautela.

(23) El presente Reglamento respeta los derechos fundamentales y observa los principios reconocidos, en particular, por la Carta de los Derechos Fundamentales de la Unión Europea.

HAN ADOPTADO EL PRESENTE REGLAMENTO:

CAPÍTULO I.- OBJETIVOS, ÁMBITO DE APLICACIÓN Y DEFINICIONES

Artículo 1.- *Objetivos*

De conformidad con el principio de cautela y sin perjuicio de lo dispuesto en la Directiva 2001/18/CE, los objetivos del presente Reglamento son establecer un sistema común de notificación e información sobre los movimientos transfronterizos de organismos modificados genéticamente (OMG) y velar por la aplicación coherente de las disposiciones del Protocolo en nombre de la Comunidad con el fin de contribuir a garantizar un nivel adecuado de protección en la esfera de la transferencia, manipulación y utilización seguras de OMG que puedan tener efectos adversos para la conservación y la utilización sostenible de la diversidad biológica, teniendo también en cuenta los riesgos para la salud humana.

Artículo 2.- *Ámbito de aplicación*

1. El presente Reglamento será aplicable a los movimientos transfronterizos de todos los OMG que puedan tener efectos adversos para la conservación y la utilización sostenible de la diversidad biológica, teniendo también en cuenta los riesgos para la salud humana.

2. Quedan excluidos del ámbito de aplicación del presente Reglamento los medicamentos para seres humanos cubiertos en otros acuerdos internacionales o en el cometido de otras organizaciones internacionales pertinentes.

Artículo 3.- *Definiciones*

A los efectos del presente Reglamento, se entenderá por:

1) organismo: un organismo con arreglo al punto 1 del artículo 2 de la Directiva 2001/18/CE;

2) organismo modificado genéticamente u OMG: un organismo modificado genéticamente con arreglo al punto 2 del artículo 2 de la Directiva 2001/18/CE, con exclusión de los organismos obtenidos mediante las técnicas de modificación genética enumeradas en el anexo I B de la Directiva 2001/18/CE;

3) liberación intencional: la liberación intencional con arreglo al punto 3 del artículo 2 de la Directiva 2001/18/CE;

4) comercialización: la comercialización con arreglo al punto 4 del artículo 2 de la Directiva 2001/18/CE;

5) utilización confinada:

a) las actividades definidas en la letra c) del artículo 2 de la Directiva 90/219/CEE;

b) las actividades en las que se modifiquen genéticamente organismos distintos de los microorganismos o en las que dichos OMG se cultiven, almacenen, transporten, destruyan, eliminen o utilicen de cualquier otro modo, y en las que se apliquen de manera apropiada medidas específicas de confinamiento basadas en los principios de confinamiento que se establecen en la Directiva 90/219/CEE a fin de limitar su contacto con la población en general y con el medio ambiente;

6) alimento: un alimento con arreglo al artículo 2 del Reglamento (CE) n° 178/2002;

7) pienso: el pienso con arreglo al punto 4 del artículo 3 del Reglamento (CE) n° 178/2002;

8) notificación: la presentación de la información exigida al exportador en virtud del presente Reglamento a la autoridad competente de una Parte en el Protocolo o a la autoridad competente de un tercero;

9) Centro de Intercambio de Información sobre Seguridad de la Biotecnología o CIISB: el Centro establecido en el artículo 20 del Protocolo;

10) exportación:

a) la salida permanente o temporal del territorio aduanero de la Comunidad de OMG que cumplan las condiciones establecidas en el apartado 2 del artículo 23 del Tratado,

b) la reexportación de OMG que no cumplan las condiciones a que hace referencia la letra a) y que se sometan a un procedimiento aduanero distinto del procedimiento de tránsito;

11) importación: el sometimiento a un procedimiento aduanero, distinto del procedimiento de tránsito, de OMG introducidos en el territorio aduanero de un Estado no perteneciente a la Comunidad que sea o no parte en el Protocolo, desde una Parte perteneciente a la Comunidad;

12) exportador: toda persona física o jurídica que efectúe o en cuyo nombre se efectúe una notificación; a saber: la persona que, en el momento en que se envía la notificación, es titular del contrato con el destinatario del tercer país y está facultada para decidir el envío del OMG fuera del territorio aduanero de la Comunidad. En caso de que no se haya suscrito ningún contrato de exportación o de que el titular del contrato no actúe en su propio nombre, se considerará determinante la facultad de decidir el envío del OMG fuera del territorio aduanero de la Comunidad;

13) importador: toda persona física o jurídica sujeta a la jurisdicción del Estado de importación, sea o no Parte, y que organice la importación de un OMG;

14) movimiento transfronterizo: el movimiento intencional o no de un OMG de un Estado a otro, sean o no Partes en el Protocolo, con exclusión de los movimientos intencionales entre Partes pertenecientes a la Comunidad;

15) Parte: cualquier país u organización de integración económica regional que sea Parte en el Protocolo;

16) terceros: cualquier país u organización de integración económica regional que no sea Parte en el Protocolo;

17) Protocolo: el Protocolo de Cartagena sobre Seguridad de la Biotecnología del Convenio sobre la Diversidad Biológica (el Convenio);

18) diversidad biológica: la variabilidad de organismos vivos de cualquier fuente, incluidos, entre otros, los ecosistemas terrestres, marinos y otros ecosistemas acuáticos y los complejos ecológicos de los que forman parte; comprende la diversidad dentro de cada especie, entre las especies y de los ecosistemas;

19) autoridad competente: una autoridad competente designada por una Parte en el Protocolo, o el órgano equivalente pertinente de un tercero, que asume las funciones administrativas exigidas por el Protocolo, o funciones equivalentes en el caso de un tercero, y está autorizada para actuar en su propio nombre en relación con dichas funciones;

20) centro focal: la entidad designada por una Parte que será responsable del enlace con la secretaría en su nombre;

21) secretaría: la secretaría del Protocolo.

CAPÍTULO II.- EXPORTACIÓN DE OMG A TERCEROS PAÍSES

SECCIÓN 1.- OMG DESTINADOS A LA LIBERACIÓN INTENCIONAL EN EL MEDIO AMBIENTE

Artículo 4.- *Notificación a las Partes y terceros de importación*

El exportador remitirá una notificación por escrito a la autoridad competente de la Parte o del tercero de importación antes del primer movimiento transfronterizo deliberado de un OMG destinado a la liberación intencional en el medio ambiente y destinado al uso especificado de conformidad con el punto i) del anexo I. La notificación incluirá, como mínimo, la información mencionada en el anexo I. El exportador velará por la exactitud de la información incluida en la notificación.

Artículo 5.- *Ausencia de decisión*

1. La ausencia de acuse de recibo de la notificación o de comunicación de su decisión por la Parte de importación no se interpretará como su consentimiento a un movimiento transfronterizo intencional. No podrá efectuarse ningún primer movimiento transfronterizo intencional sin el consentimiento expreso, previo y por escrito de la Parte de importación o, si procede, del tercero de importación.

2. En caso de que la Parte de importación no comunique sus decisiones en respuesta a una notificación en el plazo de los 270 días siguientes a su recepción, el exportador remitirá un recordatorio por escrito, con un plazo de respuesta de 60 días desde su recepción, a la autoridad competente de esa Parte de importación, con copia a la secretaría, al Estado miembro de exportación y a la Comisión. En el cálculo del plazo en que deberá responder una Parte de importación no se tendrá en cuenta el número de días que deba esperar para disponer de información adicional pertinente.

3. Sin perjuicio de los requisitos establecidos en el apartado 1, el exportador no efectuará el primer movimiento transfronterizo intencional de un OMG destinado a la liberación intencional hasta que se hayan seguido los procedimientos que determine la Parte de importación de conformidad con los artículos 9 y 10 del Protocolo o, cuando proceda, procedimientos equivalentes adecuados exigidos por un tercero de importación.

4. No se aplicará lo dispuesto en los apartados 1, 2 y 3 a los casos de movimientos transfronterizos a los que se apliquen procedimientos simplificados o que estén regulados en acuerdos o arreglos bilaterales, regionales y multilaterales a tenor de los artículos 13 y 14 del Protocolo.

5. La Comisión y los Estados miembros, en consulta con la Secretaría, tomarán las medidas oportunas con arreglo a los procedimientos y mecanismos pertinentes para facilitar las decisiones o propiciar el cumplimiento por las Partes de importación de las disposiciones del Protocolo decididas por la Conferencia de las Partes del Convenio que actúe como reunión de las Partes en el Protocolo.

Artículo 6.- *Información de la Parte de exportación*

El exportador conservará durante un plazo no inferir a cinco años un registro de la notificación mencionada en el artículo 4, el acuse de recibo y la decisión de la Parte -o, cuando proceda, el tercero- de importación y enviará una copia de estos documentos a la autoridad competente del Estado miembro desde el que se exporte el OMG y a la Comisión.

Sin perjuicio de lo dispuesto en el artículo 16, la Comisión pondrá a disposición del público estos documentos con arreglo a las normas de la Comunidad sobre el acceso a la información medioambiental.

Artículo 7.- *Revisión de las decisiones*

1. Un exportador podrá solicitar a la Parte -o, cuando proceda, al tercero- de importación que revise una decisión sobre una notificación que haya adoptado en virtud del artículo 10 del Protocolo, cuando aquel considere que se ha producido un cambio en las circunstancias que puede influir en el resultado de la evaluación del riesgo en que se basó la decisión, o que se dispone de nueva información científica o técnica pertinente.

2. En caso de que una Parte de importación o tercero de importación no responda a una solicitud de este tipo en un plazo de noventa días, el exportador remitirá un recordatorio por escrito a la autoridad competente de esa Parte de importación -o, cuando proceda, del tercero- de importación, con copia a la secretaría, solicitando una respuesta en un plazo determinado a partir de la recepción del recordatorio.

Artículo 8.- *Excepciones a lo dispuesto en la sección 1 del presente capítulo*

1. Quedan excluidos del ámbito de aplicación de la sección 1 del presente capítulo los OMG destinados a la liberación intencional en el medio ambiente que, según una decisión de la Conferencia de las Partes del Convenio que actúe como reunión de las Partes en el Protocolo es probable que no tengan efectos adversos para la conservación y la utilización sostenible de la diversidad biológica, teniendo también en cuenta los riesgos para la salud humana.

2. No se aplicará lo dispuesto en la sección 1 del presente capítulo a los OMG destinados al uso directo como alimentos o piensos o a la transformación.

3. Las obligaciones contempladas en la sección 1 del presente capítulo no se aplicarán cuando la Parte de importación haya especificado con antelación al CIISB, de conformidad con la letra b) del apartado 1 del artículo 13 y el apartado 3 del artículo 14 del Protocolo, que tales importaciones de OMG estarán exentas del procedimiento de acuerdo fundamentado previo, establecido en los artículos 7 a 10, 12 y 14 del Protocolo, a condición de que se apliquen medidas adecuadas para garantizar la seguridad de su movimiento transfronterizo intencional de conformidad con el objetivo del Protocolo.

SECCIÓN 2.- OMG DESTINADOS AL USO DIRECTO COMO ALIMENTO O PIENSO O A LA TRANSFORMACIÓN

Artículo 9.- *Información al CIISB*

1. La Comisión -en nombre de la Comunidad- o, cuando proceda, el Estado miembro que haya tomado la decisión, informará al CIISB y a las demás Partes a través de éste de toda decisión definitiva sobre el uso -incluida la comercialización- dentro de la Comunidad, o sobre el uso dentro de un Estado miembro, de un OMG que pueda ser objeto de movimientos transfronterizos para ser utilizado directamente como alimento o pienso o para la transformación. Esta información se enviará al CIISB en los quince días siguientes a la adopción de dicha decisión.

El presente apartado no será de aplicación a las decisiones relativas a la liberación intencionada con arreglo a la Parte B de la Directiva 2001/18/CE de un OMG que no se destine al uso directo como alimento o como pienso ni a la transformación en un tercer país sin una decisión ulterior.

2. La información dirigida al CIISB mencionada en el apartado 1 incluirá como mínimo la información que se especifica en el anexo II.

3. La Comisión o el Estado miembro a que se refiere el apartado 1 tramitarán las solicitudes de información complementaria que les haya formulado cualquiera de las Partes o un tercero sobre las decisiones contempladas en el apartado 1.

4. La Comisión o el Estado miembro a que se refiere el apartado 1 enviará una copia impresa de la información contemplada en los apartados 1, 2 y 3 al centro focal de cada una de las Partes que haya informado por adelantado a la secretaría de que no tiene acceso al CIISB.

Artículo 10.- *Decisiones nacionales de las Partes y de terceros en materia de importación*

1. El exportador respetará cualquier decisión que sea coherente con el objetivo del Protocolo en materia de importación de OMG destinados al uso directo como alimentos o piensos o a la transformación que adopte cualquiera de las Partes con arreglo al apartado 4 del artículo 11 del Protocolo, o cualquier tercero de importación con arreglo a su marco normativo interno.

2. En caso de que una Parte o tercero de importación que sea país en desarrollo, o una Parte o tercero de importación que sea país con economía en transición, haya declarado por conducto del CIISB que adoptará una decisión antes de la importación de un OMG concreto destinado al uso directo como alimento o pienso o a la transformación, con arreglo al apartado 6 del artículo 11 del Protocolo, el exportador no llevará a cabo la primera exportación de dicho OMG hasta que se haya seguido el procedimiento contemplado en dicho apartado.

3. El hecho de que una Parte o tercero de importación no haya acusado recibo de una notificación o no haya comunicado su decisión conforme al apartado 2 no se interpretará como su consentimiento o negativa a la importación de un OMG destinado para uso directo como alimento o pienso o a la transformación. No podrá exportarse ningún OMG que pueda ser objeto de movimientos transfronterizos con fines de uso directo como alimento o pienso o para transformación, salvo que esté autorizado dentro de la Comunidad o que la autoridad competente de un tercer país haya dado su consentimiento expreso a la importación, según lo dispuesto en el artículo 12 del Reglamento (CE) n° 178/2002.

SECCIÓN 3.- OMG DESTINADOS A LA UTILIZACIÓN CONFINADA

Artículo 11

1. No se aplicará lo dispuesto en la sección 1 del capítulo II a los movimientos transfronterizos de OMG destinados a la utilización confinada cuando dichos movimientos transfronterizos se efectúen de conformidad con las normas de la Parte o del tercero de importación.

2. El apartado 1 se entiende sin perjuicio del derecho de toda Parte o tercero de someter a todos los OMG a una evaluación de riesgo antes de decidir sobre la importación, y de fijar normas para la utilización confinada dentro de su jurisdicción.

SECCIÓN 4.- DISPOSICIONES COMUNES

Artículo 12.- *Identificación y documentación de acompañamiento*

1. Los exportadores velarán por que se consigne en un documento que acompañe al OMG y se transmita al importador que reciba el OMG la información siguiente:

a) indicación de que consiste en OMG o los contiene;

b) código o códigos de identificación exclusivos asignados a esos OMG, cuando existan tales códigos.

2. En el caso de los OMG destinados para ser utilizados directamente como alimentos o piensos o para transformación, la información a que se refiere el apartado 1 irá acompañada de una declaración del exportador:

a) que certifique que los OMG están destinados a ser utilizados directamente como alimentos o piensos o para transformación, e indique claramente que no están destinados a la liberación intencional en el medio ambiente, y

b) que incluya las señas del punto de contacto para solicitar más información.

La letra b) del apartado 1 no se aplicará a los productos que sean o contengan mezclas de OMG destinados a utilizarse única y directamente como alimentos o piensos o para transformación. Dichos productos estarán supeditada a los requisitos de trazabilidad de la Directiva 2001/18/CE y, en su caso, a la legislación comunitaria futura que abarque la trazabilidad, el etiquetado y la identificación de dichos OMG.

3. En el caso de los OMG destinados para uso confinado, la información a que se refiere el apartado 1 irá acompañada de una declaración del exportador que certifique asimismo:

a) los posibles requisitos para la manipulación, almacenamiento, transporte y utilización de estos OMG en condiciones de seguridad;

b) el punto de contacto para solicitar más información, con inclusión del nombre y domicilio de la persona o institución a la que se envían los OMG.

4. En el caso de los OMG destinados a su liberación intencional en el medio ambiente y de cualesquiera otros OMG cubiertos por el presente Reglamento, la información a que se refiere el apartado 1 irá acompañada de una declaración del exportador que certifique asimismo:

a) la identidad y los rasgos y características pertinentes de los OMG;

b) los posibles requisitos para la manipulación, almacenamiento, transporte y utilización de estos OMG en condiciones de seguridad;

c) el punto de contacto para obtener información adicional, con inclusión del nombre y domicilio del importador y exportador;

d) una declaración de que el movimiento cumple los requisitos del Protocolo aplicables al exportador.

5. Los apartados 1 a 4 se entienden sin perjuicio de otros requisitos específicos establecidos en la normativa comunitaria y de los requisitos internacionales en materia de identificación que se elaboren de conformidad con el artículo 18 del Protocolo.

Artículo 13.- *Tránsito*

El exportador notificará el tránsito de OMG a las Partes que hayan tomado la decisión de regular el tránsito de OMG en su territorio y hayan informado al CIISB de dicha decisión.

CAPÍTULO III.- MOVIMIENTOS TRANSFRONTERIZOS NO INTENCIONALES DE OMG

Artículo 14

1. Los Estados miembros adoptarán medidas adecuadas para impedir los movimientos transfronterizos no intencionales de OMG.

2. Un Estado miembro en cuanto tenga conocimiento de que dentro de su jurisdicción se ha producido un incidente que ha dado lugar a una liberación de OMG que conduzca o pueda conducir a un movimiento transfronterizo no intencional que pueda tener efectos adversos significativos en la conservación y la utilización sostenible de la diversidad biológica, teniendo en cuenta los riesgos para la salud humana, deberá:

a) adoptar las medidas adecuadas para informar a los ciudadanos e informar sin demora a la Comisión, a todos los demás Estados miembros, a los Estados afectados o que puedan estar afectados, al CIISB y, si procede, a las organizaciones internacionales pertinentes;

b) entablar consultas sin demora con los Estados afectados o que puedan resultar afectados para que éstos puedan determinar las respuestas apropiadas y emprender las actividades necesarias, incluidas medidas de emergencia con el fin de reducir al máximo los efectos adversos importantes.

3. Toda información derivada de las disposiciones del apartado 2 incluirá la información especificada en el anexo III.

CAPÍTULO IV.- DISPOSICIONES COMUNES

Artículo 15.- *Participación en el procedimiento internacional de información*

1. Sin perjuicio de la protección de la información confidencial de conformidad con las disposiciones del Protocolo, los Estados miembros informarán al CIISB y a la Comisión acerca de lo siguiente:

a) legislación y directrices nacionales existentes para la aplicación del Protocolo, de conformidad con el apartado 5 del artículo 11 y la letra a) del apartado 3 del artículo 20 del Protocolo;

b) puntos de contacto nacionales para la notificación de movimientos transfronterizos no intencionales, de conformidad con el artículo 17 del Protocolo;

c) acuerdos y arreglos bilaterales, regionales y multilaterales celebrados por el Estado miembro sobre movimientos transfronterizos intencionales de OMG, de conformidad con la letra b) del apartado 3 del artículo 20 del Protocolo;

d) toda información sobre los casos de movimientos transfronterizos no intencionales o ilícitos ocurridos en su territorio, de conformidad con los artículos 17 y 25 del Protocolo;

e) toda decisión definitiva adoptada por un Estado miembro sobre la utilización de OMG dentro de dicho Estado miembro, incluidas las decisiones:

- sobre la utilización confinada clasificada en las clases de riesgo 3 o 4 de OMG que pueda dar lugar a movimientos transfronterizos,
- sobre la liberación intencional de OMG de conformidad con la Parte B de la Directiva 2001/18/CE, o
- sobre la importación de OMG en la Comunidad,

en aplicación del artículo 11 y de la letra d) del apartado 3 del artículo 20 del Protocolo, en un plazo de 15 días desde la adopción de tal decisión;

f) todo resumen de evaluaciones de riesgo o estudios de impacto medioambiental de OMG que se hayan realizado como consecuencia del proceso normativo de la Comunidad y de conformidad con el artículo 15 del Protocolo, incluida, cuando proceda, la información pertinente sobre sus productos, a saber, los materiales transformados que tengan su origen en OMG, que contengan combinaciones nuevas detectables de material genético replicable que se hayan obtenido mediante la aplicación de la biotecnología moderna, a tenor de la letra c) del apartado 3 del artículo 20 del Protocolo;

g) toda revisión de decisiones nacionales relativas a un movimiento transfronterizo intencional, de conformidad con el artículo 12 del Protocolo;

h) toda decisión sobre medidas de protección adoptada por un Estado miembro de conformidad con el artículo 23 de la Directiva 2001/18/CE o toda medida de emergencia tomada por un Estado miembro de conformidad con la legislación comunitaria sobre alimentos o piensos modificados genéticamente.

2. De conformidad con las disposiciones del Protocolo, la Comisión informará al CIISB en nombre de la Comunidad acerca de lo siguiente:

a) legislación y directrices comunitarias existentes para la aplicación del Protocolo, de conformidad con el apartado 5 del artículo 11 y la letra a) del apartado 3 del artículo 20 del Protocolo;

b) acuerdos y arreglos bilaterales, regionales y multilaterales a escala comunitaria sobre movimientos transfronterizos intencionales de OMG, de conformidad con la letra b) del apartado 3 del artículo 20 del Protocolo;

c) toda decisión definitiva adoptada en el ámbito comunitario sobre la utilización en la Comunidad de OMG, incluidas las decisiones sobre la comercialización o la importación de OMG, de conformidad con el artículo 11 y con la letra d) del apartado 3 del artículo 20 del Protocolo;

d) resúmenes de evaluaciones del riesgo o estudios de impacto medioambiental de OMG que se hayan realizado como consecuencia del proceso normativo comunitario y de conformidad con procedimientos similares a los establecidos en el anexo II de la Directiva 2001/18/CE, incluida, cuando proceda, la información pertinente sobre productos derivados de OMG, a saber, materiales transformados que tengan su origen en un OMG, que contengan combinaciones nuevas detectables de material genético replicable obtenidas mediante la aplicación de la biotecnología moderna, de conformidad con la letra c) del apartado 3 del artículo 20 del Protocolo;

e) toda revisión de decisiones adoptadas en el ámbito comunitario relativas a movimientos transfronterizos intencionales, de conformidad con el artículo 12 del Protocolo;

f) toda aplicación de la normativa comunitaria en lugar de los procedimientos del Protocolo a los movimientos intencionales de OMG en la Comunidad y a las importaciones de OMG en la Comunidad, de conformidad con los apartados 3 y 4 del artículo 14 del Protocolo;

g) informes presentados con arreglo al artículo 19 del presente Reglamento, incluidos los referentes a la aplicación del procedimiento de acuerdo fundamentado previo, de conformidad con la letra e) del apartado 3 del artículo 20 del Protocolo.

Artículo 16.- *Confidencialidad*

1. La Comisión y los Estados miembros no divulgarán a terceros ninguna información confidencial recibida o intercambiada en virtud del presente Reglamento.

2. En la notificación presentada en virtud del artículo 4, el exportador podrá indicar qué información debería tratarse como confidencial. En estos casos deberá proporcionarse una justificación si así se solicitara.

3. En ningún caso podrán considerarse confidenciales los datos siguientes cuando se presenten de conformidad con los artículos 4, 9 o 12:

a) nombre y dirección del exportador y del importador;

b) descripción general del o de los OMG;

c) resumen de la evaluación de riesgo de los efectos sobre la conservación y el uso sostenible de la diversidad biológica, atendiendo asimismo a los efectos sobre la salud humana, y

d) métodos y planes de actuación en caso de emergencia.

4. En caso de que, por cualquier motivo, el exportador retirara la notificación, los Estados miembros y la Comisión deberán respetar la confidencialidad de la información comercial e industrial, incluida la información en materia de investigación y desarrollo, así como la información sobre cuya confidencialidad exista desacuerdo entre la Parte o tercero de importación y el exportador.

Artículo 17.- *Autoridades competentes y centros focales*

1. La Comisión designará un centro focal comunitario y, cuando proceda, determinará toda posible autoridad competente comunitaria.

2. Cada uno de los Estados miembros designará un centro focal, así como una o varias autoridades competentes. Una sola entidad podrá cumplir las funciones de centro focal y autoridad competente.

3. La Comisión, en nombre de la Comunidad, y cada uno de los Estados miembros notificarán a la secretaría, a más tardar en la fecha respectiva de entrada en vigor del Protocolo en sus territorios, los nombres y direcciones de sus centros focales y de sus autoridades competentes. En caso de que un Estado miembro o la Comisión designe más de una autoridad competente, incluirá, junto con la notificación correspondiente a la Secretaría, la información pertinente sobre las responsabilidades respectivas de esas autoridades. En los casos en que corresponda, en esa información se deberá especificar, como mínimo, qué autoridad competente es responsable de cada tipo de OMG. La Comisión y los Estados miembros informarán de inmediato a la Secretaría de cualquier cambio en la designación de sus centros focales, o en los nombres y direcciones o en las responsabilidades de su autoridad o autoridades competentes.

Artículo 18.- *Sanciones*

Los Estados miembros establecerán normas sobre las sanciones aplicables en caso de infracción de las disposiciones del presente Reglamento y adoptarán cuantas medidas sean necesarias para garantizar su aplicación. Las sanciones previstas habrán de ser eficaces, proporcionadas y disuasorias. Los Estados miembros notificarán dichas disposiciones a la Comisión a más tardar el 5 de noviembre de 2004 y comunicarán sin demora toda modificación posterior de las mismas.

Artículo 19.- *Supervisión y presentación de informes*

1. De forma periódica y al menos cada tres años, salvo disposición contraria del artículo 33 del Protocolo, los Estados miembros transmitirán a la Comisión informes sobre la aplicación del presente Reglamento.

2. La Comisión elaborará, con la periodicidad que determine la Conferencia de las Partes del Convenio que actúe como reunión de las Partes en el Protocolo, un informe basado en la información proporcionada por los Estados miembros y lo presentará a la Conferencia de las Partes del Convenio que actúe como reunión de las Partes en el Protocolo.

Artículo 20.- *Entrada en vigor*

1. El presente Reglamento entrará en vigor a los veinte días de su publicación en el Diario Oficial de la Unión Europea.

2. El presente Reglamento será aplicable a partir de la más tardía de las fechas siguientes: en la fecha de entrada en vigor del Protocolo, de conformidad con el apartado 1 del artículo 37 del Protocolo, o en la fecha de entrada en vigor del presente Reglamento.

El presente Reglamento será obligatorio en todos sus elementos y directamente aplicable en cada Estado miembro.

ANEXO I.-

Información requerida en las notificaciones de conformidad con el artículo 4

[Anexo no reproducido en la presente publicación]

ANEXO II.-

Información requerida de conformidad con el artículo 9

[Anexo no reproducido en la presente publicación]

ANEXO III.-

Información requerida de conformidad con el artículo 14

[Anexo no reproducido en la presente publicación]

14 de enero de 2004.- Reglamento (CE) nº 65/2004
de la Comisión,
por el que se establece un sistema de creación y asignación de identificadores únicos a los organismos modificados genéticamente
(D.O. L 10, 16 de enero de 2004)

LA COMISIÓN DE LAS COMUNIDADES EUROPEAS,

Visto el Tratado constitutivo de la Comunidad Europea,

Visto el Reglamento (CE) n° 1830/2003 del Parlamento Europeo y del Consejo, de 22 de septiembre de 2003, relativo a la trazabilidad y al etiquetado de organismos modificados genéticamente y a la trazabilidad de los alimentos y piensos producidos a partir de éstos, y por el que se modifica la Directiva 2001/18/CE y, en particular, su artículo 8,

Considerando lo siguiente:

(1) El Reglamento (CE) n° 1830/2003 establece un marco armonizado para la rastreabilidad de los organismos modificados genéticamente, en lo sucesivo denominados OMG, y de los alimentos y piensos producidos a partir de éstos, mediante la transmisión y la conservación por parte de los operadores de la información pertinente sobre los productos de que se trata en todas las fases de su comercialización.

(2) En virtud de ese Reglamento, un operador que comercialice productos que contengan o consistan en OMG está obligado a incluir en esa información pertinente el identificador único asignado a cada OMG para indicar la presencia de este último y para reflejar la transformación específica a que se refiere la aprobación o autorización de comercialización de ese OMG.

(3) Los identificadores únicos deben elaborarse de conformidad con un formato concreto para garantizar la coherencia a los niveles comunitario e internacional.

(4) La aprobación o autorización dadas para la comercialización de un OMG de conformidad con la Directiva 2001/18/CE del Parlamento Europeo y del Consejo, de 12 de marzo de 2001, sobre la liberación intencional en el medio ambiente de organismos modificados genéticamente y por la que se deroga la Directiva 90/220/CEE del Consejo, u otra legislación comunitaria, debe especificar el identificador único de ese OMG. Además, la persona que presente la solicitud de comercialización de dicho OMG debe asegurarse de que la solicitud especifique el identificador único apropiado.

(5) Cuando, antes de la entrada en vigor del presente Reglamento, se hayan concedido autorizaciones de comercialización de organismos modificados genéticamente al amparo de la Directiva 90/220/CEE del Consejo, de 23 de abril de 1990, sobre la liberación intencional en el medio ambiente de organismos modificados genéticamente, es necesario garantizar que se haya creado, asignado y registrado debidamente un identificador único en relación con cada OMG al que se refieren esas autorizaciones.

(6) Para tener en cuenta la evolución de la situación en los foros internacionales y guardar la debida coherencia con ellos, es conveniente referirse a los formatos de los identificadores únicos establecidos por la Organización de Cooperación y Desarrollo Económico (OCDE) para su uso en su base de datos BioTrack de rastreabilidad de los productos biológicos (OECD BioTrack Product Database) y en el contexto del Centro de Intercambio de Información sobre Seguridad de la Biotecnología establecido por el Protocolo de Cartagena sobre Seguridad de la Biotecnología del Convenio sobre Diversidad Biológica.

(7) A efectos de la plena aplicación del Reglamento (CE) n° 1830/2003, es esencial que el presente Reglamento se aplique con toda urgencia.

(8) Las medidas previstas en este Reglamento se ajustan al dictamen del Comité establecido en virtud del artículo 30 de la Directiva 2001/18/CE.

HA ADOPTADO EL PRESENTE REGLAMENTO:

CAPÍTULO I.- ÁMBITO DE APLICACIÓN

Artículo 1

1. El presente Reglamento se aplicará a los organismos modificados genéticamente, en lo sucesivo denominados OMG, cuya comercialización esté autorizada al amparo de la Directiva 2001/18/CE u otra legislación comunitaria, y a las solicitudes de comercialización con arreglo a dicha legislación.

2. El presente Reglamento no se aplicará a los medicamentos de uso humano y veterinario autorizados de conformidad con el Reglamento (CEE) n° 2309/93 del Consejo, ni a las solicitudes de autorización con arreglo a dicho Reglamento.

CAPÍTULO II.- SOLICITUDES DE COMERCIALIZACIÓN DE OMG

Artículo 2

1. Las solicitudes de comercialización de OMG contendrán un identificador único para cada OMG de que se trate.

2. Los solicitantes crearán el identificador único para cada OMG de que se trate de conformidad con los formatos establecidos en el anexo y previa consulta a la base de datos BioTrack de rastreabilidad de los productos biológicos de la OCDE y al Centro de Intercambio de Información sobre Seguridad de la Biotecnología para determinar si un identificador único ha sido ya creado o no para ese OMG con arreglo a dichos formatos.

Artículo 3

Cuando se apruebe o autorice la comercialización de un OMG:

a) la aprobación o autorización especificará el identificador único de ese OMG;

b) la Comisión, en representación de la Comunidad, o, llegado el caso, la autoridad competente que haya tomado la decisión final sobre la solicitud original garantizará que el identificador único de ese OMG se comunique por escrito a la mayor brevedad posible al Centro de Intercambio de Información sobre Seguridad de la Biotecnología;

c) el identificador único de cada OMG de que se trate se inscribirá en los registros pertinentes de la Comisión.

CAPÍTULO III.- OMG CUYA COMERCIALIZACIÓN HAYA SIDO AUTORIZADA ANTES DE LA ENTRADA EN VIGOR DE ESTE REGLAMENTO

Artículo 4

1. Se asignarán identificadores únicos a todos los OMG cuya comercialización haya sido aprobada al amparo de la Directiva 90/220/CEE antes de la entrada en vigor del presente Reglamento.

2. Los titulares pertinentes de una autorización o, llegado el caso, la autoridad competente que haya tomado la decisión final sobre la solicitud original, consultarán la base de datos BioTrack de la OCDE y al Centro de Intercambio de Información sobre Seguridad de la Biotecnología para determinar si un identificador único ha sido ya creado o no para el OMG de que se trate con arreglo a los formatos establecidos en el anexo.

Artículo 5

1. Cuando se haya autorizado la comercialización de un OMG antes de la entrada en vigor del presente Reglamento y se haya creado un identificador único para el mismo con arreglo a los formatos establecidos en el anexo, serán de aplicación los apartados 2, 3 y 4.

2. En el plazo de 90 días desde la fecha de entrada en vigor del presente Reglamento, los titulares de una autorización, o, llegado el caso, la autoridad competente que haya tomado la decisión final sobre la solicitud original, comunicarán por escrito a la Comisión:

a) que se ha creado un identificador único con arreglo a los formatos establecidos en el anexo;

b) los detalles de dicho identificador único.

3. El identificador único de cada OMG de que se trate se inscribirá en los registros pertinentes de la Comisión.

4. La Comisión, en representación de la Comunidad, o, llegado el caso, la autoridad competente que haya tomado la decisión final sobre la solicitud original garantizará que el identificador único de ese OMG se comunique por escrito a la mayor brevedad posible al Centro de Intercambio de Información sobre Seguridad de la Biotecnología.

Artículo 6

1. Cuando se haya autorizado la comercialización de un OMG antes de la entrada en vigor del presente Reglamento, pero no se haya creado un identificador único para el mismo con arreglo a los formatos establecidos en el anexo, serán de aplicación los apartados 2, 3, 4 y 5.

2. Los titulares de una autorización o, llegado el caso, la autoridad competente que haya tomado la decisión final sobre la solicitud original, crearán un identificador único para el OMG de que se trate con arreglo a los formatos establecidos en el anexo.

3. En el plazo de 90 días desde la fecha de entrada en vigor del presente Reglamento, los titulares de una autorización comunicarán por escrito los detalles del identificador único a la autoridad competente que conceda la autorización, quien a su vez remitirá inmediatamente estos detalles a la Comisión.

4. El identificador único del OMG de que se trate se inscribirá en los registros pertinentes de la Comisión.

5. La Comisión, en representación de la Comunidad, o, llegado el caso, la autoridad competente que haya tomado la decisión final sobre la solicitud original garantizará que el identificador único de ese OMG se comunique por escrito a la mayor brevedad posible al Centro de Intercambio de Información sobre Seguridad de la Biotecnología.

CAPÍTULO IV.- DISPOSICIÓN FINAL

Artículo 7

El presente Reglamento entrará en vigor el día de su publicación en el Diario Oficial de la Unión Europea.

El presente Reglamento será obligatorio en todos sus elementos y directamente aplicable en cada Estado miembro.

ANEXO.-
Formatos de los identificadores únicos

[Anexo no reproducido en la presente publicación]

24 de junio de 2011.- Reglamento (UE) nº 619/2011
de la Comisión,
por el que se establecen los métodos de muestreo y análisis para el control oficial de los piensos y de la presencia en ellos de material modificado genéticamente cuyo procedimiento de autorización esté pendiente o cuya autorización haya caducado
(D.O. L 166, 25 de junio de 2011)

LA COMISIÓN EUROPEA,

Visto el Tratado de Funcionamiento de la Unión Europea,

Visto el Reglamento (CE) nº 882/2004 del Parlamento Europeo y del Consejo, de 29 de abril de 2004, sobre los controles oficiales efectuados para garantizar la verificación del cumplimiento de la legislación en materia de piensos y alimentos y la normativa sobre salud animal y bienestar de los animales, y, en particular, su artículo 11, apartado 4,

Considerando lo siguiente:

(1) El Reglamento (CE) nº 152/2009 de la Comisión, de 27 de enero de 2009, por el que se establecen los métodos de muestreo y análisis para el control oficial de los piensos, no impone normas especiales para el control del material que contenga, esté compuesto o haya sido producido a partir de organismos modificados genéticamente (material modificado genéticamente) cuyo procedimiento de autorización de la UE esté pendiente o cuya autorización haya caducado. La experiencia demuestra que, en ausencia de una normativa específica, cada laboratorio oficial y cada autoridad competente recurre a un método de muestreo distinto y sigue una normativa distinta a la hora de interpretar los resultados de las pruebas analíticas. Esta situación puede provocar que se llegue a conclusiones divergentes al evaluar la conformidad de un producto con lo dispuesto en el Reglamento (CE) nº 1829/2003 del Parlamento Europeo y del Consejo, de 22 de setiembre de 2003, sobre alimentos y piensos modificados genéticamente. Dada la falta de armonización del aparato normativo, se les presentan a los operadores económicos problemas de inseguridad jurídica y se corre el riesgo de que se vea por ello afectado el funcionamiento del mercado interior.

(2) Existen varios mecanismos internacionales de intercambio de la información sobre la evaluación de la seguridad que llevan a cabo los países que autorizan la comercialización de organismos modificados genéticamente (OMG). De conformidad con el Protocolo de Cartagena sobre Seguridad de la Biotecnología del Convenio sobre la Diversidad Biológica, del que todos los Estados miembros son parte, las partes de dicho protocolo deben informar A las demás partes a través del Centro de Intercambio de Información sobre Seguridad de la Biotecnología de cualquier decisión final relacionada con el uso a nivel nacional, comercialización incluida, de OMG que puedan cruzar las fronteras interiores para ser procesados o utilizados directamente como alimentos o como piensos. Esa información debe incluir, entre otras cosas, un informe de evaluación del riesgo. Los países que no son parte de dicho Protocolo también pueden facilitar esa información a título discrecional. La Organización de las Naciones Unidas para la Agricultura y la Alimentación (FAO) y la Organización de Cooperación y Desarrollo Económicos (OCDE) también disponen de mecanismos internacionales de intercambio de la información relacionada con la autorización de los OMG y con la evaluación de su seguridad.

(3) La UE importa considerables cantidades de productos producidos en terceros países en los que está extendido el cultivo de OMG. Si bien los productos importados son empleados tanto en la alimentación humana, como en la alimentación animal, la mayoría de los que mayores probabilidades tienen de contener OMG van destinados al sector de la alimentación animal y, por lo tanto, entrañan un mayor riesgo de perturbación del comercio en ese sector cuando difieren entre sí las normas por las que se rigen los Estados miembros para realizar los controles oficiales. Conviene, pues, limitar el ámbito de aplicación del presente Reglamento al sector de la alimentación animal, cuyos productos, en comparación con otros sectores relacionados con la producción de alimentos, tienen mayor probabilidad de contener material modificado genéticamente.

(4) El Reglamento (CE) nº 1829/2003 somete la comercialización de piensos modificados genéticamente a un procedimiento de autorización previa. Dicho procedimiento de autorización incluye la publicación de un dictamen de la Autoridad Europea de Seguridad Alimentaria (EFSA), cuyo principal componente es una evaluación del riesgo. Para emitir su dictamen, la EFSA consulta a los Estados miembros cuando

recibe una solicitud válida y estos disponen de tres meses para dar a conocer su opinión. El dictamen de la EFSA también debe incluir un método de detección validado por el Laboratorio de Referencia de la Unión Europea.

(5) Sin embrago, en la práctica la validación del método por parte del Laboratorio de Referencia de la Unión Europea se lleva a cabo independientemente de los demás elementos que requiere el procedimiento de autorización. En general, el método es validado y publicado antes de que se reúnan todos los demás elementos y se pueda completar el dictamen de la EFSA. Además, aparece publicado en el sitio web del Laboratorio de Referencia de la Unión Europea y está a disposición de las autoridades competentes y de las partes interesadas.

(6) Únicamente se puede validar un método si reúne todos los requisitos que exige el Reglamento (CE) nº 641/2004 de la Comisión, de 6 de abril de 2004, sobre las normas de desarrollo del Reglamento (CE) nº 1829/2003 del Parlamento Europeo y del Consejo en lo relativo a la solicitud de autorización de nuevos alimentos y piensos modificados genéticamente, la notificación de productos existentes y la presencia accidental o técnicamente inevitable de material modificado genéticamente cuya evaluación de riesgo haya sido favorable. Además, como exige dicho Reglamento, se ha establecido una serie de criterios comunes para los requisitos mínimos de rendimiento de los métodos de análisis de OMG.

(7) Los métodos de análisis validados por el Laboratorio de Referencia de la Unión Europea en el marco del procedimiento de autorización para la comercialización, uso y transformación de los "productos existentes" en el sentido del artículo 20 del Reglamento (CE) nº 1829/2003 son métodos cuantitativos específicos para cada evento. Dichos métodos son validados mediante un ensayo colectivo de acuerdo con los principios de la norma internacional ISO 5725 o del protocolo de la Unión Internacional de Química Pura y Aplicada (UIQPA). De hecho, actualmente el Laboratorio de Referencia de la UE es el único laboratorio del mundo que valida métodos cuantitativos específicos para cada evento con arreglo a las normas anteriormente mencionadas en el marco de los procedimientos de autorización de la precomercialización. Los métodos cuantitativos se consideran más adecuados que los cualitativos a efectos de garantizar la armonización de los controles oficiales. Efectivamente, los ensayos que recurren a los métodos cualitativos requieren métodos de muestreo distintos porque de otro modo se corre el riesgo de obtener resultados divergentes a propósito de la presencia o ausencia en un producto de material modificado genéticamente. En el marco del procedimiento de autorización, conviene, por consiguiente, hacer uso de los métodos de análisis validados por el Laboratorio de Referencia de la UE para evitar resultados analíticos divergentes entre un Estado miembro y otro.

(8) Por otro lado, para que los laboratorios de control puedan efectuar sus análisis, tienen que disponer de material certificado de referencia.

(9) Por lo tanto, el ámbito de aplicación del presente Reglamento debe incluir la detección en el pienso de material modificado genéticamente que haya sido autorizado para su comercialización en un tercer país y cuyo procedimiento de autorización con arreglo al Reglamento (CE) nº 1829/2003 lleve pendiente más de tres meses siempre que los métodos cuantitativos de análisis específicos para cada evento presentados por el solicitante hayan sido validados por el Laboratorio de Referencia de la UE y siempre que este haya tenido a su disposición el material de referencia certificado.

(10) El ámbito de aplicación del presente Reglamento también debe incluir el material modificado genéticamente cuya autorización haya caducado. Debe aplicarse, por lo tanto, a los piensos que contengan, estén compuestos o hayan sido producidos a partir de maíz SYN-EV176-9 y MON-ØØØ21-9xMON-ØØ81Ø-6 y colza ACS-BNØØ4-7xACS-BNØØ1-4, ACS-BNØØ4-7xACS-BNØØ2-5 y ACS-BNØØ7-1, cuyo método cuantitativo haya sido validado por el Laboratorio de Referencia de la Unión Europea siempre que este haya tenido a su disposición el material de referencia certificado. Estos materiales modificados genéticamente ya se habían comercializado antes de que empezara a aplicarse el Reglamento (CE) nº 1829/2003 y, sin embargo, fueron notificados posteriormente como productos existentes con arreglo al artículo 20 de ese mismo Reglamento. Dado que en esa época esas semillas ya no se comercializaban a escala global, los respectivos notificantes informaron a la Comisión de que no tenían intención de presentar una solicitud de renovación de la autorización de los productos afectados. Por consiguiente, la Comisión adoptó las Decisiones 2007/304/CE, 2007/305/CE, 2007/306/CE, 2007/307/CE y 2007/308/CE sobre la retirada del mercado de dichos

productos (productos obsoletos). Dichas Decisiones toleran la presencia de material que contenga, esté compuesto o haya sido producido a partir de maíz SYN-EV176-9 y MON-ØØØ21-9xMON-ØØ81Ø-6 y colza ACS-BNØØ4-7xACS-BNØØ1-4, ACS-BNØØ4-7xACS-BNØØ2-5 y ACS-BNØØ7-1 siempre y cuando esa presencia sea accidental o técnicamente inevitable y no supere el 0,9 % a lo largo de un período de tiempo limitado, que expirará el 25 de abril de 2012. Conviene velar por que, cuando expire el período de tolerancia establecido en las Decisiones 2007/304/CE, 2007/305/CE, 2007/306/CE, 2007/307/CE y 2007/308/CE, el presente Reglamento también se aplique a la detección de esos productos obsoletos en los piensos. También debe aplicarse el presente Reglamento a cualquier otro material modificado genéticamente cuya autorización, una vez caducada, no sea renovada por haberse retirado el producto.

(11) Hay que potenciar, mediante la adopción de métodos comunes de muestreo, la armonización de los controles oficiales de los piensos para poder detectar material modificado genéticamente que entre dentro del ámbito de aplicación del presente Reglamento.

(12) Dichos métodos deben basarse en reconocidos protocolos estadísticos y científicos y, si existen, en normas internacionales y, además, abarcar las diferentes etapas del muestreo y, concretamente, las normas reguladoras del muestreo del material, las precauciones que se imponen en la toma y preparación de las muestras, los requisitos que hay que respetar para tomar muestras elementales y muestras idénticas de laboratorio, la manipulación de las muestras de laboratorio y el precintado y etiquetado de las muestras. Para velar por la adecuada representatividad de las muestras tomadas a efectos de control oficial, procede adoptar requisitos específicos en función de que el pienso se presente a granel, preempaquetado o al por menor.

(13) También conviene armonizar las normas de interpretación de los resultados de los análisis para garantizar que en toda la Unión Europea se llega a las mismas conclusiones a partir de los mismos resultados. Dentro de este contexto, también es necesario tomar en consideración los limitaciones técnicas asociados a todo método de análisis, especialmente por lo que se refiere a la trazabilidad dado que la incertidumbre analítica aumenta a medida que disminuye la cantidad de material modificado genéticamente.

(14) Para tener en cuenta esas limitaciones técnicas y la necesidad de garantizar que los controles sean viables, sólidos y proporcionados tal como establece el Reglamento (CE) nº 178/2002 del Parlamento Europeo y del Consejo, de 28 de enero de 2002, por el que se establecen los principios y los requisitos generales de la legislación alimentaria, se crea la Autoridad Europea de Seguridad Alimentaria y se fijan procedimientos relativos a la seguridad alimentaria, conviene fijar como límite mínimo de funcionamiento exigido (MRPL, en sus siglas en inglés) el nivel mínimo de material modificado genéticamente empleado por el Laboratorio de Referencia de la UE para la validación de los métodos cuantitativos. Dicho nivel es del 0,1 % en relación con la fracción de masa del material modificado genéticamente presente en el pienso y es el nivel mínimo con el que los resultados son satisfactoriamente reproducibles en los laboratorios oficiales cuando se aplican protocolos de muestreo y métodos de análisis y medición de muestras de pienso adecuados.

(15) Los métodos validados por el Laboratorio de Referencia de la UE son específicos de cada evento de transformación independientemente del hecho de que el evento de transformación esté presente en uno o varios OMG que contengan uno o varios eventos de transformación. Por lo tanto, el límite mínimo de funcionamiento exigido (MRPL) debe aplicarse a la totalidad del material modificado genéticamente que contiene el evento de transformación objeto de la medición.

(16) La incertidumbre de medida debe ser definida por cada laboratorio oficial y confirmada según lo descrito en el documento de orientación sobre la incertidumbre de medida destinado a los laboratorios de análisis de los OMG y elaborado por el Centro Común de Investigación de la Comisión.

(17) Por lo tanto, únicamente se deben tomar decisiones relacionadas con el incumplimiento de la normativa por parte de los piensos cuando el material modificado genéticamente regulado por el presente Reglamento esté presente en dichos piensos en niveles iguales o superiores al MRPL teniendo siempre en cuenta la incertidumbre de medida.

(18) La normativa que establece el presente Reglamento no debe afectar la posibilidad de que la Comisión o, en su caso, un Estado miembro pueda tomar medidas de emergencia con arreglo a los artículos 53 y 54 del Reglamento (CE) nº 178/2002.

(19) Procede modificar cuando proceda las disposiciones de aplicación para tener en cuenta nuevos hechos relacionados con el impacto de dichas disposiciones en el mercado interior o en los explotadores de empresas de alimentos y de piensos.

(20) Las medidas previstas en el presente Reglamento se ajustan al dictamen del Comité permanente de la cadena alimentaria y de sanidad animal y no se han opuesto a ellas ni el Parlamento Europeo ni el Consejo.

HA ADOPTADO EL PRESENTE REGLAMENTO:

Artículo 1.- *Definiciones*

1. A los efectos del presente Reglamento, se entenderá por:

1) "precisión – Desviación típica de la repetibilidad relativa (RSDr)" : la desviación típica relativa calculada a partir de los resultados obtenidos en condiciones de repetibilidad. Por "condiciones de repetibilidad" se entenderá las condiciones en las que son obtenidos los resultados de pruebas por parte de un mismo operador en el mismo laboratorio utilizando el mismo método, idéntico material de prueba y el mismo equipo en intervalos breves de tiempo;

2) "límite mínimo de funcionamiento exigido (MRPL, en sus siglas en inglés)" : la cantidad o la concentración mínima del analito en una muestra que ha de ser fehacientemente detectada y confirmada por los laboratorios oficiales;

3) "material modificado genéticamente" : todo material que contenga, esté compuesto o haya sido producido a partir de OMG.

2. Serán de aplicación las definiciones que se establecen en el artículo 2 del Reglamento (CE) nº 1820/2003 y en el anexo I del Reglamento (CE) nº 152/2009.

Artículo 2.- *Ámbito de aplicación*

Se regirá por el presente Reglamento el control oficial de la presencia en los piensos de los siguientes materiales:

a) todo material modificado genéticamente autorizado para su comercialización en un tercer país, por el que se haya presentado una solicitud válida con arreglo a lo dispuesto en el artículo 17 del Reglamento (CE) nº 1829/2003 y cuyo procedimiento de autorización lleve pendiente más de tres meses siempre y cuando:

i) la EFSA no considere que su presencia dentro del MRPL es susceptible de tener efectos adversos para la salud o para el medio ambiente,

ii) el método cuantitativo que exige dicho artículo 17 haya sido validado y publicado por el Laboratorio de Referencia de la Unión Europea,

iii) y el material de referencia certificado reúna los requisitos establecidos en el artículo 3;

b) con posterioridad al 25 de abril de 2012, todo material modificado genéticamente notificado conforme al artículo 20 del Reglamento (CE) nº 1829/2003, cuya autorización haya caducado y para el que el Laboratorio de Referencia de la Unión Europea haya validado y publicado un método cuantitativo siempre y cuando el material de referencia certificado reúna los requisitos establecidos en el artículo 3, y

c) todo material modificado genéticamente cuya autorización haya caducado al no haberse presentado ninguna solicitud de renovación con arreglo al artículo 23 del Reglamento (CE) nº 1829/2003 siempre y cuando el material de referencia certificado reúna los requisitos establecidos en el artículo 3.

Artículo 3.- *Material de referencia certificado*

1. El material de referencia certificado estará a disposición de los Estados miembros y de cualquier tercera parte.

2. El material de referencia certificado será producido y certificado con arreglo a las normas ISO 30 a 35.

3. La documentación que acompañará al material de referencia certificado incluirá información sobre el tipo de cultivo empleado para la producción del material de referencia certificado y sobre la cigosidad de las inserciones. El valor certificado del contenido en OMG se expresará en fracción de masa y, en su caso, en número de copias por equivalente del genoma haploide.

Artículo 4.- *Métodos de muestreo*

Las muestras para el control oficial de la presencia en los piensos del material modificado genéticamente a que se refiere el artículo 2 se ajustarán a los métodos de muestreo establecidos en el anexo I.

Artículo 5.- *Preparación de las muestras, métodos de análisis e interpretación de los resultados*

La preparación de las muestras de laboratorio, los métodos de análisis y la interpretación de los resultados se ajustarán a los requisitos establecidos en el anexo II.

Artículo 6.- *Medidas en caso de detección del material modificado genéticamente a que se refiere el artículo 2*

1. Cuando los resultados de las pruebas analíticas evidencien que el material modificado genéticamente a que se refiere el artículo 2 está presente en el pienso en niveles iguales o superiores al MRPL definido con arreglo a las normas de interpretación que figuran en el anexo II, parte B, se considerará que el pienso no cumple los requisitos establecidos en el Reglamento (CE) nº 1829/2003. Los Estados miembros notificarán sin demora esa información a través del sistema de alerta rápida para los alimentos y los piensos (RASFF) con arreglo al artículo 50 del Reglamento (CE) nº 178/2002.

2. Cuando los resultados de las pruebas analíticas evidencien que el material modificado genéticamente a que se refiere el artículo 2 está presente en el pienso en niveles inferiores al MRPL definido con arreglo a las normas de interpretación que figuran en el anexo II, parte B, los Estados miembros registrarán esa información y dispondrán hasta el 30 de junio de cada año para notificarla a la Comisión y al resto de los Estados miembros. Los resultados recurrentes a lo largo de un período de tiempo de tres meses serán notificados sin demora.

3. La Comisión adoptará las medidas de emergencia a que se refieren los artículos 53 y 54 del Reglamento (CE) nº 178/2002; los Estados miembros también podrán, en su caso, tomar ese tipo de medidas.

Artículo 7.- *Lista de los materiales modificados genéticamente a que se refiere el artículo 2*

La Comisión publicará en su web la lista de los materiales modificados genéticamente que reúnen los requisitos establecidos en el artículo 2. Dicha lista incluirá información sobre el lugar en que se puede acceder al material de referencia certificado según dispone el artículo 17, apartado 3, letra j), del Reglamento (CE) nº 1829/2003 y, cuando proceda, información sobre las medidas adoptadas con arreglo al artículo 6, apartado 3, del presente Reglamento.

Artículo 8.- *Revisión*

La Comisión supervisará la aplicación del presente Reglamento y su impacto en el mercado interior, así como en los explotadores de empresas de piensos, ganaderas y de otro tipo y, cuando proceda, presentará propuestas para modificarlo.

Artículo 9.- *Entrada en vigor*

El presente Reglamento entrará en vigor el vigésimo día siguiente al de su publicación en el Diario Oficial de la Unión Europea.

El presente Reglamento será obligatorio en todos sus elementos y directamente aplicable en cada Estado miembro.

ANEXO I.-
Métodos de muestreo

[Anexo no reproducido en la presente publicación]

ANEXO II.-
Criterios para la preparación de las muestras y métodos de análisis

[Anexo no reproducido en la presente publicación]

Reglamento (CE) n° 641/2004 de la Comisión, de 6 de abril de 2004, sobre las normas de desarrollo del Reglamento (CE) n° 1829/2003 del Parlamento Europeo y del Consejo en lo relativo a la solicitud de autorización de nuevos alimentos y piensos modificados genéticamente, la notificación de productos existentes y la presencia accidental o técnicamente inevitable de material modificado genéticamente cuya evaluación de riesgo haya sido favorable.

Reglamento (CE) n° 1907/2006 del Parlamento Europeo y del Consejo, de 18 de diciembre de 2006, relativo al registro, la evaluación, la autorización y la restricción de las sustancias y preparados químicos (REACH), por el que se crea la Agencia Europea de Sustancias y Preparados Químicos, se modifica la Directiva 1999/45/CE y se derogan el Reglamento (CEE) n° 793/93 del Consejo y el Reglamento (CE) n° 1488/94 de la Comisión así como la Directiva 76/769/CEE del Consejo y las Directivas 91/155/CEE, 93/67/CEE, 93/105/CE y 2000/21/CE de la Comisión.

TG, 21 de septiembre de 2011, Asunto T-1/10, Polyelectrolyte Producers Group GEIE (PPG) y SNF SAS contra Agencia Europea de Sustancias y Preparados Químicos (ECHA). [Interpretación de los Arts. 57 y 59]

TJUE, 5 de mayo de 2011, Asunto C-265/10, Comisión Europea contra Reino de Bélgica. [Interpretación del Art. 126]

TJUE, 7 de julio de 2009, Asunto C-558/07, The Queen, a instancia de S.P.C.M. SA, C.H. Erbslöh KG, Lake Chemicals and Minerals Ltd y Hercules Inc. contra Secretary of State for the Environment, Food and Rural Affairs. [Interpretación del Art. 6(3)]

Reglamento (CE) n° 1882/2006 de la Comisión, de 19 de diciembre de 2006, por el que se establecen los métodos de muestreo y de análisis para el control oficial del contenido de nitratos en ciertos productos alimenticios.

Reglamento (CE) n° 1883/2006 de la Comisión, de 19 de diciembre de 2006, por el que se establecen métodos de muestreo y de análisis para el control oficial de los niveles de dioxinas y PCB similares a las dioxinas en determinados productos alimenticios.

Reglamento (CE) n° 1981/2006 de la Comisión, de 22 de diciembre de 2006, sobre las normas de desarrollo del artículo 32 del Reglamento (CE) n° 1829/2003 del Parlamento Europeo y del Consejo en lo relativo al laboratorio comunitario de referencia para los organismos modificados genéticamente.

Reglamento (CE) n° 440/2008 de la Comisión, de 30 de mayo de 2008, por el que se establecen métodos de ensayo de acuerdo con el Reglamento (CE) n° 1907/2006 del Parlamento Europeo y del Consejo relativo al registro, la evaluación, la autorización y la restricción de las sustancias y preparados químicos (REACH) [V.C. 12/12/2010]

Capítulo 4.- Información al Consumidor y Declaraciones Nutricionales y de Propiedades Saludables

15 de abril de 1987.- Directiva nº 87/250/CEE
de la Comisión,
relativa a la indicación del grado alcohólico volumétrico en las etiquetas de las bebidas alcohólicas destinadas al consumidor final
(D.O. L 113, 30 de abril de 1987)

[Fin de vigencia: *13 de diciembre de 2014*. Texto abrogado por el Reglamento 1169/2011/UE del Parlamento Europeo y del Consejo sobre la información alimentaria facilitada al consumidor y por el que se modifican los Reglamentos (CE) nº 1924/2006 y (CE) nº 1925/2006 del Parlamento Europeo y del Consejo, y por el que se derogan la Directiva 87/250/CEE de la Comisión, la Directiva 90/496/CEE del Consejo, la Directiva 1999/10/CE de la Comisión, la Directiva 2000/13/CE del Parlamento Europeo y del Consejo, las Directivas 2002/67/CE y 2008/5/CE de la Comisión, y el Reglamento (CE) nº 608/2004 de la Comisión]

LA COMISIÓN DE LAS COMUNIDADES EUROPEAS,

Visto el Tratado constitutivo de la Comunidad Económica Europea,

Vista la Directiva 79/112/CEE del Consejo, de 18 de diciembre de 1978, relativa a la aproximación de las legislaciones de los Estados miembros sobre etiquetado y presentación de productos alimenticios destinados al consumidor final, así como a la publicidad sobre dichos productos, cuya última modificación la constituye la Directiva 86/197/CEE, y, en particular, el párrafo segundo del artículo 10 bis,

Considerando que el artículo 3 de la Directiva 79/112/CEE obliga a mencionar el grado alcohólico volumétrico adquirido en las etiquetas de bebidas con un grado superior a 1,2 % de alcohol, en volumen;

Considerando que deben establecerse las modalidades relativas a dicha indicación;

Considerando que, en lo que se refiere a los productos de las partidas nº 22.04 y nº 22.05 del arancel aduanero común, dichas modalidades se determinarán mediante disposiciones comunitarias específicas aplicables a las mismas;

Considerando que todas las demás bebidas con un grado superior a 1,2 % de alcohol, en volumen, se rigen por la presente Directiva;

Considerando que la Directiva 76/766/CEE del Consejo, de 27 de julio de 1976, relativa a la aproximación de las legislaciones de los Estados miembros sobre los cuadros alcoholimétricos establece, en su Anexo, las normas comunitarias relativas a la definición del grado alcohólico volumétrico, a su expresión y a su determinación;

Considerando que la presente Directiva puede limitarse, por ello, a establecer las disposiciones que deben completar dichas normas;

Considerando que, para la fijación de las tolerancias, conviene tener en cuenta la naturaleza de las diferentes bebidas consideradas, el grado de variabilidad observado y las dificultades técnicas que surgen al hacer coincidir el valor declarado y el valor real;

Considerando que deberán adoptarse uno o varios métodos de análisis comunitarios para la determinación, a su debido tiempo, del grado alcohólico volumétrico a fin de permitir una aplicación correcta de la Directiva 79/112/CEE y de la presente Directiva;

Considerando que las medidas previstas en la presente Directiva se ajustan al dictamen del Comité permanente de productos alimenticios,

HA ADOPTADO LA PRESENTE DIRECTIVA:

Artículo 1

La presente Directiva se refiere a la mención del grado alcohólico volumétrico adquirido en las etiquetas de bebidas con un grado superior a 1,2 % de alcohol en volumen, que no sean las de las partidas nº 22.04 y nº 22.05 del arancel aduanero común.

Artículo 2

1. El grado alcohólico se fijará en 20 °C.

2. La cifra correspondiente al grado alcohólico incluirá un decimal como máximo, irá seguida del símbolo «% vol.» y podrá estar precedida de la palabra «alcohol» o de la abreviatura «alc.»

Artículo 3

1. Las tolerancias, en más y en menos, admitidas para la mención del grado alcohólico, expresadas en valores absolutos, serán las siguientes:

a) bebidas no indicadas a continuación: 0,3 % vol.;

b) cervezas de un grado alcohólico inferior a 5,5 % vol.; bedidas de la subpartida 22.07 B II del arancel aduanero común y fabricadas a partir de uva: 0,5 % vol.;

c) cervezas de un grado alcohólico superior a 5,5 %; bebidas de la subpartida 22.07 B I del arancel aduanero común y fabricadas a partir de la uva; sidras, peras y otras bebidas fermentadas similares procedentes de frutas que no sea la uva, eventualmente con gas o espumosas; bebidas a base de miel fermentada: 1 % vol.;

d) bebidas que contengan frutas o partes de plantas en maceración: 1,5 % vol.

2. Las tolerancias mencionadas en el apartado 1 se aplicarán sin perjuicio de las tolerancias que resultan del método de análisis utilizado para la determinación del grado alcohólico.

Artículo 4

1. Los Estados miembros modificarán, si fuera preciso, su legislación para ajustarse a la presente Directiva e informarán inmediatamente a la Comisión al respecto; la legislación así modificada se aplicará de forma que:

- se admita el comercio de los productos que se ajusten a la presente Directiva, a más tardar, el 1 de mayo de 1988,
- se prohíba el comercio de los productos que no se ajusten a la presente Directiva a partir del 1 de mayo de 1989.

2. No obstante, el comercio de las bebidas que no se ajusten a la presente Directiva, etiquetadas con anterioridad a la fecha prevista en el segundo guión del apartado 1, se permitirá hasta que se agoten las existencias.

Artículo 5

Los destinatarios de la presente Directiva serán los Estados miembros.

24 de septiembre de 1990.- Directiva nº 90/496/CEE
del Consejo,
relativa al etiquetado sobre propiedades nutritivas de los productos alimenticios
(D.O. L 276, 6 de octubre 1990)

[V.C. 11/12/2008]

[Fin de vigencia: *13 de diciembre de 2014*. Texto abrogado por el Reglamento 1169/2011/UE del Parlamento Europeo y del Consejo sobre la información alimentaria facilitada al consumidor y por el que se modifican los Reglamentos (CE) nº 1924/2006 y (CE) nº 1925/2006 del Parlamento Europeo y del Consejo, y por el que se derogan la Directiva 87/250/CEE de la Comisión, la Directiva 90/496/CEE del Consejo, la Directiva 1999/10/CE de la Comisión, la Directiva 2000/13/CE del Parlamento Europeo y del Consejo, las Directivas 2002/67/CE y 2008/5/CE de la Comisión, y el Reglamento (CE) nº 608/2004 de la Comisión]

TJUE, 23 de octubre de 2003, Asunto C-40/02, Margareta Scherndl contra Bezirkshauptmannschaft Korneuburg. [Interpretación de los Arts. 1(4)(k) y 6(8)] [Etiquetado sobre propiedades nutritivas de los productos alimenticios - Contenido en vitaminas - Valor declarado - Valor medio - Fecha de referencia - Diferencias admisibles entre valor declarado y valor comprobado en controles oficiales - Proporcionalidad - Seguridad jurídica]

EL CONSEJO DE LAS COMUNIDADES EUROPEAS,

Visto el Tratado constitutivo de la Comunidad Económica Europea y, en particular, su artículo 100 A,

Vista la propuesta de la Comisión,

En cooperación con el Parlamento Europeo,

Visto el dictamen del Comité Económico y Social,

(1) Considerando que es importante adoptar medidas destinadas a establecer progresivamente el mercado interior en el transcurso de un período que terminará el 31 de diciembre de 1992; que el mercado interior comprende un espacio sin fronteras interiores en el que está garantizada la libre circulación de bienes, personas, servicios y capitales;

(2) Considerando que existe un interés público creciente por la relación entre la alimentación y la salud y por la elección de una dieta adecuada a las necesidades individuales;

(3) Considerando que el Consejo y los representantes de los Gobiernos de los Estados miembros reunidos en Consejo, en su Resolución de 7 de julio de 1986 sobre el Programa europeo contra el cáncer, decidieron otorgar prioridad a la mejora de la alimentación;

(4) Considerando que el conocimiento de los principios básicos de la alimentación y un etiquetado adecuado sobre propiedades nutritivas de los alimentos contribuirían en gran medida a capacitar al consumidor para llevar a cabo dicha elección;

(5) Considerando que el etiquetado sobre propriedades nutritivas fomentará presumiblemente una mayor actividad en el campo de la educación alimentaria de los consumidores;

(6) Considerando que el etiquetado sobre propiedades nutritivas debe presentarse en un formato normalizado válido para toda la Comunidad, para que, por un lado, ello redunde en beneficio del consumidor y, por otro, se evite la creación de obstáculos técnicos al comercio;

(7) Considerando que los productos alimenticios provistos de etiquetado sobre propiedades nutritivas deben ajustarse a las normas establecidas en la presente Directiva;

(8) Considerando que debe prohibirse cualquier otro tipo de etiquetado sobre propiedades nutritivas, pero que los productos alimenticios desprovistos de dicho etiquetado deben, no obstante, poder circular libremente;

(9) Considerando que, para interesar al consumidor medio y responder así a los objetivos por los que se introduce la información indicada, y dado el bajo nivel actual de conocimientos en el ámbito de la nutrición, dicha información ha de ser sencilla y de fácil comprensión;

(10) Considerando que la aplicación de la presente Directiva durante un determinado período dará la oportunidad de adquirir una valiosa experiencia en la materia y evaluar las reacciones del consumidor ante la forma de presentar la información sobre propiedades nutritivas de los productos, permitiendo así a la Comisión revisar la normativa y proponer cualquier modificación apropiada;

(11) Considerando que, con el fin de inducir a los medios interesados y, en particular, a las pequeñas y medianas empresas, a facilitar un etiquetado sobre propiedades nutritivas para el mayor número posible de productos, las medidas destinadas a lograr una información más completa y equilibrada deberán introducirse progresivamente;

(12) Considerando que las normas que establece la presente Directiva deben también tomar en consideración las directrices del Codex alimentarius relativas al etiquetado sobre propiedades nutritivas;

(13) Considerando, finalmente, que la Directiva 79/112/CEE del Consejo, de 18 de diciembre de 1978, relativa a la aproximación de las legislaciones de los Estados miembros en materia de etiquetado, presentación y publicidad de los productos alimenticios, modificada en último lugar por la Directiva 89/395/CEE, contiene las disposiciones y definiciones generales en materia de etiquetado; que la presente Directiva puede, pues, limitarse a las disposiciones relativas al etiquetado sobre propiedades nutritivas,

HA ADOPTADO LA PRESENTE DIRECTIVA:

Artículo 1

1. La presente Directiva se refiere al etiquetado sobre propiedades nutritivas de los productos alimenticios listos para su entrega al consumidor final. También se aplicará a los productos alimenticios destinados al suministro a restaurantes, hospitales, comedores y otras colectividades similares, en lo sucesivo denominadas «colectividades».

2. La presente Directiva no se aplicará:

— a las aguas minerales naturales ni a las demás aguas destinadas al consumo humano,

— a los integrantes de dieta/complementos alimenticios.

3. La presente Directiva se aplicará sin perjuicio de las disposiciones en materia de etiquetado que figuran en la Directiva 89/398/CEE del Consejo, de 3 de mayo de 1989, relativa a la aproximación de las legislaciones de los Estados miembros sobre productos destinados a una alimentación especial, así como de las directivas específicas establecidas en el artículo 4 de la mencionada Directiva.

4. A efectos de la presente Directiva, se entenderá por:

a) «etiquetado sobre propiedades nutritivas»: toda información que aparezca en la etiqueta en relación con:

i) el valor energético,

ii) los nutrientes siguientes:

— proteínas,

— hidratos de carbono,

— grasas,

— fibra alimentaria,

— sodio,

— vitaminas y sales minerales, enumeradas en el Anexo, cuando estén presentes en cantidades significativas, tal como se especifica en dicho Anexo.

La Comisión adoptará medidas destinadas a modificar elementos no esenciales de la presente Directiva y a modificar la lista de vitaminas, sales minerales y sus cantidades diarias recomendadas con arreglo al procedimiento de reglamentación con control contemplado en el artículo 10, apartado 3.

b) «declaración de propiedades nutritivas»: toda indicación y todo mensaje publicitario que afirme, sugiera o implique que un producto alimenticio posee propiedades nutritivas concretas por la energía (valor energético) que:

— aporta,

— aporta en proporción reducida o aumentada o

— no aporta,

y/o por los nutrientes que:

— contiene,

— contiene en proporción reducida o aumentada o

— no contiene.

La mención cualitativa o cuantitativa de un nutriente no constituye una declaración de propiedades nutritivas en la medida en que la legislación lo exija.

Según el procedimiento definido en el artículo 10, apartado 2, en determinados casos podrá decidirse si se cumplen las condiciones establecidas en la presente letra.

c) «proteínas»: el contenido en proteínas calculado mediante la fórmula: proteínas = nitrógeno total (Kjeldahl) × 6,25;

d) «hidratos de carbono»: todos los hidratos de carbono metabolizados por el ser humano, incluidos los polialcoholes;

e) «azúcares»: todos los monosacáridos y disacáridos presentes en los alimentos, excluidos los polialcoholes;

f) «grasas»: todos los lípidos, incluidos los fosfolípidos;

g) «saturados»: todos los ácidos grasos que no presenten doble enlace;

h) «monoinsaturados»: todos los ácidos grasos con un doble enlace cis;

i) «poliinsaturados»: todos los ácidos grasos con dobles enlaces cis, cis separados por grupo metileno;

j) «fibra dietética»: la sustancia definida por la Comisión y medida con el método de análisis que determine. Estas medidas, destinadas a modificar elementos no esenciales de la presente Directiva completándola, se adoptarán con arreglo al procedimiento de reglamentación con control contemplado en el artículo 10, apartado 3;

k) «valor medio»: el valor que represente mejor la cantidad de un nutriente contenida en un alimento dado y que tenga en cuenta las tolerancias por diferencias estacionales, hábitos de consumo y otros factores que puedan influir en una variación del valor real.

Artículo 2

1. Con la salvedad de lo dispuesto en el apartado 2, el etiquetado sobre propiedades nutritivas será facultativo.

2. El etiquetado sobre propiedades nutritivas será obligatorio cuando en la etiqueta, la presentación o la publicidad, excluidas las campañas publicitarias colectivas, figure una declaración sobre las mismas.

Artículo 3

Solo se admitirán las declaraciones de propiedades nutritivas relativas al valor energético y a los nutrientes contemplados en el artículo 1, apartado 4, letra a), inciso ii), así como a las sustancias que pertenezcan a una de las categorías de dichos nutrientes o sean componentes de los mismos. La Comisión adoptará las disposiciones relativas a la posible limitación o prohibición de determinadas declaraciones de propiedades nutritivas con arreglo al presente artículo. Estas medidas, destinadas a modificar elementos no esenciales de la presente Directiva completándola, se adoptarán con arreglo al procedimiento de reglamentación con control contemplado en el artículo 10, apartado 3.

Artículo 4

1. Cuando se realice el etiquetado sobre propiedades nutritivas, la información que habrá de facilitarse corresponderá bien al grupo 1, bien al grupo 2 y seguirá el orden establecido a continuación:

Grupo 1

a) valor energético,

b) cantidad de proteínas, hidratos de carbono y grasas;

Grupo 2

a) valor energético,

b) cantidad de proteínas hidratos de carbono, azúcares, grasas, ácidos grasos saturados, fibra alimentaria y sodio.

2. Cuando se haga una declaración de propiedades nutritivas sobre azúcares, ácidos grasos saturados, fibra alimentaria o sodio, la información que habrá de facilitarse corresponderá a la del grupo 2.

3. El etiquetado sobre propiedades nutritivas también podrá incluir la cantidad de una o varias de las siguientes sustancias:

— almidón,

— polialcoholes,

— monoinsaturados,

— poliinsaturados,

— colesterol,

— cualquiera de las vitaminas o sales minerales enumeradas en el Anexo y presentes en cantidades significativas, tal y como se especifica en dicho Anexo.

4. Será obligatorio declarar las sustancias que pertenezcan a una de las categorías de nutrientes que se mencionan en los apartados 1 y 3 o que sean componentes de los mismos cuando dichas substancias sean objeto de una declaración de propiedades nutritivas.

Además, siempre que se indique la cantidad de poliinsaturados y/o monoinsaturados y/o el índice de colesterol, también deberá indicarse la cantidad de ácidos grasos saturados, si bien esta indicación no constituirá, en este caso, una declaración con arreglo al apartado 2.

Artículo 5

1. El valor energético que se declare se calculará mediante los siguientes factores de conversión:

— Hidratos de carbono (salvo los polialcoholes):	4 kcal/g — 17 kJ/g
— Polialcoholes:	2,4 kcal/g — 10 kJ/g
— Proteínas:	4 kcal/g — 17 kJ/g
— Grasas:	9 kcal/g — 37 kJ/g
— Alcohol (etanol):	7 kcal/g — 29 kJ/g
— Acidos orgánicos:	3 kcal/g — 13 kJ/g
— Salatrim:	6 kcal/g — 25kJ/g
— fibra alimentaria:	2 kcal/g — 8 kJ/g
— eritritol:	0 kcal/g — 0 kJ/g

2. A fin de calcular con mayor precisión el valor energético de los productos alimenticios, la Comisión adoptará las disposiciones relativas a las modificaciones de los factores de conversión contemplados en el apartado 1 y a la inclusión en la lista que figura en dicho apartado de sustancias que pertenezcan a una de las categorías de nutrientes mencionadas en el mismo o sean componentes de los mismos, así como a sus factores de conversión. Estas medidas, destinadas a modificar elementos no esenciales de la presente Directiva, se adoptarán con arreglo al procedimiento de reglamentación con control contemplado en el artículo 10, apartado 3.

Artículo 6

1. La declaración del valor energético y del contenido de nutrientes o sus componentes deberá hacerse en forma numérica. Las unidades que deberán utilizarse son las siguientes:

— Energía: kJ y kcal	gramos (g)
— Proteínas:	gramos (g)
— Hidratos de carbono:	gramos (g)
— Grasas (exceptuado el colesterol):	gramos (g)
— Fibra alimentaria:	gramos (g)
— Sodio:	gramos (g)
— Colesterol:	miligramos (mg)
— Vitaminas y sales minerales:	las unidades especificadas en el Anexo.

2. La información deberá expresarse por 100 g o por 100 ml. Además, dicha información podrá darse por unidad cuantificada en la etiqueta o por porción, siempre y cuando se indique el número de porciones contenidas en el envase.

3. De conformidad con el procedimiento establecido en el artículo 10, apartado 2, podrá decidirse que los datos contemplados en los apartados 1 y 2 también puedan facilitarse en forma de gráficos según los modelos que se determinen.

4. Las cantidades mencionadas deberán ser las correspondientes al alimento tal y como el mismo se vende. Cuando proceda, se podrá dar información al respecto del alimento preparado, siempre y cuando se indiquen las instrucciones específicas de preparación con el suficiente detalle y la información se refiera al alimento en el estado listo para el consumo.

5.

a) La información sobre vitaminas y sales minerales también deberá expresarse como porcentaje de las cantidades diarias recomendadas (CDR) indicadas en el Anexo para las cantidades especificadas en el apartado 2.

b) El porcentaje de las cantidades diarias recomendadas (CDR) de vitaminas y sales minerales podrá indicarse también en un gráfico. Podrán adoptarse normas de desarrollo de la presente letra, según el procedimiento que se establece en el artículo 10, apartado 2.

6. Siempre que se declare el contenido en azúcares y/o polialcoholes y/o almidón, esta declaración seguirá inmediatamente a la del contenido de hidratos de carbono, de la siguiente manera:

— hidratos de carbono		g
de los cuales:		
	— azúcares	g
	— polialcoholes	g
	— almidón	g

7. Siempre que se declare la cantidad y/o el tipo de ácidos grasos y/o la cantidad de colesterol, esta declaración seguirá inmediatamente a la del contenido total en grasas, de la siguiente manera:

— grasas		g
de los cuales		
	— saturados	g
	— monoinsaturados	g
	— poliinsaturadso	g
	— colesterol	mg

8. Las cifras declaradas deberán ser valores medios obtenidos, según el caso, a partir de:

a) el análisis del alimento efectuado por el fabricante;

b) el cálculo efectuado a partir de los valores medios conocidos o efectivos de los ingredientes utilizados;

c) los cálculos a partir de datos generalmente establecidos y aceptados.

Las normas de desarrollo del primer párrafo por lo que respecta, sobre todo, a las diferencias entre los valores declarados y los comprobados en los controles oficiales se establecerán de conformidad con el procedimiento establecido en el artículo 10, apartado 2.

Artículo 7

1. La información objeto de la presente Directiva deberá aparecer agrupada en un mismo lugar, estructurada toda ella en forma tabular y, si el espacio lo permitiere, con las cifras en columna. Si no hubiere suficiente espacio se utilizará la forma lineal.

La información se pondrá en un lugar visible, en caracteres claramente legibles e indelebles.

2. Los Estados miembros se asegurarán de que la información objeto de la presente Directiva aparezca en una lengua que el comprador entienda fácilmente, salvo si la información del consumidor se garantiza por otros medios. Esta disposición no obsta para que dicha información aparezca en varias lenguas.

3. Los Estados miembros no impondrán requisitos más específicos de los que establece la presente Directiva sobre el etiquetado de propiedades nutritivas.

Artículo 8

En lo que se refiere a los productos alimenticios que no se presenten preenvasados a la venta al consumidor final y a las colectividades o a los productos alimenticios envasados en los lugares de venta a solicitud del comprador o preenvasados con vistas a su venta inmediata, el alcance de la información que se contempla en el artículo 4, así como las modalidades de comunicación de dicha información, podrán establecerse mediante disposiciones nacionales hasta la eventual adopción de medidas por la Comisión. Estas medidas, destinadas a modificar elementos no esenciales de la presente Directiva completándola, se adoptarán con arreglo al procedimiento de reglamentación con control contemplado en el artículo 10, apartado 3.

Artículo 9

Cualquier medida que pudiera tener incidencia sobre la salud pública deberá adoptarse previa consulta al Comité científico de la alimentación humana, creado mediante la Decisión 74/234/CEE de la Comisión.

Artículo 10

1. La Comisión estará asistida por el Comité Permanente de la Cadena Alimentaria y de Sanidad Animal, creado por el artículo 58 del Reglamento (CE) nº 178/2002, denominado en lo sucesivo «Comité».

2. En los casos en que se haga referencia al presente artículo, serán de aplicación los artículos 5 y 7 de la Decisión 1999/468/CE, observando lo dispuesto en su artículo 8.

El plazo contemplado en el apartado 6 del artículo 5 de la Decisión 1999/468/CE queda fijado en tres meses.

3. En los casos en que se haga referencia al presente apartado, serán de aplicación el artículo 5 bis, apartados 1 a 4, y el artículo 7 de la Decisión 1999/468/CE, sin perjuicio de lo dispuesto en su artículo 8.

Artículo 11

1. Los Estados miembros adoptarán las medidas necesarias para dar cumplimiento a la presente Directiva e informarán de ello inmediatamente a la Comisión. Dichas medidas se aplicarán de manera que:

— permitan, a más tardar el 1 de abril de 1992, el comercio de productos que se ajusten a la presente Directiva;

— prohíban, con efecto a partir del 1 de octubre de 1993, el comercio de productos que no se ajusten a la presente Directiva.

2. Hasta el 1 de octubre de 1995, la mención en el etiquetado sobre propiedades nutritivas, con carácter voluntario o a raíz de una declaración, de uno o de varios de los siguientes nutrientes: azúcares, ácidos grasos saturados, fibra alimentaria, sodio, no implicará la obligación que se contempla en los apartados 1 y 2 del artículo 4 de mencionar la totalidad de estos nutrientes.

3. El 1 de octubre de 1998 la Comisión transmitirá al Parlamento Europeo y al Consejo un informe sobre la aplicación de la presente Directiva. Transmitirá, simultáneamenteen su caso, cualquier propuesta de modificación adecuada.

Artículo 12

Los destinatarios de la presente Directiva serán los Estados miembros.

ANEXO I.-

Vitaminas y sales minerales que pueden declararse y sus cantidades diarias recomendadas (CDR)

[Anexo no reproducido en la presente publicación]

ANEXO II.-

Definición de la sustancia que constituye fibra alimentaria y métodos de análisis a los que se refiere el artículo 1, apartado 4, letra j)

[Anexo no reproducido en la presente publicación]

31 de mayo de 1999.- Directiva nº 1999/45/CE

del Parlamento Europeo y del Consejo,

sobre la aproximación de las disposiciones legales, reglamentarias y administrativas de los Estados miembros relativas a la clasificación, el envasado y el etiquetado de preparados peligrosos

(D.O. L 200, 30 de julio de 1999)

[V.C. 20/01/2009]

[Fin de vigencia: *1º de junio de 2015.* Texto abrogado por el Reglamento (CE) nº 1272/2008 del Parlamento Europeo y del Consejo, sobre clasificación, etiquetado y envasado de sustancias y mezclas, y por el que se modifican y derogan las Directivas 67/548/CEE y 1999/45/CE y se modifica el Reglamento (CE) nº 1907/2006]

TJUE, 7 de julio de 2009, Asunto C-558/07, The Queen, a instancia de S.P.C.M. SA, C.H. Erbslöh KG, Lake Chemicals and Minerals Ltd y Hercules Inc. contra Secretary of State for the Environment, Food and Rural Affairs. [interpretación del Art. 6 (3)] [Registro, evaluación, autorización y restricción de estas sustancias (REACH) - Concepto de "sustancias monómeras"]

EL PARLAMENTO EUROPEO Y EL CONSEJO DE LA UNIÓN EUROPEA,

Visto el Tratado constitutivo de la Comunidad Europea y, en particular, su artículo 95,

Vista la propuesta de la Comisión,

Vista el dictamen del Comité Económico y Social,

Con arreglo al procedimiento establecido en el artículo 251 del Tratado,

(1) Considerando que la Directiva 88/379/CEE del Consejo, de 7 de junio de 1988, sobre la aproximación de las disposiciones legales, reglamentarias y administrativas de los Estados miembros relativas a la clasificación, envasado y etiquetado de preparados peligrosos ha sido modificada en varias ocasiones; que, puesto que vuelven a introducirse nuevas modificaciones, conviene por razones de claridad refundir el texto de dicha Directiva;

(2) Considerando que, a pesar de las disposiciones comunitarias, las considerables disparidades existentes entre las normativas de los Estados miembros en materia de clasificación, envasado y etiquetado de determinados preparados peligrosos pueden obstaculizar el comercio entre los Estados miembros, crear condiciones desiguales de competencia e incidir directamente en el funcionamiento del mercado interior; que, por consiguiente, es necesario eliminar dicho obstáculo al comercio aproximando las disposiciones legales pertinentes en vigor en los Estados miembros;

(3) Considerando que las medidas para la aproximación de las disposiciones de los Estados miembros que tienen por objeto el establecimiento y el funcionamiento del mercado interior deben basarse en un nivel de protección elevado, siempre que se refieran a la salud, la seguridad y la protección del hombre y del medio ambiente; que la presente Directiva debe asimismo garantizar la protección de la población en general, de los consumidores, del medio ambiente y, en particular, de las personas que entren en contacto con dichos preparados peligrosos, ya sea en su trabajo o durante cualquier actividad recreativa;

(4) Considerando que los envases que contengan determinadas categorías de preparados ofrecidos o vendidos al público en general deben ir provistos de cierres de seguridad para niños y/o llevar una marca de peligro sensible al tacto; que determinados preparados no incluidos en esas categorías de peligro pueden, no obstante, debido a su composición, presentar un peligro para los niños; que, por consiguiente, los envases de dichos preparados deben ir provistos de cierres de seguridad para niños;

(5) Considerando que, en lo que respecta a los preparados comercializados en estado gaseoso, es necesario precisar las concentraciones límite expresadas en porcentaje volumen/volumen;

(6) Considerando que la presente Directiva contiene disposiciones especiales sobre el etiquetado de determinados preparados; que, para garantizar un nivel adecuado de protección del hombre y del medio ambiente, se deben introducir asimismo disposiciones de etiquetado especiales en relación con determinados preparados que, aun no siendo peligrosos con arreglo a la definición de la presente Directiva, pueden, sin embargo, entrañar algún peligro para el usuario;

(7) Considerando que el 30 de abril de 1992 el Consejo adoptó la Directiva 92/32/CEE por la que se modifica por séptima vez la Directiva 67/548/CEE relativa a la aproximación de las disposiciones legales, reglamentarias y administrativas en materia de clasificación, envasado y etiquetado de sustancias peligrosas, y que, el 27 de abril de 1993, la Comisión adoptó la Directiva 93/21/CEE por la que se adapta al progreso técnico, por decimoctava vez, la Directiva 67/548/CEE; que estas Directivas introdujeron nuevos criterios de clasificación y etiquetado de los peligros para el medio ambiente, con los símbolos adecuados, indicaciones de peligro, frases de riesgo y consejos de prudencia que han de figurar en el etiquetado; que deben adoptarse al nivel comunitario disposiciones sobre la clasificación y el etiquetado de los preparados para tener en cuenta sus repercusiones en el medio ambiente y que, por consiguiente, conviene establecer un método de evaluación de los peligros que puede presentar un determinado preparado para el medio ambiente, bien mediante cálculos, bien mediante la determinación de las propiedades ecotoxicológicas a través de ensayos realizados en condiciones perfectamente definidas;

(8) Considerando que conviene reducir al mínimo el número de animales utilizados para la experimentación, de conformidad con las disposiciones de la Directiva 86/609/CEE del Consejo, de 24 de noviembre de 1986, relativa a la aproximación de las disposiciones legales, reglamentarias y administrativas de los Estados miembros respecto a la protección de los animales utilizados para experimentación y otros fines científicos; que la citada Directiva precisa, en el apartado 2 de su artículo 7, que no se realizarán ensayos si existe la posibilidad razonable y práctica de recurrir a otro método científicamente aceptable y que no implique la utilización de un animal para obtener el resultado deseado y que, por consiguiente, la presente Directiva sólo recurre a los resultados de las evaluaciones de las propiedades toxicológicas y ecotoxicológicas cuando éstos ya se conocen y no obliga a la realización de nuevos ensayos con animales;

(9) Considerando que es necesario establecer qué experiencia humana podría considerarse para la evaluación de los riesgos de la salud a causa de un preparado; que, si bien pueden aceptarse estudios clínicos, se entiende que dichos estudios se ajustan a la Declaración de Helsinki y a las Directrices de la Organización de Cooperación y Desarrollo Económico (OCDE) sobre las buenas prácticas clínicas;

(10) Considerando que las características de las aleaciones son tales que puede que no sea posible definir con exactitud sus propiedades utilizando los métodos convencionales actualmente disponibles; que, por consiguiente, es necesario desarrollar un método específico de clasificación que tenga en cuenta sus particulares propiedades químicas; que la Comisión, en consulta con los Estados miembros, estudiará la mencionada necesidad y, si procede, presentará una propuesta antes de la fecha de aplicación de la presente Directiva;

(11) Considerando que conviene revisar los criterios de clasificación, envasado y etiquetado de los productos fitosanitarios contemplados por la Directiva 78/631/CEE del Consejo, de 26 de junio de 1978, relativa a la aproximación de las legislaciones de los Estados miembros en materia de clasificación, envasado y etiquetado de los preparados peligrosos (plaguicidas), atendiendo a los avances científicos y técnicos así como a la modificación de las normativas como consecuencia de la aplicación de la Directiva 91/414/CEE del Consejo, de 15 de julio de 1991, relativa a la comercialización de productos fitosanitarios;

(12) Considerando que la Directiva 91/414/CEE y la Directiva 98/8/CE del Parlamento Europeo y del Consejo, de 16 de febrero de 1998, relativa a la comercialización de biocidas, a diferencia de las disposiciones aplicables a los preparados químicos a que se refiere la presente Directiva, contemplan un procedimiento de autorización para cada producto atendiendo a un expediente presentado por el solicitante y a una evaluación realizada por la autoridad competente de cada Estado miembro; que, además, ese procedimiento de autorización incluye un control específico de la clasificación, envasado y etiquetado de cada producto antes de su comercialización; que es conveniente preservar la transparencia del proceso de información clasificando y etiquetando los productos fitosanitarios de acuerdo con las disposiciones de la presente Directiva, así como facilitando las instrucciones de uso con arreglo a los resultados de la evaluación realizada en el marco de la Directiva 91/414/CEE y asegurando que el etiquetado satisface el alto nivel de protección que persiguen tanto la presente Directiva como la

Directiva 91/414/CEE; que, como complemento, se ha de rellenar una ficha de datos de seguridad de los productos fitosanitarios de acuerdo con la presente Directiva;

(13) Considerando que procede establecer, en relación con el etiquetado relativo al medio ambiente, la posibilidad de acordar excepciones o disposiciones específicas en casos concretos en los que pueda demostrarse que el impacto medioambiental global de estos tipos de productos es menor que el de los tipos de productos correspondientes;

(14) Considerando que, si bien las municiones no se incluyen en esta Directiva, los explosivos comercializados con objeto de producir un efecto explosivo o pirotécnico pueden, por sus composiciones químicas, presentar riesgos para la salud, y que, por tanto, resulta necesario, por un lado, y en aras de la transparencia de la información, clasificarlos y asignarles una ficha de datos de seguridad según las disposiciones de la presente Directiva y, por otro, etiquetarlos según las normas internacionales utilizadas para el transporte de mercancías peligrosas;

(15) Considerando que, para tener en cuenta determinados preparados que, aunque no se consideren peligrosos según las disposiciones de la presente Directiva, pueden, sin embargo, suponer un peligro para los usuarios, resulta necesario ampliar algunas disposiciones de la presente Directiva a dichos preparados;

(16) Considerando que la etiqueta tiene una utilidad fundamental para los usuarios de preparados peligrosos al proporcionarles una primera información esencial y concisa; que, sin embargo, debe completarse mediante un sistema doble de información más detallada, es decir, en primer lugar una ficha de datos de seguridad destinada a los usuarios profesionales, como se define en la Directiva 91/155/CEE de la Comisión, de 5 de marzo de 1991, por la que se definen y fijan, en aplicación del artículo 10 de la Directiva 88/379/CEE del Consejo, las modalidades del sistema de información específica relativa a los preparados peligrosos, y en segundo lugar los organismos designados por los Estados miembros responsables de facilitar información exclusivamente a efectos médicos, preventivos o curativos;

(17) Considerando que la Comisión, basándose en la información que le faciliten los Estados miembros y las distintas partes interesadas, presentará en el plazo de dos años a partir de la entrada en vigor de la presente Directiva un informe al Parlamento Europeo y al Consejo sobre la experiencia adquirida con el actual enfoque global del etiquetado de los preparados peligrosos y, en particular, sobre su comprensión y aplicación por parte de los usuarios, la experiencia en campañas publicitarias y programas de educación y formación; que, basándose en dicho informe, la Comisión presentará las propuestas oportunas en caso necesario;

(18) Considerando que es necesario exigir fichas de datos de seguridad que faciliten información adecuada sobre los peligros que corren las personas y el medio ambiente a causa de los preparados no clasificados como peligrosos con arreglo a la presente Directiva pero que contengan sustancias clasificadas como peligrosas o que tengan un límite de exposición comunitario; que la Comisión, basándose en la información facilitada por los Estados miembros, revisará la Directiva 91/155/CEE y presentará, si procede, las propuestas antes de la fecha de aplicación de la presente Directiva;

(19) Considerando que, en el caso de los preparados clasificados como peligrosos con arreglo a la presente Directiva, es pertinente permitir a los Estados miembros que autoricen determinadas excepciones respecto del etiquetado cuando el envase sea demasiado pequeño, o no apto para el etiquetado, o cuando se trate de un envase tan pequeño o de unas cantidades tan pequeñas que no exista motivo alguno para temer que las personas o el medio ambiente corran peligro; que en dichos casos debería también prestarse la oportuna consideración a la aproximación de dichas disposiciones a escala comunitaria; que en esos casos la Comisión estudiará las necesidades de armonización y, si procede, presentará propuestas;

(20) Considerando que conviene garantizar la confidencialidad de determinadas sustancias contenidas en los preparados y que, por consiguiente, es necesario crear un sistema que permita a la persona responsable de la comercialización del preparado solicitar la confidencialidad respecto a esas sustancias;

(21) Considerando que las disposiciones de la presente Directiva observarán el compromiso adquirido por la Comunidad y sus Estados miembros, con arreglo a los objetivos de desarrollo sostenible establecidos en el capítulo 19 del Programa 21, en la Conferencia de las Naciones Unidas sobre el Medio Ambiente y el Desarrollo (CNUMDA) celebrada en junio de 1992 en Río de Janeiro, de procurar armonizar los sistemas de clasificación de las sustancias y los preparados peligrosos;

(22) Considerando que la Comisión debería asumir las competencias necesarias para adaptar todos los anexos de la presente Directiva al progreso técnico;

(23) Considerando que la adopción de la presente Directiva no debería afectar las obligaciones de los Estados miembros en lo que respecta a la incorporación a su Derecho interno y a la aplicación de las Directivas indicadas en el anexo VIII;

(24) Considerando que conviene que las Directivas indicadas en el anexo VIII queden derogadas en determinadas condiciones; que conviene que las condiciones de derogación de las Directivas indicadas en el anexo VIII sean especificadas en lo que se refiere a Austria, Finlandia y Suecia a fin de tener en cuenta el nivel actual de sus legislaciones, en particular en lo que se refiere a la protección de la salud y del medio ambiente,

HAN ADOPTADO LA PRESENTE DIRECTIVA:

Artículo 1.- *Objetivos y ámbito de aplicación*

1. La presente Directiva tiene por objeto la aproximación de las disposiciones legales, reglamentarias y administrativas de los Estados miembros relativas a:

— la clasificación, el envasado y el etiquetado de los preparados peligrosos, y

— la aproximación de disposiciones específicas para determinados preparados que pueden presentar un peligro, estén o no clasificados como peligrosos en el sentido de la presente Directiva cuando estos preparados se comercialicen en los Estados miembros.

2. La presente Directiva se aplicará a los preparados que:

— contengan al menos una sustancia peligrosa en el sentido del artículo 2, y

— se consideren peligrosos en el sentido de los artículos 5, 6 o 7.

3. Las disposiciones particulares que figuran en:

— el artículo 9 y se definen en el anexo IV,

— el artículo 10 y se definen en el anexo V, y

— el artículo 14

se aplicarán también a los preparados no peligrosos, en el sentido de los artículos 5, 6 y 7, pero que, sin embargo, puedan presentar un peligro específico.

4. Sin perjuicio de las disposiciones de la Directiva 91/414/CEE, los artículos sobre clasificación envasado, etiquetado y fichas de datos de seguridad de la presente Directiva se aplicarán a los productos fitosanitarios.

5. La presente Directiva no se aplicará a los preparados siguientes en la fase de producto terminado destinados al usuario final:

a) los medicamentos de uso humano o veterinario tal como los define la Directiva 65/65/CEE del Consejo;

b) los productos cosméticos tal como los define la Directiva 76/768/CEE del Consejo;

c) las mezclas de sustancias que, en forma de residuos, son objeto de las Directivas 75/442/CEE y 78/319/CEE del Consejo;

d) los productos alimenticios;

e) los alimentos para animales;

f) los preparados que contienen sustancias radiactivas como las definidas en la Directiva 80/836/Euratom del Consejo;

g) aquellos productos sanitarios que sean invasivos o se apliquen en contaco directo con el cuerpo humano, siempre que las medidas comunitarias establezcan para las sustancias y preparados peligrosos normas de clasificación y etiquetado que garanticen el mismo nivel de información y de protección que la presente Directiva.

6. La presente Directiva no se aplicará:

— al transporte de preparados peligrosos por ferrocarril, carretera o vía fluvial, marítima o aérea,

— a los preparados en tránsito sometidos a control aduanero, siempre que no sean objeto de un tratamiento o de una transformación.

Artículo 2.- *Definiciones*

1. A efectos de la presente Directiva, se entenderá por:

a) «sustancias»: los elementos químicos y sus compuestos en estado natural o los obtenidos mediante cualquier procedimiento de producción incluidos los aditivos necesarios para conservar la estabilidad del producto y las impurezas que resulten del procedimiento utilizado y excluidos los disolventes que puedan separarse sin afectar la estabilidad de la sustancia ni modificar su composición;

b) «preparados»: las mezclas o soluciones compuestas por dos o más sustancias;

c) «polímero»: una sustancia constituida por moléculas caracterizadas por la secuencia de uno o varios tipos de unidades monoméricas y que incluye una mayoría ponderal simple de moléculas que contienen al menos tres unidades monoméricas con enlaces de covalencia con otra unidad monométrica u otro reactante como mínimo y constituida por menos de una mayoría ponderal simple de moléculas del mismo peso molecular. Dichas moléculas deben repartirse en una distribución de pesos moleculares en la que las diferencias de peso molecular puedan principalmente atribuirse a diferencias en el número de unidades monoméricas. En el contexto de esta definición, se entenderá por «unidad monomérica» la forma reactada de un monómero en un polímero;

d) [...];

e) «comercialización»: el suministro o la puesta a disposición de terceros del producto. A efectos de la presente Directiva, la importación en el territorio aduanero de la Comunidad se considerará comercialización;

f) «investigación y desarrollo científicos»: los experimentos científicos y los análisis e investigaciones químicas efectuados bajo condiciones controladas; esta definición incluye la determinación de las propiedades intrínsecas, del rendimiento y de la eficacia, así como la investigación científica relacionada con el desarrollo de productos;

g) «investigación y desarrollo de la producción»: el desarrollo ulterior de una sustancia durante el cual se prueban los ámbitos de aplicación de dicha sustancia utilizando plantas piloto o pruebas de producción;

h) «Einecs» (European Inventory of Existing Commercial Chemical Substances): catálogo europeo de sustancias químicas comercializadas. Dicho catálogo establece la lista definitiva de todas las sustancias químicas que en principio se encontraban en el mercado comunitario el 18 de septiembre de 1981.

2. A efectos de la presente Directiva, se considerarán «peligrosas» las sustancias y preparados siguientes:

a) explosivos: las sustancias y preparados sólidos, líquidos, pastosos o gelatinosos que, incluso en ausencia del oxígeno del aire, pueden reaccionar de forma exotérmica con rápida formación de gases y que, en condiciones de ensayo determinadas, detonan, deflagran rápidamente o, bajo el efecto del calor, en caso de confinamiento parcial, explotan;

b) comburentes: las sustancias y preparados que, en contacto con otras sustancias, en especial con sustancias inflamables, producen una reacción fuertemente exotérmica;

c) extremadamente inflamables: las sustancias y preparados líquidos que tengan un punto de inflamación extremadamente bajo y un punto de ebullición bajo, y las sustancias y preparados gaseosos que, a temperatura y presión ambientes, sean inflamables en contacto con el aire;

d) fácilmente inflamables:

— las sustancias y preparados que pueden calentarse y finalmente inflamarse en contacto con el aire a temperatura ambiente sin aporte de energía, o

— las sustancias y preparados sólidos que pueden inflamarse fácilmente tras un breve contacto con una fuente de inflamación y que siguen quemándose o consumiéndose una vez retirada dicha fuente, o

— las sustancias y preparados en estado líquido cuyo punto de inflamación es muy bajo, o

— las sustancias y preparados que, en contacto con agua o con aire húmedo, desprenden gases extremadamente inflamables en cantidades peligrosas;

e) inflamables: las sustancias y preparados líquidos cuyo punto de ignición es bajo;

f) muy tóxicos: las sustancias y preparados que, por inhalación, ingestión o penetración cutánea en muy pequeña cantidad pueden provocar la muerte o perjuicios agudos o crónicos para la salud;

g) tóxicos: las sustancias y preparados que, por inhalación, ingestión o penetración cutánea en pequeñas cantidades provocar la muerte o perjuicios agudos o crónicos para la salud;

h) nocivos: las sustancias y preparados que, por inhalación, ingestión o penetración cutánea pueden provocar la muerte o perjuicios agudos o crónicos para la salud;

i) corrosivos: las sustancias y preparados que, en contacto con tejidos vivos, pueden ejercer una acción destructiva de los mismos;

j) irritantes: las sustancias y preparados no corrosivos que, por contacto breve, prolongado o repetido con la piel o las mucosas pueden provocar una reacción inflamatoria;

k) sensibilizantes: las sustancias y preparados que, por inhalación o penetración cutánea, pueden ocasionar una reacción de hipersensibilización, de forma que una exposición posterior a esa sustancia o preparado de lugar a efectos nocivos característicos;

l) carcinógenos: las sustancias y preparados que, por inhalación, ingestión o penetración cutánea, pueden producir cáncer o aumentar su frecuencia;

m) mutágenos: las sustancias y preparados que, por inhalación, ingestión o penetración cutánea, pueden producir defectos genéticos hereditarios o aumentar su frecuencia;

n) tóxicos para la reproducción: las sustancias o preparados que, por inhalación, ingestión o penetración cutánea, pueden producir efectos nocivos no hereditarios en la descendencia, o aumentar la frecuencia de éstos, o afectar de forma negativa a la función o a la capacidad reproductora masculina o femenina;

o) peligrosos para el medio ambiente: las sustancias o preparados que, en caso de contacto con el medio ambiente, constituirían o podrían constituir un peligro inmediato o futuro para uno o más componentes del medio ambiente.

Artículo 3.- *Determinación de las propiedades peligrosas de los preparados*

1. La evaluación de los peligros de un preparado se basa en la determinación de las:

— propiedades fisicoquímicas,

— propiedades con efectos sobre la salud,

— propiedades con efectos sobre el medio ambiente.

Estas diferentes propiedades deben evaluarse conforme a las disposiciones fijadas en los artículos 5, 6 y 7.

Cuando se proceda a ensayos de laboratorio, deberán realizarse en el preparado tal como se comercializa.

2. Cuando se proceda a la determinación de las propiedades peligrosas con arreglo a los artículos 5, 6 y 7, se tomarán en consideración, según las modalidades indicadas por el método utilizado, todas las sustancias peligrosas definidas en el artículo 2 y, en particular, las que:

— figuran en la parte 3 del anexo VI del Reglamento (CE) nº 1272/2008 del Parlamento Europeo y del Consejo, de 16 de diciembre de 2008, sobre clasificación, etiquetado y envasado de sustancias y mezclas,

— figuran en el inventario Elincs (European List of Notified Chemical Substances) conforme al artículo 21 de la Directiva 67/548/CEE,

— estén clasificadas y etiquetadas provisionalmente por el responsable de la comercialización con arreglo al artículo 6 de la Directiva 67/548/CEE,

— estén clasificadas y etiquetadas con arreglo al artículo 7 de la Directiva 67/548/CEE y aún no figuran en el inventario Elincs,

— estén contempladas en el artículo 8 de la Directiva 67/548/CEE,

— estén clasificadas y etiquetadas con arreglo al artículo 13 de la Directiva 67/548/CEE.

3. En el caso de los preparados sujetos a la presente Directiva, deben tomarse en consideración las sustancias peligrosas contempladas en el apartado 2 anterior y que han sido clasificadas como peligrosas por sus efectos sobre la salud y/o el medio ambiente, ya estén presentes como impurezas o como aditivos, cuando su concentración sea igual o superior a la definida en el cuadro siguiente, salvo si se fijan valores inferiores en el parte 3 del anexo VI del Reglamento (CE) nº 1272/2008, en la parte B del anexo II de la presente Directiva o en la parte B de su anexo III, a no ser que se especifique lo contrario en el anexo V de la presente Directiva.

Categoría de peligro de las sustancias	Concentraciones para	
	preparados gaseosos (vol/vol %)	otros preparados (peso/peso %)
Muy tóxica	≥ 0,02	≥ 0,1
Tóxica	≥ 0,02	≥ 0,1
Carcinógena Categoría 1 o 2	≥ 0,02	≥ 0,1
Mutágena Categoría 1 o 2	≥ 0,02	≥ 0,1
Tóxica para la reproducción	≥ 0,02	≥ 0,1

Categoría 1 o 2		
Nociva	≥ 0,2	≥ 1
Corrosiva	≥ 0,02	≥ 1
Irritante	≥ 0,2	≥ 1
Sensibilizante	≥ 0,2	≥ 1
Carcinógena Categoría 3	≥ 0,2	≥ 1
Mutágena Categoría 3	≥ 0,2	≥ 1
Tóxica para la reproducción Categoría 3	≥ 0,2	≥ 1
Peligrosa para el medio ambiente («N»)		≥ 0,1
Peligrosa para el medio ambiente ozono	≥ 0,1	≥ 0,1
Peligrosa para el medio ambiente		≥ 1

Artículo 4.- *Principios generales de clasificación y etiquetado*

1. La clasificación de los preparados peligrosos en función del grado y la naturaleza específica de los peligros se basará en las definiciones de las categorías de peligro que figuran en el artículo 2.

2. Los principios generales de clasificación y etiquetado de los preparados se aplicarán según los criterios definidos en el anexo VI de la Directiva 67/548/CEE, salvo en caso de que se apliquen los otros criterios a los que se refieren los artículos 5, 6, 7 o 10 y los anexos correspondientes de la presente Directiva.

Artículo 5.- *Evaluación de los peligros que se derivan de las propiedades fisicoquímicas*

1. Los peligros que se derivan de las propiedades fisicoquímicas de un preparado se evaluarán mediante la determinación, según los métodos especificados en la parte A del anexo V de la Directiva 67/548/CEE, de las propiedades fisicoquímicas del preparado necesarias para una clasificación y etiquetado adecuados, conforme a los criterios definidos en el anexo VI de la Directiva antes citada.

2. Como excepción al apartado 1, la determinación de las propiedades tanto explosivas como comburentes, extremadamente inflamables, fácilmente inflamables o inflamables de un preparado no será necesaria a condición de que:

— ninguno de sus componentes presente tales propiedades y que, sobre la base de la información de que disponga el fabricante, sea poco probable que el preparado presente dichos riesgos,

— en caso de modificación de la composición de un preparado de composición conocida, haya justificación científica para considerar que una reevaluación del peligro no dará lugar a una modificación de la clasificación,

— si se comercializa en forma de aerosoles, responda a lo dispuesto en el artículo 9 bis de la Directiva 75/324/CEE del Consejo,

3. En algunos casos en los que no son adecuados los métodos de la parte A del anexo V de la Directiva 67/548/CEE, se mencionan métodos alternativos de cálculo en la parte B del anexo I de la presente Directiva.

4. En la parte A del anexo I de la presente Directiva se mencionan algunas excepciones a la aplicación de los métodos de la parte A del anexo V de la Directiva 67/548/CEE.

5. Los peligros que se derivan de las propiedades fisicoquímicas de un preparado contemplado por la Directiva 91/414/CEE se evaluarán mediante la determinación de las propiedades del preparado necesarias para una clasificación adecuada, conforme a los criterios definidos en el anexo VI de la Directiva 67/548/CEE. Estas propiedades fisicoquímicas se determinarán mediante los métodos establecidos en la parte A del anexo V de la Directiva 67/548/CEE, a menos que otros métodos reconocidos internacionalmente sean aceptables con arreglo a las disposiciones de los anexos II y III de la Directiva 91/414/CEE.

Artículo 6.- *Evaluación de los peligros para la salud*

1. Los peligros que un preparado presenta para la salud se determinarán mediante uno o varios de los procedimientos siguientes:

a) un método convencional descrito en el anexo II;

b) la determinación de las propiedades toxicológicas del preparado necesarias para una clasificación apropiada de conformidad con los criterios definidos en el anexo VI de la Directiva 67/548/CEE. Estas propiedades se determinarán según los métodos indicados en la parte B del anexo V de dicha Directiva, a menos que, en el caso de los productos fitosanitarios, otros métodos reconocidos internacionalmente sean aceptables con arreglo a las disposiciones de los anexos II y III de la Directiva 91/414/CEE.

2. Sin perjuicio de los requisitos establecidos en la Directiva 91/414/CEE, exclusivamente cuando la persona responsable de la comercialización del preparado demuestre científicamente que las propiedades toxicológicas de dicho preparado no se pueden determinar correctamente por el método a que se refiere la letra a) del apartado 1, ni tampoco basándose en los resultados de ensayos disponibles realizados en animales, podrán aplicarse los métodos contemplados en la letra b) del apartado 1, a condición de que estén justificados o hayan sido expresamente autorizados con arreglo al artículo 12 de la Directiva 86/609/CEE.

Cuando se establezca una propiedad toxicológica mediante los métodos a que se refiere la letra b) del apartado 1 con el fin de obtener nuevos datos, el ensayo se llevará a cabo según los principios de prácticas correctas de laboratorio establecidos en la Directiva 87/18/CEE del Consejo, de 18 de diciembre de 1986, sobre la aproximación de las disposiciones legales, reglamentarias y administrativas relativas a la aplicación de los principios de prácticas correctas de laboratorios y al control de su aplicación para las pruebas sobre las sustancias químicas y en las disposiciones de la Directiva 86/609/CEE y, en particular, de sus artículos 7 y 12.

Sin perjuicio de lo dispuesto en el apartado 3, cuando se haya establecido la existencia de una propiedad toxicológica mediante uno de los dos métodos señalados en las letras a) y b) del apartado 1, para clasificar el preparado se emplearán los resultados de los métodos contemplados en la letra b) del apartado 1, salvo en el caso de efectos carcinógenos, mutágenos y tóxicos para la reproducción, en los que sólo se aplicará el método mencionado en la letra a) del apartado 1.

Cada una o varias de las propiedades toxicólogicas del preparado que no sean evaluadas según el método contemplado en la letra b) del apartado 1 se evaluarán mediante el método contemplado en la letra a) del apartado 1.

3. Además, cuando se pueda probar:

— por estudios epidemiológicos, por estudios de casos validados científicamente tal como se especifica en el anexo VI de la Directiva 67/548/CEE, o por la experiencia basada en datos estadísticos, por ejemplo, mediante la evaluación de datos procedentes de los centros de información sobre intoxicación o los relativos a las enfermedades profesionales, que los efectos toxicológicos sobre el hombre difieren de los que parecen indicar los métodos mencionados en el apartado 1, el preparado se clasificará en función de sus efectos sobre las personas,

— que una evaluación convencional induciría a subestimar el peligro toxicológico a causa de efectos tales como la potenciación, dichos efectos serán tenidos en cuenta al clasificar el preparado,

— que una evaluación convencional induciría a subestimar el peligro toxicólogico a causa de efectos tales como el antagonismo, dichos efectos serán tenidos en cuenta en la clasificación del preparado.

4. Para los preparados de composición conocida, salvo los previstos en la Directiva 91/414/CEE, clasificados según el método mencionado en la letra b) del apartado 1, se efectuará una nueva evaluación del peligro para la salud mediante los métodos de las letras a) o b) del apartado 1 cuando:

— el fabricante modifique el contenido inicial expresado en porcentaje peso/peso o volumen/volumen de uno o varios de los componentes peligrosos para la salud que formen parte de su composición, de acuerdo con el cuadro síguiente:

Intervalo de concentración inicial del componente	Variación de concentración inicial del componente permitida
≤ 2,5 %	± 30 %
> 2,5 ≤ 10 %	± 20 %
> 10 ≤ 25 %	± 10 %
> 25 ≤ 100 %	± 5 %

— el fabricante modifique su composición sustituyendo o añadiendo uno o varios componentes, ya se trate o no de componentes peligrosos con arreglo a las definiciones que figuran en el artículo 2.

Esta nueva evaluación será de aplicación a menos que haya justificación científica válida para considerar que una revaluación del peligro no dará lugar a una modificación de la clasificación.

Artículo 7.- *Evaluación de los peligros para el medio ambiente*

1. Los peligros de un preparado para el medio ambiente se evaluarán según uno o varios de los procedimientos siguientes:

a) un método convencional de cálculo descrito en el anexo III de la presente Directiva;

b) la determinación de las propiedades peligrosas del preparado para el medio ambiente necesarias para una clasificación apropiada de conformidad con los criterios definidos en el anexo VI de la Directiva 67/548/CEE. Dichas propiedades se determinarán según los métodos establecidos en la parte C del anexo V de la Directiva 67/548/CEE, a menos que, en el caso de los productos fitosanitarios, otros métodos reconocidos internacionalmente sean aceptables con arreglo a las disposiciones de los anexos II y III de la Directiva 91/414/CEE. Sin perjuicio de los requisitos de los ensayos establecidos en la Directiva 91/414/CEE, las condiciones para la aplicación de dichos métodos de prueba se describirán en la parte C del anexo III de la presente Directiva.

2. Cuando se establezca la existencia de una propiedad ecotoxicológica según uno de los métodos de la letra b) del apartado 1 para obtener nuevos datos, los ensayos se realizarán conforme a los principios de buenas prácticas de laboratorio contemplados en la Directiva 87/18/CEE y a las disposiciones de la Directiva 86/609/CEE.

Cuando se hayan comprobado peligros para el medio ambiente según los dos procedimientos antes citados, el resultado obtenido por los métodos contemplados en la letra b) del apartado 1 se utilizará para clasificar el preparado.

3. Para los preparados de composición conocida, salvo los previstos en la Directiva 91/414/CEE, clasificados según el método mencionado en la letra b) del apartado 1, se efectuará una nueva evaluación del peligro para el medio ambiente mediante el método de la letra a) del apartado 1 o el método de la letra b) del apartado 1 cuando:

— el fabricante modifique el contenido inicial expresado en porcentaje peso/peso o volumen/volumen de uno o varios de los componentes peligrosos que formen parte de su composición, de acuerdo con el cuadro siguiente:

Intervalo de concentración inicial del componente	Variación de concentración inicial del componente permitida
≤ 2,5 %	± 30 %
> 2,5 ≤ 10 %	± 20 %
> 10 ≤ 25 %	± 10 %
> 25 ≤ 100 %	± 5 %

— el fabricante modifique su composición sustituyendo o añadiendo uno o varios componentes, tanto si se trata de componentes peligrosos con arreglo a las definiciones que figuran en el artículo 2 como si no.

Esta nueva evaluación será de aplicación a menos que haya justificación científica válida para considerar que una revaluación del peligro no dará lugar a una modificación de la clasificación.

Artículo 8.- *Obligaciones y deberes de los Estados miembros*

1. Los Estados miembros adoptarán todas las medidas necesarias para que sólo puedan comercializarse los preparados objeto de la presente Directiva que se ajusten a lo dispuesto en la misma.

2. A fin de garantizar el cumplimiento de la presente Directiva, las autoridades de los Estados miembros podrán pedir datos relativos a la composición del preparado y cualquier otra información que consideren útil a toda persona responsable de la comercialización.

3. Los Estados miembros tomarán todas las medidas para garantizar que los responsables de la comercialización tengan a disposición de las autoridades de los Estados miembros:

— los datos utilizados para la clasificación y el etiquetado del preparado,

— toda información útil relativa a las condiciones de envasado, según el punto 1.3 del artículo 9, incluido el certificado de los ensayos conforme a la parte A del anexo IX de la Directiva 67/548/CEE,

— los datos utilizados para elaborar la ficha de datos de seguridad según el artículo 14.

4. Los Estados miembros y la Comisión intercambiarán información relativa al nombre y la dirección completa de la autoridad o autoridades nacionales designadas para comunicar e intercambiar información relativa a la aplicación práctica de la presente Directiva.

Artículo 9.- *Envasado*

1. Los Estados miembros adoptarán las medidas necesarias para que:

1.1) los preparados definidos en el apartado 2 del artículo 1 y los incluidos en el anexo IV en virtud del apartado 3 del artículo 1 sólo puedan comercializarse cuando sus envases se ajusten a las condiciones siguientes:

— habrán de estar diseñados y fabricados de forma que no sean posibles pérdidas de contenido; no será aplicable esta disposición cuando se prescriban dispositivos especiales de seguridad,

— los materiales con los que estén fabricados los envases y los cierres no deberán ser atacables por el contenido ni formar con este último combinaciones peligrosas,

— los envases y los cierres habrán de ser en todas sus partes fuertes y sólidos con el fin de impedir holguras y responder de manera segura a las exigencias normales de manipulación,

— los recipientes con un sistema de cierre reutilizable habrán de estar diseñados de forma que pueda cerrarse el envase varias veces sin pérdida de su contenido.

1.2) los recipientes que contengan preparados definidos en el apartado 2 del artículo 1 y los incluidos en el anexo IV en virtud del apartado 3 del artículo 1 ofrecidos o vendidos al público en general no podrán tener:

— una forma o una decoración gráfica que puedan atraer o excitar la curiosidad activa de los niños o inducir a error al consumidor,

— una presentación o una denominación utilizadas para los productos alimenticios, los alimentos para animales ni los medicamentos o productos cosméticos;

1.3) los recipientes que contengan determinados preparados ofrecidos o vendidos al público en general e incluidos en el anexo IV de la presente Directiva:

— estén provistos de un cierre de seguridad para los niños; o

— lleven una indicación de peligro detectable al tacto;

Los sistemas serán conformes a las especificaciones técnicas que se proporcionan en las partes A y B del anexo IX de la Directiva 67/548/CEE.

2. Se considerará que el envase de los preparados se ajusta a lo establecido en los tres primeros guiones del punto 1.1 si cumple los requisitos para el transporte de mercancías peligrosas por ferrocarril, carretera, vías navegables interiores, mar o aire.

Artículo 10.- *Etiquetado*

1.1) Los Estados miembros adoptarán todas las medidas necesarias para que:

a) los preparados a que se refiere el apartado 2 del artículo 1 sólo puedan ser comercializados cuando el etiquetado de sus envases se ajuste a todas las condiciones del presente artículo y a las disposiciones específicas indicadas en las partes A y B del anexo V;

b) los preparados a que se refiere el apartado 3 del artículo 1 y definidos en las partes B y C del anexo V sólo puedan ser comercializados cuando el etiquetado de sus envases se ajuste a las condiciones de los puntos 2.1 y 2.2 y a las disposiciones específicas indicadas en las partes B y C del anexo V.

1.2) Por lo que respecta a los productos fitosanitarios contemplados en la Directiva 91/414/CEE, los requisitos de etiquetado en virtud de la presente Directiva irán acompañados de la mención siguiente: «A fin de evitar riesgos para las personas y el medio ambiente, siga las instrucciones de uso.».

Este texto se consignará en la etiqueta sin perjuicio de que también contenga la información exigida según lo dispuesto en el artículo 16 y en el anexo V de la Directiva 91/414/CEE.

2. Todo envase deberá ostentar de manera legible e indeleble las indicaciones siguientes:

2.1) la denominación o el nombre comercial del preparado;

2.2) el nombre (y apellidos), la dirección completa y el número de teléfono de la persona que, establecida en la Comunidad, sea responsable de la comercialización del preparado, ya sea el fabricante, el importador o el distribuidor;

2.3) la denominación química de la sustancia o sustancias presentes en el preparado, según las condiciones siguientes:

2.3.1) para los preparados clasificados como T+, T, Xn de conformidad con el artículo 6, sólo se tendrán en cuenta las sustancias T+, T, Xn presentes en concentración igual o superior a su límite respectivo más bajo (límite Xn), fijado para cada una de ellas en el parte 3 del anexo VI del Reglamento (CE) nº 1272/2008 o, en su defecto, en la parte B del anexo II de la presente Directiva;

2.3.2) para los preparados clasificados como C de conformidad con el artículo 6, sólo se tendrán en cuenta las sustancias C presentes en concentración igual o superior al límite más bajo (límite Xi), fijado en el parte 3 del anexo VI del Reglamento (CE) nº 1272/2008 o, en su defecto, en la parte B del anexo II de la presente Directiva;

2.3.3) deberá figurar en la etiqueta el nombre de las sustancias que han dado lugar a la clasificación del preparado en una o más de las categorías de peligro siguientes:

— carcinógeno, categoría 1, 2 o 3,
— mutágeno, categoría 1, 2 o 3,
— tóxico para la reproducción, categoría 1, 2 o 3,
— muy tóxico, tóxico o nocivo, según los efectos no letales tras una única exposición,
— tóxico o nocivo, según los efectos graves tras exposición repetida o prolongada,
— sensibilizante.

La denominación química deberá figurar bajo una de las denominaciones enumeradas en el parte 3 del anexo VI del Reglamento (CE) nº 1272/2008 o bajo una nomenclatura química internacionalmente reconocida si la sustancia no figura todavía en dicho anexo;

2.3.4) como consecuencia de las disposiciones antes citadas, no será necesario que figure en la etiqueta el nombre de la sustancia o sustancias que hayan dado lugar a la clasificación del preparado en una o más de las categorías de peligro siguientes:

— explosivo,
— comburente,
— extremadamente inflamable,
— fácilmente inflamable,
— inflamable,
— irritante,
— peligroso para el medio ambiente,

a menos que la sustancia o sustancias hayan sido ya mencionadas en virtud de los puntos 2.3.1, 2.3.2 o 2.3.3;

2.3.5) por regla general, un máximo de cuatro nombres químicos bastará para identificar las sustancias principalmente responsables de los peligros más graves para la salud que hayan dado lugar a la clasificación y a la elección de las frases de riesgo correspondientes. En determinados casos, podrán ser necesarios más de cuatro nombres químicos.

2.4) Símbolos e indicaciones de peligro

Los símbolos que se mencionan en la presente Directiva y las indicaciones de los peligros que presente el preparado serán conformes con las indicaciones contenidas en los anexos II y VI de la Directiva 67/548/CEE y se asignarán con arreglo a los resultados de la evaluación de los peligros realizada conforme a los anexos I, II y III de la presente Directiva.

Cuando deba asignarse a un preparado más de un símbolo de advertencia la obligación de poner el símbolo:

— T hará facultativos los símbolos C y X, salvo disposiciones contrarias del parte 3 del anexo VI del Reglamento (CE) nº 1272/2008,
— C hará facultativo el símbolo X,
— E hará facultativos los símbolos F y O,
— Xn hará facultativo el símbolo Xi.

El símbolo o símbolos irán impresos en negro sobre fondo anaranjado-amarillo.

2.5) Frases de riesgo (frases R)

Las indicaciones relativas a los riesgos específicos (frases R) deberán ser conformes con las indicaciones contenidas en el anexo III y las disposiciones del anexo VI de la Directiva 67/548/CEE y se asignarán con arreglo a los resultados de la evaluación de los riesgos realizada conforme a los anexos I, II y III de la presente Directiva.

Por regla general, un máximo de seis frases R bastará para describir los riesgos; a tal efecto, se considerará que las frases combinadas que se enumeran en el anexo III de la Directiva 67/548/CEE son frases únicas. Sin embargo, cuando el preparado pertenezca simultáneamente a varias categorías de peligro, dichas frases tipo deberán cubrir todos los riesgos principales que presente el preparado. En ciertos casos podrán ser necesarias más de seis frases R.

Las frases tipo «extremadamente inflamable» o «fácilmente inflamable» podrán no indicarse cuando recojan una indicación de peligro utilizada en aplicación del punto 2.4.

2.6) Frases de prudencia (frases S)

Las indicaciones relativas a los consejos de prudencia (frases S) deberán ser conformes con las indicaciones contenidas en el anexo IV y las disposiciones del anexo VI de la Directiva 67/548/CEE y se asignarán con arreglo a los resultados de la evaluación de los riesgos conforme a los anexos I, II y III de la presente Directiva.

Por regla general, bastará un máximo de seis frases S para formular los consejos de prudencia más apropiados; a tal efecto, se considerará que las frases combinadas que se enumeran en el anexo IV de la Directiva 67/548/CEE son frases únicas. No obstante, en ciertos casos podrán ser necesarias más de seis frases S.

El envase deberá ir acompañado de consejos de prudencia relativos al empleo del preparado en caso de que sea materialmente imposible colocarlos sobre la etiqueta o sobre el propio envase.

2.7) Cantidad nominal (masa nominal o volumen nominal) del contenido para los preparados ofrecidos o vendidos al público en general.

3. Para determinados preparados clasificados como peligrosos de conformidad con el artículo 7, no obstante lo dispuesto en los puntos 2.4, 2.5 y 2.6 del presente artículo, la Comisión podrá determinar excepciones a determinadas disposiciones de etiquetado medioambiental o disposiciones específicas relativas al etiquetado medioambiental, cuando pueda demostrarse que se reducirían las consecuencias sobre el medio ambiente. Estas medidas, destinadas a modificar elementos no esenciales de la presente Directiva completándola, se adoptarán con arreglo al procedimiento de reglamentación con control contemplado en el artículo 20 bis, apartado 3. Estas excepciones o disposiciones específicas se definen y quedan establecidas en las partes A o B del anexo V.

4. Si el contenido del envase no es superior a 125 ml:

— en el caso de los preparados clasificados como altamente inflamables, comburentes, irritantes, salvo a los que se haya asignado la frase R41, o peligrosos para el medio ambiente a los que se haya asignado el símbolo N, no será necesario indicar las frases R ni las frases S,

— en el caso de los preparados clasificados como inflamables o como peligrosos para el medio ambiente y que no tengan asignado el símbolo N será necesario indicar las frases R pero no será necesario indicar las frases S.

5. Sin perjuicio de lo dispuesto en el apartado 4 del artículo 16 de la Directiva 91/414/CE, no podrán figurar en el envase o en la etiqueta de los preparados que contempla la presente Directiva indicaciones del tipo «no tóxico», «no nocivo», «no contaminante», «ecológico» o cualquier otra indicación tendente a demostrar el carácter no peligroso de un preparado o que pueda dar lugar a una infravaloración del peligro que éste presente.

Artículo 11.- *Cumplimiento de las condiciones de etiquetado*

1. Cuando las indicaciones que se exigen en el artículo 10 vayan consignadas en una etiqueta, ésta se fijará firmemente en una o varias caras del envase, de forma que dichas indicaciones puedan leerse horizontalmente cuando el envase esté colocado en posición normal. Las dimensiones de la etiqueta se indican en el anexo VI de la Directiva 67/548/CEE; la etiqueta servirá exclusivamente para consignar la información que exige la presente Directiva y, en su caso, indicaciones complementarias de higiene o de seguridad.

2. No será necesaria etiqueta cuando las indicaciones exigidas vayan consignadas con claridad en el envase propiamente dicho, según lo previsto en el apartado 1.

3. El color y la presentación de la etiqueta y, en el caso indicado en el apartado 2, del envase, serán tales que el símbolo de peligro y su fondo destaquen claramente.

4. La información que con arreglo al artículo 10 debe contener la etiqueta destacará sobre el fondo y será de tamaño suficiente e irá espaciada de forma que pueda leerse fácilmente.

Las disposiciones concretas relativas a la presentación y al formato de esa información se establecen en el anexo VI de la Directiva 67/548/CEE.

5. Los Estados miembros podrán supeditar la comercialización en su territorio de los preparados contemplados en la presente Directiva a la condición de que se emplee su lengua o lenguas oficiales en la redacción de la etiqueta.

6. Se considerarán cumplidos los requisitos de etiquetado que impone la presente Directiva:

a) si se trata de un envase exterior que contenga uno o varios envases interiores, cuando el envase exterior lleve una etiqueta conforme con las normas internacionales en materia de transporte de mercancías peligrosas y los envases interiores vayan provistos de una etiqueta conforme con la presente Directiva;

b) en el caso de un envase único:

— cuando éste lleve una etiqueta conforme con las normas internacionales en materia de transporte de mercancías peligrosas y con los puntos 2.1, 2.2, 2.3, 2.5 y 2.6 del apartado 2 del artículo 10; para los preparados clasificados conforme el artículo 7, serán de aplicación asimismo las disposiciones del punto 2.4 del apartado 2 del artículo 10 en lo que respecta a la propiedad de que se trate cuando ésta no haya sido mencionada como tal en la etiqueta, o

— en su caso, para tipos especiales de envase, como por ejemplo las bombonas portátiles de gas, si se cumplen las prescripciones específicas contempladas en el anexo VI de la Directiva 67/548/CEE.

Respecto a los preparados peligrosos que no salgan del territorio de un Estado miembro, podrá autorizarse una etiqueta que se ajusta a las normas nacionales en lugar de la etiqueta que impongan las normas internacionales en materia de transporte de mercancías peligrosas.

Artículo 12.- *Exenciones a los requisitos de etiquetado y envasado*

1. Los artículos 9, 10 y 11 no se aplicarán a los explosivos comercializados con objeto de producir un efecto práctico mediante explosión o efecto pirotécnico.

2. Las disposiciones de los artículos 9, 10 y 11 no se aplicarán a determinados preparados peligrosos en el sentido de los artículos 5, 6 o 7 definidos en el anexo VII que, en la forma en que se comercialicen, no presenten ningún riesgo en caso de inhalación, ingestión o contacto con la piel ni para el medio ambiente.

3. Además, los Estados miembros podrán admitir que:

a) cuando los envases no puedan llevar la etiqueta que se exige en los apartados 1 y 2 del artículo 11 por sus limitadas dimensiones o por cualquier otra causa que los haga inadecuados para ello, se efectúe el etiquetado impuesto por el artículo 10 de otra forma apropiada;

b) no obstante lo dispuesto en los artículos 10 y 11, queden exentos de la obligación de etiquetado o se etiqueten de otra manera los envases de preparados peligrosos clasificados como nocivos, extremadamente inflamables, fácilmente inflamables, inflamables, irritantes o comburentes en caso de que contengan cantidades tan reducidas que no quepa esperar peligro alguno para las personas que manipulan dichos preparados o para terceros;

c) no obstante lo dispuesto en los artículos 10 y 11, queden exentos de la obligación de etiquetado o se etiqueten de otra manera los envases de preparados clasificados conforme al artículo 7, cuando contengan cantidades tan reducidas que no quepa esperar peligro alguno para el medio ambiente;

d) no obstante lo dispuesto en los artículos 10 y 11, los preparados peligrosos no mencionados en las letras b) y c) queden exentos de la obligación de etiquetado o se etiqueten de otra manera cuando las limitadas dimensiones no permitan el etiquetado que establecen los artículos 10 y 11 y siempre y cuando no pueda haber peligro para las personas que manipulen dichos preparados ni para terceros.

En los casos de aplicación del presente apartado no se admitirá la utilización de símbolos, indicaciones de peligro, frases R o frases S distintos de los que establece la presente Directiva.

4. Cuando un Estado miembro haga uso de las facultades a las que se refiere el apartado 3, informará inmediatamente de ello a la Comisión y a los demás Estados miembros. En su caso, la Comisión podrá decidir medidas en el marco del anexo V. Estas medidas, destinadas a modificar elementos no esenciales de la presente Directiva completándola, se adoptarán con arreglo al procedimiento de reglamentación con control contemplado en el artículo 20 bis, apartado 3.

Artículo 13.- *Venta a distancia*

En toda publicidad sobre preparados incluidos en la presente Directiva que permita que un particular celebre un contrato de compraventa sin haber visto previamente la etiqueta del preparado deberán mencionarse los tipos de peligros indicados en la etiqueta. El presente requisito se entenderá sin perjuicio de lo dispuesto en la Directiva 97/7/CE del Parlamento Europeo y del Consejo, de 20 de mayo de 1997, relativa a la protección de los consumidores en materia de contratos a distancia.

Artículo 14.- *[...]*

Artículo 15.- *Confidencialidad de los nombres químicos*

En caso de que la persona responsable de la comercialización del preparado pueda demostrar que la divulgación, en la etiqueta o en la ficha de datos de seguridad, de la identidad química de una sustancia que esté exclusivamente clasificada como:

— irritante, excepto las que tenga asignada la frase R41, o irritante y que presente una o más de las restantes propiedades mencionadas en el punto 2.3.4 del artículo 10, o

— nociva, o nociva y que presente una o más de las propiedades mencionadas en el punto 2.3.4 del artículo 10 y presente por sí sola efectos letales agudos

implicará un riesgo para el carácter confidencial de su propiedad intelectual, se le permitirá, de conformidad con lo dispuesto en el anexo VI, referirse a dicha sustancia bien mediante una denominación que identifique los grupos químicos funcionales más importantes, o bien mediante una denominación alternativa. No podrá aplicarse este procedimiento cuando se haya atribuido un límite de exposición comunitario para la sustancia de que se trate.

En caso de que la persona responsable de la comercialización de un preparado desee acogerse a las disposiciones en materia de confidencialidad, formulará una solicitud en tal sentido a la autoridad competente del Estado miembro en que se comercialice por primera vez dicho preparado.

Dicha solicitud deberá formularse conforme a lo dispuesto en el anexo VI y en la misma deberá constar la información requerida en el impreso de la parte A del mencionado anexo. No obstante, la autoridad competente podrá solicitar información adicional a la persona responsable de la comercialización en caso de considerarla necesaria para la evaluación de la validez de la solicitud.

La autoridad des Estado miembro ante la que se haya presentado una solicitud de confidencialidad notificará al solicitante su resolución al respecto. La persona responsable de la comercialización presentará una copia de dicha resolución a cada uno de los Estados miembros en los que pretenda comercializar el producto.

La información confidencial de la que tengan conocimiento las autoridades de un Estado miembro o la Comisión se tratará conforme a lo dispuesto en el apartado 4 del artículo 19 de la Directiva 67/648/CEE.

Artículo 16.- *Prerrogativas de los Estados miembros en materia de seguridad de los trabajadores*

La presente Directiva no afectará a la facultad de los Estados miembros de establecer, ateniéndose al Tratado, los requisitos que consideren necesarios para garantizar la protección de los trabajadores durante la utilización de los preparados peligrosos en cuestión, siempre que ello no suponga modificaciones de la clasificación, el envasado ni el etiquetado de los preparados peligrosos con respecto a las disposiciones de la presente Directiva.

Artículo 17.- *Organismos encargados de recibir la información relativa a la salud*

Los Estados miembros designarán el o los organismos encargados de recibir la información, incluida la composición química, relativa a los preparados comercializados considerados peligrosos por sus efectos sobre la salud o por sus efectos fisicoquímicos.

Los Estados miembros tomarán las medidas necesarias para que los organismos designados ofrezcan todas las garantías necesarias de que se preservará el carácter confidencial de la información recibida. Dicha información sólo podrá ser utilizada para dar respuesta a cualquier solicitud de orden médico, mediante la formulación de medidas preventivas y curativas, en particular en caso de urgencia.

Los Estados miembros velarán por que la información no se utilice para fines diferentes.

Los Estados miembros velarán por que los organismos designados reciban de los fabricantes o de las personas responsables de la comercialización toda la información necesaria para el desempeño de las tareas de las que son responsables.

Artículo 18.- *Cláusula de libertad de circulación*

Sin perjuicio de lo dispuesto en otro lugar de la normativa comunitaria, los Estados miembros no podrán prohibir, restringir ni obstaculizar la comercialización de preparados a causa de su clasificación, envasado, etiquetado o fichas de datos de seguridad cuando dichos preparados se ajusten a lo dispuesto en la presente Directiva.

Artículo 19.- *Cláusula de salvaguardia*

1. Si un Estado miembro, basándose en una motivación detallada, comprobare que un preparado, a pesar de ajustarse a lo dispuesto en la presente Directiva, representa un peligro para el hombre o el medio ambiente por motivos relativos a las disposiciones de la presente Directiva, podrá prohibir provisionalmente o someter a condiciones especiales la comercialización en su territorio de dicho preparado peligroso. Inmediatamente informará de ello a la Comisión y a los demás Estados miembros, precisando los motivos que justifican su decisión.

2. En el caso contemplado en el apartado 1, la Comisión consultará lo antes posible a los Estados miembros.

3. La Comisión adoptará una decisión con arreglo al procedimiento de reglamentación contemplado en el artículo 20 bis, apartado 2.

Artículo 20

La Comisión adaptará al progreso técnico los anexos de la presente Directiva. Estas medidas, destinadas a modificar elementos no esenciales de la presente Directiva, se adoptarán con arreglo al procedimiento de reglamentación con control contemplado en el artículo 20 bis, apartado 3.

Artículo 20 bis

1. La Comisión estará asistida por el comité establecido en el artículo 29, apartado 1, de la Directiva 67/548/CEE del Consejo.

2. En los casos en que se haga referencia al presente apartado, se aplicarán los artículos 5 y 7 de la Decisión 1999/468/CE, observando lo dispuesto en su artículo 8.

El plazo contemplado en el artículo 5, apartado 6, de la Decisión 1999/468/CE queda fijado en tres meses.

3. En los casos en que se haga referencia al presente apartado, serán de aplicación el artículo 5 bis, apartados 1 a 4, y el artículo 7 de la Decisión 1999/468/CE, observando lo dispuesto en su artículo 8.

Artículo 21.- *Derogación*

1. Las Directivas enumeradas en la parte A del anexo VIII quedan derogadas sin perjuicio de las obligaciones de los Estados miembros en lo que respecta a los plazos de incorporación a su Derecho interno y a la aplicación de las Directivas indicadas en la parte B del anexo VIII.

2. Las Directivas indicadas en la parte A del anexo VIII serán de aplicación a Austria, Finlandia y Suecia con sujeción a lo dispuesto en la parte C y en virtud del Tratado.

3. Las referencias a las Directivas derogadas se entenderán como hechas a la presente Directiva con arreglo a la tabla de correspondencias que figura en el anexo IX.

Artículo 22.- *Transposición*

1. Los Estados miembros adoptarán y publicarán a más tardar el 30 de julio de 2002 las disposiciones legales, reglamentarias y administrativas necesarias para dar cumplimiento a lo dispuesto en la presente Directiva. Informarán de ello inmediatamente a la Comisión.

2. Los Estados miembros aplicarán las disposiciones legales, reglamentarias y administrativas mencionadas en el apartado 1:

a) a los preparados que no estén contemplados en el ámbito de aplicación de la Directiva 91/414/CEE o en la Directiva 98/8/CE a partir del 30 de julio de 2002, y

b) a los preparados que estén contemplados en el ámbito de aplicación de la Directiva 91/414/CEE o en la Directiva 98/8/CE a partir del 30 de julio de 2004.

3. Cuando los Estados miembros adopten dichas medidas, éstas harán referencia a la presente Directiva o irán acompañadas de dicha referencia en su publicación oficial. Los Estados miembros establecerán las modalidades de la mencionada referencia.

Artículo 23.- *Entrada en vigor*

La presente Directiva entrará en vigor el día de su publicación en el Diario Oficial de las Comunidades Europeas.

El apartado 2 del artículo 21 se aplicará a partir del 1 de enero de 1999.

Artículo 24.- *Destinatarios*
Los destinatarios de la presente Directiva serán los Estados miembros.

ANEXO I.-
Métodos de evaluación de las propiedades fisicoquímicas de los preparados con arreglo al artículo 5

[Anexo no reproducido en la presente publicación]

ANEXO II.-
Métodos de evaluación de los peligros para la salud de un preparado conforme al artículo 6

[Anexo no reproducido en la presente publicación]

ANEXO III.-
Métodos de evaluación de los riesgos de un preparado para el medio ambiente con arreglo al artículo 7

[Anexo no reproducido en la presente publicación]

ANEXO IV.-
Disposiciones particulares para los recipientes que contengan preparados ofrecidos o vendidos al público en general

[Anexo no reproducido en la presente publicación]

ANEXO V.-
Disposiciones particulares relativas al etiquetado de determinados preparados

[Anexo no reproducido en la presente publicación]

ANEXO VI.-
Confidencialidad de la identidad química de una sustancia

[Anexo no reproducido en la presente publicación]

ANEXO VII.-
Preparados comprendidos en el apartado 2 del artículo 12

[Anexo no reproducido en la presente publicación]

ANEXO VIII.-

[Anexo no reproducido en la presente publicación]

ANEXO IX.-

[Anexo no reproducido en la presente publicación]

20 de marzo de 2000.- Directiva nº 2000/13/CE
del Parlamento Europeo y del Consejo,
relativa a la aproximación de las legislaciones de los Estados miembros en materia de etiquetado, presentación y publicidad de los productos alimenticios
(D.O. L 109, 6 de mayo de 2000)

[V.C. 20/01/2011]

[Fin de vigencia: *13 de diciembre de 2014.* Texto abrogado por el Reglamento 1169/2011/UE del Parlamento Europeo y del Consejo sobre la información alimentaria facilitada al consumidor y por el que se modifican los Reglamentos (CE) nº 1924/2006 y (CE) nº 1925/2006 del Parlamento Europeo y del Consejo, y por el que se derogan la Directiva 87/250/CEE de la Comisión, la Directiva 90/496/CEE del Consejo, la Directiva 1999/10/CE de la Comisión, la Directiva 2000/13/CE del Parlamento Europeo y del Consejo, las Directivas 2002/67/CE y 2008/5/CE de la Comisión, y el Reglamento (CE) nº 608/2004 de la Comisión]

TJUE, 6 de septiembre de 2011, Asunto C-442/09, Karl Heinz Bablok y otros contra Freistaat Bayern. [Interpretación del Art. 6(4)(a)].
TJUE, 25 de noviembre de 2010, Asunto C-47/09, Comisión Europea contra República Italiana. [Interpretación del Art. 2(1)(a)].
TJUE, 10 de septiembre de 2009, Asunto C-446/07, Alberto Severi contra Regione Emilia Romagna. Petición de decisión prejudicial: Tribunale civile di Modena - Italia. [Interpretación del Art. 2]
TJUE, 23 de noviembre de 2006, Asunto C-315/05, Lidl Italia Srl contra Comune di Arcole (VR). [Interpretación de los Arts. 2, 3 y 12].
TJUE, 14 de julio de 2005, Asunto C-135/03, Comisión de las Comunidades Europeas contra Reino de España. [Interpretación del Art. 2]
TJUE, 15 de julio de 2004, Asunto C-239/02., Douwe Egberts NV contra Westrom Pharma NV y Christophe Souranis, que gira con el nombre comercial de "Établissements FICS" y Douwe Egberts NV contra FICS-World BVBA. [Interpretación del Art. 18(1) y (2)]
TJUE, 13 de marzo de 2003, Asunto C-229/01, Susanne Müller. [Interpretación del Art. 18(2)]

EL PARLAMENTO EUROPEO Y EL CONSEJO DE LA UNIÓN EUROPEA,

Visto el Tratado constitutivo de la Comunidad Europea y, en particular, su artículo 95,

Vista la propuesta de la Comisión,

Visto el dictamen del Comité Económico y Social,

De conformidad con el procedimiento establecido en el artículo 251 del Tratado,

Considerando lo siguiente:

(1) La Directiva 79/112/CEE del Consejo, de 18 de diciembre de 1978, relativa a la aproximación de las legislaciones de los Estados miembros en materia de etiquetado, presentación y publicidad de los productos alimenticios, ha sido modificada en diversas ocasiones y de forma sustancial; conviene, en aras de una mayor claridad y racionalidad, proceder a la codificación de dicha Directiva.

(2) Las diferencias entre las disposiciones legales, reglamentarias y administrativas de los Estados miembros relativas al etiquetado de los productos alimenticios son susceptibles de dificultar la libre circulación de dichos productos y pueden crear condiciones de competencia desiguales.

(3) Se hace necesario, por consiguiente, aproximar dichas legislaciones con el fin de contribuir al funcionamiento del mercado interior.

(4) El objeto de la presente Directiva debe ser el de adoptar las normas comunitarias, de carácter general y horizontal, aplicables al conjunto de los productos alimenticios que están en el mercado.

(5) Por el contrario, las normas de carácter específico y vertical, referidas solamente a ciertos productos alimenticios determinados, deben adoptarse en el marco de las disposiciones que regulan dichos productos.

(6) Cualquier regulación relativa al etiquetado de los productos alimenticios debe fundarse, ante todo, en el imperativo de la información y la protección de los consumidores.

(7) Este imperativo supone que los Estados miembros, dentro del respeto de las normas del Tratado, podrán imponer exigencias lingüísticas.

(8) Un etiquetado detallado relativo a la naturaleza exacta y las características del producto, que permite al consumidor realizar su elección con conocimiento de causa, es

el más apropiado en la medida en que crea menos obstáculos a la libertad del intercambio.

(9) Es necesario, por tanto, establecer la lista de las menciones que deberán figurar en principio en el etiquetado de todos los productos alimenticios.

(10) No obstante lo anterior, el carácter horizontal de la presente Directiva, no ha permitido en una primera fase, incluir entre las menciones obligatorias a todas aquellas que deben añadirse a la lista aplicable en principio al conjunto de los productos alimenticios pero es conveniente, en una fase posterior, dictar disposiciones comunitarias encaminadas a completar las normas actualmente establecidas.

(11) Además, si, en ausencia de normas comunitarias de carácter específico, los Estados miembros deben conservar la facultad de prever ciertas disposiciones nacionales que vengan a añadirse a las disposiciones generales de la presente Directiva, es importante no obstante someter dichas disposiciones a un procedimiento comunitario.

(12) El mencionado procedimiento comunitario debe adoptar la forma de una decisión comunitaria cuando un Estado miembro desee adoptar nueva legislación.

(13) Es conveniente, además, prever la posibilidad de que el legislador comunitario, en casos excepcionales, establezca excepciones a ciertas obligaciones fijadas con carácter general.

(14) Las normas de etiquetado deben implicar igualmente prohibición de inducir a error al comprador o de atribuir virtudes medicinales a los productos alimenticios; para ser eficaz, esta prohibición debe extenderse a la presentación y la publicidad de los productos alimenticios.

(15) A fin de facilitar los intercambios entre los Estados miembros, puede preverse que en la fase anterior a la venta al consumidor final, solamente las informaciones sobre los elementos esenciales figuren en el embalaje exterior y que algunas menciones obligatorias que deban acompañar a un producto alimenticio previamente embalado, figuren únicamente en los documentos comerciales correspondientes a los productos.

(16) Los Estados miembros deben conservar la facultad, teniendo en cuenta las condiciones locales y las circunstancias prácticas, de fijar las modalidades de etiquetado de los productos alimenticios que se venden a granel; no obstante, debe quedar asegurada en tal caso la información del consumidor.

(17) Con el fin de simplificar y acelerar el procedimiento, es conveniente confiar a la Comisión la adopción de medidas de aplicación de carácter técnico.

(18) Procede aprobar las medidas necesarias para la ejecución de la presente Directiva de conformidad con la Decisión 1999/468/CE del Consejo, de 28 de junio de 1999, por la que se establecen los procedimientos para el ejercicio de las competencias de ejecución atribuidas a la Comisión.

(19) La presente Directiva no deberá afectar a las obligaciones de los Estados miembros respecto de los plazos de transposición de las Directivas mencionadas en la parte B del anexo IV.

HAN ADOPTADO LA PRESENTE DIRECTIVA:

Artículo 1

1. La presente Directiva se refiere al etiquetado de los productos alimenticios destinados a ser entregados, sin ulterior transformación, al consumidor final así como a ciertos aspectos relativos a su presentación y a la publicidad que se hace de ellos.

2. La presente Directiva se aplicará también a los productos alimenticios destinados a ser entregados a los restaurantes, hospitales, cantinas y otras colectividades similares, denominados en lo sucesivo «colectividades».

3. A los efectos de la presente Directiva, se entenderá por:

a) «etiquetado»: las menciones, indicaciones, marcas de fábrica o comerciales, dibujos o signos relacionados con un producto alimenticio y que figuren en cualquier envase, documento, rótulo, etiqueta, faja o collarín, que acompañen o se refieran a dicho producto alimenticio;

b) «producto alimenticio envasado»: la unidad de venta destinada a ser presentada sin ulterior transformación al consumidor final y a las colectividades, constituida por un producto alimenticio y el envase en el cual haya sido acondicionado antes de ser puesto a la venta, ya recubra el envase al producto por entero o sólo parcialmente, pero de tal forma que no pueda modificarse el contenido sin abrir o modificar dicho envase.

Artículo 2

1. El etiquetado y las modalidades según las cuales se realice no deberán:

a) ser de tal naturaleza que induzcan a error al comprador, especialmente:

i) sobre las características del producto alimenticio y, en particular, sobre la naturaleza, identidad, cualidades, composición, cantidad, duración, origen o procedencia, y modo de fabricación o de obtención,

ii) atribuyendo al producto alimenticio efectos o propiedades que no posea,

iii) sugiriéndole que el producto alimenticio posee características particulares, cuando todos los productos, similares posean estas mismas características;

b) sin perjuicio de las disposiciones comunitarias aplicables a las aguas minerales naturales y a los productos alimenticios destinados a una alimentación especial, atribuir a un producto alimenticio propiedades de prevención, tratamiento y curación de una enfermedad humana, ni mencionar dichas propiedades.

2. El Consejo, de conformidad con el procedimiento previsto en el artículo 95 del Tratado, establecerá una lista no exhaustiva de las declaraciones, en el sentido del apartado 1, cuyo uso deba prohibirse o limitarse en todo caso.

3. Las prohibiciones o limitaciones previstas en los apartados 1 y 2 se aplicarán igualmente:

a) a la presentación de los productos alimenticios y, en especial, a la forma o el aspecto que se les dé a éstos o a su envase, al material usado para éste, a la forma en que estén dispuestos así como al entorno en el que estén expuestos;

b) a la publicidad.

Artículo 3

1. El etiquetado de los productos alimenticios implicará solamente, en las condiciones, y salvo las excepciones previstas en los artículos 4 a 17, las indicaciones obligatorias siguientes:

1) la denominación de venta del producto,

2) la lista de ingredientes,

3) la cantidad de determinados ingredientes o categorías de ingredientes de conformidad con las disposiciones del artículo 7,

4) para los productos alimenticios preembalados, la cantidad neta,

5) la fecha de duración mínima o, en el caso de productos alimenticios muy perecederos por razones microbiológicas, la fecha de caducidad,

6) las condiciones especiales de conservación y de utilización,

7) el nombre o la razón social y la dirección del fabricante o del embalador o de un vendedor establecido dentro de la Comunidad.

No obstante, los Estados miembros quedan autorizados, en lo que respecta a la mantequilla producida en su territorio, a exigir solamente la indicación del fabricante, del embalador o del vendedor.

Sin perjuicio de la información prevista en el artículo 24, los Estados miembros comunicarán a la Comisión y a los demás Estados miembros cualquier media que adopten en virtud del párrafo segundo,

8) el lugar de origen o de procedencia en los casos en que su omisión pudiera inducir a error al consumidor sobre el origen o la procedencia real del producto alimenticio,

9) un modo de empleo en el caso de que, de no haberlo, no se pueda hacer un uso adecuado del producto alimenticio,

10) para las bebidas que tengan un grado alcohólico en volumen superior al 1,2 % se especificará el grado alcohólico volumétrico adquirido.

2. Como excepción al apartado 1, los Estados miembros podrán mantener, en lo que se refiere a su producción nacional, las disposiciones nacionales que obligan a indicar el establecimiento de fabricación o de envasado.

3. Las disposiciones del presente artículo no obstarán a las más precisas o más amplias en materia de metrología.

Artículo 4

1. Las disposiciones comunitarias aplicables a ciertos productos alimenticios determinados y no a los productos alimenticios en general podrán establecer excepciones, a título excepcional y sin menoscabo de la información al comprador, a las obligaciones previstas en los puntos 2) y 5) del apartado 1 del artículo 3.

2. Las disposiciones comunitarias aplicables a ciertos productos alimenticios determinados y no a los productos alimenticios en general podrán establecer otras indicaciones obligatorias además de las enumeradas en el artículo 3.

En su ausencia, los Estados miembros podrán establecer tales indicaciones conforme al procedimiento previsto en el artículo 19.

3. La Comisión adoptará las disposiciones comunitarias a que se refieren los apartados 1 y 2. Estas medidas, destinadas a modificar elementos no esenciales de la presente Directiva completándola, se adoptarán con arreglo al procedimiento de reglamentación con control contemplado en el artículo 20, apartado 3.

Artículo 5

1. La denominación de venta de un producto alimenticio será la denominación prevista para este producto en las disposiciones comunitarias que le sean aplicables.

a) A falta de disposiciones comunitarias, la denominación de venta será la denominación prevista por las disposiciones legales, reglamentarias o administrativas que le sean aplicables en el Estado miembro en el que tenga lugar la venta al consumidor final o a las colectividades.

En defecto de lo anterior, estará constituida por el nombre consagrado por el uso en el Estado miembro en el que se efectúe la venta al consumidor final o a las colectividades, o por una descripción del producto alimenticio y de su utilización, si fuera necesario, lo suficientemente precisa para permitir al comprador conocer su naturaleza real y distinguirlo de los productos con los que pudiera confundirse.

b) Se admitirá también la utilización en el Estado miembro de comercialización de la denominación de venta con la que el producto se fabrique y comercialice legalmente en el Estado miembro de producción.

Sin embargo, cuando la aplicación de las disposiciones de la presente Directiva, en particular las previstas en el artículo 3, no sean suficientes para permitir a los consumidores del Estado miembro de comercialización conocer la naturaleza real del producto y distinguirlo de los productos con los que pudiera confundirlo, la denominación de venta deberá completarse con otras indicaciones descriptivas que habrán de figurar en su proximidad.

c) En casos excepcionales, la denominación de venta del Estado miembro de producción no se utilizará en el Estado miembro de comercialización cuando el producto que designe se diferencie, desde el punto de vista de su composición o de su fabricación, del producto conocido bajo esta denominación hasta el punto de que las disposiciones de la letra b) no basten para garantizar una información correcta a los consumidores en el Estado miembro de comercialización.

2. No se podrá sustituir la denominación de venta por una marca de fábrica o comercial o una denominación de fantasía.

3. La denominación de venta incluirá o irá acompañada de una indicación del estado físico en el que se encuentre el producto alimenticio o del tratamiento específico que haya experimentado (por ejemplo: en polvo, liofilizado, congelado, concentrado, ahumado), en el caso en que la omisión de dicha indicación pudiera inducir a confusión al comprador.

Todos los productos alimenticios que hayan sido tratados con radiación ionizante deberán llevar una de las menciones siguientes:

— en lengua búlgara: «облъчено» o «обработено с йонизиращо лъчение»,

— en lengua española: «irradiado» o «tratado con radiación ionizante»,

— en lengua checa: «ozářeno» o «ošetřeno ionizujícím zářením»,

— en lengua danesa: «bestrålet/...» o «strålekonserveret» o «behandlet med ioniserende stråling» o «konserveret med ioniserende stråling»,

— en lengua alemana: «bestrahlt» o «mit ionisierenden Strahlen behandelt»,

— en lengua estonia: «kiiritatud» o «töödeldud ioniseeriva kiirgusega»,

— en lengua griega: «επεξεργασμένο με ιονίζουσα ακτινοβολία»o «ακτινοβολημένο»,

— en lengua inglesa: «irradiated» o «treated with ionising radiation»,

— en lengua francesa: «traité par rayonnements ionisants» o «traité par ionisation»,

— en lengua italiana: «irradiato» o «trattato con radiazioni ionizzanti»,

— en lengua letona: «apstarots» o «apstrādāts ar jonizējošo starojumu»,

— en lengua lituana: «apšvitinta» o «apdorota jonizuojančiąja spinduliuote»,

— en lengua húngara: «sugárkezelt vagy ionizáló energiával kezelt»,

— en lengua maltesa: «ittrattat bir-radjazzjoni» o «ittrattat b'radjazzjoni jonizzanti»,

— en lengua neerlandesa: «doorstraald» o «door bestraling behandeld» o «met ioniserende stralen behandeld»,

— en lengua polaca: «napromieniony» o «poddany działaniu promieniowania jonizującego»,

— en lengua portuguesa: «irradiado» o «tratado por irradiação» o «tratado por radiação ionizante»,

— en lengua rumana: «iradiate» o «tratate cu radiaþii ionizate»,

— en lengua eslovaca: «ošetrené ionizujúcim žiarením»,

— en lengua eslovena: «obsevano» o «obdelano z ionizirajočim sevanjem»,

— en lengua finesa: «säteilytetty» o «käsitelty ionisoivalla säteilyllä»,

— en lengua sueca: «bestrålad» o «behandlad med joniserande strålning».

Artículo 6

1. La lista de ingredientes se ajustará al presente artículo y a los anexos I, II, III y III bis.

2. No se requerirá indicar los ingredientes en el caso:

a)

— de las frutas y hortalizas frescas, incluidas las patatas, que no hayan sido peladas, cortadas o sujetas a cualquier otro tratamiento similar,

— de las aguas gasificadas, en cuya denominación aparezca esta última característica,

— de los vinagres de fermentación si proceden exclusivamente de un solo producto básico y siempre que no se les haya añadido ningún otro ingrediente;

b)

— de los quesos,

— de la mantequilla,

— de la leche y nata fermentadas,

siempre que no se les hayan añadido más ingredientes que productos lácteos, enzimas y cultivos de microorganismos necesarios para la fabricación o que la sal necesaria para la fabricación de los quesos que no son frescos o fundidos;

c) los productos que contengan un solo ingrediente,

— siempre que la denominación de venta sea idéntica al nombre del ingrediente, o

— siempre que la denominación de venta permita determinar la naturaleza del ingrediente sin riesgo de confusión.

3. En lo que se refiere a las bebidas con una graduación de 1,2 % de alcohol, en volumen, el Consejo, a propuesta de la Comisión y antes del 22 de diciembre de 1982, determinará las normas de etiquetado de los ingredientes.

3 bis. Sin perjuicio de las normas de etiquetado que deban determinarse en aplicación del apartado 3, todo ingrediente, tal como se define en la letra a) del apartado 4, y que sea mencionado en el anexo III bis, estará indicado en la etiqueta cuando se encuentre en bebidas de las mencionadas en el apartado 3. Tal indicación incluirá la palabra «contiene» seguida del nombre del ingrediente o ingredientes en cuestión. No obstante, podrá prescindirse de la indicación cuando el ingrediente figure ya con su nombre específico en la lista de ingredientes o en la denominación de venta de la bebida.

Podrán adoptarse, en su caso, normas de desarrollo para la presentación de la indicación a que se refiere el párrafo primero, con arreglo a los procedimientos siguientes:

a) para los productos contemplados en el apartado 2 del artículo 1 del Reglamento (CE) nº 1493/1999 del Consejo, de 17 de mayo de 1999, por el que se establece la organización común del mercado vitivinícola, se seguirá el procedimiento previsto en el artículo 75 de dicho Reglamento;

b) para los productos contemplados en el apartado 1 del artículo 2 del Reglamento (CEE) nº 1601/91 del Consejo, de 10 de junio de 1991, por el que se establecen las reglas generales relativas a la definición, designación y presentación de vinos aromatizados, de bebidas aromatizadas a base de vino y de cócteles aromatizados de productos vitivinícolas, se seguirá el procedimiento previsto en el artículo 13 de dicho Reglamento;

c) para los productos contemplados en el apartado 2 del artículo 1 del Reglamento (CEE) nº 1576/89 del Consejo, de 29 de mayo de 1989, por el que se establecen las normas generales relativas a la definición, designación y presentación de las bebidas espirituosas, se seguirá el procedimiento previsto en el artículo 14 de dicho Reglamento;

d) por lo que se refiere a los demás productos, dado que se trata de medidas destinadas a modificar elementos no esenciales de la presente Directiva, con arreglo al procedimiento de reglamentación con control contemplado en el artículo 20, apartado 3.

4.

a) Se entiende por «ingrediente» cualquier sustancia, incluidos los aditivos y las enzimas, utilizada en la fabricación o en la preparación de un producto alimenticio y que todavía se encuentra presente en el producto acabado, aunque sea en una forma modificada.

b) Cuando un ingrediente de un producto alimenticio haya sido elaborado a partir de varios ingredientes, se considerará a estos últimos como ingredientes de dicho producto.

c) No obstante, no se considerarán ingredientes:

i) los componentes de un ingrediente que, durante el proceso de fabricación, hubieran sido separados provisionalmente para ser reincorporados a continuación en una cantidad que no sobrepase el contenido inicial;

ii) los aditivos y enzimas:

— cuya presencia en un producto alimenticio se deba únicamente al hecho de que estaban contenidos en uno o varios ingredientes de dicho producto y siempre que no cumplan ya una función tecnológica en el producto acabado,

— que se utilicen como auxiliares tecnológicos;

iii) las sustancias utilizadas en las dosis estrictamente necesarias como disolventes o soportes para los aditivos, enzimas y aromas;

iv) las sustancias que no sean aditivos pero que se utilicen del mismo modo y para los mismos fines que los auxiliares tecnológicos y que todavía se encuentren presentes en el producto acabado aunque sea en forma modificada.

d) Según el procedimiento previsto en el apartado 2 del artículo 20, podrá decidirse en ciertos casos si se cumplen las condiciones previstas en los incisos ii) y iii) de la letra c).

5. La lista de ingredientes estará constituida por la enumeración de todos los ingredientes del producto alimenticio en orden decreciente de peso en el momento de su preparación. Irá precedida de una mención apropiada que incluya la palabra «ingredientes».

No obstante:

— el agua añadida y los ingredientes volátiles se indicarán en la lista en función de su peso en el producto acabado; la cantidad de agua añadida como ingrediente en un producto alimenticio se determinará sustrayendo de la cantidad total del producto acabado la cantidad total de los demás ingredientes empleados. Esta cantidad podrá no tomarse en consideración si, en peso, no excede del 5 % del producto acabado,

— los ingredientes utilizados en forma concentrada o deshidratada que se reconstituyan durante la fabricación podrán indicarse en la lista en función de su peso antes de la concentración o deshidratación,

— cuando se trate de alimentos concentrados o deshidratados a los cuales debe añadirse agua, la enumeración podrá hacerse según el orden de las proporciones en el producto reconstituido con tal que la lista de los ingredientes vaya acompañada de una mención tal como «ingredientes del producto reconstituido» o «ingredientes del producto listo para el consumo»,

— cuando se utilicen como ingredientes en un producto alimenticio mezclas de frutas, hortalizas o setas, en que ninguna predomine, en peso, de una manera significativa, y se utilicen en proporciones que puedan variar, podrán agruparse en la lista de ingredientes con la denominación «frutas», «hortalizas» o «setas», seguida por la indicación «en proporción variable», seguida inmediatamente de la enumeración de las frutas, hortalizas o setas presentes; en tal caso, la mezcla se indicará en la lista de ingredientes, de conformidad con el párrafo primero, en función del peso del conjunto de las frutas, hortalizas o setas presentes,

— en el caso de mezclas de especias y plantas aromáticas en que ninguna predomine, en peso, de una manera significativa, podrán enumerarse estos ingredientes siguiendo un orden diferente siempre que la lista de dichos ingredientes vaya acompañada de una mención tal como «en proporción variable»,

— los ingredientes que constituyan menos del 2 % del producto acabado podrán enumerarse en un orden diferente, a continuación de los demás ingredientes,

— cuando puedan utilizarse en la fabricación o la preparación de un producto alimenticio ingredientes similares o intercambiables sin que se altere su composición, su naturaleza o su valor percibido, y siempre que constituyan menos del 2 % del producto acabado, su designación en la lista de ingredientes podrá efectuarse con la indicación «contiene... y/o...», en caso de que al menos uno de dos ingredientes como máximo esté presente en el producto acabado. Esta disposición no se aplicará a los aditivos ni a los ingredientes enumerados en el anexo III bis.

6. Los ingredientes se designarán por su nombre específico, conforme; en su caso, a las normas previstas en el artículo 5.

No obstante:

— los ingredientes que pertenezcan a una de las categorías enumeradas en el anexo I y que sean componentes de otro producto alimenticio podrán designarse solo con el nombre de dicha categoría.

La Comisión podrá disponer modificaciones de la lista de categorías que figura en el anexo I; estas medidas, destinadas a modificar elementos no esenciales de la presente Directiva, se adoptarán con arreglo al procedimiento de reglamentación con control contemplado en el artículo 20, apartado 3.

Sin embargo, la designación «almidón» que figura en el anexo I deberá completarse siempre con la indicación de su origen vegetal específico, cuando dicho ingrediente pueda contener gluten,

— los ingredientes que pertenezcan a una de las categorías enumeradas en el anexo II se designarán obligatoriamente con el nombre de dicha categoría, seguido de su nombre específico o de su número CE; cuando se trate de un ingrediente perteneciente a varias categorías, se indicará la que corresponda a su función principal en el producto alimenticio de que se trate.

La Comisión adoptará las modificaciones que hayan de introducirse en el anexo II en función de la evolución de los conocimientos científicos y técnicos, medidas destinadas a modificar elementos no esenciales de la presente Directiva con arreglo al procedimiento de reglamentación con control contemplado en el artículo 20, apartado 3. Por imperiosas razones de urgencia, la Comisión podrá aplicar el procedimiento de urgencia contemplado en el artículo 20, apartado 4.

Sin embargo, la designación «almidón modificado» que figura en el anexo II deberá completarse siempre con la indicación de su origen vegetal específico, cuando dicho ingrediente pueda contener gluten,

— los aromas se designarán de conformidad con el anexo III,

— las disposiciones comunitarias específicas por las que se rija la mención del tratamiento de un ingrediente por radiación ionizante se adoptarán posteriormente con arreglo al artículo 95 del Tratado,

— las enzimas distintas de las mencionadas en el apartado 4, letra c), inciso ii), deben designarse mediante el nombre de una de las categorías de ingredientes que figuran en el anexo II, seguido de su nombre específico.

7. Las normas comunitarias y, en su ausencia, las disposiciones nacionales podrán establecer para ciertos productos alimenticios que la mención de uno o más ingredientes determinados debe acompañar a la denominación de venta.

El procedimiento previsto en el artículo 19 se aplicará a las eventuales disposiciones nacionales.

La Comisión adoptará las disposiciones comunitarias mencionadas en el presente apartado. Estas medidas, destinadas a modificar elementos no esenciales de la Directiva, completándola, se adoptarán con arreglo al procedimiento de reglamentación con control contemplado en el artículo 20, apartado 3.

8. En el caso a que se refiere la letra b) del apartado 4, un ingrediente compuesto podrá figurar en la lista de los ingredientes bajo su denominación en la medida en que ésta esté prevista por la regulación o consagrada por el uso, en función de su peso global, a condición de que vaya seguida inmediatamente por la enumeración de sus propios ingredientes.

La enumeración prevista en el primer párrafo no será obligatoria:

a) cuando la composición del ingrediente compuesto se establezca en el marco de una norma comunitaria en vigor, siempre que el ingrediente compuesto constituya menos del 2 % del producto acabado; esta disposición no se aplicará a los aditivos, sin perjuicio de la letra c) del apartado 4;

b) para ingredientes compuestos que consistan en mezclas de especias y/o de plantas aromáticas que constituyan menos del 2 % del producto acabado, salvo los aditivos, sin perjuicio de la letra c) del apartado 4;

c) cuando el ingrediente compuesto sea un producto alimenticio para el que la normativa comunitaria no exija la lista de ingredientes.

9. Como excepción al apartado 5, no se requerirá mencionar el agua:

a) cuando el agua se utilice, en el proceso de fabricación, solamente para reconstituir a su estado de origen un ingrediente utilizado en forma concentrada o deshidratada;

b) en el caso del líquido de cobertura que normalmente no se consume.

10. No obstante lo dispuesto en el apartado 2, en el segundo párrafo del apartado 6 y en el segundo párrafo del apartado 8, cualquier ingrediente que se utilice en la producción de un producto alimenticio que siga presente en el producto acabado, aunque sea en forma modificada, y esté enumerado en el anexo III bis o proceda de ingredientes enumerados en el anexo III bis se indicará en la etiqueta mediante una referencia clara al nombre de dicho ingrediente.

La indicación a que se refiere el párrafo primero no será necesaria si la denominación comercial del producto se refiere claramente al ingrediente de que se trate.

No obstante lo dispuesto en los incisos ii), iii) y iv) de la letra c) del apartado 4, cualquier sustancia que se utilice en la producción de un producto alimenticio y que siga presente en el producto acabado aunque sea en forma modificada y que proceda de los ingredientes enumerados en el anexo III bis será considerada como un ingrediente y se indicará en la etiqueta mediante una referencia clara al nombre del ingrediente del que proceda.

11. La lista del anexo III bis se volverá a examinar sistemáticamente y, si procede, se actualizará sobre la base de los conocimientos científicos más recientes. La primera revisión tendrá lugar a más tardar el 25 de noviembre de 2005

La actualización podrá consistir también en retirar del anexo III bis los ingredientes de los que haya quedado probado científicamente que es imposible que causen reacciones adversas. A tal efecto, podrán notificarse a la Comisión, hasta el 25 de agosto de 2004, los estudios actualmente realizados para establecer si ingredientes o sustancias, derivados de los ingredientes enumerados en el anexo III bis, pueden no causar, en determinadas circunstancias, reacciones adversas. La Comisión, a más tardar el 25 de noviembre de 2004 y previa consulta con la Autoridad Europea de Seguridad Alimentaria, adoptará una lista de dichos ingredientes y sustancias que, por consiguiente, quedarán excluidos del anexo III bis, a la espera de los resultados definitivos de los estudios notificados o, a más tardar, el 25 de noviembre de 2007.

Sin perjuicio del párrafo segundo, la Comisión podrá modificar el anexo III bis previo dictamen de la Autoridad Europea de Seguridad Alimentaria, emitido con arreglo al artículo 29 del Reglamento (CE) nº 178/2002 del Parlamento Europeo y del Consejo, de 28 de enero de 2002, por el que se establecen los principios y los requisitos generales de la legislación alimentaria, se crea la Autoridad Europea de Seguridad Alimentaria y se fijan procedimientos relativos a la seguridad alimentaria. Estas medidas, destinadas a modificar elementos no esenciales de la presente Directiva, se adoptarán con arreglo al procedimiento de reglamentación con control contemplado en el artículo 20, apartado 3. Por imperiosas razones de urgencia, la Comisión podrá aplicar el procedimiento de urgencia contemplado en el artículo 20, apartado 4.

En su caso, se podrán publicar directrices técnicas para la interpretación de la lista del anexo III bis, de conformidad con el procedimiento a que se refiere el apartado 2 del artículo 20.

Artículo 7

1. La cantidad de un ingrediente o de una categoría de ingredientes utilizada en la fabricación o preparación de un producto alimenticio se mencionará de conformidad con el presente artículo.

2. Será obligatoria la mención a la que se refiere el apartado 1:

a) cuando el ingrediente o la categoría de ingredientes de que se trate figure en la denominación de venta o el consumidor la asocie en general con la denominación de venta; o

b) cuando en el etiquetado se destaque el ingrediente o la categoría de ingredientes de que se trate por medio de palabras, imágenes o representación gráfica; o

c) cuando el ingrediente o la categoría de ingredientes de que se trate sea esencial para definir un producto alimenticio y para distinguirlo de los productos con los que se pudiera confundir a causa de su denominación o de su aspecto; o

d) en los casos determinados por la Comisión; la determinación de dichos casos, al ser una medida destinada a modificar elementos no esenciales de la presente Directiva completándola, se efectuará con arreglo al procedimiento de reglamentación con control contemplado en el artículo 20, apartado 3.

3. No se aplicará el apartado 2:

a) a un ingrediente o a una categoría de ingredientes:

— cuyo peso neto escurrido se indique de conformidad con el apartado 4 del artículo 8,

— cuya cantidad deba figurar en el etiquetado en virtud de las disposiciones comunitarias,

— que se utilice en dosis bajas con fines de aromatización,

— que, aún cuando figure en la denominación de venta, no pueda determinar la elección del consumidor del Estado miembro de comercialización siempre que la variación de la cantidad no sea esencial para caracterizar al producto alimenticio o no sea suficiente para distinguir el producto de otros productos similares. En caso de duda sobre el cumplimiento de las condiciones previstas en el presente guión, se decidirá según el procedimiento previsto en el apartado 2 del artículo 20;

b) cuando haya disposiciones comunitarias específicas que determinen de manera precisa la cantidad del ingrediente o de la categoría de ingredientes, sin prever la indicación de los mismos en el etiquetado;

c) en los casos contemplados en los guiones cuarto y quinto del apartado 5 del artículo 6;

d) en los casos determinados por la Comisión; la determinación de dichos casos, al ser una medida destinada a modificar elementos no esenciales de la presente Directiva completándola, se efectuará con arreglo al procedimiento de reglamentación con control contemplado en el artículo 20, apartado 3.

4. La cantidad mencionada, expresada en porcentaje, corresponderá a la cantidad del o de los ingredientes en el momento de su utilización. Sin embargo, podrán arbitrarse disposiciones comunitarias que prevean excepciones a este principio para determinados productos alimenticios. La Comisión adoptará estas disposiciones comunitarias. Esta medida, destinada a modificar elementos no esenciales de la presente Directiva completándola, se adoptará con arreglo al procedimiento de reglamentación con control contemplado en el artículo 20, apartado 3.

5. La mención contemplada en el apartado 1 figurará en la denominación de venta del producto alimenticio, o indicada junto a dicha denominación, o en la lista de ingredientes en relación con el ingrediente o la categoría de ingredientes en cuestión.

6. El presente artículo se aplicará sin perjuicio de la reglamentación comunitaria del etiquetado referente al valor nutritivo de los productos alimenticios.

Artículo 8

1. La cantidad neta de los productos alimenticios envasados se expresará:

— en unidades de volumen en el caso de los productos líquidos,

— en unidades de peso en el caso de los demás productos,

utilizando, según proceda, el litro, el centilitro, el mililitro, o bien el kilogramo o el gramo.

Las disposiciones comunitarias y, en su defecto, las disposiciones nacionales aplicables a ciertos productos alimenticios determinados podrán establecer excepciones a esta norma.

El procedimiento previsto en el artículo 19 se aplicará a las eventuales disposiciones nacionales.

2.

a) Cuando esté prevista por las disposiciones comunitarias y, en su ausencia, por las nacionales, la indicación de un cierto tipo de cantidad (por ejemplo: cantidad nominal, cantidad mínima o cantidad media), esta cantidad será, a efectos de la presente Directiva, la cantidad neta.

Sin perjuicio de la información prevista en el artículo 24, los Estados miembros comunicarán a la Comisión y a los demás Estados miembros cualquier medida que adopten en virtud del presente punto.

b) Las disposiciones comunitarias y, en su defecto, las disposiciones nacionales podrán establecer otras indicaciones de cantidad para ciertos productos alimenticios determinados que estén clasificados en categorías por cantidad.

El procedimiento previsto en el artículo 19 se aplicará a las disposiciones nacionales, cuando éstas existan.

c) Cuando un envase esté constituido por dos o más envases individuales que contengan la misma cantidad del mismo producto, se indicará la cantidad neta mencionando la cantidad neta contenida en cada envase individual y el número total de envases. No obstante, estas indicaciones no serán obligatorias cuando el número total de envases individuales pueda verse claramente y contarse fácilmente desde el exterior y cuando pueda verse claramente desde el exterior por lo menos una indicación de la cantidad neta contenida en cada envase individual.

d) Cuando un envase esté constituido por dos o más envases individuales que no se consideren unidades de venta, se indicará la cantidad neta mencionando la cantidad neta total y el número total de envases individuales. Las disposiciones comunitarias y, en su defecto, las disposiciones nacionales podrán, no prever, para ciertos productos alimenticios, que se indique el número total de envases individuales.

Sin perjuicio de la información prevista en el artículo 24, los Estados miembros comunicarán a la Comisión y a los demás Estados miembros cualquier medida que adopten en virtud de lo dispuesto en el presente punto.

3. En el caso de los productos alimenticios que se vendan normalmente por unidades, los Estados miembros podrán no exigir con carácter obligatorio la indicación de la cantidad neta, siempre que el número de unidades pueda verse claramente y contarse fácilmente desde el exterior o, de no ser así, que venga indicado en la etiqueta.

Sin perjuicio de la información prevista en el artículo 24, los Estados miembros comunicarán a la Comisión y a los demás Estados miembros cualquier medida que adopten en virtud del presente apartado.

4. Cuando un producto alimenticio sólido se presente en un líquido de cobertura, en el etiquetado se indicará también el peso neto escurrido de dicho producto alimenticio.

A efectos del presente apartado, «por líquido de cobertura» se entenderán los productos mencionados a continuación, en su caso mezclados entre ellos y también cuando se presenten en estado congelado o ultracongelado, siempre que el líquido sea únicamente accesorio respecto a los elementos esenciales del preparado y, en consecuencia, no resulte determinante para la compra: agua, soluciones acuosas de sales, salmueras, soluciones acuosas de ácidos alimentarios, vinagre, soluciones acuosas de azúcares, soluciones acuosas de otras sustancias o materias edulcorantes y de zumo de frutas o de hortalizas en el caso de frutas y hortalizas.

La Comisión podrá completar esta enumeración. Esta medida, destinada a modificar elementos no esenciales de la presente Directiva, se adoptará con arreglo al procedimiento de reglamentación con control contemplado en el artículo 20, apartado 3.

Los métodos de control del peso neto escurrido se determinarán de acuerdo con el procedimiento previsto en el apartado 2 del artículo 20.

5. No será obligatorio indicar la cantidad neta para los productos alimenticios:

a) que estén sujetos a pérdidas considerables de su volumen o de su masa y que se vendan por unidades o se pesen ante el comprador;

b) cuya cantidad neta sea inferior a 5 gramos o 5 mililitros; no obstante, esta disposición no se aplicará en el caso de las especias y plantas aromáticas.

Las disposiciones comunitarias y, en su defecto, las disposiciones nacionales aplicables a ciertos productos alimenticios determinados podrán establecer, a titulo excepcional y sin menoscabo de la información del comprador umbrales superiores a los 5 gramos o 5 mililitros.

Sin perjuicio de la información prevista en el artículo 24, los Estados miembros comunicarán a la Comisión y a los demás Estados miembros cualquier medida que adopten en virtud del presente apartado.

6. La Comisión adoptará las disposiciones comunitarias contempladas en el apartado 1, párrafo segundo, en el apartado 2, letras b) y d), y en el apartado 5, párrafo segundo. Esta medida, destinada a modificar elementos no esenciales de la presente Directiva completándola, se adoptará con arreglo al procedimiento de reglamentación con control contemplado en el artículo 20, apartado 3.

Artículo 9

1. La fecha de duración mínima de un producto alimenticio es la fecha hasta la cual dicho producto alimenticio mantiene sus propiedades específicas siempre que el producto se guarde en condiciones de conservación adecuadas.

Será indicada conforme a los apartados 2 a 5.

2. Se comunicará precedida de las palabras:

— «consumir preferentemente antes del ...» cuando la fecha incluya la indicación del día,

— «consumir preferentemente antes de finales de ...» en los demás casos.

3. Las indicaciones previstas en el apartado 2 irán acompañadas:

— bien de la fecha misma,

— bien de la indicación del lugar que figura en la etiqueta.

Si fuere preciso, estas indicaciones se completarán con la referencia a las condiciones de conservación que deben observarse para asegurar la duración indicada.

4. La fecha estará compuesta por la indicación, clara y en orden, del día, el mes y el año.

No obstante, en el caso de los productos alimenticios:

— cuya duración sea inferior a tres meses bastará indicar el día y el mes,

— cuya duración sea superior a tres meses, pero sin sobrepasar los dieciocho meses, bastará indicar el mes y el año,

— cuya duración sea superior a dieciocho meses, bastará indicar el año.

El modo de indicación de la fecha se precisará según el procedimiento previsto en el apartado 2 del artículo 20.

5. Sin perjuicio de las disposiciones comunitarias que impongan otras indicaciones de fecha, no se requerirá indicar la fecha de duración en el caso:

— de las frutas y hortalizas frescas incluidas las patatas que no hayan sido peladas, cortadas o sometidas a cualquier otro tratamiento similar. Esta excepción no se aplicará a las semillas germinantes y a productos similares como los brotes de leguminosas,

— de los vinos, vinos generosos, vinos espumosos, vinos aromatizados y de productos similares obtenidos a partir de frutas distintas de la uva, así como de las bebidas de los códigos NC 2206 00 91, 2206 00 93 y 2206 00 99 y elaboradas a base de uva o de mosto de uva,

— de las bebidas con una graduación de un 10 % o más en volumen de alcohol,

— de las bebidas refrescantes sin alcohol, zumos de frutas, néctares de frutas y bebidas alcohólicas en recipientes individuales de más de 5 litros, destinados a distribuirse a las colectividades,

— de los productos de panadería o repostería que, por su naturaleza, se consumen normalmente en el plazo de veinticuatro horas después de su fabricación,

— de los vinagres,

— de la sal de cocina,

— de los azúcares en estado sólido,

— los productos de confitería consistentes casi exclusivamente en azúcares aromatizados y/o coloreados,

— de las gomas de mascar y de productos similares de mascar,

— de las porciones individuales de helados alimenticios.

Artículo 10

1. En el caso de productos alimenticios microbiológicamente muy perecederos y que por ello puedan suponer un peligro inmediato para la salud humana, después de un corto período de tiempo, la fecha de duración mínima se cambiará por la fecha de caducidad.

2. La fecha deberá ir precedida por las palabras:

— en lengua búlgara: «fизползвай преди»,

— en lengua española: «fecha de caducidad»,

— en lengua checa: «spotřebujte do»,

— en lengua danesa: «sidste anvendelsesdato»,

— en lengua alemana: «verbrauchen bis»,

— en lengua estonia: «kõlblik kuni»,

— en lengua griega: «ανάλωση μέχρι»,

— en lengua inglesa: «use by»,

— en lengua francesa: «à consommer jusqu'au»,

— en lengua italiana: «da consumare entro»,

— en lengua letona: «izlietot līdz»,

— en lengua lituana: «tinka vartoti iki»,

— en lengua húngara: «fogyasztható»,

— en lengua maltesa: «uża sa»,

— en neerlandés: «te gebruiken tot»,

— en lengua polaca: «należy spożyć do»,

— en lengua portuguesa: «a consumir até»,

— en lengua rumana: «expiră la data de»,

— en lengua eslovaca: «spotrebujte do»,

— en lengua eslovena: «porabiti do»,

— en lengua finesa: «viimeinen käyttöajankohta»,

— en lengua sueca: «sista förbrukningsdag».

Dichos términos deberán ir seguidos:

— o de la misma fecha,

— o de una referencia al lugar donde se indica la fecha en la etiqueta.

Dichas informaciones se completarán con una descripción de las condiciones de conservación que habrán de respetarse.

3. La fecha consistirá en la indicación clara según este orden: día, mes y, eventualmente, año.

4. De acuerdo con el procedimiento previsto en el apartado 2 del artículo 20, en determinados casos se podrá decidir si se cumplen las condiciones previstas en el apartado 1.

Artículo 11

1. El modo de empleo de un producto alimenticio deberá indicarse de forma que permita un uso apropiado de dicho producto.

2. Las disposiciones comunitarias y, en su defecto, las disposiciones nacionales podrán determinar para ciertos productos alimenticios las modalidades según las cuales deberá indicarse el modo de empleo.

El procedimiento previsto en el artículo 19 se aplicará a las eventuales disposiciones nacionales.

La Comisión adoptará las disposiciones comunitarias mencionadas en el presente apartado. Esta medida, destinada a modificar elementos no esenciales de la presente Directiva completándola, se adoptará con arreglo al procedimiento de reglamentación con control contemplado en el artículo 20, apartado 3.

Artículo 12

Las modalidades de especificación del grado alcohólico volumétrico se determinarán, en lo que respecta a los productos correspondientes a las partidas arancelarias nº 22.04 y 22.05, en las disposiciones comunitarias específicas que les sean aplicables.

Para las demás bebidas que tengan un grado alcohólico en volumen superior al 1,2 %, estas modalidades serán establecidas por la Comisión.

Estas medidas, destinadas a modificar elementos no esenciales de la presente Directiva, se adoptarán con arreglo al procedimiento de reglamentación con control contemplado en el artículo 20, apartado 3.

Artículo 13

1.

a) Cuando los productos alimenticios se presentan envasados, las indicaciones previstas en el artículo 3 y en el apartado 2 del artículo 4, figurarán en el embalaje previo o en una etiqueta unida a éste.

b) No obstante lo dispuesto en la letra a) y sin perjuicio de las disposiciones comunitarias relativas a las cantidades nominales, cuando los productos alimenticios envasados:

— estén destinados al consumidor final, pero comercializados en una fase anterior a la venta al mismo y cuando esta fase no se trate de la venta a una colectividad,

— estén destinados a ser entregados a las colectividades para ser preparados, transformados, fragmentados o cortados en ellas,

las menciones previstas en el artículo 3 y en el apartado 2 del artículo 4 podrán figurar, solamente, en los documentos comerciales que se refieran a dichos productos cuando se garantice que dichos documentos, con todas las menciones de etiquetado, o acompañan a los productos alimenticios a que se refieren, o se han enviado antes de la entrega o al mismo tiempo que ésta.

c) En los casos contemplados en la letra b), las menciones previstas en los puntos 1), 5) y 7) del apartado 1 del artículo 3 así como, en su caso, la mención prevista en el artículo 10, figurarán también en el embalaje exterior en que se presentan los productos alimenticios en el momento de la comercialización.

2. Las indicaciones previstas en el artículo 3 y en el apartado 2 del artículo 4 deberán ser fácilmente comprensibles e irán inscritas en un lugar destacado y de forma que sean fácilmente visibles, claramente legibles e indelebles.

No deberán ser disimuladas, tapadas o separadas de ninguna forma por otras indicaciones o imágenes.

3. Las indicaciones enumeradas en los puntos 1), 4), 5) y 10) del apartado 1 del artículo 3, figurarán en el mismo campo visual.

Esta obligación podrá ampliarse a las indicaciones previstas en el apartado 2 del artículo 4.

4. En el caso de las botellas de vidrio destinadas a ser utilizadas de nuevo que estén marcadas de manera indeleble y que, por ello, no lleven etiqueta ni faja ni collarín, así como de los embalajes o recipientes cuya cara más grande tenga una superficie inferior a 10 centímetros cuadrados, sólo deberá indicarse las menciones enumeradas en los puntos 1), 4) y 5) del apartado 1 del artículo 3.

No se aplicará en este caso el apartado 3.

5. Irlanda, los Países Bajos y el Reino Unido podrán establecer excepciones al apartado 1 del artículo 3 y al apartado 3 del presente artículo para la leche y los productos lácteos envasados en botellas de vidrio destinadas a ser utilizadas de nuevo.

Comunicarán a la Comisión cualquier medida adoptada en virtud del primer párrafo.

Artículo 14

Los Estados miembros establecerán las reglas detalladas según las cuales se mencionarán las indicaciones previstas en el artículo 3 y en el apartado 2 del artículo 4 en los productos alimenticios que se presenten sin envasar para la venta al consumidor final y a las colectividades o en los productos alimenticios envasados en los lugares de venta a petición del comprador o preenvasados para su venta inmediata.

Siempre que quede asegurada la información del comprador podrán no atribuir carácter obligatorio a dichas indicaciones o a algunas de ellas.

Artículo 15

La presente Directiva no afectará a las disposiciones de las legislaciones nacionales que, en defecto de disposiciones comunitarias, regulen de manera menos rigurosa el etiquetado de algunos productos alimenticios presentados en envases de fantasía tales como figurillas o artículos de recuerdo.

Artículo 16

1. Los Estados miembros procurarán prohibir en su territorio el comercio de productos alimenticios para los cuales no figuren las menciones previstas en el artículo 3 y en el artículo 4, apartado 2, en una lengua que el consumidor comprenda fácilmente, salvo si la información al consumidor estuviera efectivamente garantizada por medio de otras medidas, que se establecerán para una o varias menciones de etiquetado. La determinación de dichas medidas, destinada a modificar elementos no esenciales de la presente Directiva completándola, se efectuará con arreglo al procedimiento de reglamentación con control contemplado en el artículo 20, apartado 3.

2. El Estado miembro de comercialización del producto podrá, respetando siempre las normas del Tratado, disponer en su territorio que estas menciones de etiquetado figuren al menos en una o varias lenguas que el Estado determinará entre las lenguas oficiales de la Comunidad.

3. Los apartados 1 y 2 no excluyen la posibilidad de que las menciones de etiquetado figuren en varias lenguas.

Artículo 17

Los Estados miembros se abstendrán de precisar, aparte de lo previsto en los artículos 3 a 13, el modo en que deberán proporcionarse las indicaciones prescritas en el artículo 3 y en el apartado 2 del artículo 4.

Artículo 18

1. Los Estados miembros no podrán prohibir el comercio de los productos alimenticios que se ajusten a la presente Directiva mediante la aplicación de disposiciones nacionales no armonizadas que regulen el etiquetado y la presentación de ciertos productos alimenticios o de los productos alimenticios en general.

2. El apartado 1 no será aplicable a las disposiciones nacionales no armonizadas justificadas por razones de:

— protección de la salud pública,

— represión del fraude, a condición de que dichas disposiciones no puedan obstaculizar la aplicación de las definiciones y normas previstas por la presente Directiva,

— protección de la propiedad industrial y comercial, indicaciones de procedencia, denominaciones de origen y de represión de la competencia desleal.

Artículo 19

En el caso de que se haga referencia al presente artículo se aplicará el procedimiento siguiente cuando un Estado miembro considere necesario adoptar una nueva legislación.

Comunicará a la Comisión y a los demás Estados miembros las medidas proyectadas precisando los motivos que las justifiquen. La Comisión consultará a los Estados miembros en el seno del Comité permanente de la cadena alimentaria y de sanidad animal creado por el Reglamento (CE) nº 178/2002, cuando juzgue útil esta consulta o cuando así lo solicite un Estado miembro.

El Estado miembro sólo podrá adoptar las medidas proyectadas tres meses después de dicha comunicación y siempre que no haya recibido una opinión contraria de la Comisión.

En este último caso, y antes de finalizar el plazo mencionado, la Comisión iniciará el procedimiento previsto en el apartado 2 del artículo 20 para decidir si pueden ponerse en aplicación las medidas proyectadas, sujetas, en su caso, a las modificaciones que sean pertinentes.

Artículo 20

1. La Comisión estará asistida por el Comité permanente de la cadena alimentaria y de sanidad animal, denominado en lo sucesivo «el Comité».

2. En los casos en que se haga referencia al presente apartado, serán de aplicación los artículos 5 y 7 de la Decisión 1999/468/CE, observando lo dispuesto en su artículo 8.

El plazo a que se hace referencia en el apartado 6 del artículo 5 de la Decisión 1999/468/CE queda fijado en tres meses.

3. En los casos en que se haga referencia al presente apartado, serán de aplicación el artículo 5 bis, apartados 1 a 4, y el artículo 7 de la Decisión 1999/468/CE, observando lo dispuesto en su artículo 8.

4. En los casos en que se haga referencia al presente apartado, serán de aplicación el artículo 5 bis, apartados 1, 2, 4 y 6, y el artículo 7 de la Decisión 1999/468/CE, observando lo dispuesto en su artículo 8.

Artículo 21

La Comisión adoptará medidas transitorias si se comprueba que son necesarias para facilitar la aplicación de la presente Directiva.

Las medidas transitorias de alcance general destinadas a modificar elementos no esenciales de la presente Directiva, incluidos los que la completan con nuevos elementos no esenciales, en particular otras especificaciones en los requisitos establecidos en las disposiciones de la presente Directiva, se adoptarán con arreglo al procedimiento de reglamentación con control contemplado en el artículo 20, apartado 3.

Otras medidas transitorias podrán adoptarse con arreglo al procedimiento de reglamentación contemplado en el artículo 20, apartado 2.

Artículo 22

La presente Directiva no afectará a las disposiciones comunitarias que ya estén adoptadas el 22 de diciembre de 1978 y relativas al etiquetado y presentación de ciertos productos alimenticios.

Las modificaciones que sean necesarias para adaptar dichas disposiciones a las normas previstas por la presente Directiva, se decidirán siguiendo el procedimiento aplicable a cada una de las disposiciones de que se trate.

Artículo 23

La presente Directiva no se aplicara a los productos destinados a ser exportados fuera de la Comunidad.

Artículo 24

Los Estados miembros comunicarán además a la Comisión el texto de las disposiciones fundamentales de Derecho interno que adopten en el ámbito regulado por la presente Directiva.

Artículo 25

La presente Directiva se aplicará igualmente a los departamentos franceses de Ultramar.

Artículo 26

1. Queda derogada la Directiva 79/112/CEE, tal y como fue modificada por las Directivas que figuran en la parte A del anexo IV, sin perjuicio de las obligaciones de los Estados miembros en cuanto a los plazos de transposición de las Directivas que figuran en la parte B del anexo IV.

2. Las referencias hechas a la Directiva derogada, se entenderán como hechas a la presente Directiva, y se leerán según el cuadro de correspondencias que figura en el anexo V.

Artículo 27

La presente Directiva entrará en vigor el vigésimo día siguiente al de su publicación en el Diario Oficial de las Comunidades Europeas.

Artículo 28

Los destinatarios de la presente Directiva serán los Estados miembros.

ANEXO I.-
Categorías de ingredientes para los que la indicación de la categoría puede sustituir a la del nombre específico

[Anexo no reproducido en la presente publicación]

ANEXO II.-
Categorías de ingredientes que deben designarse obligatoriamente con el nombre de su categoría seguido de sus nombres específicos o del número ce

[Anexo no reproducido en la presente publicación]

ANEXO III.-
Designación de los aromas en la lista de ingredientes

[Anexo no reproducido en la presente publicación]

ANEXO III bis.-
Ingredientes a los que hace referencia el artículo 6, apartados 3 bis, 10 y 11

[Anexo no reproducido en la presente publicación]

ANEXO IV

[Anexo no reproducido en la presente publicación]

ANEXO V.-
Cuadro de correspondencias

[Anexo no reproducido en la presente publicación]

17 de julio de 2000.- Reglamento (CE) nº 1760/2000
del Parlamento Europeo y del Consejo,
que establece un sistema de identificación y registro de los animales de la especie bovina y relativo al etiquetado de la carne de vacuno y de los productos a base de carne de vacuno y
por el que se deroga el Reglamento (CE) nº 820/97 del Consejo
(D.O. L 204, 11 de agosto de 2000)

[V.C. 01/01/2007]

EL PARLAMENTO EUROPEO Y EL CONSEJO DE LA UNIÓN EUROPEA,

Visto el Tratado constitutivo de la Comunidad Europea y, en particular, su artículo 37 y la letra b) del apartado 4 de su artículo 152,

Vista la propuesta de la Comisión,

Visto el dictamen del Comité Económico y Social,

Visto el dictamen del Comité de las Regiones,

De conformidad con el procedimiento establecido en el artículo 251 del Tratado,

Considerando lo siguiente:

(1) El artículo 19 del Reglamento (CE) n° 820/97 del Consejo, de 21 de abril de 1997, por el que se establece un sistema de identificación y registro de los animales de la especie bovina y relativo al etiquetado de la carne de vacuno y de los productos a base de carne de vacuno, dispone que debe implantarse un sistema de etiquetado obligatorio de la carne de vacuno, que será obligatorio en todos los Estados miembros a partir del 1 de enero de 2000. El mismo artículo dispone también que, sobre la base de la propuesta de la Comisión, las normas generales del sistema obligatorio deben establecerse antes de esa fecha.

(2) El Reglamento (CE) n° 2772/1999 del Consejo, de 21 de diciembre de 1999, por el que se aprueban las normas generales de un sistema obligatorio de etiquetado de la carne de vacuno establece que dichas normas generales solo se aplicarán con carácter provisional durante un plazo máximo de ocho meses, es decir, del 1 de enero al 31 de agosto de 2000.

(3) En aras de la claridad es preferible derogar el Reglamento (CE) n° 820/97 y sustituirlo por el presente Reglamento.

(4) Tras la inestabilidad originada en el mercado de la carne de vacuno y de los productos a base de carne de vacuno por la crisis de la encefalopatía espongiforme bovina, la mayor transparencia en las condiciones de producción y comercialización de los productos en cuestión, especialmente en lo que atañe a la rastreabilidad de los mismos, ha tenido una influencia positiva sobre el consumo de carne de vacuno. A fin de mantener y reforzar la confianza del consumidor en dicho producto y evitar que se produzcan engaños, es necesario crear un marco mediante el cual se facilite información al consumidor mediante un etiquetado adecuado y claro del producto.

(5) A tal fin, es fundamental establecer, por un lado, un sistema eficaz de identificación y registro de los animales de la especie bovina en la fase de producción y, por otro, un sistema de etiquetado comunitario específico en el sector de la carne de vacuno, basado en criterios objetivos, en la fase de comercialización.

(6) Mediante las garantías aportadas por esta mejora, se satisfarán asimismo algunos requisitos de interés general, como la protección de la salud humana y de la sanidad animal.

(7) Como resultado de todo ello, aumentará la confianza de los consumidores en la calidad de la carne de vacuno y de los productos a base de carne de vacuno, se mantendrá un alto nivel de protección de la salud y se reforzará la estabilidad sostenible del mercado de carne de vacuno.

(8) La letra c) del apartado 1 del artículo 3 de la Directiva 90/425/CEE del Consejo, de 26 de junio de 1990, relativa a los controles veterinarios y zootécnicos aplicables en los intercambios intracomunitarios de determinados animales vivos y productos con vistas a la realización del mercado interior, dispone que los animales destinados al comercio intracomunitario deben ser identificados de acuerdo con las normas comunitarias y registrados de forma que pueda localizarse la explotación, el centro o la organización de origen o de tránsito, y que estos sistemas de identificación y de registro deben ampliarse

a los traslados de animales dentro del territorio de cada Estado miembro antes del 1 de enero de 1993.

(9) El artículo 14 de la Directiva 91/496/CEE del Consejo, de 15 de julio de 1991, por la que se establecen los principios relativos a la organización de controles veterinarios de los animales que se introduzcan en la Comunidad procedentes de países terceros y por la que se modifican las Directivas 89/662/CEE, 90/425/CEE y 90/675/CEE, dispone que la identificación y el registro de dichos animales, contemplados en la letra c) del apartado 1 del artículo 3 de la Directiva 90/425/CEE, deben efectuarse tras la realización de los controles citados, excepto en caso de que los animales se destinen al sacrificio o de que se trate de équidos registrados.

(10) La gestión de determinados regímenes de ayuda en el sector de la agricultura requiere la identificación individual de determinados tipos de ganado. En consecuencia, los sistemas de identificación y registro deben permitir la aplicación y el control de tales medidas de identificación individual.

(11) La correcta aplicación del presente Reglamento requiere el rápido y eficaz intercambio de datos entre los distintos Estados miembros. El Reglamento (CEE) n° 1468/81 del Consejo, de 19 de mayo de 1981, relativo a la asistencia mutua entre las autoridades administrativas de los Estados miembros y la colaboración entre éstas y la Comisión con objeto de asegurar la correcta aplicación de las regulaciones aduanera o agrícola, y la Directiva 89/608/CEE del Consejo, de 21 de noviembre de 1989, relativa a la asistencia mutua entre las autoridades administrativas de los Estados miembros y a la colaboración entre éstas y la Comisión con objeto de asegurar la correcta aplicación de las legislaciones veterinaria y zootécnica, establecen disposiciones comunitarias al respecto.

(12) Las normas vigentes relativas a la identificación y el registro de los animales de la especie bovina se recogen en la Directiva 92/102/CEE del Consejo, de 27 de noviembre de 1992, relativa a la identificación y al registro de animales y en el Reglamento (CE) n° 820/97. La experiencia ha demostrado que, en el caso de los animales de la especie bovina, la aplicación de la Directiva 92/102/CEE no ha sido plenamente satisfactoria, necesitando ser perfeccionada. Por consiguiente, es necesario adoptar un Reglamento específico para dichos animales, con el fin de reforzar las disposiciones de la Directiva.

(13) Para que la implantación de un sistema de identificación perfeccionado resulte aceptable, es fundamental no imponer excesivas exigencias al productor desde el punto de vista de las formalidades administrativas. Deben establecerse unos plazos viables para su aplicación.

(14) Para el rápido y exacto rastreo de los animales por motivos de control de los regímenes de ayuda comunitarios, cada Estado miembro debe crear una base de datos nacional informatizada en la que se registrarán la identidad del animal, todas las explotaciones existentes en su territorio y los traslados de animales, con arreglo a lo dispuesto en la Directiva 97/12/CE del Consejo, de 17 de marzo de 1997, por la que se modifica y actualiza la Directiva 64/432/CEE relativa a problemas de policía sanitaria en materia de intercambios intracomunitarios de animales de las especies bovina y porcina, en la que se especifican los requisitos sanitarios relativos a esta base de datos.

(15) Es preciso que cada Estado miembro adopte todas las medidas que aún pudieren ser necesarias para que la base de datos nacional informatizada sea plenamente operativa lo antes posible.

(16) Deben adoptarse las medidas oportunas con objeto de crear las condiciones técnicas necesarias para garantizar la mejor comunicación posible del productor con la base de datos y una utilización generalizada de ésta.

(17) Para que puedan rastrearse los traslados de animales de la especie bovina, éstos deben ser identificados mediante una marca en cada oreja e ir acompañados en principio de un pasaporte en cada uno de sus traslados. Las características de la marca auricular y del pasaporte deben determinarse a escala comunitaria. En principio, debe expedirse un pasaporte a cada animal al que se haya asignado una marca auricular.

(18) Los animales importados de terceros países con arreglo a la Directiva 91/496/CEE deben someterse a los mismos requisitos en materia de identificación.

(19) Cada animal debe conservar las marcas auriculares durante toda su vida.

(20) La Comisión está estudiando, basándose en el trabajo realizado por el Centro Común de Investigación, la posibilidad de emplear medios electrónicos para la identificación de los animales.

(21) Los poseedores de animales, a excepción de los transportistas, deben llevar un registro actualizado de los animales presentes en su explotación. Las características del registro deben determinarse a escala comunitaria. La autoridad competente debe tener acceso a esos registros previa solicitud.

(22) Los Estados miembros pueden hacer asumir los gastos derivados de la aplicación de estas medidas a todo el sector de la producción de carne de vacuno.

(23) Procede designar la autoridad o las autoridades competentes para la aplicación de cada título del presente Reglamento.

(24) Debe establecerse un sistema de etiquetado obligatorio de la carne de vacuno obligatorio en todos los Estados miembros. Al amparo de dicho sistema obligatorio, los agentes económicos y las organizaciones que comercialicen carne de vacuno deberán indicar en la etiqueta datos sobre la carne de vacuno y el lugar de sacrificio del animal o de los animales de los que proceda la carne.

(25) El sistema de etiquetado obligatorio de la carne de vacuno deberá reforzarse a partir del 1 de enero de 2002. Al amparo de ese sistema obligatorio, los agentes económicos y las organizaciones que comercialicen carne de vacuno deberán indicar también en la etiqueta datos sobre el origen, y concretamente el lugar de nacimiento, engorde y sacrificio del animal o de los animales de los que proceda la carne.

(26) La información adicional a la relativa al lugar de nacimiento, engorde y sacrificio del animal o de los animales de los cuales proceda la carne de vacuno podrá ser suministrada con arreglo al sistema de etiquetado facultativo para la carne de vacuno.

(27) El sistema de etiquetado obligatorio de origen debe estar vigente a partir del 1 de enero de 2002, dado que sólo se exige plena información de los traslados de animales de la especie bovina en la Comunidad para los animales nacidos después del 31 de diciembre de 1997.

(28) El sistema de etiquetado obligatorio de la carne de vacuno se debe aplicar también a la carne de vacuno importada en la Comunidad. No obstante, debe preverse que tal vez los agentes económicos o las organizaciones de un tercer país no disponga de toda la información exigida para el etiquetado de la carne de vacuno producida en la Comunidad. Por lo tanto, es necesario determinar la información mínima que los terceros países deberán indicar en la etiqueta.

(29) Deben establecerse excepciones que garanticen un número mínimo de indicaciones en el caso de los agentes económicos o las organizaciones que produzcan o comercialicen carne de vacuno picada, que posiblemente no estén en condiciones de facilitar toda la información requerida en el marco del sistema de etiquetado obligatorio de la carne de vacuno.

(30) El objetivo del etiquetado consiste en ofrecer la máxima transparencia en la comercialización de la carne de vacuno.

(31) Lo dispuesto en el presente Reglamento se deberá entender sin perjuicio de lo establecido en el Reglamento (CEE) n° 2081/92 del Consejo, de 14 de julio de 1992, relativo a la protección de las indicaciones geográficas y de las denominaciones de origen de los productos agrícolas y alimenticios.

(32) Asimismo, es necesario prever un marco comunitario para el etiquetado de la carne de vacuno con el fin de poder incluir las menciones distintas de las que abarca el sistema de etiquetado obligatorio. Debido a la diversidad existente en la descripción de la carne de vacuno comercializada en la Comunidad, la implantación de un sistema de etiquetado facultativo resulta la solución más adecuada. La eficacia de dicho sistema de etiquetado facultativo depende de que se pueda determinar de qué animal o animales procede la carne de vacuno etiquetada. Las normas de etiquetado adoptadas por un agente económico o por una organización han de figurar en un pliego de condiciones que debe remitirse a la autoridad competente para que ésta dé su acuerdo. Los agentes económicos y las organizaciones sólo tendrán derecho a etiquetar carne de vacuno cuando la etiqueta lleve su nombre o el logotipo que los identifica. Las autoridades competentes de los Estados miembros deberían estar facultadas para retirar su autorización respecto de cualesquiera pliegos de condiciones en caso de producirse irregularidades. A fin de que los pliegos de condiciones relativos al etiquetado puedan ser reconocidos en toda la Comunidad, es necesario prever el intercambio de información entre los Estados miembros.

(33) Los agentes económicos y las organizaciones que importen en la Comunidad carne de vacuno procedente de terceros países deben poder también etiquetar sus productos de acuerdo con el sistema de etiquetado facultativo. Conviene prever pues,

disposiciones que tengan por finalidad garantizar en la mayor medida posible que la fiabilidad de las normas relativas al etiquetado de la carne de vacuno importada sea equivalente a la de las establecidas para la carne de vacuno comunitaria.

(34) La transición de las disposiciones del título II del Reglamento (CE) n° 820/97 a las del presente Reglamento puede originar dificultades que no se contemplan en el presente Reglamento. Para hacer frente a tal eventualidad, debe establecerse la posibilidad de que la Comisión adopte las medidas transitorias necesarias. La Comisión debe ser autorizada también a resolver problemas prácticos específicos en los casos en que esté justificado.

(35) Para garantizar la fiabilidad de las disposiciones establecidas en el presente Reglamento, es necesario obligar a los Estados miembros a aplicar medidas de control adecuadas y eficaces. Dichos controles se deben efectuar sin perjuicio de cualquier control que la Comisión pueda realizar aplicando, *mutatis mutandis*, lo dispuesto en el artículo 9 del Reglamento (CE, Euratom) n° 2988/95 del Consejo, de 18 de diciembre de 1995, relativo a la protección de los intereses financieros de las Comunidades Europeas.

(36) Procede prever sanciones adecuadas en caso de infracción de las disposiciones del presente Reglamento.

(37) Las medidas necesarias para la ejecución del presente Reglamento deben ser aprobadas con arreglo a lo dispuesto en la Decisión 1999/468/CE del Consejo, de 28 de junio de 1999, por la que se establecen los procedimientos para el ejercicio de las competencias de ejecución atribuidas a la Comisión.

HAN ADOPTADO EL PRESENTE REGLAMENTO:

TÍTULO I.- IDENTIFICACIÓN Y REGISTRO DE LOS ANIMALES DE LA ESPECIE BOVINA

Artículo 1

1. Cada Estado miembro establecerá un sistema de identificación y registro de los animales de la especie bovina, de acuerdo con las disposiciones del presente título.

2. El presente título se aplicará sin perjuicio de posibles normas comunitarias establecidas para la erradicación o la lucha contra enfermedades, ni de las disposiciones de la Directiva 91/496/CEE y del Reglamento (CEE) n° 3508/92. No obstante, las disposiciones de la Directiva 92/102/CEE que se refieren específicamente a los animales de la especie bovina dejarán de ser aplicables a partir de la fecha en la que dichos animales deban ser identificados con arreglo al presente título.

Artículo 2

A efectos de lo dispuesto en el presente título se entenderá por:

- "animal": el animal de la especie bovina, tal como se define en las letras b) y c) del apartado 2 del artículo 2 de la Directiva 64/432/CEE,
- "explotación": cualquier establecimiento o construcción o, en el caso de las explotaciones al aire libre, cualquier lugar situado dentro del territorio de un mismo Estado miembro en el que se tengan, críen o cuiden animales de los contemplados en el presente Reglamento,
- "poseedor": cualquier persona física o jurídica responsable de los animales, con carácter permanente o temporal, incluso durante el transporte o en el mercado,
- "autoridad competente": la autoridad central o las autoridades de un Estado miembro responsables o encargadas de la ejecución de los controles veterinarios y de la aplicación del presente título o, a efectos del control de las primas, las autoridades encargadas de la aplicación del Reglamento (CEE) n° 3508/92.

Artículo 3

El sistema de identificación y registro de los animales de la especie bovina incluirá los siguientes elementos:

a) marcas auriculares destinadas a identificar cada animal individualmente;
b) bases de datos informatizadas;
c) pasaportes para animales;
d) registros individuales llevados en cada explotación.

La Comisión y la autoridad competente del Estado miembro en cuestión tendrán acceso a toda la información contemplada en el presente título. Los Estados miembros y la Comisión adoptarán las medidas necesarias para garantizar que tengan acceso a esos datos todas las partes interesadas, especialmente las organizaciones de consumidores que tengan un especial interés, reconocidas por el Estado miembro, siempre que se garanticen la confidencialidad y la protección de los datos exigidos con arreglo al Derecho nacional.

Artículo 4

1. Todos los animales de una determinada explotación nacidos después del 31 de diciembre de 1997 o que después de esa fecha se destinen al comercio intracomunitario serán identificados mediante una marca colocada en cada oreja, autorizada por la autoridad competente. Todos los animales de una determinada explotación de la República Checa, Estonia, Chipre, Letonia, Lituania, Hungría, Malta, Polonia, Eslovenia o Eslovaquia nacidos con anterioridad a la fecha de adhesión o que después de esa fecha se destinen al comercio intracomunitario serán identificados mediante una marca colocada en cada oreja, autorizada por la autoridad competente. Todos los animales de una determinada explotación de Bulgaria o Rumanía nacidos con anterioridad a la fecha de adhesión o que después de esa fecha se destinen al comercio intracomunitario serán identificados mediante una marca colocada en cada oreja, autorizada por la autoridad competente. Ambas marcas auriculares llevarán el mismo y único código de identificación que permita identificar de forma individual cada animal y la explotación en que haya nacido. No obstante lo dispuesto anteriormente, los animales nacidos antes del 1 de enero de 1998 que después de esa fecha se destinen al comercio intracomunitario podrán identificarse hasta el 1 de septiembre de 1998 de conformidad con la Directiva 92/102/CEE.

No obstante lo dispuesto en el párrafo primero, los animales nacidos antes del 1 de enero de 1998 que después de esa fecha se destinen al comercio intracomunitario para su sacrificio inmediato podrán identificarse hasta el 1 de septiembre de 1999 de conformidad con la Directiva 92/102/CEE.

Los animales de la especie bovina destinados a espectáculos culturales o deportivos (con excepción de ferias y exposiciones) podrán ser identificados, en lugar de con la marca auricular, según un sistema de identificación aprobado por la Comisión que ofrezca garantías equivalentes.

2. La marca auricular se colocará, dentro de un plazo determinado por el Estado miembro, a partir del nacimiento del animal y, en cualquier caso, antes de que el animal abandone la explotación en que ha nacido. Dicho plazo no podrá ser superior, hasta el 31 de diciembre de 1999, a treinta días, y con posterioridad a dicha fecha, el plazo no podrá ser superior a veinte días.

No obstante, a petición de un Estado miembro, la Comisión podrá determinar, con arreglo al procedimiento contemplado en el apartado 2 del artículo 23, las condiciones en que los Estados miembros podrán ampliar el plazo máximo.

No podrá abandonar la explotación ningún animal nacido después del 31 de diciembre de 1997 que no haya sido identificado de acuerdo con lo dispuesto en el presente artículo.

No podrá abandonar la explotación ningún animal nacido en la República Checa, Estonia, Chipre, Letonia, Lituania, Hungría, Malta, Polonia, Eslovenia o Eslovaquia con posterioridad a la fecha de adhesión que no haya sido identificado de acuerdo con lo dispuesto en el presente artículo.

No podrá abandonar la explotación ningún animal nacido en Bulgaria o Rumanía con posterioridad a la fecha de adhesión que no haya sido identificado de acuerdo con lo dispuesto en el presente artículo.

3. Los animales importados de un tercer país que hayan pasado los controles establecidos en la Directiva 91/496/CEE y que permanezcan dentro del territorio de la Comunidad serán identificados en la explotación de destino mediante marcas auriculares que se ajusten a las disposiciones del presente artículo, en un plazo que será fijado por el Estado miembro y que no será superior a veinte días a partir de los citados controles y, en cualquier caso, antes de abandonar la explotación.

No obstante, no será necesario identificar los animales si la explotación de destino es un matadero situado en el Estado miembro en el que se lleven a cabo dichos controles y si los animales son sacrificados a más tardar veinte días después de haberse realizado éstos.

La identificación original establecida por el tercer país se registrará en la base de datos informatizada a que se refiere el artículo 5 o, si ésta aún no fuere totalmente operativa, en los registros a que se refiere el artículo 3, junto con el código de identificación que le haya sido asignado por el Estado miembro de destino.

4. Todo animal procedente de otro Estado miembro conservará su marca auricular de origen.

5. No se podrá quitar ni sustituir ninguna marca auricular sin la autorización de la autoridad competente.

6. Las marcas auriculares serán asignadas a la explotación, distribuidas y colocadas en los animales del modo determinado por la autoridad competente.

7. Sobre la base del informe de la Comisión, acompañado en su caso de propuestas, y de acuerdo con el procedimiento previsto en el artículo 95 del Tratado, el Parlamento Europeo y el Consejo decidirán, a más tardar el 31 de diciembre de 2001, acerca de la posibilidad de implantar un dispositivo electrónico de identificación, en función de los progresos alcanzados en este ámbito.

Artículo 5

Las autoridades competentes de los Estados miembros constituirán una base de datos informatizada de conformidad con lo dispuesto en los artículos 14 y 18 de la Directiva 64/432/CEE.

Las bases de datos informatizadas serán plenamente operativas a más tardar el 31 de diciembre de 1999 y a partir de esa fecha contendrán todos los datos requeridos en virtud de dicha Directiva.

Artículo 6

1. A partir del 1 de enero de 1998, la autoridad competente expedirá, para cada animal que con arreglo al artículo 4 tenga que ser identificado, un pasaporte dentro de los catorce días siguientes a la notificación de su nacimiento o, en el caso de los animales importados de terceros países, a la notificación de su reidentificación por el Estado miembro en cuestión, de acuerdo con lo establecido en el apartado 3 del artículo 4. La autoridad competente podrá expedir pasaportes para animales procedentes de otro Estado miembro en las mismas condiciones. En tal caso, el pasaporte que acompañe al animal a su llegada será entregado a la autoridad competente, que lo restituirá al Estado miembro expedidor.

A partir de la fecha de adhesión, la autoridad competente de la República Checa, Estonia, Chipre, Letonia, Lituania, Hungría, [Malta], Polonia, Eslovenia o Eslovaquia expedirá, para cada animal que con arreglo al artículo 4 tenga que ser identificado, un pasaporte dentro de los catorce días siguientes a la notificación de su nacimiento o, en el caso de los animales importados de terceros países, a la notificación de su reidentificación por el Estado miembro en cuestión, de acuerdo con lo establecido en el apartado 3 del artículo 4.

A partir de la fecha de adhesión, la autoridad competente de Bulgaria o Rumanía expedirá, para cada animal que con arreglo al artículo 4 tenga que ser identificado, un pasaporte dentro de los catorce días siguientes a la notificación de su nacimiento o, en el caso de los animales importados de terceros países, a la notificación de su reidentificación por el Estado miembro en cuestión, de acuerdo con lo establecido en el apartado 3 del artículo 4.

No obstante, a petición de un Estado miembro, la Comisión podrá determinar, con arreglo al procedimiento contemplado en el apartado 2 del artículo 23, las condiciones en que podrá ampliarse el plazo máximo.

2. Los animales deberán ir acompañados de su pasaporte cuando sean trasladados.

3. No obstante lo dispuesto en la primera frase del apartado 1 y en el apartado 2, los Estados miembros:

- que dispongan de una base de datos informatizada que, a juicio de la Comisión con arreglo a las disposiciones del artículo 5, esté plenamente en funcionamiento, podrán disponer que sólo se expida el pasaporte para los animales destinados al comercio intracomunitario y que esos animales vayan acompañados de su pasaporte exclusivamente en caso de desplazamiento del territorio del Estado miembro de que se trate al territorio de otro Estado miembro, en cuyo caso el pasaporte contendrá información procedente de la base de datos informatizada.

En esos Estados miembros, el pasaporte del que irá acompañado el animal al ser importado de otro Estado miembro será entregado a su llegada a la autoridad competente,

- podrán autorizar, hasta el 1 de enero de 2000, la expedición de pasaportes colectivos para el traslado de animales en el interior del propio Estado miembro, en el caso de los rebaños de animales que tengan el mismo origen y destino y estén acompañados de un certificado veterinario.

4. En caso de muerte de un animal, el pasaporte será restituido por el poseedor a la autoridad competente en los siete días siguientes a dicha muerte. En caso de que el animal se envíe a un matadero, el gestor del matadero será responsable de la restitución del pasaporte a la autoridad competente.

5. En el caso de animales exportados a terceros países, el pasaporte será entregado a la autoridad competente por el último poseedor en el lugar en que se exporte el animal.

Artículo 7

1. Cada poseedor de animales, con excepción de los transportistas, deberá:

- llevar un registro actualizado,
- informar a la autoridad competente, tan pronto como esté plenamente en funcionamiento la base de datos informatizada, en un plazo que deberá fijar el Estado miembro y comprendido entre tres y siete días, de todos los traslados desde la explotación y hacia la misma y de todos los nacimientos y las muertes de animales ocurridas en la explotación, y las fechas de esos acontecimientos; no obstante, a petición de un Estado miembro, la Comisión podrá determinar, con arreglo al procedimiento contemplado en el apartado 2 del artículo 23, las condiciones en que los Estados miembros podrán ampliar el plazo máximo y prever las normas específicas aplicables a los desplazamientos de bovinos para pastar durante el verano en diferentes lugares de montaña.

2. Cada poseedor rellenará el pasaporte, en su caso y de acuerdo con lo dispuesto en el artículo 6, inmediatamente después de llegar el animal a la explotación y antes de que abandone la misma, y se cerciorará de que el pasaporte acompañe al animal.

3. Cada poseedor facilitará a la autoridad competente, previa solicitud de ésta, toda la información relativa al origen, la identificación y, en su caso, el destino de los animales que haya tenido en propiedad, poseído, transportado, comercializado o sacrificado.

4. El registro deberá presentarse conforme a un formato aprobado por la autoridad competente, se llevará de forma manual o informatizada y estará accesible en todo momento a dicha autoridad, previa solicitud de la misma, durante un período que ésta deberá determinar y que no podrá ser inferior a tres años.

Artículo 8

Los Estados miembros nombrarán a la autoridad responsable de velar por el cumplimiento del presente título. Se informarán mutuamente e informarán a la Comisión de la identidad de dicha autoridad.

Artículo 9

Los Estados miembros podrán hacer que los poseedores corran con los gastos relacionados con los sistemas a que se refiere el artículo 3 y con los controles que establece el presente título.

Artículo 10

Las medidas necesarias para la ejecución del presente título serán aprobadas con arreglo al procedimiento de gestión contemplado en el apartado 2 del artículo 23. Dichas medidas se refieren en particular a:

a) las disposiciones relativas a las marcas auriculares;
b) las disposiciones relativas al pasaporte;
c) las disposiciones relativas al registro;
d) el nivel mínimo de los controles que deberán llevarse a cabo;
e) la imposición de sanciones administrativas;
f) las medidas transitorias necesarias para facilitar la aplicación del presente título.

TÍTULO II.- ETIQUETADO DE LA CARNE DE VACUNO Y DE LOS PRODUCTOS A BASE DE CARNE DE VACUNO

Artículo 11

Los agentes económicos o las organizaciones, tal como se definen en el artículo 12, que:

- estén obligados, en virtud de la sección I del presente título, a etiquetar la carne de vacuno en todas las fases de la comercialización,

- deseen, en virtud de la sección II del presente título, etiquetar la carne de vacuno en el lugar de venta de modo que se faciliten datos, distintos de los establecidos en el artículo 13, relativos a determinadas características o condiciones de producción de la carne etiquetada o del animal del que proceda,

actuarán con arreglo a lo dispuesto en el presente título.

El presente título se aplicará sin perjuicio de la legislación comunitaria pertinente, en especial la relativa a la carne de vacuno.

Artículo 12

A efectos de lo dispuesto en el presente título, se entenderá por:

- "carne de vacuno": los productos de los códigos NC 0201, 0202, 0206 10 95 y 0206 29 91,
- "etiquetado": la aplicación de una etiqueta a uno o varios trozos de carne o a su material de envasado, o, en el caso de productos no preenvasados, el suministro de información por escrito y de manera visible al consumidor en el punto de venta,
- "organización": una agrupación de agentes económicos pertenecientes al mismo sector o a distintos sectores dedicados al comercio de carne de vacuno.

SECCIÓN I.- SISTEMA COMUNITARIO DE ETIQUETADO OBLIGATORIO DE LA CARNE DE VACUNO

Artículo 13.- *Normas generales*

1. Los agentes económicos y las organizaciones que comercialicen carne de vacuno en la Comunidad la etiquetarán con arreglo a las disposiciones del presente artículo.

El sistema de etiquetado obligatorio garantizará una relación entre la identificación de las canales, cuartos o trozos de carne, por un lado, y, por otro, cada animal, o, cuando ello sea suficiente para permitir establecer la veracidad de la información que contenga la etiqueta, el grupo de animales correspondiente.

2. La etiqueta llevará las siguientes indicaciones:

a) un número de referencia o código de referencia que garantice la relación entre la carne y el animal o los animales; dicho número podrá ser el número de identificación del animal del que proceda la carne de vacuno o el número de identificación correspondiente a un grupo de animales;

b) el número de autorización del matadero en el que haya sido sacrificado el animal o grupo de animales y el Estado miembro o tercer país en el que se encuentre el matadero: la mención será la siguiente: "Sacrificado en: (nombre del Estado miembro o tercer país) (número de autorización)";

c) el número de autorización de la sala de despiece en la que haya sido despiezada la canal o el grupo de canales y el Estado miembro o tercer país en el que se encuentre la sala de despiece; la mención será la siguiente: "Despiece en: (nombre del Estado miembro o tercer país) (número de autorización)".

3. No obstante, hasta el 31 de diciembre de 2001, los Estados miembros cuyo sistema de identificación y registro de bovinos, previsto en el título I, cuente con datos suficientes podrán hacer obligatoria la mención de datos suplementarios en la etiqueta en el caso de la carne de vacuno procedente de animales nacidos, criados y sacrificados en el mismo Estado miembro.

4. Los sistemas obligatorios a que se refiere el apartado 3 no podrán dar lugar a distorsiones del comercio entre los Estados miembros.

Las disposiciones aplicables en los Estados miembros a efectos de la aplicación del apartado 3 deberán ser aprobadas previamente por la Comisión.

5.

a) A partir del 1 de enero de 2002, los agentes económicos y las organizaciones indicarán también en las etiquetas:

i) el Estado miembro o el tercer país de nacimiento,

ii) los Estados miembros o terceros países en los que haya tenido lugar el engorde,

iii) el Estado miembro o el tercer país en el que haya tenido lugar el sacrificio.

b) No obstante, en caso de que la carne de vacuno proceda de animales nacidos, criados y sacrificados:

i) en el mismo Estado miembro, la mención podrá ser "Origen: (nombre del Estado miembro)",

ii) en un mismo tercer país, la mención podrá ser "Origen: (nombre del tercer país)".

Artículo 14.- *Excepciones al sistema de etiquetado obligatorio*

No obstante lo dispuesto en las letras b) y c) del apartado 2 del artículo 13 y en los incisos i) y ii) de la letra a) del apartado 5 de ese mismo artículo, los agentes económicos y las organizaciones que elaboren carne de vacuno picada deberán indicar en la etiqueta las menciones "producido en (nombre del Estado miembro o del tercer país)", según el lugar en que se haya elaborado la carne y su "origen" cuando el país o los países en cuestión no sean el país de producción.

La obligación prevista en el inciso iii) de la letra a) del apartado 5 del artículo 13 será aplicable a dicha carne a partir de la fecha de aplicación del presente Reglamento.

No obstante, dichos agentes económicos u organizaciones podrán completar la etiqueta de la carne de vacuno picada:

- con una o más de las menciones previstas en el artículo 13, y/o
- con la fecha de elaboración de la carne de que se trate.

Teniendo en cuenta la experiencia acumulada, y en función de las eventuales necesidades, podrán adoptarse disposiciones similares para la carne troceada y para los recortes de carne, según el procedimiento previsto en el apartado 2 del artículo 23.

Artículo 15.- *Etiquetado obligatorio de la carne de vacuno procedente de terceros países*

No obstante lo dispuesto en el artículo 13, la carne de vacuno importada en la Comunidad de la que no esté disponible la información prevista en dicho artículo, de conformidad con el procedimiento previsto en el artículo 17, llevará en la etiqueta la indicación "Origen: no comunitario" y "Lugar de sacrificio: (nombre del tercer país)".

SECCIÓN II.- SISTEMA DE ETIQUETADO FACULTATIVO

Artículo 16.- *Normas generales*

1. En el caso de las etiquetas que lleven indicaciones distintas de las previstas en la sección I del presente título, cada agente económico u organización remitirá un pliego de condiciones, para su aprobación, a la autoridad competente del Estado miembro en el que se efectúe la producción o la venta de la carne de vacuno de que se trate. Además, la autoridad competente podrá establecer pliegos de condiciones para su utilización en el Estado miembro correspondiente, siempre que la utilización de los mismos no sea obligatoria.

Los pliegos de condiciones facultativos deberán indicar:

- la información que vaya a constar en la etiqueta,
- las medidas que esté previsto adoptar para garantizar la veracidad de dicha información,
- el sistema de control que esté previsto aplicar a todas las fases de producción y venta, lo que incluirá una serie de controles a cargo de un organismo independiente reconocido por la autoridad competente, que deberá nombrar el agente económico o la organización; dicho organismo deberá cumplir la norma europea EN/45011,
- cuando se trate de una organización, las medidas aplicables a cualquiera de sus miembros que no cumpla lo establecido en el pliego de condiciones.

Los Estados miembros podrán disponer que los controles del organismo independiente puedan ser sustituidos por controles de una autoridad competente. En tal caso, la autoridad competente dispondrá del personal cualificado y de los recursos necesarios para llevar a cabo los controles exigidos.

Los costes de los controles previstos con arreglo a la presente sección correrán a cargo del agente económico u organización que utilicen el sistema de etiquetado.

2. La aprobación del pliego de condiciones quedará supeditada a la existencia para las autoridades competentes de la garantía, obtenida tras el examen detenido de los componentes contemplados en el apartado 1, del funcionamiento correcto y fiable del sistema de etiquetado previsto y, sobre todo, del sistema de control de éste. Las autoridades competentes rechazarán todo pliego de condiciones que no garantice una relación entre, por una parte, la identificación de las canales, cuartos o piezas de carne y, por otra, cada animal, o, cuando esto sea suficiente para permitir establecer la veracidad de la información que contenga la etiqueta, los animales afectados.

También serán rechazados los pliegos de condiciones que prevean etiquetas que contengan información engañosa o no suficientemente clara.

3. En caso de que la producción o la venta de carne de vacuno tenga lugar en dos o más Estados miembros, las autoridades competentes de los Estados miembros en cuestión examinarán y aprobarán los pliegos de condiciones que se presenten, en la medida en que los elementos incluidos en los mismos se refieran a operaciones que tengan lugar en sus territorios respectivos. En tal caso, cada Estado miembro interesado reconocerá las autorizaciones concedidas por los demás Estados miembros interesados.

Si dentro de un plazo que se fijará de conformidad con el procedimiento contemplado en el apartado 2 del artículo 23, calculado a partir del día siguiente al de la presentación de la solicitud, no se ha concedido o denegado la autorización ni se ha pedido información complementaria, se considerará que el pliego de condiciones ha sido aprobado por la autoridad competente.

4. Cuando las autoridades competentes de todos los Estados miembros interesados aprueben los pliegos de condiciones presentados, el agente económico o la organización de que se trate tendrá derecho a proceder al etiquetado de la carne de vacuno, siempre que la etiqueta contenga su nombre o logotipo.

5. No obstante lo dispuesto en los apartados 1 a 4, la Comisión podrá establecer, con arreglo al procedimiento contemplado en el apartado 2 del artículo 23, un procedimiento de autorización acelerado o simplificado en casos específicos, en particular para la carne de vacuno en pequeños envases de venta al por menor o para los cortes primarios de carne de vacuno en envases individuales, etiquetados en un Estado miembro con arreglo a un pliego de condiciones aprobado e introducidos en el territorio de otro Estado miembro, siempre que no se añada información alguna a la etiqueta inicial.

6. Los Estados miembros podrán acordar que el nombre de una o más de sus regiones no puedan utilizarse, en especial cuando el nombre de una región:

- pudiere dar lugar a confusión o a dificultades de control,
- estuviere reservado para carnes de vacuno en el marco del Reglamento (CEE) n° 2081/92.

En caso de concesión de una autorización, el nombre de la región se completará mediante el nombre del Estado miembro.

7. Los Estados miembros informarán a la Comisión de la aplicación del presente artículo, y especialmente de la información que figure en las etiquetas. La Comisión informará a su vez a los demás Estados miembros en el seno del Comité de gestión de la carne de vacuno contemplado en la letra b) del apartado 1 del artículo 23 y, en su caso, de acuerdo con el procedimiento contemplado en el apartado 2 del artículo 23, podrán aprobarse normas relativas a dicha información y podrán imponerse limitaciones.

Artículo 17.- *Sistema de etiquetado facultativo aplicable a la carne de vacuno procedente de terceros países*

1. En caso de que la producción de carne de vacuno tenga lugar, total o parcialmente, en un tercer país, los agentes económicos y las organizaciones tendrán derecho a etiquetar la carne de vacuno de acuerdo con la presente sección si, además de respetar las disposiciones mencionadas en el artículo 16, hubieren obtenido para sus pliegos de condiciones la autorización de la autoridad competente nombrada a tal efecto por cada uno de los terceros países de que se trate.

2. La validez en la Comunidad de una autorización concedida por un tercer país requerirá la notificación previa a la Comisión de los datos siguientes por parte del tercer país:

- la autoridad competente que haya sido nombrada,
- los procedimientos y criterios que debe aplicar la autoridad competente para el examen del pliego de condiciones,
- cada agente económico u organización cuyo pliego de condiciones haya sido autorizado por la autoridad competente.

La Comisión transmitirá estas notificaciones a los Estados miembros.

Cuando, sobre la base de las notificaciones antes citadas, la Comisión llegue a la conclusión de que los procedimientos o los criterios aplicados en un tercer país no son equivalentes a las normas establecidas en el presente Reglamento, tras celebrar las consultas oportunas con el tercer país en cuestión, declarará la invalidez en la Comunidad de las autorizaciones concedidas por dicho tercer país.

Artículo 18.- *Sanciones*

Sin perjuicio de las acciones que la propia organización o el organismo de control citado en el artículo 16 puedan iniciar, cuando se demuestre que un agente económico o una organización no han cumplido lo establecido en el pliego de condiciones mencionado en el apartado 1 del artículo 16, el Estado miembro podrá retirarle la autorización prevista en el apartado 2 del artículo 16 o imponer el cumplimiento de condiciones suplementarias para e1 mantenimiento de la autorización.

SECCIÓN III.- DISPOSICIONES GENERALES

Artículo 19.- *Normas específicas*

Las medidas necesarias para la ejecución de lo dispuesto en el presente título serán aprobadas con arreglo al procedimiento de gestión contemplado en el apartado 2 del artículo 23. Dichas medidas se referirán en particular a las siguientes materias:

a) la definición del tamaño del grupo de animales a que se refiere la letra a) del apartado 2 del artículo 13;

b) la definición de carne de vacuno picada, de recortes de carne de vacuno o de carne de vacuno despiezada a que se refiere el artículo 14;

c) la definición de las menciones específicas que podrán figurar en la etiqueta;

d) las medidas necesarias para facilitar la transición de la aplicación del Reglamento (CE) n° 820/97 a la aplicación del presente título;

e) las medidas necesarias para resolver problemas prácticos específicos; en casos debidamente justificados, tales medidas podrán establecer excepciones a determinadas partes del presente título.

Artículo 20.- *Designación de las autoridades competentes*

El 14 de octubre de 2000 a más tardar, los Estados miembros designarán a la autoridad o las autoridades competentes responsables de la aplicación del presente título. En el caso de la República Checa, Estonia, Chipre, Letonia, Lituania, Hungría, Malta, Polonia, Eslovenia y Eslovaquia, la designación deberá tener lugar a más tardar tres meses después de la fecha de adhesión. En el caso de Bulgaria y Rumanía, la designación deberá tener lugar a más tardar tres meses después de la fecha de adhesión.

Artículo 21

El 14 de agosto de 2003 a más tardar, la Comisión presentará al Parlamento Europeo y al Consejo un informe y, si ha lugar, propuestas apropiadas relativas a la ampliación del ámbito de aplicación del presente Reglamento a los productos transformados que contengan carne de vacuno y productos a base de carne de vacuno.

TÍTULO III.- DISPOSICIONES COMUNES

Artículo 22

1. Los Estados miembros adoptarán las medidas necesarias para dar cumplimiento a lo dispuesto en el presente Reglamento. Los controles previstos se llevarán a cabo sin perjuicio de los controles que la Comisión pueda efectuar en virtud de lo dispuesto en el artículo 9 del Reglamento (CE, Euratom) n° 2988/95.

Las sanciones impuestas por los Estados miembros a los poseedores serán proporcionales a la gravedad de la infracción. Las sanciones podrán suponer, en casos justificados, una restricción del traslado de animales desde la explotación del poseedor en cuestión o hacia la misma.

2. Especialistas de la Comisión, conjuntamente con las autoridades competentes:

a) comprobarán que los Estados miembros cumplen lo dispuesto en el presente Reglamento;

b) realizarán controles sobre el terreno para cerciorarse de que los controles se realizan con arreglo al presente Reglamento.

3. El Estado miembro en cuyo territorio se realice una inspección proporcionará a los especialistas de la Comisión toda la ayuda que necesiten para la realización de su cometido.

Los resultados de los controles efectuados deberán debatirse con la autoridad competente del Estado miembro interesado antes de elaborar y dar a conocer el informe final.

4. Cuando la Comisión considere que los resultados de los controles lo justifican, examinará la situación con el Comité veterinario permanente contemplado en la letra c) del apartado 1 del artículo 23. Podrá adoptar las decisiones necesarias con arreglo al procedimiento establecido en el apartado 3 del artículo 23.

5. La Comisión efectuará un seguimiento de la situación. En función de dicha evolución, y con arreglo al procedimiento establecido en el apartado 3 del artículo 23, podrá modificar o derogar las decisiones a que se refiere el apartado 4.

6. Las normas de desarrollo del presente artículo se aprobarán, en su caso, con arreglo al procedimiento establecido en el apartado 3 del artículo 23.

Artículo 23

1. La Comisión estará asistida:

a) para la aplicación del artículo 10, por el Comité del Fondo Europeo de Orientación y de Garantía Agrícola contemplado en el artículo 11 del Reglamento (CE) n° 1258/1999 del Consejo;

b) para la aplicación del artículo 19, por el Comité de gestión de la carne de vacuno, creado mediante el artículo 42 del Reglamento (CE) n° 1254/1999 del Consejo;

c) para la aplicación del artículo 22, por el Comité veterinario permanente, creado mediante la Decisión 68/361/CEE del Consejo.

2. En los casos en que se haga referencia al presente apartado, serán de aplicación los artículos 4 y 7 de la Decisión 1999/468/CE, observando lo dispuesto en su artículo 8.

El plazo a que se hace referencia en el apartado 3 del artículo 4 de la Decisión 1999/468/CE queda fijado en un mes.

3. En los casos en que se haga referencia al presente apartado, serán de aplicación los artículos 5 y 7 de la Decisión 1999/468/CE, observando lo dispuesto en su artículo 8.

El plazo a que se hace referencia en el apartado 6 del artículo 5 de la Decisión 1999/468/CE queda fijado en tres meses.

4. Los comités aprobarán su Reglamento interno.

Artículo 24

1. Queda derogado el Reglamento (CE) n° 820/97.

2. Las referencias al Reglamento (CE) n° 820/97 se entenderán hechas al presente Reglamento con arreglo a la tabla de correspondencias que figura en el anexo.

Artículo 25

El presente Reglamento entrará en vigor el tercer día siguiente al de su publicación en el Diario Oficial de las Comunidades Europeas.

Será aplicable a la carne de vacuno procedente de los animales sacrificados a partir del 1 de septiembre de 2000.

El presente Reglamento será obligatorio en todos sus elementos y directamente aplicable en cada Estado miembro.

ANEXO.-

Cuadro de correspondencias

[Anexo no reproducido en la presente publicación]

20 de diciembre de 2006.- Reglamento (CE) nº 1924/2006
del Parlamento Europeo y del Consejo,
relativo a las declaraciones nutricionales y de propiedades saludables en los alimentos
(D.O. L 404, 30 de diciembre de 2006)

[V.C. 02/03/2010]

EL PARLAMENTO EUROPEO Y EL CONSEJO DE LA UNIÓN EUROPEA,

Visto el Tratado constitutivo de la Comunidad Europea, y en particular su artículo 95,

Vista la propuesta de la Comisión,

Visto el dictamen del Comité Económico y Social Europeo

De conformidad con el procedimiento establecido en el artículo 251 del Tratado,

Considerando lo siguiente:

(1) El etiquetado y la publicidad de un número cada vez mayor de alimentos de la Comunidad contiene declaraciones nutricionales y de propiedades saludables. A fin de garantizar un elevado nivel de protección de los consumidores y de facilitar que éstos elijan entre los diferentes alimentos, los productos comercializados, incluyendo los importados, deben ser seguros y poseer un etiquetado adecuado. Una dieta variada y equilibrada es un requisito previo para disfrutar de buena salud, y los productos por separado tienen una importancia relativa respecto del conjunto de la dieta.

(2) Las diferencias en las disposiciones nacionales relativas a estas declaraciones pueden impedir la libre circulación de los alimentos y crear condiciones de competencia desiguales, lo que repercute directamente en el funcionamiento del mercado interior. Por tanto, es necesario adoptar normas comunitarias sobre el uso de las declaraciones nutricionales y de propiedades saludables en los alimentos.

(3) Las disposiciones generales en materia de etiquetado están incluidas en la Directiva 2000/13/CE del Parlamento Europeo y del Consejo, de 20 de marzo de 2000, relativa a la aproximación de las legislaciones de los Estados miembros en materia de etiquetado, presentación y publicidad de los productos alimenticios. La Directiva 2000/13/CE prohíbe de forma general el uso de información que pueda inducir a error al comprador o que atribuya propiedades medicinales a los alimentos. Con el presente Reglamento se pretende complementar los principios generales de la Directiva 2000/13/CE y establecer disposiciones específicas relativas al uso de las declaraciones nutricionales y de propiedades saludables en alimentos que vayan a suministrarse como tales a los consumidores.

(4) El presente Reglamento debe aplicarse a todas las declaraciones nutricionales y de propiedades saludables efectuadas en las comunicaciones comerciales, incluidas entre otras las campañas publicitarias colectivas y las campañas de promoción, tales como las patrocinadas, total o parcialmente, por las autoridades públicas. No obstante, no debe aplicarse a las declaraciones efectuadas en comunicaciones no comerciales tales como las orientaciones o el asesoramiento dietéticos facilitados por las autoridades u organismos de salud pública o las comunicaciones e información no comerciales en la prensa y en las publicaciones científicas. El presente Reglamento debe aplicarse asimismo a las marcas que puedan interpretarse como declaraciones nutricionales y de propiedades saludables.

(5) Asimismo, deben quedar exentos de la aplicación del presente Reglamento los descriptores genéricos (denominaciones), tradicionalmente utilizados para indicar una particularidad de una categoría de alimentos o bebidas con posibles consecuencias para la salud humana, tales como las pastillas para la digestión o para la tos.

(6) Las declaraciones nutricionales sobre propiedades que no son benéficas están excluidas del ámbito de aplicación del presente Reglamento. Los Estados miembros que pretendan crear sistemas nacionales para las declaraciones nutricionales sobre propiedades que no son benéficas deben comunicar tales sistemas a la Comisión y a los demás Estados miembros de conformidad con la Directiva 98/34/CE del Parlamento Europeo y del Consejo, de 22 de junio de 1998, por la que se establece un procedimiento de información en materia de las normas y reglamentaciones técnicas y de las reglas relativas a los servicios de la sociedad de la información.

(7) A nivel internacional, el Codex Alimentarius adoptó Directrices Generales sobre Declaraciones de Propiedades en 1991 y Directrices para el Uso de Declaraciones Nutricionales en 1997. La Comisión del Codex Alimentarius adoptó en 2004 una modificación de estas últimas, que tiene por objeto la inclusión de las «declaraciones de

propiedades saludables» en las directrices de 1997. Se tienen debidamente en cuenta las definiciones y las condiciones establecidas en las directrices del Codex.

(8) La posibilidad de utilizar la declaración «bajo contenido de materias grasas» para las materias grasas para untar, prevista en el Reglamento (CE) nº 2991/94 del Consejo, de 5 de diciembre de 1994, por el que se aprueban las normas aplicables a las materias grasas para untar, debe adaptarse a las disposiciones del presente Reglamento lo antes posible. Mientras tanto, el Reglamento (CE) nº 2991/94 se aplicará a los productos cubiertos por el mismo.

(9) Existe una amplia serie de nutrientes y otras sustancias que incluye pero no se limita a las vitaminas, minerales, incluidos oligoelementos, aminoácidos, ácidos grasos esenciales, fibra, diversas plantas y extracto de hierbas con un efecto nutricional o fisiológico que pueden estar presentes en un alimento y ser objeto de una declaración. Por consiguiente, deben establecerse los principios generales aplicables a todas las declaraciones relativas a un alimento con el fin de garantizar un elevado nivel de protección de los consumidores, dar a los consumidores la información necesaria para elegir con pleno conocimiento de causa, y crear condiciones iguales de competencia para la industria alimentaria.

(10) Los consumidores pueden percibir los alimentos promocionados con declaraciones como productos que poseen una ventaja nutricional, fisiológica o en cualquier otro aspecto de la salud con respecto a productos similares u otros productos a los que no se han añadido estos nutrientes y otras sustancias. Esto puede alentar a los consumidores a tomar decisiones que influyan directamente en su ingesta total de nutrientes concretos o de otras sustancias de una manera que sea contraria a los conocimientos científicos. Para contrarrestar este posible efecto indeseable, es adecuado imponer una serie de restricciones por lo que respecta a los productos acerca de los cuales se efectúan declaraciones. En este contexto, factores tales como la presencia de determinadas sustancias o el perfil nutricional de un producto, son criterios adecuados para determinar si pueden efectuarse declaraciones sobre ese producto. El uso de dichos criterios a escala nacional, aunque está justificado por el objetivo de permitir que los consumidores realicen elecciones nutricionales con conocimiento de causa, probablemente ocasione barreras en el comercio intracomunitario y, en consecuencia, debe armonizarse a escala comunitaria. No se incluyen en el ámbito de aplicación del presente Reglamento la información y la comunicación sobre la salud que apoye mensajes de la autoridad nacional o de la Comunidad acerca de los peligros del abuso del alcohol.

(11) La aplicación de perfiles nutricionales como criterio debe tener el objetivo de evitar una situación en la que las declaraciones nutricionales o de propiedades saludables oculten el estado nutricional general de un producto alimenticio, lo que podría inducir a error a los consumidores al intentar tomar decisiones sanas en el contexto de una dieta equilibrada. Los perfiles nutricionales según lo previsto en el presente Reglamento deben estar destinados al único propósito de regular las circunstancias en que puedan hacerse las declaraciones. Deben basarse en pruebas científicas generalmente aceptadas en lo que se refiere a la relación entre la dieta y la salud. Sin embargo, los perfiles también deben permitir la innovación de los productos, y deben tener en cuenta la variabilidad de los hábitos y tradiciones dietéticos, así como que determinados productos concretos pueden desempeñar un papel importante en el contexto de una dieta global.

(12) El establecimiento de un perfil nutricional debe tener en cuenta el contenido de diferentes nutrientes y sustancias con efecto nutricional o fisiológico, en particular el de grasas, grasas saturadas, ácidos grasos trans, sal o sodio, y azúcares, para los que no se recomiendan ingestas excesivas en la dieta total, así como el de grasas poliinsaturadas y monoinsaturadas, hidratos de carbono disponibles diferentes de los azúcares, vitaminas, minerales, proteínas y fibras. Al establecer los perfiles nutricionales, deben tenerse en cuenta las diferentes categorías de alimentos y el lugar y la función de estos alimentos en la dieta total y deben tomarse debidamente en cuenta los distintos hábitos dietéticos y pautas de consumo de los Estados miembros. Para determinados alimentos o categorías de alimentos, según su función e importancia en la dieta de la población, pueden resultar necesarias exenciones al requisito de respetar los perfiles nutricionales establecidos. Esto requiere labores técnicas complejas y debe encomendarse a la Comisión la tarea de adoptar las medidas pertinentes, teniendo en cuenta el dictamen de la Autoridad Europea de Seguridad Alimentaria.

(13) Los complementos alimenticios tal como se definen en la Directiva 2002/46/CE del Parlamento Europeo y del Consejo, de 10 de junio de 2002, relativa a la aproximación de

las legislaciones de los Estados miembros en materia de complementos alimenticios, presentados en forma líquida y con una graduación superior al 1,2 % en volumen de alcohol, no se considerarán bebidas a efectos del presente Reglamento.

(14) Actualmente se utiliza, en el etiquetado y publicidad de productos alimenticios en algunos Estados miembros, una amplia variedad de declaraciones relativas a sustancias que no han demostrado ser beneficiosas o sobre las que no existe en la actualidad un consenso científico suficiente. Es necesario garantizar que las sustancias sobre las que se efectúa la declaración han demostrado poseer un efecto nutricional o fisiológico beneficioso.

(15) Para garantizar la veracidad de las declaraciones efectuadas, es necesario que la sustancia objeto de la declaración esté presente en el producto final en cantidades que sean suficientes, o que la sustancia esté ausente o presente en las cantidades reducidas adecuadas, para producir el efecto nutricional o fisiológico declarado. La sustancia también debe ser asimilable por el organismo. Además, y cuando proceda, una cantidad de alimento que sea razonable esperar que se consuma debe proporcionar una cantidad significativa de la sustancia que produce el efecto nutricional o fisiológico declarado.

(16) Es importante que las declaraciones de los alimentos puedan ser comprendidas por el consumidor y es conveniente que todos los consumidores estén protegidos de las declaraciones engañosas. Sin embargo, el Tribunal de Justicia de las Comunidades Europeas, desde la entrada en vigor de la Directiva 84/450/CEE del Consejo, de 10 de septiembre de 1984, sobre publicidad engañosa y publicidad comparativa, ha considerado necesario, al fallar sobre asuntos relacionados con la publicidad, estudiar los efectos de dichas prácticas en la figura teórica del consumidor medio. Atendiendo al principio de proporcionalidad, el presente Reglamento, con objeto de permitir la aplicación efectiva de las disposiciones de protección que contiene, toma como referencia al consumidor medio, que está normalmente informado y es razonablemente atento y perspicaz, teniendo en cuenta factores sociales, culturales y lingüísticos, según la interpretación que ha hecho de este concepto el Tribunal de Justicia, pero incluye además disposiciones encaminadas a impedir la explotación de consumidores cuyas características los hacen especialmente vulnerables a las declaraciones engañosas. En los casos en que una declaración se dirija específicamente a un grupo particular de consumidores, como los niños, es deseable que el impacto de la declaración se evalúe desde la perspectiva del miembro medio de ese grupo. La prueba del consumidor medio no constituye una prueba estadística. Los tribunales y las autoridades nacionales tendrán que ejercer su propia facultad de juicio, teniendo en cuenta la jurisprudencia del Tribunal de Justicia, para determinar la reacción típica del consumidor medio en un caso determinado.

(17) El fundamento científico debe ser el aspecto principal a tener en cuenta para el uso de declaraciones nutricionales y de propiedades saludables, y los explotadores de empresas alimentarias deben justificarlas. Una declaración debe estar fundamentada científicamente mediante la toma en consideración de la totalidad de los datos científicos disponibles y la ponderación de las pruebas.

(18) No debe efectuarse una declaración nutricional o de propiedades saludables que sea incoherente con los principios en materia de nutrición y salud generalmente aceptados, o que fomente o apruebe el consumo excesivo de cualquier alimento o desacredite las buenas prácticas dietéticas.

(19) Habida cuenta de la imagen positiva que se confiere a los alimentos con declaraciones nutricionales y de propiedades saludables y del impacto potencial que pueden tener estos alimentos en los hábitos dietéticos y la ingesta total de nutrientes, el consumidor debe poder evaluar su calidad nutricional global. Por tanto, debe ser obligatorio el etiquetado nutricional y debe ampliarse a todos los alimentos que posean declaraciones de propiedades saludables.

(20) La Directiva 90/496/CEE del Consejo, de 24 de septiembre de 1990, relativa al etiquetado sobre propiedades nutritivas de los productos alimenticios, contiene disposiciones generales relativas al etiquetado sobre propiedades nutritivas. Según dicha Directiva, el etiquetado sobre propiedades nutritivas debe ser obligatorio cuando en la etiqueta, la presentación o la publicidad, excluidas las campañas publicitarias colectivas, figure una declaración sobre ellas. Cuando se efectúe una declaración de propiedades nutritivas sobre azúcares, ácidos grasos saturados, fibra dietética o sodio, la información que habría de facilitarse correspondería a la del Grupo 2, tal como se define en el artículo 4, apartado 1, de la Directiva 90/496/CEE. Con vistas a alcanzar un elevado nivel

de protección de los consumidores, esta obligación de facilitar la información del Grupo 2 debe aplicarse, *mutatis mutandis*, cuando se efectúe una declaración de propiedades saludables, exceptuándose las campañas publicitarias colectivas.

(21) Asimismo, debe crearse una lista de las declaraciones nutricionales permitidas y sus condiciones específicas de uso, basada en las condiciones de uso de estas declaraciones que se hayan acordado a nivel nacional o internacional y establecido en la legislación comunitaria. Cualquier declaración que se considere tiene para los consumidores el mismo significado que una declaración nutricional de las contempladas en la lista mencionada debe estar sujeta a las mismas condiciones de utilización que indica la lista. Por ejemplo, las declaraciones sobre la adición de vitaminas y minerales, tales como «con ...», «... restituido», «... añadido» o «enriquecido con ...» deben estar sujetas a las condiciones establecidas para la declaración «fuente de ...». Esta lista debe actualizarse periódicamente a fin de tener en cuenta la evolución científica y tecnológica. Además, en el caso de las declaraciones comparativas, el consumidor final debe poder identificar claramente los productos comparados.

(22) Las condiciones para las declaraciones como «sin lactosa» o «sin gluten», dirigidas a un grupo de consumidores que padecen trastornos específicos, deben tratarse en la Directiva 89/398/CEE del Consejo, de 3 de mayo de 1989, relativa a la aproximación de las legislaciones de los Estados miembros sobre los productos alimenticios destinados a una alimentación especial. Además, dicha Directiva prevé la posibilidad de que los productos alimenticios para consumo normal indiquen que su uso conviene para estos grupos de consumidores, siempre que tales productos cumplan las condiciones para dicha declaración. Hasta que se establezcan las condiciones para dichas declaraciones a nivel comunitario, los Estados miembros pueden mantener o adoptar las medidas nacionales correspondientes.

(23) Las declaraciones de propiedades saludables solamente deben autorizarse para su uso en la Comunidad después de efectuar una evaluación científica del nivel más elevado posible. A fin de garantizar una evaluación científica armonizada de estas declaraciones, la Autoridad Europea de Seguridad Alimentaria debe realizar estas evaluaciones. El solicitante puede, previa petición, acceder a su expediente para comprobar el estado del procedimiento.

(24) Existen muchos factores, además de la dieta, que pueden influir en las funciones psicológicas y comportamentales. Así pues, resulta muy complicada la comunicación de estas funciones y es difícil transmitir un mensaje global, veraz y significativo en una declaración breve que se utilice en el etiquetado y la publicidad de alimentos. Por tanto, es conveniente exigir un fundamento científico cuando se usen declaraciones psicológicas y comportamentales.

(25) A la vista de la Directiva 96/8/CE de la Comisión, de 26 de febrero de 1996, relativa a los alimentos destinados a ser utilizados en dietas de bajo valor energético para reducción de peso, que prohíbe la inclusión en el etiquetado, la presentación y la publicidad de los productos cubiertos por la Directiva de cualquier referencia al ritmo o la magnitud de la pérdida de peso a que puede llevar su consumo, es apropiado ampliar dicha restricción a todos los alimentos.

(26) Debe efectuarse un tipo diferente de evaluación y autorización de las declaraciones de propiedades saludables distintas de las que se refieran a la disminución de riesgos de enfermedad y al desarrollo y la salud de los niños, basadas en pruebas científicas generalmente aceptadas. Por consiguiente, previa consulta a la Autoridad Europea de Seguridad Alimentaria, es necesario adoptar una lista comunitaria de tales declaraciones permitidas. Asimismo, para fomentar la innovación, las declaraciones de propiedades saludables basadas en pruebas científicas recientemente obtenidas deben ser objeto de un tipo de autorización acelerada.

(27) A fin de adaptarse a la evolución científica y tecnológica, la lista antes mencionada debe revisarse rápidamente, cuando resulte necesario. Estas revisiones son normas de desarrollo de naturaleza técnica, cuya adopción debe encomendarse a la Comisión para simplificar y agilizar el procedimiento.

(28) La dieta es uno de los múltiples factores que influyen en la aparición de determinadas enfermedades humanas. Otros factores, tales como la edad, la predisposición genética, el nivel de actividad física, el consumo de tabaco y de otras drogas, la exposición medioambiental y el estrés también pueden influir en la aparición de las enfermedades humanas. Por tanto, deben aplicarse requisitos específicos de

etiquetado por lo que respecta a las declaraciones relativas a la reducción del riesgo de enfermedad.

(29) A fin de garantizar que las declaraciones de propiedades saludables sean veraces, claras, fiables y útiles para el consumidor a la hora de elegir una dieta saludable, también deben tenerse en cuenta en el dictamen de la Autoridad Europea de Seguridad Alimentaria y en procedimientos posteriores la redacción y la presentación de las declaraciones de propiedades saludables.

(30) En algunos casos, la determinación científica del riesgo, por sí sola, no puede proporcionar toda la información en la que debe basarse una decisión sobre gestión del riesgo. Por consiguiente, deben tenerse en cuenta otros factores legítimos relacionados con el asunto en cuestión.

(31) En aras de la transparencia y a fin de evitar una multiplicidad de solicitudes en relación con declaraciones que ya se han evaluado, la Comisión debe crear y actualizar un Registro público de las listas de esas declaraciones.

(32) Con el fin de estimular la investigación y el desarrollo en la industria agroalimentaria, es conveniente proteger las inversiones efectuadas por innovadores en la recogida de información y datos en apoyo de una solicitud en el marco del presente Reglamento. No obstante, esta protección debe limitarse en el tiempo a fin de evitar repeticiones innecesarias de los estudios y los ensayos y para facilitar el acceso de las PYME a dichas declaraciones, puesto que raramente disponen de la capacidad financiera para llevar a cabo tareas de investigación.

(33) Las PYME representan un importante valor añadido para la industria alimentaria europea en términos de calidad y conservación de diferentes hábitos dietéticos. A fin de facilitar la aplicación del presente Reglamento, la Autoridad Europea de Seguridad Alimentaria ha de facilitar a su debido tiempo las orientaciones técnicas y los instrumentos necesarios, especialmente a las PYME.

(34) Habida cuenta de la naturaleza específica de los alimentos en los que figuran declaraciones, los organismos de supervisión deben poseer medios adicionales a los habituales para facilitar una supervisión eficaz de estos productos.

(35) Se necesitan medidas transitorias adecuadas que permitan a los explotadores de empresas alimentarias adaptarse a los requisitos del presente Reglamento.

(36) Dado que el objetivo del presente Reglamento, a saber, garantizar un funcionamiento eficaz del mercado interior en lo que se refiere a las declaraciones nutricionales y de propiedades saludables a la vez que se proporciona un elevado nivel de protección de los consumidores, no puede ser alcanzado de manera suficiente por los Estados miembros y, por consiguiente, puede lograrse mejor a nivel comunitario, la Comunidad puede adoptar medidas, de acuerdo con el principio de subsidiariedad consagrado en el artículo 5 del Tratado. De conformidad con el principio de proporcionalidad enunciado en dicho artículo, el presente Reglamento no excede de lo necesario para alcanzar dicho objetivo.

(37) Las medidas necesarias para la ejecución del presente Reglamento deben aprobarse con arreglo a la Decisión 1999/468/CE del Consejo, de 28 de junio de 1999, por la que se establecen los procedimientos para el ejercicio de las competencias de ejecución atribuidas a la Comisión.

HAN ADOPTADO EL PRESENTE REGLAMENTO:

CAPÍTULO I.- OBJETO, ÁMBITO DE APLICACIÓN Y DEFINICIONES

Artículo 1.- *Objeto y ámbito de aplicación*

1. El presente Reglamento armoniza las disposiciones legales, reglamentarias o administrativas de los Estados miembros relativas a las declaraciones nutricionales y de propiedades saludables, con el fin de garantizar un funcionamiento eficaz del mercado interior a la vez que se proporciona un elevado nivel de protección de los consumidores.

2. El presente Reglamento se aplicará a las declaraciones nutricionales y de propiedades saludables efectuadas en las comunicaciones comerciales, ya sea en el etiquetado, la presentación o la publicidad de los alimentos que se suministren como tales al consumidor final.

En cuanto a los productos alimenticios no envasados previamente (incluidos los productos frescos, como fruta, verdura y pan) puestos en venta al consumidor final o a servicios de restauración colectiva, y por lo que se refiere a los productos alimenticios envasados en el punto de venta mismo a petición del comprador o previamente envasados con vistas a su venta inmediata, no se aplicarán el artículo 7 ni el artículo 10, apartado 2, letras a) y b). Podrán aplicarse las normas nacionales hasta que se adopten medidas comunitarias destinadas a modificar elementos no esenciales del presente Reglamento, incluso completándolo, con arreglo al procedimiento de reglamentación con control contemplado en el artículo 25, apartado 3.

Asimismo, el presente Reglamento se aplicará en relación con los alimentos destinados al suministro de restaurantes, hospitales, centros de enseñanza, cantinas y otras colectividades similares que ofrecen servicios de restauración colectiva.

3. Una marca registrada, un nombre comercial o una denominación de fantasía que aparezca en el etiquetado, la presentación o la publicidad de un alimento, y que pueda interpretarse como una declaración nutricional o de propiedades saludables, podrá utilizarse sin someterse a los procedimientos de autorización previstos en el presente Reglamento siempre que esté acompañada por la correspondiente declaración nutricional o de propiedades saludables en el etiquetado, la presentación o la publicidad que cumpla las disposiciones del presente Reglamento.

4. Para los descriptores genéricos (denominaciones) tradicionalmente utilizados a fin de indicar una particularidad de una categoría de alimentos o bebidas con posibles consecuencias para la salud humana, podrá adoptarse una excepción al apartado 3 destinada a modificar elementos no esenciales del presente Reglamento, completándolo, con arreglo al procedimiento de reglamentación con control contemplado en el artículo 25, apartado 3, sobre la aplicación por parte de los explotadores de empresas alimentarias en cuestión. La solicitud se enviará a la autoridad nacional competente de un Estado miembro, que la transmitirá sin demora a la Comisión. Esta adoptará y publicará las normas para los explotadores de empresas alimentarias conforme a las cuales habrán de presentarse tales solicitudes, a fin de asegurar que la solicitud se tramite con transparencia y dentro de un plazo razonable.

5. El presente Reglamento se aplicará sin perjuicio de la siguiente normativa comunitaria:

a) la Directiva 89/398/CEE, así como las Directivas adoptadas en relación con productos alimenticios para usos nutricionales particulares;

b) la Directiva 80/777/CEE del Consejo, de 15 de julio de 1980, relativa a la aproximación de las legislaciones de los Estados miembros sobre explotación y comercialización de aguas minerales naturales;

c) la Directiva 98/83/CE del Consejo, de 3 de noviembre de 1998, relativa a la calidad de las aguas destinadas al consumo humano;

d) la Directiva 2002/46/CE.

Artículo 2.- *Definiciones*

1. A efectos del presente Reglamento se aplicarán:

a) las definiciones de «alimento», «explotador de empresa alimentaria», «comercialización» y «consumidor final» establecidas en el artículo 2 y en los puntos 3, 8 y 18 del artículo 3 del Reglamento (CE) nº 178/2002 del Parlamento Europeo y del Consejo, de 28 de enero de 2002, por el que se establecen los principios y los requisitos generales de la legislación alimentaria, se crea la Autoridad Europea de Seguridad Alimentaria y se fijan procedimientos relativos a la seguridad alimentaria;

b) la definición de «complemento alimenticio» establecida en la Directiva 2002/46/CE;

c) las definiciones de «etiquetado sobre propiedades nutritivas», «proteínas», «hidratos de carbono», «azúcares», «grasas», «saturados», «monoinsaturados», «poliinsaturados» y «fibra alimentaria» establecidas en la Directiva 90/496/CEE;

d) la definición de «etiquetado» establecida en el artículo 1, apartado 3, letra a), de la Directiva 2000/13/CE.

2. Asimismo, se aplicarán las siguientes definiciones:

1) Se entenderá por «declaración» cualquier mensaje o representación que no sea obligatorio con arreglo a la legislación comunitaria o nacional, incluida cualquier forma de representación pictórica, gráfica o simbólica, que afirme, sugiera o dé a entender que un alimento posee unas características específicas.

2) Se entenderá por «nutriente» las proteínas, hidratos de carbono, grasas, fibras, sodio, las vitaminas y sales minerales enumeradas en el Anexo de la Directiva 90/496/CEE, así como las sustancias que pertenezcan a una de estas categorías o sean componentes de una de ellas.

3) Se entenderá por «otra sustancia» una sustancia diferente de un nutriente que posea un efecto nutricional o fisiológico.

4) Se entenderá por «declaración nutricional» cualquier declaración que afirme, sugiera o dé a entender que un alimento posee propiedades nutricionales benéficas específicas con motivo de:

a) el aporte energético (valor calórico)

i) que proporciona,

ii) que proporciona en un grado reducido o incrementado, o

iii) que no proporciona, y/o de

b) los nutrientes u otras sustancias

i) que contiene,

ii) que contiene en proporciones reducidas o incrementadas, o

iii) que no contiene.

5) Se entenderá por «declaración de propiedades saludables» cualquier declaración que afirme, sugiera o dé a entender que existe una relación entre una categoría de alimentos, un alimento o uno de sus constituyentes, y la salud.

6) Se entenderá por «declaración de reducción del riesgo de enfermedad» cualquier declaración de propiedades saludables que afirme, sugiera o dé a entender que el consumo de una categoría de alimentos, un alimento o uno de sus constituyentes reduce significativamente un factor de riesgo de aparición de una enfermedad humana.

7) Se entenderá por «Autoridad» la Autoridad Europea de Seguridad Alimentaria establecida en el Reglamento (CE) nº 178/2002.

CAPÍTULO II.- PRINCIPIOS GENERALES

Artículo 3.- *Principios generales para todas las declaraciones*

Las declaraciones nutricionales y de propiedades saludables podrán utilizarse en el etiquetado, la presentación y la publicidad de alimentos comercializados en la Comunidad solamente si se ajustan a las disposiciones del presente Reglamento.

Sin perjuicio de lo establecido en las Directivas 2000/13/CE y 84/450/CEE, la utilización de declaraciones nutricionales y de propiedades saludables no deberá:

a) ser falsa, ambigua o engañosa;

b) dar lugar a dudas sobre la seguridad y/o la adecuación nutricional de otros alimentos;

c) alentar o aprobar el consumo excesivo de un alimento;

d) afirmar, sugerir o dar a entender que una dieta equilibrada y variada no puede proporcionar cantidades adecuadas de nutrientes en general. Podrán adoptarse excepciones para los nutrientes que no puedan obtenerse en cantidades suficientes mediante una dieta equilibrada y variada, inclusive las condiciones para su aplicación, destinadas a modificar elementos no esenciales del presente Reglamento, completándolo, con arreglo al procedimiento de reglamentación con control contemplado en el artículo 25, apartado 3, teniendo en cuenta las condiciones especiales vigentes en los Estados miembros;

e) referirse a cambios en las funciones corporales que pudieran crear alarma en el consumidor o explotar su miedo, tanto textualmente como a través de representaciones pictóricas, gráficas o simbólicas.

Artículo 4.- *Condiciones para el uso de declaraciones nutricionales y de propiedades saludables*

1. A más tardar el 19 de enero de 2009, la Comisión establecerá los perfiles nutricionales específicos, incluidas las exenciones, que deberán cumplir los alimentos o determinadas categorías de alimentos para que puedan efectuarse declaraciones nutricionales o de propiedades saludables de los alimentos, así como las condiciones para la utilización de declaraciones nutricionales o de propiedades saludables de los alimentos o de determinadas categorías de alimentos con respecto a los perfiles nutricionales. Estas medidas destinadas a modificar elementos no esenciales del presente Reglamento, completándolo, se adoptarán con arreglo al procedimiento de reglamentación con control contemplado en el artículo 25, apartado 3.

Los perfiles nutricionales de los alimentos o de determinadas categorías de alimentos se establecerán teniendo en cuenta en particular:

a) las cantidades de determinados nutrientes y otras sustancias contenidas en los alimentos como, por ejemplo, grasas, ácidos grasos saturados, ácidos grasos trans, azúcares y sal o sodio;

b) la función e importancia de los alimentos (o de las categorías de alimentos) y la contribución a la dieta de la población en general o, en su caso, de determinados grupos sometidos a riesgo, incluidos los niños;

c) la composición nutricional global de los alimentos y la presencia de nutrientes cuyo efecto en la salud haya sido reconocido científicamente.

Los perfiles nutricionales se basarán en conocimientos científicos sobre dietas y nutrición, así como sobre su relación con la salud.

Al establecer los perfiles nutricionales, la Comisión pedirá a la Autoridad que le facilite, dentro de un plazo de 12 meses, el asesoramiento científico pertinente, centrado, en particular, en los siguientes elementos:

i) si deben establecerse perfiles para los alimentos en general o para determinadas categorías de alimentos,

ii) la gama y el equilibrio de nutrientes que deben tomarse en consideración,

iii) la elección de la cantidad de referencia/base para los perfiles,

iv) la propuesta de cálculo de los perfiles, y

v) la viabilidad y el ensayo del sistema propuesto.

Al establecer los perfiles nutricionales, la Comisión consultará a las partes interesadas, en particular los explotadores de empresas alimentarias y las asociaciones de consumidores.

Los perfiles nutricionales y sus condiciones de utilización, destinados a modificar elementos no esenciales del presente Reglamento, completándolo, se actualizarán a fin de tener en cuenta los progresos científicos pertinentes, con arreglo al procedimiento de reglamentación con control contemplado en el artículo 25, apartado 3, y previa consulta de las partes interesadas, en particular los explotadores de empresas alimentarias y las asociaciones de consumidores.

2. No obstante lo dispuesto en el apartado 1, podrán efectuarse

a) sin hacer referencia a un perfil para el nutriente o los nutrientes específicos sobre los que se haya efectuado la declaración, declaraciones nutricionales relativas a la reducción de grasas, ácidos grasos saturados, ácidos grasos trans, azúcares y sal o sodio, siempre que se ajusten a las condiciones establecidas en el presente Reglamento;

b) declaraciones nutricionales cuando un solo nutriente rebase el perfil nutricional, siempre que figure una indicación sobre el nutriente en cuestión cerca de la declaración nutricional, en la misma cara del envasado y en caracteres idénticos a los de la declaración nutricional. Dicha indicación se presentará como sigue: «Alto contenido de (1)».

[(1) Denominación del nutriente que rebasa el perfil nutricional.]

3. En las bebidas con una graduación superior al 1,2 % en volumen de alcohol no podrán figurar declaraciones de propiedades saludables.

En cuanto a las declaraciones nutricionales, sólo estarán autorizadas las que se refieran a bajos índices de alcohol o a la reducción del contenido de alcohol o de energía en bebidas con una graduación superior al 1,2 % en volumen de alcohol.

4. En ausencia de normas comunitarias específicas relativas a las declaraciones nutricionales referentes a bajos índices de alcohol o a la reducción o ausencia de alcohol o energía en las bebidas que contienen normalmente alcohol, podrán aplicarse las normas nacionales pertinentes, en cumplimiento de las disposiciones del Tratado.

5. Las medidas que determinan los alimentos o categorías de alimentos distintos de los mencionados en el apartado 3 para los que se restringirán o prohibirán las declaraciones nutricionales y de propiedades saludables, destinadas a modificar elementos no esenciales del presente Reglamento, completándolo, podrán adoptarse con arreglo al procedimiento de reglamentación con control contemplado en el artículo 25, apartado 3, y en función de las pruebas científicas.

Artículo 5.- *Condiciones generales*

1. Solamente se autorizará el uso de declaraciones nutricionales y de propiedades saludables si se cumplen las siguientes condiciones:

a) se ha demostrado que la presencia, ausencia o contenido reducido, en un alimento o una categoría de alimentos, de un nutriente u otra sustancia respecto del cual se efectúa la declaración posee un efecto nutricional o fisiológico benéfico, establecido mediante pruebas científicas generalmente aceptadas;

b) el nutriente u otra sustancia acerca del cual se efectúa la declaración:

i) está contenido en el producto final en una cantidad significativa tal como se define en la legislación comunitaria o, en los casos en que no existan normas al respecto, en una cantidad que produzca el efecto nutricional o fisiológico declarado, establecido mediante pruebas científicas generalmente aceptadas; o

ii) no está presente o está presente en una cantidad reducida que produzca el efecto nutricional o fisiológico declarado, establecido mediante pruebas científicas generalmente aceptadas;

c) cuando sea pertinente, el nutriente u otra sustancia sobre el cual se efectúa la declaración se encuentra en una forma asimilable por el organismo;

d) la cantidad del producto que cabe razonablemente esperar que se consuma proporciona una cantidad significativa del nutriente u otra sustancia a que hace referencia la declaración, tal como se define en la legislación comunitaria o, en los casos en que no existan normas al respecto, una cantidad significativa que produzca el efecto nutricional o fisiológico declarado, establecido mediante pruebas científicas generalmente aceptadas;

e) se reúnen las condiciones específicas establecidas en el capítulo III o el capítulo IV, según corresponda.

2. Solamente se autorizará el uso de declaraciones nutricionales y de propiedades saludables si cabe esperar que el consumidor medio comprenda los efectos benéficos tal como se expresan en la declaración.

3. Las declaraciones nutricionales y de propiedades saludables harán referencia a los alimentos listos para su consumo de conformidad con las instrucciones del fabricante.

Artículo 6.- *Fundamento científico de las declaraciones*

1. Las declaraciones nutricionales y de propiedades saludables deberán basarse y fundamentarse en pruebas científicas generalmente aceptadas.

2. Un explotador de empresa alimentaria que efectúe una declaración nutricional o de propiedades saludables deberá justificar el uso de esa declaración.

3. Las autoridades competentes de los Estados miembros podrán solicitar a un explotador de empresa alimentaria o a una persona que comercialice un producto que presente todos los elementos y datos pertinentes que demuestren el cumplimiento del presente Reglamento.

Artículo 7.- *Información nutricional*

La obligación y los procedimientos para facilitar información en virtud de la Directiva 90/496/CEE cuando se efectúe una declaración nutricional se aplicarán, *mutatis mutandis*, cuando se efectúe una declaración de propiedades saludables, a excepción de las campañas publicitarias colectivas. Sin embargo, la información que deberá transmitirse corresponderá a la información del Grupo 2, tal como se define en el artículo 4, apartado 1, de la Directiva 90/496/CEE.

Asimismo, según los casos, cuando una declaración nutricional o de propiedades saludables mencione una o varias sustancias que no figuren en el etiquetado nutricional, deberá indicarse su cantidad en el mismo campo de visión que la información nutricional, y expresarse con arreglo al artículo 6 de la Directiva 90/496/CEE.

[A partir del 13 de diciembre de 2014 los dos párrafos anteriores serán sustituidos por los siguientes textos -Ver Reglamento (UE) nº 1169/2011, sobre la información alimentaria facilitada al consumidor, Arts 49 y 54.3-:

"Será obligatorio el etiquetado nutricional de los productos sobre los que se efectúe una declaración nutricional y/o una declaración de propiedades saludables, excepto en las campañas publicitarias colectivas. La información que deberá transmitirse será la que se especifica en el artículo 30, apartado 1, del Reglamento (UE) nº 1169/2011 del Parlamento Europeo y del Consejo, de 25 de octubre de 2011, sobre la información alimentaria facilitada al consumidor. Cuando se efectúe una declaración nutricional o una declaración de propiedades saludables sobre nutrientes a los que se refiere el artículo 30, apartado 2, del Reglamento (UE) nº 1169/2011, la cantidad del nutriente se declarará de acuerdo con los artículos 31 a 34 de dicho Reglamento.

Cuando la declaración nutricional o la declaración de propiedades saludables mencionen sustancias que no figuren en el etiquetado nutricional, deberá indicarse su cantidad en el mismo campo de visión que el etiquetado nutricional, y expresarse con arreglo a lo dispuesto en los artículos 31, 32 y 33 del Reglamento (UE) nº 1169/2011. Las unidades de medida que se utilizarán para indicar la cantidad de sustancia serán las adecuadas para cada una de las sustancias de que se trate."]

En el caso de los complementos alimenticios, la información nutricional se facilitará de conformidad con el artículo 8 de la Directiva 2002/46/CE.

CAPÍTULO III.- DECLARACIONES NUTRICIONALES

Artículo 8.- *Condiciones específicas*

1. Solamente se autorizarán las declaraciones nutricionales si están enumeradas en el Anexo y se ajustan a las condiciones fijadas en el presente Reglamento.

2. Las modificaciones del anexo se adoptarán con arreglo al procedimiento de reglamentación con control contemplado en el artículo 25, apartado 3, y, en su caso, previa consulta a la Autoridad. Cuando proceda, la Comisión implicará a las partes interesadas, en particular a los explotadores de empresas alimentarias y a las asociaciones de consumidores, para evaluar la percepción y la comprensión de las declaraciones en cuestión.

Artículo 9.- *Declaraciones comparativas*

1. Sin perjuicio de lo establecido en la Directiva 84/450/CEE, solamente podrán compararse alimentos de la misma categoría, tomando en consideración una serie de alimentos de dicha categoría. Deberá mencionarse la diferencia en la cantidad de un nutriente o el valor energético, y la comparación deberá hacer referencia a la misma cantidad de alimento.

2. Las declaraciones nutricionales comparativas deberán comparar la composición del alimento en cuestión en relación con una serie de alimentos de la misma categoría, cuya composición no permita que figure en ellos una declaración, incluidos los productos alimenticios de otras marcas.

CAPÍTULO IV.- DECLARACIONES DE PROPIEDADES SALUDABLES

Artículo 10.- *Condiciones específicas*

1. Se prohibirán las declaraciones de propiedades saludables a no ser que se ajusten a los requisitos generales del capítulo II y a los requisitos específicos del presente capítulo y estén autorizadas de conformidad con el presente Reglamento e incluidas en las listas de declaraciones autorizadas previstas en los artículos 13 y 14.

2. Solamente se permitirán las declaraciones de propiedades saludables si se incluye la siguiente información en el etiquetado o, de no existir éste, en la presentación y la publicidad:

a) una declaración en la que se indique la importancia de una dieta variada y equilibrada y un estilo de vida saludable;

b) la cantidad de alimento y el patrón de consumo requeridos para obtener el efecto benéfico declarado;

c) en su caso, una declaración dirigida a las personas que deberían evitar el consumo del alimento; y

d) una advertencia adecuada en relación con los productos que pueden suponer un riesgo para la salud si se consumen en exceso.

3. La referencia a beneficios generales y no específicos del nutriente o del alimento para la buena salud general o el bienestar relativo a la salud podrá hacerse solamente si va acompañada de una declaración de propiedades saludables específica incluida en las listas previstas en el artículo 13 ó 14.

4. En su caso, las directrices para la aplicación del presente artículo podrán adoptarse de acuerdo con el procedimiento contemplado en el artículo 25, apartado 2, y, en caso necesario, en consulta con las partes interesadas, en particular explotadores de empresas alimentarias y grupos de consumidores.

Artículo 11.- *Asociaciones nacionales de profesionales de los sectores médico, nutricional o dietético e instituciones de beneficencia relacionadas con la salud*

A falta de normativa comunitaria específica sobre las recomendaciones o aprobaciones formuladas por asociaciones nacionales de profesionales de los sectores médico, nutricional o dietético e instituciones de beneficencia relacionadas con la salud, podrán aplicarse las normas nacionales pertinentes de conformidad con lo dispuesto en el Tratado.

Artículo 12.- *Restricciones en el uso de determinadas propiedades saludables*

No se autorizarán las siguientes declaraciones de propiedades saludables:

a) las declaraciones que sugieran que la salud podría verse afectada si no se consume el alimento de que se trate;

b) las declaraciones que hagan referencia al ritmo o la magnitud de la pérdida de peso;
c) las declaraciones que hagan referencia a recomendaciones de médicos individuales u otros profesionales de la salud y otras asociaciones no mencionadas en el artículo 11.

Artículo 13.- *Declaraciones de propiedades saludables distintas de las relativas a la reducción del riesgo de enfermedad y al desarrollo y la salud de los niños.*

1. Las declaraciones de propiedades saludables que describan o se refieran a:

a) la función de un nutriente o de otra sustancia en el crecimiento, el desarrollo y las funciones corporales, o

b) las funciones psicológicas y comportamentales, o

c) sin perjuicio de la Directiva 96/8/CE, al adelgazamiento, al control de peso, a una disminución de la sensación de hambre, a un aumento de la sensación de saciedad, o a la reducción del aporte energético de la dieta;

y que se indiquen en la lista prevista en el apartado 3 podrán efectuarse, sin someterse a los procedimientos establecidos en los artículos 15 a 19, siempre que:

i) se basen en pruebas científicas generalmente aceptadas, y

ii) sean bien comprendidas por el consumidor medio.

2. Los Estados miembros transmitirán a la Comisión las listas de declaraciones mencionadas en el apartado 1 a más tardar el 31 de enero de 2008, acompañadas de las condiciones que les sean de aplicación y de referencias a la justificación científica pertinente.

3. Previa consulta a la Autoridad, la Comisión adoptará, con arreglo al procedimiento de reglamentación con control contemplado en el artículo 25, apartado 3, una lista comunitaria, destinada a modificar elementos no esenciales del presente Reglamento, completándolo, de declaraciones permitidas tal como se prevé en el apartado 1, y todas las condiciones necesarias para el uso de dichas declaraciones a más tardar el 31 de enero de 2010.

4. Todo cambio de la lista indicada en el apartado 3, basado en pruebas científicas generalmente aceptadas, destinado a modificar elementos no esenciales del presente Reglamento, completándolo, se adoptará con arreglo al procedimiento de reglamentación con control contemplado en el artículo 25, apartado 3, previa consulta a la Autoridad, a iniciativa de la Comisión o a petición de un Estado miembro.

5. Toda adición de declaraciones a la lista indicada en el apartado 3 que estén basadas en pruebas científicas recientemente obtenidas y/o que incluyan una solicitud de protección de los datos sujetos a derechos de propiedad industrial se adoptará por el procedimiento establecido en el artículo 18, excepto las declaraciones que se refieran al desarrollo y la salud de los niños, que deben autorizarse de conformidad con el procedimiento establecido en los artículos 15, 16, 17 y 19.

Artículo 14.- *Declaraciones de reducción del riesgo de enfermedad y declaraciones relativas al desarrollo y la salud de los niños*

1. No obstante lo dispuesto en el artículo 2, apartado 1, letra b), de la Directiva 2000/13/CE, podrán efectuarse las siguientes declaraciones cuando se hayan autorizado de conformidad con el procedimiento establecido en los artículos 15, 16, 17 y 19 del presente Reglamento para su inclusión en una lista comunitaria de declaraciones permitidas de ese tipo, junto con todas las condiciones necesarias para el uso de dichas declaraciones:

a) declaraciones de reducción del riesgo de enfermedad;

b) declaraciones relativas al desarrollo y la salud de los niños.

2. Además de los requisitos generales establecidos en el presente Reglamento y de los requisitos específicos del apartado 1, en el caso de las declaraciones de reducción del riesgo de enfermedad, el etiquetado o, de no existir éste, la presentación o la publicidad, deberá incluir asimismo una exposición en la que se indique que la enfermedad a la que se refiere la declaración posee múltiples factores de riesgo y que la alteración de uno de estos factores de riesgo puede tener o no un efecto benéfico.

Artículo 15.- *Solicitud de autorización*

1. Cuando se haga referencia al presente artículo, deberá presentarse una solicitud de autorización de conformidad con los siguientes apartados.

2. La solicitud deberá enviarse a la autoridad nacional competente de un Estado miembro.

a) La autoridad nacional competente:

i) acusará recibo de la solicitud por escrito en un plazo de 14 días desde la fecha de su recepción; en el acuse de recibo figurará la fecha de recepción de la solicitud;

ii) informará inmediatamente a la Autoridad;

iii) pondrá a disposición de la Autoridad la solicitud y cualquier información complementaria facilitada por el solicitante.

b) La Autoridad:

i) informará sin demora a los otros Estados miembros y a la Comisión de la solicitud y pondrá a su disposición la solicitud y toda información complementaria facilitada por el solicitante;

ii) pondrá a disposición del público el resumen de la solicitud mencionada en el apartado 3, letra g).

3. La solicitud incluirá lo siguiente:

a) el nombre y la dirección del solicitante;

b) el nutriente u otra sustancia, o el alimento o la categoría de alimentos acerca del cual vaya a efectuarse la declaración de propiedades saludables y sus características específicas;

c) una copia de los estudios, incluidos, cuando existan, los estudios independientes revisados por expertos, que se hayan llevado a cabo en relación con la declaración de propiedades saludables y cualquier otro material que se posea que permita demostrar que la declaración de propiedades saludables cumple los criterios establecidos en el presente Reglamento;

d) en su caso, una indicación de la información que deberá considerarse protegida por derechos de propiedad industrial, acompañada de una justificación comprobable;

e) una copia de otros estudios científicos que sean pertinentes para la declaración de propiedades saludables en cuestión;

f) una propuesta de redacción de la declaración de propiedades saludables para la que se desea obtener autorización, incluidas, en su caso, las condiciones específicas de uso;

g) un resumen de la solicitud.

4. La Comisión, previa consulta a la Autoridad, establecerá de conformidad con el procedimiento contemplado en el artículo 25, apartado 2, las normas de desarrollo del presente artículo, incluidas disposiciones relativas a la preparación y la presentación de la solicitud.

5. La Comisión, en estrecha cooperación con la Autoridad, proporcionará las orientaciones técnicas y los instrumentos necesarios para ayudar a los explotadores de empresas alimentarias, en particular a las PYME, a elaborar y presentar la solicitud de evaluación científica.

Artículo 16.- *Dictamen de la Autoridad*

1. Al emitir su dictamen, la Autoridad se esforzará por respetar un plazo límite de cinco meses a partir de la fecha de recepción de una solicitud válida. Cuando la Autoridad desee obtener información complementaria del solicitante, según lo dispuesto en el apartado 2, dicho plazo de tiempo se ampliará en un máximo de dos meses a partir de la fecha de recepción de la información solicitada presentada por el solicitante.

2. Cuando proceda, la Autoridad o una autoridad nacional competente por mediación de la Autoridad podrá pedir al solicitante que complete la información que acompaña a la solicitud dentro de un período de tiempo especificado.

3. A fin de preparar su dictamen, la Autoridad verificará:

a) que la redacción propuesta de la declaración de propiedades saludables se fundamenta en pruebas científicas;

b) que la declaración de propiedades saludables se ajusta a los criterios establecidos en el presente Reglamento.

4. En caso de dictamen favorable a la autorización de la declaración de propiedades saludables, el dictamen deberá incluir la información siguiente:

a) el nombre y la dirección del solicitante;

b) el nutriente u otra sustancia o el alimento o la categoría de alimentos acerca del cual vaya a efectuarse una declaración de propiedades saludables y sus características específicas;

c) una propuesta relativa a la redacción de la declaración de propiedades saludables, incluidas, en su caso, las condiciones específicas de uso;

d) cuando sea pertinente, las condiciones o restricciones de uso del alimento, o una declaración complementaria o una advertencia que deban acompañar a la declaración de propiedades saludables en el etiquetado y la publicidad.

5. La Autoridad remitirá su dictamen a la Comisión, a los Estados miembros y al solicitante, acompañado de un informe en el que se describa su evaluación de la declaración de propiedades saludables y se motive su dictamen, así como la información en que se basa.

6. La Autoridad, de conformidad con el artículo 38, apartado 1, del Reglamento (CE) nº 178/2002, hará público su dictamen.

El solicitante o los miembros del público podrán formular comentarios a la Comisión en un plazo de 30 días a partir de esa publicación.

Artículo 17.- *Autorización comunitaria*

1. En un plazo de dos meses a partir de la recepción del dictamen de la Autoridad, la Comisión presentará al Comité mencionado en el artículo 23, apartado 2, un proyecto de decisión sobre las listas de declaraciones de propiedades saludables permitidas, teniendo en cuenta el dictamen de la Autoridad, cualquier disposición pertinente de la legislación comunitaria y otros factores legítimos relacionados con el asunto examinado. En los casos en que el proyecto de decisión no se ajuste al dictamen de la Autoridad, la Comisión transmitirá una explicación de las divergencias.

2. Cualquier proyecto de decisión que modifique las listas de declaraciones de propiedades saludables permitidas deberá incluir la información mencionada en el artículo 16, apartado 4.

3. La decisión definitiva sobre la solicitud, destinada a modificar elementos no esenciales del presente Reglamento, completándolo, se adoptará con arreglo al procedimiento de reglamentación con control contemplado en el artículo 25, apartado 3.

No obstante, cuando, previa petición del solicitante en relación con la protección de los datos protegidos por derechos de propiedad industrial, la Comisión se proponga limitar el uso de la declaración en favor del solicitante:

a) la decisión sobre la autorización de la declaración se adoptará con arreglo al procedimiento de reglamentación contemplado en el artículo 25, apartado 2. En este caso, si se concede la autorización, esta expirará a los cinco años;

b) antes de que expire el plazo de cinco años, y en caso de que la declaración siga cumpliendo las condiciones establecidas en el presente Reglamento, la Comisión presentará un proyecto de medidas destinado a modificar elementos no esenciales del presente Reglamento, completándolo, para autorizar la declaración sin restricciones de uso, que se adoptará con arreglo al procedimiento de reglamentación con control contemplado en el artículo 25, apartado 3.

4. La Comisión informará sin demora al solicitante sobre la decisión tomada y publicará información detallada de la decisión en el Diario Oficial de la Unión Europea.

5. Las declaraciones de propiedades saludables incluidas en las listas previstas en los artículos 13 y 14 podrán ser utilizadas, con arreglo a las condiciones que le sean aplicables, por cualquier explotador de empresa alimentaria, salvo si su utilización está limitada con arreglo a las disposiciones del artículo 21.

6. La concesión de una autorización no disminuirá la responsabilidad civil y penal general de cualquier explotador de empresa alimentaria en relación con el alimento en cuestión.

Artículo 18.- *Declaraciones mencionadas en el artículo 13, apartado 5*

1. Todo explotador de empresa alimentaria que se proponga utilizar una declaración de propiedades saludables que no figure en la lista prevista en el artículo 13, apartado 3, podrá solicitar la inclusión de la declaración en dicha lista.

2. La solicitud de inclusión se presentará a la autoridad competente nacional de un Estado miembro, la cual acusará recibo de la solicitud por escrito en el plazo de catorce días a partir de la fecha de recepción de la solicitud. El acuse de recibo indicará la fecha de recepción de la solicitud. La solicitud incluirá los datos previstos en el artículo 15, apartado 3, y los motivos de la solicitud.

3. La solicitud válida, conforme a las orientaciones mencionadas en el artículo 15, apartado 5, y cualquier información suministrada por el solicitante se enviarán sin demora a la autoridad para evaluación científica, así como a la Comisión y a los Estados miembros para información. La Autoridad emitirá su dictamen en el plazo de cinco meses a partir de la fecha de recepción de la solicitud. Tal plazo podrá ampliarse hasta un mes más si la Autoridad considera necesario recabar información suplementaria del solicitante. En tal caso, el solicitante presentará la información solicitada en el plazo de quince días a partir de la fecha de recepción de la solicitud de la Autoridad.

El procedimiento establecido en el artículo 16, apartado 3, letras a) y b), y apartados 5 y 6, se aplicará *mutatis mutandis*.

4. Cuando la Autoridad, tras la evaluación científica, emita un dictamen que apoye la inclusión de la declaración en la lista prevista en el artículo 13, apartado 3, la Comisión adoptará una decisión sobre la solicitud, teniendo en cuenta el dictamen de la Autoridad, toda disposición pertinente del Derecho comunitario y otros factores legítimos pertinentes al asunto considerado, tras consultar a los Estados miembros y en el plazo de dos meses tras la recepción del dictamen de la Autoridad.

5. Cuando la Autoridad emita un dictamen que no apoye la inclusión de la declaración en la lista a la que se hace referencia en el apartado 4, una decisión sobre la solicitud destinada a modificar elementos no esenciales del presente Reglamento, completándolo, se adoptará con arreglo al procedimiento de reglamentación con control contemplado en el artículo 25, apartado 3.

No obstante, cuando, previa petición del solicitante en relación con la protección de los datos protegidos por derechos de propiedad industrial, la Comisión se proponga limitar el uso de la declaración en favor del solicitante:

a) la decisión sobre la autorización de la declaración se adoptará con arreglo al procedimiento de reglamentación contemplado en el artículo 25, apartado 2. En este caso, si se concede la autorización, esta expirará a los cinco años;

b) antes de que expire el plazo de cinco años, y en caso de que la declaración siga cumpliendo las condiciones establecidas en el presente Reglamento, la Comisión presentará un proyecto de medidas, destinado a modificar elementos no esenciales del presente Reglamento, completándolo, para autorizar la declaración sin restricciones de uso, que se adoptará con arreglo al procedimiento de reglamentación con control contemplado en el artículo 25, apartado 3.

Artículo 19.- *Modificación, suspensión y revocación de las autorizaciones*

1. El solicitante/usuario de una declaración incluida en una de las listas contempladas en los artículos 13 y 14 podrá solicitar una modificación de la lista pertinente. Se aplicarán *mutatis mutandis* los procedimientos establecidos en los artículos 15 a 18.

2. Por propia iniciativa, o previa solicitud de un Estado miembro o de la Comisión, la Autoridad emitirá un dictamen en el que examinará si una declaración de propiedades saludables incluida en las listas contempladas en los artículos 13 y 14 sigue cumpliendo las condiciones establecidas en el presente Reglamento.

Transmitirá inmediatamente su dictamen a la Comisión, a los Estados miembros y, cuando proceda, al solicitante inicial de la declaración de que se trate. La Autoridad, de conformidad con el apartado 1 del artículo 38 del Reglamento (CE) nº 178/2002, hará público su dictamen.

El solicitante/usuario o un miembro del público podrá formular comentarios a la Comisión en un plazo de 30 días a partir de esa publicación.

La Comisión examinará el dictamen de la Autoridad y todos los comentarios recibidos lo antes posible. Cuando sea necesario, se modificará, suspenderá o revocará la autorización de conformidad con los procedimientos establecidos en los artículos 17 y 18.

CAPÍTULO V.- DISPOSICIONES GENERALES Y FINALES

Artículo 20.- *Registro comunitario*

1. La Comisión establecerá y mantendrá un registro comunitario de declaraciones nutricionales y de propiedades saludables relativas a alimentos, denominado en lo sucesivo «el Registro».

2. El Registro deberá contener lo siguiente:

a) las declaraciones nutricionales y las condiciones que se les aplican tal como se establece en el Anexo;

b) las restricciones adoptadas de conformidad con el artículo 4, apartado 5;

c) las declaraciones de propiedades saludables autorizadas y las condiciones que se les aplican tal como se establece en el artículo 13, apartados 3 y 5, el artículo 14, apartado 1, el artículo 19, apartado 2, el artículo 21, el artículo 24, apartado 2 y el artículo 28, apartado 6, así como las medidas nacionales a que se refiere el artículo 23, apartado 3;

d) una lista de las declaraciones de propiedades saludables rechazadas, así como los motivos de su rechazo.

Las declaraciones de propiedades saludables autorizadas a partir de datos protegidos por derechos de propiedad industrial se incluirán en un anexo aparte del Registro junto con la siguiente información:

1) la fecha en que la Comisión autorizó la declaración de propiedades saludables y el nombre del solicitante original al que se concedió la autorización;

2) el hecho de que la Comisión autorizó la declaración de propiedades saludables a partir de datos protegidos por derechos de propiedad industrial y con restricciones de uso;

3) en los casos mencionados en el artículo 17, apartado 3, párrafo segundo, y en el artículo 18, apartado 5, párrafo segundo, el hecho de que se autorice la declaración de propiedades saludables por un plazo limitado.

3. El Registro se pondrá a disposición del público.

Artículo 21.- *Protección de datos*

1. Los datos científicos y otro tipo de información de la solicitud exigidos con arreglo al artículo 15, apartado 3, no podrán utilizarse en beneficio de un solicitante posterior durante un período de cinco años a partir de la fecha de autorización, a no ser que ese solicitante posterior haya acordado con el solicitante anterior que pueden utilizarse esos datos e información, en los casos en que:

a) el solicitante anterior hubiera declarado, en el momento de la solicitud anterior, que los datos científicos y otro tipo de información están protegidos por derechos de propiedad industrial; y

b) el solicitante anterior tuviera un derecho exclusivo de referencia sobre los datos protegidos por derechos de propiedad industrial en el momento en que se efectuó la solicitud anterior; y

c) no se hubiera podido autorizar la declaración de propiedades saludables si el solicitante anterior no hubiera enviado los datos protegidos por derechos de propiedad industrial.

2. Hasta el final del período de cinco años especificado en el apartado 1, ningún solicitante posterior tendrá derecho a hacer referencia a los datos que un solicitante anterior haya designado como protegidos por derechos de propiedad industrial, salvo en caso de que la Comisión tome una decisión sobre si podría incluirse una declaración, o podría haberse incluido, en la lista prevista en el artículo 14 o, en su caso, en el artículo 13, sin la presentación de los datos designados por el solicitante anterior como datos protegidos por derechos de propiedad industrial, hasta que medie tal decisión.

Artículo 22.- *Disposiciones nacionales*

Sin perjuicio de lo dispuesto en el Tratado, y en particular en sus artículos 28 y 30, los Estados miembros no podrán restringir ni prohibir el comercio o la publicidad de alimentos que se ajusten al presente Reglamento mediante la aplicación de disposiciones nacionales no armonizadas que rijan las declaraciones efectuadas con respecto a determinados alimentos o a los alimentos en general.

Artículo 23.- *Procedimiento de notificación*

1. Si un Estado miembro considera necesario adoptar nueva legislación, notificará a la Comisión y a los demás Estados miembros las medidas previstas y comunicará los motivos que las justifiquen.

2. La Comisión consultará al Comité Permanente de la Cadena Alimentaria y de Sanidad Animal, establecido de conformidad con el artículo 58, apartado 1, del Reglamento (CE) nº 178/2002 (en lo sucesivo denominado el «Comité»), si considera útil efectuar esta consulta, o si así lo pide un Estado miembro, y emitirá un dictamen sobre las medidas previstas.

3. El Estado miembro en cuestión podrá tomar las medidas previstas seis meses después de la notificación a que se refiere el apartado 1, siempre y cuando el dictamen de la Comisión no sea negativo.

Si el dictamen de la Comisión fuera negativo, en él deberá determinarse, de conformidad con el procedimiento contemplado en el artículo 25, apartado 2, y antes de que expire el período mencionado en el primer párrafo del presente apartado, si pueden aplicarse las medidas previstas. La Comisión podrá exigir que se efectúen algunas modificaciones de la medida prevista.

Artículo 24.- *Medidas de salvaguardia*

1. Cuando un Estado miembro tenga motivos importantes para considerar que una declaración no se ajusta a lo establecido en el presente Reglamento, o que el fundamento científico previsto en el artículo 6 es insuficiente, dicho Estado miembro odrá suspender temporalmente la utilización de esa declaración dentro de su territorio.

Asimismo, informará a los demás Estados miembros y a la Comisión y les comunicará los motivos de la suspensión.

2. De conformidad con el procedimiento contemplado en el artículo 25, apartado 2, deberá tomarse una decisión, en su caso previo dictamen de la Autoridad.

La Comisión podrá iniciar este procedimiento por propia iniciativa.

3. El Estado miembro a que se refiere el apartado 1 podrá mantener la suspensión hasta que se le haya notificado la decisión mencionada en el apartado 2.

Artículo 25.- *Comité*

1. La Comisión estará asistida por el Comité.

2. En los casos en que se haga referencia al presente apartado, serán de aplicación los artículos 5 y 7 de la Decisión 1999/468/CE, observando lo dispuesto en su artículo 8.

El plazo contemplado en el artículo 5, apartado 6, de la Decisión 1999/468/CE queda fijado en tres meses.

3. En los casos en que se haga referencia al presente apartado, serán de aplicación el artículo 5 bis, apartados 1 a 4, y el artículo 7 de la Decisión 1999/468/CE, observando lo dispuesto en su artículo 8.

Artículo 26.- *Seguimiento*

Para facilitar un seguimiento eficaz de los alimentos en los que figuren declaraciones nutricionales o de propiedades saludables, los Estados miembros podrán exigir al fabricante o a la persona que comercialice esos productos en su territorio que notifique su comercialización a la autoridad competente mediante el envío de un modelo de la etiqueta utilizada en el producto.

Artículo 27.- *Evaluación*

A más tardar el 19 de enero de 2013, la Comisión remitirá al Parlamento Europeo y al Consejo un informe sobre la aplicación del presente Reglamento, en particular sobre la evolución del mercado de alimentos acerca de los cuales se efectúan declaraciones nutricionales o de propiedades saludables y sobre la manera en que los consumidores entienden las declaraciones, junto con una propuesta de modificaciones, en su caso. El informe incluirá también una evaluación del impacto del presente Reglamento en los hábitos dietéticos, así como del impacto potencial en la obesidad y las enfermedades no contagiosas.

Artículo 28.- *Medidas transitorias*

1. Los productos comercializados o etiquetados antes de la fecha de aplicación del presente Reglamento que no cumplan lo dispuesto en el presente Reglamento podrán comercializarse hasta el día de su expiración, pero no después del 31 de julio de 2009. Por lo que atañe a las disposiciones del artículo 4, apartado 1, los alimentos podrán comercializarse hasta veinticuatro meses después de la adopción de los perfiles nutricionales pertinentes y de sus condiciones de utilización.

2. Los productos que lleven marcas registradas o marcas existentes antes del 1 de enero de 2005 que no cumplan el presente Reglamento podrán seguir comercializándose hasta el 19 de enero de 2022, fecha a partir de la cual se les aplicarán las disposiciones del presente Reglamento.

3. Las declaraciones nutricionales que hayan sido utilizadas en un Estado miembro antes del 1 de enero de 2006 en cumplimiento de las disposiciones nacionales que les sean aplicables, y que no estén incluidas en el Anexo, podrán seguir efectuándose bajo la responsabilidad de los explotadores de empresas alimentarias hasta el 19 de enero de 2010, y ello sin perjuicio de la adopción de las medidas de salvaguardia mencionadas en el artículo 24.

4. Las declaraciones nutricionales en forma de representación pictórica, gráfica o simbólica que cumplan los principios generales del presente Reglamento, no estén incluidas en el Anexo y se utilicen según condiciones y criterios específicos elaborados mediante disposiciones o normas nacionales estarán sujetas al procedimiento siguiente:

a) los Estados miembros comunicarán a la Comisión, a más tardar el 31 de enero de 2008, las declaraciones nutricionales y las disposiciones o normas nacionales de aplicación, junto con los datos científicos que respalden dichas disposiciones o normas;

b) la Comisión adoptará, con arreglo al procedimiento de reglamentación con control contemplado en el artículo 25, apartado 3, una decisión sobre la utilización de dichas declaraciones destinada a modificar elementos no esenciales del presente Reglamento.

Las declaraciones nutricionales que no hayan sido autorizadas por este procedimiento podrán seguir utilizándose durante doce meses a partir de la adopción de la Decisión.

5. A partir de la fecha de entrada en vigor del presente Reglamento y hasta la adopción de la lista mencionada en el artículo 13, apartado 1, letra a), podrán efectuarse declaraciones de propiedades saludables a las que se refiere el artículo 13, apartado 3, bajo la responsabilidad de los explotadores de empresas alimentarias, siempre y cuando se ajusten a lo establecido en el presente Reglamento y a las disposiciones nacionales existentes que se les apliquen, y sin perjuicio de la adopción de las medidas de salvaguardia mencionadas en el artículo 24.

6. Las declaraciones de propiedades saludables distintas de las mencionadas en el artículo 13, apartado 1, letra a), y en el artículo 14, apartado 1, letra a), que se hayan utilizado de conformidad con las disposiciones nacionales antes de la entrada en vigor del presente Reglamento quedarán sujetas a lo siguiente:

a) las declaraciones de propiedades saludables que hayan sido objeto de evaluación y autorización en un Estado miembro se autorizarán de la siguiente manera:

i) los Estados miembros comunicarán a la Comisión, a más tardar el 31 de enero de 2008, dichas declaraciones, acompañadas por un informe en el que se evalúen los datos científicos que respaldan la declaración;

ii) tras consultar con la Autoridad, la Comisión adoptará, con arreglo al procedimiento de reglamentación con control contemplado en el artículo 25, apartado 3, una decisión relativa a las declaraciones de propiedades saludables autorizadas de esta manera destinada a modificar elementos no esenciales del presente Reglamento, completándolo;

Las declaraciones de propiedades saludables que no hayan sido autorizadas por este procedimiento podrán seguir utilizándose durante seis meses a partir de la adopción de la Decisión;

b) las declaraciones de propiedades saludables que no hayan sido objeto de evaluación y autorización en un Estado miembro: podrán seguir utilizándose siempre que se efectúe una solicitud en virtud del presente Reglamento antes del 19 de enero de 2008, las declaraciones de propiedades saludables no autorizadas con arreglo a dicho procedimiento podrán seguir utilizándose durante seis meses a partir de la adopción de una decisión en virtud del artículo 17, apartado 3.

Artículo 29.- *Entrada en vigor*

El presente Reglamento entrará en vigor a los veinte días de su publicación en el Diario Oficial de la Unión Europea.

Será aplicable a partir del 1 de julio de 2007.

El presente Reglamento será obligatorio en todos sus elementos y directamente aplicable en cada Estado miembro

ANEXO.-
Declaraciones nutricionales y condiciones que se les aplican

BAJO VALOR ENERGÉTICO

Solamente podrá declararse que un alimento posee un bajo valor energético, así como efectuarse cualquier otra declaración que pueda tener el mismo significado para el consumidor, si el producto no contiene más de 40 kcal (170 kJ)/100 g en el caso de los sólidos o más de 20 kcal (80 kJ)/100 ml en el caso de los líquidos. Para los edulcorantes de mesa se aplicará un límite de 4 kcal (17kJ) por porción, con propiedades edulcorantes equivalentes a 6 g de sacarosa (una cucharadita de sacarosa aproximadamente).

VALOR ENERGÉTICO REDUCIDO

Solamente podrá declararse que un alimento posee un valor energético reducido, así como efectuarse cualquier otra declaración que pueda tener el mismo significado para el consumidor, si el valor energético se reduce, como mínimo, en un 30 %, con una indicación de la característica o características que provocan la reducción del valor energético total del alimento.

SIN APORTE ENERGÉTICO

Solamente podrá declararse que un alimento carece de aporte energético, así como efectuarse cualquier otra declaración que pueda tener el mismo significado para el consumidor, si el producto no contiene más de 4 kcal (17 kJ)/100 ml. Para los edulcorantes de mesa se aplicará un límite de 0,4 kcal (1,7 kJ) por porción, con propiedades edulcorantes equivalentes a 6 g de sacarosa (una cucharadita de sacarosa aproximadamente).

BAJO CONTENIDO DE GRASA

Solamente podrá declararse que un alimento posee un bajo contenido de grasa, así como efectuarse cualquier otra declaración que pueda tener el mismo significado para el consumidor, si el producto no contiene más de 3 g de grasa por 100 g en el caso de los sólidos o 1,5 g de grasa por 100 ml en el caso de los líquidos (1,8 g de grasa por 100 ml para la leche semidesnatada).

SIN GRASA

Solamente podrá declararse que un alimento no contiene grasa, así como efectuarse cualquier otra declaración que pueda tener el mismo significado para el consumidor, si el producto no contiene más de 0,5 g de grasa por 100 g o 100 ml. No obstante, se prohibirán las declaraciones expresadas como «X % sin grasa».

BAJO CONTENIDO DE GRASAS SATURADAS

Solamente podrá declararse que un alimento posee un bajo contenido de grasas saturadas, así como efectuarse cualquier otra declaración que pueda tener el mismo significado para el consumidor, si la suma de ácidos grasos saturados y de ácidos grasos trans en el producto no es superior a 1,5 g/100 g para los productos sólidos y a 0,75 g/100 ml para los productos líquidos, y en cualquier caso la suma de ácidos grasos saturados y de ácidos grasos trans no deberá aportar más del 10 % del valor energético.

SIN GRASAS SATURADAS

Solamente podrá declararse que un alimento no contiene grasas saturadas, así como efectuarse cualquier otra declaración que pueda tener el mismo significado para el consumidor, si la suma de grasas saturadas y de ácidos grasos trans no es superior a 0,1 g por 100 g o 100 ml.

BAJO CONTENIDO DE AZÚCARES

Solamente podrá declararse que un alimento posee un bajo contenido de azúcares, así como efectuarse cualquier otra declaración que pueda tener el mismo significado para el consumidor, si el producto no contiene más de 5 g de azúcares por 100 g en el caso de los sólidos o 2,5 g de azúcares por 100 ml en el caso de los líquidos.

SIN AZÚCARES

Solamente podrá declararse que un alimento no contiene azúcares, así como efectuarse cualquier otra declaración que pueda tener el mismo significado para el consumidor, si el producto no contiene más de 0,5 g de azúcares por 100 g o 100 ml.

SIN AZÚCARES AÑADIDOS

Solamente podrá declararse que no se han añadido azúcares a un alimento, así como efectuarse cualquier otra declaración que pueda tener el mismo significado para el consumidor, si no se ha añadido al producto ningún monosacárido ni disacárido, ni ningún alimento utilizado por sus propiedades edulcorantes. Si los azúcares están naturalmente presentes en los alimentos, en el etiquetado deberá figurar asimismo la siguiente indicación: «CONTIENE AZÚCARES NATURALMENTE PRESENTES».

BAJO CONTENIDO DE SODIO/SAL

Solamente podrá declararse que un alimento posee un bajo contenido de sodio/sal, así como efectuarse cualquier otra declaración que pueda tener el mismo significado para el consumidor, si el producto no contiene más de 0,12 g de sodio, o el valor equivalente de sal, por 100 g o por 100 ml. Por lo que respecta a las aguas distintas de las aguas minerales naturales cuya composición se ajuste a las disposiciones de la Directiva 80/777/CEE, este valor no deberá ser superior a 2 mg de sodio por 100 ml.

MUY BAJO CONTENIDO DE SODIO/SAL

Solamente podrá declararse que un alimento posee un contenido muy bajo de sodio/sal, así como efectuarse cualquier otra declaración que pueda tener el mismo significado para el consumidor, si el producto no contiene más de 0,04 g de sodio, o el valor equivalente de sal, por 100 g o por 100 ml. Esta declaración no se utilizará para las aguas minerales naturales y otras aguas.

SIN SODIO o SIN SAL

Solamente podrá declararse que un alimento no contiene sodio o sal, así como efectuarse cualquier otra declaración que pueda tener el mismo significado para el consumidor, si el producto no contiene más de 0,005 g de sodio, o el valor equivalente de sal, por 100 g.

FUENTE DE FIBRA

Solamente podrá declararse que un alimento es fuente de fibra, así como efectuarse cualquier otra declaración que pueda tener el mismo significado para el consumidor, si el producto contiene como mínimo 3 g de fibra por 100 g o, como mínimo, 1,5 g de fibra por 100 kcal.

ALTO CONTENIDO DE FIBRA

Solamente podrá declararse que un alimento posee un alto contenido de fibra, así como efectuarse cualquier otra declaración que pueda tener el mismo significado para el consumidor, si el producto contiene como mínimo 6 g de fibra por 100 g o 3 g de fibra por 100 kcal.

FUENTE DE PROTEÍNAS

Solamente podrá declararse que un alimento es fuente de proteínas, así como efectuarse cualquier otra declaración que pueda tener el mismo significado para el consumidor, si las proteínas aportan como mínimo el 12 % del valor energético del alimento.

ALTO CONTENIDO DE PROTEÍNAS

Solamente podrá declararse que un alimento posee un alto contenido de proteínas, así como efectuarse cualquier otra declaración que pueda tener el mismo significado para el consumidor, si las proteínas aportan como mínimo el 20 % del valor energético del alimento.

FUENTE DE [NOMBRE DE LAS VITAMINAS] Y/O [NOMBRE DE LOS MINERALES]

Solamente podrá declararse que un alimento es una fuente de vitaminas y/o minerales, así como efectuarse cualquier otra declaración que pueda tener el mismo significado para el consumidor, si el producto contiene como mínimo una cantidad significativa tal como se define en el Anexo de la Directiva 90/496/CEE o una cantidad establecida por las excepciones concedidas en virtud del artículo 6 del Reglamento (CE) nº 1925/2006 del Parlamento Europeo y del Consejo, de 20 de diciembre de 2006, [sobre la adición de vitaminas, minerales y otras determinadas sustancias a los alimentos].

ALTO CONTENIDO DE [NOMBRE DE LAS VITAMINAS] Y/O [NOMBRE DE LOS MINERALES]

Solamente podrá declararse que un alimento posee un alto contenido de vitaminas y/o minerales, así como efectuarse cualquier otra declaración que pueda tener el mismo significado para el consumidor, si el producto contiene como mínimo dos veces el valor de la «fuente de [NOMBRE DE LAS VITAMINAS] y/o [NOMBRE DE LOS MINERALES]».

CONTIENE [NOMBRE DEL NUTRIENTE U OTRA SUSTANCIA]

Solamente podrá declararse que un alimento contiene un nutriente u otra sustancia, para los que no se establezcan condiciones específicas en el presente Reglamento, así como efectuarse cualquier otra declaración que pueda tener el mismo significado para el consumidor, si el producto cumple todas las disposiciones aplicables previstas en el presente Reglamento, y en particular en el artículo 5. Por lo que respecta a las vitaminas y minerales, se aplicarán las condiciones correspondientes a la declaración «fuente de».

MAYOR CONTENIDO DE [NOMBRE DEL NUTRIENTE]

Solamente podrá declararse que se ha incrementado el contenido de uno o más nutrientes, distintos de vitaminas o minerales, así como efectuarse cualquier otra declaración que pueda tener el mismo significado para el consumidor, si el producto cumple las condiciones previstas para la declaración «fuente de» y el incremento de su contenido es de, como mínimo, el 30 % en comparación con un producto similar.

CONTENIDO REDUCIDO DE [NOMBRE DEL NUTRIENTE]

Solamente podrá declararse que se ha reducido el contenido de uno o más nutrientes, así como efectuarse cualquier otra declaración que pueda tener el mismo significado para el consumidor, si la reducción del contenido es de, como mínimo, el 30 % en comparación con un producto similar, excepto para micronutrientes, en los que será admisible una diferencia del 10 % en los valores de referencia establecidos en la Directiva 90/496/CEE, así como para el sodio, o el valor equivalente para la sal, en que será admisible una diferencia del 25 %.

LIGHT/LITE (LIGERO)

Las declaraciones en las que se afirme que un producto es «light» o «lite» (ligero), y cualquier otra declaración que pueda tener el mismo significado para el consumidor, deberán cumplir las mismas condiciones que las establecidas para el término «contenido reducido»; asimismo, la declaración deberá estar acompañada por una indicación de la característica o características que hacen que el alimento sea «light» o «lite» (ligero).

NATURALMENTE/NATURAL

Cuando un alimento reúna de forma natural la condición o las condiciones establecidas en el presente Anexo para el uso de una declaración nutricional, podrá utilizarse el término «naturalmente/natural» antepuesto a la declaración.

FUENTE DE ÁCIDOS GRASOS OMEGA-3

Solamente podrá declararse que un alimento es fuente de ácidos grasos omega-3 o efectuarse cualquier otra declaración que pueda tener el mismo significado para el consumidor, si el producto contiene al menos 0,3 g de ácido alfa-linolénico por 100 g y por 100 kcal, o al menos 40 mg de la suma de ácido eicosapentanoico y ácido decosahexanoico por 100 g y por 100 kcal.

ALTO CONTENIDO DE ÁCIDOS GRASOS OMEGA-3

Solamente podrá declararse que un alimento tiene un alto contenido de ácidos grasos omega-3 o efectuarse cualquier otra declaración que pueda tener el mismo significado para el consumidor, si el producto contiene al menos 0,6 g de ácido alfa-linolénico por 100 g y por 100 kcal, o al menos 80 mg de la suma de ácido eicosapentanoico y ácido decosahexanoico por 100 g y por 100 kcal.

ALTO CONTENIDO DE GRASAS MONOINSATURADAS

Solamente podrá declararse que un alimento tiene un alto contenido de grasas monoinsaturadas o efectuarse cualquier otra declaración que pueda tener el mismo significado para el consumidor, si al menos un 45 % de los ácidos grasos presentes en el producto proceden de grasas monoinsaturadas y las grasas monoinsaturadas aportan más del 20 % del valor energético del producto.

ALTO CONTENIDO DE GRASAS POLIINSATURADAS

Solamente podrá declararse que un alimento tiene un alto contenido de grasas poliinsaturadas o efectuarse cualquier otra declaración que pueda tener el mismo significado para el consumidor, si al menos un 45 % de los ácidos grasos presentes en el producto proceden de grasas poliinsaturadas y las grasas poliinsaturadas aportan más del 20 % del valor energético del producto.

ALTO COTENIDO DE GRASAS INSATURADAS

Solamente podrá declararse que un alimento tiene un alto contenido de grasas insaturadas o efectuarse cualquier otra declaración que pueda tener el mismo significado para el consumidor, si al menos un 70 % de los ácidos grasos presentes en el producto proceden de grasas insaturadas y las grasas insaturadas aportan más del 20 % del valor energético del producto.

18 de abril de 2008.- Reglamento (CE) nº 353/2008

de la Comisión,

por el que se establecen normas de desarrollo para las solicitudes de autorización de declaraciones de propiedades saludables

con arreglo al artículo 15 del Reglamento (CE) nº 1924/2006 del Parlamento Europeo y del Consejo

(D.O. L 109, 19 de abril de 2008)

[V.C. 21/12/2009]

LA COMISIÓN DE LAS COMUNIDADES EUROPEAS,

Visto el Tratado constitutivo de la Comunidad Europea,

Visto el Reglamento (CE) nº 1924/2006 del Parlamento Europeo y del Consejo, de 20 de diciembre de 2006, relativo a las declaraciones nutricionales y de propiedades saludables en los alimentos, y, en particular, su artículo 15, apartado 4,

Previa consulta a la Autoridad Europea de Seguridad Alimentaria,

Considerando lo siguiente:

(1) El Reglamento (CE) nº 1924/2006 establece normas para el uso de declaraciones en el etiquetado, la presentación y la publicidad de alimentos.

(2) Las solicitudes de autorización de declaraciones de propiedades saludables deben demostrar de forma adecuada y suficiente que la declaración de propiedades saludables se basa y fundamenta en pruebas científicas generalmente aceptadas, mediante la toma en consideración de la totalidad de los datos científicos disponibles y la ponderación de las pruebas.

(3) Como se dispone en el artículo 15, apartado 4, del Reglamento (CE) nº 1924/2006, es necesario establecer normas de desarrollo sobre las solicitudes de declaración de propiedades saludables presentadas de conformidad con dicho Reglamento, incluidas disposiciones relativas a la preparación y la presentación de las solicitudes.

(4) Las normas de desarrollo deben garantizar que el expediente de solicitud se recopila de manera que queden definidos y clasificados los datos científicos necesarios para que la Autoridad Europea de Seguridad Alimentaria pueda evaluar las solicitudes.

(5) Las normas de desarrollo constituyen esencialmente una guía de carácter general, por lo que el carácter y dimensión de los estudios necesarios para evaluar el mérito científico de la declaración pueden variar en función de la naturaleza de la misma.

(6) Las solicitudes de declaración de propiedades saludables deben tener en cuenta los requisitos estipulados en el Reglamento (CE) nº 1924/2006, en particular los principios y las condiciones generales que se indican en sus artículos 3 y 5. Cada solicitud de declaración de propiedades saludables debe presentarse de forma separada, caracterizando el tipo de solicitud.

(7) La información y los documentos que deben proporcionarse de conformidad con el presente Reglamento se entienden sin perjuicio de cualquier información complementaria que pueda solicitar la Autoridad Europea de Seguridad Alimentaria (la Autoridad) cuando proceda, como se establece en el artículo 16, apartado 2, del Reglamento (CE) nº 1924/2006.

(8) A petición de la Comisión, la Autoridad emitió un dictamen sobre orientaciones científicas y técnicas para la preparación y presentación de las solicitudes de autorización de declaraciones de propiedades saludables. Las solicitudes deben seguir las orientaciones de la Autoridad junto con las normas de desarrollo, para asegurar la armonización de la presentación de las solicitudes ante la Autoridad.

(9) Con objeto de beneficiarse de la protección de datos, como estipula el artículo 21 del Reglamento (CE) nº 1924/2006, las solicitudes de protección de datos protegidos por derechos de propiedad industrial deben estar justificadas y todos los datos deben mantenerse en una parte separada de la solicitud.

(10) Las medidas previstas en el presente Reglamento se ajustan al dictamen del Comité permanente de la cadena alimentaria y de sanidad animal.

HA ADOPTADO EL PRESENTE REGLAMENTO:

Artículo 1.- *Objeto*

El presente Reglamento establece normas de desarrollo relativas a:

a) las solicitudes de autorización presentadas de conformidad con el artículo 15 del Reglamento (CE) nº 1924/2006, y

b) las solicitudes de inclusión de una declaración en la lista que contempla el artículo 13, apartado 3, presentada de conformidad con el artículo 18 del Reglamento (CE) nº 1924/2006.

Artículo 2.- *Ámbito de aplicación*

Cada solicitud deberá abarcar una única relación entre un nutriente u otra sustancia, o alimento o categoría de alimentos, y un único efecto declarado.

Artículo 3.- *Especificación del tipo de declaración de propiedades saludables*

La solicitud deberá especificar el tipo de declaración de propiedades saludables de que se trate entre los que figuran en los artículos 13 y 14 del Reglamento (CE) nº 1924/2006.

Artículo 4.- *Datos protegidos por derechos de propiedad intelectual*

La información que deba considerarse como datos protegidos por derechos de propiedad intelectual, acompañada de una justificación comprobable, como se indica en el artículo 15, apartado 3, letra d), del Reglamento (CE) nº 1924/2006, deberá indicarse en una parte separada de la solicitud.

Artículo 5.- *Estudios científicos*

Los estudios y otro material mencionados en el artículo 15, apartado 3, letras c) y e), del Reglamento (CE) nº 1924/2006:

a) consistirán principalmente en estudios sobre seres humanos y, en el caso de declaraciones relativas al desarrollo y la salud de los niños, en estudios sobre niños;

b) se presentarán según una jerarquía, en función del diseño del estudio, que refleje el peso relativo de las pruebas que puedan obtenerse de los distintos tipos de estudios.

Artículo 6.- *Condiciones de uso*

De conformidad con el artículo 15, apartado 3, letra f), del Reglamento (CE) nº 1924/2006, además de la propuesta de redacción de la declaración de propiedades saludables, las condiciones de uso deberán incluir:

a) la población destinataria de la declaración de propiedades saludables prevista;

b) la cantidad del nutriente u otra sustancia, o del alimento o la categoría de alimentos, y el patrón de consumo requeridos para obtener el efecto benéfico declarado;

c) cuando proceda, una indicación destinada a las personas que deben evitar utilizar el nutriente u otra sustancia, o el alimento o la categoría de alimentos, que es objeto de la declaración de propiedades saludables;

d) una advertencia sobre el nutriente u otra sustancia, o el alimento o categoría de alimentos, que pueda suponer un riesgo para la salud en caso de consumo excesivo;

e) cualquier otra restricción de uso e instrucciones de preparación o uso.

Artículo 7.- *Normas técnicas*

La solicitud deberá elaborarse y presentarse de conformidad con las normas técnicas establecidas en el anexo.

Artículo 7 *bis*.- *Verificación de la validez de las solicitudes por los Estados miembros*

1. De conformidad con el artículo 15, apartado 2, letra a), y elartículo 18, apartado 3, del Reglamento (CE) nº 1924/2006, los Estados miembros verificarán la validez de las solicitudes antes de presentarlas a la Autoridad.

2. A efectos de lo dispuesto en el apartado 1, la autoridad nacional competente verificará que las solicitudes presentadas con arreglo a los artículos 15 o 18 del Reglamento (CE) nº 1924/2006 incluyen la información a que se refiere el artículo 15, apartado 3, del citado Reglamento.

3. Las autoridades nacionales competentes verificarán asimismo:

i) con respecto a las solicitudes presentadas con arreglo al artículo 15 del Reglamento (CE) nº 1924/2006, que la declaración de propiedades saludables se refiere a la reducción del riesgo de enfermedad o al desarrollo y la salud de los niños,

ii) con respecto a las solicitudes presentadas con arreglo al artículo 18 del Reglamento (CE) nº 1924/2006, que la declaración de propiedades saludables es cualquiera de aquellas a las que se refiere el artículo 13, apartado 5, de dicho Reglamento, con excepción de las declaraciones de propiedades saludables relativas al desarrollo y la salud de los niños.

Artículo 7 ter.- *Retirada de solicitudes*

1. El solicitante podrá retirar su solicitud presentada con arreglo a los artículos 15 o 18 del Reglamento (CE) nº 1924/2006 hasta el momento en que la Autoridad adopte su dictamen de conformidad con el artículo 16, apartado 1, o el artículo 18, apartado 3, del citado Reglamento.

2. La petición de retirada de la solicitud deberá presentarse a la misma autoridad nacional competente del Estado miembro a la que fue presentada la solicitud con arreglo al artículo 15, apartado 2, o el artículo 18, apartado 2, del Reglamento (CE) nº 1924/2006.

3. La autoridad nacional competente informará inmediatamente de la retirada a la Autoridad, la Comisión y los demás Estados miembros. Solamente pondrá fin al procedimiento la retirada de la solicitud que cumpla las condiciones mencionadas en el apartado 1 y en el presente apartado.

Artículo 8

El presente Reglamento entrará en vigor el vigésimo día siguiente al de su publicación en el Diario Oficial de la Unión Europea.

El presente Reglamento será obligatorio en todos sus elementos y directamente aplicable en cada Estado miembro.

ANEXO.-

Normas técnicas para la elaboración y presentación de las solicitudes de declaraciones de propiedades saludables

INTRODUCCIÓN

1. El presente anexo es aplicable a las declaraciones de propiedades saludables relativas al consumo de una categoría de alimentos, de un alimento, o de sus componentes (incluido un nutriente u otra sustancia, o una combinación de nutrientes u otras sustancias), denominados en lo sucesivo «alimento».

2. Si alguno de los datos necesarios de conformidad con el presente anexo fueran omitidos por el solicitante, presumiendo que no son aplicables a la solicitud en cuestión, deben indicarse los motivos por los que no figuran tales datos en la solicitud.

3. En lo sucesivo se entenderá por «solicitud» un expediente independiente que contenga la información y los datos científicos presentados para obtener la autorización de declaración de propiedades saludables en cuestión.

4. Debe elaborarse una solicitud para cada declaración de propiedades saludables específica. Esto significa que cada solicitud debe referirse a una sola relación entre un alimento y un efecto declarado. No obstante, en la misma solicitud, un solicitante puede proponer que la declaración de propiedades saludables se aplique a distintas presentaciones de un alimento, siempre que las pruebas científicas sean válidas para todas las presentaciones propuestas.

5. En la solicitud debe indicarse si la declaración de propiedades saludables en cuestión, o una declaración similar, ha sido objeto de evaluación científica por una autoridad nacional competente de un Estado miembro o de un país tercero. En tal caso, debe aportarse una copia de la evaluación científica.

6. Se consideran datos científicos pertinentes todos los estudios, realizados o no en seres humanos, publicados o no, que sean relevantes para fundamentar la declaración de propiedades saludables objeto de la solicitud, al examinar la relación entre el alimento y el efecto declarado, incluidos los datos favorables o no a esa relación. Los datos pertinentes sobre seres humanos que hayan sido publicados deben identificarse mediante un examen exhaustivo.

7. No pueden citarse resúmenes de revistas especializadas o artículos publicados en periódicos, revistas, boletines o folletos informativos que no hayan sido revisados por expertos. Tampoco pueden citarse libros o capítulos de libros destinados a los consumidores o al público en general.

PRINCIPIOS GENERALES DEL FUNDAMENTO CIENTÍFICO

1. La solicitud debe contener todos los datos científicos, publicados o no, favorables o no, que sean pertinentes para la declaración de propiedades saludables, junto con un examen exhaustivo de los datos procedentes de los estudios sobre seres humanos, con objeto de demostrar que dicha declaración está fundamentada por la totalidad de los datos científicos y tras sopesar las pruebas. Para fundamentar una declaración de propiedades saludables, se necesitan datos procedentes de estudios en seres humanos sobre la relación entre el consumo del alimento y el efecto declarado.

2. La solicitud debe incluir un examen exhaustivo de los datos procedentes de los estudios sobre seres humanos que aborden la relación específica entre el alimento y el efecto declarado. Este examen y la identificación de los datos que se consideren pertinentes para la declaración de propiedades saludables deben efectuarse de una forma sistemática y transparente que demuestre que la solicitud refleja de forma adecuada la importancia relativa de todas las pruebas disponibles.

3. El fundamento de las declaraciones de propiedades saludables ha de tener en cuenta la totalidad de los datos científicos disponibles y, una vez ponderadas las pruebas, debe demostrar en qué medida:

a) el efecto declarado del alimento es beneficioso para la salud humana;

b) se establece una relación de causa a efecto entre el consumo del alimento y el efecto declarado en seres humanos (por ejemplo, fuerza, coherencia, especificidad, dosis-respuesta y plausibilidad biológica de la relación);

c) la cantidad de alimento y el patrón de consumo requeridos para obtener el efecto declarado puede alcanzarse razonablemente dentro de una dieta equilibrada;

d) el grupo o grupos específicos estudiados de los que proceden las pruebas son representativos de la población destinataria de la declaración.

CARACTERÍSTICAS DEL ALIMENTO

Debe proporcionarse la siguiente información sobre el componente, el alimento o la categoría de alimentos objeto de la declaración de propiedades saludables:

1. Sobre un componente:

a) su origen y características, tales como sus propiedades físicas y químicas, su composición, y

b) si procede, su composición microbiológica.

2. Sobre un alimento o categoría de alimentos:

a) una descripción que incluya una caracterización de su matriz alimentaria y la composición general, incluido su contenido en nutrientes;

b) su origen y características y, en particular, el contenido del componente o componentes relacionados con la declaración de propiedades saludables.

3. En todos los casos:

a) cuando proceda, la variabilidad entre los distintos lotes;

b) los métodos analíticos aplicados;

c) cuando proceda, un resumen de los estudios realizados sobre las condiciones de producción, la variabilidad entre lotes y los procedimientos analíticos, y de los resultados y conclusiones de los estudios de estabilidad, así como las conclusiones relativas a las condiciones de almacenamiento y la vida útil;

d) cuando proceda, los datos pertinentes y las razones que demuestren que el componente objeto de la declaración de propiedades saludables está presente en una forma que permite su utilización por el cuerpo humano;

e) si el efecto declarado no depende de un fenómeno de absorción, como ocurre con los fitoesteroles, las fibras y las bacterias de ácido láctico, los datos pertinentes y las razones que demuestren que el componente alcanza el sitio de actuación;

f) todos los datos disponibles sobre los factores que puedan incidir en la absorción o utilización en el cuerpo del componente en cuestión.

ORGANIZACIÓN DE LOS DATOS CIENTÍFICOS PERTINENTES

1. Los datos científicos identificados deben presentarse en el siguiente orden: datos de estudios realizados en seres humanos, seguidos, si procede, por los datos obtenidos de otros estudios (no realizados en seres humanos).

2. Los datos sobre seres humanos se han de clasificar en el siguiente orden, según el diseño del estudio:

a) estudios de intervención en seres humanos, estudios controlados aleatorios, otros estudios aleatorios (no controlados), estudios controlados (no aleatorios) y otros estudios de intervención;

b) estudios de observación en seres humanos, estudios de cohortes, estudios de control de casos, estudios transversales y otros estudios de observación como las series de casos;

c) otros estudios sobre seres humanos dedicados a los mecanismos que pueden originar el efecto declarado del alimento, incluidos los estudios sobre la biodisponibilidad.

3. Los datos obtenidos de estudios no realizados en seres humanos deben incluir:

a) datos sobre animales, incluidos los estudios acerca de aspectos relativos a la absorción, la distribución, el metabolismo o la excreción del alimento, estudios sobre el mecanismo y otros estudios;

b) datos ex vivo o in vitro, basados en muestras biológicas humanas o animales vinculados con los mecanismos que pueden originar el efecto declarado del alimento, y otros tipos de estudios no realizados en seres humanos.

RESUMEN DE LOS DATOS CIENTÍFICOS PERTINENTES

Además del resumen de la solicitud que requiere el artículo 15, apartado 3, letra g), del Reglamento (CE) nº 1924/2006, los solicitantes deben proporcionar un resumen de los datos científicos pertinentes, que incluya la siguiente información:

1. un resumen de los datos de los estudios pertinentes sobre seres humanos, que indique en qué medida todos estos datos muestran la relación entre el alimento y el efecto declarado;

2. un resumen de los datos procedentes de los estudios pertinentes no realizados en seres humanos, que indique de qué manera y en qué medida estos estudios pueden ayudar a mostrar la relación entre el alimento y el efecto declarado en seres humanos;

3. las conclusiones generales, teniendo en cuenta todos los datos, incluidas las pruebas favorables o no, y ponderando las mismas. Las conclusiones generales deben definir de manera clara en qué medida:

a) el efecto declarado del alimento es beneficioso para la salud humana,

b) se establece una relación de causa a efecto entre el consumo del alimento y el efecto declarado en seres humanos (por ejemplo, fuerza, coherencia, especificidad, dosis-respuesta y plausibilidad biológica de la relación),

c) la cantidad de alimento y el patrón de consumo requeridos para obtener el efecto declarado son asumibles razonablemente dentro de una dieta equilibrada,

d) el grupo o grupos específicos estudiados de los que proceden las pruebas son representativos de la población destinataria de la declaración.

ESTRUCTURA DE LA SOLICITUD

Las solicitudes se deben estructurar como sigue. Algunas partes pueden omitirse, siempre que el solicitante lo justifique.

Parte 1 — Datos administrativos y técnicos

1.1. Índice

1.2. Formulario de solicitud

1.3. Información general

1.4. Información sobre la declaración de propiedades saludables

1.5. Resumen de la solicitud

1.6. Referencias

Parte 2 — Características del alimento o del componente

2.1. Componente

2.2. Alimento o categoría de alimentos

2.3. Referencias

Parte 3 — Resumen general de los datos científicos pertinentes

3.1. Resumen en forma de tabla de todos los estudios pertinentes identificados

3.2. Resumen en forma de tabla de los datos de los estudios pertinentes sobre seres humanos

3.3. Resumen escrito de los datos de los estudios pertinentes sobre seres humanos

3.4. Resumen escrito de los datos de los estudios pertinentes no realizados en seres humanos

3.5. Conclusiones generales

Parte 4 — Corpus de los datos científicos pertinentes identificados

4.1. Identificación de los datos científicos pertinentes

4.2. Datos pertinentes identificados

Parte 5 — Anexos de la solicitud

5.1. Glosario/abreviaturas

5.2. Copias/reimpresiones de datos pertinentes publicados

5.3. Informes de estudio completos sobre datos pertinentes no publicados

5.4. Otros

20 de enero de 2009.- Reglamento (CE) nº 41/2009
de la Comisión,
sobre la composición y etiquetado de los productos alimenticios apropiados para personas con intolerancia al gluten
(D.O. L 16, 21 de enero de 2009)

[V.C. 10/02/2009]

LA COMISIÓN DE LAS COMUNIDADES EUROPEAS,

Visto el Tratado constitutivo de la Comunidad Europea,

Vista la Directiva 89/398/CEE del Consejo, de 3 de mayo de 1989, relativa a la aproximación de las legislaciones de los Estados miembros sobre los productos alimenticios destinados a una alimentación especial, y, en particular, su artículo 3, apartado 2, y su artículo 4 bis,

Considerando lo siguiente:

(1) La Directiva 89/398/CEE hace referencia a los alimentos destinados a una alimentación especial que, debido a su composición o proceso de fabricación especial, se destinan a satisfacer las necesidades nutritivas especiales de categorías específicas de población. Las personas con una enfermedad celiaca constituyen un grupo específico de población que sufre una intolerancia permanente al gluten.

(2) La industria alimentaria ha desarrollado una gama de productos presentados como «sin gluten» o con menciones equivalentes. Las diferencias entre las disposiciones nacionales referentes a las condiciones para el uso de tales descripciones de producto pueden impedir la libre circulación de los productos en cuestión y no asegurar el mismo nivel elevado de protección de los consumidores. En aras de la claridad y para no confundir a los consumidores con diversos tipos de descripciones de producto a nivel nacional, las condiciones para el uso de los términos relacionados con la ausencia de gluten deben fijarse a nivel comunitario.

(3) Se ha demostrado científicamente que el trigo (es decir, todas las especies Triticum, tales como el trigo duro, espelta y kamut), el centeno y la cebada contienen gluten. Dicho gluten puede causar efectos adversos para la salud de las personas intolerantes al gluten, que, por lo tanto, deben evitarlo.

(4) La eliminación del gluten en los cereales que lo contienen presenta dificultades técnicas y costes económicos considerables y, por consiguiente, resulta difícil la fabricación de alimentos totalmente exentos de gluten. Por lo tanto, muchos productos alimenticios destinados a este uso nutricional concreto y presentes en el mercado pueden contener pequeñas cantidades residuales de gluten.

(5) La mayoría de las personas, si bien no todas, que padecen intolerancia al gluten pueden incluir la avena en su dieta alimentaria sin efectos adversos para su salud. La comunidad científica realiza actualmente estudios e investigaciones sobre esta cuestión. Sin embargo, una preocupación importante es que la avena se contamine con el trigo, el centeno o la cebada, algo que puede ocurrir durante la cosecha, el transporte, el almacenamiento y el procesamiento de los cereales. Por lo tanto, el riesgo de contaminación por gluten en productos que contienen avena debe tenerse en cuenta al etiquetar esos productos.

(6) Ciertas personas con intolerancia al gluten pueden tolerar pequeñas cantidades de gluten que varían dentro de ciertos límites, en función de los individuos. Para permitir que los consumidores encuentren en el mercado diversos productos alimenticios apropiados para sus necesidades y para su nivel de sensibilidad, deberían poder elegir entre una serie de productos con diversos niveles reducidos de gluten dentro de tales límites. Es importante, sin embargo, que los diversos productos sean etiquetados debidamente para garantizar su uso correcto por parte de las personas con intolerancia al gluten con el apoyo de campañas informativas fomentadas en los Estados miembros.

(7) Los productos alimenticios destinados a una alimentación especial, los cuales han sido específicamente formulados, procesados o preparados para satisfacer las necesidades nutricionales de las personas con intolerancia al gluten y que se comercializan como tales deben llevar la mención muy «bajo en gluten» o «sin gluten» de conformidad con las disposiciones establecidas en el presente Reglamento. Estas disposiciones pueden ser logradas mediante el uso de productos alimenticios procesados especialmente para reducir el contenido del gluten de uno o varios ingredientes que

contienen gluten y/o productos alimenticios cuyos ingredientes con gluten han sido sustituidos por otros ingredientes exentos de gluten de forma natural.

(8) El artículo 2, apartado 3, de la Directiva 89/398/CEE establece la posibilidad de que los productos alimenticios de consumo corriente apropiados para una alimentación especial indiquen esta característica. Por lo tanto, un producto alimenticio normal que convenga para una dieta sin gluten al no contener ningún ingrediente derivado de cereales o de avena que contengan esta sustancia, debería poder indicar esta ausencia. La Directiva 2000/13/CE del Parlamento Europeo y del Consejo, de 20 de marzo de 2000, relativa a la aproximación de las legislaciones de los Estados miembros en materia de etiquetado, presentación y publicidad de los productos alimenticios establece que esta declaración no induzca a error al consumidor, sugiriéndole que el producto alimenticio posee características particulares cuando todos los productos similares posean estas mismas características.

(9) La Directiva 2006/141/CE de la Comisión, de 22 de diciembre de 2006, relativa a los preparados para lactantes y preparados de continuación y por la que se modifica la Directiva 1999/21/CE, prohíbe la utilización de ingredientes que contengan gluten en la fabricación de dichos productos alimenticios. Por lo tanto, debería prohibirse el uso de los términos «muy bajo en gluten» o «sin gluten» en el etiquetado de tales productos dado que, de conformidad con el presente Reglamento, este etiquetado se utiliza para indicar respectivamente un contenido de gluten que no excede de 100 mg/kg y de 20 mg/kg.

(10) La Directiva 2006/125/CE de la Comisión, de 5 de diciembre de 2006, relativa a los alimentos elaborados a base de cereales y alimentos infantiles para lactantes y niños de corta edad, requiere la indicación de la presencia o ausencia de gluten cuando el producto se destina a niños menores de seis meses. La ausencia de gluten en esos productos debería indicarse de conformidad con los requisitos establecidos en el presente Reglamento.

(11) La norma Codex relativa a los alimentos para regímenes especiales destinados a personas intolerantes al gluten fue adoptada por la Comisión del Codex Alimentarius en su 31ª sesión de julio de 2008 con objeto de permitir a esas personas encontrar en el mercado una variedad de productos alimenticios adecuados para sus necesidades y su nivel de sensibilidad al gluten. Esta norma debería tomarse debidamente en cuenta a efectos del presente Reglamento.

(12) Para permitir a los operadores económicos adaptar su proceso de producción, la fecha de aplicación del presente Reglamento debería contemplar el período transitorio necesario. Sin embargo, los productos que en la fecha de entrada en vigor del presente Reglamento ya cumplan el mismo, podrán comercializarse en la Comunidad a partir de la fecha de entrada en vigor del presente Reglamento.

(13) Las medidas previstas en el presente Reglamento se ajustan al dictamen del Comité permanente de la cadena alimentaria y de sanidad animal.

HA ADOPTADO EL PRESENTE REGLAMENTO:

Artículo 1.- *Ámbito de aplicación*

El presente Reglamento se aplicará a los productos alimenticios con excepción de los preparados para lactantes y los preparados de continuación, cubiertos por la Directiva 2006/141/CE.

Artículo 2.- *Definiciones*

A efectos del presente Reglamento, se entenderá por:

a) «productos alimenticios para personas con intolerancia al gluten»: los productos alimenticios destinados a una alimentación especial que han sido específicamente elaborados, preparados y/o procesados para satisfacer las necesidades nutricionales particulares de las personas con intolerancia al gluten;

b) «gluten»: una fracción proteínica del trigo, el centeno, la cebada, la avena o sus variedades híbridas y derivados de la fracción proteínica, que algunas personas no toleran y que es insoluble en agua y en solución de cloruro sódico de 0,5 M;

c) «trigo»: cualquier especie de Triticum.

Artículo 3.- *Composición y etiquetado de productos alimenticios para las personas con intolerancia al gluten*

1. Los productos alimenticios para personas con intolerancia al gluten que consistan en, o que contengan, uno o más ingredientes procedentes del trigo, el centeno, la cebada, la avena o sus variedades híbridas que hayan sido procesados de forma especial para reducir el gluten no contendrán un nivel de gluten que supere los 100 mg/kg en los alimentos tal como se venden al consumidor final.

2. El etiquetado, la publicidad y la presentación de los productos mencionados en el apartado 1 llevarán la mención «muy bajo en gluten». Pueden llevar el término «sin gluten» si el contenido de gluten no sobrepasa los 20 mg/kg en total, en los alimentos tal como se venden al consumidor final.

3. La avena contenida en alimentos para personas con intolerancia al gluten debe ser específicamente producida, preparada y/o procesada para evitar la contaminación por el trigo, el centeno, la cebada, o sus variedades híbridas y su contenido de gluten no debe sobrepasar los 20 mg/kg.

4. Los productos alimenticios para personas con intolerancia al gluten que consistan en, o contengan, uno o más ingredientes que sustituyan el trigo, el centeno, la cebada, la avena o sus variedades híbridas, no contendrán un nivel de gluten que supere los 20 mg/kg en los alimentos tal como se venden al consumidor final. El etiquetado, la presentación y la publicidad de esos productos deberán llevar la mención «sin gluten».

5. En el caso de los productos alimenticios para personas con intolerancia al gluten que contengan tanto ingredientes que sustituyen el trigo, el centeno, la cebada, la avena o sus variedades híbridas como ingredientes procedentes del trigo, el centeno, la cebada, la avena o sus variedades híbridas que hayan sido procesados de forma especial para reducir el gluten, se aplicarán los apartados 1, 2 y 3 y no se aplicará el apartado 4.

6. Los términos «muy bajo en gluten» o «sin gluten» mencionados en los apartados 2 y 4 deberán aparecer muy cerca del nombre bajo el cual se vende el producto.

Artículo 4.- *Composición y etiquetado de otros productos alimenticios adecuados para las personas con intolerancia al gluten*

1. Sin perjuicio de lo dispuesto en el artículo 2, apartado 1, letra a), inciso iii) de la Directiva 2000/13/CE, el etiquetado, la publicidad y la presentación de los siguientes productos alimenticios pueden llevar el término «sin gluten» si el contenido de gluten no sobrepasa los 20 mg/kg, en los alimentos tal como se venden al consumidor final:

a) productos alimenticios de consumo normal;

b) productos alimenticios destinados a una alimentación especial formulados, procesados o preparados especialmente para satisfacer las necesidades nutricionales particulares distintas de las de las personas con intolerancia al gluten pero que son sin embargo adecuados, en virtud de su composición, para satisfacer las necesidades dietéticas especiales de las personas con intolerancia al gluten.

2. El etiquetado, la publicidad y la presentación de los alimentos mencionados en el apartado 1 no llevarán la mención «muy bajo en gluten».

Artículo 5.- *Entrada en vigor y aplicación*

El presente Reglamento entrará en vigor el vigésimo día siguiente al de su publicación en el Diario Oficial de la Unión Europea.

El presente Reglamento será aplicable a partir del 1 de enero de 2012.

Sin embargo, los productos que en la fecha de entrada en vigor del presente Reglamento ya cumplan el mismo, podrán comercializarse en la Comunidad.

El presente Reglamento será obligatorio en todos sus elementos y directamente aplicable en cada Estado miembro.

25 de octubre de 2011.- Reglamento (UE) nº 1169/2011

del Parlamento Europeo y del Consejo,

sobre la información alimentaria facilitada al consumidor

y por el que se modifican los Reglamentos (CE) nº 1924/2006 y (CE) nº 1925/2006 del Parlamento Europeo y del Consejo, y por el que se derogan la Directiva 87/250/CEE de la Comisión, la Directiva 90/496/CEE del Consejo, la Directiva 1999/10/CE de la Comisión, la Directiva 2000/13/CE del Parlamento Europeo y del Consejo, las Directivas 2002/67/CE y 2008/5/CE de la Comisión, y el Reglamento (CE) nº 608/2004 de la Comisión

(D.O. L 304 de 22 de noviembre de 2011)

EL PARLAMENTO EUROPEO Y EL CONSEJO DE LA UNIÓN EUROPEA,

Visto el Tratado de Funcionamiento de la Unión Europea y, en particular, su artículo 114,

Vista la propuesta de la Comisión Europea,

Visto el dictamen del Comité Económico y Social Europeo,

De conformidad con el procedimiento legislativo ordinario

Considerando lo siguiente:

(1) En el artículo 169 del Tratado de Funcionamiento de la Unión Europea (TFUE) se establece que la Unión debe contribuir a lograr un alto nivel de protección de los consumidores mediante las medidas que adopte en virtud de su artículo 114.

(2) La libre circulación de alimentos seguros y saludables es un aspecto esencial del mercado interior y contribuye significativamente a la salud y el bienestar de los ciudadanos, así como a sus intereses sociales y económicos.

(3) Para lograr un alto nivel de protección de la salud de los consumidores y garantizar su derecho a la información, se debe velar por que los consumidores estén debidamente informados respecto a los alimentos que consumen. Las decisiones de los consumidores pueden verse influidas, entre otras cosas, por factores sanitarios, económicos, medioambientales, sociales y éticos.

(4) De conformidad con el Reglamento (CE) nº 178/2002 del Parlamento Europeo y del Consejo, de 28 de enero de 2002, por el que se establecen los principios y los requisitos generales de la legislación alimentaria, se crea la Autoridad Europea de Seguridad Alimentaria y se fijan procedimientos relativos a la seguridad alimentaria, un principio general de la legislación alimentaria es ofrecer a los consumidores una base para elegir con conocimiento de causa los alimentos que consumen y evitar cualquier práctica que pueda inducir a engaño al consumidor.

(5) En la Directiva 2005/29/CE del Parlamento Europeo y del Consejo, de 11 de mayo de 2005, relativa a las prácticas comerciales desleales de las empresas en sus relaciones con los consumidores en el mercado interior, se contemplan determinados aspectos de la información al consumidor específicamente para evitar acciones y omisiones de información engañosas. Los principios generales sobre prácticas comerciales desleales deben complementarse mediante normas específicas sobre la información alimentaria facilitada al consumidor.

(6) En la Directiva 2000/13/CE del Parlamento Europeo y del Consejo, de 20 de marzo de 2000, relativa a la aproximación de las legislaciones de los Estados miembros en materia de etiquetado, presentación y publicidad de los productos alimenticios, se establecen normas de la Unión sobre etiquetado alimentario aplicables a todos los alimentos. La mayoría de las disposiciones establecidas en dicha Directiva se remontan a 1978 y, por lo tanto, deben actualizarse.

(7) En la Directiva 90/496/CEE del Consejo, de 24 de septiembre de 1990, relativa al etiquetado sobre propiedades nutritivas de los productos alimenticios, se establecen normas referentes al contenido y la presentación de la información sobre propiedades nutritivas en los alimentos envasados. Según esas normas la inclusión de la información sobre propiedades nutritivas es voluntaria, a menos que se realice una afirmación sobre las propiedades nutritivas del alimento. La mayoría de las disposiciones establecidas en dicha Directiva se remontan a 1990 y, por lo tanto, deben actualizarse.

(8) Los requisitos generales de etiquetado se complementan mediante una serie de disposiciones aplicables a todos los alimentos en circunstancias particulares o a determinadas categorías de alimentos. Además, existen normas específicas aplicables a alimentos específicos.

(9) Si bien los objetivos originales y los componentes principales de la actual legislación sobre etiquetado siguen siendo válidos, es necesario racionalizarla para garantizar un mejor cumplimiento y una mayor claridad para las partes interesadas, y modernizarla para tomar en consideración los nuevos avances en el ámbito de la información alimentaria. El presente Reglamento sirve tanto a los intereses del mercado interior, en la medida en que simplifica la normativa, garantiza la seguridad jurídica y reduce las cargas burocráticas, como a los intereses de los ciudadanos, ya que establece la obligación de etiquetar los alimentos de forma clara, comprensible y legible.

(10) La opinión pública tiene interés por la relación entre la alimentación y la salud, y por la elección de una dieta adecuada a las necesidades individuales. En el Libro Blanco de la Comisión, de 30 de mayo de 2007, acerca de una Estrategia Europea sobre Problemas de Salud relacionados con la Alimentación, el Sobrepeso y la Obesidad ("Libro Blanco de la Comisión"), se señaló que el etiquetado sobre propiedades nutritivas es un método importante para informar a los consumidores sobre la composición de los alimentos y para ayudarles a tomar una decisión con conocimiento de causa. En la Comunicación de la Comisión de 13 de marzo de 2007, titulada "Estrategia en materia de Política de los Consumidores 2007-2013 – Capacitar a los consumidores, mejorar su bienestar y protegerlos de manera eficaz", se subrayó que permitir que los consumidores decidan con conocimiento de causa es esencial tanto para una competencia efectiva como para el bienestar de los consumidores. El conocimiento de los principios básicos de la nutrición y una información nutricional apropiada sobre los alimentos ayudaría notablemente al consumidor a tomar tales decisiones. Las campañas de educación e información son un importante instrumento para hacer que las informaciones sobre alimentos sean más comprensibles para los consumidores.

(11) A fin de aumentar la seguridad jurídica y garantizar un cumplimiento racional y coherente, conviene derogar las Directivas 90/496/CEE y 2000/13/CE, y sustituirlas por un único reglamento que garantice la seguridad tanto de los consumidores como de otras partes interesadas, y reduzca la carga administrativa.

(12) En pro de la claridad, conviene derogar e incluir en el presente Reglamento otros actos horizontales, a saber la Directiva 87/250/CEE de la Comisión, de 15 de abril de 1987, relativa a la indicación del grado alcohólico volumétrico en las etiquetas de las bebidas alcohólicas destinadas al consumidor final, la Directiva 1999/10/CE de la Comisión, de 8 de marzo de 1999, por la que se establecen excepciones a las disposiciones del artículo 7 de la Directiva 79/112/CEE del Consejo en lo relativo al etiquetado de los productos alimenticios, la Directiva 2002/67/CE de la Comisión, de 18 de julio de 2002, relativa al etiquetado de productos alimenticios que contienen quinina y productos alimenticios que contienen cafeína, el Reglamento (CE) nº 608/2004 de la Comisión, de 31 de marzo de 2004, relativo al etiquetado de alimentos e ingredientes alimentarios con fitosteroles, ésteres de fitosterol, fitostanoles o ésteres de fitostanol añadidos, y la Directiva 2008/5/CE de la Comisión, de 30 de enero de 2008, relativa a la indicación en el etiquetado de determinados productos alimenticios de otras menciones obligatorias distintas de las previstas en la Directiva 2000/13/CE del Parlamento Europeo y del Consejo.

(13) Es preciso establecer definiciones, principios, requisitos y procedimientos comunes para establecer un marco claro y una base común para las medidas de la Unión y nacionales por las que se rige la información alimentaria.

(14) Para seguir un enfoque completo y evolutivo de la información facilitada a los consumidores sobre los alimentos que consumen, debe establecerse una definición general de la legislación sobre información alimentaria que recoja normas de carácter horizontal y específico, así como una definición general de la información alimentaria que abarque la información facilitada también por medios distintos de la etiqueta.

(15) Las normas de la Unión deben aplicarse solo a las empresas, cuya naturaleza implica una cierta continuidad de las actividades y un cierto grado de organización. Las actividades de particulares que manipulen y entreguen alimentos, sirvan comidas y vendan alimentos ocasionalmente, por ejemplo, en actos benéficos, fiestas locales y reuniones no entran dentro del ámbito de aplicación del presente Reglamento.

(16) La legislación sobre información alimentaria debe proporcionar flexibilidad suficiente para mantenerse al día sobre las nuevas exigencias informativas de los consumidores y garantizar el equilibrio entre la protección del mercado interior y las diferencias en la percepción de los consumidores de los Estados miembros.

(17) La consideración principal para exigir la obligatoriedad de la información alimentaria debe ser que los consumidores puedan reconocer y hacer un uso adecuado de los alimentos, así como tomar decisiones que se adapten a sus necesidades dietéticas individuales. A tal fin, los operadores del sector alimentario deben facilitar a los discapacitados visuales el acceso a dicha información.

(18) Para que la legislación sobre información alimentaria pueda adaptarse a las necesidades cambiantes de los consumidores en cuanto a dicha información, siempre que se considere la necesidad de establecer información alimentaria obligatoria debe tenerse en cuenta el interés que ha demostrado ampliamente la mayoría de los consumidores por que se divulguen determinadas informaciones.

(19) No obstante, solo deben establecerse nuevos requisitos obligatorios de información alimentaria en caso necesario, de conformidad con los principios de subsidiariedad, proporcionalidad y sostenibilidad.

(20) La legislación sobre información alimentaria debe prohibir el uso de información que pueda inducir a engaño al consumidor, en especial en cuanto a las características de los alimentos o sus efectos o propiedades, o atribuir propiedades medicinales a los alimentos. Para ser eficaz, dicha prohibición debe extenderse a la publicidad y la presentación de los alimentos.

(21) Para evitar la fragmentación de las normas relativas a la responsabilidad de los operadores de empresas alimentarias respecto a la información alimentaria, conviene aclarar las responsabilidades de los mismos en este ámbito. Dicha aclaración debe efectuarse de acuerdo con las responsabilidades respecto de los consumidores a que se refiere el artículo 17 del Reglamento (CE) nº 178/2002.

(22) Debe elaborarse una lista de toda la información obligatoria que, en principio, debe facilitarse en relación con todos los alimentos destinados al consumidor final y a las colectividades. Dicha lista debe mantener la información que ya se exige conforme a la legislación de la Unión vigente, ya que, en general, es considerada un acervo valioso para la información de los consumidores.

(23) Para tener en cuenta los cambios y los avances en el ámbito de la información alimentaria, se debe facultar a la Comisión para que permita que determinadas menciones se faciliten por medios alternativos. La consulta con las partes interesadas debe facilitar la modificación oportuna y específica de los requisitos de información alimentaria.

(24) Determinados ingredientes u otras sustancias o productos (como los coadyuvantes tecnológicos), cuando se utilizan en la producción de alimentos y siguen estando presentes en el producto acabado, pueden provocar alergias o intolerancias en algunas personas, y algunas de estas alergias o intolerancias representan un riesgo para la salud de las personas afectadas. Es importante que se facilite información sobre la presencia de aditivos alimentarios, coadyuvantes tecnológicos y otras sustancias o productos con efectos alergénicos o de intolerancia demostrados científicamente para que los consumidores, especialmente aquellos que sufran una alergia o intolerancia alimentaria, elijan con conocimiento de causa las opciones que sean seguras para ellos.

(25) Con el fin de informar a los consumidores sobre la presencia de nanomateriales artificiales en los alimentos, conviene establecer una definición de los nanomateriales artificiales. Teniendo en cuenta la posibilidad de que los alimentos que contengan o consistan en nanomateriales artificiales sean nuevos alimentos, el marco legislativo adecuado para dicha definición debería examinarse en el contexto de la próxima revisión de Reglamento (CE) nº 258/97 del Parlamento Europeo y del Consejo, de 27 de enero de 1997, sobre nuevos alimentos y nuevos ingredientes alimentarios.

(26) Las etiquetas de los alimentos deben ser claras y comprensibles para ayudar a los consumidores que deseen tomar sus decisiones respecto a la alimentación y la dieta con mayor conocimiento de causa. Los estudios muestran que una buena legibilidad es un factor importante a la hora de potenciar al máximo la influencia que la información de la etiqueta puede tener en el público y que una información ilegible sobre el producto es una de las principales causas de descontento de los consumidores con las etiquetas de los alimentos. Por consiguiente, es preciso elaborar un criterio global a fin de incluir todos los aspectos relacionados con la legibilidad, incluido el tamaño de letra, el color y el contraste.

(27) Para garantizar la información alimentaria, es necesario tener en cuenta todas las formas de suministrar alimentos a los consumidores, como la venta de alimentos mediante técnicas de comunicación a distancia. Si bien es evidente que cualquier

alimento suministrado a través de la venta a distancia debe cumplir los mismos requisitos de información que los alimentos vendidos en comercios, es necesario aclarar que, en tales casos, la información alimentaria obligatoria pertinente también debe estar disponible antes de realizar la compra.

(28) La tecnología utilizada para la congelación de alimentos ha avanzado de forma considerable en las últimas décadas, y se ha extendido su uso para mejorar la circulación de mercancías en el mercado interior de la Unión y reducir los riesgos para la seguridad alimentaria. No obstante, la congelación y posterior descongelación de determinados alimentos (en particular los productos de carne y de pescado) limita su posible uso posterior y puede también tener efectos sobre su seguridad, gusto y calidad. En cambio, para otros productos (particularmente, la mantequilla) la congelación no tiene dichos efectos. Por tanto, cuando un producto se haya descongelado, se deberá informar al respecto al consumidor final.

(29) Debe indicarse el país de origen o el lugar de procedencia de un alimento siempre que la falta de tal indicación pueda inducir a engaño a los consumidores en cuanto al verdadero país de origen o lugar de procedencia de dicho producto. En cualquier caso, la indicación del país de origen o del lugar de procedencia debe facilitarse de manera que no engañe al consumidor y sobre la base de criterios claramente definidos que garanticen unas condiciones de competencia equitativas para la industria y ayuden a los consumidores a entender mejor la información sobre el país de origen o el lugar de procedencia de un alimento. Tales criterios no deben aplicarse a las indicaciones relativas al nombre o la dirección del operador de la empresa alimentaria.

(30) En algunos casos, los operadores de empresas alimentarias pueden desear indicar voluntariamente la procedencia de un alimento para llamar la atención de los consumidores sobre las cualidades de su producto. Tales indicaciones también deben cumplir unos criterios armonizados.

(31) En la Unión Europea, a consecuencia de la crisis de la encefalopatía espongiforme bovina, es actualmente obligatoria la indicación de origen para la carne de vacuno y los productos a base de carne de vacuno, lo que ha creado expectativas en los consumidores. La evaluación de impacto de la Comisión confirma que el origen de la carne resulta ser la principal preocupación de los consumidores. Hay otras carnes cuyo consumo está muy extendido en la Unión Europea, como la de porcino, ovino, caprino y aves de corral. Por tanto, procede imponer a estos productos la declaración obligatoria del origen. Los requisitos específicos sobre el origen pueden variar de un tipo de carne a otro, en función de las características de la especie animal. Resulta adecuado establecer, mediante normas de desarrollo, requisitos obligatorios que podrán ser distintos según el tipo de carne teniendo en cuenta el principio de proporcionalidad y la carga administrativa para los operadores de empresas alimentarias y las autoridades encargadas de velar por su aplicación.

(32) Las normas de origen obligatorias se han elaborado partiendo de un enfoque vertical, como en el caso de la miel, las frutas y hortalizas, el pescado, la carne de vacuno y los productos a base de carne de vacuno y el aceite de oliva. Se hace necesario estudiar la posibilidad de ampliar el etiquetado de origen obligatorio a otros alimentos. Procede, por tanto, pedir a la Comisión que elabore un informe sobre los siguientes alimentos: los tipos de carne distintos de las carnes de vacuno, porcino, ovino, caprino y aves de corral; la leche; la leche como ingrediente de productos lácteos; la carne utilizada como ingrediente; los alimentos no transformados; los productos con un ingrediente único y los ingredientes que representen más del 50 % de un alimento. Dado que la leche es uno de los productos para los que se considera de especial interés la indicación de origen, la Comisión debe presentar el informe sobre este producto lo antes posible. Sobre la base de las conclusiones del informe, la Comisión puede presentar propuestas encaminadas a modificar las disposiciones pertinentes de la Unión o, en su caso, tomar nuevas iniciativas de carácter sectorial.

(33) Las normas de la Unión sobre el origen no preferencial se establecen en el Reglamento (CEE) nº 2913/92 del Consejo, de 12 de octubre de 1992, por el que se aprueba el código aduanero comunitario, y sus disposiciones de aplicación, en el Reglamento (CEE) nº 2454/93 de la Comisión, de 2 de julio de 1993, por el que se fijan determinadas disposiciones de aplicación del Reglamento (CEE) nº 2913/92 del Consejo por el que se establece el código aduanero comunitario. La determinación del país de origen de los alimentos se basará en dichas normas, que conocen bien los operadores del sector alimentario y las administraciones, lo que debe facilitar su aplicación.

(34) La información nutricional de un alimento hace referencia a la relativa a la presencia de valor energético y de determinados nutrientes en los alimentos. La presentación obligatoria de información nutricional en el envase debe ayudar a actuar en el ámbito de la educación del público sobre nutrición, como parte de la política de salud pública, la cual podría incluir recomendaciones científicas que contribuyan a la educación del público sobre nutrición y a tomar decisiones con conocimiento de causa.

(35) Por razones de comparabilidad de los productos en envases de distintos tamaños, resulta conveniente mantener la obligación de declarar valores nutricionales por 100 g o 100 ml y, si procede, permitir indicaciones complementarias referidas a porciones de otros tamaños. Por tanto, si el alimento está envasado de forma que se puedan identificar porciones o unidades de consumo, se permitirá añadir una información nutricional por porción o unidad de consumo además de la indicación por 100 g o 100 ml. Además, para facilitar indicaciones comparables en relación con las porciones o unidades de consumo, la Comisión debe estar facultada para adoptar normas relativas a la expresión de la información nutricional por porción o por unidad de consumo para determinadas categorías de alimentos.

(36) En el Libro Blanco de la Comisión se destacaron determinados elementos nutricionales importantes para la salud pública, como son las grasas saturadas, los azúcares y el sodio. Por tanto, conviene que los requisitos sobre la presentación obligatoria de la información nutricional tengan en cuenta tales elementos.

(37) Dado que uno de los objetivos del presente Reglamento es ofrecer al consumidor final una base que le permita elegir con conocimiento de causa, es importante velar por que el consumidor final pueda entender fácilmente la información proporcionada en el etiquetado. Por consiguiente, conviene utilizar en el etiquetado el término "sal" en lugar de la correspondiente denominación del nutriente "sodio".

(38) En pro de la coherencia de la legislación de la Unión, la inclusión voluntaria de declaraciones nutricionales y de propiedades saludables en las etiquetas de los alimentos deben ajustarse al Reglamento (CE) nº 1924/2006 del Parlamento Europeo y del Consejo, de 20 de diciembre de 2006, relativo a las declaraciones nutricionales y de propiedades saludables en los alimentos.

(39) A fin de evitar cargas innecesarias para los operadores de empresas alimentarias, conviene eximir de la obligatoriedad de facilitar información nutricional a determinadas categorías de alimentos no transformados, o en los que la información nutricional no sea un factor determinante para la decisión de compra del consumidor, o cuyo envase sea demasiado pequeño para realizar el etiquetado obligatorio, a menos que, en virtud de otras normas de la Unión, se disponga la obligación de facilitar tal información.

(40) Teniendo en cuenta la naturaleza específica de las bebidas alcohólicas, conviene solicitar a la Comisión que siga analizando los requisitos que debe cumplir la información sobre dichos productos. Por tanto, la Comisión debe, teniendo en cuenta la necesidad de coherencia con otras políticas relevantes de la Unión, presentar un informe en el plazo de tres años a partir de la entrada en vigor del presente Reglamento, sobre la aplicación de los requisitos de información sobre los ingredientes y la información nutricional en las bebidas alcohólicas. Además, teniendo en cuenta la resolución del Parlamento Europeo, de 5 de septiembre de 2007, sobre una estrategia de la Unión Europea para ayudar a los Estados miembros a reducir los daños relacionados con el alcohol, el dictamen del Comité Económico y Social Europeo, los trabajos de la Comisión y la preocupación de la opinión pública sobre los daños derivados del consumo de alcohol, especialmente en el caso de los consumidores jóvenes y vulnerables, la Comisión, previa consulta a las partes interesadas y los Estados miembros, debe examinar la necesidad de elaborar una definición de bebidas como los refrescos con alcohol ("alcopops"), destinadas específicamente a los jóvenes. Asimismo, la Comisión debe proponer, si procede, requisitos específicos para las bebidas alcohólicas en el contexto del presente Reglamento.

(41) Para interesar al consumidor medio y responder así a los objetivos informativos por los que se introduce la información indicada, y dado el bajo nivel actual de conocimientos en materia de nutrición, dicha información ha de ser sencilla y de fácil comprensión. Puede confundirse al consumidor si una parte de la información nutricional aparece en el campo visual principal, conocido en general como la "parte frontal" del envase y otra en un lugar distinto del envase, por ejemplo en la "parte posterior". Por tanto, la información nutricional debe aparecer en el mismo campo visual. Además, con carácter voluntario, podrán repetirse los elementos más importantes de la información nutricional en el

campo visual principal, con el fin de ayudar a los consumidores a ver fácilmente la información nutricional esencial cuando compren alimentos. Una libertad de elección en relación con la información que podría repetirse podría confundir a los consumidores. Por consiguiente, es necesario aclarar qué información puede repetirse.

(42) A fin de alentar a los operadores de empresas alimentarias a facilitar de forma voluntaria la información contenida en la información nutricional para las bebidas alcohólicas y los alimentos no envasados que puedan estar exentos del etiquetado nutricional obligatorio, debe ofrecerse la posibilidad de declarar únicamente una parte de los elementos de la información nutricional. No obstante, conviene determinar con claridad la información que puede facilitarse a título voluntario a fin de evitar que la libertad de elección de los operadores de empresas alimentarias pueda inducir a error al consumidor.

(43) Se ha producido una evolución reciente en la expresión de la información nutricional, distinta de por 100 g, por 100 ml o por porción, o en su presentación, con el uso de formas gráficas o de símbolos, por algunos Estados miembros y organizaciones del sector alimentario. Estas otras formas de expresión y presentación pueden ayudar a los consumidores a entender mejor la información nutricional. Sin embargo, no hay pruebas suficientes en toda la Unión de la forma en que el consumidor medio entiende y emplea las formas alternativas de expresión o presentación de la información. Por consiguiente, conviene autorizar el desarrollo de diferentes formas de expresión y presentación sobre la base de criterios establecidos en el Reglamento e invitar a la Comisión a que prepare un informe sobre el uso de dichas formas de expresión y presentación, su efecto en el mercado interior y si es aconsejable una ulterior armonización.

(44) A fin de asistir a la Comisión en la realización de dicho informe, los Estados miembros deben facilitarle información pertinente sobre el uso de otras formas de expresión y presentación de la información nutricional en el mercado de su territorio. Para ello, los Estados miembros deben estar facultados para pedir a los operadores de empresas alimentarias que comercialicen en el mercado de su territorio alimentos que lleven otras formas de expresión o presentación, que notifiquen a las autoridades nacionales el uso de esas otras formas y las justificaciones pertinentes en relación con el cumplimiento de los requisitos establecidos por el presente Reglamento.

(45) Conviene asegurar un determinado nivel de coherencia en el desarrollo de nuevas formas de expresión y presentación de la información nutricional. Por consiguiente, es oportuno promover el intercambio y la puesta en común constantes de prácticas idóneas y de experiencia entre los Estados miembros y con la Comisión, y fomentar la participación en dichos intercambios de los interesados.

(46) La información en el mismo campo visual, de las cantidades de elementos nutricionales y de indicadores comparativos de una forma fácilmente reconocible, que permita evaluar las propiedades nutricionales de un alimento, debe considerarse en su totalidad como parte de la información nutricional y no debe tratarse como un grupo de declaraciones individuales.

(47) La experiencia muestra que, en muchos casos, se facilita información voluntaria en detrimento de la claridad de la información alimentaria obligatoria. Por tanto, deben facilitarse criterios que ayuden a los operadores de empresas alimentarias y a las autoridades encargadas de velar por su aplicación, a establecer un equilibrio entre la información alimentaria obligatoria y la información alimentaria voluntaria.

(48) Los Estados miembros deben seguir teniendo derecho, dependiendo de las condiciones y las circunstancias prácticas locales, a establecer normas respecto a la información sobre alimentos no envasados. Si bien en tales casos la demanda de los consumidores de otras informaciones es limitada, se considera que la información sobre los alérgenos potenciales es muy importante. Existen indicios de que la mayoría de los incidentes de alergia alimentaria tienen su origen en alimentos no envasados. Por tanto, siempre debe facilitarse al consumidor la información sobre los alérgenos potenciales.

(49) Respecto a las materias específicamente armonizadas por el presente Reglamento los Estados miembros no estarán facultados para adoptar disposiciones nacionales salvo cuando lo autorice el Derecho de la Unión. El presente Reglamento no debe impedir que los Estados miembros adopten medidas nacionales sobre las materias no específicamente armonizadas por el presente Reglamento. No obstante, estas medidas nacionales no deben prohibir, impedir o limitar la libre circulación de mercancías que sean conformes con el presente Reglamento.

(50) Los consumidores de la Unión Europea se interesan cada vez más en la aplicación de la reglamentación de la Unión sobre el bienestar de los animales cuando se los sacrifica, incluido el aturdimiento previo al sacrificio. A este respecto, debería examinarse la posibilidad de facilitar a los consumidores la información relevante sobre el aturdimiento de los animales en el contexto de una futura estrategia de la UE para la protección y el bienestar de los animales.

(51) Las normas de información alimentaria deben poder adaptarse a un entorno social, económico y tecnológico que cambia rápidamente.

(52) Los Estados miembros deben llevar a cabo controles oficiales para hacer cumplir el presente Reglamento, de conformidad con el Reglamento (CE) nº 882/2004 del Parlamento Europeo y del Consejo, de 29 de abril de 2004, sobre los controles oficiales efectuados para garantizar la verificación del cumplimiento de la legislación en materia de piensos y alimentos y la normativa sobre salud animal y bienestar de los animales.

(53) Por consiguiente, deben modificarse las referencias a la Directiva 90/496/CEE en el Reglamento (CE) nº 1924/2006 y en el Reglamento (CE) nº 1925/2006 del Parlamento Europeo y del Consejo, de 20 de diciembre de 2006, sobre la adición de vitaminas, minerales y otras sustancias determinadas a los alimentos, para tener en cuenta el presente Reglamento. Por tanto, procede modificar en consecuencia los Reglamentos (CE) nº 1924/2006 y (CE) nº 1925/2006.

(54) La actualización frecuente e irregular de los requisitos de información alimentaria puede imponer considerables cargas administrativas a las empresas alimentarias, sobre todo a las pequeñas y medianas empresas. Por consiguiente, conviene asegurarse de que las medidas que adopte la Comisión en el ejercicio de las competencias atribuidas por el presente Reglamento sean de aplicación el mismo día de cualquier año natural que siga a un período transitorio adecuado. Deben autorizarse excepciones a este principio en los casos de urgencia, cuando el objetivo de las medidas de que se trate sea la protección de la salud humana.

(55) A fin de permitir a los operadores de empresas alimentarias adaptar el etiquetado de sus productos a los nuevos requisitos introducidos por el presente Reglamento, es importante establecer períodos transitorios adecuados para la aplicación del presente Reglamento.

(56) Teniendo en cuenta los cambios sustanciales introducidos por el presente Reglamento en los requisitos en materia de etiquetado nutricional, en particular los cambios relativos al contenido de la información nutricional, es oportuno autorizar a los operadores de empresas alimentarias a anticiparse a la aplicación del presente Reglamento.

(57) Dado que los objetivos del presente Reglamento no pueden ser alcanzados de manera suficiente por los Estados miembros y, por consiguiente, pueden lograrse mejor a escala de la Unión, esta puede adoptar medidas de acuerdo con el principio de subsidiariedad consagrado en el artículo 5 del Tratado de la Unión Europea. De conformidad con el principio de proporcionalidad enunciado en dicho artículo, el presente Reglamento no excede de lo necesario para alcanzar dichos objetivos.

(58) Deben delegarse en la Comisión los poderes para adoptar actos con arreglo al artículo 290 del Tratado de Funcionamiento de la Unión Europea por lo que respecta a, entre otros aspectos, la disponibilidad de determinadas menciones obligatorias valiéndose de un medio distinto que su indicación en el envase o en la etiqueta, la lista de alimentos a los que no se exigirá que vayan provistos de una lista de ingredientes, el nuevo estudio de la lista de sustancias o productos que provocan alergias o intolerancias, o la lista de nutrientes que pueden declararse voluntariamente. Reviste especial importancia que la Comisión lleve a cabo las consultas oportunas durante la fase preparatoria, en particular con expertos. Al preparar y elaborar actos delegados, la Comisión debe garantizar que los documentos pertinentes se transmitan al Parlamento Europeo y al Consejo de manera simultánea, oportuna y adecuada.

(59) Con el fin de garantizar unas condiciones uniformes para la ejecución del presente Reglamento, deben conferirse a la Comisión competencias de ejecución para que adopte normas de aplicación en relación con, entre otros aspectos, las modalidades de expresión de una o más menciones por medio de pictogramas o símbolos en lugar de palabras o números, el contraste entre la impresión y el fondo, la manera de indicar la fecha de duración mínima, la manera de indicar el país de origen o el lugar de procedencia de la carne, la precisión de los valores declarados en la información nutricional, o la expresión por porción o por unidad de consumo de la información

nutricional. Estas competencias deberán ejercerse de conformidad con el Reglamento (UE) nº 182/2011 del Parlamento Europeo y del Consejo, de 16 de febrero de 2011, por el que se establecen las normas y los principios generales relativos a las modalidades de control por parte de los Estados miembros del ejercicio de las competencias de ejecución de la Comisión.

HAN ADOPTADO EL PRESENTE REGLAMENTO:

CAPÍTULO I.- DISPOSICIONES GENERALES

Artículo 1.- *Objeto y ámbito de aplicación*

1. El presente Reglamento establece la base para garantizar un alto nivel de protección de los consumidores en relación con la información alimentaria, teniendo en cuenta las diferencias en la percepción de los consumidores y sus necesidades de información, al mismo tiempo que asegura un funcionamiento correcto del mercado interior.

2. El presente Reglamento establece los principios generales, los requisitos y las responsabilidades que rigen la información alimentaria y, en particular, el etiquetado de los alimentos. Asimismo, establece los medios para garantizar el derecho de los consumidores a la información, así como los procedimientos para facilitar información alimentaria, teniendo en cuenta la necesidad de dar la flexibilidad suficiente para responder a los futuros avances y los nuevos requisitos de información.

3. El presente Reglamento se aplicará a los operadores de empresas alimentarias en todas las fases de la cadena alimentaria, en caso de que sus actividades conciernan a la información alimentaria facilitada al consumidor. Se aplicará a todos los alimentos destinados al consumidor final, incluidos los entregados por las colectividades y los destinados al suministro de las colectividades.

El presente Reglamento se aplicará a los servicios de restauración que ofrecen las empresas de transporte cuando la salida se produzca desde los territorios de los Estados miembros a los que se aplican los Tratados.

4. El presente Reglamento será aplicable sin perjuicio de los requisitos de etiquetado previstos en las disposiciones de la Unión aplicables a alimentos concretos.

Artículo 2.- *Definiciones*

1. A efectos del presente Reglamento, serán de aplicación las siguientes definiciones:

a) las definiciones de "alimento", "legislación alimentaria", "empresa alimentaria", "explotador (u operador) de empresa alimentaria", "comercio al por menor", "comercialización" y "consumidor final" del artículo 2 y el artículo 3, puntos 1, 2, 3, 7, 8 y 18, del Reglamento (CE) nº 178/2002;

b) las definiciones de "transformación", "productos sin transformar" y "productos transformados" del artículo 2, apartado 1, letras m), n) y o), del Reglamento (CE) nº 852/2004 del Parlamento Europeo y del Consejo, de 29 de abril de 2004, relativo a la higiene de los productos alimenticios;

c) la definición de "enzima alimentaria" del artículo 3, apartado 2, letra a), del Reglamento (CE) nº 1332/2008 del Parlamento Europeo y del Consejo, de 16 de diciembre de 2008, sobre enzimas alimentarias;

d) las definiciones de "aditivo alimentario", "coadyuvante tecnológico" y "soporte" del artículo 3, apartado 2, letras a) y b), y anexo I, punto 5, del Reglamento (CE) nº 1333/2008 del Parlamento Europeo y del Consejo, de 16 de diciembre de 2008, sobre aditivos alimentarios;

e) la definición de "aromas" del artículo 3, apartado 2, letra a), del Reglamento (CE) nº 1334/2008 del Parlamento Europeo y del Consejo, de 16 de diciembre de 2008, sobre los aromas y determinados ingredientes alimentarios con propiedades aromatizantes utilizados en los alimentos;

f) las definiciones de "carne", "carne separada mecánicamente", "preparados de carne", "productos de la pesca" y "productos cárnicos" de los puntos 1.1, 1.14, 1.15, 3.1 y 7.1 del anexo I del Reglamento (CE) nº 853/2004, de 29 de abril de 2004, por el que se establecen normas específicas de higiene de los alimentos de origen animal;

g) la definición de "publicidad" del artículo 2, letra a), de la Directiva 2006/114/CE del Parlamento Europeo y del Consejo, de 12 de diciembre de 2006, sobre publicidad engañosa y publicidad comparativa.

2. Asimismo, se entenderá por:

a) "información alimentaria": la información relativa a un alimento y puesta a disposición del consumidor final por medio de una etiqueta, otro material de acompañamiento, o cualquier otro medio, incluyendo herramientas tecnológicas modernas o la comunicación verbal;

b) "legislación sobre información alimentaria": las disposiciones de la Unión por las que se rige la información alimentaria y, en particular, el etiquetado, incluidas las normas de carácter general aplicables a todos los alimentos en circunstancias particulares o a determinadas categorías de alimentos y las normas que solo se aplican a alimentos específicos;

c) "información alimentaria obligatoria": las menciones cuya comunicación al consumidor final es exigida por las disposiciones de la Unión;

d) "colectividades": cualquier establecimiento (incluidos un vehículo o un puesto fijo o móvil), como restaurantes, comedores, centros de enseñanza, hospitales y empresas de suministro de comidas preparadas, en los que, como actividad empresarial, se preparan alimentos listos para el consumo por el consumidor final;

e) "alimento envasado": cualquier unidad de venta destinada a ser presentada sin ulterior transformación al consumidor final y a las colectividades, constituida por un alimento y el envase en el cual haya sido acondicionado antes de ser puesto a la venta, ya recubra el envase al alimento por entero o solo parcialmente, pero de tal forma que no pueda modificarse el contenido sin abrir o modificar dicho envase; la definición de "alimento envasado" no incluye los alimentos que se envasen a solicitud del consumidor en el lugar de la venta o se envasen para su venta inmediata;

f) "ingrediente": cualquier sustancia o producto, incluidos los aromas, los aditivos alimentarios y las enzimas alimentarias y cualquier componente de un ingrediente compuesto que se utilice en la fabricación o la elaboración de un alimento y siga estando presente en el producto acabado, aunque sea en una forma modificada; los residuos no se considerarán ingredientes;

g) "lugar de procedencia": cualquier lugar del que se indique que procede un alimento, y que no sea el "país de origen" determinado con arreglo a los artículos 23 a 26 del Reglamento(CEE) nº 2913/92; la mención del nombre, la razón social o la dirección del operador de la empresa alimentaria en la etiqueta no constituirá una indicación del país de origen o el lugar de procedencia del alimento en el sentido del presente Reglamento;

h) "ingrediente compuesto": un ingrediente que en realidad es producto de más de un ingrediente;

i) "etiqueta": los letreros, marcas comerciales o de fábrica, signos, dibujos u otras descripciones, escritos, impresos, estarcidos, marcados, grabados o estampados en un embalaje o envase alimentario, o que acompañe al mismo;

j) "etiquetado": las menciones, indicaciones, marcas de fábrica o comerciales, dibujos o signos relacionados con un alimento y que figuren en cualquier envase, documento, rótulo, etiqueta, faja o collarín, que acompañen o se refieran a dicho alimento;

k) "campo visual": todas las superficies de un envase legibles desde un único punto de visión;

l) "campo visual principal": el campo visual de un envase que con toda probabilidad es más visible a primera vista por el consumidor en el momento de realizar la compra y que le permite identificar inmediatamente un producto por su carácter, naturaleza y, si procede, por su marca comercial. Si el envase tiene varios campos visuales principales idénticos, el campo visual principal será el que elija el operador de la empresa alimentaria;

m) "legibilidad": el aspecto físico de la información, a través del cual el público en general obtiene visualmente la información, y que está determinado, entre otros factores, por el tamaño de la fuente, el espacio entre letras y líneas, el grosor del trazo, el color de la impresión, el tipo de letra, la relación entre la anchura y la altura de las letra s), la superficie del material y el contraste entre el texto y el fondo;

n) "denominación jurídica": la denominación de un alimento prescrita en las disposiciones de la Unión aplicables al mismo o, a falta de tales disposiciones de la Unión, la denominación prevista en las leyes, los reglamentos y las disposiciones administrativas aplicables en el Estado miembro en que el alimento se vende al consumidor final o a las colectividades;

o) "denominación habitual": cualquier nombre que se acepte como denominación del alimento, de manera que los consumidores del Estado miembro en que se vende no necesiten ninguna otra aclaración;

p) "denominación descriptiva": cualquier denominación que proporcione una descripción del alimento y, en caso necesario, de su uso, que sea suficientemente clara para permitir a los consumidores conocer su verdadera naturaleza y distinguirlo de otros productos con los que pudiera confundirse;

q) "ingrediente primario": un ingrediente o ingredientes de un alimento que representen más del 50 % del mismo o que el consumidor asocia generalmente con su denominación y respecto al cual se requiere normalmente una indicación cuantitativa;

r) "fecha de duración mínima de un alimento": la fecha hasta la que el alimento conserva sus propiedades específicas cuando se almacena correctamente;

s) "nutriente" : proteína, hidratos de carbono, grasa, fibra, sodio, vitaminas y minerales enumerados en el punto 1 de la parte A del anexo XIII del presente Reglamento, y las sustancias que pertenecen o son componentes de una de dichas categorías;

t) "nanomaterial artificial": cualquier material producido intencionadamente que tenga una o más dimensiones del orden de los 100 nm o menos o que esté compuesto de partes funcionales diferenciadas, internamente o en superficie, muchas de las cuales tengan una o más dimensiones del orden de 100 nm o menos, incluidas estructuras, aglomerados o agregados, que podrán tener un tamaño superior a los 100 nm, pero conservando propiedades que sean características de la nanoescala.

Entre las propiedades características de la nanoescala figuran:

i) las relacionadas con la gran superficie específica de los materiales considerados, y/o

ii) las propiedades físico-químicas específicas que son distintas de la forma no nanotecnológica del mismo material;

u) "técnica de comunicación a distancia" : todo medio que permita la celebración del contrato entre un consumidor y un proveedor sin la presencia física simultánea de ambos.

3. A efectos del presente Reglamento, el país de origen de un alimento hará referencia al origen de un alimento según lo determinado conforme a los artículos 23 a 26 del Reglamento (CEE) nº 2913/92.

4. Serán asimismo aplicables las definiciones específicas enunciadas en el anexo I.

CAPÍTULO II.- PRINCIPIOS GENERALES SOBRE INFORMACIÓN ALIMENTARIA

Artículo 3.- *Objetivos generales*

1. La información alimentaria facilitada perseguirá un nivel de protección elevado de la salud y los intereses de los consumidores, proporcionando una base para que el consumidor final tome decisiones con conocimiento de causa y utilice los alimentos de forma segura, teniendo especialmente en cuenta consideraciones sanitarias, económicas, medioambientales, sociales y éticas.

2. La legislación sobre información alimentaria aspirará a lograr en la Unión la libre circulación de alimentos producidos y comercializados legalmente, teniendo en cuenta, en su caso, la necesidad de proteger los intereses legítimos de los productores y de promover la producción de productos de calidad.

3. En caso de que la legislación sobre información alimentaria establezca nuevos requisitos, se concederá un período transitorio tras su entrada en vigor, excepto en casos debidamente justificados. Durante dicho período transitorio, podrán comercializarse los alimentos cuyo etiquetado no sea conforme con los nuevos requisitos y podrán seguir comercializándose hasta que se agoten las existencias los alimentos que se hayan introducido en el mercado antes del final del período transitorio.

4. En el proceso de elaboración, evaluación y revisión de la legislación sobre información alimentaria se procederá a una consulta pública, abierta y transparente, incluyendo a las partes interesadas, ya sea directamente o a través de órganos representativos, excepto cuando no sea posible debido a la urgencia del asunto.

Artículo 4.- *Principios que rigen la información alimentaria obligatoria*

1. En caso de que la legislación alimentaria requiera información alimentaria obligatoria, esta se referirá a información que entre en una de las categorías siguientes:

a) información sobre la identidad y la composición, las propiedades u otras características de los alimentos;

b) información sobre la protección de la salud de los consumidores y el uso seguro de un alimento; en particular, se referirá a la información sobre:

i) las propiedades relacionadas con la composición que puedan ser perjudiciales para la salud de determinados grupos de consumidores,

ii) duración, almacenamiento y uso seguro,

iii) los efectos sobre la salud, incluidos los riesgos y las consecuencias relativos al consumo perjudicial y peligroso de un alimento;

c) información sobre las características nutricionales para permitir que los consumidores, incluidos los que tienen necesidades dietéticas especiales, tomen sus decisiones con conocimiento de causa.

2. En caso de que se considere la necesidad de información alimentaria obligatoria y permitir que los consumidores decidan con conocimiento de causa, se tendrá en cuenta la necesidad expresada por la mayoría de los consumidores de que se les facilite determinada información a la que conceden un valor considerable o de cualquier beneficio generalmente aceptado.

Artículo 5.- *Consulta a la Autoridad Europea de Seguridad Alimentaria*

Cualquier medida de la Unión en el ámbito de la información alimentaria que pueda tener efectos sobre la salud pública se adoptará previa consulta a la Autoridad Europea de Seguridad Alimentaria ("la Autoridad").

CAPÍTULO III.- REQUISITOS GENERALES DE INFORMACIÓN ALIMENTARIA Y RESPONSABILIDADES DE LOS EXPLOTADORES DE EMPRESAS ALIMENTARIAS

Artículo 6.- *Requisito fundamental*

Los alimentos destinados a ser suministrados al consumidor final o a las colectividades irán acompañados de información alimentaria conforme al presente Reglamento.

Artículo 7.- *Prácticas informativas leales*

1. La información alimentaria no inducirá a error, en particular:

a) sobre las características del alimento y, en particular, sobre la naturaleza, identidad, cualidades, composición, cantidad, duración, país de origen o lugar de procedencia, y modo de fabricación o de obtención;

b) al atribuir al alimento efectos o propiedades que no posee;

c) al insinuar que el alimento posee características especiales, cuando, en realidad, todos los alimentos similares poseen esas mismas características, en particular poniendo especialmente de relieve la presencia o ausencia de determinados ingredientes o nutrientes;

d) al sugerir, mediante la apariencia, la descripción o representaciones pictóricas, la presencia de un determinado alimento o ingrediente, cuando en realidad un componente presente de forma natural o un ingrediente utilizado normalmente en dicho alimento se ha sustituido por un componente o un ingrediente distinto.

2. La información alimentaria será precisa, clara y fácil de comprender para el consumidor.

3. Salvo excepciones previstas por la legislación de la Unión aplicable a las aguas minerales y productos alimenticios destinados a una alimentación especial, la información alimentaria no atribuirá a ningún alimento las propiedades de prevenir, tratar o curar ninguna enfermedad humana, ni hará referencia a tales propiedades.

4. Los apartados 1, 2 y 3 también se aplicarán a:

a) la publicidad;

b) la presentación de los alimentos y, en especial, a la forma o el aspecto que se les dé a estos o a su envase, al material usado para este, a la forma en que estén dispuestos así como al entorno en el que estén expuestos.

Artículo 8.- *Responsabilidades*

1. El operador de empresa alimentaria responsable de la información alimentaria será el operador con cuyo nombre o razón social se comercialice el alimento o, en caso de que no esté establecido en la Unión, el importador del alimento al mercado de la Unión.

2. El operador de empresa alimentaria responsable de la información alimentaria garantizará la presencia y la exactitud de dicha información de conformidad con la normativa aplicable sobre información alimentaria y los requisitos de las disposiciones nacionales pertinentes.

3. Los operadores de empresas alimentarias responsables de actividades que no afecten a la información alimentaria no suministrarán alimentos que notoria o supuestamente, según la información de que disponen como profesionales, no sean conformes con la legislación sobre información alimentaria aplicable y los requisitos de las disposiciones nacionales pertinentes.

4. En las empresas que estén bajo su control, los operadores de empresas alimentarias no modificarán la información que acompaña a un alimento en caso de que tal modificación induzca a error al consumidor final o reduzca de otro modo el nivel de protección de los consumidores y las posibilidades para el consumidor final de elegir con conocimiento de causa. Los operadores de empresas alimentarias serán los responsables de las modificaciones que introduzcan en la información alimentaria que acompaña a un alimento.

5. Sin perjuicio de los apartados 2, 3 y 4, en las empresas que estén bajo su control, los operadores de empresas alimentarias garantizarán que se cumplen los requisitos de la normativa sobre información alimentaria y las correspondientes disposiciones nacionales que sean pertinentes para sus actividades y verificarán el cumplimiento de los mismos.

6. En las empresas que estén bajo su control, los operadores de empresas alimentarias garantizarán que la información relativa a los alimentos no envasados destinados a ser suministrados al consumidor final o a las colectividades se comunique al operador de empresa alimentaria que vaya a recibir el alimento para que, cuando así se requiera, se pueda facilitar al consumidor final la información alimentaria obligatoria.

7. En los casos siguientes, en las empresas que estén bajo su control, los operadores de empresas alimentarias garantizarán que las menciones obligatorias exigidas en virtud de los artículos 9 y 10 figuren en el envase o en una etiqueta sujeta al mismo, o en los documentos comerciales relativos a los alimentos, en caso de que se pueda garantizar que tales documentos acompañan al alimento al que se refieren o han sido enviados antes de la entrega o en el momento de la misma:

a) en caso de que los alimentos envasados estén destinados al consumidor final, pero se comercialicen en una fase anterior a la venta al consumidor final y de que, en esa fase, no se produzca la venta a una colectividad;

b) en caso de que los alimentos envasados estén destinados a ser suministrados a las colectividades para ser preparados, transformados, fragmentados o cortados.

No obstante lo dispuesto en el párrafo primero, los operadores de empresas alimentarias velarán por que las menciones a que se refiere el artículo 9, apartado 1, letras a), f), g) y h), también figuren en el embalaje exterior en que los alimentos envasados se presentan para su comercialización.

8. Los operadores de empresas alimentarias que suministren a otros operadores de empresas alimentarias alimentos no destinados al consumidor final ni a colectividades garantizarán que estos otros operadores de empresas alimentarias dispongan de información suficiente que les permita, cuando proceda, cumplir las obligaciones que les impone el apartado 2.

CAPÍTULO IV.- INFORMACIÓN ALIMENTARIA OBLIGATORIA

SECCIÓN 1.- CONTENIDO Y PRESENTACIÓN

Artículo 9.- *Lista de menciones obligatorias*

1. De conformidad con los artículos 10 a 35 y salvo las excepciones previstas en el presente capítulo, será obligatorio mencionar las siguientes indicaciones:

a) la denominación del alimento;

b) la lista de ingredientes;

c) todo ingrediente o coadyuvante tecnológico que figure en el anexo II o derive de una sustancia o producto que figure en dicho anexo que cause alergias o intolerancias y se utilice en la fabricación o la elaboración de un alimento y siga estando presente en el producto acabado, aunque sea en una forma modificada;

d) la cantidad de determinados ingredientes o de determinadas categorías de ingredientes;

e) la cantidad neta del alimento;

f) la fecha de duración mínima o la fecha de caducidad;

g) las condiciones especiales de conservación y/o las condiciones de utilización;

h) el nombre o la razón social y la dirección del operador de la empresa alimentaria a que se refiere el artículo 8, apartado 1;

i) el país de origen o lugar de procedencia cuando así esté previsto en el artículo 26;

j) el modo de empleo en caso de que, en ausencia de esta información, fuera difícil hacer un uso adecuado del alimento;

k) respecto a las bebidas que tengan más de un 1,2 % en volumen de alcohol, se especificará el grado alcohólico volumétrico adquirido;

l) la información nutricional.

2. Las menciones a que se hace referencia en el apartado 1 se indicarán con palabras y números. Sin perjuicio de lo dispuesto en el artículo 35, se podrán expresar además mediante pictogramas o símbolos.

3. Cuando la Comisión adopte los actos delegados o de ejecución a que se refiere el presente artículo, las menciones a que se hace referencia en el apartado 1 se podrán expresar alternativamente por medio de pictogramas o símbolos en lugar de palabras y números.

Con el fin de garantizar que los consumidores puedan recibir la información alimentaria obligatoria a través de otros medios de expresión distintos de las palabras y los números, y siempre que se asegure el mismo nivel de información que con estos, la Comisión, teniendo en cuenta pruebas que demuestren la comprensión del consumidor medio, podrá establecer, mediante actos delegados, de conformidad con el artículo 51, los criterios con arreglo a los cuales se podrán expresar una o varias de las menciones a que se refiere el apartado 1 mediante pictogramas y símbolos, en lugar de palabras y números.

4. Con el fin de garantizar la aplicación uniforme del apartado 3 del presente artículo, la Comisión podrá adoptar actos de ejecución sobre las modalidades de aplicación de los criterios definidos con arreglo al apartado 3, con objeto de expresar una o varias menciones mediante pictogramas o símbolos en lugar de palabras o números. Estos actos de ejecución se adoptarán con arreglo al procedimiento de examen contemplado en el artículo 48, apartado 2.

Artículo 10.- *Menciones obligatorias adicionales para categorías o tipos específicos de alimentos*

1. Además de las menciones enumeradas en el artículo 9, apartado 1, en el anexo III se establecen las menciones obligatorias adicionales para categorías o tipos específicos de alimentos.

2. Con el fin de garantizar la información de los consumidores sobre categorías o tipos específicos de alimentos y tener en cuenta el progreso tecnológico, los avances científicos, la protección de la salud de los consumidores y el uso seguro de los alimentos, la Comisión podrá modificar el anexo III mediante actos delegados, conforme a lo dispuesto en el artículo 51.

Cuando, en caso de aparición de un riesgo para la salud de los consumidores, razones imperativas de urgencia así lo requieran, el procedimiento previsto en el artículo 52 se aplicará a los actos delegados adoptados de conformidad con el presente artículo.

Artículo 11.- *Pesos y medidas*

El artículo 9 no impedirá unas disposiciones de la Unión más específicas respecto a los pesos y las medidas.

Artículo 12.- *Disponibilidad y colocación de la información alimentaria obligatoria*

1. Para todos los alimentos, la información alimentaria obligatoria estará disponible y será fácilmente accesible, de conformidad con el presente Reglamento.

2. En el caso de los alimentos envasados, la información alimentaria obligatoria figurará directamente en el envase o en una etiqueta sujeta al mismo.

3. A fin de garantizar que, en el caso de determinadas menciones obligatorias, los consumidores puedan recibir la información alimentaria obligatoria por otros medios más adecuados, y siempre que se asegure el mismo nivel de información que mediante el garantizado con el envase o la etiqueta, la Comisión, teniendo en cuenta pruebas que demuestren la comprensión del consumidor medio y el uso amplio de dichos medios por los consumidores, podrá establecer, mediante actos delegados, conforme a lo dispuesto en el artículo 51, criterios con arreglo a los cuales se podrán expresar determinadas menciones obligatorias de un modo que no sea en el envase o en la etiqueta.

4. Con el fin de garantizar la aplicación uniforme del apartado 3 del presente artículo, la Comisión podrá adoptar actos de ejecución sobre las modalidades de aplicación de los criterios a que se refiere el apartado 3, con objeto de expresar una o varias menciones obligatorias de un modo que no sea en el envase o en la etiqueta. Estos actos de ejecución se adoptarán de conformidad con el procedimiento establecido en el artículo 48, apartado 2.

5. En el caso de los alimentos no envasados, se aplicará el artículo 44.

Artículo 13.- *Presentación de las menciones obligatorias*

1. Sin perjuicio de las medidas nacionales adoptadas con arreglo al artículo 44, apartado 2, la información alimentaria obligatoria se indicará en un lugar destacado, de manera que sea fácilmente visible, claramente legible y, en su caso, indeleble. En modo alguno estará disimulada, tapada o separada por ninguna otra indicación o imagen, ni por ningún otro material interpuesto.

2. Sin perjuicio de las disposiciones específicas de la Unión aplicables a alimentos concretos, cuando figuren en el envase o en la etiqueta sujeta al mismo, las menciones obligatorias enumeradas en el artículo 9, apartado 1, se imprimirán en el envase o en la etiqueta de manera que se garantice una clara legibilidad, en caracteres que utilicen un tamaño de letra en el que la altura de la x, según se define en el anexo IV, sea igual o superior a 1,2 mm.

3. En el caso de los envases o recipientes cuya superficie máxima sea inferior a 80 cm2, el tamaño de letra a que se refiere el apartado 2 será igual o superior a 0,9 mm (altura de la x).

4. Para alcanzar los objetivos del presente Reglamento, la Comisión establecerá, mediante actos delegados, conforme a lo dispuesto en el artículo 51, normas de legibilidad.

A los efectos señalados en el párrafo primero, la Comisión podrá ampliar, mediante actos delegados, conforme a lo dispuesto en el artículo 51, los requisitos del apartado 5 del presente artículo a las menciones obligatorias adicionales para tipos o categorías específicos de alimentos.

5. Las menciones enumeradas en el artículo 9, apartado 1, letras a), e) y k), figurarán en el mismo campo visual.

6. El apartado 5 del presente artículo no se aplicará en el caso de los alimentos especificados en el artículo 16, apartados 1 y 2.

Artículo 14.- *Venta a distancia*

1. Sin perjuicio de los requisitos de información establecidos en el artículo 9, en el caso de alimentos envasados ofrecidos para la venta mediante comunicación a distancia:

a) la información alimentaria obligatoria, salvo las menciones previstas en el artículo 9, apartado 1, letra f), estará disponible antes de que se realice la compra y figurará en el soporte de la venta a distancia o se facilitará a través de otros medios apropiados claramente determinados por el operador de empresas alimentarias. Si se utilizan otros medios apropiados la información alimentaria obligatoria se dará sin que el operador de empresas alimentarias imponga a los consumidores costes suplementarios;

b) todas las menciones obligatorias estarán disponibles en el momento de la entrega.

2. En el caso de alimentos no envasados ofrecidos para la venta mediante comunicación a distancia, las menciones exigidas en virtud del artículo 44 estarán disponibles conforme a lo dispuesto en el apartado 1 del presente artículo.

3. El apartado 1, letra a), no se aplicará a los alimentos ofrecidos para la venta mediante máquinas expendedoras o instalaciones comerciales automatizadas.

Artículo 15.- *Requisitos lingüísticos*

1. Sin perjuicio de lo dispuesto en el artículo 9, apartado 3, la información alimentaria obligatoria figurará en una lengua que comprendan fácilmente los consumidores de los Estados miembros donde se comercializa el alimento.

2. En su propio territorio, los Estados miembros en que se comercializa un alimento podrán estipular que las menciones se faciliten en una o más lenguas de entre las lenguas oficiales de la Unión Europea.

3. Los apartados 1 y 2 no excluyen la posibilidad de que las menciones figuren en varias lenguas.

Artículo 16.- *Omisión de determinadas menciones obligatorias*

1. En el caso de las botellas de vidrio destinadas a la reutilización que estén marcadas indeleblemente y, por tanto, no lleven ninguna etiqueta, faja o collarín solo serán obligatorias las menciones enumeradas en el artículo 9, apartado 1, letras a), c), e), f) y l).

2. En el caso del envase o los recipientes cuya mayor superficie sea inferior a 10 cm2, solo serán obligatorias en el envase o en la etiqueta las menciones enumeradas en el artículo 9, apartado 1, letras a), c), e) y f). Las menciones a que se hace referencia en el artículo 9, apartado 1, letra b), se facilitarán mediante otros medios o estarán disponibles a petición del consumidor.

3. Sin perjuicio de otras disposiciones de la Unión que exijan una información nutricional obligatoria, la información mencionada en el artículo 9, apartado 1, letra l), no será obligatoria en el caso de los alimentos enumerados en el anexo V.

4. Sin perjuicio de otras disposiciones de la Unión que exijan una lista de ingredientes o una información nutricional obligatoria, las menciones a que se refiere el artículo 9, apartado 1, letras b) y l), no serán obligatorias en el caso de las bebidas con un grado alcohólico volumétrico superior a 1,2 %.

A más tardar el 13 de diciembre de 2014, la Comisión presentará un informe sobre la aplicación del artículo 18 y del artículo 30, apartado 1, a los productos a que se refiere el presente apartado, en el que se estudie si en el futuro deben quedar cubiertas las bebidas alcohólicas, en particular, por el requisito de facilitar información sobre su valor energético, y se examinen los motivos que justifiquen las posibles exenciones, teniendo en cuenta la necesidad de asegurar la coherencia con otras políticas pertinentes de la Unión. En este contexto, la Comisión considerará la necesidad de proponer una definición de "alcopops".

La Comisión, si procede, acompañará el informe de una propuesta legislativa en la que se determinen las normas para la lista de ingredientes o la información nutricional obligatoria respecto a dichos productos.

SECCIÓN 2.- NORMAS DETALLADAS SOBRE LAS MENCIONES OBLIGATORIAS

Artículo 17.- *Denominación del alimento*

1. La denominación del alimento será su denominación jurídica. A falta de tal denominación, la denominación del alimento será la habitual, o, en caso de que esta no exista o no se use, se facilitará una denominación descriptiva del alimento.

2. En el Estado miembro de comercialización se admitirá la utilización de la denominación del alimento con la que el producto se fabrique y comercialice legalmente en el Estado miembro de producción. No obstante, cuando la aplicación de las demás disposiciones del presente Reglamento, en particular las previstas en el artículo 9, no sean suficientes para permitir a los consumidores del Estado miembro de comercialización conocer la naturaleza real del alimento y distinguirlo de los alimentos con los que pudiera confundirse, la denominación del alimento deberá completarse con otras indicaciones descriptivas que habrán de figurar en su proximidad.

3. En casos excepcionales, la denominación del alimento del Estado miembro de producción no se utilizará en el Estado miembro de comercialización cuando el producto que designe en el Estado miembro de producción se diferencie, desde el punto de vista de su composición o de su fabricación, del alimento conocido bajo esta denominación hasta el punto de que el apartado 2 no baste para garantizar una información correcta a los consumidores en el Estado miembro de comercialización.

4. La denominación del alimento no se sustituirá por ninguna denominación protegida como propiedad intelectual, marca comercial o denominación de fantasía.

5. En el anexo VI se establecen disposiciones específicas sobre la denominación del alimento y las menciones que deberán acompañarlo.

Artículo 18.- *Lista de ingredientes*

1. La lista de ingredientes estará encabezada o precedida por un título adecuado que conste o incluya la palabra "ingredientes". En ella se incluirán todos los ingredientes del alimento, en orden decreciente de peso, según se incorporen en el momento de su uso para la fabricación del alimento.

2. Los ingredientes se designarán por su denominación específica, conforme, en su caso, a las normas previstas en el artículo 17 y en el anexo VI.

3. Todos los ingredientes presentes en la forma de nanomateriales artificiales deberán indicarse claramente en la lista de ingredientes. Los nombres de dichos ingredientes deberán ir seguidos de la palabra "nano" entre paréntesis.

4. En el anexo VII se establecen las normas técnicas para aplicar los apartados 1 y 2 del presente artículo.

5. Para alcanzar los objetivos del presente Reglamento, la Comisión ajustará y adaptará, mediante actos delegados, conforme a lo dispuesto en el artículo 51, la definición de nanomateriales artificiales a que se refiere el artículo 2, apartado 2, letra t), a los progresos técnicos y científicos o a las definiciones acordadas a escala internacional.

Artículo 19.- *Omisión de la lista de ingredientes*

1. No se exigirá que los alimentos siguientes vayan provistos de una lista de ingredientes:

a) las frutas y hortalizas frescas, incluidas las patatas, que no hayan sido peladas, cortadas o sometidas a cualquier otro tratamiento similar;

b) las aguas carbónicas, en cuya denominación aparezca esta última característica;

c) los vinagres de fermentación, si proceden exclusivamente de un solo producto básico y siempre que no se les haya añadido ningún otro ingrediente;

d) el queso, la mantequilla, la leche y la nata fermentadas, a los que no se ha añadido ningún ingrediente aparte de los productos lácteos, enzimas alimentarias y cultivos de microorganismos necesarios para la fabricación o, en el caso de los quesos que no son frescos o fundidos, la sal necesaria para su fabricación;

e) los alimentos que consten de un único ingrediente, en los que:

i) la denominación del alimento sea idéntica a la del ingrediente, o

ii) la denominación del alimento permita determinar la naturaleza del ingrediente sin riesgo de confusión.

2. Con el fin de tener en cuenta la importancia para el consumidor de la lista de ingredientes para tipos o categorías específicos de alimentos, la Comisión podrá completar el apartado 1 del presente artículo, en casos excepcionales, mediante actos delegados, según el artículo 51, siempre que las omisiones no hagan que el consumidor final y las colectividades estén indebidamente informados.

Artículo 20.- *Omisión de componentes de alimentos en la lista de ingredientes*

Sin perjuicio de lo dispuesto en el artículo 21, no se exigirá la inclusión de los siguientes componentes de un alimento en la lista de ingredientes:

a) los componentes de un ingrediente que, durante el proceso de fabricación, hubieran sido separados provisionalmente para ser reincorporados a continuación en una cantidad que no sobrepase el contenido inicial;

b) los aditivos alimentarios y las enzimas alimentarias:

i) cuya presencia en un alimento se deba únicamente al hecho de que estaban contenidos en uno o varios ingredientes del mismo de acuerdo con el principio de transferencia a que se refiere el artículo 18, apartado 1, letras a) y b), del Reglamento (CE) nº 1333/2008, siempre que ya no cumplan una función tecnológica en el producto acabado, o

ii) que se utilicen como coadyuvantes tecnológicos;

c) los soportes y sustancias que no son aditivos alimentarios pero se utilizan del mismo modo y con el mismo fin que los soportes, y se emplean en las dosis estrictamente necesarias;

d) las sustancias que no sean aditivos alimentarios, pero que se utilicen del mismo modo y para los mismos fines que los coadyuvantes tecnológicos y que todavía se encuentren presentes en el producto acabado, aunque sea en forma modificada;

e) el agua:

i) cuando el agua se utilice, en el proceso de fabricación, solamente para reconstituir un ingrediente utilizado en forma concentrada o deshidratada, o

ii) en el caso del líquido de cobertura que normalmente no se consume.

Artículo 21.- *Etiquetado de determinadas sustancias o productos que causan alergias o intolerancias*

1. Sin perjuicio de las normas adoptadas con arreglo al artículo 44, apartado 2, las menciones a que se refiere el artículo 9, apartado 1, letra c), cumplirán los siguientes requisitos:

a) se indicarán en la lista de ingredientes de acuerdo con las normas establecidas en el artículo 18, apartado 1, con una referencia clara a la denominación de la sustancia o producto según figura en el anexo II, y

b) la denominación de la sustancia o producto según figura en el anexo II se destacará mediante una composición tipográfica que la diferencie claramente del resto de la lista de ingredientes, por ejemplo mediante el tipo de letra, el estilo o el color de fondo.

Si no hay lista de ingredientes, la indicación de las menciones a que se refiere el artículo 9, apartado 1, letra c), incluirá la palabra "contiene" seguida del nombre de la sustancia o el producto según figura en el anexo II.

Cuando varios ingredientes o coadyuvantes tecnológicos de un alimento provengan de una única sustancia o producto que figure en el anexo II, deberá especificarse así en el etiquetado para cada ingrediente y coadyuvante tecnológico.

No será necesario indicar las menciones a que se refiere el artículo 9, apartado 1, letra c), en aquellos casos en que la denominación del alimento haga referencia claramente a la sustancia o producto de que se trate.

2. Con el fin de garantizar una mejor información de los consumidores y tener en cuenta los últimos avances científicos y conocimientos técnicos, la Comisión reexaminará sistemáticamente y, si procede, actualizará la lista del anexo II mediante actos delegados, de conformidad con el artículo 51.

Cuando, en caso de aparición de un riesgo para la salud de los consumidores, razones imperativas de urgencia así lo requieran, el procedimiento previsto en el artículo 52 se aplicará a los actos delegados adoptados de conformidad con el presente artículo.

Artículo 22.- *Indicación cuantitativa de los ingredientes*

1. Será necesario indicar la cantidad de un ingrediente o de una categoría de ingredientes utilizados en la fabricación o la preparación de un alimento en caso de que el ingrediente o la categoría de ingredientes de que se trate:

a) figure en la denominación del alimento o el consumidor lo asocie normalmente con dicha denominación;

b) se destaque en el etiquetado por medio de palabras, imágenes o representación gráfica, o

c) sea esencial para definir un alimento y para distinguirlo de los productos con los que se pudiera confundir a causa de su denominación o de su aspecto.

2. En el anexo VIII se establecen las normas técnicas para aplicar el apartado 1, incluidos los casos específicos en los que no se exigirá la indicación cuantitativa de determinados ingredientes.

Artículo 23.- *Cantidad neta*

1. La cantidad neta de un alimento se expresará en litros, centilitros, mililitros, kilogramos o gramos, según el caso:

a) en unidades de volumen en el caso de los productos líquidos;

b) en unidades de peso en el caso de los demás productos.

2. Con el fin de garantizar un mejor entendimiento por parte del consumidor de la información alimentaria en el etiquetado, la Comisión podrá establecer para algunos alimentos concretos, mediante actos delegados, de conformidad con el artículo 51, una manera diferente de expresión de la cantidad neta que la que se establece en el apartado 1 del presente artículo.

3. En el anexo IX se establecen las normas técnicas para aplicar el apartado 1, incluidos los casos específicos en los que no se exigirá la indicación de la cantidad neta.

Artículo 24.- *Fecha de duración mínima, fecha de caducidad y fecha de congelación*

1. En el caso de alimentos microbiológicamente muy perecederos y que por ello puedan suponer un peligro inmediato para la salud humana, después de un corto período de tiempo, la fecha de duración mínima se cambiará por la fecha de caducidad. Después de su "fecha de caducidad", el alimento no se considerará seguro de acuerdo con lo dispuesto en el artículo 14, apartados 2 a 5, del Reglamento (CE) nº 178/2002.

2. La fecha apropiada se expresará de conformidad con el anexo X.

3. Para garantizar una aplicación uniforme de la forma de indicar la fecha de duración mínima mencionada en el punto 1, letra c), del anexo X, la Comisión podrá adoptar actos de ejecución por los que se establezcan las normas al respecto. Estos actos de ejecución se adoptarán de conformidad con el procedimiento de examen contemplado en el artículo 48, apartado 2.

Artículo 25.- *Condiciones de conservación o de utilización*

1. Cuando los alimentos requieran unas condiciones especiales de conservación y/o de utilización, se indicarán dichas condiciones.

2. Con el fin de permitir la conservación o utilización adecuadas de los alimentos una vez abierto el envase, se indicarán, cuando proceda, las condiciones y/o la fecha límite de consumo.

Artículo 26.- *País de origen o lugar de procedencia*

1. El presente artículo se aplicará sin perjuicio de los requisitos en materia de etiquetado previstos en disposiciones específicas de la Unión, en particular en el Reglamento (CE) nº 509/2006 del Consejo, de 20 de marzo de 2006, sobre las especialidades tradicionales garantizadas de los productos agrícolas y alimenticios, y en el Reglamento (CE) nº 510/2006 del Consejo, de 20 de marzo de 2006, sobre la protección de las indicaciones geográficas y de las denominaciones de origen de los productos agrícolas y alimenticios.

2. La indicación del país de origen o el lugar de procedencia será obligatoria:

a) cuando su omisión pudiera inducir a error al consumidor en cuanto al país de origen o el lugar de procedencia real del alimento, en particular si la información que acompaña al alimento o la etiqueta en su conjunto pudieran insinuar que el alimento tiene un país de origen o un lugar de procedencia diferente;

b) cuando se trate de carne de los códigos de la nomenclatura combinada ("NC") que se enumeran en el anexo XI. La aplicación de la presente letra quedará sujeta a la adopción de los actos de ejecución a que se refiere el apartado 8.

3. Cuando se mencione el país de origen o el lugar de procedencia de un alimento y este no sea el mismo que el de su ingrediente primario:

a) se indicará el país de origen o el lugar de procedencia del ingrediente primario de que se trate, o

b) se indicará que el país de origen o el lugar de procedencia del ingrediente primario es distinto del país de origen o lugar de procedencia del alimento.

La aplicación del presente apartado quedará supeditada a la adopción de los actos de ejecución a que se refiere el apartado 8.

4. Cinco años después de la fecha de aplicación del apartado 2, letra b), la Comisión presentará un informe al Parlamento Europeo y al Consejo para evaluar la indicación obligatoria del país de origen o del lugar de procedencia para los productos a que se refiere la citada letra.

5. A más tardar el 13 de diciembre de 2014, la Comisión presentará informes al Parlamento Europeo y al Consejo sobre la indicación obligatoria del país de origen o del lugar de procedencia para los alimentos siguientes:

a) tipos de carne distintos del vacuno y de los mencionados en el apartado 2, letra b);

b) la leche;

c) la leche como ingrediente de productos lácteos;

d) los alimentos no transformados;

e) los productos con un ingrediente único;

f) los ingredientes que representen más del 50 % de un alimento.

6. A más tardar el 13 de diciembre de 2013, la Comisión presentará un informe al Parlamento Europeo y al Consejo sobre la indicación obligatoria del país de origen o del lugar de procedencia para la carne utilizada como ingrediente.

7. Los informes a que se refieren los apartados 5 y 6 tendrán en cuenta la necesidad del consumidor de estar informado, la viabilidad de facilitar la indicación obligatoria del país de origen o del lugar de procedencia y un análisis de costes y beneficios de la aplicación de tales medidas, incluidos los efectos jurídicos relacionados con el mercado interior y las repercusiones en el comercio internacional.

La Comisión podrá acompañar dichos informes con propuestas de modificación de las disposiciones pertinentes de la Unión.

8. A más tardar el 13 de diciembre de 2013 y en función de evaluaciones de impacto, la Comisión adoptará actos de ejecución para la aplicación del apartado 2, letra b), del presente artículo, y para la aplicación del apartado 3 del presente artículo. Estos actos de ejecución se adoptarán con arreglo al procedimiento de examen contemplado en el artículo 48, apartado 2.

9. En el caso de los alimentos a que se refiere el apartado 2, letra b), el apartado 5, letra a), y el apartado 6, en los informes y evaluaciones de impacto con arreglo al presente artículo se examinarán, entre otros aspectos, las opciones para las modalidades de expresión del país de origen o del lugar de procedencia de dichos alimentos, en particular en relación con cada uno de los siguientes puntos determinantes en la vida del animal:

a) lugar de nacimiento;

b) lugar de cría;

c) lugar de sacrificio.

Artículo 27.- *Modo de empleo*

1. El modo de empleo de un alimento deberá indicarse de forma que permita un uso apropiado del alimento.

2. La Comisión podrá adoptar actos de ejecución por los que se establezcan normas de desarrollo para la aplicación del apartado 1 a determinados alimentos. Estos actos se adoptarán de conformidad con el procedimiento de examen contemplado en el artículo 48, apartado 2.

Artículo 28.- *Grado alcohólico*

1. Las normas relativas a la indicación del grado alcohólico volumétrico serán, en lo que respecta a los productos clasificados con el código NC 2204, las establecidas en las disposiciones específicas de la Unión que les sean aplicables.

2. El grado alcohólico volumétrico adquirido de las bebidas que contengan más de un 1,2 % en volumen de alcohol distintas de las mencionadas en el apartado 1 se indicará de conformidad con el anexo XII.

SECCIÓN 3.- INFORMACIÓN NUTRICIONAL

Artículo 29.- *Relación con otros actos legislativos*

1. La presente sección no se aplicará a los alimentos comprendidos en el ámbito de la legislación siguiente:

a) la Directiva 2002/46/CE del Parlamento Europeo y del Consejo, de 10 de junio de 2002, relativa a la aproximación de las legislaciones de los Estados miembros en materia de complementos alimenticios;

b) la Directiva 2009/54/CE del Parlamento Europeo y del Consejo, de 18 de junio de 2009, sobre explotación y comercialización de aguas minerales naturales.

2. La presente sección se aplicará sin perjuicio de lo dispuesto en la Directiva 2009/39/CE del Parlamento Europeo y del Consejo, de 6 de mayo de 2009, relativa a los productos alimenticios destinados a una alimentación especial, y las Directivas específicas mencionadas en el artículo 4, apartado 1, de dicha Directiva.

Artículo 30.- *Contenido*

1. La información nutricional obligatoria incluirá lo siguiente:

a) el valor energético, y

b) las cantidades de grasas, ácidos grasos saturados, hidratos de carbono, azúcares, proteínas y sal.

Cuando proceda, se podrá incluir una indicación, al lado de la información nutricional, señalando que el contenido de sal obedece exclusivamente al sodio presente de forma natural en el alimento.

2. El contenido de la información nutricional obligatoria mencionada en el apartado 1 podrá completarse con la indicación de la cantidad de una o varias de las siguientes sustancias:

a) ácidos grasos monoinsaturados;

b) ácidos grasos poliinsaturados;

c) polialcoholes;

d) almidón;

e) fibra alimentaria;

f) cualquier vitamina o mineral que figure en el punto 1 de la parte A del anexo XIII que esté presente en cantidades significativas según lo definido en el punto 2 de la parte A del anexo XIII.

3. Cuando en el etiquetado del alimento envasado figure la información nutricional obligatoria a que se refiere el apartado 1 podrá repetirse en el mismo la siguiente información:

a) el valor energético, o

b) el valor energético, junto con el contenido de grasas, ácidos grasos saturados, azúcares y sal.

4. No obstante lo dispuesto en el artículo 36, apartado 1, cuando en el etiquetado de los productos a que se refiere el artículo 16, apartado 4, figure una información nutricional, el contenido de la misma podrá limitarse al valor energético.

5. Sin perjuicio de lo dispuesto en el artículo 44, y no obstante lo dispuesto en el artículo 36, apartado 1, cuando en el etiquetado de los productos a que se refiere el artículo 44, apartado 1, figure una información nutricional, el contenido de la misma podrá limitarse:

a) al valor energético, o

b) al valor energético, junto con el contenido de grasas, ácidos grasos saturados, azúcares y sal.

6. A fin de tener en cuenta la importancia de los datos mencionados en los apartados 2 a 5 del presente artículo para la información de los consumidores, la Comisión, mediante actos delegados, podrá modificar las listas de los apartados 2 a 5 del presente artículo añadiendo o suprimiendo datos, de acuerdo con el artículo 51.

7. A más tardar el 13 de diciembre de 2014, la Comisión, teniendo en cuenta las pruebas científicas y la experiencia adquirida en los Estados miembros, presentará un informe sobre la presencia de grasas trans en los alimentos y en la dieta general de la población de la Unión. El objetivo de este informe será evaluar el impacto de los medios más adecuados para que los consumidores tomen decisiones más saludables con respecto a los alimentos y la dieta en general, o que puedan fomentar la producción de alimentos que representen alternativas mas saludables para los consumidores, incluyendo, entre otros, la información sobre las grasas trans a los consumidores, o las restricciones para su utilización. La Comisión presentará una propuesta legislativa junto con dicho informe, si procede.

Artículo 31.- *Cálculo*

1. El valor energético se calculará mediante los factores de conversión enumerados en el anexo XIV.

2. La Comisión podrá adoptar, mediante actos delegados, de acuerdo con el artículo 51, factores de conversión relativos a las vitaminas y los minerales mencionados en el punto 1 de la parte A del anexo XIII a fin de calcular con más precisión el contenido de dichas vitaminas y minerales en los alimentos. Estos factores de conversión se añadirán al anexo XIV.

3. El valor energético y las cantidades de nutrientes mencionadas en el artículo 30, apartados 1 a 5, serán las del alimento tal como se vende.

Cuando proceda, se podrá dar información al respecto del alimento preparado, siempre y cuando se indiquen las instrucciones específicas de preparación con suficiente detalle y la información se refiera al alimento listo para el consumo.

4. Las cifras declaradas deberán ser valores medios obtenidos, según el caso, a partir de:

a) el análisis del alimento efectuado por el fabricante;

b) el cálculo efectuado a partir de los valores medios conocidos o efectivos de los ingredientes utilizados, o

c) los cálculos a partir de datos generalmente establecidos y aceptados.

La Comisión podrá adoptar actos de ejecución en los que figuren normas detalladas para la aplicación uniforme de este apartado por lo que se refiere a la precisión de los valores declarados, como las diferencias entre los valores declarados y los establecidos en los controles oficiales. Estos actos se adoptarán de conformidad con el procedimiento de examen contemplado en el artículo 48, apartado 2.

Artículo 32.- *Expresión por 100 g o por 100 ml*

1. El valor energético y la cantidad de nutrientes a que se refiere el artículo 30, apartados 1 a 5, se expresarán mediante las unidades de medición enumeradas en el anexo XV.

2. El valor energético y la cantidad de nutrientes a que se refiere el artículo 30, apartados 1 a 5, se expresarán por 100 g o por 100 ml.

3. Cuando se facilite, la información sobre vitaminas y minerales se expresará, además de la forma de expresión indicada en el apartado 2, como porcentaje de las ingestas de referencia expuestas en el punto 1 de la parte A del anexo XIII por 100 g o por 100 ml.

4. Además de la forma de expresión indicada en el apartado 2 del presente artículo, el valor energético y las cantidades de nutrientes a que se refiere el artículo 30, apartados 1, 3, 4 y 5, podrán expresarse, según proceda, como porcentaje de las ingestas de referencia expuestas en la parte B del anexo XIII por 100 g o por 100 ml.

5. Cuando se facilite información con arreglo al apartado 4, deberá incluirse la siguiente declaración adicional al lado de la misma: "Ingesta de referencia de un adulto medio (8400 kJ/2000 kcal)".

Artículo 33.- *Expresión por porción o por unidad de consumo*

1. En los casos que se indican a continuación el valor energético y las cantidades de nutrientes a que se refiere el artículo 30, apartados 1 a 5, podrán expresarse por porción o por unidad de consumo de forma fácilmente reconocible para el consumidor, a condición de que la porción o la unidad que se utilicen se exprese cuantitativamente en la etiqueta y se indique el número de porciones o de unidades que contiene el envase:

a) además de la forma de expresión por 100 g o por 100 ml indicada en el artículo 32, apartado 2;

b) además de la forma de expresión por 100 g o por 100 ml indicada en el artículo 32, apartado 3, para la cantidad de vitaminas y de minerales;

c) además de la forma de expresión por 100 g o por 100 ml indicada en el artículo 32, apartado 4, o en lugar de esa forma.

2. No obstante lo dispuesto en el artículo 32, apartado 2, en los casos a que se refiere el artículo 30, apartado 3, letra b), las cantidades de nutrientes o los porcentaje de las ingestas de referencia expuestas en la parte B del anexo XIII podrán expresarse solo por porciones o por unidades de consumo.

Cuando las cantidades de nutrientes se expresen solo por porción o por unidad de consumo, de conformidad con el primer párrafo, el valor energético se expresará por 100 g o por 100 ml y por porción o por unidad de consumo.

3. No obstante lo dispuesto en el artículo 32, apartado 2, en los casos a que se refiere el artículo 30, apartado 5, el valor energético y las cantidades de nutrientes o los porcentaje de las ingestas de referencia establecidos en la parte B del anexo XIII podrán expresarse solo por porciones o por unidades de consumo.

4. La porción o unidad que se utilicen se indicarán al lado de la información nutricional.

5. La Comisión, a fin de garantizar la aplicación uniforme de la expresión de la información nutricional por porción o por unidad de consumo y para sentar una base uniforme de comparación en atención al consumidor, adoptará mediante actos de ejecución, teniendo en cuenta la conducta actual de consumo de los consumidores, así como las recomendaciones de dieta, normas sobre la expresión por porciones o por unidades de consumo para categorías determinadas de alimentos. Estos actos de ejecución se adoptarán de conformidad con el procedimiento de examen contemplado en el artículo 48, apartado 2.

Artículo 34.- *Presentación*

1. Las menciones indicadas en el artículo 30, apartados 1 y 2, figurarán en el mismo campo visual. Se presentarán juntas en un formato claro y, cuando proceda, en el orden de presentación establecido en el anexo XV.

2. Las menciones indicadas en el artículo 30, apartados 1 y 2, se presentarán, si el espacio lo permite, en formato de tabla con las cifras en columna. Si el espacio no lo permite, la información figurará en formato lineal.

3. Las menciones indicadas en el artículo 30, apartado 3, se presentarán:

a) en el campo visual principal, y

b) utilizando un tamaño de letra conforme a lo dispuesto en el artículo 13, apartado 2.

Las menciones indicadas en el artículo 30, apartado 3, se podrán presentar en un formato distinto del indicado en el apartado 2 del presente artículo.

4. Las menciones indicadas en el artículo 30, apartados 4 y 5, se podrán presentar en formato distinto del indicado en el apartado 2 del presente artículo.

5. En los casos en que el valor energético o la cantidad de nutrientes en un producto sea insignificante, la información sobre dichos elementos podrá sustituirse por una declaración del tipo: "Contiene cantidades insignificantes de..." que aparecerá indicada al lado de la información nutricional, cuando esta exista.

Para garantizar la aplicación uniforme del presente apartado, la Comisión podrá adoptar actos de ejecución en lo referente al valor energético y cantidad de nutrientes mencionados en el artículo 30, apartados 1 a 5, que puedan considerarse insignificantes. Estos actos de ejecución se adoptarán de conformidad con el procedimiento de examen contemplado en el artículo 48, apartado 2.

6. Para garantizar la aplicación uniforme de la manera de presentar la información nutricional según los formatos mencionados en los apartados 1 a 4 del presente artículo, la Comisión podrá adoptar actos de ejecución a este respecto. Estos actos de ejecución se adoptarán de conformidad con el procedimiento de examen contemplado en el artículo 48, apartado 2.

Artículo 35.- *Formas adicionales de expresión y presentación*

1. Además de las formas de expresión a que se refieren el artículo 32, apartados 2 y 4, y el artículo 33, y de las formas de presentación a que se refiere el artículo 34, apartado 2, el valor energético y las cantidades de nutrientes a que se refiere el artículo 30, apartados 1 a 5, podrán facilitarse por medio de otras formas de expresión y/o presentación mediante formas o símbolos gráficos además de mediante texto o números, a condición de que se cumplan todos los requisitos siguientes:

a) se basen en estudios rigurosos y válidos científicamente sobre los consumidores y no induzcan a engaño al consumidor, tal y como se menciona en el artículo 7;

b) su desarrollo sea el resultado de la consulta de un amplio abanico de los grupos interesados;

c) estén destinadas a facilitar la comprensión del consumidor sobre la contribución o la importancia del alimento en relación con el aporte energético y de nutrientes de una dieta;

d) estén respaldadas por pruebas científicas válidas que demuestren que el consumidor medio comprende tales formas de expresión y presentación;

e) en el caso de otras formas de expresión, estén basadas en las ingestas de referencia armonizadas que se establecen en el anexo XIII, o, a falta de ellas, en dictámenes científicos generalmente aceptados sobre ingestas de energía o nutrientes;

f) sean objetivas y no discriminatorias, y

g) su aplicación no suponga obstáculos a la libre circulación de mercancías.

2. Los Estados miembros podrán recomendar a los operadores de empresas alimentarias hacer uso de una o más formas de expresión o presentación de la información nutricional que consideren que mejor cumple los requisitos fijados en el apartado 1, letras a) a g). Los Estados miembros proporcionarán a la Comisión los detalles de dichas formas adicionales de expresión y presentación.

3. Los Estados miembros garantizarán un seguimiento apropiado de las formas adicionales de expresión o presentación de la información nutricional que estén presentes en el mercado de su territorio.

Para facilitar el seguimiento del uso de esas formas adicionales de expresión o presentación, los Estados miembros podrán exigir a los operadores de empresas alimentarias que comercialicen en el mercado de su territorio alimentos con dicha información que notifiquen a la autoridad competente el uso de una forma adicional de expresión o presentación y les proporcionen las pertinentes justificaciones relacionadas con el cumplimiento de los requisitos establecidos en el apartado 1, letras a) a g). En esos casos, podrá exigirse también la información sobre el abandono del uso de esas formas adicionales de expresión o presentación.

4. La Comisión facilitará y organizará el intercambio de información entre Estados miembros, ella misma y las partes interesadas sobre asuntos relacionados con el uso de toda forma adicional de expresión o presentación de la información nutricional.

5. A más tardar el 13 de diciembre de 2017, a la vista de la experiencia adquirida, la Comisión presentará un informe al Parlamento Europeo y al Consejo sobre la utilización de formas adicionales de expresión y presentación, sus efectos en el mercado interior y la conveniencia de una mayor armonización de dichas formas de expresión y presentación. A tal efecto, los Estados miembros proporcionarán a la Comisión la información pertinente relativa al uso de tales formas adicionales de expresión o presentación en el mercado de su territorio. La Comisión podrá presentar, junto a dicho informe, propuestas de modificación de las disposiciones pertinentes de la Unión.

6. Con el fin de garantizar la aplicación uniforme del presente artículo, la Comisión adoptará actos de ejecución que establezcan normas detalladas relativas a la aplicación de los apartados 1, 3 y 4 del presente artículo. Estos actos de ejecución se adoptarán de conformidad con el procedimiento de examen contemplado en el artículo 48, apartado 2.

CAPÍTULO V.- INFORMACIÓN ALIMENTARIA VOLUNTARIA

Artículo 36.- *Requisitos aplicables*

1. En los casos en que se facilite voluntariamente la información alimentaria mencionada en los artículos 9 y 10, tal información cumplirá los requisitos establecidos en las secciones 2 y 3 del capítulo IV.

2. La información alimentaria proporcionada voluntariamente cumplirá los requisitos siguientes:

a) no inducirá a error al consumidor, según se indica en el artículo 7;
b) no será ambigua ni confusa para los consumidores, y
c) se basará, según proceda, en los datos científicos pertinentes.

3. La Comisión adoptará actos de ejecución sobre la aplicación de los requisitos mencionados en el apartado 2 del presente artículo a la siguiente información alimentaria voluntaria:

a) información sobre la posible presencia no intencionada en el alimento de sustancias o productos que causen alergias o intolerancias;
b) información relativa a la adecuación de un alimento para los vegetarianos o veganos, y
c) sobre la posibilidad de indicar ingestas de referencia para uno o varios grupos de población específicos, además de las ingestas de referencia que se establecen en el anexo XIII.

Estos actos de ejecución se adoptarán de conformidad con el procedimiento de examen contemplado en el artículo 48, apartado 2.

4. Para garantizar que los consumidores están adecuadamente informados, cuando los operadores de empresas alimentarias proporcionen información alimentaria voluntaria de manera distinta y que pueda inducir a error o confundir al consumidor, la Comisión, mediante actos delegados, podrá establecer casos adicionales de presentación de información alimentaria voluntaria a los mencionados en el apartado 3 del presente artículo, de conformidad con el artículo 51.

Artículo 37.- *Presentación*

No se mostrará ninguna información alimentaria voluntaria que merme el espacio disponible para la información alimentaria obligatoria.

CAPÍTULO VI.- MEDIDAS NACIONALES

Artículo 38.- *Medidas nacionales*

1. Respecto a las materias específicamente armonizadas por el presente Reglamento, los Estados miembros no podrán adoptar ni mantener medidas nacionales salvo que lo autorice el Derecho de la Unión. Dichas medidas nacionales no supondrán un aumento de obstáculos a la libre circulación de mercancías, incluida la discriminación en relación con los alimentos de otros Estados miembros.

2. Sin perjuicio de lo dispuesto en el artículo 39, los Estados miembros podrán adoptar medidas nacionales sobre las materias no específicamente armonizadas por el presente Reglamento a condición de que no prohíban, impidan o limiten la libre circulación de mercancías que sean conformes con el presente Reglamento.

Artículo 39.- *Medidas nacionales sobre las menciones obligatorias adicionales*

1. Además de las menciones obligatorias a que se hace referencia en el artículo 9, apartado 1, y en el artículo 10, y de conformidad con el procedimiento establecido en el artículo 45, los Estados miembros podrán adoptar medidas que exijan menciones obligatorias adicionales para tipos o categorías específicos de alimentos, cuando esté justificado por al menos uno de los siguientes motivos:

a) protección de la salud pública;
b) protección de los consumidores;
c) prevención del fraude;
d) protección de la propiedad industrial y comercial, indicaciones de procedencia, denominaciones de origen y de prevención de la competencia desleal.

2. Mediante el apartado 1, los Estados miembros podrán introducir medidas sobre la indicación obligatoria del país de origen o del lugar de procedencia de los alimentos solo en caso de que se haya demostrado la existencia de una relación entre determinadas cualidades del alimento y su origen o procedencia. Al notificar tales medidas a la Comisión, los Estados miembros facilitarán pruebas de que la mayoría de los consumidores consideran importante que se les facilite dicha información.

Artículo 40.- *Leche y productos lácteos*

Los Estados miembros podrán adoptar medidas de excepción al artículo 9, apartado 1, y al artículo 10, apartado 1, en el caso de la leche y los productos lácteos presentados en botellas de vidrio destinadas a su reutilización.

Comunicarán sin demora a la Comisión el texto de dichas medidas.

Artículo 41.- *Bebidas alcohólicas*

Hasta que se adopten las disposiciones de la Unión a que se refiere el artículo 16, apartado 4, los Estados miembros podrán mantener medidas nacionales por lo que se refiere al listado de ingredientes en el caso de las bebidas con un grado alcohólico volumétrico superior a 1,2 %.

Artículo 42.- *Expresión de la cantidad neta*

En ausencia de disposiciones de la Unión mencionadas en el artículo 23, apartado 2, relativas a la expresión de la cantidad neta de alimentos concretos distinta de la prevista en el artículo 23, apartado 1, los Estados miembros podrán mantener las medidas nacionales adoptadas antes del 12 de diciembre de 2011.

A más tardar el 13 de diciembre de 2014 los Estados miembros informarán a la Comisión sobre esas medidas. La Comisión las pondrá en conocimiento de los demás Estados miembros.

Artículo 43.- *Indicación voluntaria de ingestas de referencia para grupos de población específicos*

Hasta que se adopten las disposiciones de la Unión a que se refiere el artículo 36, apartado 3, letra c), los Estados miembros podrán adoptar medidas nacionales sobre la indicación voluntaria de ingestas de referencia para uno o varios grupos de población específicos.

Los Estados miembros comunicarán sin demora a la Comisión el texto de dichas medidas.

Artículo 44.- *Medidas nacionales relativas a los alimentos no envasados*

1. En el caso de los alimentos que se presenten sin envasar para la venta al consumidor final y a las colectividades, o en el caso de los alimentos envasados en los lugares de venta a petición del comprador o envasados para su venta inmediata:

a) será obligatoria la indicación de las menciones especificadas en el artículo 9, apartado 1, letra c);

b) no será obligatoria la indicación de las demás menciones a que se refieren los artículos 9 y 10, salvo que los Estados miembros adopten medidas nacionales que exijan indicar algunas o todas esas menciones o partes de dichas menciones.

2. Los Estados miembros podrán establecer medidas nacionales que regulen los medios que pueden utilizarse para presentar las menciones o partes de las menciones a que se refiere el apartado 1 y, en su caso, su forma de expresión y presentación.

3. Los Estados miembros comunicarán inmediatamente a la Comisión el texto de las medidas a que se refieren el apartado 1, letra b), y el apartado 2.

Artículo 45.- *Procedimiento de notificación*

1. Cuando se haga referencia al presente artículo, el Estado miembro que considere necesario adoptar nueva legislación sobre información alimentaria notificará previamente a la Comisión y los demás Estados miembros las medidas previstas y comunicará los motivos que las justifiquen.

2. La Comisión consultará al Comité permanente de la cadena alimentaria y de sanidad animal creado por el artículo 58, apartado 1, del Reglamento (CE) nº 178/2002, cuando juzgue útil esta consulta o cuando así lo solicite un Estado miembro. En tal caso, la Comisión garantizará para todas las partes interesadas la transparencia de dicho proceso.

3. El Estado miembro que considere necesario adoptar nueva legislación sobre información alimentaria podrá tomar las medidas previstas solo tres meses después de la notificación mencionada en el apartado 1, siempre y cuando el dictamen de la Comisión no haya sido negativo.

4. Si el dictamen de la Comisión es negativo, y antes de que finalice el plazo mencionado en el apartado 3 del presente artículo, la Comisión iniciará el procedimiento de examen a que se refiere el artículo 48, apartado 2, para determinar si pueden aplicarse las medidas proyectadas, sujetas, en su caso, a las modificaciones pertinentes.

5. La Directiva 98/34/CE del Parlamento Europeo y del Consejo, de 22 de junio de 1998, por la que se establece un procedimiento de información en materia de las normas y reglamentaciones técnicas y de las reglas relativas a los servicios de la sociedad de la información, no se aplicará a las medidas que entren dentro del procedimiento de notificación especificado en el presente artículo.

Artículo 46.- *Modificaciones de los anexos*

Con el fin de tener en cuenta el progreso tecnológico, los avances científicos, la salud de los consumidores o su necesidad de información, y sin perjuicio de las disposiciones del artículo 10, apartado 2, y del artículo 21, apartado 2, relativas a las modificaciones de los anexos II y III, la Comisión, mediante actos delegados conforme a lo dispuesto en el artículo 51, podrá modificar los anexos del presente Reglamento.

Artículo 47.- *Período transitorio y fecha de aplicación de las medidas de ejecución o de los actos delegados*

1. Sin perjuicio de lo dispuesto en el apartado 2 del presente artículo, la Comisión al ejercer las competencias que confiere el presente Reglamento para adoptar medidas mediante actos de ejecución según el procedimiento de examen contemplado en el artículo 48, apartado 2, o mediante actos delegados según el artículo 51, deberá:

a) establecer un período transitorio adecuado para la aplicación de las nuevas medidas, en el que podrán comercializarse los alimentos cuyo etiquetado no sea conforme con las nuevas medidas y en el que podrán seguir vendiéndose hasta que se agoten las existencias de los alimentos que se hayan introducido en el mercado antes del final del período transitorio, y

b) asegurarse de que esas medidas se aplican a partir del 1 de abril de cada año natural.

2. El apartado 1 no se aplicará en casos urgentes cuando las medidas mencionadas en dicho apartado tengan por finalidad la protección de la salud humana.

Artículo 48.- *Comité*

1. La Comisión estará asistida por el Comité permanente de la cadena alimentaria y de sanidad animal creado de conformidad con el artículo 58, apartado 1, del Reglamento (CE) nº 178/2002. Dicho Comité será un comité en el sentido del Reglamento (UE) nº 182/2011.

2. En los casos en que se haga referencia al presente apartado, será de aplicación el artículo 5 del Reglamento (UE) nº 182/2011.

En ausencia de dictamen del Comité, la Comisión no adoptará el acto de ejecución y será de aplicación el artículo 5, apartado 4, párrafo tercero, del Reglamento (UE) nº 182/2011.

Artículo 49.- *Modificación del Reglamento (CE) nº 1924/2006*

En el artículo 7 del Reglamento (CE) nº 1924/2006, los párrafos primero y segundo se sustituyen por el texto siguiente:

"Será obligatorio el etiquetado nutricional de los productos sobre los que se efectúe una declaración nutricional y/o una declaración de propiedades saludables, excepto en las campañas publicitarias colectivas. La información que deberá transmitirse será la que se especifica en el artículo 30, apartado 1, del Reglamento (UE) nº 1169/2011 del Parlamento Europeo y del Consejo, de 25 de octubre de 2011, sobre la información alimentaria facilitada al consumidor. Cuando se efectúe una declaración nutricional o una declaración de propiedades saludables sobre nutrientes a los que se refiere el artículo 30, apartado 2, del Reglamento (UE) nº 1169/2011, la cantidad del nutriente se declarará de acuerdo con los artículos 31 a 34 de dicho Reglamento.

Cuando la declaración nutricional o la declaración de propiedades saludables mencionen sustancias que no figuren en el etiquetado nutricional, deberá indicarse su cantidad en el mismo campo de visión que el etiquetado nutricional, y expresarse con arreglo a lo dispuesto en los artículos 31, 32 y 33 del Reglamento (UE) nº 1169/2011. Las unidades de medida que se utilizarán para indicar la cantidad de sustancia serán las adecuadas para cada una de las sustancias de que se trate.".

Artículo 50.- *Modificación del Reglamento (CE) nº 1925/2006*

En el artículo 7 del Reglamento (CE) nº 1925/2006, el apartado 3 se sustituye por el texto siguiente:

"3. El etiquetado sobre propiedades nutritivas de los productos a los que se hayan añadido vitaminas y minerales y regulados en el presente Reglamento será obligatorio. Los datos que se facilitarán serán los previstos en el artículo 30, apartado 1, del Reglamento (UE) nº 1169/2011 del Parlamento Europeo y del Consejo, de 25 de octubre de 2011, sobre la información alimentaria facilitada al consumidor, así como las cantidades totales presentes de vitaminas y minerales si se han añadido al alimento.".

Artículo 51.- *Ejercicio de la delegación*

1. Se otorgan a la Comisión poderes para adoptar actos delegados en las condiciones establecidas en el presente artículo.

2. Los poderes para adoptar actos delegados a que se refieren el artículo 9, apartado 3, el artículo 10, apartado 2, el artículo 12, apartado 3, el artículo 13, apartado 4, el artículo 18, apartado 5, el artículo 19, apartado 2, el artículo 21, apartado 2, el artículo 23, apartado 2, el artículo 30, apartado 6, el artículo 31, apartado 2, el artículo 36, apartado 4, y el artículo 46 se otorgan a la Comisión por un período de cinco años a partir del 12 de diciembre de 2011. La Comisión elaborará un informe sobre la delegación de poderes a más tardar nueve meses antes de que finalice el período de cinco años. La delegación de poderes se prorrogará tácitamente por períodos de idéntica duración, excepto si el Parlamento Europeo o el Consejo se oponen a dicha prórroga a más tardar tres meses antes del final de cada período.

3. La delegación de poderes mencionada en el artículo 9, apartado 3, el artículo 10, apartado 2, el artículo 12, apartado 3, el artículo 13, apartado 4, el artículo 18, apartado 5, el artículo 19, apartado 2, el artículo 21, apartado 2, el artículo 23, apartado 2, el artículo 30, apartado 6, el artículo 31, apartado 2, el artículo 36, apartado 4, y el artículo 46, podrá ser revocada en cualquier momento por el Parlamento Europeo o por el Consejo. La decisión de revocación pondrá término a la delegación de poderes que en ella se especifiquen. La decisión surtirá efecto al día siguiente de su publicación en el Diario Oficial de la Unión Europea o en una fecha posterior indicada en la misma. No afectará a la validez de actos delegados que ya estén en vigor.

4. Tan pronto como la Comisión adopte un acto delegado, lo notificará simultáneamente al Parlamento Europeo y al Consejo.

5. Los actos delegados adoptados en virtud del artículo 9, apartado 3, del artículo 10, apartado 2, del artículo 12, apartado 3, del artículo 13, apartado 4, del artículo 18, apartado 5, del artículo 19, apartado 2, del artículo 21, apartado 2, del artículo 23, apartado 2, del artículo 30, apartado 6, del artículo 31, apartado 2, del artículo 36, apartado 4, o del artículo 46, entrarán en vigor únicamente si, en un plazo de dos meses desde su notificación al Parlamento Europeo y al Consejo, ni el Parlamento Europeo ni el Consejo formulan objeciones o si, antes del vencimiento de dicho plazo, tanto el uno como el otro informan a la Comisión de que no las formularán. El plazo se prorrogará dos meses a iniciativa del Parlamento Europeo o del Consejo.

Artículo 52.- *Procedimiento de urgencia*

1. Los actos delegados adoptados en virtud del presente artículo entrarán en vigor inmediatamente y serán aplicables en tanto no se formule ninguna objeción con arreglo al apartado 2. La notificación de un acto delegado al Parlamento Europeo y al Consejo expondrá los motivos por los cuales se ha aplicado el procedimiento de urgencia.

2. Tanto el Parlamento Europeo como el Consejo podrán formular objeciones a un acto delegado de conformidad con el procedimiento a que se refiere el artículo 51, apartado 5. En tal caso, la Comisión derogará el acto sin demora alguna tras la notificación de la decisión del Parlamento Europeo o del Consejo de formular objeciones.

Artículo 53.- *Derogación*

1. Quedan derogadas las Directivas 87/250/CEE, 90/496/CEE, 1999/10/CE, 2000/13/CE, 2002/67/CE y 2008/5/CE y el Reglamento (CE) nº 608/2004 a partir del 13 de diciembre de 2014.

2. Las referencias a los actos derogados se entenderán hechas al presente Reglamento.

Artículo 54.- *Medidas transitorias*

1. Los alimentos que se hayan introducido en el mercado o se hayan etiquetado antes del 13 de diciembre de 2014 y que no cumplan los requisitos del presente Reglamento podrán comercializarse hasta que se agoten sus existencias.

Los alimentos que se hayan introducido en el mercado o se hayan etiquetado antes del 13 de diciembre de 2016 y que no cumplan los requisitos establecidos en el artículo 9, apartado 1, letra l), podrán comercializarse hasta que se agoten sus existencias.

Los alimentos que se hayan introducido en el mercado o se hayan etiquetado antes del 1 de enero de 2014 y que no cumplan los requisitos establecidos en la parte B del anexo VI podrán comercializarse hasta que se agoten sus existencias.

2. Entre el 13 de diciembre de 2014 y el 13 de diciembre de 2016, cuando la información nutricional se proporcione voluntariamente, deberá cumplir los artículos 30 a 35.

3. No obstante lo dispuesto en la Directiva 90/496/CEE, en el artículo 7 del Reglamento (CE) nº 1924/2006 y en el artículo 7, apartado 3, del Reglamento (CE) nº 1925/2006, los alimentos etiquetados según los artículos 30 a 35 del presente Reglamento podrán introducirse en el mercado antes del 13 de diciembre de 2014.

No obstante el Reglamento (CE) nº 1162/2009 de la Comisión, de 30 de noviembre de 2009, por el que se establecen disposiciones transitorias para la aplicación de los Reglamentos (CE) nº 853/2004, (CE) nº 854/2004 y (CE) nº 882/2004 del Parlamento Europeo y del Consejo, los alimentos etiquetados conforme a la parte B del anexo VI del presente Reglamento podrán introducirse en el mercado antes del 1 de enero de 2014.

Artículo 55.- *Entrada en vigor y fecha de aplicación*

El presente Reglamento entrará en vigor a los veinte días de su publicación en el Diario Oficial de la Unión Europea.

Será aplicable a partir del 13 de diciembre de 2014, salvo el artículo 9, apartado 1, letra l), que será aplicable a partir del 13 de diciembre de 2016 y la parte B del anexo VI, que será aplicable a partir del 1 de enero de 2014.

El presente Reglamento será obligatorio en todos sus elementos y directamente aplicable en cada Estado miembro.

ANEXO I.-

Definiciones específicas a que se refiere el artículo 2, apartado 4

1. Por "información nutricional" o "etiquetado sobre las propiedades nutritivas" se entenderá la información que indique:

a) el valor energético, o

b) el valor energético y uno o más de los nutrientes siguientes solo:

- grasas (ácidos grasos saturados, ácidos grasos monoinsaturados, ácidos grasos poliinsaturados),
- hidratos de carbono (azúcares, polialcoholes, almidón),
- sal,
- fibra alimentaria,
- proteínas,
- cualquiera de las vitaminas o los minerales enumerados en el anexo XIII, parte A, punto 1, y presentes en cantidades significativas, según se define en el anexo XIII, parte A, punto 2.

2. Por "grasas" se entenderán todos los lípidos, incluidos los fosfolípidos.

3. Por "ácidos grasos saturados" se entenderán todos los ácidos grasos que no presenten doble enlace.

4. Por "grasas trans" se entenderán los ácidos grasos que poseen, en la configuración trans, dobles enlaces carbono-carbono, con uno o más enlaces no conjugados (a saber, interrumpidos al menos por un grupo metileno).

5. Por "ácidos grasos monoinsaturados" se entenderán todos los ácidos grasos con un doble enlace cis.

6. Por "ácidos grasos poliinsaturados" se entenderán los ácidos grasos con dos o más dobles enlaces interrumpidos cis-cis de metileno.

7. Por "hidratos de carbono" se entiende todos los hidratos de carbono metabolizados por el ser humano, incluidos los polialcoholes.

8. Por "azúcares" se entenderán todos los monosacáridos y disacáridos presentes en los alimentos, excepto los polialcoholes.

9. Por "polialcoholes" se entenderán los alcoholes que contienen más de dos grupos hidroxilo.

10. Por "proteínas" se entenderá el contenido en proteínas calculado mediante la fórmula: proteínas = nitrógeno (Kjeldahl) total × 6,25.

11. Por "sal" se entenderá el contenido equivalente en sal calculado mediante la fórmula: sal = sodio × 2,5.

12. Por "fibra alimentaria" se entenderán los polímeros de hidratos de carbono con tres o más unidades monoméricas, que no son digeridos ni absorbidos en el intestino delgado humano y que pertenecen a las categorías siguientes:

- polímeros de hidratos de carbono comestibles presentes de modo natural en los alimentos tal como se consumen,
- polímeros de hidratos de carbono comestibles que se han obtenido a partir de materia prima alimenticia por medios físicos, enzimáticos o químicos y que tienen un efecto fisiológico beneficioso demostrado mediante pruebas científicas generalmente aceptadas,
- polímeros de hidratos de carbono comestibles sintéticos que tienen un efecto fisiológico beneficioso demostrado mediante pruebas científicas generalmente aceptadas.

13. Por "valor medio" se entenderá el valor que represente mejor la cantidad de un nutriente contenida en un alimento dado y que tenga en cuenta las tolerancias por diferencias estacionales, hábitos de consumo y otros factores que puedan influir en una variación del valor real.

ANEXO II.-
Sustancias o productos que causan alergias o intolerancias

1. Cereales que contengan gluten, a saber: trigo, centeno, cebada, avena, espelta, kamut o sus variedades híbridas y productos derivados, salvo:
a) jarabes de glucosa a base de trigo, incluida la dextrosa [1];
b) maltodextrinas a base de trigo [1];
c) jarabes de glucosa a base de cebada;
d) cereales utilizados para hacer destilados alcohólicos, incluido el alcohol etílico de origen agrícola.
2. Crustáceos y productos a base de crustáceos.
3. Huevos y productos a base de huevo.
4. Pescado y productos a base de pescado, salvo:
a) gelatina de pescado utilizada como soporte de vitaminas o preparados de carotenoides;
b) gelatina de pescado o ictiocola utilizada como clarificante en la cerveza y el vino.
5. Cacahuetes y productos a base de cacahuetes.
6. Soja y productos a base de soja, salvo:
a) aceite y grasa de semilla de soja totalmente refinados [1];
b) tocoferoles naturales mezclados (E306), d-alfa tocoferol natural, acetato de d-alfa tocoferol natural y succinato de d-alfa tocoferol natural derivados de la soja;
c) fitosteroles y ésteres de fitosterol derivados de aceites vegetales de soja;
d) ésteres de fitostanol derivados de fitosteroles de aceite de semilla de soja.
7. Leche y sus derivados (incluida la lactosa), salvo:
a) lactosuero utilizado para hacer destilados alcohólicos, incluido el alcohol etílico de origen agrícola;
b) lactitol.
8. Frutos de cáscara, es decir: almendras (Amygdalus communis L.), avellanas (Corylus avellana), nueces (Juglans regia), anacardos (Anacardium occidentale), pacanas [Carya illinoensis (Wangenh.) K. Koch], nueces de Brasil (Bertholletia excelsa), alfóncigos (Pistacia vera), nueces macadamia o nueces de Australia (Macadamia ternifolia) y productos derivados, salvo los frutos de cáscara utilizados para hacer destilados alcohólicos, incluido el alcohol etílico de origen agrícola.
9. Apio y productos derivados.
10. Mostaza y productos derivados.
11. Granos de sésamo y productos a base de granos de sésamo.
12. Dióxido de azufre y sulfitos en concentraciones superiores a 10 mg/kg o 10 mg/litro en términos de SO2 total, para los productos listos para el consumo o reconstituidos conforme a las instrucciones del fabricante.
13. Altramuces y productos a base de altramuces.
14. Moluscos y productos a base de moluscos.

[1] Se aplica también a los productos derivados, en la medida en que sea improbable que los procesos a que se hayan sometido aumenten el nivel de alergenicidad determinado por la autoridad competente para el producto del que se derivan.

ANEXO III.-
Alimentos en cuyo etiquetado deben figurar una o más menciones adicionales

TIPO O CATEGORÍA DE ALIMENTO	MENCIONES
1. Alimentos envasados en determinados gases	
1.1. Alimentos cuya duración ha sido ampliada mediante gases de envasado autorizados en virtud del Reglamento (CE) nº 1333/2008.	"envasado en atmósfera protectora".
2. Alimentos que contengan edulcorantes	
2.1. Alimentos que contengan uno o más edulcorantes autorizados en virtud del Reglamento (CE) nº 1333/2008.	"con edulcorante(s)"; esta declaración acompañará a la denominación del alimento.
2.2. Alimentos que contengan tanto un azúcar o azúcares añadidos como un edulcorante o edulcorantes autorizados en virtud del Reglamento (CE) nº 1333/2008.	"con azúcar(es) y edulcorante(s)"; esta declaración acompañará a la denominación del alimento.
2.3. Alimentos que contengan aspartamo o sal de aspartamo-acesulfamo, autorizado en virtud del Reglamento (CE) nº 1333/2008.	La mención "contiene aspartamo (una fuente de fenilalanina)" figurará en la etiqueta en los casos en que el aspartamo o sal de aspartamo-acesulfamo estén designados en la lista de ingredientes solo con la referencia a un número E. La mención "contiene una fuente de fenilalanina" figurará en la etiqueta en los casos en que el aspartamo o sal de aspartamo-acesulfamo estén designados en la lista de ingredientes con su denominación específica.
2.4.Alimentos que contengan más de un 10 % de polialcoholes añadidos, autorizados en virtud del Reglamento (CE) nº 1333/2008.	"un consumo excesivo puede producir efectos laxantes".
3. Alimentos que contengan ácido glicirrícico o su sal de amonio	
3.1. Dulces o bebidas que contengan ácido glicirrícico o su sal de amonio por adición de la sustancia o las sustancias como tales o de la planta del regaliz, Glycyrrhiza glabra, con una concentración igual o superior a 100 mg/kg o a 10 mg/l.	"contiene regaliz" se añadirá inmediatamente después de la lista de ingredientes, a menos que la palabra "regaliz" ya conste en la lista de ingredientes o en la denominación del alimento. A falta de lista de ingredientes, la declaración acompañará a la denominación del alimento.
3.2. Dulces que contengan ácido glicirrícico o su sal de amonio por adición de la sustancia o las sustancias como tales o de la planta del regaliz, Glycyrrhiza glabra, con una concentración igual o superior a 4 g/kg.	"contiene regaliz: las personas que padezcan hipertensión deben evitar un consumo excesivo" se añadirá inmediatamente después de la lista de ingredientes. A falta de lista de ingredientes, la declaración acompañará a la denominación del alimento.
3.3. Bebidas que contengan ácido glicirrícico o su sal de amonio por adición de la sustancia o las sustancias como tales o de la planta del regaliz, Glycyrrhiza glabra, con una concentración igual o superior a 50 mg/l, o igual o superior a 300 mg/l en el caso de las bebidas que contengan más de un 1,2 % en volumen de alcohol [1].	"contiene regaliz: las personas que padezcan hipertensión deben evitar un consumo excesivo" se añadirá inmediatamente después de la lista de ingredientes. A falta de lista de ingredientes, la declaración acompañará a la denominación del alimento.
4. Bebidas con un contenido elevado de cafeína o alimentos con cafeína añadida	
4.1. Bebidas, excepto las fabricadas a base de café, té o de extractos de té o	"Contenido elevado de cafeína: No recomendado para niños ni mujeres

café, en las que la denominación del alimento incluya las palabras "café" o "té", que:estén destinadas al consumo sin modificación alguna y contengan cafeína, cualquiera que sea su origen, con una proporción superior a 150 mg/l, oestén en forma concentrada o seca y después de la reconstitución contengan cafeína, cualquiera que sea su origen, en una proporción superior a 150 mg/l.	embarazadas o en período de lactancia" en el mismo campo visual que la denominación de la bebida, seguida de una referencia, entre paréntesis y con arreglo al artículo 13, apartado 1, del presente Reglamento, al contenido de cafeína expresado en mg por 100 ml.
4.2. Otros alimentos distintos de las bebidas, a los que se añada cafeína con fines fisiológicos.	"Contiene cafeína. No recomendado para niños ni mujeres embarazadas" en el mismo campo visual que la denominación del alimento, seguida de una referencia, entre paréntesis y con arreglo al artículo 13, apartado 1, del presente Reglamento, al contenido de cafeína expresado en mg por 100 g/ml. En el caso de complementos alimentarios, el contenido en cafeína se expresará por porciones, según consumo recomendado diario indicado en el etiquetado.
5.Alimentos con fitosteroles, ésteres de fitosterol, fitostanoles o ésteres de fitostanol añadidos	
5.1. Alimentos o ingredientes alimentarios con fitosteroles, ésteres de fitosterol, fitostanoles o ésteres de fitostanol añadidos.	1) "Con esteroles vegetales añadidos" o "Con estanoles vegetales añadidos" en el mismo campo visual que la denominación del alimento. 2) En la lista de ingredientes se indicará el contenido de fitosteroles, ésteres de fitosterol, fitostanoles y ésteres de fitostanol añadidos (expresado en % o en g de esteroles o estanoles vegetales libres por 100 g o 100 ml de alimento). 3) Se indicará que el alimento está destinado exclusivamente a las personas que desean reducir su nivel de colesterol en la sangre. 4) Se indicará que los pacientes que toman medicación para reducir su colesterolemia solo deben consumir el producto bajo control médico. 5) Se indicará de forma fácilmente visible que el alimento puede no ser nutricionalmente adecuado para las mujeres embarazadas o que amamantan y los niños menores de cinco años. 6) Se aconsejará el alimento como parte de una dieta equilibrada y variada, que incluya un consumo regular de fruta y verdura para ayudar a mantener los niveles de carotenoides. 7) En el mismo campo de visión que la declaración contemplada en el punto 3, se indicará que debe evitarse un consumo superior a 3 g/día de esteroles o estanoles vegetales añadidos.8)Una definición de una porción del alimento o del ingrediente alimentario en cuestión (preferentemente en g o en ml), que precise la cantidad del esteroles o estanoles vegetales que

	contiene cada porción.
6. Carne congelada, preparados cárnicos congelados y productos de la pesca no transformados congelados	
6.1. Carne congelada, preparados cárnicos congelados y productos de la pesca no transformados congelados.	La fecha de congelación o la fecha de primera congelación en los casos en que el producto se haya congelado en más de una ocasión, conforme al punto 3 del anexo X.

[1] El nivel se aplicará a los productos que se ofrezcan listos para el consumo o reconstituidos siguiendo las instrucciones del fabricante.Cuadro que debe introducirse

ANEXO IV.-
Definición de altura de la X

[Anexo no reproducido en la presente publicación]

ANEXO V.-
Alimentos exentos del requisito de información nutricional obligatoria

1. Productos sin transformar que incluyen un solo ingrediente o una sola categoría de ingredientes.

2. Productos transformados cuya única transformación ha consistido en ser curados y que incluyen un solo ingrediente o una sola categoría de ingredientes.

3. Agua destinada al consumo humano, incluida aquella cuyos únicos ingredientes añadidos son el anhídrido carbónico o los aromas.

4. Una hierba, una especia o mezclas de ellas.

5. Sal y sucedáneos de la sal.

6. Edulcorantes de mesa.

7. Productos contemplados por la Directiva 1999/4/CE del Parlamento Europeo y del Consejo, de 22 de febrero de 1999, relativa a los extractos de café y los extractos de achicoria, granos de café enteros o molidos y granos de café descafeinado enteros o molidos.

8. Infusiones de hierbas y frutas, té, té descafeinado, té instantáneo o soluble, o extracto de té; té instantáneo o soluble, o extracto de té descafeinados, que no contengan más ingredientes añadidos que aromas que no modifiquen el valor nutricional del té.

9. Vinagres fermentados y sus sucedáneos, incluidos aquellos cuyos únicos ingredientes añadidos son aromas.

10. Aromas.

11. Aditivos alimentarios.

12. Coadyuvantes tecnológicos.

13. Enzimas alimentarias.

14. Gelatina.

15. Compuestos para espesar mermelada.

16. Levadura.

17. Gomas de mascar.

18. Alimentos en envases o recipientes cuya superficie mayor es inferior a 25 cm2.

19. Alimentos, incluidos los elaborados artesanalmente, directamente suministrados por el fabricante en pequeñas cantidades al consumidor final o a establecimientos minoristas locales que abastecen directamente al consumidor final.

ANEXO VI.-
Denominación del alimento y menciones específicas que lo acompañan

PARTE A — MENCIONES OBLIGATORIAS QUE ACOMPAÑAN A LA DENOMINACIÓN DEL ALIMENTO

1. La denominación del alimento incluirá o irá acompañada de menciones sobre las condiciones físicas del mismo o sobre el tratamiento específico al que ha sido sometido (por ejemplo, en polvo, recongelado, liofilizado, ultracongelado, concentrado o ahumado) en todos los casos en que la omisión de tal información pueda inducir a engaño al comprador.

2. En el caso de los alimentos que han sido congelados antes de su venta y se venden descongelados, la denominación del alimento irá acompañada de la designación "descongelado".

Quedan excluidos de dicho requisito:

a) ingredientes presentes en el producto final;

b) alimentos para los que la congelación es una fase tecnológicamente necesaria del proceso de producción;

c) alimentos a los que la descongelación no afecta negativamente en cuanto a su seguridad o calidad.

El presente punto se aplicará sin perjuicio del punto 1.

3. Los alimentos tratados con radiaciones ionizantes llevarán una de las indicaciones siguientes:

"irradiado" o "tratado con radiación ionizante", y otras indicaciones conforme a lo dispuesto en la Directiva 1999/2/CE del Parlamento Europeo y del Consejo, de 22 de febrero de 1999, relativa a la aproximación de las legislaciones de los Estados miembros sobre alimentos e ingredientes alimentarios tratados con radiaciones ionizantes.

4. En el caso de alimentos en los que un componente o ingrediente que los consumidores esperan que haya sido habitualmente utilizado, se ha sustituido por otro componente o ingrediente, el etiquetado deberá contener —junto con la lista de ingredientes— una indicación clara del componente o ingrediente que ha sido utilizado en esa sustitución parcial o total:

a) muy cerca de la denominación del producto, y

b) utilizando un tamaño con una altura de la x correspondiente al menos al 75 % de la altura de la x de la denominación del producto y no inferior al tamaño mínimo requerido en el artículo 13, apartado 2, del presente Reglamento.

5. En el caso de los productos cárnicos, preparados cárnicos y productos pesqueros que contengan proteínas añadidas como tales, incluidas las proteínas hidrolizadas, de origen animal diferente, la denominación del alimento deberá llevar una indicación de la presencia de estas proteínas y de su origen.

6. En el caso de los productos cárnicos y preparados de carne con la apariencia de un corte, conjunto, loncha, parte o canal de carne, la denominación del alimento deberá incluir una indicación de la presencia de agua añadida, si la adición de agua representa más del 5 % del peso del producto acabado. Las mismas normas se aplicarán en el caso de los productos de la pesca y de los productos de la pesca preparados con la apariencia de un corte, conjunto, loncha, parte, filete o de un producto de la pesca entero.

7. Los productos cárnicos, preparados de carne y productos de la pesca que puedan dar la impresión de que están hechos de una pieza entera de carne o pescado, pero que en realidad consisten de diferentes piezas combinadas mediante otros ingredientes, incluidos los aditivos alimentarios y las enzimas alimentarias, o por otros medios, llevarán la siguiente indicación:

en búlgaro : "формовано месо" y "формована риба",

en español : "elaborado a partir de piezas de carne" y "elaborado a partir de piezas de pescado",

en checo : "ze spojovaných kousků masa" y "ze spojovaných kousků rybího masa",

en danés : "Sammensat af stykker af kød" y "Sammensat af stykker af fisk",

en alemán : "aus Fleischstücken zusammengefügt" y "aus Fischstücken zusammengefügt",

en estonio : "liidetud liha" y "liidetud kala",

en griego : "μορφοποιημένο κρέας" y "μορφοποιημένο ψάρι",

en inglés : "formed meat" y "formed fish",

en francés : "viande reconstituée" y "poisson reconstitué",

en irlandés : "píosaí feola ceangailte" y "píosaí éisc ceangailte",

en italiano : "carne ricomposta" y "pesce ricomposto",

en letón : "formēta gaļa" y "formēta zivs",

en lituano : "sudarytas (-a) iš mėsos gabalų" y "sudarytas (-a) iš žuvies gabalų",

en húngaro : "darabokból újraformázott hús" y "darabokból újraformázott hal",

en maltés : "laħam rikostitwit" y "ħut rikostitwit",

en neerlandés : "samengesteld uit stukjes vlees" y "samengesteld uit stukjes vis",

en polaco : "z połączonych kawałków mięsa" y "z połączonych kawałków ryby",

en portugués : "carne reconstituida" y "peixe reconstituido",

en rumano : "carne formată" y "carne de pește formată",

en eslovaco : "spájané alebo formované mäso" y "spájané alebo formované ryby",
en esloveno : "sestavljeno, iz koščkov oblikovano meso" y "sestavljene, iz koščkov oblikovane ribe",
en finés : "paloista yhdistetty liha" y "paloista yhdistetty kala",
en sueco : "sammanfogade bitar av kött" y "sammanfogade bitar av fisk".

PARTE B — REQUISITOS ESPECÍFICOS SOBRE LA DESIGNACIÓN DE LA "CARNE PICADA"

1. Criterios de composición controlados basándose en una media diaria:

	Contenido de grasa	Relación colágeno/proteínas de carne [1]
— carne picada magra	≤ 7 %	≤ 12 %
— carne picada de vacuno	≤ 20 %	≤ 15 %
— carne picada que contiene carne de porcino	≤ 30 %	≤ 18 %
— carne picada de otras especies	≤ 25 %	≤ 15 %

[1] La relación colágeno/proteínas de carne se expresa en porcentaje de colágeno en las proteínas de carne. El contenido de colágeno es ocho veces el contenido de hidroxiprolina.

2. Además de los requisitos establecidos en el anexo III, sección V, capítulo IV, del Reglamento (CE) nº 853/2004, en el etiquetado deberá figurar las expresiones siguientes:
- "porcentaje de grasa inferior a …",
- "relación colágeno/proteínas de carne inferior a …".

3. Los Estados miembros podrán permitir la comercialización en su mercado nacional de carne picada que no cumpla los criterios establecidos en el punto 1 de la presente parte con una marca nacional que no pueda confundirse con las marcas previstas en el artículo 5, apartado 1, del Reglamento (CE) nº 853/2004.

PARTE C — REQUISITOS ESPECÍFICOS SOBRE LA DESIGNACIÓN DE LA ENVOLTURA DE LOS EMBUTIDOS

Si la envoltura de un embutido no es comestible, deberá indicarse esta característica.

ANEXO VII.-
Indicación y designación de los ingredientes

PARTE A - DISPOSICIONES ESPECÍFICAS SOBRE LA INDICACIÓN DE LOS INGREDIENTES POR ORDEN DECRECIENTE DE PESO

Categoría de ingredientes	Disposición sobre la indicación por peso
1. Agua añadida e ingredientes volátiles	Se enumerarán por orden de peso en el producto acabado. La cantidad de agua añadida como ingrediente en un alimento se determinará sustrayendo de la cantidad total del producto acabado la cantidad total de los demás ingredientes empleados. No se exigirá tomar en cuenta dicha cantidad si no supera el 5 % en peso del producto acabado. Esta excepción no es aplicable a la carne, los preparados cárnicos, los productos de la pesca no transformados ni a los moluscos bivalvos no transformados.
2. Ingredientes utilizados en forma concentrada o deshidratada y reconstituidos en el momento de la fabricación	Podrán enumerarse por orden de peso registrado antes de su concentración o su deshidratación.
3. Ingredientes utilizados en alimentos concentrados o	Podrán enumerarse por orden de proporción en el producto reconstituido, a condición de que la lista de ingredientes vaya acompañada de una indicación del tipo "ingredientes

deshidratados destinados a ser reconstituidos mediante adición de agua	del producto reconstituido", o "ingredientes del producto ya preparado para el consumo".
4. Frutas, hortalizas o setas, que no predominen perceptiblemente por lo que se refiere al peso y se utilicen en proporciones que pueden variar, utilizadas en una mezcla como ingredientes de un alimento	Podrán agruparse en la lista de ingredientes con la designación "frutas", "hortalizas" o "setas", seguidas de la indicación "en proporción variable", seguida inmediatamente de la lista de frutas, hortalizas o setas presentes. En tales casos, la mezcla se indicará en la lista de ingredientes, de conformidad con el artículo 18, apartado 1, en función del peso total de las frutas, hortalizas o setas presentes.
5. Mezclas de especias o hierbas, en las que no predomine perceptiblemente ninguna en porcentaje de peso	Podrán enumerarse en otro orden, a condición de que la lista de ingredientes vaya acompañada de una indicación del tipo "en proporción variable".
6. Ingredientes que constituyen menos del 2 % del producto acabado	Podrán enumerarse en un orden distinto después de los demás ingredientes.
7. Ingredientes, que sean similares o intercambiables, que puedan utilizarse en la fabricación o preparación de un alimento sin modificar su composición, su naturaleza o su valor percibido, y siempre que constituyan menos del 2 % del producto acabado	Se podrá hacer referencia a los mismos en la lista de ingredientes con la indicación "contiene ... y/o ...", en caso de que al menos uno de los dos ingredientes como máximo esté presente en el producto acabado. La presente disposición no se aplicará a los aditivos alimentarios o a los ingredientes enumerados en la parte C del presente anexo, ni a las sustancias o productos enumerados en el anexo II que causen alergias o intolerancias.
8. Aceites refinados de origen vegetal	Podrán agruparse en la lista de ingredientes con la designación "aceites vegetales", seguidos inmediatamente de una lista de indicaciones de origen específico vegetal, y podrán ir seguidos de la indicación "en proporción variable". Si se agrupan, los aceites vegetales se incluirán en la lista de ingredientes, de conformidad con el artículo 18, apartado 1, en función del peso total de los aceites vegetales presentes. La expresión "totalmente hidrogenado" o "parcialmente hidrogenado", según el caso, deberá acompañar la mención de los aceites hidrogenados.
9. Grasas refinadas de origen vegetal	Podrán agruparse en la lista de ingredientes con la designación "grasas vegetales", seguidas inmediatamente de una lista de indicaciones de origen específico vegetal, y podrán ir seguidas de la indicación "en proporción variable". Si se agrupan, las grasas vegetales se incluirán en la lista de ingredientes, de conformidad con el artículo 18, apartado 1, en función del peso total de las grasas vegetales presentes. La expresión "totalmente hidrogenado" o "parcialmente hidrogenado", según el caso, deberá acompañar la mención de los aceites hidrogenados.

PARTE B — DESIGNACIÓN DE DETERMINADOS INGREDIENTES POR LA DENOMINACIÓN DE UNA CATEGORÍA Y NO POR UNA DENOMINACIÓN ESPECÍFICA

Sin perjuicio de lo dispuesto en el artículo 21, los ingredientes que pertenezcan a una de las categorías de alimentos que figuran a continuación y sean componentes de otro alimento podrán designarse mediante la denominación de dicha categoría, en vez de por su denominación específica.

Definición de la categoría alimentaria	Designación
1. Aceites refinados de origen animal	"Aceite", completada bien por el calificativo "animal", o bien por la indicación del origen específico animal. La expresión "totalmente hidrogenado" o "parcialmente hidrogenado", según el caso, deberá acompañar la mención de los aceites hidrogenados.
2. Grasas refinadas de origen animal	"Grasa", completada bien por el calificativo "animal", o bien por la indicación del origen específico animal. La expresión "totalmente hidrogenada" o "parcialmente hidrogenada", según el caso, deberá acompañar la mención de una grasa hidrogenada.
3. Mezclas de harinas procedentes de dos o más especies de cereales	"Harina", seguida de la enumeración de los cereales de que proceda, por orden decreciente de peso.
4. Almidón y fécula, y almidón y fécula modificados por medios físicos o con enzimas	"Almidón"
5. Cualquier especie de pescado cuando el pescado constituya un ingrediente de otro alimento y siempre que la denominación y la presentación de dicho alimento no se refieran a una especie precisa de pescado	"Pescado"
6. Cualquier tipo de queso cuando el queso o una mezcla de quesos constituya un ingrediente de otro alimento y siempre que la denominación y la presentación de dicho alimento no se refieran a una especie precisa de queso	"Queso"
7. Todas las especias cuyo peso no sea superior al 2 % del peso del alimento	"Especias" o "Mezcla de especias"
8. Todas las plantas o partes de plantas aromáticas cuyo peso no sea superior al 2 % del peso del alimento	"Plantas aromáticas" o "Mezcla de plantas aromáticas"
9. Todas las preparaciones de gomas utilizadas en la fabricación de la goma base para los chicles	"Goma base"
10 .Pan rallado de cualquier origen	"Pan rallado"
11. Todos los tipos de sacarosa	"Azúcar"
12. Dextrosa anhidra o monohidratada	"Dextrosa"
13. Jarabe de glucosa y jarabe de glucosa anhidra	"Jarabe de glucosa"
14.Todas las proteínas de la leche (caseínas, caseinatos y proteínas del suero y del lactosuero) y sus mezclas	"Proteínas de la leche"
15.Manteca de cacao de presión, "expeller" o refinada	"Manteca de cacao"
16.Todos los tipos de vino conforme al anexo XI ter del Reglamento (CE) nº 1234/2007	"Vino"

17. Los músculos del esqueleto [1] de las especies de mamíferos y de aves reconocidas como aptas para el consumo humano con los tejidos naturalmente incluidos o adheridos a ellos, en los que los contenidos totales de materia grasa y tejido conjuntivo no superen los valores que figuran a continuación y cuando la carne constituya un ingrediente de otro alimento. Límites máximos de materia grasa y de tejido conjuntivo para los ingredientes designados por la indicación «carne(s) de»	"Carnes de" y nombres [2] de las especies animales de las que provengan.

Especie	Contenido de grasa	Relación colágeno/proteínas de carne [*]
— Mamíferos (excepto conejos y cerdos) y mezclas de especies con predominio de mamíferos	25 %	25 %
— Cerdos	30 %	25 %
— Aves y conejos	15 %	10 %

[*] La relación colágeno/proteínas de carne se expresa en porcentaje de colágeno en las proteínas de carne. El contenido de colágeno es ocho veces el contenido de hidroxiprolina.

Cuando se superen los límites máximos de materia grasa o tejido conjuntivo y se cumplan los demás criterios de definición de "Carne(s) de", el contenido de "Carne(s) de" deberá ajustarse consecuentemente a la baja y la lista de ingredientes deberá mencionar, además de la indicación "Carne(s) de", la presencia de materia grasa y/o de tejido conjuntivo. Los productos incluidos en la definición de "carne separada mecánicamente" quedan excluidos de esta definición	
18. Todos los tipos de productos incluidos en la definición de "Carne separada mecánicamente"	"Carne separada mecánicamente" y la denominación o denominaciones [2] de las especies animales de las que procede.

[1] El diafragma y los maseteros forman parte de los músculos del esqueleto, mientras que quedan excluidos el corazón, la lengua, los músculos de la cabeza (distintos de los maseteros), del carpo, del tarso y de la cola.

[2] Para el etiquetado en inglés, esta denominación puede sustituirse por el nombre genérico del ingrediente para la especie animal de que se trate.

PARTE C — DESIGNACIÓN DE DETERMINADOS INGREDIENTES POR LA DENOMINACIÓN DE SU CATEGORÍA SEGUIDA DE SU DENOMINACIÓN ESPECÍFICA O DE SU NÚMERO E

Sin perjuicio de lo dispuesto en el artículo 21, los aditivos alimentarios y las enzimas alimentarias distintos de los especificados en el artículo 20, letra b), que pertenezcan a una de las categorías enumeradas en la presente parte deberán designarse mediante la denominación de dicha categoría, seguida por su denominación específica o, si procede, por el número E. Cuando se trate de un ingrediente perteneciente a varias categorías, se indicará la que corresponda a su función principal en el alimento de que se trate.

Acidulante	Espumante
Corrector de acidez	Gelificante
Antiaglomerante	Agente de recubrimiento
Antiespumante	Humectante
Antioxidante	Almidón modificado [2]
Incrementador de volumen	Conservante
Colorante	Gas propulsor
Emulgente	Gasificante
Sales fundentes [1]	Secuestrante
Endurecedor	Estabilizador
Potenciador del sabor	Edulcorante
Agente de tratamiento de la harina	Espesante

[1] Únicamente cuando se trate de quesos fundidos y productos a base de queso fundido.
[2] No será necesario indicar la denominación específica ni el número E.

PARTE D — DESIGNACIÓN DE LOS AROMAS EN LA LISTA DE INGREDIENTES

1. Los aromas serán designados por las palabras:
- "aroma(s)" o una denominación o descripción más específica del aroma, si el componente aromatizante contiene aromas tal y como se definen en el artículo 3, apartado 2, letras b), c), d), e), f), g) y h), del Reglamento (CE) nº 1334/2008,
- "aroma(s) de humo" o "aroma(s) de humo producidos a partir de alimentos o categorías o fuentes de alimentos" (por ejemplo, "aroma(s) de humo a partir de haya") si la parte aromatizante contiene aromas tal como se definen en el artículo 3, apartado 2, letra f), del Reglamento (CE) nº 1334/2008 y confieren un sabor ahumado a los alimentos.

2. El término "natural" para describir los aromas se utilizará con arreglo a lo dispuesto en el artículo 16 del Reglamento (CE) nº 1334/2008.

3. La quinina o la cafeína utilizadas como aroma en la producción o la elaboración de un alimento se mencionarán por su denominación en la lista de ingredientes inmediatamente después de la palabra "aroma(s)".

PARTE E — DESIGNACIÓN DE LOS INGREDIENTES COMPUESTOS

1. Un ingrediente compuesto podrá incluirse en la lista de ingredientes con su propia designación, en la medida en que esté prevista por la regulación o establecida por costumbre, en función de su peso global, e irá inmediatamente seguido por una lista de ingredientes.

2. Sin perjuicio del artículo 21, la lista de ingredientes para los ingredientes compuestos no será obligatoria:

a) cuando la composición del ingrediente compuesto se establezca en el marco de disposiciones de la Unión en vigor, siempre que el ingrediente compuesto constituya menos del 2 % del producto acabado; sin embargo, esta disposición no se aplicará a los aditivos alimentarios, sin perjuicio de lo dispuesto en el artículo 20, letras a) a d);

b) para los ingredientes compuestos que consistan en mezclas de especias y/o hierbas que constituyen menos del 2 % del producto acabado, a excepción de los aditivos alimentarios, sin perjuicio de lo dispuesto en el artículo 20, letras a) a d), o

c) cuando el ingrediente compuesto sea un alimento para el que no se exija la lista de ingredientes en virtud de las disposiciones de la Unión.

ANEXO VIII.-
Indicación cuantitativa de los ingredientes

[Anexo no reproducido en la presente publicación]

ANEXO IX.-
Declaración de la cantidad neta

[Anexo no reproducido en la presente publicación]

ANEXO X.-
Fecha de duración mínima, fecha de caducidad y fecha de congelación

[Anexo no reproducido en la presente publicación]

ANEXO XI.-
Tipos de carne para los que es obligatoria la indicación del país de origen o el lugar de procedencia

Códigos NC (nomenclatura combinada 2010)	Descripción
0203	Carne de animales de la especie porcina, fresca, refrigerada o congelada
0204	Carne de animales de las especies ovina o caprina, fresca, refrigerada o congelada
ex0207	Carne de aves de la partida 0105, fresca, refrigerada o congelada

ANEXO XII.-
Grado alcohólico

La cifra correspondiente al grado alcohólico volumétrico adquirido de las bebidas que contengan más de un 1,2 % en volumen de alcohol incluirá un decimal como máximo. Irá seguida del símbolo "% vol" y podrá estar precedida de la palabra "alcohol" o de la abreviatura "alc.".

El grado alcohólico se determinará a 20 °C.

Las tolerancias positivas y negativas por lo que se refiere a la indicación del grado alcohólico por volumen y expresado en valores absolutos se enumerarán en el cuadro siguiente. Se aplicarán sin perjuicio de las tolerancias que se deriven del método de análisis utilizado para determinar el grado alcohólico.

Descripción de la bebida	Tolerancia positiva o negativa
1. Cervezas del código NC 220300 de un grado alcohólico inferior a 5,5 % vol; bebidas no espumosas del código NC 220600 obtenidas a partir de uvas.	0,5 % vol
2. Cervezas de un grado alcohólico superior a 5,5 % vol; bebidas espumosas del código NC 220600 obtenidas a partir de uvas, sidras, peradas y otras bebidas fermentadas similares procedentes de frutas distintas de la uva, independientemente de que sean con gas o espumosas; aguamiel.	1 % vol
3. Bebidas que contengan frutas o partes de plantas en maceración.	1,5 % vol
4. Otras bebidas con un grado alcohólico volumétrico superior a 1,2 %.	0,3 % vol

ANEXO XIII.-
Ingestas de referencia

[Anexo no reproducido en la presente publicación]

ANEXO XIV.-
Factores de conversión

[Anexo no reproducido en la presente publicación]

ANEXO XV.-
Expresión y presentación de la información nutricional

[Anexo no reproducido en la presente publicación]

Directiva nº 94/54/CE de la Comisión, de 18 de noviembre de 1994, relativa a la indicación en el etiquetado de determinados productos alimenticios de otras menciones obligatorias distintas de las previstas en la Directiva 79/112/CEE del Consejo [V.C. 25/04/1996].

Directiva n° 2002/67/CE de la Comisión, de 18 de julio de 2002, relativa al etiquetado de productos alimenticios que contienen quinina y productos alimenticios que contienen cafeína [Fin de vigencia: 13/12/2014 (Regl. 1169/2011)].

Directiva nº 2003/40/CE de la Comisión, de 16 de mayo de 2003, por la que se fija la lista, los límites de concentración y las indicaciones de etiquetado para los componentes de las aguas minerales naturales, así como las condiciones de utilización del aire enriquecido con ozono para el tratamiento de las aguas minerales naturales y de las aguas de manantial.

Reglamento (CE) n° 1830/2003 del Parlamento Europeo y del Consejo, de 22 de septiembre de 2003, relativo a la trazabilidad y al etiquetado de organismos modificados genéticamente y a la trazabilidad de los alimentos y piensos producidos a partir de éstos, y por el que se modifica la Directiva 2001/18/CE [V.C. 11/12/2008] [*Véase el texto reproducido en el Capítulo 3 de la presente obra*].

Reglamento (CE) n° 608/2004 de la Comisión, de 31 de marzo de 2004, relativo al etiquetado de alimentos e ingredientes alimentarios con fitosteroles, ésteres de fitosterol, fitostanoles o ésteres de fitostanol añadidos.

Reglamento (CE) n° 834/2007 del Consejo, de 28 de junio de 2007, sobre producción y etiquetado de los productos ecológicos y por el que se deroga el Reglamento (CEE) n° 2092/91 [V.C. 10/10/2008] [*Véase el texto reproducido en el Capítulo 5 de la presente obra*].

Reglamento (CE) nº 1272/2008 del Parlamento Europeo y del Consejo, de 16 de diciembre de 2008 , sobre clasificación, etiquetado y envasado de sustancias y mezclas, y por el que se modifican y derogan las Directivas 67/548/CEE y 1999/45/CE y se modifica el Reglamento (CE) nº 1907/2006.

Reglamento (CE) nº 983/2009 de la Comisión, de 21 de octubre de 2009, sobre la autorización o la denegación de autorización de determinadas declaraciones de propiedades saludables en los alimentos relativas a la reducción del riesgo de enfermedad y al desarrollo y la salud de los niños [V.C. 24/05/2010].

Reglamento (CE) nº 984/2009 de la Comisión, de 21 de octubre de 2009, por el que se deniega la autorización de determinadas declaraciones de propiedades saludables en los alimentos distintas de las que se refieren a la reducción del riesgo de enfermedad y al desarrollo y la salud de los niños.

Reglamento (CE) nº 1024/2009 de la Comisión, de 29 de octubre de 2009, sobre la autorización y la denegación de autorización de determinadas declaraciones de propiedades saludables en los alimentos relativas a la reducción del riesgo de enfermedad y al desarrollo y la salud de los niños.

Reglamento (CE) n° 1025/2009 de la Comisión, de 29 de octubre de 2009, por el que se deniega la autorización de determinadas declaraciones de propiedades saludables en los alimentos distintas de las que se refieren a la reducción del riesgo de enfermedad y al desarrollo y la salud de los niños.

Reglamento (CE) n° 1167/2009 de la Comisión, de 30 de noviembre de 2009, por el que se deniega la autorización de determinadas declaraciones de propiedades saludables en los alimentos relativas a la reducción del riesgo de enfermedad y al desarrollo y la salud de los niños.

Reglamento (CE) n° 1168/2009 de la Comisión, de 30 de noviembre de 2009, por el que se deniega la autorización de una declaración de propiedades saludables en los alimentos distinta de las que se refieren a la reducción del riesgo de enfermedad y al desarrollo y la salud de los niños.

Reglamento (UE) n° 957/2010 de la Comisión, de 22 de octubre de 2010, sobre la autorización o la denegación de autorización de determinadas declaraciones de propiedades saludables en los alimentos relativas a la reducción del riesgo de enfermedad y al desarrollo y la salud de los niños.

Reglamento (UE) n° 958/2010 de la Comisión, de 22 de octubre de 2010, por el que se deniega la autorización de una declaración de propiedades saludables en los alimentos distinta de las que se refieren a la reducción del riesgo de enfermedad y al desarrollo y la salud de los niños.

Reglamento (UE) n° 1161/2010 de la Comisión, de 9 de diciembre de 2010, por el que se deniega la autorización de una declaración de propiedades saludables en los alimentos distinta de las que se refieren a la reducción del riesgo de enfermedad y al desarrollo y la salud de los niños.

Reglamento (EU) n° 1162/2010 de la Comisión, de 9 de diciembre de 2010, por el que se deniega la autorización de determinadas declaraciones de propiedades saludables en los alimentos relativas a la reducción del riesgo de enfermedad y al desarrollo y la salud de los niños.

Reglamento (UE) n° 1266/2010 de la Comisión, de 22 de diciembre de 2010, que modifica la Directiva 2007/68/CE por lo que se refiere a los requisitos de etiquetado de productos vitícolas.

Reglamento (UE) n° 665/2011 de la Comisión, de 11 de julio de 2011, sobre la autorización y la denegación de autorización de determinadas declaraciones de propiedades saludables en los alimentos y relativas a la reducción del riesgo de enfermedad.

Reglamento (UE) n° 666/2011 de la Comisión, de 11 de julio de 2011, sobre la denegación de autorización de determinadas declaraciones de propiedades saludables en los alimentos, distintas de las relativas a la reducción del riesgo de enfermedad y al desarrollo y la salud de los niños.

Reglamento de Ejecución (UE) n° 29/2012 de la Comisión, de 13 de enero de 2012, sobre las normas de comercialización del aceite de oliva [V.C. 02/05/2012]

Capítulo 5.- Signos de Calidad

20 de marzo de 2006.- Reglamento (CE) nº 509/2006
del Consejo,
sobre las especialidades tradicionales garantizadas de los productos agrícolas y alimenticios
(D.O. L 93, 31 de marzo de 2006)

EL CONSEJO DE LA UNIÓN EUROPEA,

Visto el Tratado constitutivo de la Comunidad Europea y, en particular, su artículo 37,

Vista la propuesta de la Comisión,

Visto el dictamen del Parlamento Europeo,

Considerando lo siguiente:

(1) La producción, la fabricación y la distribución de productos agrícolas y alimenticios ocupan un lugar importante en la economía de la Comunidad.

(2) Es conveniente fomentar la diversificación de la producción agrícola. La promoción de productos tradicionales con características específicas puede resultar muy positiva para el mundo rural, especialmente en las zonas desfavorecidas o apartadas, ya que, por una parte, contribuirá a incrementar la renta de los agricultores y, por otra, propiciará el establecimiento de la población rural en tales zonas.

(3) Para el correcto funcionamiento del mercado interior en el sector de los productos alimenticios, es conveniente poner a disposición de los agentes económicos instrumentos que les permitan valorizar sus productos garantizando al mismo tiempo tanto la protección del consumidor contra prácticas abusivas como la lealtad de las transacciones comerciales.

(4) El Reglamento (CEE) nº 2082/92 del Consejo, de 14 de julio de 1992, relativo a la certificación de las características específicas de los productos agrícolas y alimenticios, define la certificación de características específicas, mientras que la indicación "especialidad tradicional garantizada" fue definida e introducida por el Reglamento (CEE) nº 1848/93 de la Comisión, que establece disposiciones de aplicación del Reglamento (CEE) nº 2082/92. Las certificaciones de características específicas, que suelen conocerse como "especialidades tradicionales garantizadas", permiten responder a la demanda de los consumidores de productos tradicionales con características específicas. Frente a la diversidad de productos comercializados y a la profusión de datos que sobre ellos se facilitan, debe ofrecerse al consumidor una información clara y concisa sobre tales características de modo que pueda elegir con mayor conocimiento de causa.

(5) En pro de la claridad, conviene abandonar la expresión "certificación de características específicas" y utilizar solamente la expresión "especialidad tradicional garantizada", más fácilmente comprensible y, para que los productores y los consumidores constaten explícitamente el objeto del Reglamento, concretar la definición de las características específicas e introducir una definición del término "tradicional".

(6) Algunos productores desean valorizar los productos agrícolas o alimenticios tradicionales porque estos se diferencian claramente de otros productos similares por características que les son propias. Al mismo tiempo, para garantizar la protección del consumidor es necesario controlar las especialidades tradicionales garantizadas. Un régimen voluntario, que permita a los agentes económicos dar a conocer a nivel comunitario la calidad de un producto alimenticio, debe ofrecer totales garantías que justifiquen las referencias que puedan hacerse a dicho producto en el comercio.

(7) Los productos agrícolas y alimenticios están sujetos, en lo que al etiquetado se refiere, a las normas generales establecidas en la Directiva 2000/13/CE del Parlamento Europeo y del Consejo, de 20 de marzo de 2000, relativa a la aproximación de las legislaciones de los Estados miembros en materia de etiquetado, presentación y publicidad de los productos alimenticios. Habida cuenta de sus características específicas, conviene, no obstante, adoptar disposiciones particulares complementarias para las especialidades tradicionales garantizadas. Con el fin de facilitar y acelerar la identificación de las especialidades tradicionales garantizadas producidas en el territorio comunitario, conviene hacer obligatoria la utilización en su etiquetado del símbolo comunitario asociado a la indicación "especialidad tradicional garantizada". No obstante, también hay que prever un plazo razonable para que los agentes económicos puedan adaptarse a tal obligación.

(8) Para garantizar que se respeten y mantengan las especialidades tradicionales garantizadas, es necesario que los propios productores, agrupados en asociaciones, definan las características específicas en un pliego de condiciones. La posibilidad de registrar una especialidad tradicional garantizada debería estar abierta a los productores de terceros países.

(9) Las especialidades tradicionales garantizadas protegidas en el territorio comunitario deben beneficiarse de un régimen de control creíble, basado en el Reglamento (CE) nº 882/2004 del Parlamento Europeo y del Consejo, de 29 de abril de 2004, sobre los controles oficiales efectuados para garantizar la verificación del cumplimiento de la legislación en materia de piensos y alimentos y la normativa sobre salud animal y bienestar de los animales, y en un régimen de control destinado a garantizar que los agentes económicos cumplen las disposiciones del pliego de condiciones antes de la comercialización de los productos agrícolas y alimenticios.

(10) Para beneficiarse de una protección, las especialidades tradicionales garantizadas deben registrarse a escala comunitaria. La inscripción en un registro debe proporcionar asimismo información a los profesionales y consumidores.

(11) Resulta procedente que las autoridades nacionales del Estado miembro interesado efectúen un examen de cada solicitud de registro, en cumplimiento de disposiciones comunes mínimas que incluyan un procedimiento de oposición a escala nacional, para garantizar que el producto agrícola o alimenticio en cuestión es tradicional y presenta características específicas. Posteriormente, la Comisión debería proceder a un examen a fin de garantizar un tratamiento uniforme de las solicitudes presentadas por los Estados miembros y por productores de terceros países.

(12) Para que el procedimiento de registro resulte más eficaz, conviene evitar tener que tratar oposiciones abusivas y no fundadas y concretar los motivos sobre los cuales la Comisión aprecia la admisibilidad de las oposiciones que se le transmiten. El derecho de oposición debe concederse a los nacionales de terceros países con intereses legítimos, según los mismos criterios que para los productores de la Comunidad. Estos criterios deben evaluarse con relación al territorio de la Comunidad. El período de consultas en caso de oposición debe adaptarse en función de la experiencia adquirida.

(13) Conviene establecer disposiciones que permitan aclarar el alcance de la protección que otorga el presente Reglamento y en las que se estipule, en particular, que el presente Reglamento debe aplicarse sin perjuicio de las normas existentes en materia de marcas e indicaciones geográficas.

(14) Para no crear condiciones de competencia desiguales, cualquier productor, incluso de un tercer país, debe poder utilizar un nombre registrado junto con una indicación concreta y, cuando proceda, el símbolo comunitario asociado a las indicación "especialidades tradicionales garantizadas", o un nombre registrado como tal, siempre y cuando el producto agrícola o alimenticio que produzca o transforme satisfaga los requisitos del pliego de condiciones correspondiente y el productor haya recurrido a las autoridades u organismos competentes a efectos de verificación, de conformidad con el presente Reglamento.

(15) Para que resulten interesantes para los productores y, al mismo tiempo, fiables para los consumidores, las indicaciones relativas a las características específicas de un producto agrícola o alimenticio deben disfrutar de protección jurídica y ser objeto de controles.

(16) Los Estados miembros deben ser autorizados a percibir una tasa administrativa destinada a cubrir los gastos correspondientes.

(17) Deben adoptarse las medidas necesarias para la aplicación del presente Reglamento conforme a lo dispuesto en la Decisión 1999/468/CE del Consejo, de 28 de junio de 1999, por la que se establecen los procedimientos para el ejercicio de las competencias de ejecución atribuidas a la Comisión.

(18) Conviene establecer disposiciones que permitan determinar las normas del presente Reglamento que son aplicables a las solicitudes de registro recibidas por la Comisión antes de su entrada en vigor. Por otra parte, conviene dejar a los agentes económicos un plazo razonable para adaptar los organismos privados de control y el etiquetado de los productos agrícolas y alimenticios comercializados como especialidades tradicionales garantizadas.

(19) En aras de la claridad y la transparencia, debe derogarse el Reglamento (CEE) nº 2082/92 y sustituirlo por el presente Reglamento.

HA ADOPTADO EL PRESENTE REGLAMENTO:

Artículo 1.- *Ámbito de aplicación*

1. El presente Reglamento establece las normas con arreglo a las cuales se podrá reconocer una especialidad tradicional garantizada para:

a) los productos agrícolas destinados a la alimentación humana que figuran en el anexo I del Tratado;

b) los productos alimenticios que figuran en el anexo I del presente Reglamento.

El anexo I del presente Reglamento podrá modificarse con arreglo al procedimiento contemplado en el artículo 18, apartado 2.

2. El presente Reglamento se aplicará sin perjuicio de otras disposiciones comunitarias específicas.

3. La Directiva 98/34/CE del Parlamento Europeo y del Consejo, de 22 de junio de 1998, por la que se establece un procedimiento de información en materia de las normas y reglamentaciones técnicas y de las reglas relativas a los servicios de la sociedad de la información, no se aplicará a las especialidades tradicionales garantizadas objeto del presente Reglamento.

Artículo 2.- *Definiciones*

1. A efectos del presente Reglamento se entenderá por:

a) "características específicas": el elemento o conjunto de elementos por los que un producto agrícola o alimenticio se distingue claramente de otros productos agrícolas o alimenticios similares pertenecientes a la misma categoría;

b) "tradicional": el uso demostrado en el mercado comunitario a lo largo de un período cuya duración suponga la transmisión de una generación a otra; dicha duración debería ser la que normalmente se atribuye a una generación humana, esto es, al menos 25 años;

c) "especialidad tradicional garantizada": producto agrícola o alimenticio tradicional que se beneficia del reconocimiento por la Comunidad de sus características específicas mediante su registro de acuerdo con el presente Reglamento;

d) "agrupación": toda organización, cualquiera que sea su forma jurídica o su composición, de productores o de transformadores que trabajen con un mismo producto agrícola o alimenticio.

2. El elemento o conjunto de elementos contemplado en el apartado 1, letra a), podrá referirse a las características intrínsecas del producto, como son las características físicas, químicas, microbiológicas u organolépticas, o al método de producción o elaboración del mismo, o a condiciones específicas que deben prevalecer durante su producción.

La presentación de un producto agrícola o alimenticio no se considerará como un elemento en el sentido del apartado 1, letra a).

Las características específicas precisadas en el apartado 1, letra a), no podrán limitarse a la composición cualitativa o cuantitativa o a un modo de producción, definidos por la normativa comunitaria o nacional, por normas establecidas por organismos de normalización o por normas voluntarias; no obstante, esta disposición no se aplicará cuando la normativa nacional o la norma de que se trate haya sido establecida para definir la especificidad de un producto.

También podrán formar parte de la agrupación a que se refiere el apartado 1, letra d), otras partes interesadas.

Artículo 3.- *Registro*

La Comisión llevará un registro de las especialidades tradicionales garantizadas reconocidas a escala comunitaria de conformidad con el presente Reglamento.

Este registro distinguirá dos listas de especialidades tradicionales garantizadas, dependiendo de que la utilización del nombre del producto agrícola o alimenticio esté o no reservada a los productores que respeten el pliego de condiciones.

Artículo 4.- *Exigencias relativas a los productos y a los nombres*

1. Para figurar en el registro mencionado en el artículo 3, los productos agrícolas o alimenticios deberán o bien haber sido producidos a partir de materias primas tradicionales, o bien presentar una composición tradicional o un modo de producción y/o de transformación que pertenezca al tipo de producción y/o de transformación tradicional.

No se podrá registrar un producto agrícola o alimenticio cuyas características específicas radiquen en su procedencia u origen geográfico. Sin perjuicio de lo dispuesto en el artículo 5, apartado 1, estará autorizada la utilización de términos geográficos en un nombre.

2. Para ser registrado, el nombre deberá:

a) ser específico por sí mismo;

b) expresar las características específicas del producto agrícola o del producto alimenticio.

3. El nombre específico contemplado en el apartado 2, letra a), deberá ser tradicional y ajustarse a las disposiciones nacionales o estar consagrado por el uso.

No podrá registrarse el nombre que exprese las características específicas, contempladas en el apartado 2, letra b), que:

a) se refiera únicamente a exigencias de carácter general utilizadas para un conjunto de productos agrícolas o alimenticios, o a las exigencias establecidas en una reglamentación comunitaria determinada;

b) sea engañoso, por ejemplo por hacer referencia a una característica evidente del producto o por no corresponder al pliego de condiciones y, por consiguiente, ser susceptible de llevar a error al consumidor respecto de las características del producto.

Artículo 5.- *Restricciones en el uso de nombres*

1. El presente Reglamento se aplicará sin perjuicio de las normas comunitarias o de los Estados miembros que regulan la propiedad intelectual y, en particular, de las normas aplicables a las indicaciones geográficas y marcas.

2. El nombre de una variedad vegetal o de una raza animal podrá utilizarse en el nombre de una especialidad tradicional garantizada siempre que no induzca a error respecto de la naturaleza del producto.

Artículo 6.- *Pliego de condiciones*

1. Para poder beneficiarse de una especialidad tradicional garantizada (ETG), los productos agrícolas o alimenticios deberán ajustarse a un pliego de condiciones.

2. El pliego de condiciones contendrá los elementos siguientes:

a) el nombre contemplado en el artículo 4, apartado 2, redactado en una o varias lenguas, precisando si la agrupación solicita el registro con o sin reserva del nombre y si solicita beneficiarse de las disposiciones previstas en el artículo 13, apartado 3;

b) una descripción del producto agrícola o alimenticio que incluya sus principales características físicas, químicas, microbiológicas u organolépticas;

c) la descripción del método de producción que deben seguir los productores, incluidos, cuando proceda, la naturaleza y las características de la materia prima o los ingredientes utilizados y el método de elaboración del producto agrícola o alimenticio;

d) los elementos clave que definan las características específicas del producto y, en su caso, el referente utilizado;

e) los elementos clave que demuestren el carácter tradicional del producto según lo establecido en el artículo 4, apartado 1, párrafo primero;

f) los requisitos mínimos y los procedimientos de control de las características específicas.

Artículo 7.- *Solicitud de registro*

1. Sólo las agrupaciones estarán facultadas para solicitar el registro de una especialidad tradicional garantizada.

Varias agrupaciones originarias de Estados miembros o países terceros distintos podrán presentar una solicitud conjunta.

2. Una agrupación sólo podrá presentar una solicitud de registro para los productos agrícolas o alimenticios que produzca u obtenga.

3. En la solicitud de registro figurarán, como mínimo:

a) el nombre y la dirección de la agrupación solicitante;

b) el pliego de condiciones establecido en el artículo 6;

c) el nombre y la dirección de las autoridades u organismos encargados de verificar el cumplimiento de lo dispuesto en el pliego de condiciones, junto con sus funciones específicas;

d) los documentos que justifiquen el carácter específico y tradicional.

4. Cuando la agrupación esté establecida en un Estado miembro, la solicitud se presentará en tal Estado miembro.

El Estado miembro examinará la solicitud por los medios adecuados a fin de comprobar que está justificada y cumple las condiciones del presente Reglamento.

5. Como parte del examen mencionado en el apartado 4, párrafo segundo, el Estado miembro iniciará un procedimiento nacional de oposición, garantizando una publicación adecuada de la solicitud y estableciendo un plazo razonable durante el cual cualquier persona física o jurídica que ostente un interés legítimo y esté establecida o resida en su territorio podrá declarar su oposición a la solicitud.

El Estado miembro examinará la admisibilidad de las oposiciones recibidas con arreglo a los criterios contemplados en el artículo 9, apartado 3, párrafo primero.

6. Si el Estado miembro considera que se cumplen los requisitos de los artículos 4, 5 y 6, remitirá a la Comisión:

a) el nombre y la dirección de la agrupación solicitante;

b) el pliego de condiciones mencionado en el artículo 6;

c) el nombre y la dirección de las autoridades u organismos encargados de verificar el cumplimiento de lo dispuesto en el pliego de condiciones, junto con sus funciones específicas;

d) una declaración del Estado miembro en la que haga constar que la solicitud presentada por la agrupación cumple las condiciones establecidas en el presente Reglamento y las disposiciones adoptadas para su aplicación.

7. En el caso de que la solicitud para un producto agrícola o alimenticio proceda de una agrupación de un tercer país, dicha solicitud deberá dirigirse a la Comisión, directamente o a través de las autoridades del tercer país, y contener los elementos previstos en el apartado 3.

8. Los documentos a que se refiere el presente artículo remitidos a la Comisión estarán redactados en una de las lenguas oficiales de las instituciones de la Unión Europea o irán acompañados de una traducción autenticada a una de dichas lenguas.

Artículo 8.- *Examen por la Comisión*

1. La Comisión examinará por los medios adecuados las solicitudes que reciba en virtud del artículo 5 para comprobar que están justificadas y cumplen las condiciones establecidas en el presente Reglamento. Dicho examen debería realizarse en un plazo no superior a doce meses.

La Comisión hará publica mensualmente la lista de nombres para los que se haya presentado una solicitud de registro, así como la fecha de tal presentación.

2. Si, basándose en el examen realizado de conformidad con el apartado 1, párrafo primero, la Comisión considera que se cumplen las condiciones establecidas en el presente Reglamento, publicará en el Diario Oficial de la Unión Europea la información a que se refiere el artículo 7, apartado 3, letras a), b) y c).

En caso contrario, la Comisión desestimará la solicitud por el procedimiento contemplado en el artículo 18, apartado 2.

Artículo 9.- *Oposición*

1. En un plazo de seis meses a partir de la fecha de publicación en el Diario Oficial de la Unión Europea a que se refiere el artículo 8, apartado 2, párrafo primero, cualquier Estado miembro o tercer país podrá oponerse al registro propuesto presentando a la Comisión una declaración debidamente motivada.

2. Podrá asimismo oponerse al registro de que se trata, presentando una declaración debidamente motivada, cualquier persona física o jurídica que ostente un interés legítimo, que esté establecida o resida en un Estado miembro distinto del que haya solicitado el registro o en un tercer país.

En el caso de las personas físicas o jurídicas establecidas o residentes en un Estado miembro, dicha declaración se presentará a dicho Estado miembro en un plazo que permita una oposición de conformidad con el apartado 1.

En el caso de las personas físicas o jurídicas establecidas o residentes en un tercer país, la declaración deberá presentarse a la Comisión, directamente o a través de las autoridades del tercer país de que se trate, en el plazo establecido en el apartado 1.

3. Sólo serán admisibles las declaraciones de oposición recibidas por la Comisión en el plazo fijado en el apartado 1 y que muestren:

a) el incumplimiento de las condiciones a que se refieren los artículos 2, 4 y 5, o

b) cuando se trate de una solicitud en virtud del artículo 13, apartado 2, que el nombre se utiliza de forma legal, notoria y económicamente significativa en productos agrícolas o alimenticios similares.

La Comisión examinará la admisibilidad de las oposiciones.

Los criterios contemplados en el párrafo primero se evaluarán con relación al territorio de la Comunidad.

4. Si la Comisión no recibe ninguna declaración de oposición admisible de acuerdo con el apartado 3, procederá al registro del nombre.

El registro se publicará en el Diario Oficial de la Unión Europea.

5. Cuando una declaración de oposición sea admisible con arreglo al apartado 3, la Comisión invitará a las partes interesadas a proceder a las consultas apropiadas.

Si las partes interesadas llegan a un acuerdo en un plazo de seis meses, notificarán a la Comisión todos los elementos que hayan permitido dicho acuerdo, incluidas las opiniones del solicitante y del oponente. Si los elementos publicados de acuerdo con el artículo 8, apartado 2, no han sufrido modificaciones o únicamente modificaciones menores, la Comisión procederá con arreglo al presente artículo, apartado 4. En los demás casos, la Comisión repetirá el examen contemplado en el artículo 8, apartado 1.

De no llegarse a un acuerdo, la Comisión adoptará una decisión de conformidad con el procedimiento mencionado en el artículo 18, apartado 2, teniendo en cuenta los usos leal y tradicionalmente practicados y el riesgo real de confusión.

Esta decisión se publicará en el Diario Oficial de la Unión Europea.

6. Los documentos mencionados en el presente artículo enviados a la Comisión estarán redactados en una de las lenguas oficiales de las instituciones de la Unión Europea o irán acompañados de una traducción autenticada a una de dichas lenguas.

Artículo 10.- *Anulación*

Si la Comisión, de conformidad con las normas detalladas a que se refiere el artículo 19, apartado 1, letra f), considera que el cumplimiento de lo indicado en el pliego de condiciones de un producto agrícola o alimenticio amparado por una especialidad tradicional garantizada ha dejado de estar garantizado, iniciará el procedimiento contemplado en el artículo 18, apartado 2, para la anulación de la inscripción en el registro, que se publicará en el Diario Oficial de la Unión Europea.

Artículo 11.- *Modificación del pliego de condiciones*

1. Un Estado miembro podrá solicitar la modificación de un pliego de condiciones, a petición de una agrupación establecida en su territorio o de una agrupación establecida en un tercer país. En este último caso, la solicitud deberá dirigirse a la Comisión, directamente o a través de las autoridades del tercer país.

La solicitud deberá demostrar un interés económico legítimo y describir las modificaciones solicitadas y su justificación.

La solicitud de aprobación de una modificación estará sujeta al procedimiento establecido en los artículos 7, 8 y 9.

Sin embargo, cuando sólo se propongan modificaciones menores, la Comisión decidirá la aprobación de la modificación sin seguir el procedimiento establecido en el artículo 8, apartado 2, y en el artículo 9.

La Comisión publicará las modificaciones menores, cuando proceda, en el Diario Oficial de la Unión Europea.

2. El Estado miembro velará por que todos los productores o transformadores que apliquen el pliego de condiciones cuya modificación se solicite sean informados de la publicación. Además de las oposiciones a que se refiere el artículo 9, apartado 3, serán admisibles las oposiciones que demuestren un interés económico en la producción de la especialidad tradicional garantizada.

3. Cuando una modificación consista en un cambio temporal en el pliego de condiciones que obedezca a medidas sanitarias o fitosanitarias obligatorias impuestas por las autoridades públicas, la solicitud será remitida a la Comisión por el Estado miembro, a petición de una agrupación de productores, o por una agrupación establecida en un tercer país. Será de aplicación el procedimiento a que se refiere el apartado 1, párrafo cuarto.

Artículo 12.- *Nombres, indicaciones y símbolos*

1. Sólo los productores que se ajusten al pliego de condiciones podrán hacer referencia a una especialidad tradicional garantizada en el etiquetado, la publicidad u otros documentos correspondientes a un producto agrícola o alimenticio.

2. Cuando en el etiquetado de un producto agrícola o alimenticio elaborado en el territorio de la Comunidad se haga referencia a una especialidad tradicional garantizada, en dicho etiquetado deberá figurar el nombre registrado, acompañado bien del símbolo comunitario, bien de la indicación "especialidad tradicional garantizada".

3. La indicación mencionada en el apartado 2 será facultativa en el caso del etiquetado de las especialidades tradicionales garantizadas producidas fuera del territorio comunitario.

Artículo 13.- *Disposiciones relativas al nombre registrado*

1. A partir de la fecha de publicación establecida en el artículo 9, apartados 4 o 5, un nombre inscrito en el registro contemplado en el artículo 3 sólo podrá utilizarse para identificar el producto agrícola o alimenticio que corresponda al pliego de condiciones como especialidad tradicional garantizada de conformidad con lo dispuesto en el artículo 12. No obstante, los nombres registrados podrán seguir utilizándose en el etiquetado de los productos que no correspondan al pliego de condiciones registrado, pero sin que en el mismo pueda figurar la indicación "especialidad tradicional garantizada" ni la abreviatura "ETG" ni el símbolo comunitario asociado.

2. Sin embargo, una especialidad tradicional garantizada podrá registrarse con reserva del nombre para un producto agrícola o alimenticio que corresponda al pliego de condiciones publicado, siempre que la agrupación así lo haya pedido en su solicitud de registro y que el procedimiento establecido en el artículo 9 no ponga de manifiesto que el nombre se utiliza de manera legal, notoria y económicamente significativa en productos agrícolas o alimenticios similares. A partir de la fecha de publicación prevista en el artículo 9, apartados 4 o 5, el nombre, incluso sin ir acompañado de la indicación "especialidad tradicional garantizada", de la abreviatura "ETG" o del símbolo comunitario asociado, ya no podrá utilizarse en el etiquetado de los productos agrícolas o alimenticios similares que no se ajusten al pliego de condiciones registrado.

3. En el caso de los nombres cuyo registro se solicite en una sola lengua, la agrupación podrá prever en el pliego de condiciones que, al comercializar el producto, además del nombre en la lengua original, en la etiqueta pueda figurar en las demás lenguas oficiales una indicación de que el producto ha sido obtenido según la tradición de la región, el Estado miembro o el tercer país de donde es originaria la solicitud.

Artículo 14.- *Controles oficiales*

1. Los Estados miembros designarán la autoridad o autoridades competentes, responsables de los controles oficiales aplicables a las obligaciones establecidas por el presente Reglamento de conformidad con el Reglamento (CE) nº 882/2004.

2. Los Estados miembros garantizarán que los agentes económicos que cumplan lo dispuesto en el Reglamento puedan acogerse al sistema de controles oficiales.

3. La Comisión publicará el nombre y la dirección de las autoridades y organismos contemplados en el apartado 1 o en el artículo 15 y actualizará periódicamente dicha publicación.

Artículo 15.- *Verificación del cumplimiento del pliego de condiciones*

1. Con respecto a los productos agrícolas y alimenticios producidos en la Comunidad, la verificación del cumplimiento del pliego de condiciones antes de la comercialización del producto competerá a:

- una o varias autoridades mencionadas en el artículo 14, y/o
- uno o varios organismos de control en el sentido del artículo 2 del Reglamento (CE) nº 882/2004 que actúen como organismo de certificación de productos.

Los costes de la verificación del cumplimiento del pliego de condiciones serán sufragados por los agentes económicos sujetos a los controles.

2. Con respecto a los productos agrícolas y alimenticios producidos en un tercer país, la verificación del cumplimiento del pliego de condiciones antes de la comercialización del producto competerá a:

- una o varias autoridades públicas designadas por el tercer país, y/o
- uno o varios organismos de certificación de productos.

3. Los organismos de certificación de productos a que se refieren los apartados 1 y 2 deberán cumplir la Norma Europea EN 45011 o la Guía ISO/IEC 65 (Criterios generales relativos a los organismos de certificación de productos) y, a partir del 1 de mayo de 2010, estar acreditados de conformidad con una de las mencionadas normas.

4. Si las autoridades a que se refieren los apartados 1 y 2 han optado por verificar el cumplimiento del pliego de condiciones, deberán ofrecer las oportunas garantías de objetividad e imparcialidad y disponer del personal cualificado y los recursos necesarios para desempeñar su función.

Artículo 16.- *Declaración de los productores ante la autoridad u organismo designado*

1. El productor de un Estado miembro que tenga intención de producir por primera vez una especialidad tradicional garantizada, incluso aunque pertenezca a la agrupación inicialmente solicitante, deberá notificarlo de antemano a las autoridades u organismos designados a que se refiere el artículo 14, apartado 3, del Estado miembro en el que esté establecido, siguiendo las indicaciones de la autoridades competentes a las que se hace referencia en el artículo 14, apartado 1.

2. El productor de un tercer país que tenga intención de producir por primera vez una especialidad tradicional garantizada, incluso aunque pertenezca a la agrupación inicialmente solicitante, deberá notificarlo de antemano a las autoridades u organismos designados a que se refiere el artículo 14, apartado 3, siguiendo, en caso necesario, las indicaciones de la agrupación de productores o de la autoridad del tercer país.

Artículo 17.- *Protección*

1. Los Estados miembros adoptarán las medidas necesarias para garantizar la protección jurídica contra cualquier utilización abusiva o engañosa de la indicación "especialidad tradicional garantizada", de la abreviatura "ETG" y del símbolo comunitario asociado, así como contra cualquier imitación de los nombres registrados y reservados de conformidad con el artículo 13, apartado 2.

2. Los nombres registrados estarán protegidos contra cualquier práctica que pueda llevar a error al consumidor, incluidas aquellas prácticas que hagan creer que el producto agrícola o alimenticio es una especialidad tradicional garantizada reconocida por la Comunidad.

3. Los Estados miembros adoptarán todas las medidas apropiadas para que las denominaciones de venta utilizadas a escala nacional no puedan confundirse con los nombres registrados y reservados de conformidad con el artículo 13, apartado 2.

Artículo 18.- *Procedimiento de comité*

1. La Comisión estará asistida por el Comité permanente de las especialidades tradicionales garantizadas.

2. En los casos en que se haga referencia al presente apartado, serán de aplicación los artículos 5 y 7 de la Decisión 1999/468/CE.

El plazo contemplado en el artículo 5, apartado 6, de la Decisión 1999/468/CE queda fijado en tres meses.

3. El Comité aprobará su reglamento interno.

Artículo 19.- *Disposiciones de aplicación y disposiciones transitorias*

1. De acuerdo con el procedimiento a que se refiere el artículo 18, apartado 2, se adoptarán normas detalladas para la aplicación del presente Reglamento, que regularán en particular:

a) la información que debe incluirse en el pliego de condiciones contemplado en el artículo 6, apartado 2;

b) la presentación de una solicitud de registro con arreglo al artículo 7, apartado 1, por agrupaciones situadas en diferentes Estados miembros o terceros países;

c) la remisión a la Comisión de las solicitudes a que se refiere el artículo 7, apartados 3 y 6, de las solicitudes a que se refiere el artículo 7, apartado 7, y de las solicitudes de modificación a que se refiere el artículo 11;

d) el registro de las especialidades tradicionales garantizadas mencionado en el artículo 3;

e) las oposiciones contempladas en el artículo 9, incluidas las disposiciones relativas a las oportunas consultas entre las partes interesadas;

f) la anulación de la inscripción en el registro de una especialidad tradicional garantizada a que se refiere el artículo 10;

g) las indicaciones y símbolos mencionados en el artículo 12;

h) una definición del concepto de modificaciones menores a que se refiere el artículo 11, apartado 1, párrafo cuarto;

i) las condiciones de verificación del cumplimiento del pliego de condiciones.

2. Los nombres que, en la fecha de entrada en vigor del presente Reglamento, ya estén registrados al amparo del Reglamento (CEE) nº 2082/92 se inscribirán automáticamente en el registro mencionado en el artículo 3. Los pliegos de condiciones correspondientes a los mismos se asimilarán a los pliegos de condiciones mencionados en el artículo 6, apartado 1.

3. En lo que se refiere a las solicitudes, declaraciones y peticiones pendientes que la Comisión reciba antes de la fecha de entrada en vigor del presente Reglamento:

a) no se aplicarán los procedimientos contemplados en el artículo 7;

b) cuando el pliego de condiciones contenga elementos no mencionados en el artículo 6, la Comisión podrá solicitar que se presente una nueva versión del pliego de condiciones del producto que sea compatible con dicho artículo, cuando sea necesario para poder proseguir la tramitación de la solicitud.

Artículo 20.- *Tasas*

Los Estados miembros podrán exigir el pago de una tasa destinada a cubrir sus gastos, en particular los derivados del examen de las solicitudes de registro, de las declaraciones de oposición, de las solicitudes de modificación y de las peticiones de anulación en virtud del presente Reglamento.

Artículo 21.- *Derogación*

Queda derogado el Reglamento (CEE) nº 2082/92.

Las referencias al Reglamento derogado se entenderán hechas al presente Reglamento con arreglo a la tabla de correspondencias que figura en el anexo II.

Artículo 22.- *Entrada en vigor*

El presente Reglamento entrará en vigor a los veinte días de su publicación en el Diario Oficial de la Unión Europea.

No obstante, el artículo 12, apartado 2, se aplicará a partir del 1 de mayo de 2009, sin perjuicio de los productos ya comercializados con anterioridad a esa fecha.

El presente Reglamento será obligatorio en todos sus elementos y directamente aplicable en cada Estado miembro.

ANEXO I.-

Productos alimenticios a que se refiere el artículo 1, apartado 1, letra b)

- cerveza,
- chocolate y demás preparaciones alimenticias que contengan cacao,
- productos de confitería, panadería, panadería fina, pastelería y galletería,
- pastas alimenticias, incluso cocidas o rellenas,
- platos precocinados,
- salsas sazonadoras preparadas,
- sopas o caldos,
- bebidas a base de extractos de plantas,
- helados y sorbetes.

ANEXO II.-

Tabla de correspondencias

[Anexo no reproducido en la presente publicación]

20 de marzo de 2006.- Reglamento (CE) nº 510/2006
del Consejo,
sobre la protección de las indicaciones geográficas y de las denominaciones de origen de los productos agrícolas y alimenticios
(D.O. L 93, 31 de marzo de 2006)

[V.C. 29/05/2008]

TJUE, 22 de diciembre de 2010, Asunto C-120/08, Bavaria NV contra Bayerischer Brauerbund eV. [Interpretación del Art. 14(1)] [Registro según el procedimiento simplificado - Relaciones entre marcas e indicaciones geográficas protegidas.]
TJUE, 10 de septiembre de 2009, Asunto C-446/07, Alberto Severi contra Regione Emilia Romagna. [Interpretación de los Arts. 3(1) y 13(2)] [Etiquetado de los productos alimenticios destinados a ser entregados, sin ulterior transformación, al consumidor final - Etiquetado que puede inducir a error al comprador sobre el origen o procedencia del producto alimenticio - Denominaciones genéricas en el sentido del artículo 3 del Reglamento (CEE) nº 2081/92]
TJUE, 8 de septiembre de 2009, Asunto C-478/07, Bud□jovický Budvar, národní podnik contra Rudolf Ammersin GmbH. [Interpretación general] [Tratados bilaterales entre Estados miembros - Protección en un Estado miembro de una indicación de procedencia geográfica de otro Estado miembro - Régimen comunitario de protección de las indicaciones geográficas y de las denominaciones de origen]

EL CONSEJO DE LA UNIÓN EUROPEA,
Visto el Tratado constitutivo de la Comunidad Europea y, en particular, su artículo 37,
Vista la propuesta de la Comisión,
Visto el dictamen del Parlamento Europeo,
Considerando lo siguiente:

(1) La producción, la fabricación y la distribución de los productos agrícolas y alimenticios ocupan un lugar importante en la economía de la Comunidad.

(2) Conviene fomentar la diversificación de la producción agrícola para conseguir un mayor equilibrio en el mercado entre la oferta y la demanda. La promoción de los productos que presenten determinadas características puede resultar muy beneficiosa para el mundo rural, especialmente para las zonas menos favorecidas y más apartadas, al asegurar la mejora de la renta de los agricultores y el asentamiento de la población rural en esas zonas.

(3) Además, cada vez más consumidores conceden mayor importancia a la calidad que a la cantidad de la alimentación. Esta búsqueda de productos específicos se refleja, entre otras cosas, en una creciente demanda de productos agrícolas y alimenticios de un origen geográfico determinado.

(4) Dada la enorme variedad de productos comercializados y la gran cantidad de información sobre los mismos, el consumidor, para poder elegir mejor, debe disponer de datos claros y concisos acerca del origen del producto.

(5) El etiquetao de los productos agrícolas y alimenticios está sujeto a las normas generales vigentes en la Comunidad y, sobre todo, al cumplimiento de la Directiva 2000/13/CE del Parlamento Europeo y del Consejo, de 20 de marzo de 2000, relativa a la aproximación de las legislaciones de los Estados miembros en materia de etiquetado, presentación y publicidad de los productos alimenticios. Teniendo en cuenta su carácter específico, es conveniente adoptar disposiciones complementarias especiales para los productos agrícolas y alimenticios procedentes de zonas geográficas delimitadas que exijan a los productores la utilización de los símbolos o de las indicaciones comunitarias apropiadas en el envase. Conviene convertir en obligatorio el uso de dichos símbolos o indicaciones en las denominaciones comunitarias para, por una parte, dar a conocer mejor a los consumidores esta categoría de productos y las garantías vinculadas a los mismos y, por otra, permitir una identificación más fácil de estos productos en los mercados para facilitar los controles de los mismos. Sin embargo, debe preverse un plazo razonable para que los agentes económicos puedan adaptarse a esta obligación.

(6) En el caso de las denominaciones de origen y las indicaciones geográficas se hace necesario adoptar un enfoque comunitario. Un conjunto de normas comunitarias que impliquen un régimen de protección permitirá el desarrollo de las indicaciones geográficas y de las denominaciones de origen ya que este marco garantiza, mediante un enfoque más uniforme, unas condiciones de competencia leal entre los productores

de los productos que se benefician de estas indicaciones y hace que dichos productos gocen de una mayor credibilidad a los ojos de los consumidores.

(7) Es oportuno que la normativa prevista se aplique sin perjuicio de la normativa comunitaria ya existente referente a los vinos y las bebidas espirituosas.

(8) El ámbito de aplicación del presente Reglamento debe limitarse a los productos agrícolas y alimenticios respecto de los cuales exista un vínculo entre sus características y su origen geográfico. No obstante, si fuere necesario, este ámbito de aplicación podría ampliarse a otros productos agrícolas o alimenticios.

(9) Habida cuenta de las prácticas existentes, deben determinarse dos niveles diferentes de descripción geográfica, a saber, las indicaciones geográficas protegidas y las denominaciones de origen protegidas.

(10) Los productos agrícolas o alimenticios que se beneficien de tal descripción deben cumplir una serie de condiciones especificadas en un pliego de condiciones.

(11) Para gozar de protección en cualquier Estado miembro, las indicaciones geográficas y las denominaciones de origen deben estar inscritas en un registro comunitario. Su inscripción debe, además, ofrecer información a los profesionales y a los consumidores. Para garantizar que las denominaciones comunitarias inscritas en un registro satisfacen las condiciones establecidas por el presente Reglamento, conviene que las autoridades nacionales del Estado miembro en cuestión examinen las solicitudes, mediante el cumplimiento de disposiciones comunes mínimas que incluyan un procedimiento nacional de oposición. Más tarde, la Comisión debe proceder a un examen tendente a cerciorarse de que cumplen las condiciones establecidas por el presente Reglamento y a garantizar un enfoque uniforme entre los Estados miembros.

(12) El Acuerdo sobre los aspectos de los derechos de propiedad intelectual relacionados con el comercio (Acuerdo sobre los ADPIC de 1994, objeto del anexo 1C del Acuerdo por el que se establece la Organización Mundial del Comercio) incluye disposiciones detalladas sobre la existencia, la adquisición, el alcance, el mantenimiento y la observancia de los derechos de propiedad intelectual.

(13) La protección otorgada por el presente Reglamento previo registro debe estar abierta a las indicaciones geográficas de terceros países que estén protegidas en su país de origen.

(14) El procedimiento de registro debe permitir a cualquier persona física o jurídica con un interés legítimo en un Estado miembro o un tercer país hacer valer sus derechos notificando su oposición.

(15) Es conveniente disponer de procedimientos que, una vez efectuada la inscripción en el registro, y a petición de los grupos con un interés legítimo, permitan la adaptación del pliego de condiciones en función de la evolución de los conocimientos tecnológicos y la anulación de la indicación geográfica o de la denominación de origen de un producto agrícola o alimenticio, sobre todo cuando éste deje de cumplir lo dispuesto en el pliego de condiciones con arreglo al cual se haya beneficiado de la indicación geográfica o de la denominación de origen.

(16) Las denominaciones de origen e indicaciones geográficas protegidas en el territorio comunitario deben estar sujetas a un régimen de controles oficiales, basado en un sistema de control inscrito en el marco del Reglamento (CE) nº 882/2004 del Parlamento Europeo y del Consejo, de 29 de abril de 2004, sobre los controles oficiales efectuados para garantizar la verificación del cumplimiento de la legislación en materia de piensos y alimentos y la normativa sobre salud animal y bienestar de los animales, incluido un régimen de controles que garantice que productos agrícolas y alimenticios de que se trate cumplen las disposiciones del pliego de condiciones.

(17) Los Estados miembros deben ser autorizados a percibir una tasa administrativa destinada a cubrir los gastos correspondientes.

(18) Conviene adoptar las medidas necesarias para la aplicación del presente Reglamento con arreglo a la Decisión 1999/468/CE del Consejo, de 28 de junio de 1999, por la que se establecen los procedimientos para el ejercicio de las competencias de ejecución atribuidas a la Comisión.

(19) Las denominaciones ya registradas al amparo del Reglamento (CEE) nº 2081/92 del Consejo, de 14 de julio de 1992, relativo a la protección de las indicaciones geográficas y de las denominaciones de origen de los productos agrícolas y alimenticios, en la fecha de entrada en vigor del presente Reglamento deben seguir beneficiándose de la protección prevista por el presente Reglamento e incluirse automáticamente en el registro. Por otra parte, es conveniente prever medidas transitorias aplicables a las

solicitudes de registro recibidas por la Comisión antes de la entrada en vigor del presente Reglamento.

(20) En aras de la claridad y la transparencia, procede derogar el Reglamento (CEE) nº 2081/92 y sustituirlo por el presente Reglamento.

HA ADOPTADO EL PRESENTE REGLAMENTO:

Artículo 1.- *Ambito de aplicación*

1. El presente Reglamento establece las normas relativas a la protección de las denominaciones de origen e indicaciones geográficas de los productos agrícolas destinados a la alimentación humana contemplados en el anexo I del Tratado, de los productos alimenticios contemplados en el anexo I del presente Reglamento y de los productos agrícolas contemplados en el anexo II del presente Reglamento.

No obstante, el presente Reglamento no se aplicará a los productos del sector vitivinícola, excepto los vinagres de vino, ni a las bebidas espirituosas. El presente apartado se entiende sin perjuicio de la aplicación del Reglamento (CE) nº 1493/1999 del Consejo, de 17 de mayo de 1999, por el que se establece la organización común del mercado vitivinícola.

Los anexos I y II del presente Reglamento podrán modificarse de acuerdo con el procedimiento mencionado en el artículo 15, apartado 2.

2. El presente Reglamento se aplicará sin perjuicio de otras disposiciones comunitarias específicas.

3. La Directiva 98/34/CE del Parlamento Europeo y del Consejo, de 22 de junio de 1998, por la que se establece un procedimiento de información en materia de las normas y reglamentaciones técnicas y de las reglas relativas a los servicios de la sociedad de la información, no se aplicará a las denominaciones de origen ni a las indicaciones geográficas objeto del presente Reglamento.

Artículo 2.- *Denominación de origen e indicación geográfica*

1. A efectos del presente Reglamento se entenderá por:

a) «denominación de origen»: el nombre de una región, de un lugar determinado o, en casos excepcionales, de un país, que sirve para designar un producto agrícola o un producto alimenticio

— originario de dicha región, de dicho lugar determinado o de dicho país,

— cuya calidad o características se deban fundamental o exclusivamente al medio geográfico con sus factores naturales y humanos, y

— cuya producción, transformación y elaboración se realicen en la zona geográfica delimitada;

b) «indicación geográfica»: el nombre de una región, de un lugar determinado o, en casos excepcionales, de un país, que sirve para designar un producto agrícola o un producto alimenticio

— originario de dicha región, de dicho lugar determinado o de dicho país,

— que posea una cualidad determinada, una reputación u otra característica que pueda atribuirse a dicho origen geográfico, y

— cuya producción, transformación o elaboración se realicen en la zona geográfica delimitada.

2. También se considerarán denominaciones de origen o indicaciones geográficas las denominaciones tradicionales, geográficas o no, que designen un producto agrícola o alimenticio que cumplan las condiciones mencionadas en el apartado 1.

3. No obstante lo dispuesto en el apartado 1, letra a), determinadas designaciones geográficas se asimilarán a denominaciones de origen aunque las materias primas de los productos de que se trate procedan de una zona geográfica más extensa o diferente de la zona de transformación, siempre que se cumplan las condiciones siguientes:

a) la zona de producción de las materias primas esté delimitada;

b) existan condiciones específicas para la producción de las materias primas, y

c) exista un régimen de control que garantice la observancia de las condiciones mencionadas en la letra b).

Las designaciones en cuestión deberán haber sido reconocidas como denominaciones de origen en el país de origen antes del 1 de mayo de 2004.

Artículo 3.- *Carácter genérico, conflictos con los nombres de variedades vegetales, razas animales, homónimos y marcas*

1. Las denominaciones que han pasado a ser genéricas no podrán registrarse.

A efectos del presente Reglamento se entenderá por «denominación que ha pasado a ser genérica» el nombre de un producto agrícola o de un producto alimenticio que, aunque se refiera al lugar o la región en que dicho producto agrícola o alimenticio se haya producido o comercializado inicialmente, haya pasado a ser el nombre común de un producto agrícola o alimenticio en la Comunidad.

Para establecer si un nombre ha pasado a ser genérico, se deberán tener en cuenta todos los factores y en especial:

a) la situación existente en los Estados miembros y en las zonas de consumo;

b) las legislaciones nacionales o comunitaria pertinentes.

2. Un nombre no podrá registrarse como denominación de origen o como indicación geográfica cuando entre en conflicto con el nombre de una variedad vegetal o de una raza animal y, por dicho motivo, pueda inducir a error al consumidor por lo que se refiere al verdadero origen del producto.

3. Al registrar una denominación homónima o parcialmente homónima de una denominación ya registrada de acuerdo con el presente Reglamento se tendrán debidamente en cuenta los usos locales y tradicionales y los riesgos reales de confusión. En particular:

a) no se registrará una denominación homónima que induzca al consumidor a creer erróneamente que los productos son originarios de otro territorio, aunque sea exacto por lo que se refiere al territorio, la región o la localidad de la que son originarios los productos agrícolas o alimenticios de que se trate;

b) el uso de una denominación homónima registrada solo se autorizará cuando las condiciones prácticas garanticen que la denominación homónima registrada posteriormente se diferencia suficientemente de la ya registrada, habida cuenta de la necesidad de garantizar un trato equitativo a los productores interesados y de no inducir a error al consumidor.

4. No se registrará una denominación de origen o una indicación geográfica cuando, habida cuenta de la reputación de una marca, su notoriedad y la duración de su uso, el registro pueda inducir a error al consumidor en cuanto a la verdadera identidad del producto.

Artículo 4.- *Pliego de condiciones*

1. Para tener derecho a una denominación de origen protegida (DOP) o una indicación geográfica protegida (IGP), un producto agrícola o alimenticio deberá ajustarse a un pliego de condiciones.

2. El pliego de condiciones contendrá al menos los elementos siguientes:

a) el nombre del producto agrícola o alimenticio, con la denominación de origen o la indicación geográfica;

b) la descripción del producto agrícola o alimenticio, incluidas, en su caso, las materias primas y las principales características físicas, químicas, microbiológicas u organolépticas del producto;

c) la delimitación de la zona geográfica y, si procede, los elementos que indiquen el cumplimiento de las condiciones establecidas en el artículo 2, apartado 3;

d) los elementos que prueben que el producto agrícola o alimenticio es originario de la zona geográfica delimitada contemplada en el artículo 2, apartado 1, letra a) o b), según el caso;

e) la descripción del método de obtención del producto agrícola o alimenticio y, en su caso, los métodos locales, cabales y constantes, así como información sobre el envasado, cuando la agrupación solicitante, en la acepción recogida en el artículo 5, apartado 1, determine y justifique que el envasado tiene que producirse en la zona geográfica delimitada para salvaguardar la calidad o garantizar el origen o cerciorarse del control;

f) los elementos que justifiquen:

i) el vínculo entre la calidad o las características del producto agrícola o alimenticio y el medio geográfico mencionado en el artículo 2, apartado 1, letra a), o, según el caso,

ii) el vínculo entre una cualidad determinada, la reputación u otra característica del producto agrícola o alimenticio y el origen geográfico mencionado en el artículo 2, apartado 1, letra b);

g) el nombre y la dirección de las autoridades u organismos encargados de verificar el cumplimiento de lo indicado en el pliego de condiciones y sus funciones específicas;

h) cualquier norma específica de etiquetado para el producto agrícola o alimenticio en cuestión;

i) los posibles requisitos que deban cumplirse en virtud de disposiciones comunitarias o nacionales.

Artículo 5.- *Solicitud de registro*

1. Solo las agrupaciones estarán facultadas para presentar una solicitud de registro.

A efectos del presente Reglamento se entenderá por «agrupación» toda organización, sea cual sea su forma jurídica o su composición, de productores o de transformadores interesados en el mismo producto agrícola o en el mismo producto alimenticio. Otras partes interesadas podrán formar parte de la agrupación. Una persona física o jurídica podrá ser considerada como agrupación de conformidad con las normas detalladas a que se refiere el artículo 16, letra c).

En el caso de las denominaciones que designen una zona geográfica transfronteriza o de las denominaciones tradicionales vinculadas a una zona geográfica transfronteriza, varias agrupaciones podrán presentar una solicitud conjunta de conformidad con las normas detalladas a que se refiere el artículo 16, letra d).

2. Una agrupación solo podrá presentar una solicitud de registro referente a los productos agrícolas o alimenticios que produzca u obtenga.

3. La solicitud de registro incluirá, como mínimo:

a) el nombre y la dirección de la agrupación solicitante;

b) el pliego de condiciones establecido en el artículo 4;

c) un documento único en el que se exponga lo siguiente:

i) los elementos principales del pliego de condiciones: el nombre, una descripción del producto, incluidas, si ha lugar, las normas específicas aplicables a su envasado y etiquetado, y una descripción concisa de la delimitación de la zona geográfica,

ii) una descripción del vínculo del producto con el medio geográfico o con el origen geográfico mencionados en el artículo 2, apartado 1, letra a) o b), según el caso, incluidos, si ha lugar, los elementos específicos de la descripción del producto o del método de obtención que justifican el vínculo.

4. Las solicitudes de registro que se refieran a una zona geográfica situada en un Estado miembro se dirigirán a dicho Estado miembro.

El Estado miembro examinará la solicitud por los medios adecuados para comprobar que está justificada y cumple las condiciones del presente Reglamento.

5. Como parte del examen mencionado en el apartado 4, párrafo segundo, el Estado miembro iniciará un procedimiento nacional de oposición, garantizando una publicación adecuada de la solicitud y estableciendo un plazo razonable durante el cual cualquier persona física o jurídica que ostente un interés legítimo y esté establecida o resida en su territorio podrá declarar su oposición a la solicitud.

El Estado miembro examinará la admisibilidad de las oposiciones recibidas con arreglo a los criterios contemplados en el artículo 7, apartado 3, párrafo primero.

Si el Estado miembro considera que se cumplen los requisitos del presente Reglamento, adoptará una decisión favorable y remitirá a la Comisión los documentos mencionados en el apartado 7 para una decisión definitiva. En caso contrario, desestimará la solicitud.

El Estado miembro garantizará que su decisión favorable se haga pública y que cualquier persona física o jurídica legítimamente interesada disponga de vías de recurso.

El Estado miembro garantizará la publicación de la versión del pliego de condiciones en la que haya basado su decisión favorable, asegurándose de que se pueda acceder al pliego de condiciones por medios electrónicos.

6. El Estado miembro podrá conceder a la denominación, a escala nacional y solo de forma transitoria, a partir de la fecha de presentación de la solicitud a la Comisión, una protección de conformidad con el presente Reglamento, así como, en su caso, un período de adaptación.

El período de adaptación mencionado en el párrafo primero solo podrá concederse a condición de que las empresas interesadas hayan comercializado legalmente los productos de que se trate utilizando de forma continua las denominaciones correspondientes durante al menos los cinco años anteriores y así lo hayan manifestado durante el procedimiento nacional de oposición a que se refiere el apartado 5, párrafo primero.

La protección nacional transitoria cesará a partir de la fecha en la que se adopte una decisión sobre la inscripción en el registro en virtud del presente Reglamento.

Las consecuencias de la protección nacional transitoria, en caso de que la denominación no llegue a registrarse de acuerdo con el presente Reglamento, serán únicamente responsabilidad del Estado miembro de que se trate.

Las medidas adoptadas por los Estados miembros en virtud del párrafo primero solo surtirán su efecto a nivel nacional y no afectarán a los intercambios intracomunitarios o internacionales.

7. Cuando un Estado miembro adopte una decisión favorable en el sentido del apartado 5, párrafo tercero, hará llegar a la Comisión:

a) el nombre y la dirección de la agrupación solicitante;

b) el documento único mencionado en el apartado 3, letra c);

c) una declaración del Estado miembro en la que haga constar que la solicitud presentada por la agrupación y objeto de la decisión favorable cumple las condiciones del presente Reglamento y las disposiciones adoptadas para su aplicación;

d) la referencia de la publicación del pliego de condiciones a que se refiere el apartado 5, párrafo quinto.

8. Los Estados miembros pondrán en vigor las disposiciones legales, reglamentarias y administrativas necesarias para el cumplimiento de los apartados 4 a 7 a más tardar el 31 de marzo de 2007.

Bulgaria y Rumanía introducirán dichas disposiciones legales, reglamentarias y administrativas a más tardar un año después de la fecha de adhesión.

9. Las solicitudes de registro que se refieran a una zona geográfica situada en un tercer país constarán de los elementos previstos en el apartado 3 y de los elementos que prueben que la denominación de que se trata está protegida en su país de origen.

La solicitud se remitirá a la Comisión, directamente o a través de las autoridades del tercer país de que se trate.

10. Los documentos a que se refiere el presente artículo remitidos a la Comisión estarán redactados en una de las lenguas oficiales de las instituciones de la Unión Europea o irán acompañados de una traducción autenticada a una de dichas lenguas.

11. Para Bulgaria y Rumanía, la protección nacional de las indicaciones geográficas y de las denominaciones de origen existentes en la fecha de su adhesión podrá continuar durante doce meses a partir de dicha fecha.

Cuando, en el sentido del presente Reglamento, se presente a la Comisión una solicitud de registro antes de finalizar el período antes mencionado, la protección cesará a partir de la fecha en la que se adopte una decisión sobre la inscripción en el registro en virtud del presente Reglamento.

La responsabilidad de las consecuencias de dicha protección nacional, en caso de que no se registre la denominación en el sentido del presente Reglamento, corresponderá únicamente al Estado miembro de que se trate.

Artículo 6.- *Examen por la Comisión*

1. La Comisión examinará por los medios adecuados las solicitudes que reciba en virtud del artículo 5 para comprobar que están justificadas y cumplen las condiciones establecidas en el presente Reglamento. Dicho examen debería realizarse en un plazo no superior a 12 meses.

La Comisión hará pública mensualmente la lista de denominaciones para las que se le haya presentado una solicitud de registro, así como la fecha de tal presentación.

2. Si, basándose en el examen realizado de conformidad con el apartado 1, párrafo primero, la Comisión considera que se cumplen las condiciones establecidas en el presente Reglamento, publicará en el Diario Oficial de la Unión Europea el documento único y la referencia de la publicación del pliego de condiciones a que se refiere el artículo 5, apartado 5, párrafo quinto.

En caso contrario, la Comisión desestimará la solicitud por el procedimiento contemplado en el artículo 15, apartado 2.

Artículo 7.- *Oposición y decisión sobre la inscripción en el registro*

1. En un plazo de seis meses a partir de la fecha de publicación en el Diario Oficial de la Unión Europea a que se refiere el artículo 6, apartado 2, párrafo primero, cualquier Estado miembro o tercer país podrá oponerse al registro propuesto presentando a la Comisión una declaración debidamente motivada.

2. Podrá asimismo oponerse al registro de que se trata, presentando una declaración debidamente motivada, cualquier persona física o jurídica que ostente un interés legítimo, que esté establecida o resida en un Estado miembro distinto del que haya solicitado el registro o en un tercer país.

En el caso de las personas físicas o jurídicas establecidas o residentes en un Estado miembro, dicha declaración se presentará a dicho Estado miembro en un plazo que permita una oposición de conformidad con el apartado 1.

En el caso de las personas físicas o jurídicas establecidas o residentes en un tercer país, la declaración se presentará a la Comisión, bien directamente, bien a través de las autoridades de dicho tercer país, en el plazo fijado en el apartado 1.

3. Solo serán admisibles las declaraciones de oposición recibidas por la Comisión en el plazo fijado en el apartado 1 y que:

a) demuestren el incumplimiento de las condiciones a que se refiere el artículo 2, o

b) demuestren que el registro del nombre propuesto sería contrario al artículo 3, apartados 2, 3 y 4, o

c) demuestren que el registro del nombre propuesto pondría en peligro la existencia de una denominación total o parcialmente homónima o de una marca registrada o la existencia de productos que se hayan estado comercializando legalmente durante al menos los cinco años anteriores a la fecha de publicación prevista en el artículo 6, apartado 2, o

d) precisen los elementos que permitan concluir que el nombre cuyo registro se solicita tiene carácter genérico según lo dispuesto en el artículo 3, apartado 1.

La Comisión examinará la admisibilidad de las oposiciones.

Los criterios contemplados en el párrafo primero, letras b), c) y d), se evaluarán con relación al territorio de la Comunidad, que en el caso de los derechos de propiedad intelectual se refiere únicamente al territorio o territorios en los que estén protegidos dichos derechos.

4. Si la Comisión no recibe ninguna declaración de oposición admisible de acuerdo con el apartado 3, procederá al registro de la denominación.

El registro se publicará en el Diario Oficial de la Unión Europea.

5. Cuando una declaración de oposición sea admisible con arreglo al apartado 3, la Comisión invitará a las partes interesadas a proceder a las consultas adecuadas.

Si las partes interesadas llegan a un acuerdo en un plazo de seis meses, notificarán a la Comisión todos los elementos que hayan permitido dicho acuerdo, incluidas las opiniones del solicitante y del oponente. Si los elementos publicados de acuerdo con el artículo 6, apartado 2, no han sufrido modificaciones o únicamente modificaciones menores, concepto este que se definirá de conformidad con el artículo 16, letra h), la Comisión procederá con arreglo al apartado 4 del presente artículo. En los demás casos, la Comisión repetirá el examen contemplado en el artículo 6, apartado 1.

De no llegarse a un acuerdo, la Comisión adoptará una decisión de conformidad con el procedimiento mencionado en el artículo 15, apartado 2, teniendo en cuenta los usos leal y tradicionalmente practicados y los riesgos reales de confusión.

Esta decisión se publicará en el Diario Oficial de la Unión Europea.

6. La Comisión mantendrá actualizado un registro de denominaciones de origen protegidas y de indicaciones geográficas protegidas.

7. Los documentos mencionados en el presente artículo enviados a la Comisión estarán redactados en una de las lenguas oficiales de las instituciones de la Unión Europea o irán acompañados de una traducción autenticada a una de dichas lenguas.

Artículo 8- *Denominaciones, indicaciones y símbolos*

1. Las denominaciones registradas al amparo del presente Reglamento podrán ser utilizadas por cualquier agente económico que comercialice productos agrícolas o alimenticios que se ajusten al pliego de condiciones correspondiente.

2. Las indicaciones «denominación de origen protegida» e «indicación geográfica protegida» o los símbolos comunitarios asociados a ellas deberán figurar en el etiquetado de los productos agrícolas y alimenticios originarios de la Comunidad que se comercialicen con una denominación registrada al amparo del presente Reglamento.

3. Las indicaciones mencionadas en el apartado 2 y los símbolos comunitarios asociados a ellas también podrán figurar en el etiquetado de los productos agrícolas y alimenticios originarios de terceros países que se comercialicen con una denominación registrada al amparo del presente Reglamento.

Artículo 9.- *Aprobación de una modificación del pliego de condiciones*

1. Las agrupaciones que satisfagan las condiciones del artículo 5, apartados 1 y 2, y que estén legítimamente interesadas podrán solicitar la aprobación de una modificación del pliego de condiciones, particularmente para adaptarlo a la evolución de los conocimientos científicos y técnicos o para cambiar la delimitación de la zona geográfica contemplada en el artículo 4, apartado 2, letra c).

La solicitud describirá y justificará las modificaciones que constituyen su objeto.

2. Cuando la modificación implique una o varias modificaciones del documento único, la solicitud de aprobación de una modificación estará sujeta al procedimiento establecido en los artículos 5, 6 y 7. Sin embargo, si las modificaciones propuestas son de menor importancia, la Comisión se pronunciará sobre la solicitud sin ajustarse al procedimiento establecido en el artículo 6, apartado 2, y en el artículo 7 y, en caso de que la apruebe, publicará los elementos mencionados en el artículo 6, apartado 2.

3. Cuando la modificación no implique ninguna modificación del documento único, se aplicarán las normas siguientes:

i) en caso de que la zona geográfica esté situada en un Estado miembro, este último se pronunciará sobre la aprobación de la modificación y, en caso de dictamen positivo, publicará el pliego de condiciones modificado e informará a la Comisión de las modificaciones aprobadas y de su justificación,

ii) en caso de que la zona geográfica esté situada en un tercer país, la Comisión se pronunciará sobre la aprobación de la modificación propuesta.

4. Cuando una modificación consista en un cambio temporal en el pliego de condiciones que obedezca a medidas sanitarias o fitosanitarias obligatorias impuestas por las autoridades públicas, serán de aplicación los procedimientos establecidos en el apartado 3.

Artículo 10.- *Controles oficiales*

1. Los Estados miembros designarán la autoridad o autoridades competentes, responsables de los controles aplicables a las obligaciones establecidas en el presente Reglamento de conformidad con el Reglamento (CE) nº 882/2004.

2. Los Estados miembros garantizarán que los agentes económicos que cumplan lo dispuesto en el presente Reglamento puedan acogerse a un sistema de controles oficiales.

3. La Comisión hará públicos el nombre y la dirección de las autoridades y organismos contemplados en el apartado 1 o en el artículo 11 y actualizará periódicamente dicha publicación.

Artículo 11.- *Verificación del cumplimiento del pliego de condiciones*

1. Con respecto a las indicaciones geográficas y a las denominaciones de origen relativas a una zona geográfica situada en la Comunidad, la verificación del cumplimiento del pliego de condiciones antes de la comercialización del producto competerá a:

— una o varias autoridades competentes mencionadas en el artículo 10, y/o

— uno o varios organismos de control en el sentido del artículo 2 del Reglamento (CE) nº 882/2004 que actúen como organismos de certificación de productos.

Los costes de la verificación del cumplimiento del pliego de condiciones serán sufragados por los agentes económicos sujetos a los controles.

2. Con respecto a las indicaciones geográficas y a las denominaciones de origen relativas a una zona geográfica situada en un tercer país, la verificación del cumplimiento del pliego de condiciones antes de la comercialización del producto competerá a:

— una o varias autoridades públicas designadas por el tercer país, y/o

— uno o varios organismos de certificación de productos.

3. Los organismos de certificación de productos a que se refieren los apartados 1 y 2 deberán cumplir la Norma Europea EN 45011 o la Guía ISO/IEC 65 (Criterios generales relativos a los organismos de certificación de productos) y, a partir del 1 de mayo de 2010, estar acreditados de conformidad con una de las mencionadas normas.

4 Si las autoridades a que se refieren los apartados 1 y 2 han optado por verificar el cumplimiento del pliego de condiciones, deberán ofrecer las oportunas garantías de objetividad e imparcialidad y disponer del personal cualificado y los recursos necesarios para desempeñar su función.

Artículo 12.- *Anulación*

1. Si la Comisión, de conformidad con las normas detalladas a que se refiere el artículo 16, letra k), considera que el cumplimiento de lo indicado en el pliego de condiciones de un producto agrícola o alimenticio amparado por una denominación protegida ha dejado de estar garantizado, iniciará el procedimiento contemplado en el artículo 15, apartado 2, para la anulación de la inscripción en el registro, que se publicará en el Diario Oficial de la Unión Europea.

2. Cualquier persona física o jurídica legítimamente interesada podrá solicitar la anulación de la inscripción en el registro, justificando los motivos de su solicitud.

Se aplicará *mutatis mutandis* el procedimiento establecido en los artículos 5, 6 y 7.

Artículo 13.- *Protección*

1. Las denominaciones registradas estarán protegidas contra:

a) toda utilización comercial, directa o indirecta, de una denominación registrada para productos no amparados por el registro, en la medida en que sean comparables a los productos registrados bajo dicha denominación o en la medida en que al usar la denominación se aprovechen de la reputación de la denominación protegida;

b) toda usurpación, imitación o evocación, aunque se indique el origen verdadero del producto y aunque la denominación protegida esté traducida o vaya acompañada de una expresión como «género», «tipo», «método», «estilo», «imitación» o una expresión similar;

c) cualquier otro tipo de indicación falsa o falaz en cuanto a la procedencia, el origen, la naturaleza o las características esenciales de los productos, en el envase o en el embalaje, en la publicidad o en los documentos relativos a los productos de que se trate, así como la utilización de envases que por sus características puedan crear una impresión errónea acerca de su origen;

d) cualquier otra práctica que pueda inducir a error al consumidor sobre el auténtico origen del producto.

Cuando una denominación registrada contenga ella misma el nombre de un producto agrícola o alimenticio considerado como genérico, la utilización de dicho nombre genérico para los productos agrícolas o alimenticios correspondientes no se considerará contraria al párrafo primero, letras a) o b).

2. Las denominaciones protegidas no podrán pasar a ser denominaciones genéricas.

3. En lo que se refiere a las denominaciones cuyo registro se solicite en virtud del artículo 5, podrá establecerse un período transitorio máximo de cinco años, en el ámbito de lo dispuesto en el artículo 7, apartado 5, únicamente en caso de que se haya declarado admisible una declaración de oposición por considerarse que el registro de la denominación propuesta pondría en peligro la existencia de una denominación total o parcialmente homónima o la existencia de productos que se hayan estado comercializando legalmente durante al menos los cinco años anteriores a la fecha de publicación prevista en el artículo 6, apartado 2.

También podrá fijarse un período transitorio para las empresas establecidas en el Estado miembro o en el tercer país en donde esté situada la zona geográfica correspondiente, a condición de que dichas empresas hayan comercializado legalmente los productos en cuestión utilizando de forma continua las denominaciones correspondientes durante al menos los cinco años anteriores a la fecha de publicación mencionada en el artículo 6, apartado 2, y así lo hayan manifestado durante el procedimiento nacional de oposición contemplado en el artículo 5, apartado 5, párrafos primero y segundo, o en el procedimiento comunitario de oposición contemplado en el artículo 7, apartado 2. En total, la duración acumulada del período transitorio contemplado en el presente párrafo y del período de adaptación contemplado en el artículo 5, apartado 6, no podrá ser superior a cinco años. No se concederá período transitorio si el período de adaptación contemplado en el artículo 5, apartado 6, excede de cinco años.

4. Sin perjuicio del artículo 14, la Comisión podrá autorizar, según el procedimiento contemplado en el artículo 15, apartado 2, la coexistencia de una denominación registrada y de una denominación no registrada que designe un lugar de un Estado miembro o de un tercer país y que sea idéntica a la denominación registrada, a condición de que se cumplan todas las condiciones siguientes:

a) que la denominación idéntica no registrada se haya utilizado legalmente durante al menos los veinticinco años anteriores al 24 de julio de 1993, basándose en usos leales y reiterados;

b) que se demuestre que esa utilización no ha tenido por objeto aprovecharse en ningún momento de la reputación de la denominación registrada y que no ha inducido ni puede inducir al consumidor a error en cuanto al verdadero origen del producto;

c) que el problema planteado por la denominación idéntica se haya señalado antes del registro de la denominación.

La coexistencia de la denominación registrada y de la denominación idéntica no registrada de que se trate no podrá rebasar un período máximo de 15 años, finalizado el cual la denominación no registrada no podrá seguir utilizándose.

La utilización de la denominación geográfica no registrada de que se trate solo se autorizará si en la etiqueta aparece indicado clara y visiblemente el país de origen.

Artículo 14.- *Relaciones entre marcas, denominaciones de origen e indicaciones geográficas*

1. Cuando una denominación de origen o una indicación geográfica se registre de acuerdo con el presente Reglamento, se denegarán las solicitudes de registro de marcas que respondan a alguna de las situaciones mencionadas en el artículo 13 y que se refieran a la misma clase de productos, siempre que la solicitud de registro de la marca se presente después de la fecha de presentación de la solicitud de registro a la Comisión.

Se anularán las marcas registradas de manera contraria al párrafo primero.

2. De conformidad con el Derecho comunitario, el uso, que corresponda a alguna de las situaciones contempladas en el artículo 13, de una marca solicitada, registrada o, en los casos en que así lo permita la legislación aplicable, adquirida mediante el uso de buena fe en el territorio comunitario, bien antes de la fecha de protección de la denominación de origen o de la indicación geográfica en el país de origen, bien antes del 1 de enero de 1996, podrá proseguirse aun cuando se registre una denominación de origen o una indicación geográfica, siempre que la marca no incurra en las causas de nulidad o caducidad establecidas en la Primera Directiva 89/104/CEE del Consejo, de 21 de diciembre de 1988, relativa a la aproximación de las legislaciones de los Estados Miembros en materia de marcas, o en el Reglamento (CE) nº 40/94 del Consejo, de 20 de diciembre de 1993, sobre la marca comunitaria.

Artículo 15.- *Procedimiento de comité*

1. La Comisión estará asistida por el Comité permanente de indicaciones geográficas y denominaciones de origen protegidas.

2. En los casos en que se haga referencia al presente apartado, serán de aplicación los artículos 5 y 7 de la Decisión 1999/468/CE.

El plazo contemplado en el artículo 5, apartado 6, de la Decisión 1999/468/CE queda fijado en tres meses.

3. El Comité aprobará su reglamento interno.

Artículo 16.- *Disposiciones de aplicación*

De acuerdo con el procedimiento a que se refiere el artículo 15, apartado 2, se adoptarán normas detalladas para la aplicación del presente Reglamento, que regularán en particular:

a) el establecimiento de una lista de las materias primas mencionadas en el artículo 2, apartado 3;

b) la información que debe incluirse en el pliego de condiciones contemplado en el artículo 4, apartado 2;

c) las condiciones en las cuales una persona física o jurídica puede ser asimilada a una agrupación;

d) la presentación de una solicitud de registro para una denominación que designe una zona geográfica transfronteriza, a tenor del artículo 5, apartado 1, párrafo tercero;

e) el contenido y el método de transmisión a la Comisión de los documentos mencionados en el artículo 5, apartados 7 y 9;

f) las declaraciones de oposición mencionadas en el artículo 7, incluidas las normas relativas a las consultas adecuadas entre partes interesadas;

g) las indicaciones y símbolos mencionados en el artículo 8;

h) la definición del concepto de modificaciones menores a que se refieren el artículo 7, apartado 5, párrafo segundo, y el artículo 9, apartado 2, teniendo en cuenta que una modificación menor no puede afectar a las características esenciales del producto ni alterar el vínculo;

i) el registro de denominaciones de origen e indicaciones geográficas, previsto en el artículo 7, apartado 6;
j) las condiciones de verificación del cumplimiento del pliego de condiciones;
k) las condiciones de supresión de la inscripción en el registro.

Artículo 17.- *Disposiciones transitorias*
1. Las denominaciones que, en la fecha de entrada en vigor del presente Reglamento, estén enumeradas en el anexo del Reglamento (CE) nº 1107/96 de la Comisión y en el anexo del Reglamento (CE) nº 2400/96 de la Comisión se inscribirán automáticamente en el registro mencionado en el artículo 7, apartado 6, del presente Reglamento. Los pliegos de condiciones correspondientes a las mismas se asimilarán a los pliegos de condiciones mencionados en el artículo 4, apartado 1. Seguirán siendo de aplicación todas las disposiciones transitorias específicas asociadas a las correspondientes inscripciones en el registro.
2. En lo que se refiere a las solicitudes, declaraciones y peticiones pendientes que la Comisión reciba antes de la fecha de entrada en vigor del presente Reglamento:
a) no se aplicarán los procedimientos contemplados en el artículo 5, sin perjuicio de lo dispuesto en el artículo 13, apartado 3;
b) la ficha resumen del pliego de condiciones elaborada de conformidad con el Reglamento (CE) nº 383/2004 de la Comisión sustituirá al documento único mencionado en el artículo 5, apartado 3, letra c).
3. La Comisión podrá adoptar si fuera necesario otras disposiciones transitorias con arreglo a los procedimientos previstos en el artículo 15, apartado 2.

Artículo 18.- *Tasas*
Los Estados miembros podrán exigir el pago de una tasa destinada a cubrir sus gastos, en particular los derivados del examen de las solicitudes de registro, de las declaraciones de oposición, de las solicitudes de modificación y de las peticiones de anulación en virtud del presente Reglamento.

Artículo 19.- *Derogación*
Queda derogado el Reglamento (CEE) nº 2081/92.
Las referencias al Reglamento derogado se entenderán hechas al presente Reglamento con arreglo a la tabla de correspondencias que figura en el anexo III.

Artículo 20.- *Entrada en vigor*
El presente Reglamento entrará en vigor el día de su publicación en el Diario Oficial de la Unión Europea.
No obstante, el artículo 8, apartado 2, se aplicará a partir del 1 de mayo de 2009, sin perjuicio de los productos ya comercializados con anterioridad a esa fecha.
El presente Reglamento será obligatorio en todos sus elementos y directamente aplicable en cada Estado miembro.

ANEXO I.-
Productos alimenticios a que se hace referencia en el artículo 1, apartado 1

- Cerveza.
- Bebidas a base de extractos de plantas.
- Productos de panadería, pastelería, repostería o galletería.
- Gomas y resinas naturales.
- Pasta de mostaza.
- Pastas alimenticias.
- Sal

ANEXO II.-
Productos agrícolas a que se hace referencia en el artículo 1, apartado 1

- Heno.
- Aceites esenciales.
- Corcho.
- Cochinilla (producto bruto de origen animal).
- Flores y plantas ornamentales.
- Lana.

- Mimbre.
- Lino espadillado.
- Algodón

ANEXO III.-
Tabla de correspondencias

[Anexo no reproducido en la presente publicación]

28 de junio de 2007.- Reglamento (CE) nº 834/2007
del Consejo,
sobre producción y etiquetado de los productos ecológicos
y por el que se deroga el Reglamento (CEE) nº 2092/91
(D.O. L 189, 20 de julio de 2007)

[V.C. 10/10/2008]

EL CONSEJO DE LA UNIÓN EUROPEA,

Visto el Tratado constitutivo de la Comunidad Europea y, en particular, su artículo 37,

Vista la propuesta de la Comisión,

Visto el dictamen del Parlamento Europeo,

Considerando lo siguiente:

(1) La producción ecológica es un sistema general de gestión agrícola y producción de alimentos que combina las mejores prácticas ambientales, un elevado nivel de biodiversidad, la preservación de recursos naturales, la aplicación de normas exigentes sobre bienestar animal y una producción conforme a las preferencias de determinados consumidores por productos obtenidos a partir de sustancias y procesos naturales. Así pues, los métodos de producción ecológicos desempeñan un papel social doble, aportando, por un lado, productos ecológicos a un mercado específico que responde a la demanda de los consumidores y, por otro, bienes públicos que contribuyen a la protección del medio ambiente, al bienestar animal y al desarrollo rural.

(2) La participación del sector agrícola ecológico va en aumento en la mayor parte de los Estados miembros y resulta notable el aumento de la demanda de los consumidores en los últimos años. Es probable que las recientes reformas de la política agrícola común, con su énfasis en la orientación al mercado y al suministro de productos de calidad para cubrir la demanda de los consumidores, estimulen aun más el mercado de productos ecológicos. En este contexto, la legislación sobre productos ecológicos desempeña un papel cada vez más importante en el marco de la política agrícola y está estrechamente relacionada con la evolución de los mercados agrícolas.

(3) El marco jurídico comunitario que regula el sector de la producción ecológica debe tener por objetivo asegurar la competencia leal y un funcionamiento apropiado del mercado interior de productos ecológicos, así como mantener y justificar la confianza del consumidor en los productos etiquetados como ecológicos. Asimismo, debe perseguir la creación de condiciones en las que este sector pueda progresar de acuerdo con la evolución de la producción y el mercado.

(4) La Comunicación de la Comisión al Consejo y al Parlamento Europeo sobre el Plan de actuación europeo sobre la alimentación y la agricultura ecológicas propone mejorar y reforzar las normas comunitarias sobre agricultura ecológica y los requisitos de importación y control. En sus conclusiones de 18 de octubre de 2004, el Consejo invitó a la Comisión a revisar el marco jurídico comunitario en este ámbito, con objeto de simplificarlo y asegurar su coherencia general, y en especial establecer principios que fomenten la armonización de normas y, en lo posible, reducir el nivel de detalle.

(5) Es preciso, por tanto, definir más explícitamente los objetivos, los principios y las normas aplicables a la producción ecológica para contribuir a la transparencia y la confianza de los consumidores, así como fijar una definición armonizada del concepto de producción ecológica.

(6) A tal fin, debe derogarse el Reglamento (CE) nº 2092/91 del Consejo, de 24 de junio de 1991, sobre la producción agrícola ecológica y su indicación en los productos agrarios y alimenticios, y sustituirse por un nuevo Reglamento.

(7) Debe establecerse un marco comunitario general de normas sobre producción ecológica vegetal, ganadera y de acuicultura, que incluya normas sobre la recolección de plantas silvestres y algas, normas sobre conversión y normas sobre producción de alimentos procesados, incluido el vino, así como de piensos y levadura ecológica. La Comisión autorizará la utilización de dichos productos y sustancias y podrá decidir sobre los métodos que se utilicen en la agricultura ecológica y en el procesamiento de productos alimenticios ecológicos.

(8) Debe continuar facilitándose el desarrollo de la producción ecológica, especialmente fomentando el uso de nuevas técnicas y sustancias más adecuadas a la producción ecológica.

(9) Dado que los organismos modificados genéticamente (OMG) y los productos producidos a partir de, o mediante, OMG son incompatibles con el concepto de producción ecológica y la percepción del consumidor de los productos ecológicos, no deben, por lo tanto, utilizarse en la agricultura ecológica ni en el procesado de productos ecológicos.

(10) El objetivo es que la presencia de OMG en los productos ecológicos sea la menor posible. Los actuales umbrales de etiquetado representan máximos exclusivamente para la presencia accidental y técnicamente inevitable de OMG.

(11) La agricultura ecológica debe basarse fundamentalmente en recursos renovables integrados en sistemas agrícolas locales. Para minimizar el uso de recursos no renovables, los residuos y los subproductos de origen vegetal y animal deben reciclarse mediante la reposición de nutrientes en la tierra.

(12) La producción vegetal ecológica debe contribuir a mantener y aumentar la fertilidad del suelo así como a la prevención de la erosión del mismo. Las plantas deben nutrirse preferiblemente a través del ecosistema edáfico en lugar de mediante fertilizantes solubles añadidos al suelo.

(13) Los elementos esenciales del sistema de gestión de la producción vegetal ecológica son la gestión de la fertilidad del suelo, la elección de especies y variedades, la rotación plurianual de cosechas, el reciclaje de las materias orgánicas y las técnicas de cultivo. Los fertilizantes adicionales, los acondicionadores del suelo y los productos fitosanitarios deben utilizarse únicamente si son compatibles con los objetivos y principios de la producción ecológica.

(14) La producción ganadera es fundamental en la organización de la producción agrícola de las explotaciones ecológicas, ya que proporciona la materia y los nutrientes orgánicos necesarios para la tierra en cultivo y contribuye así a la mejora del suelo y al desarrollo de una agricultura sostenible.

(15) Para evitar la contaminación ambiental, especialmente de recursos naturales como el suelo y el agua, la producción ecológica de ganado debe asegurar en principio una estrecha relación entre dicha producción y la tierra, adecuados sistemas plurianuales de rotación y la alimentación del ganado mediante productos ecológicos cosechados en la propia explotación o en explotaciones ecológicas vecinas.

(16) Dado que la ganadería ecológica es una actividad vinculada al suelo, los animales deben tener, siempre que sea posible, acceso a áreas al aire libre o pastizales.

(17) La ganadería ecológica debe someterse a rigurosas normas de bienestar animal y responder a las necesidades del comportamiento propias de cada especie, mientras que la atención veterinaria debe basarse en la prevención de enfermedades. En este sentido, debe prestarse atención especial a las condiciones de estabulamiento, las prácticas pecuarias y la carga ganadera. Por otra parte, la elección de razas debe tener en cuenta su capacidad de adaptación a las condiciones locales. Las normas de aplicación para la producción ganadera y acuícola garantizarán el cumplimiento de, al menos, las disposiciones del Convenio europeo sobre protección de los animales en las explotaciones ganaderas y las recomendaciones subsiguientes de su comité permanente.

(18) El sistema de producción ganadera ecológica debe aspirar a completar los ciclos de producción de las diversas especies de ganado con animales criados ecológicamente. Por tanto, fomentará el aumento del patrimonio genético de los animales de cría ecológica y mejorará la autosuficiencia, asegurando así el desarrollo del sector.

(19) Los productos ecológicos procesados deben someterse a métodos que garanticen la integridad ecológica y las calidades esenciales del producto durante todas las etapas de la cadena de producción.

(20) Los alimentos procesados solo deben etiquetarse como ecológicos cuando todos o la mayor parte de los ingredientes de origen agrario son ecológicos. Sin embargo, deben establecerse normas de etiquetado especiales para alimentos procesados que contengan ingredientes agrarios que no puedan obtenerse ecológicamente, como sucede con los productos de la caza y la pesca. Además, para la información al consumidor, la transparencia en el mercado y el fomento de la utilización de ingredientes ecológicos, también debe ser posible referirse a la producción ecológica en la lista de ingredientes en determinadas condiciones.

(21) Es preciso facilitar la flexibilidad en cuanto a la aplicación de las normas de producción, a fin de permitir adaptar las normas y los requisitos ecológicos a las condiciones climáticas o geográficas locales, a las distintas prácticas agrarias y fases de

desarrollo. Esto debe permitir la aplicación de normas excepcionales, pero solo dentro de los límites de condiciones específicas establecidas en la legislación comunitaria.

(22) Dada la importancia de mantener la confianza del consumidor en los productos ecológicos, las excepciones a los requisitos aplicables a la producción ecológica deben limitarse estrictamente a los casos en que se considere justificada la aplicación de normas excepcionales.

(23) A fin de proteger a los consumidores y garantizar la competencia leal, debe evitarse el uso en productos no ecológicos de los términos empleados para distinguir los productos ecológicos, en toda la Comunidad e independientemente de la lengua utilizada. Esta protección debe incluir también los términos derivados o abreviaturas habituales de estos términos, tanto si se utilizan aisladamente como combinados.

(24) A fin de garantizar a los consumidores la transparencia en el mercado comunitario, el logotipo UE deberá ser obligatorio en todos los alimentos ecológicos envasados producidos en la Comunidad. Además, deberá ser posible utilizar el logotipo UE voluntariamente en el caso de productos ecológicos sin envasar producidos en la Comunidad o de productos ecológicos importados de terceros países.

(25) Sin embargo, se considera conveniente limitar la utilización del logotipo UE a los productos que únicamente, o casi únicamente, contengan ingredientes ecológicos, para no confundir a los consumidores sobre la naturaleza ecológica de todo el producto. Por ello, no deberá autorizarse su utilización en el etiquetado de productos obtenidos durante la fase de conversión o de alimentos procesados en los que menos del 95 % de sus ingredientes de origen agrario sean ecológicos.

(26) En ningún caso se podrá impedir que el logotipo UE se utilice simultáneamente con logotipos nacionales o privados.

(27) Por otra parte, para evitar prácticas fraudulentas y cualquier posible confusión de los consumidores sobre el origen comunitario o no comunitario del producto, siempre que se utilice el logotipo UE se informará a los consumidores del lugar en el que se obtuvieron las materias primas agrarias que componen los productos.

(28) Las normas comunitarias deben promover un concepto armonizado de producción ecológica. Las autoridades competentes, autoridades de control y organismos de control deben evitar cualquier conducta que pueda obstaculizar la libre circulación de productos conformes certificados por autoridades u organismos ubicados en otro Estado miembro. En particular, no deben imponer ningún control ni carga financiera adicional.

(29) En aras de la coherencia con la legislación comunitaria en otros ámbitos, los Estados miembros deben poder aplicar dentro de su propio territorio, para la producción vegetal o animal, disposiciones nacionales sobre producción más estrictas que las normas de producción ecológica comunitarias, siempre que dichas disposiciones nacionales también se apliquen a la producción no ecológica y se ajusten al Derecho comunitario.

(30) El uso de OMG en la producción ecológica está prohibido. En beneficio de la transparencia y la coherencia, no debe permitirse etiquetar como ecológico ningún producto que deba etiquetarse como portador de OMG, consistente en OMG o producido a partir de OMG.

(31) A fin de garantizar que los productos ecológicos se producen siguiendo los requisitos establecidos en el marco jurídico comunitario sobre producción ecológica, las actividades realizadas por los operadores en todas las fases de producción, preparación y distribución de productos ecológicos estarán sometidas a un sistema de control creado y gestionado de conformidad con las normas establecidas en el Reglamento (CE) nº 882/2004 del Parlamento Europeo y del Consejo, de 29 de abril de 2004, sobre los controles oficiales efectuados para garantizar la verificación del cumplimiento de la legislación en materia de piensos y alimentos y la normativa sobre salud animal y bienestar de los animales.

(32) Dado que en algunos casos podría parecer desproporcionado aplicar requisitos de notificación y control a determinados tipos de operadores al por menor, como los que venden directamente los productos al consumidor o usuario final, conviene permitir a los Estados miembros que eximan a dichos operadores de estos requisitos. Sin embargo, resulta necesario excluir de la excepción, para evitar el fraude, a los operadores minoristas que producen, preparan o almacenan productos que no tienen relación con el punto de venta, que importan productos ecológicos o que han subcontratado dichas actividades con terceros.

(33) Debe permitirse que los productos ecológicos importados a la Comunidad Europea se comercialicen en el mercado comunitario como ecológicos, cuando estos se han producido de conformidad con normas de producción y disposiciones de control equivalentes a las establecidas en la legislación comunitaria. Por otro lado, los productos importados deben estar cubiertos por un certificado emitido por la autoridad competente o autoridad u organismo de control reconocido del tercer país en cuestión.

(34) La evaluación de la equivalencia de los productos importados debe tener en cuenta las normas internacionales establecidas en el Codex Alimentarius.

(35) Procede mantener la lista de terceros países en los que la Comisión ha reconocido la existencia de normas de producción y control equivalentes a las previstas en la legislación comunitaria. En cuanto a los terceros países no incluidos en dicha lista, la Comisión debe crear una lista de autoridades y organismos de control con competencia reconocida para garantizar la realización de controles y la certificación en los terceros países de que se trate.

(36) Debe reunirse la información estadística que permita disponer de los datos fidedignos necesarios para la aplicación y el seguimiento del presente Reglamento y servir de herramienta a los productores, los operadores comerciales y los responsables políticos. La información estadística necesaria debe definirse en el contexto del programa estadístico comunitario.

(37) La fecha de entrada en vigor del presente Reglamento debe fijarse de modo que se dé a la Comisión suficiente tiempo para adoptar las medidas necesarias para su aplicación.

(38) Las medidas necesarias para la aplicación del presente Reglamento deben adoptarse con arreglo a la Decisión 1999/468/CE del Consejo, de 28 de junio de 1999, por la que se establecen los procedimientos para el ejercicio de las competencias de ejecución atribuidas a la Comisión.

(39) La evolución dinámica del sector ecológico, algunas cuestiones muy sensibles relacionadas con el método de producción ecológico y la necesidad de garantizar un buen funcionamiento del mercado interior y un sistema de control recomiendan prever una futura revisión de las disposiciones comunitarias sobre agricultura ecológica, teniendo en cuenta la experiencia adquirida con la aplicación de dichas normas.

(40) En espera de la adopción de normas comunitarias detalladas de producción para determinadas especies animales y plantas acuáticas y microalgas, conviene que los Estados miembros puedan disponer la aplicación de normas nacionales o, a falta de estas, normas privadas aceptadas o reconocidas por los Estados miembros.

HA ADOPTADO EL PRESENTE REGLAMENTO:

TÍTULO I.- OBJETO, ÁMBITO DE APLICACIÓN Y DEFINICIONES

Artículo 1.- *Objeto y ámbito de aplicación*

1. El presente Reglamento proporciona la base para el desarrollo sostenible de métodos ecológicos de producción, garantizando al mismo tiempo el funcionamiento eficaz del mercado interior, asegurando la competencia leal, la protección de los intereses de los consumidores y la confianza de estos.

El Reglamento establece objetivos y principios comunes para respaldar las normas que establece referentes a:

a) todas las etapas de producción, preparación y distribución de los productos ecológicos y sus controles;

b) el uso de indicaciones en el etiquetado y la publicidad que hagan referencia a la producción ecológica.

2. El presente Reglamento se aplicará a los siguientes productos que, procedentes de la agricultura, incluida la acuicultura, se comercialicen o vayan a comercializarse como ecológicos:

a) productos agrarios vivos o no transformados;

b) productos agrarios transformados destinados a ser utilizados para la alimentación humana;

c) piensos;

d) material de reproducción vegetativa y semillas para cultivo.

Los productos de la caza y de la pesca de animales salvajes no se considerarán producción ecológica.

El presente Reglamento también se aplicará a las levaduras destinadas al consumo humano o animal.

3. El presente Reglamento se aplicará a todo operador que participe en actividades en cualquier etapa de la producción, preparación y distribución relativas a los productos que se establecen en el apartado 2.

No obstante, las actividades de restauración colectiva no estarán sometidas al presente Reglamento. Los Estados miembros podrán aplicar normas nacionales o, en su defecto, normas privadas, en materia de etiquetado y control de los productos procedentes de actividades de restauración colectiva, en la medida en que tales normas cumplan la legislación comunitaria.

4. El presente Reglamento se aplicará sin perjuicio de otras disposiciones comunitarias o nacionales conformes a la legislación comunitaria relativa a los productos especificados en el presente artículo, tales como las disposiciones que rigen la producción, la preparación, la comercialización, el etiquetado y el control, incluida la legislación en materia de productos alimenticios y nutrición animal.

Artículo 2.- *Definiciones*

A los efectos del presente Reglamento, se entenderá por:

a) «producción ecológica»: el uso de métodos de producción conformes a las normas establecidas en el presente Reglamento en todas las etapas de la producción, preparación y distribución;

b) «etapas de producción, preparación y distribución»: cualquier etapa, desde la producción primaria de un producto ecológico hasta su almacenamiento, transformación, transporte, venta y suministro al consumidor final y, cuando corresponda, las actividades de etiquetado, publicidad, importación, exportación y subcontratación;

c) «ecológico»: procedente de o relativo a la producción ecológica;

d) «operador»: la persona física o jurídica responsable de asegurar el cumplimiento de los requisitos del presente Reglamento en la empresa ecológica que dirige;

e) «producción vegetal»: producción de productos agrícolas vegetales incluida la recolección de productos vegetales silvestres con fines comerciales;

f) «producción ganadera»: producción de animales terrestres domésticos o domesticados (incluidos los insectos);

g) «acuicultura»: la definición del Reglamento (CE) nº 1198/2006 del Consejo, de 27 de julio de 2006, relativo al Fondo de Europeo de Pesca;

h) «conversión»: transición de la agricultura no ecológica a la agricultura ecológica durante un período de tiempo determinado en el que se aplicarán las disposiciones relativas a la producción ecológica;

i) «preparación»: operaciones para la conservación y/o la transformación de productos ecológicos (incluido el sacrificio y el despiece para productos animales), así como el envasado, el etiquetado y/o las alteraciones del etiquetado relativas al método de producción ecológico;

j) «alimento», «pienso» y «comercialización»: las definiciones indicadas en el Reglamento (CE) nº 178/2002 del Parlamento Europeo y del Consejo, de 28 de enero de 2002, por el que se establecen los principios y los requisitos generales de la legislación alimentaria, se crea la Autoridad Europea de Seguridad Alimentaria y se fijan procedimientos relativos a la seguridad alimentaria;

k) «etiquetado»: toda palabra, término, detalle, marca registrada, marca comercial, motivo ilustrado o símbolo colocados en cualquier envase, documento, aviso, etiqueta, placa, anillo o collar, o relacionados con los mismos, que acompañe o haga referencia a un producto;

l) «producto alimenticio envasado»: los productos tal que definidos en el artículo 1, apartado 3, letra b), de la Directiva 2000/13/CE del Parlamento Europeo y del Consejo, de 20 de marzo de 2000, relativa a la aproximación de las legislaciones de los Estados miembros en materia de etiquetado, presentación y publicidad de los productos alimenticios;

m) «publicidad»: toda presentación al público, por cualquier medio distinto del etiquetado, que persigue, o puede, influir en las actitudes, las convicciones y el comportamiento con objeto de fomentar directa o indirectamente la venta de productos ecológicos;

n) «autoridad competente»: la autoridad central de un Estado miembro competente para la organización de los controles oficiales en el ámbito de la producción ecológica de conformidad con las disposiciones establecidas en el presente Reglamento, o cualquier otra autoridad a la que se haya atribuido esta competencia; en su caso, incluirá asimismo a la autoridad correspondiente de un tercer país;

o) «autoridad de control»: una organización pública administrativa de un Estado miembro a la que la autoridad competente le haya conferido, total o parcialmente, sus competencias de inspección y certificación en el ámbito de la producción ecológica de conformidad con las disposiciones establecidas en el presente Reglamento; en su caso, incluirá asimismo a la autoridad correspondiente de un tercer país o a la autoridad correspondiente que actúe en un tercer país;

p) «organismo de control»: una entidad tercera privada e independiente que lleve a cabo la inspección y la certificación en el ámbito de la producción ecológica de conformidad con las disposiciones establecidas en el presente Reglamento; en su caso, incluirá asimismo al organismo correspondiente de un tercer país o al organismo correspondiente que actúe en un tercer país;

q) «marca de conformidad»: la aprobación de la conformidad con un determinado grupo de normas u otros documentos normativos, expresada en forma de marca;

r) «ingrediente»: toda sustancia tal que definida en el artículo 6, apartado 4, de la Directiva 2000/13/CE;

s) «producto fitosanitario»: todo producto tal que definido en la Directiva 91/414/CEE del Consejo, de 15 de julio de 1991, relativa a la comercialización de productos fitosanitarios;

t) «organismo modificado genéticamente (OMG)»: todo organismo definido en la Directiva 2001/18/CE del Parlamento Europeo y del Consejo, de 12 de marzo de 2001, sobre la liberación intencional en el medio ambiente de organismos modificados genéticamente y por la que se deroga la Directiva 90/220/CEE del Consejo, y que no se haya obtenido mediante las técnicas de modificación genética enumeradas en el anexo I.B de dicha Directiva;

u) «obtenido a partir de OMG»: derivado total o parcialmente de OMG pero sin contener o estar compuesto de OMG;

v) «productos obtenidos mediante OMG»: derivados en los que se ha utilizado OMG como último organismo vivo del proceso de producción, pero sin contener o estar compuestos de OMG ni haber sido obtenidos a partir de OMG;

w) «aditivo para alimentación animal»: todo producto tal que definido en el Reglamento (CE) nº 1831/2003 del Parlamento Europeo y del Consejo, de 22 de septiembre de 2003, sobre los aditivos en la alimentación animal;

x) «equivalente»: en la descripción de diversos sistemas o medidas, equivale a «capaz de cumplir los mismos objetivos y principios mediante la aplicación de normas que garantizan el mismo nivel de aseguramiento de la conformidad»;

y) «coadyuvante tecnológico»: toda sustancia no consumida como ingrediente alimenticio, utilizada de forma deliberada en la transformación de las materias primas, alimentos o sus ingredientes, para alcanzar determinado objetivo tecnológico durante el tratamiento o la transformación y cuyo resultado puede ser la presencia no intencionada pero técnicamente inevitable de residuos de la sustancia o sus derivados en el producto final, siempre que dichos residuos no representen un riesgo para la salud ni tengan un efecto tecnológico en el producto final;

z) «radiaciones ionizantes»: las radiaciones definidas en el artículo 1 de la Directiva 96/29/Euratom del Consejo, de 13 de mayo de 1996, por la que se establecen las normas básicas relativas a la protección sanitaria de los trabajadores y de la población contra los riesgos que resultan de las radiaciones ionizantes), y en los límites previstos en el artículo 1, apartado 2, de la Directiva 1999/2/CE del Parlamento Europeo y del Consejo, de 22 de febrero de 1999, relativa a la aproximación de las legislaciones de los Estados miembros sobre alimentos e ingredientes alimentarios tratados con radiaciones ionizantes;

aa) «actividades de restauración colectiva»: la preparación de productos ecológicos en restaurantes, hospitales, comedores y otras empresas de alimentación similares en el punto de venta o de entrega al consumidor final.

TÍTULO II.- OBJETIVOS Y PRINCIPIOS DE LA PRODUCCIÓN ECOLÓGICA

Artículo 3.- *Objetivos*

La producción ecológica perseguirá los siguientes objetivos generales:

a) asegurar un sistema viable de gestión agrario que:

i) respete los sistemas y los ciclos naturales y preserve y mejore la salud del suelo, el agua, las plantas y los animales y el equilibrio entre ellos,

ii) contribuya a alcanzar un alto grado de biodiversidad,

iii) haga un uso responsable de la energía y de los recursos naturales como el agua, el suelo, las materias orgánicas y el aire,

iv) cumpla rigurosas normas de bienestar animal y responda a las necesidades de comportamiento propias de cada especie;

b) obtener productos de alta calidad;

c) obtener una amplia variedad de alimentos y otros productos agrícolas que respondan a la demanda de los consumidores de productos obtenidos mediante procesos que no dañen el medio ambiente, la salud humana, la salud y el bienestar de los animales ni la salud de las plantas.

Artículo 4.- *Principios generales*

La producción ecológica estará basada en los siguientes principios:

a) el diseño y la gestión adecuadas de los procesos biológicos basados en sistemas ecológicos que utilicen recursos naturales propios del sistema mediante métodos que:

i) utilicen organismos vivos y métodos de producción mecánicos,

ii) desarrollen cultivos y una producción ganadera vinculados al suelo o una acuicultura que respete el principio de la explotación sostenible de la pesca,

iii) excluyan el uso de OMG y productos producidos a partir de o mediante OMG, salvo en medicamentos veterinarios,

iv) estén basados en la evaluación de riesgos, y en la aplicación de medidas cautelares y preventivas, si procede;

b) la restricción del recurso a medios externos. En caso necesario o si no se aplican los métodos y las prácticas adecuadas de gestión mencionadas en la letra a), se limitarán a:

i) medios procedentes de la producción ecológica,

ii) sustancias naturales o derivadas de sustancias naturales,

iii) fertilizantes minerales de baja solubilidad;

c) la estricta limitación del uso de medios de síntesis a casos excepcionales cuando:

i) no existan las prácticas adecuadas de gestión,

ii) los medios externos mencionados en la letra b) no estén disponibles en el mercado, o

iii) el uso de los medios externos mencionados en la letra b) contribuyan a efectos medioambientales inaceptables;

d) la adaptación, en caso de que sea necesario y en el marco del presente Reglamento, de las normas de la producción ecológica teniendo en cuenta la situación sanitaria, las diferencias regionales climáticas así como las condiciones, las fases de desarrollo y las prácticas ganaderas específicas locales.

Artículo 5.- *Principios específicos aplicables en materia agraria*

Además de los principios generales enunciados en el artículo 4, la producción ecológica estará basada en los siguientes principios específicos:

a) el mantenimiento y aumento de la vida y la fertilidad natural del suelo, la estabilidad y la biodiversidad del suelo, la prevención y el combate de la compactación y la erosión de suelo, y la nutrición de los vegetales con nutrientes que procedan principalmente del ecosistema edáfico;

b) la reducción al mínimo del uso de recursos no renovables y de medios de producción ajenos a la explotación;

c) el reciclaje de los desechos y los subproductos de origen vegetal y animal como recursos para la producción agrícola y ganadera;

d) tener en cuenta el equilibrio ecológico local y regional al adoptar las decisiones sobre producción;

e) el mantenimiento de la salud animal mediante el fortalecimiento de las defensas inmunológicas naturales del animal, así como la selección de razas apropiadas y prácticas zootécnicas;

f) el mantenimiento de la salud de los vegetales mediante medidas preventivas, como la elección de especies y variedades apropiadas que resistan a los parásitos y a las enfermedades, las rotaciones apropiadas de cultivos, los métodos mecánicos y físicos y la protección de los enemigos naturales de las plagas;

g) la práctica de una producción ganadera adaptada al lugar y vinculada al suelo;

h) el mantenimiento de un nivel elevado de bienestar animal que respete las necesidades propias de cada especie;

i) la obtención de los productos de la ganadería ecológica de animales criados en explotaciones ecológicas desde su nacimiento y a lo largo de toda su vida;

j) la elección de las razas teniendo en cuenta la capacidad de los animales de adaptarse a las condiciones locales, su vitalidad y su resistencia a las enfermedades o a los problemas sanitarios;

k) la alimentación del ganado con pienso ecológico compuesto de ingredientes procedentes de la agricultura ecológica y sustancias no agrarias naturales;

l) la aplicación de prácticas ganaderas que mejoren el sistema inmunitario y refuercen las defensas naturales contra las enfermedades, con inclusión de ejercicio regular y acceso a zonas al aire libre y a zonas de pastos, si procede;

m) la exclusión de la cría de animales poliploides inducida artificialmente;

n) el mantenimiento de la biodiversidad de los ecosistemas naturales acuáticos, la salud del medio acuático a lo largo del tiempo y la calidad del ecosistema acuático y terrestre circundante, en la producción acuícola;

o) la alimentación de los organismos acuáticos con pienso procedente de la explotación sostenible de pesquerías según la definición del artículo 3 del Reglamento (CE) nº 2371/2002 del Consejo, de 20 de diciembre de 2002, sobre la conservación y la explotación sostenible de los recursos pesqueros en virtud de la política pesquera común, o con pienso ecológico compuesto de ingredientes procedentes de la agricultura ecológica y sustancias no agrarias naturales.

Artículo 6.- *Principios específicos aplicables a la transformación de alimentos ecológicos*

Además de en los principios generales enunciados en el artículo 4, la producción de alimentos ecológicos transformados se basará en los siguientes principios específicos:

a) la producción de alimentos ecológicos a partir de ingredientes agrarios ecológicos, salvo cuando en el mercado no se disponga de ingredientes en su variante ecológica;

b) la restricción al mínimo de aditivos alimentarios, de ingredientes no ecológicos que tengan funciones fundamentalmente técnicas y sensoriales así como de oligoelementos y coadyuvantes tecnológicos, de manera que se utilicen en la menor medida posible y únicamente en caso de necesidad tecnológica esencial o con fines nutricionales concretos;

c) la exclusión de las sustancias y los métodos de transformación que puedan inducir a error sobre la verdadera naturaleza del producto;

d) la tranformación de los piensos con cuidado, preferiblemente utilizando métodos biológicos, mecánicos y físicos.

Artículo 7.- *Principios específicos aplicables a la transformación de piensos ecológicos*

Además de en los principios generales enunciados en el artículo 4, la producción de piensos ecológicos transformados se basará en los siguientes principios específicos:

a) la producción de piensos ecológicos a partir de materias primas ecológicas para la alimentación animal, salvo cuando en el mercado no se disponga de materias primas para la alimentación animal en su variante ecológica;

b) la restricción al mínimo de los aditivos para la alimentación animal, así como de coadyuvantes tecnológicos, y permitirlo solo en caso de necesidad tecnológica o zootécnica esencial o por motivos concretos de nutrición;

c) la exclusión de las sustancias y los métodos de transformación que puedan inducir a error sobre la verdadera naturaleza del producto;

d) la transformación de los piensos con cuidado, preferiblemente utilizando métodos biológicos, mecánicos y físicos.

TÍTULO III.- NORMAS DE PRODUCCIÓN

CAPÍTULO 1.- NORMAS GENERALES DE PRODUCCIÓN

Artículo 8.- *Requisitos generales*

Los operadores cumplirán las normas de producción establecidas en el presente título y en las disposiciones de aplicación a que se refiere el artículo 38, letra a).

Artículo 9.- *Prohibición de utilizar organismos modificados genéticamente*

1. En la producción ecológica no podrán utilizarse OMG ni productos obtenidos a partir de o mediante OMG como alimentos, piensos, coadyuvantes tecnológicos, productos fitosanitarios, abonos, acondicionadores del suelo, semillas, material de reproducción vegetativa, microorganismos ni animales.

2. A efectos de la prohibición de OMG y de productos obtenidos a partir de OMG para alimentos y piensos establecida en el apartado 1, los operadores podrán basarse en las etiquetas que acompañan al producto o en cualquier otro documento adjunto, fijado o proporcionado con arreglo a la Directiva 2001/18/CE, al Reglamento (CE) nº 1829/2003 del Parlamento Europeo y del Consejo, de 22 de septiembre de 2003, sobre alimentos y piensos modificados genéticamente, o al Reglamento (CE) nº 1830/2003 relativo a la trazabilidad y al etiquetado de organismos modificados genéticamente y a la trazabilidad de los alimentos y piensos producidos a partir de estos.

Los operadores podrán inferir que no se ha utilizado ningún OMG o producto obtenido a partir de OMG en la fabricación de los productos adquiridos destinados al consumo humano o animal cuando estos no vayan acompañados de etiquetas o de cualquier otro documento conforme a estos Reglamentos, a menos que hayan obtenido otra información que indique que el etiquetado de dichos productos no cumple los requisitos de los citados Reglamentos.

3. A efectos de la prohibición de OMG y de productos obtenidos a partir de o mediante OMG para productos que no sean alimentos ni piensos establecida en el apartado 1, los operadores que utilicen productos no ecológicos de esas categorías adquiriéndolos a terceros exigirán al vendedor la confirmación de que los productos suministrados no han sido obtenidos a partir de o mediante OMG.

4. De conformidad con el procedimiento mencionado en el artículo 37, apartado 2, la Comisión decidirá las medidas para la ejecución de la prohibición de utilizar OMG y productos obtenidos a partir de o mediante OMG.

Artículo 10.- *Prohibición de utilizar radiaciones ionizantes*

Queda prohibida la utilización de radiaciones ionizantes para tratar alimentos o piensos ecológicos, o materias primas utilizadas en alimentos o piensos ecológicos.

CAPÍTULO 2.- PRODUCCIÓN AGRARIA

Artículo 11.- *Normas generales de producción en explotaciones*

Toda la explotación agrícola se gestionará de acuerdo con los requisitos aplicables a la producción ecológica.

Sin embargo, de conformidad con las disposiciones específicas que deben fijarse con arreglo al procedimiento mencionado en el artículo 37, apartado 2, una explotación puede dividirse en unidades o instalaciones de producción acuícola claramente diferenciadas, de las que no todas estarán gestionadas de acuerdo con la producción ecológica. Por lo que respecta a los animales, deberá haber diferentes especies. Por lo que respecta a la acuicultura, podrán estar presentes las mismas especies, siempre que exista una separación adecuada entre las instalaciones de producción. Por lo que respecta a las plantas, deberá haber distintas variedades que puedan diferenciarse fácilmente.

En los casos en que, de conformidad con el párrafo segundo, no todas las unidades de la explotación agrícola se destinen a la producción ecológica, el agricultor mantendrá la tierra, los animales y los productos que se utilicen para la producción ecológica o se produzcan en las unidades ecológicas separados de aquellos que se utilicen o produzcan en las unidades no ecológicas, y mantendrá un registro documental adecuado que demuestre dicha separación.

Artículo 12.- *Normas de producción vegetal*

1. Además de las normas generales de producción en explotaciones establecidas en el artículo 11, la producción vegetal ecológica estará sometida a las siguientes normas:

a) la producción ecológica recurrirá a las prácticas de labranza y cultivo que mantengan o incrementen la materia orgánica del suelo, refuercen la estabilidad y la biodiversidad edáficas, y prevengan la compactación y la erosión del suelo;

b) la fertilidad y la actividad biológica del suelo deberán ser mantenidas o incrementadas mediante la rotación plurianual de cultivos que comprenda las leguminosas y otros cultivos de abonos verdes y la aplicación de estiércol animal o materia orgánica, ambos de preferencia compostados, de producción ecológica;

c) está permitido el uso de preparados biodinámicos;

d) asimismo, solamente podrán utilizarse fertilizantes y acondicionadores del suelo que hayan sido autorizados para su utilización en la producción ecológica de conformidad con el artículo 16;

e) no se utilizarán fertilizantes minerales nitrogenados;

f) todas las técnicas de producción utilizadas prevendrán o minimizarán cualquier contribución a la contaminación del medio ambiente;

g) la prevención de daños causados por plagas, enfermedades y malas hierbas se basará fundamentalmente en la protección de enemigos naturales, la elección de especies y variedades, la rotación de cultivos, las técnicas de cultivo y los procesos térmicos;

h) en caso de que se haya constatado la existencia de una amenaza para una cosecha, solo podrán utilizarse productos fitosanitarios que hayan sido autorizados para su utilización en la producción ecológica de conformidad con el artículo 16;

i) para la producción de productos distintos de las semillas y los materiales de reproducción vegetativa, solo podrán utilizarse semillas y materiales de reproducción producidos ecológicamente; con este fin, el parental femenino en el caso de las semillas y el parental en el caso del material de reproducción vegetativa deberán haberse producido de conformidad con las normas establecidas en el presente Reglamento durante al menos una generación o, en el caso de los cultivos perennes, dos temporadas de vegetación;

j) solo se utilizarán productos de limpieza y desinfección en la producción vegetal en caso de que hayan sido autorizados para su utilización en la producción ecológica de conformidad con el artículo 16.

2. La recolección de plantas silvestres o partes de ellas que crecen naturalmente en áreas naturales, bosques y áreas agrícolas se considerará un método de producción ecológico siempre que:

a) dichas áreas no hayan recibido, durante un período de al menos tres años previo a la recolección, tratamientos con productos distintos de los autorizados para su uso en la producción ecológica de conformidad con el artículo 16;

b) la recolección no afecte a la estabilidad del hábitat natural o al mantenimiento de las especies de la zona.

3. Las medidas necesarias para la aplicación de las normas de producción establecidas en el presente artículo deberán adoptarse con arreglo al procedimiento a que se refiere el artículo 37, apartado 2.

Artículo 13.- *Normas de producción de algas*

1. La recolección de algas silvestres o partes de ellas que crecen naturalmente en el mar se considerará un método de producción ecológico siempre que:

a) las zonas de cría tengan una alta calidad ecológica según se define en la Directiva 2000/60/CE del Parlamento Europeo y del Consejo, de 23 de octubre de 2000, por la que se establece un marco comunitario de actuación en el ámbito de la política de aguas, y, a la espera de su aplicación, de una calidad equivalente a las aguas designadas en la Directiva 2006/113/CE del Parlamento Europeo y del Consejo, de 12 de diciembre de 2006, relativa a la calidad exigida a las aguas para cría de moluscos, y no sean inadecuadas desde el punto de vista sanitario. A la espera de que se adopten normas más detalladas para su aplicación, no se recolectarán algas silvestres comestibles en zonas que no reúnan los criterios de las zonas de clase A o clase B definidos en el anexo II del Reglamento (CE) nº 854/2004 del Parlamento Europeo y del Consejo, de 29 de abril de 2004, por el que se establecen normas específicas para la organización de controles oficiales de los productos de origen animal destinados al consumo humano;

b) la recolección no afecte a la estabilidad a largo plazo del hábitat natural o al mantenimiento de las especies de la zona.

2. El cultivo de algas se realizará en zonas costeras de características medioambientales y sanitarias como mínimo equivalentes a las señaladas en el apartado 1 con objeto de que se consideren ecológicas. Además:

a) se utilizarán prácticas sostenibles en todas las fases de la producción desde la recogida de algas jóvenes hasta la recolección de algas adultas;

b) para garantizar el mantenimiento de un amplio patrimonio genético, periódicamente se deben recoger algas jóvenes para complementar las poblaciones criadas en una explotación;

c) no se utilizarán fertilizantes, excepto en instalaciones protegidas, y solo si han sido autorizados para su uso en la producción ecológica con ese fin de conformidad con el artículo 16.

3. Las medidas necesarias para la aplicación de las normas de producción contenidas en el presente artículo se adoptarán de conformidad con el procedimiento al que se hace referencia en el artículo 37, apartado 2.

Artículo 14.- *Normas de producción ganadera*

1. Además de las normas generales de producción en explotaciones establecidas en el artículo 11, la producción ganadera ecológica estará sujeta a las siguientes normas:

a) en lo relativo al origen de los animales:

i) el ganado ecológico deberá nacer y crecer en explotaciones ecológicas,

ii) a efectos de cría, podrán llevarse animales de cría no ecológica a una explotación, en condiciones específicas. Esos animales y sus productos podrán considerarse ecológicos tras superar el período de conversión mencionado en el artículo 17, apartado 1, letra c),

iii) los animales existentes en la explotación al iniciarse el período de conversión y sus productos podrán considerarse ecológicos tras superar el período mencionado en el artículo 17, apartado 1, letra c);

b) en lo relativo a las prácticas pecuarias y a las condiciones de estabulación:

i) el personal encargado de los animales deberá poseer los conocimientos básicos y las técnicas necesarios en materia de sanidad y bienestar animal,

ii) las prácticas pecuarias, incluida la carga ganadera, y las condiciones de estabulación deberán ajustarse a las necesidades de desarrollo y a las necesidades fisiológicas y etológicas de los animales,

iii) el ganado tendrá acceso permanente a zonas al aire libre, preferiblemente pastizales, siempre que las condiciones atmosféricas y el estado de la tierra lo permitan, a no ser que existan restricciones y obligaciones relacionadas con la protección de la salud humana y animal en virtud de la legislación comunitaria,

iv) el número de animales será limitado con objeto de minimizar el sobrepastoreo y el deterioro, la erosión y la contaminación del suelo causada por los animales o el esparcimiento de sus excrementos,

v) el ganado ecológico se mantendrá separado de otros tipos de ganado. Sin embargo, se permitirá que animales criados ecológicamente pastoreen en tierras comunales y que animales criados de forma no ecológica lo hagan en tierras ecológicas, con arreglo a determinadas condiciones restrictivas,

vi) el atado o el aislamiento de animales estarán prohibidos salvo cuando se trate de un animal individual por un período limitado y esté justificado por razones de seguridad, bienestar o veterinarias,

vii) se reducirá al mínimo el tiempo de transporte de los animales,

viii) se reducirá al mínimo el sufrimiento, incluida la mutilación, durante toda la vida de los animales, incluso en el momento del sacrificio,

ix) los colmenares deberán colocarse en áreas que aseguren fuentes de néctar y polen constituidas esencialmente de cultivos ecológicos o, en su caso, de vegetación silvestre, o de bosques o cultivos gestionados de forma no ecológica que solo hayan sido tratados con métodos de bajo impacto medioambiental. Deben encontrarse a suficiente distancia de fuentes que puedan contaminar los productos apícolas o dañar la salud de las abejas,

x) las colmenas y los materiales utilizados en la apicultura deberán estar hechas fundamentalmente de materiales naturales,

xi) está prohibida la destrucción de abejas en los panales como método asociado a la recolección de los productos de la colmena;

c) en lo relativo a la reproducción:

i) para la reproducción se utilizarán métodos naturales. Sin embargo, se permite la inseminación artificial,

ii) la reproducción no será inducida mediante tratamiento con hormonas o sustancias similares, salvo como tratamiento terapéutico en el caso de un animal individual,

iii) no se utilizarán otras formas de reproducción artificial, como la clonación o la transferencia de embriones,

iv) se elegirán las razas adecuadas. La elección de la raza contribuirá también a prevenir todo sufrimiento y a evitar la necesidad de mutilar animales;

d) en lo relativo a los piensos:

i) básicamente, los piensos para el ganado procederán de la explotación en la que se encuentran los animales o de otras explotaciones ecológicas de la misma región,

ii) el ganado se alimentará con piensos ecológicos que cubran las necesidades nutricionales de los animales en las diversas etapas de su desarrollo; una parte de su ración podrá contener piensos procedentes de explotaciones en fase de conversión a la agricultura ecológica,

iii) el ganado, con excepción de las abejas, tendrá acceso permanente a pastos o forrajes,

iv) las materias primas vegetales de origen no ecológico, las materias primas de origen animal y mineral, los aditivos para piensos, así como determinados productos que se emplean en nutrición animal o como coadyuvantes tecnológicos, solo se emplearán para piensos si han sido autorizados para su uso en la producción ecológica de conformidad con el artículo 16,

v) no se utilizarán factores de crecimiento ni aminoácidos sintéticos,

vi) los mamíferos en fase de cría deberán alimentarse con leche natural, preferiblemente materna;

e) en lo relativo a la prevención de enfermedades y al tratamiento veterinario:

i) la prevención de enfermedades se basará en la selección de las razas y las estirpes, las prácticas de gestión pecuaria, los piensos de alta calidad y el ejercicio, cargas ganaderas adecuadas y una estabulación apropiada en buenas condiciones higiénicas,

ii) las enfermedades se tratarán inmediatamente para evitar el sufrimiento de los animales; podrán utilizarse medicamentos veterinarios alopáticos de síntesis, incluidos los antibióticos, cuando sea necesario y bajo condiciones estrictas, cuando el uso de productos fitoterapéuticos, homeopáticos y de otros tipos no resulte apropiado; en particular, se establecerán restricciones respecto a los tratamientos y al período de espera,

iii) está permitido el uso de medicamentos veterinarios inmunológicos,

iv) se permitirán los tratamientos ligados a la protección de la salud humana o animal impuestos sobre la base de la legislación comunitaria;

f) en lo relativo a la limpieza y desinfección, en los locales e instalaciones ganaderos solamente podrán utilizarse los productos de limpieza y desinfección que hayan sido autorizados para su uso en la producción ecológica de conformidad con el artículo 16.

2. Las medidas y las condiciones necesarias para la aplicación de las normas de producción establecidas en el presente artículo deberán adoptarse con arreglo al procedimiento a que se refiere el artículo 37, apartado 2.

Artículo 15.- *Normas de producción acuícola*

1. Además de las normas generales de producción en explotaciones enunciadas en el artículo 11, se aplicarán las siguientes normas a la producción acuícola:

a) en lo relativo al origen de los animales de la acuicultura:

i) la acuicultura ecológica se basará en la cría de alevines a partir de reproductores ecológicos procedentes de explotaciones ecológicas,

ii) cuando no exista posibilidad de obtener alevines procedentes de reproductores ecológicos o de explotaciones ecológicas, podrán llevarse a la explotación animales no obtenidos ecológicamente, en condiciones específicas;

b) en lo relativo a las prácticas de acuicultura:

i) el personal encargado de los animales deberá poseer los conocimientos básicos y las técnicas necesarios en materia de sanidad y bienestar animal,

ii) las prácticas de la acuicultura, incluidas la alimentación, el diseño de las instalaciones, la carga de peces y la calidad del agua, deberán ajustarse a las necesidades de desarrollo y a las necesidades fisiológicas y de comportamiento de los animales,

iii) las prácticas de la acuicultura reducirán al mínimo los efectos negativos de la explotación sobre el medio ambiente, entre otros, la fuga de animales de la acuicultura,

iv) los animales ecológicos se mantendrán apartados de otros animales de la acuicultura,

v) el transporte se realizará garantizando el mantenimiento del bienestar de los animales,

vi) se reducirá al mínimo el sufrimiento de los animales, incluso en el momento del sacrificio;

c) en lo relativo a la reproducción:

i) no se podrá recurrir a la inducción poliploide artificial, hibridación artificial, clonación ni a la producción de estirpes de un solo sexo, salvo por selección manual,

ii) se elegirán las estirpes adecuadas,

iii) se establecerán condiciones específicas para la gestión de las poblaciones reproductoras, la cría y la producción de juveniles;

d) en lo relativo a los piensos para peces y crustáceos:

i) los animales serán alimentados con piensos que cubran sus necesidades nutritivas en las distintas etapas de su desarrollo,

ii) la parte del pienso que sea vegetal procederá de la agricultura ecológica y la parte del pienso derivada de animales acuáticos procederá de una explotación pesquera sostenible,

iii) las materias primas vegetales de origen no ecológico, las materias primas de origen animal y mineral, los aditivos para la alimentación animal, así como determinados productos que se emplean en nutrición animal o como coadyuvantes tecnológicos solo se emplearán si han sido autorizados para su uso en la producción ecológica de conformidad con el artículo 16,

iv) no se utilizarán factores de crecimiento ni aminoácidos sintéticos;

e) en lo relativo a los moluscos bivalvos y otras especies no alimentadas por el hombre pero que se alimentan de plancton natural:

i) esos animales, que se alimentan por filtración, cubrirán todas sus necesidades nutricionales en la naturaleza, salvo en el caso de los juveniles criados en instalaciones de incubación y en viveros,

ii) se criarán en aguas que reúnan los criterios de las zonas de clases A o B definidas en el anexo II del Reglamento (CE) nº 854/2004,

iii) las zonas de cría tendrán una alta calidad ecológica según se define en la Directiva 2000/60/CE y, a la espera de su aplicación, de una calidad equivalente a las aguas designadas en la Directiva 2006/113/CE;

f) en lo relativo a la prevención de enfermedades y al tratamiento veterinario:

i) la prevención de enfermedades se basará en el mantenimiento de los animales en condiciones óptimas mediante una ubicación apropiada de las explotaciones, un diseño óptimo de las instalaciones, la aplicación de buenas prácticas de gestión acuícola, incluidas la limpieza y desinfección periódica de las instalaciones, piensos de alta calidad y densidad de peces adecuadas, así como en la selección de razas y estirpes,

ii) las enfermedades se tratarán inmediatamente para evitar el sufrimiento de los animales; podrán utilizarse medicamentos veterinarios alopáticos de síntesis, incluidos los antibióticos, bajo condiciones estrictas, cuando sea necesario y el uso de productos fitoterapéuticos, homeopáticos y de otros tipos no resulte apropiado; en particular se establecerán restricciones respecto de los tratamientos y de los períodos de espera,

iii) está permitido el uso de medicamentos veterinarios inmunológicos,

iv) se permitirán tratamientos relacionados con la protección de la salud humana y animal impuestos sobre la base de la legislación comunitaria;

g) en lo relativo a la limpieza y desinfección, en los estanques, las jaulas, los locales y las instalaciones solamente podrán utilizarse productos de limpieza y desinfección que hayan sido autorizados para su utilización en la producción ecológica de conformidad con el artículo 16.

2. Las medidas y las condiciones necesarias para la aplicación de las normas de producción establecidas en el presente artículo deberán adoptarse con arreglo al procedimiento a que se refiere el artículo 37, apartado 2.

Artículo 16.- *Productos y sustancias utilizados en la actividad agraria y criterios para su autorización*

1. La Comisión, de acuerdo con el procedimiento a que se refiere el artículo 37, apartado 2, autorizará para su utilización en la producción ecológica y los incluirá en una lista restringida, los productos y sustancias que pueden utilizarse en la agricultura ecológica para los cometidos siguientes:

a) como productos fitosanitarios;

b) como fertilizantes y acondicionadores del suelo;

c) como materias primas no ecológicas de origen vegetal y materias primas de origen animal y mineral para piensos y determinadas sustancias utilizadas en la nutrición animal;

d) como aditivos para la alimentación animal y coadyuvantes tecnológicos;

e) como productos de limpieza y desinfección para estanques, jaulas, locales e instalaciones de producción animal;

f) como productos de limpieza y desinfección de locales e instalaciones utilizadas para la producción vegetal, incluido el almacenamiento en una explotación agrícola.

Los productos y sustancias incluidos en la lista restringida únicamente podrán utilizarse en la medida en que el uso correspondiente esté autorizado en la agricultura general del Estado miembro de que se trate, de acuerdo con las disposiciones comunitarias pertinentes o con las disposiciones nacionales conformes con la legislación comunitaria.

2. La autorización de los productos y sustancias a que se refiere el apartado 1 estará supeditada a los objetivos y principios establecidos en el título II y a los siguientes criterios generales y específicos, que se evaluarán en su conjunto:

a) su utilización será necesaria para una producción sostenible y serán esenciales para el uso que se pretende darles;

b) todos los productos y sustancias deberán ser de origen vegetal, animal, microbiano o mineral, salvo si no se dispone de cantidades suficientes de productos o sustancias de esas fuentes, si su calidad no es adecuada o si no se dispone de alternativas;

c) en el caso de los productos mencionados en el apartado 1, letra a), serán de aplicación las siguientes disposiciones:

i) su empleo deberá ser esencial para el control de un organismo dañino o de una determinada enfermedad para los cuales no se disponga de otras alternativas biológicas, físicas o de selección, u otras prácticas de cultivo u otras prácticas de gestión eficaces,

ii) si los productos no son de origen vegetal, animal, microbiano o mineral y no son idénticos a los que se dan en la naturaleza, solo podrán ser autorizados si sus condiciones de uso impiden todo contacto directo con las partes comestibles del cultivo;

d) en el caso de los productos mencionados en el apartado 1, letra b), su uso será esencial para lograr o mantener la fertilidad del suelo o para satisfacer necesidades nutricionales específicas de los cultivos o con fines específicos de acondicionamiento del suelo;

e) en el caso de los productos mencionados en el apartado 1, letras c) y d), serán de aplicación las siguientes disposiciones:

i) resultan necesarios para mantener la salud, bienestar y vitalidad de los animales, y contribuyen a una alimentación adecuada que cubre las necesidades fisiológicas y etológicas de la especie o bien, sin recurrir a dichas sustancias es imposible producir o conservar esos piensos,

ii) los piensos de origen mineral, los oligoelementos, las vitaminas o provitaminas son de origen natural. En caso de que no se disponga de estas sustancias, se podrán autorizar sustancias análogas químicamente definidas para su uso en la producción ecológica.

3.

a) La Comisión podrá, de conformidad con el procedimiento a que se refiere el artículo 37, apartado 2, fijar las condiciones y límites relativos a los productos agrícolas a los que pueden ser aplicados los productos y sustancias a que se refiere el apartado 1, el modo de uso, la dosificación, los plazos límite de uso y el contacto con los productos agrícolas y, si fuera necesario, decidir sobre la retirada de estos productos y sustancias.

b) Cuando un Estado miembro considere que un producto o sustancia debería añadirse a la lista a que se refiere el apartado 1 o ser retirado de ella, o que se deberían modificar las especificaciones de uso mencionadas en la letra a), dicho Estado miembro garantizará que se envíe oficialmente a la Comisión y a los Estados miembros un expediente que contenga las razones de dicha inclusión, retirada o modificación.

Se publicarán las solicitudes de modificación o retirada, así como las decisiones sobre ellas.

c) Los productos y las sustancias utilizados antes de la adopción del presente Reglamento para fines equivalentes a los establecidos en el apartado 1 del presente artículo, podrán seguir empleándose tras dicha adopción. En cualquier caso, la Comisión podrá retirar dichos productos o sustancias de acuerdo con el artículo 37, apartado 2.

4. Los Estados miembros podrán regular, en su territorio, el uso de productos y sustancias en la agricultura ecológica para fines distintos de los mencionados en el apartado 1, siempre que dicho uso esté supeditado a los objetivos y principios establecidos en el título II y a los criterios específicos enunciados en el apartado 2, y en la medida en que respete la legislación comunitaria. Los Estados miembros afectados informarán de su correspondiente reglamentación nacional a los demás Estados miembros y a la Comisión.

5. Se permitirá el uso en la agricultura ecológica de productos y sustancias no incluidas en los apartados 1 y 4, siempre que dicho uso esté supeditado a los objetivos y principios establecidos en el título II y a los criterios generales enunciados en el presente artículo.

Artículo 17.- *Conversión*

1. Toda explotación que empiece a dedicarse a la producción ecológica estará sujeta a las siguientes normas:

a) el período de conversión empezará, como muy pronto, cuando el operador notifique su actividad a las autoridades competentes y someta su explotación al régimen de control de conformidad con el artículo 28, apartado 1;

b) durante el período de conversión serán de aplicación todas las normas establecidas en el presente Reglamento;

c) se definirán períodos de conversión específicos para los distintos tipos de cultivo o de producción animal;

d) cuando una explotación o unidad esté dedicada en parte a la producción ecológica y en parte en fase de conversión a la producción ecológica, el operador mantendrá separados los productos obtenidos ecológicamente y los productos obtenidos durante la fase de conversión, y los animales separados o fácilmente separables, y mantendrá un registro documental adecuado que demuestre dicha separación;

e) para determinar el período de conversión anteriormente mencionado, se podrá tener en cuenta un período inmediatamente anterior a la fecha del inicio del período de conversión, siempre y cuando concurran determinadas condiciones;

f) los animales y los productos animales producidos durante el período de conversión a que se refiere la letra c) no podrán ser puestos a la venta con las indicaciones a que se refieren los artículos 23 y 24 y que se utilizan en el etiquetado y la publicidad de los productos.

2. Las medidas y condiciones necesarias para la aplicación de las normas establecidas en el presente artículo, y en particular los períodos a que se refiere el apartado 1, letras c) a f), se definirán con arreglo al procedimiento establecido en el artículo 37, apartado 2.

CAPÍTULO 3.- PRODUCCIÓN DE PIENSOS TRANSFORMADOS

Artículo 18.- *Normas generales de producción de piensos transformados*

1. La producción de piensos ecológicos transformados se mantendrá separada en el tiempo o en el espacio de la producción de piensos transformados no ecológicos.

2. En la composición de los piensos ecológicos no estarán presentes simultáneamente materias primas para la alimentación animal procedentes de la agricultura ecológica o materias primas procedentes de la producción en fase de conversión, con las mismas materias primas producidas por medios no ecológicos.

3. Ninguna materia prima para la alimentación animal que se utilice o transforme en la producción ecológica podrá haber sido transformada con la ayuda de disolventes de síntesis.

4. No se utilizarán sustancias o técnicas que reconstituyan propiedades que se hayan perdido en la transformación y el almacenamiento de los piensos ecológicos, que corrijan las consecuencias de una actuación negligente al transformar estos productos o que por lo demás puedan inducir a error sobre la verdadera naturaleza del producto.

5. Las medidas y condiciones necesarias para la aplicación de las normas de producción establecidas en el presente artículo se adoptarán de acuerdo con el procedimiento a que se refiere el artículo 37, apartado 2.

CAPÍTULO 4.- PRODUCCIÓN DE ALIMENTOS TRANSFORMADOS

Artículo 19.- *Normas generales de producción de alimentos transformados*

1. La preparación de alimentos ecológicos transformados se mantendrá separada en el tiempo o en el espacio de los alimentos no ecológicos.

2. La composición de alimentos ecológicos transformados estará sujeta a las siguientes condiciones:

a) el producto se obtendrá principalmente a partir de ingredientes de origen agrario. A la hora de determinar si un producto se obtiene principalmente a partir de ingredientes de origen agrícola, no se tendrán en cuenta el agua y la sal de mesa que se hayan añadido;

b) únicamente se podrán utilizar aditivos, coadyuvantes tecnológicos, agentes aromatizantes, agua, sal, preparados de microorganismos y enzimas, minerales, oligoelementos, vitaminas, aminoácidos y otros micronutrientes en los alimentos para usos nutricionales específicos si han sido autorizados para su uso en la producción ecológica de conformidad con el artículo 21;

c) solo se utilizarán ingredientes agrícolas no ecológicos si han sido autorizados para su uso en la producción ecológica de conformidad con el artículo 21 o han sido autorizados provisionalmente por un Estado miembro;

d) no podrá haber simultáneamente un ingrediente ecológico y el mismo ingrediente obtenido de forma no ecológica o procedente de una explotación en fase de conversión;

e) los alimentos producidos a partir de cultivos que hayan sido objeto de conversión contendrán únicamente un ingrediente vegetal de origen agrario.

3. No se utilizarán sustancias o técnicas que reconstituyan propiedades que se hayan perdido en la transformación y el almacenamiento de alimentos ecológicos, que corrijan las consecuencias de una actuación negligente al transformar estos productos o que por lo demás puedan inducir a error sobre la verdadera naturaleza del producto.

Las medidas necesarias para la aplicación de las normas de producción establecidas en el presente artículo, y en particular las relativas a los métodos de transformación y a las condiciones para la autorización provisional por los Estados miembros mencionadas en el apartado 2, letra c), se adoptarán de acuerdo con el procedimiento a que se refiere el artículo 37, apartado 2.

Artículo 20.- *Normas generales sobre producción de levadura ecológica*

1. Para la producción de levadura ecológica solo se utilizarán sustratos producidos ecológicamente. Otros productos y sustancias únicamente podrán utilizarse en la medida en que hayan sido autorizados para su uso en la producción ecológica de conformidad con el artículo 21.

2. En los alimentos o piensos ecológicos no podrá haber simultáneamente levadura ecológica y levadura no ecológica.

3. Se podrán establecer normas de desarrollo sobre la producción de acuerdo con el procedimiento a que se refiere el artículo 37, apartado 2.

Artículo 21.- *Criterios correspondientes a determinados productos y sustancias en la transformación*

1. La autorización de productos y sustancias para su uso en la producción ecológica y su inclusión en la lista restringida a que se refiere el artículo 19, apartado 2, letras b) y c), estará supeditada a los objetivos y principios establecidos en el título II y a los siguientes criterios, que se evaluarán en su conjunto:

i) no se dispone de alternativas autorizadas de acuerdo con el presente capítulo,

ii) sin recurrir a ellos, es imposible producir o conservar los alimentos o cumplir determinadas exigencias dietéticas establecidas a partir de la legislación comunitaria.

Además, los productos y sustancias a que se refiere el artículo 19, apartado 2, letra b), se encuentran en la naturaleza y solo pueden haber sufrido procesos mecánicos, físicos, biológicos, enzimáticos o microbianos, salvo que en el mercado no haya cantidades suficientes de esos productos o sustancias procedentes de esas fuentes o si su calidad no es adecuada.

2. La Comisión decidirá, de conformidad con el procedimiento indicado en el artículo 37, apartado 2, sobre la autorización de los productos y sustancias y su inclusión en la lista restringida a que se refiere el apartado 1 del presente artículo, y fijará las condiciones y límites específicos para su uso y, si fuera necesario, para la retirada de productos.

Cuando un Estado miembro considere que un producto o sustancia debería añadirse a la lista a que se refiere el apartado 1 o ser retirado de ella, o que se deberían modificar las especificaciones de uso mencionadas en el presente apartado, dicho Estado miembro garantizará que se envíe oficialmente a la Comisión y a los Estados miembros un expediente que contenga las razones de dicha inclusión, retirada o modificación.

Las solicitudes de modificación o retirada, así como las decisiones aferentes, serán publicadas.

Los productos y sustancias utilizados antes de la adopción del presente Reglamento e incluidos en el artículo 19, apartado 2, letras b) y c), podrán seguir utilizándose después de dicha adopción. La Comisión podrá, en cualquier caso, retirar dichos productos o sustancias de conformidad con el artículo 37, apartado 2.

CAPÍTULO 5.- FLEXIBILIDAD

Artículo 22.- *Normas excepcionales de producción*

1. La Comisión podrá, de conformidad con el procedimiento indicado en el artículo 37, apartado 2, del presente artículo, y respetando los objetivos y principios establecidos en el título II, disponer la concesión de excepciones a las normas de producción establecidas en los capítulos 1 a 4.

2. Las excepciones mencionadas en el apartado 1 se limitarán al mínimo y, cuando proceda, tendrán una duración limitada y se concederán únicamente en los siguientes casos:

a) cuando sean necesarias para garantizar que la producción ecológica pueda iniciarse o mantenerse en explotaciones expuestas a limitaciones climáticas, geográficas o estructurales;

b) cuando sean necesarias para garantizar el acceso a piensos, semillas, material de reproducción vegetativa, animales vivos y otros medios de producción agrícolas, en caso de que estos no existan en el mercado en la variante ecológica;

c) cuando sean necesarias para garantizar el acceso a ingredientes de origen agrario, en caso de que estos no existan en el mercado en la variante ecológica;

d) cuando sean necesarias para resolver problemas concretos relacionados con la gestión de la ganadería ecológica;

e) cuando sean necesarias, en relación con el uso de productos y sustancias específicos en la transformación a que se refiere el artículo 19, apartado 2, letra b), para garantizar la producción ya bien establecida de productos alimenticios en su variante ecológica;

f) cuando se requieran medidas temporales para permitir la continuidad de la producción ecológica o su reanudación después de una catástrofe;

g) cuando sea necesario utilizar aditivos para alimentos y otras sustancias de las citadas en el artículo 19, apartado 2, letra b), o aditivos para la alimentación animal y otras sustancias de las citadas en el artículo 16, apartado 1, letra d), y dichas sustancias no se encuentren en el mercado en otra variante que la obtenida mediante OMG;

h) cuando la legislación comunitaria o nacional exija utilizar aditivos para alimentos y otras sustancias de las citadas en el artículo 19, apartado 2, letra b), o aditivos para la alimentación animal de los citados en el artículo 16, apartado 1, letra d).

3. La Comisión podrá establecer disposiciones específicas, de conformidad con el procedimiento indicado en el artículo 37, apartado 2, para la aplicación de las excepciones previstas en el apartado 1.

TÍTULO IV.- ETIQUETADO

Artículo 23.- *Uso de términos referidos a la producción ecológica*

1. A efectos del presente Reglamento, se considerará que un producto incluye términos que se refieran al método de producción ecológico cuando, en el etiquetado, publicidad o documentos comerciales, el producto, sus ingredientes o las materias primas para alimentación animal se describan en términos que sugieran al comprador que el producto, sus ingredientes o las materias primas para alimentación animal se han obtenido conforme a las normas establecidas en el presente Reglamento. En particular, los términos enunciados en el anexo, sus derivados o abreviaturas, tales como «bio» y «eco», utilizados aisladamente o combinados, podrán emplearse en toda la Comunidad y en cualquier lengua comunitaria para el etiquetado y la publicidad de un producto cuando este cumpla los requisitos establecidos en el presente Reglamento o en virtud del presente Reglamento.

En el etiquetado y la publicidad de todo producto agrario vivo o no transformado, solo podrán utilizar términos que hagan referencia al método de producción ecológico cuando además todos los ingredientes del producto se hayan producido de conformidad con los requisitos del presente Reglamento.

2. Los términos a que se refiere el apartado 1 no podrán emplearse en ningún punto de la Comunidad ni en ninguna lengua comunitaria para el etiquetado, la publicidad y los documentos comerciales de los productos que no cumplan los requisitos establecidos en el presente Reglamento, a menos que no se apliquen a productos agrarios en alimentos o piensos o que claramente no tengan ninguna relación con la producción ecológica.

Además, no se utilizará ningún término, incluidos los términos utilizados en las marcas registradas, ni prácticas usadas en el etiquetado ni en la publicidad que puedan inducir a error al consumidor o al usuario sugiriendo que un producto o sus ingredientes cumplen los requisitos establecidos en el presente Reglamento.

3. Los términos a que se refiere el apartado 1 no podrán aplicarse a productos en cuyo etiquetado o publicidad deba indicarse que el producto en cuestión contiene OMG, está compuesto de OMG o se produce a partir de OMG conforme a las disposiciones comunitarias.

4. En lo relativo a los alimentos transformados, los términos a que se refiere el apartado 1 se podrán emplear:

a) en la denominación de venta, siempre que:

i) los alimentos transformados cumplan lo dispuesto en el artículo 19,

ii) al menos el 95 %, expresado en peso, de los ingredientes de origen agrarios sean ecológicos;

b) únicamente en la lista de ingredientes, siempre que los alimentos cumplan lo dispuesto en el artículo 19, apartado 1 y apartado 2, letras a), b) y d);

c) en la lista de ingredientes y en el mismo campo visual que la denominación de venta, siempre que:

i) el ingrediente principal sea un producto de la caza o la pesca,

ii) contenga otros ingredientes de origen agrario que sean ecológicos en su totalidad,

iii) los alimentos cumplan lo dispuesto en el artículo 19, apartado 1 y apartado 2 letras a), b) y d).

En la lista de ingredientes deberá indicarse qué ingredientes son ecológicos.

Cuando sean de aplicación las letras b) y c) del presente apartado, las referencias al método ecológico de producción solo podrán aparecer en relación con los ingredientes ecológicos y la lista de ingredientes deberá incluir una indicación del porcentaje total de ingredientes ecológicos en relación con la cantidad total de ingredientes de origen agrícola.

Los términos y la indicación del porcentaje a que se refiere el párrafo anterior deberán figurar en el mismo color y con un tamaño y un estilo tipográfico idénticos al de las demás indicaciones de la lista de ingredientes.

5. Los Estados miembros adoptarán las medidas oportunas para garantizar el cumplimiento del presente artículo.

6. La Comisión podrá adaptar, de conformidad con el procedimiento indicado en el artículo 37, apartado 2, la lista de términos establecida en el anexo.

Artículo 24.- *Indicaciones obligatorias*

1. Cuando se empleen los términos mencionados en el artículo 23, apartado 1:

a) el código numérico mencionado en el artículo 27, apartado 10, de la autoridad u organismo de control de que dependa el operador responsable de la última producción u operación de preparación, deberá figurar también en el etiquetado;

b) el logotipo comunitario mencionado en el artículo 25, apartado 1, por lo que respecta a los alimentos envasados, deberá figurar también en el envase;

c) cuando se utilice el logotipo comunitario, la indicación del lugar en que se hayan obtenido las materias primas agrarias de que se compone el producto deberá figurar también en el mismo campo visual que el logotipo y adoptará una de las formas siguientes, según proceda:

— «Agricultura UE», cuando las materias primas agrícolas hayan sido obtenidas en la UE,

— «Agricultura no UE», cuando las materias primas agrarias hayan sido obtenidas en terceros países,

— «Agricultura UE/no UE»: cuando una parte de las materias primas agrarias haya sido obtenida en la Comunidad y otra parte en un tercer país.

La mención «UE» o «no UE» a que se refiere el párrafo primero podrá ser sustituida por el nombre de un país o completada con dicho nombre en el caso de que todas las materias primas agrarias de que se compone el producto hayan sido obtenidas en el país de que se trate.

En la indicación más arriba mencionada «UE» o «no UE» podrán no tenerse en cuenta las pequeñas cantidades en peso de ingredientes, siempre y cuando la cantidad total de los ingredientes que no se tengan en cuenta no supere el 2 % de la cantidad total en peso de materias primas de origen agrario.

La indicación más arriba mencionada «UE» o «no UE» no figurará en un color, tamaño ni estilo tipográfico que destaque sobre la denominación de venta del producto.

El uso del logotipo comunitario mencionado en el artículo 25, apartado 1, y la indicación mencionada en el párrafo primero serán optativos para los productos importados de terceros países. No obstante, cuando el logotipo comunitario al que hace referencia el artículo 25, apartado 1, figure en el etiquetado, la indicación a que se refiere el párrafo primero también deberá figurar en el etiquetado.

2. Las indicaciones mencionadas en el apartado 1 irán en un lugar destacado, de forma que sean fácilmente visibles, claramente legibles e indelebles.

3. La Comisión establecerá, de conformidad con el procedimiento indicado en el artículo 37, apartado 2, criterios específicos sobre la presentación, la composición y el tamaño de las indicaciones mencionadas en el apartado 1, letras a) y c).

Artículo 25.- *Logotipos de producción ecológica*

1. El logotipo comunitario de producción ecológica podrá utilizarse en el etiquetado, la presentación y la publicidad de los productos que cumplan los requisitos que se establecen en el presente Reglamento.

El logotipo comunitario no se utilizará en el caso de los productos en conversión y de los alimentos a que se refiere el artículo 23, apartado 4, letras b) y c).

2. Podrán utilizarse logotipos nacionales y privados en el etiquetado, la presentación y la publicidad de los productos que cumplan los requisitos que se establecen en el presente Reglamento.

3. La Comisión, de conformidad con el procedimiento indicado en el artículo 37, apartado 2, establecerá principios específicos en lo que se refiere a la presentación, la composición, el tamaño y el diseño del logotipo comunitario.

Artículo 26.- *Requisitos específicos en materia de etiquetado*

La Comisión establecerá, de conformidad con el procedimiento indicado en el artículo 37, apartado 2, requisitos específicos en materia de etiquetado y composición, aplicables a:

a) los piensos ecológicos;

b) los productos de origen vegetal en conversión;

c) el material de reproducción vegetativa y las semillas para cultivos.

TÍTULO V.- CONTROLES

Artículo 27.- *Régimen de control*

1. Los Estados miembros crearán un régimen de control y designarán, de conformidad con el Reglamento (CE) nº 882/2004, una o varias autoridades competentes responsables de que los controles se realicen con arreglo a las obligaciones establecidas en el presente Reglamento.

2. Además de las condiciones establecidas en el Reglamento (CE) nº 882/2004, el régimen de control establecido en virtud del presente Reglamento comprenderá, como mínimo, la aplicación de medidas precautorias y de control que adoptará la Comisión de conformidad con el procedimiento al que hace referencia el artículo 37, apartado 2.

3. En el contexto del presente Reglamento, la naturaleza y frecuencia de los controles se determinarán basándose en una evaluación del riesgo de que se produzcan irregularidades e infracciones por lo que respecta al cumplimiento de los requisitos establecidos en el presente Reglamento. En cualquier caso, todos los operadores, con excepción de los mayoristas que solo trabajan con productos envasados y de los operadores que venden al consumidor o usuario final, descritos en el artículo 28, apartado 2, deberán someterse a una verificación de su cumplimiento al menos una vez al año.

4. La autoridad competente podrá:

a) conferir su facultad de control a una o varias autoridades de control. Las autoridades de control deberán ofrecer las adecuadas garantías de objetividad e imparcialidad, y disponer del personal cualificado y de los recursos necesarios para desempeñar sus funciones;

b) delegar funciones de control en uno o varios organismos de control. En tal caso, los Estados miembros designarán autoridades responsables de la aprobación y supervisión de dichos organismos.

5. La autoridad competente solo podrá delegar funciones de control en un organismo de control determinado en caso de que se cumplan las condiciones establecidas en el artículo 5, apartado 2, del Reglamento (CE) nº 882/2004, y, en particular, si:

a) existe una descripción precisa de las funciones que el organismo de control puede desempeñar y de las condiciones en que puede desempeñarlas;

b) existen pruebas de que el organismo de control:

i) posee los conocimientos técnicos, el equipo y la infraestructura necesarios para desempeñar las funciones que se le deleguen,

ii) cuenta con personal suficiente con la cualificación y experiencia adecuadas,

iii) es imparcial y no tiene ningún conflicto de intereses por lo que respecta al ejercicio de las funciones que se le deleguen;

c) el organismo de control está acreditado respecto a la Norma Europea EN 45011 sobre los «Requisitos generales para entidades que realizan la certificación de productos» (ISO/IEC Guía 65), en la versión publicada más recientemente en el Diario Oficial de la Unión Europea, serie C, y será aprobado por las autoridades competentes;

d) el organismo de control comunica a la autoridad competente, de manera periódica y siempre que esta lo solicite, el resultado de los controles llevados a cabo. En caso de que los resultados de los controles revelen o hagan sospechar un incumplimiento, el organismo de control informará inmediatamente de ello a la autoridad competente;

e) existe una coordinación eficaz entre la autoridad competente y el organismo de control en que haya delegado.

6. Además de las disposiciones del apartado 5, para la aprobación de un organismo de control la autoridad competente deberá tener en cuenta los siguientes criterios:

a) el procedimiento normalizado de control que deberá seguirse, que contendrá una descripción detallada de las medidas de control y de las medidas precautorias que el organismo se compromete a imponer a los operadores sometidos a su control;

b) las medidas que el organismo de control tenga intención de aplicar en caso de que se detecten irregularidades o infracciones.

7. Las autoridades competentes no delegarán en los organismos de control ninguna de las siguientes funciones:

a) la supervisión y auditoría de otros organismos de control;

b) las competencias para conceder excepciones, con arreglo a lo mencionado en el artículo 22, a menos que lo permitan las disposiciones específicas establecidas por la Comisión de conformidad con el artículo 22, apartado 3.

8. De conformidad con lo dispuesto en el artículo 5, apartado 3, del Reglamento (CE) nº 882/2004, las autoridades competentes que deleguen funciones de control en organismos de control organizarán auditorías o inspecciones de los organismos de control en caso necesario. En caso de que de la realización de una auditoría o de una inspección se desprenda que dichos organismos no están desempeñado adecuadamente las funciones que se les hayan delegado, la autoridad competente que haya llevado a cabo la delegación de funciones podrá retirar dicha delegación, a lo que procederá sin demora si el organismo de control en cuestión no adopta las medidas correctoras oportunas y adecuadas.

9. Además de observar lo dispuesto en el apartado 8, la autoridad competente:

a) garantizará que los controles realizados por el organismo de control sean objetivos e independientes;

b) verificará la eficacia de sus controles;

c) tendrá conocimiento de toda irregularidad o infracción detectada y de las medidas correctoras aplicadas;

d) retirará la delegación dada a los organismos que no cumplan los requisitos a que hacen referencia las letras a) y b), o dejen de cumplir los criterios indicados en los apartados 5, 6, o no cumplan los requisitos establecidos en los apartados 11, 12 y 14.

10. Los Estados miembros atribuirán un código numérico a cada autoridad u organismo de control que desempeñe las funciones de control mencionadas en el apartado 4.

11. Las autoridades y organismos de control permitirán el acceso de las autoridades competentes a sus oficinas e instalaciones y proporcionarán toda la información y la asistencia que las autoridades competentes consideren necesarias para el cumplimiento de sus obligaciones con arreglo al presente artículo.

12. Las autoridades de control y los organismos de control garantizarán que se apliquen a los operadores sometidos a su control, como mínimo, las medidas precautorias y de control a que se refiere el apartado 2.

13. Los Estados miembros garantizarán que el régimen de control establecido permita, de conformidad con lo dispuesto en el artículo 18 del Reglamento (CE) nº 178/2002, que la trazabilidad de cada producto en todas las fases de producción, preparación y distribución garantice, en particular a los consumidores, que los productos ecológicos han sido producidos de conformidad con los requisitos establecidos en el presente Reglamento.

14. Las autoridades de control y los organismos de control transmitirán a las autoridades competentes, a más tardar el 31 de enero de cada año, una lista de los operadores que estaban sujetos a sus controles el 31 de diciembre del año anterior. A más tardar el 31 de marzo de cada año, se entregará un informe resumido de las actividades de control realizadas durante el año anterior.

Artículo 28.- *Observancia del régimen de control*

1. Antes de comercializar un producto como ecológico o en conversión, todo operador que produzca, elabore, almacene o importe de un tercer país productos en el sentido del artículo 1, apartado 2, o que comercialice dichos productos deberá:

a) notificar su actividad a las autoridades competentes del Estado miembro donde se realiza la misma;

b) someter su empresa al régimen de control a que se refiere el artículo 27.

El párrafo primero se aplicará también a los exportadores que exporten productos producidos de conformidad con las normas de producción establecidas en el presente Reglamento.

El operador que subcontrate cualquiera de las actividades a un tercero seguirá, no obstante, sujeto a los requisitos a que se refieren las letras a) y b), y las actividades subcontratadas estarán sujetas al régimen de control.

2. Los Estados miembros podrán eximir de la aplicación del presente artículo a los operadores que vendan los productos directamente al consumidor o usuario final, a condición de que no produzcan, elaboren o almacenen los productos, salvo en el punto de venta, ni los importen de terceros países, ni hayan subcontratado tales actividades a un tercero.

3. Los Estados miembros designarán una autoridad o autorizarán a un organismo a efectos de la recepción de tales notificaciones.

4. Los Estados miembros velarán por que todo operador que cumpla las normas del presente Reglamento, y que pague una tasa razonable en concepto de contribución a los gastos del control, tenga derecho a estar cubierto por el régimen de control.

5. Las autoridades y organismos de control mantendrán actualizada una lista con los nombres y las direcciones de los operadores sujetos a su control. Esta lista se pondrá a la disposición de las partes interesadas.

6. La Comisión, de conformidad con el procedimiento a que hace referencia el artículo 37, apartado 2, establecerá disposiciones de aplicación con el fin de facilitar los detalles del procedimiento de notificación y sumisión al régimen de control a que se refiere el apartado 1 del presente artículo, en particular por lo que respecta a la información incluida en la notificación a la que hace referencia el apartado 1, letra a), del presente artículo.

Artículo 29.- *Documentos justificativos*

1. Las autoridades y organismos de control mencionados en el artículo 27, apartado 4, facilitarán documentos justificativos a todo operador que esté sujeto a sus controles y que en el ámbito de su actividad cumpla los requisitos enunciados en el presente Reglamento. Los documentos justificativos permitirán, al menos, la identificación del operador y del tipo o serie de productos, así como del período de validez.

2. El operador comprobará los documentos justificativos de sus proveedores.

3. La forma de los documentos justificativos a que se refiere el apartado 1 se establecerá de conformidad con el procedimiento mencionado en el artículo 37, apartado 2, teniendo en cuenta las ventajas que ofrece la certificación electrónica.

Artículo 30.- *Medidas en caso de infracción o irregularidades*

1. En caso de que se compruebe una irregularidad en el cumplimiento de los requisitos establecidos en el presente Reglamento, la autoridad u organismo de control velará por que en el etiquetado y la publicidad no se haga referencia al método de producción ecológico en la totalidad del lote o producción afectados por dicha irregularidad, siempre que guarde proporción con la importancia del requisito que se haya infringido y con la índole y circunstancias concretas de las actividades irregulares.

En caso de que se compruebe una infracción grave o una infracción con efectos prolongados, la autoridad u organismo de control prohibirá al operador en cuestión la comercialización de productos con referencia al método de producción ecológico en el etiquetado y la publicidad durante un período que se determinará de acuerdo con la autoridad competente del Estado miembro.

2. La información sobre casos de irregularidades o infracciones que afecten al carácter ecológico de un producto se comunicará inmediatamente entre las autoridades y organismos de control, las autoridades competentes y los Estados miembros afectados y, en su caso, se transmitirá a la Comisión.

El nivel de comunicación estará en función de la gravedad y el alcance de la irregularidad o la infracción comprobada.

La Comisión podrá establecer, de conformidad con el procedimiento mencionado en el artículo 37, apartado 2, especificaciones relativas a la forma y a las modalidades de dicha comunicación.

Artículo 31.- *Intercambio de información*

Las autoridades competentes y las autoridades y organismos de control intercambiarán la información pertinente sobre los resultados de sus controles con otras autoridades competentes y autoridades y organismos de control, previa petición debidamente justificada por la necesidad de garantizar que un producto se ha producido de conformidad con el presente Reglamento. También podrán intercambiar dicha información por propia iniciativa.

TÍTULO VI.- INTERCAMBIOS COMERCIALES CON TERCEROS PAÍSES

Artículo 32.- *Importación de productos que cumplen los requisitos*

1. Los productos importados de terceros países podrán comercializarse en el mercado comunitario etiquetados como ecológicos siempre que:

a) cumplan lo dispuesto en los títulos II, III y IV, así como las normas de desarrollo que afecten a su producción adoptadas con arreglo al presente Reglamento;

b) todos los operadores, incluidos los exportadores, hayan estado sujetos al control de una autoridad u organismo de control reconocidos de conformidad con lo dispuesto en el apartado 2;

c) los operadores interesados puedan facilitar en cualquier momento a los importadores o a las autoridades nacionales los documentos justificativos a que se refiere el artículo 29, que permitan la identificación del operador que realizó la última operación y la verificación de que el operador cumple lo dispuesto en las letras a) y b), expedidas por la autoridad u organismo de control a que se refiere la letra b).

2. La Comisión reconocerá, conforme al procedimiento a que se refiere el artículo 37, apartado 2, a las autoridades y organismos de control contemplados en el apartado 1, letra b), del presente artículo, con inclusión de las autoridades y organismos de control contemplados en el artículo 27, competentes para efectuar controles y expedir los documentos justificativos a que se refiere el apartado 1, letra c), del presente artículo, en terceros países, y elaborará una lista de estas autoridades y organismos de control.

Los organismos de control deberán homologarse con la Norma Europea EN 45011 o Guía ISO 65 «Requisitos generales para entidades que realizan la certificación de productos», en la versión publicada más recientemente en el Diario Oficial de la Unión Europea, serie C. Los organismos de control se someterán a evaluación periódica in situ, así como a vigilancia y reevaluación plurianual de sus actividades por parte del organismo de acreditación.

Al examinar las solicitudes de reconocimiento, la Comisión solicitará a la autoridad u organismo de control toda la información necesaria. La Comisión podrá confiar a expertos la función de examinar in situ las normas de producción y las actividades de control realizadas en el tercer país por la autoridad u organismo de control en cuestión.

Las autoridades u organismos de control reconocidos facilitarán los informes de evaluación expedidos por el organismo de acreditación o, en su caso, por la autoridad competente, relativos a la evaluación periódica in situ, la vigilancia y la reevaluación plurianual de sus actividades.

Basándose en los informes de evaluación, la Comisión, con la asistencia de los Estados miembros, velará por la oportuna supervisión de las autoridades y organismos de control reconocidos, revisando periódicamente su reconocimiento. La naturaleza de la supervisión se determinará sobre la base de una evaluación del riesgo de que se produzcan irregularidades o infracciones respecto de las disposiciones establecidas en el presente Reglamento.

Artículo 33.- *Importación de productos que presentan garantías equivalentes*

1. Los productos importados de terceros países también podrán comercializarse en el mercado comunitario como ecológicos a condición de que:

a) se hayan obtenido de conformidad con unas normas de producción equivalentes a las que se mencionan en los títulos III y IV;

b) los operadores hayan estado sometidos a medidas de control de eficacia equivalente a las de las mencionadas en el título V, y dichas medidas de control se hayan aplicado de forma permanente y efectiva;

c) en todas las etapas de producción, preparación y distribución llevadas a cabo en el tercer país, los operadores hayan sometido sus actividades a un régimen de control reconocido de conformidad con el apartado 2, o a una autoridad u organismo de control reconocidos de conformidad con el apartado 3;

d) el producto esté amparado por un certificado de control expedido por las autoridades competentes, las autoridades u organismos de control del tercer país reconocidas de conformidad con el apartado 2, o por una autoridad u organismo de control reconocidos de conformidad con el apartado 3, que confirmen que el producto cumple las condiciones establecidas en el presente apartado.

El original del certificado a que se hace referencia en el presente apartado acompañará a las mercancías hasta los locales del primer destinatario; posteriormente, el importador mantendrá el certificado a disposición de la autoridad u organismo de control durante un período no inferior a dos años.

2. La Comisión, de conformidad con el procedimiento indicado en el artículo 37, apartado 2, podrá reconocer a los terceros países cuyo sistema de producción cumpla unos principios y normas de producción equivalentes a los que se establecen en los títulos II, III y IV y cuyas medidas de control sean de eficacia equivalente a las establecidas en el título V, y elaborará una lista de dichos países. En la evaluación de la equivalencia deberán tenerse en cuenta las directrices CAC/GL 32 del Codex Alimentarius.

Al examinar las solicitudes de reconocimiento, la Comisión solicitará al tercer país toda la información necesaria. La Comisión podrá confiar a expertos la función de examinar in situ las normas de producción y las medidas de control del tercer país en cuestión.

Antes del 31 de marzo de cada año, los terceros países reconocidos enviarán a la Comisión un informe anual conciso relativo a la aplicación y el cumplimiento de las disposiciones de control establecidas en el tercer país de que se trate.

Basándose en la información contenida en dichos informes anuales, la Comisión, con la asistencia de los Estados miembros, velará por la oportuna supervisión de los terceros países reconocidos, revisando periódicamente su reconocimiento. La índole de la supervisión se determinará sobre la base de una evaluación del riesgo de que se produzcan irregularidades o infracciones respecto de las disposiciones establecidas en el presente Reglamento.

3. Por lo que respecta a los productos no importados con arreglo al artículo 32 ni importados de terceros países reconocidos conforme al apartado 2 del presente artículo, la Comisión, de conformidad con el procedimiento indicado en el artículo 37, apartado 2, podrá reconocer a las autoridades y organismos de control, incluidas las autoridades y organismos de control a que se refiere el artículo 27, competentes para realizar controles y emitir certificados en terceros países a los fines del apartado 1, y elaborará una lista de estas autoridades y organismos de control. En la evaluación de la equivalencia deberán tenerse en cuenta las directrices CAC/GL 32 del Codex Alimentarius.

La Comisión examinará todas las solicitudes de reconocimiento presentadas por una autoridad u organismo de control de un tercer país.

Al examinar las solicitudes de reconocimiento, la Comisión solicitará a la autoridad u organismo de control toda la información necesaria. La autoridad u organismo de control se someterá a evaluación periódica in situ, así como a vigilancia y reevaluación plurianual de sus actividades, que llevará a cabo un organismo de acreditación o, en su caso, una autoridad competente. La Comisión podrá confiar a expertos la función de examinar in situ las normas de producción y las medidas de control realizadas en el tercer país por la autoridad u organismo de control en cuestión.

Las autoridades u organismos de control reconocidos facilitarán los informes de evaluación expedidos por el organismo de acreditación o, en su caso, por la autoridad competente, relativos a la evaluación periódica in situ, la vigilancia y la reevaluación plurianual de sus actividades.

Basándose en estos informes de evaluación, la Comisión, con la asistencia de los Estados miembros, velará por la oportuna supervisión de las autoridades y organismos de control reconocidos, revisando periódicamente su reconocimiento. La naturaleza de la supervisión se determinará sobre la base de una evaluación del riesgo de que se produzcan irregularidades o infracciones respecto de las disposiciones establecidas en el presente Reglamento.

TÍTULO VII.- DISPOSICIONES FINALES Y TRANSITORIAS

Artículo 34.- *Libre circulación de productos ecológicos*

1. Las autoridades competentes y las autoridades y organismos de control no podrán prohibir ni restringir, argumentando razones relacionadas con el método de producción, el etiquetado o la presentación de dicho método, la comercialización de los productos ecológicos controlados por otra autoridad u organismo de control situados en otro Estado miembro, en la medida en que dichos productos cumplan los requisitos del presente Reglamento. En particular, no podrán imponerse más controles ni más cargas financieras además de los previstos en el título V.

2. Los Estados miembros podrán aplicar en su territorio normas más estrictas para la producción vegetal y ganadera ecológica cuando esas normas sean aplicables también a la producción no ecológica y siempre que sean conformes al Derecho comunitario y no prohíban ni restrinjan la comercialización de productos ecológicos producidos fuera del territorio del Estado miembro de que se trate.

Artículo 35.- *Transmisión de información a la Comisión*

Los Estados miembros comunicarán periódicamente a la Comisión la siguiente información:

a) nombre y dirección de las autoridades competentes y, cuando proceda, sus códigos numéricos y sus marcas de conformidad;

b) listas de las autoridades y organismos de control, sus códigos numéricos y, cuando proceda, sus marcas de conformidad. La Comisión publicará periódicamente la lista de las autoridades y organismos de control.

Artículo 36.- *Información estadística*

Los Estados miembros transmitirán a la Comisión los datos estadísticos necesarios para la aplicación y el seguimiento del presente Reglamento. La información estadística necesaria se definirá en el contexto del programa estadístico comunitario.

Artículo 37.- *Comité de la producción ecológica*

1. La Comisión estará asistida por un Comité de reglamentación de la producción ecológica.

2. En los casos en que se haga referencia al presente apartado, serán de aplicación los artículos 5 y 7 de la Decisión 1999/468/CE.

El plazo contemplado en el artículo 5, apartado 6, de la Decisión 1999/468/CE queda fijado en tres meses.

Artículo 38.- *Disposiciones de aplicación*

La Comisión establecerá, de conformidad con el procedimiento indicado en el artículo 37, apartado 2, y respetando los objetivos y principios establecidos en el título II, las disposiciones de aplicación del presente Reglamento. En particular, se adoptarán las disposiciones de aplicación siguientes:

a) disposiciones de aplicación de las normas de producción establecidas en el título III, especialmente en lo relativo a las condiciones y los requisitos específicos que deben respetar los operadores;

b) disposiciones de aplicación de las normas de etiquetado establecidas en el título IV;

c) disposiciones de aplicación del régimen de control establecido en el título V, especialmente en lo relativo a los requisitos mínimos de control, supervisión y auditoría, a los criterios específicos sobre la delegación de funciones en organismos de control privados, a los criterios de autorización y retirada de la autorización de dichos organismos y a los documentos justificativos a que se refiere el artículo 29;

d) disposiciones de aplicación de las normas sobre importaciones procedentes de terceros países establecidas en el título VI, especialmente en lo relativo a los criterios y los procedimientos que deben seguirse para el reconocimiento, con arreglo a los artículos 32 y 33, de terceros países y organismos de control, incluida la publicación de listas de terceros países y organismos de control reconocidos, y disposiciones de aplicación relativas al certificado mencionado en el artículo 33, apartado 1, letra d), teniendo en cuenta las ventajas de la certificación electrónica;

e) disposiciones de aplicación por lo que respecta a la libre circulación de los productos ecológicos establecida en el artículo 34 y a la transmisión de información a la Comisión que figura en el artículo 35.

Artículo 39.- *Derogación del Reglamento (CE) nº 2092/91*

1. El Reglamento (CEE) nº 2092/91 queda derogado a partir del 1 de enero de 2009.

2. Las referencias hechas al Reglamento (CEE) nº 2092/91 derogado se entenderán hechas al presente Reglamento.

Artículo 40.- *Medidas transitorias*

En caso necesario, y a fin de facilitar la transición de las normas establecidas por el Reglamento (CEE) nº 2092/91 a las establecidas por el presente Reglamento, se adoptarán unas medidas transitorias con arreglo al procedimiento indicado en el artículo 37, apartado 2.

Artículo 41.- *Informe dirigido al Consejo*

1. La Comisión presentará un informe al Consejo, a más tardar el 31 de diciembre de 2011.

2. En el informe se examinará, en particular, la experiencia adquirida en la aplicación del presente Reglamento y se considerarán, en particular, las siguientes cuestiones:

a) el ámbito de aplicación del presente Reglamento, y en particular los alimentos ecológicos preparados por empresas de restauración alimentaria;

b) la prohibición de utilizar organismos modificados genéticamente, incluida la disponibilidad de productos no producidos mediante dichos organismos, así como la declaración del vendedor, la viabilidad de los umbrales de tolerancia específicos y su impacto en el sector ecológico;

c) el funcionamiento del mercado interior y del régimen de control, evaluando en particular si las prácticas establecidas llevan o no a una competencia desleal o a la creación de barreras a la producción y comercialización de productos ecológicos.

3. Si procede, la Comisión presentará propuestas pertinentes junto con dicho informe.

Artículo 42.- *Entrada en vigor y aplicación*

El presente Reglamento entrará en vigor a los siete días de su publicación en el Diario Oficial de la Unión Europea.

En caso de no establecerse disposiciones de aplicación para la producción de determinadas especies animales, determinadas plantas acuáticas y determinadas microalgas, serán de aplicación las disposiciones del artículo 23 para el etiquetado y del título V para el control. Mientras no se establezcan las disposiciones de aplicación relativas a la producción, serán de aplicación las normas nacionales o, en su defecto, normas privadas aceptadas o reconocidas por los Estados miembros.

El presente Reglamento será aplicable a partir del 1 de enero de 2009.

No obstante, el artículo 24, apartado 1, letras b) y c), se aplicarán a partir del 1 de julio de 2010.

El presente Reglamento será obligatorio en todos sus elementos y directamente aplicable en cada Estado miembro.

ANEXO.-

Términos a que se refiere el artículo 23, apartado 1

[Anexo no reproducido en la presente publicación]

15 de enero de 2008.- Reglamento (CE) nº 110/2008

del Parlamento Europeo y del Consejo,

relativo a la definición, designación, presentación, etiquetado y protección de las indicaciones geográficas de bebidas espirituosas

y por el que se deroga el Reglamento (CEE) nº 1576/89 del Consejo

(D.O. L 39, 13 de febrero de 2008)

[V.C. 26/02/2012]

TJUE, 14 de julio de 2011, Asuntos acumulados C-4/10 y C-27/10, Bureau national interprofessionnel du Cognac contra Gust. Ranin Oy. [Interpretación de los Arts. 16 y 23]

EL PARLAMENTO EUROPEO Y EL CONSEJO DE LA UNIÓN EUROPEA,

Visto el Tratado constitutivo de la Comunidad Europea y, en particular, su artículo 95,

Vista la propuesta de la Comisión,

Visto el dictamen del Comité Económico y Social Europeo,

De conformidad con el procedimiento establecido en el artículo 251 del Tratado,

Considerando lo siguiente:

(1) Tanto el Reglamento (CEE) nº 1576/89 del Consejo, de 29 de mayo de 1989, por el que se establecen las normas generales relativas a la definición, designación y presentación de las bebidas espirituosas, como el Reglamento (CEE) nº 1014/90 de la Comisión, de 24 de abril de 1990, por el que se establecen las disposiciones de aplicación para la definición, designación y presentación de las bebidas espirituosas, han resultado muy útiles para regular el sector de las bebidas espirituosas. Sin embargo, la experiencia reciente nos indica que es necesario aclarar las normas aplicables a la definición, designación, presentación, y etiquetado de bebidas espirituosas, así como a la protección de la indicación geográfica de determinadas bebidas espirituosas, a la vez que se toman en consideración los métodos tradicionales de producción. El Reglamento (CEE) nº 1576/89 debe, pues, ser derogado y sustituido.

(2) El sector de las bebidas espirituosas es importante para los consumidores, para los productores y para el sector agrícola de la Comunidad. Las medidas aplicables al sector de las bebidas espirituosas deben contribuir a alcanzar un nivel elevado de protección de los consumidores, a evitar las prácticas engañosas y a la consecución de la transparencia del mercado y de la competencia leal. Así, estas medidas deben preservar el renombre que las bebidas espirituosas comunitarias han alcanzado en el mercado comunitario y en el mundial, ya que seguirán teniendo en cuenta los métodos tradicionales de producción de las bebidas espirituosas, así como la creciente demanda de protección e información de los consumidores. Debe tomarse también en consideración la innovación tecnológica, en las categorías en que esta ayude a mejorar la calidad sin afectar al carácter tradicional de las bebidas espirituosas de que se trate.

(3) La producción de bebidas espirituosas constituye una salida de gran importancia para los productos agrícolas de la Comunidad. El marco reglamentario debe hacer hincapié en este fuerte vínculo con el sector agrícola.

(4) Para garantizar un planteamiento más sistemático de la legislación que regula las bebidas espirituosas, el presente Reglamento debe establecer criterios claramente definidos de producción, designación, presentación y etiquetado de las bebidas espirituosas, así como de la protección de las indicaciones geográficas.

(5) En defensa de los intereses de los consumidores, el presente Reglamento debe aplicarse a todas las bebidas espirituosas comercializadas en la Comunidad, bien hayan sido producidas en la Comunidad o bien en terceros países. Con el fin de exportar bebidas espirituosas de gran calidad y para mantener y aumentar el renombre de las bebidas espirituosas de la Comunidad en el mercado mundial, el presente Reglamento debe aplicarse también a las bebidas de ese tipo producidas en la Comunidad para su exportación. El presente Reglamento se aplicará también a la utilización de alcohol etílico o a los destilados de origen agrícola en la producción de bebidas alcohólicas y a la utilización de los nombres de las bebidas espirituosas en la presentación y etiquetado de los productos alimenticios. En casos excepcionales, cuando así lo requiera la legislación de un tercer país importador, el presente Reglamento debe permitir una excepción con respecto a lo dispuesto en los anexos I y II del presente Reglamento con arreglo al procedimiento de reglamentación con control.

(6) En general, el presente Reglamento debe seguir centrándose en la definición de las bebidas espirituosas que deben ser clasificadas en categorías. Esas definiciones deben seguir respetando la tradición de calidad, pero se completarán y actualizarán las definiciones previas si adolecieran de deficiencias o no fueran lo suficientemente precisas y también en caso de que fuera posible mejorarlas a la luz del progreso tecnológico.

(7) Para tomar en consideración las expectativas de los consumidores sobre las materias primas utilizadas en la fabricación del vodka, especialmente en los Estados miembros productores tradicionales de vodka, conviene establecer disposiciones para que se proporcione información adecuada sobre las materias primas utilizadas en caso de vodka producido a partir de materias primas de origen agrícola distintas de los cereales o las patatas.

(8) Además, el alcohol etílico utilizado en la producción de las bebidas espirituosas y otras bebidas alcohólicas debe ser exclusivamente de origen agrícola para responder a las expectativas de los consumidores y respetar la tradición. Se daría también así una salida comercial a algunos productos agrícolas básicos.

(9) Debido a la importancia y complejidad del sector de las bebidas espirituosas, procede establecer medidas específicas sobre la designación y la presentación de las bebidas espirituosas que vayan más allá de las normas horizontales establecidas por la Directiva 2000/13/CE del Parlamento Europeo y del Consejo, de 20 de marzo del 2000, relativa a la aproximación de las legislaciones de los Estados miembros en materia de etiquetado, presentación y publicidad de los productos alimenticios. Estas medidas específicas deben evitar también el uso incorrecto de la denominación «bebida espirituosa» y de las denominaciones de bebidas espirituosas en productos que no se ajusten a las definiciones establecidas en el presente Reglamento.

(10) Aunque es importante garantizar que, en general, el período de maduración o envejecimiento se refiere solo al componente alcohólico más joven, el presente Reglamento debe permitir establecer una excepción para tener en cuenta los procesos tradicionales de envejecimiento regulados por los Estados miembros.

(11) De conformidad con el Tratado, en la aplicación de una política de calidad y para hacer posible un nivel elevado de calidad en las bebidas espirituosas y dar diversidad al sector, es preciso que los Estados miembros puedan adoptar normas más estrictas a las establecidas por el presente Reglamento sobre producción, designación, presentación y etiquetado de las bebidas espirituosas producidas en su propio territorio.

(12) La Directiva 88/388/CEE del Consejo, de 22 de junio de 1988, relativa a la aproximación de las legislaciones de los Estados miembros en el ámbito de los aromas que se utilizan en los productos alimenticios y de los materiales de base para su producción, se aplica a las bebidas espirituosas. Por lo tanto, solo es necesario establecer en este Reglamento las normas que no hayan sido ya previstas por esa Directiva.

(13) Es importante dar la debida consideración a las disposiciones del Acuerdo sobre los aspectos de los derechos de propiedad intelectual relacionados con el comercio (en lo sucesivo denominado «el Acuerdo ADPIC») y, en particular, a sus artículos 22 y 23, así como al Acuerdo General sobre Aranceles Aduaneros y Comercio, que forma parte del Acuerdo por el que se establece la Organización Mundial de Comercio, aprobado mediante la Decisión 94/800/CE del Consejo.

(14) Dado que el Reglamento (CE) nº 510/2006 del Consejo, de 20 de marzo de 2006, relativo a la protección de las indicaciones geográficas y de las denominaciones de origen de los productos agrícolas y alimenticios, no se aplica a las bebidas espirituosas, el presente Reglamento debe recoger las normas de protección de las indicaciones geográficas de las bebidas espirituosas. Es preciso registrar las indicaciones geográficas que identifiquen a una bebida espirituosa como originaria del territorio de un país o de una región o localidad de ese territorio, cuando determinada calidad, reputación u otras características de esa bebida sean imputables fundamentalmente a su origen geográfico.

(15) Conviene establecer en el presente Reglamento un procedimiento no discriminatorio de registro, conformidad, modificación y posible cancelación de las indicaciones geográficas de terceros países y de la UE, de conformidad con el Acuerdo ADPIC, a la vez que se reconoce el estatuto específico de las indicaciones geográficas establecidas.

(16) Procede aprobar las medidas necesarias para la ejecución del presente Reglamento con arreglo a la Decisión 1999/468/CE del Consejo, de 28 de junio de 1999,

por la que se establecen los procedimientos para el ejercicio de las competencias de ejecución atribuidas a la Comisión.

(17) Conviene, en particular, conferir competencias a la Comisión, para conceder excepciones a determinadas partes del presente Reglamento cuando la legislación de un país importador así lo requiera, establecer el nivel máximo de endulzamiento para redondear el gusto, conceder excepciones a las normas que regulan la especificación de períodos de maduración o envejecimiento, adoptar las decisiones sobre solicitudes de registro, cancelación o supresión de indicaciones geográficas, así como de modificación del expediente técnico, modificar, la lista de requisitos y definiciones técnicas, las definiciones de bebidas espirituosas clasificadas en categorías y la lista de indicaciones geográficas registradas, así como establecer excepciones al procedimiento que regula el registro de indicaciones geográficas y la modificación del expediente técnico. Dado que estas medidas son de alcance general, y están destinadas a modificar o suprimir elementos no esenciales del presente Reglamento, o a completarlo añadiendo otros nuevos, deben adoptarse con arreglo al procedimiento de reglamentación con control establecido en el artículo 5 bis de la Decisión 1999/468/CE.

(18) La transición de las normas establecidas en el Reglamento (CEE) nº 1576/89 a las del presente Reglamento puede originar dificultades que no se abordan en este último. Procede aprobar las medidas necesarias para dicha transición, así como las medidas necesarias para resolver problemas prácticos específicos del sector de las bebidas espirituosas, con arreglo a la Decisión 1999/468/CE.

(19) Para facilitar la transición a partir de la normativa establecida por el Reglamento (CEE) nº 1576/89, conviene permitir la producción de bebidas espirituosas con arreglo a dicho Reglamento durante el primer año de aplicación del presente Reglamento. Debe contemplarse también la comercialización de las existencias disponibles hasta que se agoten.

HAN ADOPTADO EL PRESENTE REGLAMENTO:

CAPÍTULO I.- ÁMBITO DE APLICACIÓN, DEFINICIÓN Y CLASIFICACIÓN DE LAS BEBIDAS ESPIRITUOSAS

Artículo 1.- *Objeto y ámbito de aplicación*

1. El presente Reglamento establece las normas de definición, designación, presentación y etiquetado de bebidas espirituosas así como la protección de sus indicaciones geográficas.

2. El presente Reglamento se aplicará a todas las bebidas espirituosas comercializadas en la Comunidad, bien producidas en la Comunidad o bien en terceros países, así como a las que hayan sido producidas en la Comunidad para la exportación. El presente Reglamento se aplicará también a la utilización de alcohol etílico y/o destilados de origen agrícola en la producción de bebidas alcohólicas y a la utilización de los nombres de las bebidas espirituosas en la presentación y etiquetado de los productos alimenticios.

3. En casos excepcionales, cuando así lo requiera la legislación de un tercer país importador, podrá concederse una excepción con respecto a lo dispuesto en los anexos I y II del presente Reglamento con arreglo al procedimiento de reglamentación con control contemplado en el artículo 25, apartado 3.

Artículo 2.- *Definición de bebida espirituosa*

1. A los efectos del presente Reglamento, se entenderá por «bebida espirituosa» la bebida alcohólica:

a) destinada al consumo humano;

b) poseedora de unas cualidades organolépticas particulares;

c) con un grado alcohólico mínimo de 15 % vol;

d) producida:

i) bien directamente, mediante:

— la destilación, en presencia o no de aromas, de productos fermentados de modo natural, y/o

— la maceración o procedimientos similares de materias primas vegetales en alcohol etílico de origen agrícola y/o destilados de origen agrícola, y/o las bebidas espirituosas en el sentido del presente Reglamento, y/o

— la adición de aromas, azúcares u otros productos edulcorantes enumerados en el punto 3 del anexo I y/u otros productos agrícolas y/o alimenticios al alcohol etílico de origen agrícola y/o a destilados de origen agrícola y/o a bebidas espirituosas según la definición del presente Reglamento,

ii) o bien por mezcla de una bebida espirituosa con uno o más de los siguientes productos:

— otras bebidas espirituosas, y/o

— alcohol etílico de origen agrícola o destilados de origen agrícola, y/u

— otras bebidas alcohólicas, y/o

— bebidas.

2. No obstante, no se consideran bebidas espirituosas las que se incluyen en los códigos NC 2203, 2204, 2205, 2206 y 2207.

3. El grado alcohólico mínimo estipulado en el apartado 1, letra c), se entenderá sin perjuicio de la definición del producto comprendido en la categoría 41 del anexo II.

4. A los efectos del presente Reglamento, las definiciones técnicas y los requisitos se establecen en el anexo I.

Artículo 3.- *Origen del alcohol etílico*

1. El alcohol etílico utilizado en la producción de las bebidas espirituosas y de todos sus componentes únicamente podrá ser de origen agrícola, en el sentido del anexo I del Tratado.

2. El alcohol etílico utilizado en la producción de bebidas espirituosas deberá atenerse a la definición contemplada en el punto 1 del anexo I del presente Reglamento.

3. Cuando se utilice alcohol etílico para diluir o disolver colorantes, aromas o cualquier otro aditivo autorizado, utilizados en la elaboración de las bebidas espirituosas, solo podrá emplearse alcohol etílico de origen agrícola.

4. Las bebidas alcohólicas no contendrán alcohol de origen sintético ni alcohol que no sea de origen agrícola en el sentido del anexo I del Tratado.

Artículo 4.- *Categorías de bebidas espirituosas*

Las bebidas espirituosas se clasificarán en categorías de acuerdo con las definiciones establecidas en el anexo II.

Artículo 5.- *Normas generales sobre las categorías de bebidas espirituosas*

1. No obstante lo dispuesto en las normas específicas establecidas para cada una de las categorías con la numeración 1 a 14 del anexo II, las bebidas espirituosas en él definidas:

a) se producirán mediante la fermentación alcohólica y la destilación obtenidas exclusivamente a partir de las materias primas que figuran en las definiciones pertinentes correspondientes a la bebida espirituosa de que se trate;

b) no tendrán adición de alcohol, diluido o no, según se define en el punto 5 del anexo I;

c) no contendrán sustancias aromatizantes añadidas;

d) contendrán caramelo añadido únicamente para adaptar el color;

e) se endulzarán únicamente para redondear el sabor final del producto de acuerdo con el punto 3 del anexo I. El nivel máximo para los productos utilizados para el redondeo del gusto, enumerados en el punto 3, letras a) a f), del anexo I, se adoptará con arreglo al procedimiento de reglamentación con control contemplado en el artículo 25, apartado 3. Se tendrá en cuenta la legislación particular de los Estados miembros.

2. Sin perjuicio de lo dispuesto en las normas específicas establecidas para cada una de las categorías con la numeración 15 a 46 del anexo II, las bebidas espirituosas en él definidas podrán:

a) obtenerse de cualesquiera materias primas agrícolas enumeradas en el anexo I del Tratado;

b) tener adición de alcohol según se define en el punto 5 del anexo I del presente Reglamento;

c) contener sustancias aromatizantes como las que se definen en el artículo 3, apartado 2, letra b), del Reglamento (CE) nº 1334/2008 del Parlamento Europeo y del Consejo, de 16 de diciembre de 2008, sobre los aromas y determinados ingredientes alimentarios con propiedades aromatizantes utilizados en los alimentos, y los preparados aromatizantes definidos en el artículo 3, apartado 2, letra d), de dicho Reglamento;

d) contener colorante tal y como se define en el punto 10 del anexo I del presente Reglamento;

e) endulzarse para ajustarlas a las características de un producto determinado, de acuerdo con el punto 3 del anexo I del presente Reglamento y teniendo en cuenta la legislación particular de los Estados miembros.

3. Sin perjuicio de lo dispuesto en las normas específicas establecidas en el anexo II, las otras bebidas espirituosas que no cumplan los requisitos de las categorías 1 a 46 podrán:

a) obtenerse de cualesquiera materias primas agrícolas enumeradas en el anexo I del Tratado CE y/o de productos alimenticios aptos para el consumo humano;

b) tener adición de alcohol según se define en el punto 5 del anexo I del presente Reglamento;

c) contener uno o más aromatizantes de los definidos en el artículo 3, apartado 2, letra a), del Reglamento (CE) nº 1334/2008;

d) contener colorante tal como se define en el punto 10 del anexo I del presente Reglamento;

e) endulzarse para ajustarlas a las características de un producto determinado, de acuerdo con el punto 3 del anexo I del presente Reglamento.

Artículo 6.- *Legislación de los Estados miembros*

1. Al aplicar una política de calidad a las bebidas espirituosas producidas en su propio territorio y, en particular, a las indicaciones geográficas registradas en el anexo III o para el establecimiento de nuevas indicaciones geográficas, los Estados miembros podrán adoptar normas más estrictas que las establecidas en el anexo II sobre la producción, designación, presentación y etiquetado en la medida en que sean compatibles con el Derecho comunitario.

2. Los Estados miembros no podrán prohibir o restringir la importación, venta o consumo de bebidas espirituosas que cumplan lo dispuesto en el presente Reglamento.

CAPÍTULO II.- DESIGNACIÓN, PRESENTACIÓN Y ETIQUETADO DE LAS BEBIDAS ESPIRITUOSAS

Artículo 7.- *Definiciones*

A los efectos del presente Reglamento los términos «designación», «presentación» y «etiquetado» se definen en los puntos 14, 15 y 16 del anexo I.

Artículo 8.- *Denominación de venta*

De conformidad con el artículo 5 de la Directiva 2000/13/CE, la denominación bajo la cual se venda una bebida espirituosa («denominación de venta») estará sujeta a las disposiciones establecidas en el presente capítulo.

Artículo 9.- *Normas específicas sobre las denominaciones de venta*

1. Las bebidas espirituosas que se ajusten a las especificaciones de los productos definidos en las categorías 1 a 46 del anexo II llevarán la denominación de venta allí asignada en su designación, presentación y etiquetado.

2. Las bebidas espirituosas que se ajusten a la definición establecida en el artículo 2, pero que no cumplan los requisitos para su inclusión en las categorías 1 a 46 del anexo II, llevarán en su designación, presentación y etiquetado la denominación de venta «bebida espirituosa». Sin perjuicio de lo dispuesto en el apartado 5 del presente artículo, esta denominación de venta no podrá ser sustituida ni modificada.

3. Si una bebida espirituosa se ajusta a la definición de más de una categoría de bebida espirituosa del anexo II, podrá comercializarse bajo una o varias de las denominaciones enumeradas para esas categorías en el anexo II.

4. Sin perjuicio de lo dispuesto en el apartado 9 del presente artículo y en el artículo 10, apartado 1, las denominaciones mencionadas en el apartado 1 del presente artículo no se utilizarán de ninguna manera para designar o presentar bebidas distintas de la bebida espirituosa a la que corresponden las denominaciones enumeradas en el anexo II y registradas en el anexo III.

5. Las denominaciones de venta podrán ser completadas o sustituidas por una de las indicaciones geográficas registradas en el anexo III y de acuerdo con el capítulo III o completadas por otra indicación geográfica, con arreglo a las disposiciones nacionales, siempre que no se induzca a error al consumidor.

6. Las indicaciones geográficas registradas en el anexo III solo podrán ser completadas:

a) bien mediante términos que ya estén siendo utilizados el 20 de febrero de 2008 para las indicaciones geográficas contempladas en el artículo 20;

b) o bien de acuerdo con el expediente técnico pertinente contemplado en el artículo 17, apartado 1.

7. No se designarán, presentarán o etiquetarán las bebidas alcohólicas que no se ajusten a alguna de las definiciones contenidas en las categorías 1 a 46 del anexo II que asocian palabras tales como «género», «tipo», «estilo», «elaborado», «aroma» u otros términos similares a alguna de las denominaciones de venta contempladas en el presente Reglamento y/o de las indicaciones geográficas registradas en el anexo III.

8. No se podrá sustituir la denominación de venta de una bebida espirituosa por una marca de fábrica, denominación comercial o de fantasía.

9. Las denominaciones a las que se hace referencia en las categorías 1 a 46 del anexo II podrán incluirse en una lista de ingredientes para productos alimenticios siempre que la lista esté de acuerdo con la Directiva 2000/13/CE.

Artículo 10.- *Normas específicas sobre la utilización de las denominaciones de venta y las indicaciones geográficas*

1. No obstante lo dispuesto en la Directiva 2000/13/CE, queda prohibida la utilización de todo término enumerado en las categorías 1 a 46 del anexo II o de las indicaciones geográficas registradas en el anexo III en un término compuesto, así como la alusión, en la presentación del producto alimenticio, a cualquiera de ellos, a no ser que el alcohol provenga exclusivamente de la(s) bebida(s) espirituosa(s) a la(s) que se hace referencia.

2. La utilización de un término compuesto a la que se refiere el apartado 1 queda prohibida también cuando una bebida espirituosa haya sido diluida de forma que su grado alcohólico se sitúe por debajo del grado alcohólico mínimo previsto en la definición de esta bebida.

3. Como excepción a lo dispuesto en el apartado 1, las disposiciones del presente Reglamento no influirán en el posible uso de los términos «amargo», amer o bitter en los productos no cubiertos por el presente Reglamento.

4. Como excepción a lo dispuesto en el apartado 1 y en atención a los métodos establecidos de producción, los términos compuestos enumerados en la categoría 32, letra d), del anexo II podrán utilizarse en la presentación de los licores producidos en la Comunidad respetando las condiciones establecidas en ella.

Artículo 11.- *Designación, presentación y etiquetado de mezclas*

1. Cuando haya habido adición de alcohol, diluido o no, según se define en el punto 5 del anexo I, a una bebida espirituosa de las enumeradas en las categorías 1 a 14 del anexo II, esta llevará la denominación de venta «bebida espirituosa». No podrá llevar en modo alguno un nombre reservado en las categorías 1 a 14.

2. Si una bebida espirituosa de las categorías 1 a 46 del anexo II se mezcla con:

a) una o varias bebidas espirituosas, y/o

b) uno o varios destilados de origen agrícola,

llevará la denominación de venta «bebida espirituosa». Esta denominación de venta figurará clara y visible en una posición prominente de la etiqueta y no será sustituida ni modificada.

3. El apartado 2 no se aplicará a la designación, presentación o etiquetado de una mezcla mencionada en dicho apartado si esta se ajusta a una de las definiciones establecidas en las categorías 1 a 46 del anexo II.

4. No obstante lo dispuesto en la Directiva 2000/13/CE, en la designación, presentación y etiquetado de las bebidas espirituosas fruto de las mezclas mencionadas en el apartado 2 del presente artículo solo podrán figurar uno o más términos enumerados en el anexo II si dichos términos no forman parte de la denominación de venta, sino que únicamente aparecen en el mismo campo visual en la enumeración de todos los ingredientes alcohólicos incluidos en la mezcla, precedidos de la denominación «mezcla de bebidas espirituosas».

Los términos «mezcla de bebidas espirituosas» estarán escritos con caracteres uniformes del mismo tipo de letra y color que los de la denominación de venta. Los caracteres no podrán tener un tamaño superior a la mitad del tamaño de los caracteres de la denominación de venta.

5. En el etiquetado y la presentación de las mezclas mencionadas en el apartado 2 y a las que se aplica el requisito de mencionar los ingredientes alcohólicos de conformidad con el apartado 4, la proporción de cada uno de los ingredientes alcohólicos se expresará en forma de porcentaje en orden decreciente de las cantidades utilizadas. Dicha proporción será igual al porcentaje del volumen de alcohol puro que represente en el contenido total de alcohol puro de la mezcla.

Artículo 12.- *Normas específicas relativas a la designación, presentación y etiquetado de las bebidas espirituosas*

1. Cuando la designación, presentación o etiquetado de una bebida espirituosa indiquen la materia prima utilizada para la fabricación del alcohol etílico de origen agrícola, cada uno de los alcoholes agrícolas utilizados se mencionará en orden decreciente de las cantidades utilizadas.

2. La designación, presentación o etiquetado de las bebidas espirituosas podrán completarse con el término «ensamble» (blend) o «ensamblada» (blending o blended) únicamente si la bebida espirituosa ha sido ensamblada como se define en el punto 7 del anexo I.

3. Sin perjuicio de cualquier excepción adoptada de acuerdo con el procedimiento de reglamentación con control contemplado en el artículo 25, apartado 3, en la designación, presentación o etiquetado de una bebida espirituosa solo podrá especificarse un período de maduración o envejecimiento, cuando se refiera al componente alcohólico más joven y siempre que la bebida espirituosa hubiera sido envejecida bajo control fiscal o bajo un control que ofrezca garantías equivalentes.

Artículo 13.- *Prohibición de las cápsulas y hojas fabricadas a base de plomo*

Las bebidas espirituosas solo podrán almacenarse para su venta o comercializarse en recipientes cerrados mediante un dispositivo que no esté revestido por una cápsula o una hoja fabricadas a base de plomo.

Artículo 14.- *Uso de idiomas en la designación, presentación y etiquetado de bebidas espirituosas*

1. Las indicaciones previstas por el presente Reglamento se harán en una o varias lenguas oficiales de la Unión Europea, de forma que el consumidor final pueda comprender fácilmente cada una de dichas menciones, a no ser que se informe al consumidor por otros medios.

2. Los términos en cursiva del anexo II y las indicaciones geográficas registradas en el anexo III aparecerán sin traducir en la etiqueta y en la presentación de la bebida espirituosa.

3. En las bebidas espirituosas originarias de terceros países, se permitirá la utilización de una lengua oficial del tercer país en el que se hubiera elaborado la bebida espirituosa, siempre y cuando las indicaciones previstas en el presente Reglamento aparezcan, además, en una de las lenguas oficiales de la Unión Europea, de manera que el consumidor final pueda comprender fácilmente cada una de dichas menciones.

4. No obstante lo dispuesto en el apartado 2, en las bebidas espirituosas elaboradas en la Comunidad y destinadas a la exportación, las indicaciones previstas por el presente Reglamento podrán repetirse en otro idioma que no sea lengua oficial de la Unión Europea.

CAPÍTULO III.- INDICACIONES GEOGRÁFICAS

Artículo 15.- *Indicaciones geográficas*

1. Para los fines del presente Reglamento, se entenderá por «indicación geográfica» aquella que identifique a una bebida espirituosa como originaria del territorio de un país o de una región o localidad de ese territorio, si determinada calidad, reputación u otras características de la bebida espirituosa son imputables fundamentalmente a su origen geográfico.

2. Las indicaciones geográficas contempladas en el apartado 1 se registran en el anexo III.

3. Las indicaciones geográficas registradas en el anexo III no podrán convertirse en genéricas.

Las denominaciones que han pasado a ser genéricas no podrán registrarse en el anexo III.

Se entenderá que una denominación se ha convertido en genérica cuando la denominación de una bebida espirituosa, aunque esté relacionada con el lugar o la región en la que esta se producía o comercializaba originariamente, se haya convertido en la denominación común de la bebida espirituosa en la Comunidad.

Las bebidas espirituosas que lleven una indicación geográfica registrada en el anexo III respetarán todas las especificaciones del expediente técnico previsto en el artículo 17, apartado 1.

Artículo 16.- *Protección de las indicaciones geográficas*

No obstante lo dispuesto en el artículo 10, las indicaciones geográficas registradas en el anexo III estarán protegidas contra:

a) todo uso comercial directo o indirecto en productos no cubiertos por el registro, en la medida en que estos sean comparables a la bebida espirituosa registrada bajo esa indicación geográfica o que ese uso aproveche el renombre de la indicación geográfica registrada;

b) todo uso indebido, imitación o evocación, incluso cuando se indique el verdadero origen del producto o se utilice la indicación geográfica traducida o acompañada de una mención tal como «género», «tipo», «estilo», «elaborado», «aroma» u otros términos similares;

c) cualquier otra indicación falsa o engañosa de la procedencia, origen, naturaleza o cualidades esenciales en la designación, presentación o etiquetado del producto que pudiera dar una impresión falsa sobre su origen;

d) cualquier otra práctica que pudiera inducir a error al consumidor sobre el auténtico origen del producto.

Artículo 17.- *Registro de indicaciones geográficas*

1. Las solicitudes de registro de una indicación geográfica en el anexo III deberán presentarse a la Comisión en una de las lenguas oficiales de la Unión Europea o ir acompañadas de una traducción a una de esas lenguas. Las solicitudes estarán debidamente motivadas e incluirán un expediente técnico que establezca las especificaciones que la bebida espirituosa debe respetar.

2. En lo referente a las indicaciones geográficas en el interior de la Comunidad, la solicitud contemplada en el apartado 1 será presentada por el Estado miembro de origen de la bebida espirituosa.

3. En lo referente a las indicaciones geográficas en el interior de un tercer país, la solicitud contemplada en el apartado 1 será enviada a la Comisión bien directamente, bien a través de las autoridades del tercer país interesado e incluirá pruebas de que la denominación de que se trate está protegida en su país de origen.

4. El expediente técnico mencionado en el apartado 1 incluirá como mínimo las siguientes especificaciones principales:

a) el nombre y la categoría de la bebida espirituosa, incluida la indicación geográfica;

b) una designación de la bebida espirituosa que incluya las principales características físicas, químicas y/u organolépticas del producto, así como las características específicas de la bebida espirituosa en relación con la categoría pertinente;

c) la definición del área geográfica en cuestión;

d) una descripción del método de obtención de la bebida espirituosa y, si procede, de los métodos locales cabales y constantes;

e) la explicación detallada que demuestre la relación con el entorno u origen geográfico;

f) cualesquiera requisitos que deban cumplirse en virtud de disposiciones comunitarias, nacionales o regionales;

g) el nombre y la dirección de contacto del solicitante;

h) todo complemento a la indicación geográfica o toda norma específica de etiquetado, de acuerdo con el expediente técnico pertinente.

5. La Comisión comprobará dentro del plazo de 12 meses a partir de la fecha de presentación de la solicitud contemplada en el apartado 1 si dicha solicitud se atiene al presente Reglamento.

6. Si la Comisión llega a la conclusión de que la solicitud contemplada en el apartado 1 se atiene al presente Reglamento, las principales especificaciones del expediente técnico mencionado en el apartado 4 se publicarán en la serie C del Diario Oficial de la Unión Europea.

7. Dentro de los seis meses siguientes a la fecha de publicación del expediente técnico, cualquier persona física o jurídica que tenga interés legítimo podrá oponerse a que esa indicación geográfica se registre en el anexo III alegando el incumplimiento de las condiciones exigidas en el presente Reglamento. Esa objeción, que deberá estar debidamente motivada, se presentará a la Comisión en una de las lenguas oficiales de la Unión Europea o acompañada de una traducción a una de esas lenguas.

8. La Comisión adoptará la decisión sobre el registro de la indicación geográfica en el anexo III con arreglo al procedimiento de reglamentación con control contemplado en el artículo 25, apartado 3, tomando en consideración todas las objeciones presentadas con arreglo al apartado 7 del presente artículo. Dicha decisión se publicará en la serie C del Diario Oficial de la Unión Europea.

Artículo 18.- *Cancelación de una indicación geográfica*

Si deja de garantizarse el respeto de las especificaciones del expediente técnico, la Comisión tomará una decisión por la que cancelará el registro de conformidad con el procedimiento de reglamentación con control contemplado en el artículo 25, apartado 3. Dicha decisión se publicará en la serie C del Diario Oficial de la Unión Europea.

Artículo 19.- *Indicaciones geográficas homónimas*

Las indicaciones geográficas homónimas que cumplan los requisitos del presente Reglamento se registrarán con la debida consideración al uso local y tradicional y el peligro real de confusión, en particular:

— los homónimos que induzcan a error al consumidor, haciéndole creer que los productos proceden de otro territorio no podrán registrarse, incluso cuando su nombre sea exacto en lo que se refiere a su formulación, con respecto al territorio, región o lugar de origen real de la bebida espirituosa en cuestión,

— el uso de indicaciones geográficas homónimas registradas estará sujeto a que exista una clara distinción en la práctica entre el homónimo registrado posteriormente y el nombre existente en el registro, teniendo en cuenta la necesidad de dar un trato equitativo a los productores y de no inducir a error al consumidor.

Artículo 20.- *Indicaciones geográficas establecidas*

1. Los Estados miembros presentarán a la Comisión a más tardar el 20 de febrero de 2008, un expediente técnico, según lo previsto por el artículo 17, apartado 1, por cada indicación geográfica registrada en el anexo III el 20 de febrero de 2015.

2. Los Estados miembros velarán por que este expediente técnico sea de acceso público.

3. Cuando no se haya presentado un expediente técnico a la Comisión a más tardar el 20 de febrero de 2015, esta suprimirá la indicación geográfica correspondiente del anexo III con arreglo al procedimiento de reglamentación con control contemplado en el artículo 25, apartado 3.

Artículo 21.- *Modificación del expediente técnico*

El procedimiento establecido en el artículo 17 se aplicará, *mutatis mutandis*, cuando deba modificarse el expediente técnico contemplado en el artículo 17, apartado 1, y en el artículo 20, apartado 1.

Artículo 22.- *Verificación del cumplimiento de las especificaciones del expediente técnico*

1. Respecto de las indicaciones geográficas utilizadas dentro de la Comunidad, la verificación del cumplimiento de las especificaciones del expediente técnico, previa a la comercialización del producto, estará garantizada por:

— una o varias autoridades competentes mencionadas en el artículo 24, apartado 1, y/o

— uno o varios organismos de control en el sentido del artículo 2 del Reglamento (CE) nº 882/2004 del Parlamento Europeo y del Consejo, de 29 de abril de 2004, sobre los controles oficiales efectuados para garantizar la verificación del cumplimiento de la legislación en materia de piensos y alimentos y la normativa sobre salud animal y bienestar de los animales, que actúen en calidad de organismos de certificación de productos.

No obstante lo dispuesto por la normativa nacional, el coste de dicha verificación será sufragado por los operadores sujetos a dichos controles.

2. Respecto de las indicaciones geográficas utilizadas dentro de un tercer país, la verificación del cumplimiento de las especificaciones del expediente técnico, previa a la comercialización del producto, estará garantizada por:

— una o varias autoridades públicas designadas por el tercer país, y/o

— uno o varios organismos de certificación de productos.

3. Los organismos de certificación de productos mencionados en los apartados 1 y 2 deberán cumplir la norma europea EN 45011 o la Guía ISO/CEI 65 («Requisitos generales aplicables a los organismos de certificación de productos») y, a partir del 1 de mayo de 2010, estar acreditados conforme a la misma.

4. Si las autoridades u organismos a que se refieren los apartados 1 y 2 han optado por verificar el cumplimiento de las especificaciones del expediente técnico, deberán ofrecer garantías suficientes de objetividad e imparcialidad y disponer del personal cualificado y de los recursos necesarios para desempeñar su función.

Artículo 23.- *Relación entre marcas e indicaciones geográficas*

1. Se rechazará o invalidará el registro de marcas que incluyan o se constituyan por una indicación geográfica registrada en el en el anexo III, si su uso pudiera dar lugar a las situaciones contempladas en el artículo 16.

2. De conformidad con el Derecho comunitario, el uso que corresponda a alguna de las situaciones contempladas en el artículo 16 de una marca solicitada, registrada o, en los casos en que así lo permita la legislación aplicable, adquirida de buena fe en el territorio comunitario, bien antes de la fecha de protección de la indicación geográfica en el país de origen, bien antes del 1 de enero de 1996, podrá proseguirse aun cuando se registre una indicación geográfica, siempre que la marca no incurra en las causas de nulidad o caducidad establecidas en la Primera Directiva 89/104/CEE del Consejo, de 21 de diciembre de 1988, relativa a la aproximación de las legislaciones de los Estados miembros en materia de marcas, o en el Reglamento (CE) nº 40/94 del Consejo, de 20 de diciembre de 1993, sobre la marca comunitaria.

3. No se procederá al registro de una indicación geográfica cuando, habida cuenta de la reputación de una marca, su notoriedad y el lapso de tiempo en que se haya utilizado en la Comunidad, su registro pueda inducir a error al consumidor en cuanto a la verdadera identidad del producto.

CAPÍTULO IV.- DISPOSICIONES GENERALES, TRANSITORIAS Y FINALES

Artículo 24.- *Control y protección de las bebidas espirituosas*

1. Los Estados miembros serán responsables del control de las bebidas espirituosas. Tomarán las medidas necesarias para garantizar el cumplimiento de las disposiciones del presente Reglamento y, en concreto, designarán a la autoridad o autoridades competentes para efectuar los controles relativos a las obligaciones establecidas por el presente Reglamento de conformidad con el Reglamento (CE) nº 882/2004.

2. Los Estados miembros y la Comisión se comunicarán recíprocamente los datos necesarios para la aplicación del presente Reglamento.

3. La Comisión, en consulta con los Estados miembros, velará por la aplicación uniforme del presente Reglamento y, en caso necesario, adoptará medidas con arreglo al procedimiento de reglamentación contemplado en el artículo 25, apartado 2.

Artículo 25.- *Comité*

1. La Comisión estará asistida por el Comité de las bebidas espirituosas.

2. En los casos en que se haga referencia al presente apartado, serán de aplicación los artículos 5 y 7 de la Decisión 1999/468/CE, observando lo dispuesto en su artículo 8.

El plazo contemplado en el artículo 5, apartado 6, de la Decisión 1999/468/CE queda fijado en tres meses.

3. En los casos en que se haga referencia al presente apartado, serán de aplicación los artículos 5 bis y 7 de la Decisión 1999/468/CE, observando lo dispuesto en su artículo 8.

Artículo 26.- *Modificación de los anexos*

Procede modificar los anexos con arreglo al procedimiento de reglamentación con control contemplado en el artículo 25, apartado 3.

Artículo 27.- *Medidas de ejecución*

Procede aprobar las medidas necesarias para la ejecución del presente Reglamento con arreglo al procedimiento de reglamentación contemplado en el artículo 25, apartado 2.

Artículo 28.- *Medidas transitorias y otras medidas específicas*

1. Procede aprobar, en su caso, las medidas para modificar el presente Reglamento con arreglo al procedimiento de reglamentación con control contemplado en el artículo 25, apartado 3, destinadas a:

a) facilitar antes del 20 de febrero de 2011, la transición de las normas del Reglamento (CEE) nº 1576/89 a las del presente Reglamento;

b) establecer excepciones a los artículos 17 y 22 en casos debidamente justificados;

c) establecer un símbolo comunitario para las indicaciones geográficas del sector de las bebidas espirituosas.

2. Las medidas destinadas, en su caso, a resolver problemas prácticos específicos se adoptarán con arreglo al procedimiento de reglamentación contemplado en el artículo 25, apartado 2; por ejemplo, haciendo obligatoria, en determinados casos, la indicación del lugar de fabricación en la etiqueta para evitar inducir a error al consumidor y mantener y desarrollar métodos comunitarios de análisis de referencia de las bebidas espirituosas.

3. Las bebidas espirituosas que no cumplan los requisitos del presente Reglamento podrán seguir siendo producidas de conformidad con el Reglamento (CEE) nº 1576/89 hasta el 20 de mayo de 2009. Las bebidas espirituosas que no cumplan los requisitos del presente Reglamento, pero que hayan sido producidas de conformidad con el Reglamento (CEE) nº 1576/89 antes del 20 de febrero de 2008 o hasta el 20 de mayo de 2009, podrán seguir comercializándose hasta la liquidación de las existencias.

Artículo 29.- *Derogación*

1. Queda derogado el Reglamento (CEE) nº 1576/89. Las referencias al Reglamento derogado se entenderán hechas al presente Reglamento.

2. Seguirán aplicándose los Reglamentos (CEE) nº 2009/92, (CE) nº 1267/94 y (CE) nº 2870/2000 de la Comisión.

Artículo 30.- *Entrada en vigor*

El presente Reglamento entrará en vigor a los siete días de su publicación en el Diario Oficial de la Unión Europea.

Será aplicable a partir del 20 de mayo de 2008.

El presente Reglamento será obligatorio en todos sus elementos y directamente aplicable en cada Estado miembro.

ANEXO I.-
Definiciones y requisitos técnicos

[Anexo no reproducido en la presente publicación]

ANEXO II.-
Bebidas espirituosas

[Anexo no reproducido en la presente publicación]

ANEXO III.-
Indicaciones geográficas

[Anexo no reproducido en la presente publicación]

25 de mayo de 2009.- Reglamento (CE) nº 491/2009
del Consejo,
que modifica el Reglamento (CE) nº 1234/2007 por el que se crea una organización común de mercados agrícolas y se establecen disposiciones específicas para determinados productos agrícolas (Reglamento único para las OCM)
(D.O. L 154, 17 de junio de 2009)

[V.C. 24/06/2009]

LA COMISIÓN DE LAS COMUNIDADES EUROPEAS,

Visto el Tratado constitutivo de la Comunidad Europea,

Vista la Directiva 89/398/CEE del Consejo, de 3 de mayo de 1989, relativa a la aproximación de las legislaciones de los Estados miembros sobre los productos alimenticios destinados a una alimentación especial y, en particular, su artículo 4,

(1) Considerando que las medidas comunitarias previstas en la presente Directiva no exceden de lo necesario para alcanzar los objetivos ya previstos en la Directiva 89/398/CEE;

(2) Considerando que los productos regulados por la presente Directiva son variados y se distinguen por lo general entre los que están destinados a sustituir la dieta diaria completa y los pensados para sustituir parte de la dieta diaria;

(3) Considerando que la composición de estos productos debe ser la adecuada para satisfacer las exigencias diarias respecto de elementos nutritivos esenciales o, en su caso, para proporcionar una parte significativa de dichos elementos a las personas a las que aquellos van destinados;

(4) Considerando que se ha desarrollado recientemente una cierta variedad de productos como sustitutivos de los pequeños refrigerios, que aportan determinadas cantidades de macronutrientes y micronutrientes esenciales; que la composición básica de dichos productos se aprobará posteriormente;

(5) Considerando asimismo que el valor energético proporcionado por los productos a que se refiere la presente Directiva debe ser limitado;

(6) Considerando que el contenido energético de determinados productos destinados a sustituir la dieta diaria completa es muy reducido; que si fuera necesario se adoptarán posteriormente normas específicas en relación con estos productos de muy bajo contenido energético;

(7) Considerando que la presente Directiva refleja el estado actual de los conocimientos sobre estos productos; que cualquier modificación destinada a admitir innovaciones basadas en el progreso científico y técnico debe decidirse de acuerdo con el procedimiento establecido en el artículo 13 de la Directiva 89/398/CEE;

(8) Considerando que, con arreglo a lo dispuesto en el apartado 2 del artículo 4 de la Directiva 89/398/CEE, las disposiciones relativas a las sustancias con finalidad nutritiva especial destinadas a la fabricación de estos productos se establecerán en una directiva distinta de la Comisión;

(9) Considerando que las disposiciones aplicables a la utilización de aditivos en la fabricación de estos productos deben establecerse en directivas del Consejo pertinentes;

(10) Considerando que, de conformidad con el artículo 7 de la Directiva 89/398/CEE, los productos regulados por la presente Directiva están sujetos a las normas generales establecidas en la Directiva 79/112/CEE del Consejo, de 18 de diciembre de 1978, relativa a la aproximación de las legislaciones de los Estados miembros en materia de etiquetado, presentación y publicidad de los productos alimenticios, cuya última modificación la constituye la Directiva 93/102/CE de la Comisión; que la presente Directiva establece y precisa, en su caso, las adiciones y excepciones a las normas generales;

(11) Considerando, en particular, que la naturaleza y el destino de los productos regulados por la presente Directiva requieren un etiquetado sobre las propiedades nutritivas que indique el valor energético y los principales elementos nutritivos que contienen;

(12) Considerando que, de conformidad con el artículo 4 de la Directiva 89/398/CEE, se ha consultado con el Comité científico de la alimentación humana sobre las disposiciones que pudieran afectar a la salud pública;

(13) Considerando que las medidas previstas en la presente Directiva se ajustan al dictamen del Comité permanente de productos alimenticios,

HA ADOPTADO LA PRESENTE DIRECTIVA:

Artículo 1

El Reglamento (CE) nº 1234/2007 queda modificado como sigue:

1) En el artículo 1, se suprime el apartado 2.

2) En el artículo 3, párrafo primero, después de la letra c) se inserta la letra siguiente:

«c bis) del 1 de agosto al 31 de julio del año siguiente, en el sector vitivinícola;».

3) El artículo 55 se modifica como sigue:

a) el título se sustituye por el siguiente:

«**Artículo 55**.- *Sistemas de cuotas y potencial productivo*»;

b) se añade el apartado siguiente:

«2 bis. Con relación al sector vitivinícola, las normas sobre el potencial productivo referentes a las plantaciones ilegales, a los derechos de plantación transitorios y al régimen de arranque se aplicarán de conformidad con lo dispuesto en la sección IV bis.».

4) El título de la sección IV del capítulo III del título I de la parte II se sustituye por el siguiente:

«Sección IV.- Disposiciones de procedimiento referentes a las cuotas de azúcar, lácteas y fécula de patata».

5) En el artículo 85, el texto introductorio se sustituye por el siguiente:

«La Comisión adoptará las normas de desarrollo de las secciones I a III bis, que podrán comprender, en particular:».

6) En el capítulo III del título I de la parte II, después de la sección IV se añade la sección:

«**Sección IV bis**.- Potencial productivo en el sector vitivinícola

Subsección I.- Plantaciones ilegales

Artículo 85 bis.- *Plantaciones ilegales posteriores al 31 de agosto de 1998*

1. Los productores arrancarán a expensas suyas las parcelas plantadas de vid sin disponer de los correspondientes derechos de plantación, en su caso, después del 31 de agosto de 1998.

2. Hasta tanto se efectúen los arranques contemplados en el apartado 1, las uvas y los productos elaborados a partir de uvas de las parcelas a que se refiere el citado apartado únicamente podrán destinarse a destilación, corriendo el productor con todos los gastos. Los productos resultantes de la destilación no podrán utilizarse para la elaboración de alcohol con un grado alcohólico volumétrico adquirido igual o inferior al 80 %.

3. Sin perjuicio, en su caso, de las sanciones impuestas con anterioridad por los Estados miembros, estos impondrán a los productores que no hayan cumplido la obligación de arranque sanciones proporcionales a la gravedad, alcance y duración de la infracción.

4. El final de la prohibición transitoria de efectuar nuevas plantaciones, fijado para el 31 de diciembre de 2015 por el artículo 85 octies, apartado 1, no afectará a las obligaciones dispuestas en el presente artículo.

Artículo 85 ter.- *Regularización obligatoria de las plantaciones ilegales anteriores al 1 de septiembre de 1998*

1. Los productores regularizarán, mediante el pago de una tasa y no más tarde del 31 de diciembre de 2009, las parcelas plantadas de vid sin disponer del correspondiente derecho de plantación, en su caso, antes del 1 de septiembre de 1998.

Sin perjuicio de los procedimientos correspondientes a la liquidación de cuentas, el párrafo primero no se aplicará a las parcelas regularizadas en virtud del artículo 2, apartado 3, del Reglamento (CE) nº 1493/1999.

2. El importe de la tasa contemplada en el apartado 1 será fijado por los Estados miembros. Equivaldrá como mínimo al doble del valor medio de los correspondientes derechos de plantación en la región de que se trate.

3. Hasta que la regularización indicada en el apartado 1 no haya tenido lugar, las uvas y los productos elaborados a partir de uvas de las parcelas a que se refiere el citado apartado únicamente podrán destinarse a destilación, corriendo el productor con todos los gastos. Los productos resultantes de la destilación no podrán utilizarse para la elaboración de alcohol con un grado alcohólico volumétrico adquirido igual o inferior al 80 %.

4. Los productores arrancarán a expensas suyas las parcelas ilegales contempladas en el apartado 1 que no hayan sido regularizadas a más tardar el 31 de diciembre de 2009 conforme a lo dispuesto en dicho apartado.
Los Estados miembros impondrán sanciones proporcionales a la gravedad, alcance y duración de la infracción a los productores que no cumplan la obligación de arranque.
Hasta que no se efectúe el arranque a que se refiere el párrafo primero, se aplicará *mutatis mutandis* el apartado 3.
5. El final de la prohibición transitoria de efectuar nuevas plantaciones, fijado para el 31 de diciembre de 2015 por el artículo 85 octies, apartado 1, no afectará a las obligaciones dispuestas en los apartados 3 y 4.

Artículo 85 quater.- *Verificación de la no circulación o destilación*

1. En relación con lo dispuesto en el artículo 85 bis, apartado 2, y en el artículo 85 ter, apartados 3 y 4, los Estados miembros exigirán que se demuestre la no circulación de los productos en cuestión o, en caso de que los productos sean destilados, que se presenten los contratos de destilación.
2. Los Estados miembros se cerciorarán de la no circulación y destilación a que se refiere el apartado 1. Aplicarán sanciones en caso de incumplimiento.
3. Los Estados miembros comunicarán a la Comisión las superficies objeto de destilación y los volúmenes de alcohol que correspondan a ellas.

Artículo 85 quinquies.- *Medidas de acompañamiento*

Las parcelas a que se refiere el artículo 85 ter, apartado 1, párrafo primero, mientras no estén regularizadas, y las parcelas a que se refiere el artículo 85 bis, apartado 1, no podrán causar derecho a medidas de apoyo nacionales o comunitarias.

Artículo 85 sexies.- *Medidas de ejecución*

La Comisión adoptará las normas de desarrollo de la presente subsección.
Las normas podrán incluir:
a) disposiciones en materia de comunicación por parte de los Estados miembros, incluidas posibles reducciones de las dotaciones presupuestarias indicadas en el anexo X ter en caso de incumplimiento de las mismas;
b) disposiciones en relación con las sanciones que deban aplicar los Estados miembros en caso de incumplimiento de las obligaciones establecidas en los artículos 85 bis, 85 ter y 85 quater.

Subsección II.- Régimen transitorio de derechos de plantación

Artículo 85 septies.- *Duración*

La presente subsección se aplicará hasta el 31 de diciembre de 2015.

Artículo 85 octies.- *Prohibición transitoria de plantar vides*

1. Sin perjuicio de lo dispuesto en el artículo 120 bis, apartados 1 a 6, y, en particular, en su apartado 4, estará prohibido plantar vides de las variedades de uva de vinificación que sean clasificables conforme a lo dispuesto en el artículo 120 bis, apartado 2.
2. Estará prohibido sobreinjertar las variedades de uva de vinificación que sean clasificables conforme a lo dispuesto en el artículo 120 bis, apartado 2, en variedades de uva que no sean las de vinificación contempladas en el citado artículo.
3. No obstante lo dispuesto en los apartados 1 y 2, se autorizarán las plantaciones y sobreinjertos contemplados en esos apartados cuando se realicen al amparo de:
a) un derecho de nueva plantación concedido en virtud del artículo 85 nonies;
b) un derecho de replantación concedido en virtud del artículo 85 decies;
c) un derecho de plantación procedente de una reserva concedido en virtud de lo dispuesto en los artículos 85 undecies y 85 duodecies.
4. Los derechos de plantación contemplados en el apartado 3 se concederán en hectáreas.
5. Los Estados miembros podrán decidir mantener la prohibición establecida en el apartado 1 en sus respectivos territorios o en parte de ellos hasta el 31 de diciembre de 2018 a más tardar. En ese caso, las normas que regulan el régimen transitorio de derechos de plantación establecido en la presente subsección, y en particular este artículo, se aplicarán en coherencia en el Estado miembro de que se trate.

Artículo 85 nonies.- *Derechos de nueva plantación*

1. Los Estados miembros podrán conceder a los productores derechos de nueva plantación en superficies:
a) destinadas a nuevas plantaciones en el marco de medidas de concentración parcelaria o de medidas de expropiación por causa de utilidad pública adoptadas en aplicación de la legislación nacional;
b) destinadas a fines experimentales;
c) destinadas al cultivo de viñas madres de injertos, o

d) cuyo vino o cuyos productos vitivinícolas estén destinados exclusivamente al autoconsumo.
2. Los derechos de nueva plantación deberán ser utilizados:
a) por el productor al que hayan sido concedidos;
b) antes de que finalice la segunda campaña vitícola siguiente a aquella en la que se hayan concedido;
c) para los fines para los que se hayan concedido.
Artículo 85 decies.- *Derechos de replantación*
1. Los Estados miembros concederán derechos de replantación a los productores que hayan procedido al arranque en una superficie plantada de vid.
No obstante, las superficies arrancadas respecto de las cuales se conceda una prima de arranque con arreglo a la subsección III no generarán derechos de replantación.
2. Los Estados miembros podrán conceder derechos de replantación a los productores que se comprometan a proceder al arranque en una superficie plantada de vid. En tales casos, el arranque deberá llevarse a cabo como muy tarde al término de la tercera campaña siguiente a la plantación de las nuevas vides para las que se hayan concedido los derechos de replantación.
3. Los derechos de replantación se concederán por una superficie equivalente en cultivo puro a la superficie arrancada.
4. Los derechos de replantación se ejercerán dentro de la explotación para la que se concedan. Los Estados miembros podrán prever que dichos derechos solo se ejerzan en la superficie en la que se haya procedido al arranque.
5. No obstante lo dispuesto en el apartado 4, los Estados miembros podrán permitir que los derechos de replantación se transfieran total o parcialmente a otra explotación dentro del mismo Estado miembro en los siguientes casos:
a) cuando parte de la explotación se transfiera a esa otra explotación;
b) cuando se destinen parcelas de esa otra explotación a:
i) la producción de vinos acogidos a una denominación de origen protegida o a una indicación geográfica protegida, o
ii) el cultivo de viñas madres de injertos.
Los Estados miembros velarán por que la aplicación de las excepciones establecidas en el párrafo primero no acarree un aumento global del potencial productivo en su territorio, en particular cuando la transferencia sea de tierras de secano a tierras de regadío.
6. Los apartados 1 a 5 se aplicarán *mutatis mutandis* a los derechos similares a derechos de replantación adquiridos en virtud de disposiciones comunitarias o nacionales anteriores.
7. Los derechos de replantación adquiridos en virtud del artículo 4, apartado 5, del Reglamento (CE) nº 1493/1999 deberán utilizarse en los plazos previstos en esa disposición.
Artículo 85 undecies.- *Reserva nacional y regional de derechos de plantación*
1. Con el fin de mejorar la gestión del potencial productivo, los Estados miembros crearán una reserva nacional, o reservas regionales, de derechos de plantación.
2. Los Estados miembros que hayan creado reservas nacionales o regionales de derechos de plantación en virtud del Reglamento (CE) nº 1493/1999 podrán mantenerlas siempre que apliquen el régimen transitorio de derechos de plantación con arreglo a lo dispuesto en la presente subsección.
3. Se asignarán a las reservas nacionales o regionales los siguientes derechos de plantación que no hayan sido utilizados en los plazos establecidos:
a) derechos de nueva plantación;
b) derechos de replantación;
c) derechos de plantación procedentes de la reserva.
4. Los productores podrán transferir derechos de replantación a las reservas nacionales o regionales. Los Estados miembros determinarán las condiciones de esa transferencia, que, en caso necesario, se efectuará a cambio de una contrapartida financiera con fondos nacionales, teniendo en cuenta los intereses legítimos de las partes.
5. No obstante lo dispuesto en el apartado 1, los Estados miembros podrán optar por no aplicar el sistema de reservas siempre que puedan demostrar que tienen en todo su territorio un sistema alternativo eficaz de gestión de los derechos de plantación. Dicho sistema podrá establecer excepciones, si ha lugar, a las disposiciones pertinentes de la presente subsección.
El párrafo primero se aplicará también a los Estados miembros en los que dejen de funcionar las reservas nacionales o regionales creadas en virtud del Reglamento (CE) nº 1493/1999.
Artículo 85 duodecies.- *Concesión de derechos de plantación procedentes de reservas*
1. Los Estados miembros podrán conceder derechos de una reserva:
a) sin contrapartida financiera, a los productores de menos de 40 años que posean una capacidad profesional suficiente y se establezcan por primera vez en calidad de jefe de explotación;

b) a cambio de una contrapartida financiera pagada a la hacienda pública nacional o, en su caso, regional, a los productores que vayan a utilizar los derechos para plantar viñedos cuya producción tenga una salida garantizada.

Los Estados miembros establecerán los criterios para determinar el importe de la contrapartida financiera a que se refiere la letra b), que podrá variar según el producto final de los viñedos y del período transitorio residual durante el cual se aplique la prohibición de nuevas plantaciones establecida en el artículo 85 octies, apartados 1 y 2.

2. Cuando se utilicen derechos de plantación procedentes de una reserva, los Estados miembros velarán por que:

a) el lugar, las variedades y las técnicas de cultivo utilizadas garanticen que la consiguiente producción se adecue a la demanda del mercado;

b) el rendimiento sea representativo de la media de la región, en particular cuando los derechos de plantación procedan de superficies de secano y se utilicen en superficies de regadío.

3. Los derechos de plantación procedentes de una reserva que no se utilicen antes del final de la segunda campaña vitícola siguiente a aquella en que se hayan concedido serán retirados y asignados nuevamente a la reserva.

4. Los derechos de plantación de una reserva que no se hayan concedido antes del final de la quinta campaña vitícola siguiente a aquella en que se hayan asignado a la reserva quedarán extinguidos.

5. Cuando un Estado miembro cree reservas regionales, podrá establecer normas que permitan la transferencia de derechos de plantación entre ellas. En el caso de que coexistan reservas regionales y nacionales en un Estado miembro, este podrá autorizar transferencias entre ellas.

Podrá aplicarse un coeficiente de reducción a las transferencias.

Artículo 85 terdecies.- *Regla de minimis*

La presente subsección no se aplicará en los Estados miembros que no aplicaban el régimen comunitario de derechos de plantación en la fecha del 31 de diciembre de 2007.

Artículo 85 quaterdecies.- *Disposiciones nacionales más restrictivas*

Los Estados miembros podrán adoptar disposiciones nacionales más restrictivas en materia de concesión de derechos de nueva plantación o de replantación. Podrán disponer que las solicitudes y la información que deben contener se completen con otras indicaciones necesarias para el seguimiento de la evolución del potencial productivo.

Artículo 85 quindecies.- *Medidas de ejecución*

La Comisión adoptará las normas de desarrollo de la presente subsección.

Esas normas podrán incluir:

a) disposiciones para evitar cargas administrativas excesivas al aplicar las disposiciones de la presente subsección;

b) disposiciones en materia de coexistencia de vides conforme al artículo 85 decies, apartado 2;

c) la aplicación del coeficiente de reducción indicado en el artículo 85 duodecies, apartado 5.

Subsección III.- Régimen de arranque

Artículo 85 sexdecies.- *Duración*

Las disposiciones de la presente subsección se aplicarán hasta el término de la campaña vitícola 2010/11.

Artículo 85 septdecies.- *Ámbito de aplicación y definición*

La presente subsección establece las condiciones en las que los viticultores podrán recibir una prima por arranque de viñas (denominada en lo sucesivo «prima por arranque»).

Artículo 85 octodecies.- *Requisitos de admisibilidad*

Únicamente podrá concederse la prima por arranque cuando la superficie se ajuste a los requisitos siguientes:

a) no haya recibido ayudas comunitarias ni nacionales para medidas de reestructuración y reconversión en las diez campañas vitícolas anteriores a la solicitud de arranque;

b) no haya recibido ayuda comunitaria alguna en virtud de cualquier otra organización común de mercado en las cinco campañas vitícolas anteriores a la solicitud de arranque;

c) esté cuidada;

d) no tenga una superficie inferior a 0,1 hectáreas; no obstante, cuando un Estado miembro así lo decida, esta superficie mínima podrá ser de 0,3 hectáreas en determinadas regiones administrativas de dicho Estado miembro en las que, por término medio, la superficie plantada de vid en una explotación vitícola sea superior a una hectárea;

e) no se haya plantado infringiendo la legislación comunitaria o nacional, y

f) esté plantada con una variedad de uva de vinificación que sea clasificable conforme a lo dispuesto en el artículo 120 bis, apartado 2.

No obstante lo dispuesto en la letra e) del primer párrafo, las superficies regularizadas en aplicación del artículo 2, apartado 3, del Reglamento (CE) nº 1493/1999 y el artículo 85 ter, apartado 1, del presente Reglamento podrán causar derecho a la prima por arranque.

Artículo 85 novodecies.- *Cuantía de la prima por arranque*

1. La Comisión establecerá baremos de primas por arranque.
2. Los Estados miembros fijarán la cuantía específica de la prima por arranque basándose en los baremos indicados en el apartado 1 y en los rendimientos históricos de la explotación.

Artículo 85 vicies.- *Procedimiento y presupuesto*

1. Los productores interesados presentarán las solicitudes de prima por arranque a las autoridades competentes del Estado miembro no más tarde del 15 de septiembre de cada año. Los Estados miembros podrán fijar una fecha anterior al 15 de septiembre siempre que sea posterior al 30 de junio y que tengan debidamente en cuenta, en su caso, la aplicación por su parte de las exenciones establecidas en el artículo 85 duovicies.
2. Los Estados miembros llevarán a cabo un control administrativo de las solicitudes recibidas, tramitarán las solicitudes admisibles y notificarán a la Comisión, a más tardar el 15 de octubre de cada año, la superficie y el importe totales que supongan esas solicitudes, desglosadas por regiones y niveles de rendimiento.
3. En el anexo X quinquies se fija el presupuesto anual máximo del régimen de arranque.
4. No más tarde del 15 de noviembre de cada año, la Comisión fijará un porcentaje único de aceptación de los importes que le hayan notificado los Estados miembros si totalizan un importe superior a los recursos presupuestarios disponibles, teniendo en cuenta, en su caso, la aplicación de lo dispuesto en el artículo 85 duovicies, apartados 2 y 3.
5. A más tardar el 1 de febrero de cada año, los Estados miembros aceptarán las solicitudes:

a) correspondientes a la totalidad de las superficies, si la Comisión no ha fijado porcentaje alguno en aplicación del apartado 4, o

b) correspondientes a las superficies que se deriven de la aplicación del porcentaje indicado en el apartado 4 según criterios objetivos y no discriminatorios y conforme a las prioridades siguientes:

i) los Estados miembros darán prioridad a los solicitantes cuyas solicitudes de prima por arranque incluyan todo su viñedo,

ii) los Estados miembros darán prioridad a los solicitantes que tengan por lo menos 55 años si así lo dispone el Estado miembro.

Artículo 85 unvicies.- *Condicionalidad*

Si se constata que un agricultor, en cualquier momento a lo largo de los tres años siguientes al pago de la prima por arranque, no ha respetado en su explotación los requisitos legales de gestión y las buenas condiciones agrarias y medioambientales a que se refieren los artículos 3 a 7 del Reglamento (CE) nº 1782/2003, el importe de la prima, en caso de que el incumplimiento se deba a una acción u omisión achacable directamente al agricultor, se reducirá o cancelará, parcial o totalmente, dependiendo de la gravedad, alcance, persistencia y repetición del incumplimiento, y el agricultor deberá reintegrarla, si procede, con arreglo a lo establecido en las citadas disposiciones.

Artículo 85 duovicies.- *Exenciones*

1. Un Estado miembro podrá decidir rechazar toda nueva solicitud conforme al artículo 85 vicies, apartado 1, una vez que la superficie total arrancada en su territorio alcance el 8 % de la superficie plantada de vid contemplada en el anexo X sexies.

Un Estado miembro podrá decidir rechazar toda nueva solicitud conforme al artículo 85 vicies, apartado 1, para una región una vez que la superficie total arrancada en dicha región alcance el 10 % de la superficie plantada de vid de la región.

2. La Comisión podrá decidir suspender la aplicación del régimen de arranque en un Estado miembro si, teniendo en cuenta las solicitudes pendientes, de continuar con el arranque la superficie total arrancada superaría el 15 % de la superficie total plantada de vid del Estado miembro contemplada en el anexo X sexies.
3. La Comisión podrá decidir suspender la aplicación del régimen de arranque en un Estado miembro durante un año determinado si, teniendo en cuenta las solicitudes pendientes, de continuar con el arranque la superficie total arrancada superaría el 6 % de la superficie total plantada de vid del Estado miembro contemplada en el anexo X sexies en ese año concreto de la ejecución del régimen.
4. Los Estados miembros podrán declarar no admisibles al régimen de arranque con arreglo a las condiciones que determine la Comisión las viñas situadas en zonas de montaña o terrenos muy inclinados.
5. Los Estados miembros podrán declarar no admisibles al régimen de arranque las zonas en las que la aplicación de este régimen resulte incompatible con consideraciones medioambientales. Las zonas declaradas no admisibles no podrán superar el 3 % de la superficie total plantada de vid contemplada en el anexo X sexies.

6. Grecia podrá declarar que las zonas plantadas de vid en las Islas del Mar Egeo y en las Islas Jónicas griegas, excepto Creta y Eubia, no son admisibles al régimen de arranque.
7. El régimen de arranque establecido en el presente capítulo no se aplicará ni a las Azores, ni a Madeira ni a las Islas Canarias.
8. Los Estados miembros darán prioridad a los productores de las zonas no admisibles o declaradas no admisibles al amparo de los apartados 4 a 7 cuando apliquen las demás medidas de apoyo establecidas en el presente Reglamento con respecto al sector vitivinícola, particularmente, si procede, la medida de reestructuración y reconversión de los programas de apoyo y las medidas de desarrollo rural.
Artículo 85 tervicies.- *Regla de minimis*
La presente subsección no se aplicará en los Estados miembros cuya producción de vino no supere los 50 000 hectolitros por campaña vitícola. Dicha producción se calculará sobre la base de la producción media de las cinco campañas anteriores.
Artículo 85 quatervicies.- *Ayuda nacional complementaria*
Los Estados miembros podrán conceder una ayuda nacional complementaria no superior al 75 % de la prima por arranque aplicable, que se sumará a la prima por arranque.
Artículo 85 quinvicies.- *Medidas de ejecución*
La Comisión adoptará las normas de desarrollo de la presente subsección.
Las normas podrán incluir:
a) disposiciones sobre las condiciones de admisibilidad mencionadas en el artículo 85 octodecies, en particular que se demuestre que las zonas estaban adecuadamente cuidadas en 2006 y 2007;
b) los baremos de prima y cuantías indicados en el artículo 85 novodecies;
c) los criterios de las exenciones contempladas en el artículo 85 duovicies;
d) disposiciones en materia de notificaciones de los Estados miembros sobre la aplicación del régimen de arranque, incluidas las penalizaciones por demora en las notificaciones y la información que dan los Estados miembros a los productores en relación con la disponibilidad del régimen;
e) disposiciones en materia de notificaciones en relación con la ayuda nacional complementaria;
f) los plazos de pago.».

7) En el capítulo IV del título I de la parte II, se inserta la sección siguiente:
«**Sección IV ter.-** Programas de apoyo en el sector vitivinícola
Subsección I.- Disposiciones introductorias
Artículo 103 decies.- *Ámbito de aplicación*
La presente sección establece las normas que regulan la atribución de fondos comunitarios a los Estados miembros y su utilización por estos a través de programas nacionales de apoyo (denominados en adelante «programas de apoyo») para financiar medidas de apoyo específicas destinadas al sector vitivinícola.
Artículo 103 undecies.- *Compatibilidad y coherencia*
1. Los programas de apoyo deberán ser compatibles con la normativa comunitaria y coherentes con las actividades, políticas y prioridades de la Comunidad.
2. Los Estados miembros se ocuparán de los programas de apoyo y se cerciorarán de que tengan coherencia interna y de que se elaboren y apliquen de manera objetiva, teniendo en cuenta la situación económica de los productores interesados y la necesidad de evitar un trato desigual injustificado entre productores.
Los Estados miembros se encargarán de prever y aplicar los controles y sanciones necesarios en caso de incumplimiento de los programas de apoyo.
3. No se concederá apoyo:
a) a los proyectos de investigación ni a las medidas de sostenimiento de los proyectos de investigación;
b) a las medidas recogidas en los programas de desarrollo rural al amparo del Reglamento (CE) nº 1698/2005.

Subsección II.- Presentación y contenido de los programas de apoyo
Artículo 103 duodecies.- *Presentación de los programas de apoyo*
1. Cada Estado miembro productor mencionado en el anexo X ter presentará a la Comisión un proyecto de programa de apoyo de cinco años que comprenda medidas conformes con la presente sección.
Los programas de apoyo que sean aplicables de conformidad con el artículo 5, apartado 1, párrafo primero, del Reglamento (CE) nº 479/2008 se seguirán aplicando en virtud del presente Reglamento.
Las medidas de apoyo incluidas en los programas de apoyo se elaborarán en el ámbito geográfico que los Estados miembros consideren más adecuado. Antes de su envío a la Comisión, el programa de

apoyo deberá ser objeto de consulta con las autoridades y organizaciones competentes al nivel territorial adecuado.
Cada Estado miembro presentará un único proyecto de programa de apoyo, que podrá tener en cuenta las particularidades regionales.
2. Los programas de apoyo serán aplicables a los tres meses de su presentación a la Comisión.
No obstante, en caso de que el programa de apoyo presentado no cumpla las condiciones establecidas en la presente sección, la Comisión informará de ello al Estado miembro, que deberá presentarle un programa de apoyo corregido. El programa de apoyo corregido será aplicable a los dos meses de su notificación, salvo que persista la incompatibilidad, en cuyo caso se aplicará lo dispuesto en el presente párrafo.
3. El apartado 2 se aplicará *mutatis mutandis* a las modificaciones de los programas de apoyo presentados por los Estados miembros.
4. El artículo 103 terdecies no se aplicará cuando la única medida de un Estado miembro dentro de un programa de apoyo consista en la transferencia del régimen de pago único indicado en el artículo 103 sexdecies. En tal caso, el artículo 188 bis, apartado 5, se aplicará únicamente en relación con el año en que se efectúe la transferencia y el artículo 188 bis, apartado 6, no se aplicará.

Artículo 103 terdecies.- *Contenido de los programas de apoyo*

Los programas de apoyo constarán de los elementos siguientes:
a) una descripción pormenorizada de las medidas propuestas y de los objetivos cuantificados;
b) los resultados de las consultas celebradas;
c) una evaluación en la que se presenten las repercusiones técnicas, económicas, medioambientales y sociales previstas;
d) el calendario de aplicación de las medidas;
e) un cuadro general de financiación en el que figuren los recursos que se vayan a utilizar y su distribución indicativa entre las medidas con arreglo a los límites previstos en el anexo X ter;
f) los criterios e indicadores cuantitativos que vayan a utilizarse para el seguimiento y la evaluación, así como las medidas adoptadas para garantizar una aplicación apropiada y eficaz de los programas de apoyo;
g) las autoridades y organismos competentes designados para aplicar el programa de apoyo.

Artículo 103 quaterdecies.- *Medidas admisibles*

1. Los programas de apoyo incluirán al menos una de las medidas siguientes:
a) apoyo al régimen de pago único con arreglo al artículo 103 sexdecies;
b) promoción con arreglo al artículo 103 septdecies;
c) reestructuración y reconversión de viñedos conforme a lo dispuesto en el artículo 103 octodecies;
d) cosecha en verde conforme a lo dispuesto en el artículo 103 novodecies;
e) mutualidades conforme a lo dispuesto en el artículo 103 vicies;
f) seguros de cosechas conforme a lo dispuesto en el artículo 103 unvicies;
g) inversiones con arreglo al artículo 103 duovicies;
h) destilación de subproductos con arreglo al artículo 103 tervicies;
i) destilación de alcohol para usos de boca con arreglo al artículo 103 quatervicies;
j) destilación de crisis con arreglo al artículo 103 quinvicies;
k) utilización de mosto de uva concentrado de acuerdo con el artículo 103 sexvicies.
2. Los programas de apoyo no contendrán medidas distintas de las enumeradas en los artículos 103 sexdecies a 103 sexvicies.

Artículo 103 quindecies.- *Normas generales aplicables a los programas de apoyo*

1. En el anexo X ter figuran la distribución de los fondos comunitarios disponibles así como los límites presupuestarios aplicables.
2. El apoyo comunitario tendrá por objeto únicamente el gasto subvencionable realizado tras la presentación del programa de apoyo pertinente a que se refiere el artículo 103 duodecies, apartado 1.
3. Los Estados miembros no podrán contribuir a los costes de las medidas financiadas por la Comunidad incluidas en los programas de apoyo.
4. No obstante lo dispuesto en el apartado 3, los Estados miembros podrán conceder ayudas nacionales para las medidas a que se refieren los artículos 103 septdecies, 103 unvicies y 103 duovicies de conformidad con las normas comunitarias pertinentes sobre ayudas estatales.
A la financiación pública global, incluidos los fondos comunitarios y nacionales, se le aplicará el importe máximo de la ayuda que fijan las normas comunitarias pertinentes sobre ayudas estatales.

Subsección III.- Medidas de apoyo específicas

Artículo 103 sexdecies.- *Régimen de pago único y apoyo a los viticultores*

1. Los Estados miembros podrán proporcionar ayuda a los viticultores concediéndoles derechos de ayuda con arreglo al capítulo 3 del título III del Reglamento (CE) nº 1782/2003, de conformidad con el punto O del anexo VII de dicho Reglamento.

2. Los Estados miembros que tengan intención de hacer uso de la posibilidad a que se hace referencia en el apartado 1 preverán dicho apoyo en sus programas de apoyo, incluso, en lo que respecta a las subsiguientes transferencias de fondos al régimen de pago único, mediante modificaciones de dichos programas, de conformidad con el artículo 103 duodecies, apartado 3.

3. Una vez que sea efectivo, el apoyo a que se refiere el apartado 1 deberá:

a) permanecer en el régimen de pago único y no seguir estando disponible, o volver a estarlo, con arreglo al artículo 103 duodecies, apartado 3, para aquellas medidas que figuren en los artículos 103 septdecies a 103 sexvicies en los años posteriores de funcionamiento de los programas de apoyo;

b) reducir proporcionalmente en los programas de apoyo el importe de los fondos disponibles para las medidas enumeradas en los artículos 103 septdecies a 103 sexvicies.

Artículo 103 septdecies.- *Promoción en los mercados de terceros países*

1. El apoyo previsto en virtud del presente artículo consistirá en medidas de información o promoción de los vinos comunitarios en terceros países, tendentes a mejorar su competitividad en estos últimos.

2. Las medidas a que se refiere el apartado 1 tendrán por objeto vinos con denominación de origen protegida o indicación geográfica protegida o vinos en los que se indique la variedad de uva de vinificación.

3. Las medidas mencionadas en el apartado 1 solo podrán consistir en lo siguiente:

a) relaciones públicas y medidas de promoción y publicidad que destaquen en particular las ventajas de los productos comunitarios en términos de calidad, seguridad alimentaria y respeto del medio ambiente;

b) participación en manifestaciones, ferias y exposiciones de importancia internacional;

c) campañas de información, en particular sobre los sistemas comunitarios de denominaciones de origen, indicaciones geográficas y producción ecológica;

d) estudios de nuevos mercados, necesarios para la búsqueda de nuevas salidas comerciales;

e) estudios para evaluar los resultados de las medidas de promoción e información.

4. La contribución comunitaria para actividades de promoción no podrá ser superior al 50 % de los gastos subvencionables.

Artículo 103 octodecies.- *Reestructuración y reconversión de viñedos*

1. Las medidas de reestructuración y reconversión de viñedos tienen como finalidad aumentar la competitividad de los productores vitivinícolas.

2. El apoyo para la reestructuración y reconversión de viñedos en virtud del presente artículo se prestará únicamente si los Estados miembros presentan el inventario de su potencial productivo con arreglo a lo dispuesto en el artículo 185 bis, apartado 3.

3. El apoyo para la reestructuración y reconversión de viñedos solo se podrá conceder para una o varias de las actividades siguientes:

a) reconversión varietal, incluso mediante sobreinjertos;

b) reimplantación de viñedos;

c) mejoras de las técnicas de gestión de viñedos.

No se prestará apoyo para la reposición normal de los viñedos que hayan llegado al término de su ciclo natural.

4. El apoyo para la reestructuración y reconversión de viñedos solo podrá adoptar las formas siguientes:

a) compensación a los productores por la pérdida de ingresos derivada de la aplicación de la medida;

b) contribución a los costes de reestructuración y reconversión.

5. La compensación a los productores por la pérdida de ingresos a que se refiere el apartado 4, letra a), podrá llegar hasta el 100 % de la pérdida en cuestión y adoptar una de las formas siguientes:

a) no obstante la subsección II de la sección IV bis del capítulo III del título I de la parte II que establece el régimen transitorio de derechos de plantación, la autorización para que coexistan vides viejas y nuevas durante un período fijo que no podrá exceder de tres años, hasta el final del régimen transitorio de derechos de plantación;

b) compensación financiera.

6. La contribución comunitaria para los costes reales de reestructuración y reconversión de viñedos no podrá exceder del 50 %. En las regiones de convergencia, según la clasificación del Reglamento (CE) nº 1083/2006 del Consejo, de 11 de julio de 2006, por el que se establecen las disposiciones generales relativas al Fondo Europeo de Desarrollo Regional, al Fondo Social Europeo y al Fondo de

Cohesión y se deroga el Reglamento (CE) nº 1260/1999, la contribución comunitaria para los costes de reestructuración y reconversión no podrá exceder del 75 %.

Artículo 103 novodecies.- *Cosecha en verde*

1. A efectos del presente artículo se entenderá por cosecha en verde la destrucción o eliminación total de los racimos de uvas cuando todavía están inmaduros, reduciendo así a cero el rendimiento de la zona en cuestión.
2. El apoyo a la cosecha en verde deberá contribuir a recobrar el equilibrio de la oferta y la demanda en el mercado vitivinícola comunitario con el fin de evitar las crisis de mercado.
3. El apoyo a la cosecha en verde podrá consistir en una compensación en forma de prima a tanto alzado por hectárea cuyo importe habrá de determinar el Estado miembro interesado.
La prima no podrá superar el 50 % de la suma de los costes directos de destrucción o eliminación de los racimos de uvas más la pérdida de ingresos vinculada a dicha destrucción o eliminación.
4. Los Estados miembros interesados crearán un sistema basado en criterios objetivos que les permita garantizar que la compensación que reciban los productores vitivinícolas por la cosecha en verde no supera los límites mencionados en el apartado 3, párrafo segundo.

Artículo 103 vicies.- *Mutualidades*

1. El apoyo para el establecimiento de mutualidades se traducirá en la prestación de ayudas a los productores que deseen asegurarse contra las fluctuaciones del mercado.
2. El apoyo para el establecimiento de mutualidades podrá consistir en ayudas temporales y decrecientes destinadas a sufragar los costes administrativos correspondientes.

Artículo 103 unvicies.- *Seguro de cosecha*

1. El apoyo al seguro de cosecha contribuirá a salvaguardar las rentas de los productores que se vean afectadas por catástrofes naturales, fenómenos meteorológicos adversos, enfermedades o infestaciones parasitarias.
2. El apoyo al seguro de cosecha podrá consistir en una contribución financiera comunitaria por un importe no superior:
a) al 80 % del coste de las primas de seguro pagadas por los productores en concepto de seguro contra las pérdidas debidas a fenómenos meteorológicos adversos asimilables a catástrofes naturales;
b) al 50 % del coste de las primas de seguro pagadas por los productores en concepto de seguro contra:
i) las pérdidas mencionadas en la letra a) y otras pérdidas causadas por fenómenos meteorológicos adversos,
ii) las pérdidas causadas por animales, enfermedades de las plantas o por infestaciones parasitarias.
3. El apoyo al seguro de cosecha solo podrá concederse si los importes que abonen los seguros a los productores no suponen una compensación superior al 100 % de la pérdida de renta sufrida, teniendo en cuenta todas las compensaciones que puedan haber recibido los productores de otros regímenes de ayuda vinculados al riesgo asegurado.
4. El apoyo al seguro de cosecha no deberá falsear la competencia en el mercado de los seguros.

Artículo 103 duovicies.- *Inversiones*

1. Se concederá apoyo a inversiones tangibles o intangibles en instalaciones de transformación, infraestructura vinícola y comercialización de vino que mejoren el rendimiento global de la empresa y se refieran al menos a uno de los aspectos siguientes:
a) producción o comercialización de los productos mencionados en el anexo XI ter;
b) desarrollo de nuevos productos, procedimientos y tecnologías relacionados con los productos mencionados en el anexo XI ter.
2. El tipo máximo de apoyo con arreglo al apartado 1 se limitará a las microempresas, y a las pequeñas y medianas empresas según se definen en la Recomendación 2003/361/CE de la Comisión, de 6 de mayo de 2003, sobre la definición de microempresas, pequeñas y medianas empresas de la Comisión. Para los territorios de las Azores, Madeira, las Islas Canarias, las islas menores del Egeo según se definen en el Reglamento (CE) nº 1405/2006 y los territorios franceses de ultramar no se aplicarán límites de tamaño para el tipo máximo. Para las empresas que no estén cubiertas por el título I, artículo 2, apartado 1, del anexo de la Recomendación 2003/361/CE con menos de 750 empleados o cuyo volumen de negocios sea inferior a 200 millones EUR, la intensidad máxima de la ayuda se reducirá a la mitad.
No se concederá ayuda a las empresas en dificultad según se define en las directrices comunitarias sobre ayudas estatales de salvamento y de reestructuración de empresas en crisis.
3. El gasto admisible excluirá los aspectos mencionados en el artículo 71, apartado 3, letras a), b) y c), del Reglamento (CE) nº 1698/2005.
4. Se aplicarán a la contribución comunitaria los siguientes tipos máximos de ayuda en relación con los costes de inversión admisibles:

a) 50 % en regiones clasificadas como regiones de convergencia con arreglo al Reglamento (CE) nº 1083/2006;
b) 40 % en regiones distintas de las regiones de convergencia;
c) 75 % en regiones ultraperiféricas con arreglo al Reglamento (CE) no 247/2006;
d) 65 % en las islas menores del Egeo con arreglo a la definición Reglamento (CE) no 1405/2006.
5. El artículo 72 del Reglamento (CE) no 1698/2005 se aplicará *mutatis mutandis* al apoyo mencionado en el apartado 1 del presente artículo.

Artículo 103 tervicies.- *Destilación de subproductos*

1. Podrá concederse apoyo para la destilación voluntaria u obligatoria de subproductos de la viticultura que se haya realizado de acuerdo con las condiciones que se fijan en el punto D del anexo XV ter.
El importe de la ayuda se determinará en porcentaje volumétrico y por hectolitro de alcohol producido. No se pagará ninguna ayuda para el volumen de alcohol contenido en los subproductos que se vayan a destilar superior a un 10 % en relación con el volumen de alcohol contenido en el vino producido.
2. Los niveles de ayuda máximos aplicables atenderán a los costes de recogida y tratamiento y los fijará la Comisión.
3. El alcohol que resulte de la destilación a la que se haya concedido ayuda que se menciona en el apartado 1 se utilizará exclusivamente con fines industriales o energéticos con el fin de evitar distorsiones de la libre competencia.

Artículo 103 quatervicies.- *Destilación de alcohol para usos de boca*

1. Hasta el 31 de julio de 2012 podrá concederse ayuda a los productores para el vino que se destile en alcohol para usos de boca en forma de ayuda por hectárea.
2. Antes de que se conceda la ayuda, deberán presentarse los correspondientes contratos para la destilación de vino, así como las correspondientes pruebas de entrega para la destilación.

Artículo 103 quinvicies.- *Destilación de crisis*

1. Hasta el 31 de julio de 2012 podrán concederse ayudas para la destilación voluntaria u obligatoria de los excedentes de vino decidida por los Estados miembros en casos justificados de crisis, de forma que se reduzcan o eliminen dichos excedentes y, al mismo tiempo, se garantice la continuidad de suministro de una cosecha a la siguiente.
2. Los niveles de ayuda máximos aplicables los fijará la Comisión.
3. El alcohol que resulte de la destilación a la que se haya concedido ayuda que se menciona en el apartado 1 se utilizará exclusivamente con fines industriales o energéticos con el fin de evitar distorsiones de la libre competencia.
4. La parte proporcional del presupuesto disponible que se utilice para las medidas de destilación de crisis no superará los porcentajes siguientes, calculados con arreglo a los fondos disponibles globalmente que se fijan por Estado miembro en el anexo X ter en los correspondientes ejercicios presupuestarios:
— 20 % en 2009,
— 15 % en 2010,
— 10 % en 2011,
— 5 % en 2012.
5. Los Estados miembros podrán incrementar los fondos disponibles para las medidas de destilación de crisis por encima de los límites máximos anuales que figuran en el apartado 4 mediante la contribución de fondos nacionales de acuerdo con los límites siguientes (expresados en términos de tanto por ciento del correspondiente límite máximo anual que figura en el apartado 4):
— 5 % en la campaña vitícola 2010,
— 10 % en la campaña vitícola 2011,
— 15 % en la campaña vitícola 2012.
Los Estados miembros deberán notificar a la Comisión, en su caso, la contribución adicional al fondo nacional a que se refiere el párrafo anterior y la Comisión deberá aprobar la transacción antes de que puedan ponerse a disposición dichos fondos.

Artículo 103 sexvicies.- *Utilización de mosto de uva concentrado*

1. Hasta el 31 de julio de 2012 podrán concederse ayudas a los viticultores que utilicen mosto de uva concentrado, incluido el mosto de uva concentrado rectificado para incrementar la riqueza alcohólica natural de los productos, de acuerdo con las condiciones que se fijan en el anexo XV bis.
2. El importe de la ayuda se fijará en porcentaje volumétrico de la riqueza alcohólica potencial y por hectolitro del mosto utilizado para el aumento artificial del grado alcohólico natural.
3. Los niveles de ayuda máximos aplicables en las distintas zonas vitivinícolas los fijará la Comisión.

Artículo 103 septvicies.- *Condicionalidad*

Si se constata que un agricultor, en cualquier momento a lo largo de los tres años siguientes al pago de la ayuda recibida en virtud de los programas de apoyo a la reestructuración y reconversión o durante el año siguiente al pago de la ayuda recibida al amparo de los programas de apoyo a la cosecha en verde, no ha respetado en su explotación los requisitos legales de gestión y las buenas condiciones agrarias y medioambientales a que se refieren los artículos 3 a 7 del Reglamento (CE) nº 1782/2003, el importe de la ayuda, en caso de que el incumplimiento se deba a una acción u omisión achacable directamente al agricultor, se reducirá o cancelará, parcial o totalmente, dependiendo de la gravedad, alcance, persistencia y repetición del incumplimiento, y el agricultor deberá reintegrarla, si procede, con arreglo a lo establecido en las citadas disposiciones.

Subsección IV.- Disposiciones de procedimiento
Artículo 103 septvicies bis.- *Medidas de ejecución*
Las medidas necesarias para la ejecución de la presente sección serán adoptadas por la Comisión.
Dichas medidas podrán incluir:
a) el modelo de presentación de los programas de apoyo;
b) normas sobre la modificación de los programas de apoyo una vez que sean aplicables;
c) normas de desarrollo de las medidas previstas en los artículos 103 septdecies a 103 sexvicies;
d) condiciones en que debe comunicarse y hacerse pública la ayuda de los fondos comunitarios. ».

8) El título del capítulo I del título II de la parte II se sustituye por el siguiente:
«CAPÍTULO I.- Disposiciones aplicables a la comercialización y la producción».

9) El título de la sección I del capítulo I del título II de la parte II se sustituye por el siguiente:
«Sección I.- Normas de comercialización».

10) Se insertan los artículos siguientes:
«**Artículo 113 quater.-** *Normas de comercialización para mejorar y estabilizar el funcionamiento del mercado común de los vinos*
1. Con el fin de mejorar y estabilizar el funcionamiento del mercado común de los vinos, incluidas las uvas, los mostos y los vinos de los que procedan, los Estados miembros productores podrán establecer normas de comercialización para regular la oferta, en particular aplicando las decisiones adoptadas por las organizaciones interprofesionales a que se refieren los artículos 123, apartado 3, y 125 sexdecies.
Dichas normas serán acordes con el objetivo que se persiga y no podrán:
a) tener por objeto ninguna transacción posterior a la primera comercialización del producto de que se trate;
b) disponer la fijación de precios, incluyendo aquellos fijados con carácter indicativo o de recomendación;
c) bloquear un porcentaje excesivo de la cosecha anual normalmente disponible;
d) dar pie para negar la expedición de los certificados nacionales o comunitarios necesarios para la circulación y comercialización de los vinos, cuando dicha comercialización se ajuste a las normas antes mencionadas.
2. Las normas a que se refiere el apartado 1 deberán ponerse en conocimiento de los agentes económicos mediante su inclusión in extenso en una publicación oficial del Estado miembro de que se trate.
3. La obligación en materia de notificación a que se refiere el artículo 125 sexdecies, apartado 3, se aplicará también a las decisiones o medidas adoptadas por los Estados miembros con arreglo al presente artículo.
Artículo 113 quinquies.- *Disposiciones especiales para la comercialización de vino*
1. Las categorías de productos vitícolas previstas en el anexo XI ter solo podrán utilizarse en la Comunidad para la comercialización de productos que se ajusten a las condiciones pertinentes establecidas en ese anexo.
No obstante, como excepción a lo dispuesto en el artículo 118 sexvicies, apartado 1, letra a), los Estados miembros podrán autorizar la utilización de la palabra «vino» si:
a) está acompañada de un nombre de fruta en forma de denominaciones compuestas, para la comercialización de productos obtenidos a partir de la fermentación de frutas distintas de la uva, o
b) está incluida en una denominación compuesta.
Se evitará toda posible confusión con los productos correspondientes a las categorías de vino del anexo XI ter.
2. La Comisión podrá modificar las categorías de productos vitícolas enumeradas en el anexo XI ter con arreglo al procedimiento contemplado en el artículo 195, apartado 4.
3. Salvo los vinos embotellados de los que pueda suministrarse la prueba de que el embotellado es anterior al 1 de septiembre de 1971, el vino elaborado con variedades de uva de vinificación que figuren en las clasificaciones establecidas con arreglo al artículo 120 bis, apartado 2, párrafo primero,

pero que no corresponda a ninguna de las categorías establecidas en el anexo XI ter, solo podrá utilizarse para el autoconsumo, la producción de vinagre de vino o la destilación.».

11) En el capítulo I del título II de la parte II, se insertan las secciones siguientes:

«**Sección I bis.-** Denominaciones de origen, indicaciones geográficas y términos tradicionales en el sector vitivinícola

Artículo 118 bis.- *Ámbito de aplicación*

1. Las normas relativas a las denominaciones de origen, las indicaciones geográficas y los términos tradicionales fijadas en la presente sección se aplicarán a los productos a que se refieren los puntos 1, 3 a 6, 8, 9, 11, 15 y 16 del anexo XI ter.

2. Las normas a que se refiere el apartado 1 se basarán en:

a) la protección de los intereses legítimos de:

i) los consumidores, y

ii) los productores;

b) la garantía del correcto funcionamiento del mercado común de los productos de que se trata, y

c) el fomento de la producción de productos de calidad, al tiempo que permiten las medidas nacionales de política de calidad.

Subsección I.- Denominaciones de origen e indicaciones geográficas

Artículo 118 ter.- *Definiciones*

1. A efectos de la presente subsección, se entenderá por:

a) «denominación de origen»: el nombre de una región, de un lugar determinado o, en casos excepcionales, de un país, que sirve para designar un producto referido en el artículo 118 bis, apartado 1, que cumple los requisitos siguientes:

i) su calidad y sus características se deben básica o exclusivamente a un entorno geográfico particular, con los factores naturales y humanos inherentes a él,

ii) las uvas utilizadas en su elaboración proceden exclusivamente de esa zona geográfica,

iii) la elaboración tiene lugar en esa zona geográfica, y

iv) se obtiene de variedades de vid de la especie Vitis vinifera;

b) «indicación geográfica»: una indicación que se refiere a una región, a un lugar determinado o, en casos excepcionales, a un país, que sirve para designar un producto referido en el artículo 118 bis, apartado 1, que cumple los requisitos siguientes:

i) posee una calidad, una reputación u otras características específicas atribuibles a su origen geográfico,

ii) al menos el 85 % de la uva utilizada en su elaboración procede exclusivamente de esa zona geográfica,

iii) la elaboración tiene lugar en esa zona geográfica, y

iv) se obtiene de variedades de vid de la especie Vitis vinifera o de un cruce entre esta especie y otras especies del género Vitis.

2. Ciertos nombres usados tradicionalmente constituirán una denominación de origen cuando:

a) designen un vino;

b) se refieran a un nombre geográfico;

c) reúnan los requisitos mencionados en el apartado 1, letra a), incisos i) a iv), y

d) se sometan al procedimiento de protección de las denominaciones de origen e indicaciones geográficas que se establece en la presente subsección.

3. Las denominaciones de origen y las indicaciones geográficas, incluidas las referentes a zonas geográficas de terceros países, podrán gozar de protección en la Comunidad con arreglo a lo dispuesto en la presente subsección.

Artículo 118 quater.- *Contenido de las solicitudes de protección*

1. Las solicitudes en las que se pida la protección de ciertos nombres mediante su inclusión en la categoría de denominaciones de origen o indicaciones geográficas deberán ir acompañadas de un expediente técnico que facilite los datos siguientes:

a) nombre que se desee proteger;

b) nombre, apellidos y dirección del solicitante;

c) pliego de condiciones del producto mencionado en el apartado 2, y

d) un documento único en el que se resuma el pliego de condiciones del producto mencionado en el apartado 2.

2. El pliego de condiciones deberá permitir a las partes interesadas comprobar las condiciones pertinentes de producción de la denominación de origen o la indicación geográfica.

El pliego de condiciones constará, como mínimo, de lo siguiente:

a) nombre que se desee proteger;

b) descripción del vino o vinos:

i) para los vinos con denominación de origen, sus principales características analíticas y organolépticas,

ii) para los vinos con indicación geográfica, sus principales características analíticas así como una evaluación o indicación de sus características organolépticas;

c) en su caso, prácticas enológicas específicas utilizadas para elaborar el vino o vinos y restricciones pertinentes impuestas a su elaboración;

d) demarcación de la zona geográfica de que se trate;

e) rendimiento máximo por hectárea;

f) variedad o variedades de uva de las que proceden el vino o vinos;

g) explicación detallada que confirme el vínculo a que se refiere el artículo 118 ter, apartado 1, letra a), inciso i), o, en su caso, el artículo 118 ter, apartado 1, letra b), inciso i);

h) requisitos aplicables establecidos en las legislaciones comunitarias o nacionales o, cuando así lo prevean los Estados miembros, por un organismo que gestione la denominación de origen protegida o la indicación geográfica protegida, teniendo en cuenta que dichos requisitos deberán ser objetivos y no discriminatorios y compatibles con la normativa comunitaria;

i) nombre y dirección de las autoridades u organismos encargados de comprobar el cumplimiento de las disposiciones del pliego de condiciones y sus tareas específicas.

Artículo 118 quinquies.- *Solicitud de protección relativa a una zona geográfica de un tercer país*

1. Cuando la solicitud de protección se refiera a una zona geográfica de un tercer país, además de los elementos previstos en el artículo 118 quater, deberá aportarse la prueba de que el nombre en cuestión está protegido en su país de origen.

2. La solicitud será enviada a la Comisión, bien directamente por el solicitante, bien por mediación de las autoridades de ese tercer país.

3. La solicitud de protección se presentará en una de las lenguas oficiales de la Comunidad o irá acompañada de una traducción certificada en una de esas lenguas.

Artículo 118 sexies.- *Solicitantes*

1. Todo grupo de productores interesado o, en casos excepcionales, un solo productor podrá solicitar la protección de una denominación de origen o una indicación geográfica. En la solicitud podrán participar otras partes interesadas.

2. Los productores podrán presentar solicitudes de protección únicamente para los vinos que produzcan.

3. En el caso de un nombre que designe una zona geográfica transfronteriza o de un nombre tradicional vinculado a una zona geográfica transfronteriza, podrá presentarse una solicitud conjunta.

Artículo 118 septies.- *Procedimiento nacional preliminar*

1. Las solicitudes de protección de las denominaciones de origen o las indicaciones geográficas de los vinos conformes con el artículo 118 ter originarios de la Comunidad deberán someterse a un procedimiento nacional preliminar con arreglo a lo dispuesto en el presente artículo.

2. La solicitud de protección se presentará en el Estado miembro de cuyo territorio se derive la denominación de origen o la indicación geográfica.

3. El Estado miembro examinará la solicitud de protección para verificar si cumple las condiciones establecidas en la presente subsección.

El Estado miembro incoará un procedimiento nacional que garantice una publicación adecuada de la solicitud y en el que se fije un plazo mínimo de dos meses desde la fecha de publicación, durante el cual cualquier persona física o jurídica que ostente un interés legítimo y resida o esté establecida en su territorio podrá impugnar la protección propuesta presentando una declaración debidamente motivada en el Estado miembro.

4. En caso de que el Estado miembro considere que la denominación de origen o la indicación geográfica no cumple los requisitos pertinentes o es incompatible con la normativa comunitaria en general, rechazará la solicitud.

5. En caso de que el Estado miembro considere que se cumplen los requisitos pertinentes:

a) publicará, al menos en Internet, el documento único y el pliego de condiciones del producto, y

b) enviará a la Comisión una solicitud de protección que incluya la siguiente información:

i) el nombre, los apellidos y la dirección del solicitante,

ii) el documento único mencionado en el artículo 118 quater, apartado 1, letra d),

iii) una declaración del Estado miembro en la que conste que la solicitud presentada por el interesado cumple las condiciones exigidas, y

iv) la referencia de la publicación a que se refiere la letra a).

Dicha información se presentará en una de las lenguas oficiales de la Comunidad o irá acompañada de una traducción certificada en una de esas lenguas.

6. Los Estados miembros pondrán en vigor las disposiciones legales, reglamentarias o administrativas necesarias para dar cumplimiento a lo dispuesto en el presente artículo a más tardar el 1 de agosto de 2009.

7. Si un Estado miembro carece de legislación nacional sobre protección de las denominaciones de origen e indicaciones geográficas, podrá, solo de manera transitoria, conceder la protección al nombre a nivel nacional conforme a los términos de la presente subsección con efectos a partir del día de la presentación de la solicitud a la Comisión. Esta protección nacional transitoria cesará en la fecha en que se haya adoptado una decisión de registro o de denegación de conformidad con la presente subsección.

Artículo 118 octies.- *Supervisión de la Comisión*

1. La Comisión hará pública la fecha de presentación de la solicitud de protección de la denominación de origen o de la indicación geográfica.

2. La Comisión comprobará si las solicitudes de protección mencionadas en el artículo 118 septies, apartado 5, cumplen las condiciones establecidas en la presente subsección.

3. En caso de que la Comisión considere que se cumplen las condiciones establecidas en la presente subsección, publicará en el Diario Oficial de la Unión Europea el documento único mencionado en el artículo 118 quater, apartado 1, letra d), y la referencia de la publicación del pliego de condiciones del producto a que se refiere el artículo 118 septies, apartado 5.

En caso contrario, la Comisión decidirá rechazar la solicitud con arreglo al procedimiento contemplado en el artículo 195, apartado 4.

Artículo 118 nonies.- *Procedimiento de oposición*

En el plazo de dos meses a partir de la fecha de publicación prevista en el artículo 118 octies, apartado 3, párrafo primero, cualquier Estado miembro o tercer país, o cualquier persona física o jurídica que ostente un interés legítimo y esté establecida o resida en un Estado miembro distinto de aquel que solicita la protección o en un tercer país, podrá impugnar la protección propuesta presentando a la Comisión una declaración debidamente motivada en relación con las condiciones de admisibilidad establecidas en la presente subsección.

En el caso de personas físicas o jurídicas establecidas o que residan en un tercer país, esa declaración se presentará, bien directamente o por mediación de las autoridades de ese tercer país, en el plazo de dos meses mencionado en el párrafo primero.

Artículo 118 decies.- *Decisión con respecto a la protección*

Sobre la base de la información que posea la Comisión, y con arreglo al procedimiento contemplado en el artículo 195, apartado 4, esta deberá decidir bien proteger las denominaciones de origen o las indicaciones geográficas que cumplan las condiciones establecidas en la presente subsección y sean compatibles con la normativa comunitaria, bien rechazar las solicitudes cuando no se cumplan esas condiciones.

Artículo 118 undecies.- *Homónimos*

1. Cuando se proceda a registrar una denominación, para la que se haya presentado una solicitud, que sea homónima o parcialmente homónima de una denominación ya registrada de acuerdo con lo dispuesto en el presente Reglamento sobre el sector vitivinícola se tendrán debidamente en cuenta los usos locales y tradicionales y los riesgos de confusión.

No se registrará una denominación homónima que induzca al consumidor a creer erróneamente que los productos son originarios de otro territorio, aunque sea exacta por lo que se refiere al territorio, la región o la localidad de la que son originarios los productos de que se trate.

El uso de una denominación homónima registrada solo se autorizará cuando las condiciones prácticas garanticen que la denominación homónima registrada ulteriormente se diferencia suficientemente de la ya registrada, habida cuenta de la necesidad de garantizar un trato equitativo a los productores interesados y de no inducir a error al consumidor.

2. El apartado 1 se aplicará *mutatis mutandis* en el caso de que una denominación, para la que se haya presentado una solicitud, sea homónima o parcialmente homónima de una indicación geográfica protegida al amparo de la legislación de los Estados miembros.

Los Estados miembros no registrarán con vistas a la protección indicaciones geográficas que no sean idénticas con arreglo a sus normativas respectivas en materia de indicaciones geográficas si una denominación de origen o indicación geográfica está protegida en la Comunidad en virtud de la legislación comunitaria sobre denominaciones de origen e indicaciones geográficas.

3. Salvo disposición en contrario de las normas de desarrollo de la Comisión, cuando una variedad de uva de vinificación contenga o consista en una denominación de origen protegida o una indicación geográfica protegida, el nombre de esa variedad de uva de vinificación no podrá utilizarse para el etiquetado de los productos regulados por el presente Reglamento.

4. La protección de las denominaciones de origen e indicaciones geográficas para los productos contemplados en el artículo 118 ter no afectará a las indicaciones geográficas protegidas utilizadas

para bebidas espirituosas con arreglo al Reglamento (CE) nº 110/2008 del Parlamento Europeo y del Consejo, de 15 de enero de 2008, relativo a la definición, designación, presentación, etiquetado y protección de la indicación geográfica de bebidas espirituosas, ni viceversa.

Artículo 118 duodecies.- *Motivos de denegación de la protección*

1. Las denominaciones que hayan pasado a ser genéricas no podrán protegerse como denominaciones de origen o indicaciones geográficas.

A efectos de la presente subsección, se entenderá por «denominación que ha pasado a ser genérica» la denominación de un vino que, si bien se refiere al lugar o la región en que este producto se elaboraba o comercializaba originalmente, se ha convertido en la denominación común de un vino en la Comunidad.

Para determinar si una denominación ha pasado a ser genérica, se deberán tener en cuenta todos los factores pertinentes y en especial:

a) la situación existente en la Comunidad, principalmente en las zonas de consumo;

b) las disposiciones legales nacionales o comunitarias pertinentes.

2. Una denominación no podrá protegerse como denominación de origen o indicación geográfica cuando, habida cuenta de la reputación y notoriedad de una marca registrada, su protección pueda inducir a error al consumidor en cuanto a la verdadera identidad del vino.

Artículo 118 terdecies.- *Relación con las marcas registradas*

1. Cuando una denominación de origen o una indicación geográfica esté protegida en virtud del presente Reglamento, el registro de una marca que corresponda a una de las situaciones mencionadas en el artículo 118 quaterdecies, apartado 2, y se refiera a un producto perteneciente a una de las categorías enumeradas en el anexo XI ter se rechazará si la solicitud de registro de la marca se presenta con posterioridad a la fecha de presentación a la Comisión de la solicitud de protección de la denominación de origen o la indicación geográfica y la denominación de origen o indicación geográfica recibe posteriormente la protección.

Se anularán las marcas que se hayan registrado incumpliendo lo dispuesto en el párrafo primero.

2. Sin perjuicio de lo dispuesto en el artículo 118 duodecies, apartado 2, una marca cuya utilización corresponda a una de las situaciones mencionadas en el artículo 118 quaterdecies, apartado 2, y que se haya solicitado, registrado o, en los casos en que así lo permita la legislación aplicable, establecido mediante el uso en el territorio comunitario antes de la fecha de presentación a la Comisión de la solicitud de protección de la denominación de origen o la indicación geográfica, podrá seguir utilizándose o renovándose no obstante la protección de la denominación de origen o la indicación geográfica, siempre que la marca no incurra en las causas de nulidad o revocación establecidas en la primera Directiva 89/104/CEE del Consejo, de 21 de diciembre de 1988, relativa a la aproximación de las legislaciones de los Estados miembros en materia de marcas o en el Reglamento (CE) nº 40/94 del Consejo, de 20 de diciembre de 1993, sobre la marca comunitaria.

En tales casos, se permitirá la utilización de la denominación de origen o la indicación geográfica junto con la de las marcas registradas pertinentes.

Artículo 118 quaterdecies.- *Protección*

1. Las denominaciones de origen protegidas y las indicaciones geográficas protegidas podrán ser utilizadas por cualquier agente económico que comercialice vino elaborado de conformidad con el pliego de condiciones del producto correspondiente.

2. Las denominaciones de origen protegidas y las indicaciones geográficas protegidas, así como los vinos que utilicen esos nombres protegidos con arreglo al pliego de condiciones del producto, estarán protegidas de:

a) todo uso comercial directo o indirecto de un nombre protegido:

i) por parte de productos comparables que no se ajusten al pliego de condiciones del nombre protegido, o

ii) en la medida en que ese uso aproveche la reputación de una denominación de origen o una indicación geográfica;

b) toda usurpación, imitación o evocación, aunque se indique el origen verdadero del producto o el servicio o si el nombre protegido se traduce o va acompañado de los términos «estilo», «tipo», «método», «producido como», «imitación», «sabor», «parecido» u otros análogos;

c) cualquier otro tipo de indicación falsa o engañosa en cuanto a la procedencia, el origen, la naturaleza o las características esenciales del producto, en el envase o en el embalaje, en la publicidad o en los documentos relativos al producto vinícola de que se trate, así como la utilización de envases que por sus características puedan crear una impresión errónea acerca de su origen;

d) cualquier otra práctica que pueda inducir a error al consumidor acerca del verdadero origen del producto.

3. Las denominaciones de origen protegidas y las indicaciones geográficas protegidas no podrán pasar a ser genéricas en la Comunidad con arreglo al artículo 118 duodecies, apartado 1.

4. Los Estados miembros adoptarán las medidas necesarias para frenar la utilización ilegal de las denominaciones de origen protegidas y las indicaciones geográficas protegidas a que se refiere el apartado 2.

Artículo 118 quindecies.- *Registro*

La Comisión creará y llevará un registro electrónico de las denominaciones de origen protegidas y las indicaciones geográficas protegidas de los vinos que deberá ser accesible al público.

Artículo 118 sexdecies.- *Designación de la autoridad de control competente*

1. Los Estados miembros designarán la autoridad o autoridades competentes encargadas de controlar las obligaciones establecidas en la presente subsección de conformidad con los criterios establecidos en el artículo 4 del Reglamento (CE) nº 882/2004 del Parlamento Europeo y del Consejo, de 29 de abril de 2004, sobre los controles oficiales efectuados para garantizar la verificación del cumplimiento de la legislación en materia de piensos y alimentos y la normativa sobre salud animal y bienestar de los animales.

2. Los Estados miembros garantizarán que los agentes económicos que cumplan lo dispuesto en la presente subsección puedan acogerse a un sistema de controles.

3. Los Estados miembros informarán a la Comisión sobre la autoridad o autoridades competentes a que se refiere el apartado 1. La Comisión dará a conocer públicamente sus nombres y direcciones y los actualizará de manera periódica.

Artículo 118 septdecies.- *Comprobación del cumplimiento del pliego de condiciones*

1. Con relación a las denominaciones de origen protegidas y las indicaciones geográficas protegidas relativas a una zona geográfica de la Comunidad, la comprobación anual del cumplimiento del pliego de condiciones del producto, tanto durante la elaboración del vino, como en el momento del envasado o después de esta operación, deberá ser garantizada:

a) por la autoridad o autoridades competentes a que se refiere el artículo 118 sexdecies, apartado 1, o

b) por uno o varios de los organismos de control definidos en el artículo 2, párrafo segundo, punto 5, del Reglamento (CE) nº 882/2004 que actúen como órganos de certificación de productos de conformidad con los criterios establecidos en el artículo 5 de dicho Reglamento.

Los costes de este tipo de comprobación correrán a cargo de los agentes económicos sometidos a ella.

2. Con relación a las denominaciones de origen protegidas y las indicaciones geográficas protegidas relativas a una zona geográfica de un tercer país, la comprobación anual del cumplimiento del pliego de condiciones del producto, tanto durante la elaboración del vino, como en el momento del envasado o después de esta operación, deberá ser garantizada:

a) por una o varias de las autoridades públicas designadas por el tercer país, o

b) por uno o varios organismos de certificación.

3. Los organismos de certificación mencionados en el apartado 1, letra b), y el apartado 2, letra b), deberán cumplir la norma europea EN 45011 o la Guía ISO/IEC 65 (Criterios generales relativos a los organismos de certificación de productos) y, a partir del 1 de mayo de 2010, estar acreditados de acuerdo con ella.

4. Cuando la autoridad o autoridades competentes a que se refiere el apartado 1, letra a), y el apartado 2, letra a), comprueben el cumplimiento del pliego de condiciones del producto, deberán ofrecer suficientes garantías de objetividad e imparcialidad y contar con el personal cualificado y los recursos necesarios para realizar sus tareas.

Artículo 118 octodecies.- *Modificación del pliego de condiciones del producto*

1. Los interesados que cumplan las condiciones del artículo 118 sexies podrán solicitar autorización para modificar el pliego de condiciones de una denominación de origen protegida o una indicación geográfica protegida, en particular para tener en cuenta la evolución de los conocimientos científicos y técnicos o para efectuar una nueva demarcación de la zona geográfica a que se refiere el artículo 118 quater, apartado 2, párrafo segundo, letra d). En las solicitudes se describirán las modificaciones propuestas y se expondrán los motivos alegados.

2. Cuando la modificación propuesta lleve aparejadas una o varias modificaciones del documento único mencionado en el artículo 118 quater, apartado 1, letra d), los artículos 118 septies a 118 decies se aplicarán *mutatis mutandis* a la solicitud de modificación. No obstante, en caso de que la modificación propuesta sea de poca importancia, la Comisión decidirá con arreglo al procedimiento contemplado en el artículo 195, apartado 4, si aprueba la solicitud sin aplicar el procedimiento establecido en el artículo 118 octies, apartado 2, y el artículo 118 nonies y, en caso de aprobación, procederá a la publicación de los elementos mencionados en el artículo 118 octies, apartado 3.

3. Cuando la modificación propuesta no suponga ningún cambio del documento único, se aplicarán las normas siguientes:

a) cuando la zona geográfica se halle en un Estado miembro dado, ese Estado miembro manifestará su opinión sobre la modificación y, en caso de ser favorable, publicará el pliego de condiciones modificado, informando a la Comisión de las modificaciones aprobadas y los motivos en que se ha basado;

b) cuando la zona geográfica se encuentre en un tercer país, la Comisión determinará si aprueba la modificación propuesta.

Artículo 118 novodecies.- *Cancelación*

La Comisión podrá cancelar la protección de una denominación de origen o una indicación geográfica, con arreglo al procedimiento mencionado en el artículo 195, apartado 4, bien por propia iniciativa o mediante solicitud debidamente justificada de un Estado miembro, de un tercer país o de una persona física o jurídica que ostente un interés legítimo, cuando ya no pueda garantizarse el cumplimiento del correspondiente pliego de condiciones del producto.

Los artículos 118 septies a 118 decies se aplicarán *mutatis mutandis.*

Artículo 118 vicies.- *Denominaciones de vinos protegidas existentes*

1. Las denominaciones de vinos que estén protegidas de conformidad con los artículos 51 y 54 del Reglamento (CE) nº 1493/1999 y con el artículo 28 del Reglamento (CE) nº 753/2002 de la Comisión, de 29 de abril de 2002, que fija determinadas disposiciones de aplicación del Reglamento (CE) nº 1493/1999 del Consejo en lo que respecta a la designación, denominación, presentación y protección de determinados productos vitivinícolas quedarán protegidas automáticamente en virtud del presente Reglamento. La Comisión las incorporará al registro previsto en el artículo 118 quindecies del presente Reglamento.

2. Los Estados miembros facilitarán a la Comisión los elementos siguientes con respecto a las denominaciones de vinos protegidas existentes a que se refiere el apartado 1:

a) los expedientes técnicos previstos en el artículo 118 quater, apartado 1;

b) las decisiones nacionales de aprobación.

3. Las denominaciones de vinos a que se refiere el apartado 1 respecto de las cuales no se presente la información a que se refiere el apartado 2 a más tardar, el 31 de diciembre de 2011, perderán la protección que brinda el presente Reglamento. La Comisión se encargará de suprimir oficialmente esas denominaciones del registro previsto en el artículo 118 quindecies.

4. El artículo 118 novodecies no se aplicará a las denominaciones de vinos protegidas existentes a que se refiere el apartado 1.

La Comisión podrá decidir, hasta el 31 de diciembre de 2014, por propia iniciativa y con arreglo al procedimiento mencionado en el artículo 195, apartado 4, cancelar la protección de las denominaciones de vinos protegidas existentes a que se refiere el apartado 1 en caso de que no cumplan las condiciones establecidas en el artículo 118 ter.

Artículo 118 unvicies.- *Tasas*

Los Estados miembros podrán cobrar una tasa que cubra los costes en que hayan incurrido, incluidos los derivados del examen de las solicitudes de protección, las declaraciones de objeción, las solicitudes de modificación y las peticiones de cancelación al amparo de la presente subsección.

Subsección II.- Términos tradicionales

Artículo 118 duovicies.- *Definiciones*

1. Se entenderá por «término tradicional», una expresión tradicionalmente empleada en los Estados miembros para los productos que se mencionan en el artículo 118 bis, apartado 1, para indicar:

a) que el producto está acogido a una denominación de origen protegida o a una indicación geográfica protegida conforme a la legislación comunitaria o nacional;

b) el método de elaboración o de envejecimiento o la calidad, el color, el tipo de lugar, o un acontecimiento concreto vinculado a la historia del producto acogido a una denominación de origen protegida o a una indicación geográfica protegida.

2. La Comisión reconocerá, definirá y protegerá los términos tradicionales.

Artículo 118 tervicies.- *Protección*

1. Los términos tradicionales protegidos solo podrán utilizarse en productos que hayan sido elaborados con arreglo a la definición a que se refiere el artículo 118 duovicies, apartado 1.

Los términos tradicionales estarán protegidos contra el uso ilícito.

Los Estados miembros tomarán las medidas necesarias para poner fin al uso ilícito de términos tradicionales protegidos.

2. Los términos tradicionales no podrán convertirse en genéricos en la Comunidad.

Sección I ter.- Etiquetado y presentación en el sector vitivinícola

Artículo 118 quatervicies.- *Definición*

A efectos de la presente sección se entenderá por:

a) «etiquetado»: toda palabra, indicación, marca registrada, marca comercial, motivo ilustrado o símbolo colocados en cualquier envase, documento, aviso, etiqueta, anillo o collar que acompañe o haga referencia a un producto dado;
b) «presentación»: la información transmitida a los consumidores sobre el producto de que se trate, incluida la forma y el tipo de las botellas.
Artículo 118 quinvicies.- *Aplicabilidad de las normas horizontales*
Salvo disposición en contrario del presente Reglamento, la Directiva 89/104/CEE, la Directiva 89/396/CEE del Consejo, de 14 de junio de 1989, relativa a las menciones o marcas que permitan identificar el lote al que pertenece un producto alimenticio, la Directiva 2000/13/CE del Parlamento Europeo y del Consejo, de 20 de marzo de 2000, relativa a la aproximación de las legislaciones de los Estados miembros en materia de etiquetado, presentación y publicidad de los productos alimenticios y la Directiva 2007/45/CE del Parlamento Europeo y del Consejo, de 5 de septiembre de 2007, por la que se establecen normas relativas a las cantidades nominales para productos preenvasados se aplicarán al etiquetado y la presentación de los productos que entren dentro de sus ámbitos de aplicación.
Artículo 118 sexvicies.- *Indicaciones obligatorias*
1. El etiquetado y la presentación de los productos a que se refieren los puntos 1 a 11, 13, 15 y 16 del anexo XI ter, comercializados en la Comunidad o destinados a la exportación, deberán contener obligatoriamente las indicaciones siguientes:
a) categoría del producto vitícola de conformidad con el anexo XI ter;
b) en los vinos con denominación de origen protegida o indicación geográfica protegida:
i) la expresión «denominación de origen protegida» o «indicación geográfica protegida», y
ii) el nombre de la denominación de origen protegida o la indicación geográfica protegida;
c) el grado alcohólico volumétrico adquirido;
d) la procedencia;
e) el embotellador o, en el caso del vino espumoso, el vino espumoso gasificado, el vino espumoso de calidad o el vino espumoso aromático de calidad, el nombre del productor o del vendedor;
f) el importador, en el caso de los vinos importados;
g) para el vino espumoso, el vino espumoso gasificado, el vino espumoso de calidad o el vino espumoso aromático de calidad, indicación del contenido de azúcar.
2. No obstante lo dispuesto en el apartado 1, letra a), la referencia a la categoría de producto vitivinícola podrá omitirse en los vinos en cuya etiqueta figure el nombre de una denominación de origen protegida o una indicación geográfica protegida.
3. No obstante lo dispuesto en el apartado 1, letra b), la referencia a las expresiones «denominación de origen protegida» o «indicación geográfica protegida» podrá omitirse en los casos siguientes:
a) cuando en la etiqueta aparezca un término tradicional conforme al artículo 118 duovicies, apartado 1, letra a);
b) cuando, en circunstancias excepcionales que habrá de determinar la Comisión, el nombre de la denominación de origen protegida o la indicación geográfica protegida aparezca en la etiqueta.
Artículo 118 septvicies.- *Indicaciones facultativas*
1. El etiquetado y la presentación de los productos a que se refiere el artículo 118 sexvicies, apartado 1, podrán contener, en particular, las indicaciones facultativas siguientes:
a) el año de la cosecha;
b) el nombre de una o más variedades de uva de vinificación;
c) para los vinos distintos de los referidos en el artículo 118 sexvicies, apartado 1, letra g), términos que indiquen el contenido de azúcar;
d) cuando se trate de vinos con denominación de origen protegida o indicación geográfica protegida, términos tradicionales conforme al artículo 118 duovicies, apartado 1, letra b);
e) el símbolo comunitario de denominación de origen protegida o indicación geográfica protegida;
f) términos que se refieran a determinados métodos de producción;
g) en el caso de los vinos acogidos a una denominación de origen protegida o una indicación geográfica protegida, el nombre de otra unidad geográfica menor o más amplia que la zona abarcada por la denominación de origen o la indicación geográfica.
2. Sin perjuicio de lo dispuesto en el artículo 118 undecies, apartado 3, en lo que se refiere al uso de los datos mencionados en el apartado 1, letras a) y b), para los vinos sin una denominación de origen protegida ni una indicación geográfica protegida:
a) los Estados miembros introducirán disposiciones legales, reglamentarias o administrativas para velar por que los procedimientos de certificación, aprobación y control se lleven a cabo de modo que se garantice la veracidad de la información de que se trate;

b) para los vinos producidos en su territorio a partir de variedades de uva de vinificación, los Estados miembros podrán elaborar listas de variedades de uva de vinificación excluidas, basándose en criterios objetivos y no discriminatorios y velando debidamente por la competencia leal, en particular si:

i) existe riesgo de confusión para los consumidores sobre el auténtico origen del vino debido a que la variedad de uva de vinificación es parte integrante de una denominación de origen protegida o indicación geográfica protegida existente,

ii) los correspondientes controles no fueran económicamente viables al representar la variedad de uva de vinificación en cuestión una muy pequeña parte de los viñedos del Estado miembro;

c) las mezclas de variedades de distintos Estados miembros no darán lugar al etiquetado de la variedad o variedades de uva de vinificación a menos que los Estados miembros de que se trate acuerden lo contrario y garanticen la viabilidad de los procedimientos de certificación, aprobación y control pertinentes.

Artículo 118 septvicies bis.- *Lenguas*

1. Cuando las indicaciones obligatorias y facultativas a que se refieren los artículos 118 sexvicies y 118 septvicies se expresen con palabras, deberán figurar en una o varias de las lenguas oficiales de la Comunidad.

2. No obstante lo dispuesto en el apartado 1, el nombre de una denominación de origen protegida o de una indicación geográfica protegida o de un término tradicional con arreglo al artículo 118 duovicies, apartado 1, letra a), deberá figurar en la etiqueta en la lengua o lenguas a las que se aplica la protección.

En el caso de denominaciones de origen protegidas o de indicaciones geográficas protegidas o de denominaciones específicas nacionales que no estén escritas en alfabeto latino, el nombre también podrá figurar en una o más lenguas oficiales de la Comunidad.

Artículo 118 septvicies ter.- *Observancia*

Las autoridades competentes de los Estados miembros adoptarán las medidas oportunas para garantizar que los productos mencionados en el artículo 118 sexvicies, apartado 1, que no estén etiquetados con arreglo a la presente sección no se comercialicen o sean retirados del mercado. ».

12) En el capítulo I del título II de la parte II, se inserta la sección siguiente:

«**Sección II bis.-** Normas de producción en el sector vitivinícola

Subsección I.- Variedades de uva de vinificación

Artículo 120 bis.- *Clasificación de las variedades de uva de vinificación*

1. Los productos enumerados en el anexo XI ter y producidos en la Comunidad deberán elaborarse con variedades de uva de vinificación que sean clasificables conforme a lo dispuesto en el apartado 2.

2. Sin perjuicio de lo dispuesto en el apartado 3, los Estados miembros deberán clasificar las variedades de uva de vinificación que se podrán plantar, replantar o injertar en sus territorios para la producción de vino.

Los Estados miembros solo podrán incluir en la clasificación las variedades de uva de vinificación que cumplan las condiciones siguientes:

a) la variedad en cuestión pertenece a la especie Vitis vinifera o procede de un cruce entre la especie Vitis vinifera y otras especies del género Vitis;

b) la variedad no es una de las siguientes: Noah, Othello, Isabelle, Jacquez, Clinton y Herbemont.

En caso de que una variedad de uva de vinificación se suprima de la clasificación a que se refiere el párrafo primero, se procederá a su arranque en el plazo de quince años a partir de su supresión.

3. Los Estados miembros cuya producción vinícola no supere los 50 000 hectolitros de vino por año, calculada en función de la producción media de las últimas cinco campañas vitícolas, no estarán obligados a efectuar la clasificación a que se refiere el apartado 2.

No obstante, también en los Estados miembros a que se refiere el párrafo primero solo se podrán plantar, replantar o injertar para la producción de vino variedades de uva de vinificación que sean conformes al apartado 2, letras a) y b).

4. No obstante lo dispuesto en los párrafos primero y segundo del apartado 2 y en el párrafo segundo del apartado 3, se autorizará la plantación, la replantación o el injerto de las siguientes variedades de uva de vinificación para experimentación y otros fines científicos:

a) variedades de uva de vinificación que no estén clasificadas, en lo que respecta a los Estados miembros a que se refiere el apartado 2;

b) variedades de uva de vinificación que no sean conformes con el apartado 2, letras a) y b), en lo que respecta a los Estados miembros a que se refiere el apartado 3.

5. Deberán arrancarse las superficies plantadas con variedades de uva de vinificación para la producción de vino contraviniendo lo dispuesto en los apartados 2, 3 y 4.

No obstante, el arranque de dichas superficies no será obligatorio en el caso de que la producción se destine exclusivamente al autoconsumo.

6. Los Estados miembros adoptarán las medidas necesarias para comprobar el cumplimiento por parte de los productores de lo dispuesto en los apartados 2 a 5.

Subsección II.- Prácticas enológicas y restricciones

Artículo 120 ter.- *Ámbito de aplicación*

La presente subsección tiene por objeto las prácticas enológicas autorizadas y las restricciones aplicables a la producción y comercialización de productos del sector vitivinícola, así como el procedimiento de toma de decisiones sobre esas prácticas y restricciones.

Artículo 120 quater.- *Prácticas enológicas y restricciones*

1. Para la producción y conservación en la Comunidad de productos del sector vitivinícola, solo podrán utilizarse las prácticas enológicas autorizadas por la normativa comunitaria, de acuerdo con lo dispuesto en el anexo XV bis o conforme a lo que se decida con arreglo a los artículos 120 quinquies y 120 sexies.

El párrafo primero no se aplicará a:

a) el zumo de uva y el zumo de uva concentrado;

b) el mosto de uva y el mosto de uva concentrado destinados a la elaboración de zumo de uva.

2. Las prácticas enológicas autorizadas solo podrán utilizarse para garantizar una buena vinificación, una buena conservación o una crianza adecuada del producto.

3. Los productos del sector vitivinícola deberán producirse en la Comunidad con arreglo a las restricciones pertinentes establecidas en el anexo XV ter.

4. Los productos regulados por el presente Reglamento que se hayan sometido a prácticas enológicas comunitarias no autorizadas o, cuando proceda, prácticas enológicas nacionales no autorizadas o que infrinjan las restricciones establecidas en el anexo XV ter no podrán comercializarse en la Comunidad.

Artículo 120 quinquies.- *Normas más estrictas decididas por los Estados miembros*

Los Estados miembros podrán limitar o excluir la utilización de determinadas prácticas enológicas y establecer restricciones más severas para los vinos autorizados por la normativa comunitaria producidos en su territorio, con el fin de asegurar el mantenimiento de las características esenciales de los vinos con denominación de origen protegida o indicación geográfica protegida, de los vinos espumosos y los vinos de licor.

Los Estados miembros comunicarán esas limitaciones, exclusiones y restricciones a la Comisión, que las transmitirá a los demás Estados miembros.

Artículo 120 sexies.- *Autorización de prácticas enológicas y restricciones*

1. Salvo las prácticas enológicas relativas al aumento artificial del grado alcohólico natural, la acidificación y la desacidificación que se indican en el anexo XV bis para los productos específicos que este contempla así como las restricciones que se enumeran en el anexo XV ter, la autorización de las prácticas enológicas y las restricciones referentes a la producción y conservación de los productos del sector vitivinícola las decidirá la Comisión con arreglo al procedimiento contemplado en el artículo 195, apartado 4.

2. Los Estados miembros podrán permitir el uso experimental de prácticas enológicas no autorizadas en condiciones que habrá de determinar la Comisión con arreglo al procedimiento contemplado en el artículo 195, apartado 4.

Artículo 120 septies.- *Criterios de autorización*

Cuando autorice prácticas enológicas con arreglo al procedimiento contemplado en el artículo 195, apartado 4, la Comisión:

a) se basará en las prácticas enológicas recomendadas y publicadas por la Organización Internacional de la Viña y el Vino (OIV) y en los resultados del uso experimental de prácticas enológicas todavía no autorizadas;

b) tendrá en cuenta la protección de la salud humana;

c) tendrá presentes los posibles riesgos de inducir a error al consumidor debido a las expectativas y percepciones que se haya creado, teniendo en cuenta la disponibilidad y viabilidad de los medios de información que permitan excluir esos riesgos;

d) permitirá la preservación de las características naturales y fundamentales del vino sin que se produzca una modificación importante en la composición del producto de que se trate;

e) garantizará un nivel mínimo aceptable de protección medioambiental;

f) respetará las normas generales sobre prácticas enológicas y restricciones establecidas en los anexos XV bis y XV ter, respectivamente.

Artículo 120 octies.- *Métodos de análisis*

Los métodos de análisis para determinar la composición de los productos del sector vitivinícola y las normas que permitan demostrar si esos productos se han sometido a procesos contrarios a las prácticas enológicas autorizadas serán los recomendados y publicados por la OIV.

En caso de que no haya métodos y normas recomendados y publicados por la OIV, la Comisión adoptará los métodos y normas correspondientes con arreglo al procedimiento contemplado en el artículo 195, apartado 4.
Hasta tanto se produzca la adopción de dichas normas, se utilizarán los métodos y normas autorizados por el Estado miembro de que se trate.».

13) El artículo 121 queda modificado como sigue:

a) se añaden las letras siguientes:

«k) las normas relativas a la denominación de origen y las indicaciones geográficas mencionadas en la subsección I de la sección I bis, en particular las excepciones a la aplicabilidad de las normas y requisitos establecidos en la presente subsección:

i) en lo que respecta a las solicitudes de protección de denominaciones de origen o indicaciones geográficas que se estén tramitando,

ii) en lo que respecta a la elaboración de determinados vinos con una denominación de origen protegida o una indicación geográfica protegida en una zona geográfica cercana a la zona geográfica de la que proceden las uvas,

iii) en lo que respecta a las prácticas tradicionales de elaboración de determinados vinos con denominación de origen protegida;

l) las normas relativas a los términos tradicionales mencionados en la subsección II de la sección I bis, en especial, en lo que atañe:

i) al procedimiento de concesión de la protección,

ii) al nivel específico de protección;

m) las normas relativas al etiquetado y presentación a que se refiere la sección I ter, en particular:

i) disposiciones sobre la indicación de la procedencia del producto correspondiente,

ii) disposiciones sobre las condiciones de utilización de las indicaciones facultativas enumeradas en el artículo 118 septvicies,

iii) requisitos específicos para las indicaciones sobre el año de la cosecha y la variedad de uva de vinificación que figuren en las etiquetas con arreglo al artículo 118 septvicies, apartado 2,

iv) otras excepciones además de las indicadas en el artículo 118 sexvicies, apartado 2, que prevén la posibilidad de omitir la referencia a la categoría de producto vitivinícola,

v) normas que se refieran a la protección que deberá darse en relación con la presentación de un producto determinado.»;

b) se añaden los párrafos siguientes:

«Las medidas necesarias para la ejecución de las disposiciones relativas a las prácticas enológicas y restricciones establecidas en la subsección II de la sección II bis y en los anexos XV bis y XV ter serán aprobadas por la Comisión, salvo disposición en contrario de dichos anexos, con arreglo al procedimiento contemplado en el artículo 195, apartado 4.
Las medidas a que se refiere el párrafo tercero podrán incluir, en particular:

a) disposiciones que tengan como objeto que las prácticas enológicas comunitarias enumeradas en el anexo IV del Reglamento (CE) nº 1493/1999 sean consideradas prácticas enológicas autorizadas;

b) prácticas enológicas autorizadas y restricciones, en particular el aumento artificial del grado alcohólico natural, la acidificación y desacidificación en relación con los vinos espumosos, los vinos espumosos de calidad y los vinos espumosos aromáticos de calidad;

c) prácticas enológicas autorizadas y restricciones relativas a los vinos de licor;

d) sin perjuicio de lo dispuesto en el punto C del anexo XV ter, disposiciones que regulen las mezclas de mostos y vinos;

e) cuando no se disponga de normas comunitarias sobre ese particular, las características de pureza e identidad de las sustancias que se utilicen en las prácticas enológicas;

f) disposiciones administrativas para la realización de las prácticas enológicas autorizadas;

g) las condiciones que regulen la posesión, la circulación y la utilización de productos que no cumplan el artículo 120 quater y posibles excepciones a los requisitos que se establecen en él, y el establecimiento de criterios con el fin de evitar en casos específicos un rigor excesivo;

h) las condiciones con arreglo a las cuales los Estados miembros pueden autorizar la posesión, circulación y utilización de productos que no cumplan las disposiciones de la subsección II de la sección II bis, salvo el artículo 120 quater, ni las disposiciones que desarrollen esa subsección.».

14) Se añaden los párrafos siguientes:

[Nota: Las versiones en otros idiomas señalan que esta modificación se hace al artículo 122]

«Con relación al sector vitivinícola, los Estados miembros podrán reconocer, en condiciones idénticas a las de las letras b) y c) del apartado 1, las organizaciones de productores que apliquen unos estatutos que obliguen a sus miembros, en particular, a lo siguiente:

a) aplicar las normas adoptadas por la organización de productores en materia de notificación de la producción, producción, comercialización y protección del medio ambiente;

b) facilitar la información solicitada por la organización de productores con fines estadísticos, en concreto sobre las superficies cultivadas y la evolución del mercado;

c) pagar las sanciones pertinentes por el incumplimiento de las obligaciones previstas en los estatutos.

En el sector vitivinícola podrán perseguirse, en particular, los objetivos específicos siguientes con arreglo a la letra c) del apartado 1:

a) promover la ayuda técnica y prestar este tipo de ayuda para la utilización de prácticas de cultivo y técnicas de producción respetuosas con el medio ambiente;

b) fomentar iniciativas para la gestión de los subproductos de la vinificación y de los residuos, en particular con el fin de proteger la calidad del agua, el suelo y los entornos naturales; preservar y fomentar la biodiversidad;

c) realizar estudios sobre los métodos de producción sostenible y la evolución del mercado;

d) contribuir a la realización de los programas de apoyo a que se refiere la sección IV ter del capítulo IV del título I de la parte II.».

15) En el artículo 123, el apartado 3 se modifica como sigue:

a) el texto introductorio y las letras a) y b) se sustituyen por el texto siguiente:

«Como complemento a lo dispuesto en el apartado 1, los Estados miembros también reconocerán, con respecto al sector de las frutas y hortalizas, y podrán hacerlo en relación con el sector vitivinícola, a las organizaciones interprofesionales que:

a) estén integradas por representantes de actividades económicas vinculadas a la producción, el comercio o la transformación de productos de los sectores mencionados en el texto introductorio;

b) se creen por iniciativa de todos o algunos de los representantes mencionados en la letra a);»;

b) la letra c) se modifica como sigue:

i) el texto introductorio se sustituye por el siguiente:

«lleven a cabo una, y en el sector de las frutas y hortalizas dos o más de las actividades siguientes, en una o varias regiones comunitarias, teniendo en cuenta los intereses de los consumidores, y, sin perjuicio de otros sectores, en el sector vitivinícola teniendo en cuenta la salud pública y los intereses de los consumidores:»,

ii) el inciso ii) se sustituye por el siguiente:

«ii) contribución a una mejor coordinación de la puesta en el mercado de los productos de los sectores de las frutas y hortalizas y vitivinícola, en particular mediante trabajos de investigación y estudios de mercado,»,

iii) el inciso iv) se sustituye por el siguiente:

«iv) revalorización al máximo del potencial de las frutas y hortalizas producidas, y del potencial de producción en el sector vitivinícola,»,

iv) los incisos vii) y viii) se sustituyen por los siguientes:

«vii) desarrollo de métodos e instrumentos para mejorar la calidad de los productos en todas las fases de la producción y la comercialización y, con respecto al sector vitivinícola, también de la vinificación,

viii) revalorización del potencial de la agricultura orgánica y protección y promoción de dicha agricultura, así como de las denominaciones de origen, sellos de calidad e indicaciones geográficas,»,

v) el inciso x) se sustituye por el siguiente:

«x) en relación con el sector de las frutas y hortalizas, establecimiento, con respecto a las normas de producción y comercialización enumeradas en los puntos 2 y 3 del anexo XVI bis, de normas más estrictas que las disposiciones de las normativas comunitarias o nacionales,»,

vi) se añade el inciso siguiente:

«xi) con relación al sector vitivinícola:

— información sobre características especiales de los vinos con denominación de origen protegida o indicación geográfica protegida,

— estímulo de un consumo moderado y responsable de vino e información de los problemas asociados con sus patrones de consumo peligrosos,

— realización de campañas de promoción del vino, especialmente en terceros países.».

16) Se inserta la sección siguiente en el capítulo II del título II de la parte II:

«**Sección I ter.-** Normas aplicables a las organizaciones de productores e interprofesionales en el sector vitivinícola

Artículo 125 sexdecies.- *Reconocimiento*

1. Los Estados miembros podrán reconocer las organizaciones de productores e interprofesionales que hayan presentado una solicitud de reconocimiento en el Estado miembro de que se trate, en la que se aporten pruebas de que:

a) la organización de productores:

i) cumple los requisitos establecidos en el artículo 122,

ii) cuenta con un número mínimo de miembros que habrá de fijar el Estado miembro interesado,

iii) abarca un volumen mínimo de producción comercializable, que habrá de fijar el Estado miembro interesado, en su zona de actuación,

iv) puede realizar sus actividades correctamente, tanto desde el punto de vista temporal como del de la eficacia y concentración de la oferta,

v) permite efectivamente a sus miembros la obtención de ayuda técnica para la utilización de prácticas de cultivo respetuosas con el medio ambiente;

b) la organización interprofesional:

i) cumple los requisitos establecidos en el artículo 123, apartado 3,

ii) realiza sus actividades en una o varias regiones del territorio de que se trate,

iii) representa una parte importante de la producción o el comercio de los productos regulados por el presente Reglamento,

iv) no se dedica a la producción, transformación ni comercialización de productos del sector vitivinícola.

2. Las organizaciones de productores reconocidas de conformidad con el Reglamento (CE) nº 1493/1999 se considerarán organizaciones de productores reconocidas al amparo del presente artículo.

Las organizaciones que reúnan los criterios recogidos en el artículo 123, apartado 3, y en el apartado 1, letra b), del presente artículo y que hayan sido reconocidas por los Estados miembros se considerarán organizaciones interprofesionales reconocidas al amparo de esas disposiciones.

3. El artículo 125 ter, apartado 2, y el artículo 125 duodecies, apartado 3, se aplicarán *mutatis mutandis* a las organizaciones de productores e interprofesionales, respectivamente, del sector vitivinícola. No obstante,

a) los períodos a que se refieren los artículos 125 ter, apartado 2, letra a), y 125 duodecies, apartado 3, letra c), respectivamente serán de cuatro meses;

b) las solicitudes de reconocimiento a que se refieren los artículos 125 ter, apartado 2, letra a), y 125 duodecies, apartado 3, letra c), se presentarán al Estado miembro en que la organización tiene su sede;

c) las notificaciones anuales mencionadas en el artículo 125 ter, apartado 2, letra c), y en el artículo 125 duodecies, apartado 3, letra d), deberán efectuarse a más tardar el 1 de marzo.».

17) En el artículo 129, la segunda frase se sustituye por la siguiente:

«La nomenclatura arancelaria que resulte de la aplicación del presente Reglamento, incluidas, en su caso, las definiciones que aparecen en el anexo III y el anexo XI ter, se incluirá en el arancel aduanero común.».

18) En el artículo 130, se inserta la letra siguiente:

«g bis) vino;».

19) El artículo siguiente se inserta después del artículo 133:

«**Artículo 133 bis.-** *Garantía especial en el sector vitivinícola*

1. En el caso de los zumos y mostos de los códigos NC 2009 61, 2009 69 y 2204 30 para los que la aplicación de los derechos del arancel aduanero común dependa del precio de importación del producto, ese precio se verificará bien por control lote por lote, bien mediante un valor de importación a tanto alzado calculado por la Comisión sobre la base de las cotizaciones de dichos productos en los países de origen.

En caso de que el precio de entrada declarado del lote de que se trate sea superior al valor de importación a tanto alzado, en su caso, sumándole un margen fijado por la Comisión que no podrá ser superior al valor a tanto alzado en más del 10 %, deberá depositarse una garantía igual a los derechos de importación determinada sobre la base del valor de importación a tanto alzado.

Si no se declara el precio de entrada del lote correspondiente, la aplicación del arancel aduanero común dependerá del valor de importación a tanto alzado o de la aplicación, en las condiciones que determine la Comisión, de las disposiciones pertinentes de la normativa aduanera.

2. En caso de que se apliquen las excepciones del Consejo mencionadas en los puntos B.5 o C del anexo XV ter a productos importados, los importadores depositarán una garantía para esos productos ante las autoridades aduaneras designadas en el momento de su despacho a libre práctica. La garantía se liberará cuando el importador demuestre ante las autoridades aduaneras del Estado miembro de despacho a libre práctica que los mostos se han transformado en zumo de uva, utilizado en otros productos fuera del sector vinícola, o, si se han vinificado, se han etiquetado adecuadamente.».

20) En el artículo 141, apartado 1, el texto introductorio se sustituye por el siguiente:

«Con el fin de evitar o contrarrestar los efectos perjudiciales que puedan tener en el mercado comunitario las importaciones de uno o más productos de los sectores de los cereales, el arroz, el azúcar, las frutas y hortalizas, las frutas y hortalizas transformadas, la carne de vacuno, la leche y los productos lácteos, la carne de porcino, la carne de ovino y caprino, los huevos, las aves de corral y los plátanos, así como de zumos de uva y mostos de uva, se aplicará a dichas importaciones un derecho de importación adicional sujeto al tipo del derecho establecido en los artículos 135 a 140 bis, cuando:».

21) En la sección IV del capítulo II de la parte III, se añade la subsección siguiente:

«**Subsección V.-** Disposiciones especiales para la importación de vino

Artículo 158 bis.- *Requisitos especiales para la importación de vino*

1. Salvo disposición en contrario, en particular en acuerdos celebrados en virtud del artículo 300 del Tratado, las disposiciones sobre las denominaciones de origen, las indicaciones geográficas y el etiquetado establecidas en la subsección I de la sección I bis del capítulo I del título II de la parte II, y en el artículo 113 quinquies, apartado 1, del presente Reglamento se aplicarán a los productos de los códigos NC 2009 61, 2009 69 y 2204 que se importen en la Comunidad.

2. Salvo disposición en contrario de acuerdos celebrados en virtud del artículo 300 del Tratado, los productos contemplados en el apartado 1 de este artículo se producirán de acuerdo con las prácticas enológicas recomendadas y publicadas por la OIV o autorizadas por la Comunidad con arreglo al presente Reglamento y a sus medidas de ejecución.

3. La importación de los productos a que se refiere el apartado 1 estará supeditada a la presentación de:

a) un certificado que acredite el cumplimiento de las disposiciones indicadas en los apartados 1 y 2, expedido por un organismo competente del país de procedencia del producto que habrá de estar incluido en una lista que hará pública la Comisión;

b) si el producto se destina al consumo humano directo, un informe de análisis elaborado por un organismo o servicio designado por el país de procedencia del producto.

4. La Comisión adoptará las normas de desarrollo del presente artículo.».

22) En el artículo 160, apartado 1, el párrafo primero se sustituye por el siguiente:

«Cuando el mercado comunitario sufra perturbaciones o pueda sufrirlas debido al régimen de perfeccionamiento activo, la Comisión, a petición de un Estado miembro o por iniciativa propia, podrá suspender total o parcialmente la utilización del régimen de perfeccionamiento activo para los sectores de los cereales, el arroz, el azúcar, el aceite de oliva y las aceitunas de mesa, las frutas y hortalizas, las frutas y hortalizas transformadas, el vino, la carne de vacuno, la leche y los productos lácteos, la carne de porcino, la carne de ovino y de caprino, los huevos, la carne de aves de corral y el alcohol etílico agrícola. Cuando la Comisión reciba una solicitud de un Estado miembro, tomará una decisión al respecto en un plazo de cinco días hábiles desde la recepción de la solicitud.».

23) En el artículo 161, se añade la letra siguiente:

«d quater) vino;».

24) En el artículo 174, apartado 1, el párrafo primero se sustituye por el siguiente:

«Cuando el mercado comunitario sufra perturbaciones o pueda sufrirlas debido al régimen de perfeccionamiento activo, la Comisión, a petición de un Estado miembro o por iniciativa propia, podrá suspender total o parcialmente la utilización del régimen de perfeccionamiento activo para los sectores de los cereales, el arroz, las frutas y hortalizas, las frutas y hortalizas transformadas, el vino, la carne de vacuno, la carne de porcino, la carne de ovino y de caprino y la carne de aves de corral. Cuando la Comisión reciba una solicitud de un Estado miembro, tomará una decisión al respecto en un plazo de cinco días hábiles desde la recepción de la solicitud.».

25) El artículo 175 se sustituye por el siguiente:

«**Artículo 175.-** *Aplicación de los artículos 81 a 86 del Tratado*

Salvo disposición en contrario del presente Reglamento, se aplicarán los artículos 81 a 86 del Tratado, así como sus disposiciones de ejecución, con sujeción a los artículos 176 a 177 del presente

Reglamento, a todos los acuerdos, decisiones y prácticas contemplados en los artículos 81, apartado 1, y 82 del Tratado relativos a la producción o el comercio de los productos regulados por el presente Reglamento.».

26) El artículo 180 se sustituye por el siguiente:

«**Artículo 180.**- *Aplicación de los artículos 87, 88 y 89 del Tratado*

Los artículos 87, 88 y 89 del Tratado se aplicarán a la producción y a los intercambios comerciales de los productos mencionados en el artículo 1.

No obstante, los artículos 87, 88 y 89 del Tratado no se aplicarán a los pagos efectuados por los Estados miembros de conformidad con el presente Reglamento en virtud de los artículos 44 a 48, 102, 102 bis, 103, 103 bis, 103 ter, 103 sexies, 103 octies bis, 104, 105, 182 y 182 bis, la subsección III de la sección IV bis del capítulo III del título I de la parte II y la sección IV ter del capítulo IV del título I de la parte II del presente Reglamento. Sin embargo respecto del artículo 103 quindecies, apartado 4, solamente el artículo 88 del Tratado no se aplicará.».

27) El artículo siguiente se añade en el capítulo II de la parte IV:

«**Artículo 182 bis.**- *Ayuda nacional para la destilación de vino en caso de crisis*

1. A partir del 1 de agosto de 2012 los Estados miembros podrán conceder ayudas nacionales a los productores de vino para la destilación voluntaria u obligatoria de vino en casos justificados de crisis.
2. Las ayudas contempladas en el apartado 1 serán proporcionadas y permitirán hacer frente a la citada crisis.
3. El importe total de la ayuda disponible en un Estado miembro para un año dado en concepto de dicha ayuda no podrá ser superior al 15 % de los fondos totales disponibles por Estado miembro establecidos en el anexo X ter para ese año.
4. Los Estados miembros que deseen recurrir a la ayuda mencionada en el apartado 1 presentarán a la Comisión una notificación debidamente justificada. La Comisión adoptará la decisión relativa a la aprobación de la medida y a la posibilidad de conceder la ayuda.
5. El alcohol resultante de la destilación contemplada en el apartado 1 se utilizará exclusivamente para fines industriales o energéticos con el fin de evitar distorsiones de la libre competencia.
6. La Comisión podrá adoptar las normas de desarrollo del presente artículo.».

28) En el artículo 184, se añaden los puntos siguientes:

«7) no más tarde del 31 de diciembre de 2011, un informe al Parlamento Europeo y al Consejo sobre la aplicación de las medidas de promoción en el sector vitivinícola contempladas en el artículo 103 septdecies;

8) a más tardar a finales de 2012, un informe sobre el sector vitivinícola teniendo en cuenta, en particular, la experiencia adquirida en la aplicación de la reforma.».

29) Los artículos siguientes se insertan después del artículo 185:

«**Artículo 185 bis.**- *Registro vitícola e inventario*

1. Los Estados miembros llevarán un registro vitícola con información actualizada del potencial productivo.
2. No estarán sujetos a la obligación prevista en el apartado 1 los Estados miembros en los que la superficie total plantada con vides de las variedades de uva de vinificación que sean clasificables conforme a lo dispuesto en el artículo 120 bis, apartado 2, sea inferior a 500 hectáreas.
3. Los Estados miembros que prevean la medida «reestructuración y reconversión de viñedos» en sus programas de apoyo de conformidad con el artículo 103 octodecies enviarán anualmente a la Comisión, no más tarde del 1 de marzo, un inventario actualizado de su potencial productivo basado en los datos del registro vitícola.
4. La Comisión adoptará disposiciones sobre el registro vitícola y el inventario, en particular con respecto a su utilización para la gestión y el control del potencial productivo y la medición de parcelas.

En cualquier fecha a partir del 1 de enero de 2016, la Comisión podrá decidir que dejen de aplicarse los apartados 1 a 3.

Artículo 185 ter.- *Declaraciones obligatorias en el sector vitivinícola*

1. Los productores de uvas de vinificación, mosto y vino declararán cada año a las autoridades nacionales competentes las cantidades producidas en la última cosecha.
2. Los Estados miembros podrán exigir a los comerciantes de uvas de vinificación que declaren cada año las cantidades de la última cosecha comercializadas.
3. Los productores de mosto o vino y los comerciantes que no sean minoristas declararán cada año a las autoridades nacionales competentes las existencias de mosto y de vino que posean, tanto si proceden de la cosecha del año en curso como de cosechas anteriores. El mosto y el vino importados de terceros países se consignarán aparte.

4. La Comisión podrá adoptar las normas de desarrollo del presente artículo, que podrán incluir, en particular, disposiciones sobre las sanciones que deban aplicarse en caso de incumplimiento de los requisitos de notificación.

Artículo 185 quater.- *Documentos de acompañamiento y registro en el sector vitivinícola*

1. Los productos del sector vitivinícola solo podrán circular en la Comunidad si van acompañados de un documento oficial.

2. Las personas físicas o jurídicas o las agrupaciones de personas que manejen los productos del sector vitivinícola en el ejercicio de su profesión, en particular los productores, embotelladores, transformadores, y los comerciantes que determine la Comisión, tendrán la obligación de llevar registros en los que consignen las entradas y salidas de los citados productos.

3. La Comisión podrá adoptar las normas de desarrollo del presente artículo.

Artículo 185 quinquies.- *Designación de autoridades nacionales competentes en el sector vitivinícola*

1. Sin perjuicio de lo dispuesto en cualesquiera otras disposiciones del presente Reglamento sobre la determinación de las autoridades nacionales competentes, los Estados miembros designarán una o más autoridades a las que encomendarán el control de la observancia de las normas comunitarias en el sector vitivinícola. En particular, designarán los laboratorios autorizados para realizar análisis oficiales en el sector vitivinícola. Los laboratorios designados deberán ajustarse a los criterios generales de funcionamiento de los laboratorios de ensayos enunciados en la norma ISO/IEC 17025.

2. Los Estados miembros comunicarán a la Comisión el nombre y la dirección de las autoridades y laboratorios a que se refiere el apartado 1. La Comisión hará pública esa información sin la asistencia del Comité mencionado en el artículo 195, apartado 1.».

30) El artículo siguiente se inserta después del artículo 188:

«**Artículo 188 bis.-** *Notificación y evaluación en el sector vitivinícola*

1. Con respecto a las plantaciones ilegales posteriores al 31 de agosto de 1998 mencionadas en el artículo 85 bis, los Estados miembros comunicarán anualmente a la Comisión a más tardar el 1 de marzo las superficies plantadas de vid después del 31 de agosto de 1998 sin los correspondientes derechos de plantación y las superficies arrancadas conforme a lo dispuesto en el apartado 1 de ese artículo.

2. Con respecto a la regularización obligatoria de las plantaciones ilegales anteriores al 1 de septiembre de 1998 mencionadas en el artículo 85 ter, los Estados miembros comunicarán a la Comisión a más tardar el 1 de marzo de cada uno de los años correspondientes:

a) las superficies plantadas de vid antes del 1 de septiembre de 1998 sin los correspondientes derechos de plantación;

b) las superficies regularizadas conforme al apartado 1 de ese artículo, las tasas percibidas en aplicación de ese apartado y el valor medio de los derechos regionales de plantación a que se refiere el apartado 2 de ese artículo.

Los Estados miembros comunicarán a la Comisión, por primera vez para el 1 de marzo de 2010, las superficies arrancadas en aplicación del artículo 85 ter, apartado 4, párrafo primero.

El final de la prohibición transitoria de efectuar nuevas plantaciones, fijado para el 31 de diciembre de 2015 por el artículo 85 octies, apartado 1, no afectará a las obligaciones dispuestas en el presente apartado.

3. Con respecto a las solicitudes de ayuda en el contexto del régimen de arranque previsto en la subsección III de la sección IV bis del capítulo III del título I de la parte II, los Estados miembros comunicarán anualmente a la Comisión, a más tardar el 1 de marzo, las solicitudes aceptadas, desglosadas por regiones y niveles de rendimiento, y el importe total de las primas por arranque pagadas en cada región.

A más tardar el 1 de diciembre de cada año, los Estados miembros comunicarán a la Comisión, con respecto a la campaña vitícola anterior:

a) las superficies arrancadas, desglosadas por regiones y niveles de rendimiento;

b) el importe total de las primas por arranque pagadas en cada región.

4. Con respecto a las exenciones a la admisibilidad de la participación en el régimen de arranque conforme a lo dispuesto en el artículo 85 duovicies, los Estados miembros que se acojan a la posibilidad prevista en los apartados 4 a 6 de ese artículo comunicarán a la Comisión, a más tardar el 1 de agosto de cada año, con relación a la medida de arranque que vaya a ejecutarse lo siguiente:

a) las zonas declaradas no admisibles;

b) los motivos de la declaración de no admisibilidad con arreglo al artículo 85 duovicies, apartados 4 y 5.

5. Los Estados miembros presentarán anualmente a la Comisión, a más tardar el 1 de marzo y por primera vez a más tardar el 1 de marzo de 2010, un informe sobre la aplicación de las medidas previstas en sus programas de apoyo a que se refiere la sección IV ter del capítulo IV del título I de la parte II durante el ejercicio anterior.

Dichos informes enumerarán y describirán las medidas que hayan recibido financiación comunitaria en virtud de los programas de apoyo y ofrecerán, en particular, detalles sobre la aplicación de las medidas de promoción contempladas en el artículo 103 septdecies.
6. A más tardar el 1 de marzo de 2011 y por segunda vez a más tardar el 1 de marzo de 2014, los Estados miembros presentarán a la Comisión una evaluación de los costes y beneficios de los programas de apoyo, en la que indicarán asimismo el modo de aumentar su eficacia.
7. La Comisión adoptará las normas de desarrollo del presente artículo.».

31) El artículo siguiente se inserta después del artículo 190:

«**Artículo 190 bis.-** *Transferencia de los importes disponibles en el sector vitivinícola para el desarrollo rural*

1. Los importes fijados en el apartado 2 sobre la base del gasto histórico en virtud del Reglamento (CE) nº 1493/1999 para las medidas de intervención destinadas a la regularización de los mercados agrarios a que se refiere el artículo 3, apartado 1, letra b), del Reglamento (CE) nº 1290/2005, estarán disponibles como fondos comunitarios complementarios destinados a la aplicación, en las regiones vitivinícolas, de medidas incluidas en la programación del desarrollo rural y financiadas al amparo del Reglamento (CE) nº 1698/2005.
2. Podrá disponerse de los importes siguientes en los años civiles que se citan:
— 40 660 000 EUR, en 2009,
— 82 110 000 EUR, en 2010,
— 122 610 000 EUR, a partir de 2011.
3. Los importes que figuran en el apartado 2 se distribuirán entre los Estados miembros según lo dispuesto en el anexo X quater.».

32) En el artículo 194, se añade el párrafo siguiente:

«La Comisión podrá decidir también las normas sobre medición de superficies en el sector vitivinícola que garanticen una aplicación uniforme de las disposiciones comunitarias establecidas en el presente Reglamento. Dichas normas podrán referirse, en particular, a los controles y las normas que regulen los procedimientos financieros específicos para la mejora de los controles.».

33) El artículo siguiente se añade a la parte VI:

«**Artículo 194 bis.-** *Compatibilidad con el sistema integrado de gestión y control*

A efectos de la aplicación del presente Reglamento en el sector vitivinícola, los Estados miembros velarán por que los procedimientos de gestión y control a que se refieren los párrafos primero y tercero del artículo 194 relativos a las superficies sean compatibles con el sistema integrado de gestión y control (SIGC) en lo que respecta a los elementos siguientes:
a) la base de datos informática;
b) los sistemas de identificación de las parcelas agrarias a que se refiere el artículo 20, apartado 1, del Reglamento (CE) nº 1782/2003;
c) los controles administrativos.
Los procedimientos deberán ser tales que resulte posible un funcionamiento común o el intercambio de datos con el SIGC sin que se planteen problemas o conflictos.».

34) El artículo 195 se modifica como sigue:

a) el apartado 1 se sustituye por el siguiente:

«1. La Comisión estará asistida por el Comité de gestión de la organización común de mercados agrícolas (denominado en lo sucesivo "el Comité de gestión").»;

b) se añaden los apartados siguientes:

«3. La Comisión estará asistida asimismo por un Comité de reglamentación.
4. En los casos en que se haga referencia al presente apartado, serán de aplicación los artículos 5 y 7 de la Decisión 1999/468/CE.
El plazo contemplado en el artículo 5, apartado 6, de la Decisión 1999/468/CE queda fijado en tres meses.».

35) El artículo 196 se sustituye por el siguiente:

«**Artículo 196.-** *Organización del Comité de gestión*

La organización de las reuniones del Comité de gestión a que se refiere el artículo 195, apartado 1, tendrá en cuenta, en particular, el alcance de sus competencias, las características específicas del tema de que se trate y la necesidad de contar con los conocimientos especializados adecuados.».

36) El artículo siguiente se inserta después del artículo 203 bis:

«**Artículo 203 ter.-** *Disposiciones transitorias en el sector vitivinícola*

La Comisión podrá adoptar las medidas necesarias para facilitar el paso de las disposiciones establecidas en los Reglamentos (CE) nº 1493/1999 y (CE) nº 479/2008 a las del presente Reglamento.».

37) Los anexos quedan modificados como sigue:

a) en el anexo III, se inserta la parte III bis, cuyo texto figura en el anexo I del presente Reglamento;

b) se insertan los anexos X ter, X quater, X quinquies y X sexies, cuyo texto figura en el anexo II del presente Reglamento;

c) se inserta el anexo XI ter, cuyo texto figura en el anexo III del presente Reglamento;

d) se insertan los anexos XV bis y XV ter, cuyo texto figura en el anexo IV del presente Reglamento;

e) se añade el punto 47 al anexo XXII, cuyo texto figura en el anexo V del presente Reglamento.

Artículo 2.- *Modificación del Reglamento (CE) nº 1184/2006*

El artículo 1 del Reglamento (CE) nº 1184/2006 se sustituye por el siguiente:

«**Artículo 1**

El presente Reglamento establece las normas sobre la aplicabilidad de los artículos 81 a 86 y de determinadas disposiciones del artículo 88 del Tratado a la producción y al comercio de los productos enumerados en el anexo I del Tratado, salvo los productos regulados por el Reglamento (CE) nº 1234/2007 del Consejo, de 22 de octubre de 2007, por el que se crea una organización común de mercados agrícolas y se establecen disposiciones específicas para determinados productos agrícolas (Reglamento único para las OCM). ».

Artículo 3.- *Derogaciones y continuación de la aplicabilidad transitoria*

1. Sin perjuicio de lo dispuesto en el apartado 2, queda derogado el Reglamento (CE) nº 479/2008.

Las referencias al Reglamento derogado se entenderán hechas al Reglamento (CE) nº 1234/2007 con arreglo al cuadro de correspondencias que figura en el anexo XXII de ese Reglamento.

2. El artículo 128, apartado 3, del Reglamento (CE) nº 479/2008 se seguirá aplicando a las medidas y en las condiciones que en él se determinan.

Artículo 4.- *Entrada en vigor*

El presente Reglamento entrará en vigor a los siete días de su publicación en el Diario Oficial de la Unión Europea.

El presente Reglamento será aplicable a partir del 1 de agosto de 2009.

El presente Reglamento será obligatorio en todos sus elementos y directamente aplicable en cada Estado miembro.

ANEXO I

[Anexo no reproducido en la presente publicación]

ANEXO II

[Anexo no reproducido en la presente publicación]

ANEXO III

[Anexo no reproducido en la presente publicación]

ANEXO IV

[Anexo no reproducido en la presente publicación]

ANEXO V

[Anexo no reproducido en la presente publicación]

Reglamento (CE) nº 1898/2006 de la Comisión, de 14 de diciembre de 2006, que establece las disposiciones de aplicación del Reglamento (CE) nº 510/2006 del Consejo sobre la protección de las indicaciones geográficas y de las denominaciones de origen de los productos agrícolas y alimenticios [V.C. 10/07/2008].

Reglamento (CE) n° 1216/2007 de la Comisión, de 18 de octubre de 2007, por el que se establecen las disposiciones de aplicación del Reglamento (CE) n° 509/2006 del Consejo sobre las especialidades tradicionales garantizadas de los productos agrícolas y alimenticios.

Reglamento (CE) nº 889/2008 de la Comisión, de 5 de septiembre de 2008, por el que se establecen disposiciones de aplicación del Reglamento (CE) nº 834/2007 del Consejo sobre producción y etiquetado de los productos ecológicos, con respecto a la producción ecológica, su etiquetado y su control.

Reglamento (CE) nº 1235/2008 de la Comisión, de 8 de diciembre de 2008, por el que se establecen las disposiciones de aplicación del Reglamento (CE) nº 834/2007 del Consejo en lo que se refiere a las importaciones de productos ecológicos procedentes de terceros países [V.C. 01/07/2012].

Reglamento (CE) nº 66/2010 del Parlamento europeo y del Consejo, de 25 de noviembre de 2009, relativo a la etiqueta ecológica de la UE.

Reglamento (UE) n° 28/2012 de la Comisión, de 11 de enero de 2012, por el que se establecen requisitos para la certificación de las importaciones en la Unión, y el tránsito por ella, de determinados productos compuestos y se modifican la Decisión 2007/275/CE y el Reglamento (CE) n° 1162/2009

Véase igualmente:

Resulta conveniente mencionar aquí la existencia del Portal "DOOR" (Sitio web: http://ec.europa.eu/agriculture/quality/door/list.html) donde puede conocerse en tiempo real el nombre y el estatus de cada signo de calidad europeo y donde se brindan informaciones importantes que son actualizadas constantemente.

Capítulo 6.- Alimentos Específicos

10 de junio de 1991.- Reglamento (CEE) nº 1601/91

del Consejo,

por el que se establecen las reglas generales relativas a la definición, designación y presentación de vinos aromatizados, de bebidas aromatizadas a base de vino y de cócteles aromatizados de productos vitivinícolas

(D.O. L 149, 14 de junio de 1991)

[V.C. 20/01/2009]

EL CONSEJO DE LAS COMUNIDADES EUROPEAS,

Visto el Tratado constitutivo de la Comunidad Económica Europea y, en particular, sus artículos 43 y 100 A,

Vista la propuesta de la Comisión,

En cooperación con el Parlamento Europeo,

Visto el dictamen del Comité Económico y Social,

(1) Considerando que, en la actualidad no hay ninguna disposición comunitaria específica que contemple los vinos aromatizados, las bebidas aromatizadas a base de vino y los cócteles aromatizados de productos vitivinícolas, en lo sucesivo denominadas «bebidas aromatizadas», en particular por lo que respecta a la definición de estas bebidas y a las disposiciones relativas a su designación y a su presentación; que, habida cuenta de la importancia económica de estas bebidas, se impone la adopción de disposiciones comunes en este campo, con el fin de contribuir al funcionamiento del mercado común;

(2) Considerando que dichas bebidas aromatizadas constituyen un mercado importante para la agricultura comunitaria; que dicho mercado se debe, en buena medida, al renombre que algunas de estas bebidas se han ganado en la Comunidad y en el mercado mundial; que este renombre va unido al nivel cualitativo de las bebidas en cuestión; que es conveniente, pues, con el fin de mantener tal mercado, conservar un cierto nivel cualitativo para dichas bebidas; que la forma más adecuada de hacerlo es mediante la definición de las bebidas, teniendo en cuenta los usos tradicionales que sustentan este renombre; que conviene, además, reservar el empleo de los términos así definidos para bebidas cuyo nivel cualitativo corresponda al de las bebidas tradicionales, con el fin de evitar que estos términos se desvaloricen;

(3) Considerando que es conveniente establecer un marco adecuado para estas bebidas aromatizadas constituidas mayoritariamente por vino o mostos, al mismo tiempo que se permite la evolución y la innovación para dichas bebidas; que este objetivo puede alcanzarse más fácilmente mediante la creación de tres categorías de bebidas según su contenido en vino, su grado alcohólico y según que tengan o no alcohol;

(4) Considerando que es conveniente que el Derecho comunitario reserve a ciertos territorios el uso de menciones geográficas que aludan a ellos, en la medida que entre las fases del proceso de producción las del estado de la producción del producto acabado, en el curso del cual éste adquiere su carácter y sus cualidades definitivas, se desarrollen en la zona geográfica en cuestión;

(5) Considerando que el medio normal y habitual de informar a los consumidores es el de incluir en la etiqueta determinadas menciones; que las bebidas aromatizadas están sometidas, por lo que respecta a su etiquetado, a las reglas generales establecidas por la Directiva 79/112/CEE del Consejo, de 18 de diciembre de 1978, relativa a la aproximación de las legislaciones de los Estados miembros en lo que se refiere al etiquetado y presentación de los productos alimenticios destinados al consumo final, así como la publicidad hecha de los mismos, cuya última modificación la constituye la Directiva 89/395/CEE; que, habida cuenta de la naturaleza de las bebidas de que se trata, conviene, para informar mejor al consumidor, adoptar disposiciones complementarias de estas reglas generales;

(6) Considerando que, en el espíritu del consumidor, la reputación de algunas bebidas aromatizadas está estrechamente relacionada con una procedencia tradicional; que, para garantizar una información apropiada al consumidor y para tener en cuenta esos casos específicos, es conveniente hacer obligatoria la indicación de la procedencia en el caso en el que la bebida no proceda de la región tradicional de producción;

(7) Considerando que, para permitir una información adecuada de la composición de la bebida, conviene adoptar determinadas reglas de etiquetado relativos a la naturaleza del alcohol utilizado;

(8) Considerando que la Directiva 80/778/CEE del Consejo, de 15 de julio de 1980, relativa a la calidad de las aguas destinadas al consumo humano, cuya última modificación la constituye la Directiva 81/858/CEE, y la Directiva 80/777/CEE del Consejo, de 15 de julio de 1980, relativa a la aproximación de las legislaciones de los Estados miembros en materia de explotación y comercialización de las aguas minerales naturales, cuya última modificación la constituye la Directiva 85/7/CEE, precisan las características de las aguas que pueden ser utilizadas para la alimentación; que es conveniente referirse a ellas;

(9) Considerando que la Directiva 88/388/CEE del Consejo, de 22 de junio de 1988, relativa a la aproximación de las legislaciones de los Estados miembros en el ámbito de los aromas que se utilizan en los productos alimenticios y de los materiales de base para su producción define los diferentes términos que pueden ser empleados cuando se trata de aromatización; que conviene utilizar, en el presente Reglamento, la misma terminología;

(10) Considerando que conviene adoptar las disposiciones específicas de designación y de presentación para las bebidas aromatizadas importadas teniendo en cuenta los compromisos de la Comunidad en sus relaciones con los países terceros;

(11) Considerando que, para defender el renombre de las bebidas aromatizadas comunitarias en el mercado mundial, conviene extender las mismas normas a las bebidas exportadas salvo disposiciones en contrario, habida cuenta de las costumbres y prácticas tradicionales;

(12) Considerando que, para que las medidas propuestas reciban una aplicación uniforme y simultánea, será preferible actuar por vía reglamentaria;

(13) Considerando que, con el fin de simplificar y acelerar el procedimiento, es conveniente confiar a la Comisión la adopción de medidas de aplicación de carácter técnico; que, para hacerlo, se podrá prever un procedimiento que instaure una estrecha cooperación entre los Estados miembros y la Comisión en el seno de un comité de aplicación;

(14) Considerando que se revelan necesarias medidas transitorias para facilitar el tránsito al régimen instaurado por el presente Reglamento,

HA ADOPTADO EL PRESENTE REGLAMENTO:

Artículo 1

El presente Reglamento establece las normas generales relativas a la definición, designación y presentación de los vinos aromatizados, de las bebidas aromatizadas a base de vino y de los cácteles aromatizados de productos vitivinícolas.

Artículo 2

1. A los efectos de presente Reglamento, se entenderá por:

a) vino aromatizado: la bebida:

— obtenida a partir de uno o varios de los productos vinícolas definidos en los puntos 5 y 12 a 18 del Anexo I del Reglamento (CEE) nº 822/87, incluidos los vinos de calidad producidos en regiones determinadas, definidos en el apartado 2 del artículo 1 del Reglamento (CEE) nº 823/87, y con exclusión del vino de mesa retsina, en su caso con adición de mostos de uva y/o de mostos de uva parcialmente fermentados;

— que haya sido objeto de una adición de alcohol, tal y como se define en la letra d) del artículo 3; y

— que haya sufrido una aromatización por medio de:

- sustancias aromatizantes o preparados aromatizantes, tal como se definen en el artículo 3, apartado 2, letras b) y d), del Reglamento (CE) nº 1334/2008 del Parlamento Europeo y del Consejo, de 16 de diciembre de 2008, relativo a aromas y determinados ingredientes alimentarios con propiedades aromatizantes utilizados en los alimentos, o

- hierbas aromáticas y/o especias y/o productos alimenticios sápidos;

— que haya sufrido generalmente una edulcoración y, salvo las excepciones que se contemplan en el apartado 2, una posible coloración con caramelo;

— cuyo grado alcohólico volumétrico adquirido se sitúe entre un mínimo de 14,5 % vol y un máximo de 22 % vol, y cuyo grado alcohólico volumétrico total mínimo sea de 17,5 % vol; no obstante, para los productos que, en aplicación del apartado 5 llevan la mención «seco» o «extra seco», el grado alcohólico volumétrico mínimo se fija en 16 % vol y 15 % vol, respectivamente.

Los vinos o los mostos de uva fresca, apagados con alcohol, utilizados en la elaboración de un vino aromatizado, deberán estar presentes en el producto acabado en proporción no inferior al 75 %. Sin perjuicio de las disposiciones establecidas en el artículo 5, el grado alcohólico volumétrico natural mínimo de los productos empleados será el previsto en el apartado 1 del artículo 18 del Reglamento (CEE) nº 822/87.

La denominación «vino aromatizado» podrá sustituirse por la de «aperitivo a base de vino». El empleo del término «aperitivo» en este contexto no prejuzga su empleo para definir productos no incluidos en el ámbito de aplicación del presente Reglamento.

b) bebida aromatizada a base de vino: la bebida:

— obtenida a partir de uno o varios de los vinos definidos en los puntos 11 a 13 y 15 a 18 del Anexo I del Reglamento (CEE) nº 822/87, incluidos los vinos de calidad producidos en regiones determinadas, definidos en el apartado 2 del artículo 1 del Reglamento (CEE) nº 823/87, y con exclusión de los vinos elaborados mediante adición de alcohol y del vino de mesa retsina, en su caso con adición de mostos de uva y/o de mostos de uva parcialmente fermentados;

— que haya sufrido una aromaticazión por medio de:

- sustancias aromatizantes o preparados aromatizantes, tal como se definen en el artículo 3, apartado 2, letras b) y d), del Reglamento (CE) nº 1334/2008, o

- hierbas aromáticas y/o especias y/o productos alimenticios sápidos;

— que haya sufrido una posible edulcoración;

— que no haya sufrido adición de alcohol, salvo las excepciones contempladas en la definición del producto que figura en el presente Reglamento o que se decidan según el procedimiento previsto en el artículo 14,

— cuyo grado alcohólico volumétrico adquirido sea igual o superior a 7 % vol e inferior a 14,5 % vol.

Los vinos utilizados para la elaboración de una bebida aromatizada a base de vino deberán estar presentes en el producto acabado en proporción no inferior al 50 %. Sin perjuicio de las disposiciones establecidos en el artículo 5, el grado alcohólico volumétrico natural mínimo de los productos empleados es el previsto en el apartado 1 del artículo 18 del Reglamento (CEE) nº 822/87.

c) cóctel aromatizado de productos vitivinícolas: la bebida:

— obtenida a partir de vino y/o de mostos de uva;

— que haya sufrido una aromatización por medio de:

- sustancias aromatizantes o preparados aromatizantes, tal como se definen en el artículo 3, apartado 2, letras b) y d), del Reglamento (CE) nº 1334/2008, o

- hierbas aromáticas y/o especias y/o productos alimenticios sápidos;

— que haya sufrido una posible edulcoración y una posible coloración;

— que no haya sufrido adición de alcohol:

— que tenga un grado alcohólico volumétrico inferior al 7 % vol.

Los vinos y/o los mostos de uva utilizados en la elaboración de un cóctel de productos vitivinícolas deberán estar presentes en el producto acabado en una proporción no inferior al 50 %. Sin perjuicio de las disposiciones establecidas en el artículo 5, el grado alcohólico volumétrico natural mínimo de los productos empleados es el previsto en el apartado 1 del artículo 18 del Reglamento (CEE) nº 822/87.

Con arreglo al procedimiento previsto en el artículo 13 podrán decidirse otras denominaciones particulares.

El empleo del término «cóctel» en este contexto no prejuzga su empleo para definir productos no incluidos en el ámbito de aplicación del presente Reglamento.

2. Definiciones de las distintas categorías de vinos aromatizados cuya denominación podrá sustituir a la denominación «vino aromatizado»;

a) Vermut: el vino aromatizado preparado a partir de los vinos contemplados en la letra a) del apartado 1, cuya aromatización característica haya sido obtenida mediante la utilización de sustancias adecuadas derivadas, en particular, de especies de artemisa, que deberán utilizarse siempre; para la edulcoración de esta bebida únicamente podrán utilizarse el azúcar caramelizado, la sacarosa, el mosto de uva, el mosto de uva concentrado rectificado y el mosto de uva concentrado.

b) Vino aromatizado amargo: el vino aromatizado que haya sufrido una aromatización amarga característica. La denominación «vino aromatizado amargo» irá seguida del nombre de la principal sustancia aromatizante amarga sin perjuicio del apartado 3 del artículo 8.

Esta denominación podrá completarse o sustituirse por las siguientes expresiones o las expresiones equivalentes en otra lengua oficial de la Comunidad.

— «Vino de quina», cuando la aromatización principal se obtiene con aroma natural de quina;

— «Bitter vino», cuando la aromatización principal se obtiene con aroma natural de genciana, y se han añadido a la bebida los colores amarilla y/o rojo mediante colorantes autorizados; el empleo del término «bitter» en este contexto no prejuzga su empleo para definir produtos no incluidos en el ámbito de aplicación del presente Reglamento;

— «Americano», cuando la aromatización se debe a la presencia de sustancias aromatizantes naturales procedentes de la artemisa y de la genciana y se han añadido a la bebida los colores amarillo y/o rojo mediante colorantes autorizados.

c) Vino aromatizado a base de huevo: el vino aromatizado al que se ha añadido yema de huevo de calidad o sustancias extraídas de la misma, cuyo contenido en azúcares, expresado en azúcares invertidos, sea superior a 200 gramos y cuyo contenido mínimo en yema de huevo sea de 10 gramos por litros de producto acabado.

El término «cremovo» podrá acompañar a los términos «vino aromatizado a base de huevo» cuando el vino aromatizado a base de huevo contenga vino de Marsala en una proporción no inferior al 80 %.

El término «cremovo zabaione» podrá acompañar a los términos «vino aromatizado a base de huevo» cuando el vino aromatizado a base de huevo contenga vino de Marsala en una proporción no inferior al 80 % y un contenido en yema de huevo no inferior a 60 gramos por litro.

d) Vävekä viiniglögiStarkvinsglögg: el vino aromatizado preparado a partir de vino tal como se contempla en la letra a) del apartado 1, cuyo sabor característico se obtiene mediante la utilización de clavo y/o canela que deberán usarse siempre junto con otras especias; esta bebida podrá ser edulcorada de conformidad con la letra a) del artículo 3.

3. Definiciones de las distintas categorías de bebidas aromatizadas a base de vino cuya denominación podrá:

— sustituir a la denominación «bebida aromatizada a base de vino» en el Estado miembro de producción;

— utilizarse como complemento de la denominación «bebida aromatizada a base de vino» en los demás Estados miembros:

a) Sangría: la bebida elaborada con vino:

— aromatizada por la adición de extractos o esencias naturales de cítricos,

— con o sin jugo de estas frutas,

— eventualmente:

- con adición de especias,
- edulcorada,
- con adición de CO2

y con un grado alcohólico volumétrico adquirido inferior al 12 % vol.

La bebida puede contener partículas sólidas procedentes de la pulpa o cortezas de cítricos, y su color provendrá exclusivamente de las materias primas utilizadas.

La denominación «Sangría» debe acompañarse obligatoriamente de la mención «producida en ...» seguida del nombre del Estado miembro de producción o de una región más pequeña excepto si se produce en España o en Portugal.

La denominación «Sangría» puede sustituir a la denominación «bebida aromatizada a base de vino» únicamente en el caso en que la bebida haya sido elaborada en España o en Portugal.

b) Clarea: la bebida elaborada con vino blanco, obtenida según las mismas condiciones que las enunciadas en la letra a).

La denominación «Clarea» debe acompañarse obligatoriamente de la mención «producida en...» seguida del nombre del Estado miembro de producción o de una región más pequeña excepto si se produce en España.

La denominación «Clarea» puede sustituir a la denominación «bebida aromatizada a base de vino» únicamente en el caso en que la bebida haya sido elaborada en España.

c) Zurra: la bebida obtenida por adición de brandy o aguardiente de vino, tal como se define en el Reglamento (CEE) nº 1576/89, a las bebidas definidas en las letras a) y b) y con posible adición de frutas troceadas. El grado alcohólico volumétrico adquirido deberá ser igual o superior a 9 % vol e inferior a 14 % vol.

d) Bitter soda: la bebida aromatizada obtenida a partir de bitter vino, cuya proporción en el producto final no podrá ser inferior al 50 % en volumen, a la que se ha añadido CO2 o agua gaseosa y, eventualmente, los mismos colorantes que al bitter vino. El grado alcohólico volúmetrico adquirido deberá ser igual o superior a 8 % vol e inferior a 10,5 % vol. La utilización del término «bitter» en este contexto no prejuzga su empleo para definir productos no incluidos en el ámbito de aplicación del presente Reglamento.

e) Kalte Ente: la bebida aromatizada a base de vino obtenida por una mezcla de vino, de vino con aguja o de vino con aguja con adición de CO2 con vino espumoso o vino espumoso adicionado con CO2, añadiendo sustancias de limón naturales o extractos de estas sustancias. El contenido del producto acabado en vino espumoso o en vino espumoso con adición de CO2 no deberá ser inferior a 25 % en volumen.

f) Glühwein: la bebida aromatizada obtenida exclusivamente a partir de vino tinto o vino blanco, aromatizada principalmente con canela y/o clavo, con prohibición de adición de agua, sin perjuicio de las cantidades de agua resultantes del recurso a lo dispuesto en la letra a) del artículo 3. En caso de que haya intervenido en la preparación del Glühwein vino blanco, deberá completarse la denominación de venta «Glühwein» con las palabras «de vino blanco».

f bis) ViiniglögiVinglögg: la bebida aromatizada obtenida exclusivamente a partir de vino tinto o de vino blanco, aromatizada principalmente con canela y/o clavo. En caso de que se haya preparado a partir de vino blanco, deberá completarse la denominación de venta «ViiniglögiVinglögg» con las palabras «de vino blanco».

g) Maiwein: la bebida aromatizada obtenida a partir de vino, a la que se ha añadido «asperula odorata» o extractos de ésta, de manera que sea predominante el sabor de «asperula odorata».

h) Maitrank: la bebida aromatizada obtenida a partir de vino blanco seco en el que han macerado plantas de «asperula odorata» o al que se han añadido extractos de éstas, con adición de naranjas y/o de otras frutas eventualmente en forma de zumo, de concentrado o de extractos y que hayan sufrido una edulcoración del 5 % máximo de azúcar.

i) Pelin: la bebida aromatizada a base de vino elaborada a partir de vino blanco o tinto, mosto de uva concentrado, zumo de uva (o azúcar de remolacha) y una tintura específica de hierbas, con un grado alcohólico mínimo de 8,5 % vol., un contenido de azúcar expresado en azúcares invertidos de 45-50 gramos por litro y una acidez total no inferior a 3 gramos por litro expresada en ácido tartárico.

j) Otras definiciones: se adoptarán otras definiciones con arreglo al procedimiento que establece el artículo 13.

4. Definiciones de las categorías de cócteles aromatizados vitivinícolas cuya denominación puede

— sustituir a la denominación «cóctel aromatizado de productos vitivinícolas» en el Estado de producción;

— utilizarse como complemento a la denominación «cóctel de productos vitivinícolas» en los demás Estados miembros:

a) cóctel a base de vino: la bebida aromatizada:

— cuya proporción de mosto de uva concentrado no exceda el 10 % del volumen total del producto acabado,

— cuyo contenido en azúcares, expresado en sacarosa, sea inferior a 80 gramos por litro.

b) Bebida con aguja, de uva aromatizada: la bebida:

— elaborada exclusivamente a partir de mosto de uva,

— cuyo grado alcohólico volumétrico adquirido sea inferior al 4 % vol,

— que, contenga anhídrido carbónico procedente exclusivamente de la fermentación de los productos utilizados.

c) Otras definiciones: se adoptaran otras definiciones según el procedimiento que establece el artículo 13.

5. Las denominaciones contempladas en las letras a) y b) del apartado 1 y en los apartados 2 y 3 podrán completarse con las siguientes menciones, debiendo expresarse en azúcares invertidos el contenido en azúcares que se indica en el párrafo correspondiente a cada mención:

a) «extra seco»: para los productos cuyo contenido en azúcares sea inferior a 30 gramos por litro;

b) «seco»: para los productos cuyo contenido en azúcares sea inferior a 50 gramos por litro;

c) «semiseco»: para los productos cuyo contenido en azúcares se sitúe entre 50 y 90 gramos por litro;

d) «semidulce»: para los productos cuyo contenido en azúcares se sitúe entre 90 y 130 gramos por litro;

e) «dulce»: para los productos cuyo contenido en azúcares sea superior a 130 gramos por litro.

La menciones «semidulce» y «dulce» podrán sustituirse por una indicación del contenido en azúcares, expresada en gramos por litro de azúcar invertido.

6. Cuando la denominación de venta de las bebidas aromatizadas a base de vino incluya el término «espumoso», la cantidad de vino espumoso utilizada no deberá ser inferior al 95 %.

7. Las normas de desarrollo del presente artículo se adoptarán según el procedimiento establecido en el artículo 14.

Artículo 3.- *Definiciones subsidiarias*

A los efectos del presente Reglamento, se entenderá por:

a) Edulcoración: la operación consistente en utilizar, en la preparación de los vinos aromatizados, de las bebidas aromatizadas a base de vino y de los cócteles aromatizados de productos vitivinícolas, uno o varios de los siguientes productos:

azúcar semiblanco, azúcar blanco, azúcar blanco refinado, dextrosa, fructosa, jarabe de glucosa, azúcar líquido, azúcar líquido invertido, jarabe de azúcar invertido, mosto de uva concentrado rectificado, mosto de uva concentrado, mosto de uva fresca, azúcar caramelizado, miel, jarabe de algarroba, así como otras sustancias glúcidas naturales que surtan un efecto análogo al de los productos antes mencionados.

Se entenderá por azúcar caramelizado el producto obtenido exclusivamente por calentamiento controlado de la sacarosa, sin añadir bases o ácidos minerales ni ningún otro aditivo químico.

b) Aromatización: la operación consistente en utilizar en la preparación de los vinos aromatizados, de las bebidas aromatizadas a base de vino y de cócteles aromatizados de productos vitivinícolas uno o varios de los aromas definidos en la letra a) del apartado 2 del artículo 1 de la Directiva 88/388/CEE y/o hierbas aromáticas y/o especias y/o productos alimenticios sápidos.

La adición de dichas sustancias conferirá al producto final unas características organolépticas diferentes a las del vino.

c) Coloración: la operación consistente en utilizar, en la preparación de vinos aromatizados o de cócteles aromatizados de productos vitivinícolas, uno o varios colorantes.

d) Adición de alcohol: la operación consistente en utilizar en la preparación de los vinos aromatizados y, en su caso, de las bebidas aromatizadas a base de vino, uno o varios de los siguientes productos:

— alcohol etílico de origen vitícola
— alcohol de vino o de uvas pasas
— alcohol etílico de origen agrícola
— destilado de vino o de uvas pasas
— destilado de origen agrícola
— aguardiente de vino o de orujo
— aguardiente de uvas pasas

y que reúnan las características establecidas en las disposiciones comunitarias; especialmente, las características del alcohol etílico deberán ajustarse a las características que figuran en el Anexo I.

e) Grado alcohólico volumétrico adquirido: el número de volúmenes de alcohol puro a 20 °C de temperatura contenidos en 100 volúmenes del producto considerado a dicha temperatura.

f) Grado alcohólico volumétrico en potencia: el número de volúmenes de alcohol puro a 20 °C de temperatura que pueden producirse mediante fermentación total de los azúcares contenidos en 100 volúmenes del producto considerable a dicha temperatura.

g) Grado alcohólico volumétrico total: la suma de los grados alcohólicos volumétricos adquiridos y en potencia.

h) Grado alcohólico volumétrico natural: el grado alcohólico volumétrico total del producto considerado antes de cualquier enriquecimiento.

Artículo 4

1. Para las bebidas contempladas en el presente Reglamento, la lista de los aditivos alimentarios autorizados, sus modalidades de empleo y los productos afectados se determinarán de acuerdo con el procedimiento que se establece en la Directiva 89/107/CEE.

2. Para la elaboración de estas bebidas se autorizará la adición de agua, en su caso destilada o desmineralizada, siempre que la calidad del agua se ajuste a las disposiciones nacionales adoptadas en aplicación de las Directivas 80/777/CEE y 80/778/CEE y que su adición no cambie la naturaleza de la bebida.

3. Cuando se utilice alcohol etílico para extender o disolver las materias colorantes, los aromas o cualquier otro aditivo autorizado, utilizados en la elaboración de dichos productos aromatizados, sólo podrá tratarse de alcohol etílico de origen agrícola utilizado en la dosis estrictamente necesaria para extender o diluir las materias colorantes, los aromas o cualquier otro aditivo autorizado.

4. Las normas de desarrollo y, en particular, los métodos de análisis de los productos contemplados en el presente Reglamento se adoptarán de acuerdo con el procedimiento que se establece en el artículo 13.

Artículo 5

1. Los tratamientos y prácticas enológicas adoptados con arreglo al Reglamento (CEE) nº 822/87 serán aplicables a los vinos y mostos que entren en la composición de los productos mencionados en el artículo 1.

2. Los tratamientos para los productos en proceso de elaboración a fin de obtener uno de los productos acabados a que se refiere el presente Reglamento se determinarán según el procedimiento previsto en el artículo 14.

Artículo 6

1. Las denominaciones contempladas en el artículo 2 y en el presente artículo se reservarán a las bebidas en ellos definidas, teniendo en cuenta los requisitos que establecen los artículos 2 y 4. Dentro de la Comunidad deberán emplearse estas denominaciones para designar dichas bebidas.

Las bebidas que no respondan a las especificaciones adoptadas para las bebidas definidas en el artículo 2 no podrán utilizar las denominaciones en ellas consideradas.

2.

a) Las denominaciones geográficas que se enumeran en la lista que figura en el Anexo II podrán sustituir a las denominaciones contempladas en el apartado 1 o completarlas, formando denominaciones compuestas.

b) Dichas denominaciones geográficas se reservarán a las bebidas en las que la fase de producción durante la cual adquieren su carácter y sus cualidades definitivas haya tenido lugar en la zona geográfica invocada, siempre y cuando no induzcan a error al consumidor en lo referente a la materia prima utilizada.

3. Las denominaciones de venta contempladas en el apartado 1 no podrán completarse con las indicaciones geográficas correspondientes a los productos vitivinícolas.

4. Para las bebidas mencionadas en el Anexo II, los Estados miembros podrán aplicar normas nacionales específicas relativas a la producción, la circulación interna, la designación y la presentación de dichas bebidas obtenidas en su territorio, en tanto en cuanto dichas normas sean compatibles con el Derecho comunitario.

Artículo 7

1. En la denominación de venta de las bebidas aromatizadas que contengan productos del sector vitivinícola y aromas, con una graduación mínima del 1,2 % vol, y que no se ajusten a las disposiciones del presente Reglamento, no se autorizará ninguna referencia a los productos del sector vitivinícola.

2. No podrán comercializarse para el consumo humano las bebidas aromatizadas que no se ajusten a las disposiciones del presente Reglamento asociando palabras o fórmulas tales como «género», «tipo», «manera», «estilo», «marca», «sabor» u otras menciones análogas a alguna de las denominaciones contempladas en el presente Reglamento.

3. En lo que se refiere a las bebidas aromatizadas que contengan productos del sector vitivinícola obtenidos por adición de alcohol no cubiertas por el presente Reglamento, la Comisión presentará al Consejo, a más tardar 6 meses después de la entrada en vigor del presente Reglamento, una propuesta adecuada.

El empleo de la denominación descriptiva de las bebidas llamadas «wine cooler» queda autorizado para estas bebidas hasta que el Consejo haya decidido sobre la propuesta antes citada.

Artículo 8

1. Además de las normas nacionales adoptadas de conformidad con la Directiva 79/112/CEE, el etiquetado y la presentación de las bebidas contempladas en el artículo 2, así como la publicidad sobre las mismas, deberán ajustarse a las disposiciones del presente artículo.

2. La denominación de venta de los productos contemplados en el artículo 2 será una de las denominaciones que les estén reservadas en virtud del artículo 6.

3. Podrán completarse las denominaciones a que se refiere el artículo 2 mediante una referencia al aroma principal empleado.

4. En el caso en que el alcohol utilizado en la elaboración de las bebidas contempladas en el presente Reglamento proceda de una única materia prima (por ejemplo, únicamente alcohol de vino, alcohol de melaza, alcohol de cereales), podrá indicarse en la etiqueta la naturaleza del alcohol.

En el caso en que el alcohol proceda de diferentes materias primas, ninguna mención particular relativa a la naturaleza del alcohol podrá indicarse en la etiqueta.

El alcohol étilico utilizado para extender o disolver las materias colorantes, los aromas o cualquier otro aditivo autorizado no se considerará como ingrediente.

4 bis. A partir del 1 de enero de 1993, los productos contemplados en el presente Reglamento, envasados en botellas, no se almacenarán para su venta ni se pondrán en circulación en recipientes cerrados mediante un dispositivo de cierre cubierto por una cápsula u hoja fabricadas a base de plomo. No obstante, podrá darse salida, hasta el agotamiento de las existencias, a los productos embotellados con dicho dispositivo de cierre con las referidas cápsulas u hojas, antes de la mencionada fecha.

5. No podrán traducirse las denominaciones geográficas enumeradas en el Anexo II.

6. Las indicaciones previstas en el presente Reglamento se harán en una o varias lenguas oficiales de la Comunidad, de forma que el consumidor final pueda comprender fácilmente cada una de dichas menciones, a no ser que se asegure la información del comprador por otros medios.

7. Para las bebidas originarias de países terceros, se permitirá la utilización de una lengua oficial del país tercero en el que tuvo lugar la elaboración del producto, siempre y cuando las indicaciones previstas en el presente Reglamento se hagan, además, en una lengua oficial de la Comunidad, de manera que el consumidor final pueda comprender fácilmente cada una de dichas menciones.

8. Sin perjuicio del artículo 11, para las bebidas originarias de la Comunidad y destinadas a la exportación, las indicaciones previstas en el presente Reglamento podrán repetirse en otra lengua, con excepción de las denominaciones contempladas en el apartado 5.

9. Para las bebidas contempladas en el artículo 2, podrán determiarse según el procedimiento previsto en el artículo 13:

a) las disposiciones especiales que deban regular el empleo de términos que hagan referencia a una determinada calidad del producto, como su historia o su modo de elaboración;

b) las normas de etiquetado de los productos en recipientes no destinados al consumidor final.

Artículo 9

1. Los Estados miembros adoptarán las medidas necesarias para garantizar el respeto de las disposiciones comunitarias en el sector de los vinos aromatizados, de las bebidas aromatizadas a base de vino y de los cócteles aromatizados de productos vitivinícolas. Deberán designar una o varias instancias para que se encarguen de controlar el respeto de estas disposiciones.

Para las bebidas que figuran en el Anexo II podrá decidirse, con arreglo al procedimiento previsto en el artículo 13, que dicho control y dicha protección se garanticen en la circulación intracomunitaria por medio de documentos comerciales controlados por la administración y de registros adecuados.

2. Para las bebidas incluidas en el Anexo II y exportadas, podrá establecerse un sistema de documentos de autentificación con arreglo al procedimiento previsto en el artículo 13 con el fin de eliminar los fraudes y las falsificaciones.

A falta del sistema mencionado en el párrafo primero, los Estados miembros aplicarán sus propios sistemas de autentificación, siempre que éstos se atengan a las normas comunitarias.

3. El Consejo, por mayoría cualificada y a propuesta de la Comisión, adoptará las medidas necesarias para la aplicación uniforme de las disposiciones comunitarias en el sector de los vinos aromatizados, de las bebidas aromatizadas a base de vino y de los cócteles aromatizados de productos vitivinícolas, en particular en lo que se refiere al control y a las relaciones entre las instancias competentes de los Estados miembros.

4. Los Estados miembros y la Comisión se comunicarán recíprocamente los datos necesarios para la aplicación del presente Reglamento. Las modalidades de dicha comunicación y de la difusión de estos datos se establecerán según el procedimiento previsto en el artículo 13.

Artículo 10

Para que puedan ser comercializados para el consumo humano en la Comunidad, las bebidas definidas en el presente Reglamento, importadas y que se designen mediante una indicación geográfica podrán beneficiarse, a condición de que haya reciprocidad, del control y de la protección contemplados en el párrafo segundo del apartado 1 del artículo 9.

Se aplicará lo dispuesto en el párrafo primero mediante acuerdos con los países terceros interesados, negociados y celebrados según el procedimiento previsto en el artículo 113 del Tratado.

Las normas de desarrollo y la lista de productos a que se refiere el párrafo primero se adoptarán según el procedimiento previsto en el artículo 14.

Artículo 10 bis

1. Los Estados miembros adoptarán todas las medidas necesarias a fin que los interesados, en las condiciones fijadas en los artículos 23 y 24 del Acuerdo sobre los aspectos de los derechos de propiedad intelectual relacionados con el comercio, puedan impedir que en la Comunidad los productos regulados por el presente Reglamento se identifiquen mediante indicaciones geográficas que no correspondan al lugar de origen de los productos por ellas designados, incluso si se especifica su verdadero origen o si la indicación geográfica se traduce o va acompañada de expresiones como «género», «tipo», «estilo», «imitación» u otras similares.

Con arreglo al presente artículo, se entenderá por «indicación geográfica» cualquier indicación que señale que un producto es originario del territorio de un país tercero miembro de la Organización Mundial del Comercio o de una región o localidad de ese territorio, cuando alguna de las cualidades, la reputación u otra característica del producto dependa fundamentalmente de su origen geográfico.

2. Las disposiciones del apartado 1 se aplicarán sin perjuicio de las disposiciones del artículo 10 del presente Reglamento o de otras disposiciones de la normativa comunitaria que establezcan normas para la designación y presentación de los productos regulados por el presente Reglamento.

3. Las normas de desarrollo del presente artículo se adoptarán, en su caso, con arreglo al procedimiento establecido en el artículo 14.

Artículo 11

Salvo excepciones que deberán decidirse con arreglo al procedimiento establecido en el artículo 13, los vinos aromatizados, las bebidas aromatizadas a base de vino y los cócteles aromatizados de productos vitivinícolas destinados a la exportación deberán ajustarse a las disposiciones del presente Reglamento.

Artículo 12

1. Se crea un Comité de aplicación para las bebidas contempladas en el presente Reglamento, denominado en lo sucesivo «Comité».

2. El Comité aprobará su reglamento interno.

Artículo 13

En los casos en que se haga referencia al presente artículo, serán de aplicación los artículos 4 y 7 de la Decisión 1999/468/CE, observando lo dispuesto en su artículo 8.

El plazo contemplado en el apartado 3 del artículo 4 de la Decisión 1999/468/CE queda fijado en un mes.

Artículo 14

En los casos en que se haga referencia al presente artículo, serán de aplicación los artículos 5 y 7 de la Decisión 1999/468/CE, observando lo dispuesto en su artículo 8.

El plazo contemplado en el apartado 6 del artículo 5 de la Decisión 1999/468/CE queda fijado en tres meses.

Artículo 15

El Comité podrá examinar cualquier otra cuestión planteada por su presidente, bien a iniciativa de éste, bien a petición del representante de un Estado miembro.

Artículo 16

1. Con el fin de facilitar el paso de régimen existente al establecido en el presente Reglamento, se adoptarán medidas transitorias según el procedimiento previsto en el artículo 13.

2. Dichas medidas transitorias no podrán exceder de un máximo de dos años a partir de la fecha de aplicación del presente Reglamento.

Artículo 17

El presente Reglamento entrará en vigor el tercer día siguiente al de su publicación en el Diario Oficial de las Comunidades Europeas.

El presente Reglamento será aplicable a partir del 17 de diciembre de 1991, con excepción de sus artículos 12 a 15, que lo serán a partir de la entrada en vigor del mismo. Sin embargo, las bebidas producidas y etiquetadas antes de dicha fecha podrán seguir comercializándose hasta que se agoten las existencias.

El presente Reglamento será obligatorio en todos sus elementos y directamente aplicable en cada Estado miembro.

ANEXO I.-

Características del alcohol etílico conteplado en la letra d) del artículo 3

[Anexo no reproducido en la presente publicación]

ANEXO II.-

Bebidas aromatizadas, a base de productos vitivinícolas

[Anexo no reproducido en la presente publicación]

26 de febrero de 1996.- Directiva nº 96/8/CE
de la Comisión,
relativa a los alimentos destinados a ser utilizados en dietas de bajo valor energético para reducción de peso
(D.O. L 55, 6 de marzo de 1996)

[V.C. 20/06/2007]

LA COMISIÓN DE LAS COMUNIDADES EUROPEAS,

Visto el Tratado constitutivo de la Comunidad Europea,

Vista la Directiva 89/398/CEE del Consejo, de 3 de mayo de 1989, relativa a la aproximación de las legislaciones de los Estados miembros sobre los productos alimenticios destinados a una alimentación especial y, en particular, su artículo 4,

(1) Considerando que las medidas comunitarias previstas en la presente Directiva no exceden de lo necesario para alcanzar los objetivos ya previstos en la Directiva 89/398/CEE;

(2) Considerando que los productos regulados por la presente Directiva son variados y se distinguen por lo general entre los que están destinados a sustituir la dieta diaria completa y los pensados para sustituir parte de la dieta diaria;

(3) Considerando que la composición de estos productos debe ser la adecuada para satisfacer las exigencias diarias respecto de elementos nutritivos esenciales o, en su caso, para proporcionar una parte significativa de dichos elementos a las personas a las que aquellos van destinados;

(4) Considerando que se ha desarrollado recientemente una cierta variedad de productos como sustitutivos de los pequeños refrigerios, que aportan determinadas cantidades de macronutrientes y micronutrientes esenciales; que la composición básica de dichos productos se aprobará posteriormente;

(5) Considerando asimismo que el valor energético proporcionado por los productos a que se refiere la presente Directiva debe ser limitado;

(6) Considerando que el contenido energético de determinados productos destinados a sustituir la dieta diaria completa es muy reducido; que si fuera necesario se adoptarán posteriormente normas específicas en relación con estos productos de muy bajo contenido energético;

(7) Considerando que la presente Directiva refleja el estado actual de los conocimientos sobre estos productos; que cualquier modificación destinada a admitir innovaciones basadas en el progreso científico y técnico debe decidirse de acuerdo con el procedimiento establecido en el artículo 13 de la Directiva 89/398/CEE;

(8) Considerando que, con arreglo a lo dispuesto en el apartado 2 del artículo 4 de la Directiva 89/398/CEE, las disposiciones relativas a las sustancias con finalidad nutritiva especial destinadas a la fabricación de estos productos se establecerán en una directiva distinta de la Comisión;

(9) Considerando que las disposiciones aplicables a la utilización de aditivos en la fabricación de estos productos deben establecerse en directivas del Consejo pertinentes;

(10) Considerando que, de conformidad con el artículo 7 de la Directiva 89/398/CEE, los productos regulados por la presente Directiva están sujetos a las normas generales establecidas en la Directiva 79/112/CEE del Consejo, de 18 de diciembre de 1978, relativa a la aproximación de las legislaciones de los Estados miembros en materia de etiquetado, presentación y publicidad de los productos alimenticios, cuya última modificación la constituye la Directiva 93/102/CE de la Comisión; que la presente Directiva establece y precisa, en su caso, las adiciones y excepciones a las normas generales;

(11) Considerando, en particular, que la naturaleza y el destino de los productos regulados por la presente Directiva requieren un etiquetado sobre las propiedades nutritivas que indique el valor energético y los principales elementos nutritivos que contienen;

(12) Considerando que, de conformidad con el artículo 4 de la Directiva 89/398/CEE, se ha consultado con el Comité científico de la alimentación humana sobre las disposiciones que pudieran afectar a la salud pública;

(13) Considerando que las medidas previstas en la presente Directiva se ajustan al dictamen del Comité permanente de productos alimenticios,

HA ADOPTADO LA PRESENTE DIRECTIVA:

Artículo 1

1. La presente Directiva es una directiva específica a efectos del artículo 4 de la Directiva 89/398/CEE, y establece los requisitos de composición y etiquetado de los productos alimenticios destinados a una alimentación especial, empleados en dietas de bajo valor energético para reducción de peso y presentados como tales.

2. Los alimentos empleados en dietas de bajo valor energético para reducción de peso son alimentos de formulación especial que, utilizados de acuerdo con las instrucciones del fabricante, sustituyen total o parcialmente la dieta diaria completa. Estos alimentos se dividen en dos categorías:

a) productos presentados como sustitutivos de la dieta diaria completa;

b) productos presentados como sustitutivos de una o varias comidas de la dieta diaria.

Artículo 2

Los Estados miembros velarán por que los productos contemplados en el artículo 1 sólo puedan comercializarse en la Comunidad si se ajustan a las normas establecidas en la presente Directiva.

Artículo 3

Los alimentos regulados por la presente Directiva se ajustarán a los criterios de composición especificados en el Anexo I.

Artículo 4

Todos los componentes individuales de los productos a los que se refiere la letra a) del apartado 2 del artículo 1 irán incluidos en el mismo envase en el que estos últimos se pongan a la venta.

Artículo 5

1. Los productos se comercializarán bajo las denominaciones siguientes:

a) Respecto a los productos contemplados en la letra a) del apartado 2 del artículo 1: «Sustitutivo de la dieta completa para control del peso».

b) Respecto a los productos contemplados en la letra b) del apartado 2 del artículo 1: «Sustitutivo de una comida para control del peso».

2. El etiquetado de los productos en cuestión indicará obligatoriamente, además de lo señalado en el artículo 3 de la Directiva 79/112/CEE, los siguientes extremos:

a) el valor energético disponible expresado en kJ y kcal, y el contenido de proteínas, hidratos de carbono y grasas, expresado numéricamente por una cantidad determinada del producto listo para su uso tal como se propone para el consumo;

b) la cantidad media de cada mineral y de cada vitamina, respecto de los cuales el punto 5 del Anexo I establezca exigencias obligatorios, expresada numéricamente por una cantidad determinada del producto listo para su uso tal como se propone para el consumo. Además, y por lo que se refiere a los productos mencionados en la letra b) del apartado 2 del artículo 1, la información sobre las vitaminas y minerales relacionados en el cuadro del punto 5 del Anexo I deberá asimismo expresarse en porcentaje de los valores definidos en el Anexo de la Directiva 90/496/CEE del Consejo;

c) en caso necesario, las instrucciones para la correcta utilización del producto y una indicación relativa a la importancia de ajustarse a dichas instrucciones;

d) si un producto consumido de acuerdo con las instrucciones del fabricante proporciona una ingesta diaria de polioles superior a 20 g por día, se incluirá una mención expresa de que el alimento en cuestión puede tener un efecto laxante;

e) una mención de la importancia de mantener una adecuada ingesta diaria de líquidos;

f) respecto a los productos contemplados en la letra a) del apartado 2 del artículo 1:

i) una mención de que el producto proporciona cantidades adecuadas de todos los nutrientes esenciales para un día,

ii) una mención de que el producto no debe consumirse durante más de tres semanas sin consejo médico;

g) respecto a los productos mencionados en la letra b) del apartado 2 del artículo 1, una mención expresa de que dichos productos sirven para el uso al que van desti nados únicamente como parte de una dieta de bajo valor energético, y de que esta dieta exige el consumo de otros alimentos.

3. El etiquetado, la publicidad y la presentación de los productos en cuestión no contendrá ninguna referencia al ritmo o a la magnitud de la pérdida de peso a que puede llevar su consumo.

Artículo 6

Los Estados miembros adoptarán las disposiciones legales, reglamentarias y administrativas necesarias para cumplir la presente Directiva a más tardar el 30 de septiembre de 1997. Informarán inmediatamente de ello a la Comisión. Dichas disposiciones se aplicarán de manera que:

— permitan el intercambio de los productos que se ajusten a lo dispuesto en la presente Directiva a más tardar el 1 de octubre de 1997,

— prohíban el intercambio de productos que no se ajusten a lo dispuesto en la presente Directiva, con efectos a partir del 31 de marzo de 1999.

Cuando los Estados miembros adopten dichas disposiciones, éstas harán referencia a la presente Directiva o irán acompañadas de dicha referencia en su publicación oficial. Los Estados miembros establecerán las modalidades de la mencionada referencia.

Artículo 7

La presente Directiva entrará en vigor el vigésimo día siguiente al de su publicación en el Diario Oficial de las Comunidades Europeas.

Artículo 8

Los destinatarios de la presente Directiva serán los Estados miembros.

ANEXO I.-

Composición básica de los alimentos para dietas de bajo valor energético

[Anexo no reproducido en la presente publicación]

ANEXO II.-

Tabla de necesidades de aminoácidos

[Anexo no reproducido en la presente publicación]

3 de noviembre de 1998.- Directiva nº 98/83/CE

del Consejo,

relativa a la calidad de las aguas destinadas al consumo humano

(D.O. L 330, 5 de diciembre de 1998)

[V.C. 07/08/2009]

TJUE, 31 de enero de 2008, Asunto C-147/07, Comisión de las Comunidades Europeas contra República Francesa. [Incumplimiento de Estado - Calidad de las aguas destinadas al consumo humano - Concentración máxima de nitratos y pesticidas].

TJUE, 9 de junio de 2005, Asuntos acumulados C-211/03, C-299/03 y C-316/03 a C-318/03, HLH Warenvertriebs GmbH (C-211/03) y Orthica BV (C-299/03 y C-316/03 a C-318/03) contra Bundesrepublik Deutschland. [Art. 6; ver. Art. 2 del Reglamento CE nº 178/2002].

TJUE, 14 de noviembre de 2002, Asunto C-316/00, Comisión de las Comunidades Europeas contra Irlanda. [Calidad de las aguas destinadas al consumo humano].

EL CONSEJO DE LA UNIÓN EUROPEA,

Visto el Tratado constitutivo de la Comunidad Europea y, en particular, el apartado 1 de su artículo 130 S,

Vista la propuesta de la Comisión,

Visto el dictamen del Comité Económico y Social

Visto el dictamen del Comité de las Regiones,

Con arreglo al procedimiento establecido en el artículo 189 C del Tratado,

(1) Considerando que es necesario adaptar al progreso científico y técnico la Directiva 80/778/CEE del Consejo, de 15 de julio de 1980, relativa a la calidad de las aguas destinadas al consumo humano; que la experiencia adquirida en la aplicación de la Directiva demuestra la necesidad de crear un marco legal adecuado, flexible y transparente que permita a los Estados miembros abordar los casos de incumplimiento de las normas; que debe reexaminarse la Directiva en función del Tratado de la Unión Europea y, en particular, del principio de subsidiariedad;

(2) Considerando que, de acuerdo con lo dispuesto en el artículo 3 B del Tratado, según el cual la acción de la Comunidad no excederá de lo necesario para alcanzar los objetivos del Tratado, es necesario revisar la Directiva 80/778/CEE para centrarse en el cumplimiento de unos parámetros de calidad y salubridad esenciales, brindando a los Estados miembros la posibilidad de añadir otros parámetros si lo consideran oportuno;

(3) Considerando que, con arreglo al principio de subsidiariedad, la acción de la Comunidad debe apoyar y completar las que llevan a cabo las autoridades competentes de los Estados miembros;

(4) Considerando que, de acuerdo con el principio de subsidiariedad, las diferentes características naturales y socioeconómicas de las regiones de la Unión requieren que la mayoría de las decisiones sobre el seguimiento, el análisis y las medidas que deben adoptarse para corregir los incumplimientos se tomen a nivel local, regional o nacional, en la medida en que dichas diferencias no supongan un perjuicio para el establecimiento del marco legislativo, reglamentario y administrativo contemplado en la presente Directiva;

(5) Considerando que las normas comunitarias relativas a parámetros de calidad y salubridad esenciales y preventivos de las aguas destinadas al consumo humano resultan necesarias para definir los objetivos mínimos de calidad del medio ambiente que deben alcanzarse en relación con otras medidas comunitarias, para mantener y fomentar el uso sostenible de las aguas destinadas al consumo humano;

(6) Considerando que la importancia para la salud humana de la calidad de las aguas destinadas al consumo humano hace necesario el establecimiento a escala comunitaria de normas de calidad básicas que deben cumplir las aguas destinadas a este fin;

(7) Considerando que es necesario incluir las aguas utilizadas en la industria alimentaria a menos que pueda establecerse que el uso de dichas aguas no afecta a la salubridad de los productos elaborados;

(8) Considerando que, a fin de que las compañías suministradoras puedan cumplir las normas de calidad, deben adoptarse medidas de protección adecuadas para asegurar la pureza de las aguas de superficie y de las aguas subterráneas, que puede alcanzarse el mismo objetivo mediante medidas de tratamiento del agua antes de su distribución;

(9) Considerando que la coherencia de la política europea relativa a las aguas presupone que se adopte oportunamente una directiva marco adecuada;

(10) Considerando que es necesario excluir del ámbito de aplicación de la presente Directiva las aguas minerales naturales y las aguas que son productos medicinales, pues ya existen normas especiales en relación con estos tipos de aguas;

(11) Considerando que es necesario adoptar medidas para todos los parámetros que afectan directamente a la salud y otros parámetros si se ha producido un deterioro de la calidad; que, otrosí, esas medidas deben coordinarse cuidadosamente con la aplicación de la Directiva 91/414/CEE del Consejo, de 15 de julio de 1991, relativa a la comercialización de productos fitosanitarios y la Directiva 98/8/CE del Parlamento Europeo y del Consejo, de 16 de febrero de 1998, relativa a la comercialización de biocidas;

(12) Considerando que es necesario fijar valores individuales para los parámetros de sustancias que son significativas en toda la Comunidad, en un nivel suficientemente estricto para asegurar que pueda lograrse la finalidad de la Directiva;

(13) Considerando que, puesto que los valores paramétricos se basan en los conocimientos científicos disponibles y que también se ha tenido en cuenta el principio de prevención, estos valores se han seleccionado para que las aguas destinadas al consumo humano puedan consumirse con seguridad durante toda la vida y representen, por tanto, un alto nivel de protección de la salud;

(14) Considerando que debe establecerse un equilibrio con el fin de prevenir los riesgos microbiológicos y químicos; que para ello, y a la luz de una futura revisión de los valores paramétricos, la fijación de los valores paramétricos debería estar basada en motivos de salud pública y en un método de evaluación del riesgo;

(15) Considerando que, si bien en la actualidad no existen pruebas concluyentes en las que puedan basarse los valores paramétricos comunitarios para las sustancias químicas que perturban el sistema endocrino, sí existe una creciente preocupación acerca de las posibles repercusiones en los seres humanos y la fauna silvestre de los efectos de las sustancias nocivas para la salud;

(16) Considerando que las normas del anexo I se basan en general en las recomendaciones sobre calidad del agua potable de la Organización Mundial de la Salud (OMS) y en el dictamen del Comité científico consultivo de la Comisión para el estudio de la toxicidad y de la ecotoxicidad de los compuestos químicos;

(17) Considerando que los Estados miembros deben fijar valores para parámetros distintos de los incluidos en el anexo I en los casos en que sea necesario para proteger la salud humana en sus territorios respectivos;

(18) Considerando que los Estados miembros podrán fijar valores para parámetros no incluidos en el anexo I cuando lo consideren necesario para garantizar la calidad de la producción, distribución e inspección de las aguas destinadas al consumo humano;

(19) Considerando que, cuando los Estados miembros estimen necesario adoptar normas más estrictas que las establecidas en las partes A y B del anexo I, o bien normas para parámetros no incluidos en el anexo I pero necesarios para proteger la salud humana, habrán de notificar dichas normas a la Comisión;

(20) Considerando que los Estados miembros, al introducir o mantener medidas de protección más estrictas, están obligados a respetar los principios y normas del Tratado tal como los interpreta el Tribunal de Justicia;

(21) Considerando que los valores paramétricos deben cumplirse en el punto en que las aguas destinadas al consumo humano están a disposición del consumidor;

(22) Considerando que la calidad de las aguas destinadas al consumo humano puede verse afectada por el sistema de distribución domiciliaria; que se admite, además, que la responsabilidad del sistema de distribución domiciliaria o de su mantenimiento no puede corresponder a los Estados miembros;

(23) Considerando que conviene que cada Estado miembro establezca programas de control para comprobar si las aguas destinadas al consumo humano cumplen los requisitos de la presente Directiva; que tales programas de control deben adaptarse a las necesidades locales y cumplir los requisitos mínimos de control establecidos en la presente Directiva;

(24) Considerando que los métodos utilizados para analizar la calidad de las aguas destinadas al consumo humano deben garantizar unos resultados fiables y comparables;

(25) Considerando que en caso de incumplimiento de las normas de la presente Directiva los Estados miembros deben investigar la causa subyacente y garantizar que se

apliquen lo antes posible las medidas correctivas necesarias para restablecer la calidad de las aguas;

(26) Considerando que es importante impedir que las aguas contaminadas puedan ser causa de peligro para la salud humana; que debería prohibirse el suministro de estas aguas o restringirse su utilización;

(27) Considerando que, en caso de incumplimiento de un parámetro con función indicadora, el Estado miembro afectado deberá considerar si tal incumplimiento representa un riesgo para la salud humana; que dicho Estado miembro debería adoptar en caso necesario medidas correctivas para restablecer la calidad de las aguas con el fin de proteger la salud humana;

(28) Considerando que, si resultara necesario adoptar medidas correctivas para restablecer la calidad de las aguas destinadas al consumo humano, de acuerdo con el apartado 2 del artículo 130 R del Tratado, debe darse prioridad a la acción encaminada a rectificar el problema en la fuente;

(29) Considerando que conviene autorizar a los Estados miembros a que, en determinadas condiciones, puedan establecer excepciones a la presente Directiva; que es necesario establecer un marco adecuado para la concesión de tales excepciones, siempre y cuando éstas no puedan constituir un peligro para la salud humana y el suministro de agua destinada al consumo humano en la zona no pueda mantenerse por ningún otro medio razonable;

(30) Considerando que, puesto que en la preparación y distribución de las aguas destinados al consumo humano puede ser preciso utilizar algunas sustancias o materiales, debe regularse su uso para evitar posibles efectos perjudiciales para la salud humana;

(31) Considerando que el progreso científico y técnico puede exigir una rápida adaptación de los requisitos técnicos establecidos en los anexos II y III; que además, para facilitar la aplicación de las medidas exigidas a este efecto, conviene establecer un procedimiento con arreglo al cual la Comisión pueda adoptar tales adaptaciones con el asesoramiento de un comité compuesto por representantes de los Estados miembros;

(32) Considerando que los consumidores deben recibir información suficiente y oportuna de la calidad de las aguas destinadas al consumo humano, las excepciones concedidas por los Estados miembros y toda medida correctiva adoptada por las autoridades competentes; que deben además tenerse en cuenta tanto las necesidades técnicas y estadísticas de la Comisión como los derechos de los ciudadanos de obtener una información adecuada sobre la calidad de las aguas destinadas al consumo humano;

(33) Considerando que en circunstancias excepcionales o para zonas geográficas definidas puede ser necesario conceder a los Estados miembros un calendario más amplio para cumplir determinadas disposiciones de la presente Directiva;

(34) Considerando que la presente Directiva en nada afecta a las obligaciones de los Estados miembros con respecto al plazo de incorporación a la legislación nacional y de aplicación establecido en el anexo IV,

HA ADOPTADO LA PRESENTE DIRECTIVA:

Artículo 1.- *Objetivo*

1. La presente Directiva se refiere a la calidad de las aguas destinadas al consumo humano.

2. La presente Directiva tiene por objeto proteger la salud de las personas de los efectos adversos derivados de cualquier tipo de contaminación de las aguas destinadas al consumo humano garantizando su salubridad y limpieza.

Artículo 2.- *Definiciones*

A efectos de la presente Directiva se entenderá por:

1. «aguas destinadas al consumo humano»:

a) todas las aguas, ya sea en su estado original, ya sea después de tratamiento, para beber, cocinar, preparar alimentos u otros usos domésticos, sea cual fuere su origen e independientemente de que se suministren a través de una red de distribución, a partir de una cisterna o envasadas en botellas u otros recipientes;

b) todas las aguas utilizadas en empresas alimentarias para fines de fabricación, tratamiento, conservación o comercialización de productos o sustancias destinados al consumo humano, a menos que a las autoridades nacionales competentes les conste que la calidad de las aguas no puede afectar a la salubridad del producto alimenticio final;

2. «sistema de distribución domiciliaria»: las tuberías, conexiones y aparatos instalados entre los grifos que normalmente se utilizan para el consumo humano y la red de distribución, pero únicamente en caso de que no sea responsable de ellos el distribuidor de aguas en su carácter de tal, conforme a la legislación nacional pertinente.

Artículo 3.- *Exenciones*

1. La presente Directiva no se aplicará:

a) a las aguas minerales naturales reconocidas como tales por las autoridades nacionales competentes, de conformidad con la Directiva 80/777/CEE del Consejo, de 15 de julio de 1980, relativa a la aproximación de las legislaciones de los Estados miembros sobre explotación y comercialización de aguas minerales naturales;

b) a las aguas que son productos medicinales a efectos de la Directiva 65/65/CEE del Consejo, de 26 de enero de 1965, relativa a la aproximación de las disposiciones legales, reglamentarias y administrativas sobre especialidades farmacéuticas.

2. Los Estados miembros podrán disponer que la presente Directiva no se aplique:

a) a las aguas destinadas exclusivamente a usos para los cuales conste a las autoridades competentes que la calidad de aquéllas no afecta, directa ni indirectamente, a la salud de los consumidores que las usan;

b) a las aguas destinadas al consumo humano procedentes de una fuente de suministro individual que produzca como media menos de 10 m3 diarios, o que abastezca a menos de cincuenta personas, a no ser que estas aguas sean suministradas como parte de una actividad comercial o pública.

3. Los Estados miembros que apliquen las excepciones previstas en la letra b) del apartado 2 velarán por que la población afectada sea informada de ello y de cualquier medida que pueda tomarse para proteger la salud humana de los efectos negativos derivados de una posible contaminación del agua destinada al consumo humano. Asimismo, cuando se perciba un peligro potencial para la salud humana derivado de la calidad de dicha agua, la población afectada deberá recibir sin demora las recomendaciones oportunas.

Artículo 4.- *Obligaciones generales*

1. Sin perjuicio de sus obligaciones con arreglo a otras normas comunitarias, los Estados miembros adoptarán las disposiciones necesarias a fin de que las aguas destinadas al consumo humano sean salubres y limpias. A los efectos de los requisitos mínimos de la presente Directiva, las aguas destinadas al consumo humano son salubres y limpias cuando:

a) no contienen ningún tipo de microorganismo, parásito o sustancia, en una cantidad o concentración que pueda suponer un peligro para la salud humana, y

b) cumplen los requisitos mínimos especificados en las partes A y B del anexo I,

y cuando, con arreglo a las disposiciones pertinentes de los artículos 5 a 8 y 10, y de conformidad con el Tratado, los Estados miembros adopten todas las demás medidas necesarias para garantizar que las aguas destinadas al consumo humano cumplen los requisitos de la presente Directiva.

2. Los Estados miembros velarán por que las medidas que se tomen en aplicación de la presente Directiva no puedan tener en ningún caso el efecto de permitir, directa o indirectamente, la degradación de la calidad actual de las aguas destinadas al consumo humano, en la medida en que ello afecte a la protección de la salud humana, ni de aumentar la contaminación de las aguas destinadas a la producción de agua potable.

Artículo 5.- *Normas de calidad*

1. Los Estados miembros establecerán valores aplicables a las aguas destinadas al consumo humano en relación con los parámetros que figuran en el anexo I.

2. Los valores establecidos con arreglo al apartado 1 no serán menos restrictivos que los establecidos en el anexo I. Con respecto a los parámetros incluidos en la parte C del anexo I, estos valores deberán fijarse exclusivamente a efectos de control y para cumplir las obligaciones establecidas en el artículo 8.

3. Los Estados miembros fijarán valores para nuevos parámetros no incluidos en el anexo I si así lo exige la protección de la salud humana en su territorio nacional o en parte del mismo. Los valores así establecidos deberán cumplir, como mínimo, los requisitos de la letra a) del apartado 1 del artículo 4.

Artículo 6.- *Punto de cumplimiento*

1. Los valores paramétricos establecidos de acuerdo con el artículo 5 deberán cumplirse:

a) para las aguas suministradas a través de una red de distribución, en el punto, dentro de los locales o establecimientos, en el cual surge de los grifos que son utilizados habitualmente para el consumo humano;

b) para las aguas suministradas a partir de una cisterna, en el punto en que salen de dicha cisterna;

c) para las aguas envasadas en botellas u otros recipientes destinados a la venta, en el punto de envasado;

d) para las aguas utilizadas en empresas alimentarias, en el punto en que son utilizadas en le empresa.

2. Cuando se trate de las aguas a las que hace referencia la letra a) del apartado 1, se considerará que los Estados miembros han cumplido sus obligaciones derivadas del presente artículo, del artículo 4 y del apartado 2 del artículo 8, cuando se pueda determinar que la causa del incumplimiento de los valores paramétricos establecidos de conformidad con el artículo 5 radica en el sistema de distribución domiciliaria o en su mantenimiento, excepto en los locales y establecimientos en los que se suministra agua al público, como escuelas, hospitales y restaurantes.

3. En los casos en que sea aplicable el apartado 2 y exista riesgo de que las aguas contempladas en la letra a) del apartado 1 no cumplan los valores paramétricos establecidos de conformidad con el artículo 5, los Estados miembros velarán, no obstante, por que:

a) se tomen medidas adecuadas para reducir o eliminar el riesgo de incumplimiento de los valores paramétricos, como facilitar asesoramiento a los propietarios de inmuebles sobre las posibles medidas correctivas, y/o se tomen otras medidas, como técnicas de tratamiento apropiadas, para modificar la naturaleza o las propiedades del agua antes de su suministro, con el fin de reducir o eliminar el riesgo de que el agua incumpla los valores paramétricos después del suministro, y

b) se informe debidamente a los consumidores afectados y se les facilite asesoramiento sobre las posibles medidas correctivas adicionales que deberían adoptar.

Artículo 7.- *Control*

1. Los Estados miembros adoptarán todas las disposiciones necesarias para garantizar que se lleve a cabo un control regular de la calidad de las aguas destinadas al consumo humano, con objeto de comprobar si las aguas suministradas a los consumidores cumplen los requisitos de la presente Directiva, en particular los valores paramétricos establecidos de conformidad con el artículo 5. Deberán tomarse muestras que sean representativas de la calidad del agua consumida a lo largo del año. Además, los Estados miembros adoptarán todas las disposiciones necesarias para que, en los casos en que la desinfección forme parte del proceso de preparación o distribución de las aguas destinadas al consumo humano, se verifique la eficacia del tratamiento desinfectante, y para que cualquier contaminación generada por productos derivados de la desinfección sea lo más baja posible, sin poner en peligro la desinfección.

2. Para cumplir las obligaciones establecidas en el apartado 1, las autoridades competentes elaborarán programas de control adecuados en relación con todas las aguas destinadas al consumo humano. Estos programas de control cumplirán los requisitos mínimos establecidos en el anexo II.

3. Las autoridades competentes determinarán los lugares de toma de muestras, que deberán cumplir los requisitos pertinentes del anexo II.

4. Con arreglo al procedimiento de gestión contemplado en el artículo 12, apartado 2, podrán establecerse directrices comunitarias en relación con el control a que se refiere el presente artículo.

5.

a) Para el análisis de los parámetros, los Estados miembros se ajustarán a las especificaciones expuestas en el anexo III.

b) Podrán utilizarse otros métodos distintos de los que figuran en la parte 1 del anexo III, siempre que pueda demostrarse que los resultados obtenidos serán al menos tan fiables como los producidos por los métodos especificados. Los Estados miembros que apliquen un método distinto facilitarán a la Comisión toda la información de interés sobre dicho método y su equivalencia.

c) Para los parámetros enumerados en las partes 2 y 3 del anexo III podrá utilizarse cualquier método de análisis siempre que cumpla los requisitos en ellas fijados.

6. Los Estados miembros dispondrán que se efectúen otros controles concretos de sustancias y microorganismos para los que no se hayan establecido valores paramétricos de conformidad con el artículo 5 si existen motivos para sospechar que pueden estar presentes en cantidades o número que pudieran constituir un peligro para la salud humana.

Artículo 8.- *Medidas correctivas y restricciones de utilización*

1. Los Estados miembros velarán por que se investigue inmediatamente todo incumplimiento de los valores paramétricos establecidos de conformidad con el artículo 5 para determinar su causa.

2. Si, a pesar de las disposiciones adoptadas a fin de cumplir las obligaciones establecidas en el apartado 1 del artículo 4, las aguas destinadas al consumo humano no cumplen los valores paramétricos establecidos de conformidad con el artículo 5, y sin perjuicio del apartado 2 del artículo 6, los Estados miembros afectados velarán por que se adopten lo antes posible las medidas correctivas necesarias para restablecer su calidad y darán prioridad a su cumplimiento. Para ello tendrán en cuenta, entre otras cosas, en qué medida se ha rebasado el valor paramétrico en cuestión y el peligro potencial para la salud humana.

3. Tanto si se ha producido algún incumplimiento de los valores paramétricos como si no se ha producido, los Estados miembros velarán por que se prohíba todo suministro de agua destinada al consumo humano que constituya un peligro potencial para la salud humana, o se restrinja su utilización, o se tomen las otras medidas que resulten necesarias con el fin de proteger la salud humana. En dichos casos se informará sin demora de ello a los consumidores y se les harán las recomendaciones necesarias.

4. Las autoridades u organismos competentes decidirán qué actuación deberá llevarse a cabo de conformidad con el apartado 3, teniendo en cuenta los riesgos para la salud humana que se derivarían de una interrupción del suministro o de una restricción de la utilización del agua destinada al consumo humano.

5. Los Estados miembros podrán establecer directrices para orientar a las autoridades competentes en el cumplimiento de sus obligaciones con arreglo al apartado 4.

6. En caso de incumplimiento de los valores paramétricos o de las especificaciones que figuran en la parte C del anexo I, los Estados miembros estudiarán si este incumplimiento implica algún riesgo para la salud humana, y adoptarán medidas correctivas para restablecer la calidad del agua si es necesario para proteger la salud humana.

7. Los Estados miembros dispondrán que, en caso de que se adopten medidas correctivas, ello se notifique a los consumidores, excepto cuando las autoridades competentes consideren insignificante el incumplimiento del valor paramétrico.

Artículo 9.- *Excepciones*

1. Los Estados miembros podrán contemplar excepciones con respecto a los valores paramétricos fijados en la parte B del anexo I o establecidos de conformidad con el apartado 3 del artículo 5, hasta un valor máximo por ellos fijado, siempre que la excepción no pueda constituir un peligro para la salud humana y allí donde el suministro de agua destinada al consumo humano no se pueda mantener de ninguna otra forma razonable. Las excepciones deberán estar limitadas a una duración lo menor posible y no excederán de tres años, hacia el final de los cuales deberá realizarse un estudio para determinar si se ha progresado suficientemente. Cuando un Estado miembro tenga intención de conceder una excepción por segunda vez, remitirá a la Comisión el estudio junto con una exposición de los motivos que justifiquen su decisión de conceder una nueva excepción. Esta nueva excepción no podrá exceder de tres años.

2. En circunstancias excepcionales, un Estado miembro podrá solicitar a la Comisión una tercera excepción por un período no superior a tres años. La Comisión decidirá sobre cualquier solicitud de este tipo en un plazo de tres meses.

3. Toda excepción autorizada con arreglo a los apartados 1 o 2 especificará lo siguiente:

a) los motivos de la excepción;

b) los parámetros afectados, los resultados pertinentes de controles anteriores y el valor máximo admisible de acuerdo con la excepción;

c) la zona geográfica, la cantidad de agua suministrada por día, la población afectada y si se vería afectada o no alguna empresa alimentaria pertinente;

d) un mecanismo de control adecuado que prevea una mayor frecuencia de los controles cuando sea preciso;

e) un resumen del plan con las medidas correctivas necesarias, que incluirá un calendario de trabajo, una estimación de costes y disposiciones para la revisión del plan;

f) el plazo de vigencia de la excepción.

4. Si las autoridades competentes consideran que el incumplimiento de un valor paramétrico es insignificante y si las medidas correctivas adoptadas de conformidad con el apartado 2 del artículo 8 pueden resolver el problema en un plazo máximo de treinta días, no será necesario aplicar los requisitos establecidos en el apartado 3.

En este caso, las autoridades u otros organismos competentes sólo tendrán que fijar el valor máximo admisible para el parámetro y el plazo que se concede para resolver el problema.

5. Si el incumplimiento de un valor paramétrico concreto en un suministro de agua dado se ha producido durante más de treinta días en total a lo largo de los últimos doce meses, no se podrá seguir aplicando lo dispuesto en el apartado 4.

6. Todo Estado miembro que aplique las excepciones a que se refiere el presente artículo velará por que la población afectada por la excepción sea informada sin demora de la misma y de sus condiciones en una forma adecuada. Además, el Estado miembro procurará que, cuando sea necesario, se formulen recomendaciones a grupos de población particulares para los que la excepción pudiera representar un riesgo especial.

Estas obligaciones no se aplicarán en las circunstancias a que se refiere el apartado 4, a menos que las autoridades competentes decidan lo contrario.

7. Con la salvedad de las excepciones concedidas de conformidad con el apartado 4, los Estados miembros informarán a la Comisión en el plazo de dos meses de las excepciones establecidas con respecto a todo suministro que supere los 1 000 m3 al día como media o que abastezca a más de 5 000 personas, adjuntando la información especificada en el apartado 3.

8. El presente artículo no se aplicará a las aguas destinadas al consumo humano comercializadas en botellas u otros recipientes.

Artículo 10.- *Garantía de la calidad del tratamiento, equipos y materiales*

Los Estados miembros adoptarán todas las disposiciones necesarias para que ninguna de las sustancias o materiales que se utilicen en las nuevas instalaciones de preparación o distribución de las aguas destinadas al consumo humano, ni tampoco las impurezas asociadas a estas sustancias o materiales, permanezcan en las aguas destinadas al consumo humano en concentraciones superiores a lo que es necesario para cumplir su propósito, con el fin de que no supongan un menoscabo directo o indirecto para la protección de la salud humana objeto de la presente Directiva; los documentos interpretativos y las especificaciones técnicas a que se refieren el artículo 3 y el apartado 1 del artículo 4 de la Directiva 89/106/CEE del Consejo, de 21 de diciembre de 1988, relativa a la aproximación de las disposiciones legales, reglamentarias y administrativas de los Estados miembros sobre los productos de construcción, deberán ajustarse a los requisitos de la presente Directiva.

Artículo 11.- *Revisión de los anexos*

1. Por lo menos cada cinco años, la Comisión revisará el anexo I a tenor del progreso científico y técnico y formulará propuestas de modificaciones, cuando sea necesario, según el procedimiento establecido en el artículo 189 C del Tratado.

2. Por lo menos cada cinco años, la Comisión modificará los anexos II y III para introducir las necesarias adaptaciones al progreso científico y técnico.

Estas medidas, destinadas a modificar elementos no esenciales de la presente Directiva, se adoptarán con arreglo al procedimiento de reglamentación con control contemplado en el artículo 12, apartado 3.

Artículo 12

1. La Comisión estará asistida por un Comité.

2. En los casos en que se haga referencia al presente artículo, serán de aplicación los artículos 4 y 7 de la Decisión 1999/468/CE, observando lo dispuesto en su artículo 8.

El plazo contemplado en el apartado 3 del artículo 4 de la Decisión 1999/468/CE queda fijado en tres meses.

3. En los casos en que se haga referencia al presente apartado, serán de aplicación el artículo 5 bis, apartados 1 a 4, y el artículo 7 de la Decisión 1999/468/CE, observando lo dispuesto en su artículo 8.

Artículo 13.- *Información e informes*

1. Los Estados miembros adoptarán las disposiciones necesarias para que los consumidores dispongan de información adecuada y actualizada sobre la calidad de las aguas destinadas al consumo humano.

2. Sin perjuicio de lo dispuesto en la Directiva 90/313/CEE del Consejo, de 7 de junio de 1990, sobre libertad de acceso a la información en materia de medio ambiente, cada Estado miembro publicará un informe trienal sobre la calidad de las aguas destinadas al consumo humano, con el fin de informar a los consumidores. El primero de dichos informes cubrirá los años 2002, 2003 y 2004. Cada informe incluirá, como mínimo, los suministros de más de 1 000 m3 diarios como promedio o que abastezcan a más de 5 000 personas, abarcará tres años naturales y se publicará antes del final del año natural siguiente al período sobre el que se informa.

3. Los Estados miembros enviarán sus informes a la Comisión en el plazo de dos meses contados a partir de su publicación.

4. El formato y la información mínima de los informes a que se refiere al apartado 2 se determinarán teniendo especialmente en cuenta las medidas a que se hace referencia en el artículo 3, apartado 2, el artículo 5, apartados 2 y 3, el artículo 7, apartado 2, el artículo 8, el artículo 9, apartados 6 y 7, y el artículo 15, apartado 1, y, si es preciso, se modificarán con arreglo al procedimiento de gestión contemplado en el artículo 12, apartado 2.

5. La Comisión estudiará los informes de los Estados miembros y cada tres años publicará un informe de síntesis sobre la calidad de las aguas destinadas al consumo humano en la Comunidad. Este informe se publicará en el plazo de nueve meses a partir de la recepción de los informes de los Estados miembros.

6. Junto con el primer informe a que se refiere el apartado 2 del presente artículo, los Estados miembros elaborarán también un informe que transmitirán a la Comisión sobre las medidas que hayan adoptado o se propongan adoptar para cumplir las obligaciones derivadas del artículo 6, apartado 3, y del anexo I, parte B, nota 10. Si procede, se presentará una propuesta sobre el formato de dicho informe, con arreglo al procedimiento de gestión contemplado en el artículo 12, apartado 2.

Artículo 14.- *Calendario de aplicación*

Los Estados miembros adoptarán las disposiciones necesarias a fin de que la calidad de las aguas destinadas al consumo humano se ajuste a lo dispuesto en la presente Directiva en un plazo de cinco años a partir de su entrada en vigor, sin perjuicio de las notas 2, 4 y 10 de la parte B del anexo I.

Artículo 15.- *Circunstancias excepcionales*

1. Los Estados miembros podrán, en casos excepcionales y en lo relativo a zonas geográficamente delimitadas, presentar a la Comisión una solicitud especial de un plazo más amplio que el establecido en el artículo 14. Este plazo adicional no podrá superar los tres años, hacia el final de los cuales deberá realizarse un estudio que se transmitirá a la Comisión. Sobre la base de este estudio, la Comisión podrá autorizar un segundo período adicional de tres años como máximo. Esta disposición no se aplicará a las aguas destinadas al consumo humano comercializadas en botellas u otros recipientes.

2. La solicitud deberá estar debidamente motivada y exponer las dificultades encontradas, e incluirá, como mínimo, toda la información especificada en el apartado 3 del artículo 9.

3. Esta solicitud se examinará con arreglo al procedimiento de gestión contemplado en el artículo 12, apartado 2.

4. Los Estados miembros que se acojan a lo dispuesto en el presente artículo velarán por que la población afectada por la solicitud reciba información oportuna y adecuada sobre el curso dado a la misma. Por otra parte, los Estados miembros dispondrán que, cuando resulte necesario, se hagan recomendaciones a grupos concretos de población que pudieran correr riesgos particulares.

Artículo 16.- *Derogación*

1. Queda derogada la Directiva 80/778/CEE, con efecto a los cinco años de la entrada en vigor de la presente Directiva. Siempre que se cumpla el apartado 2, esta derogación se entenderá sin perjuicio de las obligaciones de los Estados miembros con respecto a los plazos límite para la adaptación de la legislación nacional y para su aplicación de conformidad con el anexo IV.

Las referencias a la Directiva derogada se entenderán hechas a la presente Directiva, y deberán interpretarse de acuerdo con el cuadro de correspondencias que figura en el anexo V.

2. Tan pronto como cada Estado miembro haya puesto en vigor las disposiciones legales, reglamentarias y administrativas necesarias para dar cumplimiento a la presente Directiva y haya adoptado las medidas a que se refiere el artículo 14, se aplicará a la calidad de las aguas destinadas al consumo humano en dicho Estado miembro la presente Directiva en lugar de la Directiva 80/778/CEE.

Artículo 17.- *Incorporación a la legislación nacional*

1. Los Estados miembros adoptarán las disposiciones legales, reglamentarias y administrativas necesarias para cumplir la presente Directiva en un plazo de dos años a partir de su entrada en vigor. Informarán inmediatamente de ello a la Comisión.

Cuando los Estados miembros adopten dichas disposiciones, éstas incluirán una referencia a la presente Directiva o irán acompañadas de dicha referencia en su publicación oficial. Los Estados miembros establecerán las modalidades de la mencionada referencia.

2. Los Estados miembros comunicarán a la Comisión el texto de las disposiciones de Derecho interno que adopten en el ámbito regulado por la presente Directiva.

Artículo 18.- *Entrada en vigor*

La presente Directiva entrará en vigor el vigésimo día siguiente al de su publicación en el Diario Oficial de las Comunidades Europeas.

Artículo 19.- *Destinatarios*

Los destinatarios de la presente Directiva serán los Estados miembros.

ANEXO I.-
Parámetros y valores paramétricos

[Anexo no reproducido en la presente publicación]

ANEXO II.-
Control

[Anexo no reproducido en la presente publicación]

ANEXO III.-
Especificaciones para el análisis de los parámetros

[Anexo no reproducido en la presente publicación]

ANEXO IV.-
Plazos de incorporación a la legislación nacional y plazos de aplicación

[Anexo no reproducido en la presente publicación]

ANEXO V.-
Cuadro de correspondencias

[Anexo no reproducido en la presente publicación]

25 de marzo de 1999.- Directiva nº 1999/21/CE
de la Comisión,
sobre alimentos dietéticos destinados a usos médicos especiales
(D.O. L 91, 7 de abril de 1999)

[V.C. 19/01/2007]

LA COMISIÓN DE LAS COMUNIDADES EUROPEAS,

Visto el Tratado constitutivo de la Comunidad Europea,

Vista la Directiva 89/398/CEE del Consejo, de 3 de mayo de 1989, relativa a la aproximación de las legislaciones de los Estados miembros sobre los productos alimenticios destinados a una alimentación especial, modificada por la Directiva 96/84/CE del Parlamento Europeo y del Consejo y, en particular, el apartado 1 de su artículo 4,

Previa consulta al Comité científico de la alimentación humana,

(1) Considerando que los alimentos dietéticos destinados a usos médicos especiales tienen por objeto satisfacer las necesidades alimenticias particulares de las personas afectadas por o desnutridas a causa de una enfermedad, trastorno o afección específicos; que, por ello, estos productos deben administrarse bajo supervisión médica, llegado el caso con la asistencia de otros profesionales sanitarios competentes;

(2) Considerando que estos alimentos son numerosos y que su composición puede diferir sustancialmente según la enfermedad, trastorno o afección concreta de los pacientes a los que van destinados, según la edad de éstos y el lugar en que reciben atención sanitaria, según si los alimentos están previstos para ser los únicos administrados o no y, posiblemente, según otros factores;

(3) Considerando que, debido a la amplia variedad de estos alimentos y a la rápida evolución de los conocimientos científicos sobre los que se basan, no es conveniente establecer normas detalladas relativas a su composición;

(4) Considerando, no obstante, que sí pueden establecerse algunas normas básicas relativas al contenido de vitaminas y sustancias minerales que deben tener los productos que se consideran nutricionalmente completos para satisfacer las necesidades alimenticias de sus destinatarios; que, en lo que respecta a los alimentos nutricionalmente incompletos, tales normas sólo pueden referirse a los niveles máximos de las sustancias pertinentes;

(5) Considerando que la presente Directiva refleja los conocimientos actuales sobre dichos productos; que cualquier modificación para acoger las innovaciones derivadas del progreso científico y técnico debe decidirse de conformidad con el procedimiento establecido en el artículo 13 de la Directiva 89/398/CEE;

(6) Considerando que, con arreglo al apartado 2 del artículo 4 de la Directiva 89/398/CEE, las disposiciones relativas a las sustancias con finalidad nutritiva especial destinadas a la fabricación de alimentos dietéticos destinados a usos médicos especiales deben establecerse en otra Directiva de la Comisión;

(7) Considerando que, con arreglo al artículo 7 de la Directiva 89/398/CEE, los productos contemplados en la misma están sujetos a las normas generales establecidas en la Directiva 79/112/CEE del Consejo, de 18 de diciembre de 1978, relativa a la aproximación de las legislaciones de los Estados Miembros en materia de etiquetado, presentación y publicidad de los productos alimenticios, cuya última modificación la constituye la Directiva 1999/10/CE de la Comisión; que la presente Directiva incorpora y amplía las adiciones y excepciones pertinentes a dichas normas generales;

(8) Considerando, en particular, que la naturaleza y el destino de los alimentos dietéticos destinados a usos médicos especiales hacen necesario facilitar información sobre el valor energético y los nutrientes principales contenidos en dichos alimentos;

(9) Considerando que la naturaleza particular de los alimentos dietéticos destinados a usos médicos especiales aconseja poner a disposición de los organismos de supervisión más medios que los habituales, a fin de facilitar el control eficaz de dichos productos;

(10) Considerando que, de acuerdo con el principio de proporcionalidad, resulta necesario y apropiado, a fin de alcanzar el objetivo básico de aproximar las legislaciones de los Estados miembros en relación con los productos alimenticios destinados a una alimentación especial, establecer normas sobre los alimentos destinados a usos médicos especiales; que la presente Directiva se limita a lo necesario para alcanzar los objetivos perseguidos, de conformidad con el párrafo tercero del artículo 3 B del Tratado;

(11) Considerando que las medidas previstas en la presente Directiva se ajustan al dictamen del Comité permanente de productos alimenticios,

HA ADOPTADO LA PRESENTE DIRECTIVA:

Artículo 1

1. La presente Directiva es una Directiva específica a efectos del apartado 1 del artículo 4 de la Directiva 89/398/CEE y establece los requisitos de composición y etiquetado que deben cumplir los alimentos dietéticos destinados a usos médicos especiales definidos en el apartado 2 y presentados como tales.

2. A efectos de la presente Directiva, se entenderá por:

a) «lactante», un niño de edad inferior a los doce meses;

b) «alimentos dietéticos destinados a usos médicos especiales», los alimentos destinados a una alimentación especial que han sido elaborados o formulados especialmente para el tratamiento dietético de pacientes bajo supervisión médica. Estos alimentos están destinados a satisfacer total o parcialmente las necesidades alimenticias de los pacientes cuya capacidad para ingerir, digerir, absorber, metabolizar o excretar alimentos normales o determinados nutrientes de los mismos o metabolitos sea limitada, o deficiente, o esté alterada, o bien que necesiten otros nutrientes determinados clínicamente, cuyo tratamiento dietético no pueda efectuarse únicamente modificando la dieta normal, con otros alimentos destinados a una alimentación especial, o mediante ambas cosas.

3. Los alimentos dietéticos destinados a usos médicos especiales se clasificarán en las tres categorías siguientes:

a) alimentos completos con una formulación de nutrientes normal que, si se consumen de acuerdo con las instrucciones de los fabricantes, pueden constituir la única fuente de alimento para las personas a las que van destinados;

b) alimentos completos con una formulación de nutrientes específica adaptada para determinadas enfermedades, trastornos o afecciones que, si se consumen de acuerdo con las instrucciones de los fabricantes, pueden constituir la única fuente de alimento para las personas a las que van destinados;

c) alimentos incompletos con una formulación normal o una formulación de nutrientes específica adaptada para determinadas enfermedades, trastornos o afecciones, que no son adecuados para servir de alimento exclusivo.

Los alimentos contemplados en las letras a) y b) pueden asimismo utilizarse como sustitutivo parcial o complemento de la dieta del paciente.

Artículo 2

Los Estados miembros adoptarán las medidas necesarias para garantizar que los alimentos dietéticos destinados a usos médicos especiales únicamente puedan comercializarse en la Comunidad si cumplen las normas establecidas en la presente Directiva.

Artículo 3

La formulación de los alimentos dietéticos destinados a usos médicos especiales se basará en principios médicos y nutricionales sólidos. El consumo de estos alimentos de acuerdo con las instrucciones de los fabricantes será seguro y beneficioso y satisfará eficazmente las necesidades nutricionales particulares de las personas a las que vayan destinados, tal como demuestren datos científicos generalmente aceptados.

Dichos alimentos deberán cumplir los criterios de composición especificados en el anexo.

Artículo 4

1. La denominación de venta de los productos a que se hace referencia en la letra b) del apartado 2 del artículo 1 será respectivamente:

— en búlgaro:

«Диетични храни за специални медицински цели»

— en español:

«Alimento dietético para usos médicos especiales»

— en checo:

«Dietní potravina určená pro zvláštní lékařské účely»

— en danés:

«Levnedsmiddel/Levnedsmidler til særlige medicinske formål»

— en alemán:

«Diätetisches/Diätetische Lebensmittel für besondere medizinische Zwecke (Bilanzierte Diäten)»
— en estonio:
«Toit meditsiinilisel näidustusel kasutamiseks»
— en griego:
«Διαιτητικά τρόφιμα για ειδικούς ιατρικούς σκοπούς»
— en inglés:
«Food(s) for special medical purposes»
— en francés:
«Aliment(s) diététique(s) destiné(s) a des fins médicales spéciales»
— en italiano:
«Alimento dietetico destinato a fini medici speciali»
— en letón:
«Diētiskā pārtika cilvēkiem ar veselības traucējumiem»
— en lituano:
«Specialios medicininės paskirties maisto produktai»
— en húngaro:
«Speciális-gyógyászati célra szánt-tápszer»
— en maltés:
«Ikel dijetetiku għal skopijiet mediċi speċifiċi»
— en neerlandés:
«Dieetvoeding voor medisch gebruik»
— en polaco:
«Dietetyczne środki spożywcze specjalnego przeznaczenia medycznego»
— en portugués:
«Produto dietético de uso clínico»
— en rumano:
«Alimente dietetice pentru scopuri medicale speciale»
— en eslovaco:
«dietetická potravina na osobitné lekárske účely»
— en esloveno:
«Dietno (dietetično) živilo za posebne zdravstvene namene»
— en finés:
«Kliininen ravintovalmiste/kliinisiä ravintovalmisteita»
— en sueco:
«Livsmedel för speciella medicinska ändamål».

2. Además de los mencionados en el artículo 3 de la Directiva 79/112/CEE, en el etiquetado deberán figurar obligatoriamente los siguientes datos:

a) El valor energético disponible expresado en kJ y en kcal, y el contenido de proteínas, hidratos de carbono y grasas, expresados en cifras, por 100 g o por 100 ml del producto ofrecido a la venta y, en su caso, por 100 g o 100 ml del producto listo para el consumo según las instrucciones del fabricante. Esta información podrá asimismo facilitarse por dosis cuantificada en la etiqueta o por porción, siempre y cuando en el envase se especifique el número de porciones contenidas en su interior.

b) La cantidad media presente en el producto de cada sustancia mineral y de cada vitamina mencionada en el anexo, expresada en cifras por 100 g o 100 ml del producto ofrecido a la venta y, en su caso, por 100 g o 100 ml del producto listo para el consumo según las instrucciones del fabricante. Esta información podrá asimismo facilitarse por dosis cuantificada en la etiqueta o por porción, siempre y cuando en el envase se especifique el número de porciones contenidas en su interior.

c) El contenido de proteínas, hidratos de carbono, grasas u otros nutrientes y sus componentes cuya declaración sería necesaria para usar el producto apropiadamente en la forma prevista, expresado en cifras por 100 g o 100 ml del producto ofrecido a la venta y, en su caso, por 100 g o 100 ml del producto listo para el consumo según las instrucciones del fabricante. Esta información podrá asimismo facilitarse por dosis cuantificada en la etiqueta o por porción, siempre y cuando en el envase se especifique el número de porciones contenidas en su interior.

d) Información sobre la osmolalidad o la osmolaridad del producto, según proceda.

e) Información sobre el origen y la naturaleza de las proteínas y de los hidrolizados proteicos contenidos en el producto.

3. En el etiquetado figurarán además obligatoriamente los siguientes extremos, precedidos por las palabras «aviso importante» o su equivalente:

a) una declaración en la que se diga que el producto debe utilizarse bajo supervisión médica;

b) una declaración en la que se diga si el producto es o no adecuado para ser consumido como única fuente de alimento;

c) si procede, una declaración en la que se diga que el producto va destinado a un grupo de edad específico;

d) si procede, una declaración en la que se diga que el producto puede perjudicar la salud de las personas que lo consuman sin estar afectados por alguna de las enfermedades, trastornos o afecciones para los que vaya destinado.

4. En el etiquetado figurará asimismo:

a) la declaración «Para el tratamiento dietético de...» en la que el espacio en blanco se completará con las enfermedades, trastornos o afecciones para los que vaya destinado;

b) si procede, una declaración sobre las precauciones adecuadas y las contraindicaciones;

c) una descripción de las propiedades y características pertinentes que expliquen la utilidad del producto, en particular en lo que se refiere a los nutrientes que hayan sido añadidos, reducidos, eliminados o modificados de otra forma, así como la justificación para su uso;

d) si procede, una advertencia de que el producto no debe administrarse por vía parenteral.

5. En el etiquetado figurarán las instrucciones adecuadas de preparación, uso y almacenamiento del producto tras la apertura del envase, según proceda.

Artículo 5

1. Para facilitar el control eficaz de los alimentos dietéticos destinados a usos médicos especiales, cuando uno de estos productos sea puesto en el mercado, el fabricante o, si el producto se fabrica en un tercer país, el importador, informará de ello a las autoridades competentes de los Estados miembros en los que el producto se comercialice, transmitiéndoles una muestra de la etiqueta correspondiente. Los Estados miembros podrán optar por no imponer esta obligación si pueden demostrar que la notificación no es necesaria al objeto de controlar eficazmente estos productos en su territorio.

2. A efectos del presente artículo, se entenderá por «autoridades competentes» las mencionadas en el apartado 4 del artículo 9 de la Directiva 89/398/CEE.

Artículo 6

Los Estados miembros adoptarán las disposiciones legales, reglamentarias y administrativas necesarias para cumplir la presente Directiva a más tardar el 30 de abril de 2000. Informarán inmediatamente de ello a la Comisión.

Dichas disposiciones legales, reglamentarias y administrativas se aplicarán de forma que:

— quede autorizada la comercialización de los productos que se ajusten a la presente Directiva a partir del 1 de mayo de 2000;

— quede prohibida la comercialización de los productos que no se ajusten a la presente Directiva a partir del 1 de noviembre de 2001.

Cuando los Estados miembros adopten dichas disposiciones, éstas harán referencia a la presente Directiva o irán acompañadas de dicha referencia en su publicación oficial. Los Estados miembros establecerán las modalidades de la mencionada referencia.

Artículo 7

La presente Directiva entrará en vigor el vigésimo día siguiente al de su publicación en el Diario Oficial de las Comunidades Europeas.

Artículo 8

Los destinatarios de la presente Directiva serán los Estados miembros.

ANEXO.-

Composición esencial de los alimentos dietéticos destinados a usos médicos especiales

[Anexo no reproducido en la presente publicación]

23 de junio de 2000.- Directiva nº 2000/36/CE
del Parlamento Europeo y del Consejo,
relativa a los productos de cacao y de chocolate destinados a la alimentación humana
(D.O. L 197, 3 de agosto de 2000)

[V.C. 21/12/2008]

TJUE, 25 de noviembre de 2010, Asunto C-47/09, Comisión Europea contra República Italiana. [Interpretación de los Arts. 3(1) y (5)] [Aproximación de las legislaciones - Productos de cacao y de chocolate - Etiquetado - Adición de la palabra "puro" o de la expresión "chocolate puro" al etiquetado de determinados productos].

EL PARLAMENTO EUROPEO Y EL CONSEJO DE LA UNIÓN EUROPEA,

Visto el Tratado constitutivo de la Comunidad Europea y, en particular, su artículo 95,

Vista la propuesta de la Comisión,

Visto el dictamen del Comité Económico y Social,

De conformidad con el procedimiento establecido en el artículo 251 del Tratado,

Considerando lo siguiente:

(1) De conformidad con las conclusiones del Consejo Europeo de Edimburgo de los días 11 y 12 de diciembre de 1992, confirmadas en el Consejo Europeo de Bruselas de los días 10 y 11 de diciembre de 1993, procede simplificar determinadas Directivas verticales en materia de productos alimenticios, con objeto de tener en cuenta únicamente los requisitos esenciales que deben cumplir los productos contemplados por dichas Directivas a fin de que puedan circular libremente en el mercado interior.

(2) La Directiva 73/241/CEE del Consejo, de 24 de julio de 1973, relativa a la aproximación de las legislaciones de los Estados miembros sobre los productos de cacao y de chocolate destinados a la alimentación humana, se justificaba por el hecho de que las diferencias existentes entre las legislaciones nacionales sobre diferentes tipos de productos de cacao y de chocolate podían obstaculizar la libre circulación de estos productos, y repercutían por ello de forma directa en la realización y funcionamiento del mercado común.

(3) Dicha Directiva tenía, pues, por objeto establecer definiciones y normas comunes sobre la composición, las características de fabricación, envase y etiquetado de los productos de cacao y de chocolate, a fin de garantizar su libre circulación dentro de la Comunidad.

(4) Deben modificarse dichas definiciones y normas para tener en cuenta los progresos tecnológicos realizados y la evolución de los gustos de los consumidores, y a fin de adaptarlas a la legislación comunitaria general aplicable a todos los productos alimenticios, especialmente a la relativa al etiquetado, los edulcorantes y otros aditivos autorizados, los agentes aromáticos, los disolventes de extracción y los métodos de análisis.

(5) Determinados Estados miembros permiten la adición de hasta un máximo del 5 % de materias grasas vegetales distintas de la manteca de cacao en los productos de chocolate.

(6) La adición a los productos de chocolate de determinadas grasas vegetales que no sean manteca de cacao hasta un máximo de 5 % debería permitirse en todos los Estados miembros; dichas grasas vegetales deberían ser equivalentes a la manteca de cacao y por consiguiente definirse de conformidad con criterios técnicos y científicos.

(7) Con el fin de garantizar la unicidad del mercado interior, todos los productos de chocolate pertenecientes al ámbito de aplicación de la presente Directiva deben poder circular en la Comunidad con las denominaciones de venta establecidas en las disposiciones del anexo I de la presente Directiva.

(8) En virtud de las normas generales sobre etiquetado de los productos alimenticios que establece la Directiva 79/112/CEE del Consejo, de 18 de diciembre de 1978, relativa a la aproximación de las legislaciones de los Estados miembros en materia de etiquetado, presentación y publicidad de los productos alimenticios, en particular la inclusión de la lista de los ingredientes de conformidad con lo dispuesto en el artículo 6 resulta obligatoria; la presente Directiva hace aplicable al cacao y al chocolate las disposiciones de la Directiva 79/112/CEE a fin de proporcionar a los consumidores la información correcta.

(9) Por lo que respecta a los productos de chocolate a los que se hayan añadido materias grasas vegetales distintas de la manteca de cacao, conviene garantizar al consumidor una información correcta, neutra y objetiva además de la lista de ingredientes.

(10) Por otra parte, la Directiva 79/112/CEE no impide que en el etiquetado de productos de chocolate se indique que no se han añadido materias grasas vegetales distintas de la manteca de cacao, siempre que la información sea correcta, neutra y objetiva y no induzca a error al consumidor.

(11) Algunas denominaciones de venta reservadas por la presente Directiva son utilizadas en denominaciones de venta compuestas, ya consagradas por el uso en determinados Estados miembros, para designar productos que no pueden confundirse con los que se definen en la presente Directiva; por consiguiente, deben mantenerse dichas denominaciones; no obstante, la utilización de estas denominaciones debe ser conforme a las disposiciones de la Directiva 79/112/CEE y, en particular a su artículo 5.

(12) El desarrollo del mercado interior desde la adopción de la Directiva 73/241/CEE permite equiparar el «chocolate familiar» al «chocolate».

(13) Conviene mantener la excepción prevista en la Directiva 73/241/CEE, por la que se permite al Reino Unido y a Irlanda autorizar, en su territorio, la utilización de la denominación milk chocolate para designar el milk chocolate with high milk content, sin embargo la denominación inglesa milk chocolate with high milk content debería sustituirse por la denominación family milk chocolate.

(14) En virtud del principio de proporcionalidad, la presente Directiva se limita a lo que es necesario para alcanzar los objetivos del Tratado, de conformidad con el párrafo tercero de su artículo 5.

(15) El cacao, la manteca de cacao y una serie de otras materias grasas vegetales utilizadas en la producción del chocolate se elaboran principalmente en los países en desarrollo; en interés de la población de estos países en desarrollo, conviene concluir acuerdos de una duración lo más larga posible, y, por ello, la Comisión ha de examinar qué ayuda puede aportar la Comunidad en este contexto por lo que se refiere a la manteca de cacao y otras materias grasas vegetales (por ejemplo, mediante el fomento del «comercio equitativo»).

(16) Las medidas necesarias para la ejecución de la presente Directiva serán aprobadas con arreglo a lo dispuesto en la Decisión 1999/468/CE del Consejo, de 28 de junio de 1999, por la que se establecen los procedimientos para el ejercicio de las competencias de ejecución atribuidas a la Comisión.

(17) A fin de evitar la creación de nuevos obstáculos a la libre circulación, es conveniente que los Estados miembros no adopten, respecto a los productos en cuestión, disposiciones nacionales no previstas en la presente Directiva.

HAN ADOPTADO LA PRESENTE DIRECTIVA:

Artículo 1

La presente Directiva se aplicará a los productos de cacao y de chocolate destinados a la alimentación humana definidos en el anexo I.

Artículo 2

1. A los productos de chocolate definidos en los puntos 3, 4, 5, 6, 8 y 9 de la parte A del anexo I podrán añadirse, además de la manteca de cacao, las grasas vegetales que se definen y enumeran en el anexo II. Esta adición no podrá exceder del 5 % en relación con el producto acabado, una vez deducido el peso total de las otras materias comestibles que se hayan utilizado de conformidad con la parte B del anexo I, sin que se reduzca el contenido mínimo en manteca de cacao o en materia seca total de cacao.

2. Los productos de chocolate que, con arreglo al apartado 1, contengan materias grasas vegetales distintas de la manteca de cacao podrán comercializarse en todos los Estados miembros, siempre que en su etiquetado, con arreglo al artículo 3, figure una mención bien visible y claramente legible: «contiene grasas vegetales además de manteca de cacao». Dicha indicación deberá aparecer en el mismo campo visual que la lista de ingredientes, claramente diferenciada de dicha lista, en caracteres de al menos igual tamaño, en negrita y cerca de la denominación de venta; no obstante este requisito, la denominación de venta también puede aparecer en otro lugar.

3. Cualquier modificación del anexo II deberá efectuarse con arreglo al procedimiento establecido en el artículo 95 del Tratado.

4. A más tardar el 3 de febrero de 2006, si fuera necesario la Comisión presentará, de conformidad con lo dispuesto en el artículo 95 del Tratado y teniendo en cuenta los resultados de un estudio sobre las repercusiones de la presente Directiva en la economía de los países que producen cacao y otras grasas vegetales distintas de la manteca de cacao, una propuesta de modificación de la lista del anexo II.

Artículo 3

La Directiva 79/112/CEE será aplicable a los productos definidos en el anexo I, con arreglo de las condiciones siguientes:

1) Las denominaciones de venta que figuran en el anexo I solo se aplicarán a los productos que en él figuran y deberán ser utilizadas en el comercio para designarlos.

No obstante, dichas denominaciones de venta podrán también utilizarse, de forma complementaria y con arreglo a las disposiciones o usos que les sean aplicables en el Estado miembro en que tenga lugar la venta al consumidor final, para designar otros productos que no puedan confundirse con los que se definen en el anexo I.

2) Cuando los productos definidos en los puntos 3, 4, 5, 6, 7 y 10 de la parte A del anexo I se vendan en surtidos, sus denominaciones de venta podrán sustituirse por las denominaciones «chocolates surtidos» o «chocolates rellenos surtidos», o una denominación similar. En este caso, podrá haber una única lista de ingredientes para el conjunto de productos que compongan el surtido.

3) El etiquetado de los productos de cacao y de chocolate definidos en las letras c) y d) del punto 2 y en los puntos 3, 4, 5, 8 y 9 de la parte A del anexo I deberá indicar el contenido de materia seca total de cacao mediante la mención: «cacao: ... % mínimo».

4) En los casos previstos en la letra b) del punto 2 y en la segunda parte de la frase de la letra d) del punto 2 de la parte A del anexo I, el etiquetado deberá indicar el contenido de manteca de cacao.

5) Las denominaciones de venta «chocolate», «chocolate con leche» y «cobertura de chocolate» previstas en el anexo I podrán completarse mediante menciones o calificativos referentes a criterios de calidad, siempre que los productos contengan:

— en el caso del chocolate, como mínimo un 43 % de materia seca total de cacao, de la cual al menos un 26 % será de manteca de cacao,

— en el caso del chocolate con leche, como mínimo, un 30 % de materia seca total de cacao y un 18 % de extracto seco procedente de la leche obtenido de la deshidratación parcial o total de leche entera, semidesnatada o desnatada, de nata, de nata parcial o totalmente deshidratada, mantequilla o materia grasa láctea, del cual al menos un 4,5 % será materia grasa láctea,

— en el caso de la cobertura de chocolate, como mínimo un 16 % de materia seca de cacao desgrasado.

Artículo 4

Por lo que respecta a los productos definidos en el anexo I, los Estados miembros no adoptarán disposiciones nacionales no previstas en la presente Directiva.

Artículo 5

1. Las siguientes medidas, necesarias para la ejecución de la presente Directiva y destinadas a modificar elementos no esenciales de la presente Directiva, incluso completándola, se adoptarán con arreglo al procedimiento de reglamentación con control contemplado en el artículo 6, apartado 2:

— medidas de adaptación de la presente Directiva a las disposiciones comunitarias generales aplicables a los productos alimenticios,

— medidas de adaptación al progreso técnico de las disposiciones previstas en el anexo I, partes B.2, C y D.

2. A más tardar el 3 de agosto de 2003, y sin perjuicio de lo dispuesto en el apartado 3 del artículo 2, el Parlamento Europeo y el Consejo volverán a examinar, a propuesta de la Comisión, el segundo guión del apartado 1 del presente artículo, con vistas a la posible ampliación del procedimiento de adaptación al progreso científico y técnico.

Artículo 6

1. La Comisión estará asistida por el Comité permanente de la cadena alimentaria y de sanidad animal creado por el artículo 58 del Reglamento (CE) nº 178/2002 del Parlamento Europeo y del Consejo.

2. En los casos en que se haga referencia al presente apartado, serán de aplicación el artículo 5 bis, apartados 1 a 4, y el artículo 7 de la Decisión 1999/468/CE, observando lo dispuesto en su artículo 8.

Artículo 7

Queda derogada la Directiva 73/241/CEE del Consejo con efectos a partir del 3 de agosto de 2003.

Las referencias a la Directiva derogada se entenderán hechas a la presente Directiva.

Artículo 8

1. Los Estados miembros adoptarán las disposiciones legales, reglamentarias y administrativas necesarias para dar cumplimiento a lo establecido en la presente Directiva antes del 3 de agosto de 2003. Informarán inmediatamente de ello a la Comisión.

2. Dichas disposiciones se aplicarán de forma que:

— se autorice la comercialización de los productos definidos en el anexo I, si se ajustan a las definiciones y normas previstas en la presente Directiva, a partir del 3 de agosto de 2003,

— se prohíba la comercialización de los productos que no se ajusten a la presente Directiva, a partir del 3 de agosto de 2003.

No obstante, se permitirá la comercialización de productos que no se ajusten a la presente Directiva, pero etiquetados antes del 3 de agosto de 2003 de conformidad con la Directiva 73/241/CEE, hasta que se agoten las existencias.

3. Cuando los Estados miembros adopten dichas disposiciones, éstas harán referencia a la presente Directiva o irán acompañadas de dicha referencia en su publicación oficial. Los Estados miembros establecerán las modalidades de la mencionada referencia.

Artículo 9

La presente Directiva entrará en vigor el día de su publicación en el Diario Oficial de las Comunidades Europeas.

Artículo 10

Los destinatarios de la presente Directiva serán los Estados miembros.

ANEXO I.-

Denominaciones de venta, definiciones y características de los productos

[Anexo no reproducido en la presente publicación]

ANEXO II.-

Grasas vegetales contempladas en el apartado 1 del artículo 2

[Anexo no reproducido en la presente publicación]

10 de junio de 2002.- Directiva nº 2002/46/CE
del Parlamento Europeo y del Consejo,
relativa a la aproximación de las legislaciones de los Estados miembros en materia de complementos alimenticios
(D.O. L 183, 12 de julio de 2002)

[V.C. 05/12/2011]

TJUE, 29 de abril de 2010, Asunto C-446/08, Solgar Vitamin's France y otros contra Ministre de l'Économie, des Finances et de l'Emploi y otros. [Interpretación del Art. 5] [Aproximación de las legislaciones de los Estados miembros sobre complementos alimenticios - Vitaminas y minerales que pueden utilizarse en la fabricación de complementos alimenticios - Cantidades máximas - Armonización a nivel de la Unión - Inexistencia - Competencias de los Estados miembros - Modalidades que deben respetarse y criterios que se han de tomar en consideración en la fijación de dichas cantidades - Normativa nacional que fija dichas cantidades]

TJUE, 15 de noviembre de 2007, Asunto C-319/05, Comisión de las Comunidades Europeas contra República Federal de Alemania. [Recurso por incumplimiento - Preparado de ajo en cápsulas - Preparado comercializado legalmente como complemento alimenticio en determinados Estados miembros - Preparado clasificado como medicamento en el Estado miembro de importación - Concepto de "medicamento"]

TJUE, 12 de julio de 2005, Asuntos acumulados C-154/04 y C-155/04, The Queen, a instancia de Alliance for Natural Health y Nutri-Link Ltd contra Secretary of State for Health (C-154/04) y The Queen, a instancia de National Association of Health Stores y Health Food Manufacturers Ltd contra Secretary of State for Health y National Assembly for Wales (C-155/04). [Interpretación de los Arts. 3, 4 (1) y 15(b) y de los anexos I y II] [Aproximación de las legislaciones - Complementos alimenticios - Prohibición de comercializar los productos que no se atienen a la Directiva]

TJUE, 9 de junio de 2005, Asuntos acumulados C-211/03, C-299/03 y C-316/03 a C-318/03, HLH Warenvertriebs GmbH (C-211/03) y Orthica BV (C-299/03 y C-316/03 a C-318/03) contra Bundesrepublik Deutschland. [Interpretación de los Arts. 5(1)(a) y (12)]

EL PARLAMENTO EUROPEO Y EL CONSEJO DE LA UNIÓN EUROPEA,

Visto el Tratado constitutivo de la Comunidad Europea y, en particular, su artículo 95,

Vista la propuesta de la Comisión,

Visto el dictamen del Comité Económico y Social,

De conformidad con el procedimiento establecido en el artículo 251 del Tratado,

Considerando lo siguiente:

(1) Existe en la Comunidad un creciente número de productos comercializados en calidad de alimentos que contienen fuentes concentradas de nutrientes, y que se presentan con la finalidad de complementar la ingesta de tales nutrientes en la dieta normal.

(2) En los Estados miembros, estos productos se ven regulados por normas nacionales diferentes, que pueden obstaculizar su libre circulación y crear condiciones desiguales de competencia y, por lo tanto, tener un efecto directo sobre el funcionamiento del mercado interior. Es preciso, por esta razón, adoptar normas a escala comunitaria aplicables a estos productos comercializados en calidad de alimentos.

(3) En circunstancias normales, una dieta adecuada y equilibrada puede proporcionar todos los nutrientes necesarios para el normal desarrollo y mantenimiento de un organismo sano, en las cantidades establecidas y recomendadas a tenor de los datos científicos generalmente aceptados. Sin embargo, las investigaciones realizadas demuestran que esta situación ideal no se da en la práctica para todos los nutrientes, ni para todos los grupos de población de la Comunidad.

(4) A causa de sus modos de vida o por otras razones, los consumidores pueden decidir incrementar la ingesta de algunos nutrientes mediante complementos alimenticios.

(5) Al objeto de garantizar un elevado nivel de protección de los consumidores y de facilitarles la elección, es necesario que los productos comercializados no presenten peligro y exhiban unas etiquetas adecuadas y suficientes.

(6) Existe una amplia gama de nutrientes y otros elementos que pueden estar presentes en los complementos alimenticios, incluyendo, entre otros, las vitaminas, minerales, aminoácidos, ácidos grasos esenciales, fibras y diversas plantas y extractos de hierbas.

(7) En una primera fase, la presente Directiva debería establecer normas específicas para las vitaminas y los minerales utilizados como ingredientes de complementos alimenticios. Asimismo es importante que los complementos alimenticios que contengan vitaminas o minerales, así como otros ingredientes, también sean conformes a las normas específicas sobre vitaminas y minerales establecidas en la presente Directiva.

(8) Conviene adoptar, en una fase posterior, una vez que se disponga de datos científicos adecuados al respecto, las normas específicas relativas a los nutrientes, que no sean vitaminas o minerales, u otras sustancias con un efecto nutricional o fisiológico utilizadas como ingredientes de complementos alimenticios. Hasta la adopción de dichas normas comunitarias específicas, y sin perjuicio de lo dispuesto en el Tratado, podrán aplicarse las normas nacionales relativas a los nutrientes u otras sustancias con efecto nutricional o fisiológico utilizados como ingredientes de los complementos alimenticios para los cuales no se hayan adoptado normas específicas comunitarias.

(9) Es importante que sólo se permita que estén presentes en los complementos alimenticios las vitaminas y los minerales habitualmente contenidos y consumidos dentro de la dieta, sin que ello implique que su presencia en tales productos sea necesaria. Debe evitarse toda posible controversia en torno a la identidad de estos nutrientes. Por lo tanto, resulta oportuno establecer una lista positiva de los mencionados minerales y vitaminas.

(10) Existe una amplia gama de preparados vitamínicos y sustancias minerales utilizados en la fabricación de complementos alimenticios actualmente comercializados en algunos Estados miembros que no han sido todavía evaluados por el Comité científico de la alimentación Humana y que, por consiguiente, no están incluidos en las listas positivas. Conviene que estos preparados y sustancias sean presentados urgentemente a la Autoridad Europea de Seguridad Alimentaria para que éste los evalúe, tan pronto como las partes interesadas presenten los expedientes adecuados.

(11) Es esencial que las sustancias químicas utilizadas como fuentes de vitaminas y minerales en la fabricación de los complementos alimenticios no sólo no presenten peligro, sino también que sean aprovechables por el organismo. En consecuencia conviene establecer normativamente una lista positiva de estas sustancias. En la fabricación de los complementos alimenticios pueden asimismo emplearse las sustancias que hayan sido aprobadas por el Comité científico de la alimentación humana sobre la base de los criterios mencionados, para su utilización en la fabricación de alimentos destinados a lactantes y a niños de corta edad, y otros alimentos para usos nutricionales particulares.

(12) Es importante revisar las listas en el plazo más breve posible, al objeto de mantenerlas actualizadas con respecto a los descubrimientos científicos y tecnológicos, si aparece necesario. Para simplificar y agilizar el procedimiento tales revisiones adoptarían la forma de medidas de aplicación de carácter técnico, y su adopción debe ser delegada en la Comisión.

(13) Una ingesta excesiva de vitaminas y minerales puede tener efectos perjudiciales y, por tanto, es posible que haya que establecer niveles máximos en los complementos alimenticios, si tal es el caso. Estos niveles deberían garantizar que la utilización normal de los productos, siguiendo las instrucciones de uso proporcionadas por el fabricante, no presenta peligro para los consumidores.

(14) A dicho efecto es necesario que, al establecerse las cantidades máximas se tengan en cuenta los niveles máximos de vitaminas y minerales en términos de seguridad, tal como se hayan establecido mediante la evaluación científica del riesgo a partir de datos científicos reconocidos y la ingesta de estos nutrientes a partir de la dieta normal. Al establecerse las cantidades máximas también se tendrán en cuenta las aportaciones de referencia.

(15) Los consumidores adquieren complementos alimenticios con el propósito de complementar la ingesta de determinados elementos que ofrece su dieta habitual. Para garantizar que este objetivo se cumpla, es importante que, si en la etiqueta de los complementos alimenticios figuran determinadas vitaminas y minerales, estos estén presentes en el producto en cantidades significativas.

(16) La adopción de los valores concretos para los niveles máximos y mínimos de vitaminas y minerales contenidos en los complementos alimenticios, basados en los criterios establecidos en la presente Directiva y en datos científicos adecuados, constituye una medida de aplicación que procede delegar en la Comisión.

(17) Las disposiciones y definiciones generales sobre etiquetado se recogen en la Directiva 2000/13/CE del Parlamento Europeo y del Consejo, de 20 de marzo de 2000, relativa a la aproximación de las legislaciones de los Estados miembros en materia de etiquetado, presentación y publicidad de los productos alimenticios, y no es necesario repetirlas. Por lo tanto, procede que la presente Directiva se limite a establecer las disposiciones adicionales que sean necesarias.

(18) La Directiva 90/496/CEE del Consejo, de 24 de septiembre de 1990, relativa al etiquetado sobre propiedades nutritivas de los productos alimenticios, no es de aplicación a los complementos alimenticios. La información relativa al contenido de nutrientes de los complementos alimenticios es, sin embargo, esencial para que el consumidor pueda tomar una decisión informada y consciente, y utilizarlos de manera adecuada y sin peligro. En vista de la naturaleza de estos productos, esta información debe limitarse a los nutrientes que realmente contiene el producto, y ser obligatoria.

(19) Dada la índole particular de los complementos alimenticios, deben establecerse otros medios adicionales, además de los que están habitualmente a la disposición de los órganos de supervisión y control, para facilitar una supervisión eficaz de tales productos.

(20) Las medidas necesarias para la ejecución de la presente Directiva deben aprobarse con arreglo a la Decisión 1999/468/CE del Consejo, de 28 de junio de 1999, por la que se establecen los procedimientos para el ejercicio de las competencias de ejecución atribuidas a la Comisión.

HAN ADOPTADO LA PRESENTE DIRECTIVA:

Artículo 1

1. La presente Directiva se aplicará a los complementos alimenticios comercializados en calidad de productos alimenticios y presentados como tales. Estos productos se entregarán al consumidor final únicamente preenvasados.

2. La presente Directiva no se aplicará a los productos medicinales definidos por la Directivas 2001/83/CE del Parlamento Europeo y del Consejo, de 6 de noviembre de 2001, por la que se establece un código comunitario sobre medicamentos para uso humano.

Artículo 2

A los efectos de la presente Directiva, se entenderá por:

a) «complementos alimenticios»: los productos alimenticios cuyo fin sea complementar la dieta normal y consistentes en fuentes concentradas de nutrientes o de otras sustancias que tengan un efecto nutricional o fisiológico, en forma simple o combinada, comercializados en forma dosificada, es decir cápsulas, pastillas, tabletas, píldoras y otras formas similares, bolsitas de polvos, ampollas de líquido, botellas con cuentagotas y otras formas similares de líquidos y polvos que deben tomarse en pequeñas cantidades unitarias;

b) «nutrientes»: las sustancias siguientes:

i) vitaminas,

ii) minerales.

Artículo 3

Los Estados miembros deberán garantizar que los complementos alimenticios no puedan comercializarse en la Comunidad si no cumplen las normas establecidas en la presente Directiva.

Artículo 4

1. Sólo podrán utilizarse en la fabricación de complementos alimenticios las vitaminas y minerales enumerados en el anexo I, y en las formas enumeradas en el anexo II, sin perjuicio del apartado 6.

2. Respecto de las sustancias enumeradas en el anexo II de la presente Directiva, los criterios de pureza serán adoptados por la Comisión, excepto cuando esos criterios se apliquen con arreglo al apartado 3. Estas medidas, destinadas a modificar elementos no esenciales de la presente Directiva completándola, se adoptarán con arreglo al procedimiento de reglamentación con control contemplado el artículo 13, apartado 3.

3. Respecto de las sustancias enumeradas en el anexo II se aplicarán los criterios de pureza que establece la legislación comunitaria para su utilización en la fabricación de productos alimenticios con fines distintos de los previstos en la presente Directiva.

4. Respecto de las sustancias enumeradas en el anexo II para las que la legislación comunitaria no especifique criterios de pureza, y mientras no se adopten tales especificaciones, se aplicarán criterios de pureza generalmente aceptables y recomendados por organismos internacionales, y podrán mantenerse las normas nacionales que establezcan criterios de pureza más estrictos.

5. Dado que las modificaciones de las listas mencionadas en el apartado 1 son medidas destinadas a modificar elementos no esenciales de la presente Directiva, se adoptarán con arreglo al procedimiento de reglamentación con control contemplado el artículo 13, apartado 3. Por imperiosas razones de urgencia, la Comisión podrá recurrir al procedimiento de urgencia previsto en el artículo 13, apartado 4, para retirar una vitamina o mineral de la lista a que se refiere el apartado 1 del presente artículo.

6. No obstante lo dispuesto en el apartado 1 y hasta el 31 de diciembre de 2009, los Estados miembros podrán permitir en su territorio el uso de vitaminas y minerales no enumerados en el anexo I, o en las formas no enumeradas en el anexo II, siempre que:

a) la sustancia de que se trate se utilice en uno o más complementos alimenticios comercializados en la Comunidad en la fecha de entrada en vigor de la presente Directiva;

b) la Autoridad Europea de Seguridad Alimentaria no haya emitido ningún dictamen negativo respecto del uso de dicha sustancia, o de su uso en dicha forma, en la fabricación de complementos alimenticios, sobre la base de un expediente de apoyo del uso de la sustancia de que se trate, que el Estado miembro deberá presentar a la Comisión a más tardar el 12 de julio de 2005.

7. No obstante lo dispuesto en el apartado 6, los Estados miembros podrán, con arreglo a lo dispuesto en el Tratado, seguir aplicando las restricciones nacionales o prohibiciones vigentes en materia de complementos alimenticios que contengan vitaminas y minerales no incluidos en la lista del anexo I o en las formas no incluidas en el anexo II.

8. A más tardar el 12 de julio de 2007, la Comisión presentará al Parlamento Europeo y al Consejo un informe sobre la conveniencia de establecer normas específicas, incluidas, cuando resulte apropiado, listas positivas sobre categorías de nutrientes o de sustancias que tengan un efecto nutricional o fisiológico distintas de las mencionadas en el apartado 1, acompañadas de las propuestas de enmienda de la presente Directiva que la Comisión considere necesarias.

Artículo 5

1. Las cantidades máximas de vitaminas y minerales presentes en los complementos alimenticios por dosis diaria de consumo recomendada por el fabricante, se establecerán teniendo en cuenta los siguientes factores:

a) los niveles máximos de seguridad de vitaminas y minerales, tal como se hayan establecido mediante la evaluación científica del riesgo a partir de datos científicos reconocidos, teniendo en cuenta, según proceda, los diferentes grados de sensibilidad de las distintas categorías de consumidores;

b) la ingesta de vitaminas y minerales a partir de otras fuentes de alimentación.

2. Al establecerse las cantidades mínimas a que se refiere el apartado 1, también se tendrán debidamente en cuenta las aportaciones de referencia de vitaminas y minerales para la población.

3. Con objeto de garantizar que los complementos alimenticios contengan cantidades suficientes de vitaminas y minerales, se establecerán, según proceda, cantidades mínimas por dosis diaria de consumo recomendada por el fabricante.

4. Los valores máximos y mínimos de vitaminas y minerales mencionados en los apartados 1, 2 y 3 serán adoptados por la Comisión. Estas medidas, destinadas a modificar elementos no esenciales de la presente Directiva completándola, se adoptarán con arreglo al procedimiento de reglamentación con control contemplado el artículo 13, apartado 3.

Artículo 6

1. A efectos de la aplicación del apartado 1 del artículo 5 de la Directiva 2000/13/CE, la denominación con que se comercialicen los productos incluidos en el ámbito de aplicación de la presente Directiva deberá ser «complemento alimenticio».

2. La etiqueta, presentación y publicidad no atribuirá a los complementos alimenticios la propiedad de prevenir, tratar o curar una enfermedad humana, ni se referirá en absoluto a dichas propiedades.

3. Sin perjuicio de lo dispuesto en la Directiva 2000/13/CE, en el etiquetado figurarán obligatoriamente los siguientes datos:

a) la denominación de las categorías de nutrientes o sustancias que caractericen el producto, o una indicación relativa a la naturaleza de dichos nutrientes o sustancias;

b) la dosis del producto recomendada para consumo diario;

c) la advertencia de no superar la dosis diaria expresamente recomendada;

d) la afirmación expresa de que los complementos alimenticios no deben utilizarse como sustituto de una dieta equilibrada;

e) la indicación de que el producto se debe mantener fuera del alcance de los niños más pequeños.

Artículo 7

El etiquetado, la presentación y la publicidad de los complementos alimenticios no incluirán ninguna afirmación que declare o sugiera que una dieta equilibrada y variada no aporta las cantidades adecuadas de nutrientes en general.

Las normas de aplicación del presente artículo se determinarán, en caso necesario, con arreglo al procedimiento a que se refiere el apartado 2 del artículo 13.

Artículo 8

1. La cantidad de nutrientes o de sustancias con un efecto nutricional o fisiológico contenida en el producto se declarará en la etiqueta de forma numérica. Para las vitaminas y los minerales se utilizarán las unidades indicadas en el anexo I.

Las normas de aplicación del presente apartado se determinarán, en caso necesario, con arreglo al procedimiento contemplado en el apartado 2 del artículo 13.

2. Las cantidades declaradas de nutrientes o de otras sustancias serán, por dosis del producto, las recomendadas por el fabricante en la etiqueta para el consumo diario.

3. La información sobre vitaminas y minerales se expresará asimismo en porcentaje de los valores de referencia mencionados, en su caso, en el anexo de la Directiva 90/496/CEE.

Artículo 9

1. Los valores declarados mencionados en los apartados 1 y 2 del artículo 8 serán valores medios basados en el análisis del producto por parte del fabricante.

Las nuevas normas de aplicación del presente apartado, en particular con respecto a las diferencias entre los valores declarados y los establecidos durante inspecciones oficiales, se decidirán de acuerdo con el procedimiento previsto en el apartado 2 del artículo 13.

2. El porcentaje de los valores de referencia para vitaminas y minerales mencionado en el apartado 3 del artículo 8 podrá asimismo figurar en forma gráfica.

Las normas de aplicación del presente apartado se adoptarán, en caso necesario, con arreglo al procedimiento previsto en el apartado 2 del artículo 13.

Artículo 10

Con objeto de facilitar una supervisión eficaz de los complementos alimenticios, los Estados miembros podrán exigir que el fabricante o el responsable de la comercialización en su territorio notifique dicha comercialización a las autoridades competentes, enviándoles un ejemplar de la etiqueta utilizada en el producto.

Artículo 11

1. Sin perjuicio de lo dispuesto en el apartado 7 del artículo 4, los Estados miembros no podrán, alegando razones relacionadas con su composición, especificaciones de fabricación, presentación o etiquetado, prohibir ni restringir el comercio de los productos mencionados en el artículo 1 si éstos cumplen lo dispuesto en la presente Directiva y, en su caso, en los actos comunitarios adoptados en aplicación de la misma.

2. Sin perjuicio de las disposiciones pertinentes del Tratado CE, en particular de sus artículos 28 y 30, el apartado 1 no afectará a las disposiciones nacionales aplicables en ausencia de actos comunitarios adoptados en virtud de la presente Directiva.

Artículo 12

1. Si un Estado miembro, como consecuencia de datos nuevos o de la revisión de datos existentes con posterioridad a la adopción de la presente Directiva o de una de los actos comunitarios de aplicación, tiene motivos detallados que demuestren que un producto mencionado en el artículo 1 constituye un peligro para la salud humana, aunque cumpla lo dispuesto en tales normas comunitarias, el Estado miembro en cuestión podrá suspender o limitar provisionalmente la aplicación de dichas disposiciones dentro de su territorio. El Estado miembro de que se trate informará de ello sin dilación a los demás Estados miembros y a la Comisión, presentando las razones de su decisión.

2. La Comisión estudiará lo antes posible los motivos invocados por el Estado miembro en cuestión, y consultará a todos los Estados miembros en el seno del Comité permanente de la cadena alimentaria y de sanidad animal; a continuación emitirá su dictamen sin demora y adoptará las medidas pertinentes.

3. Para remediar las dificultades mencionadas en el apartado 1 y garantizar la protección de la salud humana, las adaptaciones de la presente Directiva o de las medidas de aplicación serán adoptadas por la Comisión. Estas medidas, destinadas a modificar elementos no esenciales de la presente Directiva, incluso completándola, se adoptarán con arreglo al procedimiento de reglamentación con control previsto en el artículo 13, apartado 3. Por imperiosas razones de urgencia, la Comisión podrá recurrir al procedimiento de urgencia previsto en el artículo 13, apartado 4. En tal caso, el Estado miembro que haya adoptado medidas de salvaguardia podrá mantenerlas en vigor hasta que se hayan adoptado las modificaciones.

Artículo 13

1. La Comisión estará asistida por el Comité permanente de la cadena alimentaria y de sanidad animal instituido por el Reglamento (CE) nº 178/2002 del Parlamento Europeo y del Consejo.

2. En los casos en que se haga referencia al presente apartado, se aplicarán los artículos 5 y 7 de la Decisión 1999/468/CE, observando lo dispuesto en su artículo 8.

El plazo contemplado en el artículo 5, apartado 6, de la Decisión 1999/468/CE queda fijado en tres meses.

3. En los casos en que se haga referencia al presente apartado, serán de aplicación el artículo 5 bis, apartados 1 a 4, y el artículo 7 de la Decisión 1999/468/CE, observando lo dispuesto en su artículo 8.

4. En los casos en que se haga referencia al presente apartado, serán de aplicación el artículo 5 bis, apartados 1, 2, 4 y 6, y el artículo 7 de la Decisión 1999/468/CE observando lo dispuesto en su artículo 8.

Artículo 14

Cualquier disposición que pueda tener efectos sobre la salud pública se adoptará previa consulta a la Autoridad Europea de Seguridad Alimentaria.

Artículo 15

Los Estados miembros adoptarán a más tardar el 31 de julio de 2003, las disposiciones legales, reglamentarias y administrativas necesarias para dar cumplimiento a lo dispuesto en la presente Directiva. Informarán inmediatamente de ello a la Comisión.

Las citadas disposiciones legales, reglamentarias y administrativas se aplicarán de tal forma que:

a) permitan, a más tardar a partir del 1 de agosto de 2003, el comercio de los productos que cumplan lo dispuesto en la presente Directiva;

b) prohíban, a más tardar a partir del 1 de agosto de 2005, el comercio de los productos que no cumplan lo dispuesto en la presente Directiva.

Cuando los Estados miembros adopten dichas disposiciones, éstas harán referencia a la presente Directiva o irán acompañadas de dicha referencia en su publicación oficial. Los Estados miembros establecerán las modalidades de la mencionada referencia.

Artículo 16

La presente Directiva entrará en vigor el día de su publicación en el Diario Oficial de las Comunidades Europeas.

Artículo 17

Los destinatarios de la presente Directiva serán los Estados miembros.

ANEXO I.-

Vitaminas y minerales que pueden utilizarse en la fabricación de complementos alimenticios

[Anexo no reproducido en la presente publicación]

ANEXO II.-
Sustancias vitamínicas y sustancias minerales que pueden utilizarse en la fabricación de complementos alimenticios

[Anexo no reproducido en la presente publicación]

24 de octubre de 2006.- Directiva nº 2006/88/CE

del Consejo,

relativa a los requisitos zoosanitarios de los animales y de los productos de la acuicultura, y a la prevención y el control de determinadas enfermedades de los animales acuático

(D.O. L 328, 24 de noviembre de 2006)

[V.C. 21/05/2008]

EL CONSEJO DE LA UNIÓN EUROPEA,

Visto el Tratado constitutivo de la Comunidad Europea y, en particular, su artículo 37,

Vista la propuesta de la Comisión,

Visto el dictamen del Parlamento Europeo,

Visto el dictamen del Comité Económico y Social Europeo,

Considerando lo siguiente:

(1) Los animales y los productos de la acuicultura entran en el ámbito de aplicación del anexo I del Tratado como animales vivos, pescados, moluscos y crustáceos. La reproducción, la cría y la puesta en el mercado de los animales y de los productos de la acuicultura constituye una importante fuente de ingresos para las personas que trabajan en este sector.

(2) En el contexto del mercado interior, se establecieron normas específicas para la puesta en el mercado y la introducción desde terceros países de los productos afectados por la Directiva 91/67/CEE del Consejo, de 28 de enero de 1991, relativa a las condiciones de policía sanitaria aplicables a la puesta en el mercado de animales y de productos de la acuicultura.

(3) Los focos de enfermedades en animales de la acuicultura podrían producir graves pérdidas al sector en cuestión. En la Directiva 93/53/CEE del Consejo, de 24 de junio de 1993, por la que se establecen medidas comunitarias mínimas de lucha contra determinadas enfermedades de los peces, y en la Directiva 95/70/CE del Consejo, de 22 de diciembre de 1995, por la que se establecen las normas comunitarias mínimas necesarias para el control de determinadas enfermedades de los moluscos bivalvos, se establecieron medidas mínimas que deben aplicarse en caso de focos de las enfermedades más importantes de los peces y los moluscos.

(4) La legislación comunitaria vigente se elaboró principalmente para tener en cuenta la explotación del salmón, la trucha y las ostras. Desde que se adoptó la legislación, el sector acuícola de la Comunidad se ha desarrollado de forma notable. Actualmente se utilizan en acuicultura algunas especies de peces adicionales, particularmente especies marinas. Asimismo, cada vez se han hecho más comunes nuevos tipos de prácticas de explotación que incluyen otras especies de peces, especialmente tras la reciente ampliación de la Comunidad. Además, cada vez es más importante la explotación de crustáceos, mejillones, almejas y orejas de mar.

(5) Todas las medidas de control de enfermedades tienen un efecto económico sobre la acuicultura. Unos controles inadecuados pueden dar lugar a la propagación de agentes patógenos, lo que puede producir pérdidas importantes y comprometer la situación zoosanitaria de los peces, moluscos y crustáceos del sector acuícola de la Comunidad. Por otra parte, una reglamentación excesiva podría traer consigo restricciones innecesarias al libre comercio.

(6) La Comunicación de la Comisión al Consejo y al Parlamento Europeo con fecha de 19 de septiembre de 2002 establece una estrategia para el desarrollo sostenible de la acuicultura europea. Dicha Comunicación esbozaba una serie de medidas destinadas a crear empleos a largo plazo en el sector de la acuicultura, incluida la promoción de unas normas estrictas de sanidad y bienestar de los animales, y acciones medioambientales que garanticen la sostenibilidad del sector que se deberán tener en cuenta.

(7) Desde la adopción de la Directiva 91/67/CEE, la Comunidad ha ratificado el Acuerdo sobre la aplicación de medidas sanitarias y fitosanitarias (acuerdo MSF) de la Organización Mundial del Comercio (OMC). El Acuerdo MSF hace referencia a las normas de la Organización Mundial de Sanidad Animal (OIE). Los requisitos zoosanitarios que establece la Directiva 91/67/CEE para la puesta en el mercado de animales vivos y de productos de la acuicultura en la Comunidad son más estrictos que dichas normas. Por tanto, la presente Directiva debe tener en cuenta el Código sanitario

para los animales acuáticos y el Manual de pruebas de diagnóstico para los animales acuáticos de la OIE.

(8) Para garantizar el desarrollo racional del sector de la acuicultura y aumentar su productividad, es preciso establecer en el ámbito comunitario normas sobre sanidad de los animales acuáticos. Dichas normas son necesarias, entre otras cosas, para contribuir a la realización del mercado interior y evitar la propagación de enfermedades infecciosas. La legislación debe ser flexible para tener en cuenta la continua evolución y la diversidad del sector de la acuicultura, así como la situación sanitaria de los animales acuáticos en la Comunidad.

(9) La presente Directiva debe abarcar todos los animales de acuicultura, así como los entornos que puedan afectar a la situación sanitaria de los mismos. En general, las disposiciones de la presente Directiva deben aplicarse solo a los animales acuáticos salvajes cuya situación medioambiental pueda incidir en la situación sanitaria de los animales de la acuicultura, o cuando sea necesario para cumplir el objetivo de otros actos legislativos comunitarios, como la Directiva 92/43/CEE del Consejo, de 21 de mayo de 1992, relativa a la conservación de los hábitats naturales y de la fauna y flora silvestres, o proteger especies que figuran en la lista elaborada por el Convenio sobre comercio internacional de especies amenazadas de fauna y flora silvestres (CITES). La presente Directiva no debe constituir un obstáculo para la adopción de normas más estrictas relativas a la introducción de especies no autóctonas.

(10) Los organismos competentes designados para los objetivos de la presente Directiva deben ejercer sus funciones conforme a los principios generales establecidos en el Reglamento (CE) nº 854/2004 del Parlamento Europeo y del Consejo, de 29 de abril de 2004, por el que se establecen normas específicas para la organización de controles oficiales de los productos de origen animal destinados al consumo humano, y el Reglamento (CE) nº 882/2004 del Parlamento Europeo y del Consejo, de 29 de abril de 2004, sobre los controles oficiales efectuados para garantizar la verificación del cumplimiento de la legislación en materia de piensos y alimentos y la normativa sobre salud animal y bienestar de los animales.

(11) Para el desarrollo de la acuicultura en la Comunidad es necesario aumentar la concienciación y la preparación de los organismos competentes y de los agentes económicos de la producción acuícola respecto a la prevención, el control y la erradicación de las enfermedades de los animales acuáticos.

(12) Los organismos competentes de los Estados miembros deben tener acceso a las técnicas y los conocimientos punteros en los ámbitos del análisis del riesgo y la epidemiología, y aplicarlos. Esto tiene cada vez más importancia, dado que las obligaciones internacionales se centran actualmente en el análisis del riesgo en relación con la adopción de medidas sanitarias.

(13) Conviene introducir a escala comunitaria un sistema de autorización de empresas de producción acuícola. Tal autorización permitiría a los organismos competentes establecer una visión global del sector de la acuicultura, que facilitaría la prevención, el control y la erradicación de las enfermedades de los animales acuáticos. Además, la autorización permite establecer requisitos específicos que deben cumplir las empresas de producción acuícola para ejercer su actividad. En la medida de lo posible, tal autorización debe combinarse con un régimen de autorización —o incluirse en el mismo— que los Estados miembros puedan tener ya establecido a otros efectos, por ejemplo en el marco de la legislación en materia de medio ambiente. De este modo la autorización no constituiría una carga suplementaria para el sector de la acuicultura.

(14) Los Estados miembros deben negarse a expedir una autorización si la actividad en cuestión plantea un riesgo inaceptable de propagación de enfermedades a otros animales de la acuicultura o a poblaciones de animales acuáticos salvajes. Antes de decidir el rechazo de una autorización, deben tomarse en consideración las medidas de reducción del riesgo o la ubicación alternativa de la actividad en cuestión.

(15) La cría de los animales de la acuicultura para el consumo humano se define como producción primaria en el Reglamento (CE) nº 852/2004 del Parlamento Europeo y del Consejo, de 29 de abril de 2004, relativo a la higiene de los productos alimenticios. En la medida de lo posible, las obligaciones impuestas a cada empresa de producción acuícola en virtud de la presente Directiva, como el mantenimiento de registros y los sistemas internos que permiten a las empresas de producción acuícola demostrar al organismo competente que se cumplen los requisitos pertinentes de la presente Directiva, deben combinarse con las obligaciones establecidas en el Reglamento (CE) nº 852/2004.

(16) Se debe prestar mayor atención a evitar la aparición de la enfermedad que a controlarla una vez que ha aparecido. Por tanto, conviene establecer unas medidas mínimas de prevención de enfermedades y de reducción del riesgo que deben aplicarse a toda la cadena de producción de la acuicultura, desde la fertilización y la incubación de los huevos hasta la transformación de los animales de acuicultura para el consumo humano, incluido el transporte.

(17) Para mejorar la sanidad animal en general y ayudar en la prevención y el control de las enfermedades animales mediante una mejor trazabilidad, los desplazamientos de los animales de la acuicultura deben registrarse. Cuando proceda, dichos desplazamientos deben estar sujetos también a una certificación zoosanitaria.

(18) Para poseer una visión general de la situación de la enfermedad, facilitar una reacción rápida en caso de sospecha sobre una enfermedad y proteger las explotaciones o las zonas de cría de moluscos que tengan un nivel zoosanitario elevado, debe aplicarse una vigilancia zoosanitaria general basada en el riesgo en todas esas explotaciones y zonas de cría de moluscos.

(19) Es necesario asegurarse de que no se propaguen las principales enfermedades de los animales acuáticos a escala comunitaria. Es preciso, por tanto, establecer unas disposiciones zoosanitarias armonizadas para la puesta en el mercado, además de disposiciones específicas aplicables a las especies sensibles a esas enfermedades. Por ello, debe establecerse una lista de dichas enfermedades y de las especies sensibles a ellas.

(20) La prevalencia de estas enfermedades de los animales acuáticos no es la misma en toda la Comunidad. Por tanto, conviene referirse al concepto de Estados miembros declarados «libres de enfermedades» y, cuando se trate de partes del territorio en cuestión, al concepto de zonas o compartimentos. Deben establecerse criterios y procedimientos generales para la concesión, el mantenimiento, la suspensión, el restablecimiento y la revocación de dicha calificación.

(21) Sin perjuicio de la Directiva 90/425/CEE del Consejo, de 26 de junio de 1990, relativa a los controles veterinarios y zootécnicos aplicables en los intercambios intracomunitarios de determinados animales vivos y productos con vistas a la realización del mercado interior, para mantener y mejorar la situación sanitaria general de los animales acuáticos en la Comunidad, los Estados miembros, las zonas o los compartimentos que hayan sido declarados libres de una o más de las enfermedades incluidas en la lista deben protegerse contra la introducción de esas enfermedades.

(22) En caso necesario, los Estados miembros podrán adoptar medidas de protección provisionales de conformidad con lo dispuesto en el artículo 10 de la Directiva 90/425/CEE y en el artículo 18 de la Directiva 91/496/CEE del Consejo, de 15 de julio de 1991, por la que se establecen los principios relativos a la organización de controles veterinarios de los animales que se introduzcan en la Comunidad procedentes de países terceros y por la que se modifican las Directivas 89/662/CEE, 90/425/CEE y 90/675/CEE.

(23) A fin de evitar restricciones al comercio innecesarias, debe permitirse el intercambio de animales de acuicultura entre los Estados miembros, zonas o compartimentos afectados por una o más de estas enfermedades, siempre que se adopten medidas adecuadas de reducción del riesgo, incluso durante el transporte.

(24) El sacrificio y la transformación de los animales de la acuicultura que estén sujetos a medidas de control de una enfermedad pueden propagar la enfermedad, entre otras cosas, como consecuencia del vertido de efluentes que contengan agentes patógenos procedentes de plantas de transformación. Por tanto, es necesario que los Estados miembros tengan acceso a los establecimientos de transformación que hayan sido debidamente autorizados a emprender dicho sacrificio y dicha transformación sin comprometer la situación sanitaria de los animales acuáticos de piscifactoría y los animales acuáticos salvajes, teniendo también en cuenta el vertido de efluentes.

(25) La designación de laboratorios comunitarios y nacionales de referencia ha de contribuir a que los resultados de los diagnósticos sean de elevada calidad y muy uniformes. Dicho objetivo puede alcanzarse mediante la aplicación de pruebas de diagnóstico validadas, la organización de pruebas comparativas y la formación del personal de laboratorio.

(26) Los laboratorios que intervienen en el examen de muestras oficiales deben aplicar procedimientos autorizados internacionalmente o criterios basados en normas de funcionamiento y deben emplear métodos de diagnóstico que, en la medida de lo posible, hayan sido validados. Para una serie de actividades relacionadas con dicho examen, el

Comité Europeo de Normalización (CEN) y la Organización Internacional de Normalización (ISO) han elaborado respectivamente normas europeas (normas EN) y normas internacionales (normas ISO) adecuadas para los objetivos de la presente Directiva. Dichas normas se refieren, en particular, al funcionamiento y la evaluación de laboratorios y al funcionamiento y la acreditación de los órganos de control.

(27) Para garantizar la detección precoz de cualquier posible foco de enfermedad de los animales acuáticos, es necesario obligar a las personas que estén en contacto con animales acuáticos de especies sensibles a que notifiquen cualquier caso sospechoso de enfermedad al organismo competente. Deben efectuarse inspecciones regulares en los Estados miembros para velar por que los agentes económicos de la producción acuícola se familiaricen con las normas generales sobre el control de enfermedades y la bioseguridad establecidas en la presente Directiva, y las apliquen.

(28) Es necesario evitar la propagación de enfermedades no exóticas, pero graves, en los animales de la acuicultura en cuanto aparezca un foco, procediendo a un seguimiento cuidadoso de la circulación de los animales y de los productos de la acuicultura, así como del uso de todo material que pueda estar contaminado. La elección de las medidas que deban tomar los organismos competentes se ajustará a la situación epidemiológica del Estado miembro en cuestión.

(29) Para anticipar la situación zoosanitaria de la Comunidad, conviene que los programas epidemiológicos de control y erradicación de determinadas enfermedades sean presentados por los Estados miembros para ser reconocidos a escala comunitaria.

(30) Con respecto a las enfermedades que no están sujetas a las medidas comunitarias, pero tienen importancia a escala local, el sector de la acuicultura, con ayuda de los organismos competentes de los Estados miembros, debe asumir una mayor responsabilidad en la prevención de la introducción o el control de dichas enfermedades a través de la autorregulación y la elaboración de «códigos de buenas prácticas». No obstante, puede que sea necesario que los Estados miembros adopten determinadas medidas nacionales de control. Dichas medidas nacionales deben estar justificadas, y ser necesarias y proporcionadas a los objetivos que se persiguen. Además, no deben afectar al comercio entre Estados miembros, a no ser que ello sea necesario para prevenir la introducción de la enfermedad o controlarla, y deben aprobarse y revisarse regularmente en el nivel comunitario. En espera de que se establezcan dichas medidas al amparo de la presente Directiva, conviene que sigan vigentes las garantías adicionales concedidas en virtud de la Decisión 2004/453/CE de la Comisión, de 29 de abril de 2004, por la que se establecen disposiciones de aplicación de la Directiva 91/67/CEE en lo que respecta a las medidas contra determinadas enfermedades de los animales de acuicultura.

(31) Cada vez hay más datos sobre enfermedades de los animales acuáticos que eran desconocidas hasta la fecha. Por ello, puede que un Estado miembro tenga que aplicar medidas de control en el caso de una de estas enfermedades emergentes. Tales medidas deben ser rápidas y estar adaptadas a cada caso, pero no deben mantenerse más de lo necesario para lograr su objetivo. Dado que dichas enfermedades emergentes pueden afectar también a otros Estados miembros, todos ellos y la Comisión deben ser informados de la presencia de una enfermedad emergente y de todas las medidas de control adoptadas.

(32) Para alcanzar el objetivo fundamental de mantener y, en caso de un foco, recuperar la calificación de «libre de enfermedades» en los Estados miembros, es necesario y conveniente establecer unas normas sobre las medidas destinadas a aumentar la preparación ante la enfermedad. Los focos deben controlarse lo más rápidamente posible, en caso necesario mediante una vacunación de urgencia, a fin de limitar los efectos negativos de la producción y el comercio de animales vivos y de productos de la acuicultura.

(33) En la Directiva 2001/82/CE del Parlamento Europeo y del Consejo, de 6 de noviembre de 2001, por la que se establece un código comunitario sobre medicamentos veterinarios, y en el Reglamento (CE) nº 726/2004 del Parlamento Europeo y del Consejo, de 31 de marzo de 2004, por el que se establecen procedimientos comunitarios para la autorización y el control de los medicamentos de uso humano y veterinario y por el que se crea la Agencia Europea de Medicamentos, se exige que, con pequeñas excepciones, todos los medicamentos veterinarios que se pongan en el mercado de la Comunidad cuenten con una autorización de comercialización. En general, todas las vacunas utilizadas en la Comunidad deben contar con una autorización de comercialización. Sin embargo, los Estados miembros pueden permitir la utilización de un

producto sin autorización de comercialización en caso de una epidemia grave, en determinadas condiciones, de conformidad con el Reglamento (CE) nº 726/2004. Las vacunas contra las enfermedades exóticas y emergentes de los animales de la acuicultura pueden reunir las características necesarias para tal excepción.

(34) La presente Directiva debe establecer disposiciones que garanticen el nivel necesario de preparación para abordar eficazmente las situaciones de emergencia relacionadas con uno o más focos de enfermedades exóticas o emergentes graves que afecten a la acuicultura, en particular, elaborando planes de urgencia para luchar contra ellas. Dichos planes de urgencia deben revisarse y actualizarse con regularidad.

(35) Cuando el control de una enfermedad grave de los animales acuáticos esté sujeta a medidas de erradicación comunitarias armonizadas, se debe permitir a los Estados miembros que utilicen la contribución financiera de la Comunidad en virtud del Reglamento (CE) nº 1198/2006 del Consejo, de 27 de julio de 2006, sobre el Fondo Europeo de la Pesca. Todas las solicitudes de ayuda de la Comunidad deben estar sujetas a examen por lo que se refiere al cumplimiento de las disposiciones de control establecidas en la presente Directiva.

(36) Los animales vivos y los productos de la acuicultura importados de terceros países no deben representar ningún peligro zoosanitario para los animales acuáticos de la Comunidad. A tal fin, la presente Directiva debe establecer medidas para impedir la introducción de epizootias.

(37) Para salvaguardar la situación sanitaria de los animales acuáticos en la Comunidad, es necesario seguir velando por que los envíos de animales vivos de la acuicultura que transiten por la Comunidad cumplan los requisitos zoosanitarios pertinentes y aplicables a las especies en cuestión.

(38) La puesta en el mercado de animales acuáticos ornamentales afecta a una gran variedad de especies, a menudo tropicales, cuyo fin es exclusivamente ornamental. Normalmente se mantienen dichos animales acuáticos ornamentales en acuarios o estanques privados, centros de jardinería o en acuarios de exposición que no están en contacto directo con las aguas comunitarias. Por consiguiente, los animales acuáticos ornamentales que se mantienen en tales condiciones no plantean el mismo riesgo para otros sectores de la acuicultura de la Comunidad ni para las poblaciones de animales acuáticos salvajes. Por ello, procede establecer disposiciones especiales aplicables a la puesta en el mercado, el tránsito y la importación de animales acuáticos ornamentales que se mantengan en tales condiciones.

(39) Sin embargo, en caso de que los animales acuáticos ornamentales se mantengan fuera de sistemas cerrados o acuarios, en contacto directo con las aguas naturales de la Comunidad, pueden plantear un riesgo importante para la acuicultura y las poblaciones de animales acuáticos salvajes de la Comunidad. Es el caso concreto de las poblaciones de carpas (Cyprinidae), ya que peces ornamentales populares, como la carpa koi, son sensibles a algunas enfermedades que afectan a otras especies de carpas de piscifactoría de la Comunidad o que se encuentran en el medio natural. En tales casos deben aplicarse las disposiciones generales de la presente Directiva.

(40) Para simplificar, es esencial que se establezcan vías electrónicas de intercambio de información, lo cual beneficiaría al sector de la acuicultura y a los organismos competentes. Para cumplir dicha obligación, es necesario introducir criterios comunes.

(41) Los Estados miembros deben determinar el régimen de sanciones aplicable a las infracciones de las disposiciones de la presente Directiva y velar por su aplicación. Dichas sanciones deben ser eficaces, proporcionadas y disuasorias.

(42) Con arreglo al apartado 34 del Acuerdo interinstitucional «Legislar mejor», se alienta a los Estados miembros a que en su propio interés y en el de la Comunidad establezcan sus propias tablas, que muestren, en la medida de lo posible, las correspondencias entre las disposiciones de la presente Directiva y las disposiciones nacionales adoptadas, y a que las hagan públicas.

(43) Dado que los objetivos de la presente Directiva, a saber, regular la aproximación de los conceptos, principios y procedimientos que formen una base común para la legislación en materia de sanidad de los animales acuáticos en la Comunidad, no pueden ser alcanzados de manera suficiente por los Estados miembros y, por consiguiente, puedan lograrse mejor, debido a la dimensión o a los efectos de la acción contemplada, a nivel comunitario, la Comunidad puede adoptar medidas, de conformidad con el principio de subsidiariedad establecido en el artículo 5 del Tratado. De conformidad con el

principio de proporcionalidad establecido en ese mismo artículo, la Directiva no excederá de lo necesario para alcanzar dichos objetivos.

(44) Procede adoptar las medidas necesarias para la ejecución de la presente Directiva de conformidad con la Decisión 1999/468/CE del Consejo, de 28 de junio de 1999, por la que se establecen los procedimientos para el ejercicio de las competencias de ejecución atribuidas a la Comisión.

(45) Procede actualizar la legislación zoosanitaria de la Comunidad en lo que se refiere a los animales y los productos de la acuicultura. En consecuencia, las Directivas 91/67/CEE, 93/53/CEE y 95/70/CE deben derogarse y sustituirse por la presente Directiva.

HA ADOPTADO LA PRESENTE DIRECTIVA:

CAPÍTULO I.- OBJETO, ÁMBITO DE APLICACIÓN Y DEFINICIONES

Artículo 1.- *Objeto*

1. La presente Directiva establece:

a) los requisitos zoosanitarios aplicables a la puesta en el mercado de animales, la importación y el tránsito de animales y de productos de la acuicultura;

b) las medidas preventivas mínimas destinadas a aumentar la sensibilización y la preparación de los organismos competentes, los agentes económicos de la producción acuícola y demás agentes relacionados con dicho sector, en relación con las enfermedades de los animales acuáticos;

c) las medidas mínimas de control que deberán aplicarse en caso de sospecha o de aparición de un foco de determinadas enfermedades en animales acuáticos.

2. Los Estados miembros seguirán siendo libres para adoptar medidas más estrictas en el ámbito contemplado en el capítulo II, el artículo 13 y el capítulo V, siempre que tales medidas no afecten a los intercambios comerciales con otros Estados miembros.

Artículo 2.- *Ámbito de aplicación*

1. La presente Directiva no se aplicará a:

a) los animales acuáticos ornamentales criados en acuarios no comerciales;

b) los animales acuáticos salvajes recogidos o capturados para ser introducidos directamente en la cadena alimentaria;

c) los animales acuáticos capturados para producir harina de pescado, piensos para peces, aceite de pescado y productos similares.

2. El capítulo II, el capítulo III, secciones 1 a 4, y el capítulo VII no se aplicarán cuando los animales acuáticos ornamentales se mantienen en tiendas de animales, centros de jardinería, estanques de jardines, acuarios comerciales o en posesión de mayoristas:

a) sin ningún contacto directo con las aguas naturales de la Comunidad, o

b) que estén equipados con un sistema de tratamiento de efluentes que reduzca a un nivel aceptable el riesgo de transmisión de enfermedades en aguas naturales.

3. La presente Directiva se aplicará sin perjuicio de las disposiciones relativas a la conservación de las especies o a la introducción de especies no autóctonas.

Artículo 3.- *Definiciones*

1. A los efectos de la presente Directiva, se entenderá por:

a) «acuicultura»: cría o cultivo de organismos acuáticos con técnicas encaminadas a aumentar, por encima de las capacidades naturales del medio, la producción de los organismos en cuestión; estos serán, a lo largo de toda la fase de cría o cultivo y hasta el momento de su recogida, propiedad de una o varias personas físicas o jurídicas;

b) «animal de la acuicultura»: todo animal acuático en todas las fases de su vida, incluidos los huevos y el esperma o los gametos, criado en una explotación o zona de cría de moluscos, incluido todo animal acuático de estas características, procedente del medio natural y destinado a una explotación o una zona de cría de moluscos;

c) «empresa de producción acuícola»: toda empresa, con o sin ánimo de lucro, pública o privada, que lleve a cabo cualquier actividad relacionada con la cría, la guarda o el cultivo de animales de la acuicultura;

d) «agente económico de producción acuícola»: toda persona física o jurídica responsable de asegurar el cumplimiento de los requisitos de la presente Directiva en la empresa de producción acuícola que está bajo su control;

e) «animal acuático»:

i) peces pertenecientes a la superclase Agnatha y a las clases Chondrichthyes y Osteichthyes,

ii) moluscos pertenecientes al filum Mollusca,

iii) crustáceos pertenecientes al subfilum Crustacea;

f) «establecimiento de transformación autorizado»: cualquier empresa alimentaria aprobada de conformidad con el artículo 4 del Reglamento (CE) nº 853/2004 del Parlamento Europeo y del Consejo, de 29 de abril de 2004, por el que se establecen normas específicas de higiene de los alimentos de origen animal, para la transformación de animales de la acuicultura en alimentos y autorizada de conformidad con los artículos 4 y 5 de la presente Directiva;

g) «agente económico de establecimiento de transformación autorizado»: las personas físicas o jurídicas responsables de asegurar el cumplimiento de los requisitos de la presente Directiva en el establecimiento de transformación autorizado que está bajo su control;

h) «explotación»: cualquier local, recinto o instalación explotado por una empresa de producción acuícola en la que los animales de la acuicultura se críen con destino a ser puestos en el mercado, excepto aquellos en los que se encuentran temporalmente los animales acuáticos salvajes recogidos o capturados para el consumo humano, en espera de su sacrificio y sin ser alimentados;

i) «cría»: criar animales de la acuicultura en una explotación o en una zona de cría de moluscos;

j) «zona de cría de moluscos»: zona de producción o zona de reinstalación en la que ejercen su actividad todas las empresas de producción acuícola con un sistema de bioseguridad común;

k) «animal acuático ornamental»: el animal acuático que se mantenga, se críe o se ponga en el mercado exclusivamente con fines ornamentales;

l) «puesta en el mercado»: la venta, incluida la oferta de venta o cualquier otra forma de transferencia, ya sea a título gratuito u oneroso, y cualquier forma de circulación de los animales de la acuicultura;

m) «zona de producción»: cualquier zona de agua dulce, marina, de estuario, continental o de laguna donde se encuentren bancos naturales de moluscos, o lugares en que se cultiven y recolecten moluscos;

n) pesquerías «de suelta y captura»: los estanques u otro tipo de instalaciones en los que la población de peces se mantiene únicamente con fines recreativos de pesca, mediante la repoblación con animales procedentes de la acuicultura;

o) «zona de reinstalación»: cualquier zona de agua dulce, marina, de estuario o de laguna con unos límites claramente marcados y señalizados mediante boyas, postes o cualquier otro material fijo, exclusivamente destinadas a la depuración natural de moluscos vivos;

p) «animal acuático salvaje»: el animal acuático que no es animal de la acuicultura.

2. A efectos de la presente Directiva, también serán de aplicación las siguientes definiciones:

a) las definiciones técnicas del anexo I;

b) según proceda, las definiciones contenidas respectivamente en:

i) los artículos 2 y 3 del Reglamento (CE) nº 178/2002 del Parlamento Europeo y del Consejo, de 28 de enero de 2002, por el que se establecen los principios y los requisitos generales de la legislación alimentaria, se crea la Autoridad Europea de Seguridad Alimentaria y se fijan procedimientos relativos a la seguridad alimentaria,

ii) el artículo 2 del Reglamento (CE) nº 852/2004,

iii) el artículo 2 del Reglamento (CE) nº 853/2004,

iv) el artículo 2 del Reglamento (CE) nº 882/2004.

CAPÍTULO II.- EMPRESAS DE PRODUCCIÓN ACUÍCOLA Y ESTABLECIMIENTOS DE TRANSFORMACIÓN AUTORIZADOS

Artículo 4.- *Autorización de empresas de producción acuícola y de establecimientos de transformación*

1. Los Estados miembros velarán por que todas las empresas de producción acuícola estén debidamente autorizadas por el organismo competente de conformidad con el artículo 5.

Cuando proceda, dicha autorización podrá comprender varias empresas de producción acuícola de moluscos de una zona de cría de moluscos.

No obstante, los centros de expedición, los centros de depuración o empresas similares situadas en una misma zona de cría de moluscos deberán tener su propia autorización.

2. Los Estados miembros velarán por que todo establecimiento de transformación que sacrifique animales de la acuicultura a efectos de control de enfermedades de conformidad con el capítulo V, artículo 33, esté debidamente autorizado por el organismo competente de conformidad con el capítulo V.

3. Los Estados miembros se asegurarán de que cada empresa de producción acuícola y establecimiento de transformación autorizado tenga un número de autorización único.

4. No obstante el requisito de autorización del apartado 1, los Estados miembros solo podrán exigir el registro por el organismo competente de:

a) las instalaciones distintas de las empresas de producción acuícola, en las que se mantengan animales acuáticos sin el fin de ponerlos en el mercado;

b) las pesquerías «de suelta y captura»;

c) las empresas de producción acuícola que pongan en el mercado animales de la acuicultura destinados únicamente al consumo humano, de conformidad con el artículo 1, apartado 3, letra c), del Reglamento (CE) nº 853/2004.

En esos casos, las disposiciones de la presente Directiva se aplicarán, *mutatis mutandis*, teniendo en cuenta la naturaleza, las características y la situación de la instalación, a la pesquería «de suelta y captura» o a la empresa en cuestión y el riesgo de que se propaguen enfermedades de los animales acuáticos a otras poblaciones de animales acuáticos como resultado de su actividad.

5. En caso de incumplimiento de las disposiciones de la presente Directiva, el organismo competente actuará con arreglo a lo dispuesto en el artículo 54 del Reglamento (CE) nº 882/2004.

Artículo 5.- *Condiciones de autorización*

1. Los Estados miembros velarán por que las autorizaciones, tal como se dispone en el artículo 4, apartados 1 y 2, solo se concedan por el organismo competente si el agente económico de producción acuícola o el agente económico del establecimiento de transformación autorizado:

a) cumple los requisitos pertinentes de los artículos 8, 9 y 10;

b) tiene establecido un sistema que permita al agente económico demostrar al organismo competente que se cumplen dichos requisitos pertinentes, y

c) permanece bajo la supervisión del organismo competente, que ejercerá las funciones establecidas en el artículo 54, apartado 1.

2. No se concederá una autorización si la actividad en cuestión planteara un riesgo inaceptable de propagar enfermedades a explotaciones, a zonas de cría de moluscos o a poblaciones de animales acuáticos salvajes en las inmediaciones de la explotación o de la zona de cría de moluscos.

No obstante, antes de denegar una autorización, deben tomarse en consideración medidas de reducción del riesgo, incluida la posible ubicación alternativa de la actividad en cuestión.

3. Los Estados miembros velarán por que el agente económico de producción acuícola o el agente económico del establecimiento de transformación autorizado presenten toda la información pertinente para que el organismo competente pueda evaluar si se cumplen las condiciones para obtener una autorización, incluida la información exigida conforme al anexo II.

Artículo 6.- *Registro*

Los Estados miembros establecerán, mantendrán y pondrán a disposición del público un registro actualizado de las empresas de producción acuícola y los establecimientos de transformación autorizados que incluya, como mínimo, la información señalada en el anexo II.

Artículo 7.- *Controles oficiales*

1. De conformidad con lo dispuesto en el artículo 3 del Reglamento (CE) nº 882/2004, los controles oficiales de las empresas de producción acuícola y los establecimientos de transformación autorizados serán realizados por los organismos competentes.

2. Los controles oficiales indicados en el apartado 1 consistirán como mínimo en inspecciones, visitas y auditorías periódicas y, cuando proceda, muestreos en cada una de las empresas de producción acuícola, teniendo en cuenta el riesgo que plantea la empresa de producción acuícola y el establecimiento de transformación autorizado en cuanto a la contracción y propagación de enfermedades. Las recomendaciones sobre la frecuencia de dichos controles, según la calificación sanitaria de la zona o compartimento afectado, se establecen en la parte B del anexo III.

3. Las normas detalladas para la aplicación del presente artículo podrán adoptarse de acuerdo con el procedimiento contemplado en el artículo 62, apartado 2.

Artículo 8.- *Obligaciones de registro – Trazabilidad*

1. Los Estados miembros velarán por que las empresas de producción acuícola lleven un registro de:

a) todos los desplazamientos de animales y de productos de la acuicultura, tanto de entrada como de salida de la explotación o zona de cría de moluscos;

b) la mortalidad en cada unidad epidemiológica en la medida en que sea pertinente para el tipo de producción, y

c) los resultados del sistema de vigilancia zoosanitaria basada en el riesgo previsto en el artículo 10.

2. Los Estados miembros velarán por que los establecimientos de transformación autorizados lleven un registro de todos los desplazamientos de los animales y los productos de la acuicultura, tanto de entrada como de salida de dichos establecimientos.

3. Los Estados miembros velarán por que, cuando se transporten animales de la acuicultura, los transportistas lleven un registro de:

a) la mortalidad durante el transporte, en la medida de lo posible, por el tipo de transporte y las especies transportadas;

b) las explotaciones, las zonas de cría de moluscos y los establecimientos de transformación donde ha estado el vehículo de transporte, y

c) todos los cambios de agua durante el transporte, en particular, el origen del agua nueva y el lugar de evacuación del agua.

4. Sin perjuicio de las disposiciones específicas en materia de trazabilidad, los Estados miembros velarán por que todos los movimientos de animales registrados por los agentes económicos de producción acuícola contemplados en el apartado 1, letra a), queden registrados de forma que pueda garantizarse la identificación del lugar de origen y de destino. Los Estados miembros podrán exigir que los citados movimientos se hagan constar en un registro nacional y se conserven en soporte electrónico.

Artículo 9.- *Buenas prácticas en materia de higiene*

Los Estados miembros velarán por que las empresas de producción acuícola y los establecimientos de transformación autorizados apliquen buenas prácticas en materia de higiene, en la medida en que sean adecuadas para la actividad en cuestión, a fin de evitar la introducción y la propagación de enfermedades.

Artículo 10.- *Sistema de vigilancia zoosanitaria*

1. Los Estados miembros velarán por que se aplique un sistema de vigilancia zoosanitaria basado en el riesgo en todas las explotaciones y zonas de cría de moluscos, según convenga para el tipo de producción.

2. El objetivo del sistema de vigilancia zoosanitaria basado en el riesgo contemplado en el apartado 1 será detectar:

a) cualquier aumento de mortalidad en todas las explotaciones y zonas de cría de moluscos, según convenga para el tipo de producción, y

b) las enfermedades enumeradas en la parte II del anexo IV, en las explotaciones y zonas de cría de moluscos en las que se hallen especies sensibles a dichas enfermedades.

3. Las recomendaciones sobre la frecuencia de dichos controles, según el estado sanitario de la zona o compartimento afectado, se establecen en la parte B del anexo III. La vigilancia se aplicará sin perjuicio de los muestreos y medidas de vigilancia realizados de conformidad con lo dispuesto en el capítulo V o en el artículo 49, apartado 3, en el artículo 50, apartado 4, o en el artículo 52.

4. El sistema de vigilancia zoosanitaria basado en el riesgo indicado en el apartado 1 tendrá en cuenta las directrices que establecerá la Comisión de acuerdo con el procedimiento contemplado en el artículo 62, apartado 2.

5. A la luz de los resultados de los controles oficiales realizados de conformidad con lo dispuesto en el artículo 7 y de los controles comunitarios realizados de conformidad con lo dispuesto en el artículo 58, y de cualquier otro tipo de información pertinente, la Comisión presentará al Consejo un informe sobre la operación global de vigilancia zoosanitaria basado en el riesgo en los Estados miembros. Dicho informe podrá ir acompañado, cuando proceda, de una propuesta adecuada, de acuerdo con el procedimiento contemplado en el artículo 62, apartado 2, en el que se recogen las normas detalladas de aplicación del presente artículo.

CAPÍTULO III.- REQUISITOS ZOOSANITARIOS PARA LA PUESTA EN EL MERCADO DE ANIMALES Y PRODUCTOS DE LA ACUICULTURA

SECCIÓN 1.- DISPOSICIONES GENERALES

Artículo 11.- *Ámbito de aplicación*

1. A menos que se disponga lo contrario, el presente capítulo se aplicará únicamente a las enfermedades y a las especies sensibles a las mismas enumeradas en la parte II del anexo VI.

2. Los Estados miembros podrán permitir la puesta en el mercado con fines científicos de los animales y los productos de la acuicultura que no cumplan lo dispuesto en el presente capítulo bajo la estricta supervisión del organismo competente.

El organismo competente velará por que dicha puesta en el mercado no comprometa la situación sanitaria respecto a las enfermedades enumeradas en la parte II del anexo IV de los animales acuáticos en el lugar de destino ni en los lugares de tránsito.

No se producirá ningún desplazamiento de este tipo sin que se haya notificado previamente a los organismos competentes de los Estados miembros en cuestión.

Artículo 12.- *Requisitos generales para la puesta en el mercado de animales de la acuicultura*

1. Los Estados miembros velarán por que la puesta en el mercado de los animales y productos de la acuicultura no comprometa la situación sanitaria de los animales acuáticos en el lugar de destino respecto a las enfermedades enumeradas en la parte II del anexo IV.

2. En el presente capítulo se establecen normas detalladas sobre los desplazamientos de animales procedentes de la acuicultura, en particular en lo relativo a los desplazamientos entre Estados miembros, zonas y compartimentos con diferentes calificaciones sanitarias, tal como se indica en la parte A del anexo III.

Artículo 13.- *Requisitos de prevención de enfermedades durante el transporte*

1. Los Estados miembros deberán garantizar que:

a) se apliquen las medidas necesarias de prevención de enfermedades durante el transporte de animales de la acuicultura para no modificar la situación sanitaria de dichos animales durante su transporte y reducir el riesgo de propagación de enfermedades, y

b) los animales de la acuicultura se transporten en condiciones que no modifiquen su situación sanitaria ni comprometan la situación sanitaria del lugar de destino ni, cuando proceda, de los lugares de tránsito.

El presente apartado se aplicará también a las enfermedades y a las especies sensibles a las mismas no enumeradas en la parte II del anexo IV.

2. Los Estados miembros velarán por que, durante el transporte, todos los cambios de aguas se realicen en lugares y en condiciones que no comprometan la situación sanitaria de:

a) los animales de la acuicultura que se transporten;

b) todos los animales acuáticos en el lugar del cambio de aguas, y

c) los animales acuáticos en el lugar de destino.

Artículo 14.- *Certificación sanitaria de los animales*

1. Los Estados miembros velarán por que la puesta en el mercado de los animales de la acuicultura se someta a certificación sanitaria cuando los animales sean introducidos en un Estado miembro, zona o compartimento declarados «libres de enfermedades» de conformidad con los artículos 49 y 50, o se someta a vigilancia o a un programa de erradicación de conformidad con lo dispuesto en el artículo 44, apartados 1 o 2, para:

a) cría y repoblación, o

b) transformación complementaria previa al consumo humano, a no ser que:

i) respecto a los peces, se sacrifiquen y se evisceren antes de la expedición,

ii) respecto a los moluscos y crustáceos, se expidan como productos sin transformar o transformados.

2. Los Estados miembros velarán también por que la comercialización de animales de la acuicultura se someta a certificación sanitaria cuando se autorice la salida de los animales de la zona sometida a las disposiciones de control previstas en las secciones 3, 4, 5 y 6 del capítulo V.

El presente apartado se aplicará también a las enfermedades y a las especies sensibles a las mismas no enumeradas en la parte II del anexo IV.

3. Estarán sujetos a notificación con arreglo al sistema informático veterinario integrado considerado en el artículo 20, apartado 1, de la Directiva 90/425/CEE los siguientes desplazamientos:

a) desplazamientos de animales procedentes de la acuicultura entre Estados miembros en los que se requiera una certificación sanitaria animal de conformidad con lo dispuesto en el presente artículo, apartados 1 o 2, y

b) cualquier otro desplazamiento de animales vivos procedentes de la acuicultura con fines de explotación o repoblación entre Estados miembros en los que no se requiera una certificación sanitaria con arreglo a la presente Directiva.

4. Los Estados miembros podrán decidir recurrir al sistema informatizado contemplado en el apartado 3 para detectar desplazamientos que tengan enteramente lugar dentro de sus territorios.

SECCIÓN 2.- ANIMALES DE LA ACUICULTURA DESTINADOS A LA EXPLOTACIÓN Y LA REPOBLACIÓN

Artículo 15.- *Requisitos generales para la puesta en el mercado de animales de la acuicultura destinados a la explotación y la repoblación*

1. Sin perjuicio de las disposiciones recogidas en el capítulo V, los Estados miembros velarán por que los animales de la acuicultura puestos en el mercado para la explotación:

a) estén clínicamente sanos, y

b) no procedan de una explotación o zona de cría de moluscos en la que haya un aumento de la mortalidad sin resolver.

El presente apartado se aplicará a las enfermedades y las especies sensibles a ellas no enumeradas en la parte II del anexo IV.

2. No obstante lo dispuesto en el apartado 1, letra b), los Estados miembros podrán autorizar dicha puesta en el mercado, basándose en una evaluación del riesgo, a condición de que dichos animales procedan de una parte de la explotación o de la zona de cría de moluscos que sea independiente de la unidad epidemiológica en que se haya producido el aumento de la mortalidad.

3. Los Estados miembros velarán por que los animales de la acuicultura destinados a la destrucción o el sacrificio conforme a las medidas de control de enfermedades previstas en el capítulo V no sean puestos en el mercado a efectos de cría o repoblación.

4. Los animales de la acuicultura solo se liberarán en el medio natural a efectos de repoblación o en pesquerías «de suelta y captura» si:

a) cumplen los requisitos del apartado 1, y

b) proceden de una explotación o zona de cría de moluscos con una situación sanitaria conforme a lo que se indica en la parte A del anexo III, como mínimo, equivalente a la situación sanitaria de las aguas en las que van a ser introducidos.

No obstante, los Estados miembros podrán exigir que los animales de la acuicultura procedan de una zona o compartimento declarados «libres de enfermedades» de conformidad con los artículos 49 o 50. Los Estados miembros podrán asimismo decidir aplicar el presente apartado a los programas establecidos y aplicados de conformidad con lo dispuesto en el artículo 43.

Artículo 16.- *Introducción de animales de la acuicultura de especies sensibles a una enfermedad específica en zonas libres de dicha enfermedad*

1. Para ser introducidos a efectos de cría o repoblación en un Estado miembro, zona o compartimento declarado libre de una enfermedad específica de conformidad con los artículos 49 o 50, los animales de la acuicultura de especies sensibles a dicha enfermedad deberán proceder de otro Estado miembro, zona o compartimento que también haya sido declarado libre de dicha enfermedad.

2. Cuando se pueda justificar científicamente que las especies sensibles a la enfermedad específica en cuestión, en determinadas fases de la vida, no transmiten dicha enfermedad, el apartado 1 no será de aplicación en esas fases de la vida.

Se adoptará una lista de las especies y las fases de la vida a las que podrá aplicarse el párrafo primero y se modificará cuando sea necesario para tener en cuenta la evolución científica y tecnológica, de acuerdo con el procedimiento contemplado en el artículo 62, apartado 2.

Artículo 17.- *Introducción de animales vivos de la acuicultura de especies portadoras en zonas libres de enfermedades*

1. Cuando los datos científicos o la experiencia práctica demuestren que especies distintas de las mencionadas en la parte II del anexo IV como especies sensibles pueden ser causantes de la transmisión de una enfermedad específica por actuar como especies portadoras, los Estados miembros, cuando dichas especies portadoras se introduzcan con fines de explotación o repoblación en un Estado miembro, zona o compartimento declarado libre de esa enfermedad específica de conformidad con los artículos 49 o 50, se asegurarán de que:

a) procedan de otro Estado miembro, zona o compartimento que también haya sido declarado libre de esa enfermedad específica, o

b) se mantengan en instalaciones de cuarentena en aguas libres del agente patógeno en cuestión durante un período adecuado de tiempo que, a la luz de los datos científicos o de la experiencia práctica facilitada, se revele suficiente para reducir el riesgo de transmisión de la enfermedad específica a un nivel aceptable para impedir la transmisión de la enfermedad de que se trate.

2. Se adoptará una lista de las especies portadoras y las fases de la vida de esas especies a las que se aplica el presente artículo y, cuando proceda, las condiciones en que dichas especies pueden transmitir una enfermedad y, cuando sea necesario, se modificará la lista para tener en cuenta la evolución científica y tecnológica, conforme al procedimiento indicado en el artículo 62, apartado 2.

3. En espera de la posible inclusión de una especie en la lista indicada en el apartado 2, la Comisión podrá decidir, de acuerdo con el procedimiento a que se refiere el artículo 62, apartado 3, autorizar a los Estados miembros a aplicar las disposiciones indicadas en el apartado 1.

SECCIÓN 3.- ANIMALES Y PRODUCTOS DE LA ACUICULTURA DESTINADOS AL CONSUMO HUMANO

Artículo 18.- *Animales y productos de la acuicultura puestos en el mercado para su transformación complementaria previa al consumo humano*

1. Los Estados miembros velarán por que los animales de la acuicultura de especies sensibles a una o más de las enfermedades no exóticas enumeradas en la parte II del anexo IV, así como sus productos, solo puedan ser puestos en el mercado para su transformación complementaria en un Estado miembro, zona o compartimento que haya sido declarado libre de esas enfermedades de conformidad con los artículos 49 o 50, si cumplen una de las condiciones siguientes:

a) proceden de otro Estado miembro, zona o compartimento que haya sido declarado libre de la enfermedad en cuestión;

b) se transforman en un establecimiento de transformación autorizado en condiciones que impidan la propagación de enfermedades;

c) respecto a los peces: se sacrifican y se evisceran antes de la expedición;

d) respecto a los moluscos y los crustáceos: se expiden como productos sin transformar o transformados.

2. Los Estados miembros velarán por que los animales vivos de la acuicultura de especies sensibles a una o más de las enfermedades no exóticas enumeradas en la parte II del anexo IV que se hayan puesto en el mercado para su transformación complementaria en un Estado miembro, zona o compartimento que haya sido declarado libre de esas enfermedades de conformidad con los artículos 49 o 50, solo puedan almacenarse temporalmente en el lugar de transformación si:

a) proceden de otro Estado miembro, zona o compartimento que haya sido declarado libre de la enfermedad en cuestión, o

b) se mantienen temporalmente en centros de expedición, centros de depuración o empresas similares que estén equipados con sistemas de tratamiento de efluentes que inactiven los agentes patógenos en cuestión, o si el efluente está sujeto a otros tipos de tratamientos que reducen hasta un nivel aceptable el riesgo de transmitir enfermedades a las aguas naturales.

Artículo 19.- *Animales y productos de la acuicultura puestos en el mercado para el consumo humano sin transformación complementaria*

1. La presente sección no se aplicará en caso de que los animales de la acuicultura de especies sensibles a una o más de las enfermedades enumeradas en la parte II del anexo IV, así como sus productos, sean puestos en el mercado para el consumo humano sin transformación complementaria, siempre que se embalen en embalajes acondicionados para la venta al por menor que cumplan las disposiciones de embalaje y etiquetado del Reglamento (CE) nº 853/2004.

2. En caso de que los moluscos y los crustáceos de las especies sensibles a una o más de las enfermedades enumeradas en la parte II del anexo IV se reinstalen temporalmente en aguas comunitarias, o se introduzcan en centros de expedición, centros de purificación o empresas similares, deberán cumplir lo dispuesto en el artículo 18, apartado 2.

SECCIÓN 4.- ANIMALES ACUÁTICOS SALVAJES

Artículo 20.- *Liberación de animales acuáticos salvajes en Estados miembros, zonas o compartimentos que hayan sido declarados libres de enfermedades*

1. Los animales acuáticos salvajes de especies sensibles a una o más de las enfermedades enumeradas en la parte II del anexo IV capturadas en un Estado miembro, zona o compartimento que no haya sido declarado libre de enfermedades conforme a lo dispuesto en los artículos 49 o 50, se mantendrán en cuarentena bajo la supervisión del organismo competente en unas instalaciones adecuadas durante un período suficiente como para reducir, hasta un nivel aceptable, el riesgo de transmisión de la enfermedad antes de que puedan ser introducidos en una explotación o zona de cría de moluscos situada en un Estado miembro, zona o compartimento que hayan sido declarados libres de la enfermedad de conformidad con los artículos 49 o 50.

2. Los Estados miembros podrán permitir la práctica tradicional de acuicultura extensiva en laguna sin la cuarentena prevista en el apartado 1, siempre que se realice una evaluación del riesgo y que el riesgo no se considere superior a lo que se espera de la aplicación del apartado 1.

SECCIÓN 5.- ANIMALES ACUÁTICOS ORNAMENTALES

Artículo 21.- *Puesta en el mercado de animales acuáticos ornamentales*

1. Los Estados miembros velarán por que la puesta en el mercado de los animales ornamentales acuáticos no comprometa la situación sanitaria de los animales acuáticos respecto a las enfermedades enumeradas en la parte II del anexo IV.

2. El presente artículo se aplicará también a las enfermedades no enumeradas en la parte II del anexo IV.

CAPÍTULO IV.- INTRODUCCIÓN EN LA COMUNIDAD DE ANIMALES Y PRODUCTOS DE LA ACUICULTURA PROCEDENTES DE TERCEROS PAÍSES

Artículo 22.- *Requisitos generales para la introducción de animales y productos de la acuicultura procedentes de terceros países*

Los Estados miembros velarán por que solo se introduzcan en la Comunidad animales y productos de la acuicultura procedentes de terceros países o de partes de terceros países que figuren en una lista elaborada y actualizada de acuerdo con el procedimiento contemplado en el artículo 62, apartado 2.

Artículo 23.-*Listas de terceros países y de partes de terceros países a partir de los cuales se permite la introducción de animales y productos de la acuicultura*

1. Un país tercero o una parte de un país tercero solo figurarán en la lista prevista en el artículo 22 si una evaluación comunitaria de ese país o esa parte de un país tercero ha demostrado que el organismo competente ofrece las garantías adecuadas por lo que se refiere al cumplimiento de los requisitos zoosanitarios pertinentes de la legislación comunitaria.

2. La Comisión podrá decidir si es necesaria una inspección, tal como se indica en el artículo 58, apartado 2, para completar la evaluación del país tercero, o de la parte del país tercero, prevista en el apartado 1.

3. Al elaborar o actualizar las listas previstas en el artículo 22, se tendrá especialmente en cuenta:

a) la legislación del país tercero;

b) la organización del organismo competente y de sus servicios de inspección en el país tercero, las facultades de dichos servicios, la supervisión a la que estén sujetos, así como los medios de que disponen, incluida su capacidad de personal, para aplicar su legislación con eficacia;

c) los requisitos zoosanitarios vigentes de los animales acuáticos aplicables a la producción, fabricación, manipulación, almacenamiento y expedición de animales vivos de acuicultura destinados a la Comunidad;

d) las garantías que puede ofrecer el organismo competente del país tercero respecto al cumplimiento o la equivalencia de las condiciones pertinentes de sanidad de los animales acuáticos;

e) cualquier experiencia que se tenga respecto de la comercialización de animales vivos de la acuicultura procedentes del país tercero y los resultados de cualquier control de importación que se haya efectuado;

f) los resultados de la evaluación comunitaria, en particular, los resultados de la evaluación realizada por los organismos competentes del país tercero en cuestión o, en caso de que lo solicite la Comisión, el informe presentado por las autoridades del país tercero sobre cualquier inspección que se haya efectuado;

g) la situación sanitaria de los animales acuáticos de piscifactoría y los animales acuáticos salvajes en el país tercero, con especial atención a las enfermedades animales exóticas y a todos los aspectos de la situación sanitaria general de los animales acuáticos en el país que puedan suponer un riesgo para la salud de los animales acuáticos de la Comunidad;

h) la regularidad, la rapidez y la precisión con que los terceros países suministran información sobre la existencia de enfermedades infecciosas o contagiosas de los animales acuáticos en su territorio, en particular, las enfermedades de notificación obligatoria enumeradas por la Organización Mundial de Sanidad Animal (OIE), y

i) las normas para prevenir y luchar contra las enfermedades animales de los animales acuáticos vigentes en el país tercero y su aplicación, incluidas las normas sobre las importaciones procedentes de otros países.

4. La Comisión se encargará de que se pongan a disposición del público todas las listas que se elaboren o actualicen con arreglo al artículo 22.

5. Las listas elaboradas con arreglo al artículo 22 podrán combinarse con otras listas elaboradas a efectos de sanidad animal y salud pública.

Artículo 24.- *Conservación de documentos*

1. En el momento de su entrada en la Comunidad, todos los envíos de animales y productos de la acuicultura irán acompañados por un documento que incluya un certificado zoosanitario.

2. El certificado zoosanitario certificará que el envío cumple:

a) los requisitos establecidos para tales mercancías en virtud de la presente Directiva, y

b) cualquier condición especial de importación establecida con arreglo al artículo 25, letra a).

3. El documento podrá incluir información exigida en virtud de otras disposiciones de la legislación comunitaria en materia de salud pública y sanidad animal.

Artículo 25.- *Disposiciones de aplicación*

En caso necesario, las disposiciones de aplicación del presente capítulo podrán establecerse de acuerdo con el procedimiento contemplado en el artículo 62, apartado 2. Dichas disposiciones podrán tener por objeto, sobre todo:

a) las condiciones especiales de importación respecto a cada país tercero, partes del mismo, o grupo de terceros países;

b) los criterios para clasificar los terceros países y partes de ellos con respecto a las enfermedades animales;

c) la utilización de documentación electrónica;

d) los modelos de certificados zoosanitarios y otros documentos, y

e) los procedimientos y la certificación del tránsito.

CAPÍTULO V.- NOTIFICACIÓN Y MEDIDAS MÍNIMAS PARA EL CONTROL DE ENFERMEDADES DE LOS ANIMALES ACUÁTICOS

SECCIÓN 1.- NOTIFICACIÓN DE ENFERMEDADES

Artículo 26.- *Notificación nacional*

1. Los Estados miembros deberán garantizar lo siguiente:

a) cuando existan razones para sospechar la presencia de una enfermedad enumerada en la parte II del anexo IV, o se confirme la presencia de dicha enfermedad en animales acuáticos, se notificarán inmediatamente la sospecha o la confirmación al organismo competente, y

b) cuando se produzca un aumento de la mortalidad en los animales de la acuicultura, se notificará inmediatamente la mortalidad al organismo competente o a un veterinario privado para que se realice una investigación.

2. Los Estados miembros velarán por que se imponga la obligación de notificar las cuestiones mencionadas en el apartado 1 a las siguientes personas:

a) el propietario y cualquier persona que atienda a los animales acuáticos;

b) cualquier persona que acompañe animales de la acuicultura durante su transporte;

c) los veterinarios y demás profesionales que trabajen en servicios de sanidad de los animales acuáticos;

d) los veterinarios oficiales y el personal responsable de laboratorios veterinarios o de otros laboratorios oficiales o privados, y

e) cualquier otra persona con relación profesional con animales acuáticos de especies sensibles o con productos de dichos animales.

Artículo 27.- *Notificación a los demás Estados miembros, la Comisión y los Estados de la AELC*

En un plazo de 24 horas, los Estados miembros informarán a los demás Estados miembros, a la Comisión y a los Estados miembros de la AELC en caso de confirmación de:

a) una enfermedad exótica enumerada en la parte II del anexo IV;

b) una enfermedad no exótica enumerada en la parte II del anexo IV, en caso de que el Estado miembro, zona o compartimento en cuestión haya sido declarado libre de dicha enfermedad.

SECCIÓN 2.- SOSPECHA DE UNA ENFERMEDAD ENUMERADA – INVESTIGACIONES EPIZOÓTICAS

Artículo 28.- *Medidas de control iniciales*

Los Estados miembros velarán por que, en caso de sospecha de una enfermedad exótica enumerada en la parte II del anexo IV o en caso de sospecha de una enfermedad no exótica enumerada en la parte II del anexo IV, en Estados miembros, zonas o compartimentos con una calificación sanitaria de la categoría I o de la categoría III, conforme a lo previsto en la parte A del anexo III, respecto de esa enfermedad:

a) se tomen y examinen muestras adecuadas en un laboratorio designado de conformidad con el artículo 57;

b) en espera del resultado del examen previsto en la letra a):

i) la explotación o la zona de cría de moluscos en la que se sospeche la presencia de la enfermedad quede bajo supervisión oficial y se apliquen las medidas de control pertinentes para evitar que se propague la enfermedad a otros animales acuáticos,

ii) no se permita a ningún animal de la acuicultura salir o entrar de la explotación o zona de cría de moluscos afectada, en la que se sospecha la enfermedad, a menos que lo autorice el organismo competente,

iii) se inicie la investigación epizoótica a que se refiere el artículo 29.

Artículo 29.- *Investigación epizoótica*

1. Los Estados miembros velarán por que la investigación epizoótica iniciada conforme a lo dispuesto en el artículo 28, letra b), inciso iii), se lleve a cabo cuando el examen previsto en el artículo 28, letra a), ponga de manifiesto la presencia de:

a) una enfermedad exótica enumerada en la parte II del anexo IV, en cualquier Estado miembro, o *b)* una enfermedad no exótica enumerada en la parte II del anexo IV, en Estados miembros, zonas o compartimentos con una calificación sanitaria de la categoría I o de la categoría III, conforme a lo previsto en la parte A del anexo III, respecto de la enfermedad de que se trate.

2. La investigación epizoótica prevista en el apartado 1 estará destinada a:

a) determinar el origen y las formas de contaminación posibles;

b) investigar si los animales de la acuicultura han salido de la explotación o la zona de cría de moluscos durante el período pertinente anterior a la notificación de la sospecha a que se refiere el artículo 26, apartado 1;

c) investigar si han resultado infectadas otras explotaciones.

3. En caso de que la investigación epizoótica prevista en el apartado 1 ponga de manifiesto que la enfermedad puede haberse introducido en una o varias explotaciones, zonas de cría de moluscos o en aguas no cerradas, el Estado miembro en cuestión velará por que las medidas previstas en el artículo 28 se apliquen en dichas explotaciones, zonas de cría de moluscos o aguas no cerradas.

En el caso de las cuencas hidrográficas o de las zonas costeras extensas, el organismo competente podrá decidir que se limite la aplicación del artículo 28 a una zona menos amplia en las inmediaciones de la explotación o zona de cría de moluscos de la que se sospeche que está infectada, cuando se considere que dicha zona menos extensa es lo suficientemente grande como para garantizar que la enfermedad no se propagará.

4. En caso necesario, se notificará al organismo competente de los Estados miembros vecinos o de terceros países el caso sospechoso de enfermedad.

En ese caso, los organismos competentes de los Estados miembros afectados intervendrán como corresponda para aplicar las medidas previstas en el presente artículo dentro de su territorio.

Artículo 30.- *Suspensión de las restricciones*

El organismo competente suspenderá las restricciones previstas en el artículo 28, letra b), en caso de que el examen previsto en la letra a) de dicho artículo no permita demostrar la presencia de la enfermedad.

SECCIÓN 3.- MEDIDAS MÍNIMAS DE CONTROL EN CASO DE CONFIRMACIÓN DE ENFERMEDADES EXÓTICAS EN ANIMALES DE LA ACUICULTURA

Artículo 31.- *Disposición introductoria*

La presente sección se aplicará en caso de que se confirme, en animales de la acuicultura, la presencia de una enfermedad exótica enumerada en la parte II del anexo IV.

Artículo 32.- *Medidas generales*

Los Estados miembros deberán garantizar lo siguiente:

a) la explotación o zona de cría de moluscos se declarará oficialmente infectada;

b) se establecerá una zona de confinamiento adecuada para la enfermedad en cuestión, incluidas una zona de protección y una zona de vigilancia, alrededor de la explotación o zona de cría de moluscos que se haya declarado infectada;

c) no se producirá ninguna repoblación, ningún animal de acuicultura entrará en la zona de confinamiento, se desplazará por ella, ni saldrá de ella, a menos que lo autorice el organismo competente, y

d) se aplicarán todas las medidas adicionales necesarias para impedir una mayor propagación de la enfermedad.

Artículo 33.- *Recogida y transformación complementaria*

1. Los animales de la acuicultura que hayan alcanzado la talla comercial y que no presenten signo clínico alguno de enfermedad podrán recogerse bajo la supervisión del organismo competente para el consumo humano o para su transformación complementaria.

2. La recogida, la introducción en centros de expedición o en centros de depuración, la transformación complementaria y cualquier otra operación relacionada con la preparación de los animales de acuicultura antes de su introducción en la cadena alimentaria se realizará en condiciones que eviten la propagación del agente patógeno que produce la enfermedad.

3. Los centros de expedición, los centros de depuración o las empresas similares que estén equipados con sistemas de tratamiento de efluentes que inactiven los agentes patógenos causantes de la enfermedad o el efluente estarán sujetos a otros tipos de tratamiento que reduzcan, hasta un nivel aceptable, el riesgo de transmitir enfermedades a las aguas naturales.

4. La transformación complementaria se realizará en establecimientos de transformación autorizados.

Artículo 34.- *Extracción y eliminación*

1. Los Estados miembros velarán por que los peces y crustáceos muertos, así como los peces y crustáceos vivos que presenten signos clínicos de una enfermedad, se extraigan y se eliminen bajo la supervisión del organismo competente, con arreglo al Reglamento (CE) nº 1774/2002 del Parlamento Europeo y del Consejo, de 3 de octubre de 2002, por el que se establecen las normas sanitarias aplicables a los subproductos animales no destinados al consumo humano, lo antes posible, de conformidad con el plan de urgencia previsto en el artículo 47 de la presente Directiva.

2. En un plazo adecuado, teniendo en cuenta el tipo de producción y el riesgo de propagación ulterior de la enfermedad que planteen los animales de acuicultura, aquellos que no hayan alcanzado la talla comercial y no presenten signos clínicos de la enfermedad se extraerán y se eliminarán bajo la supervisión del organismo competente, con arreglo al Reglamento (CE) nº 1774/2002 y con el plan de urgencia previsto en el artículo 47 de la presente Directiva.

Artículo 35.- *Barbecho*

Cuando sea posible, las explotaciones o zonas de cría de moluscos se someterán a un período apropiado de barbecho después de haberse vaciado y, en caso necesario, limpiado y desinfectado.

En el caso de las explotaciones o zonas de cría de moluscos en las que se críen animales de acuicultura que no sean sensibles a la enfermedad en cuestión, las decisiones sobre el barbecho se basarán en una evaluación del riesgo.

Artículo 36.- *Protección de los animales acuáticos*

Los Estados miembros adoptarán las medidas necesarias para impedir la propagación de enfermedades a los demás animales acuáticos.

Artículo 37.- *Suspensión de las medidas*

Las medidas previstas en la presente sección se mantendrán hasta que:

a) se hayan llevado a cabo las medidas de erradicación previstas en la presente sección;

b) en la zona de confinamiento se hayan efectuado, con resultados negativos, el muestreo y la vigilancia adecuados para la enfermedad en cuestión y para los tipos de empresas de producción acuícola afectados.

SECCIÓN 4.- MEDIDAS DE CONTROL MÍNIMAS EN CASO DE CONFIRMACIÓN DE ENFERMEDADES NO EXÓTICAS EN ANIMALES DE LA ACUICULTURA

Artículo 38.- *Disposiciones generales*

1. En caso de confirmación de una enfermedad no exótica de las enumeradas en la parte II del anexo IV en un Estado miembro, zona o compartimento que haya sido declarado libre de dicha enfermedad, el Estado miembro en cuestión:

a) aplicará las medidas previstas en la sección 3, a fin de recuperar la calificación de «libre de la enfermedad», o

b) elaborará un programa de erradicación conforme a lo dispuesto en el artículo 44, apartado 2.

2. No obstante lo dispuesto en el artículo 34, apartado 2, cuando un Estado miembro decida aplicar las medidas indicadas en la sección 3, podrá autorizar que los animales clínicamente sanos de que se trate sean criados hasta alcanzar la talla de mercado antes de su sacrificio para consumo humano o sean trasladados a otra zona o compartimento infectados. En tales casos se adoptarán medidas para reducir y, en la medida de lo posible, prevenir una mayor propagación de la enfermedad.

3. En caso de que el Estado miembro afectado no desee recuperar la calificación de «libre de la enfermedad», se aplicará el artículo 39.

Artículo 39.- *Medidas de confinamiento*

En caso de confirmación de una enfermedad no exótica enumerada en la parte II del anexo IV en un Estado miembro, zona o compartimento que no haya sido declarado libre de dicha enfermedad, el Estado miembro en cuestión adoptará las medidas necesarias para confinar la enfermedad.

Esas medidas consistirán, como mínimo, en:

a) declarar infectada la explotación o zona de cría de moluscos;

b) establecer una zona de confinamiento adecuada para la enfermedad en cuestión, incluidas una zona de protección y una zona de vigilancia alrededor de la explotación o zona de cría de moluscos que se haya declarado infectada;

c) restringir el desplazamiento de animales de acuicultura a partir de la zona de confinamiento a fin de que dichos animales solo puedan ser:

i) introducidos en explotaciones o zonas de cría de moluscos de conformidad con el artículo 12, apartado 2, o

ii) recogidos y sacrificados para el consumo humano de conformidad con el artículo 33, apartado 1;

d) la extracción y la eliminación de los peces y crustáceos muertos, bajo la supervisión del organismo competente con arreglo al Reglamento (CE) nº 1774/2002, en un plazo adecuado, teniendo en cuenta el tipo de producción y el riesgo de propagación ulterior de la enfermedad que planteen dichos animales muertos.

SECCIÓN 5.- MEDIDAS MÍNIMAS DE CONTROL EN CASO DE CONFIRMACIÓN DE ENFERMEDADES ENUMERADAS EN LA PARTE II DEL ANEXO IV EN ANIMALES ACUÁTICOS SALVAJES

Artículo 40.- *Control de las enfermedades enumeradas en la parte II del anexo IV en animales acuáticos salvajes*

1. En caso de que los animales acuáticos salvajes estén infectados o se sospeche que están infectados con enfermedades exóticas enumeradas en la parte II del anexo IV, el Estado miembro en cuestión hará un seguimiento de la situación y adoptará medidas para reducir y, en la medida de lo posible, evitar la propagación ulterior de la enfermedad.

2. En caso de que los animales acuáticos salvajes estén infectados o se sospeche que están infectados con una enfermedad no exótica enumerada en la parte II del anexo IV en un Estado miembro, zona o compartimento que haya sido declarado libre de esa enfermedad, el Estado miembro también hará un seguimiento de la situación y adoptará medidas para reducir y, en la medida de lo posible, evitar la propagación ulterior de la enfermedad.

3. En el marco del Comité mencionado en el artículo 62, apartado 1, los Estados miembros informarán a la Comisión y a los demás Estados miembros de las medidas que hayan adoptado conforme a lo dispuesto en los apartados 1 y 2.

SECCIÓN 6.- MEDIDAS DE CONTROL EN CASO DE ENFERMEDADES EMERGENTES

Artículo 41.- *Enfermedades emergentes*

1. Los Estados miembros adoptarán las medidas adecuadas para controlar una situación de enfermedad emergente y evitar su propagación, siempre que la enfermedad emergente en cuestión pueda comprometer la situación sanitaria de los animales acuáticos.

2. Ante una situación de enfermedad emergente, el Estado miembro en cuestión informará inmediatamente a los Estados miembros, a la Comisión y a los Estados miembros de la AELC en caso de obtenerse resultados de relevancia epidemiológica para otro Estado miembro.

3. En el plazo de cuatro semanas después de informar a los demás Estados miembros, a la Comisión y a los Estados miembros de la AELC, según lo prescrito en el apartado 2, la cuestión deberá ponerse en conocimiento del Comité mencionado en el artículo 62, apartado 1. Las medidas adoptadas por el Estado miembro en cuestión en virtud del presente artículo, apartado 1, podrán ampliarse, modificarse o derogarse conforme al procedimiento contemplado en el artículo 62, apartado 2.

4. Cuando proceda, la lista de la parte II del anexo IV se modificará de acuerdo con el procedimiento contemplado en el artículo 62, apartado 2, para incluir la enfermedad emergente en cuestión o añadir una nueva posible especie hospedadora de una enfermedad ya incluida en dicho anexo.

SECCIÓN 7.- MEDIDAS ALTERNATIVAS Y DISPOSICIONES NACIONALES

Artículo 42.- *Procedimiento de adopción de medidas epidemiológicas ad hoc respecto a las enfermedades enumeradas en la parte II del anexo IV*

Podrá adoptarse una Decisión de acuerdo con el procedimiento contemplado en el artículo 62, apartado 2, a fin de autorizar la aplicación de medidas ad hoc durante un período limitado, en condiciones adecuadas para la situación epidemiológica, en caso de que:

a) se llegue a la conclusión de que las medidas previstas en el presente capítulo no son adecuadas para la situación epidemiológica, o

b) haya indicios de que la enfermedad se propaga a pesar de las medidas adoptadas conforme a lo dispuesto en el presente capítulo.

Artículo 43.- *Disposiciones para limitar el impacto de las enfermedades no enumeradas en la parte II del anexo IV*

1. En caso de que una enfermedad no enumerada en la parte II del anexo IV represente un riesgo importante para la calificación sanitaria de los animales de la acuicultura o de los animales salvajes acuáticos o para el medio ambiente en un Estado miembro, el Estado miembro en cuestión podrá adoptar medidas para prevenir la introducción de dicha enfermedad o controlarla.

Los Estados miembros velarán por que esas medidas de control nacionales no rebasen los límites de lo adecuado y necesario para prevenir la introducción de la enfermedad o controlarla.

2. Los Estados miembros notificarán a la Comisión aquellas de las medidas a que se refiere el apartado 1 que puedan afectar al comercio entre los Estados miembros. Dichas medidas estarán sujetas a autorización, de acuerdo con el procedimiento contemplado en el artículo 62, apartado 2.

3. La autorización a que se refiere el apartado 2 se concederá únicamente cuando sea necesario establecer restricciones comerciales intracomunitarias para prevenir la introducción de la enfermedad o controlarla y tendrá en cuenta las disposiciones establecidas en los capítulos II, III, IV y V.

CAPÍTULO VI.- PROGRAMAS DE CONTROL Y VACUNACIÓN

SECCIÓN 1.- PROGRAMAS DE VIGILANCIA Y ERRADICACIÓN

Artículo 44.- *Elaboración y aprobación de los programas de vigilancia y erradicación*

1. En caso de que un Estado miembro del que no se sepa que ha sido infectado, pero que no haya sido declarado libre (categoría III, tal como se indica en la parte A del anexo III) de una o varias de las enfermedades no exóticas enumeradas en la parte II del anexo IV, elabore un programa de vigilancia y erradicación («el programa»), para lograr la calificación de «libre de la enfermedad» respecto a una o varias de esas enfermedades, presentará dicho programa para su aprobación de acuerdo con el procedimiento contemplado en el artículo 62, apartado 2.

Tales programas también podrán modificarse o concluirse conforme a dicho procedimiento.

Los requisitos específicos para la vigilancia, muestreo y diagnóstico serán los recogidos en el artículo 49, apartado 3.

No obstante, en caso de que un programa conforme a lo dispuesto en el presente apartado deba cubrir compartimentos o zonas que comprendan menos del 75 % del territorio del Estado miembro, y la zona o compartimento consista en una cuenca hidrográfica no compartida con otro Estado miembro o país tercero, el procedimiento indicado en el artículo 50, apartado 2, se aplicará para cualquier aprobación, modificación o conclusión de dicho programa.

2. Cuando un Estado miembro del que se sepa que está infectado (categoría V, tal como se indica en la parte A del anexo III) por una o más de las enfermedades no exóticas enumeradas en la parte II del anexo IV, elabore un programa de erradicación de una o más de dichas enfermedades, presentará dicho programa para su autorización, de acuerdo con el procedimiento contemplado en el artículo 62, apartado 2.

Dichos programas podrán ser asimismo modificados o terminados conforme a dicho procedimiento.

3. Una visión general de los programas aprobados con arreglo al presente artículo, apartado 1, deberá estar disponible a escala comunitaria, conforme a los procedimientos establecidos en el artículo 51.

4. A partir de la fecha de aprobación de los programas a que se refiere el presente artículo, se aplicarán a las zonas indicadas por los programas los requisitos y las medidas previstos en el artículo 14, las secciones 2, 3, 4 y 5 del capítulo III, la sección 2 del capítulo V, y el artículo 38, apartado 1, en relación con las zonas declaradas libres de enfermedades.

Artículo 45.- *Contenido de los programas*

Los programas no se aprobarán a menos que incluyan, como mínimo, lo que sigue:

a) una descripción de la situación epidemiológica de la enfermedad antes de la fecha de inicio del programa;

b) un análisis de los costes previstos y los beneficios esperados del programa;

c) la duración prevista del programa, así como el objetivo que deberá alcanzarse una vez realizado, y

d) la descripción y delimitación de la zona geográfica y administrativa en la que vaya a aplicarse el programa.

Artículo 46.- *Período de aplicación de los programas*

1. Los programas seguirán aplicándose hasta que:

a) los requisitos establecidos en el anexo V se hayan cumplido y el Estado miembro, zona o compartimento haya sido declarado libre de la enfermedad, o

b) el programa sea retirado, especialmente si ya no cumple su objetivo, por el organismo competente del Estado miembro en cuestión, o por la Comisión.

2. Si se retira el programa, como se prevé en el apartado 1, letra b), el Estado miembro en cuestión aplicará las medidas de confinamiento del artículo 39 a partir de la fecha de retirada del programa.

SECCIÓN 2.- PLAN DE URGENCIA PARA ENFERMEDADES EMERGENTES Y EXÓTICAS

Artículo 47.- *Plan de urgencia para enfermedades emergentes y exóticas*

1. Cada Estado miembro elaborará un plan de urgencia que especifique las medidas nacionales necesarias para mantener un nivel elevado de concienciación y preparación, así como para garantizar la protección del medio ambiente.

2. El plan de urgencia:

a) proporcionará al organismo competente la autoridad y los medios para acceder a todas las instalaciones, equipos, personal y demás materiales pertinentes que sean necesarios para la erradicación eficaz de un foco;

b) garantizará la coordinación y la compatibilidad con los Estados miembros vecinos, y fomentará la cooperación con los terceros países vecinos, y

c) cuando proceda, señalará con precisión los requisitos y las condiciones de vacunación que se consideren necesarios en caso de vacunación de urgencia.

3. Al elaborar sus planes de urgencia, los Estados miembros cumplirán los criterios y requisitos establecidos en el anexo VII.

4. Los Estados miembros presentarán los planes de urgencia para su aprobación, de acuerdo con el procedimiento contemplado en el artículo 62, apartado 2.

Cada cinco años, los Estados miembros actualizarán su plan de urgencia y presentarán el plan actualizado para su aprobación, de conformidad con dicho procedimiento.

5. El plan de urgencia se aplicará en caso de un foco de las enfermedades emergentes y exóticas enumeradas en la parte II del anexo IV.

SECCIÓN 3.- VACUNACIÓN

Artículo 48.- *Vacunación*

1. Los Estados miembros velarán por que se prohíba la vacunación contra las enfermedades exóticas enumeradas en la parte II del anexo IV, a menos que dicha vacunación se apruebe de conformidad con los artículos 41, 42 o 47.

2. Los Estados miembros velarán por que se prohíba la vacunación contra las enfermedades no exóticas enumeradas en la parte II del anexo IV en cualquier parte de su territorio que haya sido declarada libre de las enfermedades en cuestión con arreglo a los artículos 49 o 50, o que esté cubierta por un programa de vigilancia aprobado de conformidad con el artículo 44, apartado 1.

Los Estados miembros permitirán dicha vacunación en las partes de su territorio que no hayan sido declaradas libres de las enfermedades en cuestión, o en caso de que la vacunación forme parte de un programa de erradicación aprobado de conformidad con el artículo 44, apartado 2.

3. Los Estados miembros velarán por que las vacunas utilizadas se autoricen de conformidad con la Directiva 2001/82/CE y el Reglamento (CE) nº 726/2004.

4. Los apartados 1 y 2 no se aplicarán a los estudios científicos destinados a desarrollar y probar vacunas en condiciones controladas.

Durante dichos estudios, los Estados miembros velarán por que se tomen las medidas adecuadas para proteger otros animales acuáticos de los efectos negativos de la vacunación efectuada en el marco de los estudios.

CAPÍTULO VII.- CALIFICACIÓN DE «LIBRE DE ENFERMEDADES»

Artículo 49.- *Estados miembros «libres de enfermedades»*

1. Un Estado miembro será declarado libre de una o más de las enfermedades no exóticas enumeradas en la parte II del anexo IV, de acuerdo con el procedimiento contemplado en el artículo 62, apartado 2, si se cumple el presente artículo, apartado 2, y:

a) ninguna de las especies sensibles a la enfermedad en cuestión está presente en su territorio, o

b) se sabe que el agente patógeno no puede sobrevivir en el Estado miembro y en sus fuentes de agua, o

c) el Estado miembro cumple las condiciones establecidas en la parte I del anexo V.

2. En caso de que los Estados miembros vecinos, o las cuencas hidrográficas compartidas con los Estados miembros vecinos, no sean declarados «libres de enfermedades», el Estado miembro establecerá zonas tampón adecuadas en su territorio. La delimitación de las zonas tampón se realizará de manera que estas protejan al Estado miembro libre de enfermedades de la introducción pasiva de la enfermedad.

3. Los requisitos específicos de los métodos de vigilancia, zonas tampón, muestreo y diagnóstico que utilizarán los Estados miembros para conceder la calificación de «libre de enfermedades» con arreglo al presente artículo se adoptarán de acuerdo con el procedimiento contemplado en el artículo 62, apartado 2.

Artículo 50.- *Zonas o compartimentos «libres de enfermedades»*

1. Un Estado miembro podrá declarar una zona o un compartimento de su territorio libre de una o más de las enfermedades no exóticas enumeradas en la parte II del anexo IV, en caso de que:

a) ninguna de las especies sensibles a la enfermedad en cuestión esté presente en la zona o compartimento, ni, cuando proceda, en sus fuentes de agua, o

b) se sepa que el agente patógeno no puede sobrevivir en la zona o compartimento ni, cuando proceda, en sus fuentes de agua, o

c) la zona o compartimento cumpla las condiciones establecidas en la parte II del anexo V.

2. Un Estado miembro presentará la declaración mencionada en el apartado 1 al Comité permanente de la cadena alimentaria y de sanidad animal de conformidad con el siguiente procedimiento:

a) la declaración deberá fundarse en pruebas en una forma que deberá determinarse de acuerdo con el procedimiento contemplado en el artículo 62, apartado 2, y deberá ser accesible por medios electrónicos a la Comisión y a los Estados miembros, de conformidad con los requisitos del artículo 59;

b) la Comisión incluirá la notificación de la declaración en el orden del día de la próxima reunión del Comité a que se refiere el artículo 62, apartado 1, a título informativo. La declaración surtirá efecto a los sesenta días de la fecha de la reunión;

c) en el plazo de este período, la Comisión o los Estados miembros podrán solicitar aclaraciones o información adicional sobre las pruebas justificativas presentadas por el Estado miembro que hace la declaración;

d) en los casos en que un Estado miembro por lo menos, o la Comisión, formulen, en el período a que se refiere la letra b), comentarios por escrito indicando preocupaciones objetivas significativas relacionadas con las pruebas justificativas presentadas al Estado miembro mencionado en el apartado 1, la Comisión y los Estados miembros afectados examinarán conjuntamente las pruebas presentadas a fin de resolver el motivo de preocupación. En este caso, el período mencionado en la letra b) podrá prolongarse en treinta días. Dichos comentarios se presentarán al Estado miembro que hace la declaración y a la Comisión;

e) si el arbitraje mencionado en el apartado 2, letra d), no diera resultado, la Comisión podrá decidir efectuar una inspección sobre el terreno de conformidad con el artículo 58 a fin de verificar si la declaración presentada se ajusta a los criterios establecidos en el apartado 1, salvo que el Estado miembro que haya presentado la declaración retire la misma;

f) en caso necesario, habida cuenta de los resultados logrados, se tomará la decisión, de acuerdo con el procedimiento contemplado en el artículo 62, apartado 2, de suspender la declaración de zona o compartimento libre de enfermedades de que se trate.

3. En caso de que la zona o compartimento o las zonas o compartimentos mencionados en el apartado 1 comprendan más del 75 % del territorio del Estado miembro, o de que la zona o compartimento consista en una cuenca hidrográfica compartida con otro Estado miembro o país tercero, el procedimiento indicado en el apartado 2 se sustituirá por el procedimiento contemplado en el artículo 62, apartado 2.

4. Los requisitos específicos de los métodos de vigilancia, muestreo y diagnóstico utilizados por los Estados miembros para obtener la calificación de «libre de enfermedades» con arreglo al presente artículo se establecerán de acuerdo con el procedimiento contemplado en el artículo 62, apartado 2.

Artículo 51.- *Listas de Estados miembros, zonas o compartimentos que hayan sido declarados libres de enfermedades*

1. Cada Estado miembro establecerá y mantendrá una lista actualizada de zonas y compartimentos que hayan sido declarados libres de enfermedades de conformidad con el artículo 50, apartado 2. Dichas listas se pondrán a disposición del público.

2. La Comisión elaborará, actualizará y pondrá a disposición del público una lista de los Estados miembros, zonas y compartimentos que hayan sido declarados libres de enfermedades de conformidad con el artículo 49 o con el artículo 50, apartado 3.

Artículo 52.- *Mantenimiento de la calificación de «libre de enfermedades»*

Un Estado miembro que haya sido declarado libre de una o más de las enfermedades no exóticas enumeradas en la parte II del anexo IV, de conformidad con el artículo 49, podrá interrumpir la vigilancia específica y mantener su calificación de «libre de enfermedades», siempre que se den las condiciones propicias para la manifestación clínica de la enfermedad de que se trate y se apliquen las disposiciones pertinentes de la presente Directiva.

No obstante, respecto a las zonas o compartimentos libres de la enfermedad de los Estados miembros que no hayan sido declarados libres de la enfermedad y en todos los casos en que no se den las condiciones propicias para la manifestación clínica de la enfermedad de que se trate, continuará la vigilancia específica conforme a los métodos previstos en el artículo 49, apartado 3, o el artículo 50, apartado 4, según proceda, pero a un nivel que se corresponda con el nivel de riesgo.

Artículo 53.- *Suspensión y restablecimiento de la calificación de «libre de enfermedades»*

1. En caso de que un Estado miembro tenga razones para creer que se ha incumplido cualquiera de las condiciones para mantener su calificación de Estado miembro, zona o compartimento «libre de enfermedades», dicho Estado miembro suspenderá inmediatamente la comercialización de las especies sensibles y las especies portadoras a otros Estados miembros, zonas o compartimentos, que, con respecto de la enfermedad en cuestión, tengan una mejor situación sanitaria, según lo establecido en la parte A del anexo III, y aplicará lo dispuesto en las secciones 2 y 4 del capítulo V.

2. En caso de que la investigación epizoótica prevista en el artículo 29, apartado 1, confirme que el incumplimiento sospechado en realidad no se ha producido, se restablecerá la calificación de «libre de enfermedades» del Estado miembro, zona o compartimento.

3. En caso de que la investigación epizoótica confirme una elevada probabilidad de que se haya producido una infección, se retirará la calificación de «libre de enfermedades» del Estado miembro, zona o compartimento, conforme al procedimiento en virtud del cual obtuvo dicha calificación. Los requisitos establecidos en el anexo V deberán cumplirse antes de que se restablezca la calificación de «libre de enfermedades».

CAPÍTULO VIII.- ORGANISMOS COMPETENTES Y LABORATORIOS

Artículo 54.- *Obligaciones generales*

1. Cada Estado miembro designará sus organismos competentes a efectos de la presente Directiva e informará de ello a la Comisión.

Los organismos competentes ejercerán sus funciones y cumplirán sus deberes de conformidad con el Reglamento (CE) nº 882/2004.

2. Cada Estado miembro velará por que se establezca una cooperación efectiva y continua, basada en el intercambio libre de la información pertinente para la aplicación de la presente Directiva, entre los organismos competentes que designe a efectos de la presente Directiva y cualquiera de los demás organismos que participan en la regulación de la acuicultura, los animales acuáticos y los alimentos y piensos de origen acuícola.

También se intercambiará la información que sea necesaria entre los organismos competentes de los distintos Estados miembros.

3. Cada Estado miembro velará por que los organismos competentes tengan acceso a servicios de laboratorio adecuados y a los conocimientos técnicos más avanzados en análisis del riesgo y epidemiología, así como de que exista, entre los organismos competentes y los laboratorios, un intercambio libre de cualquier información pertinente para la aplicación de la presente Directiva.

Artículo 55.- *Laboratorios comunitarios de referencia*

1. Los laboratorios comunitarios de referencia para las enfermedades de los animales acuáticos pertinentes para la presente Directiva se designarán de acuerdo con el procedimiento contemplado en el artículo 62, apartado 2, para un período que deberá definirse conforme a dicho procedimiento.

2. Los laboratorios comunitarios de referencia para las enfermedades de los animales acuáticos cumplirán las funciones establecidas en la parte I del anexo VI.

3. La Comisión revisará la designación de los laboratorios comunitarios de referencia a más tardar al finalizar el período mencionado en el apartado 1, a fin de comprobar si cumplen las funciones mencionadas en el apartado 2.

Artículo 56.- *Laboratorios nacionales de referencia*

1. Los Estados miembros se encargarán de la designación de un laboratorio nacional de referencia para cada uno de los laboratorios comunitarios de referencia mencionados en el artículo 55.

Los Estados miembros podrán designar un laboratorio situado en otro Estado miembro o en un Estado miembro de la AELC, y un único laboratorio podrá ser el laboratorio nacional de referencia de más de un Estado miembro.

2. Los Estados miembros comunicarán el nombre y la dirección de cada laboratorio nacional de referencia que hayan designado a la Comisión, al laboratorio comunitario de referencia correspondiente y a los demás Estados miembros, y actualizarán la información cuando haya cambios.

3. El laboratorio nacional de referencia estará en contacto con el laboratorio comunitario de referencia correspondiente previsto en el artículo 55.

4. Para garantizar un servicio de diagnostico eficaz en todo el territorio de un Estado miembro, conforme a lo dispuesto en la presente Directiva, el laboratorio nacional de referencia colaborará con cualquier laboratorio designado conforme al artículo 57 que esté situado en el territorio del mismo Estado miembro.

5. Los Estados miembros velarán por que cualquier laboratorio nacional de referencia situado en su territorio esté equipado de forma adecuada y cuente con un personal apropiado en cuanto a número y formación para realizar las investigaciones de laboratorio exigidas con arreglo a la presente Directiva y para cumplir las funciones establecidas en la parte II del anexo VI.

Artículo 57.- *Servicios y métodos de diagnóstico*

Los Estados miembros deberán garantizar lo siguiente:

a) los exámenes de laboratorio para los fines de la presente Directiva se efectúan en laboratorios designados para tales fines por el organismo competente;

b) los exámenes de laboratorio realizados en caso de sospecha y destinados a confirmar la presencia de las enfermedades enumeradas en la parte II del anexo IV se efectúan mediante métodos de diagnóstico que deberán establecerse de acuerdo con el procedimiento contemplado en el artículo 62, apartado 2, y

c) los laboratorios designados para servicios de diagnóstico conforme al presente artículo cumplirán las funciones establecidas en la parte III del anexo VI.

CAPÍTULO IX.- INSPECCIONES, GESTIÓN ELECTRÓNICA Y SANCIONES

Artículo 58.- *Inspecciones y auditorías comunitarias*

1. Expertos de la Comisión podrán realizar inspecciones sobre el terreno, incluidas auditorías, en cooperación con los organismos competentes de los Estados miembros, en la medida en que sean necesarias para la aplicación uniforme de la presente Directiva.

Los Estados miembros en cuyo territorio se efectúen dichas inspecciones y auditorías facilitarán a los expertos toda la ayuda necesaria para el cumplimiento de sus funciones.

La Comisión informará al organismo competente de los resultados de cualquier inspección o auditoría de este tipo.

2. Expertos de la Comisión también podrán realizar inspecciones sobre el terreno, incluidas auditorías, en terceros países y en cooperación con los organismos competentes del país tercero en cuestión, a fin de comprobar el cumplimiento o la equivalencia de la normativa comunitaria en materia de sanidad de los animales acuáticos.

3. En caso de que se identifique un riesgo zoosanitario grave durante una inspección de la Comisión, el Estado miembro en cuestión adoptará de inmediato las medidas necesarias para proteger la salud de los animales.

En caso de que no se tomen dichas medidas, o se consideren insuficientes, se adoptarán las medidas necesarias para salvaguardar la salud animal de acuerdo con el procedimiento contemplado en el artículo 62, apartado 3, y se informará de ello al Estado miembro en cuestión.

Artículo 59.- *Gestión electrónica*

1. A más tardar el 1 de agosto de 2008, los Estados miembros garantizarán el establecimiento de todos los procedimientos y trámites para que la información prevista en el artículo 6, el artículo 50, apartado 2, el artículo 51, apartado 1, y el artículo 56, apartado 2, esté disponible por vía electrónica.

2. Con arreglo al procedimiento contemplado en el artículo 62, apartado 2, la Comisión adoptará disposiciones de aplicación del apartado 1 a fin de facilitar la interoperabilidad de los sistemas de información y la utilización de procedimientos por vía electrónica entre Estados miembros.

Artículo 60.- *Sanciones*

Los Estados miembros determinarán el régimen de sanciones aplicables a las infracciones de las disposiciones nacionales adoptadas en aplicación de la presente Directiva y adoptarán todas las medidas necesarias para garantizar la ejecución de estas. Las sanciones previstas serán eficaces, proporcionadas y disuasorias. Los Estados miembros notificarán esas disposiciones a la Comisión a más tardar en la fecha especificada en el artículo 65, apartado 1, y le notificarán además sin demora cualquier modificación posterior que les afecte.

CAPÍTULO X.- MODIFICACIONES, DISPOSICIONES DE APLICACIÓN Y PROCEDIMIENTO DE COMITÉ

Artículo 61.- *Modificaciones y disposiciones de aplicación*

1. El artículo 50, apartado 2, podrá modificarse de acuerdo con el procedimiento contemplado en el artículo 62, apartado 2.

2. Los anexos de la presente Directiva podrán modificarse de acuerdo con el procedimiento contemplado en el artículo 62, apartado 2.

3. Las medidas necesarias para la aplicación de la presente Directiva se adoptarán de acuerdo con el procedimiento contemplado en el artículo 62, apartado 2.

Artículo 62.- *Procedimiento de comité*

1. La Comisión estará asistida por el Comité permanente de la cadena alimentaria y de sanidad animal (en lo sucesivo, «el Comité»).

2. En los casos en que se haga referencia al presente apartado, serán de aplicación los artículos 5 y 7 de la Decisión 1999/468/CE.

El plazo contemplado en el artículo 5, apartado 6, de la Decisión 1999/468/CE queda fijado en tres meses.

3. En los casos en que se haga referencia al presente apartado, serán de aplicación los artículos 5 y 7 de la Decisión 1999/468/CE.

El plazo contemplado en el artículo 5, apartado 6, de la Decisión 1999/468/CE queda fijado en quince días.

4. El Comité aprobará su reglamento interno.

CAPÍTULO XI.- DISPOSICIONES TRANSITORIAS Y FINALES

Artículo 63.- *Derogación*

1. Quedan derogadas, con efectos a partir del 1 de agosto de 2008, las Directivas 91/67/CEE, 93/53/CEE y 95/70/CE.

2. Las referencias hechas a las Directivas derogadas se entenderán hechas a la presente Directiva, con arreglo a la tabla de correspondencias que figura en el anexo VIII.

3. No obstante, la Decisión 2004/453/CE de la Comisión continuará aplicándose para los fines de la presente Directiva en espera de que se adopten las disposiciones necesarias de conformidad con su artículo 43, disposiciones que se adoptarán a más tardar tres años después de la entrada en vigor de la presente Directiva.

Artículo 64.- *Disposiciones transitorias*

Podrán adoptarse disposiciones transitorias de acuerdo con el procedimiento contemplado en el artículo 62, apartado 2, por un período de cuatro años a partir del 14 de diciembre de 2006.

Artículo 65.- *Adaptación del Derecho interno*

1. Los Estados miembros adoptarán y publicarán, a más tardar el 1 de mayo de 2008, las disposiciones legales, reglamentarias y administrativas necesarias para dar cumplimiento a lo dispuesto en la presente Directiva. Comunicarán inmediatamente a la Comisión el texto de dichas disposiciones.

Aplicarán dichas disposiciones a partir del 1 de agosto de 2008.

Cuando los Estados miembros adopten dichas disposiciones, estas harán referencia a la presente Directiva o irán acompañadas de dicha referencia en su publicación oficial. Los Estados miembros establecerán las modalidades de la mencionada referencia.

2. Los Estados miembros comunicarán a la Comisión el texto de las principales disposiciones de Derecho interno que adopten en el ámbito regulado por la presente Directiva.

Artículo 66.- *Entrada en vigor*

La presente Directiva entrará en vigor a los veinte días de su publicación en el Diario Oficial de la Unión Europea.

Artículo 67.- *Destinatarios*

Los destinatarios de la presente Directiva son los Estados miembros.

ANEXO I.-
Definiciones

Además de las definiciones del artículo 3, se aplicarán las siguientes definiciones técnicas:

a) "compartimento": una o más explotaciones que forman parte de un sistema de bioseguridad común que tenga una población de animales acuáticos con una situación sanitaria particular con respecto a una enfermedad específica;

b) "sistema de bioseguridad común": aplicación de las mismas medidas de vigilancia sanitaria de los animales acuáticos, de prevención y de control de enfermedades;

c) "zona de confinamiento": zona alrededor de una explotación o zona de cría de moluscos infectada en la que se aplican medidas de control de enfermedades con el fin de evitar la propagación de la enfermedad;

d) "enfermedad": infección clínica o subclínica, con presencia de uno o varios de los agentes etiológicos de las enfermedades que afectan a los animales acuáticos;

e) "zonas o compartimentos libres de enfermedades": zonas o compartimentos declarados libres de enfermedades de conformidad con los artículos 49 o 50;

f) "enfermedad emergente": enfermedad grave descubierta recientemente, cuya causa puede haberse o no haberse establecido aún, con potencial de propagarse en y entre poblaciones, por ejemplo mediante el comercio de animales acuáticos y/o sus productos. También se entiende por "enfermedad emergente" el descubrimiento de una enfermedad enumerada en una nueva especie hospedadora aún no incluida en la parte II del anexo IV como especie sensible a dicha enfermedad;

g) "unidad epidemiológica": grupo de animales acuáticos que presentan aproximadamente el mismo riesgo de exposición a un agente patógeno en un lugar determinado. Dicho riesgo puede deberse a que comparten un entorno acuático común o a que las prácticas de gestión hacen probable que un agente patógeno presente en un grupo de animales se propague rápidamente a otro grupo de animales;

h) "barbecho": una operación, a efectos de gestión de la enfermedad, en la que se vacía una explotación de los animales de acuicultura sensibles a la enfermedad en cuestión o de la que consta que pueden transferir el agente patógeno y, si es posible, de las aguas en las que viven;

i) "transformación complementaria": transformación de los animales de la acuicultura previa al consumo humano mediante cualquier tipo de medidas y técnicas que afecten a la integridad anatómica, como el sangrado, destripado o evisceración, descabezamiento, corte en rodajas o filetes, que produzcan desperdicios o subproductos y puedan implicar un riesgo de propagación de enfermedades;

j) "aumento de la mortalidad": mortalidad no explicada notablemente superior al nivel considerado normal para la explotación o zona de cría de moluscos en cuestión con arreglo a las condiciones normales. El responsable de la explotación y el organismo competente decidirán conjuntamente qué se considera un aumento de la mortalidad;

k) "infección": presencia de un agente patógeno que se esté multiplicando o desarrollando de otro modo o se encuentre en estado latente en el hospedador, o sobre él;

l) "zona o compartimento infectados": zonas o compartimentos en los que se sabe que se produce la infección;

m) "cuarentena": mantenimiento de un grupo de animales acuáticos aislados, sin contacto directo o indirecto con otros animales acuáticos, para ser sometidos a observación durante un período determinado y, cuando proceda, a pruebas y a tratamiento, incluido un tratamiento adecuado de las aguas residuales;

n) "especie sensible": cualquier especie en la que la infección por un agente patógeno ha quedado demostrada por casos naturales o mediante infección experimental que ha reproducido las vías naturales;

o) "especie portadora": cualquier especie que no es sensible a la enfermedad pero que puede propagar la infección difundiendo agentes patógenos de un hospedador a otro;

p) "zona": zona geográfica precisa con un sistema hidrológico homogéneo que comprende parte de una cuenca hidrográfica desde la fuente o las fuentes hasta una barrera natural o artificial que impide la migración hacia arriba de los animales acuáticos desde tramos inferiores de la cuenca hidrográfica, una cuenca hidrográfica completa desde su fuente o sus fuentes hasta su estuario, o más de una cuenca hidrográfica, incluidos sus estuarios, debido a la relación epidemiológica entre las cuencas hidrográficas a través del estuario.

ANEXO II.-
Información exigida en el registro oficial de empresas de producción acuícola y establecimientos de transformación autorizados

PARTE I.- Empresas de producción acuícola autorizadas

1. El organismo competente conservará en un registro la siguiente información mínima sobre cada empresa de producción acuícola, tal como se prevé en el artículo 6:

a) el nombre y las direcciones de la empresa de producción acuícola, así como la información de contacto (teléfono, fax y correo electrónico);

b) el número de registro y los datos de la autorización concedida (es decir, las fechas de las autorizaciones específicas, los códigos o números de identificación, las condiciones específicas de producción y cualquier otra cuestión pertinente para la autorización o las autorizaciones);

c) la situación geográfica de la explotación definida por un sistema adecuado de coordenadas de todas las explotaciones (si es posible, coordenadas SIG);

d) el objetivo, el tipo (es decir, el tipo de cultivo, o las instalaciones, como instalaciones terrestres, jaulas marinas y estanques en tierra) y el volumen máximo de producción en caso de que esté regulado;

e) respecto a las explotaciones continentales, centros de expedición y centros de depuración: información sobre el suministro y el vertido de aguas;

f) las especies de animales de acuicultura criados en la explotación (en el caso de las explotaciones donde se críen varias especies o especies ornamentales, se precisará al menos si consta que alguna de las especies es sensible a las enfermedades enumeradas en la parte II del anexo IV o que es portadora de alguna de ellas);

g) información actualizada sobre la situación sanitaria [es decir, si la explotación está libre de enfermedades (situada en un Estado miembro, zona o compartimento), en caso de que la explotación esté incluida en un programa con vistas a alcanzar dicha calificación, o en caso de que la explotación se haya declarado infectada por una enfermedad enumerada en el anexo IV].

2. En caso de que se conceda una autorización a una zona de cría de moluscos conforme al artículo 4, apartado 1, párrafo segundo, los datos exigidos con arreglo al punto 1, letra a), de la presente parte se registrarán para todas las empresas de producción acuícola que ejerzan su actividad dentro de la zona de cría de moluscos. Los datos exigidos con arreglo al punto 1, letras b) a g), de la presente parte se registrarán en el nivel de zona de cría de moluscos.

PARTE II.- Establecimientos de transformación autorizados

El organismo competente conservará en un registro la siguiente información mínima sobre cada establecimiento de transformación autorizado, tal como se prevé en el artículo 6:

a) el nombre y las direcciones del establecimiento de transformación autorizado, así como la información de contacto (teléfono, fax y correo electrónico);

b) el número de registro y los datos de la autorización concedida (es decir, las fechas de las autorizaciones específicas, los códigos o números de identificación, las condiciones específicas de producción y cualquier otra cuestión pertinente para la autorización o las autorizaciones);

c) la situación geográfica del establecimiento de transformación definida por un sistema adecuado de coordenadas (si es posible, coordenadas SIG);

d) información sobre los sistemas de tratamiento de efluentes del establecimiento de transformación autorizado;

e) las especies de animales de acuicultura manipulados en el establecimiento de transformación autorizado.

ANEXO III.-

[Anexo no reproducido en la presente publicación]

ANEXO IV.-
Lista de enfermedades

[Anexo no reproducido en la presente publicación]

ANEXO V.-
Requisitos para declarar un estado miembro, zona o compartimento "libre de enfermedades"

[Anexo no reproducido en la presente publicación]

ANEXO VI.-
Funciones de los laboratorios

PARTE I.- Laboratorios comunitarios de referencia

1. Para ser designados laboratorios comunitarios de referencia de conformidad con el artículo 55, los laboratorios cumplirán los requisitos siguientes. Deberán:

a) contar con un personal que tenga la cualificación apropiada y una formación adecuada en las técnicas de diagnóstico y análisis aplicadas en su ámbito de competencia, además de personal formado disponible para situaciones de emergencia que se produzcan en la Comunidad;

b) poseer los equipos y los productos necesarios para realizar el cometido que se les asigne;

c) contar con una infraestructura administrativa apropiada;

d) hacer que su personal respete el carácter confidencial de determinados asuntos, resultados o comunicaciones;

e) tener un conocimiento suficiente de las normas y prácticas internacionales;

f) disponer, según proceda, de una lista actualizada de las sustancias y los reactivos de referencia disponibles y de una lista actualizada de los fabricantes y proveedores de esas sustancias y esos reactivos;

g) tener en cuenta las actividades de investigación a nivel nacional y comunitario.

2. No obstante, la Comunidad solo podrá designar laboratorios que funcionen y sean evaluados y acreditados con arreglo a las siguientes normas europeas, teniendo en cuenta criterios de los distintos métodos de prueba establecidos en la presente Directiva:

a) EN ISO/IEC 17025 "Requisitos generales relativos a la competencia de los laboratorios de ensayo y calibración";

b) EN 45002 "Criterios generales para la evaluación de los laboratorios de ensayo";

c) EN 45003 "Sistemas de acreditación de laboratorios de ensayo y calibración. Requisitos generales relativos a su funcionamiento y reconocimiento".

3. La acreditación y evaluación de los laboratorios de ensayo contemplados en el punto 2 podrán referirse a ensayos aislados o a grupos de ensayos.

4. Respecto a una o varias de las enfermedades bajo su responsabilidad, los laboratorios comunitarios de referencia podrán aprovechar las competencias y la capacidad de laboratorios de otros Estados miembros o de los Estados miembros de la AELC, siempre que dichos laboratorios cumplan los requisitos establecidos en los puntos 1, 2 y 3 del presente anexo. Cualquier intención de aprovechar dicha cooperación se incluirá en la información facilitada como base para la designación conforme al artículo 55, apartado 1. No obstante, el laboratorio comunitario de referencia seguirá siendo el punto de contacto para los laboratorios nacionales de referencia de los Estados miembros y para la Comisión.

5. Los laboratorios comunitarios de referencia:

a) coordinarán, previa consulta a la Comisión, los métodos de diagnóstico de la enfermedad en cuestión empleados en los Estados miembros, especialmente mediante:

i) la tipificación, el almacenamiento y, cuando proceda, el suministro de cepas del agente patógeno de la enfermedad pertinente para facilitar el servicio de diagnóstico en la Comunidad,

ii) el suministro de sueros y demás reactivos de referencia a los laboratorios nacionales de referencia para normalizar las pruebas y los reactivos empleados en cada Estado miembro, cuando se exijan pruebas serológicas,

iii) la organización periódica de pruebas comparativas (pruebas de anillo) de los procedimientos de diagnóstico, a nivel comunitario, con los laboratorios nacionales de referencia designados por los Estados miembros a fin de suministrar información sobre los métodos de diagnóstico utilizados y los resultados de las pruebas efectuadas en la Comunidad,

iv) la conservación de los conocimientos técnicos sobre el agente patógeno de la enfermedad y otros agentes patógenos pertinentes para poder realizar un diagnóstico diferencial rápido;

b) contribuirán activamente a la identificación de los focos de la enfermedad de que se trate en los Estados miembros, estudiando la materia aislada del agente patógeno enviada para confirmar el diagnóstico y proceder a su caracterización y a los estudios epizoóticos;

c) facilitarán el adiestramiento o la puesta al día de expertos en diagnóstico de laboratorio, para armonizar las técnicas de diagnóstico en toda la Comunidad;

d) colaborarán, por lo que se refiere a los métodos de diagnóstico de enfermedades animales que entren en su ámbito de competencia, con los laboratorios competentes de terceros países afectados por dichas enfermedades;

e) colaborarán con los laboratorios de referencia de la OIE pertinentes en relación con las enfermedades exóticas enumeradas en la parte II del anexo IV que sean de su responsabilidad;

f) recopilarán y transmitirán información sobre enfermedades exóticas y endémicas, potencialmente emergentes en la acuicultura de la Comunidad.

PARTE II.- Laboratorios nacionales de referencia

1. Los laboratorios nacionales de referencia designados en virtud del artículo 56 se encargarán de coordinar las normas y los métodos de diagnóstico en su ámbito de responsabilidad en el Estado miembro de que se trate. Estos laboratorios nacionales de referencia deberán:

a) comprometerse a informar, sin demora, al organismo competente, cuando sospechen la aparición de cualquiera de las enfermedades que figuran en el anexo IV;

b) coordinar, previa consulta al laboratorio comunitario de referencia pertinente, los métodos empleados en los Estados miembros para diagnosticar las enfermedades en cuestión de las que son responsables;

c) contribuir activamente a la identificación de los focos de enfermedad de que se trate, estudiando la materia aislada del agente patógeno enviada para confirmar el diagnóstico y proceder a su caracterización y a los estudios epizoóticos;

d) facilitar el adiestramiento o la puesta al día de expertos en diagnóstico de laboratorio, para armonizar las técnicas de diagnóstico en todo el Estado miembro;

e) garantizar la confirmación de los resultados positivos de todos los focos de enfermedades exóticas enumerados en la parte II del anexo IV, así como de los focos primarios de enfermedades no exóticas enumeradas en dicho anexo;

f) organizar periódicamente pruebas comparativas nacionales (pruebas de anillo) de los procedimientos de diagnóstico con los laboratorios designados por los Estados miembros conforme al artículo 57, a fin de suministrar información sobre los métodos de diagnóstico utilizados y los resultados de las pruebas efectuadas en la Comunidad;

g) cooperar con el laboratorio comunitario de referencia mencionado en el artículo 55 y participar en las pruebas comparativas organizadas por los laboratorios comunitarios de referencia;

h) garantizar un diálogo regular y abierto con las autoridades nacionales competentes;

i) funcionar y ser evaluados y acreditados con arreglo a las siguientes normas europeas, teniendo en cuenta criterios de los distintos métodos de prueba establecidos en la presente Directiva:

i) EN ISO/IEC 17025 "Requisitos generales relativos a la competencia de los laboratorios de ensayo y calibración",

ii) EN 45002 "Criterios generales para la evaluación de los laboratorios de ensayo",

iii) EN 45003 "Sistemas de acreditación de laboratorios de ensayo y calibración. Requisitos generales relativos a su funcionamiento y reconocimiento".

2. La acreditación y evaluación de los laboratorios de ensayo contemplados en el punto 1, letra i), podrán referirse a ensayos aislados o a grupos de ensayos.

3. Los Estados miembros podrán designar laboratorios nacionales de referencia que no cumplan los requisitos contemplados en el punto 1, letra i), inciso i), de la presente parte, en caso de que, en la práctica, sea difícil el funcionamiento con arreglo a la norma EN ISO/IEC 17025, siempre que el laboratorio funcione con arreglo a un sistema de aseguramiento de la calidad que se ajuste a las directrices de ISO 9001.

4. Los Estados miembros podrán autorizar que un laboratorio nacional de referencia situado en su territorio aproveche las competencias y la capacidad de otros laboratorios designados en virtud del artículo 57, respecto a una o varias de las enfermedades de que se encargan, siempre que dichos laboratorios cumplan los requisitos pertinentes establecidos en la presente parte. No obstante, el laboratorio nacional de referencia seguirá siendo el punto de contacto para el organismo central competente del Estado miembro y para el laboratorio comunitario de referencia.

PARTE III.- Laboratorios designados en los Estados miembros

1. El organismo competente de un Estado miembro solo designará laboratorios para servicios de diagnóstico en virtud del artículo 57 que cumplan los requisitos siguientes. A este respecto, deberán:

a) comprometerse a informar, sin demora, al organismo competente, cuando sospechen la aparición de una cualquiera de las enfermedades enumeradas en el anexo IV;

b) comprometerse a participar en pruebas comparativas (pruebas de anillo) de procedimientos de diagnóstico organizadas por el laboratorio nacional de referencia;

c) funcionar y ser evaluados y acreditados con arreglo a las siguientes normas europeas, teniendo en cuenta criterios de los distintos métodos de prueba establecidos en la presente Directiva:

i) EN ISO/IEC 17025 "Requisitos generales relativos a la competencia de los laboratorios de ensayo y calibración",

ii) EN 45002 "Criterios generales para la evaluación de los laboratorios de ensayo",

iii) EN 45003 "Sistemas de acreditación de laboratorios de ensayo y calibración. Requisitos generales relativos a su funcionamiento y reconocimiento".

2. La acreditación y evaluación de los laboratorios de ensayo contemplados en el punto 1, letra c), podrán referirse a ensayos aislados o a grupos de ensayos.

3. Los Estados miembros podrán designar laboratorios que no cumplan los requisitos contemplados en el punto 1, letra c), inciso i), de la presente parte, en caso de que, en la práctica, sea difícil el funcionamiento con arreglo a la norma EN ISO/IEC 17025, siempre que el laboratorio funcione con arreglo a un sistema de aseguramiento de la calidad que se ajuste a las directrices de ISO 9001.

4. El organismo competente anulará la designación en caso de que dejen de cumplirse las condiciones mencionadas en el presente anexo.

ANEXO VII.-
Criterios y requisitos de los planes de urgencia

Los Estados miembros velarán por que los planes de urgencia se ajusten al menos a los siguientes requisitos:

1) deberán adoptarse disposiciones que otorguen la capacidad jurídica necesaria para que se apliquen los planes de urgencia y se lleve a efecto una campaña de erradicación rápida y con éxito;

2) deberán adoptarse disposiciones a fin de garantizar el acceso a fondos de urgencia, medios presupuestarios y recursos económicos con el objeto de cubrir todos los aspectos de la lucha contra las enfermedades específicas enumeradas en la parte II del anexo IV;

3) deberá establecerse una cadena de mando que garantice la rapidez y la eficacia del proceso de toma de decisiones en relación con las enfermedades exóticas enumeradas en el anexo IV o con las enfermedades emergentes. La dirección general de la estrategia de la lucha corresponderá a una unidad central de toma de decisiones;

4) los Estados miembros deberán tener a su disposición planes detallados a fin de estar preparados para el establecimiento inmediato de centros locales de control de enfermedades en caso de aparición de un foco de las enfermedades exóticas enumeradas en la parte II del anexo IV, o de enfermedades emergentes, así como para aplicar medidas de control de enfermedades y de protección local del medio ambiente;

5) los Estados miembros deberán garantizar la cooperación entre los organismos competentes en la materia regulada por la presente Directiva y los organismos competentes en materia de medio ambiente, a fin de que estén coordinadas adecuadamente las medidas sobre cuestiones de seguridad veterinaria y medioambiental;

6) deberán adoptarse disposiciones para disponer de los recursos que permitan una campaña rápida y eficaz, con inclusión de capacidades en materia de personal, equipos y laboratorios;

7) deberá disponerse de un manual de operaciones actualizado que contenga una descripción detallada, exhaustiva y práctica de todas las acciones, procedimientos, instrucciones y medidas de control que deberán emplearse en relación con las enfermedades exóticas enumeradas en la parte II del anexo IV, o las enfermedades emergentes;

8) deberá disponerse de planes detallados para la vacunación de urgencia, cuando proceda;

9) el personal deberá participar con regularidad en formación sobre signos clínicos, investigación epidemiológica y control de enfermedades epizoóticas en ejercicios de alerta en tiempo real, así como en formación sobre capacidad de comunicación para llevar a cabo campañas de sensibilización sobre enfermedades en curso destinadas a las autoridades, los responsables de explotaciones y los veterinarios;

10) deberán prepararse planes de urgencia que tengan en cuenta los recursos necesarios para controlar un gran número de focos que se produzcan en un breve plazo;

11) sin perjuicio de los requisitos veterinarios establecidos en el Reglamento (CE) nº 1774/2002, deberán prepararse planes de urgencia para garantizar que, en caso de aparición de un foco de enfermedades, pueda procederse a una eliminación masiva de cadáveres de animales acuáticos y desperdicios de animales acuáticos sin poner en peligro ni la salud animal ni la salud humana y aplicando procesos o métodos que eviten daños al medio ambiente, y en especial:

i) con mínimo riesgo para el suelo, el aire, las aguas superficiales y subterráneas, los vegetales y los animales,

ii) reduciendo al mínimo las incomodidades causadas por el ruido o los olores,

iii) reduciendo al mínimo los efectos negativos para el entorno natural y lugares de especial interés;

12) dichos planes deberán incluir la identificación de los lugares y empresas adecuados para el tratamiento o eliminación de cadáveres de animales y desperdicios animales en caso de aparición de un foco, de conformidad con el Reglamento (CE) nº 1774/2002.

ANEXO VIII.-
Tabla de correspondencias

[Anexo no reproducido en la presente publicación]

5 de diciembre de 2006.- Directiva nº 2006/125/CE
de la Comisión,
relativa a los alimentos elaborados a base de cereales y alimentos infantiles para lactantes y niños de corta edad
(D.O. L 339, 6 de diciembre 2006)

LA COMISIÓN DE LAS COMUNIDADES EUROPEAS,

Visto el Tratado constitutivo de la Comunidad Europea,

Vista la Directiva 89/398/CEE del Consejo, de 3 de mayo de 1989, relativa a la aproximación de las legislaciones de los Estados miembros sobre los productos alimenticios destinados a una alimentación especial y, en particular, su artículo 4, apartado 1,

Considerando lo siguiente:

(1) La Directiva 96/5/CE de la Comisión, de 16 de febrero de 1996, relativa a los alimentos elaborados a base de cereales y alimentos infantiles para lactantes y niños de corta edad, ha sido modificada en diversas ocasiones y de forma sustancial. Conviene, en aras de una mayor racionalidad y claridad, proceder a la codificación de dicha Directiva.

(2) Los alimentos elaborados a base de cereales y alimentos infantiles para lactantes y niños de corta edad forman parte de una dieta diversificada y no constituyen la única fuente de alimentación de los lactantes y los niños de corta edad.

(3) Existe una gran variedad de productos de este tipo, lo que refleja la gran diversidad de dietas para niños en período de destete y de corta edad debido a las condiciones sociales y culturales existentes en la Comunidad.

(4) La composición básica de dichos productos debe adecuarse a las necesidades nutritivas de los lactantes y los niños de corta edad en buen estado de salud, determinadas mediante datos científicos generalmente aceptados y teniendo en cuenta los parámetros anteriormente mencionados.

(5) Deben establecerse las exigencias nutritivas básicas relativas a la composición de las dos principales categorías de dichos productos, a saber, los alimentos elaborados a base de cereales y los alimentos infantiles.

(6) Dada la naturaleza de estos productos, si bien debe exigirse una serie de requisitos obligatorios y establecer otras restricciones sobre el contenido en vitaminas, minerales y otros nutrientes, debe permitirse que los fabricantes añadan voluntariamente estas sustancias nutritivas, utilizando únicamente determinadas sustancias que se especificarán en la presente Directiva.

(7) La utilización de estos productos a los que se han añadido voluntariamente dichos nutrientes en los niveles actualmente respetados en la Comunidad no parece tener como consecuencia un consumo excesivo de estos nutrientes por parte de los lactantes y los niños de corta edad. Debe prestarse atención a la evolución de la situación en el futuro y deben adoptarse, en su caso, las medidas apropiadas.

(8) La existencia de normativas diferentes sobre los niveles máximos de residuos de plaguicidas en alimentos elaborados a base de cereales y alimentos infantiles da lugar a obstáculos al comercio entre determinados Estados miembros.

(9) Considerando que los niveles máximos de residuos de plaguicidas establecidos en la Directiva 76/895/CEE del Consejo, de 23 de noviembre de 1976, relativa a la fijación de los contenidos máximos de residuos de plaguicidas en las frutas y hortalizas, la Directiva 86/362/CEE del Consejo, de 24 de julio de 1986, relativa a la fijación de contenidos máximos para los residuos de plaguicidas sobre y en los cereales, la Directiva 86/363/CEE del Consejo, de 24 de julio de 1986, relativa a la fijación de contenidos máximos para los residuos de plaguicidas sobre y en los productos alimenticios de origen animal, y en la Directiva 90/642/CEE del Consejo, de 27 de noviembre de 1990, relativa a la fijación de los contenidos máximos de residuos de plaguicidas en determinados productos de origen vegetal, incluidas las frutas y hortalizas, se aplican sin perjuicio de las disposiciones específicas aplicables a los alimentos elaborados a base de cereales y alimentos infantiles.

(10) Teniendo en cuenta las obligaciones internacionales de la Comunidad, en los casos en que las pruebas científicas pertinentes son insuficientes, el principio de cautela permite a la Comunidad adoptar provisionalmente medidas atendiendo a la información

disponible a la espera de una evaluación suplementaria del riesgo y de una revisión de la medida transcurrido un período de tiempo razonable.

(11) Según los dictámenes del Comité científico de la alimentación humana de 19 de septiembre de 1997 y de 4 de junio de 1998, en el momento presente es dudoso que los actuales valores de la ingestión diaria admisible (IDA) de plaguicidas y residuos de plaguicidas sean adecuados para la protección de la salud de los lactantes y los niños de corta edad. Por lo tanto, en el caso de productos alimenticios destinados a una alimentación especial de los lactantes y niños de corta edad, procede establecer un límite común muy bajo para todos los plaguicidas, en espera de una investigación científica caso por caso y una evaluación de las sustancias. Este límite común muy bajo debe fijarse en 0,01 mg/kg, lo que normalmente equivale en la práctica al nivel detectable mínimo.

(12) Debe exigirse una limitación estricta de los residuos de plaguicidas. Seleccionando cuidadosamente las materias primas y teniendo en cuenta que los alimentos elaborados a base de cereales y los alimentos infantiles son sometidos a un tratamiento exhaustivo durante el proceso de elaboración, es factible fabricar productos con un nivel muy bajo de residuos de plaguicidas. No obstante, en el caso de un pequeño número de plaguicidas, o de metabolitos de plaguicidas, incluso un límite máximo de residuos de 0,01 mg/kg puede dar lugar a que, en el peor de los casos, los lactantes y niños de corta edad excedan la IDA. Este es el caso de los plaguicidas o metabolitos de plaguicidas cuya IDA es inferior a 0,0005 mg/kg de peso corporal.

(13) En la presente Directiva se establece el principio de la prohibición de la utilización de dichos plaguicidas en los productos agrícolas destinados a la elaboración de alimentos a base de cereales y alimentos infantiles. No obstante, esta prohibición no garantiza necesariamente que los productos estén libres de dichos plaguicidas, ya que algunos plaguicidas contaminan el medio ambiente y sus residuos pueden encontrarse en los productos.

(14) Se puede proteger mejor la salud de los lactantes y niños de corta edad estableciendo requisitos adicionales que se puedan hacer cumplir mediante análisis, independientemente del origen del producto.

(15) La mayoría de los plaguicidas cuya IDA es inferior a 0,0005 mg/kg de peso corporal se encuentran ya prohibidos en la Comunidad. Los plaguicidas prohibidos no deben poder ser detectados en alimentos elaborados a base de cereales y alimentos infantiles por los métodos analíticos más avanzados. No obstante, algunos plaguicidas se degradan lentamente y siguen contaminando el medio ambiente. Pueden estar presentes en alimentos elaborados a base de cereales y alimentos infantiles aun cuando no se hayan utilizado. Para fines de control, debe adoptarse un enfoque armonizado.

(16) A la espera de las decisiones de la Comisión sobre si cumplen las condiciones de seguridad del artículo 5 de la Directiva 91/414/CEE del Consejo, de 15 de julio de 1991, relativa a la comercialización de productos fitosanitarios, se debe permitir que se sigan utilizando plaguicidas autorizados en tanto en cuanto sus residuos no superen los niveles máximos establecidos en la presente Directiva. Los niveles máximos de residuos se deben fijar de modo que, en el peor de los casos, los lactantes y los niños de corta edad no excedan la correspondiente IDA.

(17) La utilización de ingredientes alimenticios nuevos debe ser objeto de una medida de carácter horizontal aplicable a la totalidad de los productos alimenticios.

(18) La presente Directiva refleja el estado actual de los conocimientos sobre los productos a los que se refiere. Cualquier modificación destinada a admitir innovaciones basadas en el progreso científico y técnico debe decidirse según el procedimiento contemplado en el artículo 13, apartado 2, de la Directiva 89/398/CEE.

(19) Teniendo en cuenta las personas a quienes van dirigidos estos productos, es necesario fijar criterios microbiológicos y niveles máximos de contaminantes.

(20) De conformidad con el artículo 7, apartado 1, de la Directiva 89/398/CEE, los productos regulados por la presente Directiva están sujetos a las normas generales establecidas en la Directiva 2000/13/CE del Parlamento Europeo y del Consejo, de 20 de marzo de 2000, relativa a la aproximación de las legislaciones de los Estados miembros en materia de etiquetado, presentación y publicidad de los productos alimenticios.

(21) La presente Directiva establece y precisa, en su caso, las condiciones y excepciones a las normas generales.

(22) En particular, la naturaleza y el destino de los productos regulados por la presente Directiva requieren un etiquetado sobre las propiedades nutritivas que indique el valor

energético y los principales elementos nutritivos. Por otra parte, debe especificarse el modo de empleo, de conformidad con el artículo 3, apartado 1, punto 9, y el artículo 11 de la Directiva 2000/13/CE para evitar que estos productos se utilicen indebidamente y perjudiquen la salud de los lactantes.

(23) Aunque por lo general pueden hacerse las declaraciones referentes a estos productos que no estén expresamente prohibidas de conformidad con las normas aplicables a todos los productos alimenticios, dichas declaraciones deben tener en cuenta, cuando proceda, los criterios de composición especificados en la presente Directiva.

(24) De conformidad con el artículo 4 de la Directiva 89/398/CEE, se ha llevado a cabo la consulta sobre las disposiciones que podrían tener efectos en la salud pública.

(25) Las medidas previstas en la presente Directiva se ajustan al dictamen del Comité permanente de la cadena alimentaría y de sanidad animal.

(26) La presente Directiva no debe afectar a las obligaciones de los Estados miembros relativas a los plazos de transposición al Derecho nacional de las Directivas, que figuran en la parte B del anexo VIII.

HA ADOPTADO LA PRESENTE DIRECTIVA:

Artículo 1

1. La presente Directiva es una Directiva específica a efectos del artículo 4, apartado 1, de la Directiva 89/398/CEE.

2. La presente Directiva se aplicará a los productos alimenticios destinados a una alimentación especial que satisfagan las necesidades específicas de los lactantes y los niños de corta edad en buen estado de salud en la Comunidad y que tengan por destinatarios a los lactantes durante el período de destete y a los niños de corta edad, como complemento de su dieta y/o para su progresiva adaptación a los alimentos normales. Estos productos alimenticios consisten en:

a) "alimentos elaborados a base de cereales", que se dividen en las cuatro categorías siguientes:

i) cereales simples reconstituidos o que deben reconstituirse con leche u otro líquido alimenticio adecuado,

ii) cereales con adición de otro alimento rico en proteínas reconstituidos o que deben reconstituirse con agua u otro líquido que no contenga proteínas,

iii) pastas que deben cocer en agua hirviendo o en otros líquidos apropiados antes de su consumo,

iv) bizcochos y galletas que pueden consumirse directamente o, una vez pulverizados, con adición de agua, leche u otro líquido adecuado;

b) "alimentos infantiles", distintos de los alimentos elaborados a base de cereales.

3. La presente Directiva no se aplicará a la leche para niños de corta edad.

Artículo 2

A efectos de la presente Directiva, se entenderá por:

a) "lactantes": los niños de menos de doce meses;

b) "niños de corta edad": los niños entre uno y tres años;

c) "residuo de plaguicida": el residuo contenido en los alimentos elaborados a base de cereales y en los alimentos infantiles procedente de un producto fitosanitario, definido en el artículo 2, punto 1, de la Directiva 91/414/CEE, incluidos sus metabolitos y productos resultantes de su degradación o reacción.

Artículo 3

Los Estados miembros velarán por que los productos a los que se refiere el artículo 1, apartado 2, solo se comercialicen en la Comunidad si se ajustan a las normas establecidas en la presente Directiva.

Artículo 4

Los alimentos elaborados a base de cereales y los alimentos infantiles se fabricarán con ingredientes cuya adecuación para la alimentación especial de los lactantes y los niños de corta edad haya sido determinada mediante datos científicos generalmente aceptados.

Artículo 5

1. Los alimentos elaborados a base de cereales deberán ajustarse a los criterios de composición especificados en el anexo I.

2. Los alimentos para lactantes descritos en el anexo II deberán ajustarse a los criterios de composición especificados en dicho anexo.

Artículo 6

En la fabricación de alimentos elaborados a base de cereales y de alimentos infantiles, solamente podrán añadirse las sustancias alimenticias enumeradas en el anexo IV.

Los criterios de pureza para esas sustancias se fijarán posteriormente.

Artículo 7

1. Los alimentos elaborados a base de cereales y los alimentos infantiles no contendrán ninguna sustancia en cantidad tal que ponga en peligro la salud de los lactantes y los niños de corta edad. Se fijarán los niveles máximos necesarios para sustancias distintas de las mencionadas en los apartados 2 y 3.

2. Los alimentos elaborados a base de cereales y los alimentos infantiles no contendrán residuos de plaguicidas en niveles superiores a 0,01 mg/kg, excepto en el caso de las sustancias a las que se aplique un nivel específico incluido en el anexo VI.

Los métodos analíticos de determinación de los niveles de residuos de plaguicidas serán métodos normalizados generalmente aceptados.

3. Los plaguicidas enumerados en el anexo VII no serán utilizados en los productos agrícolas destinados a la elaboración de alimentos a base de cereales y alimentos infantiles.

No obstante, para fines de control:

a) se considerará que no se han utilizado los plaguicidas enumerados en el cuadro 1 del anexo VII si sus residuos no superan el nivel de 0,003 mg/kg. Este nivel, que se considera el umbral de cuantificación de los métodos analíticos, se revisará periódicamente a la luz de los avances técnicos;

b) se considerará que no se han utilizado los plaguicidas enumerados en el cuadro 2 del anexo VII si sus residuos no superan el nivel de 0,003 mg/kg. Este nivel se revisará periódicamente a la luz de los datos sobre contaminación ambiental.

4. Los niveles mencionados en los apartados 2 y 3 se aplicarán a los productos listos para el consumo o reconstituidos conforme a las instrucciones del fabricante.

5. En lo que respecta a los plaguicidas enumerados en el anexo VI, cuando se tome una decisión de no inclusión de una sustancia activa en el anexo I de la Directiva 91/414/CEE, el anexo VI y el anexo VII de la presente Directiva se modificarán en consecuencia.

6. Los criterios microbiológicos se fijarán cuando sea necesario.

Artículo 8

1. El etiquetado de los productos deberá incluir, además de las menciones previstas en el artículo 3 de la Directiva 2000/13/CE, las indicaciones siguientes:

a) la edad a partir de la cual podrá consumirse el producto, teniendo en cuenta su composición, textura y otras propiedades particulares. La edad indicada será, como mínimo, de cuatro meses para cualquier producto. En los productos recomendados a partir de los cuatro meses, se podrá señalar que son adecuados a partir de dicha edad, salvo indicación contraria de una persona independiente y competente en medicina, nutrición o farmacia, u otro profesional de la asistencia a madres y niños;

b) la presencia o ausencia de gluten cuando la edad indicada para el consumo del producto sea inferior a seis meses;

c) el valor energético disponible expresado en kJ y kcal, y el contenido de proteínas, hidratos de carbono y lípidos, expresados en forma numérica, por cada 100 g o 100 ml de producto en su forma comercializada y, cuando proceda, por cantidad especificada de producto propuesta para el consumo;

d) la cantidad media de cada sustancia mineral y de cada vitamina controlada a un nivel específico especificado en el anexo I y en el anexo II respectivamente, expresada en forma numérica, por cada 100 g o 100 ml de producto en su forma comercializada y, cuando proceda, por cantidad especificada de producto propuesta para el consumo;

e) en caso necesario, las instrucciones sobre la correcta preparación del producto, subrayando la importancia de ajustarse a dichas instrucciones.

2. En el etiquetado podrá figurar:

a) la cantidad media de nutrientes mencionada en el anexo IV, cuando tal declaración no esté cubierta por las disposiciones del apartado 1, letra d), expresada en forma numérica, por cada 100 g o 100 ml del producto en su forma comercializada y, cuando proceda, por cantidad especificada del producto propuesta para el consumo;

b) además de la información numérica, información sobre las vitaminas y minerales incluidos en el anexo V, expresada en tanto por ciento de los valores de referencia allí indicados, por cada 100 g o 100 ml del producto en su forma comercializada y, cuando proceda, por cantidad especificada del producto propuesta para el consumo, siempre que las cantidades presentes sean, como mínimo, iguales al 15 % del valor de referencia.

Artículo 9

Queda derogada la Directiva 96/5/CE, modificada por las Directivas indicadas en la parte A del anexo VIII, sin perjuicio de las obligaciones de los Estados miembros relativas a los plazos de transposición al Derecho nacional de las Directivas, que figuran en la parte B del anexo VIII.

Las referencias a la Directiva derogada se entenderán hechas a la presente Directiva y se leerán con arreglo a la tabla de correspondencias que figura en el anexo IX.

Artículo 10

La presente Directiva entrará en vigor el vigésimo día siguiente al de su publicación en el Diario Oficial de la Unión Europea.

Artículo 11

Los destinatarios de la presente Directiva serán los Estados miembros.

ANEXO I.-
Composición básica de los alimentos elaborados a base de cereales para lactantes y niños de corta edad

[Anexo no reproducido en la presente publicación]

ANEXO II.-
Composición básica de los alimentos infantiles para lactantes y niños de corta edad

[Anexo no reproducido en la presente publicación]

ANEXO III.-
Composición de aminoácidos de la caseína

[Anexo no reproducido en la presente publicación]

ANEXO IV.-
Sustancias nutritivas

[Anexo no reproducido en la presente publicación]

ANEXO V.-
Valores de referencia para el etiquetado nutricional de los alimentos para lactantes y niños de corta edad

[Anexo no reproducido en la presente publicación]

ANEXO VI.-
Límites máximos específicos para residuos de plaguicidas o de metabolitos de plaguicidas en los alimentos elaborados a base de cereales y alimentos infantiles

[Anexo no reproducido en la presente publicación]

ANEXO VII.-
Plaguicidas que no se podrán utilizar en los productos agrícolas destinados a la elaboración de alimentos a base de cereales y alimentos infantiles

[Anexo no reproducido en la presente publicación]

ANEXO VIII.-

[Anexo no reproducido en la presente publicación]

ANEXO IX.-
Tabla de correspondencias

[Anexo no reproducido en la presente publicación]

22 de diciembre de 2006.- Directiva nº 2006/141/CE
de la Comisión,
relativa a los preparados para lactantes y preparados de continuación
y por la que se modifica la a Directiva 1999/21/CE
(D.O. L 401, 30 de dicmebre 2006)

[V.C. 28/10/2008]

LA COMISIÓN DE LAS COMUNIDADES EUROPEAS,

Visto el Tratado constitutivo de la Comunidad Europea,

Vista la Directiva 89/398/CEE del Consejo, de 3 de mayo de 1989, relativa a la aproximación de las legislaciones de los Estados miembros sobre los productos alimenticios destinados a una alimentación especial, y, en particular, su artículo 4, apartado 1,

Previa consulta a la Autoridad Europea de Seguridad Alimentaria (la Autoridad),

Considerando lo siguiente:

(1) La Directiva 89/398/CEE se aplica a los productos alimenticios destinados a una alimentación especial. Las disposiciones específicas aplicables a determinados grupos de alimentos destinados a una alimentación especial se establecen en Directivas específicas.

(2) La Directiva 91/321/CEE de la Comisión, de 14 de mayo de 1991, relativa a los preparados para lactantes y preparados de continuación, es una Directiva específica adoptada en virtud de la Directiva 89/398/CEE. Dicha Directiva ha sido objeto de varias modificaciones sustanciales. Dado que deben introducirse otras modificaciones, procede refundirla en aras de la claridad.

(3) Teniendo en cuenta los debates en foros internacionales, en particular, el Codex Alimentarius, sobre el momento oportuno para la introducción de alimentos complementarios en la dieta de los lactantes, procede modificar las definiciones en vigor de preparados para lactantes y preparados de continuación y algunas disposiciones sobre el etiquetado de preparados de continuación de la Directiva 91/321/CEE.

(4) Los preparados para lactantes son los únicos productos alimenticios elaborados que satisfacen plenamente las necesidades nutritivas de los lactantes durante los primeros meses de vida hasta la introducción de una alimentación complementaria adecuada. Para proteger la salud de estos lactantes, es necesario garantizar que los preparados para lactantes sean los únicos productos comercializados como idóneos para ser administrados durante ese período.

(5) La composición básica de los preparados para lactantes y preparados de continuación debe satisfacer las necesidades nutritivas de los lactantes sanos, tal y como han sido determinadas con arreglo a datos científicos generalmente aceptados.

(6) Los requisitos sobre la composición esencial de los preparados para lactantes y preparados de continuación deben incluir disposiciones detalladas sobre el contenido proteínico. A pesar de que tradicionalmente se han utilizado diferentes factores de conversión apropiados para el cálculo del contenido proteínico a partir del contenido de nitrógeno de diferentes fuentes de proteínas, recientes directrices científicas indican que, para el objetivo específico de calcular el contenido proteínico de los preparados para lactantes y los preparados de continuación es conveniente utilizar un solo factor de conversión adaptado a estos productos. Dado que los preparados para lactantes y los preparados de continuación son productos sofisticados elaborados especialmente para una finalidad determinada, deben establecerse requisitos esenciales adicionales sobre las proteínas, lo que incluye los niveles de proteínas mínimo y máximo y los niveles mínimos de algunos aminoácidos. Los requisitos sobre proteínas especificados en la presente Directiva se refieren al producto final en sí, preparado y listo para el consumo.

(7) De acuerdo con esos datos, puede definirse actualmente la composición básica de los preparados para lactantes y de los preparados de continuación fabricados a partir de proteínas contenidas en la leche de vaca y en la soja o mezcladas, así como de los preparados para lactantes basados en hidrolizados de proteínas. No puede decirse lo mismo de los preparados basados total o parcialmente en otras fuentes proteicas. Si es necesario, deben adoptarse en el futuro normas específicas para tales productos.

(8) Es importante que los ingredientes utilizados en la fabricación de preparados para lactantes y preparados de continuación convengan para la alimentación especial de los

lactantes y que su adecuación haya sido demostrada, en su caso, mediante estudios apropiados. Grupos de expertos científicos, tales como el Comité científico de la alimentación humana, el Comité británico sobre los aspectos médicos de la política de alimentación y nutrición y la Sociedad Europea de Gastroenterología, Hepatología y Nutrición Pediátricas han publicado directrices sobre la elaboración y la realización de estudios apropiados. Dichas directrices deben tomarse en consideración al introducir los ingredientes en los preparados para lactantes y los preparados de continuación.

(9) Algunas sustancias que pueden utilizarse en la fabricación de preparados para lactantes y preparados de continuación pueden utilizarse también como aditivos en los productos alimenticios. En ese contexto, se han adoptado o deben adoptarse criterios de pureza a nivel comunitario de conformidad con la Directiva 89/107/CEE del Consejo, de 21 de diciembre de 1988, relativa a la aproximación de las legislaciones de los Estados miembros sobre los aditivos alimentarios autorizados en los productos alimenticios destinados al consumo humano. Los citados criterios de pureza deben aplicarse a las sustancias en cuestión cualquiera que sea la finalidad de su uso en los productos alimenticios.

(10) Hasta que concluya la adopción de los criterios de pureza de las sustancias para las que aún no se hayan adoptado tales criterios a nivel comunitario, y con el fin de garantizar un nivel elevado de protección de la salud pública, deben aplicarse criterios de pureza generalmente aceptables que recomienden organizaciones u organismos internacionales tales como el Comité Mixto FAO/OMS de Expertos en Aditivos Alimentarios o la Farmacopea Europea. Amén de ello, los Estados miembros deben poder mantener normas nacionales que establezcan criterios de pureza más estrictos.

(11) Dada la naturaleza particular de los preparados para lactantes, deben establecerse medios adicionales a los que tienen habitualmente a disposición los organismos de control para facilitar un control eficaz de tales productos.

(12) Los preparados para lactantes basados en hidrolizados de proteínas son distintos de los productos dietéticos semielementales con un elevado contenido de hidrolizados utilizados en el tratamiento dietético de estados médicos diagnosticados no incluidos en el ámbito de la presente Directiva.

(13) La presente Directiva refleja el estado actual de los conocimientos sobre los productos que regula. Por lo tanto, cualquier modificación con objeto de admitir las innovaciones basadas en el progreso científico y técnico debe adoptarse con arreglo al procedimiento contemplado en el artículo 13, apartado 2, de la Directiva 89/398/CEE.

(14) Los niveles máximos de residuos de plaguicidas establecidos en la legislación comunitaria, en particular, en la Directiva 76/895/CEE del Consejo, de 23 de noviembre de 1976, relativa a la fijación de los contenidos máximos de residuos de plaguicidas en las frutas y hortalizas, en la Directiva 86/362/CEE del Consejo, de 24 de julio de 1986, relativa a la fijación de contenidos máximos para los residuos de plaguicidas sobre y en los cereales, en la Directiva 86/363/CEE del Consejo, de 24 de julio de 1986, relativa a la fijación de contenidos máximos para los residuos de plaguicidas sobre y en los productos alimenticios de origen animal, y en la Directiva 90/642/CEE del Consejo, de 27 de noviembre de 1990, relativa a la fijación de los contenidos máximos de residuos de plaguicidas en determinados productos de origen vegetal, incluidas las frutas y hortalizas, se aplican sin perjuicio de las disposiciones específicas establecidas en la presente Directiva.

(15) Teniendo en cuenta las obligaciones internacionales de la Comunidad, en los casos en que las pruebas científicas pertinentes son insuficientes, el principio de cautela contemplado en el artículo 7 del Reglamento (CE) nº 178/2002 del Parlamento Europeo y del Consejo, de 28 de enero de 2002, por el que se establecen los principios y los requisitos generales de la legislación alimentaria, se crea la Autoridad Europea de Seguridad Alimentaria y se fijan procedimientos relativos a la seguridad alimentaria, permite a la Comunidad adoptar provisionalmente medidas atendiendo a la información disponible, a la espera de una evaluación suplementaria del riesgo y de una revisión de la medida transcurrido un período de tiempo razonable.

(16) Según los dictámenes del Comité científico de la alimentación humana de 19 de septiembre de 1997 y de 4 de junio de 1998, en el momento presente es dudoso que los actuales valores de la ingesta diaria admisible (IDA) de plaguicidas y residuos de plaguicidas sean adecuados para la protección de la salud de los lactantes y los niños de corta edad. Por lo tanto, en el caso de productos alimenticios destinados a una alimentación especial de los lactantes y niños de corta edad, procede establecer un límite

común muy bajo para todos los plaguicidas. Este límite común muy bajo debe fijarse en 0,01 mg/kg, lo que normalmente equivale en la práctica al nivel detectable mínimo.

(17) Debe exigirse una limitación estricta de los residuos de plaguicidas. Seleccionando cuidadosamente las materias primas y teniendo en cuenta que los preparados para lactantes y los preparados de continuación son sometidos a un tratamiento exhaustivo durante el proceso de elaboración, es factible fabricar productos con un nivel muy bajo de residuos de plaguicidas. No obstante, en el caso de un pequeño número de plaguicidas, o de metabolitos de plaguicidas, incluso un límite máximo de residuos de 0,01 mg/kg puede dar lugar a que, en las condiciones más desfavorables de absorción, los lactantes y niños de corta edad rebasen la IDA. Este es el caso de los plaguicidas o metabolitos de plaguicidas cuya IDA es inferior a 0,0005 mg/kg de peso corporal.

(18) La presente Directiva debe establecer el principio de la prohibición de la utilización de dichos plaguicidas en los productos agrícolas destinados a la elaboración de preparados para lactantes y preparados de continuación. No obstante, esta prohibición no garantiza necesariamente que los productos estén libres de dichos plaguicidas, ya que algunos plaguicidas contaminan el medio ambiente y sus residuos pueden encontrarse en los productos.

(19) La mayoría de los plaguicidas cuya IDA es inferior a 0,0005 mg/kg de peso corporal se encuentran ya prohibidos en la Comunidad. Los plaguicidas prohibidos no deben poder ser detectados en preparados para lactantes y preparados de continuación por los métodos analíticos más avanzados. No obstante, algunos plaguicidas se degradan lentamente y siguen contaminando el medio ambiente. Pueden estar presentes en preparados para lactantes y preparados de continuación aun cuando no se hayan utilizado. Para fines de control, debe adoptarse un enfoque armonizado.

(20) A la espera de las decisiones de la Comisión sobre si cumplen las condiciones de seguridad del artículo 5 de la Directiva 91/414/CEE del Consejo, de 15 de julio de 1991, relativa a la comercialización de productos fitosanitarios, se debe permitir que se sigan utilizando plaguicidas autorizados en tanto en cuanto sus residuos no superen los niveles máximos establecidos en la presente Directiva. Los niveles máximos de residuos se deben fijar de modo que, en el peor de los casos, los lactantes y los niños de corta edad no rebasen la correspondiente IDA.

(21) Los anexos sobre plaguicidas de la presente Directiva deben modificarse tras completarse el programa de revisión que se está llevando a cabo con arreglo a la Directiva 91/414/CEE.

(22) En virtud del artículo 7, apartado 1, de la Directiva 89/398/CEE, los productos a que se refiere la presente Directiva están sujetos a las normas generales establecidas en la Directiva 2000/13/CE del Parlamento Europeo y del Consejo, de 20 de marzo de 2000, relativa a la aproximación de las legislaciones de los Estados miembros en materia de etiquetado, presentación y publicidad de los productos alimenticios. La presente Directiva establece y desarrolla las adiciones y las excepciones que conviene introducir en dichas normas generales con el fin de favorecer y proteger la lactancia materna.

(23) En particular, la naturaleza y el destino de los productos regulados por la presente Directiva requieren un etiquetado sobre las propiedades nutritivas que indique el valor energético y los principales elementos nutritivos. Por otra parte, el modo de empleo debe especificarse de conformidad con el artículo 3, apartado 1, punto 9, y con el artículo 11, apartado 2, de la Directiva 2000/13/CE, para evitar que se utilicen de manera inadecuada que perjudique la salud de los lactantes.

(24) Dada la naturaleza de los preparados para lactantes y preparados de continuación, es necesario precisar las modalidades de declaración del valor nutritivo en el etiquetado, a fin de evitar que surjan problemas debidos a la aplicación de otras disposiciones comunitarias pertinentes.

(25) El Reglamento (CE) nº 1924/2006 del Parlamento Europeo y del Consejo, de 20 de diciembre de 2006, sobre las alegaciones nutricionales y de propiedades saludables en los alimentos, establece las normas y las condiciones de uso de las alegaciones nutricionales y propiedades saludables relativas a los alimentos. No obstante, su artículo 1, apartado 5, dispone que el Reglamento se aplicará sin perjuicio, en particular, de la Directiva 89/398/CEE y de las Directivas adoptadas sobre alimentos destinados a una alimentación especial.

(26) Procede establecer en la presente Directiva las condiciones de uso de las alegaciones nutricionales y de propiedades saludables relativas a preparados para lactantes. A este respecto, con el fin de proporcionar información objetiva y

científicamente comprobada, es necesario definir las condiciones de autorización de las alegaciones nutricionales y de propiedades saludables y establecer una lista de las alegaciones autorizadas. De conformidad con el artículo 4, apartado 1, párrafo tercero, de la Directiva 89/398/CEE, dicha lista de alegaciones nutricionales y de propiedades saludables debe modificarse, en su caso, previa consulta de la Autoridad.

(27) Con el fin de proteger mejor la salud de los lactantes, las normas de composición, etiquetado y propaganda establecidas en la presente Directiva deben ajustarse a los principios y objetivos del Código internacional de comercialización de sustitutivos de la leche materna, adoptado por la trigesimocuarta Asamblea Mundial de la Salud, teniendo presente las situaciones particulares de hecho y de derecho existentes en la Comunidad.

(28) Dado el importante papel que desempeña la información en la elección de la alimentación infantil por parte de las mujeres embarazadas y las madres de los niños, es necesario que los Estados miembros adopten las medidas necesarias para que esa información garantice el uso adecuado de dichos productos y no perjudique la promoción de la lactancia materna.

(29) La presente Directiva no se refiere a las condiciones de venta de las publicaciones especializadas relativas al cuidado de los niños ni de las publicaciones científicas.

(30) La Directiva 1999/21/CE de la Comisión, de 25 de marzo de 1999, sobre alimentos dietéticos destinados a usos médicos especiales, establece requisitos de composición y etiquetado de los alimentos dietéticos para usos médicos especiales. El anexo de dicha Directiva establece los contenidos de minerales en los alimentos nutricionalmente completos destinados a los lactantes. Existen nuevas recomendaciones científicas sobre el nivel mínimo de manganeso en los alimentos destinados a los lactantes. Procede, pues, modificar los niveles de manganeso en alimentos dietéticos destinados a usos médicos especiales para lactantes que figuran en el citado anexo. Por lo tanto, la Directiva 1999/21/CE debe modificarse en consecuencia.

(31) Dada la naturaleza específica de los alimentos dietéticos destinados a usos médicos especiales para lactantes y la necesidad de evaluar la nueva formulación de tales productos, sus fabricantes necesitan un período más amplio para adaptarlos a la composición básica derivada de los nuevos requisitos establecidos en la presente Directiva.

(32) La obligación de transponer la presente Directiva a los Derechos nacionales debe limitarse a aquellas disposiciones que suponen un cambio sustancial con respecto a la Directiva anterior. La obligación de transponer las disposiciones inalteradas se deriva de la Directiva anterior.

(33) La presente Directiva no debe afectar a las obligaciones de los Estados miembros relativas a los plazos de transposición de las Directivas indicados en el anexo X, parte B.

(34) Las medidas previstas en la presente Directiva se ajustan al dictamen del Comité permanente de de la cadena alimentaria y de sanidad animal.

HA ADOPTADO LA PRESENTE DIRECTIVA:

Artículo 1

La presente Directiva es una «Directiva específica», tal y como se define en el artículo 4, apartado 1, de la Directiva 89/398/CEE, que establece los requisitos de composición y etiquetado de los preparados para lactantes y los preparados de continuación destinados a los niños sanos de la Comunidad.

También permite a los Estados miembros la aplicación de los principios y objetivos del Código internacional de comercialización de sustitutivos de la leche materna relativos a la comercialización, la información y las responsabilidades de las autoridades sanitarias.

Artículo 2

A efectos de la presente Directiva, se aplicarán las definiciones de «alegación», «alegación nutricional», «alegación de propiedades saludables» y «alegación de reducción de riesgo de enfermedad» que se establecen en el artículo 2, apartado 2, puntos 1, 4, 5 y 6, del Reglamento (CE) nº 1924/2006.

Se aplicarán además las definiciones siguientes:

a) «lactantes»: los niños que tengan menos de doce meses;

b) «niños de corta edad»: los niños entre uno y tres años de edad;

c) «preparados para lactantes»: los productos alimenticios destinados a la alimentación especial de los lactantes durante los primeros meses de vida que satisfagan por sí mismos las necesidades nutritivas de estos lactantes hasta la introducción de una alimentación complementaria apropiada;

d) «preparados de continuación»: los productos alimenticios destinados a la alimentación especial de los lactantes cuando se introduzca una alimentación complementaria apropiada que constituyan el principal elemento líquido de una dieta progresivamente diversificada de estos lactantes;

e) «residuo de plaguicida»: el residuo contenido en los preparados para lactantes y en los preparados de continuación procedente de un producto fitosanitario, definido en el artículo 2, apartado 1, de la Directiva 91/414/CEE, incluidos sus metabolitos y productos resultantes de su degradación o reacción.

Artículo 3

Solo podrán comercializarse en la Comunidad los preparados para lactantes y los preparados de continuación que sean conformes a lo dispuesto en la presente Directiva.

Ningún otro producto que no sea un preparado para lactantes podrá comercializarse ni presentarse como adecuado para satisfacer por sí mismo las necesidades nutritivas de los lactantes normales sanos durante los primeros meses de vida hasta la introducción de una alimentación complementaria apropiada.

Artículo 4

Los preparados para lactantes y los preparados de continuación no contendrán ninguna sustancia en cantidad tal que ponga en peligro la salud de los lactantes y los niños de corta edad.

Artículo 5

Los preparados para lactantes se elaborarán, según el caso, a partir de las fuentes proteínicas definidas en el punto 2 del anexo I y de otros ingredientes alimenticios cuya adecuación para la alimentación especial de los lactantes desde el nacimiento haya sido determinada mediante datos científicos generalmente aceptados.

Dicha adecuación se demostrará mediante el análisis sistemático de los datos disponibles sobre los beneficios esperados y las consideraciones de seguridad y, en su caso, mediante estudios pertinentes, realizados según instrucciones especializadas generalmente aceptadas sobre la elaboración y realización de este tipo de estudios.

Artículo 6

Los preparados de continuación se elaborarán, según el caso, a partir de las fuentes proteínicas definidas en el punto 2 del anexo II y de otros ingredientes alimenticios cuya adecuación para la alimentación especial de los lactantes de más de seis meses de edad haya sido determinada mediante datos científicos generalmente aceptados.

Dicha adecuación se demostrará mediante el análisis sistemático de los datos disponibles sobre los beneficios esperados y las consideraciones de seguridad y, en su caso, mediante estudios pertinentes, realizados según instrucciones especializadas generalmente aceptadas sobre la elaboración y realización de este tipo de estudios.

Artículo 7

1. Los preparados para lactantes cumplirán los criterios de composición establecidos en el anexo I, teniendo en cuenta las especificaciones del anexo V.

En el caso de los preparados para lactantes fabricados a partir de las proteínas de leche de vaca definidas en el punto 2.1 del anexo I con un contenido proteínico comprendido entre el mínimo y 0,5 g/100 kJ (2 g/100 kcal), la adecuación del preparado para la alimentación especial de los lactantes se demostrará mediante estudios pertinentes, realizados según instrucciones especializadas generalmente admitidas sobre la elaboración y realización de este tipo de estudios.

En el caso de los preparados para lactantes fabricados a partir de hidrolizados de proteínas definidas en el punto 2.2 del anexo I con un contenido proteínico comprendido entre el mínimo y 0,56 g/100 kJ (2,25 g/100 kcal), la adecuación del preparado para la alimentación especial de los lactantes se demostrará mediante estudios pertinentes, realizados según instrucciones especializadas generalmente admitidas sobre la elaboración y realización de este tipo de estudios, y será conforme a las especificaciones pertinentes establecidas en el anexo VI.

2. Los preparados de continuación cumplirán los criterios de composición establecidos en el anexo II, teniendo en cuenta las especificaciones del anexo V.

3. Los preparados para lactantes y los preparados de continuación solo deberán requerir, en su caso, la adición de agua.

4. Deberán respetarse las prohibiciones y limitaciones sobre el empleo de ingredientes alimenticios en los preparados para lactantes y los preparados de continuación, establecidas en los anexos I y II.

Artículo 8

1. Solo las sustancias enumeradas en el anexo III podrán utilizarse en la elaboración de preparados para lactantes y preparados de continuación con el fin de satisfacer las necesidades de:

a) sustancias minerales;

b) vitaminas;

c) aminoácidos y otros compuestos nitrogenados;

d) otras sustancias con fines nutritivos especiales.

2. La fabricación de productos alimenticios para fines distintos de los previstos en la presente Directiva estará sujeta a los criterios de pureza de las sustancias que establece la legislación comunitaria sobre el uso de las sustancias enumeradas en el anexo III.

3. En los casos de sustancias para las que la legislación comunitaria no prevea ningún criterio de pureza, se aplicarán los criterios de pureza generalmente aceptables que recomienden los organismos internacionales hasta que se adopten criterios a nivel comunitario.

No obstante, podrán seguir aplicándose las normas nacionales que establezcan criterios de pureza más estrictos que los recomendados por los organismos internacionales.

Artículo 9

1. Para facilitar un control oficial eficaz de los preparados para lactantes, cuando una empresa alimentaria comercialice un preparado para lactante lo notificará a las autoridades competentes de los Estados miembros donde se comercialice enviándoles un modelo de la etiqueta del producto.

2. Las autoridades competentes a efectos del presente artículo son las contempladas en el artículo 9, apartado 4, de la Directiva 89/398/CEE.

Artículo 10

1. Los preparados para lactantes y los preparados de continuación no contendrán residuos de plaguicidas en niveles superiores a los 0,01 mg/kg de producto listo para el consumo o reconstituido conforme a las instrucciones del fabricante.

Los métodos analíticos de determinación de los niveles de residuos de plaguicidas serán métodos normalizados generalmente aceptados.

2. Los plaguicidas incluidos en el anexo VIII no se utilizarán en los productos agrícolas destinados a la elaboración de preparados para lactantes y preparados de continuación.

No obstante, para fines de control:

a) se considerará que no se han utilizado los plaguicidas enumerados en el cuadro 1 del anexo VIII si sus residuos no superan el nivel de 0,003 mg/kg. Este nivel, que se considera el umbral de cuantificación de los métodos analíticos, se revisará periódicamente a la luz de los avances técnicos;

b) se considerará que no se han utilizado los plaguicidas enumerados en el cuadro 2 del anexo VIII si sus residuos no superan el nivel de 0,003 mg/kg; este nivel se revisará periódicamente a la luz de los datos sobre contaminación ambiental.

3. No obstante lo dispuesto en el apartado 1, en lo que respecta a los plaguicidas enumerados en el anexo IX serán aplicables los límites máximos para residuos especificados en el mismo.

4. Los niveles mencionados en los apartados 2 y 3 se aplicarán a los productos listos para el consumo o reconstituidos conforme a las instrucciones del fabricante.

Artículo 11

Excepto en el caso previsto en el artículo 12, los preparados para lactantes y los preparados de continuación se venderán con las denominaciones respectivas siguientes:

— en búlgaro: «храни за кърмачета» y «преходни храни»,

— en castellano: «Preparado para lactantes» y «Preparado de continuación»,

— en checo: «počáteční kojenecká výživa» y «pokračovací kojenecká výživa»,

— en danés: «Modermælkserstatning» y «Tilskudsblanding»,

— en alemán: «Säuglingsanfangsnahrung» y «Folgenahrung»,

— en estonio: «imiku piimasegu» y «jätkupiimasegu»,

— en griego: «Παρασκεύασμα για βρέφη» y «Παρασκεύασμα δεύτερης βρεφικής ηλικίας»,
— en inglés: «infant formula» y «follow-on formula»,
— en francés: «Préparation pour nourrissons» y «Préparation de suite»,
— en italiano: «Alimento per lattanti» y «Alimento di proseguimento»,
— en letón: «Mākslīgais maisījums zīdaiņiem» un «Mākslīgais papildu ēdināšanas maisījums zīdaiņiem»,
— en lituano: «mišinys kūdikiams iki papildomo maitinimo įvedimo» y «mišinys kūdikiams, įvedus papildomą maitinimą»,
— en húngaro: «anyatej-helyettesítő tápszer» y «anyatej-kiegészítő tápszer»,
— en maltés: «formula tat-trabi» y «formula tal-prosegwiment»,
— en neerlandés: «Volledige zuigelingenvoeding» y «Opvolgzuigelingenvoeding»,
— en polaco: «preparat do początkowe żywienia niemowląt» y «preparat do dalszego żywienia niemowląt»,
— en portugués: «Fórmula para lactentes» y «Fórmula de transição»,
— en rumano: «preparate pentru sugari» y «pentru copii de vârstă mică»,
— en eslovaco: «počiatočná dojčenská výživa» y «následná dojčenská výživa»,
— en esloveno: «začetna formula za dojenčke» y «nadaljevalna formula za dojenčke»,
— en finés: «Äidinmaidonkorvike» y «Vieroitusvalmiste»,
— en sueco: «Modersmjölksersättning» y «Tillskottsnäring».

Artículo 12

Las denominaciones respectivas con que se venderán los preparados para lactantes y los preparados de continuación elaborados totalmente a partir de las proteínas procedentes de la leche de vaca serán las siguientes:
— en búlgaro: «мляка за кърмачета» y «преходни мляка»,
— en castellano: «Leche para lactantes» y «Leche de continuación»,
— en checo: «počáteční mléčná kojenecká výživa» y «pokračovací mléčná kojenecká výživa»,
— en danés: «Modermælkserstatning udelukkende baseret på maelk» y «Tilskudsblanding udelukkende baseret på maelk»,
— en alemán: «Säuglingsmilchnahrung» y «Folgemilch»,
— en estonio: «Piimal põhinev imiku piimasegu» y «Piimal põhinev jätkupiimasegu»,
— en griego: «Γάλα για βρέφη» y «Γάλα δεύτερης βρεφικής ηλικίας»,
— en inglés: «Infant milk» y «follow-on milk»,
— en francés: «Lait pour nourrissons» y «Lait de suite»,
— en italiano: «Latte per lattanti» y «Latte di proseguimento»,
— en letón: «Mākslīgais piena maisījums zīdaiņiem» y «Mākslīgais papildu ēdināšanas piena maisījums zīdaiņiem»,
— en lituano: «pieno mišinys kūdikiams iki papildomo maitinimo įvedimo» y «pieno mišinys kūdikiams įvedus papildomą maitinimą»,
— en húngaro: «tejalapú anyatej-helyettesítő tápszer» y «tejalapú anyatej-kiegészítő tápszer»,
— en maltés: «halib tat-trabi» y «halib tal-prosegwiment»,
— en neerlandés: «Volledige zuigelingenvoeding op basis van melk» o «Zuigelingenmelk» y «Opvolgmelk»,
— en polaco: «mleko początkowe» y «mleko następne»,
— en portugués: «Leite para lactentes» y «Leite de transição»,
— en rumano: «lapte pentru sugari» y «lapte pentru copii de vârstă mică»,
— en eslovaco: «počiatočná dojčenská mliečna výživa» y «následná dojčenská mliečna výživa»,
— en esloveno: «začetno mleko za dojenčke» y «nadaljevalno mleko za dojenčke»,
— en finés: «Maitopohjainen äidinmaidonkorvike» y «Maitopohjainen vieroitusvalmiste»,
— en sueco: «Modersmjölksersättning uteslutande baserad på mjölk» y «Tillskottsnäring uteslutande baserad på mjölk».

Artículo 13

1. En el etiquetado, además de las menciones previstas en el artículo 3, apartado 1, de la Directiva 2000/13/CE, deberán figurar los datos obligatorios siguientes:

a) en el caso de preparados para lactantes, una indicación precisando que el producto es adecuado para la alimentación especial de lactantes desde el nacimiento, cuando no sean amamantados;

b) en el caso de preparados de continuación, una indicación precisando que el producto es adecuado únicamente para la alimentación especial de niños mayores de seis meses, que solo debe ser parte de una dieta diversificada, que no debe utilizarse como sustitutivo de la leche materna durante los primeros seis meses de vida y que la decisión de iniciar la alimentación complementaria, incluida cualquier excepción respecto a los seis meses de edad, debe adoptarse únicamente siguiendo el consejo de personas independientes cualificadas en medicina, nutrición o farmacia o de otros profesionales encargados de la asistencia materna e infantil, basándose en las necesidades específicas de crecimiento y desarrollo del lactante en cuestión;

c) en el caso de preparados para lactantes y preparados de continuación, el valor energético disponible, expresado en kJ y kcal, y el contenido en proteínas, hidratos de carbono y lípidos, expresados en forma numérica, por cada 100 ml del producto listo para el consumo;

d) en el caso de preparados para lactantes y preparados de continuación, la cantidad media de cada sustancia mineral y de cada vitamina mencionadas en los anexos I y II, respectivamente, y, cuando proceda, de colina, inositol y carnitina, expresada en forma numérica por cada 100 ml del producto listo para el consumo;

e) en el caso de preparados para lactantes y preparados de continuación, las instrucciones relativas a la preparación, el almacenamiento y la eliminación adecuados del producto y una advertencia sobre los riesgos para la salud que resultan de una preparación y un almacenamiento inadecuados.

2. En el etiquetado podrán figurar los siguientes datos:

a) en el caso de los preparados para lactantes y los preparados de continuación, la cantidad media de los nutrientes mencionados en el anexo III si tal indicación no está regulada por lo dispuesto en el apartado 1, letra d), del presente artículo, expresada en forma numérica por cada 100 ml del producto listo para el consumo;

b) en el caso de los preparados de continuación, además de la información numérica, información sobre las vitaminas y minerales incluidos en el anexo VII, expresados como porcentaje de los valores de referencia allí indicados, por cada 100 ml del producto listo para el consumo.

3. El etiquetado de los preparados para lactantes y los preparados de continuación deberá estar diseñado de forma que proporcione la información necesaria sobre el uso adecuado de los productos y no disuada de la lactancia materna.

Se prohibirá la utilización de los términos «humanizado», «maternizado», «adaptado» u otros similares.

4. El etiquetado de los preparados para lactantes deberá llevar también la siguiente indicación obligatoria precedida de las palabras «Aviso importante» u otras equivalentes:

a) una indicación relativa a la superioridad de la lactancia materna;

b) una indicación en la que se recomienda que el producto ha de utilizarse únicamente por consejo de personas independientes cualificadas en medicina, nutrición o farmacia o de otros profesionales encargados de la asistencia materna e infantil.

5. No se incluirán en el etiquetado de los preparados para lactantes imágenes de niños ni otras ilustraciones o textos que puedan idealizar el uso del producto. Sin embargo, la etiqueta podrá llevar representaciones gráficas que permitan una fácil identificación del producto e ilustren el método de preparación.

6. El etiquetado de los preparados para lactantes solo podrá llevar alegaciones nutricionales y de propiedades saludables en los casos enumerados en el anexo IV y con arreglo a las condiciones allí establecidas.

7. Los preparados para lactantes y los preparados de continuación se etiquetarán de tal manera que los consumidores puedan hacer una clara distinción entre ambos productos y que se evite cualquier riesgo de confusión entre preparados para lactantes y preparados de continuación.

8. Los requisitos, prohibiciones y restricciones contemplados en los apartados 3 a 7 serán aplicables también a:

a) la presentación de los productos de que se trate, en particular, su forma, apariencia y envase, el material de envase utilizado, la forma en que están dispuestos y el medio en el que se exponen;

b) la publicidad.

Artículo 14

1. La publicidad de los preparados para lactantes se limitará a las publicaciones especializadas en la asistencia infantil y a las publicaciones científicas. Los Estados miembros podrán además restringir o prohibir tal publicidad. Los anuncios de preparados para lactantes se ajustarán a las condiciones establecidas en el artículo 13, apartados 3 a 7, y artículo 13, apartado 8, letra b), y contendrán únicamente información de carácter científico y objetivo. Tal información no deberá insinuar ni hacer creer que la alimentación con biberón es equivalente o superior a la lactancia materna.

2. Estarán prohibidos la publicidad en los lugares de venta, la distribución de muestras o el recurso a cualquier otro medio de propaganda dirigido a fomentar las ventas de los preparados para lactantes directamente al consumidor en los establecimientos minoristas como, por ejemplo, exhibiciones especiales, cupones de descuento, primas, ventas especiales, ventas de promoción y ventas acopladas.

3. Los fabricantes o distribuidores de preparados para lactantes no podrán proporcionar al público en general ni a las mujeres embarazadas, madres o miembros de sus familias, productos gratis o a bajo precio, muestras ni ningún otro obsequio de promoción, ya sea directa o indirectamente a través de los servicios sanitarios o del personal sanitario.

Artículo 15

1. Los Estados miembros velarán por que se suministre información objetiva y coherente sobre la alimentación de lactantes y niños de corta edad destinada a las familias y personas relacionadas con la nutrición de lactantes y niños de corta edad, en materia de planificación, suministro, concepción y difusión de información, así como de control.

2. Los Estados miembros velarán por que el material informativo y educativo, ya sea escrito o audiovisual, relativo a la alimentación de lactantes y destinado a las mujeres embarazadas y a las madres de lactantes y de niños de corta edad, incluya informaciones claras sobre todos los puntos siguientes:

a) ventajas y superioridad de la lactancia materna;

b) nutrición materna y forma de prepararse a la lactancia y prosecución de la misma;

c) posible efecto negativo sobre la lactancia materna de la alimentación parcial con biberón;

d) dificultad de rectificar la decisión de no amamantar;

e) en su caso, el empleo adecuado de los preparados para lactantes.

Cuando dichos materiales contengan informaciones sobre el empleo de preparados para lactantes, incluirán las consecuencias sociales y financieras de su empleo, los riesgos para la salud derivados de alimentos inadecuados o de métodos de alimentación y, en particular, los riesgos para la salud derivados del inadecuado empleo de los preparados para lactantes. Tales materiales no utilizarán ninguna imagen que pueda idealizar el empleo de los preparados para lactantes.

3. Los Estados miembros velarán por que las donaciones de equipos o material informativo o educativo por parte de fabricantes o distribuidores solo se efectúen a instancia y previa aprobación escrita de la autoridad nacional competente, o con arreglo a las orientaciones señaladas, a tal fin, por los poderes públicos. Tales equipos o materiales podrán llevar el nombre o el distintivo de la empresa donante, pero no deberán hacer referencia a ninguna marca específica de preparado para lactantes y se distribuirán únicamente a través de los servicios sanitarios.

4. Los Estados miembros velarán por que las donaciones o las ventas a bajo precio de partidas de preparados para lactantes a instituciones u organizaciones, para su utilización en las instituciones o para su distribución fuera de ellas, solo se destine o distribuya a lactantes que han de ser alimentados con preparados para lactantes y únicamente durante el período que dichos lactantes requieran.

Artículo 16

En el anexo de la Directiva 1999/21/CE, la fila relativa al manganeso de la segunda parte del cuadro 1, sobre minerales, se sustituye por el texto siguiente:

«Manganeso (μg) 0,25 25 1 100».

Artículo 17

Los nuevos requisitos establecidos en el artículo 7, apartados 1 y 2, de la presente Directiva no se aplicarán obligatoriamente a los alimentos dietéticos destinados a usos médicos especiales elaborados específicamente para lactantes, tal como se contemplan en el punto 4 del anexo de la Directiva 1999/21/CE, hasta el 1 de enero de 2012.

Artículo 18

1. Los Estados miembros adoptarán y publicarán, a más tardar, el 31 de diciembre de 2007, las disposiciones legales, reglamentarias y administrativas necesarias para dar cumplimiento a lo establecido en los artículos 2 y 3, 5 a 17 y en los anexos I a VII. Comunicarán inmediatamente a la Comisión el texto de dichas disposiciones, así como una tabla de correspondencias entre las mismas y la presente Directiva.

Aplicarán dichas disposiciones de tal forma que:

— permitan el comercio de productos que sean conformes a la presente Directiva a más tardar el 1 de enero de 2008,

— sin perjuicio de lo dispuesto en el artículo 17, se prohíba, con efectos a partir del 31 de diciembre de 2009, el comercio de productos que no sean conformes a la presente Directiva.

Cuando los Estados miembros adopten dichas disposiciones, estas harán referencia a la presente Directiva o irán acompañadas de dicha referencia en su publicación oficial. También incluirán una declaración según la cual las referencias en las leyes, reglamentos y disposiciones administrativas a la Directiva derogada deberán entenderse hechas a la presente Directiva. Los Estados miembros establecerán las modalidades de la mencionada referencia y la manera en que se formule dicha declaración.

2. Los Estados miembros comunicarán a la Comisión el texto de las disposiciones básicas de Derecho interno que adopten en el ámbito regulado por la presente Directiva.

Artículo 19

La Directiva 91/321/CEE, a tenor de su modificación por las Directivas indicadas en el anexo X, parte A, queda derogada con efectos a partir del 1 de enero de 2008, sin perjuicio de las obligaciones de los Estados miembros en cuanto a los plazos de transposición de las Directivas al Derecho nacional de acuerdo con lo establecido en el anexo X, parte B.

Las referencias a la Directiva derogada se entenderán hechas a la presente Directiva y se leerán con arreglo a la tabla de correspondencias que figura en el anexo XI.

Artículo 20

La presente Directiva entrará en vigor el vigésimo día siguiente al de su publicación en el Diario Oficial de la Unión Europea.

Artículo 21

Los destinatarios de la presente Directiva serán los Estados miembros.

ANEXO I.-
Composición básica de los preparados para lactantes cuando se reconstituyen de acuerdo con las instrucciones del fabricante

[Anexo no reproducido en la presente publicación]

ANEXO II.-
Composición básica de los preparados de continuación cuando se reconstituyen según las instrucciones del fabricante

[Anexo no reproducido en la presente publicación]

ANEXO III.-
Sustancias nutritivas

[Anexo no reproducido en la presente publicación]

ANEXO IV.-
Alegaciones nutricionales y de propiedades saludables de los preparados para lactantes y condiciones de garantía de la alegación correspondiente

[Anexo no reproducido en la presente publicación]

ANEXO V.-
Aminoácidos indispensables y condicionalmente indispensables de la leche materna

[Anexo no reproducido en la presente publicación]

ANEXO VI.-
Especificación para el contenido y la fuente de proteínas y la transformación de proteínas utilizadas en preparados para lactantes con un contenido proteínico inferior a 0,56 g/100 kj (2,25 g/100 kcal), elaborados a partir de hidrolizados de proteínas de lactosuero derivado de proteínas de la leche de vaca

[Anexo no reproducido en la presente publicación]

ANEXO VII.-
Valores de referencia para el etiquetado de propiedades nutricionales de alimentos destinados a lactantes y niños de corta edad

[Anexo no reproducido en la presente publicación]

ANEXO VIII.-
Plaguicidas que no se podrán utilizar en los productos agrícolas destinados a la elaboración de preparados para lactantes y preparados de continuación

[Anexo no reproducido en la presente publicación]

ANEXO IX.-
Límites máximos específicos para residuos de plaguicidas o de metabolitos de plaguicidas en los preparados para lactantes y preparados de continuación

[Anexo no reproducido en la presente publicación]

ANEXO X

[Anexo no reproducido en la presente publicación]

ANEXO XI.-
Tabla de correspondencias

[Anexo no reproducido en la presente publicación]

6 de mayo de 2009.- Directiva nº 2009/39/CE
del Parlamento Europeo y del Consejo,
relativa a los productos alimenticios destinados a una alimentación especial (versión refundida)
(D.O. L 124, 20 de mayo de 2009)

EL PARLAMENTO EUROPEO Y EL CONSEJO DE LA UNIÓN EUROPEA,

Visto el Tratado constitutivo de la Comunidad Europea y, en particular, su artículo 95,

Vista la propuesta de la Comisión,

Visto el dictamen del Comité Económico y Social Europeo,

De conformidad con el procedimiento establecido en el artículo 251 del Tratado,

Considerando lo siguiente:

(1) La Directiva 89/398/CEE del Consejo, de 3 de mayo de 1989 relativa a la aproximación de las legislaciones de los Estados miembros sobre los productos alimenticios destinados a una alimentación especial, ha sido modificada de forma sustancial en varias ocasiones. Con motivo de nuevas modificaciones, conviene, en aras de la claridad, proceder a la refundición de dicha Directiva.

(2) Las diferencias entre las legislaciones nacionales sobre los productos alimenticios destinados a una alimentación especial obstaculizan la libre circulación de los mismos, crean condiciones de competencia desiguales e inciden por ello directamente en el funcionamiento del mercado interior.

(3) La aproximación de las legislaciones nacionales supone, en una primera fase, la elaboración de una definición común, la determinación de medidas que permitan proteger al consumidor contra los fraudes sobre la naturaleza de estos productos y fijar las normas a las que debe ajustarse el etiquetado de los productos en cuestión.

(4) Los productos incluidos en el ámbito de aplicación de la presente Directiva son productos alimenticios cuya composición y elaboración deben estudiarse especialmente para que satisfagan las necesidades nutritivas especiales de las personas a las que van destinados fundamentalmente. Puede ser necesario, en consecuencia, prever excepciones a las disposiciones generales o específicas aplicables a los productos alimenticios a fin de alcanzar el objetivo nutricional específico.

(5) Si bien con arreglo a las normas generales que regulan el control de la totalidad de los productos alimenticios, puede efectuarse un control eficaz de los productos alimenticios destinados a una alimentación especial para los que se hayan adoptado disposiciones específicas, no siempre ocurre lo mismo con los productos alimenticios para los que no se han previsto tales disposiciones específicas.

(6) En efecto, en este último caso los medios usuales a disposición de los servicios de control no permiten, en determinadas circunstancias, comprobar si el producto en cuestión posee efectivamente las propiedades nutritivas específicas que se le atribuyen. Por lo tanto, es preciso prever que, de ser necesario, el responsable de la comercialización de dicho producto ayude al servicio de control en el ejercicio de sus actividades.

(7) Disposiciones específicas aplicables a determinados grupos de productos alimenticios deben establecerse mediante las Directivas específicas correspondientes.

(8) Es necesario prever un procedimiento que permita la puesta en el mercado temporal de los productos alimenticios fruto de las innovaciones tecnológicas con el fin de revalorizar los resultados de la investigación de la industria, a la espera de que se modifique la directiva específica correspondiente. No obstante, para garantizar la protección de la salud de los consumidores, la autorización de puesta en el mercado solo podrá concederse previa consulta a la Autoridad Europea de Seguridad Alimentaria.

(9) Ya que no está claro que exista una base adecuada para la adopción de disposiciones específicas con respecto al grupo de alimentos destinados a las personas afectadas de perturbaciones en el metabolismo de los hidratos de carbono (diabéticos), la Comisión debe ser autorizada a adoptar o proponer las disposiciones correspondientes ulteriormente, previa consulta a la Autoridad Europea de Seguridad Alimentaria.

(10) Sigue siendo posible armonizar a escala comunitaria las normas que regulan otros grupos de productos alimenticios destinados a una alimentación especial, en pro de la protección del consumidor y de la libre circulación de dichos productos alimenticios.

(11) La elaboración de directivas específicas de aplicación de los principios de base de la normativa comunitaria, así como sus modificaciones constituyen medidas de aplicación de carácter técnico; que, a fin de simplificar y agilizar el procedimiento, su adopción debe corresponder a la Comisión.

(12) Procede aprobar las medidas necesarias para la ejecución de la presente Directiva con arreglo a la Decisión 1999/468/CE del Consejo, de 28 de junio de 1999, por la que se establecen los procedimientos para el ejercicio de las competencias de ejecución atribuidas a la Comisión.

(13) Conviene, en particular, conferir competencias a la Comisión para que adopte determinadas directivas específicas, una lista de sustancias con finalidad nutritiva especial y de otras sustancias que pueden añadirse a los productos alimenticios destinados a una alimentación especial así como los criterios de pureza que les son aplicables y, en su caso, las condiciones para su uso, disposiciones que permitan indicar los productos alimenticios de consumo corriente, que son apropiados para un objetivo nutricional específico, disposiciones especiales para los alimentos destinados a las personas afectadas de perturbaciones en el metabolismo de los hidratos de carbono (diabéticos), las modalidades de utilización de los términos que aludan a la reducción del contenido de sodio o sal (cloruro de sodio, sal de mesa), o a su ausencia, o a la ausencia de gluten, para describir los productos, así como las modalidades según las cuales el etiquetado, la presentación y la publicidad pueden aludir a un régimen o a una categoría de personas. Dado que estas medidas son de alcance general, y están destinadas a modificar elementos no esenciales de la presente Directiva, incluso completándola con nuevos elementos no esenciales, deben adoptarse con arreglo al procedimiento de reglamentación con control previsto en el artículo 5 bis de la Decisión 1999/468/CE.

(14) Cuando, por imperiosas razones de urgencia, los plazos normalmente aplicables en el marco del procedimiento de reglamentación con control no puedan respetarse, la Comisión debe poder aplicar el procedimiento de urgencia previsto en el artículo 5 bis, apartado 6, de la Decisión 1999/468/CE para la adopción y la modificación de la lista de sustancias con finalidad nutritiva especial y de otras sustancias que se pueden añadir a los productos alimenticios destinados a una alimentación especial así como los criterios de pureza que les son aplicables y, en su caso, las condiciones para su uso, así como para la adopción de modificaciones de la presente Directiva o de directivas específicas cuando el empleo de un producto alimenticio destinado a una alimentación especial pone en peligro la salud humana, a pesar de ajustarse a las disposiciones de la directiva específica pertinente.

(15) Los nuevos elementos introducidos en la presente Directiva se refieren únicamente a los procedimientos de comité. Por consiguiente, no es preciso que sean objeto de transposición por parte de los Estados miembros.

(16) La presente Directiva no debe afectar a las obligaciones de los Estados miembros relativas a los plazos de transposición al Derecho nacional y de aplicación de las Directivas, que figuran en la parte B del anexo II.

HAN ADOPTADO LA PRESENTE DIRECTIVA:

Artículo 1

1. La presente Directiva afecta a los productos alimenticios destinados a una alimentación especial.

2. Los productos alimenticios destinados a una alimentación especial son productos alimenticios que, por su composición particular o por el particular proceso de su fabricación, se distinguen claramente de los productos alimenticios de consumo corriente, que son apropiados para el objetivo nutricional indicado y que se comercializan indicando que responden a dicho objetivo.

3. Una alimentación especial deberá satisfacer las necesidades nutritivas particulares de:

a) determinadas clases de personas cuyos procesos de asimilación o de metabolismo se encuentran alterados;

b) determinadas clases de personas que se encuentran en condiciones fisiológicas particulares y que, por ello, obtienen beneficios especiales de una ingestión controlada de determinadas sustancias de los alimentos, o

c) los lactantes o los niños de corta edad, con buena salud.

Artículo 2

1. Los productos a que se refiere el artículo 1, apartado 3, letras a) y b), podrán caracterizarse por las indicaciones "dietético" o "de régimen".

2. En el etiquetado, en la presentación y en la publicidad de los productos alimenticios de consumo corriente estarán prohibidas:

a) la utilización de los calificativos "dietético" o "de régimen", solos o en combinación con otros términos, para designar dichos productos alimenticios;

b) cualquier otra indicación o cualquier presentación que pueda hacer creer que se trata de uno de los productos definidos en el artículo 1.

No obstante, según las disposiciones que sean adoptadas por la Comisión podrá admitirse, para los productos alimenticios de consumo corriente apropiados para una alimentación especial, la mención de esta propiedad.

Estas mismas disposiciones podrán fijar las modalidades según las cuales se hará esta indicación.

Las medidas a las que se refiere el párrafo segundo, destinadas a modificar elementos no esenciales de la presente Directiva completándola, se adoptarán con arreglo al procedimiento de reglamentación con control contemplado en el artículo 15, apartado 3.

Artículo 3

1. La naturaleza o la composición de los productos a que se refiere el artículo 1 deberá ser tal que dichos productos sean apropiados para el objetivo nutricional especial a que están destinados.

2. Los productos a que se refiere el artículo 1 deberán ajustarse igualmente a las disposiciones obligatorias aplicables a los productos alimenticios de consumo corriente, salvo en lo que respecta a las modificaciones que se hayan hecho a estos productos para adecuarlos a las definiciones previstas en el artículo 1.

Artículo 4

1. Las disposiciones específicas aplicables a los grupos de productos alimenticios destinados a una alimentación especial que se recogen en el anexo I se establecerán mediante directivas específicas.

Dichas directivas podrán incluir, en particular:

a) los requisitos esenciales relativos a la naturaleza o composición de los productos;

b) disposiciones relativas a la calidad de las materias primas;

c) requisitos en materia de higiene;

d) modificaciones autorizadas con arreglo al artículo 3, apartado 2;

e) una lista de aditivos;

f) disposiciones relativas al etiquetado, la presentación y la publicidad;

g) las modalidades de toma de muestras y los métodos de análisis necesarios para controlar la conformidad con las disposiciones de las directivas específicas.

Dichas directivas específicas se adoptarán:

- con arreglo al procedimiento previsto en el artículo 95 del Tratado en lo referente a la letra e),
- en lo referente a los restantes puntos, por la Comisión. Estas medidas destinadas a modificar elementos no esenciales de la presente Directiva, completándola, se adoptarán con arreglo al procedimiento de reglamentación con control contemplado en el artículo 15, apartado 3.

Las disposiciones que puedan afectar a la salud pública se establecerán previa consulta a la Autoridad Europea de Seguridad Alimentaria.

2. A fin de que los productos alimenticios destinados a una alimentación especial resultantes del progreso científico y técnico puedan ser puestos en el mercado con rapidez, la Comisión, previa consulta a la Autoridad Europea de Seguridad, podrá autorizar, por un período de dos años, la puesta en el mercado de productos que no cumplan las normas de composición establecidas en las directivas específicas para grupos de productos alimenticios destinados a una alimentación especial contemplados en el anexo I. Estas medidas destinadas a modificar elementos no esenciales de la presente Directiva completándola, se adoptarán con arreglo al procedimiento de reglamentación con control contemplado en el artículo 15, apartado 3.

Cuando proceda, la Comisión podrá fijar en la decisión de autorización las normas de etiquetado que correspondan al cambio de composición.

3. La Comisión adoptará una lista de sustancias con finalidad nutritiva especial tales como vitaminas, sales minerales, aminoácidos y de otras sustancias que se pueden añadir a los productos alimenticios destinados a una alimentación especial así como los criterios de pureza que les son aplicables y, en su caso, las condiciones para su uso.

Estas medidas destinadas a modificar los elementos no esenciales de la presente Directiva completándola, se adoptarán con arreglo al procedimiento de reglamentación con control contemplado en el artículo 15, apartado 3.

Por imperiosas razones de urgencia, la Comisión podrá hacer uso del procedimiento de urgencia contemplado en el artículo 15, apartado 4.

Artículo 5

La Comisión aprobará las modalidades de utilización de los términos que aludan a la reducción del contenido de sodio o sal (cloruro de sodio, sal de mesa), o a su ausencia, o a la ausencia de gluten, para describir los productos a los que se refiere el artículo 1.

Estas medidas destinadas a modificar elementos no esenciales de la presente Directiva completándola, se adoptarán con arreglo al procedimiento de reglamentación con control contemplado en el artículo 15, apartado 3.

Artículo 6

Antes del 8 de julio de 2002, la Comisión, previa consulta a la Autoridad Europea de Seguridad Alimentaria, presentará al Parlamento Europeo y al Consejo un informe sobre la conveniencia de disposiciones especiales para los alimentos destinados a las personas afectadas de perturbaciones en el metabolismo de los hidratos de carbono (diabéticos).

Atendiendo a las conclusiones de dicho informe, la Comisión:

a) procederá a la elaboración de las disposiciones especiales en cuestión, o

b) de conformidad con el procedimiento establecido en el artículo 95 del Tratado, presentará las propuestas que sean oportunas para modificar la presente Directiva.

Las medidas a las que se refiere la letra a), destinadas a modificar elementos no esenciales de la presente Directiva completándola, se adoptarán con arreglo al procedimiento de reglamentación con control contemplado en el artículo 15, apartado 3.

Artículo 7

La Comisión podrá establecer las modalidades según las cuales el etiquetado, la presentación y la publicidad pueden aludir a un régimen o a una categoría de personas a las que se destine un producto de los previstos en el artículo 1.

Estas medidas destinadas a modificar elementos no esenciales de la presente Directiva completándola, se adoptarán con arreglo al procedimiento de reglamentación con control contemplado en el artículo 15, apartado 3.

Artículo 8

1. El etiquetado y las modalidades utilizadas para ello, la presentación y la publicidad de los productos mencionados en el artículo 1, no deberán atribuir a dichos productos propiedades de prevención, de tratamiento y de curación de una enfermedad humana, ni evocar tales propiedades.

En casos excepcionales y muy determinados, podrán establecerse excepciones al párrafo primero. Estas medidas destinadas a modificar elementos no esenciales de la presente Directiva completándola, se adoptarán con arreglo al procedimiento de reglamentación con control contemplado en el artículo 15, apartado 3. Dichas excepciones podrán mantenerse hasta la finalización del citado procedimiento.

2. El apartado 1 no impedirá la difusión de cualquier información o recomendación útil destinada exclusivamente a las personas cualificadas en el ámbito de la medicina, de la nutrición o de la farmacia.

Artículo 9

1. La Directiva 2000/13/CE del Parlamento Europeo y del Consejo, de 20 de marzo de 2000, relativa a la aproximación de las legislaciones de los Estados miembros en materia de etiquetado, presentación y publicidad de los productos alimenticios, será aplicable a los productos a que se refiere el artículo 1 de la presente Directiva, en las condiciones que se establecen en los apartados 2, 3 y 4 del presente artículo.

2. La denominación de venta de un producto deberá ir acompañada de la mención de sus características nutritivas particulares; no obstante, en el caso de los productos mencionados en el artículo 1, apartado 3, letra c), esta mención será sustituida por la indicación de su destino.

3. El etiquetado de los productos respecto de los cuales no se haya adoptado ninguna directiva específica en virtud del artículo 4, deberá incluir también:

a) los elementos particulares de la composición cualitativa y cuantitativa o el procedimiento especial de fabricación que dan al producto sus características nutritivas particulares;

b) el valor energético disponible expresado en kj y en kcal, así como el contenido en hidratos de carbono, prótidos y lípidos por 100 g o 100 ml de producto comercializado y referido a la cantidad propuesta para el consumo si el producto se presenta de esta manera.

No obstante, si este valor energético es inferior a 50 kj (12 kcal) por 100 g o 100 ml del producto comercializado, las indicaciones de que se trate podrán ser sustituidas bien por la mención "valor energético inferior a 50 kj (12 kcal) por 100 g", bien por "valor energético inferior a 50 kj (12 kcal) por 100 ml".

4. Los requisitos especiales aplicables al etiquetado de los productos respecto de los cuales se haya adoptado una directiva específica se establecerán en dicha directiva.

Artículo 10

1. Los productos mencionados en el artículo 1 solo podrán comercializarse previamente embalados y de tal manera que el embalaje los cubra enteramente.

2. Los Estados miembros podrán establecer excepciones a lo dispuesto en el apartado 1 para el comercio al por menor y, en tal caso, deberán adjuntarse al producto, en su presentación para la venta, las indicaciones previstas en el artículo 9.

Artículo 11

1. Por lo que se refiere a los productos alimenticios destinados a una alimentación especial y que no pertenezcan a uno de los grupos que figuran en el anexo I, y con el fin de posibilitar un eficaz control oficial de los mismos, se aplicarán las siguientes disposiciones específicas:

a) en el momento de la primera comercialización de un producto, el fabricante o, en el caso de un producto fabricado en un tercer país, el importador informará de ello a la autoridad competente del Estado miembro donde dicha comercialización se haya producido, mediante la transmisión de un modelo del etiquetado utilizado para dicho producto;

b) en el momento de la siguiente comercialización del mismo producto en otro Estado miembro, el fabricante o, en su caso, el importador transmitirá a la autoridad competente de dicho Estado miembro la misma información, completada con la indicación de la autoridad destinataria de la primera notificación;

c) si fuere necesario, la autoridad competente estará capacitada para exigir al fabricante o, en su caso, al importador la presentación de los trabajos científicos y de los datos que justifiquen la conformidad del producto con el artículo 1, apartados 2 y 3, así como las menciones que establece el artículo 9, apartado 3, letra a). Siempre que dichos datos hayan sido objeto de una publicación de fácil acceso, bastará con una referencia a esta última.

2. Los Estados miembros comunicarán a la Comisión la identidad de las autoridades competentes con arreglo al apartado 1, así como cualquier otra información útil relativa a las mismas.

La Comisión publicará dichas informaciones en el Diario Oficial de la Unión Europea.

3. Podrán adoptarse normas de desarrollo con respecto al apartado 2 con arreglo al procedimiento de reglamentación contemplado en el artículo 15, apartado 2.

4. Cada tres años, y por primera vez antes del 8 de julio de 2002, la Comisión remitirá al Parlamento Europeo y al Consejo un informe sobre la aplicación del presente artículo.

Artículo 12

1. Los Estados miembros no podrán prohibir o restringir el comercio de los productos contemplados en el artículo 1 y que sean conformes a la presente Directiva y, en su caso, a las directivas adoptadas en aplicación de la presente Directiva, por razón de la composición, de las características de fabricación, de la presentación o del etiquetado de los productos.

2. El apartado 1 no afectará a las disposiciones nacionales aplicables a falta de directivas adoptadas en aplicación de la presente Directiva.

Artículo 13

1. Si un Estado miembro comprobare, basándose en una motivación detallada, que un producto alimenticio destinado a una alimentación especial y que no esté incluido en uno de los grupos que figuran en el anexo I, no se ajusta a lo dispuesto en el artículo 1, apartados 2 y 3, o supone un riesgo para la salud humana a pesar de circular libremente en uno o varios Estados miembros, dicho Estado miembro podrá suspender o limitar provisionalmente en su territorio la comercialización del producto en cuestión e informará de ello inmediatamente a la Comisión y a los demás Estados miembros, especificando los motivos que justifiquen su decisión.

2. La Comisión examinará, lo antes posible, los motivos invocados por el Estado miembro interesado y procederá a consultar a los Estados miembros en el seno del Comité contemplado en el artículo 15, apartado 1, y posteriormente emitirá su dictamen sin dilación y tomará las medidas adecuadas.

3. Si la Comisión considera que la medida nacional debe suprimirse o modificarse, adoptará las medidas necesarias de conformidad con el procedimiento de reglamentación contemplado en el artículo 15, apartado 2, con el fin de adoptar las medidas pertinentes.

Artículo 14

1. Si un Estado miembro comprobare, basándose en una motivación detallada por la existencia de nuevos datos o de una nueva evaluación de los ya existentes posterior a la adopción de las directivas específicas, que el empleo de un producto alimenticio destinado a una alimentación especial pone en peligro la salud humana, a pesar de ajustarse a las disposiciones de la directiva específica pertinente, dicho Estado miembro podrá suspender o limitar provisionalmente en su territorio la aplicación de las disposiciones en su territorio la aplicación de las disposiciones en cuestión. Informará de ello inmediatamente a los demás Estados miembros y a la Comisión especificando los motivos que justifiquen su decisión.

2. La Comisión examinará lo antes posible los motivos invocados por el Estado miembro interesado y procederá a consultar a los Estados miembros en el seno del Comité a que se refiere el artículo 15, apartado 1, y posteriormente emitirá su dictamen sin dilación y tomará las medidas adecuadas.

3. Si la Comisión considera necesario modificar la presente Directiva o las directivas específicas a fin de paliar las dificultades mencionadas en el apartado 1 y garantizar la protección de la salud humana, adoptará dichas modificaciones.

Estas medidas destinadas a modificar elementos no esenciales de la presente Directiva, se adoptarán con arreglo al procedimiento de reglamentación con control contemplado en el artículo 15, apartado 3. Por imperiosas razones de urgencia, la Comisión podrá hacer uso del procedimiento de urgencia contemplado en el artículo 15, apartado 4.

En tal caso, el Estado miembro que haya adoptado medidas de salvaguardia podrá mantenerlas hasta la adopción de dichas modificaciones.

Artículo 15

1. La Comisión estará asistida por el Comité permanente de la cadena alimentaria y de sanidad animal, creado por el artículo 58 del Reglamento (CE) nº 178/2002 del Parlamento Europeo y del Consejo.

2. En los casos en que se haga referencia al presente apartado, serán de aplicación los artículos 5 y 7 de la Decisión 1999/468/CE, observando lo dispuesto en su artículo 8.

El plazo contemplado en el artículo 5, apartado 6, de la Decisión 1999/468/CE queda fijado en tres meses.

3. En los casos en que se haga referencia al presente apartado, serán de aplicación el artículo 5 bis, apartados 1 a 4, y el artículo 7 de la Decisión 1999/468/CE, observando lo dispuesto en su artículo 8.

4. En los casos en que se haga referencia al presente apartado, serán de aplicación el artículo 5 bis, apartados 1, 2, 4 y 6, y el artículo 7 de la Decisión 1999/468/CE, observando lo dispuesto en su artículo 8.

Artículo 16

Queda derogada la Directiva 89/398/CEE, tal como ha sido modificada por las disposiciones indicadas en la parte A del anexo II, sin perjuicio de las obligaciones de los

Estados miembros relativas a los plazos de transposición al Derecho nacional y a la aplicación de la Directivas que figuran en la parte B del anexo II.

Las referencias a la Directiva derogada se entenderán hechas a la presente Directiva, con arreglo a la tabla de correspondencias que figura en el anexo III.

Artículo 17

La presente Directiva entrará en vigor a los veinte días de su publicación en el Diario Oficial de la Unión Europea.

Artículo 18

Los destinatarios de la presente Directiva son los Estados miembros.

ANEXO I

[Anexo no reproducido en la presente publicación]

ANEXO II

[Anexo no reproducido en la presente publicación]

ANEXO III.-
Tabla de correspondencias

[Anexo no reproducido en la presente publicación]

13 de octubre de 2009.- Reglamento (CE) nº 953/2009
de la Comisión,
sobre sustancias que pueden añadirse para fines de nutrición específicos en alimentos destinados a una alimentación especial
(D.O. L 269, 14 de octubre de 2009)

[V.C. 05/12/2011]

LA COMISIÓN DE LAS COMUNIDADES EUROPEAS,

Visto el Tratado constitutivo de la Comunidad Europea,

Vista la Directiva 2009/39/CE del Parlamento Europeo y del Consejo, de 6 de mayo de 2009, relativa a los productos alimenticios destinados a una alimentación especial, y, en particular, su artículo 4, apartado 3, Previa consulta a la Autoridad Europea de Seguridad Alimentaria,

Considerando lo siguiente:

(1) Existe una serie de sustancias nutritivas tales como vitaminas, minerales, aminoácidos y otras sustancias que pueden añadirse a los alimentos destinados a una alimentación especial para garantizar que se satisfacen los requisitos de nutrición específicos de las personas a las que se destinan dichos alimentos o para cumplir los requisitos legales establecidos en directivas específicas adoptadas de conformidad con el artículo 4, apartado 1, de la Directiva 2009/39/CE. La lista de dichas sustancias ha sido establecida mediante la Directiva 2001/15/CE de la Comisión, de 15 de febrero de 2001, sobre sustancias que pueden añadirse para fines de nutrición específicos en alimentos destinados a una alimentación especial y, a petición de las partes interesadas, la Autoridad Europea de Seguridad Alimentaria ha evaluado las nuevas sustancias, por lo que la lista debe completarse y actualizarse. Además, conviene introducir especificaciones para la identificación de algunas vitaminas y sustancias minerales.

(2) No es posible definir las sustancias nutritivas como un grupo preciso a efectos del presente Reglamento ni establecer por el momento una lista exhaustiva de todas las categorías de sustancias nutritivas que pueden añadirse a productos alimenticios destinados a una alimentación especial.

(3) La gama de alimentos destinados a una alimentación especial es muy amplia y variada, así como también son diversos los procesos tecnológicos utilizados para su elaboración. Por ello, en lo que respecta a las categorías de sustancias nutritivas enumeradas en el presente Reglamento debe disponerse de una elección lo más amplia posible de sustancias que pueden utilizarse sin peligro en la elaboración de alimentos destinados a una alimentación especial.

(4) La elección de sustancias se basa, en primer lugar, en su seguridad, después en su disponibilidad para uso humano y, finalmente, en sus características organolépticas y tecnológicas. Sin perjuicio de lo dispuesto en otras disposiciones aplicables a categorías específicas de productos

alimenticios, la inclusión en la lista de sustancias que pueden utilizarse en la elaboración de productos alimenticios destinados a una alimentación especial no significa que su incorporación en dichos productos resulte necesaria o conveniente.

(5) Si se ha juzgado necesario añadir una sustancia nutritiva, esta adición ha sido estipulada mediante normas concretas en las directivas específicas pertinentes junto con los requisitos correspondientes con respecto a la cantidad.

(6) Si se carece de normativas específicas o si, en el caso de productos alimenticios destinados a una alimentación especial que no se encuentran incluidos en directivas específicas, las sustancias nutritivas deberán utilizarse en la elaboración de productos conformes con la definición que los caracteriza y cumplir con los requisitos nutritivos especiales de las personas a quienes están destinadas. Los productos en cuestión deberán asimismo ser seguros cuando se utilicen con arreglo a las instrucciones del fabricante.

(7) Las disposiciones relativas a la lista de sustancias nutritivas que pueden utilizarse en la elaboración de preparados para lactantes y preparados de continuación, alimentos elaborados a base de cereales y alimentos infantiles para lactantes y niños de corta edad están establecidas en la Directiva 2006/141/CE de la Comisión, de 22 de diciembre de 2006, relativa a los preparados para lactantes y preparados de continuación y por la que se modifica la Directiva 1999/21/CE, y en la Directiva 2006/125/CE de la Comisión, de 5

de diciembre de 2006, relativa a los alimentos elaborados a base de cereales y alimentos infantiles para lactantes y niños de corta edad. Por tanto, no es necesario repetir dichas disposiciones en el presente Reglamento.

(8) También puede añadirse una serie de sustancias nutritivas con fines tecnológicos, como aditivos, colorantes o aromas, o con otros usos similares, incluidas las prácticas y los procesos enológicos autorizados que contemple la legislación comunitaria pertinente. En este contexto, sus especificaciones correspondientes se adoptan a escala de la Comunidad. Es conveniente que dichas especificaciones se apliquen a las sustancias en cuestión cualquiera que sea el objetivo de su uso en los productos alimenticios.

(9) Hasta que se adopten a escala comunitaria los criterios de pureza correspondientes al resto de las sustancias y para garantizar un nivel elevado de protección de la salud pública, deben aplicarse criterios de pureza considerados aceptables y recomendados por organizaciones o agencias, entre las que se incluyen el JECFA (Comité conjunto de expertos FAO/OMS sobre aditivos alimentarios) y la EUP (Farmacopea Europea). Debe permitirse a los Estados miembros mantener las normativas nacionales en las que se establezcan criterios de pureza más estrictos, sin perjuicio de las disposiciones del Tratado.

(10) Se han identificado algunos nutrientes concretos o sus derivados como específicamente necesarios para la elaboración de algunos productos alimenticios del grupo de los destinados a usos médicos especiales; su posible utilización debería reservarse para la elaboración de tales productos.

(11) En aras de la claridad, deben derogarse y sustituirse por el presente Reglamento la Directiva 2001/15/CE y la Direc-tiva 2004/6/CE de la Comisión, de 20 de enero de 2004, por la que se establece una derogación a lo dispuesto en la Directiva 2001/15/CE a fin de posponer la aplicación de la prohibición de comercialización de determinados productos.

(12) Las medidas previstas en el presente Reglamento se ajustan al dictamen del Comité permanente de la cadena alimentaria y de sanidad animal.

HA ADOPTADO EL PRESENTE REGLAMENTO:

Artículo 1.- *Ámbito de aplicación*

El presente Reglamento se aplica a los alimentos destinados a una alimentación especial, con exclusión de los pertenecientes al ámbito de aplicación de las Directivas 2006/125/CE y 2006/141/CE.

Artículo 2.- *Sustancias admisibles*

1. Entre las sustancias pertenecientes a las categorías que figuran en el anexo del presente Reglamento, solo las enumeradas en dicho anexo, que cumplan las especificaciones pertinentes, en caso necesario, podrán añadirse para fines de nutrición específicos en la elaboración de productos alimenticios destinados a una alimentación especial contemplados por la Directiva 2009/39/CE.

2. Sin perjuicio de lo dispuesto por el Reglamento (CE) nº 258/97 del Parlamento Europeo y del Consejo, en la elaboración de alimentos destinados a una alimentación especial también podrán añadirse para fines de nutrición específicos sustancias no pertenecientes a las categorías enumeradas en el anexo del presente Reglamento.

Artículo 3.- *Requisitos generales*

1. El uso de sustancias añadidas para fines de nutrición específicos dará lugar a la elaboración de productos seguros que satisfagan los requisitos particulares de nutrición de las personas para las que se destinan, tal como estén establecidos por datos científicos reconocidos.

2. Previa solicitud de las autoridades competentes contempladas en el artículo 11 de la Directiva 2009/39/CE, el fabricante o, en su caso, el importador, presentará los trabajos científicos y los datos que justifiquen que la utilización de las sustancias cumple lo dispuesto en el apartado 1. Si dichos trabajos y dichos datos figuran en una publicación fácilmente disponible, bastará con que se incluya una referencia a la misma.

Artículo 4.- *Requisitos específicos para las sustancias enumeradas en el anexo*

1. El uso de las sustancias que figuran en el anexo del presente Reglamento se ajustará a toda disposición específica relativa a dichas sustancias que pueda figurar en las directivas específicas previstas en el artículo 4, apartado 1, de la Directiva 2009/39/CE.

2. Los criterios de pureza establecidos por la legislación comunitaria aplicables a las sustancias que figuran en el anexo cuando se utilizan en la elaboración de productos alimenticios para fines distintos de los previstos en el presente Reglamento también serán de aplicación para dichas sustancias cuando se utilicen para fines contemplados por el presente Reglamento.

3. Por lo que respecta a las sustancias enumeradas en el anexo cuyos criterios de pureza no estén especificados en la legislación comunitaria y hasta que se adopten dichas especificaciones, se aplicarán los criterios de pureza reconocidos y recomendados por organismos internacionales. No obstante, podrán mantenerse las normas nacionales vigentes que establezcan especificaciones más estrictas.

Artículo 5.- *Derogaciones*

Quedan derogadas las Directivas 2001/15/CE y 2004/6/CE con efectos a partir del 31 de diciembre de 2009.

Artículo 6 .- *Entrada en vigor y aplicación*

El presente Reglamento entrará en vigor el vigésimo día siguiente al de su publicación en el Diario Oficial de la Unión Europea.

Será aplicable a partir del 1 de enero de 2010.

El presente Reglamento será obligatorio en todos sus elementos y directamente aplicable en cada Estado miembro.

ANEXO.-

Sustancias que pueden añadirse para fines de nutrición específicos a alimentos destinados a una alimentación especial

[Anexo no reproducido en la presente publicación]

Índice Analítico

**Textos no reproducidos*

A

B

C

D

E

F

G

H

I

J

L

M

N

O

P

Q

R

S

T

U

V

Fotocomposición:
Instituto de Investigación en Derecho Alimentario S.A. (INIDA)

Depósito legal: Julio 2012

www.ingramcontent.com/pod-product-compliance
Lightning Source LLC
LaVergne TN
LVHW050050061026
849532LV00001BA/7
* 9 7 8 2 9 1 8 3 8 2 0 4 1 *